제2판

Mergers & Acquisitions

M&A금융과 실무

전경준(변호사) 저

SAMIL | 삼일인포마인

www.samili.com 사이트 **제품몰** 코너에서 본 도서 **수정사항**을 클릭하시면 정오표 및 중요한 수정 사항이 있을 경우 그 내용을 확인하실 수 있습니다.

M&A

제2판 머리말

초판이 출간된 지 2년여가 지났다.

그동안 자본시장법의 개정에 따라 PEF가 종래 경영참여형사모집합투자기구에서 기관전용사모집합투자기구로 명칭이 변경되고 그에 수반되어 상당한 범위에서의 개정이 이루어졌으며, 대출, 금융투자상품, 예금, 보험 등을 아우르는 금융상품의 판매와 자문 등에 적용되는 「금융소비자 보호에 관한 법률」이 시행되는 등 다수 법률의 제·개정이 이루어졌다.

이번 제2판에서는 초판 발간 이후 법령의 제·개정 사항과 초판 발간 이후 선고된 관련 판례를 최대한 반영하고, 또한 초판에 반영되지 못했던 다양한 실무상 이슈, 관련 판례, 감독기관의 법령해석 등을 새롭게 추가하였다. 이를 위해 초판의 문장을 전체적으로 검토하여 필요한 부분은 다시 쓰거나 수정하고 (필요한 경우) 별도의 목차를 추가하였다. 또한 필자가 본서를 기초로 강의를 진행하면서 발견된 불명확한 부분과 초판 이후 판례, 법령해석 등의 변경된 사항을 반영하여 내용을 수정·보완하였다. 그러다보니 전체적인 페이지 수도 초판과 비교하여 많이 늘었다.

이론보다는 실무적인 문제에 중점을 두고자 한 본서의 일차적인 목적은 이번 제2판에서도 변함이 없다. 다만, 필자의 개인적인 능력이나 경험의 한계로 인해 해당 이슈에 대한 필자의 이해나 설명에 오류가 있거나 다른 분이 경험한 실무의 내용과 불일치하는 부분이 있을 수 있기 때문에 이 책의 내용을 실무에 참고함에 있어서는 해당 이슈에 대한 별도의 독자적인 검토 및 확인 과정을 거쳐야 한다는 점은 초판에서와 같다.

어려운 출판시장 상황 속에서도 초판에 이어 제2판의 출판을 허락해 주신 삼일인포마인의 이희태 대표이사님, 조원오 전무님, 김동원 이사님, 출판의 기획·편집·교정에 이르기까지 세심하게 챙겨주신 삼일인포마인의 편집부 직원분들께 감사드린다.

또한 나의 사랑하는 가족 유정희, 전서현, 전동윤에게 고마움을 전하고 싶다.

2023년 6월 전경준 씀

M&A

머리말

군법무관 기간을 제외하면 필자가 변호사로서 업무를 시작한 지 올해로 만 20년째이다.

필자는 변호사로서 첫발을 내디딘 이후 지금까지 주로 M&A금융(인수금융), 부동산금융(부동산PF, 리츠, 부동산펀드), NPL관련금융, 자산유동화(ABS, ABL), 신탁연계금융, 증권발행 등 금융거래관련업무, 그중에서도 금융거래구조 검토 · 설계(Structuring) 및 계약서 작성(Doctumentation)을 담당하고 있다. 필자에게는 평소 후배들을 대상으로 강의를 할 기회가 자주 주어졌는데, 이 책은 필자가 강의를 위해 준비한 강의안(특히 제3편, 제4편)을 기초로 필자가 경험한 실제 M&A금융거래의 관련 계약서, 법률의견서 및 리서치 내용과 관련 참고문헌을 추가하는 방법으로 작성되었다.

이 책은 금융거래 중 M&A금융(인수금융)의 실무를 중심으로 필자가 업무를 처리하면서 경험하였던 이슈를 개략적으로 정리하여 소개하는데 일차적인 목적이 있다. 따라서 이 책에서 다루는 내용은 전혀 새로운 것이라기보다는(시간에 다소 여유가 있었던) 필자가 다른 실무자 변호사들을 대신해서 기존 M&A금융에서의 이슈를 정리해 보았다는데 의미를 두고 싶다.

필자는 이 책을 통해 M&A금융(인수금융)의 자금조달에 관한 구조설계 및 계약서 작성을 담당하는 실무자의 입장에서 당시 실제로 문제가 되었거나 의문을 가졌던 실무적인 이슈들을 최대한 많이 소개하고자 하였다. 따라서 이 책에서는 기존의 문헌에서는 전혀 다루지 않았거나 명확하게 언급되지 않았던 다양한 실무적인 문제에 대해서도 다수 다루고 있다. 전체적인 내용은 분량 등을 고려하여 개론적인 설명을 유지하려고 하였으나, 이슈에 따라서는 좀 더 깊이 있는 내용부터 필자의 개인적인 생각까지 언급된 경우도 있다.

또한, 관련 부분에서는 필자가 업무처리 시 참고한 판례와 필자가 관여한 M&A금융 관련계약서의 실제 규정을 함께 게재하여 해당 이슈에 대한 이해에 도움이 될 수 있도록 하였다. 다만, 판례와 기재례에 관하여는 다음을 유의하기 바란다. 먼저, 평소 필자는 판결요지나 판시사항만을 발췌하여 읽는 것을 선호하지 않는 관계로 일단 가능한 관련된 판결이유 부분의 전문을 기재하는 것을 원칙으로 하면서 관련되는 부분에 밑줄 등을 표시하였으나, 그 밑줄 부분의 관련성이나 중요도는 필자의 주관이 반영된 것이므로 가능한 밑줄 부분을 포함하여 판결이유 전문을 읽어 볼 것을 권한다. 다음으로, 이 책에 게재된 계약서의 기재례는 해당 특정 M&A금융거래를 위해 고안되고 합의된 조항으로서 이 책에서의 관련 이슈에 대한 이해를 위한 목적으로만 게재한 것이므로, 다른 금융거래에 적합하게 이용될 수 있는지 여부는 개별거래별로 다시 검토되어야 한다.

이 책에서 다루는 이슈들은 「M&A금융」뿐만 아니라 다른 금융거래의 실무에서도 문제되고 있는 내용들이므로, 다른 금융거래에서도 참고가 될 수 있을 것이다. 내용이 아직은 많이 부족하기는 하나 이 책이 필자의 당초 의도대로 M&A금융에 관한 기본적인 실무를 이해하는데 조금이나마 도움이 될 수 있기를 기대한다. 다만, 필자의 개인적인 능력이나 경험의 한계로 인해 해당 이슈에 대한 필자의 이해나 설명에 오류가 있거나 다른 분이 경험한 실무의 내용과 불일치하는 부분이 있을 수 있기 때문에 이 책의 내용을 실무에 참고함에 있어서는 해당 이슈에 대한 별도의 독자적인 검토 및 확인과정을 거쳐야 한다.

감사드릴 분들이 많지만, 특히 사법연수원 시절부터 지금까지 왕성하게 연구활동을 하시면서 필자에게 끊임없는 자극과 가르침을 주시는 서울대학교 법학전문대학원의 김화진 교수님과 필자에게 M&A금융실무에 관한 경험을 책으로 정리해 볼 것을 권유하여 이 책을 출간할 수 있는 계기를 만들어 주신 서울대학교 법학전문대학원의 박준 교수님께 감사의 말씀을 드리고 싶다. 또한, 1995년 이후 지금까지 한결같이 필자를 묵묵히 지지해 주시는 김종문 변호사님, 법조 후배이자 동료로서 토론 때마다 번뜩이는 논리와 아이디어로 필자를 놀라게 하는 김현이 변호사와 홍경화 변호사께도 감사드린다.

어려운 출판시장 상황 속에서도 이 책의 출판을 허락해 주신 삼일인포마인의 이희태 대표이사님, 소원오 전무님, 출판의 기획 · 편집 · 교정에 이르기까지 세심하게 챙겨주신 삼일인포마인 편집부의 임연혁 차장님을 비롯한 직원분들께 감사드린다.

누구보다 필자가 버틸 수 있는 힘의 원천인 사랑하는 가족 유정희, 전서현, 전동윤에게 고마움을 전하고 싶다.

2021년 2월 전경준 씀

M&A

차례

제1편 M&A금융의 기초

제2편 M&A금융의 절차

제1장 M&A의 기본적인 절차 / 71

제2장 M&A금융의 기본적인 절차 / 110

차례

M&A

차례

M&A

차례

제4편 M&A금융의 신용보강

제1장 총 론 / 469

제5편 M&A금융의 셀다운(Sell-down)

제6편 M&A금융의 리파이낸싱

[법률명 약어]

별도의 언급이 없는 한 법률 약칭은 다음과 같음.

- 가담법: 가등기담보 등에 관한 법률
- 금산법: 금융산업의 구조개선에 관한 법률
- 금소법: 금융소비자 보호에 관한 법률
- 금융회사지배구조법: 금융회사의 지배구조에 관한 법률
- 기촉법: 기업구조조정촉진법
- 대부업법: 대부업 등의 등록 및 금융이용자 보호에 관한 법률
- 독점규제법: 독점규제 및 공정거래에 관한 법률
- 동산채권담보법: 동산·채권 등의 담보에 관한 법률
- 보증인보호법: 보증인 보호를 위한 특별법
- 신용정보법: 신용정보의 이용 및 보호에 관한 법률
- 외감법: 주식회사 등의 외부감사에 관한 법률
- 자본시장법: 자본시장과 금융투자업에 관한 법률
- 자산유동화법: 자산유동화에 관한 법률
- 저축은행법: 상호저축은행법
- 주식사채전자등록법: 주식·사채 등의 전자등록에 관한 법률
- 채무자회생법: 채무자 회생 및 파산에 관한 법률

[본서에서 언급된 현행 법령은 2023. 5. 31. 기준]

M&A금융의 기초

M & A

제1장 M&A금융의 의의

M&A금융(Mergers and Acquisitions Finance)(「기업인수금융」, 「인수금융」이라고도 한다)이란, 일반적으로 기업인수합병(Mergers and Acquisitions, M&A)(이하 본서에서는 「M&A」 또는 「M&A거래」라고 한다)을 위한 금융, 즉 M&A에 필요한 자금을 조달하기 위한 금융을 통칭하는 의미로 사용된다.

M&A거래에서 합병이나 주식교환, 주식이전과 같이 주식으로 그 대가를 교부하는 방법으로 M&A를 실행하는 경우에는 통상 별도의 자금조달이 필요하지 않다.[1] 그러나 주식양수도(신주인수, 주식공개매수의 경우 포함) 등 M&A거래의 대가로 현금이 지급되는 거래방법에 의해 M&A를 실행하는 경우에는 통상 M&A 실행을 위한 자금조달이 필요하다.[2][3]

한편, M&A거래를 추진하는 주체(일반적으로는 Sponsor)가 M&A에 필요한 자금을 조달하는 방법[4]으로는, 그의 내부 유보금 등을 사용하여 내부로부터 자금을 조달하는 방법(지분출자, Inter-Company Finance[5] 등)과 금융기관으로부터의 차입 등을 통해 외부에서

1) 다만, 상법상 현금을 교부하는 방법에 의한 합병(이른바 「교부금 합병」), 주식교환(이른바 「교부금 주식교환」) 및 주식이전(이른바 「교부금 주식이전」)도 허용되므로(교부금 합병의 경우에는 상법 제523조 제4호, 교부금 주식교환의 경우에는 동법 제360조의3 제3항 제4호, 교부금 주식이전의 경우에는 동법 제360조의16 제1항 제4호), 이러한 교부금 합병, 교부금 주식교환 또는 교부금 주식이전의 경우에는 그 지급에 필요한 자금조달이 필요할 것이다.

2) 그러나 주식양수도 등의 경우에도 상법상 주식취득의 대가를 주식 등 현물로 지급하는 방법(예를 들면 「주식스왑」 등)도 허용되므로, 이러한 현물에 의한 대가 지급의 경우에는, 자금조달이 필요하지 않게 될 것이다.

3) 자금조달(현금)의 필요 여부에 따른 M&A의 분류에 대해서는, (i) 정영철 『기업인수 5G(4G개정판)』(박영사, 2015) 148~149페이지, (ii) 이중욱 외 『M&A와 투자, 기업재편 가이드(개정증보판)』(삼일인포마인, 2022) 129페이지 이하, (iii) 박준 · 한민 『금융거래와 법(제3판)』(박영사, 2022) 933페이지 이하 각 참고

4) 실무적인 관점에서의 다양한 M&A자금 조달방법에 대해서는, (i) 이중욱 외 『M&A와 투자, 기업재편 가이드(개정증보판)』(삼일인포마인, 2022) 131페이지 이하, (ii) 삼일회계법인 M&A지원센터 『M&A ESSENCE』(중소벤처기업부 · 한국벤처캐피탈협회, 2020) 124~125페이지 각 참고

5) 통상 계열회사로부터 제공되는 금융을 말하는데, 계열회사 간 대출(Inter-Company Loan), 계열회사에 의한 사채/지분출자(종류주식 인수 등)의 방법으로 실행된다. 계열회사 간 금융제공의 경우에는, 적정이자율 여부 등을 포함한 회계 · 세무상 문제뿐만 아니라, 해당 계열회사의 이사의 선관주의의무 · 충실의무 위반, (업무상)배임죄, 이사 등과 회사 간의 거래 제한(상법 제398조), 주요주주 등 이해관계자와의 거래 제한(상법 제542조의9), 독점규제법상의 채무보증제한(독점규제법 제24조) · 불공정거래행위금지(동법 제45조 제1항) 및 특수관계인에 대한 부당한 이익제공 등 금지(동법 제47조) 등의 행위제한 등 그 위반 시 형사적인 문제 및

조달하는 방법을 생각할 수 있는데, 실무상 M&A 추진 주체의 내부 유보금은 한계가 있고, 또한 M&A를 추진하는 바이아웃 펀드 등은 레버리지(Leverage)[6]를 통한 최적의 투자수익 실현(이를 「레버리지 효과」라고 한다)을 목표로 하기 때문에, 통상은 내부의 자금(자기자금)과 외부의 자금(외부자금)을 적절한 비율로 조합하여 전체의 M&A자금을 조달하게 된다.

그렇다면 M&A금융은 「M&A거래를 추진하는 주체가 그 대가로 현금을 지급하는 M&A 거래에 필요한 자금을 외부로부터 조달하는 것」이라 할 수 있는데, M&A거래에 필요한 자금 조달 시 실무에서 가장 빈번하게 사용되고 있는 구조인 「LBO금융(Leveraged Buy-Out Finance)」은 이러한 외부로부터의 자금조달 방법의 하나라고 할 수 있다.

여기서 「LBO」[7]란, 「Leveraged Buy-Out」의 약자로서, 법률상의 개념은 아니고 통일된 정의가 존재하는 것도 아니나, 실무에서는 일반적으로 「M&A의 추진 주체가 자기자본(그의 자체 내부자금)과 타인자본(그의 외부에서 조달한 자금)을 투자효율을 최적화할 수 있는 일정한 비율로 조합하여 M&A를 실행하는 M&A의 한 기법」(한편, 대법원 판례는 「기업인수를 위한 자금의 상당 부분에 관하여 피인수회사의 자산을 담보로 제공하거나 그 상당 부분을 피인수기업의 자산으로 변제하기로 하여 차입한 자금으로 충당하는 방식의 기업인수기법」으로 표현한다) 정도로 이해되고 있다.[8][9]

금융제공 자체의 효력문제가 제기될 가능성이 있는 제한규정도 있기 때문에, 이러한 책임 및 관계법령상 금지·제한 여부(탈법행위 여부 및 그 유효성 포함)에 대해서도 주의할 필요가 있다.

6) 「레버리지(Leverage)」에 대해서는, 본서 제1편 제3장 1 레버리지(Leverage) 부분 참조

7) 가장 대표적인 LBO라고 할 수 있는 KKR의 「RJR 나비스코 LBO」에 대한 흥미진진한 자료로는, Bryan Burrough(이경식 역) 『문앞의 야만인들(Barbarians at the Gate)』(부키, 2020) 참고

8) LBO 및 그 과정에서 특히 문제가 되는 배임죄에 대해서는, (i) 「차입매수의 주요 쟁점」 천경훈 편저 『우호적 M&A의 이론과 실무-거래의 절차와 구조 설계』(소화, 2017) 252페이지 이하, (ii) 「LBO와 배임죄」 법무법인(유) 율촌 송무그룹 편 『율촌판례연구』(박영사, 2016) 603페이지 이하, (iii) 박준·한민 『금융거래와 법(제3판)』(박영사, 2022) 942페이지 이하 각 참고

9) 한편, 투자대상회사의 경영진이 M&A의 추진 주체가 되어 자금을 출자하고 M&A거래에 참여하는 것을 실무에서는 「MBO(Management Buy-out)」라고 하는데, 「MBO」에는 경영진만이 M&A거래 추진하는 경우와 경영진과 바이아웃 펀드(Buy-out Fund) 등의 스폰서(Sponsor)가 공동으로 M&A거래를 추진하는 경우가 있다. MBO방식에 의한 M&A거래를 실무적인 측면에서 시간흐름에 따라 설명한 자료로는, RICK RICKERTSEN(문혜린 옮김) 『바이아웃 M&A의 진짜 비밀(BUYOUT: The Insider's Guide to Buying Your Own Company)』(빅슨네트웍스, 2009)을 참고

[판례 1-1] 대법원 2020. 10. 15. 선고 2016도10654 판결[하이마트 LBO 사건][10)]

이른바 차입매수 또는 LBO(Leveraged Buy-Out의 약어이다)란 일의적인 법적 개념이 아니라 일반적으로 기업인수를 위한 자금의 상당 부분에 관하여 피인수회사의 자산을 담보로 제공하거나 그 상당 부분을 피인수기업의 자산으로 변제하기로 하여 차입한 자금으로 충당하는 방식의 기업인수 기법을 일괄하여 부르는 경영학상의 용어로, 거래현실에서 그 구체적인 태양은 매우 다양하다. 이러한 차입매수에 관하여는 이를 따로 규율하는 법률이 없는 이상 일률적으로 차입매수방식에 의한 기업인수를 주도한 관련자들에게 배임죄가 성립한다거나 성립하지 아니한다고 단정할 수 없는 것이고, 배임죄의 성립 여부는 차입매수가 이루어지는 과정에서의 행위가 배임죄의 구성요건에 해당하는지 여부에 따라 개별적으로 판단되어야 한다.

그렇다면, 「LBO금융」이란, 이러한 「LBO의 추진 주체가 LBO를 위하여 외부로부터 자금을 조달하는 것」을 의미하는 정도로 이해하면 될 것이다.

[그림 1-1] LBO금융의 기본구조

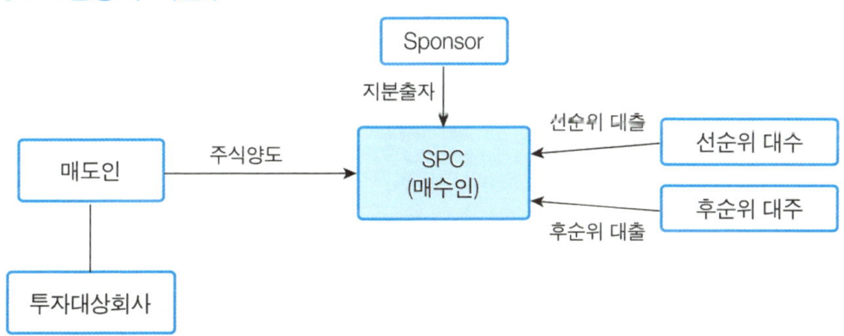

이와 같은 M&A금융의 수단으로는 여러 가지를 고려할 수 있으나, 금융기관 등으로부터의 자금차입, 사채·주식 등의 증권발행, 주식매도인으로부터의 금융제공(실무에서는 이를 「매도인 금융(Seller Finance 또는 Vendor Finance)」이라고 한다)[11)] 등을 통한 자금조달이 대표적이다.

10) 판결이유 전문은 [판례 1-11] 참조

11) 투자대상주식의 매도인으로부터 제공되는 금융을 의미하며, 통상은 매매대금 중 일부를 (후순위)대출 실행금, (후순위)사채/종류주식의 인수대금으로 상계처리하는 방법으로 실행된다. 다만, 투자대상주식의 매매대금을 매수인이 발행하는 종류주식의 인수대금과 상계처리하는 경우에 대해서는 이러한 상계는 현물출자의 절차를 우회하는 것으로서 허용되지 않는다는 견해가 있다. 또한 매도인 금융을 이용하고자 하는 경우에는, 이러한 매도인 금융 제공이 회계처리(book-off, 연결배제 등), 세금문제, 독점규제법상 계열회사 변경, 지분공시, 중요사항공시 등 매도인·매수인이 추진하는 M&A거래의 당초 목적에 어떠한 영향을 미치게 될지도 함께 검토된 후 구조가 설계되어야 한다.

[표 1-1] M&A거래의 자금조달 방법[12)]

조달처	구 분	종 류
외부자금 (금융기관, 매도인 등)	선순위 금융	(선순위)대출, (선순위)사채
	후순위 금융 (메자닌 금융)	(후순위)대출, (후순위)사채
		종류주식
		Seller Finance(후순위 대출·사채, 종류주식)
내부자금 (스폰서, 계열회사 등)	Inter-Company Finance(후순위 대출·사채, 종류주식)	
	보통주식	

12) 대출에 의한 자금조달은 「온라인투자연계금융업 및 이용자 보호에 관한 법률」에 따라 온라인연계투자금융업자가 운영하는 온라인플랫폼을 통한 연계대출을 통해 조달하는 방법(대출형 크라우드펀딩), 증권발행에 의한 자금조달은 토큰 증권(신탁수익권, 투자계약증권)의 발행(STO, Security Token Offering)·자본시장법상 온라인소액투자중개를 통한 증권 발행(증권형 크라우드펀딩) 등의 방법 등을 각각 고려해 볼 수 있으나, 각 그 소요절차 및 요건, 일정한 수준의 계약조건 표준화, 조달가능금액의 제한, 공시 등을 통한 계약조건의 공개 등으로 인해, 소요금액이 다액이고 또한 기밀성이 요구되며 복잡한 계약조건 등이 규정되는 M&A금융의 자금조달에 활용되기에는 적당하지 않은 것으로 보인다.

제2장 M&A 및 M&A금융의 주체[13)]

M&A 및 M&A금융을 추진하는 주체는 펀드, 특수목적법인(Special Purpose Company. 이하 「SPC」라고 한다),[14)] 다른 사업을 영위하고 있는 회사(사업운영회사) 등 개별사안에 따라 다양하지만, 실무에서는 주로 바이아웃(Buy-out)을 투자목적으로 하는 펀드(Fund) 또는 당해 M&A거래를 위하여 별도로 설립된 특수목적법인(SPC)[15)] 등이 주체가 되는 경우가 많다.

13) M&A거래 및 M&A금융의 관계당사자에 대해서는, (i) 笹山幸嗣・村岡香奈子『M&Aファイナンス(第2版)』(一般社団法人金融財政事情研究会, 2008) 38페이지 및 97페이지 이하, (ii) 이중욱 외『M&A와 투자, 기업재편 가이드(개정증보판)』(삼일인포마인, 2022) 26페이지 이하 각 참고

14) 한편, M&A거래를 목적으로 설립되는 특수목적법인(SPC)의 하나로 자본시장법 시행령 제6조 제4항 제14호에 의해 도입된 「기업인수목적회사(이른바 SPAC, Special Purpose Acquisition Company)」가 있다. 이 「기업인수목적회사」는 「다른 법인과 합병하는 것을 유일한 사업목적으로 하고 모집을 통하여 주권을 발행하는 법인」으로서 소정의 요건을 갖춘 경우에는 자본시장법상의 집합투자에 관한 규정의 적용이 배제된다(자본시장법 제6조 제5항 제3호). 다만, 기업인수목적회사는 IPO를 통해 자금을 조달한 후 90일 이내에 주권을 상장하여 주권상장법인이 되어야 한다는 점, 자금을 주식의 공모발행을 통해 조달한다는 점, 조달자금의 예치의무 등이 부과된다는 점 등 M&A거래를 위해 설정・설립되는 기관전용사모집합투자기구(종래의 PEF)(자본시장법 제9조 제19항 제1호)나 일반적인 특수목적법인(SPC)과는 차이가 있다. 또한, 자금조달방법이 주식공모발행으로 제한되어 있기 때문에 본서의 주제인 대출, 사채/종류주식 (사모)발행 등을 통한 M&A금융과도 차이가 있으므로 본서에서는 기업인수목적회사에 대해서는 별도로 다루지 않는 것으로 한다. 기업인수목적회사(SPAC)에 대해서는, 한국거래소「기업인수목적회사(SPAC) 제도 해설」(에세이퍼블리싱, 2010) 참고

15) 특수목적법인(SPC)은 특수목적기구(SPV, Special Purpose Vehicle) 중 법인형태를 취하는 것(주식회사, 유한회사, 유한책임회사 등)을 의미한다. 특수목적기구에는 법인, 신탁법상 신탁(Trust), 민법상 조합, 상법상 익명조합 등 다양한 법적형태가 이용될 수 있다. 자본시장법상 기업인수목적회사(SPAC) 및 각종 집합투자기구(집합투자기구가 설립하는 투자목적회사 포함), 자산유동화법상의 유동화전문유한회사, 부동산투자회사법상의 부동산투자회사, 조세특례제한법상의 프로젝트금융투자회사(PFV), 사회기반시설에 대한 민간투자법상의 투융자집합투자기구 등은 모두 특수목적기구(SPV, Special Purpose Vehicle)의 예이다. 특정 프로젝트와 관련하여 이러한 특수목적법인(SPC)을 이용하는 이유는 스폰서의 상환책임의 배제(non-recourse 또는 limited-recourse), 법령상 스폰서의 차입제한 회피, 조세문제 또는 조세혜택, 회계처리문제, 감독당국의 규제 등의 여러 측면에서 개별사안에 따라 다양할 수 있다. 특수목적법인(SPC)을 이용하는 이유에 대해서는, (i) 본편 주 25), (ii) 박준・한민『금융거래와 법(제3판)』(박영사, 2022) 937페이지, (iii) Philip R Wood「PROJECT FINANCE, SECURITIZATIONS, SUBORDINATED DEBT」『LAW AND PRACTICE OF INTERNATIONAL FINANCE』(SWEET & MAXWELL, 2007) 9~11페이지 각 참고

1 바이아웃 펀드(Buy-out Fund)

「바이아웃 펀드(Buy-out Fund)」는 법률상 그 개념이 규정된 것이 아니고 실무에서 사용되는 용어인데, 일반적으로 「투자대상회사(「Target Company」)[16]의 경영권을 인수한 뒤 다른 회사와의 합병·구조조정 등을 통하여 투자대상회사의 기업가치를 높인 후 지분매각 등의 방법으로 투자를 회수함으로써 이익을 실현하는 방식으로 투자(이를 실무상 「바이아웃(Buy-out)」[17]이라고 한다)[18]를 하는 펀드(Fund)」, 즉 글자 그대로 「바이아웃(Buy-out)을 수행하는 펀드(Fund)」 정도로 이해되고 있다.

여기서 「펀드(Fund)」란, 「투자자로부터 자금을 모아 투자활동을 하여 두자사에게 그 수익을 분배하는 것을 목적으로 설정(설립)된 법적인 도구(Vehicle)」를 의미하는 것으로서 법적으로는 다양한 형태를 취할 수 있는데, 대표적으로 자본시장법상의 「집합투자기구」가 여기에 해당한다.[19]

실무상 M&A 및 M&A금융의 추진 주체가 되는 「펀드」로는, 외국의 경우에는 「유한책임조합(Limited Partnership)」이 주로 이용되는데, 우리나라의 경우에는 자본시장법상 집합투자기구의 하나인 「경영참여형사모집합투자기구(PEF)」가 주로 이용되었다.

한편, 자본시장법상의 「사모집합투자기구」의 구분은, 2021년 10월 21일부터 시행된 사모펀드제도개편에 따라 종래의 「경영참여형사모집합투자기구(PEF)」 vs 「전문투자형사모집합투자기구」에서, 「기관전용사모집합투자기구」 vs 「일반사모집합투자기구」로 변경되었다.[20] 이에 따라 종전의 「경영참여형사모집합투자기구(PEF)」는 투자자 자격제한 강화, 집합투자재산 운용규제 등을 정비하여 「기관전용사모집합투자기구」로 재편되었다.[21]

---

16) 인수대상회사를 의미하는 「Target Company」를 실무에서는 「대상회사」라고도 하나, 본서에서는 「투자대상회사」라고 부르기로 한다.

17) 바이아웃(Buy-Out)에 의한 MBO방식의 M&A거래를 실무적인 측면에서 시간흐름에 따라 설명한 자료로는, RICK RICKERTSEN(문혜린 옮김) 『바이아웃 M&A의 진짜 비밀(BUYOUT: The Insider's Guide to Buying Your Own Company)』(빅슨네트웍스, 2009) 참고

18) 이를 간단히 「지배권 있는 주식을 인수하는 거래」라는 의미로 사용하는 견해도 있다. 박준·한민 『금융거래와 법(제3판)』(박영사, 2022) 935페이지 주 161

19) 자본시장법상 「집합투자기구」란, 「2인 이상의 투자자로부터 모은 금전 등을 투자자로부터 일상적인 운용지시를 받지 아니하면서 재산적 가치가 있는 투자대상자산을 취득·처분, 그 밖의 방법으로 운용하고 그 결과를 투자자에게 배분하여 귀속시키는 것을 수행하기 위한 기구」를 의미하는데(자본시장법 제6조 제5항, 제9조 제18항), 그 법적 형태로는 투자신탁, 투자회사, 투자유한회사, 투자합자회사, 투자유한책임회사, 투자합자조합, 투자익명조합으로 나누어진다(동법 제9조 제18항).

20) 자본시장법 제9조 제19항

21) 현행 자본시장법하에서는 「기관전용사모집합투자기구」와 「일반사모집합투자기구」 모두 집합투자규약의 내

이와 같은 자본시장법 개정 사항을 반영하여, 이하에서의 PEF는 자본시장법상의 「기관전용사모집합투자기구」 중 경영권 참여, 그 중에서도 기업지배권 취득 등을 통한 Buy-out 거래를 위하여 집합투자재산을 운용하는 「기관전용사모집합투자기구」를 전제로 한다.

다음 항에서는 우리나라에서 M&A거래와 M&A금융에서의 주요 주체 내지 투자도관(Vehicle)으로 이용되고 있는 자본시장법상 PEF에 대해 간략히 살펴본다.

2 자본시장법상 PEF[22)]

(1) PEF의 법적 형태 및 종류

앞서 살펴 본 바와 같이, 우리나라의 경우 실무상 M&A 및 M&A금융의 주체가 되는 펀드로는 자본시장법에 따라 설립·설정된 「PEF」가 주로 이용되고 있다.

PEF는 상법상 「합자회사」로 설립되는데(자본시장법 제9조 제18항 제4호, 제19항 제1호), 자본시장법에서는 집합투자기구(펀드)라는 특수성을 감안하여 상법상의 합자회사에 관한 규정에 대한 여러 특례를 규정하고 있다.[23)]

한편, 2021년 10월 21일 개정 전 자본시장법(이하 「개정 전 자본시장법」이라고 한다)하에서는, PEF에 의한 직접 차입 또는 채무보증은 자산총액에서 부채총액을 뺀 가액의 10% 범위에서만 허용되기 때문에(개정 전 자본시장법 제249조의12 제7항), PEF가 직접 M&A거래의 매수인 및 M&A금융상의 차주의 지위에서 자금을 차입하여 투자대상회사에 투자하는 것은 투자의 효율성을 최대화할 수 없는 반면, PEF가 「투자목적회사」를 활용하는 경우[24)]

용에 따라 경영권 참여 목적의 투자(자본시장법 제249조의7 제5항)를 할 수 있고, 일반사모집합투자기구도 투자목적회사의 지분증권에 투자할 수 있게 되었다(동법 제249조의13). 다만, 일반사모집합투자기구의 경우에는 집합투자재산으로 보유하는 주식 등에 대한 의결권 행사규정(동법 제87조 제2항)으로 인해 투자대상회사를 계열회사로 편입하거나 기타 기업지배권을 인수하는 목적으로 투자신탁재산을 운용하기가 사실상 어렵기 때문에 기업지배권 거래, 즉 Buy-out 목적의 M&A거래를 위해서는 종전과 마찬가지로 기관전용사모집합투자기구가 활용될 것으로 생각된다.

22) 「PEF」에 대한 전반적인 설명은, (i) 『경영참여형 사모집합투자기구 실무 안내 PEF Handbook』(금융감독원, 2016), (ii) 법무법인 지평 PEF 실무연구회 『PEF(경영참여형 사모펀드)의 이해』(박영사, 2016), (iii) 윤승한·차일규 『사모펀드와 M&A』(삼일인포마인, 2020), (iv) 김규림 외 『PRIVATE EQUITY FUND - 사모펀드의 모든 것』(한국금융연수원, 2018), (v) 박삼철 외 『사모펀드 해설(제3판)』(지원출판사, 2021)등 참고

23) PEF 등 기관전용사모집합투자기구에 대한 특례에 대해서는 자본시장법 제249조의20 참조
또한, 투자목적회사에 관한 상법에 대한 특례에 대해서는 자본시장법 제249조의13 제7항 참조

24) PEF는 복층(復層)의 투자목적회사를 통하여 투자대상회사에 투자(예를 들면, PEF → SPC1(母SPC) → SPC2(子SPC) → 투자대상회사의 구조)할 수 있다(자본시장법 제249조의13 제1항 제3호 가목).

에는, 투자목적회사는 자기자본의 300% 범위에서 차입 또는 채무보증이 가능하기 때문에(개정 전 자본시장법 제249조의13 제3항, 동 시행령 제217조의19 제3항), 레버리지(Leverage)에 의한 투자효율화를 최대한 추구할 수 있다는 차이가 존재하였다. 이에 따라, 개정 전 자본시장법하에서는, 투자효율화를 최대한 추구하는 PEF의 경우에는, 대부분 투자목적회사를 하나 또는 수개 설립하여 각 투자목적회사별로 투자대상회사에 투자하는 구조를 취하게 되었다.[25)]

그러나 2021년 10월 21일 시행된 자본시장법하에서는, PEF에 의한 직접 차입 및 채무보증 등은 자산총액에서 부채총액을 뺀 가액의 400% 범위에서 허용되어 이제는 자금 차입 등에 관해서는 PEF와 투자목적회사 사이에 차이가 없게 되었다(자본시장법 제249조의12 제1항, 제249조의7 제1항, 제249조의13 제4항, 동 시행령 제271조의10 제1항, 동 시행령 제271조의19 제4항). 다만, 자금 차입 등에 관한 위와 같은 차이가 해소되었음에도 불구하고, PEF가 투자목적회사를 통해 투자대상회사에 투자하는 것에는 자금 차입 등의 제한 이외에도 다양한 목적[26)]이 존재하기 때문에 실무에서는 PEF가 투자대상회사에 직접 투자하기보다는 특수목적회사를 설립하여 투자하는 구조가 여전히 주류를 이룰 것으로 생각된다.

이러한 투자목적회사는 상법상의 주식회사 또는 유한회사로 설립되어야 하는데, 주주 또는 사원 및 그 출자비율이 일정한 자격과 요건을 충족해야 하고, 자본시장법에 특별한 규정이 없는 한 상법의 주식회사 또는 유한회사에 관한 규정이 적용된다(자본시장법 제249조의13, 동 시행령 제271조의19).

(2) PEF의 투자대상

PEF는 그 투자대상 및 여유자금 운용 등 재산운용이 자본시장법에 의해 제한되어 있다(자본시장법 제249조의12, 제249조의13 등). 또한, 자본시장법 이외에도 금융위원회(금융감독원) 등 감독당국의 각종 구두·서면에 의한 가이드라인 등에 의해 실질적으로 그 투자대상이나 투자방법이 제한되는 경우가 존재한다.

---

25) 이외에도 PEF가 투자목적회사를 통해 투자대상회사에 투자하는 목적은 다양한데 일반적으로는, (i) 투자목적회사라는 투자수단을 통해 다양한 거래구조를 설계할 수 있고, (ii) 차입 확대에 따른 투자위험을 투자목적회사로 제한할 수 있다는 점, (iii) 복층형 투자목적회사를 통해 기업 인수 시 인수금융의 확대 등 다양한 투자구조 설계와 투자목적회사·투자대상회사 간 합병 등을 용이하게 진행할 수 있다는 점 등을 들 수 있다{『경영참여형 사모집합투자기구 실무 안내 PEF Handbook』(금융감독원, 2016) 84페이지}.

26) 이에 대해서는 본편 주 15) 및 주 25) 참조

(3) PEF의 구조와 투자의 흐름

앞서 살펴본 바와 같이, PEF는 상법상 「합자회사」로 설립되는데(자본시장법 제9조 제18항 제4호, 제19항 제1호), 그 사원으로는 대외적으로도 무한책임을 부담하는 무한책임사원(동법 제249조의11 제1항)과 대외적으로 유한책임만을 부담하는 투자자인 유한책임사원(동법 제249조의11 제1항, 제4항 및 제6항, 동 시행령 제271조의14 제3항 및 제4항) 그리고 PEF를 운영하고 업무를 집행하는 업무집행사원(무한책임사원 중 1인 이상)(동법 제249조의14, 제249조의15)으로 구성된다. PEF의 유한책임사원 등의 자격에는 일정한 제한이 있다(동법 제249조의11 제6항, 동 시행령 제271조의14 제3항 및 제4항 등).

PEF의 설립은 업무집행사원이 금융기관, 공적연기금, 일반기업 등의 투자자에 대하여[27] PEF의 출자지분에 사모(私募, Private Placement)[28]의 형식으로 투자를 권유하고,[29] 이러한 투자자가 무한책임사원 또는 유한책임사원으로 참여하는 방법으로 이루어진다.[30][31]

실무에서는 사원이 처음부터 전액을 출자하지는 않고, 개별 투자대상회사가 결정[32]되거나 자금이 필요한 단계에서 업무집행사원이 사원에 대하여 정관상 미리 약정된 바에 따른

---

27) PEF의 투자자 자격에 대해서는 자본시장법 제249조의11 제6항 등 참고

28) 자본시장법 제9조 제7항, 제8항

29) ① PEF의 업무집행사원이 PEF의 집합투자재산의 운용 및 보관・관리, PEF 지분의 판매・환매 등의 업무를 영위하는 경우에는 자본시장법 제11조(무인가 영업행위의 금지)를 적용하지 않는다(동법 제249조의14 제4항). 즉, 업무집행사원이 PEF의 출자지분을 판매・환매하는 경우에는 집합투자업・투자매매업・투자매매중개업의 인가가 필요하지 않다. 또한, ② PEF의 업무집행사원이 지분증권을 사원에게 취득하게 하는 업(업무집행사원이 출자의 이행을 요구하는 때에 출자하기로 약정하게 하는 행위를 포함한다)은 금소법상 금융상품판매업에서 제외되기 때문에(동법 제2조 제2호, 동 시행령 제2조 제2항 제4호, 동 감독규정 제2조 제2항 제1호) 업무집행사원이 PEF의 출자지분을 판매・환매하는 경우에는 금소법상 금융상품판매업에 관한 규정이 적용되지 않는다. 나아가 ③ PEF의 업무집행사원은 자본시장법상의 금융투자업자에 해당하지 않기 때문에 PEF의 업무집행사원에 대해서는 금융투자업자로 규제하지 않고 별도로 진입규제에 관한 사항, 영업행위규칙, 법령위반에 대한 조치 등의 근거규정을 두고 있다(동법 제249조의10부터 제249조의23까지). 다만, 금융투자업자가 PEF의 업무집행사원인 경우에는 당해 금융투자업자에게 적용되는 자본시장법 및 기타 법령(금산법 등)상의 추가적인 규제가 적용된다. 이 연장선상에서, ④ 금융회사지배구조법상의 적용대상은 금융회사이므로, 동법상 금융회사가 아닌 PEF의 업무집행사원은 동법에서 규제하는 사항의 적용을 받지 않는다(동법 제2조 제1호).

30) PEF는 설립 시 정관에 총사원이 기명날인 또는 서명하여야 하고(자본시장법 제249조의10 제1항), 사원의 성명・상호, 주민등록번호・사업자등록번호 및 주소가 정관의 기재사항이기 때문에(동법 제249조의10 제1항 제7호) 설립 후 사원이 추가・변경될 때마다 추가・변경되는 사원의 기명날인 또는 서명과 인적사항 기재를 위한 정관변경이 필요하다.

31) PEF의 사원 총수는 100인을 초과할 수 없다(자본시장법 제249조의11 제1항).

32) 실무에서는, 투자대상회사를 미리 정해놓지 않은 상태에서 투자자들로부터 자금을 모은 뒤 적절한 투자대상회사가 나타나면 투자하는 방식을 「블라인드 펀드(Blind Fund)」, 투자대상회사를 미리 정해 놓고 투자자를 모집하는 방식을 「프로젝트 펀드(Project Fund)」라고 부른다.

출자약속의 이행을 요청(이를 실무에서는 「Capital Call」이라고 한다)하면, 사원이 출자를 이행함으로써 당해 M&A에 필요한 자금의 일부, 즉 「자기자본」 부분을 조달하는 방식으로 출자가 이루어지고 있다.[33] 한편, PEF가 투자목적회사를 통하여 M&A를 추진하는 경우에는 PEF가 사원으로부터의 출자금을 재원으로 단독으로 또는 전략적 투자자(Stratigic Investor) 등과 함께 투자목적회사를 설립하여 투자목적회사를 통하여 투자대상회사에 투자를 하게 된다.

업무집행사원은 사원의 출자이행 절차의 진행과 병행하여 M&A금융을 통하여 외부로부터 자금을 조달하여 사원으로부터의 출자금과 M&A금융에 의해 조달한 자금으로 M&A 거래를 종결시킨다. 만일 PEF가 투자목적회사를 통하여 M&A를 추진하는 경우에는 사원의 출자금을 재원으로 투자목적회사에 대한 출자(유상증자) 등을 통해 투자목적회사에 자기자본을 투자하고 투자목적회사에 투자한 출자금과 투자목적회사가 M&A금융에 의해 외부로부터 조달한 자금으로 M&A거래를 종결시키게 된다.

그 후, PEF의 업무집행사원은 투자대상회사에 임원의 파견, 기업의 조직・체제・인프라의 정비, 추가 M&A나 추가 설비투자, 다른 회사와의 합병(투자목적회사와 투자대상회사의 합병 등), 다른 M&A기업과의 시너지(Synergy) 실현 등을 통해서 투자대상회사의 기업가치를 향상시킨 후 수(數)년이 경과하여 기업가치가 높아진 시점에 주식상장(IPO), 주식매각, 자사주 매입, 유상감자 등의 방법으로 투자를 회수하여 PEF의 정관에서 정해진 바에 따라 사원에게 수익을 분배하게 된다.

[그림 1-2] PEF의 기본 운영구조

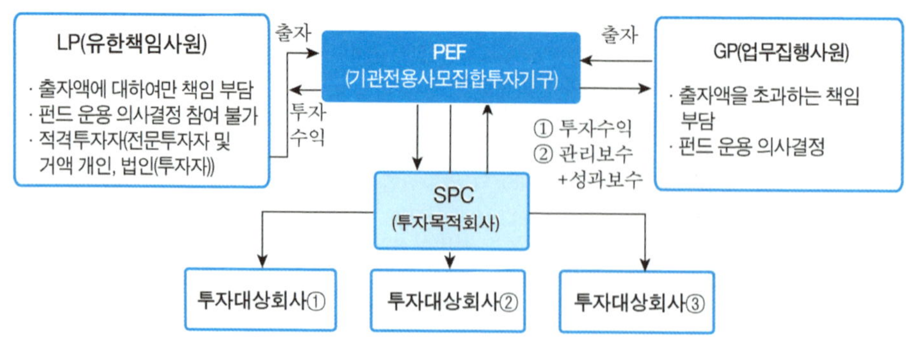

* 위 그림은 『경영참여형 사모집합투자기구 실무 안내 PEF Handbook』(금융감독원, 2016) 12페이지에서 인용한 것이다.

33) 자본시장법에서도 이러한 Capital Call 방식에 의한 출자를 허용하고 있다(동 시행령 제271조의14 제11항).

이상의 시간 순서에 따른 PEF의 설립·투자 흐름을 정리하면 아래와 같다.

[표 1-2] PEF의 설립·투자 흐름

설립·투자 흐름	업무 및 규제내용
투자자 모집	• 사원 수 제한: 100인 이내(법 제249조의11 제1항) - 다만, 다른 집합투자기구가 그 PEF 지분을 10% 이상 취득하는 경우에는 그 다른 집합투자기구의 투자자 수를 합산하여 계산(법 제249조의11 제2항, 영 제271조의14 제1항) • 유한책임사원의 자격(법 제249조의11 제6항) - 원칙적으로 법인 (i) 전문투자자로서 대통령령으로 정하는 투자자(영 제271조의14 제4항) (ii) 업무집행사원 또는 유한책임사원 관련자 등 대통령령으로 정하는 일정한 자(영 제271조의14 제5항) • 부당권유행위금지(법 제249조의14 제6항 제2호) - 원금 또는 일정한 이익의 보장을 약속하는 등의 방법으로 사원이 될 것을 부당하게 권유하는 행위 금지[34] • 동일 상호출자제한기업집단 소속 금융회사의 PEF 출자제한 - PEF 출자총액의 30% 초과 출자금지(영 제271조의14 제9항) - 다만, 투자대상기업이 오로지 외국법령에 따라 설립된 회사인 경우 출자 가능(영 제271조의14 제10항)
설립	• 정관 작성(법 제249조의10 제1항) • PEF의 명칭(법 제183조 제2항, 상법 제19조)[35] • 업무집행사원이 금융회사인 경우 금융산업의 구조개선에 관한 법률상 출자승인(금산법 제24조)
등기	• PEF 등기(법 제249조의10 제2항)
보고	• 금융위원회(금융감독원)에 설립보고(법 제249조의10 제4항, 영 제271조의13) (i) 설립등기일로부터 2주일 이내 (ii) 다만, 투자자 보호 및 건전한 거래질서를 해칠 우려가 있는 경우로서 대통령령으로 정하는 경우 설립등기 후 지체 없이 보고 • 보고서 제출(영 제271조의13, 금융투자업규정 제7-14조의8) (i) 설립보고서 (ii) 첨부서류(정관, 업무집행사원에 관한 서류, 업무위탁계약서, 행위준칙, 운용인력 내역 및 경력증명서, 투자목적회사에 투자한 전략적 투자자 관련 사항 등) • 금융위원회(금융감독원)의 보완요구: 보고내용에 흠결이 있는 경우(법 제249조의10 제5항)

34) 아래의 대법원 2017두31767 판결([판례 1-2]), 대법원 2017다282698 판결([판례 1-3]) 각 참조

35) PEF의 명칭은 「사모」와 「투자합자회사」라는 문구가 포함되도록 하여 「○○○○ (제○호) 사모투자합자회사」와 같이 정해지는 것이 일반적이다.

설립 · 투자 흐름	업무 및 규제내용
투자목적회사 설립	• 투자목적회사의 요건 충족(법 제249조의13 제1항) ※ 투자목적회사 설립 후 2주일 이내에 변경 보고(PEF)하여야 함(법 제249조의10 제6항).
투자 (출자 및 M&A금융)	※ Capital call 등 이행액이 변경된 경우 그날부터 2주일 이내에 변경 보고(PEF) 하여야 함(법 제249조의10 제6항). • PEF 재산 운용방법 등(법 제249조의12, 제249조의7) - 단, 투자목적회사의 경우에는 특칙 있음(법 제249조의13 제4항, 영 제271조의19 제6항 등). • 상호출자제한기업집단 계열 PEF 등에 대한 제한(법 제249조의18) • 업무집행사원의 행위준칙 제정의무(법 제249조의14 제7항) ※ 행위준칙을 제정 · 변경한 경우 지체 없이 금융위원회(금융감독원)에 보고하여야 함(법 제249조의14 제7항).
투자회수	• PEF 재산평가(법 제238조) • PEF 회계처리(법 제240조) • PEF 이익분배(법 제242조)
해산	• 해산사유 발생 및 해산보고(법 제202조 제1항, 법 제216조) - 해산사유가 발생한 경우 청산인은 해산일부터 30일 이내에 해산사유, 연월일, 청산인 등을 금융위원회(금융감독원)에 보고하여야 함. ※ 청산인은 취임 후 지체 없이 재산상태를 조사한 후 15일 이내에 재산목록과 대차대조표를 작성하고, 그 등본을 지체 없이 금융위원회(금융감독원)에 제출하여야 함(법 제203조 제1항). • 청산인 선임 및 해산등기(법 제202조 제2항, 법 제216조) • 채권자 최고절차(법 제203조 제3항, 법 제216조) - 청산인은 취임한 날부터 1개월 이내에 2회 이상의 채권자 최고절차(1개월 이상)를 이행하여야 함.
청산	• 결산보고서 공고 및 보고(법 제203조 제5항, 법 제216조) - 청산인은 청산사무가 종결된 경우 지체 없이 결산보고서를 작성하여 사원총회 승인을 받은 후 공고하고, 이를 금융위원회(금융감독원) 및 금융투자협회에 제출하여야 함.

* 위의 표는『경영참여형 사모집합투자기구 실무 안내 PEF Handbook』(금융감독원, 2016) 36~37페이지의 표를 인용하고 일부 재구성한 것이다.

* 법: 자본시장과 금융투자업에 관한 법률, 영: 자본시장과 금융투자업에 관한 법률 시행령

한편, PEF의 투자자 모집 시 업무집행사원의 투자자 혹은 유한책임사원에 대한 주의의무 및 금지행위와 관련하여 다음의 점이 문제된다.

먼저, 업무집행사원의 유한책임사원에 대한 투자권유 및 PEF의 재산운용 시 무한책임사

원의 유한책임사원에 대한 주의의무와 관련하여 서울고등법원 판결에서는, 「업무집행사원은 투자가 실제 이뤄지기 전까지 투자대상에 중대한 투자위험이 있다는 의심을 불러일으킬 만한 정황, 이른바 위험신호(red flag)를 발견하는 경우 유한책임사원에게 이를 고지하고, 이 같은 정황에 대한 합리적인 조사를 통해 획득한 정보를 제공해야 한다. 그러한 조사를 거친 뒤에도 투자위험에 관한 정보가 불명확하거나 불충분한 경우 유한책임사원에게 그러한 사정을 분명하게 알려야 할 의무가 있다. 이 사건 핵심 리스크는 투자의 성패를 좌우할 중대한 위험요소로서 업무집행사원은 이에 대해 세심한 주의를 기울일 필요가 있었다. 업무집행사원인 피고들은 (해당 리스크에 대해) 확인 또는 조사를 불충분하게 했을 뿐만 아니라, 투자위험을 무릅쓰고 투자를 계속하고자 했던 것으로 보인다. 그 결과 유한책임사원들은 화장품 제조사의 투자위험 등에 관한 정확한 정보를 제공받지 못한 상태에서 투자를 결정하게 됐다. 업무집행사원인 피고들은 유한책임사원들에게 PEF에 대한 투자를 권유해 PEF를 설립하고 주식매매계약에 따른 거래를 종결하는 과정에서 핵심 리스크가 존재할 수 있다는 의심스러운 정황이 발견됐음에도, 이를 투자자들에게 고지하거나 그에 대한 충분하고도 합리적인 조사를 하지 않았다. 이에 따른 투자가 실제 이뤄짐으로써 손해를 입게 됐으므로 공동으로 유한책임사원들에게 그로 인한 손해를 배상해야 한다」고 하여 투자권유 및 재산운용 시 무한책임사원의 유한책임사원에 대한 주의의무 위반을 이유로 손해배상 책임을 인정한바 있다.[36)]

36) 서울고등법원 2023. 2. 10. 선고 2022나2019892 판결. 동 판결의 사실관계는 다음과 같다.
① 피고들은 화장품 제조사인 A사에 투자하기 위해 무한책임사원 겸 공동업무집행사원으로서 2015. 6. 18. 사모투자전문회사를 설립하고, 2015. 7. 13. PEF를 통해 특수목적회사(special purpose company, SPC)를 설립했다. 이 과정에서 원고들은 해당 PEF에 출자금을 납입해 유한책임사원이 됐다. 당시 A사는 B에 마유크림 등 화장품을 공급하고 있었다. ② 이에 앞서 피고들은 원고들 등 예비 투자자들에게 PEF 투자를 권유하면서 A사의 현황과 성장 전망 등이 기재된 투자제안서와 재무실사보고서 등을 제공했다. 자료에는 해당 화장품 제조사가 마유크림 등을 개발한 ODM(Original Development Manufacturing, 제조업자 개발생산) 사이고, 화장품 레시피권을 보유한 곳이라는 정보가 포함됐다. ③ 같은 해 7. 16. SPC는 A사 발행 보통주식 전부를 소유하고 있는 주주들과 보통주식 전부를 매매대금 1200억여 원에 매수하는 주식매매계약을 체결했다. 이후 PEF가 출자한 870억 원 및 별도 발행한 사모사채를 통해 400억 원 등 합계 1200억여 원을 조달해 해당 주주들에게 지급하고, 보통주식 전부의 소유권을 취득해 거래가 종결됐다. ④ 그런데 이 PEF 설립 전, B사가 김포에 자체 생산 공장을 건설해 직접 대량 생산할 계획이라는 기사가 보도됐다. 하지만 업무집행사원은 해당 기사를 통해 B사 공장 신축 및 대량 생산 계획을 인지하고서도 이를 유한책임사원인 원고들에게 알리지 않았다. ⑤ 또 PEF 설립 후 거래종결 이전, B사 측은 업무집행사원인 피고 1의 법무팀 직원에게 PEF 투자 관련 A사 정보 가운데 화장품 내용물 등 일체의 권리는 B사에게 있다는 취지의 이메일을 보냈다. 그러나 업무집행사원들은 해당 이메일을 B사로부터 받았다는 사실을 유한책임사원인 원고들에게 알리지 않았다. ⑥ 이러한 공장 신축 관련 기사와 이메일 내용은 A사가 ODM사가 아니라 OEM사에 불과하다는 것과 B사의 화장품 레시피권 주장으로 인해 계약관계가 지속될 수 없을 거라는 등 투자대상에 대한 핵심리스크가 존재한다는 의심을 불러일으킬 수 있는 것이었다. ⑦ 이에 유한책임사원인 원고들은 공동업무집행사원인 피고들을 상대로 "업무집행사원은 주식매매계약의 거래종결 이전까지 투자대상의 중요한 사항에 대해 정확한 정보를 생산해 제공할 의무를 부담하는데, 핵심 리스크에 관해 사실과 전혀 다른 정보를 제공했고 부정확한 정보

다음으로, 자본시장법 제249조의14 제6항 제2호는 업무집행사원(법인이 업무집행사원인 경우에는 법인의 임직원을 포함한다)이 '원금 또는 일정한 이익의 보장을 약속하는 등의 방법'(이하 '이익 보장 약속'이라 한다)으로 사원이 될 것을 부당하게 권유하는 행위를 금지하고, 제446조 제47호는 위 규정을 위반한 사람을 처벌하도록 규정하고 있는바,[37] 위 규정을 위반한 행위의 사법상 효력, 위 규정이 적용되는 부당 권유의 주체(업무집행사원 이외의 자) 및 그 대상자(PEF에 대한 투자자 이외의 자)의 각 범위가 문제된다. 이에 대해서는 아래와 같이 구 간접투자자산운용업법이 적용되는 사안에 관한 판결이 있는데, 이익 보장 약속에 관한 자본시장법의 규정, 내용 및 취지는 구 간접투자자산운용업법의 그것과 거의 동일하므로 아래의 판결은 자본시장법하에서도 적용될 수 있을 것으로 생각된다.

[판례 1-2] 대법원 2017. 12. 13. 선고 2017두31767 판결

1. 원고들의 상고이유에 대하여

가. 상고이유 제1점, 제2점에 대하여

(1) 구 간접투자자산운용업법(2007. 8. 3. 법률 제8635호 자본시장과 금융투자업에 관한 법률 부칙 제2조로 2009. 2. 4. 폐지되기 전의 것, 이하 '구 간접투자법'이라 한다) 제144조의11 제2항 제2호는 사모투자전문회사의 업무집행사원(법인이 업무집행사원인 경우에는 법인의 임직원을 포함한다)이 '원금 또는 일정한 이익의 보장을 약속하는 등의 방법'(이하 '이익 보장 약속'이라 한다)으로 사원이 될 것을 부당하게 권유하는 행위를 금지하고, 제184조 제27호는 위 규정을 위반한 사람을 처벌하도록 규정하고 있고, 구 자본시장과 금융투자업에 관한 법률(2015. 7. 24. 법률 제13448호로 개정되기 전의 것, 이하 '구 자본시장법'이라 한다) 제272조 제6항 제2호도 구 간접투자법 제144조의11 제2항 제2호와 같은 내용으로 규정하고 있다.

구 간접투자법은 간접투자를 활성화하여 국민경제의 발전에 이바지함을 목적으로 제정된 법률로서(제1조), 간접투자는 '투자자로부터 자금 등을 모아서 자산에 운용하고 그 결과를 투자자에게 귀속시키는 것'을 말한다(제2조 제1호). 그리고 이러한 간접투자를 위하여 구 간접투자법이 설립을 허용한 사모투자전문회사는 불특정다수가 인지할 수 있는 대통령령이 정하는 방법에 의하지 아니하고 50인 이하의 사람에 대하여 사원이 될 것을 권유하여 설립되는 투자전문회사로서(제144조의2 제1항), '회사의 재산을 주식 또는 지분 등에 투자하여 경영권 참여, 사업구조 또는 지

에 기초해 PEF에 대한 투자를 결정했다"며 "핵심리스크가 존재한다는 사실을 확인했음에도 불구하고, 이를 전혀 보고하지 않아 PEF에 출자한 금액에 대한 손해를 입었다"고 주장하면서 손해배상소송을 제기하였다.

37) PEF의 업무집행사원은 반드시 금융투자업자일 필요는 없으므로 금융투자업자 일반에 적용되는 자본시장법 제55조(손실보전 등의 금지) 외에 별도로 이러한 규정을 두고 있다는 점은 앞서 살펴보았다.

배구조의 개선 등의 방법으로 투자한 기업의 가치를 높여 그 수익을 사원에게 배분하는 것을 목적으로 상법에 따라 설립된 합자회사'를 말한다(제2조 제4의2호). 구 자본시장법 역시 자본시장에서의 금융혁신과 공정한 경쟁을 촉진하고 투자자를 보호하며 금융투자업을 건전하게 육성함으로써 자본시장의 공정성·신뢰성 및 효율성을 높여 국민경제의 발전에 이바지함을 목적으로 제정된 법률로서(제1조), 구 자본시장법의 집합투자는 '2인 이상의 투자자로부터 모은 금전 등을 투자자 등으로부터 일상적인 운용지시를 받지 아니하면서 재산적 가치가 있는 투자대상자산을 취득·처분, 그 밖의 방법으로 운용하고 그 결과를 투자자 등에게 배분하여 귀속시키는 것'을 말한다(제6조 제5항). 그리고 이러한 집합투자를 위하여 구 자본시장법이 설립을 허용한 사모투자전문회사는 지분증권을 사모, 즉 49인 이하의 투자자에게 새로 발행되는 증권의 취득의 청약을 권유하여 발행하는 집합투자기구로서, 경영권 참여, 사업구조 또는 지배구조의 개선 등을 위하여 지분증권 등에 투자·운용하는 상법에 따른 합자회사 형태의 투자합자회사를 말한다(제9조 제8항, 제18항 제7호). 이처럼 사모투자전문회사는 주식 또는 지분 등에 투자하여 경영권 참여, 사업구조 또는 지배구조의 개선 등의 방법으로 투자한 기업의 가치를 높여 그 수익을 사원에게 배분함으로써 구 간접투자법의 목적인 간접투자를 활성화하기 위하여 인정된 것이고, 이는 구 자본시장법의 집합투자에서도 마찬가지이다.

그런데 사모투자전문회사가 투자를 권유하면서 투자자에게 원금 또는 일정한 이익의 보상을 약속하게 되면, 실질적으로 대여 목적의 자금을 모집하게 되어 구 간접투자법과 구 자본시장법이 추구하는 사원에 대한 투자 수익 배분에 의한 간접투자와 집합투자의 활성화라는 사모투자전문회사 제도의 본질을 훼손하고, 또한 사모투자전문회사 내지 그 업무집행사원이 그 약속을 이행하기 위하여 위험을 수반하는 일반적인 투자와 달리 부득이 불건전한 거래 또는 변칙적인 거래를 할 우려가 있을 뿐 아니라, 간접투자와 집합투자에 따른 수익의 배분과 괴리된 고정적인 이익 배분을 기대한 투자자의 안이한 투자판단을 초래하고 그 결과 투자 대상 기업의 수익 가치에 대한 일반 투자자 및 시장의 평가 내지 투자에 대한 위험 부담 없이 자금 모집이 이루어지게 되어 간접투자와 집합투자에 관한 공정한 거래질서의 왜곡을 가져올 위험성이 발생하므로, 구 간접투자법 제144조의11 제2항 제2호와 구 자본시장법 제272조 제6항 제2호(이하 이를 합하여 '이 사건 각 규정'이라 한다)를 두어 이익 보장 약속에 의한 부당 권유 행위를 금지한 것이다.

이와 같은 이 사건 각 규정의 문언과 체계 및 그 취지 등을 종합하여 보면, 이 사건 각 규정에서 금지하는 이익 보장 약속에 의한 부당 권유 행위의 주체는 사모투자전문회사의 업무를 집행할 권리와 의무를 가지고 투자자인 사원을 상대로 투자를 권유하여 자금을 모집하는 업무집행사원이고 또한 그 권유 행위의 일부를 이루는 '이익 보장 약속'의 주체 역시 특별한 사정이 없는 한 업무집행사원이라 해석되며,

업무집행사원의 투자 권유와 무관하게 유한책임사원 등의 제3자(이하 '제3자'라 한다)가 업무집행사원과 별도로 투자자에게 이익 보장 약속을 하였다 하더라도 그 사정만을 가지고 이 사건 각 규정을 위반하였다고 할 수 없다.

다만, 위에서 본 것과 같이 투자자에 의한 실질적인 간접투자와 집합투자를 실현하기 위한 이 사건 각 규정의 취지에 비추어 보면, 제3자가 투자자에게 이익 보장 약속을 하는 것에 그치지 아니하고, 업무집행사원이 투자대상과 투자방법 등을 결정하고 그 투자를 위하여 사모투자전문회사를 설립하면서 제3자의 이익 보장 약속을 전제로 하여 투자자의 투자 내지 자금의 모집을 계획한 후, 실제로 이러한 제3자의 이익 보장을 적극적으로 이용하여 투자자에게 투자를 권유하고 나아가 제3자와 투자자 사이의 이익 보장 약정 체결에 직접 관여함으로써 제3자의 이익 보장 약속이 외형상 업무집행사원의 투자 권유 행위와 병행하여 그 권유 행위의 일부로 이루어졌다고 평가할 수 있으며, 그로 인하여 업무집행사원이 적극적으로 이용한 제3자의 이익 보장 약속이 투자자가 업무집행사원의 권유를 받아들여 사원이 될 것인지의 투자판단에 직접적인 영향을 미쳐 실질적으로도 간접투자와 집합투자가 아니라 제3자에 대한 자금 대여를 권유한 것과 같은 결과에 이른다면, 이러한 업무집행사원의 행위는 확정적인 이익 보장 아래 사원이 되도록 부당하게 권유하는 행위로서 이 사건 각 규정을 위반한 행위에 해당한다고 해석된다.

(2) 원심판결 이유와 기록에 의하면, 아래와 같은 사실을 알 수 있다.

(가) 원고 지앤에이사모투자전문회사(이하 '원고 사모투자전문회사'라 한다)는 이트레이드증권 주식회사(이하 '이 사건 증권회사'라 한다)의 경영권을 인수하기 위하여 2008. 6. 19. 설립된 사모투자전문회사이고, 원고 지앤에이프라이빗에쿼티 유한회사(이하 '원고 유한회사'라 한다)는 원고 사모투자전문회사의 무한책임사원이자 업무집행사원이며, 원고 1은 원고 유한회사의 대표자이다.

(나) LS네트웍스 주식회사(이하 'LS네트웍스'라 한다)는 이 사건 증권회사를 직접 인수하는 것을 검토하다가 그 대신 사모투자전문회사 구조로 이 사건 증권회사에 투자하기로 결정한 다음, 이 사건 증권회사의 경영권을 인수하기 위하여 원고 사모투자전문회사를 설립하고 유한책임사원으로 참여하였다.

(다) LS네트웍스는 원고 사모투자전문회사 설립 당시 국민은행 주식회사 등 나머지 유한책임사원들(이하 '나머지 유한책임사원들'이라 한다)과 지분옵션계약을 체결하였고, 2009. 6.경 및 2013. 7.경 기존 사원의 지분을 인수한 유한책임사원들과도 동일한 내용의 지분옵션계약을 체결하였다.

그런데 원고 유한회사는 나머지 유한책임사원들의 모집을 위하여 발행한 제안서에 LS네트웍스와의 콜옵션 및 풋옵션 조항을 포함시켜 놓았다. 나아가 원고 유한회사는 LS네트웍스와 나머지 유한책임사원들의 지분옵션계약 체결 과정에서 LS네트웍스를 대신하여 지분옵션계약 조건과 지분옵션계약 초안을 제안하였고, 수익률 등 계약의 내용변경 협의를 직접 수행하였으며, 지분옵션계약의 체결 자체도 원고 유한회사를 통하여 이루어졌다.

(라) 위 지분옵션계약에 따르면, LS네트웍스는 나머지 유한책임사원들에게 원금과 연 8.25%의 수익에 해당하는 금액을 지급하는 대신, 향후 원고 사모투자전문회사가 이 사건 증권회사의 주식을 콜옵션 행사가액보다 높게 매각할 경우 LS네트웍스가 콜옵션을 행사하여 이 사건 증권회사의 주식을 콜옵션 행사가액으로 취득할 수 있다. 국민은행 주식회사는 위 지분옵션계약을 근거로 유한책임사원으로서 원고 사모투자전문회사에 투자한 금원을 LS네트웍스에 대한 대출금으로 처리하기도 하였다.

(마) 피고 금융위원회는 2015. 6. 24. '원고 사모투자전문회사의 업무집행사원인 원고 유한회사가 2008년 5월부터 같은 해 6월, 2009년 6월 및 2013년 7월에 국민은행 주식회사 등에게 사원이 될 것을 권유하는 과정에서 LS네트웍스를 통해 수익을 보장하겠다는 조건으로 투자를 제안하여 LS네트웍스와 지분옵션계약을 체결하도록 하였다'는 사실이 있어 이 사건 각 규정을 위반하였다는 이유로 원고 사모투자전문회사에 대하여 '기관경고'를, 원고 유한회사에 대하여 '기관경고'의 요구를, 원고 1에 대하여 '문책경고'를 하였다(이하 '이 사건 각 처분'이라 한다).

(3) 이러한 사실관계를 앞에서 본 법리에 비추어 살펴본다.

LS네트웍스와 나머지 유한책임사원들 사이에 체결된 지분옵션계약은 유한책임사원인 LS네트웍스의 부담으로 나머지 유한책임사원들에 대하여 이익 보장 약속을 한 것에 해당한다.

그런데 원고 유한회사는 나머지 유한책임사원들에게 사원이 될 것을 권유하는 과정에서 LS네트웍스가 원금과 일정한 이익을 보장할 것임을 단순히 소개한 것이 아니라, 처음부터 LS네트웍스의 이익 보장 약속을 전제로 하여 이 사건 증권회사에 대한 투자를 계획하고 그 투자를 위한 원고 사모투자전문회사를 설립하였다고 보이고, 나아가 위 이익 보장 약속을 나머지 유한책임사원들의 모집을 위하여 발행한 제안서에 포함하여 투자를 권유함으로써 이를 적극적으로 투자 권유에 이용하였을 뿐 아니라, LS네트웍스를 대신하여 나머지 유한책임사원들을 상대로 지분옵션계약의 제안부터 체결에 이르기까지의 전체 과정에 직접 관여하였다.

이러한 원고 유한회사의 관여 정도에 비추어 보면, 나머지 유한책임사원들에 대한 위 이익 보장 약속은 외형상 원고 유한회사의 업무집행사원으로서의 투자 권유 행위의 일부로 이루어졌다고 평가할 수 있고, 그로 인하여 나머지 유한책임사원들이

<u>원고 유한회사의 이 사건 증권회사에 대한 투자 권유를 받아들여 원고 사모투자전문회사의 사원이 될 것인지에 관한 투자판단에 직접적인 영향을 미쳐 실질적으로도 이 사건 증권회사에 대한 투자가 아니라 마치 LS네트웍스에 대한 자금 대여를 권유한 것과 같은 결과에 이르렀다고 보인다.</u>

이러한 사정들을 종합하여 보면, 비록 <u>위 지분옵션계약이 LS네트웍스의 부담에 의하여 이루어진 이익 보장 약속에 해당한다 하더라도, 업무집행사원으로서 이를 적극적으로 이용한 원고 유한회사의 위 행위는 나머지 유한책임사원들을 상대로 확정적인 이익 보장 아래 사원이 되도록 부당하게 권유한 행위로서 이 사건 각 규정을 위반하였다고 볼 수 있다.</u>

(4) 원심은 판시와 같은 이유로, 원고 유한회사가 위 행위를 하여 이 사건 각 규정을 위반하였다고 판단하였다. 원심의 이유 설시에 일부 미흡한 부분이 있으나, 원심의 결론은 이와 같은 취지로서 수긍할 수 있고, 거기에 상고이유 주장과 같이 이 사건 각 규정에 관한 법리를 오해하여 판결에 영향을 미친 위법이 없다.

[판례 1-3] 대법원 2021. 9. 15. 선고 2017다282698 판결

1. 원심판결 이유와 기록에 의하면 다음과 같은 사실을 알 수 있다.

가. 주식회사 솔로몬저축은행(이하 '솔로몬저축은행'이라고 한다)은 2007. 5.경 KGI증권 주식회사를 인수하는데 필요한 자금을 마련하기 위해 자신을 무한책임사원 겸 업무집행사원으로 하는 솔로몬사모투자전문회사(이하 '솔로몬PEF'라고 한다)를 설립하였다.

나. 사단법인 과학기술인공제회와 주식회사 대우건설(이하 이들을 합쳐서 '과학기술인공제회 등'이라고 한다)은 솔로몬PEF에 투자하여 유한책임사원이 되었는데, 이 때 솔로몬저축은행은 과학기술인공제회 등과 사이에 과학기술인공제회 등이 출자원금과 이에 대한 연복리 9.1%의 비율로 산정한 이익금에 관하여 환급을 청구할 수 있는 내용의 풋옵션이 포함된 약정을 체결하였다(이하 '최초 이행확약'이라고 한다).

다. 1) 이후 과학기술인공제회 등이 최초 이행확약을 근거로 풋옵션을 행사하였으나, 이에 응할 자금이 부족했던 솔로몬저축은행은 익명조합을 통해 과학기술인공제회 등이 보유한 솔로몬PEF 출자지분을 인수한 다음 이를 관리・처분하여 이익금을 배당하는 방법으로 출자금 환급문제를 해결하려고 하였다.

2) 이에 이네스 유한회사는 2011. 6.경 사단법인 과학기술인공제회로부터 솔로몬PEF 출자지분을 양도받은 후 사단법인 과학기술인공제회, 주식회사 삼우이엠씨(이하 '삼우이엠씨'라고 한다)와 사이에 자신은 영업자가 되고, 사단법인 과학기술인공제회, 삼우이엠씨는 익명조합원이 되는 내용의 익명조합계약을 체결

하였다. 또 디인스 유한회사는 2011. 9.경 주식회사 대우건설로부터 솔로몬PEF 출자지분을 양도받은 후 주식회사 대우건설, 삼우이엠씨와 사이에 자신은 영업자가 되고 주식회사 대우건설, 삼우이엠씨는 익명조합원이 되는 내용의 익명조합계약을 체결하였다(이하 위 2개의 익명조합을 통틀어 '이 사건 각 익명조합'이라고 한다).

3) 이 과정에서 솔로몬저축은행은 삼우이엠씨가 이 사건 각 익명조합에 출자할 자금을 대출하였고, 솔로몬저축은행과 함께 솔로몬저축은행 그룹에 속한 피고(당시 상호: 솔로몬신용정보주식회사)는, 삼우이엠씨와 사이에, 삼우이엠씨가 이 사건 각 익명조합에 대한 출자원금과 이에 대한 연복리 9.1%의 비율로 산정한 이익금에 관하여 피고에게 환급을 청구할 수 있는 내용의 풋옵션이 포함된 약정을 각각 체결하였다(이하 '이 사건 각 이행확약'이라고 한다).

라. 삼우이엠씨는 2015. 8.경 원고에게 이 사건 각 이행확약에 따른 풋옵션 행사권을 포함하여 이 사건 각 익명조합에 대한 출자지분과 익명조합원의 지위를 양도하고, 그 무렵 이를 이 사건 각 익명조합에게 통지하였다.

2. 이 사건 각 이행확약을 이용한 투자권유 행위의 효력에 대한 판단

가. 1) 구 간접투자자산운용업법(2009. 2. 4. 시행된 법률 제8635호 자본시장과 금융투자업에 관한 법률 부칙 제2조로 폐지, 이하 '구 간접투자법'이라고 한다) 제144조의11 제2항 제2호와 구 자본시장과 금융투자업에 관한 법률(2015. 7. 24. 법률 제13448호로 개정되기 전의 것, 이하 '구 자본시장법'이라고 한다) 제272조 제6항 제2호는 사모투자전문회사의 업무집행사원(법인이 업무집행사원인 경우에는 법인의 임직원을 포함한다)이 '원금 또는 일정한 이익의 보장을 약속하는 등의 방법'(이하 '이익보장약속'이라고 한다)으로 사원이 될 것을 부당하게 권유하는 행위를 금지하고(이하 '이 사건 금지규정'이라고 한다), 구 간접투자법 제184조 제27호와 구 자본시장법 제446조 제47호는 이 사건 금지규정을 위반한 자를 형사처벌하도록 규정하고 있다. 구 간접투자법과 구 자본시장법이 이 사건 금지규정을 두어 이익보장약속에 의한 부당권유행위를 금지한 것은, 사모투자전문회사가 투자를 권유하면서 투자자에게 원금 또는 일정한 이익의 보장을 약속하게 되면, 실질적으로 대여 목적의 자금을 모집하게 되어 간접투자와 집합투자의 활성화라는 사모투자전문회사 제도의 본질을 훼손하고, 또한 사모투자전문회사나 그 업무집행사원이 그 약속을 이행하기 위하여 부득이 불건전한 거래 또는 변칙적인 거래를 할 우려가 있을 뿐만 아니라, 간접투자와 집합투자에 따른 수익의 배분과 괴리된 고정적인 이익 배분을 기대한 투자자의 안이한 투자판단을 초래하고 그 결과 투자 대상 기업의 수익 가치에 대한 일반 투자자 및 시장의 평가나 투자에 대한 위험 부담 없이 자금 모집이 이루어지게 되어

간접투자와 집합투자에 관한 공정한 거래질서의 왜곡을 가져올 위험성이 발생하기 때문이다(대법원 2017. 12. 13. 선고 2017두31767 판결 참조). 이와 같은 이 사건 금지규정의 내용과 취지, 체계 등에 비추어 보면, 이 사건 금지규정은 강행규정에 해당하므로 이 사건 금지규정에 위배되는 이익보장약속은 무효이다. 나아가 사모투자전문회사의 업무집행사원이 관여하여 체결된 약정이 실질적으로는 무효인 이익보장약속에서 정한 이익을 투자자에게 제공하기 위한 것인 경우 이러한 약정은 이 사건 금지규정의 적용을 배제하거나 잠탈하기 위한 탈법행위로서 무효이다.

2) 이 사건 금지규정의 문언상 특별한 사정이 없는 한 이익보장약속에 의한 부당권유 행위나 그 일부를 이루는 이익보장약속의 주체는 업무집행사원이고, 사모투자전문회사의 유한책임사원 등의 제3자가 업무집행사원과 별도로 투자자에게 이익보장약속을 하였다 하더라도 그 사정만을 가지고 이 사건 금지규정을 위반하였다고 할 수는 없다. 다만 제3자가 업무집행사원과의 협의하에 투자자에게 이익보장약속을 하고, 업무집행사원이 이를 이용하여 투자를 권유하였다면 이 또한 이 사건 금지규정에 위배된다(대법원 2017. 12. 13. 선고 2017두31767 판결 등 참조). 그리고 이익보장약속의 상대방이 되는 투자자는 그 자신이 사모투자전문회사의 유한책임사원인 경우가 통상적이지만, 그 외에도 특정 사모투자전문회사의 유한책임사원이 되고자 하는 자가 투자금을 조달하기 위하여 구성한 익명조합에 출자한 익명조합원과 같이 사실상 특정 사모투자전문회사의 유한책임사원과 유사한 지위에 있는 자도 이익보장약속의 상대방이 될 수 있다.

나. 원심은, 이 사건 금지규정에 위배되는 이익보장약속이 무효임을 전제로 판시와 같은 이유로 이 사건 각 이행확약은 솔로몬PEF의 업무집행사원인 솔로몬저축은행이 이 사건 금지규정의 적용을 회피하기 위하여 피고를 이용하여 삼우이엠씨와 체결한 이익보장약속으로서 이 사건 금지규정을 위반하거나 이 사건 금지규정의 적용을 잠탈하기 위한 탈법행위로서 무효라고 판단하였다.

이러한 원심의 판단은 위에서 본 법리에 따른 것으로서 정당하고, 거기에 상고이유 주장과 같이 이 사건 금지규정의 적용 범위나 효력에 관한 법리를 오해한 잘못이 없다.

3. 불법행위로 인한 손해배상책임에 대한 판단

가. 원심은 판시와 같은 이유로 삼우이엠씨가 솔로몬PEF의 업무집행사원인 솔로몬저축은행으로부터 대출받은 자금으로 이 사건 각 익명조합에 출자를 하고 피고와 이 사건 각 이행확약을 체결하게 되기까지의 경위, 삼우이엠씨의 대표이사 소외 1과 솔로몬저축은행 및 그 대표이사인 소외 2의 관계 등을 근거로 솔로몬저축은행이나 피고가 이 사건 금지규정에서 금지한 이익보장약속 등을 이용하여 투자를 권유함

으로써 삼우이엠씨의 정상적인 투자판단에 영향을 준 것으로 볼 수 없다는 취지로 판단하여 피고의 불법행위책임을 부정하였다.

나. 원심판결 이유를 앞서 본 사실관계와 법리에 비추어 살펴보면, 원심의 이유 설시에 일부 적절하지 않은 부분이 있지만 피고의 불법행위책임을 부정한 원심의 결론은 정당하고, 거기에 상고이유 주장과 같이 논리와 경험의 법칙을 위반하여 자유심증주의의 한계를 벗어나거나 손해배상책임에 관한 법리를 오해한 잘못이 없다.

M&A

제3장

M&A 및 M&A금융의 투자수익 계산 시 사용되는 기본 개념

본 장에서는 M&A거래 및 M&A금융에서 자주 사용되는 개념인 레버리지(Leverage), 단리와 복리, 내부수익률(IRR), 만기보장수익률(YTM)에 대해 간단히 살펴본다. 특히 단리와 복리, 내부수익률(IRR)과 만기보장수익률(YTM)은 투자자가 기대하는 투자수익(return)을 계산할 때 사용되는 지표로서 M&A계약과 M&A금융계약에서 자주 등장하는 개념이다.

1 레버리지(Leverage)

M&A를 추진하는 주체의 목적은 투자자에 대한 수익의 분배를 최대한으로 높이는데 있기 때문에, 추진 주체는 투자한 자금의 투자효율을 가능한 높이기 위해서 외부로부터의 부채(Debt)를 활용하게 되는데, 이와 같이 부채를 통해 투자를 효율화하는 것을 레버리지(Leverage)라고 하고, 그러한 효과를 레버리지 효과(Leverage effect)라고 한다. PEF가 M&A를 추진하는 경우 세금 등 거래비용을 고려하지 않은 다음의 예를 들어 살펴보자.

- PEF가 상법상 주식회사로 특수목적회사(「SPC」)를 새로 설립하여 30억 원의 자기자금을 출자하여 SPC의 보통주식을 인수하였다.
- SPC가 금융기관으로부터 차입을 통해 70억 원을 조달하였다(이자는 연 10억 원으로 한다).
- 위의 출자금 30억 원과 차입금 70억 원을 합하여 투자대상회사의 주식 전부를 100억 원에 취득하였다.
- M&A거래 종결 이후 PEF가 투자대상회사의 기업가치를 높여, 1년 후에 SPC가 다른 회사에 투자대상회사의 주식 전부를 130억 원에 매각하고 투자회수(Exit)를 하였다.

위 사례에서, PEF(또는 SPC)에는 차입원리금 합계 80억 원을 변제하고도 50억 원이 남는다. 그렇다면 30억 원의 자기자금이 1년에 50억 원, 즉 약 1.67배로 되었고 PEF는 20억 원의 수익을 그의 투자자에게 분배할 수 있게 된다. 그러나 동일한 M&A거래에서 차입을 하지 않는다면 PEF는 투자대상회사의 주식취득을 위하여 100억 원 전부를 SPC에 출자해야 하고, 100억 원의 자기자금을 사용하여 130억 원을 회수하기 때문에 PEF에는 자기자금의 1.3배 밖에 남지 않는다.

2 단리(單利)와 복리(複利)

이자를 계산하는 방법에는 단리와 복리가 있다. 단리는 최초의 원금(단, 조기상환 또는 분할상환의 경우에는 해당 원금 잔액)에 대해서만 이자를 계산하는 방식이고, 복리는 직전 이자기간 동안 기 발생한 이자를 다음 이자기간 동안의 원금에 가산하여(즉, 원금+이자) 다시 이자를 계산하는 방식을 말한다. 복리에 의한 이자계산방식은 만기보장수익률(Yield To Maturity),[38] 후순위 대출의 이자지급방식[39] 규정에서 자주 사용된다. 단리와 복리(연복리)의 계산식은 아래와 같다.

단리 계산식: 원리금 합계액 = 원금(1+rn)
연복리 계산식: 원리금 합계액 = 원금$(1+r)^n$

* r = 연이자율, n = 경과연수

예를 들어, 1억 원을 만기 3년, 이자율 연 10%의 조건으로 대여한다고 가정했을 때, 세금 등 비용을 고려하지 않고 단순화하여 단리와 복리(연복리)로 이자를 계산하면 아래와 같다.

[표 1-3] 단리와 복리 계산

경과연수	이자(단리)	이자(연복리)
1년째	1억 원×10%=1,000만 원	1억 원×10%=1,000만 원
2년째	1억 원×10%=1,000만 원	11,000만 원×10%=1,100만 원 *11,000만 원=1억 원+1,000만 원
3년째	1억 원×10%=1,000만 원	12,100만 원×10%=1,210만 원 *12,100만 원=11,000만 원+1,100만 원
만기 시 원리금 합계액	13,000만 원 *원금 1억 원+3년간 이자 3,000만 원	13,310만 원 *원금 1억 원+3년간 이자 (1,000만 원+1,100만 원+1,210만 원)

38) 아래 4 만기보장수익률(Yield To Maturity) 부분 참조
39) 본서 제3편 제2장 6 (2) 1) 후순위 대출의 이자지급방식 부분 참조

한편, 복리는 연복리와 월복리의 방식이 있는데, 연복리는 원금에 대한 이자가 연마다 가산되는 방식이고, 월복리는 원금에 대한 이자가 약정된 월 단위(매월, 매 3개월, 매 6개월)로 계산되어 원금에 가산되는 방식이다. 연복리와 월복리의 계산식은 아래와 같다.

연복리 계산식: 원리금 합계액=원금$(1+r)^{n}$
매월 복리 계산식: 원리금 합계액=원금$(1+r/12)^{n\times 12}$
3개월 복리 계산식: 원리금 합계액=원금$(1+r/4)^{n\times 4}$
6개월 복리 계산식: 원리금 합계액=원금$(1+r/2)^{n\times 2}$

* r=연이자율, n=경과연수

3 내부수익률(IRR)

「내부수익률(IRR, Internal Rate of Return)」이란, 당사자 사이에서 다른 합의가 없는 한, 일반적으로 「특정의 투자로부터 발생하는 미래의 현금흐름(Cash Flow)의 순현재가치(NPV, Net Present Value)의 합계가 영(0)이 되도록 하는 할인율(割引率, Discount Rate)」을 의미하는 것으로 이해되고 있는데, 주로 M&A금융이 (종류)주식으로 조달되는 경우에 사용되는 개념이다. 이를 거래비용 등 다른 요소를 배제하고 살펴본다.

예를 들면, PEF가 100억 원을 투자하여 1년 뒤 130억 원을 수령했다고 가정하면 해당 투자로 인한 「수익률(Rate of Return)」은 30%이다. 반대로 계산하면 1년 뒤 수령하는 130억 원의 현재가치는 100억 원이 되는데, 이 경우 현재가치의 「할인율(Discount Rate)」은 30%가 된다. 이때 「수익률 30%」=「할인율 30%」가 되는 것을 알 수 있는데, 이 「수익률 30%」, 「할인율 30%」를 내부수익률로 보면 된다.[40] 이를 계산식으로 나타내면 아래와 같다.

[IRR의 계산식]

$$NPV=\sum_{N=0}^{N}\frac{C_n}{(1+r)^2}=0$$

* n: 기간, C_n: 기간 n 동안의 현금흐름, r: IRR

40) 이와 같이 「수익률」과 「할인율」은 실질적으로 같은 의미이나, 상황에 따라 달리 불릴 뿐이다.

여기서 수익률이 아니라 「내부수익률(Internal Rate of Return)」이라고 한 것은 현재의 투자액과 미래의 (예상)유입액을 통해 해당 투자의 「내부에(Internal) 숨어있는 수익률」을 구할 수(찾아낼 수) 있다는 의미에서 붙여진 이름이라고 알려져 있다.

이러한 「내부수익률」은 M&A계약 또는 M&A금융계약에서 다음 기재례와 같이 별도로 정의되는 경우가 많다.

[계약서 기재례] 내부수익률[41)]

"**내부수익률**" 또는 "IRR"이란, 어느 투자자에 대하여, (i) 그 투자자가 투자대상주식을 취득하기 위하여 매도인 및 발행회사에 지급 · 납입한 금액(음수로 표현)과 (ii) 그 주주가 투자대상주식의 처분 · 상환 및 배당금 수령 등을 통하여 투자대상주식에 관하여 수취한 금액(양수로 표현)을 각 납입일로부터 각 수취일까지의 기간(초일 산입, 말일 불산입)을 대상으로 하여 어떠한 이자율로 할인하였을 때 위 (i) 및 (ii)의 현재가치의 합산액이 영(0)이 되도록 하는 이자율을 말한다.

다만, 「내부수익률」은 관행적으로 굳어진 용어이기 때문에 M&A계약 또는 M&A금융계약상 별도의 구체적인 용어정의 없이 지급금액 산정에 관한 당해 계약 조항에서만 「내부수익률」 또는 「IRR」이라는 용어 자체만을 사용하는 경우도 자주 있는 것으로 보인다.

4 만기보장수익률(YTM)

「만기보장수익률(YTM, Yield To Maturity)」이란, 당사자 사이에서 다른 합의가 없는 한, 일반적으로 「투자자가 투자금을 조기에 상환받지 않고 일정한 기간 동안 보유하는 데에 따라 보장해 주어야 하는 수익률」을 의미하는 것으로 이해되고 있는데, 주로 M&A금융이 전환/신주인수권부사채 등 주식연계사채 또는 종류주식으로 조달되는 경우에 사용되는 개념이다. 이를 거래비용 등 다른 요소를 배제하고 살펴본다.

A회사가 CB를 다음의 조건으로 발행하고, PEF가 이를 인수한다.

- 액면금액: 100억 원, 만기: 6년, 표면금리: 연 4%, 이자지급: 매 3개월 후급
- YTM: 연 10%(연복리)

41) 투자대상회사의 기존 주주로부터 기 발행주식(구주)을 매수하고, 그와 동시에 투자대상회사가 발행하는 신주를 인수하는 M&A거래의 경우 사용된 내부수익률에 관한 용어정의이다.

위 사례에서 조기상환권이나 전환을 행사하지 않고 CB를 만기 시까지 보유하는 경우 PEF는 6년간 매 3개월마다 표면금리에 따른 이자(연 4% × 1/4)를 지급받는다. 또한, 매년 연 4%의 이자를 지급받았기 때문에 만기 때에는 추가로 연 6%(10% - 4%)의 이자를 6년간 연복리로 계산하여 지급받게 된다.[42)]

이러한 「만기보장수익률」을 적용하여 상환금액을 정하는 경우의 기재례는 다음과 같다.

[계약서 기재례] 만기보장수익률 ①

본건 전환사채 중 사채만기일에 주식으로 전환하지 아니한 사채에 대하여 발행회사가 사채권자에게 (i) 당해 사채원금과 (ii) 당해 사채원금에 본 발행조건 제[*]조 제[*]호에 따른 만기보장수익률(연복리 4.0%를 말하며, 이하 본 가목에서 같음)을 적용하여 산정한 금액을 합산한 금액((i)+(ii)의 금액, 이하 "사채원리금")에서 (iii) 발행회사가 사채권자에게 사채만기일까지 본 제[*]호 나목에 따라 지급한 이자[43)] 및 각 그 이자에 대해 각 이자지급일로부터 사채만기일까지 위 만기보장수익률을 적용한 금액을 합한 총액[44)]을 공제한 금액을 일시 상환한다.

[계약서 기재례] 만기보장수익률 ②

만기까지 보유하고 있는 본건 전환사채에 대하여 만기일에 원금의 116.9222%[45)]에 해당하는 금액을 일시 상환한다.[46)]

실무에서는, 이러한 「만기보장수익률」의 개념을 차용하여 「(임의, 강제)조기상환수익률(Yield To Call, Yield To Put)」이라는 개념도 사용되고 있는데, 이것은 조기상환이 이루어지는 금액에 대해서도 해당 조기상환 시점까지는 일정한 수익률을 보장받고자 하는 취지에서 사용되는 것으로, 만기일 대신 조기상환일을 기준으로 금액을 산정하게 된다.

---

42) 만일, 만기 이전에 일부에 대해 조기상환 또는 전환권 행사가 이루어진 경우에는 남은 원금 잔액만을 기준으로 만기보장수익률을 계산하게 된다.

43) 표면이자율에 따른 이자를 의미한다.

44) 만기보장수익률의 개념을 관철하기 위해서는 기 지급 이자에 만기보장수익률을 적용한 금액이 공제되어야 하나 사안에 따라서는 공제액의 계산 시 기 지급된 이자만을 포함시키고 별도로 그에 대하여 만기보장수익률을 적용하여 계산한 금액은 고려하지 않는 경우도 있다.

45) 만기보장수익률 - 표면이자율을 적용하여 연복리로 계산한 금액이다.

46) 실무에서는 구체적으로 풀어서 기재([기재례] 만기보장수익률 ①의 경우)하지 않고, [기재례] 만기보장수익률 ②와 같이 미리 만기보장수익률 - 표면이자율을 적용하여 계산한 상환액을 특정하여 기재하는 경우가 많다.

[계약서 기재례] 조기상환수익률 ①

조기상환의 경우 발행회사는 (i) 해당 조기상환하는 본건 전환사채의 원금과 (ii) 이에 대하여 본건 전환사채의 발행일부터 해당 조기상환일까지의 기간 동안 각 해당 조기상환수익률{본 호의 경우 조기상환수익률은 발행회사에 의한 각 조기상환일이, ① 본건 전환사채의 발행일로부터 2년이 되는 본건 전환사채의 발행일의 대응일 이내(해당 대응일 포함)인 경우에는 연복리 6.0%, ② 본건 전환사채의 발행일로부터 3년이 되는 본건 전환사채의 발행일의 대응일 이내(해당 대응일 포함)인 경우에는 연복리 7.0%, ③ 본건 전환사채의 발행일로부터 4년이 되는 본건 전환사채의 발행일의 대응일 이내(해당 대응일 포함)인 경우에는 연복리 8.5%로 한다.}에 의해 계산된 이자를 합산한 금액((i)+(ii)의 금액)에서 (iii) 발행회사가 본 발행조건 제[*]조 제[*]호 나목에 따라 기 지급한 이자[47] 및 각 그 이자에 대해 각 이자지급일로부터 「해당 조기상환일까지 본 호의 각 해당 조기상환수익률을 적용한 금액을 합한 총액을 공제한 금액 및 (iv) 이와 관련된 모든 지연손해금을 사채권자에게 조기상환금액으로 지급하여야 한다.

[계약서 기재례] 조기상환수익률 ②

조기상환의 경우 발행회사는 해당 조기상환일에 아래의 조기상환청구금액[48]을 상환하여야 한다(조기상환수익률: 3개월 복리 연 5.0%).

*년 *월 *일: 권면금액의 106.2692%

*년 *월 *일: 권면금액의 107.0975%

47) 표면이자율에 따른 이자를 의미한다.

48) 조기상환수익률 - 표면이자율을 적용하여 3개월 복리로 계산한 금액이다.

제4장 M&A금융의 기본 구조와 특징

1 M&A금융의 기본 구조

M&A금융의 구조는 M&A의 유형 및 관여자 등에 따라 다양할 수 있지만, 가장 기본적인 M&A거래의 방법인 주식양수도 및 대출, 사채/증권발행에 의한 자금조달을 전제로 하면 다음과 같이 진행되는 것이 일반적이다.

즉, M&A를 추진하는 주체(실무상 「스폰서(Sponsor)」라고 한다)가 SPC를 설립하고, SPC가 스폰서로부터 보통주식의 형태로 지분출자(Equity)를 받으며, 그와 함께 금융기관 등으로부터 차입하거나 금융기관 등에게 사채/주식 등의 증권을 발행하여[49] 조달한 자금을 합하여 투자대상회사의 주식을 매수하게 된다.

[그림 1-3] M&A금융의 기본 구조

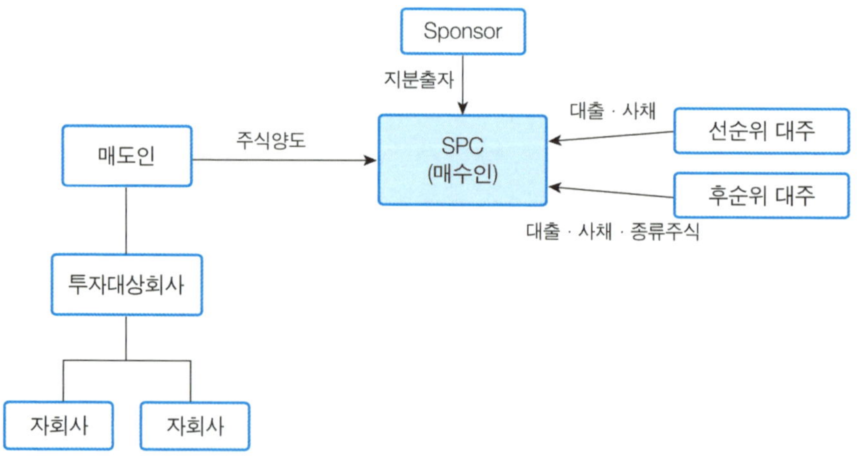

49) 단, 실무 · 학설에서는 투자목적회사가 유한회사로 설립되는 경우에는 사채를 발행할 수 없다고 해석되고 있다.

여기에 자본시장법상의 PEF가 스폰서가 되는 경우를 대입해 보면, 업무집행사원이 기관투자자 등으로부터 투자를 유치하여 PEF를 설립하고, 동 PEF가 SPC에 해당하는 투자목적회사를 설립하며, 투자목적회사가 PEF 및 전략적 투자자(Strategic Investor)[50] 등의 다른 주주 또는 사원으로부터 지분출자를 받고,[51] 그와 함께 금융기관 등으로부터 차입하거나 금융기관 등에게 사채/주식 등의 증권을 발행하여 조달한 자금으로 투자대상회사의 주식을 매수하는 구조로 진행된다.[52]

[그림 1 - 4] M&A금융의 기본 구조(PEF)

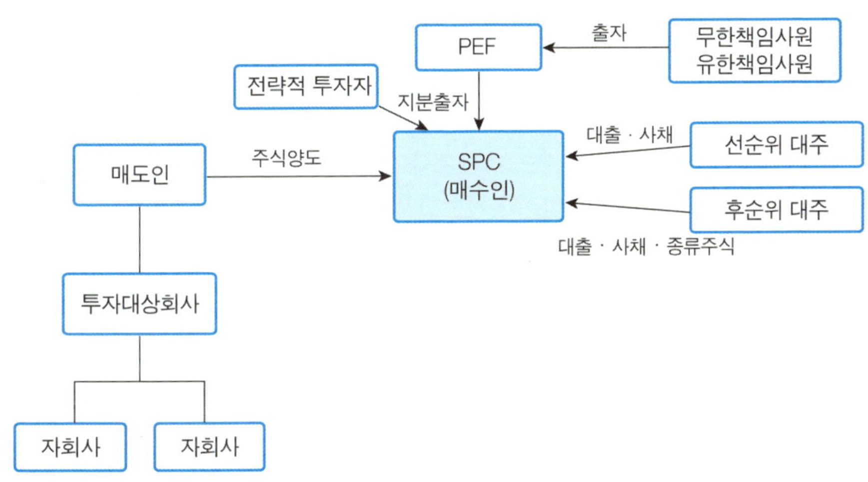

한편, 대출을 제공하는 대주가 하나인 경우도 있지만, M&A의 거래금액이 고액(高額)이어서 하나의 대주만으로는 M&A거래에 필요한 자금을 조달할 수 없는 경우에는 대출계약

50) 일반적으로 「전략적 투자자(Strategic Investor)」는 인수 대상사업을 영위할 목적으로 투자대상회사의 경영권을 확보하거나 투자대상회사와의 상호협력을 통한 시너지 창출로 가치를 상승시키기 위해 투자하는 투자자를 의미하는데, 이에 대비되는 개념으로 사용되는「재무적 투자자(Financial Investor)」는 배당, 일정한 수익률에 기초한 수익 등의 투자수익의 획득을 목적으로 하는 투자자를 의미한다.

51) PEF 이외의 자도 투자목적회사의 주주 또는 사원이 될 수 있다. 다만, 이 경우에도 투자목적회사의 주주 또는 사원 및 그 지분비율은 자본시장법에서 정하는 일정한 요건을 충족해야 한다. 예를 들면, PEF 및 투자목적회사를 제외하고 투자목적회사의 주주 또는 사원이 될 수 있는 자는 자본시장법에서 정하는 요건을 충족하는 자에 한하고, PEF 또는 그 PEF가 투자한 투자목적회사(母SPC)와 투자목적회사가 투자하는 회사(투자대상회사)의 임원 또는 대주주의 출자비율이 50% 이상일 것 등이다(동법 제249조의13, 동 시행령 제271조의19).

52) PEF는 복층(復層)의 투자목적회사를 통하여 투자대상회사에 투자(예를 들면, PEF → 母SPC → 子SPC → 투자대상회사의 구조)할 수 있으므로(자본시장법 제249조의13 제1항 제3호 가목), 母SPC와 子SPC가 각각 자금을 차입하게 되면, 子SPC의 대주는 母SPC의 대주보다 구조적으로 우선하게 된다. 이러한 자금조달구조를 실무에서는 「구조적 선·후순위화」라고 한다.

체결 시부터 2개 이상의 금융기관이 대주로 참여하거나, 대출계약 시에는 하나의 대주만이 참여하고 그 후에 다른 기관에게 대출계약상의 지위 및 이에 수반하는 권리·의무나 대출채권을 양도(Sell-down)하는 경우[53]가 많다. 이것을 실무에서는 통상 「대주단결성(Syndication)」[54]이라 하고, 대주단이 결성되어 이루어지는 대출을 「대주단대출(Syndicated Loan)」이라 한다.

특히, M&A금융을 위한 대주단대출의 경우에는 그 거래규모 등으로 인해 상환 및 담보순위, 대출조건 등에 따라 다양한 여러 개의 종류(이를 실무에서는 통상 「트랜치(Tranche)」라고 부른다)로 나누어 대출이 구성되는 경우가 일반적이다. 나아가 큰 규모의 M&A거래와 같이 스폰서로부터의 지분출자와 (선순위)대출(금융)만으로는 M&A거래에 필요한 자금을 충분히 조달할 수 없는 때에는 후순위 대출(사채) 및/또는 상법상 종류주식 등의 방법으로 후순위 투자자로부터 후순위 금융에 의해 추가 자금을 조달하는 경우도 많다.

이에 추가하여, 투자대상주식의 매도인이 M&A거래의 종결 이후에도 일정 기간 투자대상회사에 대한 이해관계를 유지하고자 하는 경우에는,[55] M&A거래의 매매대금의 일부를 매수인(차주)에 대한 (후순위)대출이나 매수인(차주)이 발행하는 사채[56]·종류주식을 인수하는 형태로 자금을 제공하는 매도인 금융(Seller Finance 또는 Vendor Finance)의 형태로 자금이 조달되는 경우도 드물지 않게 볼 수 있다.

이러한 매도인 금융의 경우에는, 통상은 매매대금과 대여금(대출의 경우)·인수대금(주식/사채인수의 경우)을 상계하는 방법으로 자금이 제공되기 때문에 실제로 자금흐름이 발

---

53) 셀다운(Sell-down)에 대해서는, 본서 제5편 M&A금융의 셀다운 부분 참조

54) 「Syndication」을 「대주단구성」이라고도 한다.

55) 한편, 투자대상회사가 (i) 매도인(그 계열회사 포함. 이하 같음)과 사업상 중요한 거래를 하고 있는 경우, (ii) 매도인으로부터 IT 시스템의 제공을 받고 있는 경우, (iii) 매도인으로부터 인사·재무 등의 기능에 대한 서비스(용역)을 제공받고 있는 경우, (iv) 매도인으로부터 임직원의 파견을 받고 있는 경우, (v) 매도인이 소유하는 오피스 등 부동산을 이용하고 있는 경우, (vi) 매도인이 보유하는 상표 및 브랜드 등을 상호 및 제품에 이용하고 있는 경우, (vii) 매도인이 운영하고 있는 기업연금이나 건강보험 등을 통합하여 이용하고 있는 경우 등 투자대상회사가 매도인의 그룹소속 회사이기 때문에 매도인으로부터 제공받고 있는 용역이나 편익이 있는 경우가 있다. 주식양수도거래 종결 후에 이러한 용역이나 편익이 중단되면 투자대상회사는 사업운영에 큰 지장을 받을 수 있다. 이러한 문제를 실무에서는 일반적으로 「Stand-alone Issue」라고 부른다. 이러한 문제가 있는 경우에는 계속적인 제공이 필요한 용역이나 편익을 특정하여 별지로 기재한 후 일정 기간 매도인이 투자대상회사에 대하여 해당 용역이나 편익을 제공한다는 취지를 주식양수도계약서에 준수사항으로 규정하는 것이 일반적이다. 한편, 매도인이 제공해야 할 용역 또는 편익이 다양한 경우에는 주식양수도계약서 중에 매도인의 계속 제공 의무를 규정해 두는 것에 그치지 않고, 투자대상회사와 매도인 사이에서 주식양수도계약과 동시에 별도로 당해 용역 및 편익의 계속 제공에 관한 계약(실무에서는 「Transition Service Agreement」라고 한다)을 체결하는 경우가 많다.

56) 물론 선순위 대출(사채)의 형태로 매도인 금융을 제공하는 것도 가능하나, 제3의 금융기관으로부터의 자금조달은 최선순위가 조건으로 되는 경우가 많기 때문에 통상의 매도인 금융은 후순위 대출(사채)/종류주식의 형태로 제공되는 것이 일반적으로 보인다.

생하는 것은 아니다.[57] 특히, 2011년 상법 개정에 의해 주식발행회사와 주식인수인이 상계 합의를 하는 경우에는 주식발행회사의 주식인수인에 대한 주식인수대금채권과 주식인수인의 주식발행회사에 대한 채권을 상계하는 방법으로 납입할 수 있게 되었으므로(상법 제421조 제2항) 종류주식의 인수에 의한 매도인 금융의 제공 역시 간편하게 실행될 수 있게 되었다. 다만, 위 상법 규정에도 불구하고, 실무에서는 M&A거래에서 투자대상주식의 매매대금을 매수인이 발행하는 종류주식의 인수대금과 상계처리하는 경우에는 실질적으로 투자대상주식을 매수인에게 현물출자하는 것과 동일하다는 점을 중시하여 이러한 상계처리방식의 인수대금납입은 현물출자의 절차를 우회하는 것으로서 허용되지 않는다는 견해가 있고 이 점을 고려하여 매도인 금융이 종류주식 인수의 방법으로 제공되는 경우에는 이와 같은 투자대상주식 매매대금과의 직접 상계방식은 잘 활용되지 않고 있는 것으로 보인다. 이 경우에는 매도인이 별도로 마련한 자금(일종의 브릿지 자금)으로 매수인에게 주식인수대금을 납입하고 매수인은 해당 납입대금(주식인수대금)을 포함하여 조달한 자금(선순위 금융+후순위 금융)으로 매도인에게 투자대상주식의 매매대금을 지급하여 매도인이 동 매매대금으로 자신의 조달자금을 상환할 수 있도록 하는 방식이 이용되기도 한다.

[표 1-4] M&A금융을 통한 자금조달 방법

구 분	종 류	법적 성격	회계처리
선순위 금융	(선순위)대출, (선순위)사채	부채	부채
후순위 금융 (메자닌 금융)	(후순위)대출, (후순위)사채	부채	부채
	종류주식[58]	자본	부채 or 자본[59]
	Seller(Vendor) Finance (후순위)대출 · 사채/종류주식	부채/자본	부채/자본

57) 물론 매매대금의 일부를 상계처리하는 방법에 의하지 않고, 매도인이 별도로 마련한 자금으로 매도인 금융을 제공하는 것도 가능하나, 매도인의 입장에서 추가 자금조달에 따르는 절차적 · 비용적 측면에서의 부담을 고려할 때 통상은 매매대금의 일부를 상계처리하는 방법이 이용된다. 매도인 금융을 이용하고자 하는 경우의 고려사항에 대해서는 본편 주 11)을 참고

58) 차주(SPC)가 PEF에 의해 설립된 투자목적회사인 경우에는 그 주주 또는 사원의 자격 및 출자비율에 제한이 있다. 따라서 종류주식의 투자자 역시 자본시장법에서 정하는 이러한 요건을 갖추어야 한다(자본시장법 제249조의13, 동 시행령 제271조의19).

59) 종류주식의 회계처리에 대해서는 본서 제3편 제2장 **4** (2) 부분 참조

2 M&A금융의 특징[60)]

M&A금융을 위하여 체결되는 대출계약 등의 조항은 보통의 일반기업금융대출(통상적인 운전자금대출 등의 「Corporate Finance」)계약의 내용과 차이가 적지 않다. 즉, M&A금융의 대출계약에는 차주/투자대상회사의 기업/경영활동을 제약・통제・감시하는 다양한 조항이 규정되기 때문에 일반기업금융대출의 경우보다 차주/투자대상회사의 경영에 대한 상당한 제약이 따르는 것이 일반적이다.

이와 같이 M&A금융의 대출계약상 차주의 경영활동에 상당한 제약이 가해지고 있는 이유는 M&A금융의 특징에서 비롯되는데, M&A금융의 주요 특징은 다음과 같다.[61)]

(1) 구조적 선・후순위 관계에 따른 리스크 차단 필요성

앞서 살펴본 바와 같이, 스폰서가 SPC를 설립하여 M&A거래를 수행하는 M&A금융의 기본적인 구조에서는 투자대상회사의 주식을 직접 취득하는 SPC가 차주로 되지만, SPC는 당해 M&A거래를 위하여 설립된 특수목적법인으로서 다른 사업을 하지 않고 상환재원을 보유하고 있지도 않은 경우가 일반적이다.

또한, SPC의 채권자로 되는 M&A금융의 대주는 실질적인 상환재원을 창출하는 투자대상회사에 대해서는 직접 채권을 보유하지 않기 때문에 투자대상회사의 주식을 취득한 SPC가 투자대상회사로부터 배당을 받지 않는 한,[62)] M&A금융의 차주인 SPC로부터 대출의

---

60) M&A금융의 주요 특징에 대해서는, (i) 笹山幸嗣・村岡香奈子『M&Aファイナンス(第2版)』(一般社団法人金融財政事情研究会, 2008) 33페이지 이하, (iii) 박준・한민『금융거래와 법(제3판)』(박영사, 2022) 939페이지 각 참고

61) M&A금융의 특징과 관련하여, 「일반적으로 대출의 상환은 차주 및 투자대상회사가 창출하는 현금흐름에 의해서만 이루어지게 되므로 M&A금융에서의 차주 및 투자대상회사가 변제능력 또는 현금창출 능력을 잃더라도, 대주는 스폰서 기타 제3자의 자력에 의해 이것을 보완할 수 없다」고 설명되는 경우가 많다(이른바 Non-recourse). 그러나 우리나라의 M&A금융의 실무에 관한 한, 이러한 완전한 비소구금융은 오히려 드물며, 다른 금융거래와 마찬가지로 그 개별사안에 따라 차주(SPC)의 주식 및 투자대상회사의 주식 이외의 자산에 대한 담보제공 및 스폰서나 투자대상회사 이외의 제3자(계열회사)로부터 어떠한 형태로의 인적・물적담보의 제공 등 소구금융(Recourse) 또는 제한된 소구금융(Limited-recourse)의 형태로 M&A금융이 이루어지는 경우가 일반적인 것으로 보인다. 따라서 우리나라의 경우에는 비소구금융 여부는 각 사안별로 금융조건 및 담보의 내용에 따라 달라질 수 있으므로 적어도 비소구금융은 M&A금융의 독자적인 특징으로 보기는 어려울 것으로 생각된다.

62) 판례에 의하면, 주주가 투자대상회사의 주식을 취득하는데 자금을 차입한 후 투자대상회사가 주주의 차입금 상환을 위하여 과도한 이익배당을 하는 경우에는 배임죄가 성립할 여지가 있다{대법원 2011도524 판결([판례 3-10])}. 또한, 이익배당이 아니라 투자대상회사의 차주(SPC)에 대한 대출, 자사주 매입 또는 유상감자(위 대법원 2011도524 판결) 등을 통해 차주(SPC)에게 투자대상회사의 자금을 유출하는 방안도 고려해 볼 수 있지만, 이 역시 배임죄 등이 문제될 수 있다.

상환은 이루어질 수 없게 된다. 한편, 투자대상회사의 SPC에 대한 배당은 투자대상회사의 다른 채권자에 대한 변제와의 관계에서 후순위이기 때문에 결국 투자대상회사의 주주인 SPC에 대한 채권자의 지위에 있는 M&A금융의 대주는 투자대상회사가 창출하는 현금흐름에 대해 투자대상회사의 다른 채권자와의 관계에서 후순위에 놓이게 되는 문제가 발생한다.

[그림 1-5] 구조적 선·후순위 관계

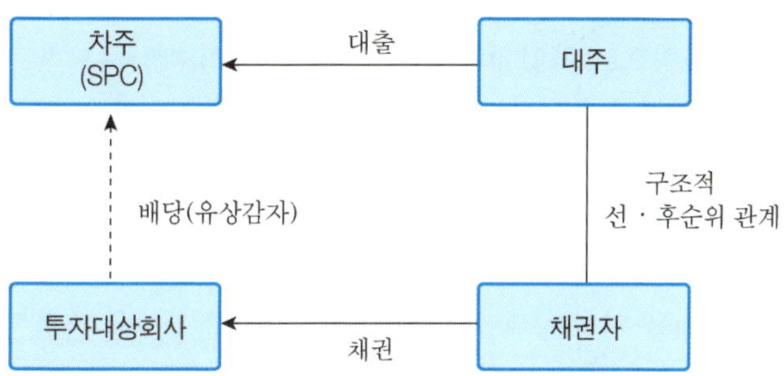

이러한 관계를 실무에서는 통상「구조적 선·후순위 관계」라고 하는데, M&A금융의 대주가 이러한 구조적인 선·후순위 관계를 감수해야 한다면 채권회수 보장을 위한 다른 방안(이를 통상은「신용보강」이라고 한다[63])이 제공되지 않는 한, 금융기관 등은 차주인 SPC에 대한 대출 등의 방법으로는 M&A금융에 참여하기가 어렵다.

따라서 M&A금융에 참여하고자 하는 대주는 M&A금융의 상환재원을 확보하고 이러한 구조적 선·후순위 관계에 따른 리스크를 차단하기 위하여, 가장 기본적으로는 투자대상회사의 채무부담 등을 (일정수준으로) 제한하고, 사안에 따라서는 M&A거래 종결 후 가능한 빠른 시점에 차주(SPC)와 투자대상회사와의 합병을 요구하는 경우도 많다(이른바「합병형 LBO문제」).[64]

63) M&A금융에서의 신용보강 방안과 그 한계에 대해서는, 박준·한민『금융거래와 법(제3판)』(박영사, 2022) 944페이지 이하 참고

64) 차주(SPC)와 투자대상회사를 합병하는 경우 순(順)합병(모회사인 SPC에 의한 자회사인 투자대상회사의 흡수합병)에 의할 것인지 역(逆)합병(자회사인 투자대상회사에 의한 모회사인 SPC의 흡수합병)에 의할 것인지에 대해서는, 모회사(SPC)/자회사(투자대상회사)가 보유한 인허가·영업 등의 계속 유지 및 세무·회계상의 장단점 등도 종합적으로 고려하여 개별사안마다 결정되는 것이 일반적이다. 이 경우에는 본서 제4편 제1장 5 (11) 담보권의 존속 여부에서 살펴보는 바와 같이 합병 전에 기 제공된 담보권의 존속 여부에 대해서도 사전 검토가 필요하다.

[판례 1-4] 대법원 2010. 4. 15. 선고 2009도6634 판결[한일합섬 LBO사건]

3. 피고인 2, 3의 '특정경제범죄 가중처벌 등에 관한 법률' 위반(배임)의 점

이른바 차입매수 또는 LBO(Leveraged Buy-Out의 약어이다)란 일의적인 법적 개념이 아니라 일반적으로 기업인수를 위한 자금의 상당 부분에 관하여 피인수회사의 자산을 담보로 제공하거나 그 상당 부분을 피인수기업의 자산으로 변제하기로 하여 차입한 자금으로 충당하는 방식의 기업인수 기법을 일괄하여 부르는 경영학상의 용어로, 거래현실에서 그 구체적인 태양은 매우 다양하다. 이러한 차입매수에 관하여는 이를 따로 규율하는 법률이 없는 이상 일률적으로 차입매수방식에 의한 기업인수를 주도한 관련자들에게 배임죄가 성립한다거나 성립하지 아니한다고 단정할 수 없는 것이고, 배임죄의 성립 여부는 차입매수가 이루어지는 과정에서의 행위가 배임죄의 구성요건에 해당하는지 여부에 따라 개별적으로 판단되어야 한다.

원심은 공소외 6 주식회사가 공소외 1 주식회사를 인수 및 합병한 경위와 과정에 관하여 그 판시와 같은 사실을 인정한 다음, 이는 피인수회사의 자산을 직접 담보로 제공하고 기업을 인수하는 방식과 다르고, 위 합병의 실질이나 절차에 하자가 없다는 사정 등을 들어 위 합병으로 인하여 공소외 1 주식회사가 손해를 입었다고 볼 수 없다고 판단하였다. 기록 및 관련 법리에 비추어 보면, 원심의 위와 같은 판단은 정당한 것으로 수긍이 간다. 거기에 상고이유 주장과 같은 합병형 차입매수에 있어서의 배임죄 성립에 관한 법리 오해 등의 위법이 없다.

(2) 자산 및 현금흐름에 대한 우선권 확보의 필요성

M&A금융은 차주/투자대상회사의 자산으로부터 창출되는 현금흐름을 주 상환재원으로 하는 금융이기 때문에 대출의 상환이 지체되거나 불가능한 경우에 대주는 차주/투자대상회사의 자산을 처분하여 대출을 회수할 수밖에 없게 된다. 따라서 대주는 미리 차주/투자대상회사의 자산과 현금흐름을 배타적으로 장악해 두고 차주/투자대상회사에 의해 자산 및 현금이 함부로 처분되거나 다른 채권자에 대한 변제에 사용되지 않도록 조치를 취해 둘 필요가 있다.

이러한 이유 때문에, M&A금융에서는 원칙적으로 차주/투자대상회사의 (가능한 전체) 자산에 담보를 설정하고 모든 또는 중요 현금흐름을 대주 또는 대리인의 영업점에 개설된 특정의 예금계좌로 입금하여 집중·관리하도록 할 필요가 있다. 다만, 우리나라의 M&A금융에서는 투자대상회사의 이사의 선관주의의무 및 충실의무 위반에 따른 손해배상, 배임죄 등의 법률상의 리스크 때문에 투자대상회사의 자산은 담보설정대상으로부터 제외되는 경우가 일반적이다(이른바 「담보제공형 LBO문제」). 또한 대법원 2006도3734 판결([판례 1-5])은

엄격한 의미의 담보제공형 LBO에는 해당하지 않으나 인수자금의 조달과 관련하여 투자대상회사가 약속어음 발행 등 채무를 부담하는 경우에도 배임죄의 성립을 인정하고 있는데, 투자대상회사가 아무런 원인관계나 법적 의무 없이 담보를 부담하거나 채무를 부담한다는 점에서 양자 사이에는 실질에 차이가 없다고 할 것이다.

[판례 1-5] 대법원 2006. 9. 28. 선고 2006도3734 판결

피고인이 휴먼컴의 인수자금을 조달하면서 담보로 휴먼컴의 부동산·주식·채권 등의 자산이 아니라 휴먼컴 발행의 약속어음과 수표를 제공한 것일 뿐만 아니라, 이로 인하여 휴먼컴은 일방적으로 채무만 부담하였고 기존 채무의 소멸 등의 이익을 얻은 바는 전혀 없으므로, 피고인의 이 사건 담보제공행위가 LBO 방식에 의한 자금조달이라고 보기 어렵다. 또한 LBO 방식에 의한 자금조달이라고 하더라도 위와 같은 인수자금 차용을 통해 피고인만이 휴먼컴의 경영권 장악이라는 개인적 이익을 취하였을 뿐, 궁극적으로는 휴먼컴의 재무구조가 개선되었다고 보이지 않는 점 등에 비추어 피고인의 이 사건 담보제공행위는 LBO 방식의 외양만 갖추었을 뿐 실제에서는 피고인의 개인적 인수자금을 마련하려는 사적 목적을 위하여 휴먼컴 명의의 약속어음 등을 임의로 담보로 제공한 것에 불과하다고 할 것이므로, 피고인에게 배임의 고의가 있었다고 봄이 상당하다. 피고인이 공소외 자들로부터 휴먼컴의 인수자금을 차용하면서 담보로 아무런 원인관계나 법적 의무 없는 휴먼컴 명의의 위 약속어음을 제공한 점 등에 비추어 피고인의 행위는 업무상 배임죄에 해당한다.

[판례 1-6] 대법원 2006. 11. 9. 선고 2004도7027 판결[신한 LBO사건]

기업인수에 필요한 자금을 마련하기 위하여 그 인수자가 금융기관으로부터 대출을 받고 나중에 피인수회사의 자산을 담보로 제공하는 방식{이른바 LBO(Leveraged Buy-out) 방식}을 사용하는 경우, 피인수회사로서는 주채무가 변제되지 아니할 경우에는 담보로 제공되는 자산을 잃게 되는 위험을 부담하게 되므로 인수자만을 위한 담보제공이 무제한 허용된다고 볼 수 없고, 인수자가 피인수회사의 위와 같은 담보제공으로 인한 위험 부담에 상응하는 대가를 지급하는 등의 반대급부를 제공하는 경우에 한하여 허용될 수 있다. 만일 인수자가 피인수회사에 아무런 반대급부를 제공하지 않고 임의로 피인수회사의 재산을 담보로 제공하게 하였다면, 인수자 또는 제3자에게 담보 가치에 상응한 재산상 이익을 취득하게 하고 피인수회사에게 그 재산상 손해를 가하였다고 봄이 상당하다. 부도로 인하여 회사정리절차가 진행 중인 주식회사의 경우에도 그 회사의 주주나 채권자들의 잠재적 이익은 여전히 보호되어야 하므로, 피인수회사가 회사정리절차를 밟고 있는 기업이라고 하더라도 위와 같은 결론에는 아무런 영향이 없다.[65]

65) 대법원 2012. 6. 14. 선고 2012도1283 판결도 같은 취지

[판례 1-7] 대법원 2006. 11. 23. 선고 2004도6952 판결

피고인들은 (주)한신코퍼레이션(이하 '한신'이라 한다)의 대표이사 및 이사로서 서류상 회사인 (주)터치스톤홀딩스(이하 '터치스톤'이라 한다)가 한신의 주식 150만 주 및 경영권을 105억 원에 인수하기로 했으나 인수대금이 마련되지 않았다. 이를 위해 피고인들은 터치스톤이 하나은행으로부터 85억 원을 대출받음에 있어 한신의 정기예금 85억 원에 대하여 위 은행에게 근질권을 설정하여 주었으나, 이에 필요한 담보를 제공받는 등의 채권확보 방안을 마련하지 않았는바, 피고인들의 위 담보제공행위로 인하여 한신으로서는 자산인 위 정기예금채권이 터치스톤의 위 대출금채무를 위한 책임재산으로 제공되어 장차 위 대출금채무 미변제 시 환가 처분될 수 있는 위험을 부담하게 되었으므로, 피고인들은 그 임무에 위배하여 피고인들 또는 제3자에게 재산상 이익을 취득하게 하고 한신에게 재산상 손해를 가하였다고 할 것이고, 업무상 배임의 고의도 있었다…

[판례 1-8] 대법원 2008. 2. 28. 선고 2007도5987 판결

[1] 기업인수에 필요한 자금을 마련하기 위하여 인수자가 금융기관으로부터 대출을 받고 나중에 피인수회사의 자산을 담보로 제공하는 방식, 이른바 LBO(Leveraged Buy-out) 방식을 사용하는 경우, 피인수회사로서는 주채무가 변제되지 아니할 경우에는 담보로 제공되는 자산을 잃게 되는 위험을 부담하게 되는 것이므로, 인수자가 피인수회사의 위와 같은 담보제공으로 인한 위험부담에 상응하는 대가를 지급하는 등의 반대급부를 제공하는 경우에 한하여 허용될 수 있다 할 것이다. 만일 인수자가 피인수회사에 아무런 반대급부를 제공하지 않고 임의로 피인수회사의 재산을 담보로 제공하게 하였다면, 인수자 또는 제3자에게 담보가치에 상응한 재산상 이익을 취득하게 하고 피인수회사에게 그 재산상 손해를 가하였다고 봄이 상당하다. 이는 인수자가 자신이 인수한 주식, 채권 등이 임의로 처분되지 못하도록 피인수회사 또는 금융기관에 담보로 제공함으로써 피담보채무에 대한 별도의 담보를 제공한 경우라고 하더라도 마찬가지이다.

[2] 이른바 LBO(Leveraged Buyout) 방식의 기업인수 과정에서, 인수자가 제3자가 주채무자인 대출금 채무에 대하여 아무런 대가 없이 피인수회사의 재산을 담보로 제공하였다면, 설사 주채무자인 제3자가 대출원리금 상당의 정리채권 등을 담보로 제공하고 있었다고 하더라도, 피인수회사로서는 이로 인하여 그 담보가치 상당의 재산상 손해를 입었다고 할 것이므로 배임죄가 성립한다고 한 사례이다.

[판례 1-9] 대법원 2012. 6. 14. 선고 2012도1283 판결

원심은, 피고인 1이 지배하는 ○○그룹의 계열회사인 공소외 10 주식회사(2006. 6. 2. '공소외 11 주식회사'로 상호가 변경되었다. 이하 '공소외 10 회사'라고 한다)가 구 회사정리법(2005. 3. 31. 법률 제7428호 채무자 회생 및 파산에 관한 법률 부칙 제2조로 폐지되기 전의 것)상 정리회사인 공소외 12 주식회사(이하 '공소외 12 회사'라고 한다)를 인수한 경위와 과정에 관하여 그 판시와 같은 사실을 인정한 다음, 피고인 1이 공소외 10 회사를 통해 공소외 12 회사를 인수하는데 필요한 자금을 마련하기 위하여 공소외 10 회사 명의로 금융기관으로부터 대출을 받고 이에 대한 담보로 공소외 12 회사의 부동산에 근저당권을 설정해 준 것은, 피인수회사인 공소외 12 회사로서는 주채무가 변제되지 아니할 경우에는 담보로 제공되는 자산을 잃게 되는 위험을 부담하게 되므로 인수자인 공소외 10 회사에게 담보 가치에 상응한 재산상 이익을 취득하게 하고 피인수회사인 공소외 12 회사에 그 재산상 손해를 가한 것에 해당하고, 공소외 12 회사가 금융기관에서 신용장을 개설할 때 공소외 10 회사가 근보증을 제공해 주었다는 등의 사정만으로는 인수자가 피인수회사의 위와 같은 담보제공으로 인한 위험 부담에 상응하는 대가를 지급하는 등의 반대급부를 제공한 것으로 볼 수 없다는 등의 이유로, 업무상 배임죄에 해당한다고 판단하였다.
앞서 살펴본 법리 및 원심이 적법하게 채택한 증거들에 비추어 살펴보면, 원심의 위와 같은 판단은 정당한 것으로 수긍이 가고, 거기에 상고이유에서 주장하는 바와 같이 소위 LBO 방식에 의한 기업인수에 있어서 배임죄 성립에 관한 법리를 오해하거나 논리와 경험칙에 반하여 자유심증주의의 한계를 벗어나는 등의 위법이 없다.

[판례 1-10] 대법원 2015. 3. 12. 선고 2012도9148 판결[온세통신 LBO사건]

원심은, 공소외 1 주식회사(이하 '공소외 1 회사'라 한다)가 공소외 2 주식회사(이하 '공소외 2 회사'라 한다)를 인수하는 과정에서 공소외 1 회사의 내부에 유보되어 있던 자금이나 공소외 1 회사의 유상증자 및 전환사채 발행 등에 의하여 자체적으로 마련한 자금도 상당 정도 투입하였으므로 인수자가 피인수회사에 아무런 반대급부를 제공하지 않고 임의로 피인수회사의 재산을 담보로 제공하게 한 경우와는 근본적으로 차이가 있는 점, 공소외 1 회사가 공소외 2 회사의 구주를 전부 소각하고 신주를 100% 취득하여 공소외 2 회사의 1인 주주가 됨으로써 공소외 1 회사와 공소외 2 회사의 경제적인 이해관계가 일치하게 된 점, 공소외 1 회사는 공소외 2 회사 인수의 우선협상대상자로 지정받은 후 2006. 5. 23. 공소외 2 회사와 이 사건 투자계약을 체결할 당시부터 공소외 2 회사와 합병을 전제로 인수계약을 논의하였고, 2006. 10. 2.경 합병 예정을 대외적으로 공시한 후 2007. 11. 12.경 공소외 2 회사를 흡수합병함으로써 법률적으로도 합일하여 동일한 인격체가 되었으며, 이러한 인수·합병의 실질이나 절차에 하자가 있다는 점을 기록상 찾아볼 수 없고, 위 합병의 효과에 의하여 인수자인 공소외 1 회사와 피인수자인 공소외 2 회사의 재산은 혼연일체가 되어 합병 전에 이루어진 공소외 2 회사의 자산 담보제공으로 인한 부담 내지 손해는 공소외 1 회사의 그것으로 귀결된 점, 공소외 1 회사가 인수한 공소외

2 회사 발행의 신주인수권부사채 834억 원 상당을 공소외 2 회사가 ○○사옥 등을 담보로 제공하고 대출받은 장기대출금으로 조기상환함에 따라 공소외 2 회사의 부채비율이 현저히 감소하여 재무구조가 개선되고 3년간 이자비용인 약 125억 1,000만 원을 절감할 수 있게 되는 등 신주인수권부사채의 조기상환이 인수과정에서 전체적으로 공소외 2 회사에 손해가 되었다고 보기 어렵고 위 조기상환은 경영자의 자율적 경영판단의 영역에 속하는 것으로 보이는 점, 공소외 1 회사는 공소외 2 회사 인수 당시 공소외 2 회사에 비하여 자산의 규모는 작지만 부채비율은 공소외 2 회사의 363%에 비하여 낮은 양호한 상태였고, △△△△△로부터 150억 원을 투자받아 기존의 통신기기 제조·판매업 외에 무선인터넷 전화, 인터넷티브이 사업을 계획하고 있어서 공소외 2 회사를 인수할 경영상 필요가 있었으며, 실제로 공소외 2 회사 인수 후 공소외 2 회사 건물에 200억 원 상당의 설비투자를 한 점, 공소외 1 회사는 이 사건 투자계약 체결 시 공소외 2 회사의 기존 근로자들의 고용보장을 약정하였고 실제로 공소외 2 회사 인수 후 기존 근로자들의 고용관계를 그대로 유지한 점, 피고인이 공소외 2 회사 인수절차 진행 중 자신이 보유하던 공소외 1 회사 지분(7.78%) 전부를 공소외 3 주식회사에 매각하고 그 과정에서 시세차익을 취득하기는 하였으나, 이는 공소외 1 회사의 투자자인 △△△△△가 공소외 2 회사 인수에 반대하면서 풋옵션을 행사하여 자신이 보유하는 공소외 1 회사 지분을 공소외 1 회사가 인수할 것을 청구하자, 피고인이 공소외 3 주식회사(이하 '공소외 3 회사'라 한다)에 대하여 공소외 1 회사 대신 위 △△△△△ 지분을 인수할 것을 요청하였고, 이에 대하여 공소외 3 회사의 부회장 공소외 4가 △△△△△ 지분뿐만 아니라 공소외 1 회사의 경영권을 포함한 피고인의 지분도 함께 양수해야겠다고 요구하여 피고인이 어쩔 수 없이 자신의 공소외 1 회사 지분을 공소외 3 회사에 매각한 것으로 보이는 점 등의 사정을 종합하면, 피고인이 공소외 2 회사의 인수자금 또는 공소외 1 회사 운영자금을 조달하면서 이 부분 공소사실 기재와 같이 업무상 임무에 위배하여 공소외 2 회사의 부동산 등 자산을 담보로 제공하거나 신주인수권부사채를 조기상환함으로써 공소외 1 회사로 하여금 이득을 취하게 하고 공소외 2 회사에 손해를 가하였다고 볼 수 없을 뿐만 아니라, 피고인에게 공소외 1 회사에 이익을 주고 공소외 2 회사에 손해를 가하려는 의사, 즉 배임의 범의가 있었다고 볼 수도 없다고 보아, 이 부분 공소사실을 무죄로 판단하였다…원심이 위와 같은 판시 사정을 종합하여 피고인이 공소외 2 회사 인수자금 등 조달 과정에서 공소외 2 회사의 자산을 담보로 제공하거나 신주인수권부사채를 조기상환함에 있어 공소외 1 회사에 이익을 주고 공소외 2 회사에 손해를 가하고자 하는 **배임죄의 고의가 있었다고 볼 수 없다**고 판단한 것은 정당[66]한 것으로 수긍할 수 있고…

66) 이 판결(일명 「온세통신 LBO사건」)은, 담보제공형이 포함된 LBO인데, 100% 주주라도 배임죄에 해당될 수 있다는 기존 판례의 입장을 전제로 하면서도, 다음과 같은 몇 가지 사유를 고려하여 "배임의 고의", 즉 대상회사에 손해를 끼칠 고의가 없다는 이유로 무죄가 선고된 건이다. 이 판결에서 배임의 고의가 없다고 판단된 특징적인 사유는, ① 매수주체가 SPC가 아니라 영업회사라는 점, ② 대상회사와 매수주체의 업종 간 시너지 효과, ③ 매수주체의 자체자금 투입비율 및 자금조달 방법(차입+증자), ④ 대상회사의 구주 및

[판례 1-11] 대법원 2020. 10. 15. 선고 2016도10654 판결[하이마트 LBO사건]

사. 공소외 1 회사 보유 자산의 담보제공 관련 특정경제범죄법 위반(배임) 부분

3) 대법원의 판단

가) 관련 법리

……

한편 주식회사 상호 간 및 주식회사와 주주는 별개의 법인격을 가진 존재로서 동일인이라 할 수 없으므로 1인 주주나 대주주라 하여도 그 본인인 주식회사에 손해를 주는 임무위배행위가 있는 경우에는 배임죄가 성립하고, 회사의 임원이 그 임무에 위배되는 행위로 재산상 이익을 취득하거나 제3자로 하여금 이를 취득하게 하여 회사에 손해를 가한 때에는 이로써 배임죄가 성립하며 위와 같은 임무위배행위에 대하여 사실상 주주의 양해를 얻었다고 하여 본인인 회사에게 손해가 없었다거나 또는 배임의 범의가 없었다고 볼 수 없다(대법원 1983. 12. 13. 선고 83도2330 전원합의체 판결, 대법원 2006. 11. 9. 선고 2004도7027 판결, 대법원 2011. 9. 29. 선고 2011도1764 판결 등 참조).

……

기업인수에 필요한 자금을 마련하기 위하여 그 인수자가 금융기관으로부터 대출을 받고 나중에 피인수회사의 자산을 담보로 제공하는 방식을 사용하는 경우, 피인수회사로서는 주채무가 변제되지 아니할 경우에는 담보로 제공되는 자산을 잃게 되는 위험을 부담한다. 그러므로 위와 같이 인수자만을 위한 담보제공이 무제한 허용된다고 볼 수는 없고, 인수자가 피인수회사의 담보제공으로 인한 위험 부담에 상응하는 대가를 지급하는 등의 반대급부를 제공하는 경우에 한하여 허용될 수 있다. 만일 인수자가 피인수회사에 아무런 반대급부를 제공하지 않고 피인수회사의 대표이사가 임의로 피인수회사의 재산을 담보로 제공하게 하였다면, 인수자 또는 제3자에게 담보 가치에 상응한 재산상 이익을 취득하게 하고 피인수회사에 그 재산상 손해를 가하였다고 봄이 상당하다(대법원 2015. 4. 23. 선고 2014도17703 판결, 대법원 2012. 6. 14. 선고 2012도1283 판결, 대법원 2008. 2. 28. 선고 2007도5987 판결 등 참조).

나) 인정사실

원심판결 이유와 적법하게 채택한 증거들에 의하면 다음의 사실을 알 수 있다.

(1) 공소외 20 회사는 2004. 3.경 기업인수 및 매각을 통한 차익의 실현을 주된 사업으로 하여 설립된 사모투자회사로, 2005. 1. 26. 공소외 1 회사 주식 100%를 보유할 특수목적법인인 공소외 21 회사를 설립하였다. 공소

BW인수(대상회사에 신규 BW 자금이 투입되어 기존 차입금 상환), ⑤ 대상회사에의 신규자금 투입을 통한 대상회사 재무구조 개선, ⑥ 대상회사가 정리(회생)회사였다는 점 등이다.

외 21 회사는 2005. 3. 22. 대주단과 총 4,720억 원의 이 사건 대출계약을 체결하였다.

(2) 이 사건 대출계약은 총 대출액 4,720억 원을 5개의 서로 다른 개별 대출('Facility A, B, C, D, E', 이하에서는 각 '대출 A, B, C, D, E'로 특정한다)로 구분하였는데, 그중 2,550억 원(대출 B, C)의 차주는 공소외 21 회사이고, 나머지 2,170억 원의 차주(대출 A, D, E)는 공소외 1 회사이다. 공소외 1 회사가 대출받은 A, D, E 부분은, 공소외 1 회사의 운전자금을 지원하기 위한 목적뿐만 아니라 공소외 21 회사의 인수대금 마련을 위한 대출 C 부분 및 공소외 1 회사의 기존 장기대출금을 더 높은 이자율로 대환하기 위한 이른바 '리파이낸싱(Re-financing)' 목적의 대출이다.

(3) 이 사건 대출계약은, 공소외 21 회사가 대출실행일인 2005. 4. 6.경까지 공소외 1 회사가 이 사건 대출계약의 내용을 승인하여 공소외 21 회사와 더불어 차주가 되는 것과 공소외 1 회사가 자신의 채무 및 다른 채무자들이 인수과정에서 부담하는 합법적인 채무에 대해 근저당권설정계약에 의한 담보를 설정하는 것을 인수자금 대출실행의 선행조건으로 정하고 있다. 그리고 공소외 21 회사가 장래 취득할 공소외 1 회사 주식과 보유예금 및 공소외 20 회사가 조세 회피를 위해 네덜란드에 설립한 공소외 21 회사의 지분 100%를 지배하는 특수목적법인인 '(특수목적법인명 생략)'(이하 '공소외 25 법인'이라 한다)가 보유한 공소외 21 회사 주식 전부에 관한 근질권설정계약서를 제출하도록 되어 있다. 아울러 위 대출실행일로부터 27개월 내에 공소외 21 회사와 공소외 1 회사 중 어느 한 회사를 존속회사로 한 합병절차를 진행할 것을 정하면서, 합병기일에 공소외 21 회사와 공소외 1 회사의 재무제표상 모든 채무는 합병 후 존속회사로 귀속되고, 공소외 21 회사와 공소외 1 회사가 대주단을 위해 제공한 모든 담보는 기존의 우선순위를 유지하면서 존속회사에 대해서도 효력을 갖도록 정하고 있다.

(4) 공소외 1 회사는 2005. 4. 6.경 대주단에게 '공소외 1 회사가 이 사건 대출계약의 차주로 가입하며, 차주로서 이 사건 대출계약상의 약정내용에 구속됨에 동의한다.'라는 내용의 차주가입증서(Borrower Accession Deed)를 제출하였고, 그 무렵 대주단과 공소외 1 회사 본사 건물 대지인 서울(주소 2 생략) 토지를 비롯하여 공소외 1회사가 소유한 223개 토지 및 건물에 관한 근저당권설정계약을 체결하고, 2005. 4. 13. 등기원인 2005. 4. 9. 설정계약, 채권최고액 6,136억 원, 채무자 공소외 1 회사, 근저당권자 공소외 22 은행 등으로 된 이 사건 근저당권설정등기를 각 마쳤다.

(5) 한편 공소외 1 회사는 2005. 4. 6. 이사회를 개최하여 이 사건 대출계약의

체결, 차주가입증서의 작성 및 제출, 대주단에 대한 담보제공, 공소외 20 회사 측 이사 공소외 23의 대표이사 선임을 승인하였고, 대주단은 2005. 4. 6.경 공소외 1 회사와 공소외 21 회사에게 이 사건 대출계약에 따른 대출금 지급을 개시하였다.

(6) 근저당권설정자인 공소외 1 회사와 근저당권자인 대주단 사이에 2005. 4. 6.경 작성된 영문본 근저당권설정계약서에는 이 사건 근저당권의 피담보채권에 관하여 공소외 1 회사와 공소외 21 회사의 합병 전에는 공소외 1 회사만을 채무자로 하고, 합병 후에는 합병법인을 채무자로 한다는 취지의 기재가 있다.
반면 2005. 4. 22.경 등기소에 제출된 2005. 4. 9. 자 국문본 근저당권설정계약서 제2조에는 '근저당권설정자는, 근저당권설정자 및 공소외 21 회사가 채권자에 대하여 대출계약들 및 관련 금융계약에 따라 기왕 현재 부담하고 있거나 장래 부담하게 되는 모든 채무(피담보채무)를 담보코자 근저당권자들이 취득하는 다른 담보와 공동으로 근저당권자들에게 별지2목록 기재 부동산에 제1순위 포괄근저당권을 설정한다'고 기재되어 있다. 위 국문본 근저당권설정계약서 근저당권자 목록 및 이 사건 근저당권의 근저당권자로 등재된 공소외 26 유한회사(이하 '공소외 26 회사'라 한다)는 이 사건 대출계약에 따라 공소외 21 회사에 대하여 대출(B, C) 중 400억 원을 대출한 금융기관이다.

(7) 공소외 27 회계법인이 작성한 공소외 21 회사에 대한 2005회계연도 감사보고서에 따르면, 대차대조표에 2005. 12. 31. 기준 대주단에 대한 장기차입금 부채 1,764억 원이 계상되어 있고, 이에 대해 재무제표에 관한 주석 6항에는 "상기 장기차입금은 전액 공소외 1 회사 지분매입을 위한 인수금융 대출이며, 이와 관련하여 회사의 주식과 예금 및 회사가 보유하고 있는 공소외 1 회사 주식 등이 담보로 제공되어있습니다. 또한 회사의 차입금 약정 및 특수관계자인 공소외 1 회사의 차입금 약정과 관련하여 공소외 1 회사의 건물 및 토지가 공소외 22 은행 외 10개 금융기관(채권최고액 6,136억 원)에 담보로 제공되어 있습니다."라고 기재되어 있다.

(8) 공소외 21 회사는 2005. 4. 6.경부터 2006. 3. 14.경까지 이 사건 대출계약에 의해 실행된 대출금 등으로, 2004. 12. 말 기준으로 지분 13.97%를 보유한 최대주주인 피고인 1 등 공소외 1 회사 기존 주주들로부터 주식을 매수하거나 포괄적 주식교환을 하여 공소외 1 회사 주식 100%를 보유하게 되었다. 공소외 1 회사와 공소외 21회사는 2007. 5. 31. 공소외 1 회사를 합병 후 존속회사로, 공소외 21 회사를 합병 후 소멸회사로 하는 흡수합병(이하 '이 사건 합병'이라 한다)을 하였다.

다) 이 사건 근저당권의 피담보채무 범위에 관한 판단

위와 같은 사실관계 및 이를 통해 알 수 있는 이 사건 대출계약 체결의 경위와 목적, 채무의 성립 경위, 채무액과 이 사건 근저당권의 채권최고액의 관계, 근저당권설정자와 채무자 및 채권자의 상호관계 등 다음과 같은 사정을 앞서 본 법리에 비추어 살펴보면, 공소외 1 회사가 2005. 4. 13. 이 사건 근저당권을 설정할 당시 이 사건 근저당권의 피담보채무에는 등기원인서류로 제출된 2005. 4. 9. 자 국문본 근저당권설정계약서의 기재와 같이 공소외 1 회사의 대출금 채무 2,170억 원뿐만 아니라 공소외 21회사의 대출금 채무 2,550억 원도 포함되었다고 볼 여지가 크다.

(1) 이 사건 대출계약은 공소외 1 회사 인수를 위한 인수자금 조달이라는 공소외 20 회사의 필요에 의해 공소외 20 회사가 설립한 특수목적법인인 공소외 21 회사와 대주단 사이에 체결되었다. 반면 공소외 1 회사는 자신의 기업운영을 위한 필요에 의해서가 아니라 기업합병의 피인수자의 지위에서 인수자인 공소외 20 회사의 요청에 따라 이 사건 대출계약의 내용을 승인하고 위 대출계약에서 정한 바에 따라 이 사건 근저당권을 설정한 것이다.

(2) 이 사건 대출계약에는 공소외 1 회사가 자신의 부동산에 대하여 설정하는 근저당권이 다른 채무자의 인수과정에서 부담하는 채무도 담보하도록 규정하고 있는데, 여기서 다른 채무자란 이 사건 공소외 1 회사의 인수과정에 비추어 볼 때 공소외 21 회사를 의미하는 것으로 봄이 타당하다. 결국 이 사건 대출계약을 체결할 당시 계약당사자인 대주단과 공소외 21 회사, 공소외 20 회사는 공소외 1 회사 소유 부동산에 대한 근저당권으로 공소외 21 회사가 인수과정에서 부담하게 되는 채무까지 담보하는 점에 대해 의사의 합치가 있었고, 공소외 1 회사는 대주단에 차주가입증서를 제출함으로써 위 대출계약의 약정내용에 동의한 것으로 볼 수 있다.

(3) 등기부상 이 사건 근저당권의 등기원인은 2005. 4. 9. 자 근저당권설정계약으로 되어 있으므로, 이 사건 근저당권의 채무자와 피담보채무도 2005. 4. 9. 작성된 국문본 근저당권설정계약서에 따라 정해져야 한다. 위 근저당권설정계약서에는 이 사건 근저당권의 피담보채권으로 공소외 1 회사 및 공소외 21 회사가 채권자에 대하여 이 사건 대출계약에 따른 채무를 담보한다는 취지로 기재되어 있다. 한편 위 근저당권설정계약서에는 2005. 4. 6. 즈음 작성된 것으로 보이는 영문본 근저당권설정계약서의 내용이 우선한다는 취지의 기재가 있고, 위 영문본 근저당권설정계약서에는 합병 전에는 공소외 1 회사의 채무만 담보하고 공소외 21 회사의 채무는 담보하지 않는다는 취지의 기재가 있으나, 국문본 근저당권설정계약

서가 영문본 근저당권설정계약서보다 시기적으로 뒤에 작성되었고 등기소에 등기원인서류로 제출된 점 등을 고려할 때, 이 사건 근저당권설정계약 당사자들의 실질적인 의사가 국문본 근저당권설정계약서의 내용보다 위 영문본 근저당권설정계약서의 내용에 부합한다고 단정하기 어렵다.

(4) 더구나 이 사건 대출계약에 의할 때 공소외 26 회사는 공소외 21 회사의 채권자일 뿐 공소외 1 회사에 대해서는 아무런 채권을 가지고 있지 않음에도 위 국문본 근저당권설정계약서와 이 사건 근저당권에 채권자로 기재・등기되어 있다. 이는 합병 전에는 공소외 1 회사에 대한 채권만을 담보한다는 영문본 근저당권설정계약서의 취지와 맞지 않는다.

(5) 합병 전 공소외 21 회사에 대한 2005회계연도 감사보고서에 이 사건 대출계약에 따른 공소외 21 회사의 채무는 이 사건 근저당권에 의해 담보되고 있다는 취지로 기재되어 있기도 하다.

(6) 공소외 21 회사는 이 사건 대출계약에 따라 담보로 공소외 21 회사가 장래 취득할 공소외 1 회사 주식, 보유예금과 공소외 25 법인이 보유한 공소외 21 회사주식 전부에 관한 근질권설정계약서를 제출하도록 되어 있는데, 이는 공소외 21 회사의 대출금이 2,550억 원인 점에 비추어 볼 때 담보로서 충분해 보이지 않는다. 반면 공소외 1 회사는 이 사건 대출계약에 따라 2,170억 원을 대출받으면서 그 소유 부동산에 대출액의 2배가 넘는 채권최고액 6,136억 원의 근저당권을 설정하였는데, 위 채권최고액은 공소외 1 회사와 공소외 21 회사의 대출금 합계 4,720억 원의 130%(=6,136억/4,720억×100)에 해당하는 금액으로 금융기관의 관례상 담보비율에 부합한다.

라) 재산상 손해 여부에 관한 판단

앞서 본 법리에 비추어 위와 같은 사실관계 및 다음과 같은 사정들을 살펴보면, <u>피고인 1이 공소외 1 회사의 다른 이사들과 공모하여 공소외 1 회사로 하여금 이 사건근저당권을 실정하게 한 행위</u>는, 이로 인하여 <u>공소외 1 회사로서는 보유 부동산 전부가 공소외 20 회사의 공소외 1 회사 인수를 위해 필요한 자금을 마련하기 위해 대주단과 사이에 체결된 이 사건 대출금 채무를 위한 책임재산으로 제공되어 장차 이를 변제하지 못할 경우 환가처분 될 수 있는 위험을 부담하게 되는 이상, 대표이사로서의 임무를 위배하여 공소외 20 회사에게 재산상 이익을 취득하게 하고 공소외 1 회사에게 재산상 손해를 가한 것에 해당한다.</u>

(1) 앞서 본 바와 같이 이 사건 근저당권은 이 사건 대출계약에 따른 공소외 1 회사의 채무뿐만 아니라 공소외 21 회사의 대출금 채무도 피담보채무로 정한 것으로서, 공소외 21 회사가 이를 변제하지 않을 경우 제공된 담

보를 상실할 위험을 부담한다. 또한 이 사건 근저당권설정행위와 나중에 이루어진 이 사건 합병, 그 효과로 생긴 공소외 1 회사에 의한 이 사건 대출금 채무의 승계는 모두 공소외 20 회사가 공소외1 회사를 인수하려는 단일의 목적으로 공소외 21 회사를 통해 대주단과 체결한 이 사건 대출계약, 나아가 그 계약의 내용에 구속됨을 승인한 공소외 1 회사의 2005. 4. 6. 자 이사회결의와 차주가입증명서 제출 등을 통해 당시 이미 그 이행의 기한, 내용, 효과 등이 구체적으로 예정되어 있던 것이다.

(2) 이 사건 합병을 통해 이 사건 근저당권의 피담보채무로 성립된 이 사건 대출금 채무는 공소외 20 회사가 그 자신의 이익을 위하여 대주단으로부터 인수자금을 차입하는 과정에서 생긴 채무로서, 공소외 1 회사 자체의 영업이나 금융상의 수요와 이익을 위한 것이 아니었다. 특히 공소외 20 회사가 공소외 1 회사의 발행 주식 전부를 주주들로부터 매수하는 방법으로 인수를 추진함에 따라 이 사건 대출금 채무로 조성된 자금은 공소외 20 회사 스스로 조달한 지분투자금과 합쳐져 공소외 1 회사의 기존 주주들에게 주식매수대금으로 지급되었을 뿐, 그중 합병 후 공소외 1 회사의 자산으로 유입된 부분은 없는 것으로 보인다. 그런데 앞서 본 바와 같이 주식회사는 채권자는 물론 주주와도 별개의 법인격을 가진 존재이고, 주식회사에게 이익이 되느냐 손해가 되느냐는 주주의 이익과는 별개의 것이므로, 결국 공소외 1 회사는 이 사건 근저당권 설정 당시는 물론 이 사건 합병 후에도 어떠한 재산상의 이익을 얻지는 못한 채 자신의 재산을 공소외 21 회사의 채무를 담보하기 위한 책임재산으로 제공함으로써 공소외 1 회사 소유 부동산을 활용하여 대출을 받을 기회가 제한되고 공소외 21 회사의 채무를 제대로 변제하지 못할 경우에는 환가처분 될 위험에 처하는 재산상의 손해를 입게 되었다. 비록 이 사건 합병이 성립된 이후에는 합병의 법률적 효과로 이 사건 대출금 채무가 공소외 1 회사의 채무가 되었고, 그에 대한 변제와 담보제공은 자신이 부담하는 채무에 관한 것으로 전환되기는 하였지만, 배임죄에서 재산상 손해의 유무에 관한 판단은 배임 여부가 문제되는 행위 당시를 기준으로 본인의 전 재산 상태와의 관계에서 경제적 관점에서 파악되어야 하는 이상, 공소외 1 회사의 재산 상태에 초래한 경제적 영향을 감안하지 않은 채 단지 그 법률적 효과만을 근거로 배임죄의 성립을 부정할 수는 없다.

(3) 공소외 1 회사는 전자제품 유통기업으로서 이 사건 합병 전인 2006년 말경까지 영업적 · 재산적으로 실질적 가치를 갖는 유 · 무형 자산을 다수 보유하고 상당한 액수의 매출액과 영업이익을 달성하고 있었던 것으로 보인다. 반면 공소외 21 회사는 영업적 실체를 갖추지 못한 특수목적회사

(Special Purpose Company)에 불과하여 이 사건 합병에도 불구하고 통상 기업결합에서 기대되는 영업상의 시너지 효과 등을 통해 장래 공소외 1 회사에 초과수익을 가져다주기는 어렵다. 또한 공소외 21 회사 보유 자산의 거의 대부분은 공소외 1 회사 발행 주식으로서 위 합병을 통해 공소외 1 회사가 이를 승계하더라도 자기주식을 취득한 것에 불과하여 실질적 가치 있는 재산을 얻은 것으로 볼 수는 없다. 나아가 현금 등 나머지 유동자산도 이 사건 대출계약에 따라 처분이 엄격히 제한됨으로써 공소외 1 회사의 영업에 활용될 수 없었다. 더욱이 공소외1 회사는 기존 대출금 채무를 변제하기 위해 이 사건 대출계약에 따라 보다 높은 이율로 자금을 차입하였다. 결국 공소외 1 회사로서는 인수절차가 진행되기 전에 비하여 채무원리금 변제의 부담이 크게 증가하고, 미변제 시 보유 부동산을 상실할 위험이 발생하는 등 전체적으로 재산상의 손해만 입었을 뿐 이를 상쇄할 만한 다른 반대급부를 인수자인 공소외 20 회사 등으로부터 제공받지 못하였다고 봄이 상당하다.

(4) 앞서 살펴본 공소외 1 회사가 매각에 이르게 된 경위, 공소외 20 회사가 사용한 공소외 1 회사 인수의 방법 및 인수자금의 조달 및 귀속, 피고인 1의 지위와 인수과정에서의 역할, 이를 통하여 피고인 1이 공소외 20 회사로부터 취득한 대가, 공소외 1 회사 인수 후 공소외 20 회사가 보인 행보, 공소외 20 회사가 재매각을 통해 얻은 재산상 이익의 규모, 그 과정에서 공소외 1 회사의 재산상 손실 발생과 이익 획득의 개연성 등 제반사정에 비추어 보면 피고인 1이 이 사건 근저당권설정에 가담한 행위는 피해자 공소외 1 회사의 대표이사로서 회사의 이익을 위한 것이라기보다는 주로 공소외 20 회사 등의 이익을 위한 것이었다고 봄이 상당하므로, 배임의 범의도 인정된다.

그러나 차주(SPC)/투자대상회사의 주식은 가장 중요한 담보로서 반느시 담보가 설정되는 것이 일반적이다. 차주/투자대상회사의 주식을 담보로 설정함으로써 기한의 이익상실 시 대주는 신속하게 그 주식을 처분하여 동 주식 비율에 상응하는 차주/투자대상회사의 전체 가치를 환가하는 것이 가능하기 때문이다.[67]

67) 다만, 자산 자체의 환가에 비해 주식의 환가의 경우에는 주식양수도에서와 같이 그 양수인이 주식발행회사의 우발채무까지 떠안게 된다는 리스크가 있고, 특히 투자대상주식이 상장주식인 경우에는, (i) 당해 주식이 의무보유등록주식에 해당하는 경우에는 담보권 설정 및 처분 자체에 어려움이 있고, (ii) 담보권 실행에 의한 당해 주식의 처분은 담보권 실행 방법에 따라서는 미공개중요정보이용행위에 해당될 수도 있다(본서 제4편 제2장 1 (4) 2) 미공개중요정보이용행위규제 부분 참조).

다음으로, 현금흐름을 발생시키는 자산이나 가치가 높은 자산 및 환가성이 높은 자산이 있는 경우에는 이러한 자산도 담보취득의 대상으로 하는 것이 일반적이다. 다만, 앞서 살펴본 바와 같이, 이러한 자산이라도 투자대상회사의 자산에 대한 담보는 동 회사의 이사 등의 배임죄 등 법률상의 리스크 때문에 담보에서 제외되는 것이 일반적이다. 또한, 계열회사로부터의 담보제공의 경우에도 역시 계열회사의 이사의 선관주의의무 및 충실의무 위반에 따른 손해배상, (업무상)배임죄, 이사 등과 회사 간의 거래 제한(상법 제398조), 주요주주 등 이해관계자와의 거래 제한(상법 제542조의9), 독점규제법상의 채무보증제한(동법 제24조), 불공정거래 행위금지(동법 제45조 제1항) 및 특수관계인에 대한 부당한 이익제공 등 금지(동법 제47조) 등의 행위제한 등의 법률상의 리스크 때문에 신중하게 검토 후 제공 여부를 결정해야 한다.

(3) 높은 수준의 감시·통제 장치의 필요성

앞서 살펴본 바와 같이, M&A금융에서는 레버리지를 활용하는 경우가 일반적인데, 그 결과 일반적인 회사에 비하여 차주의 부채비율(負債比率, Leverage Ratio)[68]이 높아지게 된다. 차주의 부채비율이 높으면 당연히 외부로부터 조달한 자금에 대해 완충(buffer, cushion) 역할을 하는 자기자본(Equity)이 적어지고 또한 대출기간 중 높은 원리금 상환의무의 부담으로 인해 현금흐름에 있어서도 완충이 작아지기 때문에, 차주에게 어떠한 위험이 현실화될 경우에는 차주는 즉시 채무초과에 의한 지급불능에 빠지게 되고 결국 대주는 차주의 자산/현금흐름으로부터 대출을 회수할 수 없게 될 위험이 더욱 높아지게 된다.

또한, M&A금융에서는 차주의 부채비율이 일반적인 경우보다 매우 높기 때문에 차주가 위험이 높은 행동을 취할 가능성이 더 높아지는데, 그 결과 M&A금융에서는 차주(그 주주와)와 채권자 간의 이른바 「대리문제(Agency Problem)」가 한층 더 현실화·첨예화 될 수 있다. 즉, 채권자에게는 이익이 적더라도 위험이 적은 쪽을 선택할 인센티브가 작동하지만, 주주에게는 위험이 크지만 이익 역시 큰 쪽을 선택할 인센티브가 작동하는 것이 일반적이다. 그리고 이러한 이익상반의 정도는 레버리지가 높으면 높을수록 커지는 것이 보통이기 때문에 앞서 살펴본 바와 같이 레버리지가 높은 M&A금융의 경우에는 차주가 이익상반행동을 취할 위험이 더 높아진다고 이해되고 있다.

이상과 같이 M&A금융에서는 불충분한 자기자본에도 불구하고 차주가 위험이 높은 행동을 취할 리스크가 현실화되면, 차주는 즉시 채무초과에 의한 지급불능에 빠지게 되고 대

68) 「부채비율」에 대해서는 본서 제3편 제1장 **3** (3) 5) 재무에 관한 준수사항 부분 참조

주는 차주/투자대상회사의 현금흐름으로부터 대출을 회수할 수 없게 되는 사태가 발생할 가능성이 높아진다. 따라서 대주는 무엇보다 차주/투자대상회사의 경영/투자활동에 대한 제약 · 감시 · 통제를 강화할 필요가 있고, 나아가 차주/투자대상회사의 현금흐름을 파악 · 장악하는 것 역시 필요하게 된다. 이러한 이유에서 M&A금융의 대출계약 등에는 차주/투자대상회사의 투자제한 · 감시 · 통제와 현금흐름의 파악 · 장악을 목적으로 하는 조항이 다양하게 규정되고 있다.[69)]

(4) 다른 (금융)채권자의 출현 방지의 필요성

앞서 살펴본 바와 같이, 투자대상회사에 M&A금융의 대주 이외의 다른 채권자가 존재하는 경우에 M&A금융의 대주는 그 다른 채권자에 대해 구조적으로 후순위의 지위에 놓이고, 차주인 SPC에 M&A금융의 대주 이외의 다른 채권자가 존재하는 경우에는 M&A금융의 대주는 차주의 자산 및 현금흐름에 대해 (담보가 제공되지 않는 한) 동순위로 경합하는 관계에 놓이게 된다.[70)] 특히, 다른 채권자가 차주/투자대상회사의 자산에 담보를 설정하고 있는 경우에는 M&A금융의 대주는 차주/투자대상회사의 도산/배당 시 다른 담보채권자 보다 후순위로, 다른 무담보채권자와 동순위로 분배/배당을 받게 되므로 다른 채권자에 우선하여 대출금을 회수할 수 없게 된다. 따라서 M&A금융의 대출계약 등에는 M&A금융의 대주의 채권회수에 장애가 될 수 있는 다른 채권자(기존 채권자 및 잠재적 채권자)를 배제하기 위해서 M&A거래 종결 전에 이루어진 차주/투자대상회사의 기존 채무를 M&A금융에 의해 조달한 자금 또는 기타의 자금으로 즉시 전액 상환시키고 기존의 한도대출약정(Commitment-Line) 등도 동시에 소멸시킬 의무를 차주에게 부담시키며, 나아가 차주/투

69) 투자 · 차입 · 증권발행 등을 제한하는 규정, 추가 M&A를 제한하는 규정, 계열사 간 대출(Inter-company Loan)을 제한하는 규정, 대주/대리인의 영업점에 개설된 계좌로 차주/투자대상회사의 현금흐름을 집중시키도록 하는 규정 및 동 계좌에 대한 질권설정, 재무에 관한 준수사항(Financial Covenants)에 의한 정기적인 체크, 현금지출 제한, (사업운영 · 자산매각 · 배당 등을 통한)잉여현금이 있는 경우의 강제조기상환 등의 규정을 그 예로 들 수 있다. 다만, 이러한 필요에서 규정되는 다양한 준수사항들 중에는 강행규정(효력규정)을 다수 포함하고 있는 상법(회사편), 자본시장법, 채무자회생법 등 차주/투자대상회사에 적용되는 제반 법령과의 관계에서 그 적법 · 유효성이 인정될 수 있는지, 추후 이를 위반할 경우 차주/투자대상회사의 이행가능성, 소송/중재절차를 통한 차주/투자대상회사에 대한 청구가능성 및 집행가능성, 불이행 시 손해배상청구의 인용가능성이 있는지 등에 대해 명확하지 않은 측면이 있는바, 이러한 의문이 있는 사항에 대해서는 그러한 사유를 기한의 이익상실사유나 스폰서 등 제3자에 대한 종류주식의 Put/Call option 사유 등으로 별도 규정해 둠으로써 이러한 준수사항 등 위반에 따른 법률효과의 실효성 확보를 위한 백업장치를 추가로 마련해 둘 필요도 있다.

70) 나아가, 차주(SPC)에 대한 담보 및 그 회수 순위에 있어서 후순위인 채권자/담보권자라 하더라도 이후 선순위 대주의 담보권 행사와 선순위 채권 회수 과정에서 소송 등을 통해 이의(채권액, 담보처분 절차나 가격, 분배절차 및 순위 등에 대한 이의)를 제기함으로써 후순위 채권자/담보권의 존재 자체가 선순위 채권 회수에 지장을 초래할 가능성도 있다.

자대상회사의 추가 차입(보증, 담보제공 포함)을 제한하거나[71] 추가 차입을 허용하더라도 그 한도와 절차 및 기본적인 조건을 선행조건・후행조건・준수사항 등에 미리 규정하는 것이 일반적이다.[72]

이와 관련하여, M&A금융의 대주 이외의 다른 채권자가 기촉법상의 「금융채권자」(기촉법 제2조 제1호, 제2호, 제8호)에 해당하지 않는 경우에는 M&A금융의 대주단이 추진하게 될 차주(SPC)/투자대상회사에 대한 기촉법상의 공동관리절차 및 기타 채무조정 등의 절차에 구속되지 않게 되고, 반대로 다른 (금융)채권자가 기촉법상의 「금융채권자」에 해당하는 경우에는 다른 (금융)채권자도 차주(SPC)/투자에 대한 공동관리절차 및 기타 채무조정 절차 등에 개입하여 동 절차에 영향을 미칠 수 있으므로, 기존 채권자의 존재/장래 다른 채권자의 출현 등을 (어느 범위에서) 허용할 것인지를 결정함에 있어서는 다른 채권자가 기촉법상의 「금융채권자」에 해당하는지 여부, 기촉법상 금융채권자협의회의 의결에 필요한 가결요건, 금융채권자협의회 소집권이 주어지는 금융채권의 비율 등 기촉법상 공동관리절차 및 기타 채무조정절차 관련 내용이 검토되어야 한다(기촉법 제9조 제5항 제1호・제2호, 제11조 제4항, 제22조, 제24조 등 참조).

(5) 도산격리조치의 필요성

차주(SPC)에 대한 회생절차, 파산절차 등의 도산절차가 개시되는 경우에는, M&A금융의 현금흐름에 변동이 발생하게 되고 M&A금융의 대주가 파악할 수 있는 차주/투자대상회사의 자산가치가 감소될 가능성이 높다. 즉, 차주에 대한 회생절차가 개시되는 경우, M&A금융의 대주는 회생채권자/회생담보권자가 되어 회생절차 외에서의 권리행사가 제한되고, 회생계획에 따라 권리내용이 변경되어 당초 예상하였던 현금흐름과는 다른 시점에 당초 예상했던 금액과는 다른 금액이 회수될 가능성이 있고, 파산절차가 개시되는 경우에도 담보권의 경우에는 별제권자의 지위에서 파산절차에 의하지 않고 담보권을 행사할 수

71) 단, 통상의 영업과정(in the course of business)에서 발생하는 상거래 채권은 제외하는 것이 일반적이다. 다만, 이러한 상거래 채권이라도 기촉법상의 '금융채권'에 해당하는 경우에는 역시 그 발생을 통제하고자 하는 경우가 일반적이다. 이를 위해 대출계약에서 「금융채권」의 용어정의를 기촉법상의 금융채권(동법 제2조 제1호, 제8호)과 균형을 맞추어 규정하거나 대주가 발생 가능성을 통제하기 위한 범위에서 위 규정을 참고하여 용어를 별도로 정의하고, 해당 금융채권에 대해서는 대주의 통제를 받도록 규정하는 경우도 있다.

72) 만일, 기존 대출의 존속을 허용하는 경우에는, M&A금융계약상 「허용된 부채」 또는 「허용된 채무」, 「허용된 담보」에 포함되어 기존 대출 및 담보가 계속 유지될 수 있도록 하거나, 기존 대출의 채권자 등 당사자와 「선후순위합의서」, 「채권자간합의서」 등 별도의 합의서를 체결하는 것이 필요할 수도 있다. 또한, 추가 차입 등을 허용하는 경우에도 추가 대출의 채권자 등 당사자와 「선후순위합의서」, 「채권자간합의서」 등 별도의 합의서의 체결이 필요할 수도 있다.

있지만, 채무자회생법에서 정하는 바에 따라 파산관재인의 개입을 받거나 담보의 환가에 상당한 시간이 소요될 가능성이 있다. 이러한 점을 감안하여 실무에서는 통상 이른바 각종의 도산격리(倒産隔離, Bankruptcy Remoteness)[73]조치를 마련해 두는 것이 일반적이다.

「도산격리」 또는 「도산절연」이라는 개념은 통상은 자산유동화거래에서 사용되었던 것으로(자산유동화거래에 비해 그 중요도가 덜하다고 볼 여지도 있으나) M&A 및 M&A금융의 실무에서도 여전히 중요하게 고려되고 있는 요소이다. 이것은 법률상 용어가 아니라 실무상 사용되는 개념이어서 논자나 문맥에 따라 달라질 수 있지만, M&A 및 M&A금융 거래와 관련하여, 주식양수도에 의한 M&A를 전제하면, 협의로는 ① 차주(SPC) 및 그 관계인의 도산에 의해 M&A금융의 상환이 영향을 받지 않는다는 것을 의미하고, 광의로는 위 ①에 더하여, ② 투자대상주식의 양도인 및 그 관계인의 도산에 의해 양수인인 차주(SPC)의 권리 및 그에 따른 M&A금융의 상환이 영향을 받지 않는다는 것{이른바 「진정양도성(True-Sale)」 등}을 포함하는 의미로 통상 사용되기도 한다.[74][75][76]

이러한 도산격리를 달성하기 위하여 통상 M&A금융거래에서 취하여지는 조치로는, ① 도산상태를 발생시키지 않도록 하기 위한 조치(도산상태 예방조치),[77] ② 도산상태가 발생하더라도 도산절차가 개시되지 않도록 하기 위한 조치(도산절차 개시 방지조치),[78] ③ 도산절차가 개시된 경우에도 투자자를 보호하기 위한 조치(도산 시 대응조치),[79] ④ 진정양

73) 도산절연(倒産絶緣)이라고도 한다.

74) 주의할 점은, 도산격리의 개념은 어느 확일적 기준에 의해 이를 완벽하게 달성할 수 있는가 없는가의 일도양단의 문제가 아니라 각 사안별로 해당 사안의 조건에 비추어 해당 사안에서는 어느 정도 도산에 의한 영향이 배제될 수 있는지의 정도의 문제라는 것이다.

75) 또한, 차주(SPC) 외에 도산격리 조치의 내용에 따라서는 투자대상회사도 그 범위에 포함시켜 필요한 조치를 취할 수 있을 것이다.

76) 한편, 주식양도행위 자체가 사해행위나 채무자회생법상의 부인권의 대상이 되어 취소/부인될 경우에는 진정한 의미의 도산절연(도산격리)의 효과를 달성할 수 없게 되므로 진정양도성과 함께 투자대상주식 양도의 사해행위/부인권 문제도 도산격리(도산절연)의 문제로 파악하기도 한다.

77) 그 예로는, (i) 차주(SPC)정관상 목적을 해당 M&A 및 M&A금융 거래로 한정하고 정관변경을 금지하는 것, (ii) 차주(SPC)의 적절한 임원을 선임하고 임원의 변경을 금지하는 것, (iii) 해당 M&A 및 M&A금융 거래 외에는 차주(SPC)에게 영업활동을 하지 않도록 하고, 채무/담보의 부담, 자산의 처분 등을 제한하는 것, (iv) 차주(SPC)에 의한 배당, 자본감소, 합병, 자회사 설립 또는 다른 주식 보유를 금지하는 것 등을 들 수 있다.

78) 그 예로는, (i) 채무자회생법상 차주(SPC)에 대한 도산신청권(倒産申請權)을 갖는 자에게 도산신청권을 포기시키는 것, (ii) 차주(SPC)가 부담하는 채무에 책임재산한정특약을 하도록 하는 것 등을 들 수 있다. 차주(SPC)에 대한 회생신청권자로는 차주(SPC)자신(실제로는 차주의 대표이사 또는 대표사원), 자본의 10분의 1 이상에 해당하는 주식 또는 지분을 가진 주주・지분권자, 자본의 10분의 1 이상에 해당하는 채권을 가진 채권자(채무자회생법 제34조), 파산신청권자로는 차주(SPC)자신(실제로는 차주의 대표이사 또는 대표사원), 채권자, 이사(동법 제294조, 제295조) 등이다. 다만, 우리나라의 M&A금융 실무에서는 책임재산한정특약을 부가하는 경우는 드문 것으로 보인다.

79) 그 예로는, (i) 차주(SPC)의 전 재산에 대한 담보권을 설정(담보신탁 포함)하여 우선권을 확보해 두는 것,

도성의 확보를 위한 조치[80] 등으로 나누어 볼 수 있는데, 이러한 조치들은 M&A 및 M&A 금융 거래의 구조설계와 주요금융조건(Term Sheet) 및 관련 계약서(선행조건, 후행조건, 진술보장, 준수사항 등) 협의 시 그 수준이 결정된다.

다만, 이와 같은 도산격리 조치를 취하더라도 차주(SPC) 기타 그러한 의무를 부담하는 자가 당초의 도산격리 조치를 위반하는 경우(예를 들면, 도산신청권을 포기하였으나 이에 위반하여 도산절차를 신청한 경우) 그 위반행위의 효력(도산법원, 제3자와의 관계에서의 효력 등), 그 위반에 대한 구제수단 및 절차, 집행가능성 등 실효성 확보 가능 여부가 문제될 수 있다. 따라서 이러한 의문이 있는 사항에 대해서는 준수사항으로 규정하는데 그치지 않고 그 위반을 M&A대출의 기한의 이익상실사유나 스폰서 등의 제3자에 대한 종류주식의 Put/Call option 사유 등으로 별도 규정해 둠으로써 준수사항 등 위반에 따른 법률효과의 실효성 확보를 위한 백업장치를 추가로 마련해 둘 필요도 있다.

(ii) M&A금융의 대주 이외의 차주(SPC)의 채권자로부터 후순위특약(후순위약정)을 체결해 두는 것 등을 들 수 있다.

80) 진정양도성 등 확보를 위한 조치에 대해서는 본서 제2편 제1장 3 (6) 진정양도성(True-Sale) 등의 확보 부분에서 살펴보기로 한다.

M&A금융의 절차

M&A금융은 M&A에 필요한 자금을 조달하는 거래이기 때문에 M&A의 방법·유형에 따라 M&A금융의 구조 및 절차 그리고 각 단계에서의 유의점 및 각 해당 계약서의 내용도 달라지게 된다. 또한, M&A금융은 M&A거래와 병행하여 절차가 진행되는 것이 일반적이다. 이하에서는 M&A금융의 절차를 이해하기 위하여 필요한 범위 내에서 가장 전형적인 유형인 주식양수도에 의한 M&A의 기본적인 절차에 대해서도 개략적으로 살펴본 후 M&A금융의 기본적인 절차에 대해서 살펴본다. 다만, 본서에서는 사안을 단순화하기 위해 원칙적으로 원화를 결제(지급)수단으로 하여 국내 당사자 사이에서 이루어지는 국내기업에 의한 국내기업에 대한 M&A 및 M&A금융[1]을 전제로 한다.[2]

---

1) 앞서 살펴본 바와 같이, M&A금융의 방법으로는 대출, 사채, 종류주식 등이 이용될 수 있으나, 본편에서는 대출이 이용되는 경우를 전제로 하면서, 필요한 경우 해당 부분에서 다른 금융방법에 대해서도 간략히 언급하기로 한다.

2) M&A 또는 M&A금융의 어느 당사자가 외국인(외국법인)이거나 관련 결제(지급)수단이 외화인 경우 등 섭외적(涉外的)(국제사법적)인 요소가 개입되는 경우(일명 「Cross-border 거래」 등)에는, 일반적인 국내거래에 적용되는 상법, 자본시장법, 독점규제법, 민법, 노동법, 조세관련법 등 이외에 외국환거래법, 외국인투자촉진법, 국제조세 관련 법률(국제조세조정에 관한 법률, 조세조약 포함) 등이 추가로 적용되고, 나아가 사안에 따라서는 외국의 법률(담보법, 경쟁법, 조세법, 회사법, 증권법, 노동법 등)이 추가로 적용될 수 있다. 특히, Cross-border 거래의 경우에는, 외국에서뿐만 아니라 우리나라에서도 사전에 해당 거래가 독점규제법, 외국환거래법 및 외국인투자촉진법 등에 따른 사전·사후 신고 또는 인허가 대상인지 여부 및 그 절차를 확인하여 일정(Schedule)에 반영되어야 한다. 「Cross-border M&A」에 대한 개략적인 설명은, (i) 이중욱 외 『M&A와 투자, 기업재편 가이드(개정증보판)』(삼일인포마인, 2022) 241페이지 이하, (ii) アンダ-ソン・毛利・友常法律事務所(柴田義人・檀 柔正・石原 坦・廣岡健司) 編 『M&A實務の基礎(第2版)』(商事法務, 2018) 164페이지 이하, (iii) 김정호 『The Real Deal Cross-Border M&A and PMI(개정증보판)』(삼일인포마인, 2021), (iv) 森 幹晴 編著 『クロスボーダーM&A契約実務』(中央経済社, 2021), (v) 關口尊成 外 『論点解説クロスボ-ダ-M&Aの法實務』(商事法務, 2023), (vi) 西谷敦 外 『英文M&Aドラフティングの基礎』(金融財政事情研究會, 2023)를 각 참고

M&A

제1장 M&A의 기본적인 절차[3)]

M&A의 유형[4)]은 다양하기 때문에 그 절차를 일반화할 수는 없지만, M&A거래의 전형적이고 기본적인 형태는 「비상장주식의 주식양수도의 방법에 의한 M&A」라고 할 수 있다. 본 장에서도 M&A금융의 절차를 이해하는데 필요한 범위 내에서 「비상장주식의 주식양수도의 방법에 의한 M&A」의 경우를 전제로 M&A거래의 기본적인 절차에 대해 살펴보기로 한다.[5)]

1 상대거래에 의한 주식양수도

비상장회사를 M&A하는 가장 기본적인 방법은 매수인이 비상장회사인 투자대상회사의 기존의 (대)주주로부터 투자대상회사의 기 발행 주식(「구주(舊株)」)을 주식양수도의 방법으로 매수하는 것인데, 이를 실무에서는 「상대거래(相對去來, Bilateral Transaction)」라고 한다.[6)]

3) 「M&A의 절차 및 실무상 유의점」에 대한 전반적인 설명은, (i) アンダーソン・毛利・友常法律事務所(柴田義人・檀 柔正・石原 坦・廣岡健司) 編『M&A實務の基礎(第2版)』(商事法務, 2018) 28페이지 이하, (ii) 천경훈 편저『우호적 M&A의 이론과 실무－거래의 절차와 구조설계』(소화, 2017), (iii) American Bar Association, Section of Business Law, Committee on Negotiated Acquisitions『The M&A Process, A Practical Guide for the Business Lawyer』(2005), (iv) 김화진『기업지배구조』(머니투데이 더벨, 2017) 598페이지 이하, (v) 정영철『기업인수 5G(4G개정판)』(박영사, 2015) 739페이지 이하, (vi) 이중욱 외『M&A와 투자, 기업재편 가이드(개정증보판)』(삼일인포마인, 2022) 45페이지 이하, (vii) 삼일회계법인 M&A지원센터『M&A ESSENCE』(중소벤처기업부・한국벤처캐피탈협회, 2020), (viii) 한국상사법학회 편『주식회사법대계 Ⅲ』(법문사, 2013) 497~522페이지, (ix) 西村あさひ法律事務所『M&A法大全(下)(全訂版)』(商事法務, 2019)를 각 참고

4) 「M&A의 유형(분류)」에 대해서는, (i) 정영철『기업인수 5G(4G개정판)』(박영사, 2015) 138페이지 이하, (ii) 이중욱 외『M&A와 투자, 기업재편 가이드(개정증보판)』(삼일인포마인, 2022) 148페이지 이하, (iii) 삼일회계법인 M&A지원센터『M&A ESSENCE』(중소벤처기업부・한국벤처캐피탈협회, 2020) 254페이지 이하, (iv) 한국상사법학회 편『주식회사법대계 Ⅲ』(법문사, 2013) 494~496페이지, (v) 西村あさひ法律事務所『M&A法大全(上)(全訂版)』(商事法務, 2019) 56페이지 이하 각 참고

5) 「상장주식의 양수도에 의한 M&A」의 경우에는, 자본시장법상의 각종 공시(매출공시, 수시공시, 주요사항보고공시, 대량보유상황보고의무 등) 절차, 공개매수규제, 미공개중요정보이용행위 문제 등이 추가로 검토되어야 한다.

6) 실무에서는 투자대상회사의 기 발행주식(구주)의 매수와 함께 투자대상회사의 신주(또는 전환사채, 신주인수권부사채, 교환사채 등 주식연계사채)를 인수하거나 대주가 투자대상회사에 별도의 대출을 실행하는 방법 또는 대주로부터 차입한 자금을 구주의 매수인(차주)이 투자대상회사에 대출 또는 투자하는 방법(계열사 간

「상대거래」는 일반적으로 다음과 같은 절차를 거치는 경우가 많은 것으로 보인다.[7)]

① 먼저, 초기단계에서는 (i) 거래의 개요, (ii) 양도대상주식, (iii) 매매가격 결정방법, (iv) 실사의 실시 및 협력, (v) 독점적 지위(독점교섭권) 부여, (vi) M&A일정, (vii) 비밀유지, (viii) 법적구속력, (ix) 유효기간 및 (x) 성실협력 등 기본적인 몇 가지 사항에 대한 합의를 반영하여 매도희망자와 매수희망자 사이에서 양해각서(「MOU(Memorandum of Understanding)」)[8)]가 체결되는 경우가 일반적이다.[9)]

② 그 후 투자대상회사 관련 정보 등의 제공 및 취급과 관련하여 매도희망자・매수희망자・매각주관사・투자대상회사 등의 사이에서 (i) 비밀정보의 정의 및 비밀정보에서 제외되는 정보, (ii) 비밀유지의무의 내용 및 범위, (iii) 목적 외 사용의 금지, (iv) 공개가 허용되는 예외적인 경우 및 그 범위, (v) 비밀정보의 취급, (vi) 비밀정보의 반환과 폐기, (vii) 유효기간 등을 내용으로 하는 비밀유지계약(Confidentiality Agreement, Non-Disclosure Agreement)[10)]을 체결한 후, 매수희망자가 매도희망자・매각주관사・투자대상회사 등으로부터 자료・정보를 제공받아 법률・회계(재무)・세무・사업성(비즈니스) 등의 다양한 측면에서 투자대상회사(필요한 경우 그 자회사 등 계열회사 포함)에 대한 정밀실사(Due-Diligence, DD)를 실시한다.[11)]

금융제공)으로 투자대상회사에도 자금을 제공하는 경우도 많다.

7) 아래의 절차는 하나의 예시일 뿐이므로, 실제의 구체적인 절차는 사안마다 다를 수 있다. 예를 들면, 비밀유지계약을 체결 후 초기 단계의 협상이 어느 정도 진전된 후 해당 시점까지의 기본적인 합의사항을 반영하여 양해각서(MOU)가 체결되는 경우도 많다. 또한, 매수의향서(Letter of Intent)를 발급한 매수의향자와 협상을 개시한 후 일정한 단계에 이르러 양해각서를 체결하는 경우도 있다.

8) 「기본합의서(基本合意書)」로 번역되기도 한다.

9) 「양해각서(MOU)」에 대해서는, (i) 藤原総一郎 編著 『M&Aの契約實務(第2版)』(中央經濟社, 2018) 19페이지 이하, (ii) アンダーソン・毛利・友常法律事務所(柴田義人・檀 柔正・石原 坦・廣岡健司) 編 『M&A實務の基礎(第2版)』(商事法務, 2018) 64페이지 이하, (iii) 「M&A거래에서의 양해각서에 관하여」 천경훈 편저 『우호적 M&A의 이론과 실무-거래의 절차와 구조 설계』(소화, 2017) 108페이지 이하, (iv) 이중욱 외 『M&A와 투자, 기업재편 가이드(개정증보판)』(삼일인포마인, 2022) 80페이지 이하, (v) 한국상사법학회 편 『주식회사법대계 Ⅲ』(법문사, 2013) 504~506페이지, (vi) 西村あさひ法律事務所 『M&A法大全(下)(全訂版)』(商事法務, 2019) 30페이지 이하 각 참고

10) 비밀유지계약의 방식으로는 일방만이 상대방에게 (통상은 매수후보자가 매도희망자에게) 확약서 형태로 제공하는 방식과 쌍방 또는 관계당사자 다수가 계약에 날인하는 방식이 있다. 또한 비밀유지계약이 별도로 체결되지 않고 MOU에 포함되어 있는 사례도 많이 보인다. 「비밀유지계약」에 대해서는, (i) 藤原総一郎 編著 『M&Aの契約實務(第2版)』(中央經濟社, 2018) 9페이지 이하, (ii) アンダーソン・毛利・友常法律事務所(柴田義人・檀 柔正・石原 坦・廣岡健司) 編 『M&A實務の基礎(第2版)』(商事法務, 2018) 30페이지 이하, (iii) 「기업 M&A거래에 있어 기밀유지계약과 기업실사」 천경훈 편저 『우호적 M&A의 이론과 실무-거래의 절차와 구조 설계』(소화, 2017) 143페이지 이하, (iv) 이중욱 외 『M&A와 투자, 기업재편 가이드(개정증보판)』(삼일인포마인, 2022) 82페이지, (v) 한국상사법학회 편 『주식회사법대계 Ⅲ』(법문사, 2013) 500~504페이지, (vi) 西村あさひ法律事務所 『M&A法大全(下)(全訂版)』(商事法務, 2019) 18페이지 이하 각 참고

11) 통상의 M&A거래에서는 매수희망자에 의한 실사가 일반적이지만, 사안에 따라서는 매도인 측에서의 실사

법률실사의 주요 항목[12)]

- 개요(설립 · 조직 등)
- 자본[자본금, 주식(주식연계증권), 우리사주조합 등]
- 기관(지배구조)
- 계열회사
- 정부규제 및 준수[인허가(Compliance)]
- 자산 및 부채[부동산, 차량, 고정자산, 차입금, 사채, 담보, 보증 등]
- IT/지적재산권
- 계약
- 인사노무
- 인권[13)]
- 보험
- 소송 및 분쟁
- 환경
- 중대재해[14)]
- 조세
- 기타

(실무에서는 「Seller's DD」 또는 「Vendor's DD」라고 한다)가 이루어질 수도 있는데, 이것은 매도인이 M&A 과정에서 잠재적인 주요 이슈를 사전에 파악하거나 매수희망자의 실사와 M&A거래에서의 거래가격, 진술보증 및 약정사항 등 거래조건에 관한 협상(예를 들면, 통상 진술보장의 예외를 구성하는 공개목록(Disclosure Schedule) 기재는 매도인 측에 의해 이루어지므로 매도인 측에서도 공개목록에 기재될 사항을 미리 파악해 둘 필요가 있다)에 대비하기 위해 수행된다. 「M&A 관련 실사」에 대해서는, (i) 長島・大野・常松法律事務所 編『M&Aを成功に導く法務デューデリジェンスの実務(第3版)』(中央經濟社, 2014), (ii) アンダーソン・毛利・友常法律事務所(柴田義人・檀 柔正・石原 坦・廣岡健司) 編『M&A實務の基礎(第2版)』(商事法務, 2018) 70페이지 이하, (iii) 「기업 M&A거래에 있어 기밀유지계약과 기업실사」 천경훈 편저 『우호적 M&A의 이론과 실무－거래의 절차와 구조 설계』(소화, 2017) 157페이지 이하, (iv) 한국상사법학회 편『주식회사법대계 Ⅲ』(법문사, 2013) 507～511페이지, (v) 西村あさひ法律事務所『M&A法大全(下)(全訂版)』(商事法務, 2019) 45페이지 이하 각 참고

12) 법률실사의 대상은 투자대상회사의 업종 · 규모, 당사자의 협상, 시간 또는 예산에 의한 제약 등 개별 구체적인 사정에 따라 결정되는 것이기 때문에 아래의 항목은 하나의 예시일 뿐이고 실제의 구체적인 M&A거래의 사안에 따라 법률실사의 항목이 가감 또는 구체화 될 수 있다.

13) 최근에는 인권(人權, Human Right)이 중시됨에 따라 ESG를 구성하는 한 요소(Social)로서 또는 독립적인 항목으로 인권에 대한 실사가 중요시 되고 있다. 「인권 실사」에 대해서는, (i) 浜田宰 外『Q&A人權 DD』(金融財政事情研究會, 2023), (ii) 大村惠實 外『人權 デュ-・ディリジェンスの實務』(金融財政事情研究會, 2023)을 각 참고, 「ESG 관점에서의 인권 문제 대응」에 관해서는, 森・濱田松本法律事務所 ESG・SDG s プラットフォーム『ESGと商事法務』(商事法務, 2021) 113～133페이지 참고

14) 「중대재해 처벌 등에 관한 법률」. 중대재해 관련 실사는 환경, 인사노무 항목에 포함되는 경우도 있고 최근의 중요성에 비추어 별도의 항목으로 진행되는 경우도 있다.

ESG[15)]와 법률실사

최근에는 ESG가 부각됨에 따라[16)] 이에 대해 별도의 항목을 설정하여 법률실사가 진행되고 실사보고서가 작성되는 사례도 많다. ESG는 환경(Environmental), 사회(Social), 지배구조(Governance)의 영문 첫 글자를 조합한 단어로, 그 세부 구성요소 및 범위・정도는 각 회사별 설립 목적 및 사업의 특성, 이해관계자의 차이에 따라 상이하게 제시될 수 있지만, 일반적으로 다음과 같이 구성되는 것으로 이해되고 있다.[17)]

① 환경(Environment): 기후변화 및 탄소배출, 환경오염 및 환경규제, 생태계 및 생물다양성
② 사회(Social): 데이터 보호 및 프라이버시, 인권・성별 평등 및 다양성, 지역사회 관계
③ 지배구조(Governance): 이사회 및 감사위원회 구성, 뇌물 및 반부패, 기업윤리

일반적으로 종래의 법률실사의 실무에서도 ESG의 요소는 실사의 대상으로 되었다. ESG의 「E」의 경우, 예를 들면, 주로 제조업을 영위하는 투자대상회사에 대하여 환경법규 준수상황 및 현출된 환경리스크에 대한 실사를 하였고, ESG의 「S」 및 「G」에 관해서는, 예를 들면, 인사노무, 뇌물규제 등의 구체적인 법규제의 준수 등이 지금까지의 법률실사의 대상에 포함되었다. 다만, 종래의 일반적인 법률실사에서는 ESG의 요소에 관하여 주로 법령위반의 유무 및 현출된 기업가치의 훼손리스크의 확인이라는 관점에서 실사라는 성격이 강하였다.

그런데 2006년에 투자자가 취해야 할 행동 준칙으로서 UN에 의해 발표된 「책임투자원칙(PRI. Principles for Responsible Investment)」에서 ESG를 배려한 투자가 제창된 이후 금융기관 등의 기관투자가는 일찍부터 ESG에 관심을 갖기 시작하였다. 그 결과 주로 영미에서 금융기관 등으로부터 출자나 대출을 받아 M&A를 실행하는 Private Equity Fund 및 스스로 기관투자가로서 투자하는 금융기관 등을 중심으로 ESG 요소를 심층 발굴한 법률실사의 실무가 도입되었다. 그리고 ESG가 세계적인 조류가 된 현재는, ESG 요소가 리스크 요인으로 되고 또 기업가치 향상의 기회로 될 수 있다는 인식이 광범위하

---

15) 「ESG」의 전반적인 내용에 대해서는, (i) 국민연금기금 책임투자 활성화 방안, (ii) 국민연금기금 수탁자 책임활동에 관한 지침, (iii) 이중욱 외 『M&A와 투자, 기업재편 가이드(개정증보판)』(삼일인포마인, 2022) 248~269페이지, (iv) 森・濱田松本法律事務所 ESG・SDG s プラットフォーム 『ESGと商事法務』(商事法務, 2021)를 각 참고

16) 과거에는 기업을 평가함에 있어서 '얼마를 투자해서, 얼마를 벌었는가?' 중심으로 '재무적'인 정량 지표가 기준이었으나 기후변화 등 최근 기업이 사회에 미치는 영향력이 증가하며 '비재무적'인 지표가 기업의 실질적인 가치평가에 있어서 더 중요할 수 있다는 인식이 늘어나면서 기업의 사회적 책임에 대한 담론이 형성되며, 투자자와 소비자들도 기업을 평가함에 있어 재무적 가치가 아닌 비재무적 가치를 중시하고 있는데, 이를 반영하여 최근에는 「ESG(Environment, Social, Governance)」의 중요성이 부각되고 있다(KRX ESG 포털. https://esg.krx.co.kr/contents/01/01010100/ESG01010100.jsp 참조).

17) KRX ESG 포털. https://esg.krx.co.kr/contents/01/01010100/ESG01010100.jsp 참조

게 확대되어 매수인의 소재국가나 주주의 속성에 관계없이, ESG요소에 주목한 법률실사가 실시되는 경우가 증가하고 있다. 또한 자사(自社)의 ESG 투자가이드라인 및 ESG 실사 체크리스트를 설정하여 M&A 시 ESG에 관한 검토절차, 고려요소 등을 서면화해 두는 경우도 있다.

종래의 법률실사에서의 ESG 요소에 관한 실사대상이 된 항목과 근래 ESG에 주목한 법률실사에서 추가로 실사대상이 되는 항목을 도표로 비교하면 다음과 같다.[18]

ESG 항목	종래 DD의 대상	ESG DD의 추가 대상
Environment	• 환경법규의 준수 상황 • 현재화된 환경리스크의 유무	• 환경 매니지먼트 시스템[19] 및 각종 환경 가이드라인의 준수 상황 • 기후변화대책의 실시 유무 • 개발프로젝트에 관한 지역주민의 반응, 평가
Social	• 노동관련법 위반 유무	• 인권 DD - supply-chain 확인 - supply-chain에서의 강제노동의 유무 • 투자대상회사에서의 인권조사의 실시 상황 및 그 결과
Government	• 뇌물 · 자금세탁 · 정보보안에 관한 법령위반 유무 • 임원과의 계약관계 · 인센티트 플랜의 확인	• 뇌물 · 자금세탁 · 정보보안에 관한 지침 등의 사내규칙 및 준수 체제의 확인, 매수인 측의 체제와의 비교 • 이사회 등의 주요 의사결정기관의 구성(다양성) 확인 • 임직원의 직장 내 괴롭힘, 인종차별적인 행동의 유무
기타	-	• ESG 관리체제의 확인 - ESG 전략의 유무, 내용 - ESG에 관한 체제(ESG 공시체제 포함)의 내용 · 준수 상황 - ESG 지배구조의 내용[20] • NGO 등으로부터의 지적사항 유무, 과거의 주고 받은 내용

18) 법률실사의 대상은 투자대상회사의 업종 · 규모, 당사자의 협상, 시간 또는 예산에 의한 제약 등 개별 · 구체적인 사정에 따라 결정되는 것이기 때문에 도표는 어디까지나 일반적인 경향으로서 기재된 것에 지나지 않는다는 점에 유의하기 바란다.

19) 환경매니지먼트시스템의 예로는 ISO14001을 들 수 있다.

20) 예를 들면, 이사회에서의 ESG 감독체제, 이사회에서의 ESG 관련 의제의 제출상황, 제출된 과제, 당해 과제에 대한 대처에 관한 모니터링 상황 등을 확인

위에서 본 바와 같이, 지금까지의 ESG 요소에 관한 법률실사가 법령위반 및 현출된 기업가치의 훼손 리스크의 확인에 그치는 반면, 근래의 ESG에 주목한 법률실사는 그 대상이 법규에 한정되지 않은 연성법(soft law)의 준수[21]에도 미치는 점, 또한 그 대상이 투자대상회사 자체에 그치지 않고 그 거래처인 공급처, 임직원의 개인적인 행동(sexual harassment 및 차별적 언행)에까지 확대된 점, ESG에 관한 관리체제, 이사회의 구성 등을 확인대상으로 한 점, 리스크에 그치지 않고 수익기회에 관한 조사도 실시된다는 점 등에서 종래의 일반적인 법률실사보다 범위·대상이 확대되었다고 말할 수 있을 것이다.[22][23]

③ 그리고 실사와 병행하여 또는 실사가 완료된 후에 주식양수도계약의 내용에 대해 협상을 하여 최종(Definitive) 주식양수도계약(Share Sale and Purchase Agreement, 줄여서 「SPA」라고도 한다) 및 그 부수계약(Escrow계약, Earning-out계약[24] 등)을 체결한다.[25]

④ 주식양수도계약을 체결한 후에 주식양수도의 실행(「거래종결(Closing)」)을 실시하게 되는데, 실무에서는 특별한 사정이 없는 한, 주식양수도계약의 체결과 동시에 주식양수도의 거래종결이 이루어지는 경우는 그다지 많지는 않다. 이것은 주식양수도에 관한 독점규제법 기타 관련 법령상의 인허가(예를 들면, 각종 금융기관 설립 근거법상의 대주주 변경인가, 독점규제법상의 사전 기업결합신고 등) 및 투자대상회사가 체결한 계약

---

21) ESG 요소에 관한 많은 규범은 종래의 경성법(hard law)이라고 불리는 제정법과는 달리 국제단체 및 민간이 주도하여 형성된 것으로서 「법규범은 아니지만 국가 및 기업이 어떤 구속감을 갖고 따르고 있는 법규범」이라는 연성법(soft law)이라는 점에 특징이 있다.

22) 다만, ESG에 주목한 법률실사에는 다음과 같은 제약도 있다. 우선, ESG에 주목한 법률실사는 실무적으로 정착된 종래의 일반적인 법률실사보다 그 대상을 확대하고 있는데 매도인의 입장에서는 매수가 확정되지 않은 단계에서의 정보공개의 범위가 확대되고 그에 따른 부담과 정보공개에 의한 리스크가 증가한다는 점을 이유로 이를 거절하는 경우도 있다. 특히, supply-chain에서의 인권침해 유무에 관한 실사 등, 매수가 확정되지 않은 단계에서의 제3자에 대한 조사는 정보관리의 관점에서도 쉽지 않은 경우도 많다. 또한 어느 ESG 요소에 대해 본래 투자대상회사가 전혀 관심을 갖고 있지 않은 경우나 대응을 일체 하고 있지 않은 경우에는 법률실사 과정에서 정보공개청구를 하더라도 투자대상회사 자신이 공개할 수 있는 정보를 정리된 형태로 보유하고 있지 않은 경우도 있다. 나아가, ESG에 주목한 법률실사에서는 준수상황의 확인 및 그 위반이 있는 경우의 리스크 평가가 어렵다는 측면도 있다. 예를 들면, 어느 ESG 요소에 관한 연성법에서는 그 준수가 요구되는 요건이 반드시 명확하게 규정되어 있지 않은 경우가 있고, 또 해당 규정에 관한 해석도 확립되어 있지 않기 때문에 위반을 인정하기 어려운 경우가 있다. 또한, 연성법 위반이 있는 경우에는 통상 명확한 제재(penalty)가 규정되어 있지 않지만, 평판(reputation) 리스크 및 주주로부터 그에 대한 대응이 요구될 리스크가 존재하는데 이러한 리스크를 수치화 하여 가치평가(valuation)에 반영하기 쉽지 않은 경우도 있다.

23) 「ESG와 법률실사」와 관련된 이상의 내용은, 森・濱田松本法律事務所 ESG・SDGｓプラットフォーム『ESGと商事法務』(商事法務, 2021) 101~108페이지를 참고하였다.

24) 외국의 경우에는 Earning-out계약을 별도로 체결하는 것이 일반적으로 보이나, 우리나라의 실무에서는 주식양수도계약상 매매가격조정조항에 포함시켜 규정하는 사례가 많은 것으로 보인다.

25) 투자대상회사의 주식의 일부만을 양수하는 경우에는 주주간계약서(Share Holders Agreement) 등 부수적으로 필요한 관련 계약서·합의서가 추가로 체결되는 경우도 있다.

중 경영권 변동(Change of Control) 조항[26]이 있는 계약의 상대방으로부터의 동의를 얻는데 시간이 걸리기 때문이다.[27] 실무에서는 대주주 변경인가(금융기관 등의 경우), 독점규제법상 사전 기업결합신고[28] 등이 필요한 경우에는 주식양수도계약의 체결부터 거래종결까지는 수개월의 시간적인 간격을 두는 경우가 많다.

상대거래에 의한 주식양수도 절차 개요[29]

① [매수의향서(Letter of Intent)의 교부]
② 양해각서(Memorandum of Understanding)의 체결
③ 비밀유지계약(NDA or CA)의 체결
④ 매수인에 의한 정밀실사 진행(매도인 측 실사 병행)
⑤ 매매조건 협상
⑥ 최종 계약(SPA 및 부수계약) 체결
⑦ 거래종결 전 이행사항 이행(기업결합신고, 대주주변경 인가, 계약상대방 동의 등)
⑧ 거래종결(closing)
⑨ 거래종결 후 이행사항 이행(매매대금정산 등)

2 입찰(경쟁매매)에 의한 주식양수도

매도희망자가 가능한 한 더 좋은 조건(높은 가격 등)으로 투자대상회사의 주식을 매각하려고 의도하는 경우 또는 매각절차의 공정성·투명성을 확보하면서 매각절차를 진행하고자 하는 경우에는 처음부터 특정의 매수후보자를 정하지 않고, (주로 매각주관사를 선임하여) 매도희망자에게 가장 유리한 조건을 제시하는 매수후보자를 구하기 위하여 입찰절차

26) 「경영권 변동(Change of Control) 조항」이란, 투자대상회사의 경영권에 변동이 발생한 경우 투자대상회사의 계약상대방에게 계약의 해제 등 일정한 권리를 부여하는 조항을 의미한다.

27) 이러한 절차의 완료는 통상은 주식양수도계약상 거래종결의 선행조건으로 규정되고, 이러한 선행조건이 충족될 때까지 거래종결은 이루어지지 않는다.

28) 독점규제법상의 기업결합신고 등이 필요한 M&A거래에서는 소정의 대기기간이 만료할 때까지 거래종결을 할 수 없다(동법 제11조 제8항). 대기기간 만료 전에 통상 필요한 통합 준비행위(예를 들면, DD의 실시, 거래종결 후의 인사·노무에 대한 협의 등)의 범위를 초과하여 실질적으로 통합과 동일시 할 수 있는 행위를 선행하는 경우에는 기업결합규제의 위반으로서 제재의 대상이 될 염려가 있다. 또한 M&A의 각 당사자가 경쟁관계에 있는 경우 통합 준비과정에서 경합기업 간에는 통상 공유되지 않는 정보를 교환하는 것이 카르텔 행위로 간주될 가능성도 존재한다. 이러한 것들을 실무에서는 「Gun Jumping」이라고 부르는데, 그 제재의 중요성 때문에 영미에서는 무시할 수 없는 문제로 대두되고 있다고 한다. 「Gun Jumping」에 대한 간단한 설명은, アンダ-ソン・毛利・友常法律事務所(柴田義人・檀 柔正・石原 坦・廣岡健司) 編 『M&A實務の基礎(第2版)』(商事法務, 2018) 386~388페이지 참고

29) 아래 각 절차의 실시 여부, 순서, 방법 등은 사안에 따라 달라질 수 있다.

(入札節次, Bidding)를 거쳐 매수후보자 및 매수인을 결정하는 것이 일반적이다.

입찰절차는 보통 다음과 같은 절차로 진행된다.[30]

① 먼저, 예비입찰절차에서는 매도희망자 또는 그의 매각주관사가 투자대상회사의 기본적인 정보와 재무정보 등을 설명한 IM(Information Memorandum)을 작성하여 입찰참여희망자에게 제공하고, 입찰참여희망자는 IM 기타 제공된 투자대상회사에 관한 기본적인 정보에 근거하여 M&A의 주요조건 및 가격대를 기재한 법적 구속력이 없는 입찰의향서(보통은 매각주관사가 요구하는 양식으로 작성된 비밀유지확약서 또는 비밀유지계약서가 첨부되어 제출되는 것이 일반적이다. 이를 「인수의향서」라고도 한다)를 제출한다.[31] 매도인은 제출된 입찰의향서를 비교 검토하여 입찰후보자를 몇 개의 회사로 압축한다.

② 예비입찰절차를 통하여 압축된 몇 개의 입찰후보자는 본입찰절차에서 직접 및/또는 자문기관을 통하여 투자대상회사의 법률·회계(재무)·세무·사업성(비즈니스) 등에 대한 정밀실사를 실시한다.[32] 또한, 매도희망자는 본입찰절차 진행 중에 주식양수도계약(안)을 작성하여 입찰후보자에 제시하는 경우가 많다. 입찰후보자는 정밀실사결과를 반영하여 최종적인 조건 및 가격대를 기재한 법적 구속력이 있는 입찰제안서(이를 「인수제안서」라고도 한다)를 제출한다. 입찰제안서에는 매도희망자 측이 작성·제시한 주식양수도계약(안)에 대한 각 입찰후보자 측의 수정안이 첨부되고, 또한 입찰후보자가 M&A자금을 제3자로부터 조달하는 경우에는 해당 자금제공자가 작성한 금융제공확약서(또는 대출확약서, 대출증명서, 예금잔고 등 매수자금 조달의 확실성을 증빙하는 서류)의 첨부가 요구되는 경우가 많다.[33] 매도희망자는 제출된 입찰제안서, 주식양수도계약(안)의 수정안 및 금융제공확약서를 비교 검토하여 최종 매수후보자(우선협상대상자, 차순위협상대상자 등)를 결정한다.

③ 최종 매수후보자(우선협상대상자)는 매도희망자와의 사이에서 당해 M&A거래에 관하여 일정한 독점적·배타적인 협상기간이 인정되고,[34] 그 기간 동안 주식양수도계약에

30) 아래의 절차는 하나의 예시일 뿐 실제의 구체적인 절차는 사안마다 다르다.

31) 예비입찰단계에서 금융기관의 금융제공확약서까지는 아니지만 자금조달계획서 등의 제출 등 자금조달계획의 제출을 요구하는 사례도 있는 것으로 보인다.

32) 사안에 따라서는 예비입찰절차를 통해 선정된 몇 개의 입찰후보자와 매도인 사이에서 각각 양해각서(MOU)가 체결된 후 정밀실사가 이루어지기도 하고, 본입찰절차에서 최종 매수후보자(우선협상대상자)가 확정된 후 최종 매수후보자와 사이에서만 양해각서(MOU)를 체결하고 최종 매수후보자에게만 정밀실사 기회가 부여되는 사례도 있는 것으로 보인다.

33) 실무상 상대거래보다는 입찰절차에 의하는 경우에 금융제공확약서, 대출확약서, 대출증명서, 예금잔고 등 매수자금 조달의 확실성을 증빙하는 서류의 제출을 요구하는 경우가 더 많은 것으로 보인다. 입찰절차에서 제출된 자금출처 증빙서류(예금 잔고증명서)의 신빙성이 문제되어 매도인 측에 의해 양해각서가 해지됨으로써 이행보증금이 몰취된 사안인 대법원 2014다3115 판결([판례 2-2]) 참조

대한 협상이 이루어진 후에 매도희망자와 매수후보자는 최종 주식양수도계약(Definitive SPA)을 체결하게 된다.

④ 주식양수도계약의 체결부터 거래종결(Closing)까지의 사이에 일정한 기간을 두는 것이 일반적이라는 점은 앞서 살펴본 상대거래의 경우와 동일하다.

입찰에 의한 주식양수도 절차 개요[35]

① 매각주관사(Financial Advisor, FA) 등 선정
② 자료(Teaser, IM 등)의 준비 및 입찰참여희망자에 제공
③ 입찰의향서 및 관련 서류의 제출(NDA or CA 포함)
④ 복수의 입찰후보자 선정
⑤ 입찰후보자에 의한 정밀실사 진행(매도인 측 실사 병행)
⑥ 매도인 측 주식양수도계약(안) 제시 및 입찰후보자의 검토
⑦ 입찰제안서 및 관련 서류 제출{주식양수도계약(안)의 입찰자 측 수정안, 금융제공확약서 포함}
⑧ 최종 매수후보자(우선협상대상자, 차순위협상대상자) 선정
⑨ [양해각서(Memorandum of Understanding)의 체결]
⑩ 매매조건 협상
⑪ 최종 계약(SPA 및 부수계약) 체결
⑫ 거래종결 전 이행사항 이행(기업결합신고, 대수수변경 인가, 계약상대방 동의 등)
⑬ 거래종결(closing)
⑭ 거래종결 후 이행사항 이행(매매대금정산 등)

M&A거래에서 독점교섭권을 부여하는 방법

M&A거래에서는 통상 MOU 단계에서 일정한 기간 동안 매수후보자에게 당해 M&A거래에 관한 독점교섭권이 부여되는 것이 일반적이다. 독점교섭권의 부여방법은 사안과 당사자의 협상 결과에 따라 다양하게 정해질 수 있는데, 아래에서는 몇 가지 방법을 소개한다.[36][37]

34) 별도로 양해각서(MOU)를 체결하는 사례도 있다.
35) 아래 각 절차의 실시 여부, 순서, 방법 등은 사안에 따라 달라질 수 있다.
36) 이하의 독점교섭권 부여 방법은 다른 매수후보가 당해 M&A거래에 개입하는 것을 막고 거래의 실현가능성을 높이기 위한 조항이므로 실무에서는 이를 「거래보호조항」이라고도 한다. 한편, 다른 매수후보로부터의 (대항)매수제안이 있는 경우 그러한 제안을 검토하지도 않는 것이 매도인 측 임원의 선관주의의무・충실의무 위반으로 판단될 가능성이 있는 경우에는 매도인 측의 임원이 계약상의 의무로부터 이탈할 수 있는 권리를 인정하는 조항이 규정되는 경우가 있는데 이를 실무에서는 「Fiduciary-Out 조항」이라고 한다. 이러한 「Fiduciary-Out 조항」은 예를 들면, 아래 ② No-Shop 조항과 함께 세트(set)로 규정되는 경우가 많다.

① No-Talk 조항

매도인(투자대상회사의 임원, 자문인, 기타 관계자)이 다른 매수후보에게 정보를 제공하거나 그와 협의·협상하는 것을 일체 금지하는 조항을 말한다. 상대방으로부터의 제안을 받을 수도 없으므로 사실상 다른 매수후보와의 협상은 불가능하다. 이것은 매도인에 대한 제약이 크기 때문에 예외규정이 없는 경우에는 미국법상으로는 이사의 신인의무(fiduciary duty)에 위반되어 그 효력이 부인될 가능성이 높아서 예외조항과 함께 규정되는 경우가 일반적이라고 한다.

② No-Shop 조항

매도인(투자대상회사의 임원, 자문인, 기타 관계자)이 새로운 매수후보에게 매수를 권유하는 것을 금지하는 조항을 말한다. 상대방으로부터 제안을 받을 수는 있다. 이것은 M&A거래에서 일반적인 조항으로서 예외규정과 함께 규정되는 경우도 있고 그렇지 않은 경우도 있다.

③ Window-Shop 조항·Go-Shop 조항

매수인이 확정되기 전에 새로운 매수후보로부터의 제안이 있는 경우에 매도인에게 일정한 기간 동안 새로운 매수후보와 협상할 수 있는 기간을 부여하는 조항을 Window-Shop 조항이라고 하고, 매수인이 확정되기 전에 매도인에게 스스로 새로운 매수후보에게 매수를 권유하여 새로운 매수후보와 협상할 수 있는 기간을 부여하는 조항을 Go-Shop 조항이라고 한다. 이러한 조항들은 No-Talk 조항이나 No-Shop 조항과 달리 일정 기간 매도인이 새로운 매수후보와 협상하는 것을 허용하는 취지의 조항이다.

④ Matching-Right 조항

새로운 매수후보로부터의 대항적 매수제안에 대해 당초의 매수후보자가 그것과 동등하거나 우월한 제안을 다시 하는 경우 당초의 매수후보자에게 매도인과의 사이에서 즉시 거래를 성립시킬 수 있는 권리를 부여하는 조항을 말한다. No-Shop 조항과 함께

M&A거래에서 과도한 거래보호조항이 규정되는 경우에는 매도인 측 임원은 거래보호조항에 따른 과도한 계약상의 의무를 부담하는 한편, 선관주의의무·충실의무에 따른 법령상의 의무도 부담하게 되므로 상반되는 쌍방의 의무를 동시에 이행하는 것이 곤란하게 될 리스크가 존재한다. 이와 같이 매도인 측 임원의 거래보호조항에 따른 계약상 의무와 법령상 선관주의의무·충실의무가 충돌하는 경우에는 후자가 전자에 우선함을 명시하는 것이 「Fiduciary-Out 조항」이라고도 할 수 있다. 다만, 실무에서는 MOU 체결 등 협상의 초기단계에서 독점교섭권이 규정되는 경우가 많은 것으로 보이는바, 이러한 독점교섭권 부여기간은 단기(短期)에 한정되는 경우가 많기 때문에 실제로는 매도인 측 임원의 선관주의의무·충실의무 위반이 문제되는 상황은 많지 않을 것으로 생각된다.

37) 「Break-up Fee(해약위약금) 조항」도 일정부분 거래보호조항의 기능을 한다고 볼 수 있으며, 앞서 본 「Fiduciary-Out 조항」과 함께 규정되는 경우가 많다. 「Break-up Fee(해약위약금) 조항」이란, 주식양수도계약 체결 후 일정한 사유가 발생한 것을 원인으로 계약이 해제됨으로써 종료되는 경우에 일방 당사자로부터 타 당사자에게 위약금을 지불해야 한다는 취지의 조항을 말하는데, 이를「Termination Fee 조항」이라고도 한다. 다만, 실무에서는 단지 「Break-up Fee(해약위약금)」이라고 하는 경우에는 매도인으로부터 매수인에게 지급되는 해약위약금만을 의미하고, 매수인으로부터 매도인에게 지급되는 해약위약금은 「Reverse Break-up Fee(역 위약해약금)」으로 부르는 경우가 많다. 「Reverse Break-up Fee(역 위약해약금) 조항」에 대해서는 후술한다.

규정되는 경우가 많은데, Tapping-Right 조항이라고도 한다. 이것은 새로운 매수후보로부터의 대항적 제안에 대해 매도인으로부터 당초의 매수후보자에게 통지가 이루어진 후 일정한 영업일 이내에 당초의 매수후보자가 권리를 행사하면 매도인은 당초의 매수후보자와의 거래를 승낙할 의무가 부여되는 것으로 규정되는 경우가 많다.

그런데 이와 같이 최종계약의 체결 전 단계에서 독점교섭권이 부여된 경우에 매도인이 독점교섭의무를 위반한 경우 또는 위반의 경우를 대비하여 매수후보자가 어떻게 사전/사후의 대응을 할 수 있을지 문제된다. 어디까지나 협상 단계라면 아직 매매대금을 지급하지 않았기 때문에 입증 가능한 형태의 현실화된 매수후보자의 손해는 그다지 많지 않은 경우가 통상적일 것이다. 그 결과 자칫하면 독점교섭의무 위반에 대한 억지력이 작동하지 않을 것이 염려되고, 이러한 관점에서는 위약금을 미리 설정해 두는 것도 검토할 가치가 있다. 그러나 적은 금액을 정해두는 경우에는 오히려 거래로부터 이탈하기 쉽게 돼 버릴 염려가 있는 반면, 지나치게 고액의 위약금을 설정하는 것에는 매도인과의 협상 시 어려움이 있기 때문에 적절한 위약금을 합의해 두는 것이 반드시 쉽지는 않다.[38)]

또한, 매수후보자는 (i) M&A거래를 철회한 매도인을 피신청인(채무자)으로 하여 당해 양해각서에서 예정하고 있는 M&A거래와 저촉될 수 있는 거래에 관한 제3자와의 정보제공 및 협의를 금지하는 신청(임시의 지위를 정하는 가처분)을 하거나, (ii) 철회한 매도인을 피고로 하여 손해배상을 청구하는 방안을 고려해 볼 수 있는데, 이에 대해서는 참고할 만한 일본의 판례(UFJ 信託銀行事件)가 있어 이를 소개한다.

먼저, (i)에 대해서는 最高裁判所 平成 16年 8月 30日 民集 58巻 6号 1763項(UFJ 信託銀行事件)이 있다.[39)] 이 사안은 다음과 같다. 주우신탁은행과 UFJ 홀딩스 등 사이에서 UFJ 신탁은행의 영업이전 등으로 구성되는 사업재편에 대한 기본합의[40)]가 체결되었다. 이 기본합의에서는 「성실협의」라는 표제하에 「각 당사자는 직접 또는 간접을 묻지 않고, 제3자에 대하여 또는 제3자와의 사이에서 기본합의서의 목적과 저촉될 수 있는 거래 등에 관한 정보제공・협의를 하지 아니 한다」라고 하는 부작위 의무를 정한 조항이 있었다. 그런데 UFJ 홀딩스 등은 주우신탁은행에 대하여 상기 기본합의의 해약을 통지하고 三菱동경파이낸셜그룹에 대하여 UFJ 신탁은행의 영업의 이전을 포함한 경영통합의 제안(제의)을 하였다. 이에 주우신탁은행은 UFJ 신탁은행 등을 상대방으로 하여 상기 기본합의에 기초하여 UFJ 신탁은행의 제3자에 대한 이전 등에 관한 정보제공・협의를 하는 것의 금지를 구하

38) 이 점은 「Break-up Fee(해약위약금) 조항」과 「Reverse Break-up Fee(해약위약금) 조항」의 경우에도 마찬가지이다.
39) https://www.courts.go.jp/app/hanrei_jp/detail2?id=52423
40) 이 판결에서는 MOU를 「기본합의서」라 부르고 있으므로, 이하에서는 이에 따른다.

는 가처분 명령의 신청을 하였다. 이에 대해 일본 최고재판소는 이후 교섭을 거듭하더라도 사회통념상 최종합의가 성립할 가능성이 없다고 판단되는 경우에는 기본합의에 기초한 상기의 부작위 의무는 소멸하는 것으로 해석된다고 판시하였다. 이에 기초하여 최고재판소는 UFJ 그룹과 三菱동경그룹의 경영통합을 위한 교섭이 점차 결실을 맺고 있는 상황에서는, 주우신탁은행과 UFJ 홀딩스 등의 사이에서 UFJ 신탁은행을 대상으로 하는 M&A에 관한 최종합의가 성립할 가능성은 상당히 낮지만, 아직 유동적인 요소가 전혀 없다고는 말할 수 없기 때문에, 사회통념상 상기 가능성이 존재하지 않는다고까지는 말할 수 없는 것이므로, 기본합의에 기초하여 제3자와의 정보제공 · 협의를 금지해야 하는 부작위 의무가 계속 존속하고 있다는 점은 인정하였다. 그러나 동 결정에서는 UFJ 홀딩스 등의 부작위 의무 위반으로 주우신탁은행이 받은 손해는 상기 기본합의에 기초하여 최종합의가 성립하리라는 기대가 침해된 것에 그친다는 점, 이러한 손해는 사후의 손해배상에 의해 보상받을 수 없는 성질의 것이라고까지는 말할 수 없는 점, 주우신탁은행과 UFJ 홀딩스 등 사이에서 상기 최종합의가 성립될 가능성은 상당히 낮았다는 점, 상기 신청이 인정되는 경우 UFJ 홀딩스 등이 받을 손해는 상당히 큰 것으로 해석된다는 점 등을 이유로 보전의 필요성이 인정되지 않는다고 하여 상기 가처분 명령의 신청을 기각하였는바, 결국 상기 M&A거래를 철회한 상대방에 대하여 상기 기본합의에 기초한 부작위 의무에 근거하여 제3자와의 정보제공 · 협의를 금지하는 것을 청구할 수 있는지 여부에 대해서는 명시적인 판단을 하지는 않았다.

다음으로, (ii)에 대해서는 위 UFJ 信託銀行事件과 관련된 일본의 하급심 판결인 東京地方裁判所 平成 18年 2月 13日判示 1928号 3項(UFJ 信託銀行事件)이 있다. 우선, 최종계약이 체결된 경우 얻을 수 있었던 이익(이행이익)을 청구할 수 있는지 여부에 대해, 위 판결은 이를 부정하였다. 즉, 이 판결은 당해 사안의 기본합의는 협동사업화를 향한 계획과 그 실현을 위하여 각 당사자가 성실하게 협의하는 것에 대해 합의하는 것이라는 점을 명확히 하는데 지나지 않고, DD 및 그 후의 협의 결과가 어떻게 되더라도 그 결과에 관계없이 UFJ 홀딩스 등과 주우신탁은행이 최종계약을 체결할 의무를 부담하는 것을 정하는 것으로 해석할 수 없다는 점을 이유로 최종계약을 체결할 의무의 불이행으로 인한 손해배상청구를 기각하였다. 그런데 더 나아가 이 판결에서는, M&A 거래에 관한 교섭은 각 당사자에 의한 예측이 곤란한 사정을 포함한 다종다양한 요인에 의해 영향을 받기 때문에, 예를 들면, 각 당사자의 재무상황의 악화 및 보유자산의 시가평가 등의 사항을 둘러싸고 결렬되더라도 그 후의 양도 등에 의해 거래성립에 이르는 경우도 있을 수 있다는 점을 고려하면, UFJ 홀딩스 측이 주우신탁은행에 대하여 거래를 철회하기에 이른 이유를 설명하지 않고 주우신탁은행과의 사이에서 그 해결 가능성 등에 대해 전혀 협의하지 않은 이 사건에서는 철회를 통지한 당시 양 당사자가 협의 · 교섭을 거듭하더라도 사회통념상 최종계약이 성립할 가능성이 없다고는 말할 수 없다는 점을 이유로 기본합의에 기초한 독점교섭의무 및 성실교섭의무 위반을 인정하고 UFJ 홀딩스에 대하여 이러한 의무의 채무 불이행과 상당인과관계 있는 손해를 배상할 의무는 인정될 수 있다고 하였다.[41] 다만, 이 사건에서는 이행이익 상당액의 손해만이 주장되었기 때문에 청구자체는 기각되었다.

한편, 실무에서는 MOU 체결단계 또는 입찰단계에서 매수후보자, 입찰후보자 또는 우선협상대상자가 매도인 측에 계약금, 이행보증금 또는 입찰보증금 명목으로 통상 예정매매대금의 5~10%에 상당하는 금원을 지급하는 것이 일반적인데, 이후 어떠한 사유로 최종 계약(SPA)이 체결되지 못한 경우 또는 일방이 양해각서를 해지하는 등의 사유로 중도에 협상이 중단(종료)된 경우, 매수후보자, 입찰후보자 또는 우선협상대상자가 매도인을 상대로 동 금원의 반환을 청구하는 사례가 종종 문제되고 있다. 이 문제는 동 금원의 법적 성질과도 관련이 있는데, 대법원 판례는 이러한 금원의 성격을 원칙적으로 그 명칭에 관계없이 「손해배상액의 예정」으로 보고, 다만 사안에 따라 그 감액 여부 및 감액 정도를 판단하고 있는 것으로 보인다.

[판례 2-1] 대법원 2016. 7. 14. 선고 2012다65973 판결

1. 상고이유 제3점에 대하여

원심은 그 채택증거를 종합하여 판시와 같은 사실을 인정한 다음, ① 한화컨소시엄을 대리한 원고는 2008. 11. 14. 피고들을 대리한 피고 한국산업은행(이하 '피고 산업은행'이라고만 한다)과 사이에 피고들이 보유하고 있는 대우조선해양 주식회사(이하 '대상회사' 라고 한다) 발행의 이 사건 주식 매매와 관련하여 이 사건 양해각서를 체결한 점, ② 이 사건 양해각서에는, 이 사건 양해각서가 매도인들과 매수인들 사이에서 법적인 구속력이

41) 이 논점에 대해서는 「계약협상의 부당파기」에 관한 대법원 판례의 내용도 참고할 만하다. 즉, 대법원은 「계약 체결을 위한 교섭 과정에서 어느 일방이 보호가치 있는 기대나 신뢰를 가지게 된 경우에, 그러한 기대나 신뢰를 보호하고 배려해야 할 의무를 부담하게 된 상대방이 오히려 상당한 이유 없이 이를 침해하여 손해를 입혔다면, 신의성실의 원칙에 비추어 볼 때 계약 체결의 준비 단계에서 협력관계에 있었던 당사자 사이의 신뢰관계를 해치는 위법한 행위로서 불법행위를 구성할 수 있다고 보아야 한다. 특히 계약 체결을 위한 교섭 과정에서 상대방의 기대나 신뢰를 보호하고 배려해야 할 의무를 위반하면서 상대방의 성과물을 무단으로 이용한 경우에는 당사자 사이의 신뢰관계를 해칠 뿐만 아니라 상도덕이나 공정한 경쟁질서를 위반한 것으로서 그러한 행위의 위법성을 좀 더 쉽게 인정할 수 있다.(대법원 2021. 6. 30. 선고 2019다268061 판결)」, 「어느 일방이 교섭단계에서 계약이 확실하게 체결되리라는 정당한 기대 내지 신뢰를 부여하여 상대방이 그 신뢰에 따라 행동하였음에도 상당한 이유 없이 계약의 체결을 거부하여 손해를 입혔다면 이는 신의성실의 원칙에 비추어 볼 때 계약자유 원칙의 한계를 넘는 위법한 행위로서 불법행위를 구성한다(대법원 2003. 4. 11. 선고 2001다53059 판결, 대법원 2004. 5. 28. 선고 2002다32301 판결, 대법원 2008. 9. 25. 선고 2008다42997 판결, 대법원 2008. 5. 29. 선고 2006다12305 판결, 대법원 2013. 6. 13. 선고 2010다65757 판결 등)」고 일관되게 판시하고 있다.

있고, 원고 측은 매매대금의 5%에 해당하는 이행보증금을 납부한 다음 대상회사 및 그 계열회사에 대한 확인실사를 할 수 있으나, 확인실사가 이루어지지 않는 경우에도 2008. 12. 29.까지 최종계약을 체결하기로 하는 대신, 거래종결시한으로 정한 2009. 3. 30.까지 원고 측에게 책임 없는 사유로 확인실사나 가격조정절차가 완료되지 아니하면 원고 측이 최종계약을 해제하고 계약금 원금 및 이자 전액을 돌려받을 수 있다고 규정하고 있는 점, ③ 확인실사가 반드시 최종계약 체결 전에 선행되어야 하는 것은 아니고, 사적자치의 원칙상 당사자 의사에 따라 최종계약 체결 이후에 확인실사를 하기로 정할 수도 있는 점 등을 이유로, 원고 측은 이 사건 양해각서에서 정한 바에 따라 최종계약 체결기한인 2008. 12. 29. 무렵 확인실사가 완료 또는 개시되었는지 여부를 불문하고 그 체결기한까지 최종계약을 체결할 의무를 부담한다고 판단하였다. 이어 원심은, 원고 측이 대상회사의 자산가치 하락, 자금조달비용의 급증, 확인실사 미실시 등의 사정을 들어 매각대금의 분할 납부, 이 사건 주식의 분할매각, 확인실사 후 최종계약 체결 등 본입찰제안서나 이 사건 양해각서 등의 내용과 명백히 상반되는 주장 및 요구를 하며 2008. 12. 29.까지 최종계약 체결을 거부한 데에는 정당한 이유가 없고 원고 측의 책임 있는 사유로 양해각서가 해제되었으므로, 이는 이 사건 양해각서 제12조 제2항이 규정하고 있는 '매수인들이 본입찰제안서, 본 양해각서 및 매수인들이 본건 거래의 조건에 관한 매수인들의 최종 입장으로서 매도인들에게 서면으로 통지한 내용과 상반된 주장을 하는 등 매수인들의 책임 있는 사유로 양해각서가 해제되는 경우에는, 매수인들이 기납부한 이행보증금 및 그 발생이자는 위약벌로 매도인들에게 귀속된다.'는 조항에 해당한다고 판단하였다.

원심판결 이유를 기록에 비추어 살펴보면, 원심의 위와 같은 판단은 정당하고, 거기에 상고이유 주장과 같이 이 사건 양해각서 제12조 제2항이 규정한 이행보증금의 매도인 귀속 요건이나 정당한 사유의 해석에 관한 법리를 오해하거나 논리와 경험의 법칙을 위반하여 자유심증주의의 한계를 벗어난 잘못이 없다.

한편 원고는 이 부분 상고이유로, 이 사건 양해각서 중 확인실사의 완료 여부를 불문하고 원고 측이 2008. 12. 29.까지 최종계약을 체결할 의무를 부담하게 한 조항이 사적 자치의 합리적인 범위를 벗어나 계약불체결의 자유를 본질적으로 침해하고 양해각서의 본질에 반하므로 무효라는 주장도 하나, 앞서 살펴본 바와 같이 원고와 피고 산업은행 사이의 합의에 따라 확인실사의 완료 여부를 최종계약의 체결이 아닌 그 거래종결의 선행조건으로 정하였다고 하여 그것이 사적 자치의 합리적인 범위를 벗어나 계약불체결의 자유를 본질적으로 침해하거나 양해각서의 본질에 반하여 무효라고 볼 수 없으므로, 원고의 위 주장도 받아들일 수 없다.

2. 상고이유 제2점에 대하여

가. 이 사건 양해각서 제12조 제2항에서와 같이 '매수인들의 책임 있는 사유에 의하여 양해각서가 해제되는 경우에 매수인들이 납부한 이행보증금 및 그 발생이자는 매도인들에

게 귀속된다.'고 정한 것이 위약벌 약정인지 아니면 손해배상액 예정인지는 구체적 사건에서 개별적으로 결정할 의사해석의 문제이다. 그런데 위약금은 민법 제398조 제4항에 의하여 손해배상액의 예정으로 추정되므로, 위약금이 위약벌로 해석되기 위해서는 특별한 사정이 주장 · 증명되어야 하며(대법원 2009. 7. 9. 선고 2009다9034 판결, 대법원 2016. 3. 24. 선고 2014다3115 판결 등 참조), 계약을 체결할 당시 위약금과 관련하여 사용하고 있는 명칭이나 문구뿐만 아니라 계약 당사자의 경제적 지위, 계약 체결의 경위와 내용, 위약금 약정을 하게 된 경위와 그 교섭과정, 당사자가 위약금을 약정한 주된 목적, 위약금을 통해 그 이행을 담보하려는 의무의 성격, 채무불이행이 발생한 경우에 위약금 이외에 별도로 손해배상을 청구할 수 있는지 여부, 위약금액의 규모나 전체 채무액에 대한 위약금액의 비율, 채무불이행으로 인하여 발생할 것으로 예상되는 손해액의 크기, 그 당시의 거래관행 등 여러 사정을 종합적으로 고려하여 위약금의 법적 성질을 합리적으로 판단하여야 한다.

한편, 민법 제398조가 규정하는 손해배상액의 예정은 채무불이행의 경우에 채무자가 지급하여야 할 손해배상액을 미리 정해두는 것으로서 그 목적은 손해의 발생사실과 손해액에 대한 증명 곤란을 배제하고 분쟁을 사전에 방지하여 법률관계를 간이하게 해결하는 것 외에 채무자에게 심리적으로 경고를 줌으로써 채무이행을 확보하려는데 있다. 따라서 채무자가 실제로 손해발생이 없다거나 손해액이 예정액보다 적다는 것을 증명하더라도 이 점만으로 채무자는 그 예정액의 지급을 면하거나 감액을 청구하지 못한다. 여기서 민법 제398조 제2항에 의하여 법원이 예정액을 감액할 수 있는 '부당히 과다한 경우'란 손해가 없다든가 손해액이 예정액보다 적다는 것만으로는 부족하고, 계약자의 경제적 지위, 계약의 목적 및 내용, 손해배상액 예정의 경위 및 거래관행 기타 여러 사정을 고려하여 그와 같은 예정액의 지급이 경제적 약자의 지위에 있는 채무자에게 부당한 압박을 가하여 공정성을 잃는 결과를 초래한다고 인정되는 경우를 뜻하는 것으로 보아야 한다(위 대법원 2014다3115 판결 등 참조).

나. 원심은 그 판시와 같은 이유로, 이 사건 양해각서 체결 당시 당사자들 사이에 계약체결을 강제하기 위하여 이행보증금을 감액이 허용되지 아니하는 위약벌로 정하기로 하는데 대한 의사의 합치가 있었다고 할 것이어서 이 사건 양해각서상의 이행보증금 몰취조항은 위약벌로 봄이 상당하고, 이 사건 양해각서상의 위약벌 약정이 일반 사회관념에 비추어 현저히 공정성을 잃었다거나 공서양속에 반하여 그 전부 또는 일부가 무효라고 볼 수 없다고 판단하는 한편, 설령 이행보증금 등의 몰취에 관한 조항이 손해배상액의 예정에 해당한다고 하더라도, 그 액수가 부당히 과다하다고 할 수 없으므로 이를 감액하지 아니함이 상당하다고 판단하였다.

다. (1) 그러나 원심판결 이유 및 원심이 적법하게 채택한 증거들에 의하여 알 수 있는 다음과 같은 사정들을 앞서 본 법리에 비추어 살펴보면 위와 같은 원심의 판단은 그대로 수긍하기 어렵다.

① 이 사건 양해각서 제12조 제2항에는 '매수인의 귀책사유로 이 사건 양해각서가 해제되는 경우 매수인들이 기납부한 이행보증금 및 그 발생이자는 위약벌로 매도인들에게 귀속된다.'고 규정되어 있으나, 한편 제11조에는 '본 양해각서가 해제되는 경우, 매도인들이나 매수인들은 본 양해각서에서 규정한 권리의 행사 이외에는 본건 거래와 관련하여 상대방 당사자(또는 그의 임 · 직원, 자문사 등을 포함함)에게 어떠한 손해, 손실 또는 비용에 대한 배상이나 보전 기타 여하한 사유를 원인으로 한 청구도 하지 아니한다.'고 규정되어 있고, 제12조 제4항에는 '매도인들과 매수인들은 본 양해각서가 해제될 경우, 본조 제2항, 제3항에 규정된 구제수단만이 유일한 구제수단이며, 기타의 손해배상이나 원상회복 등 일체의 다른 권리를 주장할 수 없음을 확인한다.'고 규정되어 있다. ② 위 조항들을 함께 살펴보면, 매수인들의 귀책사유로 양해각서가 해제됨으로써 발생하게 될 모든 금전적인 문제를 오로지 이 사건 이행보증금의 몰취로 해결하고 기타의 손해배상이나 원상회복청구는 명시적으로 배제하여, 매도인들에게 손해가 발생하더라도 매도인들은 이에 대한 손해배상청구를 할 수 없도록 한 것으로 보인다. ③ 이 사건 양해각서 체결 당사자들이 진정으로 의도하였던 바는 이행보증금을 통하여 최종계약 체결을 강제하는 한편, 향후 발생할 수 있는 손해배상의 문제도 함께 해결하고자 하였던 것으로 보이고, 이는 이 사건 양해각서 제12조 제4항에서 이행보증금 몰취를 유일한 '구제수단'으로 규정하면서 '기타'의 손해배상을 주장할 수 없다는 데에서 잘 드러난다. ④ 양해각서 단계에서 기업인수가 결렬될 경우 피고들이 입는 손해의 산정이 어려우므로 이행보증금에 손해배상에 관한 법률관계를 간편하게 처리하기 위한 기능이 있다는 점은 부정하기 어려우며, 막대한 금액이 걸린 계약을 체결하면서 오로지 사전적인 채무이행 확보에만 관심을 가지고 사후적인 손해의 처리는 전혀 고려의 대상에 두지 않았다고 당사자의 의사를 해석하는 것은 부자연스럽다. ⑤ 또한 손해배상액 예정의 목적은 손해의 발생사실과 손해액에 대한 증명 곤란을 배제하고 분쟁을 사전에 방지하여 법률관계를 간이하게 해결하는 것 외에도 채무자에게 심리적으로 경고를 줌으로써 채무이행을 확보하려는 데에도 있는 것이므로, 당사자가 채무이행의 확보에 중점을 두었다고 하여도 손해배상액의 예정으로서의 실질이 부정되지 아니한다. ⑥ 원고 측으로서는 대상회사의 재무상태 등에 대한 정보를 제대로 인식, 이해하지 못한 상황에서 이 사건 양해각서를 체결한 것으로 보인다. ⑦ 한편 피고들이 원고 측을 포함한 본입찰 적격자들에게 송부한 본입찰안내서에 첨부된 양해각서 초안에도 이행보증금을 위약벌로 몰취하는 조항(제12조 제2항)이 포함되어 있었으나, 당시 함께 송부된 본입찰안내서에 위 양해각서 초안에 수정제안사항이 있을 경우 양해각서 초안 수정요청서를 제출할 수 있지만 피고들이 수용하기 어려운 내용을 제시하는 경우 우선협상대상자 선정 대상에서 제외될 수 있다는 내용이 기재되어 있는 상황

이었으므로, 우선협상대상자로 선정되기를 원하는 원고 측으로서는 위 위약벌 몰취 조항에 대하여 별다른 이의를 할 수 있는 상황이 아니었던 것으로 보인다. ⑧ 나아가 당초 본입찰안내서에 첨부된 양해각서 초안에는 대상회사에 대한 확인실사 및 가격조정 완료 후 최종계약을 체결하는 것으로 예정되어 있었다가(원고 측으로서도 최종계약 체결 전에 확인실사가 완료된다는 인식 아래에 입찰에 응하였을 것으로 보인다), 이 사건 양해각서의 협의 과정에서 피고 산업은행의 요구로 갑자기 이 사건 양해각서 제7조 제4항에 확인실사 실시와 상관없이 2008. 12. 29.까지 최종계약을 체결하기로 하는 조항이 삽입되어 거래구조가 근본적으로 변경되었는바, 그 과정에서 원고 측은 확인실사 없이 최종계약을 체결하는 위험에 대한 합리적 판단을 하지 못한 채 이러한 계약체결의무를 부담함은 물론, 이에 덧붙여 종전의 거래조건을 전제로 하였던 이행보증금 몰취 약정까지 그대로 하게 된 것으로 보인다.

위와 같은 사정들을 종합하여 볼 때, 이 사건 이행보증금은 손해배상액의 예정으로서의 성질을 가지는 것으로 보아야 하고, 이는 이 사건 양해각서에서 '이행보증금 및 그 발생이자는 위약벌로 매도인들에게 귀속된다.'고 규정하고 있다고 하여 달리 볼 것이 아니다.

(2) 나아가, 원심판결 이유 및 원심이 적법하게 채택한 증거들에 의하면 다음과 같은 사정들을 알 수 있다.

① 워크아웃기업의 경우 협상 단계에서 미처 예상하지 못했던 우발채무가 발생하거나 자산가치가 실제보다 과장된 것으로 드러날 가능성도 배제할 수 없고, 특히 대상회사는 2001. 8. 26. 워크아웃절차를 종료한 후 7년이나 지나 기업인수가 추진되었다. ② 이 사건 양해각서에는 대상회사의 자산가치에 대한 진술 및 보장조항이 없고 매수인에 대한 편면적 위약금 규정만이 존재할 뿐이다. ③ 앞서 본 바와 같이 양해각서 초안에는 대상회사에 대한 확인실사 및 가격조정 완료 후 최종계약을 체결하는 것으로 예정되어 있었다가, 이 사건 양해각서의 협의 과정에서 피고 산업은행의 요구로 이 사건 양해각서에 확인실사 실시와 상관없이 2008. 12. 29.까지 최종계약을 체결하기로 하는 조항이 삽입되어 거래구조가 변경되었음에도 불구하고, 종전의 거래조건을 전제로 하였던 매도인 면책규정 등 매수인에게 불리한 규정들이 이 사건 양해각서에 포함되게 되었다. ④ 원고 측은 막대한 이행보증금을 지급하고도 확인실사의 기회를 전혀 갖지 못하였다. ⑤ 원심은 이 사건 양해각서 제8조 제2항 제7호 마목 및 제9호에 의하여 원고 측이 대상회사 노조의 실사저지 해소를 위하여 신의성실의 원칙에 따라 협조할 의무를 부담함에도 이를 다하지 않았다고 판단하였으나, 위 조항은 확인실사 및 가격조정이 완료되지 않은 상태에서 최종계약을 체결할 경우를 대비하여 최종계약 자체에 삽입할 내용으로 추가된 것에 불과한 것으로 보이고, 최종계약이 체결되지 않은 이상 원고 측이 대상

회사 노조의 실사저지 해소를 위하여 신의성실의 원칙에 따라 협조할 의무를 부담한다고 보기 어렵다. ⑥ 이 사건 양해각서가 해제되어 최종계약 체결이 무산된 것 자체로 인하여 피고들이 입은 손해는 통상적으로 최종계약이 유효하게 체결될 것으로 믿었던 것에 의하여 입었던 손해, 즉 신뢰이익 상당 손해에 한정된다고 할 것이다.

위와 같은 사정들을 종합하여 볼 때, 이 사건 양해각서에서 이행보증금 몰취조항을 두게 된 주된 목적이 최종계약의 체결이라는 채무이행을 확보하려는 데에 있었다고 하더라도, 3,150여억 원에 이르는 이행보증금 전액을 몰취하는 것은 부당하게 과다하다고 할 것이다.

(3) 그런데도 원심은 이와 달리 판단하였으니, 이러한 원심의 판단에는 손해배상액의 예정 및 손해배상예정액 감액에 관한 법리를 오해하여 판결에 영향을 미친 잘못이 있다.

[판례 2-2] 대법원 2016. 3. 24. 선고 2014다3115 판결

1. 부제소합의의 성립에 관한 피고의 상고이유에 대하여

가. 소극적 소송요건의 하나인 부제소합의는 합의 당사자가 처분할 권리 있는 범위 내의 것으로서 특정한 법률관계에 한정될 때 허용되고 그 합의 시에 예상할 수 있는 상황에 관한 것이어야 유효하다(대법원 1999. 3. 26. 선고 98다63988 판결 등 참조).

나. 원심은 그 판시와 같은 이유를 들어, ① 이행보증금이 매각주체들에게 귀속될 경우 현대그룹 컨소시엄이 반환청구나 감액청구 등 일체의 이의를 제기하지 못한다는 이 사건 양해각서 제12조 제4항의 문언만으로는 현대그룹 컨소시엄이 이행보증금 반환이나 감액을 청구하는 소를 제기하지 아니하기로 합의하였다고 보기 어렵고, 이러한 합의 사실이 인정되더라도 이는 손해배상 예정액에 대한 감액 주장을 사전에 배제하는 것이어서 특별한 사정이 없는 한 강행법규인 민법 제398조 제2항에 반하여 무효이며, ② 이 사건 양해각서 제12조 제6항은 이 사건 양해각서가 해지되었을 때 현대그룹 컨소시엄이 아무런 이의를 제기하지 아니하고 손해배상청구 등 일체의 민·형사상 청구도 하지 아니하기로 하는 것이어서 부제소합의에 해당한다고 볼 수 있으나, 이 조항은 예상할 수 없는 분쟁을 그 대상으로 하면서 매각주체들의 책임 있는 사유로 이 사건 양해각서가 해지되는 경우 그로 인한 불이익을 오히려 현대그룹 컨소시엄에 부담시키고 오직 현대그룹 컨소시엄만이 이러한 부제소합의에 편면적으로 구속되는 등 형평의 원칙에 반하여 효력이 없다는 취지로 판단하였다.

다. 원심판결 이유를 앞서 본 법리를 비롯한 관련 법리와 기록에 비추어 살펴보면 원심의 판단은 정당한 것으로 수긍이 가고, 거기에 상고이유의 주장과 같은 부제소합의에 관한 법리오해, 대법원판례위반, 이유불비 등의 위법이 없다.

2. 이행보증금 반환의무 발생에 관한 상고이유에 대하여

가. 주주협의회의 2010. 12. 20. 자 이 사건 주식 매매계약 불체결결의의 효력에 관한 원고의 상고이유에 대하여

(1) 원심은 그 채택증거를 종합하여 매각주체들의 2010. 12. 20. 자 주주협의회에서 '현대그룹 컨소시엄과의 이 사건 주식 매매계약 체결'에 관한 안건과 '현대그룹 컨소시엄과 체결한 이 사건 양해각서의 해지'에 관한 안건이 각각 1호 의안과 2호 의안으로 나뉘어 결의가 이루어진 사실을 인정하면서도, 2호 의안에 관한 결의는 1호 의안에 관한 결의가 부결될 것을 전제로 한 것으로서 주주협의회 결의는 매각주체들 내부의 의사결정 과정에 불과하다는 등의 이유를 들어 이 사건 주식 매매계약 불체결결의로 인하여 곧바로 이 사건 양해각서가 실효되는 것은 아니라는 취지로 판단하였다.

(2) 원심판결 이유를 기록에 비추어 살펴보면 원심의 판단은 정당한 것으로 수긍이 가고, 거기에 상고이유의 주장과 같은 주주협의회의 이 사건 주식 매매계약 불체결결의의 효력에 관한 법리오해, 판단누락 등의 위법이 없다.

나. 이 사건 양해각서 해지의 적법 여부에 관한 원고의 상고이유에 대하여

(1) 원심은 그 채택증거를 종합하여 판시와 같은 사실을 인정한 다음, 판시와 같은 이유를 들어 ① 매각주체들이 이 사건 주식을 매각함에 있어 고가 매각으로 인한 이익의 극대화뿐만 아니라 현대건설 주식회사(이하 '현대건설'이라 한다)를 안정적으로 경영할 자를 인수자로 선정하는 것도 주요한 목적이었기 때문에 입찰절차에서 우선협상대상자를 선정할 때 인수자금에 대한 조달증빙도 중요한 고려요소가 되었는데, ② 현대그룹 컨소시엄이 우선협상대상자로 선정된 후 그 일원인 HYUNDAI MERCHANT MARINE (FRANCE) SA(이하 '현대상선 프랑스법인'이라 한다)가 전략적 투자자로서 자기자금 1조 752억 원을 투자하기로 하였다면서 자금조달증빙으로 제출한 프랑스 나티시스(Natixis) 은행(이하 '나티시스 은행'이라 한다) 명의의 예금잔고증명서상 자금 미화 11억 2,500만 달러(이하 '이 사건 자금'이라 한다)의 출처가 나티시스 은행으로부터의 대출금인 것으로 밝혀지자, ③ 공동매각주간사가 현대그룹 컨소시엄에 이 사건 자금의 대출조건 등에 관한 해명 및 대출계약서와 부속서류 등 관련서류의 제출을 요청하였고, 이 사건 양해각서를 체결할 때는 자금조달증빙의 진실성과 더불어 현대상선 프랑스법인이 나티시스 은행으로부터 이 사건 자금을 대출받음에 있어 현대건설의 주식 등을 담보로 제공하거나 어떠한 형태의 보증도 제공하지 아니하였음에 관한 현대그룹 컨소시엄의 진술보장 조항과 공동매각주간사의 이 사건 자금의 대출조건 등에 관한 합리적인 해명 요구에 성실히 응할 현대그룹 컨소시엄의 의무를 인정하는 조항이 추가되었음에도, ④ 현대그룹 컨소시엄이 공동매각주간사의 대출계약서와 그 부

속서류 등 관련 서류의 제출 요청에 응하지 아니한 채 이 사건 자금의 대출조건 등에 관한 해명자료로서 미흡한 대출확인서만을 제출한 것은 현대그룹 컨소시엄이 공동매각주간사의 이 사건 양해각서에 기한 합리적인 해명 요구에 성실히 응하지 아니한 것으로 보아, 주관기관과 공동매각주간사의 해지통지에 따라 이 사건 양해각서가 적법하게 해지되었다고 판단하였다.

(2) 원심판결 이유를 기록에 비추어 살펴보면 원심의 판단은 정당한 것으로 수긍이 가고, 거기에 상고이유의 주장과 같은 이 사건 주식에 관한 입찰절차에서의 매각주체들의 재량권의 범위, 이 사건 양해각서 제13조 제7항 위반을 원인으로 한 해지의 적법 여부에 관한 법리오해 등의 위법이 없다.

3. 이행보증금 반환범위에 관한 상고이유에 대하여

가. 위약벌 약정 해당 여부에 관한 피고의 상고이유에 대하여

(1) 위약금은 민법 제398조 제4항에 의하여 손해배상액의 예정으로 추정되므로 위약금이 위약벌로 해석되기 위하여는 특별한 사정이 주장 · 증명되어야 한다(대법원 2009. 12. 24. 선고 2009다60169, 60176 판결 등 참조).

(2) 원심은 이 사건 양해각서 제12조 제4항에서 현대그룹 컨소시엄의 귀책사유로 이 사건 양해각서가 해지될 경우 현대그룹 컨소시엄이 예치한 이행보증금은 '위약금'으로서 확정적으로 매각주체들에게 귀속된다고 규정하면서도 이 사건 양해각서에 매각주체들에게 발생한 손해의 배상을 청구할 수 있다는 별도의 규정이 없는 등의 사정을 들어 이 사건 양해각서상의 이행보증금을 위약금으로 하는 약정이 손해배상액의 예정에 해당한다고 판단하였다.

(3) 원심판결 이유를 앞서 본 법리와 기록에 비추어 살펴보면 원심의 판단은 정당한 것으로 수긍이 가고, 거기에 상고이유의 주장과 같은 이 사건 양해각서상의 이행보증금을 위약금으로 하는 약정의 법적 성격에 관한 법리오해, 심리미진 등의 위법이 없다.

나. 손해배상 예정액 감액과 관련된 원고와 피고의 상고이유에 대하여

(1) 민법 제398조가 규정하는 손해배상의 예정은 채무불이행의 경우에 채무자가 지급하여야 할 손해배상액을 미리 정해두는 것으로서 그 목적은 손해의 발생사실과 손해액에 대한 증명 곤란을 배제하고 분쟁을 사전에 방지하여 법률관계를 간이하게 해결하는 것 외에 채무자에게 심리적으로 경고를 줌으로써 채무이행을 확보하려는데 있다. 따라서 채무자가 실제로 손해발생이 없다거나 손해액이 예정액보다 적다는 것을 증명하더라도 채무자는 그 예정액의 지급을 면하거나 감액을 청구하지 못한다. 여기서 민법 제398조 제2항에 의하여 법원이 예정액을 감액할 수 있는 '부당히 과다한 경우'란 손해가 없다든가 손해액이 예정액보다 적다는 것만으로는 부족하고, 계약자의 경제적 지위, 계약의 목적 및 내용, 손해배상액 예정의 경위

및 거래관행 기타 여러 사정을 고려하여 그와 같은 예정액의 지급이 경제적 약자의 지위에 있는 채무자에게 부당한 압박을 가하여 공정성을 잃는 결과를 초래한다고 인정되는 경우를 뜻하는 것으로 보아야 한다(대법원 2008. 11. 13. 선고 2008다46906 판결 등 참조). 나아가 예정액을 감액함에 있어 그 감액사유에 관한 사실인정이나 그 비율을 정하는 것은 그것이 형평의 원칙에 비추어 현저히 불합리하다고 인정되지 아니하는 한 사실심의 전권사항에 속한다[대법원 2007. 12. 13. 선고 2007다59493 판결, 대법원 2015. 5. 14. 선고 2014다33567(본소), 33574(반소) 판결 등 참조].

(2) 원심은 다음과 같은 사정 등을 종합하여 이 사건 양해각서에서 정한 손해배상 예정액에 해당하는 이행보증금 275,500,481,900원은 지나치게 많아 부당하다는 이유로 이를 그 25%에 상당하는 68,875,120,475원으로 감액하였다. ① 이 사건 양해각서가 해지되기까지 매각주체들이 염려한 현대그룹 컨소시엄의 인수대금 지급의 불확실성은 구체화되지 아니하였고 이 사건 자금에 관한 의문과 의혹은 현대그룹 컨소시엄의 행위보다는 그 밖의 외부적 요인에 의하여 발생한 것이다. ② 이 사건 양해각서에 기한 교섭관계의 파탄에 매각주체들의 책임도 있고 교섭 진행 중 매각주체들에 의한 현대그룹 컨소시엄 구성원들에 관한 사적 정보의 노출도 파탄의 원인이 되었다. ③ 현대그룹 컨소시엄의 해명 의무는 본질적인 것이 아니고 당사자들의 합의에 따라 중요한 사항이 되었는데, 현대그룹 컨소시엄은 이 사건 자금과 관련한 의문을 해소하지 못하였을 뿐 그 의문이 구체화· 현실화된 것은 아니었다. ④ 이 사건 주식 매각절차가 크게 지연되었다고 보기 어렵고 이 사건 양해각서가 해지된 후 매각주체들이 현대자동차그룹 컨소시엄과 체결한 매매계약에서의 매매대금이 당초 제시된 입찰대금에서 1,399억 원 감액되었더라도 이를 현대그룹 컨소시엄의 의무위반으로 인한 손해라고 단정하기 어렵다. 매각주체들의 협상력이 감소한 것도 거래 종결의 확실성과 인수자금의 성격을 중시하여 그에 관한 해명 부족을 이 사건 양해각서 해지사유로 삼았기 때문으로 보아야 한다. ⑤ 현대그룹 컨소시엄은 신뢰에 반하는 행동을 하지 아니하고 처음부터 적극적으로 교섭에 임하는 태도를 보였으며 이에 따라 거래 종결의 불확실성 등을 나타내는 징표가 구체적으로 나타나지도 아니하였다. 현대그룹 컨소시엄은 이행보증금을 지급하고도 정밀실사의 기회를 전혀 갖지 못하였다. ⑥ 주관기관과 공동매각주간사는 이 사건 자금에 관하여 의문을 표시하지 아니한 채 현대그룹 컨소시엄을 우선협상대상자로 선정한 것이므로 현대그룹 컨소시엄의 신뢰를 보호하여야 한다. 특히 매각주체들은 그 후에도 이와 같은 의문을 들어 이 사건 양해각서의 체결을 거부하지 아니하면서 현대그룹 컨소시엄으로 하여금 이행보증금을 납입하게 하는 등 이행보증금 몰취의 위험에 빠지게 하였으므로 이로 인한 경제적 불이익을 전적으로 또는 대부분 현대그룹 컨소시엄이 부담하게 하는 것은 부당하다. ⑦ 공동매각주간사가 갑자기 현대그룹 컨소시엄에 이 사건 자금에 관한 해명을 요구하

면서도 해명 내용이나 범위를 한 번에 명확히 제시하지 아니한 채 현대그룹 컨소시엄의 대응에 맞추어 순차적으로 해명 내용이나 범위를 확대하는 등 현대그룹 컨소시엄을 우선협상대상자로 선정한 후에도 이 사건 주식 매매계약을 체결하려고 노력하기보다는 어떠한 이유를 들어서라도 상대적으로 자금조달능력이 부족한 것으로 평가받는 현대그룹 컨소시엄을 우선협상권자로 인정하지 아니하려고 하는 등 현대그룹 컨소시엄에 이 사건 주식을 매각하지 아니하겠다는 태도를 취한 것으로 보인다.

원심판결 이유를 앞서 본 법리와 기록에 비추어 살펴보면 원심의 판단은 정당한 것으로 수긍이 가고, 거기에 상고이유의 주장과 같은 손해배상 예정액의 감액 여부와 정도에 관한 법리오해, 문서제출명령 위반에 대한 제재로서 부과되는 문서의 기재 내용 인정에 관한 채증법칙위반 등의 위법이 없다.

3 M&A금융의 관점에서 본 주식양수도계약[42] 시 주요 고려사항

최종 주식양수도계약(Definitive SPA)의 구체적인 구성 및 내용은 계약을 주관하는 매각주관사나 당사자 및 그가 선임하는 법무법인에 따라 또는 사안에 따라 조금씩 다르지만, 대체로 아래와 같이 구성되는 것이 일반적이다.[43]

42) 「주식양수도계약」의 논점 및 그 상세한 내용에 대해서는, (i) 藤原総一郎 編著, 『M&Aの契約實務(第2版)』(中央經濟社, 2018), (ii) 천경훈 편저 『우호적 M&A의 이론과 실무－M&A계약의 주요조항』(소화, 2017), (iii) 戸嶋浩二 外, 『M&A契約-モデル條項と解說』(商事法務, 2018), (iv) アンダ-ソン・毛利・友常法律事務所(柴田義人・檀 柔正・石原 坦・廣岡健司) 編 『M&A實務の基礎(第2版)』(商事法務, 2018) 92페이지 이하, (v) American Bar Association Mergers and Acquisitions Committee 『Model Stock Purchase Agreement with Commentary(Second Edition), Volume Ⅰ: Stock Purchase Agreement』(2010), (vi) 이중욱 외 『M&A와 투자, 기업재편 가이드(개정증보판)』(삼일인포마인, 2022) 82페이지 이하, (vii) 한국상사법학회 편 『주식회사법대계 Ⅲ』(법문사, 2013) 523~544페이지, (viii) 西村あさひ法律事務所 『M&A法大全(下)(全訂版』(商事法務, 2019) 321~327페이지, (ix) 森 幹晴 編著 『クロスボーダーM&A契約実務』(中央経済社, 2021) 45~251페이지 각 참고

43) 계약서의 체계로는, 제1조부터 마지막 조항까지 모든 조를 순서대로 나열하는 방법(예를 들면, 제1조, 제2조, 제3조…)도 있으나, 당사자의 의견을 반영하여 중간에 조항을 추가할 경우에는 조문번호를 전체적으로 다시 조정하고 그에 따른 계약서 본문의 조문인용(reference)도 변경해야 하는 불편함이 있을 수 있기 때문에, 계약서 작성의 편의를 위해서는 각 장을 설정하고 그 밑에 각각 조항에 순번을 붙여 나가는 방식(예를 들면, 제1장 아래에 제1.1조, 제1.2조, 제2장 아래에 제2.1조… 등)이 좀 더 편리한 것으로 생각된다.

[주식양수도계약서의 구성][44)]

- 당사자의 표시
- 전문
- 제1장 정의 및 해석
  - 제1.1조 정의
  - 제1.2조 해석
- 제2장 주식의 양도
  - 제2.1조 주식의 양도
- 제3장 매매대금(매매대금조정)
  - 제3.1조 매매대금
  - 제3.2조 매매대금의 조정
  - 제3.3조 이익분배(Earning-Out)
- 제4장 거래종결
  - 제4.1조 거래종결
  - 제4.2조 매수인의 거래종결 의무
  - 제4.3조 매도인의 거래종결 의무
- 제5장 거래종결 선행조건
  - 제5.1조 매수인의 거래종결의 선행조건
  - 제5.2조 매도인의 거래종결의 선행조건
- 제6장 진술 및 보장
  - 제6.1조 매도인의 진술 및 보장
    - [-매도인에 관한 진술 및 보장
    - -투자대상주식에 관한 진술 및 보장
    - -투자대상회사에 관한 진술 및 보장
    - -주식양수도(M&A)거래에 관한 진술 및 보장
    - -기타 진술 및 보장]
  - 제6.2조 매수인의 진술 및 보장
  - 제6.3조 진술 및 보장 위반의 통지 등
  - 제6.4조 진술 및 보장의 범위
- 제7장 거래종결 전 준수사항
  - 제7.1조 매도인의 거래종결 전 준수사항
  - 제7.2조 매수인의 거래종결 전 준수사항
- 제8장 거래종결 후 준수사항

44) 아래의 구성은 하나의 예시일 뿐이므로, 실제의 구체적인 M&A거래의 사안에 따라 달라질 수 있다.

제8.1조 매도인의 거래종결 후 준수사항
제8.2조 매수인의 거래종결 후 준수사항
- 제9장 계약의 해제 · 종료
제9.1조 해제 · 종료
제9.2조 효과
- 제10장 보상
제10.1조 보상
제10.2조 보상의 상한 및 하한
제10.3조 보상의 기간
제10.4조 특별보상
제10.5조 제3자로부터의 청구의 취급
제10.6조 손해 등의 경감
- 제11장 일반조항
제11.1조 구제수단의 한정
제11.2조 비밀유지 · 공표
제11.3조 비용
제11.4조 양도
제11.5조 변경 및 포기
제11.6조 분리가능성
제11.7조 완전합의
제11.8조 통지
제11.9조 준거법 · 재판관할
제11.10조 협의

주식양수도계약의 구체적인 내용[45)]은 본서의 범위를 벗어나는 것이므로, 이하에서는 M&A금융과의 관계에서 주식양수도계약 시 특히 고려할 몇 가지 사항에 대해서만 간략하게 살펴본다.[46)]

(1) 거래종결일

① M&A금융은 차주(매수인)에게 M&A거래의 종결에 필요한 매매대금 등의 자금을 제공하는 것을 목적으로 하므로, M&A금융계약에서는 당해 주식양수도계약상의 거래종

45) 이에 대해서는, 본편 주 42)의 문헌을 각 참고
46) 주식양수도계약 협상 시 주요 고려사항에 대해서는, 이중욱 외 『M&A와 투자, 기업재편 가이드(개정증보판)』(삼일인포마인, 2022) 90페이지 이하 참고

결일을 전제로 대출약정기간, 대출횟수 등이 정해진다.

[계약서 기재례] 거래종결일 ①

본건 주식양도는 [*]년 [*]월 [*]일 또는 당사자가 별도로 합의하는 날(이하 "거래종결일"이라고 한다)에 당사자가 별도로 합의하는 시간과 장소에서 매도인과 매수인이 이 계약 제4.2조 및 제4.3조에서 정하는 의무를 이행하는 방법으로 실행하는 것으로 한다.

주식양수도계약상의 거래종결일에 관한 규정은 가장 단순하게는 위 기재례와 같이 날짜를 특정하여 규정되는데, 이 경우에는 차주(매수인)에게 매수자금이 필요한 시점을 명확하게 알 수 있다. 그러나 실무에서 체결되는 주식양수도계약에서는 아래와 같이 몇 가지 내용이 추가 또는 변형된 형태로 거래종결일이 규정되는 경우가 많다.

먼저, 거래종결일(Closing Date)이 특정되지 않고, 아래 기재례와 같이 「거래종결 선행조건이 모두 충족된 날부터 [*]일 이내의 날로서 당사자가 합의하는 날」 등과 같이 규정되는 경우가 있다. 이 경우에는 차주(매수인)에게 자금이 필요한 정확한 시점은 M&A 금융계약 체결 시에는 확정할 수 없다.

[계약서 기재례] 거래종결일 ②

본건 주식양도는 이 계약 제5장에서 정하는 거래종결 선행조건이 모두 충족된 날부터 [*]일 이내의 날로서 당사자가 합의하는 날(이하 "거래종결일"이라고 한다)에 당사자가 별도로 합의하는 시간과 장소에서 매도인과 매수인이 이 계약 제4.2조 및 제4.3조에서 정하는 의무를 이행하는 방법으로 실행하는 것으로 한다.

[계약서 기재례] 거래종결일 ③

본건 주식양도는 거래종결일에 당사자가 별도로 합의하는 시간과 장소에서 매도인과 매수인이 이 계약 제4.2조 및 제4.3조에서 정하는 의무를 이행하는 방법으로 실행하는 것으로 한다.

(정의) "거래종결일"이란, (i) [*]년 [*]월 [*]일과 이 계약 제5장에서 정하는 거래종결 선행조건이 모두 충족된 날부터 [*]영업일 후의 날 중 늦게 도래하는 날 또는 (ii) 당사자가 서면으로 별도 합의하는 날을 의미한다.

그러나 이 경우에는 거래종결을 무한정 미룰 수는 없기 때문에 장래의 일정한 날(이를 실무에서는 「Drop Dead Date」 또는 「Long Stop Date」라고 한다)까지 거래종결이 이루어지지 않으면 주식양수도계약이 자동으로 해제되거나 또는 매도인과 매수인 어느 당사자도 해제할 수 있다는 취지가 해제조항에 규정되는 경우가 많다.

② 한편, M&A금융은 주식양수도의 거래종결일 직전일 또는 거래종결일의 거래종결 직전에 제공되는 것이 일반적이다. 통상 차주(매수인)는 M&A금융을 통해 조달한 자금으로 매매대금을 지급 후 M&A의 거래종결일에 후행조건으로 투자대상회사의 주식에 대한 담보제공절차를 이행하게 된다. 따라서 M&A금융의 대주는 M&A금융의 실행 → 주식양수도거래의 매매대금 지급(M&A거래의 종결) → 투자대상주식에 대한 담보제공의 각 절차의 어느 단계에서 문제가 발생하지 않도록 주식양수도계약상의 거래종결일 및 거래종결 절차를 미리 확인해 둘 필요가 있다.

(2) 매매대금

[계약서 기재례] 매매대금

> 본건 주식양도에 관한 매매대금(이하 "본건 매매대금"이라고 한다)은 금 [*]원(1주당 금 [*]원)으로 한다.

주식양수도계약상의 매매대금에 관한 규정[47]은 가장 단순하게는 위 기재례와 같이 금액(1주당 금액)을 특정하여 규정되는데,[48] 이 경우에는 필요한 매수자금의 금액을 명확하게 알 수 있다. 그러나 실무에서 체결되는 주식양수도계약에서는 아래와 같이 몇 가지 내용이 추가 또는 변형된 형태의 매매대금규정이 이용되는 경우가 많다.[49]

---

47) 「매매대금조항」에 대해서는, (i) 戸嶋浩二 外, 『M&A契約-モデル條項と解說』(商事法務, 2018) 27페이지, (ii) American Bar Association Mergers and Acquisitions Committee, 『Model Stock Purchase Agreement with Commentary(Second Edition), Volume Ⅰ: Stock Purchase Agreement』(2010) 63페이지 이하, (iii) 森 幹晴 編著 『クロスボーダーM&A契約実務』(中央経済社, 2021) 45페이지 이하 각 참고

48) 실무에서는 「Lock(ed) Box Mechanism」이라고 한다.

49) 「매매대금조정」에 대해서는, (i) 「가격조정조항」 천경훈 편저 『우호적 M&A의 이론과 실무-M&A계약의 주요조항』(소화, 2017) 303페이지 이하, (ii) 藤原総一郎 編著 『M&Aの契約實務(第2版)』(中央經濟社, 2018) 104페이지 이하, (iii) 戸嶋浩二 外 『M&A契約-モデル條項と解說』(商事法務, 2018) 30페이지 이하, (iv) アンダ-ソン・毛利・友常法律事務所(柴田義人・檀 柔正・石原 坦・廣岡健司) 編 『M&A實務の基礎(第2版)』(商事法務, 2018) 93페이지 이하, (v) American Bar Association Mergers and Acquisitions Committee, 『Model Stock Purchase Agreement with Commentary(Second Edition), Volume Ⅰ: Stock Purchase Agreement』(2010) 63페이지 이하, (vi) 정영철 『기업인수 5G(4G개정판)』(박영사, 2015) 1051페

먼저, 매매대금산정의 기초(전제)가 된 일정한 기준(재무수치 등)의 산정기준일부터 거래종결일까지의 사이에 어느 정도의 기간이 부여되는 경우, 당해 산정기준일부터 거래종결일까지의 사이에 발생하는 투자대상회사의 기업가치의 변동을 반영하기 위하여 거래종결일 현재의 투자대상회사의 일정한 재무수치 등에 근거하여 계산된 지표 등에 의한 「매매대금조정(Purchase Price Adjustment) 조항」이 규정되는 경우가 있다.[50] 이러한 경우에는 산정기준일을 기준으로 정해진 매매대금(「기준매매대금」)을 거래종결일에 일단 지급하고 거래종결 후에 매매대금조정조항에 따른 조정절차를 거쳐 매매대금을 정산하는 과정을 거쳐 비로소 매매대금이 최종 확정된다.[51]

따라서 이 경우에 차주(매수인)에게 필요한 매매대금의 정확한 금액은 M&A금융계약 체결 시에는 알 수 없으므로 차주(매수인)는 일단 M&A거래의 거래종결일에 필요한 기준매매대금에 해당하는 금원을 조달하여 M&A거래를 종결한 후 매매대금정산시점에 차주(매수인)가 매도인에게 조정금액을 추가로 지급해야 하는 경우에 해당 금액에 상당하는 자금조달이 추가로 필요하게 된다.

[계약서 기재례] 매매대금조정

(1) 본건 주식양도에 관한 매매대금(이하 "본건 매매대금"이라고 한다)은 금 [*]원(1주당 금 [*]원)(이하 "본건 기준매매대금"이라고 한다)에 이 조 제(2)항 이하에 따라 소성을 실시한 금액으로 한다.

(2) 본건 매매대금은 본건 기준매매대금에 본건 조정액(이 계약 별지 [*] 소정의 산식에 따라 계산되어 이 계약 제[*]조의 절차에 따라 확정된 금액을 의미하며, 이하 같다)의 절대치를 가산(본건 조정액이 양의 수인 경우) 또는 공제(본건 조정액이 음의 수인 경우)하여 산정한다.

(3) 이 계약 제[*]조의 절차에 따라 본건 조정액이 확정된 후 10영업일 이내에, ① 본건 조정액이 양의 수(+)인 경우에는 매수인이 본건 조정액에 해당하는 금원을 매도인에게 지급하고, ② 본건 조정액이 음의 수(−)인 경우에는 매도인이 본건 조정액의 절대치에 해당하는 금원을 매수인에게 지급한다.

이지 이하, (vii) 西村あさひ法律事務所『M&A法大全(下)(全訂版)』(商事法務, 2019) 108페이지 이하, (viii) 森 幹晴 編著『クロスボーダーM&A契約実務』(中央経済社, 2021) 60페이지 이하 각 참고

50) 실무에서는「Purchase Price Adjustment Mechanism」 또는「Completion Accounts Mechanism」이라고 한다.

51) 일반적으로는, 매수인에 의한 투자대상회사의 거래종결일 기준 재무제표의 작성 → 매수인에 의한 조정금액 통지 → 매도인에 의한 이의절차 → 조정금액 협의절차 → 조정금액 확정 → 조정금액 정산의 절차를 거치게 된다.

다음으로, M&A의 거래종결 후의 일정한 기간 동안의 EBITDA[52]나 매출액 등의 재무수치(財務數値)의 목표가 달성된 경우에 매수인이 매도인에게 매매대금을 추가로 지급하는 내용의 소위 「이익분배(Earning-Out) 조항」이 규정되는 경우도 있다.

[계약서 기재례] 이익분배(Earning-Out) 조항

(1) 매수인은, 이 조 제(2)항에 따라 확정된 이익분배기간의 투자대상회사의 EBITDA에서 EBITDA 목표수치를 공제한 수치(이하 "대상EBITDA"라고 한다)가 양의 수인 경우에, 이 조 제(3)항에 따라 매도인에게 대상EBITDA에 금 [*]원을 곱하여 계산된 금액(이하 "이익분배금액"이라고 한다)에 해당하는 금원을 지급한다. 단, 이익분배금액은 금 [*]원(이하 "이익분배상한금액"이라고 한다)을 초과할 수 없는 것으로 한다.

(2) 이익분배기간의 투자대상회사의 EBITDA란, 다음 각 호의 규정에 따라 확정하기로 한다.
 1. [*]
 2. [*]

(3) 이 조 제(1)항에서 정하는 이익분배금액의 지급은, 전항에 따라 매 이익분배기간의 투자대상회사의 EBITDA가 확정된 날부터 10영업일 이내에 매수인이 매도인에게 지급하기로 한다.

(4) 매수인은 거래종결 이후 이익분배기간이 종료할 때까지의 기간 동안 매도인의 사전 서면에 의한 승낙이 있는 경우를 제외하고, 이 조 제(1)항에 의한 이익분배금액의 지급을 면하거나 이익분배금액을 감액시킬 수 있는 합리적인 염려가 있는 행위를 할 수 없다. 단, 매수인은 이 계약의 어떠한 규정에도 불구하고, 매 이익분배기간의 투자대상회사의 EBITDA의 목표수치를 달성하거나 이익분배금액을 최대화할 의무를 부담하지 아니한다.

또한, 추후 매도인의 진술보장사항 및 준수사항 위반 등으로 인한 매수인의 보상청구(Indemnification)의 실효성 확보를 위하여 매매대금의 일부에 대한 「지급유보」 또는 「에스크로계좌(Escrow Account) 예치에 의한 매매대금 지급유보」 등이 규정되는 경우도 있다.[53]

---

52) Earnings Before Interest, Taxes, Depreciation and Amortization의 약자로, 이자(Interest)와 법인세(Taxes) 및 감가상각비(Depreciation and Amortization) 차감 전 이익으로서, 일반적으로 어느 기업이 영업활동을 통해 벌어들인 현금창출능력을 나타내는 지표를 의미한다.

53) 「에스크로계좌 예치」의 방법으로는, (i) 금융기관/변호사 명의의 예금계좌를 개설하여 당해 금융기관/변호사와 자금관리대리사무계약 또는 에스크로계약(Escrow Agreement)을 체결하는 방법(자금관리위임계약)과 (ii) 매수인이 위탁자가 되어 신탁업자에게 특정금전신탁을 설정하는 방법(금전신탁계약. 이 경우에는 매도인을 우선수익자로 지정하는 경우가 일반적이다) 등이 이용되고 있는데, 종래 우리나라의 실무에서는

[계약서 기재례] 매매대금 지급유보

매수인은 이 계약의 규정에 따라 거래종결일에 매도인으로부터 투자대상주식의 주권을 인도받음과 동시에 매도인에게 본건 기준매매대금에 [*]을 곱한 금액(원 미만은 절사)에 해당하는 금원을 지급하고 위 금액을 본건 기준매매대금에서 공제한 금액에 해당하는 금원을 본건 에스크로 대리인이 지정하는 예금계좌로 이체하여야 한다.

(정의) "본건 에스크로 대리인"이란, 본건 주식양도에 관한 에스크로 대리인으로서 매도인과 매수인이 별도로 합의하여 지정한 금융기관(또는 [*]은행)을 의미한다.

(3) 거래종결 선행조건

M&A금융계약에 규정되는 선행조건[54]은 M&A금융의 대출실행을 위한 선행조건이지만, 주식양수도계약에 규정된 선행조건은 주식양수도거래의 실행(매매대금 지급 등)을 위한 선행조건이다. 그런데 주식양수도거래의 실행을 위한 선행조건보다 M&A금융의 대출실행의 선행조건 쪽이 엄격한 경우에는 주식양수도거래의 실행을 위한 선행조건은 충족되었지만 M&A금융의 대출실행을 위한 선행조건은 충족되지 않은 사태가 발생할 수 있고, 이 경우 차주(매수인)는 매매대금을 조달할 수 없게 되어 결국 주식양수도계약상 매매대금 지급의무의 불이행이 발생할 수도 있다.[55]

차주(매수인)는 이러한 위험을 피하기 위해 주식양수도 실행을 위한 선행조건과 M&A금융의 대출실행을 위한 선행조건이 가능한 동일한 내용과 수준이 되도록 하거나 또는 양

전자의 방법이 주로 이용되었으나 최근에는 특정금전신탁을 설정하는 사례도 자주 보인다. 다만, 에스크로 계약방식의 경우에도 자금관리자 명의로 개설된 계좌로 자금이 직접 입금되어 관리되는데, 그 법적 성질이 신탁법상의 신탁에 해당하는지 여부는 명확하지 않다. 부동산개발 또는 분양사업과 관련하여 체결되는 자금관리대리사무계약도 동일한 의문점이 있다. 이에 대해서는 후술한다.

54) 「M&A거래종결의 선행조건」에 대해서는, (i) 「선행조건조항」 천경훈 편저 『우호적 M&A의 이론과 실무－M&A계약의 주요조항』(소화, 2017) 215페이지 이하, (ii) 藤原総一郎 編著 『M&Aの契約實務(第2版)』(中央經濟社, 2018) 131페이지 이하, (iii) 戸嶋浩二 外 『M&A契約-モデル條項と解說』(商事法務, 2018) 56페이지 이하, (iv) アンダ-ソン・毛利・友常法律事務所(柴田義人・檀 柔正・石原 坦・廣岡健司) 編 『M&A實務の基礎(第2版)』(商事法務, 2018) 114페이지 이하, (v) American Bar Association Mergers and Acquisitions Committee 『Model Stock Purchase Agreement with Commentary(Second Edition), Volume Ⅰ: Stock Purchase Agreement』(2010) 245페이지 및 269페이지 이하, (vi) 西村あさひ法律事務所 『M&A法大全(下)(全訂版)』(商事法務, 2019) 202~212페이지, (vii) 森 幹晴 編著 『クロスボーダーM&A契約実務』(中央経済社, 2021) 159~184페이지 각 참고

55) 이와는 반대로, 보통은 주식양수도 실행을 위한 선행조건보다도 M&A금융의 대출실행을 위한 선행조건 쪽이 완화된 사례는 드문 것으로 보인다. 왜냐하면, M&A금융계약상의 대출실행을 위한 선행조건 중에는 「주식양수도계약상의 선행조건이 모두 충족되었거나 충족된 것으로 대주가 인정하였어야 한다」는 취지의 조건이 규정되는 것이 일반적이기 때문이다.

선행조건의 차이에 의해 발생할 수 있는 위험이 주식양수도거래의 종결에 미칠 영향을 종합적으로 고려하여 선행조건을 규정해야 할 것이다.

이에 대하여, M&A금융계약의 대주는 주식양수도계약상의 거래종결의 선행조건이 M&A금융계약에 규정된 것보다 완화되지 않았는지[56] 등에 대해서도 확인할 필요가 있다.

한편, 주식양수도계약과 M&A금융계약상의 각 선행조건의 차이로부터 발생할 수 있는 거래 미종결 위험을 피하기 위한 방법의 하나로는 주식양수도계약상 매수인의 거래종결을 위한 선행조건으로 「Finance-Out 조항」[57]을 규정하는 방안이 고려될 수 있다. 그러나 이러한 「Finance-out 조항」은 매도인의 지위를 현저하게 불안하게 만들기 때문에 실무상 매수인 (절대) 우위의 거래(Buyer's-Market)가 아닌 경우에는 그 예가 드문 것으로 보인다.

또한, Finance-Out 조항 이외에 (또는 Finance-Out 조항이 규정되는 경우에는 그와 함께), 「역(逆) 해약위약금(Reverse-Breakup Fee) 조항」을 규정함으로써 매수인이 일정한 사유(예를 들면, M&A금융에 의한 금융제공을 받지 못한 것, 독점규제법상의 사전 기업결합신고를 하지 못한 것)가 발생한 경우에 미리 합의한 해약위약금만을 매도인에게 지급함으로써 더 이상의 책임을 부담하지 않고 M&A거래로부터 이탈(walk-away)할 수 있도록 하는 방법[58]도 있다.

56) 예를 들면, M&A금융의 대주가 투자대상회사의 경영상 중요하다고 생각하는 투자대상회사의 계약에 「경영권 변동(Change of Control 조항)」이 포함되어 있는 경우, 주식양수도에 필요한 계약상대방으로부터의 동의 취득을 주식양수도계약상 거래종결의 선행조건으로 하지 않음으로써 주식양수도의 거래종결 후에 당해 계약이 계약상대방으로부터 해제되어 버릴 염려가 없는지 등이 이에 해당한다.

57) 「Finance-Out 조항」이란, 매수인인 차주가 (계획한대로, M&A금융에 의해) 매수자금을 조달할 수 있다거나 실제 매수자금이 조달되었다는 것을 매수인(차주)의 주식양수도 실행을 위한 선행조건으로 규정하여 매수인(차주)이 M&A금융의 실행을 받지 못한 경우에는, 주식양수도계약상의 거래종결이 이루어지지 않더라도 채무불이행의 책임을 청구 당하지 않고 M&A거래로부터 이탈할 수 있도록 허용하는 것이다. 「Finance-out 조항」에 대해서는, American Bar Association Mergers and Acquisitions Committee 『Model Stock Purchase Agreement with Commentary(Second Edition), Volume Ⅰ: Stock Purchase Agreement』 (2010) 265페이지 이하 참고

58) 「역 해약위약금(Reverse-Breakup Fee) 조항」에 대해서는, (i) 戸嶋浩二 外 『M&A契約-モデル條項と解說』 (商事法務, 2018) 181페이지 이하, (ii) 森 幹晴 編著 『クロスボーダーM&A契約実務』(中央経済社, 2021) 187~189페이지 각 참고

[계약서 기재례] 역(逆) 해약위약금(Reverse-Breakup Fee) 조항

제[*]조 (매수인의 해약위약금(Reverse-Breakup Fee))

(1) 이 계약 제9.1조 제1항 제4호 또는 제2항 제4호[59]에 따라 매도인 또는 매수인이 이 계약을 해제한 경우로서 그 해제 시점에, 이 계약 제5.1조[60] 및 제5.2조[61]에서 정하는 매도인 및 매수인의 거래종결의 선행조건{단, [*][62]을 제외한다}이 모두 충족된 경우(당해 선행조건으로부터 이익을 받을 당사자가 그 충족을 면제하거나 포기한 경우를 포함한다)에는, 매수인은 이 계약을 해제한 날로부터 [*] 영업일 이내에 금 [*]원(이하 "Reverse-Breakup Fee"라고 한다)을 별도로 매도인이 지정하는 계좌로 이체하는 방법으로 매도인에게 지급한다(이체에 소요되는 비용은 매수인이 부담한다).

(2) 매도인과 매수인은 Reverse-Breakup Fee가 위약벌로 합의된 것이 아니라 전항에 따라 Reverse-Breakup Fee의 지급이 필요한 경우에 매수인의 매도인에 대한 손해배상액의 예정으로 합의된 것이라는 점을 확인하고, 전항에 따라 Reverse-Breakup Fee가 지급된 경우 매도인은 어떠한 원인 또는 이유로도 매수인에게 손해 또는 손실의 배상 또는 보상 등을 청구할 수 없는 것으로 한다.

다만, 실무에서는 당사자 간의 협의에 의해 M&A의 거래종결이 유예(선행조건의 후행조건화) 또는 면제되거나 대주에 의해 M&A금융의 대출실행 선행조건의 충족이 유예(선행조건의 후행조건화) 또는 면제되어 대출이 실행되고 M&A가 종결되는 사례도 드물지 않은 것으로 보인다.[63]

(4) 진술보장 및 보상

주식양수도의 매매대금을 금○○원으로 정한 경우, M&A금융계약상의 대주도 투자대상회사의 가치가 그 매매대금에 상응한다는 것을 전제로 대출 여부를 판단하는 것이 일반적이다. 그리고 그 매매대금에 상응하는 가치를 유지하기 위해 통상은 매수인이 매도인으로부터 투자대상회사의 가치산정 및 그에 따른 매매대금산정의 전제가 된 사실에 대한 진술 및 보장을 받게 된다. 이후, 당해 투자대상회사의 가치산정 및 그에 따른 매매대금산정의

59) Long Stop Date(각각 매도인/매수인의 귀책 사유없이 [*]년 [*]월 [*]일까지 거래종결이 이루어지지 않은 경우) 도래에 의한 계약 해제 조항

60) 매수인의 거래종결의 선행조건 조항

61) 매도인의 거래종결의 선행조건 조항

62) 독점규제법상의 사전 기업결합신고에 관한 선행조건, 매매대금 조달에 관한 선행조건(Finance-Out) 등

63) 다만, 선행조건 충족이 면제·유예되는 경우에 일정한 금전적인 보상이 요구되는 경우도 있다.

전제가 된 사실이 무너지는 경우에는 주식양수도계약에 따라 매수인은 매도인에게 진술보장위반을 이유로 보상청구(Indemnification)를 하게 된다.

따라서 M&A금융의 대주는 대출 여부의 판단의 전제로 된 투자대상회사의 가치의 계속적인 유지를 위하여 매도인의 주식양수도계약상의 진술 및 보장과 그 위반에 따른 보상의 내용을 확인하고 보상청구권에 대한 담보권(보통은 질권 또는 양도담보권)을 설정해 두는 경우도 많다.[64]

(5) 당해 M&A거래에서의 특별한 사정 존재 여부 (거래종결 후행조건, 준수사항, 특별보상 등)

차주(매수인)뿐만 아니라 대주도 대출 여부의 판단을 위하여 필요한 자료를 수집・검토를 한 후에 대출을 할 것인지 여부에 대한 의사결정을 하는 것이 일반적인데, 보통은 대주에 의한 투자대상회사에 대한 자료의 수집・검토는 차주(매수인)에 의한 실사 등을 통하여 간접적으로 이루어질 수밖에 없기 때문에 투자대상회사에 관한 중요한 정보가 대주에게 공개되지 않거나 공개되더라도 그 시점이 M&A금융의 대출실행 후 등으로 지체되는 경우가 있을 수 있다.

한편, 투자대상회사의 특수한 사정 등 당해 M&A거래의 특별한 사정에 대해서는 주식양수도계약에서 그것이 진술보장의 예외사항으로 열거되거나 특별보상(特別補償)[65]의 대상으로 되거나 또는 그에 대한 대응조치가 거래종결의 후행조건이나 거래종결 전・후의 준수사항(Covenants)의 일부로 포함되는 경우가 많다. 따라서 M&A금융의 대주는 주식양수도계약의 초안(Draft)에 대한 검토를 통해 당해 M&A거래에 이러한 특수한 사정이 존재하는지 여부를 체크하여 그에 대한 대비책을 마련해 둘 필요가 있다.

64) 그러나 진술보장의 범위나 보상청구의 상한・하한・기간제한으로 인해 진술보장조항이나 그 위반에 따른 보상조항이 매수인(차주)이나 M&A금융 제공자(대주)에게 만족스럽지 않는 경우도 있을 수 있다. 따라서 M&A금융의 대주도 대출 여부를 판단함에 있어서는 주식양수도계약상의 진술보장조항이나 보상조항의 내용(상한・하한・기간제한 등)에 대해 미리 확인해 둘 필요가 있다.

65) 투자대상회사에 대한 실사에서 발견된 사실로부터 장래에 실제로 어느 정도 손해가 발생할 것인지를 확정할 수 없어 당장은 매수가격 등에 반영하기 어려운 경우에, 해당 사항이 현실적으로 문제가 되었을 경우에 진술보장위반에 기한 통상의 보상과는 별도로 이를 보상하도록 하는 것을 말한다. M&A거래에서의 「특별보상」에 대해서는, (i) 戸嶋浩二 外 『M&A契約-モデル條項と解說』(商事法務, 2018) 172페이지 이하, (ii) 藤原総一郎 編著 『M&Aの契約實務(第2版)』(中央經濟社, 2018) 279페이지 이하 각 참고

[계약서 기재례] 특별보상 조항 등

제[*]조 (특별보상)

매도인은 이 계약 별지 [*]에 기재된 소송(이하 "특별보상사유"라고 한다)에 기인하거나 관련하여 매수인 또는 투자대상회사에 손해 등(당해 소송에 의한 배상금 또는 화해금의 지급채무를 포함한다)이 발생한 경우에 이러한 손해 등을 보상하여야 한다.

제[*]조 (보상 등의 성질)[66)]

매도인의 진술 및 보장 위반에 의한 보상 등 및 전조에 따른 보상 등이 이루어지는 경우에는 해당 금액만큼 본건 매매대금이 조정되는 것으로 본다.

ESG와 주식양수도계약상 진술보장 · 준수사항[67)]

일반적인 M&A에서는 법률실사 후 실사에서 발견된 리스크에 대한 대응방안 및 당사자 간 리스크 분담에 대한 협상이 이루어지고 이러한 협상의 결과가 주식양수도계약상 진술보장 등에 규정되는데, ESG 요소에 대해서도, 그 중요도에 따라 주식양수도계약상의 진술보장, 준수사항 및 기타의 조항에 반영하는 것이 검토된다. 우선, 법률실사에서 확인된 ESG 요소에 관한 구체적인 리스크 항목에 대해서는 거래종결 전 준수사항(pre-closing Covenants)[68)]이나 매매대금 지급 선행조건(Conditions precedent)으로 규정하여 거래종결 시까지 매도인 또는 투자대상회사로 하여금 필요한 대응(조치)을 취하도록 하는 취지를 규정하고, 이러한 ESG 요소에 관한 리스크가 현출된 경우의 매도인의 보상책임에 관한 조항이 규정된다. 또 앞서 살펴본 바와 같이, ESG 요소에 대한 법률실사에서는 다양한 제약으로 인해 정보를 얻을 수 없는 경우도 상정되는바, ESG 요소에 관한 미확인 리스크는 ESG 요소에 관한 진술보장조항을 규정함으로써 리스크가 분담된다.

원래 ESG의 요소는 실무상 일반적인 진술보장조항에서도 추상적으로 커버되어 있는 사항이 많다. 예를 들면, 환경에 관한 법령위반이 없다는 것(「E」), 노동관련법령의 위반이 없다는 것(「S」), 뇌물 등 규제의 위반이 없다는 것(「G」) 등은 전형적으로 진술보장조항으로서 규정되어 있는 것들이다. 그러나 근래 ESG에 관한 진술보장조항은, 앞서 살펴본 바와 같은 법률실사 대상의 확대와 더불어, 진술보증대상을 법규에 그치지 않고 연성법(soft-law)의 준수로까지 확대하고, 나아가 투자대상회사 자체에 관한 사항에 그치지 않고 그 거래처인 공급처, 임직원의 개인적인 행동(sexual harassment 및 차별적 언행)에까지

66) 조세문제와 관련하여, 보상 등이 이루어진 경우 그 성격에 대해 규정할 필요도 있는데, 법률관계의 간명한 처리를 위해 매매대금의 조정으로 합의하는 경우가 많다.

67) 森・濱田松本法律事務所 ESG・SDG s プラットフォーム『ESGと商事法務』(商事法務, 2021) 108~110페이지 참고

확대하고 있는 사례도 자주 보인다.

한편, 계약 협상 시 ESG 요소에 관한 진술보장을 매수인이 제안한 경우에도 매도인이 일반적인 진술보장의 범위를 초과하는 것이라는 이유로 최종적으로 매수인이 받아들이지 않는 사례도 있을 수 있지만, 이러한 경우에도 ESG 요소에 관한 진술보장을 요구함으로써 매도인으로부터 그러한 진술보장이 필요없다는 점을 소명하기 위해 관련 정보의 공개가 이루어지는 경우도 있다(진술보장의 정보공개 촉진기능). 앞서 살펴 본대로, 법률실사 시에는 ESG 요소에 관한 정보의 공개가 충분하지 않을 가능성도 있기 때문에 주식양수도계약 협상 시 ESG 요소에 관한 진술보장조항을 제안하는 것 자체가 의미가 있다고도 할 수 있다.

(6) 진정양도성(True-Sale) 등의 확보 여부

「진정양도」 또는 「진정매매」이라는 개념은 통상은 자산유동화거래에서 사용되는 용어로서(자산유동화거래에 비해 그 중요도가 덜하다고 볼 여지도 있으나) M&A 및 M&A금융의 실무에서도 그 구조설계 시 여전히 중요하게 고려되고 있는 요소이다. 이것은 법률상 용어가 아니라 실무상 사용되는 개념이어서 논자나 문맥에 따라 달라질 수 있지만, M&A 및 M&A 금융 거래와 관련하여 주식양수도에 의한 M&A를 전제하면, 통상은 양도인의 양수인인 차주(SPC)에 대한 투자대상주식의 양도가 매매의 법 형식을 차용한 담보목적의 양도가 아니라는 것, 이에 따라 양도인에 대한 파산절차, 회생절차 기타 도산절차가 개시된 경우에 투자대상주식이 해당 도산절차에서 양도인의 재산에 속하는 것으로서 투자대상주식에 대한 차주(SPC)의 권리가 해당 도산절차에 구속되는 담보권으로 인정되지 않는다는 것을 의미한다.

투자대상주식의 양도의 진정양도성이 부정되는 경우, 차주(SPC)가 양도인에게 대출을 하고 양도인이 차주(SPC)에게 투자대상주식을 이러한 대출에 대한 담보[69]로 제공하는 거래로 구성되게 된다. 이 경우 주식양수도 후에도 투자대상주식의 소유자(보유자)는 양도인이 되고, 차주(SPC)는 투자대상주식에 대한 담보권을 갖는 것에 지나지 않게 된다. 그 결

68) 다만, 법률실사에서 발견되었으나 거래종결 이전까지 대응(조치)이 불가능한 ESG 요소에 관한 사항의 경우에는 거래종결 후 일정한 기한 내에, 매수인이 투자대상회사의 일부 주식을 취득하여 투자대상회사의 경영권을 행사하지 않은 경우의 ESG 요소에 관한 전반적인 사항에 대해서는 투자기간 동안 계속하여, 각각 매도인 및 투자대상회사가 준수해야 할 거래종결 후 준수사항(Post-closing Covenants)으로 규정할 수 있을 것이다. 이러한 조항으로는 예를 들면, ESG 요소에 관한 정보를 주주에게 제공할 의무, ESG 관리체제의 구축의무, 환경보호 및 인권존중에 관한 의무 등이 존재한다.

69) 매매(양도)의 형식을 취하므로 통상은 '양도담보권'에 해당할 것이다.

과, 평상시 양도인으로부터의 대출의 상환으로 차주(SPC)가 투자대상자산으로부터의 회수금을 취득하는 동안에는 진정양도성이 긍정되는 경우와 경제적으로 특별한 차이는 없는 것으로 생각되지만, 양도인에 대해 도산절차가 개시되는 경우에는 진정양도의 인정 여부에 따라 차주(SPC)의 경제적인 상황은 달라지게 된다. 특히 양도인에 대해 회생절차가 개시되는 경우에는 차주(SPC)의 경제상황에 크게 영향을 미칠 수 있다. 즉, 양도인에게 회생절차가 개시되는 경우 투자대상자산의 담보권자인 차주(SPC)는 회생담보권자가 되고 회생절차 외에서의 담보권 실행은 할 수 없고 회생계획에 따라 권리내용이 변경되어 당초 예상했던 현금흐름액과 그 시점에 변경이 발생한다. 또한, 파산절차가 개시되는 경우에도 담보권의 경우에는 별제권자의 지위에서 파산절차에 의하지 않고 담보권을 행사할 수 있지만, 채무자회생법에서 정하는 바에 따라 파산관재인의 개입을 받거나 담보의 환가에 상당한 시간이 소요될 가능성이 있다. 이에 따라 M&A금융의 상환에도 문제가 발생하게 된다.

따라서 M&A 및 M&A금융 거래에서도 양도인의 차주(SPC)에 대한 투자대상주식의 양도가 진정양도인지에 대한 검증이 필요하고, 이를 위해 실무상으로는 변호사로부터의 진정양도 의견서(True-Sale Opinion), 회계법인으로부터의 Off-balance Opinion을 발급받는 것을 선행조건으로 M&A금융이 실행되는 경우가 많다.

진정양도성의 검증방법은 실무상 특정한 기준이 정립되어 있는 것은 아니어서 자산유동화법 제13조[70]를 원용하여 동 법의 기준에 준하여 검증하는 방법이 이용되기도 하고, 자산유동화법이 적용되는 거래가 아닌 경우에는 동법 제13조를 원용하지 않고 계약서의 문언과 거래의 실태 등의 요소를 종합적으로 검토하여 당사자의 의사를 판단하는 방법이 이용되는 경우도 있다.[71]

---

70) **자산유동화법 제13조(양도의 방식)** 유동화자산의 양도는 자산유동화계획에 따라 다음 각호의 방식에 의하여야 한다. 이 경우 이를 담보권의 설정으로 보지 아니한다.

1. 매매 또는 교환에 의할 것
2. 유동화자산에 대한 수익권 및 처분권은 양수인이 가질 것. 이 경우 양수인이 당해 자산을 처분하는 때에 양도인이 이를 우선적으로 매수할 수 있는 권리를 가지는 경우에도 수익권 및 처분권은 양수인이 가진 것으로 본다.
3. 양도인은 유동화자산에 대한 반환청구권을 가지지 아니하고, 양수인은 유동화자산에 대한 대가의 반환청구권을 가지지 아니할 것
4. 양수인이 양도된 자산에 관한 위험을 인수할 것. 다만, 당해 유동화자산에 대하여 양도인이 일정 기간 그 위험을 부담하거나 하자담보책임(채권의 양도인이 채무자의 자력을 담보한 경우에는 이를 포함한다)을 지는 경우에는 그러하지 아니하다.

71) 회생담당 재판부에 따라서는, 자산유동화법이 적용되는 거래가 아닌 경우에도 자산유동화법 제13조에 준하여 진정양도의견서의 제출을 요구하는 사례도 보인다.

후자의 방법에 의하는 경우 구체적인 검증요소에 대해서는 개별사안의 구체적인 사정에 따라 달라질 것이지만, 통상 다음과 같은 요소가 종합적으로 고려되고 있는 것으로 보인다. 즉, 아래의 고려요소에 의해 진정양도성을 검증하는 경우, 각 요소를 종합적으로 검토하여 진정양도성을 판단하고, 특정 요소가 충족되거나 충족되지 않았다고 하여 바로 진정양도성이 인정되거나 부정되는 것은 아니라는 점에 유의해야 한다.

① 내부의사결정절차 및 주식양수도계약서 기타의 서면에 표시된 당사자의 의사
② 양도대상주식의 양도에 관련된 효력요건(주권교부, 전자등록 등), 대항요건(명의개서 등)의 구비 유무
③ 양도대상주식의 양도가격의 합리성 및 적정성
④ 양도대상주식에 관한 양도인의 권한 및 지배권의 유무와 그 내용(의결권 지시권, 처분지시권 등)
⑤ 양도대상주식에 관한 양도인의 환매권 또는 환매의무의 유무와 그 내용
⑥ 양도대상주식의 (등가)대체물에 관한 양도인의 권리 유무 및 그 내용(교체권 등)
⑦ 양도대상주식 또는 당해 M&A거래, M&A금융거래에 관한 양도인의 신용보완의 유무 및 그 내용
⑧ 양도대상주식에 관한 양도인의 기록 및 회계상 취급(Book-off)

따라서 M&A금융의 대주는 주식양수도계약 등 M&A거래 관련 제반 계약서의 초안(Draft) 등에 대한 검토를 통해 당해 주식양수도가 진정양도성이 부인될 가능성이 있는 거래인지 체크하여 필요하다고 판단되는 경우에는, 차주(SPC) 측 변호사로부터의 진정양도 의견서(True-Sale Opinion), 회계법인으로부터의 Book-off에 관한 Off-balance Opinion을 발급받는 것을 M&A금융의 선행조건으로 규정하고, 또한 주식양수도계약 등 M&A거래 관련 제반 계약서의 초안(Draft)과 M&A금융계약서의 각 진술 및 보장 조항에서도 투자대상주식의 양도가 담보목적의 양도가 아닌 진정양도라는 점에 대한 양도인/차주(SPC)의 각 진술 및 보장을 명시해 둘 필요가 있다.

한편, 진정양도성이 인정된다고 하더라도, 투자대상주식의 양도행위가 M&A거래 종결 후 매도인의 채권자 또는 회생관리인 등에 의해 사해행위로 취소되거나 채무자회생법에 따라 부인되는 경우에는[72] M&A금융의 가장 중요한 담보인 투자대상주식에 대한 담보권의

72) 채무자가 자기의 유일한 재산인 부동산을 매각하여 소비하기 쉬운 금전으로 바꾸는 행위는 특별한 사정이 없는 한 사해행위가 된다는 일련의 판례(대법원 1966. 10. 4. 선고 66다1535 판결, 대법원 1997. 5. 9. 선고 96다2606, 2613 판결, 대법원 1999. 4. 9. 선고 99다2515 판결, 대법원 2001. 4. 24. 선고 2000다41875 판결 등)

운명까지 영향을 받게 되고 담보권자인 M&A금융의 대주가 전득자로서 직접 분쟁의 당사자가 되어 진정한 의미의 도산절연(도산격리)의 효과를 달성할 수 없게 된다. 따라서 M&A금융의 대주는 양도인이 제공하는 정밀실사자료 등을 통해 현재 양도인의 채무상태 및 양도로 인한 채무초과 초래(심화) 가능성을 체크하고, 주식양수도계약 등 M&A거래 관련 제반 계약서의 초안(Draft)과 M&A금융계약서의 각 진술 및 보장 조항에서 그에 관련된 양도인/차주(SPC)의 진술 및 보장[73]이 각 반영되도록 할 필요가 있다. 이러한 조치를 취해 둔다고 해서 사해행위 취소/부인권 행사를 원천적으로 배제할 수는 없지만, 이러한 조치를 취함으로써 추후 사해행위/부인권 행사에 관한 다툼에서 차주(SPC)나 M&A금융의 대주의 선의를 주장할 수 있기 때문이다.

이와 관련하여, M&A금융거래의 특수한 문제는 아니지만, 금융거래 시 특수목적법인(SPC)이 이용되는 경우 해당 SPC의 인식 여부를 누구를 기준으로 판단할 것인지에 관하여 판시한 아래의 대법원 2009다47791 판결([판례 2-3])을 유의하기 바란다.

[판례 2-3] 대법원 2011. 4. 28. 선고 2009다47791 판결

1. 제1점에 대하여

상법 제393조 제1항은 주식회사의 중요한 자산의 처분 및 양도는 이사회의 결의로 한다고 규정하고 있는바, 여기서 말하는 중요한 자산의 처분에 해당하는지 아닌지는 당해 재산의 가액, 총자산에서 차지하는 비율, 회사의 규모, 회사의 영업 또는 재산의 상황, 경영상태, 자산의 보유목적, 회사의 일상적 업무와 관련성, 당해 회사에서의 종래의 취급 등에 비추어 대표이사의 결정에 맡기는 것이 상당한지 여부에 따라 판단하여야 하고, 중요한 자산의 처분에 해당하는 경우에는 이사회가 그에 관하여 직접 결의하지 아니한 채 대표이사에게 그 처분에 관한 사항을 일임할 수 없으므로 이사회규정상 이사회 부의사항으로 정해져 있지 아니하더라도 반드시 이사회의 결의를 거쳐야 한다(대법원 2005. 7. 28. 선고 2005다3649 판결 등 참조).

원심은 제1심판결을 인용하여 그 판시와 같은 사실을 인정한 다음, 이 사건 양도계약 체결이 원고의 일상적 업무에 해당한다거나 대표이사 개인의 결정에 맡기는 것이 상당하다고 보기는 어려우므로, 이 사건 양도계약은 상법 제393조 제1항에 따라 이사회의 결의를 필요로 하는 주식회사의 중요한 자산의 처분 및 양도에 해당한다고 판단하였다.

원심의 판단은 앞서 본 법리에 따른 것으로 정당하고, 거기에 이사회결의를 필요로 하

참조

73) 양도인이 현재 채무초과 상태에 있지 아니하며, 양도로 인하여 채무초과 상태로 되지 않는다는 점, 양도인은 사해의 의사로 양도대상주식을 양도하는 것이 아니라는 점 등이 이에 해당한다.

는 주식회사의 중요한 자산의 처분 및 양도의 범위에 관한 법리오해의 위법이 없다.

2. 제2점에 대하여

이 부분 상고이유는 이 사건 양도계약 당시 원고의 이사회 회의록의 기재에 부합하는 이사의 구성내용이 원고의 등기부에 기재되어 있었던 점을 고려하면, 원심이 소외 1의 내용증명 통지만을 근거로 피고보조참가인이 이 사건 양도계약에 관한 원고 이사회결의에 하자가 존재함을 알고 있었다고 인정한 데에 채증법칙을 위반한 위법이 있다는 것이다.

그러나 이러한 상고이유의 주장은 사실심의 전권사항인 증거취사와 사실인정을 탓하는 것에 불과하고, 원심이 이 부분 사실을 인정함에 있어서 논리와 경험칙에 어긋나거나 자유심증주의의 한계를 벗어났다고 볼 수 없으므로, 적법한 상고이유가 될 수 없다. 피고들 및 피고보조참가인의 이 부분 상고이유도 이유 없다.

3. 제3점에 대하여

제1심판결을 인용한 원심판결의 이유에 의하면, 원심은 자산유동화거래를 위하여 설립된 특수목적회사로서 원고와 이 사건 양도계약을 체결한 상대방인 피고 한일유앤아이제삼차 유한회사(이하 '피고 유한회사'라 한다)가 원고 이사회결의의 하자를 알았거나 알 수 있었는지 여부가 다투어지고 있는 이 사건에서, 그 판시와 같은 사정을 종합하여 피고보조참가인은 원고 소유의 미분양 부동산을 일괄 할인분양하여 원고로부터 대여금 및 미지급 공사대금 채권을 변제받으려는 목적으로 원고와의 사전 협의를 거쳐 법무법인 정세에 그 구체적인 방안에 대한 법률자문을 구하였고, 그 법률자문에 따라 피고 유한회사를 설립한 다음 2006. 12. 27. 피고 유한회사로 하여금 이 사건 양도계약, 이 사건 대출약정 및 근질권설정계약, 이 사건 신탁계약, 매입보장약정 및 자금대여약정을 모두 체결하게 한 사실, 그런데 피고보조참가인은 소외 1 등의 2006. 10. 24. 및 2006. 10. 27. 자 내용증명 통지를 통해 이 사건 양도계약에 관한 원고 이사회결의가 2006. 10. 17. 자 하자 있는 원고 주주총회 결의에 기초한 것으로서 그 결의에 하자가 존재함을 알고 있었던 사실 등을 인정한 다음, 보조참가인의 이익을 위해 보조참가인에 의해 설립된 피고 유한회사도 보조참가인을 위한 이 사건 양도계약, 이 사건 대출약정 및 근질권설정계약, 이 사건 신탁계약, 매입보장약정 및 자금대여약정 등 일련의 계약의 당사자인데다가 피고 유한회사의 대표자인 이사 소외 2의 피고 유한회사에 대한 출자지분에 관한 근질권설정계약까지 설정된 점까지 더해 보면, 피고 유한회사 내지 그 대표자인 이사 소외 2 역시 원고의 2006. 10. 25. 자 이사회결의의 하자를 알았거나 알 수 있었으므로 이 사건 양도계약은 적법한 이사회결의의 흠결로 무효라고 판단하였다.

원심이 확정한 사실관계에 의하면, 피고보조참가인은 이 사건 양도계약과 관련한 원고 이사회결의의 하자를 알고 있는 상태에서, 피고 유한회사의 설립 및 자산유동화계획의 수립을 주도하고 스스로의 인적·물적 기반이 없는 피고 유한회사를 대신하여 문제가 된 이 사건 양도계약의 체결 및 이행 업무를 실제로 처리하였다는 것이므로, 사정이 이와 같다면 이 사건 양도계약과 관련한 원고 이사회결의의 하자에 관한 보조참가인의 인식에 근거하여 이 사건 양도계약의 당사자인 피고 유한회사가 원고 이사회결의의 하자를 알거나 알 수 있었다고 봄이 상당하다.

M&A

제2장 M&A금융의 기본적인 절차[74]

1 금융제공제안 요청 및 금융제공제안

스폰서는 자신이 검토 중인 M&A거래에 대한 금융제공제안을 하도록 하나 또는 복수의 금융기관 등에게 요청한다. 이때 스폰서는 가능한 더 좋은 조건의 금융을 제공받기 위하여 복수의 금융기관 등에게 금융제공제안을 요청하는 경우가 많다.

스폰서 측으로부터 제공된 정보에 기초하여[75] M&A거래를 검토한 금융기관 등은 금융제공가능총액・구성・제공기간・금리・각종 수수료・재무준수사항(Financial Covenants) 등의 주요한 금융조건을 기재한 서면{일반적으로 「Indication Letter」, 「금융제공의향서(Letter of Intent)」라고 한다}을 스폰서/차주(SPC)에게 발행하고 금융제공의향을 표시한다. 이 「금융제공의향서」에는 주요한 대강의 금융조건이 기재되는 것에 그치고 기타 계약조건의 상세한 내용은 금융제공확약 시 제공되는 주요금융조건(Term Sheet)을 통해 좀 더 구체적으로 규정된다.[76]

74) 아래의 절차는 통상의 절차를 설명한 것이며, 실무에서는 스폰서가 특정의 금융기관 등에게만 M&A금융제공에 대한 제안을 요청하고, 동 금융기관 중에서 금융제공의 의향이 있는 기관으로부터 금융제공의향서를 받거나 금융제공의향서를 별도로 받지 않고 본격적인 검토단계(금융제공확약서, Term Sheet 단계)로 넘어가는 경우도 많은 것으로 보인다. 대주단대출에 의한 M&A금융의 일반적인 절차에 대해서는, (i) 青山大樹 編著『詳解 シンジケートローンの法務』(一般社団法人 金融財政事情研究会, 2015) 38페이지 이하, (ii) 笹山幸嗣・村岡香奈子『M&Aファイナンス(第2版)』(一般社団法人金融財政事情研究会, 2008) 83페이지 이하, (iii) 박준・한민『금융거래와 법(제3판)』(박영사, 2022) 144페이지 이하, (iv) Philip R Wood「PROJECT FINANCE, SECURITIZATIONS, SUBORDINATED DEBT, Chapter 10. SUBORDINATED DEBT: GENERAL PRINCIPAL」『LAW AND PRACTICE OF INTERNATIONAL FINANCE』(SWEET & MAXWELL, 2007) 48페이지, (v) 西村あさひ法律事務所『M&A法大全(下)(全訂版)』(商事法務, 2019) 315페이지 이하 각 참고

75) 스폰서로부터 M&A금융에 대한 금융제공제안을 요청받은 금융기관 등의 예비대주가 금융제공을 제안하기 위해서는 스폰서로부터 투자대상회사의 재무 기타 정보와 M&A거래 후의 사업계획 등의 정보를 제공받을 필요가 있는데, 이를 위하여 예비대주와 스폰서 사이에서 비밀유지계약이 체결되는 것이 일반적이다. 스폰서는 투자대상회사에 대한 정밀실사에 앞서 매도인(또는 투자대상회사 포함)과의 사이에서 비밀유지계약을 체결하는데, 당해 비밀유지계약상 예비대주에 대한 정보공개가 예외로 인정되는 것이 일반적이지만, 보통은 동 비밀유지계약에서는 예비대주에 대한 정보공개의 경우에도 정보를 공개하는 스폰서 자신이 예비대주와의 사이에서 동일한 내용과 수준의 비밀유지계약을 체결할 것이 조건으로 되어 있기 때문이다.

2 금융제공확약

실무에서는 매도희망자가 매수후보자에게 주식양수도계약의 체결 시까지 M&A금융에 관한 금융제공확약서[77]를 제출할 것을 요구하는 경우도 있는데,[78] 이와 같이 금융제공확약서의 제출이 요구되는 경우에는 매수후보자와 M&A금융의 예비대주는 매도희망자와 매수후보자 간의 주식양수도계약 협상과 병행하여 금융제공확약서에 기재되거나 그 별지로 첨부되는 주요금융조건(Term Sheet)에 대해서도 협상을 진행하는 것이 일반적이다.

스폰서는 예비대주로부터 제공된 금융제공의향서를 기초로 다수의 예비대주로부터 제시받은 금융제공조건을 비교 검토한 후 그 범위가 좁혀진 하나 또는 수개의 예비대주 사이에서 본격적인 검토 · 협상을 진행한다. 그 검토 · 협상을 거쳐 작성 · 발행되는 것이 「금융제공확약서(Commitment Letter)」이다.[79]

「금융제공확약서」는 크게 보아 금융제공에 대한 확약(Commitment)과 주요금융조건(Term Sheet) 부분으로 구성되는 경우가 일반적이다.[80]

[계약서 기재례] 금융제공확약서(Commitment Letter)-Best Effort 방식

수신:

당행은 첨부에 기재된 주요금융조건(Term Sheet)을 내용으로 하는 Term Loan에 의거하여 귀사 또는 귀사가 설립하는 특수목적법인(SPC)에 자금을 제공하고자 하는 대주단을 구성하기 위하여 당행의 통상적인 업무관행에 비추어 최대한의 노력을 기울일 것을 확약합니다. [또한, 당행은 대주단의 일원으로서 금 [*]원의 자금을 제공하고자 합니다.]

---

76) 이러한 「금융제공의향서」는 법적 구속력을 갖지 않는 내용으로 작성 · 발급되는 경우가 일반적이다. 또한, 「금융제공의향서」는 그 성질상 금융제공확약서와 같은 쌍방 날인(서명) 방식이 아니라 예비대주가 스폰서를 수신인으로 하여 발행하여 제공하는 방식에 의하는 경우가 많다.

77) 또는 대출확약서, 대출증명서, 예금잔고증명서 등 매수자금 조달의 확실성을 증빙하는 서류

78) 특히, 매수자금 조달이 가능하다는 것을 매수인이 주식양수도계약상 자신의 거래종결의 의무이행의 선행조건의 하나로 한 경우(「Finance-Out 조항」)에는, 매도인의 입장에서는 매수인이 매수자금의 조달에 관한 의무를 의도적으로 해태함으로써 M&A거래로부터 이탈(walk-away)하고자 시도할 가능성이 있다고 염려할 수도 있다. 이 때문에 매도인은 주식양수도계약 체결 시점에 매수자금의 조달에 어느 정도 확실성이 있다는 점에 대한 증빙으로써 금융기관의 금융제공확약서 등을 요구함으로써 매수자금 조달의 확실성을 담보하고자 한다.

79) 사례에 따라서는, 금융제공의향서를 생략하고 바로 금융제공확약서나 Term Sheet의 안(Draft)을 통한 협상이 진행되는 경우도 많다.

80) 「금융제공확약서(Commitment Letter)」에 대해서는, (i) Anthony C. Gooch · Linda B. Klein 『Documentation For Loans, Assignments And Participations』(Euromoney Books, 1996) Part I Commitment Letters 부분, (ii) Sandra Stern 『Structuring and Drafting Commercial Loan Agreements(Revised Edition) VOLUME 1-1』(An A.S Pratt Publication, 2014) 1.08 부분 각 참고

이 문서에서 언급되는 자금제공은 [*]년 [*]월 [*]일까지 당행과 당행이 지정하는 법률고문이 만족하는 수준의 형식과 내용을 갖춘 법적 서류("최종대출계약")가 준비 · 서명 · 교부되는 것을 전제로 합니다.

당행은, 당행이 국제/국내 금융시장의 상황변화[81] 또는 귀사, 차주 또는 투자대상회사의 상황변화[82]를 포함하는 어떠한 불리한 사정변경에 의해서 이 약정에 의한 자금제공에 필요한 조건들이 충족되지 않는다고 판단할 때에는 이 문서에서 언급된 자금제공확약은 최종대출계약이 체결되기 이전에 언제든지 취소 · 철회될 수 있습니다.

귀사를 대신하여 대주단을 구성함에 있어, 당행이 요청하는 정보 및 당행에 기 제공된 정보의 내용에 변경이 있는 경우, 귀사는 해당 변경을 알리기 위한 추가정보를 당행에 제공하기로 약정하며, 당행은 그러한 약정에 의존하여 이 문서를 발급합니다.

또한, 이 문서에서 언급된 자금제공확약은 당행이 귀사의 승낙문서를 접수하지 않는 한 [*]년 [*]월 [*]일 당일 당행의 영업시간 종료와 동시에 실효됩니다.

만일 이상의 내용에 동의하시면 동봉된 이 문서의 사본 및 주선위임장에 서명하여 당행 앞으로 반송하여 주시기 바랍니다.

[*]년 [*]월 [*]일

[*]

이를 수령하고 위 내용을 승낙함.

[*]

[계약서 기재례] 금융제공확약서(Commitment Letter)–총액인수방식

수신:

당행은 첨부에 기재된 주요금융조건(Term Sheet)을 내용으로 하는 Term Loan에 의거하여 귀사 또는 귀사가 설립하는 특수목적법인(SPC)에 금 [*]원의 자금을 제공하고자 하는 대주단을 구성합니다. 다만, 당행은 대주단 구성 여부에 관계없이 금 [*]원의 자금을 제공하고자 합니다.

이 문서에서 언급되는 자금제공은 다음의 자금제공선행조건("자금제공선행조건")이 모두 충족된 것으로 당행이 인정할 것을 전제로 합니다.

1. [*]년 [*]월 [*]일까지 당행 및 당행이 지정하는 법률고문이 만족하는 수준의 형식과

81) 「Market MAC」이 이에 해당한다.
82) 「Company MAC」이 이에 해당한다.
83) 「Market MAC」이 이에 해당한다.

내용을 갖춘 법적 서류("최종대출계약")가 준비 · 서명 · 교부되었을 것
2. 당행을 포함하여 대주단을 구성하는 각 기관의 내부승인절차가 완료되었을 것
3. 아래의 인수취소 · 철회사유에 해당하는 어느 사유도 발생하지 않았을 것
4. [기타 사유]

만일, 다음 각호의 어느 사유("인수취소 · 철회사유")가 발생하는 경우 이 문서에서 언급된 자금제공확약은 최종대출계약이 체결되기 이전에 언제든지 취소 · 철회될 수 있습니다.
1. 당행이 국제/국내 금융시장의 상황변화를 포함하는 어떠한 불리한 사정변경[83]에 의해서 이 약정에 의한 자금제공에 필요한 조건들이 충족되지 않는다고 합리적으로 판단한 때
2. 당행이 귀사, 차주 또는 투자대상회사의 상황에 중대하게 불리한 변화[84]가 발생한 것으로 합리적으로 판단한 때
3. 당행이 최종대출계약 서명 이전에 위 자금제공선행조건이 충족되지 못할 것으로 합리적으로 판단한 때
4. [기타 사유]

귀사를 대신하여 대주단을 구성함에 있어, 당행이 요청하는 정보 및 당행에 기 제공된 정보의 내용에 변경이 있는 경우, 귀사는 해당 변경을 알리기 위한 추가정보를 당행에 제공하기로 약정하며, 당행은 그러한 약정에 의존하여 이 문서를 발급합니다.

이 문서에서 언급된 자금제공확약은 당행이 귀사의 승낙문서를 접수하지 않는 한 [*]년 [*]월 [*]일 당일 당행의 영업시간 종료와 동시에 실효됩니다.

만일 이상의 내용에 동의하시면 동봉된 이 문서의 사본 및 주선위임장에 서명하여 당행 앞으로 반송하여 주시기 바랍니다.

[*]년 [*]월 [*]일

[*]

이를 수령하고 위 내용을 승낙함.
[*]

금융제공확약서는 금융제공확약서의 이용목적을 감안하여 일반적으로는 법적 구속력이 있는 문서로 작성된다.[85][86] 따라서 금융제공확약서상 금융인수조건이 충족되지 않으면 원

84) 「Company MAC」이 이에 해당한다.
85) 다만, 법적 구속력의 유무 및 그 범위는 금융제공확약서의 내용에 따라 달라질 수 있음은 물론이다.
86) 금융제공확약서에 근거한 금융제공의무와 대출계약서 등 기타 최종계약(Definitive Agreement)에 따른 금융(대출)실행의무는 어떠한 관계에 있는지 문제되나, 실무에서는 최종계약이 체결되어야 한다는 점이 금융제공확약서상 금융제공의무의 조건에 포함되기 때문에 최종계약이 체결되지 않은 채 금융이 실행되는 경우는 극히 드물 것으로 생각된다.

칙적으로 예비대주는 최종계약(Definitive Financing Agreement)의 체결 및 M&A금융의 실행의무를 부담하지 않는다. 그러나 예비대주는 최종계약 체결을 위하여 성실하게 협상하여 최종계약을 체결할 의무를 부담하기 때문에 예비대주가 성실하게 협상에 임하지 않아 결국 최종계약이 체결되지 못하게 된 경우에는 예비대주가 그에 관한 채무불이행책임 또는 불법행위책임을 부담하는 경우도 발생할 수 있을 것이다.

한편, 사안에 따라서는 계약금 등 초기자금 등의 조달을 위한 브릿지 대출[87]을 받아 계약금 지급 및 초기 비용에 사용하고 브릿지 대출금은 이후 주식양수도계약에 따른 거래종결을 위한 전체 매매대금 조달을 위한 본대출로 상환하는 2단계 자금조달 구조(브릿지 대출에 대해서는 일종의 리파이낸싱)로 대출이 일어나는 경우가 있다. 이때 브릿지 대출의 금융주관사가 브릿지 대출의 대주나 차주에게 본대출의 주선 또는 실행에 관한 확약서를 발행하는 경우가 종종 있는데, 이러한 대출확약서는 브릿지 대출에 대한 신용보강으로서의 역할도 겸하게 된다.[88]

아래의 대법원 2010다20228 판결([판례 2-4])은 브릿지 대출의 금융주관사가 브릿지 대주에게 본대출의 실행 및 그를 재원으로 하는 본대출의 상환을 확약하는 내용의 확약서를 발급한 사안에서 금융주관사의 브릿지 대주에 대한 대출실행의무를 인정한 것인데, 이 판결의 내용은 금융주관사 또는 예비대주가 예비차주에게 금융제공확약서를 발행하였으나 대출이 실행되지 못한 사례에도 참고가 될 수 있을 것으로 생각된다.

[판례 2-4] 대법원 2012. 11. 15. 선고 2010다20228 판결

1. 계약당사자 사이에 어떠한 계약 내용을 처분문서인 서면으로 작성한 경우에 문언의 객관적인 의미가 명확하다면 특별한 사정이 없는 한 문언대로의 의사표시의 존재와 내용을 인정하여야 하고, 그 문언의 객관적인 의미가 명확하게 드러나지 않는 경우에는 그 문언의 내용과 계약이 이루어지게 된 동기 및 경위, 당사자가 계약에 의하여 달성하려고 하는 목적과 진정한 의사, 거래의 관행 등을 종합적으로 고찰하여 사회정의와 형평의 이념에 맞도록 논리와 경험의 법칙 그리고 사회일반의 상식과 거래의 통념에 따라 계약 내용을 합리적으로 해석하여야 한다(대법원 2002. 5. 24. 선고 2000다72572 판결 등 참조).
2. 원심은, 그 채택 증거에 의하여 한중주택개발 주식회사(이하 '시행사'라 한다)는 2006년 초경부터 서울 종로구 창신동 (지번 생략) 일대 10,146.076㎡에 지하 7층, 지상 20층,

87) 브릿지 대출에 대해서는, 본서 제3편 제1장 **1** (1) 주 8)도 참조
88) 대출확약의 신용보강기능에 대해서는 본서 제4편 제3장 **5** (5) 대출/증권인수(매입) 확약 부분도 참조

연면적 112,386.74㎡ 규모의 대형 주상복합건물을 신축하기로 하는 개발사업을 추진한 사실, 시행사는 2006. 6.경 피고와 주간사계약을 체결하고 피고로부터 이 사건 개발사업의 계획, 재무구조, 토지매입자금 및 사업비 지원, 시공사 선정 및 자금대리사무 등의 금융자문용역을 제공받기로 한 사실, 원고를 비롯한 2차 대주단은 2006. 7. 31. 시행사에게 5개월간 금리 연 12%, 수수료 20%를 선취하고 사업시행지에 관한 계약금 지급 등에 필요한 합계 298억 원을 대출하기로 하면서, 자금관리사로서 부동산신탁회사인 주식회사 다올부동산신탁(이하 '다올부동산신탁'이라 한다)에게 위 대출금을 예치시키고, 시행사가 사업부지 중 토지에 관하여 면적 및 소유자 대비 80% 이상, 건물에 관하여 면적 및 소유자 대비 80% 이상의 각 비율로 계약을 체결할 것을 조건으로 이 사건 개발사업을 위하여 예치된 대출금을 사용할 수 있도록 인출을 허락하며, 만일 그와 같은 자금인출조건이 성취되지 아니하면 예치된 대출금을 2차 대주단이 회수하기로 약정한 사실, 다올부동산신탁 및 2차 대주단이 2006. 7. 31. 시행사의 사업부지에 관한 계약체결률, 즉 자금인출조건의 성취 여부를 확인한 결과 당시 자금인출조건이 충족되지 아니하였으나, 피고는 같은 날 2차 대주단에게 자금인출조건에 비하여 완화된 조건이 기재된 '이 사건 개발사업에 관한 인허가 등 사업승인 여부와 관계없이 사업부지의 80%(토지사유지 면적 대비 80%, 토지소유자 대비 80%, 건물면적 대비 70%, 건물소유자 대비 70%) 이상의 비율로 계약이 체결된 후 3개월 이내에, 금융주간을 통한 본 프로젝트 파이낸싱(전체토지대 및 초기사업비 등 약 3,000억 원 내외, 이하 '이 사건 본대출'이라 한다)을 하기로 하며, 사업부지의 계약금 및 초기사업비 등을 위하여 지급된 원고 등의 대출원리금을 최우선 상환할 것을 확약한다'라는 내용의 확약서(이하 '이 사건 확약서'라 한다)를 교부하였고, 이에 원고 등은 다올부동산신탁에 예치시켜 놓은 대출금을 시행사가 인출하여 사용할 수 있도록 허락하였으며, 시행사는 위 대출금을 인출하여 사업시행지의 계약금 및 초기사업비 등으로 사용한 사실, 사업부지에 관한 계약은 2006. 8. 7.경을 기준으로 토지사유지 면적 대비 80%, 토지소유자 대비 80%, 건물면적 대비 70%, 건물소유자 대비 70% 이상의 비율로 체결된 사실, 그 후 이 사건 본대출이 실현되지 아니한 상태에서 피고는 2007. 3. 14. 시행사에 대하여 주간사계약의 해지를 통보한 후 이 사건 개발사업에 관한 업무를 중단한 사실 등을 인정하였다. 원심은 이러한 사실관계하에서 피고가 이 사건 본대출을 성사시키지 못하였으므로 피고는 그로 인하여 원고가 입은 이 사건 대출원리금 상당의 손해를 배상할 의무가 있다는 원고의 주장에 대하여, 그 채택 증거에 의하여 인정되는 판시와 같은 사실 및 사정을 종합하여 볼 때, 이 사건 확약서는 그 문언과 프로젝트 파이낸싱 대출에서 피고와 같은 금융자문사의 지위 및 역할에 비추어 금융주간사인 피고가 이 사건 본대출을 주선하는 금융자문용역의 조건, 범위 등의 내용을 2차 대주단에게 확인시켜 준 것으로서 그로 인하여 피고에게 발생하는 의무의 성격은 수단채무 내지 행위채무로 봄이 상당하고, 피고에게 이 사건 본대출을 실행시켜야 할 의무가 있다고 보기 어렵다는 이유로 이를 배척하였다.
3. 그러나 원심의 위와 같은 조치는 다음과 같은 이유로 수긍하기 어렵다.
원심판결 이유 및 기록에 의하여 인정되는 다음과 같은 사정, 즉 이 사건 확약서는 피고가 일정한 비율 이상의 매매계약이 체결된 후 3개월 이내에 이 사건 본대출을 하기로 한 것이므로 이는 단순히 피고가 이 사건 본대출을 추진하기로 한다는 의미라기보다는 피고가 이 사건 본대출을 실현하기(성사시키기)로 한다는 의미라고 보아야 하는 점, 원고를 비롯한 상호저축은행들이 시행사에게 대출을 하여 시행사로 하여금 그 자금을 인출할 수 있게 한 데에는 이 사건 확약서가 큰 영향을 미친 것으로 보이는 점, 비록 피고가 직접 이 사건 본대출을 하는 것은 아니라고 하더라도 이 사건 본대출을 성사시키는 것이 불가능한 것이라고 보기도 어려운 점 등에 비추어 볼 때, 이 사건 확약서는 '피고가 사업승인 여부와 관계없이 전체 사업부지의 80% 이상의 계약체결 후 3개월 이내에, 금융주간을 통하여 이 사건 본대출을 실현하기로 하며, 그 대출된 자금으로 원고를 비롯한 상호저축은행의 대출원리금이 최우선적으로 상환될 수 있도록 할 것을 확약한다'는 내용으로서 당사자 사이에 법적 구속력 있는 약정이라고 해석함이 상당하다.
나아가 피고가 그와 같은 약정상의 의무의 이행을 거절하면서 2007. 3. 14.경 시행사에 대하여 주간사계약의 해지를 통보한 후 이 사건 개발사업에 관한 업무를 중단한 것은 이 사건 본대출을 실현하여 그 대출된 자금으로 원고를 비롯한 상호저축은행들의 대출원리금이 최우선적으로 상환될 수 있도록 할 피고의 의무를 위반한 것이라고 볼 여지가 크다.
그럼에도 불구하고 원심은 이 사건 확약서상 피고 의무의 성격은 수단채무 내지 행위채무로 보아야 하고 피고에게 이 사건 본대출을 성사시켜야 할 의무가 있다고 보기 어렵다고 판단하였으니, 이러한 원심의 판단에는 처분문서인 이 사건 확약서의 해석에 관한 법리를 오해하여 판결에 영향을 미친 위법이 있다. 이를 지적하는 상고이유의 주장에는 정당한 이유가 있다.

(1) 금융제공에 대한 확약(Commitment)

금융제공에 대한 확약에는 몇 가지 방식이 있지만, M&A금융에서는 M&A거래의 매매대금 전액을 확실하게 조달할 필요가 있기 때문에, 실무에서는 예비대주(주로 주선인의 역할을 할 예비대주)가 M&A거래의 매매대금 전액에 대한 금융제공의무를 부담하는 취지의 금융제공확약이 이루어지는 경우가 일반적이다(이를 실무에서는 「총액인수(Full-Underwriting)」라고 한다). 총액인수방식으로 금융제공확약이 이루어지면 예비대주는 대주단결성의 성공 여부에 관계없이 인수한 총액 전액에 대해 금융제공의무를 부담한다.

이에 반하여, 예비대주가 대주단결성이 이루어진 부분에 대해서만 금융제공의무를 부담하는 금융제공확약방식을 「Best Effort 방식」이라고 하는데,[89] 이 경우에는 M&A거래의 매매대금에 필요한 자금이 부족하게 될 위험이 있기 때문에 M&A금융에서는 그다지 이용되지 않는 것으로 보인다.

금융제공확약서는 원칙적으로 법적 구속력이 있는 문서로 발급되는 것이 일반적이기 때문에, 예비대주는 M&A금융 제공시점의 시장환경이 금융제공확약서 발행시점의 그것과 크게 차이가 나더라도 금융제공의무를 부담해야 할 리스크가 있다. 따라서 예비대주는 금융제공확약서의 발행일부터 M&A금융의 실행일까지의 사이에 (대주단결성에 중대한 악영향을 미칠 수 있는) 금융시장의 변화 등이 발생하지 않았다는 것(이를 실무에서는 「Market MAC」이라고 한다)을 금융인수조건에 포함시키고자 하는 것이 일반적이다.[90]

한편, M&A금융에 관한 최종계약까지 체결된 경우에는 M&A금융의 조건은 다른 약정이 없는 한 금융제공확약서가 아니라 최종계약에 따라야 하는 것으로 해석하는 것이 당사자의 의사에 부합할 것이다. 최종계약에 「완전합의(Entire Agreement) 조항」[91]이 규정됨으로써 이러한 당사자의 의사가 명확하게 표시되는 경우도 있다.

「완전합의조항」이란, 「당해 조항이 포함된 계약이 체결되면 그 전에 당사자 사이에 체결된 기본합의서 기타의 계약서와 협상 중에 각 당사자가 작성한 세안서 기타의 서면, 협상 중의 당사자 사이의 구두(口頭)의 교환 등에 대하여 분쟁에서 증거능력을 인정하지 않는다거나 최종계약이 우선한다」는 당사자 사이의 합의를 말하는 것으로 미국 통일상법전 §2-

89) 「총액인수방식」과 「Best Effort 방식」에 대한 설명은, 渥美坂井法律事務所・外国法共同事業 編著『シンジケートローン契約書作成マニュアル-国内海外協調融資の実務(第4版)』(中央經濟社, 2021) 9페이지 이하 참고

90) 「Market MAC」은 시장의 변화에 중점을 둔 개념이지만, 유사한 기능을 하는 것으로, 금융제공확약서의 발급일부터 M&A금융 실행일까지의 사이에 차주 및 투자대상회사라는 특정의 회사의 경영실적 등의 변화에 중점을 둔 개념인 「Company MAC」이 있다. 「MAC」에 대해서는, (i) 藤原総一郎 編著『M&Aの契約實務(第2版)』(中央經濟社, 2018) 142페이지 이하, (ii) 「중대한 부정적인 변경조항」 천경훈 편저『우호적 M&A의 이론과 실무－M&A계약의 주요조항』(소화, 2017) 187페이지 이하, (iii) 戸嶋浩二 外『M&A契約-モデル條項と解說』(商事法務, 2018) 66페이지 이하, (iv) アンダーソン・毛利・友常法律事務所(柴田義人・檀 柔正・石原 坦・廣岡健司) 編『M&A實務の基礎(第2版)』(商事法務, 2018) 119페이지 이하, (v) Bar Association Mergers and Acquisitions Committee, 『Model Stock Purchase Agreement with Commentary(Second Edition) Volume Ⅰ: Stock Purchase Agreement』(2010) 31페이지 이하, (vi) Sandra Stern『Structuring and Drafting Commercial Loan Agreements(Revised Edition) VOLUME 1－1』(An A.S Pratt Publication, 2014) 1－63 부분 각 참고

91) 「완전합의조항」에 대해서는, (i) 藤原総一郎 編著『M&Aの契約實務(第2版)』(中央經濟社, 2018) 312페이지 이하, (ii) 戸嶋浩二 外『M&A契約-モデル條項と解說』(商事法務, 2018) 195페이지 이하, (iii) 渥美坂井法律事務所・外国法共同事業 編著『シンジケートローン契約書作成マニュアル-国内海外協調融資の実務(第4版)』(中央經濟社, 2021) 382페이지 이하 각 참고

202(Final Written Expression: Parol or Extrinsic Evidence)의 취지를 계약서에 반영한 것이라고 이해되고 있다.

그러나 완전합의조항의 효력이 어느 범위에서 인정될 수 있는지(예를 들면, 해당 계약에 관한 소송/중재절차에서 법원/중재기관이 최종계약 체결 이전의 협상과정이나 서류를 참작할 수 없는지, 완전합의조항의 내용으로 증거제한약정이 포함된 경우에 그러한 약정이 실제 소송/중재절차에서 어떠한 효력이 있는지, 증거제한약정에 위반하여 제출된 증거의 증거능력 여부 등 증거의 취급 및 위반당사자의 손해배상책임 여부 등)에 대한 해석상 여러 가지 어려운 문제점이 있다.[92)]

또한, 완전합의조항을 규정하면서 M&A거래의 시작단계에서 최종계약 체결 전까지 체결된 각종 의향서(LOI), 기본합의서(MOU) 등의 효력을 존속시키고자 하는 경우에는 이에 대한 명시적인 예외조항을 두어야 하고, 최종계약 체결 이전의 사전합의만이 아니라 동시의 합의도 배제하는 내용으로 하는 경우에는 완전합의조항이 포함된 해당 최종계약의 부수약정(부속서류 포함)과 당일 체결되는 각종 금융계약도 명시적으로 제외하는 예외조항을 역시 두어야 함도 유의해야 한다.[93)]

[계약서 기재례] 완전합의조항 ①

이 계약과 그에 언급된 서류 및 그 내용들은 본건 거래에 관한 당사자들의 완전하고 배타적인 합의를 구성한다. 본건 거래와 관련하여 이 계약 체결 전에 이루어진 당사자 간 모든 의사표시 또는 합의(서면에 의한 것인지 구두에 의한 것인지를 묻지 아니한다)는, 이 계약에서 달리 정하는 경우를 제외하고, 이 계약의 체결로 전부 그 효력을 상실한다.

[계약서 기재례] 완전합의조항 ②

이 계약과 그에 언급된 서류 및 그 내용들은 본건 거래에 관한 당사자들의 완전하고 배타적인 합의를 구성하고 이 계약과 관련하여 이 계약 체결 전에 이루어진 당사자 간 모든 의사표시 또는 합의(서면에 의한 것인지 구두에 의한 것인지를 묻지 아니한다)에 우선한다. [이 계약 제[*]조에 따라 이 계약과 그에 언급된 서류의 해석이 당사자들 사이

92) 이러한 문제점에 관한 일본에서의 논의에 대해서는, (i) 藤原総一郎 編著『M&Aの契約實務(第2版)』(中央經濟社, 2018) 312~314페이지, (ii) 藤田友敬 編著『M&A 契約研究 理論・實證研究とモデル 契約條項』(有斐閣, 2018) 312페이지 이하 각 참고
93) 藤原総一郎 編著『M&Aの契約實務(第2版)』(中央經濟社, 2018) 314페이지 참고

에서 다투어지는 경우, 당사자들은 이 계약서와 그에 언급된 서류를 당해 분쟁에 관한 유일한 증거로서 법원/중재기관에 제출하고, 그 형식 여하를 불문하고 다른 어떠한 증거도 제출하지 않기로 합의한다.]

(2) 주요금융조건(Term Sheet)

「주요금융조건(Term Sheet)」은 M&A금융에 관한 주요조건(Term)이 기재된 것으로, 금융제공확약서에 그 내용이 포함되어 기재되거나 그 별지로 첨부되는 것이 일반적이다. M&A금융에서의 주요금융조건은 간단하게 작성되는 경우(short-form)가 많지만, M&A금융에 적용되는 실질적인 대부분의 조건이 주요금융조건에 규정되어 있는 경우(long-form)도 있다.

[표 2-1] 주요금융조건 예시(short form)

차주	• [SPC], ㈜[*]("투자대상회사")의 지분 인수를 위해 설립할 예정인 투자목적회사
거래요약	• 스폰서인 [*]PEF("스폰서")는 투자대상회사의 보통주식 [*]주(지분율 [*]%)("투자대상주식")를 금 [*]원에 양수할 목적으로 SPC를 설립하여, 금 [*]억 원 이내의 자금을 조달할 예정이며, 투자대상주식을 대주에 담보로 제공함.
주선금융기관	• [*]
대리기관	• [*]
대출규모	• 총 금 [*]억 원 이내
자금용도	• 투자대상주식 양수대금 및 운영비용
대출실행일	• [*]년 [*]월 中
대출종류	• 선순위 일반대출(Term Loan)
만기	• 선순위 대주: 대출실행일로부터 [*]개월
이자	• 이자율: [*]%. 매 [3]개월 단위 후급 • 취급수수료: [*] • 연체이자: 이자율+3.0%
담보	• 다음 자산에 대하여 대주단 공동 1순위 근질권(선순위) 설정 - 투자대상주식 - SPC의 주식 100% - PEF의 LP출자지분 - 배당금등수령계좌 예수금등채권 • [*]의 연대보증 • [*]의 자금보충약정
상환	• 만기일시상환

임의 조기상환	• 이자지급일에만 가능 • 조기상환수수료 – 인출일로부터 [*]개월 이내: [*]% [*]개월 이후: 없음. • 차주는 대출금의 전부 혹은 일부를 다음 조건에 따라 조기상환할 수 있음. – 조기상환원금은 10억 원 이상, 10억 원의 정배수에 해당하는 금액이거나 대출금 전액이어야 함. – 차주는 상환예정일의 [*]영업일 전까지 대리기관에 서면 통지하여야 함. – 조기상환한 대출금은 재인출 또는 재차입할 수 없음.
강제(의무) 조기상환	• 차주가 다음의 금액을 수취하는 경우, 차주는 그 수취일로부터 [*]영업일 이내에 대주에게 순수취 금액 전액으로 조기상환하여야 함. – 투자대상주식의 전부 또는 일부의 처분대금 – 투자대상주식으로부터 유입되는 일체의 현금액(이익배당, 이익소각, 출자환급, 자기주식취득 및 유상감자 등을 통해 차주가 수령하는 금액)
대출실행 선행조건	• 대주가 지정하는 차주 명의 계좌에 후순위 대여금 금 [*]억 원 이상 입금될 것 • 투자대상주식 매매계약의 체결 및 이행에 필요한 일체의 인허가 및 승인의 완료 • 금융계약(대출계약 및 담보계약을 포함한 관련 약정) 체결 완료 • 대출실행요청서 및 대주단이 만족하는 형식의 법률의견서 발급 및 제출 • 기타 대주단이 요구하는 사항
대출실행 후행조건	• 투자대상주식 매수대금이 완납되었음을 확인하는 증빙서류 원본 등 대주단이 합리적으로 요청한 사항 • 투자대상주식, PEF LP출자지분에 대한 담보설정절차 완료 • 기타 대주단이 요구하는 사항
담보유지비율	• 이자기간별 가중평균 담보평가금액이 대출금 잔액의 [*]%에 미달하는 경우, 담보부족 부분만큼 자금보충약정 * 가중평균담보금액(담보기준금액): 해당 이자기간 동안의 가중산술평균주가에 대상(담보) 주식수를 곱하여 계산한 금액 * 가중(산술)평균주가: 이자기간 동안 증권시장에서 거래된 해당종목의 '총거래금액(대금)/총거래량' * 담보유지비율(%): [가중평균담보금액(담보기준금액)/선순위 대출금]×100
준수사항	• 대주의 사전 동의가 없는 한, 차주/투자대상회사의 신규차입(증권발행 포함), 자금대여, 지급보증, 신용공여행위, 타법인 주식취득, 유상증자, 담보제공 등 금지 • 대출기간 동안 투자대상회사에 대한 지분율 유지. 단, 지분매각대금을 대출금상환에 사용하는 경우는 제외함. • 구조조정 제한: 회사 형태 변경, 청산, 합병, 분할 영업양수도 등 금지 • 기타 인수금융에서 통상적으로 정하는 사항
재무준수사항	• 투자대상회사의 부채비율 [*]% 이내 유지 • 새로운 영업 또는 제3자에 대한 출자 또는 투자 금지 • 기타 차주/투자대상회사의 영업 또는 재정상태에 중대한 변화를 초래하는 행위

기한 이익 상실	• 차주/투자대상회사에 대하여 부도사유, 지급의 현저한 곤란 또는 지급불능 등이 발생한 때(파산, 지급불능 또는 사업중단 등) • 적극적 준수사항 및 소극적 준수사항의 위반 • 진술 및 보장 위반 • 금융 관련 계약서상에 따른 지급의무 기타 제반 의무를 이행하지 않는 경우 • 담보계약에 따른 담보 효력의 상실, 취소 또는 무효 • 중요계약상의 채무불이행 사유 발생(cross default) • 금융계약에 중대한 부정적 영향(material adverse effect)을 초래하는 사유의 발생 • 차주/투자대상회사가 금융계약서의 불이행이나 위반이 치유되지 않고 [30]일이 경과한 경우 • 대주의 사전동의 없이 추가 차입을 하거나 채무부담행위(채무인수, 연대보증 등 형태불문)를 하는 경우 • 관계법령 등의 개정 등으로 인해 차주 등이 본건 사업과 관련한 금융계약에 따른 채무를 부담하거나 이행하는 것이 위법하게 된 경우 • 기타 본건과 같은 성격의 금융계약에서 관행적으로 요구되는 사항
대주의 의사결정	• 전원동의 사항 - 기한의 이익 부활 등 • 과반수 동의 사항(총 대출금의 1/2 초과) - 기한이익 상실의 통지 및 유예 - 담보권의 실행 • 대다수동의 사항(총 대출금의 2/3 초과) - 금융계약의 조건, 내용 변경 또는 수정 - 대수의 의사결정이 필요하다고 판단되는 사항
진술 및 보장	• 차주 등의 법적능력 및 권한 • 차주 등에 중대한 부정적 영향을 발생시키는 인허가상의 조건위반 사실이 없을 것 • 기타 대주단이 합리적으로 요청하는 사항
기타	• 상기 금융조건은 시장환경의 변화 등에 따라 변경될 수 있음. • 본 금융조건에 포함되지 않는 조건들은 일반적인 인수금융의 조건을 따름. • 본건 금융주선을 위해 요청하는 사항에 대해 적극 협조하며, 주선금융기관이 성공적인 금융주선을 위해 필요하다고 판단하여 합리적으로 요청하는 경우 상호 협의를 통해 대출조건을 변경할 수 있음.

보통은 주요금융조건의 작성・협상과 병행하여 또는 그 이전에 차주(매수인)에 의해 투자대상회사에 대한 정밀실사가 실시되는데, 이 경우 예비대주는 차주(매수인)로부터 실사내용 및 이를 종합한 실사보고서(DD Report)를 제공받아 그 내용에 따라 금융제공확약서상의 금융인수조건과 주요금융조건에 필요한 내용(선행조건, 진술보장, 준수사항, 기한의 이익 상실사유 등)을 반영하게 된다.

이 과정에서 예비대주는 또한 차주(매수인)에게 추가 질문사항을 송부하여 답변을 요구

하거나 필요에 따라서는 특정한 사항에 대한 추가실사를 실시하도록 요구하는 경우도 있을 수 있다.[94]

주요금융조건 협상과 관련하여 주의할 점은, 주요금융조건을 확정함에 있어서는 미리 해당 주요금융조건에 포함된 내용의 법률상 리스크에 대해 신중하게 검토할 필요가 있다는 것이다.

특히 투자대상회사 및/또는 계열회사의 인적·물적 담보제공, 차주와 투자대상회사와의 합병, 투자대상회사로부터의 현금유입(배당, 자본감소, 자기주식 취득, 계열사 간 금융제공 등)되는 자금으로 M&A금융의 상환을 계획하는 경우에는 차주, 투자대상회사 및/또는 계열회사의 이사의 배임(이른바 LBO의 배임 문제),[95] 선관주의의무 및 충실의무 위반, 이사 등과 회사 간의 거래 제한(상법 제398조) 위반, 주요주주 등 이해관계자와의 거래 제한(상법 제549조의9) 위반, 독점규제법상의 채무보증제한(동법 제24조)·불공정거래행위금지(동법 제45조 제1항) 및 특수관계인에 대한 부당한 이익제공 등 금지(동법 제47조) 등의 행위제한 위반, 금소법상 불건전영업행위 금지에 의한 연대보증인 적격 제한(금소법 제20조 제1항 제4호) 등 관련 법령상 각종 금지·제한의 위반이 문제될 수 있기 때문에, 주요금융조건 단계에서부터 이러한 법률상 리스크에 대한 충분한 검토가 필요할 것이다.

이외에도, 구조적 선·후순위 관계의 리스크 차단 필요성, 자산 및 현금흐름에 대한 우선권 확보의 필요성, 높은 수준의 감시·통제 장치의 필요성, 다른 (금융)채권자의 출현 방지의 필요성, 도산격리조치의 필요성 등 앞서 살펴본 바 있는 M&A금융의 특징으로 인해 M&A금융의 주요금융조건에는 다양한 종류와 높은 수준의 선행조건, 후행조건, 준수사항(약정사항) 등이 포함되는바, 이러한 조건들이 강행규정(효력규정)을 다수 포함하고 있는 상법(회사편), 자본시장법, 채무자회생법 등 차주/투자대상회사에 적용되는 제반 법령과의 관계에서 적법·유효성이 인정될 수 있는지, 추후 이를 위반할 경우 차주/투자대상회사의 이행가능성, 소송/중재절차를 통한 차주/투자대상회사에 대한 청구의 인용가능성 및 집행가능성, 손해배상청구의 인용가능성 등에 대해서도 검토가 필요하고 그 가능성에 의문이 있는 경우에는 이러한 사유를 기한의 이익 상실사유, 스폰서 등 제3자에 대한 종류주식 Put/Call 사유 등으로 별도로 규정하는 등 백업장치를 마련해 둘 필요도 있다.

---

94) 사안에 따라서는, 금융제공확약서가 요구되지 않는 M&A거래의 사례 또는 주요금융조건 확정 전에 이미 최종 주식양수도계약이 체결된 사례 및 추가 실사가 허용되지 않는 사례도 있는바, 그러한 경우에 예비대주는 원칙적으로 확정된 실사보고서의 내용 및 최종 주식양수도계약의 조건을 전제로 금융제공 여부를 검토하고, 주요금융조건의 내용을 확정할 수밖에 없게 된다.

95) 「LBO의 배임 문제」에 관한 판례에 대해서는, 본서 제1편에 소개된 [판례 1-4]부터 [판례 1-11]까지 참조

3 주선위임(Mandate)

보통은 차주 또는 스폰서가 주선인의 역할을 할 예비대주에게 M&A금융의 주선에 관한 주선업무(실무에서는 「주관업무」라고도 한다)를 독점적으로 위임하는데, 이러한 위임을 받은 예비대주를 주선인(Arranger)(주선기관)[96](실무에서는 「주간사(主幹社)」 또는 「주간사회사(主幹事會社)」, 「주관사」 또는 「주관회사」[97]라고도 한다)이라고 한다.

이 독점적 지위 부여를 「주선위임(Mandate)」이라고 하는데, 차주 또는 스폰서가 「주선위임장(Mandate Letter)」의 발급 또는 주선업무위탁계약, 금융자문계약, 금융주관/주선계약 등 별도의 계약 체결을 통해 주선인에게 부여한다.

구체적인 주선업무의 내용과 범위는 주선위임장(Mandate Letter)(주선위임이 주선업무위탁계약, 금융자문계약, 금융주관/주선계약 등 별도의 계약 체결을 통해 이루어지는 경우에는 해당 계약)에 기재되는데, 일반적으로 주선업무에는 M&A금융의 구조설계에 관한 자문, 대주단결성(Syndication), M&A금융을 위한 최종계약서의 작성・준비작업의 주관 등이 포함된다.[98]

96) 주선인(주선기관)은 차주로부터 독점적 지위를 수여받는다는 점에서 다른 예비대주와 차이가 있다.

97) 실무에서는 「주간사(主幹事)」라는 용어도 사용되었으나, 「주간사(主幹事)」는 주체나 기관이 아니라 담당업무(행위) 자체를 의미하므로 적당하지 않은 것으로 생각된다. 대출이 아니라 증권의 인수 등에 관련되기는 하나, 「금융투자업규정」과 「증권 인수업무 등에 관한 규정」에서는 「주관회사」라는 용어를 사용하고 있다(금융투자업규정 제4-19조, 증권 인수업무 등에 관한 규정 제2조 제5호). 본서에서는 「주선인」, 「주선기관」 또는 「주관기관」, 「주관회사」라는 용어를 사용하기로 한다.

98) 한편, 스폰서 또는 차주가 다른 M&A거래로 거액의 차입 등을 동시에 실행하는 경우에는 시장에서 당해 스폰서 또는 차주와 관련된 대출채권 기타 금융상품의 매각 가능 여지가 적어지기 때문에 대주단결성에 영향을 미칠 수 있다. 이 때문에, 대주단결성이 성공할 때까지의 기간 동안 스폰서가 다른 M&A 사안에 대한(방법의 여하를 묻지 않고) M&A금융의 검토를 제3자에게 의뢰하지 않는다는 것이 금융제공확약서 및 주선위임장의 조건으로 규정되는 경우가 있는데, 이러한 규정을 실무에서는 「Clear Market 조항」이라고 한다. 또한, 대주단결성을 위한 활동이 개시되었더라도 M&A금융의 조건(특히, 금리조건)이 다른 금융기관에게 매력적이지 않다면, 금융기관의 참여가 충분하게 이루어질 수 없게 된다. 이 경우, 대주단결성을 추진하는 주선인은 금융조건을 금융기관에 보다 유리하게 변경할 것을 고려할 수 있다. 이러한 조건변경에는 차주의 동의를 받지 않으면 안 되는 것이 원칙이지만, 실무상 주선인은 대주단결성을 원만하고 유연하게 진행하기 위해서 위의 조건변경에 대해 미리 일정한 재량을 부여하도록 차주에게 요구하는 경우가 있다. 이 경우, 금융제공확약서 및 주선위임장에서는 금융제공확약서상의 금융조건(특히 금리조건)에 대해 주선인이 소정의 재량 범위 내에서 변경하거나 또는 차주와 재협상하는 것을 허용하는 취지의 규정이 정하여 지는데, 이것을 「Market Flex 조항」이라고 한다. 「Clear Market 조항」과 「Market Flex 조항」에 대해서는, Philip R Wood 「PROJECT FINANCE, SECURITIZATIONS, SUBORDINATED DEBT, Chapter 10. SUBORDINATED DEBT: GENERAL PRINCIPAL」 『LAW AND PRACTICE OF INTERNATIONAL FINANCE』(SWEET & MAXWELL, 2007) 48~49페이지 참고

한편, 금융기관(은행, 증권사, 보험사, 저축은행 등)은 각 해당 근거법령(은행법, 자본시장법, 보험업법, 상호저축은행법 등)에서 정하는 바에 따라 금융위원회(그의 위임을 받은 금융감독원)에 부수업무, 부대업무 등의 신고 절차를 거쳐 대출의 주선업무를 수행할 수 있다. 그러나 그 이외의 자가 대출을 주선하는 경우에는 대출의 알선/중개에 해당하여 주선/중개행위, 수수료 수령행위에 대해 형사처벌을 받을 수 있고, 해당 주선계약[99]에 따른 수수료지급약정 또한 강행규정 위반으로서 무효로 해석될 가능성이 높다(특정경제범죄가중처벌법 제7조, 대부업법 제11조의2, 동 제19조 제1항 제3호 및 제2항 제6호).[100]

[판례 2-5] 대법원 2021. 12. 16. 선고 2017도18591 판결

5. 검사의 상고이유에 관하여

가. 피고인 1, 피고인 2의 대부업 등의 등록 및 금융이용자 보호에 관한 법률 위반 부분

1) 이 부분 공소사실의 요지는 다음과 같다.

가) 피고인 1, 피고인 2는 공모하여 2012년 12월경부터 2015. 3. 24.경까지 제1심 판시 범죄일람표 6. 기재와 같이 대부중개업 등록을 하지 않고 8회에 걸쳐 공소외재단법인(이하 '연금재단'이라 한다)과 차주 사이의 대출 거래(대출금액 합계 1,182억 원)를 중개하여 대부중개업을 영위하였다.

나) 피고인 1, 피고인 2는 공모하여 2013. 7. 26.경부터 2015. 3. 24.경까지 제1심 판시 범죄일람표 6. 순번 4부터 8까지 기재와 같이 5회에 걸쳐 대부를 받는 거래 상대방으로부터 중개수수료 명목으로 합계 20억 2,900만 원을 수수하였다.

2) 원심은 다음과 같은 이유로 이 부분 공소사실을 유죄로 판단한 제1심판결을 파기하고 무죄로 판단하였다.

「대부업 등의 등록 및 금융이용자 보호에 관한 법률」(이하 '대부업법'이라 한다)의 입법 목적과 연혁, 대부중개업의 운용실태에 비추어 보면, 대부업법상 '대부중개'는 대부업자가 대부업법상 '대부업자'에 해당함을 전제로 그 대부업자와 사금융 이용자를 중개하는 행위를 말한다. 그런데 공소사실 기재 연금재단의 각 대출행위

99) 금융주선계약, 금융주관계약, 금융자문계약, (재무, 금융)컨설팅계약 등 그 명칭을 불문하고 그 내용이 대출의 주선/중개에 해당하는지 여부가 중요하다.

100) 「무등록 대부중개업자인 원고가 원고와 차주인 피고 간에 체결된 금융컨설팅계약서에 근거하여 피고를 상대로 미지급 컨설팅 수수료(잔금)를 청구한 사안」에서, 원고의 실제 업무가 대부업법상 대부중개업에 해당하는 이상, 그 약정서와 수수료의 명칭에도 불구하고, 이러한 수수료 약정은 무등록 대부중개업자의 중개수수료 청구를 금지하고 있는 대부업법에 위반된 것이어서 무효라는 이유로 무등록 대부중개업자인 원고의 피고에 대한 컨설팅 수수료(잔금) 청구를 기각하고, 나아가 피고의 반소에 따라 원고가 피고로부터 기 지급받은 컨설팅 수수료(계약금)에 대한 부당이득반환청구를 인용한 하급심 판결로는, 서울동부지방법원 2022. 8. 18. 선고 2021가단144954(본소), 2022가단124070(반소) 판결 참조

는 민법에 따라 설립된 비영리법인이 정관에서 정한 목적의 범위에서 대부하는 경우이어서 대부업법 제2조 제1호 단서, 같은 법 시행령 제2조 제4호에 따라 대부업법상 '대부업'의 범위에서 제외된다. 따라서 피고인 1, 피고인 2의 공소사실 기재 행위도 대부업법상 '대부중개'에 해당한다고 볼 수 없다.

3) 그러나 원심의 위와 같은 판단은 받아들이기 어렵다. 그 이유는 다음과 같다.

가) 먼저 대부업법 관련 규정을 살펴본다.

구 대부업법(2015. 7. 24. 법률 제13445호로 개정되기 전의 것, 이하 '구 대부업법'이라 한다)은 대부업에 관하여 '금전의 대부(어음할인 · 양도담보, 그 밖에 이와 비슷한 방법을 통한 금전의 교부를 포함한다)를 업으로 하거나, 등록한 대부업자 또는 여신금융기관으로부터 대부계약에 따른 채권을 양도받아 이를 추심하는 것을 업으로 하는 것을 말한다. 다만, 대부의 성격 등을 고려하여 대통령령으로 정하는 경우는 제외한다.'라고 하고(제2조 제1호), 대부중개업에 관하여 '대부중개를 업으로 하는 것을 말한다.'라고 정의하고 있으나(제2조 제2호), 대부중개 자체에 대해서는 그 의미를 정의하거나 범위를 제한하는 규정을 두고 있지 않다. 위와 같은 구 대부업법의 규정과 '제3자로서 두 당사자 사이에 서서 일을 주선하는 것'이라는 중개의 사전적 의미(국립국어원 발간 표준국어대사전) 등을 고려하면, 구 대부업법 제2조 제2호에서 말하는 '대부중개'는 거래당사자 사이에서 금전의 대부를 주선 또는 알선하는 행위를 뜻하고, 주선의 대상이 된 거래가 금전의 대부에 해당하는 이상, 설령 그 대부행위가 구 대부업법 제2조 제1호 단서, 같은 법 시행령(2016. 7. 6. 대통령령 제27322호로 개정되기 전의 것, 이하 '구 대부업법 시행령'이라 한다) 제2조 각호에 따라 '대부업'의 범위에서 제외되는 경우라고 하더라도 그 주선행위 자체는 구 대부업법 제2조 제2호에서 정한 '대부중개'에 해당한다고 봄이 타당하다. 그리고 어떠한 행위가 '대부중개'에 해당하는지는 행위자의 주관적 의사에 따라 결정할 것이 아니라 객관적으로 보아 그 행위가 사회통념에 비추어 금전의 대부를 주선하는 행위라고 인정되는지 여부에 따라 결정하여야 한다. 한편 구 대부업법은 대부중개업을 하려는 자에게 영업소별로 해당 영업소를 관할하는 시 · 도지사에게 등록할 의무를 부과하고 이를 위반한 자를 처벌하도록 규정하며(제3조 제1항, 제19조 제1항 제1호), 미등록대부중개업자 등으로 하여금 대부중개와 관련한 대가, 즉 중개수수료를 대부를 받는 거래상대방으로부터 받지 못하게 하고 이러한 제한을 위반한 자를 처벌하도록 규정하고 있다(제11조의2 제2항, 제19조 제2항 제6호). 따라서 대부중개업의 등록을 하지 않은 자가 대부의 거래당사자에게 어떠한 용역을 제공한 경우, 그 용역이 구 대부업법에서 정한 대부중개에 해당하는지에 따라 해당 용역의 제공 및 그 용역에 대한 대가 수수가 처벌 대상이 되는지 여부가 결정되며, 개별 사안에서 특정 용역의 제공행위가 대부중개에 해당하는지는 용역 제공의 원인이 된 계약의 체결 경위와 그 내용, 용역 제공자가 실제로 수행한 업무의 성격 등을 종합적으로 고려하여 신중하게 판단하여야 한다.

나) 원심판결 이유를 적법하게 채택된 증거와 위 법리에 비추어 살펴본다.

공소사실 기재 연금재단의 각 대출행위는 이자 있는 금전소비대차의 일종으로서 구 대부업법 제2조 제1호에서 말하는 '금전의 대부'에 해당한다. 따라서 피고인 1, 피고인 2가 연금재단과 차주 사이에서 대부 거래를 주선하는 행위를 하였다는 점이 인정된다면, 연금재단의 대부가 구 대부업법 제2조 제1호에서 정한 '대부업' 영위에 해당하는지 여부와는 관계없이 위 피고인들의 행위는 구 대부업법 제2조 제2호에서 정한 '대부중개'에 해당한다.

그렇다면 원심으로서는, 피고인 1, 피고인 2가 연금재단과 차주 사이에서 수행한 업무가 구 대부업법에서 정한 대부중개에 해당하는지, 위 피고인들이 받은 수수료가 그 대부중개의 대가에 해당하는지를 심리·판단하여야 했고, 그러한 판단을 위해 위 피고인들이 대부 거래의 당사자에게 용역을 제공하게 된 경위, 용역 제공의 원인이 된 계약의 내용 및 위 피고인들이 실제로 수행한 업무의 성격 등을 함께 살펴보았어야 했다.

그런데도 원심은 위와 같은 심리·판단에 나아가지 않은 채 연금재단의 각 대출행위가 구 대부업법 제2조 제1호에서 정한 '대부업'이라 할 수 없다는 이유만으로 이 부분 공소사실을 무죄로 판단하였다. 이러한 원심판결에는 구 대부업법에서 정한 '대부중개'의 의미, 범위 등에 관한 법리를 오해하여 필요한 심리를 다하지 않은 잘못이 있다. 이 점을 지적하는 검사의 상고이유 주장은 이유 있다.

[판례 2-6] 대법원 2021. 11. 25. 선고 2017도641 판결

1. 대부중개의 의미와 판단 기준

구 「대부업 등의 등록 및 금융이용자 보호에 관한 법률」(2015. 7. 24. 법률 제13445호로 개정되기 전의 것, 이하 '대부업법'이라 한다)은 대부업에 관하여 '금전의 대부(어음할인·양도담보, 그 밖에 이와 비슷한 방법을 통한 금전의 교부를 포함한다)를 업으로 하거나, 등록한 대부업자 또는 여신금융기관으로부터 대부계약에 따른 채권을 양도받아 이를 추심하는 것을 업으로 하는 것'이라고 정의하고(제2조 제1호), 대부중개업에 관하여 '대부중개를 업으로 하는 것'이라고 정의하고 있으나(제2조 제2호), 대부중개 자체에 관해서는 그 의미를 정의하거나 그 범위를 제한하는 규정을 두고 있지 않다. 위와 같은 대부업법 규정과 '제3자로서 두 당사자 사이에 서서 일을 주선하는 것'이라는 중개의 사전적 의미 등을 고려하면, 대부업법 제2조 제2호에서 말하는 '대부중개'는 거래당사자 사이에서 금전의 대부를 주선('알선'이라고도 한다)하는 행위를 뜻하고, 금전의 대부를 주선하는 행위에 해당하는 이상 이자율 등 대부조건이 확정되지 않은 상태에서 한 행위도 대부중개의 범위에 포함될 수 있다고 봄이 타당하다.

어떠한 행위가 대부중개에 해당하는지는 행위자의 주관적 의사에 따라 결정할 것이 아니라 객관적으로 보아 그 행위가 사회통념상 금전의 대부를 주선하는 행위라고 인정되는지에 따라 결정해야 한다. 한편 대부업법은 대부중개업을 하려는 자에게 영업소별로 해당 영업소를 관할하는 시·도지사에게 등록할 의무를 부과하고 이를 위반한 자를 처벌하도록 하며(제3조 제1항, 제19조 제1항 제1호), 미등록 대부중개업자 등으로 하여금 대부중개와 관련한 대가, 즉 중개수수료를 대부를 받는 거래상대방으로부터 받지 못하게 하고 이러한 제한을 위반한 자를 처벌하도록 하고 있다(제11조의2 제2항, 제19조 제2항 제6호). 위와 같은 대부업법 규정에 따르면, 대부중개업의 등록을 하지 않은 자가 대부의 거래당사자에게 어떠한 용역을 제공한 경우 그 용역이 대부업법에서 정한 대부중개에 해당하는지에 따라 해당 용역의 제공과 그 용역에 대한 대가 수수가 처벌 대상이 되는지 여부가 결정된다. 따라서 개별 사안에서 특정 용역의 제공행위가 대부 중개에 해당하는지는 용역 제공의 원인이 된 계약의 체결 경위와 그 내용, 용역 제공자가 실제로 수행한 업무의 성격 등을 종합적으로 고려해서 신중하게 판단해야 한다.

2. 이 사건에 대한 판단

가. 원심은 다음과 같은 이유로 피고인에 대한 공소사실 중 무등록 대부중개업 영위로 인한 대부업법 위반 부분과 제1심 판결 별지 범죄일람표 순번 4 기재 중개수수료 수수로 인한 대부업법 위반 부분(이하 '쟁점 공소사실'이라 한다)을 모두 무죄로 판단하였다. 피고인은 이자율 등 대출조건이 확정되지 않은 상태에서 이른바 프로젝트 파이낸스(Project Finance) 대출과 관련한 업무, 사업관리(PM, Project Management) 업무 등을 수행하였다. 사업시행자가 프로젝트 파이낸스 대출을 받을 수 있도록 대출기관을 물색하고 대출기관과 대출조건을 협의하는 등의 업무는 공소외 1이 사업시행자와 체결한 금융자문계약에 따라 별도로 수행하였다. 따라서 피고인이 대부업법에서 정한 대부중개업을 하였다거나 대부를 받는 거래상대방으로부터 중개수수료를 받았다고 할 수 없다.

나. 위에서 본 법리에 따르면, 금전의 대부를 주선하는 행위에 해당하는 이상 이자율 등 대부조건이 확정되지 않은 상태에서 행한 행위도 '대부중개'의 범위에 포함될 수 있으므로, 원심이 무죄 판단의 근거로 들고 있는 이유 중 피고인이 이자율 등 대출조건 자체가 확정되지 않은 상태에서 업무를 수행하였으므로, 피고인이 수행한 업무를 대부업법에서 정한 대부중개업으로 볼 수 없다는 부분은 적절하지 않다.

그러나 원심판결 이유와 적법하게 채택된 증거에 따라 알 수 있는 다음과 같은 사정을 위에서 본 법리에 비추어 살펴보면, 피고인이 대부업법에서 정한 '대부중개', 즉 제

3자로서 대부 거래의 당사자 사이에서 그 거래를 주선하는 행위를 하였다거나 그와 관련하여 대가를 수수하였다고 볼 수 없으므로, 이와 같은 전제에서 쟁점 공소사실을 모두 무죄로 판단한 원심의 결론은 정당하다.

(1) 피고인이 운영하던 회사들(공소외 2 주식회사, 공소외 3 주식회사)은 부동산 개발사업 등을 추진하던 사업시행자와 사업관리 용역계약을 체결한 다음 그 계약에 따라 사업계획 수립, 사업성 분석, 시공사 선정 등에 실질적으로 관여하여 의견을 제시하고 자문에 응하는 등의 용역을 수행하였다. 위와 같은 용역은 **사업시행에 관한 '자문 또는 대행(대리)' 업무에 해당**하는 것으로 볼 수 있으므로, 그 용역이 프로젝트 파이낸스 대출의 성사에 결과적으로 기여한 측면이 있다는 이유만으로 이를 대출의 주선행위에 해당한다고 보기 어렵다.

(2) 사업시행자가 프로젝트 파이낸스 대출을 받을 수 있도록 대출기관을 물색하고 대출기관과 대출조건을 협의하는 것과 같이 사업시행자와 대출기관 사이에서 **대출을 주선하는 전형적인 업무**는, **피고인 측과 별개로 사업시행자와 금융자문계약을 체결한 증권회사가 담당**하였다. 몇몇 사업에서 피고인이 사업시행자에게 증권회사의 담당 직원인 공소외 1을 소개해 주었으나, 이러한 행위만으로 피고인이 대부 거래 자체를 주선하였다고 단정하기 어렵다.

4 대주단결성(Syndication)[101] 및 M&A금융 관련 계약서 등의 작성

① 앞서 살펴본 바와 같이, 주선업무에는 다른 금융기관을 당해 M&A금융에 참가하도록 초빙·권유하는 것이 포함되는데, 이러한 초빙·권유활동을 실무에서는 「대주단결성(Syndication)」[102]이라고 한다. 금융제공확약서 및 주선위임장(주선위임이 주선업무위탁계약, 금융자문계약, 금융주관/주선계약 등 별도의 계약 체결을 통해 이루어지는 경우에는 해당 계약)에는 대주단결성에 관한 사항도 규정되는 것이 일반적이다.[103] 대주단결성은 일차적으로는 매수인(차주)을 위하여 이루어지는 것이지만, 그 성공 여부에 대해서는 주선인도 이해관계를 갖는다. 즉, 주선인이 총액인수방식으로 금융제공확약을 하였으나 대주단결성이 원만하게 진행되지 못한 경우, 주선인은 확약금액 전체에 대한

101) 사채나 종류주식의 발행·인수에 의해 M&A금융을 실행하는 경우에는 「대주단」, 「대주단대출」, 「대주단결성」에 대비하여 「인수단」, 「인수단투자(인수)」, 「인수단결성」이라고도 한다. 이하에서는 대출을 전제로 「대주단」, 「대주단대출」, 「대주단결성」이라고만 한다.

102) 「대주단구성」이라고도 한다.

103) 주식과 사채 등의 증권발행에 의한 M&A금융의 인수단결성이 이루어지는 경우, 인수단결성 시에는 자본시장법상의 증권발행에 관한 규정(발행공시규정 등)에 유의할 필요가 있다. 한편, 대출을 위한 대주단결성(Loan Syndication)에 의한 M&A금융은 원칙적으로는 자본시장법의 규제대상이 아니다.

금융제공의무를 계속하여 부담하게 되기 때문이다.

대주단결성은 M&A금융계약의 체결 시까지 완료되는 경우도 있지만, 실무에서는 M&A금융계약의 체결 후에도 셀다운 등을 통해 계속 진행되는 경우가 많다.

대주단결성에 관한 좀 더 자세한 내용은 아래 제3장에서 다시 살펴보기로 한다.

② 금융제공확약서가 제출되고 예비대주가 주선위임을 받은 후에는, 주요금융조건에 기초하여 최종 금융계약(Definitive Agreement)의 계약서 작성(이를 실무에서는 「Documentation」이라고 한다)이 진행된다. M&A금융계약 및 담보계약 등의 계약서 작성은 주선업무에 포함되어 주선인이 책임지고 진행하는 경우가 일반적이다.

③ 매수인(차주) 측 및/또는 대주 측의 변호사가 작성한 법률의견서[104]의 제출이 M&A금융의 대출실행 선행조건으로 규정되는 경우에는 M&A금융계약서 작성 단계에서 계약서만이 아니라 법률의견서의 안(案, Draft)에 대한 교환도 이루어지는 것이 일반적이며, 거래종결(Closing) 전일까지 법률의견서의 내용을 완성하게 된다. 다만, 실무에서는 보통 M&A거래 자체에 대해서는 매수인(차주)이 선임한 변호사가 작성한 법률의견서가, M&A금융에 대해서는 주선인(대주) 측이 지정한 변호사가 작성한 법률의견서가 각각 대주에게 제출되어야 함이 M&A금융의 대출실행 선행조건으로 규정되는 경우가 많다. 또한, 대주에 따라서는 주선인(대주) 측이 지정한 변호사가 작성한 M&A금융의 대출실행 선행조건이 모두 충족되었음 또는 선행소건서류가 모두 제출되었음을 확인하는 내용의 확인서(이를 법률의견서에 포함시키거나 별도의 확인서에 의하는 방법으로)가 제출될 것을 선행조건에 포함시키거나 선행조건에 포함시키지 않더라도 이러한 확인서가 발급된 경우에 한하여 금융을 실행하는 경우도 있다.[105]

104) 「법률의견서(Legal Opinions)」에 대해서는, (i) American Bar Association Mergers and Acquisitions Committee 『Model Stock Purchase Agreement with Commentary(Second Edition) Volume Ⅱ: Exhibits, Ancillary Documents, and Appendices』(2010) 37페이지 이하, (ii) Anthony C. Gooch · Linda B. Klein 『Documentation For Loans, Assignments And Participations』(Euromoney Books, 1996) 116페이지 이하, (iii) Sandra Stern 『Structuring and Drafting Commercial Loan Agreements(Revised Edition) VOLUME 1-1』(An A.S Pratt Publication, 2014) 2.02 [5] 부분, (iv) Philip R Wood 「INTERNATIONAL LOAN, BONDS AND SECURITIES REGULATION」 『LAW AND PRACTICE OF INTERNATIONAL FINANCE』(SWEET & MAXWELL, 2007) 215페이지 이하 각 참고

105) 한편, 스폰서와 투자대상회사 등 M&A금융의 관계자에 해외의 법인 등이 포함되어 있거나 담보제공자산에 해외 소재 자산(해외의 법을 준거법으로 하여 발생된 자산 포함)이 포함되어 있는 경우에는, 당해 법인 등의 설립 · 계약체결의 적법성 · 유효성에 관한 사항, 당해 자산 소유의 적법성 · 담보제공의 적법성 · 유효성 등 해외의 현지 변호사(Local Counsel)로부터 별도의 법률의견서를 발급받아야 할 사항도 있다. 따라서 이 경우에는 현지 변호사의 법률의견서가 기한 내에 제출될 수 있도록 미리 일정을 조율해 둘 필요가 있다.

5 M&A금융의 실행 · 거래종결(Closing)

M&A금융계약서 작성이 완료되면 최종 M&A금융계약을 체결하게 된다. 실무에서는 대출실행을 위한 필요서류(선행조건서류)의 준비 등이 필요하기 때문에 체결일과 M&A금융의 대출실행일 사이에는 몇 영업일 또는 상당한 기간 동안의 여유를 두는 것이 일반적이다.

M&A금융은 원칙적으로 M&A거래의 매매매금에 충당하기 위한 것이기 때문에 M&A의 거래종결일의 직전 영업일 또는 M&A의 거래종결과 같은 날 M&A의 거래종결 전에 대출이 실행되는 것이 일반적인데, 주식양수도를 위한 M&A금융의 실행은 M&A거래의 매매대금의 지급 시 1회로 종료되는 경우가 많다.

한편, M&A금융에서는 담보권 설정에 필요한 요건을 구비해야 할 담보권이 많기 때문에 이러한 요건구비에 필요한 절차를 신속하게 종료할 수 있도록 거래종결에 앞서 미리 준비해 두는 것이 필요하다. M&A금융에 후순위 금융이 포함된 경우에는 후순위 금융 투자관련 서류와 후순위 금융 관련 절차도 추가되기 때문에, 특히 매수인(차주) · 스폰서 측은 일정에 차질이 없도록 주의할 필요가 있다.

특히, M&A금융이 리파이낸싱(Refinancing)으로 실행되는 경우에는 기존의 M&A금융의 상환 및 그에 따른 인적 · 물적 담보의 해제 등의 절차가 필요하기 때문에 일정 및 소요절차에 있어서 추가로 유의해야 할 사항과 절차가 있으므로 주의를 요한다.[106)]

이와 같이, M&A금융 관련 서류와 이해관계자가 매우 많기 때문에 선행조건서류의 구비 여부를 명확히 하고 당사자 사이의 원만한 거래종결 절차의 진행을 위하여 실무에서는 거래종결에 수반하여 필요한 서류와 절차를 종합하여 기재한 「거래종결 체크리스트(Closing Check List)」를 작성하는 방법이 매우 유용하게 이용되고 있다.

---

106) M&A금융의 리파이낸싱 시 유의점에 대해서는, 본서 제6편 M&A금융의 리파이낸싱 부분 참조
또한, 「인수금융에서의 후순위금융과 리파이낸싱」 천경훈 편저 『우호적 M&A의 이론과 실무-M&A계약의 주요조항』(소화, 2017) 239페이지 이하 참고

[표 2-2] 거래종결 체크리스트(Closing Check List) 예시

항목	계약·서류명	부수	제출기한	차주	대주단	연대보증인	대리기관	(*)	비고[107]
약정서 및 부속서류	1. 대출계약서		선행조건	●[108]	●	●	●		
			후행조건						간인
당사자 준비서류	정관(사본)		선행조건	●		●			
	인감증명서		선행조건	●	●	●	●		
	등기사항(전부)증명서		선행조건	●	●	●	●		
			후행조건						
유의 사항[109]	* 날인위임장, 사용인감계에는 반드시 (법인)인감을 날인할 것 * 등기에 필요한 약정서 등 등기신청서류, 관계기관에 제출되는 서류에는 반드시 당사자가 모두 간인할 것 * 사본으로 제출되는 서류에는 제출 당사자가 원본대조필 날인할 것 * 인지세가 부관되는 약정서 및 서류에는 인지를 첨부할 것 * 표시된 서류 및 부수는 약정서 날인을 위해 법무법인에서 취합할 서류 및 그의 최소 부수이므로 각 당사자별로 추가로 필요한 서류 및 부수가 있는 경우에는 별도로 요청할 것 * 등기신청서류는 담당 법무사 사무실에서 별도 요청할 예정이므로 그에 따라 날인 및 서류를 제출할 것								

한편, 당초부터 M&A거래의 거래종결 후행조건으로 규정된 사항, 당초에는 M&A거래의 거래종결 선행조건으로 규정되었으나 시간적 제약에 의해 M&A금융의 대출실행 시까지 완료되지 못하여 이행이 유예된 사항 등은 M&A금융의 대출실행 후에 이행되어야 할 사항으로 정리하여(이를 실무에서는 「Closing Memorandum」이라고도 한다) 정해진 기한 내에 이행이 완료되도록 관리하여야 한다.

107) 확정일자, 당사자 간인 날인, 인지세 등 기재
108) 서명자(날인자), 제출자 등을 의미함.
109) 날인 및 서류 준비 시 당사자들이 유의해야 할 사항을 기재

M&A

제3장 대주단결성(Syndication)[110)]

1 대주단결성의 의의

최근의 대출거래는 복수의 대주로 구성된 대주단(貸主團, Syndicate)과 차주 사이에서 거래가 이루어지는 사례가 많은데, M&A금융에서도 그러한 경향을 반영하여 대주단이 결성되어 대출이 제공되는 경우가 많다.[111)] 실무에서는 이러한 대출(거래)을 「대주단대출(Syndicated Loan)(거래)」[112)]이라 하고, 대주단을 결성하기 위한 일련의 작업·흐름을 「대주단결성(Syndication)」[113)]이라고 한다.

「대주단결성」이 추진되는 목적은 사안에 따라 다양하지만, 어느 경우에나 대주는 대출에 관한 위험을 분산시킬 수 있으므로 대주의 포트폴리오 관리에 도움이 되고, 차주는 보다 다액의 차입이 가능하며 업무부담·대출기간 중 관리의 효율화를 도모할 수 있다는 점을 그 대표적인 목적으로 들 수 있다.

---

110) 「대주단결성(Syndication)」에 대해서는, (i) 青山大樹 編著『詳解 シンジケートローンの法務』(一般社団法人 金融財政事情研究会, 2015) 38페이지 이하, (ii) 笹山幸嗣・村岡香奈子『M&Aファイナンス(第2版)』(一般社団法人金融財政事情研究会, 2008) 83페이지 이하, (iii) 박준·한민『금융거래와 법(제3판)』(박영사, 2022) 150페이지 이하, (iv) Philip R Wood「PROJECT FINANCE, SECURITIZATIONS, SUBORDINATED DEBT, Chapter 10. SUBORDINATED DEBT: GENERAL PRINCIPAL」『LAW AND PRACTICE OF INTERNATIONAL FINANCE』(SWEET & MAXWELL, 2007) 48페이지, (v) 西村あさひ法律事務所(編)『新しいファイナンス手法(第2版)』(一般社団法人 金融財政事情研究会, 2018) 90~98페이지 각 참고

111) 실무에서는 동일한 주선인의 주선하에 (선순위)대출과 후순위 금융에 관한 투자단결성이 함께 이루어지는 경우도 많다.

112) 「대주단대출(Syndicated Loan)」에 대해서는, (i) Anthony C. Gooch · Linda B. Klein『Documentation For Loans, Assignments And Participations』(Euromoney Books, 1996), (ii) 渥美坂井法律事務所・外国法共同事業 編著『シンジケートローン契約書作成マニュアル-国内海外協調融資の実務(第4版)』(中央經濟社, 2021), (iii) 박준·한민『금융거래와 법(제3판)』(박영사, 2022) 141페이지 이하, (iv) Sandra Stern『Structuring and Drafting Commercial Loan Agreements(Revised Edition) VOLUME 1-1』(An A.S Pratt Publication, 2014) Chapter 11, (v) 青山大樹 編著『詳解 シンジケートローンの法務』(一般社団法人 金融財政事情研究会, 2015), (vi) Philip R Wood「INTERNATIONAL LOAN, BONDS AND SECURITIES REGULATION」『LAW AND PRACTICE OF INTERNATIONAL FINANCE』(SWEET & MAXWELL, 2007) 90페이지 이하, (vii) 西村あさひ法律事務所(編)『新しいファイナンス手法(第2版)』(一般社団法人 金融財政事情研究会, 2018) 88~220페이지 각 참고

113) 실무에서는 「대주단구성」이라고도 한다.

이러한 대주단대출에서는 적용금리 기타 대출조건이 대주 간에 공통되고, 대주의 권리행사 등은 다수의 대주의 의사결정절차를 거쳐 대리인(Agent)을 통해 집단적·통일적 행동이 취해진다.[114)]

대주단결성에는 M&A금융계약의 체결 단계에서부터 대주단이 결성되어 대주단대출로 계약이 체결되는 경우와 당초에는 해당 시점에 계약체결이 가능한 1개의 대주(주로 주선인)만이 계약을 체결하고 그 후에 대주단결성이 이루어져 셀다운(Sell-Down)에 의해 대주가 복수로 되는 경우(「셀다운(Sell-Down) 방식」)가 있다. 이러한 「셀다운(Sell-Down) 방식」의 경우에는, 일반적으로 아래의 구조를 취한다.[115)]

- 일단 주선인인 대주가 총액인수방식으로 M&A금융계약을 체결하고 대출실행 이전에 금융계약상의 지위 및 이에 수반하는 권리·의무(대출실행의무)를 이전하는 구조
- 일단 주선인인 대주가 총액인수방식으로 M&A금융계약을 체결하여 단독으로 대출까지 실행하고 M&A가 거래종결된 후에 대출채권을 양도하는 구조

2 대주단결성의 수행 주체

대주단결성에서 가장 중요한 역할을 수행하는 기관은 주선인(Arranger)이다. 주선인은 M&A금융의 초기제안부터 대주단결성·계약체결·금융의 실행(거래종결)이라는 거래종결 시까지의 거의 모든 단계에 관여하는 M&A금융거래의 주관자라 할 수 있다.[116)]

주선인의 업무(주선업무)는 M&A금융의 거래종결에 의해 금융이 실행된 때에 원칙적으로 종료한다.[117)] 보통 대주단대출계약에서 주선인이 계약당사자로 되지 않는 이유는 이러한 형태(구조)에 따른 것이라고 할 수 있다. 다만, 사안에 따라서는 주선인을 대주단대출

114) M&A금융이 수개의 트랜치(Tranche) 또는 선·후순위로 구성되어 제공되는 경우에는 대출계약에서 정하는 바에 따라 각 트랜치별 금리 기타 대출조건, 대주 간 및 선후순위 대주 간 권리행사, 의사결정절차 등이 이루어진다.

115) 대주단결성은 이외에도, 참가금융기관의 범위에 따라 2종류로 분류되기도 한다. 하나는 「클럽 딜(Club-Deal)」이라고 하는 것으로 기존 거래금융기관만이 대주로 되는 방법이고, 다른 하나는 「일반 대주단결성(General Syndication)」이라고 하는 것으로 기존 거래금융기관만이 아니라 신규 거래처가 되는 금융기관 등도 폭넓게 초빙·권유되어 대주로 되는 것이다{笹山幸嗣·村岡香奈子 『M&Aファイナンス(第2版)』(一般社団法人金融財政事情研究会, 2008) 85페이지}.

116) 사안에 따라서는 주선인(Arranger)이 여럿인 사례도 드물지 않은데, 그중에서 주도적인 역할이 부여된 주선인(Arranger)은 「대표주선인(Mandated Lead Arranger)」이라고 하고, 기타의 주선인(Arranger)은 「공동주선인(Co-Arranger)」이라고 한다.

117) 단, M&A금융의 대출실행 이후 셀다운(Sell-Down)에 의해 대주단결성이 이루어지는 경우에는 대출실행 이후에도 주선인의 지위를 유지하는 경우가 있게 된다.

계약서의 당사자로 포함시켜 줄 것을 요구하는 경우도 있다.

주선인(Arranger)은 주선위임장 또는 주선업무위탁계약, 금융자문계약, 금융주관/주선계약 등 별도로 체결되는 계약에 근거하여 차주/스폰서로부터 주선인으로 선임된다. 따라서, 주선인은 차주/스폰서의 업무수탁자이므로 차주/스폰서의 이익을 위하여 업무를 수행할 것이 요구된다. 다만, 예를 들면 M&A금융의 대출실행 후에 차주가 도산(倒産)하여 대주의 채권을 회수할 수 없게 된 경우 등에는 대주로부터 M&A금융의 주선을 진행한 주선인의 법적 책임이 제기될 위험도 있다.[118] 물론, 앞서 살펴본 바와 같이 주선인은 차주/스폰서로부터의 업무수탁자이고 대주와의 사이에서는 업무수탁에 관한 계약관계는 없기 때문에 원칙적으로 주선인이 대주에 대하여 채무불이행책임을 부담하는 것은 아니라고 생각되지만, 구체적인 사실관계에 따라서는 불법행위책임을 부담할 가능성은 남아 있다. M&A금융의 사례는 아니지만, 실제로 일본에서 대주단대출의 주선인의 대주에 대한 책임이 문제된 사례가 있다. 이 사건에서 일본의 최고재판소는 결론적으로 신의칙상의 정보제공의무 위반에 의한 주선인의 불법행위책임을 인정하였다.[119]

[일본 판례] 最高裁判所 平成 24年 11月 27日 民集242號 1項[120]

1. 사실관계

(1) A는 석유제품의 도매 등을 목적으로 하는 회사이며, 2007년 당시의 대표이사는 B였다.

(2) 상고인은 2005년 2월부터 A와 은행거래를 하고 있었는데, 2007년 8월 29일 A의 위탁을 받아 총 10억 엔을 예정하는 신디케이티드론의 주선인이 되어, 피상고인들을 포함한 총 10개의 금융기관에게 그 참가를 초빙하고, 같은 달 30일 또는 31일에 상고인의 담당자가 각 피고인들의 점포를 방문하여 위 신디케이티드론에 대한 설명을 하기도

118) 「주선인의 법적 지위 및 대주에 대한 책임」에 대해서는, (i) 박준·한민 『금융거래와 법(제3판)』(박영사, 2022) 150페이지 이하, (ii) 青山大樹 編著 『詳解 シンジケートローンの法務』(一般社団法人 金融財政事情研究会, 2015) 46페이지 이하, (iii) 渥美坂井法律事務所·外国法共同事業 編著 『シンジケ-トロ-ン契約書作成マニュアル-国内海外協調融資の実務(第4版)』(中央經濟社, 2021) 522페이지 이하, (iv) Sandra Stern 『Structuring and Drafting Commercial Loan Agreements(Revised Edition) VOLUME 1-1』(An A.S Pratt Publication, 2014), 11-11 부분, (v) Philip R Wood 「INTERNATIONAL LOAN, BONDS AND SECURITIES REGULATION」 『LAW AND PRACTICE OF INTERNATIONAL FINANCE』 (SWEET & MAXWELL, 2007) 91페이지 이하, (vi) 西村あさひ法律事務所(編) 『新しいファイナンス手法(第2版)』(一般社団法人 金融財政事情研究会, 2018) 95~98페이지 각 참고

119) 위 최고재판소 판결에 대한 해설로는, (i) 박준·한민 『금융거래와 법(제3판)』(박영사, 2022) 160페이지 이하, (ii) 青山大樹 編著 『詳解 シンジケートローンの法務』(一般社団法人 金融財政事情研究会, 2015) 50페이지 이하 각 참고

120) https://www.courts.go.jp/app/hanrei_jp/detail2?id=82756

하였다. 이때, 상고인은 초청대상 금융기관에게 A의 같은 해 3분기 결산서와 상기 신디케이티드론 조건의 개요 등을 기재 한 참가 안내자료 및 상기 신디케이티드론의 필요성, 상환 전망 등을 기재한 보충자료를 교부했는데, 이 중 참가 안내자료에는 유의사항으로, 자료에 포함된 정보의 정확성·진실성에 대해 상고인은 일체의 책임을 지지 않고, 자료는 필요한 정보를 모두 포함하고 있지 않으므로, 초청대상 금융기관에서 독자적으로 A의 신용도 등에 대한 심사를 해야 할 필요가 있다는 점 등이 기재되어 있었다.

(3) 한편, A의 소위 주거래은행인 C는, 2007년 3월 다른 11개의 금융기관과 함께 A에게 총액 약 30억 엔의 신디케이티드론(이하 「별건 신디케이티드론」이라고 한다)을 결성하여 실행하면서 별건 신디케이티드론에서 다른 참가금융기관의 대리인(소위 Agent)이 되었는데, 같은 해 8월 28일 또는 29일 무렵 B에게 A의 같은 해 3분기 결산서에 부적절한 처리로 의심되는 사실이 있다는 점을 지적하면서, 동 재무제표에 대하여 전문가의 재무조사가 필요하고 그렇지 않으면 같은 해 9월 말 이후 별건 신디케이티드론이 유지될 수 없다는 취지를 알렸다. B는 상기 재무조사의 실시에 동의하고 별건 신디케이티드론의 각 참가금융기관에게 위 결산서에서 일부 부적절한 처리가 있을 가능성이 있기 때문에 D에게 결산서에 대한 정밀조사를 의뢰할 예정이라는 취지가 기재된 A명의의 2007년 9월 10일자 서면(이하 "본건 서면"이라 한다)을 송부하였다.

(4) 상고인의 상기 (2)의 참가 초청에 대해, 피상고인들은 각각 A의 결산서 등을 검토하고 상고인에게 질문하는 등을 통하여 2007년 9월 20일경까지 참가의사를 표시하여 상고인과 피상고인들에 의한 총액 9억 엔의 신디케이티드론(이하 "본건 신디케이티드론"이라 한다)이 결성·실행되었다. 그리고 상고인 오카자키지점의 행원으로 본건 신디케이티드론의 담당자였던 E는 본건 신디케이티드론의 계약서 체결 절차를 위해 같은 달 21일 A를 방문하였다.

(5) 그런데 상기 본건 신디케이티드론의 계약체결 절차에 앞서 B는 E에 대해 본건 서면을 제시하고, C가 A의 2007년 3분기 재무제표에 부적절한 처리가 있다는 의심을 가지고 있으며, 별건 신디케이티드론의 참가 금융기관에게 본건 서면을 송부한 취지의 정보(이하 "본건 정보"라고 한다)를 알렸다. 이것은 B가 본건 신디케이티드론의 주선인 내지 그 담당자인 E에게 본건 신디케이티드론의 결성·실행 절차의 계속 여부에 대한 판단을 맡기는 취지였다. 이에 대해 상고인 내지 E는 본건 정보를 피상고인들에게 전혀 알리지 않고, 본건 신디케이티드론의 결성·실행 절차를 계속하였다.

(6) 상고인과 피상고인들은 2007년 9월 28일 A에게 본건 신디케이티드론으로, 상고인이 4억 엔, 피상고인 X1 및 동 X2가 각각 2억 엔, 동 X3이 1억 엔 총 9억 엔을 2008년 3월 28일을 제1회 상환일로 매 6개월마다 9,000만 엔씩 10회로 나누어 각 상환하고, 각 상환액은 본건 신디케이티드론의 참가비율에 따라 안분하는 등의 조건으로 대출을 실행하였다. 특히 상기 9억 엔 중 3억 엔은 상고인의 A 및 계열사에 대한 대출금

의 상환에 사용되었다. 그리고 본건 신디케이티드론의 실행에 수반하여 2007년 9월 28일 상고인은 A로부터 주선수수료 내지 대리인수수료로 3,780만 엔을 지불받고, 피상고인들은 참가 수수료(파티시페이션수수료)로 피상고인 X1 및 동 X2가 각각 210만 엔, 동 X3가 105만 엔(모두 개별 대출액의 1% 및 소비세상당액)을 수령하였다.

(7) 2007년 10월 29일까지 진행된 D에 의한 재무조사 결과 A의 같은 해 3분기 결산서에는 가공의 매출채권과 선급금의 계상 등이 있으며, 순자산액이 약 40억 엔 과대된 분식이 있는 것으로 판명되었다. 이에 따라 C는 A에게, 같은 해 10월 31일 별건 신디케이티드론을 유지할 수 없다는 취지 및 자행 단독 대출분에 대해 기한의 이익 상실을 통지하였다. 결국 A는 2008년 4월 11일 자신의 신청에 따라 나고야 지방법원으로부터 재생절차개시결정을 받았다.

2. 판시내용

소론은 피상고인들은 금융기관으로서 대출거래에 대해 정통하므로, 상고인이 본 신디케이티드론의 주선인이라 하더라도, 피상고인들에 대한 정보제공의무를 지지 않는 것으로 해석되어야 하며, 상고인의 정보제공의무 위반에 따른 불법행위책임을 인정한 원심의 판단은 민법 제709조의 해석 적용을 잘못한 것이라는 점이다.

상기 사실 관계에 의하면, 본건 정보는 A의 주거래은행인 C가 A의 2007년 3월 기결산서의 내용에 단순히 이의를 제기하는 것에 그치지 않고, A에게 외부전문가에 의한 결산서의 정밀조사를 강하게 지시한 후, 그 취지를 별건 신디케이티드론의 참가금융기관에게도 주지시켰다는 것이다. 이와 같이 본건 정보는 A의 신용도에 대한 판단에 중대한 영향을 미칠 것으로서 본래 차주가 되는 A 자신이 대주가 되는 피상고인들에게 밝혀야 하며, 피상고인들이 본건 신디케이티드론의 참가 전에 이것을 알았다면, 그 참가를 중지하거나 적어도 상기 조사결과를 기다리는 것이 통상의 대응이라 할 수 있는데, 그 대응책을 마련했더라면 본건 신디케이티드론의 실행에 의한 손해를 받지 않았을 것으로 해석된다. 한편, 본건 정보는 별건 신디케이티드론에 관여하지 않은 피상고인들이 스스로 알았다는 것은 통상 기대할 수 없는 것인바, 상기 사실관계에 의하면 B는 본건 신디케이티드론의 주선인인 상고인 내지 그 담당자의 E에게 본건 신디케이티드론의 결성・실행 절차의 계속 여부에 관한 판단을 맡기는 취지에서 본건 정보를 E에게 알렸다는 것이다. 이러한 사실에 비추어 보면, 주선인인 상고인으로부터 본건 신디케이티드론에 대한 설명과 참가 초청을 받은 피상고인들로서는 상고인으로부터 교부된 자료 중에, 자료에 포함된 정보의 정확성・진실성에 대해 상고인은 일체 책임을 지지 않으며 초청된 금융기관에서 독자적으로 A신용도 등을 심사해야 한다는 것 등이 포함되어 있다고 해도, 상고인이 주선업무의 수행과정에서 입수한 본건 정보에 대해서는, 이것이 피상고인들에게 제공되도록 조치하는 것을 기대하는 것이 당연하다고 할 수 있고, 피상고인들에 대하여 본건 신디케이티드론의 참가를 초청한 상고인에게도 이러한 조치가 필요하다는 것을 쉽게 생각할 수 있다. 또한, 이 경우 상고인이 피상고인들에게 직접 본건 정보를 제공하였더라도 본건의 사실관계하에서는, 상고인의 A에 대한 비밀유지의무 위반이 문제가 될 것이라고 할 수 없고, 달리 상고인에 의한 본건 정보의 제공에 어떠한 지장이 있다는 것도 엿보이지 않는다. 그렇다면, 본건 신디케이티드론의 주선인인 상고인은 본건 신디케이티드론에의 참가를 초청한 피상고인들에게 신의칙상 본건 신디케이티드론의 결성·실행 전에 본건 정보를 제공해야 할 주의의무를 지는 것으로 해석하는 것이 상당하다. 그리고 상고인은 이 의무에 위반하여 본건 정보를 피상고인들에게 제공하지 않았기 때문에, 피상고인들에 대한 불법행위 책임이 인정된다고 하여야 한다.

한편, 주선인과 구별할 당사자로 대리인(Agent)이 있는데, 주선인이 대주를 초빙하여 대주단을 결성하고 M&A금융을 종결하기 위하여 능동적·적극적으로 활동하는 주체임에 대하여, 대리인은 일반적으로 M&A금융의 대출실행 후 대출기간 중에 M&A금융에 관한 사무·관리업무를 수행하는 자이다.[121] 대리인의 업무는 종류가 다양하기 때문에 외국의 경우에는 계약서 작성 대리인(Documentation Agent),[122] 운영대리인(Administration Agent),[123] 지급대리인(Paying Agent),[124] 담보대리인(Collateral Agent)[125]과 같이 역할이 나누어지는 사례도 적지 않으나, 우리나라의 실무에서는 대리인을 이와 같이 세분하지 않거나 세분히는 경우에도 하나의 기관에서(보통은 주선인이었넌 대수가 계속하여) 관련 업무를 수행하도록 정하는 경우가 많은 것으로 보인다.

이러한 대리인은 원칙적으로 대주의 대리인으로서 M&A금융계약에서 위임받은 사무에 관하여는 대주에 대한 선관주의의무를 부담한다.[126]

121) 금융기관(은행, 증권사, 보험사, 저축은행 등)은 각 해당 근거법령(은행법, 자본시장법, 보험업법, 상호저축은행법 등)에서 정하는 바에 따라 금융위원회(그의 위임을 받은 금융감독원)에 부수업무, 부대업무 등의 신고 절차를 거쳐 대리인으로서의 업무를 수행할 수 있다.

122) 문자 그대로 계약서 작성 등 관련 업무를 담당하는 대리인으로서 변호사와 연락을 취하면서 대주단(Syndicate)과 차주의 의견조정의 결과·합의사항을 계약서에 반영해 가는 역할을 담당한다.

123) 대출기간 중의 업무를 담당하는 대리인으로서, 대표적인 업무로는 대주단대출 특유의 대주의 의사결정절차(대주로부터의 동의·권리포기의 취득)의 절차 관리를 들 수 있다.

124) 대출과 관련하여 발생하는 지급을 처리하는 업무를 담당하는 대리인이다. 구체적으로는 원금상환·이자지급 등 대출기간 중에 발생하는 자금의 수령·충당에 관한 업무를 담당한다.

125) 담보관리를 담당하는 대리인으로 담보계약상의 대리업무를 담당한다.

126) 「대리인의 법적 지위 및 대주에 대한 책임」에 대해서는, (i) 박준·한민 『금융거래와 법(제3판)』(박영사, 2022) 165페이지 이하, (ii) 青山大樹 編著 『詳解 シンジケートローンの法務』(一般社団法人 金融財政事情研究会, 2015) 70페이지 이하, (iii) 박준 「신디케이티드대출에서 대리은행이 부담하는 선관주의의무: -대상판결: 대법원 2012. 2. 3. 선고 2010다83700 판결-」 『금융법의 새로운 전개』(박영사, 2020) 165페이지 이하, (iv) 渥美坂井法律事務所・外国法共同事業 編著 『シンジケートローン契約書作成マニュアル-国内海外

M&A금융에 관한 사안은 아니나, 이러한 대리인이 대주에게 부담하는 선관주의의무 위반 여부와 관련하여 대법원은, 「다른 은행들과 신디케이트를 구성하여 시행사에게 아파트 신축사업 자금을 융자하는데 참여한 원고가 대출금 집행의 관리·감독사무를 위임받은 피고를 상대로 시행사가 대주단에 담보로 제공할 토지의 소유권 확보 목적으로 사용하기로 한 잔여 대출금을 다른 토지의 계약금으로 사용하는데 피고가 동의하게 되면 약정한 매입가 이상인 토지의 담보제공이 이루어질 수 없는 사정을 알았거나 알 수 있었음에도 즉시 이를 원고 등 참여은행에 알리지 않았다며 손해배상을 구한 사안」에서 아래와 같이 판시하고 있다.

[판례 2-7] 대법원 2012. 2. 3. 선고 2010다83700 판결[127)]

1. 판단누락의 위법이 있다는 상고이유에 대하여

가. 기록에 의하면, 원고가 원심에서 이 사건 융자협약이 이 사건 대출금의 용도 및 용도별 소요금액을 특정하고 있었고 피고는 이 사건 대출금이 정해진 용도대로 집행되는지를 감독할 의무만 부담하고 있을 뿐 용도를 변경하여 집행할 권한이 없음에도, 차주인 주식회사 에스디(이하 '에스디'라고 한다)의 요청에 따라 원고를 포함한 16개 금융기관(이하 '참여은행'이라고 한다)의 동의 없이 담보로 제공될 토지의 소유권 확보 용도의 자금을 다른 사업부지의 계약금으로 용도를 변경하여 집행하는 채무불이행 또는 불법행위를 하였다는 주장을 하였음에도, 원심이 이에 대하여 명시적인 판단을 하지 아니하였음은 상고이유에서 지적하는 바와 같다.

그러나 판결서의 이유에는 주문이 정당하다는 것을 인정할 수 있을 정도로 당사자의 주장, 그 밖의 공격방어 방법에 관한 판단을 표시하면 되고, 당사자의 모든 주장이나 공격방어 방법에 관하여 판단할 필요가 없으며(민사소송법 제208조 제2항 참조), 판결에 당사자가 주장한 사항에 대한 구체적·직접적인 판단이 표시되어 있지 않더라도 판결 이유의 전반적인 취지에 비추어 그 주장을 인용하거나 배척하였음을 알 수 있는 정도라면 판단누락이라고 할 수 없고, 설령 실제로 판단을 하지 아니하였다고 하더라도 그 주장이 배척될 경우임이 분명한 때에는 판결 결과에 영향이 없어 판단누락의 위법이 있다고 할 수 없다(대법원 2009. 9. 10. 선고 2008다19898, 19904 판결 등 참조).

協調融資の実務(第4版)』(中央經濟社, 2021) 522페이지 이하, (v) Sandra Stern 『Structuring and Drafting Commercial Loan Agreements(Revised Edition) VOLUME 1-1』(An A.S Pratt Publication, 2014), 11-11 부분, (vi) Philip R Wood 「INTERNATIONAL LOAN, BONDS AND SECURITIES REGULATION」 『LAW AND PRACTICE OF INTERNATIONAL FINANCE』(SWEET & MAXWELL, 2007) 98페이지 이하, (vii) 西村あさひ法律事務所(編) 『新しいファイナンス手法(第2版)』(一般社団法人 金融財政事情研究会, 2018) 117~121페이지 각 참고

127) 위 판결에 대한 평석으로는, 박준 「신디케이티드대출에서 대리은행이 부담하는 선관주의의무: -대상판결: 대법원 2012. 2. 3. 선고 2010다83700 판결-」 『금융법의 새로운 전개』(박영사, 2020) 165페이지 이하 참고

나. 원심이 인정한 판시 사실관계에 의하여 인정되는 다음과 같은 사정, 즉 ① 참여은행도 이 사건 사업협약 제4조 제5항, 이 사건 융자협약 제6조 제3항에 의하여 피고와 동일한 권리의무를 갖는 이 사건 사업협약의 계약당사자로 편입됨으로써 이 사건 사업협약의 계약 내용에 구속되므로, 참여은행과 피고 사이의 이 사건 대출금 집행의 관리감독사무에 관한 법률관계는 이 사건 사업협약과 이 사건 융자협약을 함께 고려하되 이 사건 사업의 금융주간 및 자문기관이자 뒤에서 보는 바와 같이 이 사건 사업협약상 이 사건 대출금의 관리자인 동부증권 주식회사(이하 '동부증권'이라고 한다)와의 관계도 고려하여 조화롭게 해석되어야 하는 점, ② 그런데 이 사건 사업협약 제9조는 이 사건 사업과 관련한 제 자금은 본 PF 대출 집행 이전까지 동부증권이 관리한다고 규정하고 있고, 제5조 제5항은 이 사건 대출금은 에스디의 최종 책임하에 본래의 적정한 용도로만 이루어져야 하며 피고 및 동부증권이 에스디가 제출한 계약서 원본 등 자료 및 계약금 입금계좌를 확인한 후 집행하기로 규정하고 있는데, 위 규정들의 내용과 참여은행이 이 사건 사업협약의 계약당사자로 편입된 점 등을 고려하면 이 사건 사업협약은 피고 및 참여은행과 동부증권 사이에서 동부증권이 이 사건 대출금의 관리를 담당하되 피고 및 참여은행이 동부증권과 함께 이 사건 대출금 집행이 본래의 적정한 용도로 이루어지는지를 관련 자료를 통해 확인한 후 집행하기로 정하였다고 볼 수 있는 점, ③ 이 사건 융자협약 제7조는 위와 같은 이 사건 사업협약을 전제로 참여은행이 자신들의 업무인 이 사건 사업협약 제5조 제5항의 대출금 집행의 관리감독사무를 피고에게 위임하는 규정이고, 이 사건 자금관리약정도 위와 같은 이 사건 사업협약을 전제로 피고와 동부증권이 이 사건 대출금 집행의 관리를 한국자산신탁 주식회사(이하 '한국자산신탁'이라고 한다)에게 위임하면서 일정한 경우(에스디가 지불예정액을 초과하는 사업부지 매입자금을 요청하거나 사업부지 매입자금 외의 일반 사업비 또는 기타 경비 등의 자금인출을 요청하는 경우)에는 이 사건 대출금의 집행에 앞서 피고와 동부증권의 동의를 요하도록 하는 내용으로 체결된 점, ④ 이 사건 사업협약 제5조 제5항은 대출금이 본래의 적정한 용도로만 이루어져야 한다고 규정하고 그 용도에 따른 구체적인 금액을 특정하고 있지 않으므로 동부증권은 참여은행에 대하여 이 사건 사업이 원활하게 수행될 수 있도록 이 사건 대출금을 관리할 주의의무가 있을 뿐 에스디가 약정한 담보제공이 이루어지도록 관리할 주의의무까지 부담한다고 보기 어렵고, 동부증권과 함께 이 사건 대출금의 집행을 관리·감독하는 피고 또한 동부증권과 동일한 주의의무를 부담한다고 보는 것이 타당한 점, ⑤ 이 사건 융자협약 제7조의 '제2조에서 정한 용도'라 함은 제2조에 기재되어 있는 선순위상환자금, 매입잔금, 계약금의 지급 및 초기사업자금이라는 용도를 의미한다고 보는 것이 자연스러운 해석인 점, ⑥ 이 사건 대출과 같이 부동산개발사업의 초기 단계에서 사업부지의 매입에 사용될 자금을 단기간 대여하는 제2금융권의 브리지 론(bridge loan) PF 대출은 충분한 담보를 확보하기보다는 이후 인허가 작업이 종료되어 착공에 들어가는 시

점에 제1금융권이 취급하는 본 PF 대출을 통하여 조달된 자금으로 상환될 것을 예정하기 때문에 대주를 비롯한 이해관계자들에게 가장 중요한 것은 담보제공의 범위가 아니라 본 PF 대출의 성공인 점 등을 종합하면, 동부증권과 함께 이 사건 대출금의 집행을 관리 · 감독하는 피고는 참여은행으로부터 이 사건 사업의 원활한 수행을 위하여 이 사건 대출금이 이 사건 융자협약 제2조에 정한 용도로 적절하게 집행되는지를 관리 · 감독하는 사무를 위임받았다고 할 것이고, 따라서 위 용도로 이 사건 대출금이 집행되고 이 사건 사업의 원활한 수행을 위하여 필요한 한도 내에서 동부증권과 협의하여 이 사건 대출금의 세부적 집행내역을 변경하여 집행하는데 동의할 권한을 가진다고 봄이 상당하다.

원심판결 이유의 전반적인 취지에 비추어 보면 원심의 판단에 원고의 위 주장을 배척하는 취지가 포함되어 있다고 볼 수 있을 뿐만 아니라, 앞서 본 바와 같이 원고의 위 주장은 배척될 경우임이 분명하므로, 원심의 판단누락을 지적하는 이 부분 상고이유는 받아들일 수 없다.

원고가 상고이유에서 지적하고 있는 대법원 2006. 6. 9. 선고 2004다24557 판결은 토지신탁계약의 수탁자가 위탁자의 지시에 따르는 것이 신탁의 취지에 적합하지 않은 경우의 사안에 관한 것으로서 수임자가 위임된 범위 내에서 사무를 처리한 이 사건과는 사안을 달리하므로 이 사건에 원용하기에 적절하지 아니하다.

2. 선량한 관리자의 주의의무에 관한 법리오해의 위법이 있다는 상고이유에 대하여

복수의 참여은행이 신디케이트를 구성하여 채무자에게 자금을 융자하는 신디케이티드 론(syndicated loan) 거래에서, 참여은행으로부터 신디케이티드 론과 관련된 행정 및 관리사무의 처리를 위탁받아 참여은행을 대리하게 되는 대리은행(agent bank)은 위탁받은 사무에 관하여 참여은행과 위임관계에 있다. 이 경우 구체적인 위임사무의 범위는 신디케이티드 론 계약의 대리조항(agency clause)에 의하여 정하여지는 것이지만, 참여은행과 대리은행은 모두 상호 대등한 지위에서 계약조건의 교섭을 할 수 있는 전문적 지식을 가진 거래주체라는 점에서 원칙적으로 대리은행은 대리조항에 의하여 명시적으로 위임된 사무의 범위 내에서 위임의 본지에 따라 선량한 관리자의 주의로써 위임사무를 처리하여야 하고, 명시적으로 위임받은 사무 이외의 사항에 대하여는 이를 처리하여야 할 의무를 부담한다고 할 수 없다.

원심판결 이유 및 원심이 적법하게 채택한 증거에 의하면, 이 사건 융자협약 제11조(자료제출)는 "피고와 참여은행은 본 대출과 관련하여 에스디와 보증인에게 사업진행에 관련된 자료의 제출을 요구할 수 있으며 이에 에스디와 보증인은 응하여야 한다."고 규정하고, 제12조(공동법적절차)는 "에스디에게 대출한 피고 및 참여은행 중 어느 한 저축은행에라도 이자납입이 지연되거나, 기한의 이익이 상실되었을 때에는 지체 없이 참여은행은 피고에게 알려야 하며, 법적 절차는 본 융자협약서상의 모든 대출은행이 공동으로 착수하

기로 하되, 법적 절차의 수행은 주간사은행인 피고가 맡기로 한다."라고 규정하며, 제14조(사후관리)는 "에스디와 보증인의 신용상태 파악 등 사후관리는 피고가 수행하기로 하며 보증인 또는 참여은행이 취득한 사후관리에 관한 정보사항은 지체 없이 피고에게 알리기로 한다. 단 이것이 보증인 또는 참여은행과 피고와의 관계에서 어떠한 법적 의무를 구성하지는 아니한다."라고 규정하고 있는 사실을 알 수 있을 뿐, 이 사건 융자협약 당시 참여은행이 피고에게 에스디가 약정한 매입가 414억 5,000만 원 이상의 토지의 담보제공이 이루어질 수 없는 사정이 발생하는지를 감시하거나 그러한 사정이 발생하는 경우 이를 참여은행에게 알리는 사무를 위임하였다고 볼 자료를 기록에서 찾아볼 수 없다.
따라서 위와 같은 사실관계를 앞서 본 법리에 비추어 보면, 피고가 2006. 5. 3.경 에스디가 대주단에게 담보로 제공할 토지의 소유권 확보 목적으로 사용하기로 한 잔여 대출금을 다른 토지의 계약금으로 사용하는 데 동의하게 되면 매입가 414억 5,000만 원 이상인 토지들의 담보제공이 이루어질 수 없게 되는 사정을 알았거나 알 수 있었다고 하더라도, 참여은행으로부터 그러한 사정이 발생하는지를 감시하여 보고하는 사무를 별도로 위임받지 않은 이상 즉시 참여은행에게 그러한 사정을 알리지 아니하였다고 하더라도 이를 두고 피고가 이 사건 대출금 집행의 관리·감독사무에 있어 선량한 관리자의 주의의무를 위반하였다고 볼 수 없다.

원심의 이유 설시에 다소 미흡한 점이 있으나, 피고가 선량한 관리자의 주의의무를 위반하지 않았다고 본 원심의 결론은 정당하고, 거기에 상고이유에서 주장하는 선량한 관리자의 주의의무에 관한 법리오해의 위법이 없다.

3 대주단결성의 절차[128)]

M&A금융계약의 체결 시부터 대주단결성이 이루어지는 경우에는 대주단대출계약 그 자체가 대주, 차주 및 대리인 3자의 관계를 규율하기 때문에 대주단결성에 관한 별도의 계약이나 서류는 특별히 필요하지 않게 된다.

이에 반하여, M&A금융계약 체결 이후 또는 M&A금융의 대출실행 이후 셀다운(Sell-

128) 「대주단결성의 절차」에 대해서는, (i) 笹山幸嗣・村岡香奈子『M&Aファイナンス(第2版)』(一般社団法人金融財政事情研究会, 2008) 87페이지 이하, (ii) 박준・한민『금융거래와 법(제3판)』(박영사, 2022) 144페이지 이하, (iii) 渥美坂井法律事務所・外国法共同事業 編著『シンジケートローン契約書作成マニュアル-国内海外協調融資の実務(第4版)』(中央經濟社, 2021) 53페이지 이하, (iv) Sandra Stern『Structuring and Drafting Commercial Loan Agreements(Revised Edition) VOLUME 1-1』(An A.S Pratt Publication, 2014) 11-3 부분, (v) 西村あさひ法律事務所(編)『新しいファイナンス手法(第2版)』(一般社団法人 金融財政事情研究会, 2018) 90~98페이지 각 참고

Down)에 의해 대주단결성이 이루어지는 경우에는 예비대주(예비양수인)에게 투자대상회사 등에 관한 정보제공을 가능하게 하기 위하여 주관사 또는 기존 대주(양도인)와 예비대주(예비양수인) 사이에서 비밀유지계약이 체결되고, 그 후에 IM(Information Memorandum)이 예비대주(예비양수인)에게 교부된다. 예비대주(예비양수인)의 참가가 확정된 경우에는 예비대주(예비양수인)를 포함한 전체 대주의 참가비율이 정해지고, 그와 병행하여 대주단결성에 관한 계약서 작성 작업이 추가로 진행된다.

구체적으로는, 대리인에 관한 조항 · 대주의 의사결정에 관한 조항 · 대주 간 분배조항 등 복수의 대주를 전제로 하는 계약, 대주(담보권자)의 지위양도계약, 대출채권양도계약 및 담보권양도 · 이전계약이 필요하게 된다.[129] 또한, 담보권을 양도 · 이전할 때에는 필요한 효력요건 및 대항요건의 구비행위도 이루어지기 때문에 이에 관련된 서류도 필요하게 된다.[130]

---

129) 그러나 M&A금융계약의 체결 또는 M&A금융의 대출실행 후에 셀다운(Sell-Down)을 할 것이 당초부터 예정되어 있는 경우에는 M&A금융계약 체결 시부터 대리인 조항과 대주의 의사결정에 관한 조항 등 대주가 복수인 경우를 포함하고 있는 대주단대출의 형식으로 M&A금융계약을 체결하는 경우도 많이 보인다. 셀다운에 대한 좀 더 자세한 내용은 본서 제5편 M&A금융의 셀다운(Sell-down) 부분 참조

130) 다만, 대출계약상의 권리, 의무 및 지위 이전이나 대출채권양도가 아니라 대출참가(Loan Sub-participation), 신용디폴트스왑(Credit Default Swap)(「신용부도스왑」이라고도 한다), 총수익스왑(Total Return Swap)의 방법으로 (경제적인 이익측면에서의 실질적인) 셀다운(Sell-Down)이 이루어지는 경우에는 원대주(原貸主)와 (경제적으로 대출채권의 양수인에 해당하는) 참가기관(Participant), 신용매도자(Protection Seller), 총수익수취인(Total Return Receiver) 사이에서 참가약정서(Loan Sub-participation Agreement)나 관련 스왑계약서(CDS Agreement, TRS Agreement)가 체결되고, (달리 합의하지 않는 한 대주의 지위, 대출채권 및 담보권은 이전되지 않고 당초의 대주가 그대로 보유하기 때문에) 통상은 지위양도계약, 대출채권양도계약, 담보권양도계약은 별도로 체결되지 않는다. 「대출참가(Loan Sub-Participation)」에 대해서는, (i) 박준 · 한민 『금융거래와 법(제3판)』(박영사, 2022) 133페이지 이하, (ii) Sandra Stern 『Structuring and Drafting Commercial Loan Agreements(Revised Edition) VOLUME 1－2』(An A.S Pratt Publication, 2014), Chapter 12 부분, (iii) Anthony C. Gooch · Linda B. Klein 『Documentation For Loans, Assignments And Participations』(Euromoney Books, 1996) Part Ⅳ Participation Agreements 부분 및 (iv) 渥美坂井法律事務所・外国法共同事業　編著 『シンジケ-トロ-ン契約書作成マニュアル-国内海外協調融資の実務(第4版)』(中央經濟社, 2021) 493페이지 이하, (v) 青山大樹 編著『詳解 シンジケートローンの法務』(一般社団法人金融財政事情研究会, 2015) 483페이지 이하, (vi) Philip R Wood「INTERNATIONAL LOAN, BONDS AND SECURITIES REGULATION」『LAW AND PRACTICE OF INTERNATIONAL FINANCE』(SWEET & MAXWELL, 2007) 110페이지 이하를, 「신용디폴트스왑(Credit Default Swap)」과 「총수익스왑(Total Return Swap)」에 대해서는, (i) 박준 · 한민 『금융거래와 법(제3판)』(박영사, 2022) 677페이지 이하, (ii) 「제4장 신용스왑(Credit Default Swap)계약상 신용보장의 대상과 범위」, 「제5장 신용스왑(Credit Default Swap)계약상 신용보장의무의 이행」 『파생금융거래와 법(제1권)』(소화, 2012), (iii) 「제2부 총수익스왑의 법적 문제」『파생금융거래와 법(제2권)『(소화, 2020) 각 참고

M&A금융의 구조와 계약

M&A금융은 대출, 사채·주식 등의 증권발행 등 다양한 방법으로 이루어질 수 있지만, 그중에서 「대출(Loan)」이 가장 대표적인 자금조달방법이라 할 수 있다. 그리고 (선순위)대출 등의 선순위 금융만으로 필요자금의 조달이 가능한 경우도 있지만, 스폰서의 자기자금에 의한 보통주식 출자(내부자금 조달)와 (선순위)대출 등의 선순위 금융에 의한 합계액만으로는 필요자금이 조달될 수 없는 경우에는 외부로부터의 자금조달이 추가로 필요하게 된다. 실무상 이러한 외부로부터의 추가 자금조달을 후순위 금융이라고 하는데, 후순위 대출(또는 후순위 사채) 또는 상법상의 종류주식이 주로 이용되는 경우가 많다.[1]

[표 3-1] M&A금융의 구조 및 관련 계약

<table>
<tr><th>구 조</th><th>종 류</th><th>개별계약[2]</th><th colspan="2">공통계약</th></tr>
<tr><td rowspan="2">선순위 금융</td><td>(선순위)대출</td><td>(선순위) 대출계약서
(선순위) 담보계약서</td><td rowspan="4">채권자간
합의서
(담보권자간
합의서)</td><td rowspan="5">투자자간
합의서
(담보권자간
합의서)</td></tr>
<tr><td>(선순위)사채</td><td>(선순위) 사채인수계약서
(선순위) 담보계약서</td></tr>
<tr><td rowspan="3">후순위 금융[3]
(메자닌 금융)</td><td>(후순위)대출</td><td>(후순위) 대출계약서
(후순위) 담보계약서</td></tr>
<tr><td>(후순위)사채</td><td>(후순위) 사채인수계약서
(후순위) 담보계약서</td></tr>
<tr><td>종류주식[4]</td><td>주식인수계약서</td><td>주주간계약서</td></tr>
</table>

본편에서는 M&A금융의 가장 대표적인 자금조달방법인 (선순위)대출 및 그 계약내용

1) 대출에 의한 자금조달은 「온라인투자연계금융업 및 이용자 보호에 관한 법률」에 따라 온라인연계투자금융업자가 운영하는 온라인플랫폼을 통한 연계대출을 통해 조달하는 방법(대출형 크라우드펀딩), 증권발행에 의한 자금조달은 토큰 증권(신탁수익권, 투자계약증권)의 발행(STO, Security Token Offering), 자본시장법상 온라인소액투자중개를 통한 증권 발행(증권형 크라우드펀딩) 등의 방법 등을 각각 고려해 볼 수 있으나, 삭그 소요절차 및 요건, 일정한 수준의 계약조건 표준화, 조달가능금액의 제한, 공시 등을 통한 계약조건의 공개 등으로 인해, 소요금액이 다액이고 또한 기밀성이 요구되며 복잡한 계약조건 등이 규정되는 M&A금융의 자금조달에 활용되기에는 적당하지 않은 것으로 보이므로 본서에서는 설명을 생략한다.

2) M&A금융의 제공자에 따라서는 관계법령 또는 내부규정에 의해 「대출」(여신)이 허용되지 않거나 제한되는 경우가 있는데, 이때 해당 금융제공자는 「대출」에 의해 금융을 제공하는 다른 제공자와 동순위로 차주가 발행하는 사채(특히 사모사채)를 취득하는 방법으로 차주에게 M&A금융을 제공하는 사례도 많다. 이 경우 M&A금융에 관한 계약의 체결 방법으로는, (i) 대출계약서와 사채인수계약서를 각각 별도로 체결하고 그에 공통되는 사항을 규율하기 위해 기본계약(예를 들면, 「여신거래기본계약서」, 여신거래기본약관에 대응하는 것이다)을 체결하는 방식과 (ii) 하나의 계약(예를 들면, 「여신거래계약서」)만을 체결하는 방식이 이용되고 있다.

3) 「매도인 금융(Seller Finance 또는 Vendor Finance)」을 포함한다.

4) 실무에서는 「이익배당 및 잔여재산 분배에 관한 종류주식(우선주식)」의 성질을 기본적으로 구비하고, 이에 「상환에 관한 종류주식(상환주식)」, 「전환에 관한 종류주식(전환주식)」 기타의 종류주식의 성질을 추가로 부가한 주식(상환우선주식, 전환우선주식, 상환전환우선주식 등)이 주로 이용된다.

에 대해 살펴본 다음, 후순위 금융의 대표적인 방법인 후순위 대출 및 종류주식 그리고 각 그 계약내용에 대해 차례로 살펴보기로 한다.[5)]

5) 물론, 선순위·후순위 대출에 갈음하여 또는 그와 함께 선순위·후순위 대출과 동순위의 사채(社債)가 각각 이용될 수도 있다. 여기서, 선순위 금융으로서의 선순위 사채는 주로 상법상 일반사채가 이용되는 경우가 많고, 후순위 금융으로서의 후순위 사채로는 전환사채, 신주인수권부사채(경우에 따라서는 교환사채)가 이용되는 경우가 많은 것으로 보인다. M&A금융으로 사채가 이용되는 경우에 대해서는 본서에서 별도로 살펴보지 아니하나, 주의해야 할 몇 가지 실무적인 문제를 간단히 언급한다. ① 사채발행회사는 사채권을 발행하는 대신 정관에서 정하는 바에 따라 주식사채전자등록법에 따라 전자등록방법으로 사채를 발행할 수 있다(상법 제478조 제3항). 즉, 사채발행회사는 그의 정관에서 사채권을 발행하지 않고 주식사채전자등록법에 따라 전자등록하는 방법으로 발행한다는 것을 정하고 사채를 전자등록방법으로 발행하거나, 그의 정관에 그러한 정함을 두지 않고 상법에 따라 사채권 실물을 발행하는 방법으로 사채를 발행할 수 있다. ② 주식사채전자등록법에 따라 전자등록사채를 발행하는 경우, 사채발행회사 등은 사채인수계약서 및 발행조건 등을 첨부한 전자등록(사전)신청서를 전자등록기관인 한국예탁결제원에 제출하고, 한국예탁결제원은 신청일로부터 1개월 이내에 신규 전자등록 여부 또는 사전심사 내용을 결정하여 그 결과와 이유를 신청인에게 문서로 통지하는 절차를 거쳐 비로소 전자등록이 이루어지게 되므로(동법 제25조 제1항부터 제4항까지), M&A금융에서 전자등록사채가 이용되는 경우에는 이와 같은 전자등록절차와 그 소요기간을 고려하여 자금조달 일정을 세워야 할 것이다(실무에서는 사채인수계약이나 발행조건이 통상적인 내용인 경우에는 1~2주 이내에 한국예탁결제원으로부터의 통지가 이루어지는 사례도 많은 것으로 보인다). 또한, 사채인수계약이나 발행조건의 내용 등 일정한 사유가 있는 경우에는 한국예탁결제원으로부터 그 보완이 요구되거나 전자등록이 거부될 수 있으므로(동조 제6항), 발행조건에 따라서는 사전에 한국예탁결제원을 통하여 사채인수계약과 발행조건이 보완사유 또는 등록거부사유에 해당하는지 여부에 대해서도 확인이 필요한 경우가 있을 수 있다. 특히 Term Sheet의 조건 중 특수한 조기상환조건, 담보조건 등은 보완사유 또는 등록거부사유로 판단될 가능성이 있는데(따라서 이 점에서 전자등록사채를 이용하는 경우에는 대출을 이용하는 경우에 비해 상환조건의 설계에 제한이 따를 수 있다), 이 경우에는 이러한 조건을 반영한 사채인수계약에 대한 특약을 사채인수계약과는 별도로 체결하고 사채가 양도·이전되면 사채인수계약의 내용과 함께 동 특약의 내용도 양수인에게 승계되어 양수인도 동 특약에 구속되도록 하는 방식(또는 양도·이전 시마다 승계계약을 체결하는 방식)으로 사채의 발행이 이루어지기도 한다. ③ 일정한 경우 발행회사의 회계처리 또는 신용등급평가 시 자본(Equity)으로 인정되는 영구채(永久債)로 사채가 발행되는 경우(영구채는 일반사채뿐만 아니라 신주인수권부사채, 전환사채로도 발행될 수 있다)에는 해당 영구채에 관한 특유의 문제(기한의 이익 상실조항을 발행조건에 포함시킬 수 있는지, 포함시킬 경우 어떠한 의미가 있는지, 영구채에 담보를 설정할 수 있는지, 발행회사의 도산절차나 청산절차에서의 영구채의 처리 및 상환 순위)가 있다. ④ 또한, (i) 발행금액, 이자율, 이자기간, 만기일 등의 상법상 기본적인 조건(상법 제478조, 제474조) 이외에 기한의 이익 상실 사유, 진술 및 보장, 준수사항 기타 사채인수인과의 합의 내용을 어느 범위에서 사채 발행조건(사채권) 부분에 기재할지 여부, (ii) 상법상 사채권자 집회에 관한 규정에 갈음하여 대주단 의사결정에 관한 규정과 유사하게 사채권자간 의사결정에 관한 내용을 합의할 수 있는지 여부(상법상 사채권자 집회에 관한 규정을 어느 범위에서 배제 가능한지), (iii) 사채권자 전원의 동의가 있는 경우에는 해당 사채권자집회 절차 자체를 생략할 수 있는지 여부 및 이 경우에도 사채권자집회 의사록을 작성해야 하는지 여부, (iv) 사채원리금을 담보하기 위해 물상담보를 설정하는 경우에 반드시 담보부사채신탁법에서 정하는 방법과 절차에 따라야만 하는지, 아니면 당사자 사이의 개별약정에 의해 사채원리금에 대한 물상담보를 설정할 수 있는지 여부, 설정할 수 있는 물상담보의 범위, (v) (특히 사모사채의 경우) 대부업법/이자제한법이 적용되는지 여부(대부업 등록, 이자율 제한 등) 등이 실무상 자주 문제된다.
「사채(Bond)」의 일반론에 대해서는, (i) 박준·한민 『금융거래와 법(제3판)』(박영사, 2022) 347페이지 이하, (ii) 이중욱 외 『M&A와 투자, 기업재편 가이드(개정증보판)』(삼일인포마인, 2022) 135~138페이지, (iii) 최상우 외 『기업금융과 M&A』(삼일인포마인, 2016) 620~709페이지, (iv) 太田 洋 外 『社債ハンドブック』(商事法務, 2018), (v) 橋本 円 『社債法(제2판)』(商事法務, 2021), (vi) Philip R Wood 「INTERNATIONAL LOAN, BONDS AND SECURITIES REGULATION」 『LAW AND PRACTICE OF INTERNATIONAL FINANCE』(SWEET & MAXWELL, 2007) 119페이지 이하 각 참고

M & A

제 1 장 대출에 의한 M&A금융

1 대출 · 이자 · 수수료

(1) 대출

1) 대출의 종류

실무에서는 대출의 성격, 대출실행방법 및 상환방법 등에 따라 대출은 기한대출(Term Loan),[6] 한도약정대출(Commitment Line),[7] 브릿지 대출(Bridge Loan)[8] 등으로 다양하게 나누어지고 있다.[9]

M&A금융에서의 대출 역시 이와 같은 다양한 종류로 구성될 수 있는데,[10] 실무에서는

6) 실무에서는 「기간대출」이라고도 하나, 본서에서는 「기한대출」이라고 한다.

7) 실무에서는 「리볼빙(Revolving)대출」 또는 「한도거래약정대출」이라고도 하나, 본서에서는 「한도약정대출(Commitment Line)」이라고 한다.

8) 거래종결에 소요되는 시간상의 제약 등을 이유로, 추후 보다 장기간의 본대출(Permanent Loan)에 의해 상환되는 것을 예정한 대출이 실행되는 경우가 있는데, 이것을 실무에서는 「브릿지 대출(Bridge Loan)」이라고 한다. 브릿지 대출의 대출기간은 본대출에 비해 단기이고, 브릿지 대출의 상환재원은 주로 본대출(Permanent Loan)로부터 조달되는 자금이기 때문에 본대출의 조건과는 별도로 정해지는 경우가 많다. 또한, 브릿지 대출은 본대출에 의한 상환을 전제로 하기 때문에, 본대출에 의해 조기상환하는 경우에는 조기상환수수료가 면제되는 경우가 일반적이다. 이러한 브릿지 대출은 M&A거래의 입찰금, 계약금 등의 조달에 주로 활용된다.

9) 다만, 이러한 대출의 종류는 대출의 성격, 대출실행방법 및 상환방법 등 대출의 주요조건이 동일 또는 유사한 대출을 동일한 범주(Category)로 파악하기 위해 실무상 사용되는 편의상 분류이므로, 하나의 대출이 위 대출의 종류로 분류된 두 가지 이상의 대출 성격을 동시에 가질 수도 있고, 위 대출의 분류에는 포섭될 수 없는 대출이 설계될 수도 있다. 따라서 대출의 조건은 그 대출의 명칭이 어떻게 불리는지에 관계없이 1차적으로는 당해 대출계약의 실질내용에 따르게 된다.

10) 「대출의 종류」에 대해서는, (i) 青山大樹 編著 『詳解 シンジケートローンの法務』(一般社団法人 金融財政事情研究会, 2015) 14페이지 이하, (ii) 笹山幸嗣・村岡香奈子 『M&Aファイナンス(第2版)』(一般社団法人金融財政事情研究会, 2008) 107페이지 및 177페이지 이하, (iii) 渥美坂井法律事務所・外国法共同事業 編著 『シンジケートローン契約書作成マニュアル-国内海外協調融資の実務(第4版)』(中央經濟社, 2021) 7페이지, (iv) Sandra Stern 『Structuring and Drafting Commercial Loan Agreements(Revised Edition) VOLUME 1-1』(An A.S Pratt Publication, 2014) 1.02 부분, (v) Philip R Wood 「INTERNATIONAL LOAN, BONDS AND SECURITIES REGULATION」 『LAW AND PRACTICE OF INTERNATIONAL FINANCE』(SWEET & MAXWELL, 2007) 3페이지, 15페이지 이하, (vi) 西村あさひ法律事務所(編) 『新しいファイナンス手法(第2版)』(一般社団法人 金融財政事情研究会, 2018) 99페이지 각 참고

일반적으로 M&A거래의 매매대금 조달을 위한 기한대출(Term Loan), M&A거래 종결 후 차주/투자대상회사의 운전자금조달을 위한 한도약정대출(Commitment Line), 브릿지 대출(Bridge Loan)용의 기한대출(Term Loan) 등으로 구성되고 있다.

이하에서는, M&A금융의 대출에서 가장 전형적이고 기본적인 대출인 「기한대출(Term Loan)」과 「한도약정대출(Commitment Line)」에 대해 살펴본다.

① 기한대출(Term Loan)

M&A금융에서 기한대출의 전형적인 모습은 M&A거래의 매매대금에 사용하기 위한 대출이다. 기한대출은 주식양수도거래에 대한 매매대금 지급을 위한 경우와 같이 M&A거래의 종결 시에 1회에 한하여 실행되는 경우도 있지만, 소수주주축출(Squeeze-Out)을 위한 자금조달, 상장주식의 공개매수를 위한 자금조달의 경우와 같이 수회로 나누어 실행되는 경우도 있다. 보통 기한대출은 원금의 상환방법에 따라 「분할상환대출」과 「만기일시상환대출」 2가지로 구분되고 있다.[11]

② 한도약정대출(Commitment Line)

한도약정대출은 M&A거래의 종결(매매대금 지급) 후의 차주 또는 투자대상회사의 운전자금을 위한 차입을 위하여 설계되는 경우가 많다. 한도약정대출의 개념 및 법적 성질에 대한 확립된 정의가 존재하는 것은 아니지만, 아래에서 살펴보는 바와 같이, 대출의 법적 성질이 민법상 금전소비대차의 일종이라는 점에 비추어 보면, 「차주가 대주에 대한 예약완결권의 행사에 의해 민법상 금전소비대차를 성립시킬 수 있는 금전소비대차의 일방예약(一方豫約)」 정도로 이해할 수 있을 것으로 생각된다(민법 제564조, 제567조). 따라서 차주가 대출실행가능기간(인출가능기간) 내에 약정대출한도액의 범위 내에서 대출실행요청(동 대출실행 요청금액에 관한 금전소비대차계약을 성립시키는 예약완결권의 행사에 해당할 것이다)하면 대주와 차주 사이에서 동 대출실행 요청금액에 관한 금전소비대차계약이 성립하게 되고 대주는 차주에게 동 대출실행 요청금액에 관한 구체적인 대출실행의무를 부담하게 된다. 이러한 한도약정대출은 차주에 의해 대출금에 대한 상환이 이루어지더라도 상환된 금액 상당액의 약정대출한도액이 부활하기 때문에[12] 어느 시점 현재의 대출금잔액(미상환잔액)이 약정대출한도액의 범위 내에 있는 한 언제라도 차입을 할 수 있다는 점에 그 특징이 있다.

---

11) 영미에서는 전자를 「Term Loan A」로, 후자를 「Term Loan B」로 부르기도 한다.

12) 대출한도액을 정해 두고 그 범위 내에서 차주의 요청에 따라 수회(수시로) 대출실행이 이루어지는 대출은, 다시 차주의 수시상환에 의해 상환액만큼 약정대출한도액이 부활하는 대출(Revolving)과 차주가 상환하더라도 이미 사용된 대출한도액은 부활하지 않는 대출로 나누어지는데, 본서에서는 전자만을 한도약정대출(Commitment Line)이라고 칭한다. 후자는 수회 대출실행이 이루어지는 기한대출에 해당한다고 볼 수 있다.

2) 대출계약의 법적 성질

대출계약은 금전소비대차계약이라는 민법상 소비대차계약의 한 유형이다(민법 제598조). 민법상 소비대차계약은 당사자 사이의 이러한 약정만으로 성립하는 낙성계약(諾成契約)인바, M&A금융의 대출계약 역시 원칙적으로는 당사자 사이의 약정만으로 성립하는 금전소비대차계약에 해당한다. 따라서 M&A금융의 대주는 대출실행 선행조건이 충족되는 경우에는 대출을 실행해야 할 의무를 부담하고, 차주도 원칙적으로 대출실행요청서[13]를 제출한 이상 대출계약에 따라 자금을 차입해야 할 의무[14]를 부담하게 된다.

[판례 3-1] 대법원 2018. 12. 27. 선고 2015다73098 판결

민법상 소비대차는 당사자 일방이 금전 기타 대체물의 소유권을 상대방에게 이전할 것을 약정하고 상대방은 그와 같은 종류, 품질 및 수량으로 반환할 것을 약정함으로써 그 효력이 생기는 이른바 **낙성계약**이므로, 차주가 현실로 금전 등을 수수하거나 현실의 수수가 있은 것과 같은 경제적 이익을 취득하여야만 소비대차가 성립하는 것은 아니다(대법원 1991. 4. 9. 선고 90다14652 판결 참조). 반대로 당사자 일방이 상대방에게 현실로 금전 기타 대체물의 소유권을 상대방에게 이전하였다고 하더라도 상대방이 같은 종류, 품질 및 수량으로 반환할 것을 약정한 경우가 아니라면 이들 사이의 법률행위를 소비대차라 할 수 없다.

(2) 이자

이자란, 원본의 사용대가로서 대출금액과 대출기간에 대응하여 지급되는 금전 기타의 대체물을 의미한다.[15]

① 이자계산방식으로는 「고정금리방식」과 「변동금리방식」이 있는데, M&A금융의 실무에서는 변동금리방식이 채택되는 경우가 많은 것으로 보인다. 변동금리방식의 경우에는

---

13) 실무에서는 영미의 대출약정서상의 용어인 「Draw-down Notice」를 번역하여 「인출요청(서)」이라는 용어를 사용하기도 하나, 필자는 「대출실행요청(서)」이라고 부르고 있다.

14) 따라서 차주가 차입을 하지 않는 경우에는 차주는 일정 기간 동안의 이자에 상당하는 손해배상금 등을 지급할 의무를 부담하게 될 것이다.

15) 같은 취지로, 편집대표 곽윤직 『민법주해 II 총칙(2)』(박영사, 1997) 75페이지 참고. 단, 금전채무의 이행지체로 인하여 발생하는 지연손해금은 그 성질이 손해배상금이지 이자가 아니며, 민법 제163조 제1호가 규정한 '1년 이내의 기간으로 정한 채권'도 아니므로 3년간의 단기소멸시효의 대상이 되지 아니한다고 할 것이다(대법원 2010. 9. 9. 선고 2010다24435, 24442, 24459, 24466, 24473, 24480, 24497 판결, 대법원 1998. 11. 10. 선고 98다42141 판결 등 참조).

일정한 「기준금리」에 「가산금리」를 더하여 계산되는데, 통상 기준금리는 매 이자기간별로 해당 이자기간 기산일(초일)의 몇 영업일 이전의 특정지표·지수에 의해 결정되며 대출기간 동안 계속 변동한다. 아래의 변동이자율 기재례는 CD 또는 COFIX 지수에 의하는 경우이다.

다만, 고정금리방식을 채택할 경우에도 여신거래기본약관상 대주의 금리변경권이 계속 적용되어 경제사정 변동에 따라 대주가 일방적인 통지만으로 금리를 인상시킬 수 있는 가능성이 열려있기 때문에,[16] 차주가 이를 방지하기 위해서는 여신거래기본약관상 대주의 금리변경권이 적용되지 않는다거나 금리변경권이 배제되었다는 취지를 대출계약에 명시해 두는 것이 타당할 것이다(아래의 계약서 기재례 참조).

[계약서 기재례] 이자율

(고정금리방식의 경우)

"이자율"이란, 대출기간 동안 연 [*]%의 금리(고정금리)를 의미한다. [여신거래기본약관상의 다른 규정에도 불구하고, 이자율은 대출기간 동안 고정된다.]

(변동금리방식의 경우)

"가산금리"란, 연 [*]%의 금리를 의미한다.

(CD 변동금리에 의하는 경우)

"기준금리"란, 기준금리 결정일에 한국금융투자협회 홈페이지에 고시되는 양도성예금증서(91일물)의 최종호가수익률(퍼센트 기준)을 말하며, 각 기준금리 결정일로부터 매 삼(3)개월마다 변동된다.

"기준금리 결정일"이란, 각 이자기간별로 기준금리를 결정하는 날로, 각 이자기간 개시일의 [직전] 영업일을 의미한다.

(COFIX 변동금리에 의하는 경우)

"기준금리"란, 각 이자기간별로 해당 기준금리결정일에 공시되는 (신규)잔액기준 코픽스(COFIX) 일(1)년 변동금리를 각 의미한다.

"기준금리 결정일"이란, 각 이자기간별로 기준금리를 결정하는 날로, 각 이자기간 개시일의 직전 코픽스공시일을 의미한다.

"코픽스공시일"이란, 전국은행연합회에서 (신규)잔액기준 코픽스(COFIX) 일(1)년 변동금리를 공시하는 날로서 매월 일십오(15)일(그날이 공휴일인 경우에는 그 다음 영업일)을 말하며, 이후 공시일이 변경되는 경우에는 변경된 공시일을 의미한다.

---

16) 대법원 2001다61852 판결([판례 3-2]) 참조

"이자율"이란, 매 이자기간별로 기준금리에 가산금리를 더한 이율(변동금리)을 의미한다.

② 대출계약에서 이자기간[17]의 계산은 아래와 같이 규정되는 경우가 일반적인데, 대출계약에서 별도로 규정되지 않는 경우에는 민법의 기간계산에 관한 규정에 의하게 된다(민법 제155조 이하). 이와 관련하여, 어느 지급일이 영업일이 아닌 경우에는 그 지급일이 직전 영업일 또는 직후 영업일로 변경되어야 하는데, 이 경우에는 이자기간(수수료 계산기간도 동일)에도 변경이 있는지 여부도 명확하게 규정되어야 한다는 점에 유의해야 한다.

[계약서 기재례] 이자기간

각 이자기간은 다음 각 호에서 정하는 바에 따른다.

1. 최초 이자기간은 대출실행일로부터 기산하며, 그로부터 [*]개월이 경과하는 달에 속하는 대출실행일의 대응일까지의 기간으로 한다.
2. 최초 이자기간을 제외한 각 이자기간은 직전 이자기간의 종료일로부터 기산하여 그날로부터 [*]개월이 경과하는 달에 속하는 대출실행일의 대응일까지의 기간으로 한다.
3. 이 항 제1호 및 제2호에 따라 계산된 어느 이자기간의 말일이 월력상 존재하지 않는 경우, 당해 이자기간은 이 항 제4호가 적용되는 조건하에 당해 기산일이 포함된 달로부터 [*]개월이 경과하는 달의 최종일에 종료한다.
4. 이자기간이 대출만기일 이후에 도래하게 될 경우 이자기간은 대출만기일에 종료하는 것으로 본다.

[계약서 기재례] 영업일

"영업일"이란, 대한민국에서 은행이 정상적인 영업을 위해 개점하고 있는 날을 말한다. 다만, 토요일, 일요일 및 공휴일과 일부 은행 또는 어느 은행의 일부 점포가 영업을 하는 경우는 제외한다. 이 약정에서 달리 정하지 아니하는 한, 어떠한 지급을 하기로 정한 날이 영업일이 아닌 경우에는 그 지급은 그 직후 도래하는 영업일에 하기로 한다. 단, 이 경우에도 이자기간 등 어느 기간은 변경되지 아니한다.

17) 「이자계산기간」이라는 용어를 사용하기도 한다.

[판례 3-2] 대법원 2001. 12. 11. 선고 2001다61852 판결

금융거래에 있어서 금리를 결정하는 방식에는 고정금리방식과 변동금리방식{우대금리(prime rate) 등의 기준금리에 연동되어 수시로 금리가 변동되는 방식}이 있고, 계약자 일방에게 금리나 그 결정방법 등을 변경할 수 있는 권한(이하 '금리변경권'이라 한다)을 부여하는 이른바 금리변경권 약정은 고정금리방식 또는 변동금리방식에 의한 금리결정방식을 보완하여 예측하기 곤란한 경제사정의 불확실성에 대비하기 위한 것으로서, 고정금리방식에 의한 금리의 결정과 계약자 일방에게 금리변경권을 부여하는 것이 상호모순되는 관계에 있지는 아니하므로, 고정금리방식으로 금리를 결정하기로 합의하였다고 하여 금융기관에게 금리변경권을 부여하는 약관의 적용이 당연히 배제되는 것은 아니라고 할 것인바, 기록에 의하면 이 사건 대출과 관련하여 작성된 각 카드론 거래 신청서 서두에는 "본인과 연대보증인은 다음과 같이 카드론 거래를 함에 있어 귀사 규정에 정한 사항을 이행함은 물론 신용카드 회원규약과 여신거래기본약관의 각 조항이 적용됨을 확약하오니 승낙하여 주시기 바랍니다.", 이 사건 각 카드론 거래 약정서 서두에는 "본인이 귀사와의 카드론 거래를 함에 있어서 귀사의 회원규약과 여신거래기본약관이 적용됨을 승인하고 다음 각 사항을 확약한다.", 제7조 제1항에는 "이 거래에 관하여는 본 약정서에 추가하여 여신거래기본약관이 적용되는 것에 동의하고 여신거래기본약관이 추후 변경될 경우에는 변경된 바에 따르기로 한다.", 제2항에는 "본 약정서와 여신거래기본약관이 상충될 경우에는 본 약정서가 우선한다.", 피고 회사의 여신거래기본약관 제3조 제1항에는 "이자, 할인료, 보증료, 수수료 등의 율, 계산방법, 지급의 시기 및 방법에 관하여는, 채무자는 법령에 정한 최고율 기타 제한 내에서 회사가 정하는 바에 따르기로 한다.", 제2항에는 "채무자가 회사에 대한 채무의 이행을 지체한 경우에는 곧 지급하여야 할 금액에 대하여 1년을 365일로 보고 법령이 정하는 제한 내에서 회사가 정한 율에 따라 계산한 지체일수에 해당하는 지연배상금을 지급한다.", 제3항에는 "회사가 제1항 또는 제2항의 이자, 할인료, 보증료, 수수료 등과 지연배상금의 율, 계산방법, 지급의 시기 및 방법의 약정을 변경한 경우 채무자는 그것이 법령에 의거한 최고율 변경에 상응한 것일 때에는 곧 이의 없이 그 변경된 바에 따르기로 하고 기타의 경우 금융사정의 변화 그 밖의 상당한 사유로 말미암아 법령에 의거하여 정하여지는 최고율 범위 내에서 상응하게 변경된 것일 때에는 그 변경된 바에 따를 것에 동의한다."라고 각 기재되어 있는 사실이 인정되므로, 원고들과 피고 사이에서 **이 사건 각 대출약정을 함에 있어서 위 약관 제3조 제3항의 금리변경권 부여규정과 상충되는 약정을 하지 않은 이상** 피고는 위 약관 제3조 제3항에 터잡아 금리변경권을 행사할 수 있다고 할 것인데, 원심이 들고 있는 위 카드론 거래 신청서와 카드론 거래 약정서상의 이자율 등의 기재에 관한 각 사정만으로는 이 사건 각 대출약정을 함에 있어서 원고들과 피고가 변동금리방식이 아니라 고정금리방식에 의하여 금리를 결정하기로 합의하였고 대출 당시의 금리가 위 각 카드론 거래 신청서에 기재된 이율이라고 인정할 수 있을 뿐, 위 약관 제3조 제3항의 규정과 상충되는 약정, 즉 위 약관 제3조 제3항에 터잡은 피고 회사의 금리변경권 행사를 배제하는 약정을 하였다고 인정하기는 어렵다 할 것이어서, 결국 피고 회사는 위 약관 제3조 제3항에 터잡아 금리변경권을 행사할 수 있다고 할 것이다.

③ 또한, 일정한 준수사항 위반 또는 재무지표(財務指標) 미달성 또는 하락 등 대출실행 후 일정한 사유가 발생한 경우에는 그에 따라 적용금리도 단계적으로 상향(step-up) 또는 하향(step-down)되어 가는 구조로 이자율이 정해지는 경우도 있다.

[계약서 기재례] 이자율 상향(Step-up)

이자율은 연 [*]%의 고정금리로 한다. 단, 대출기간 중 다음 각호의 어느 사유가 발생하여 대리기관이 차주에게 통지하는 경우에는 해당 통지가 차주에게 도달되는 날을 기준으로 그 당시 적용되는 이자율에 대하여 그날부터(당일 포함) 각 연 [*]%를 가산한 고정금리로 각 조정된다. [명확히 하면, <u>여신거래기본약관상의 다른 규정에도 불구하고, 이자율은 본조에서 정하는 바에 따라 대출기간 동안 고정된다.</u>]

1. 이 계약 제[*]조에 따른 재무에 관한 준수사항을 위반한 경우
2. [*]

④ 한편, 이자는 원칙적으로 계약자유의 원칙에 따라 자유롭게 정할 수 있지만, 일정한 경우에는 이자제한법, 대부업법 등에 의한 제한을 받게 된다.[18] 실무에서는 이에 대한 전제로 어떠한 행위가 대부업법상 「금전의 대부」에 해당하는지 여부가 자주 다투어지고 있다.

18) 이자제한법/대부업법에 따른 최고이자율 제한이 사채(社債)의 경우에도 적용되는지 의문이 있다. 특히, 사모사채의 경우에는 그 경제적인 실질이 대출과 유사하다는 점에서 이자제한법/대부업법상의 최고이자율 제한을 회피할 목적으로 대출이 아닌 사모사채를 인수하는 탈법적인 행위를 방지하기 위해서는 이자제한법/대부업법상 최고이자율 제한 규정을 적용할 필요성이 있다고 볼 여지도 있다. 이론적으로는, (사모)사채의 발행 및 인수를 금전소비대차계약의 일종으로 해석하는 경우에는 '금전대차에 관한 계약(이자제한법 제2조 제1항), '금전의 대부'에 관한 계약(대부업법 제2조 제1호)에 해당하는 것으로 볼 수 있으므로 이자제한법/대부업법상의 최고이자율 제한을 받는 것으로 해석되고, 반면 사채의 발행 및 인수를 사채의 매매로 해석하는 경우에는 동법상의 최고이자율 제한이 적용되지 않는 것으로 해석하는 것이 논리적일 것이다. 개인적으로는, 사채(社債)는 상법에서 정하는 절차에 따라 발행되고 그 권리행사/이전 등 그 법률관계의 대부분이 대출과는 다른 특별규정에 의해 규율된다는 점에서 금전대차(부)에 관한 계약과는 다르므로 원칙적으로 이자제한법/대부업법상 최고이자율 제한 규정은 적용되지 않으나, 대출(부)에 따른 이자제한법/대부업상의 이자제한을 회피하고자 (사모)사채의 형식을 취하는 경우에는 예외적으로 사채의 경우에도 이자제한법/대부업법상의 최고이자율의 제한규정을 적용 받는다고 해석하는 것이 타당하다고 생각한다. 다만, 이러한 해석상의 문제에도 불구하고, 실무에서는 사채(社債)의 경우에도 이자제한법/대부업법상의 최고이자율 제한 규정이 적용됨을 전제로 이자율이 정해지고 있는 것으로 보인다.

[판례 3-3] 대법원 2019. 9. 26. 선고 2018도7682 판결[19)]

1. 대부업 등의 등록 및 금융이용자 보호에 관한 법률(이하 '대부업법'이라 한다) 위반 부분
   가. 죄형법정주의는 국가형벌권의 자의적인 행사로부터 개인의 자유와 권리를 보호하기 위하여 범죄와 형벌을 법률로 정할 것을 요구한다. 그러한 취지에 비추어 보면 형벌법규의 해석은 엄격하여야 하고, 명문의 형벌법규의 의미를 피고인에게 불리한 방향으로 지나치게 확장해석하거나 유추해석하는 것은 죄형법정주의의 원칙에 어긋나는 것으로서 허용되지 아니한다(대법원 2013. 11. 28. 선고 2012도14725 판결 등 참조).
   대부업법 제19조 제1항 제1호는 같은 법 제3조가 규정하는 시·도지사에 대한 등록을 하지 아니하고 대부업등을 한 자를 처벌한다. 대부업법 제2조 제1호는 '"대부업"이란 금전의 대부(어음할인·양도담보, 그 밖에 이와 비슷한 방법을 통한 금전의 교부를 포함한다)를 업으로 하거나, 등록한 대부업자 또는 여신금융기관으로부터 대부계약에 따른 채권을 양도받아 이를 추심하는 것을 업으로 하는 것을 말한다'고 규정하고 있다.
   나. 대부업법의 관련규정과 입법목적, '금전의 대부'의 사전적인 의미, 대부업법 제2조 제1호가 '금전의 대부'에 포함되는 것으로 들고 있는 어음할인과 양도담보의 성질과 효력 등에 비추어 보면, 대부업법 제2조 제1호가 규정하는 '금전의 대부'는 그 개념요소로서 거래의 수단이나 방법 여하를 불문하고 적어도 기간을 두고 장래에 일정한 액수의 금전을 돌려받을 것을 전제로 금전을 교부함으로써 신용을 제공하는 행위를 필수적으로 포함하고 있어야 한다고 보는 것이 타당하다. 구체적인 이유는 다음과 같다.

19) 피고인이 인터넷 사이트에 '소액대출 및 소액결제 현금화' 등의 문구를 적시한 광고글을 게시하여 이를 보고 접근한 의뢰인들에게 문화상품권을 소액결제를 하고 구매 후 인증되는 문화상품권의 핀(PIN) 번호를 자신에게 알려주게 하여 의뢰인들이 구매한 문화상품권 액면가의 22% 금액을 선이자 명목으로 공제하고 나머지 77.8% 금액을 대부해 준 다음 위 핀 번호를 상품권업자에게 판매하는 방법으로 미등록 대부업을 영위하였다고 하여 대부업 등의 등록 및 금융이용자 보호에 관한 법률(이하 '대부업법'이라 한다) 위반으로 기소된 사안에서, 피고인이 의뢰인들에게 일정한 할인료를 공제한 금전을 교부하고 이와 상환하여 교부받은 상품권은 소지자가 발행자 또는 발행자가 지정하는 일정한 자에게 이를 제시 또는 교부하는 등의 방법으로 사용함으로써 권면금액에 상응하는 물품 또는 용역을 제공받을 수 있는 청구권이 화체된 유가증권의 일종인 점, 피고인과 의뢰인들 간의 상품권 할인 매입은 매매에 해당하고, 피고인과 의뢰인들 간의 관계는 피고인이 의뢰인들로부터 상품권 핀 번호를 넘겨받고 상품권 할인 매입 대금을 지급함으로써 모두 종료되는 점 등의 여러 사정을 종합하면, 피고인이 의뢰인들로부터 상품권을 할인 매입하면서 그 대금으로 금전을 교부한 것은 대부의 개념요소를 갖추었다고 보기 어려워 대부업법의 규율 대상이 되는 '금전의 대부'에 해당하지 않는다는 이유로, 이와 다른 전제에서 공소사실을 유죄로 판단한 원심판결에 대부업법이 규정하는 금전의 대부의 해석에 관한 법리를 오해한 잘못이 있다고 한 사례

① 대부업법 제1조는 '대부업·대부중개업의 등록 및 감독에 필요한 사항을 정하고 대부업자와 여신금융기관의 불법적 채권추심행위 및 이자율 등을 규제함으로써 대부업의 건전한 발전을 도모하는 한편, 금융이용자를 보호하고 국민의 경제생활 안정에 이바지함'을 그 입법목적으로 규정하고 있다. 대부업법은 대부원리금의 연체 시 불법적인 채권추심행위와 과도한 이자율을 규제하는 것을 일차적인 입법목적으로 하고, 이를 위해 대부업자 등에게 등록의무를 부과하고(제3조), 대부업자의 이자율을 제한하며(제8조), 이를 위반하는 경우를 형사처벌 대상으로 규정하고 있다.

② '금전의 대부'에 대한 사전적인 정의는 '이자와 기한을 정하고 돈을 빌려주는 것'이다. 이에 따르면 금전의 대부는 일정한 장래에 반환받을 것을 전제로 금전을 교부하여 사용·수익하게 하고, 그 대가로서 사용·수익한 기간에 따른 약정한 이자를 수취하는 등의 행위를 전제로 하고 있다.

③ 대부업법 제2조 제1호는 어음할인, 양도담보, 그 밖에 이와 비슷한 방법을 통한 금전의 교부도 대부의 개념에 포함하고 있다.

어음할인은 통상 아직 만기가 도래하지 아니한 어음의 소지인이 은행 등 금융업자에게 어음을 양도하고 은행 등이 어음금액으로부터 만기까지의 이자 기타 비용을 공제한 금액을 할인의뢰인에게 수여하는 거래를 말한다(대법원 1994. 11. 22. 선고 94다20709 판결 등 참조). 어음할인의 대상이 되는 어음은 어음금채권, 즉 어음에 기재된 만기에 지급될 어음금액에 상응하는 금전채권이 화체되어 있는 유가증권이다. 어음할인을 통해 어음 취득자는 금전채권인 어음금채권을 취득하고, 어음에 배서하여 이를 교부한 할인의뢰인은 어음이 부도나는 경우 소구의무 등을 부담하게 된다. 또한 어음할인을 통해 어음을 매입할 때 적용되는 할인율에 따라 산출되는 어음할인금과 어음에 기재된 어음금액의 차액은 어음 만기에 지급될 어음금액에 관한 이자와 마찬가지로 볼 수 있다(대부업법 제8조 제2항 참조). 따라서 어유할인을 통한 금전의 교부, 즉 어음을 만기 전에 할인하여 할인의뢰인에게 금전을 교부하는 행위는 그 자체로 사전적 의미의 대부와 마찬가지로 할인의뢰인에게 일정한 기간 동안 신용을 제공하는 행위를 포함한다고 볼 수 있다.

한편, 양도담보는 채권자의 채무자에 대한 금전채권, 즉 피담보채권의 존재를 전제로 하는 것으로서, 피담보채권을 담보하고 채무자의 채무불이행 시 채권자가 채권원리금을 회수하는 수단이 된다. 따라서 양도담보를 통한 금전의 교부 역시 그 피담보채권인 금전채권 관계를 통해 신용을 제공하는 행위를 포함한다.

다. 따라서 재화 또는 용역을 할인하여 매입하는 거래를 통해 금전을 교부하는 경우, 해당 사안에서 문제되는 금전 교부에 관한 구체적 거래 관계와 경위, 당사자의 의사, 그 밖에 이와 관련된 구체적·개별적 제반 사정을 종합하여 합리적으로 평가할 때, 금전의 교부에 관해 위와 같은 대부의 개념요소를 인정하기 어려운 경우까지 이를 대부업법상 금전의 대부로 보는 것은, 대부업법 제2조 제1호 등 조항의 문언의 가능한 의미를 벗어나 피고인에게 불리한 방향으로 지나치게 확장해석하거나 유추해석하는 것이 되어 죄형법정주의의 원칙에 위반된다.

라. 이 사건 변경된 공소사실 중 피고인에 대한 대부업법 위반의 점의 요지는 아래와 같다.

"대부업을 영위하고자 하는 자는 해당 영업소를 관할하는 시·도지사에게 등록하여야 한다. 그럼에도 불구하고 피고인은 관할관청에 등록하지 아니하고 2015. 7.경 자신의 집에서(인터넷 주소 생략) 트위터, 유튜브 등 인터넷 사이트에 '소액대출 및 소액결제 현금화' 등의 문구를 적시한 광고글을 게시하여 이를 보고 접근한 공소외인에게 컬쳐랜드 등 문화상품권 45,000원을 소액결제를 하고 구매 후 인증되는 문화상품권의 핀번호를 자신에게 알려주게 하여 위 공소외인이 구매한 문화상품권 액면가의 22% 금액인 10,000원을 선이자 명목으로 공제하고 나머지 77.8% 금액인 35,000원을 대부해주고, 이후 위 핀번호를 상품권업자에게 판매하는 방법으로 대부업을 영위한 것을 비롯하여 제1심판결 별지 범죄일람표와 같이 2015. 7. 28. 경부터 2015. 11. 30.경까지 총 5,089회에 걸쳐 합계 295,190,050원을 대부하였다."

이에 대하여 원심은 아래와 같은 이유를 들어 피고인의 위와 같은 행위는 대부업법이 규정하는 금전의 대부행위에 해당한다고 판단하여, 이 부분 공소사실을 유죄로 본 제1심의 판단을 유지하였다.

① 피고인은 인터넷 카페나 블로그, 홈페이지 등을 통해 '소액대출 및 소액결제 현금화' 등의 광고를 수회 게재하였고, 위 광고를 본 의뢰인들은 상품권을 결제하였다. 피고인은 위 결제금액 중 수수료를 제외한 돈을 의뢰인들 명의의 계좌에 바로 송금해주었다. 즉, 의뢰인들이 상품권을 결제한 후 받은 것은 물품이 아닌 돈이었다.

② 의뢰인들의 목적은 상품권의 구매가 아닌 피고인으로부터 즉시 돈을 교부받기 위한 것이었고, 피고인 또한 위와 같은 방법을 통해 일부 수수료를 공제하고 의뢰인들에게 돈을 교부할 목적이었다.

③ 피고인은 의뢰인들에게 휴대전화 결제를 통해 상품권을 구매하도록 한 후 그 결제대금 중 일부만을 의뢰인들에게 송금하고, 의뢰인들은 휴대전화요금 결제일에 위 결제금액 전액을 지불하여야 하므로, 결국 피고인으로부터 선이자가 공제된 금원을 차용하고, 약 1~2개월 후 원금 전액을 변제하여야 하는 형식이다.

마. 그러나 위 법리와 기록에 의하여 인정되는 사정에 비추어 보면, 피고인이 의뢰인들로부터 공소사실 기재 상품권을 할인 매입하면서 그 대금으로 금전을 교부한 것은 위에서 본 대부의 개념요소를 갖추었다고 보기 어려우므로, 대부업법의 규율 대상이 되는 '금전의 대부'에 해당한다고 볼 수 없다. 보다 상세한 이유는 다음과 같다.

① 피고인은 의뢰인들에게 일정한 할인료를 공제한 금전을 교부하고, 이와 상환하여 제1심판결 기재 상품권을 교부받았다. 이들 상품권은 그 소지자가 발행자 또는 발행자가 지정하는 일정한 자에게 이를 제시 또는 교부하는 등의 방법으로 사용함으로써 그 권면금액에 상응하는 물품 또는 용역을 제공받을 수 있는 청구권이 화체된 유가증권의 일종으로 보인다.

② 피고인은 의뢰인들로부터 상품권을 실제로 할인 매입한 것으로 보인다. 피고인과 의뢰인들 간의 위 상품권 할인 매입은 매매에 해당하고, 피고인과 의뢰인들 간의 관계는 피고인이 의뢰인들로부터 상품권 핀(PIN) 번호를 넘겨받고 상품권 할인 매입 대금을 지급함으로써 모두 종료된다고 보는 것이 타당하다. 금전 교부 이후 피고인은 의뢰인들에 대해 대금반환채권 등을 비롯한 어떠한 권리도 취득하지 않고, 의뢰인들 역시 피고인에 대해 아무런 의무를 부담하지 않는다. 피고인이 의뢰인들에게 상품권 대금으로 금전을 교부하면서 나중에 그 권면금액 등에 상응하는 금액을 금전으로 돌려받기로 정하였다거나 위 상품권을 교부된 금전의 담보로 제공한 것이라고 볼 만한 사정을 찾아볼 수 없다.

③ 피고인이 이와 같이 할인 매입한 상품권은 위에서 본 것과 같이 유가증권의 일종이기는 하나, 여기에 화체되어 있는 권리는 권면금액에 상응한 물품 또는 용역을 제공받을 수 있는 청구권이다. 피고인이 상품권을 제3의 상품권 유통업자를 상대로 위 상품권 할인 매입 대금보다 고가에 처분하여 그 대금을 얻게 되거나, 의뢰인들이 이동통신회사 등 통신과금서비스제공자를 상대로 나중에 상품권 대금을 결제하는 것을 두고, 피고인이 의뢰인들에게 지급한 상품권 대금 자체를 의뢰인들로부터 직접 또는 제3자를 통해 상환받는 것과 마찬가지로 평가할 수는 없다.

④ 따라서 피고인이 의뢰인들로부터 상품권을 할인 매입하면서 의뢰인들에게 교부하는 상품권 대금과 관련해, 피고인이 장래에 위 상품권 대금을 돌려받을 것을 전제로 의뢰인들에게 이를 교부함으로써 이를 통해 의뢰인들에게 신용을 제공하였다고 볼 수 없다.

바. 그럼에도 원심은 이와 다른 전제에서 이 부분 공소사실을 유죄로 판단하였다. 원심판결에는 상고이유 주장과 같이 대부업법이 규정하는 금전의 대부의 해석에 관한 법리를 오해한 잘못이 있다.

먼저, 이자제한법에서는 이자의 최고한도를 연 20%로 정하고 있는데(이자제한법 제2조, 이자제한법 제2조 제1항의 최고이자율에 관한 규정), 최고한도를 초과한 금리부분에 대한 약정은 법률상 무효이다(이자제한법 제2조 제3항). 여기서 이자의 최고한도 계산에 관해서는 (i) 예금(禮金), 할인금, 수수료, 공제금, 체당금(替當金), 그 밖의 명칭에도 불구하고 기타 어떠한 명목인지를 묻지 않고, 금전의 대차에 관하여 채권자가 수령하는 원금 이외의 금전과 (ii) 채무자가 금전대차와 관련하여 금전지급의무를 부담하기로 약정하는 경우 의무 발생의 원인 및 근거법령, 의무의 내용, 거래상 일반원칙 등에 비추어 그 의무가 원래 채권자가 부담하여야 할 성질인 금전이 있으면 원칙적으로 이것을 모두 이자로 간주하여(「간주이자」) 이자를 계산한다(이자제한법 제4조 제1항, 제2항). 한편, 이자제한법에서는 연체이자의 최고한도에 대해서는 규정하고 있지 않으나 「법원은 당사자가 금전을 목적으로 한 채무의 불이행에 관하여 예정한 배상액을 부당하다고 인정한 때에는 상당한 액까지 이를 감액할 수 있다」는 별도의 규정을 두고 있다(이자제한법 제6조). 따라서 이자제한법의 문구상 연체이자(지연이자)가 간주이자에 포함되지 않아서 최고이율의 제한을 받는 이자가 아닌 민법 제398조 제1항의 손해배상액의 예정으로 해석된다고 하더라도, 이것이 부당히 과다한 경우에 법원은 이자제한법 제6조 또는 민법 제398조 제2항에 의해 연체이자를 감액할 수 있는 근거가 있고, 이때 이자제한법상의 최고이율을 참작하여 그 감액의 범위를 산정할 수도 있을 것이다.

다음으로, 대부업법에서도 여신금융기관/대부업자의 이자의 최고한도를 연 20%로 정하고 있는데(대부업법 제15조 제1항, 제8조 제1항,[20] 동 시행령 제5조 제2항, 제9조 제1항), 최고한도를 초과한 금리부분에 대한 약정은 법률상 무효이다(대부업법 제15조 제5항, 제8조 제4항). 여기서 이자의 최고한도 계산에 관해서는 사례금, 할인금, 수수료, 공제금, 연체이자, 체당금(替當金) 등 그 명칭이 무엇이든 대부와 관련하여 여신금융기관/대부업자가 받는 것이 있으면, 담보권 설정비용과 신용조회비용(신용정보법에 따른 개인신용평가회사, 개인사업자신용평가회사 또는 기업신용조회회사에 거래상대방의 신용을 조회하는 경우만 해당)을 제외하고는 원칙적으로 모두 이자로 간주하여(「간주이자」) 이자를 계산한다(대부업법 제15조 제2항, 제8조 제2항, 동 시행령 제5조 제4항). 대부업법에서는 그 법문에서 연체이자(지연이자)도 간주이자에 포함시켜 이자의 최고한도를 정하고 있으며(대부업법 제15조 제2항, 제8조 제2항), 나아가 연체이자 자체의 최고한도에 관한 규정을 별도로 두어 그 최고한도를 이자와 마찬가지로 연 20%로 정하고(대부업법 제15조 제3항, 제8조 제3항),[21] 그 최고한도를 초과한 연체이자(지연이자) 부분에 대한 약정은 법률상 무효로 규정하고 있다(대부업법 제15조 제5항, 제8조 제4항).

20) 단, 대부업자의 최고이율 제한은 대부업자가 개인이나 「중소기업기본법」 제2조 제2항에 따른 소기업(小企業)에 해당하는 법인에 대부를 하는 경우에 적용된다(대부업법 제8조 제1항).
21) 단, 대부업자의 연체이자 최고이율 제한은 대부업자가 개인이나 「중소기업기본법」 제2조 제2항에 따른 소기업(小企業)에 해당하는 법인에 대부를 하는 경우에 적용된다(대부업법 제8조 제3항).

(3) 대출계약 관련 수수료(Fee)

1) 대출약정(대출취급) 관련 수수료

① 한도약정수수료

「한도약정수수료」란, 한도약정대출(Commitment Line) 계약에서 대주가 약정대출한도를 설정·유지하고 그 약정한도 내에서 대출실행의무를 부담하는 것에 대한 대가로 차주가 대주에게 지급하는 수수료이다. 한도약정수수료의 지급방식에는, 통상 (i) 약정대출한도액에서 실제 대출실행금액을 공제하고 남은 잔액(잔여 약정한도액)에 일정한 수수료율을 곱하여 계산하는 방식(실무에서는 이러한 방식을 통상 「Commitment Fee 방식」이라고 한다)과 (ii) 실제 대출실행 유무를 묻지 않고 당초의 약정대출한도액 전액에 일정한 수수료율을 곱하여 계산하는 방식(실무에서는 이러한 방식을 통상 「Facility Fee 방식」이라고 한다)이 있다.

이러한 한도약정수수료는 한도약정대출이 유지되는 기간 중, 일정기간(예를 들면, 6개월) 단위로 당해 기간에 대응하는 한도약정수수료를 지급하도록 하는 규정되는 경우가 많다.[22)23)]

[계약서 기재례] 한도약정수수료 - Commitment Fee 방식

차주는 각 대주에게 매 한도약정수수료계산기간별로 해당 한도약정수수료계산기간 동안의 해당 대주에 관한 매일의 미사용 대출약정한도액(개별 대출에 관한 실행 또는 변제 또는 대출한도약정액의 변경이 있는 경우에는 그러한 실행 또는 변제 또는 변경 후의 미사용 대출약정한도액으로 한다. 이하 이 조에서 같다)의 합계액에 한도약정수수료율을 곱하여 계산된 금액(단, 법령 등에 위반되지 않는 범위에 한한다)을 해당 한도약정수수료 계산기간 종료일에 각 대주에게 지급하여야 한다. 기타 한도약정수수료의 계산방법에 대해서는 이자계산에 관한 제[*]조를 준용한다.

② 대출취급수수료

실무에서는, 한도약정대출 이외의 기한대출(Term loan)의 경우에도 대출실행 시(및/또

22) 실무에서는, 한도약정수수료와 아래의 대출취급수수료를 엄격하게 구분하지 않고 모두 한도약정수수료 또는 대출취급수수료의 범주에 포함시켜 사용되는 경우도 있는 것으로 보인다.

23) (i) 青山大樹 編著『詳解 シンジケートローンの法務』(一般社団法人 金融財政事情研究会, 2015) 230페이지 이하, (ii) 笹山幸嗣・村岡香奈子 『M&Aファイナンス(第2版)』(一般社団法人金融財政事情研究会, 2008) 116페이지 이하, (iii) 渥美坂井法律事務所・外国法共同事業 編著『シンジケートローン契約書作成マニュアル-国内海外協調融資の実務(第4版)』(中央經濟社, 2021) 100페이지 이하 각 참고

는 대출만기일 연장 시)에 대출약정금액(만기연장금액)에 일정한 수수료율(취급수수료율)을 곱하여 계산된 금액을 「대출(취급)수수료(또는 대출후취수수료, 대출만기연장수수료」라는 명목으로 차주가 대주에게 대출실행일에 일시에 지급하는 사례도 많다. 그 계산방식은 위의 「Facility Fee 방식」에 가깝다고 할 수 있다.

[계약서 기재례] 대출취급수수료

차주는, 대출금에 대한 이자와는 별도로 각 대주별로 해당 대출약정금의 [*]%에 해당하는 금액을 대출취급수수료로 대출실행일에 각 대주에게 지급하기로 한다.

2) 주선수수료와 대리수수료[24)]

① 주선수수료(Arrangement Fee)[25)]

일반적으로 「주선수수료」란, 금융기관 등이 주선인(Arranger)으로서 대주단결성 등 주선업무의 대가로 차주로부터 수령하는 금전을 말하는데, M&A금융에서도 이러한 수수료가 지급되는 것이 통상이다. 이러한 주선수수료(Arrangement Fee)는 최초의 대출실행일에 일괄하여 지급되는 경우가 일반적이다.

주선인의 요청에 의해 주선인이 대출계약의 당사자로 날인을 하는 경우에도 수수료금액 등의 비공개의 필요성 때문에 대출계약에서는 그 지급근거만을 규정하고 주선수수료의 액 및 그 지급방법 등에 대해서는 차주와 주선인 사이에 별도로 체결되는 주선수수료약정서에서 정하도록 규정하는 경우가 많은 것으로 보인다.

[계약서 기재례] 주선수수료

차주는 별도로 체결되는 주선수수료약정서에 따라 주선인에게 주선수수료를 지급하여야 한다.

---

24) (i) 青山大樹 編著『詳解 シンジケートローンの法務』(一般社団法人 金融財政事情研究会, 2015) 78페이지 이하, (ii) 笹山幸嗣・村岡香奈子『M&Aファイナンス(第2版)』(一般社団法人金融財政事情研究会, 2008) 107페이지 및 117페이지 이하, (iii) 渥美坂井法律事務所・外国法共同事業 編著『シンジケートローン契約書作成マニュアル-国内海外協調融資の実務(第4版)』(中央經濟社, 2021) 99페이지 이하 각 참고

25) 주선수수료를 금융자문수수료라는 명칭으로 수수하는 경우도 있다. 또한 주선수수료 외에 또는 주선수수료와 함께 주선인 또는 제3의 기관에게 금융자문수수료라는 명칭의 수수료가 추가로 지급되는 경우도 있는데, 수수료약정 및 그 수행업무의 내용에 따라 달라질 수는 있으나, 원칙적으로는 그 명칭을 불문하고 모두 주선수수료의 범위에 포함될 수 있을 것으로 생각된다.

② 대리수수료(Agent Fee)

「대리수수료」란, 금융기관 등이 대리인(Agent)으로서[26] 대출계약에 따라 수행하는 대리업무의 대가로 차주로부터 수령하는 금전을 말하는데, M&A금융에서도 대리인이 선임되는 경우에는 차주가 대리인에게 대리수수료를 지급하는 것이 통상이다. 다만, 주선수수료의 경우와 마찬가지로 대리수수료액의 비공개 등의 필요성이 있는 경우에는 대출계약에서는 그 지급 근거만을 규정하고 대리수수료의 액 및 그 지급방법 등에 대해서는 차주와 대리인 사이에서 별도로 체결되는 대리수수료약정서에서 정하도록 규정하는 경우도 있다.

대리수수료에 대해서는 대출기간 동안 대출실행일 및 그 이후 일정한 기간마다 일정금액을 선불로 지급하는 것으로 규정되는 경우가 많다.

[계약서 기재례] 대리기관수수료 ①

차주는 대출실행일로부터 이 계약의 종료일까지 대리기관에게 대리기관수수료로 연간 [*]원을 대출실행일 및 매년 대출실행일의 해당일에 선불로 지급한다. 단, 최종 대리기관수수료는 동 수수료의 지급일 이후에 남아 있는 기간이 일(1)년 미만인 경우에도 대리기관수수료의 금액은 영향을 받지 않고 일(1)년분의 대리기관수수료를 지급하기로 한다.

[계약서 기재례] 대리기관수수료 ②

차주는 별도로 체결되는 대리수수료약정서에 따라 대리기관에게 대리기관수수료를 지급하여야 한다.

3) 각종 수수료와 간주이자[27]

이상의 각종 수수료에 대해서는 해당 수수료가 이자제한법[28] 및 대부업법[29]상의 「간주

26) 계약자유의 원칙, 사적 자치의 원칙상 대리수수료 없이 대리업무를 수행하는 것도 가능하고 실제로 주선인 또는 대주단의 일원인 금융기관 또는 기타 이해관계가 있는 금융기관이 대리수수료 없이 대리업무를 수행하는 경우가 자주 보인다. 그러나 실무에서는 금융기관이 대리인으로 선임되는 경우에는 해당 금융기관의 종류에 따라서는 감독당국의 지도/내부지침에 의해 대리기관이 대주단의 일원이 아닌 경우뿐만 아니라 대주단의 일원인 경우에도 일정한 대리수수료를 받도록 하는 경우가 많다.

27) 일본에서의 「각종 수수료와 간주이자」에 대한 논의는, (i) 青山大樹 編著『詳解 シンジケートローンの法務』(一般社団法人 金融財政事情研究会, 2015) 78페이지, 82페이지, 230페이지 이하, (ii) 渥美坂井法律事務所・外国法共同事業 編著 『シンジケートローン契約書作成マニュアル-国内海外協調融資の実務(第4版)』(中央經濟社, 2021) 518페이지 이하 각 참고

28) 이자제한법에서는 (i) 예금(禮金), 할인금, 수수료, 공제금, 체당금(替當金), 그 밖의 명칭에도 불구하고 기타 어떠한 명목인지를 묻지 않고, 금전의 대차에 관하여 채권자가 수령하는 원금 이외의 금전과 (ii) 채무자

이자」에 해당하는지 여부가 문제될 수 있다. 만일 간주이자에 해당한다면, 이자와 해당 수수료를 합한 금액을 기준으로 이자제한법 및 대부업법상의 이자의 최고한도 초과 여부를 판단하게 된다. 이 경우 아래의 판결에서 알 수 있는 바와 같이 어떠한 수수료 및 비용이 간주이자에 해당하는지 여부는 각 사안에서 해당 수수료나 비용의 수취 목적, 차주 등이 해당 수수료나 비용을 당연히 부담할 성질의 것인지 여부 등 개별 사안에 따른 구체적인 사정이 고려되고 있다.

① 주선수수료(금융자문수수료)와 간주이자

주선수수료는 대출원금의 사용에 대한 대가가 아니라 대출과는 독립적으로 주선인의 지위에서 제공되는 주선업무의 대가이므로 「이자」에는 해당하지 않음은 명백해 보이나, 소위 「간주이자」에 해당하는지 여부에 대해서는 의문이 제기될 수 있다. 그러나 이자제한법 및 대부업법에서는 소위 「간주이자」를 「금전의 대차와 관련하여」(이자제한법 제4조 제1항) 또는 「대부와 관련하여」(대부업법 제8조 제2항) 대주가 수령하는 것일 것을 요건으로 규정하고 있는데, 주선인이 대주의 일원으로 대출을 제공한다 하더라도, 주선수수료는 대주 전체 또는 대주의 지위에서가 아니라 주선인의 지위에서 주선업무의 수행에 대한 대가로 주선인에게만 지급되는 것이어서 대출과는 별개 독립한 업무에 대한 대가이므로, 실제 주선업무를 수행하고 그에 대한 대가로 수령하는 것이라면 이자제한법 및 대부업법상의 「간주이자」에는 해당하지 않는다고 보는 것이 타당하다고 생각된다.[30] 금융자문수수료도 마찬가지로 보아야 할 것이다.

② 대리수수료와 간주이자

대리수수료 역시 대출원금의 사용에 대한 대가가 아니라 대출과는 독립적으로 제공되는 대리인의 지위에서 제공되는 대리업무의 대가이므로 「이자」에는 해당하지 않음은 명백해 보이나, 소위 「간주이자」에 해당하는지 여부에 대해서는 의문이 제기될 수 있다. 그러나 이자제한법 및 대부업법에서 「금전의 대차와 관련하여」(이자제한법 제4조 제1항) 또는 「대부와

가 금전대차와 관련하여 금전지급의무를 부담하기로 약정하는 경우 의무 발생의 원인 및 근거법령, 의무의 내용, 거래상 일반원칙 등에 비추어 그 의무가 원래 채권자가 부담하여야 할 성질인 금전을 간주이자로 규정하고 있다(이자제한법 제4조 제1항, 제2항).

29) 대부업법에서는 사례금, 할인금, 수수료, 공제금, 연체이자, 체당금(替當金) 등 그 명칭이 무엇이든 대부와 관련하여 대부업자가 받는 것이 있으면, 담보권 설정비용과 신용조회비용(신용정보법에 따른 개인신용평가회사, 개인사업자신용평가회사 또는 기업신용조회회사에 거래상대방의 신용을 조회하는 경우만 해당)을 제외하고는, 원칙적으로 모두 간주이자로 규정하고 있다(대부업법 제15조 제2항, 제8조 제2항, 대부업법 시행령 제5조 제4항).

30) 일본에서의 논의에 대해서는, 金融法委員會 「論点整理: シンジケートローン取引における アレンジメントフィー/エージェントフィーと利息制限法及び出資法」(平成 21年 6月 22日)을 참고

관련하여」(대부업법 제8조 제2항) 대주가 수령하는 것일 것을 요건으로 하고 있는데, 대리인이 대주의 일원으로 대출을 제공한다 하더라도, 대리수수료는 대주 전체 또는 대주의 지위에서가 아니라 대리인의 지위에서 대리업무의 수행에 대한 대가로 대리인에게만 지급되는 것이어서 대출과는 별개 독립한 업무에 대한 대가이므로, 실제 대리업무를 수행하고 그에 대한 대가로 수령하는 것이라면 이자제한법 및 대부업법상의 「간주이자」에는 해당하지 않는다고 보는 것이 타당하다고 생각된다.[31)]

③ 대출약정(대출취급) 관련 수수료와 간주이자

한도약정수수료와 대출(취급)수수료는 약정대출한도액(대출약정금액) 또는 대출미실행금액에 연동하면서도, 실제 대출실행금액 및 대출기간에는 연동하지 않기 때문에 문리해석상으로는 역시 「이자」에는 해당하지 않는 것으로 보는 견해도 있을 수 있으나, 실무에서는 한도약정수수료와 대출(취급)수수료는 이자제한법 및 대부업법상의 「간주이자」에 해당하는 것으로 보고 대출계약상의 이자율(연체이자율 포함)과 한도약정수수료/대출(취급)수수료의 연이율을 합산한 이율을 기준으로 이자제한법 및 대부업법상 이자의 최고한도 초과 여부를 판단하고 있는 것으로 보인다.[32)]

[판례 3-4] 대법원 2014. 11. 13. 선고 2014다24785, 24792, 24808 판결

1. 2010. 5. 19. 자 대부계약의 채무 진액에 관하여

가. 1) 구 대부업 등의 등록 및 금융이용자 보호에 관한 법률(2012. 12. 11. 법률 제11544호로 개정되기 전의 것, 이하 '구 대부업법'이라고 한다)은 제8조 제1항에서 "대부업자가 개인이나 대통령령으로 정하는 소규모 법인에 대부를 하는 경우 그 이자율은 연 100분의 50의 범위에서 대통령령으로 정하는 율을 초과할 수 없다."고 규정하고, 제2항에서 "제1항에 따른 이자율을 산정할 때 사례금, 할인금, 수수료, 공제금, 연체이자, 체당금 등 그 명칭이 무엇이든 대부와 관련하여 대부업자가 받는 것은 모두 이자로 본다. 다만 해당 거래의 체결과 변제에 관한 부대비용으로서 대통령령으로 정한 사항은 그러하지 아니하다."고 규정하며, 제3항에서 "대부업자가 제1

31) 일본에서의 논의에 대해서는, 金融法委員會「論点整理: シンジケートローン取引における アレンジメントフィー/エージェントフィーと利息制限法及び出資法」(平成 21年 6月 22日)을 참고

32) 아래의 서울고등법원 2020나2034880 판결([판례 3-6]), 서울고등법원 2021나2030519 판결([판례 3-7]) 및 대법원 2010도11258 판결([판례 3-20])의 취지 참조. 또한 실무에서는 위 판결에 따라 조기상환수수료(중도상환수수료)의 경우에도 간주이자에 해당하는 것으로 보고 있다. 한편, 금소법에서는 대출계약이 체결된 날부터 3년 이내에 상환하는 경우 등을 제외하고 중도상환수수료를 부과하는 행위를 금지하고 있다(동법 제20조 제1항 제4호). 대출취급수수료에 관해서는 최근에 선고된 대법원 2023. 6. 15. 선고 2022다211959 판결도 참고

항을 위반하여 대부계약을 체결한 경우 제1항에 따른 이자율을 초과하는 부분에 대한 이자계약은 무효로 한다."고 규정하고, 제4항에서 "채무자가 대부업자에게 제1항에 따른 이자율을 초과하는 이자를 지급한 경우 그 초과 지급된 이자 상당금액은 원본에 충당되고, 원본에 충당되고 남은 금액이 있으면 그 반환을 청구할 수 있다."고 규정하며, 제11조의2 제2항에서 "대부중개업자는 중개의 대가(이하 '중개수수료'라고 한다)를 대부를 받는 거래상대방으로부터 받아서는 아니 된다."고 규정하고 있고, 같은 법 시행령(2010. 7. 21. 대통령령 제22298호로 개정되기 전의 것)은 제5조 제2항에서 "법 제8조 제1항에서 '대통령령으로 정하는 율'이란 연 100분의 49를 말하며, 월 이자율 및 일 이자율은 연 100분의 49를 단리로 환산한다."고 규정하고, 제3항에서 "법 제8조 제2항 단서에서 '대통령령으로 정한 사항'이란 다음 각호의 비용을 말한다."고 규정하면서 제1호로 담보권 설정비용을, 제2호로 신용조회비용(신용정보의 이용 및 보호에 관한 법률 제4조 제1항 제1호의 업무를 허가받은 자에게 거래상대방의 신용을 조회하는 경우만 해당한다)을 들고 있다.

2) 구 대부업법 제8조 제2항의 취지는 대부업자가 사례금·할인금·수수료·공제금·연체이자·선이자 등의 명목으로 채무자로부터 금전을 징수하여 위 법을 잠탈하기 위한 수단으로 사용되는 탈법행위를 방지하는데 있으므로, 명목 여하를 불문하고 대부업자와 채무자 사이의 금전대차와 관련된 것으로서 금전대차의 대가로 볼 수 있는 것이라면 이자로 간주되고, 따라서 대부업자가 이를 대부금에서 미리 공제하는 것은 선이자의 공제에 해당하는바(대법원 2010. 5. 13. 선고 2009도11576 판결, 대법원 2012. 3. 15. 선고 2010도11258 판결 등 참조), <u>채무자가 직접 대부중개업자에게 중개수수료를 지급한 경우라도 그것이 대부업자와 전혀 무관하게 지급되었다는 등의 특별한 사정이 없고 오히려 대부업자가 대부중개업자로 하여금 채무자로부터 직접 중개수수료를 지급받도록 하고 자신은 대부중개업자에게 아무런 중개수수료를 지급하지 않았다면, 이러한 중개수수료는 대부업자 자신이 지급하여야 할 것을 채무자에게 전가시킨 것으로서 대부업자와 채무자 사이의 금전대차와 관련된 대가라고 할 것이어서, 구 대부업법 제8조 제2항에서 정하는 이자에 해당하고, 대부업자가 그만큼의 선이자를 사전에 공제한 것으로 보아야 한다.</u>

그리고 <u>공증료는 채권자가 채무자의 채무불이행에 대비하여 강제집행을 위한 집행권원을 미리 확보해 놓는데 드는 비용으로서 채무자가 당연히 부담해야 할 성질의 것도 아니고 담보권 설정비용으로 볼 수도 없으므로, 구 대부업법 제8조 제2항 등의 취지에 비추어 볼 때 채무자로부터 공증료를 받았다면 이 역시 구 대부업법 제8조 제2항에서 정하는 이자에 해당하고, 대부업자가 그만큼의 선이자를 사전에 공제한 것으로 보아야 한다</u>(대법원 2012. 12. 27. 선고 2010도2060 판결 등 참조).

한편 선이자가 공제된 경우에 구 대부업법에서 정하는 제한이자율을 초과하는지 여부는 그 선이자 공제액을 제외하고 채무자가 실제로 받은 금액을 기초로 하여 대부일부터 변제기까지의 기간에 대한 제한이자율에 따른 이자를 기준으로, 선이자 공제액(채무자가 변제기까지 실제 지급한 이자가 있다면 이를 포함한다)이 그것을 초과하는지에 따라 판단하여야 하고, 그와 같은 판단의 결과 초과하는 부분이 있다면 그 초과 부분은 구 대부업법 제8조 제4항에 따라 당사자 사이에서 약정된 선이자 공제 전의 대부원금에 충당되어 그 충당 후의 나머지가 채무자가 변제기에 갚아야 할 대부원금이 된다(대법원 1993. 11. 23. 선고 93다23459 판결, 대법원 2006. 8. 25. 선고 2006다19443 판결 등 참조)[구 대부업 등의 등록 및 금융이용자 보호에 관한 법률(2009. 1. 21. 법률 제9344호로 개정된 것)은 제8조 제5항을 신설하여 "대부업자가 선이자를 사전에 공제하는 경우에는 그 공제액을 제외하고 채무자가 실제로 받은 금액을 원본으로 하여 제1항에 따른 이자율을 산정한다."고 규정하였으나, 이는 제한이자율 초과 여부의 판단 방법에 관한 앞서 본 법리를 입법화한 것에 불과하고 변제기에 갚아야 하는 대부원금에 대하여 정한 것이 아니므로, 위와 같은 해석에 영향이 없다(대법원 2013. 5. 9. 선고 2012다56245, 56252 판결 참조)].

나. 원심판결 이유와 기록에 의하면, 원고(반소피고, 재반소원고, 이하 '원고'라고 한다)는 소외 1에게 대부받을 곳을 알아봐 달라는 부탁을 하였고, 소외 1은 소외 2에게, 소외 2는 대부업자인 피고(반소원고, 재반소피고, 이하 '피고'라고 한다)에게 연락하여, 원고가 2010. 5. 19. 피고와 사이에 90,000,000원을 변제기 2010. 8. 18., 이자율 연 36%, 지연손해금률 연 49%로 정하여 대부받기로 하는 계약(이하 '이 사건 대부계약'이라고 한다)을 체결하게 된 사실, 이 사건 대부계약을 체결하는 자리에는 원고와 피고뿐만 아니라 소외 2도 참석하였고, 원고가 90,000,000원을 수령하였다는 영수증 등을 작성하여 피고에게 교부하고 피고로부터 액면금 합계 90,000,000원의 수표를 교부받자, 그 직후 소외 2는 원고를 인근 은행으로 데리고 가 소외 1에게 소개비 명목으로 3,600,000원을 송금하게 하고 자신도 소개비 명목으로 4,000,000원을 지급받은 사실, 위 각 소개비의 지급은 소외 2의 요구 또는 권유에 의한 것이었고, 그 액수도 원고가 아닌 소외 2에 의해 계산된 사실, 또한 원고는 소외 2의 요구에 따라 그에게 공증료 명목으로 1,000,000원을 지급하였고, 그 자리에 함께 참석한 법무사에게는 종전 근저당권자 소외 3에 의해 신청된 경매를 취하받고 그 근저당권을 이 사건 대부계약에 따른 채권을 담보하기 위하여 피고에게 이전하는 업무처리비 명목으로 1,500,000원을 지급한 사실, 그런데 소외 2는 피고의 형일 뿐만 아니라 대부중개업을 영위하는 자이고(피고의 대부등록증상 소재지는 '서울 마포구(주소 생략), 202호'인데, 소외 2는 자신의 주소를 '서울 마포구(주소 생략)' 또는 '서울 마포구(주소 생략), 201호'로 표시하고 있다), 소외 1도 대부중개업을 영위하는 자이며, 피고가 소외 1이나 소외 2에게 이 사건 대부계약에 관한 중개수수료를 직접 지급한 바는 없는 사실, 한편 원고는 피고에게 위 변제기 전인 2010. 6. 18.과 2010. 7. 20. 각 2,700,000원을 지급하였고, 위 변제기 후인 2010. 12. 13. 5,000,000원, 2010. 12. 23. 4,000,000원을 지급하였으며, 2012. 1. 11. 피고를 피공

탁자로 하여 65,500,000원을 변제공탁하였는데, 피고가 위 공탁금을 출급한 사실 등을 알 수 있다.

위와 같은 사실관계를 앞서 본 법리에 비추어 살펴보면, 우선 법무사에게 지급한 1,500,000원은 원고가 당연히 부담하여야 할 성질의 것이거나 구 대부업법 시행령 제5조 제3항 제1호의 담보권 설정비용이므로, 이는 구 대부업법 제8조 제2항에서 정하는 이자에 해당하지 않는다고 할 것이다. 그러나 원고가 소외 1과 소외 2에게 소개비 명목으로 합계 7,600,000원(3,600,000원+4,000,000원)을 지급하게 된 경위와 소외 1, 2와 피고 사이의 관계 등을 고려할 때, 그것이 피고와 전혀 무관하게 지급되었다고 볼 수 없고, 오히려 피고는 그 형인 소외 2로 하여금 원고로부터 직접 소외 1과 소외 2의 중개수수료를 소개비 명목으로 지급받도록 하고 자신은 그들에게 아무런 중개수수료를 지급하지 않았다고 할 것이므로, 위 7,600,000원은 비록 원고가 직접 지급하는 형식이 취해졌다고 하더라도 대부업자인 피고 자신이 지급하여야 할 중개수수료를 채무자인 원고에게 전가시킨 것으로서 이 사건 대부계약과 관련된 대가라고 할 것이어서, 구 대부업법 제8조 제2항에서 정하는 이자에 해당한다고 할 것이고, 소외 2에게 지급한 공증료 1,000,000원도 이와 같다고 할 것이다.

따라서 이 사건 대부계약에서 합계 8,600,000원(7,600,000원+1,000,000원)은 선이자로 사전에 공제되었고, 81,400,000원(90,000,000원－8,600,000원)이 원고가 실제로 받은 금액이라고 할 것인데, 이를 기초로 하여 대부일인 2010. 5. 19.부터 변제기인 2010. 8. 18.까지의 기간에 대한 구 대부업법에서 정하는 연 49%의 제한이자율에 따른 이자는 9,971,500원(81,400,000원×연 49%×3/12)인 반면, 8,600,000원이 선이자로 사전 공제된 외에 그 변제기 전에 합계 5,400,000원(2,700,000원×2)이 지급되었으므로, 4,028,500원(8,600,000원+5,400,000원－9,971,500원)이 제한이자율 초과 부분이 된다. 그러므로 4,028,500원이 원고와 피고 사이에서 약정된 선이자 공제 전의 대부원금 90,000,000원에 충당되어 85,971,500원(90,000,000원－4,028,500원)이 변제기인 2010. 8. 18.에 원고가 갚아야 할 대부원금이 되고, 그 후의 변제금은 원금 85,971,500원 및 이에 대한 2010. 8. 19.부터의 지연손해금에 지연손해금, 원금 순으로 변제충당된다고 할 것이다.

[판례 3-5] 대법원 2015. 7. 23. 선고 2014도8289 판결[33)]

1. 대부업 등의 등록 및 금융이용자 보호에 관한 법률(이하 '대부업법'이라 한다) 제8조 제2항의 취지는 대부업자가 사례금·할인금·수수료·공제금·연체이자·체당금 등의 명목으로 채무자로부터 돈을 징수하여 위 법을 잠탈하기 위한 수단으로 사용되는 탈법행위를 방지하는데 있으므로, 명목 여하를 불문하고 대부업자와 채무자 사이의 금전대차와 관련된 것으로서 금전대차의 대가로 볼 수 있는 것은 모두 이자로 간주된다

33) 대법원 2015. 7. 23. 선고 2014도9746 판결도 같은 취지

(대법원 2014. 11. 13. 선고 2014다24785 판결 참조). 나아가 대부업자가 채무자로부터 징수한 돈을 나중에 채무자에게 반환하기로 약정하였다 하더라도, 그 반환 조건이나 시기, 대부업자의 의사나 행태 등 제반 사정에 비추어 볼 때 그 약정이 대부업법의 제한이자율을 회피하기 위한 형식적인 것에 불과하고 실제로는 반환의사가 없거나 반환이 사실상 불가능 또는 현저히 곤란한 것으로 인정될 경우에는 그 징수한 돈은 실질적으로 대부업자에게 귀속된 이자로 보아야 한다.

2. 원심은, 대부업법 제8조 제2항의 취지는 대부업자가 받아 그 소유로 하는 돈, 즉 돌려주지 않는 돈을 그 명칭이 무엇이든 이자로 본다는 취지이지, 돌려주기로 한 돈까지 이자로 본다는 취지는 아니라고 전제한 다음, 이 사건 보증금 내지 투자금은 채무자들이 원금 내지 원리금을 상환하는 경우 이를 반환하기로 약정하였던 점, 일부 채무자들에 대하여는 위 약정에 따라 17% 상당의 돈이 반환된 것으로 보이는 점 등에 더하여, 채무자들로서는 원금 내지 원리금 반환 시 위 약정을 근거로 보증금 내지 투자금 상당액을 공제한 잔액을 반환할 수 있는 점 등을 종합하면, 피고인들이 공제한 17% 상당의 보증금 내지 투자금 형식의 돈은 대부업자가 받은 이자로 볼 수 없다는 이유로 피고인들에게 무죄를 선고하였다.

3. 그러나 원심이 유지한 제1심이 적법하게 채택한 증거들에 의하면, 피고인들과 채무자들이 이 사건 투자금을 반환하기로 약정하였으나, 채무자들은 위 약정에 따라 거래의 최종 종료일로부터 100일이 경과하여야만 투자금을 돌려받을 수 있으므로 연장 또는 추가대출로 거래가 지속되는 경우에는 이를 반환받을 수 없었고, 연장 또는 추가대출마다 투자금을 별도로 공제함으로써 투자금이 지속적으로 증가하여 대출원금보다 투자금이 많은 경우도 생겼으며, 일부 채무자들은 투자금 반환일에 이르러 대부업자들이 상호나 전화번호를 변경하여 연락조차 취할 수 없었다고 진술하고 있는 사실을 알 수 있는바, 이에 의하면 이 사건 투자금은 실질적으로 대부업자인 피고인들에게 이자로 귀속되었을 여지가 많다.

따라서 원심으로서는 이 사건 투자금의 반환 조건이나 시기, 대부업자의 의사나 행태 등 이 사건 투자금에 관한 제반 사정을 살펴 이 사건 투자금이 피고인들에게 실질적으로 귀속되었는지 여부에 관하여 심리함으로써 피고인들에게 이자율 제한 위반으로 인한 대부업법위반죄가 성립하는지 판단하였어야 한다.

그럼에도 원심이 이 사건 투자금의 피고인들에 대한 실질적 귀속 여부에 관하여 심리하지 아니한 채 단지 이 사건 투자금의 반환약정과 투자금의 일부 반환, 원리금 반환 시 투자금의 공제 가능성 등을 이유로 이 사건 투자금이 이자에 해당하지 않는다고 보아 피고인들에게 곧바로 무죄를 선고한 것은 대부업법 제8조 제2항의 간주이자에 관한 법리를 오해하고 필요한 심리를 다하지 아니하여 판단을 그르친 것이다.

[판례 3-6] 서울고등법원 2021. 6. 16. 선고 2020나2034880 판결[34)]

가. 제1예비적 청구

2) 대부업법 제8조 제2항 간주이자 해당 여부

원고는 금융주선수수료만을 제외한 선급·후취 대출취급수수료, 대출약정수수료, 선급·후급 금융자문수수료가 모두 대부업법 제8조 제2항의 간주이자에 해당한다고 주장하므로 보건대, 이 사건 선급·후취 대출취급수수료 및 대출약정수수료 각 약정은 원고로부터 위임받은 사무의 처리에 관한 것이 아니라 대주인 피고들이 자신들의 대출 업무의 처리 등과 관련하여 위 각 수수료의 지급을 약정한 것임은 앞서 본 바와 같으므로, 선급·후취 대출취급수수료, 대출약정수수료는 모두 제1, 2차 PF 대출과 관련된 것으로서 금전대차의 대가로 봄이 타당하다.[35)] 그러나 이 사건 선급·후급 금융자문수수료 약정은 피고 ◇◇◇증권이 원고로부터 제1차 PF대출에 필요한 금융구조의 설계 및 관련 업무 등에 관한 자문업무를 위임받아 이를 수행해주고 그 대가로 수수료의 지급을 약정한 것임은 역시 앞서 본 바와 같으므로, 선급·후급 금융자문수수료는 위임사무 수행에 대한 보수에 해당하고 제1차 PF대출의 대가라고 할 수 없다.[36)]

또한 원고는 피고들에게 지급한 중도상환수수료도 대부업법 제8조 제2항의 간주이자에 해당한다고 주장하므로 보건대, 대부업자와 채무자 사이의 금전대차와 관련된 것으로서 금전대차의 대가로 볼 수 있는 것이라면 대부업법 시행령 제5조 제4항에 열거된 비용을 제외하고는 그 명목이나 명칭에 불구하고 모두 이자로 보아야 하는바[대법원 2012. 3. 15. 선고 2010도11258 판결(중도상환수수료를 간주이자로 판시함) 참조], 원고가 2017. 9. 28. 국민은행의 대출금으로 제1, 2차 PF대출금을 조기상환하면서 피고들에게 중도상환수수료를 지급한 것은 앞서 본 바와 같으므로, 중도상환수수료도 제1, 2차 PF대출과 관련된 것으로서 금전대차의 대가로 봄이 타당하다.[37)]

34) 이 판결의 사안은 다음과 같다. ① 피고 B증권은 2016년 6월 자신을 포함해 피고 B캐피탈, 피고 B화재해상보험 등으로 구성된 대주단을 결성하여 원고 A사가 추진하는 공동주택 등 신축사업 자금으로 1,500억 원을 PF대출하고, C건설은 공동주택 등을 시공하기로 하는 '대출 및 사업약정(1차 PF대출 약정)'을 체결하였다. ② 피고 B증권은 또 원고 A사에 연 10%의 이자를 받고 40억원을 추가 대출하는 2차 PF대출 약정도 체결하였다. ③ 이 과정에서 원고 A사는 피고 B증권에게 1, 2차 PF대출 약정에 관한 자문 대가로 선급 금융자문수수료 40억 원, 후급 금융자문수수료 30억 원을 지급하고, 1차 PF대출 약정을 주선해준 대가로 금융주선수수료 7억 5,000만 원을 지급하였다. 이 밖에도 원고 A사는 피고 B증권, 피고 B캐피탈, 피고 B화재해상보험 등 대주단에게 선급 대출취급 수수료와 대출약정 수수료를 지급하였다. ④ 이후 원고 A사는 "PF에 대한 이자 외에도 별도 금융수수료를 물게 되었는데, 1,500여억 원의 10%에 해당하는 150여억 원을 수수료로 지급하도록 하는 것은 지나치다"며 피고 B증권 등을 상대로 금융수수료의 반환을 구하는 소송을 제기하였다. 위 서울고등법원 2020나2034880 판결의 전문은 https://m.lawtimes.co.kr/Content/Case-Curation?serial=25573&t=c를 참조

35) 따라서 대부업법상의 간주이자에 해당한다.

36) 따라서 대부업법상의 간주이자에 해당하지 않는다.

37) 따라서 대부업법상의 간주이자에 해당한다.

[판례 3-7] 서울고등법원 2022. 3. 31. 선고 2021나2030519 판결

1. 기초사실

가. 당사자의 지위

1) 원고는 금융투자업 등을 목적으로 하는 회사로서 대부업 등의 등록 및 금융이용자 보호에 관한 법률(이하 '대부업법'이라 한다) 제2조 제1호 나목에 규정된 여신금융기관이다.

2) 피고 주식회사 C(이하 '피고 C'이라 한다)는 용인시 외 11필지 일대 23,517㎡에서 물류창고를 신축하는 사업(이하 '이 사건 사업'이라 한다)을 추진하기 위하여 물류센터 운영 및 관련 서비스업 등을 목적으로 하여 설립된 특수목적법인이고, 피고 B는 피고 C를 대표하는 사내이사로서 위 회사 발행주식 2,000주 전체의 소유 명의인이다. 피고 D 주식회사(이하 '피고 D'라 한다)는 부지조성 및 개발업 등을 목적으로 하는 회사로서 이 사건 사업을 실질적으로 추진한 회사이고, 피고 E는 피고 D를 대표하는 사내이사인 G의 배우자로서 피고 D와 피고 C의 실질적 소유자이다. 피고 F는 피고 C와 이 사건 사업을 공동으로 수행하기로 하는 계약을 체결했던 사람이다.

나. 피고 E의 이 사건 사업자금 조달 노력

피고 E는 이 사건 사업을 추진하면서 부지매입과 사업추진을 위하여 많은 자금을 차용한 바 있는데, 2019년에 이르러 자금압박에 시달리자 기존 금융권 대출금 및 사채대금의 상환 등을 위한 비용 마련을 위한 추가 차입을 추진하였다. 피고 E는 그 과정에서 2019. 10. 말경 H저축은행으로부터 90억 원 규모의 대출을 해주겠다는 약속을 받고, 사업 추진을 위해 2019. 11. 8. 피고 B를 대표자로 하여 피고 C(발행주식의 총수 2,000주, 자본금 10,000,000원)를 설립하였다. 그런데 사채업자들의 추가 변제 요구 때문에 예정된 90억 원 외에 추가자금이 필요하게 되자 위 90억 원의 대출을 받을 때 피고 F로부터 소개받은 원고로부터 20억 원을 더 대출받기로 하였다.

다. 이 사건 대출과 담보의 제공 등

1) 이 사건 대출약정의 체결

이에 따라 H저축은행과 원고는 2019. 11. 29. 피고 C에게 각각 90억 원과 20억 원을 변제기를 2020. 7. 29.로 정하여 대여하고, 위 대출금채무를 담보하기 위하여 피고 C와 D는 원고와 H저축은행에게 사업 부지에 관한 부동산담보신탁계약의 우선수익권을, 피고 B는 발행 주식에 대한 근질권을 각 설정해주며, 피고 B는 위 각 대출금채무를 연대보증하기로 하는 내용 등이 포함된 대출(이하 '이 사건 대출'이라고 한다) 약정을 체결하였다. 그 주요 내용은 다음과 같다(생략).

2) 담보의 제공

피고 C와 피고 D는 같은 날 이 사건 대출약정에 따라 사업부지를 J 주식회사에 부동산담보신탁하면서 1순위 우선수익자(우선수익권금액 117억 원)를 H저축은행으로, 2순위 우선수익자를 원고(우선수익권금액 26억 원)로 해주었고, 피고 B는 자신이 소유명의자인 피고 C 발행 주식 전부인 2,000주(1주당 액면금 5,000원)에 대하여 H저축은행에게 1순위 근질권(채권최고액 117억 원)을, 원고에게 2순위 근질권(채권최고액 26억 원)을 각 설정해주었다.

3) 대출의 실행

H저축은행과 원고는 같은 날 이 사건 대출약정에 따라 피고 C에게 각각 90억 원과 20억 원을 지급하였고, 피고 C는 원고에게 이 사건 대출약정 제5조 제1항이 정한 대출취급수수료 1억 원을 지급하였다.

라. 이 사건 대출약정과 관련하여 같은 날 체결된 추가 계약

1) 금융자문계약

원고는 이 사건 대출약정일에 피고 C와 사이에 '용인 ○○동 물류센터 신축사업 금융자문계약(이하 '이 사건 금융자문계약'이라 한다)'을 체결하였는데, 그 주요 내용은 다음과 같은바(생략), 원고가 피고 C에게 금융자문을 제공하고 수수료를 받는 것을 내용으로 하고 있다.

2) 주식매매예약

원고는 또한 이 사건 대출약정일에 피고 B와 사이에, 원고가 피고 B 명의의 피고 C 주식에 대하여 매매예약완결권을 취득하는 내용의 '주식매매예약에 관한 계약'(이하 '이 사건 주식매매예약'이라 한다)을 체결하였다. 그 주요 내용은 다음과 같은바, 이에 따르면, 원고는 '피고 B 명의로 된 피고 C의 발행주식 보통주 2,000주 중 399주' 또는 '향후 피고 C가 이익배당에 관한 누적적 우선주를 발행하여 피고 B가 이를 취득할 경우에는 이 사건 대출약정의 만기 또는 이 사건 사업 정산 시 배당하기로 한 금액 누계액이 80억 원에 이르는 우선주'에 대하여 예약완결권을 가진다.

피고들은 2019. 12. 20. 원고에게 이 사건 주식매매예약과 관련하여 다음과 같이 이 사건 주식매매예약의 내용을 구체화하고(생략), 그 위반 시 위약벌 80억 원을 부과하며, 피고 B 외에 다른 피고들도 연대하여 그 이행책임을 부담하도록 하는 내용의 확약(이하 '이 사건 확약'이라 한다)을 하였다.

마. 이 사건 대출금의 상환 및 이 사건 주식매매예약의 예약완결권 행사

원고는 2020. 7. 27. 피고 B와 피고 C에게 이 사건 대출원리금의 상환을 요구하면서 이 사건 주식매매예약에 따라 '제2종 종류주식(우선주) 400주'(이하 '이 사건 우선주'라 한다)에 대하여 예약완결권을 행사하므로, 이 사건 대출금 상환일로부터 5영업일 이내에 매매대금 200만 원(1주당 5,000원)과 상환으로 위 우선주를 매도할 것을 통지하였다.

이에 피고 C는 2020. 7. 29. H저축은행 외 4개사로부터 120억 원을 대출받아 이 사건 대출의 만기일 다음 날인 2020. 7. 30. H저축은행의 채권원리금을 변제함과 아울러 원고의 대출원리금 변제 명목으로 2,242,998,344원[=원금 2,000,000,000원+이자 132,998,726원+

금융자문수수료 110,000,000원(부가가치세 포함)]을 지급하였다.

그러자 원고는 2020. 7. 30. 이 사건 주식매매예약의 예약완결권 행사를 통지하면서 약정대로 원고로부터 매매대금을 지급받음과 동시에 이 사건 우선주의 주권을 인도할 것을 통지하였다. 그러나 피고 B는 원고에게 약정된 우선주를 매도하지 아니하였다. 이에 원고는 2020. 8. 10. 피고들에게 이 사건 예약완결권 행사에 따른 의무를 같은 달 12.까지 이행할 것을 최고하고, 2020. 8. 20. 재차 같은 달 26.까지 이 사건 예약완결권 행사에 따른 의무를 이행하거나 이 사건 확약서에 따른 위약벌 80억 원을 연대하여 원고에게 지급할 것을 최고하였다.

2. 당사자의 주장

가. 원고

원고는 이 사건 주식매매예약 및 확약에 따라 이 사건 우선주에 대하여 예약완결권을 행사하였으므로 피고 B는 원고에게 이 사건 우선주를 제공할 의무가 있음에도, 피고 B는 이 사건 주식매매예약과 확약을 위반하여 우선주를 제공하지 아니하였으므로, 피고들은 이 사건 확약 제3, 4항에 따라 연대하여 원고에게 위약벌 80억 원 및 이에 대한 지연손해금을 지급할 의무가 있다.

나. 피고 B, C, D, E

1) 대부업법 및 대부업법 시행령(2021. 4. 6. 대통령령 제31613호로 개정되기 전의 것, 이하 '구 대부업법 시행령'이라 한다) 제5조에 따라 원고는 피고 C로부터 이 사건 대출과 관련하여 연 24%를 초과하는 이자를 받을 수 없고, 이를 초과한 이자계약은 무효가 된다. 그런데 원고는 이 사건 대출과 관련하여 위 이자한도인 2,321,311,475원[=원금 2,000,000,000원+이자 321,311,475원(=2,000,000,000원×245/366×24%, 원 미만 버림)]을 초과한 2,342,998,344원[=원금 2,000,000,000원+이자 132,998,726원+대출취급수수료 100,000,000원+금융자문수수료 110,000,000원(부가가치세 포함)]을 지급받고서도, 추가로 이 사건 예약 및 확약에서 정한 보통주 399주 또는 이 사건 우선주에 대한 예약완결권까지 부여받았는바, 원고에게 보통주 399주 또는 이 사건 우선주에 대한 예약완결권을 부여하기로 하는 이 사건 주식매매예약 및 확약은 대부업법을 위반한 것으로서 무효이다.

2) 설령 이 사건 주식매매예약 및 확약이 대부업법을 위반한 것이 아니라고 하더라도 원고가 이미 대부업법상 이자의 최고한도액을 초과하는 금액을 지급받은 상태에서 이 사건 확약 제3항의 위약금의 지급을 구하는 것은 민법 제103조 내지 민법 제104조를 위반한 것으로서 무효이다.

3) 이 사건 예약 및 확약이 유효하다고 하더라도, 이 사건 확약에서 정한 위약금 80억 원은 위약벌이 아닌 손해배상액의 예정으로 원고가 피고 C에게 대여한 20억 원에 비하여 지나치게 과다하므로 대폭 감액되어야 한다.

3. 판단

가. 판단 순서

원고가 피고들에게 이 사건 주식매매예약 및 확약에서 위약벌로 정한 금액의 지급을 구함에 대하여, 피고 B, C, D, E는 주위적으로 이 사건 주식매매예약 및 확약이 대부업법을 위반한 것이어서 무효라고 다투고 있으므로, 먼저 이 사건 주식매매예약 및 확약이 대부업법을 위반하여 무효인지에 관하여 본다.

한편, 피고 L은 이 사건 주식매매예약 및 확약이 대부업법을 위반하였다는 주장을 한 바 없으나, 이 사건 주식매매예약 및 확약의 대부업법 위반 여부는 확정된 사실에 대한 법률의 적용으로서 변론주의나 처분권주의가 적용되지 아니하므로 원고와 피고 L에 대한 관계에서는 직권으로 본다(대법원 1996. 9. 20. 선고 96다25395 판결 참조).

나. 관련 법리

1) 대부업법은 제15조 제1항에서 "여신금융기관은 연 100분의 27.9 이하의 범위에서 대통령령으로 정하는 율을 초과하여 대부금에 대한 이자를 받을 수 없다"고 규정하고, 제15조 제2항에 의하여 준용되는 제8조 제2항에서 "이에 따른 이자율을 산정할 때 사례금, 할인금, 수수료, 공제금, 연체이자, 체당금 등 그 명칭이 무엇이든 대부와 관련하여 여신금융기관이 받는 것은 모두 이자로 본다"고 규정하며, 제15조 제5항에 의하여 준용되는 제8조 제4, 6항은 "여신금융기관이 이를 위반하여 대부계약을 체결한 경우 제1항에 따른 이자율을 초과하는 부분에 대한 이자계약은 무효로 하고(제4항), 대부업자가 선이자를 사전에 공제하는 경우에는 그 공제액을 제외하고 채무자가 실제로 받은 금액을 원본으로 하여 제1항에 따른 이자율을 산정한다(제6항)"고 규정하고 있다. 나아가 구 대부업법 시행령 제9조 제1항은 "법 제15조 제1항에서 '대통령령이 정하는 율'이라 함은 연 100분의 24를 말한다"라고 규정하고 있다.

2) 위와 같이 대부업법 제15조 제1항이 여신금융기관으로 하여금 법령이 정한 이자율을 초과한 이자의 수령을 금지하는 것은 금융이용자를 보호하고 국민의 경제생활 안정에 이바지하기 위한 것이고, 제15조 제2항에서 그 명칭이 무엇이든 대부와 관련하여 대부업자가 받는 것을 모두 이자로 보는 이유는 사례금이나 수수료 등 대부업자가 이자가 아닌 명칭을 사용하여 금전을 징수함으로써 대부업법이 정한 이자 제한을 잠탈하는 탈법행위를 하는 것을 방지하는데 있으므로, 비록 이 사건과 같이 대출취급수수료나 금융자문수수료 등 다른 명목으로 교부되는 돈이라고 하더라도 그것이 여신금융기관과 채무자 사이의 금전대차와 관련된 것으로서 금전대차의 대가로 볼 수 있는 것이라면 이자로 간주되고, 그중 대부업자가 이를 대부금에서 미리 공제하는 것은 선이자의 공제에 해당한다(대법원 2010. 5. 13. 선고 2009도11576 판결, 대법원 2013. 5. 9. 선고 2012다56245, 56252 판결 등 참조).

나아가 대부업법이 이와 같이 이자로 간주되는 금전대차의 대가를 '금전'으로 한정하고 있지 아니하므로 금전 외에 '금전적 가치가 있는 각종 경제적 이익'도 이자로 간주되는 금전대차의 대가에 포함된다고 보아야 하고, 대부업법 제15조 제2항의 탈법행위 방지 취지와 위 규정이 대부와 관련하여 대부업자가 받는 것을 모두 이자로 간주하면서 그 제공자를 채무자로 한정하고 있지 아니한 점을 고려하여 보면, 금전대차와 관련하여 대가로 받았다면 그 제공명의자가 채무자가 아닌 제3자인 형식을 취하고 있다고 하더라도 마찬가지로 위 법에서 말하는 이자에 포함된다고 보아야 한다.

다. 원고가 이 사건 대출과 관련하여 받은 대가의 범위

1) 약정 이자

원고가 이 사건 대출 당시 연 10%에 해당하는 이자를 지급받기로 약정하였고, 대출 만기에 이르러 그 이자를 지급한 사실은 앞서 본 바와 같다.

2) 대출취급수수료

원고가 이 사건 대출약정 당시 피고 C로부터 '이자' 명목으로 약정한 것 외에 대출취급수수료 명목으로 1억 원을 추가 지급받기로 약정하였고, 대출일 당일 피고 C로부터 해당 금액을 받은 사실은 앞서 본 바와 같다. 이러한 사실을 앞서 본 법리에 비추어 보면, 원고가 약정한 대출취급수수료는 이 사건 대출과 관련한 대가로서 대부업법 제15조 제2항, 제8조 제2항이 정한 바에 따라 이자로 간주된다.

3) 금융자문수수료

원고가 이 사건 대출 약정 당시 피고 C와 사이에 이 사건 금융자문계약을 체결하여 대출 만기 혹은 상환 시에 금융자문수수료 명목으로 100,000,000원(부가가치세 별도)을 받기로 약정하였고, 대출만기에 이르러 위 계약에 따라 피고 C로부터 금융자문수수료 명목으로 110,000,000원(부가가치세 포함)을 받은 사실은 앞서 본 바와 같은바, 앞서 본 각 증거와 갑 제49, 50호증, 을 제8, 15, 16호증의 각 기재, 변론 전체 취지에 의하여 알 수 있는 다음과 같은 사정에 비추어 보면, 원고가 피고 C로부터 받기로 약정한 금융자문수수료 100,000,000원(부가가치세 10,000,000원은 위 수수료의 지급이 금융자문계약을 통하여 지급하는 형식을 취하였기에 발생하는 것으로서, 추후 피고 C이 환급받을 수 있으므로 제외한다)은 이 사건 대출과 관련한 대출의 대가로 봄이 상당하고, 이는 이 사건 금융자문수수료가 이 사건 대출약정과 별개의 약정인 금융자문계약을 통하여 지급되는 형식을 취하였다고 하여 달리 볼 것이 아니다.

① 이 사건 금융자문계약은 이 사건 대출약정이 체결할 때 함께 체결되었고, 원고는 이 사건 대출의 만기 직전인 2020. 7. 27. 피고 C에게 이 사건 대출원리금의 변제를 요구하면서 위 금융자문수수료의 지급도 함께 요구하였으며, 이후 금융자문수수료의 지급은 이 사건 대출원리금 변제와 같이 이루어졌다.

② 이 사건 금융자문계약서에는 원고가 피고 C에게 ㉮ 이 사건 사업 관련 Bridge Loan(B/L) 자금의 조달, ㉯ 이 사건 사업 관련 본 PF 자금의 조달, ㉰ 위 각

자금의 조달에 따른 차입금의 상환 업무와 관련하여 금융자문을 제공하는 것으로 기재되어 있고, 피고 C는 이 사건 사업이 완료될 때까지 사업자금 조달에 대하여 원고에게 독점적인 권한을 부여하여야 하며, 원고의 사전 서면동의 없이 제3자에게 사업자금 조달과 관련한 금융자문을 위탁하지 못하도록 하고 있다. 그런데 원고는 피고 C에게 이 사건 금융자문계약을 체결한 이후 추가 Bridge Loan(B/L)이나 본 PF 자금 조달 등 추가적인 자금조달을 위한 금융자문을 해준 바 없다. 오히려 이 사건 대출의 만기일 무렵인 2020. 5. 29.과 2020. 6. 11.에 이르러 이 사건 대출금의 상환만 독촉하고 있을 뿐이다. 나아가 피고 C는 이미 M과 금융자문계약을 체결한 후 자금을 조달해오고 있었고, 2020. 7. 말경에도 같은 방식으로 원고를 배제하고 다른 금융기관들로부터 자금을 차입하여 이 사건 대출원리금을 변제하였는데, 원고는 그 과정에서 그 사실을 잘 알고서도 아무런 이의를 제기하지 아니하였다. 이러한 사정에 비추어 보면, 이 사건 금융자문계약은 이 사건 대출을 해주는 것에 대한 대가로서 추가 수수료 1억 원을 지급하기로 하면서 그 근거를 마련하기 위한 목적에서 체결된 것으로 보일 뿐, 실제 약정서에 기재된 것처럼 원고에게 본 PF자금의 조달이나 추가자금 조달에 관한 금융자문을 맡기기 위하여 체결된 것이라고 보기 어렵다.

③ 게다가 이 사건 금융자문계약 제5조 제2항은 이 사건 금융자문수수료 100,000,000원은 이 사건 대출을 통한 금융지원과 관련한 금융자문수수료임을 명시적으로 규정하고 있기도 하다.

④ 원고는 이 사건 대출이 이루어진 경위와 관련하여 스스로 '피고 E가 이미 M과의 협상을 통하여 H저축은행으로부터 자금 일부를 대출받고 우선수익권 및 주식근질권을 제공하기로 확약한 상태에서 추가로 자금을 조달하기 위하여 원고에게 제안하여 이 사건 대출이 이루어진 것이다'라고 주장하고 있는바, 이러한 원고의 주장에 의하더라도 원고가 이 사건 대출과 관련하여 피고 C에게 대주로서 자금을 제공한 외에 달리 금융자문을 하였다고 볼 수 없다.

⑤ 원고는 이 사건 대출약정 당시 이 사건 금융자문계약에 따라 피고 C의 복잡한 채권채무 현황을 확인하고 다수의 채권자들과 합의 방안에 대해 논의하는 등 관련 금융주선, 금융상담 및 조력업무를 수행하였다고 주장하나, 이 사건 금융자문계약은 이 사건 대출과 동시에 이루어졌기에 이 사건 대출 이전에 원고가 이 사건 대출과 관련하여 어떠한 활동을 하였다고 하여 그것을 두고 이 사건 금융자문계약에 따른 것이라고 할 수 없을 뿐 아니라, 설령 원고가 위와 같은 활동을 하였다고 하더라도 그 활동은 활동 내용에 비추어 보면 피고 C를 위한 금융자문활동이라기보다 금전을 대여하는 채권자로서 대여 여부를 결정하기 위한 활동으로 보일 뿐이다.

⑥ 원고는 이 사건 대출약정 체결 이후 주식회사 N의 펀드를 통해 피고들의 잔여

채권액 변제를 위한 자금조달에 관하여 자문업무를 수행하였다고 주장하나, 갑 제49호증의 기재만으로는 원고가 위와 같은 자문업무를 수행하였다고 인정하기 부족하고, 달리 이를 인정할 증거가 없다. 오히려 위 펀드에 의한 자금 대출은 피고 E의 노력에 의하여 교섭이 이루어졌고, 그 과정에서 위 펀드와 원고 사이에 이루어진 업무연락은 위 펀드로부터의 차입 및 담보제공에 관련하여 이 사건 대출 약정 제10조 제6항 제5호에 따라 이 사건 대출의 대주인 원고의 사전 서면동의를 받기 위한 것이었다고 보일 뿐이다.

⑦ 원고는 O 주식회사 및 P 주식회사와의 사업약정서 작성 등 관련 사항에 대하여 계속적으로 협의하는 등 이 사건 사업의 시공사 선정을 위한 자문업무도 제공하였다고도 주장하나, 갑 제50호증의 기재만으로는 원고가 위와 같은 자문업무를 수행하였다고 인정하기 부족하고, 달리 이를 인정할 증거가 없다. 오히려 원고와 위 회사들 사이의 연락은 피고 E이 위 회사들을 시공사로 선정하고자 하는 과정에서 이 사건 대출약정 제3조 제4항 제2호에 따라 이 사건 대출의 대주인 원고의 사전 서면동의를 받기 위한 것이었다고 보일 뿐이다.

4) 이 사건 주식매매예약 및 확약에 따른 예약완결권

원고가 이 사건 대출 약정 시에 피고 B과 사이에 이 사건 주식매매예약을 체결하여 '피고 B 명의로 된 피고 C의 주식 중 399주' 또는 '이 사건 우선주'에 대한 예약완결권을 취득한 후 이 사건 확약을 통해 그 내용을 구체화하고 위약벌을 약정한 사실은 앞서 본 바와 같은바, 앞서 본 각 증거와 갑 제20 내지 22호증의 각 기재, 변론 전체취지에 의하여 알 수 있는 다음과 같은 사정에 비추어 보면, 원고가 이 사건 주식매매예약과 확약을 통하여 취득한 위 예약완결권은 이 사건 대출과 관련하여 대출의 대가로 받은 것으로서 '금전적 가치가 있는 경제적 이익'이라고 봄이 상당하고, 이는 이 사건 예약완결권이 이 사건 대출약정과 별개의 약정인 이 사건 주식매매예약과 확약에 의하여 부여되는 형식을 취하였다거나' 대가 제공명의자가 피고 C가 아니라 피고 C의 1인 주주인 B로 되어 있다고 하여 달리 볼 것이 아니다.

① 이 사건 주식매매예약은 이 사건 대출약정이 체결될 때 함께 체결되었고, 이 사건 확약은 위 주식매매예약에 의하여 원고가 취득한 권리를 구체화하거나 그 이행을 담보하기 위한 내용에 불과한데, 피고 B가 원고에게 위와 같은 주식매매예약완결권을 부여한 이유를 이 사건 대출 외에는 찾아볼 수 없다. 당사자의 주장이나 이 사건 사업의 규모에 비추어 피고 B나 피고 C가 원고로부터 주식매매대금인 약 200만 원을 투자받기 위하여 위 주식매매예약을 체결하였다고는 도저히 볼 수 없다.

② 이 사건 주식매매예약 제1조는 '본 계약에서 별도로 정의되지 않은 한 차주로서 피고 C와 대주로서 H저축은행 및 원고 사이에서 체결된 이 사건 대출약정에서 정의되는 용어는 본 계약에서 동일한 의미를 갖는다'라고 규정하고 있고, 제4조

는 예약완결권의 행사일을 '이 사건 대출약정에서 정한 주식근질권계약에 따른 H저축은행의 피담보채권이 모두 소멸한 이후, 권리행사일로부터 1영업일 전까지'로 정하고 있는바, 이러한 규정을 보아도 이 사건 주식매매예약이 이 사건 대출약정 및 대출금 변제와 연계하여 체결된 것임을 알 수 있다.

③ 원고도 소장에서 이 사건 주식매매예약을 체결하게 된 이유에 관하여 '이 사건 사업의 초기 자금으로 피고 C에게 거금을 대출하면서도 선순위 대출채권자인 H저축은행의 존재로 인하여 실질적인 담보를 거의 확보하지 못하였기에 대출원리금 외에 사업으로 인한 수익금을 보장받기 위해서였다'고 주장함으로써 이 사건 주식매매예약이 이 사건 대출의 대가를 안정적으로 확보하기 위한 것임을 자인하고 있기도 하다.

④ 원고가 취득한 예약완결권의 대상주식은 '피고 C의 발행주식 2,000주 중 20%에 가까운 399주' 또는 '향후 피고 C의 이익배당에 관한 누적적 우선주를 발행하여 피고 B가 이를 취득할 경우에는 이 사건 대출약정의 만기 또는 이 사건 사업 정산 시 배당하기로 한 금액 누계액이 80억 원에 이르는 우선주'이고, 그 행사가액, 즉 취득가액은 주당 5,000원(보통주의 경우 399주에 해당하는 취득가액은 1,995,000원이고, 이 사건 우선주의 경우 취득가액이 명시되어 있지 아니하나 액면가로 인수하는 것을 예정한 것으로 보이는바, 이 경우 취득가액은 200주의 액면가 합계인 2,000,000원이 된다)에 불과한바, 이 사건 사업을 추진하는 피고 C의 주식 중 약 20%를 위와 같이 액면가로 취득하는 권리는 당시 피고 C의 가치평가를 통하여 금전으로 환산할 수 있는 경제적 이익에 해당한다. 나아가 원고와 피고들은 이 사건 주식매매예약 및 확약을 체결할 당시 이 사건 신축사업의 기대이익을 약 400억 원으로 보고 있었음에도 그중 약 20%의 수익을 원고가 취득할 수 있도록 하기 위한 목적에서 원고가 피고 C의 발행주식 중 20%에 해당하는 보통주 또는 총 80억 원을 배당받을 수 있는 우선주를 액면가로 취득할 수 있도록 하면서 그 불이행 시 위약벌을 80억 원으로 정하기까지 하였는바, 이러한 사실에 비추어 보면 원고와 위 피고들은 당시 이 사건 예약완결권의 가치를 약 80억 원 상당으로 평가하고 있었음을 알 수 있는바, 당시 위 예약완결권은 금전적 가치도 매우 컸다고 보아야 한다(현재에도 위 예약완결권은 정확한 가치는 알 수 없지만 사업의 진행상황에 비추어 상당한 가치가 있을 것으로 보인다).

⑤ 원고는 위 예약완결권이 무담보 후순위 자금 투자와 자기자본 투자가 함께 추진되는 메자닌 금융(mezzanine capital) 방식으로 이루어진 투자의 대가이고, 그 대가로 받기로 한 피고 C의 주식은 이 사건 사업의 향방에 따라 가치가 결정되는 것이지 사업의 이익이나 손실 발생 여부와 관계없는 확정수익이 아니므로 대부업법의 적용대상이 아니라는 취지로 주장한다. 그러나 원고의 주장 자체에

의하더라도 원고가 이 사건 예약완결권을 취득하기 위하여 피고 C나 피고 B 등에게 이익과 손실을 공유하는 어떠한 투자를 하였다는 것이 아니라 담보가 부족하여 회수가 어려울 수 있는 대출을 해주는 대가로 받았다는 것에 불과하므로, 원고가 취득한 이 사건 예약완결권이 원고가 투자를 한 대가라는 위 주장은 받아들일 수 없다. 이는 예약완결권 행사를 통하여 취득하게 될 피고 C의 주식의 가치 또는 위 예약완결권의 가치가 이 사건 사업의 성공 여부에 따라 변동될 수 있는 것이라고 하여 달리 볼 것이 아니다.

⑥ 원고는 이 사건 예약완결권의 경우 이 사건 대출의 채무자인 피고 C가 아니라 피고 B가 제공하는 것이므로 대부업법이 정한 간주이자에 해당하지 아니한다고 주장하기도 하나, 앞서 본 법리와 대부업법이 정한 이자 제한을 잠탈하기 위한 수단으로 사용되는 탈법행위를 방지할 필요성을 고려하여 볼 때 원고의 위와 같은 주장은 받아들일 수 없다.

설령 대부업법이 정한 간주이자를 제공자별로 따로 계산하여야 한다는 입장에 서더라도, 제공자가 동일한지 여부는 형식적으로만 볼 것이 아니라 실질적으로 판단하여야 할 것인데, 이 사건 사업은 실질적으로 피고 E가 운영하는 피고 D가 특수목적법인인 피고 C를 설립한 후 그 주식을 피고 B 명의로 하여 두고 추진하면서 그 사업자금을 조달하기 위해 이 사건 대출약정을 체결함과 아울러 담보를 제공한 것이라는 점에 비추어 보면, 비록 이 사건 대출에 따른 대가를 지급하는 주체가 형식적으로 피고 C와 피고 B로 나뉘어 있더라도, 실질적으로는 동일한 사업주체가 대가를 제공하는 것으로 볼 수 있으므로, 위 주장은 받아들일 수 없다.

라. 이 사건 주식매매예약 및 확약의 대부업법 위반 여부

이 사건 대출에 적용되는 대부업법상 이자율의 최고한도는 연 24%이고, 원고가 받기로 약정한 대출취급수수료는 그 지급이 대출 당일에 이루어졌으므로 대부업법 제15조 제5항, 제8조 제6항이 정한 바에 따라 이자율 산정시 원금에서 제외될 선이자에 해당하므로, 원고가 이 사건 대출인출일인 2019. 11. 29.부터 이 사건 대출만기일인 2020. 7. 29.까지 이 사건 대출을 통해 받을 수 있는 대부업법상 이자의 최고한도는 302,754,098원[=1,900,000,000원(=원금 2,000,000,000원-대출취급수수료 100,000,000원)×(243/3661)×24%, 원 미만 버림. 이하 같다]이 된다.

그런데 원고는 이 사건 대출과 관련하여 그 대가로 대부업법상 허용되는 이자의 최고한도를 넘는 금액인 332,768,885원[=대출원금 2,000,000,000원에 대한 이자로 132,768,885원(=2,000,000,000원×243/366×10%)+대출취급수수료 100,000,000원(원고는 이 금액을 원금에 포함하여 변제받기로 약정한 바 있다)+금융자문수수료 100,000,000원]을 지급받기로 약정하고서도 추가로 이 사건 예약완결권까지 취득하기로 약정하였고, 실제 2020. 7. 30. 대여금을 변제받으면서 대부업법이 인정하는 최고이자를 초과한 332,768,885원(당시

수령한 대여원리금 2,242,998,344원-선이자 성격의 대출취급수수료를 공제한 원금 1,900,000,000원-부가가치세 10,000,000원)을 변제받기도 하였는바, 이 사건 예약완결권을 취득하기로 하는 이 사건 주식매매예약 및 확약은 대부업법 제15조 제5항, 제8조 제4항에 의하여 효력이 없고 피고들에 대하여 그 이행을 청구할 수도 없다고 보아야 한다. 따라서 이 사건 예약완결권이 유효하게 존재함을 전제로 그 의무 이행을 확약하고 불이행 시 위약벌을 부과하기로 하는 이 사건 확약 역시 효력이 없다.

[법령해석 회신문(220004)]

[질의요지]

중도상환수수료 부과 금지 조항에서 말하는 중도상환수수료는 고객사의 기한 전 상환으로 인하여 은행에게 실제 손해가 발생(스왑 해지 비용 등)하는 경우의 비용도 포함되는지요?

[회답]

중도상환으로 발생한 스왑 해지 비용 역시 중도상환을 이유로 고객에게 부과하는 비용이라면 금융소비자보호법상 중도상환수수료에 포함됩니다.

따라서 중도상환수수료 부과가 가능한 예외 사유(대출계약 성립 3년 이내 상환 등)에 해당하지 않는 이상, 스왑 해지 비용 등을 중도상환을 이유로 고객에게 부과하는 행위는 「금융소비자보호법」상 불공정영업행위에 해당하는 것으로 해석됩니다.

[이유]

「금융소비자보호법」 제20조 제1항 제4호 나목은 "수수료, 위약금 또는 그 밖의 어떤 명목"이든 중도상환수수료를 부과하는 행위를 원칙적으로 금지하고 있습니다.

다만, 대출계약이 성립한 날부터 3년 이내에 상환하는 경우, 다른 법령에 따라 중도상환수수료 부과가 허용되는 경우, 시설대여·연불판매 또는 할부금융 관련 계약 등에 한하여 예외적으로 중도상환수수료 부과를 허용하고 있습니다.

금리 스왑 해지 비용 등 중도상환으로 인해 발생한 실제 비용이라 하더라도 고객에게 해당 비용을 부과하는 것은 수수료, 위약금 또는 "그 밖의 어떤 명목"이든 중도상환수수료를 부과하는 행위에 해당한다고 해석됩니다.

따라서 중도상환수수료 부과가 가능한 예외 사유(대출계약 성립 3년 이내 상환 등)에 해당하지 않는 이상, 스왑 해지 비용 등을 중도상환을 이유로 고객에게 부과하는 행위는 「금융소비자보호법」상 불공정영업행위에 해당할 것입니다.

4) 각종 수수료의 반환의무

① 「주선수수료」는 대출의 주선, 즉 대출계약 체결의 성공에 대한 대가로서 주선인에게 지급되는 수수료이기 때문에, 다른 합의가 없는 한 선지급된 「주선수수료」는 대출계약이 체결되어 이미 지급된 이상 원칙적으로 반환할 의무가 없다고 보는 것이 타당하다. 다만, 주선의 경위, 업무 처리의 경과와 난이도, 투입한 노력의 정도, 차주가 주선인의 업무 처리로 인해 얻게 되는 구체적 이익 등을 고려할 때 약정 주선수수료액이 부당하게 과다해 신의성실의 원칙이나 형평의 원칙에 반한다고 볼 만한 특별한 사정이 있는 때에는 예외적으로 상당하다고 인정되는 범위 내의 보수액만을 청구할 수 있다고 하면서, 아래와 같이 금융주선수수료, 금융자문수수료의 감액을 인정한 하급심 판결이 있다.

[판례 3-6] 서울고등법원 2021. 6. 16. 선고 2020나2034880 판결[38)]

위 기초사실 및 앞서 든 증거, 갑 제17, 20, 21, 27 내지 30호증, 을 제53 내지 57호증의 각 기재에 변론 전체의 취지를 종합하여 인정되는 다음과 같은 사정들에 비추어 보면, 피고 ◇◇◇증권이 이 사건 선급·후급 금융자문수수료 및 금융주선수수료 각 약정에 따라 원고로부터 수령한 선급·후급 금융자문수수료 및 금융주선수수료 합계 77억 5,000만 원(=선급 금융자문수수료 40억 원+후급 금융자문수수료 30억 원+금융주선수수료 7억 5,000만 원, 각 부가가치세 제외)은 피고 ◇◇◇증권이 수행한 구체적인 위임사무의 내용 등에 비해 부당하게 과다하여 신의성실의 원칙이나 형평의 원칙에 반한다고 봄이 상당하므로, 그 수수료 액수는 이 사건 선급·후급 금융자문수수료 및 금융주선수수료 각 약정상 각 수수료(부가가치세 제외한 금액)의 70%로 감액함이 타당하다.
(이하 생략)

② 반면, 특히 한도약정대출(Commitmet-Line)의 경우 대출이 실행되지 않았음에도 선지급된 「대리수수료」, 「한도약정수수료」 및 「대출(취급)수수료」 등의 대출실행(취급) 관련 수수료에 관하여는 대주에게 대출실행의무 불이행이 있는 경우 또는 대출계약의 해제(해지) 등으로 인하여 대주의 대출실행의무가 종료된 경우에는, 다른 합의가 없는 한 대주가 대출실행의무를 이행하지 않는 기간 내지 대주가 대출실행의무를 부담하지 않은 기간 동안의 수수료에 대한 반환의무가 있다고 보아야 할 것으로 생각된다.

38) 위 사실관계에 대해서는 본편 주 34) 참조

[판례 3-8] 대법원 2001. 12. 24. 선고 2001다30469 판결

1. 원심은 다음과 같은 사실을 인정하였다.

가. 원고들은 1997. 10. 29. 선박 건조에 필요한 자금을 마련하기 위하여 파산자 주식회사 동남은행(아래에서는 '파산자'라고 한다)을 포함한 21개 은행과 사이에 이른바 신디케이티드 론(syndicated loan) 방식에 의한 차관계약을 체결하였다. 파산자는 이 계약 체결과정에 확대주선은행(extended arranger)으로서 간사은행단(managers)에 참가하였다. 원고들과 파산자를 포함한 신디케이트(syndicate) 참여은행 사이에 체결된 각 차관계약에 따르면, 신디케이트 참여은행은 각자에게 배당된 금액을 약정기일에 원고들에게 대출하고, 원고들은 신디케이트 조직과 대출에 대한 대가로 이자와 각종 비용 이외에 관리수수료(management fee)를 간사은행단에게, 약정수수료(commitment fee)를 참여은행에게 지급하기로 약정하였다. 한편, 신디케이트에 참여한 은행들 사이에 관리수수료와 약정수수료의 배분방법은 채무자인 원고들의 참여 없이 간사은행단 또는 신디케이트 참여은행들이 별도로 결정하기로 하였다.

나. 원고들은 차관계약에 따라 파산자에게 1997. 11. 21.부터 1998. 7. 27.까지 사이에 관리수수료와 약정수수료를 지급하였는데, 파산자는 차관계약에 따른 약정 대출기일 이전인 1998. 10. 28. 법원으로부터 파산선고를 받았다.

다. 이에 원고들은 파산자에 대하여 이미 지급한 관리수수료와 약정수수료의 반환청구권이 있다는 확인을 구하는 이 사건 소송을 제기한 뒤, 원심에서 파산법 제50조 제2항에 따라 피고에게 차관계약을 해제할 것인지 아니면 채무이행의 청구를 할 것인지를 확답할 것을 최고하였고, 피고는 채무이행의 청구를 하겠다고 답변하였다. 그러나 피고가 약정기일에 차관계약에 따른 대출의무를 이행하지 아니하자, 원고들이 차관계약을 해제하였다.

2. 원고들의 상고이유에 대한 판단

복수의 은행이 신디케이트를 구성하여 채무자에게 자금을 융자하는 신디케이티드 론 거래에 있어, 채무자가 신디케이트 구성을 주도한 간사은행단에게 신디케이트 구성과 차관계약의 체결 등에 대한 대가로 지급하는 관리수수료[39]는 다른 특별한 사정이 없는 한 차관계약이 성립함으로써 간사은행단에게 귀속되고, 그 뒤 간사은행단에 속한 은행이 차관계약상의 대출의무를 이행하지 아니하여 그 부분 대출약정이 해제되었다고 하더라도 그 은행이 간사은행단 내부 약정에 따라 분배받은 관리수수료를 채무자에게 반환하여야 하는 것은 아니다.

원심이 같은 취지에서, 원고들과 파산자 사이의 개별 대출약정이 해제되었다고 하더라도 원고들이 차관계약에 따라 간사은행단이 취득한 관리수수료 중 파산자에게 분배된 부

39) 위의 「주선수수료」의 성격을 가지는 것으로 보인다.

분의 반환을 청구할 수 없다고 판단한 것은 옳고, 거기에 상고이유의 주장과 같은 법리오해 등의 잘못이 없다. 따라서 상고이유는 받아들일 수 없다.

3. 피고의 상고이유에 대한 판단

가. 원심이, 이 사건 각 차관계약에서 그 준거법을 영국법으로 정하고 있으나, 영국법에 관한 자료가 제출되지 아니하여 그 내용의 확인이 불가능하고, 이 사건에 있어 영국법과 그 해석이 한국법이나 일반적인 법해석의 기준과 다르다고 볼 자료도 없다 하여, 한국법과 일반 법원리를 토대로 이 사건 각 차관계약의 내용을 해석한 것은 옳고, 거기에 상고이유의 주장과 같은 심리미진이나 법리오해 등의 잘못이 없다. 따라서 이 부분 상고이유는 받아들일 수 없다.

나. 원심이, 원고들이 파산자에게 지급한 약정수수료[40)]는 차관계약에 따라 파산자의 개별 대출약정에 대한 대가로서 지급된 것인데, 파산자의 대출의무 불이행으로 대출약정이 해제되었으므로, 파산자는 그 약정 해제에 따른 원상회복으로서 원고들로부터 지급받은 약정수수료를 반환하여야 한다고 판단한 것은 옳고, 거기에 상고이유의 주장과 같은 약정수수료의 성질이나 계약의 해제에 관한 법리오해 등의 잘못이 없다. 따라서 이 부분 상고이유도 받아들일 수 없다.

4. 그러나 직권으로 살피건대, 이 사건에서 원고들이 주장하는 피고에 대한 수수료 반환청구권은 파산법상 재단채권에 해당하고, 원고들은 그 채권액수가 확정되어 있고 이행기도 도래하였다고 주장하고 있으므로, 피고에게 직접 그 이행을 청구하는 것은 별론으로 하고, 다른 특별한 사정이 없는 한 피고를 상대로 그 채권 존재의 확인을 청구하는 것은 확인의 이익이 없어 허용될 수 없다. 그럼에도 불구하고, 원고들의 청구에 확인의 이익이 있음을 전제로 본안에 대하여 판단한 원심은 확인의 이익에 관한 법리를 오해하여 판결에 영향을 미친 잘못을 저질렀다.

실무에서는, 기 지급된 수수료의 반환의무에 관한 분쟁을 피하기 위하여 각 수수료의 반환의무 유무에 대해 대출계약서나 해당 수수료약정서에 명시적으로 규정하는 경우가 많다.

[계약서 기재례] 수수료의 반환금지

① 기 지급된 수수료는 어떠한 경우(대출금의 만기일 전에 피담보채무가 모두 변제되는 경우를 포함)에도 반환되지 아니한다.

② 이 조 제①항에도 불구하고, 다음 각호의 경우에는 해당 호에서 정하는 바에 따라 해당 수수료를 정산하여 반환한다.

40) 위의 「한도약정수수료」 또는 「대출(취급)수수료」의 성격을 가지는 것으로 보인다.

1. 대리기관이 대리기관의 지위를 사임한 경우에는 해당 기간 동안의 미경과일수에 대응하는 대리기관수수료를 해당 사임의 효력발생일 이후 최초로 도래하는 이자지급일까지 정산하여 차주에게 반환한다.
2. 어느 대주가 대출실행의무를 불이행하는 경우 또는 증가비용의 발생에 의해 해당 대주의 대출실행의무가 종료되는 경우에는, 해당 대주는 해당 대출실행의무 불이행기간 또는 대출실행의무가 종료된 이후의 기간 동안의 미경과일수에 대응하는 한도약정수수료를 해당 한도약정수수료계산기간 종료일로부터 [*]영업일 이내에 차주에게 반환한다.

5) 각종 수수료와 부가가치세 문제

(간주)이자 외에 주선인, 대리인, 대주가 수취하는 주선수수료, 대리수수료, 대출취급수수료, 한도약정수수료, 인출수수료 등의 각종 수수료에 대해 부가가치세가 부과되는지 여부가 문제되는데, 이는 위 각종 수수료를 세법상 이자 또는 이자에 준하는 것으로 볼 수 있는지 여부에 따라 달라질 수 있으므로, 해당 주선인/대리인, 대주는 주선인/대리인과 대주의 겸임 여부, 수수료 지급 원인(실질적으로 용역의 제공인지, 금전의 사용대가인지 등)에 따라 개별적으로 판단하여 부가가치세 과세대상이라고 판단되는 경우에는 (또는 그러한 염려가 있는 경우에는) 해당 수수료에 더하여 부가가치세 해당 금액도 추가로 지급받을 수 있도록 명확히 규정해 두는 것이 좋을 것이다. 실무에서는 일반조항의 형태로 이러한 수수료에 부가가치세가 부과되는 경우에는 동 금액도 추가로 지급될 수 있도록 규정하는 경우가 많다.

2 M&A금융 대출계약의 의의

(1) M&A금융 대출계약의 특징

앞서 살펴본 바와 같이, M&A금융에서의 대출계약은 대출계약 체결 또는 대출실행 시에는 단독 대주인 경우에도 대출계약 체결 후 또는 대출실행 후 셀다운(Sell-down)[41] 등을 통하여 대주가 복수로 될 것을 예정하고 있는 경우가 많기 때문에 처음부터 복수의 대주를 전제로 한 대주단대출계약의 형태로 체결되는 경우가 많다.

41) 「셀다운」은 실무상 사용되는 용어이다. 이에 대해서는, 본서 제5편 M&A금융의 셀다운 부분 참조

대주단대출계약은 형식적으로는 1통[42]의 대출계약서에 전체 대주, 대리인과 차주가 날인(서명)하는 형식을 취하더라도,[43] 법적으로는 각 대주별로 차주와의 사이에서 금전소비대차계약이 병렬적으로 성립되고,[44] 각 대주의 권리의무는 다른 대주의 권리의무와는 독립된 별개라는 점이 명시된다.

[계약서 기재례] 권리의무의 독립 · 개별성

① 금융계약에서 달리 규정하는 경우를 제외하고, 대주와 대리기관은 각각 독립하여 금융계약에 따른 권리와 의무를 가지고, 금융계약의 제 조건에 따라서 이 계약상 자신의 권리를 개별적으로 행사할 수 있다.
② 어느 대주가 금융계약상 자신의 의무를 이행하지 않는다 하더라도 나머지 대주 각자의 의무는 면책되지 아니하며, 나머지 대주 및 대리기관이 불이행 대주의 의무를 대신 이행할 책임을 부담하지도 아니한다.

그러나 각 대주의 권리의무의 독립성을 전제로 하면서도 대출의 실행 · 관리 · 회수, 담보권실행 등의 각 대주의 행위에 대해서는 전체 대주가 협조하에 실행(이행)될 수 있도록 미리 대주 간의 의사결정방법 및 절차 등이 규정되며, 모든 대주를 위하여 대주의 의사결정집행, 자금집행,[45] 통지의 중개, 담보관리 등의 업무를 실행할 대리인(Agent)[46]이 설치되는 경우가 일반적이다.

이에 추가하여, M&A금융의 대출계약에는 전형적인 일반기업금융대출(Corporate Loan) 계약과 비교하여 대출실행 선행조건 및 후행조건, 진술보증, 준수사항, 기한의 이익 상실

42) 인지세법에 따른 인지부담 등을 고려하여 실무에서는 대출계약서 등 인지세가 부과되는 약정서 및 서류는, 등기제출용이나 국가기관 등에 원본이 제출되어야 하는 등의 다른 사정이 없는 한 원본을 1통만 체결하는 경우가 많은 것으로 보인다.
43) 사안에 따라서는 주선인(주선기관)도 계약 당사자로 포함시키는 경우도 있다.
44) 「대주단대출(Syndicated Loan)의 법적 성질」에 대해서는, (i) 박준 · 한민『금융거래와 법(제3판)』(박영사, 2022) 141페이지, (ii) Philip R Wood「INTERNATIONAL LOAN, BONDS AND SECURITIES REGULATION」『LAW AND PRACTICE OF INTERNATIONAL FINANCE』(SWEET & MAXWELL, 2007) 94~96페이지, (iii) 青山大樹 編著『詳解 シンジケートローンの法務』(一般社団法人 金融財政事情研究会, 2015) 28페이지 이하 각 참고
45) 다만, 실무에서는 자금의 집행(대출의 실행 및 평상 시의 원리금 변제)에 관하여는 대리인을 경유하지 않고 각자의 금액을 미리 지정된 계좌로 이체하는 방법으로 대주가 차주에게(대출실행의 경우) 또는 차주가 각 대주에게(원리금 상환의 경우) 직접 지급하는 경우도 많다. 이에 대해서는 본장 3 (5) 1), 3) 부분 각 참조
46) 실무에서는 대리인의 지위에 있는 기관의 종류(속성)에 따라 「대리은행」, 「대리금융기관」, 「대리기관」이라고 부른다.

등이 보다 상세하고 다양하게 규정되고, 강제(의무)조기상환 조항 등 일체의 자산으로부터의 현금흐름을 파악·통제하기 위한 조항도 보다 상세하게 규정된다.

(2) M&A금융 대출계약의 구성[47)]

M&A금융의 대출계약은 각 대주(금융기관)가 사용하는 간단한 양식의 여신거래약정서에 그에 대한 특약사항(통상 「여신거래약정에 대한 특약」)을 추가하는 방법으로 체결되는 경우도 있으나, 특히 대주단대출의 경우에는 국내 당사자 사이의 거래임에도 불구하고 국제거래에서 사용되는 영문의 대출계약서(Loan Agreement)의 내용이 거의 대부분 반영된 국문의 대출계약서(대출약정서)가 별도로 체결되는 것이 일반적이고, 그 구체적인 구성 및 내용은 계약을 주관하는 주선인(그가 선임하는 법무법인)에 따라 또는 사안에 따라 조금씩 다르다. 다만, 대체적으로는 아래와 같이 구성되는 것이 일반적이다.[48)]

---

47) 「대주단대출」에 대해서는, (i) Anthony C. Gooch · Linda B. Klein 『Documentation For Loans, Assignments And Participations』(Euromoney Books, 1996), (ii) 渥美坂井法律事務所 · 外国法共同事業 編著 『シンジケ-トロ-ン契約書作成マニュアル-国内海外協調融資の実務(第4版)』(中央經濟社, 2021), (iii) 박준 · 한민 『금융거래와 법(제3판)』(박영사, 2022) 141페이지 이하, (iv) Sandra Stern 『Structuring and Drafting Commercial Loan Agreements(Revised Edition) VOLUME 1-1』(An A.S Pratt Publication, 2014) Chapter 11, (v) 青山大樹 編著 『詳解 シンジケートローンの法務』(一般社団法人 金融財政事情研究会, 2015), (vi) Philip R Wood 「INTERNATIONAL LOAN, BONDS AND SECURITIES REGULATION」 『LAW AND PRACTICE OF INTERNATIONAL FINANCE』(SWEET & MAXWELL, 2007) 90페이지 이하 각 참고
그리고 「대주단대출계약의 구성 및 내용」에 대해서는, (i) 笹山幸嗣 · 村岡香奈子 『M&Aファイナンス(第2版)』(一般社団法人金融財政事情研究会, 2008) 103페이지 및 177페이지 이하, (ii) Anthony C. Gooch · Linda B. Klein 『Documentation For Loans, Assignments And Participations』(Euromoney Books, 1996) Part Ⅲ Syndicated Revolving Credit Agreements 부분, (iii) 渥美坂井法律事務所 · 外国法共同事業 編著 『シンジケ-トロ-ン契約書作成マニュアル-国内海外協調融資の実務(第4版)』(中央經濟社, 2021) 63페이지 이하, (iv) Sandra Stern 『Structuring and Drafting Commercial Loan Agreements(Revised Edition) VOLUME 1-1』(An A.S Pratt Publication, 2014) 11.07 부분, (v) Philip R Wood 「INTERNATIONAL LOAN, BONDS AND SECURITIES REGULATION」 『LAW AND PRACTICE OF INTERNATIONAL FINANCE』(SWEET & MAXWELL, 2007) 90페이지 이하 각 참고

48) 계약서의 체계로는, 제1조부터 마지막 조항까지 모든 조를 순서대로 나열하는 방법(예를 들면, 제1조, 제2조, 제3조…)도 있으나, 당사자의 의견을 반영하여 중간에 조항을 추가할 경우에는 조문번호를 전체적으로 다시 조정하고 그에 따른 계약서 본문의 reference도 변경해야 하는 불편함이 있기 때문에, 계약서 작성의 편의를 위해서는 아래와 같이 각 장을 설정하고 그 밑에 각각 조항에 순번을 붙여 나가는 방식(예를 들면, 제1장 아래에 제1.1조, 제1.2조, 제2장 아래에 제2.1조… 등)이 좀 더 편리한 것으로 생각된다.

[대출계약서의 구성]

- 당사자의 표시
- 전문
- 제1장 정의 및 해석
  - 제1.1조 정의
  - 제1.2조 해석
- 제2장 대출약정
  - 제2.1조 대출약정
  - 제2.2조 대출금의 용도
  - 제2.3조 권리의무의 개별성
- 제3장 대출실행(인출)
  - 제3.1조 대출실행 회수・기간
  - 제3.2조 대출실행요청의 취소(철회) 불능
  - 제3.3조 대출실행의 방식 및 절차
  - 제3.4조 대출약정의 효력상실
- 제4장 대출실행조건(선행조건, 후행조건)
  - 제4.1조 대출실행 선행조건
  - 제4.2조 대출실행 후행조건
- 제5장 이자
  - 제5.1조 이자지급
  - 제5.2조 이자기간
  - 제5.3조 이자율, 이자계산
- 제6장 수수료 및 비용
  - 제6.1조 수수료
  - 제6.2조 비용
  - 제6.3조 집행비용
  - 제6.4조 금융계약 관련 세금
- 제7장 상환 및 조기상환(기한 전 변제)
  - 제7.1조 대출금의 상환
  - 제7.2조 임의조기상환
  - 제7.3조 강제[의무]조기상환
  - 제7.4조 조기상환수수료

제7.5조 조기상환금의 충당
제7.6조 조기상환제한 및 재인출(차입) 금지
- 제8장 지급
제8.1조 완전지급
제8.2조 차주의 지급방법
제8.3조 변제의 충당
제8.4조 영업일
- 제9장 법률의 변경과 사정변경
제9.1조 위법
제9.2조 추가[증가]비용
- 제10장 담보
제10.1조 주식근질권
제10.2조 예금채권근질권
제10.3조 자금보충의무
제10.4조 연대보증
제10.5조 기타
- 제11장 세금 및 기타 공제
- 제12장 진술 및 보장
[제12.1조 차주, 연대보증인에 관한 진술 및 보장
제12.2조 주식양수도(M&A)거래에 관한 진술 및 보장
제12.3조 금융(M&A금융)거래에 관한 진술 및 보장
제12.4조 투자대상주식에 관한 진술 및 보장
제12.5조 투자대상회사에 관한 진술 및 보장
제12.6조 기타 진술 및 보장]
- 제13장 준수사항
제13.1조 적극적 준수사항
제13.2조 소극적 준수사항
- 제14장 예금계좌의 개설 및 관리[자금관리][49]
- 제15장 기한의 이익 상실
제15.1조 기한의 이익 상실사유
제15.2조 기한의 이익 상실사유 발생의 효과
제15.3조 기한의 이익 부활 등

49) 준수사항에 포함되는 경우도 있고, 이와 같이 별도의 조항으로 독립하여 규정하는 경우도 있다.

- 제16장 대리기관 및 대주의 의사결정
- 제17장 연체이자(지연손해금)
- 제18장 보상 및 손해배상
- 제19장 분배
- 제20장 양도
- 제21장 일반조항

일반적으로, M&A금융에서의 대출계약의 핵심규정은 대출실행 선행조건, 진술보장, 준수사항, 기한의 이익 상실 등 4가지라고 할 수 있는데,[50] 이 4가지의 규정은 다음과 같이 서로 관련되어 있다. 물론 그 이외에도 대출계약상 어느 조항이 다른 조항과 서로 유기적으로 관련되어 있는 경우도 적지 않다.

먼저, 대출실행 선행조건은 일반적인 대출거래에서 규정되는 대출실행 선행조건에 추가하여 M&A금융의 사안별 특수성을 고려한 선행조건이 규정되기 때문에 구체적인 내용은 대출계약별로 다르기는 하지만, 일반적으로 (i) 진술보장의 정확성 유지(진술보장위반의 부존재), (ii) 의무이행의 완료(전형적으로는 대출실행 전 준수사항위반의 부존재), (iii) 기한의 이익 상실사유의 부존재의 3가지는 기본적으로 포함된다고 할 수 있다. 즉, 대출실행 선행조건 중에는 진술보장, 준수사항, 기한의 이익 상실의 각 규정이 흡수(포함)되어 있다. 특히, 이 3가지 중에서 대출실행 선행조건 충족 여부와 관련하여 실무상 특히 중요한 의미를 갖는 것은 진술보장위반 및 대출실행 전 준수사항위반 여부, 즉 진술보장위반의 부존재 및 의무위반부존재라고 할 수 있다.[51]

다음으로, 기한의 이익 상실사유도 구체적인 내용은 사안에 따라 다르기는 하지만, 일반적으로 (i) 진술보장위반과 (ii) 의무위반(전형적으로는 대출실행 후 준수사항위반)의 2가지 사유는 기본적으로 기한의 이익 상실사유로 규정된다. 즉, 기한의 이익 상실에도 진술보

50) 이외에도, 대주단대출의 경우 규정되는 대리인(대리기관), 대주의 의사결정, 분배 등의 규정도 중요한 규정이라고 할 수 있다.

51) 다만, 한도약정대출(Commitment Line)이 포함된 경우나 소수주주축출(Squeeze-Out)을 위해 최초 대출 이후에도 대출이 필요한 사안과 같이 수회에 걸쳐 대출실행이 예정되어 있는 경우에는, 최초의 대출실행 이후의 대출실행의 선행조건으로는, 대출실행 후 준수사항위반의 부존재와 기한의 이익 상실사유의 부존재도 중요한 의미를 갖게 된다. 최초의 대출실행 시부터 시간이 경과하면, 대출실행 후 준수사항위반과 기한의 이익 상실사유가 현실적으로 발생할 수 있기 때문이다. 이러한 경우에는, 대출계약서에는 「최초 대출실행을 위한 선행조건」과 「그 이후의 대출실행을 위한 선행조건」(경우에 따라서는, 「대출실행을 위한 공통 선행조건」과 「각 개별 대출실행을 위한 선행조건」)으로 나누어 규정하고 해당 대출 시마다 그 충족 여부를 판단하도록 하는 것이 일반적이다.

장과 준수사항의 각 규정이 흡수(포함)되어 있다.[52]

3 M&A금융 대출계약의 주요 내용

이하에서는 주식양수도의 매매대금 조달을 위한 대출로서, 1회 또는 수회에 대출약정금에 대한 대출실행이 이루어지는 기한대출(Term Loan)을 전제로 M&A금융의 대출계약의 주요 내용을 살펴본다.

(1) 대출실행조건(선행조건, 후행조건)

1) 선행조건(Condition Precedent)[53]

[계약서 기재례] 대출실행 선행조건 - 1회 대출실행

각 대주가 차주에게 대출실행일에 대출약정금을 지급할 의무는, ① 다음의 각 사항이 대리기관이 합리적으로 만족하는 내용으로 충족될 것과 ② 대리기관이 합리적으로 만족하는 내용과 형식의 관련 서류들이 차주로부터 대리기관에게 교부될 것을 조건으로 한다. 대주는 그의 전적인 임의재량에 따라 다음의 각 사항의 충족을 포기하거나 면제 또는 유예할 수 있다.

[계약서 기재례] 대출실행 선행조건 - 수회 대출실행[54]

(1) 각 대주가 차주에게 <u>최초대출실행일에</u> 해당 대출약정금을 지급할 의무는, ① 다음의 각 사항이 대리기관이 합리적으로 만족하는 내용으로 충족될 것과 ② 대리기관이 합리적으로 만족하는 내용과 형식의 관련 서류들이 차주로부터 대리기관에게 교부될 조건으로 한다. 대주는 그의 전적인 임의재량에 따라 다음의 각 사항의 충족을 포기하거나 면제 또는 유예할 수 있다.

---

52) 물론, 진술보장사항과 준수사항 중 특히 주의를 환기할 필요성이 크다고 판단된 사항, 추후 차주의 귀책사유 유무가 문제될 수 있는 사항 등에 대해서는 별도의 기한이익 상실사유로 분리하여 규정하기도 한다.

53) 「대출실행 선행조건」에 대해서는, (i) 青山大樹 編著『詳解 シンジケートローンの法務』(一般社団法人 金融財政事情研究会, 2015) 103페이지 이하, (ii) 笹山幸嗣・村岡香奈子『M&Aファイナンス(第2版)』(一般社団法人金融財政事情研究会, 2008) 186페이지 이하, (iii) Sandra Stern『Structuring and Drafting Commercial Loan Agreements(Revised Edition) VOLUME 1-1』(An A.S Pratt Publication, 2014) Chapter 2. 부분, (iv) 박준・한민『금융거래와 법(제2판)』(박영사, 2020) 95페이지 이하, (v) Philip R Wood「INTERNATIONAL LOAN, BONDS AND SECURITIES REGULATION」『LAW AND PRACTICE OF INTERNATIONAL FINANCE』(SWEET & MAXWELL, 2007) 16페이지 이하 각 참고

54) 제(3)항과 같이 매 대출실행에 공통되는 대출실행 선행조건을 별도로 규정하기도 한다.

1. [*]

(2) 각 대주가 차주에게 최초대출실행일 이외의 후속대출실행일에 해당 대출약정금을 지급할 의무는, ① 다음의 각 사항이 대리기관이 합리적으로 만족하는 내용으로 충족될 것과 ② 대리기관이 합리적으로 만족하는 내용과 형식의 관련 서류들이 차주로부터 대리기관에게 교부될 것을 조건으로 한다. 대주는 그의 전적인 임의재량에 따라 다음의 각 사항의 충족을 포기하거나 면제 또는 유예할 수 있다.

1. [*]

(3) 각 대주가 차주에게 각 대출실행일에 해당 대출약정금을 지급할 의무는, ① 다음의 각 사항이 대리기관이 합리적으로 만족하는 내용으로 충족될 것과 ② 대리기관이 합리적으로 만족하는 내용과 형식의 관련 서류들이 차주로부터 대리기관에게 교부될 것을 조건으로 한다. 대주는 그의 전적인 임의재량에 따라 다음의 각 사항의 충족을 포기하거나 면제 또는 유예할 수 있다.

1. [*]

① 선행조건의 의의

M&A금융의 대출계약에서의 선행조건(Condition Precedent, CP)(실무에서는 「전제조건」이라고도 한다)이란, 대주의 차주에 대한 대출실행의무(대출약정금 지급의무)를 발생시키는 전제조건이다. 통상은 대출실행일(또는 대출실행시점)을 기준으로 특정한 조건(사유)이 모두 충족되어 있다는 것이 대주의 대출실행의무 발생의 전제조건으로 규정된다. 이러한 대출실행을 위한 선행조건은 대주의 대출실행의무에 일정한 조건을 부과하고 있다는 의미에서 원칙적으로 대주를 위한 규정이라고 할 수 있다.

대출실행 선행조건을 요구하는 이유로는, 우선 대주의 여신판단의 전제가 된 기초사실에 잘못이 있는 경우에는 여신판단의 전제가 무너지게 되기 때문에 대주가 여신판단의 전제로 삼은 기본사항을 망라하여 선행조건으로 규정함으로써 만일 그것이 잘못되었다는 것이 대출실행 전에 판명된 경우에는 대주로 하여금 대출실행을 중지할 수 있게 한다. 또한, 대출계약의 체결은 대출실행보다 일정 기간 또는 대출실행 전에 이루어지는 것이 통상적이기 때문에 대출계약의 체결과 대출실행 사이에 어떠한 중대한 사건이 발생하는 경우에는 대주의 여신판단의 전제 역시 변하게 되므로, 어떠한 중대한 사건의 불발생을 선행조건으로 규정함으로써 대주로 하여금 여신판단의 전제가 된 사항의 변동위험을 커버할 수 있게 한다.

② 선행조건이 충족되지 않은 경우의 효과

대출실행의 선행조건이 충족되지 않은 경우에는 대주는 대출의무를 부담하지 않게 되지만, 다른 한편으로 선행조건은 일차적으로 대주를 위한 규정이기 때문에 대주는 충족되지 않은 선행조건의 충족을 포기(면제)하거나 유예하고 대출을 실행할 수도 있다. 이러한 선행조건의 충족의 면제・유예에 관하여 대출계약서에는 통상 「대주의 전적인 임의의 재량에 의해 선행조건의 충족을 면제・유예할 수 있거나 선행조건의 충족을 포기할 수 있다」는 취지로 반영된다(위 기재례 참조).

③ 선행조건의 주요 내용

M&A금융의 대출계약상 대출실행의 선행조건은 사안별로 그 특수성을 고려하여 규정되지만, 기본적인 사항으로는 대출실행요청서(인출요청서)의 제출, [대출실행불능사유의 부존재], 진술보증의 정확성 유지(진술보장위반의 부존재), 의무이행의 완료(의무위반의 부존재), (잠재적)기한의 이익 상실사유의 부존재, 주식양수도계약(M&A계약)상의 선행조건의 충족, 중대한 부정적 변경(MAC)의 부존재, 담보권의 설정・요건구비, (필요한 경우)기존 차입금의 상환완료 및 기존 한도대출약정의 소멸, 담보계약 등 관련계약(금융계약)의 체결, (필요한 경우)후순위 금융의 실행・지분출자의 이행, 선행조건서류의 제출 등이 포함된다.

(a) 대출실행요청서(인출요청서)의 제출

[계약서 기재례] 대출실행요청서의 제출

차주는 대출실행일로부터 [*]영업일 전에 해당하는 날의 [*]시 또는 대리기관이 동의하는 그 이후의 어느 시점까지 대리기관에게 대출실행요청서(이 계약서 서식 [*]의 양식)를 제출하여야 한다.

[계약서 기재례] 대출실행요청서 양식

대출실행요청서

______년 ______월 ______일

수신: 대리기관 [*] 귀중
______년 ______월 ______일자 대출계약서 관련

이 요청서는 ______년 ______월 ______일 차주로서의 [*], 대주로서의 [*], [*] 및 [*](이하 합하여 "대주"), 대리기관으로서의 [*] 사이에서 체결된 금 [*]억 ([*])원에 관한 대출계약서(이하 "대출계약서") 제[*]조에 관한 것입니다.

당사는 이 요청서에 의하여 대주가 ______년 ______월 ______일("대출실행일")에 대출약정금 총 합계 금 [*]억 ([*])원 중 각자의 대출약정금을 차주의 명의로 개설되어 있는 아래 계좌에 입금하여 주실 것을 요청합니다.

대주	대출약정금(원)	대출금입금계좌[55]

이 요정서 작성일 현재 다음 사항들을 귀사에게 확인합니다.

(1) 치유되지 않은 기한의 이익 상실사유 또는 잠재적 기한의 이익 상실사유 혹은 대출실행으로 인하여 발생할 기한의 이익 상실사유 또는 잠재적 기한의 이익 상실사유가 존재하지 않습니다.
(2) 대출계약서 제[*]조에 기재된 진술 및 보장사항은 이 요청서 작성일 현재에도 현재 상황에 비추어 중요한 점에서 진실하고 정확합니다.
(3) 위 대출실행과 관련하여 대출계약서 제[*]조에 따라 이 요청서 제출 시까지 충족되어야 할 선행조건은 모두 충족되었습니다.
(4) 이 요청서에 따른 대출금은 대출계약서에서 정해진 용도로만 사용될 것입니다.
(5) 대출실행 전에 위 확인사항에 변경이 발생할 경우, 당사는 이를 귀사에 서면으로 통지할 것을 확약하고, 만일 귀사가 대출실행 전에 그러한 통지를 받지 못한 경우 위 사항들을 대출실행일 현재 시점에서 확약한 것으로 간주하는데 동의합니다. 이 요청서에 사용된 모든 용어는 위 대출계약서에서 사용된 용어와 동일한 의미를 갖습니다.

차주 (인)

(b) 대출실행불능사유의 부존재

실무에서는 대주의 대출실행의무는 대출의 실행이 불가항력에 의해 불가능(또는 현저하게 곤란)하게 되는 경우에는 발생하지 않는 것으로 규정하는 경우가 있다.

[계약서 기재례] 대출실행불능사유의 부존재 ①

천재지변, 전시·사변, 국내외 경제사정의 중대하고도 급격한 변동, 그 밖에 이에 준하는 사태가 발생하여 이 약정에 따른 거래를 수행하는데 심각한 어려움에 처하거나 처할 우려가 있는 현저한 사정변경이 없을 것

[계약서 기재례] 대출실행불능사유의 부존재 ②

천재지변·전쟁·테러공격의 발발, 전기·통신·각종 결제시스템의 불통·장해, 은행간(Inter-Bank) 시장에서 발생한 자금 대차거래를 할 수 없는 사유, 기타 이에 준하는 대주에게 책임이 없는 사유 중 대출계약에 따른 대출의 실행을 불가능하게 하거나 현저하게 곤란하게 하는 사유가 없을 것

보통은 이러한 「대출실행불능사유」는 그 성질상 일반적인 포섭규정(Catch All 조항)을 포함한 형태로 규정되는데, 지역적인 범위, 대상주체, 기간 등 대출실행불능사유의 해석과 관련하여 어떠한 사유가 대출실행불능사유에 해당하는지 해석상 명확하지 않은 경우가 많을 수밖에 없고, 이러한 사유는 굳이 명시되지 않더라도 대주의 귀책사유가 없는 사유들로서 대주에게 대출실행불능을 원인으로 하는 손해배상책임이 인정될 가능성은 높지 않기 때문에, 우리나라에서는 대출실행불능사유의 부존재를 선행조건에 포함시키지 않는 경우가 오히려 더 많은 것으로 보인다.

(c) 진술보장의 정확성 유지(진술보장위반의 부존재)

[계약서 기재례] 진술보증의 정확성 유지(진술보장위반의 부존재)

이 계약과 기타 금융계약에서 차주 및 담보제공자(연대보증인, 해당 담보물에 관한 채무자 및 발행회사 포함)가 행한 모든 진술과 보장은 대출실행 당시에도 [그 당시의 상황에 비추어 중요한 점에서] 진정하고 정확한 것이어야 한다.

55) 대출금입금계좌의 명의에 따른 대출실행의 방법에 대해서는 본장 **3** (5) 1) 부분 참조

대주는 대출계약에 규정된 진술보장의 내용이 정확하다는 것을 전제로 여신판단을 하기 때문에 진술보장의 정확성 유지(진술보증위반의 부존재)는 대출실행의 선행조건으로 반드시 규정된다. 대출계약에 규정된 진술보장이 정확하지 않은 경우, 대주는 진술보장위반의 정도에 관계없이 그의 여신판단의 전제가 무너진 것은 아닌지 다시 분석·검토하여 대출실행 여부에 대해 다시 판단할 기회를 확보해 두는 것이 바람직하기 때문이다.[56]

(d) 의무(대출실행 전 준수사항)의 이행완료(의무위반의 부존재)

[계약서 기재례] 의무의 이행완료(의무위반의 부존재)

> 금융계약상 대출실행 후에 이행되어야 하는 것을 제외하고, 대출실행 전까지 이행되어야 할 금융계약상의 차주 및 담보제공자(연대보증인, 해당 담보물에 관한 채무자 및 발행회사 포함)의 의무가 [대주]대리기관이 만족하는 내용과 형식으로 유효·적법하게 이행되어 그 효력을 유지하고 있어야 한다.

대출계약상의 준수사항(Covenants) 중에서, 대출실행 전에 이행되어야 할 준수사항{「대출실행 전 준수사항(Pre-Closing Covenants)」} 등 차주의 의무가 전부 준수·이행되고 있다는 점은 대출실행의 당연한 전제가 되어야 하기 때문에 이러한 의무이행의 완료(의무위반의 부존재)도 또한 대출실행의 선행조건으로 규정된다.[57]

(e) 기한의 이익 상실사유의 부존재

[계약서 기재례] 기한의 이익 상실사유의 부존재

> 대출실행 당시 기한의 이익 상실사유 또는 잠재적 기한의 이익 상실사유가 존재하지 않으며, 대출실행의 결과 그러한 사유가 발생되어서도 아니 된다.

대출계약상의 기한의 이익 상실사유 및 잠재적 기한의 이익 상실사유[58] 중 어느 것도

56) 다만, 경미한 진술보장의 위반에 의해 대출실행이 거부되는 경우에는 M&A금융의 자금조달이 불안정하게 되기 때문에 선행조건에서도 중요성·중대성에 의한 제한을 가하는 경우도 많다. 이 경우 발생할 수 있는 「이중 중요(대)성(Double Materality) 문제」에 대해서는, 본장 **3** (2) 4) 진술보장의 범위 제한 부분 참조

57) 다만, 경미한 의무위반에 의해 대출실행이 거부되는 경우에는 M&A금융의 자금조달이 불안정하게 되기 때문에 선행조건에서도 진술보장에 대한 제한과 마찬가지로 의무위반에 중요성·중대성에 의한 제한을 가하는 경우도 많다. 이 경우 발생할 수 있는 「이중 중요(대)성(Double Materality) 문제」에 대해서는, 본장 **3** (2) 4) 진술보장의 범위 제한 부분 참조

58) 「잠재적(潛在的) 기한의 이익 상실사유」란, 시간의 경과 또는 통지 또는 양자에 의해 기한의 이익 상실사유를 발생시키는 사유를 말하는데, 예를 들면, 지급의무 불이행에 대해 일정한 치유기간이 정하여져 있는 경우에,

발생하지 않아야 한다는 것은 당연히 대출실행의 선행조건으로 규정된다.

(f) 주식양수도계약(M&A계약)상의 선행조건의 충족

[계약서 기재례] 주식양수도계약(M&A계약)상의 선행조건의 충족

대출실행 전에 투자대상주식 매매계약이 모두 적법하게 체결되고 유효하게 존속하여야 하고, 차주는 투자대상주식 매매계약의 체결, 교부 및 그 의무이행을 위하여 필요한 모든 인허가를 유효・적법하게 취득하였어야 하며, 투자대상주식 매매대금의 지급을 제외하고, 투자대상주식 매매계약상의 모든 거래종결의 선행조건이 투자대상주식 매매계약이 정하는 바에 따라 충족되었어야 한다(명확히 하면, 투자대상주식 매매계약상 선행조건 충족의 포기・면제・유예는 대출실행 선행조건의 충족으로 보지 아니한다). 다만, 대출실행 이전에 차주가 대리기관에게 충족이 곤란한 투자대상주식 매매계약상의 거래종결의 선행조건을 통지하고 대주의 지시에 의해 대리기관이 이를 승인한 경우 당해 선행조건에 대해서는 그러하지 아니하다.

주식양수도계약(M&A계약)상의 선행조건의 충족도 대출실행의 선행조건으로 규정되는 것이 일반적이다. 이것은 M&A금융이 주식양수도(M&A)거래의 실행을 전제로 하고 있기 때문에 주식양수도계약(M&A계약)상의 선행조건이 충족되지 않았다면(또는 충족될 것이 합리적으로 예견되지 않는다면) 대주도 대출을 실행할 수 없기 때문이다.

여기서, 주식양수도계약(M&A계약)상의 선행조건의 충족이 M&A금융의 대출계약상의 대출실행의 선행조건으로 규정되었다는 것은 주식양수도계약(M&A계약)상의 선행조건 전부가 M&A금융의 대출계약상의 선행조건으로 포함되어 있다는 것을 의미한다. 그 결과, 주식양수도계약(M&A계약)상의 선행조건으로 주식양수도계약(M&A계약)상의 매도인의 진술보장의 정확성의 유지(진술보장위반의 부존재)가 규정되어 있는 경우에는 주식양수도계약(M&A계약)상의 매도인의 진술보장위반이 있다면 해당 사유(매도인의 진술보장의 정확성의 유지)가 비록 M&A금융의 대출계약상 별도의 진술보장사항으로 규정되지 않았다고 하더라도 M&A금융의 대출계약의 선행조건 역시 충족되지 않는 것으로 된다.

또한, 대주의 여신판단의 전제가 된 주식양수도계약(M&A계약)의 선행조건이 차주에 의한 주식양수도계약(M&A계약)상의 선행조건의 포기 등에 의해 실질적으로 변경되어 버린 경우에도, 대주는 차주에 의한 주식양수도계약(M&A계약)상의 선행조건의 포기 등

지급의무 불이행은 있었지만 아직 치유기간 중에 있는 경우가 이에 해당한다.

에 구속됨이 없이 독자적으로 대출실행 가능 여부를 다시 판단할 수 있도록 하기 위하여, 「주식양수도계약(M&A계약)상의 선행조건의 충족에는 그 선행조건 충족의 포기 · 면제 · 유예는 포함되지 않는다」[59]는 점이 M&A금융의 대출계약상에 명시되는 예가 많다(위 기재례 참조).

(g) 중대한 부정적 변경(MAC)[60]의 부존재

[계약서 기재례] 중대한 부정적 변경의 부존재

차주 및 투자대상회사[61]에 중대한 부정적 변경이 존속하지 않아야 한다.

[계약서 기재례] 중대한 부정적 변경 - 용어정의 ①

"중대한 부정적 변경"이란, 차주 또는 투자대상회사의 영업 또는 재무상태에 중대한 부정적인 변경(변화), 사건 또는 사유로서 차주 또는 투자대상회사의 직전 사업연도 동기(同期) 대비 매출액 또는 영업이익이 [*]% 이상 감소하는 결과를 의미한다. 다만, 다음의 변경(변화), 사건 또는 사유는 중대한 부정적 변경의 발생 여부를 결정함에 있어 고려되지 아니한다;

1. 본건 대출거래의 공시(공개)로 인한 경우
2. 법령의 변경으로 인한 경우
3. 경제상황 · 금융시장의 변경(변화)으로 인한 경우
4. 차주 또는 투자대상회사가 속한 산업 또는 동종업계의 환경의 변경(변화)으로 인한 경우
5. [*]

59) 즉, 매수인(차주)이 주식양수도계약(M&A계약)상 어느 선행조건의 충족을 포기 · 면제 · 유예한 경우에도 M&A금융의 대출계약상의 선행조건의 충족으로 되지 않는다는 의미이다.

60) 「MAC」에 대해서는, (i) 藤原総一郎 編著『M&Aの契約実務(第2版)』(中央経済社, 2018) 142페이지, (ii) 「중대한 부정적인 변경조항」 천경훈 편저『우호적 M&A의 이론과 실무 - M&A계약의 주요조항』(소화, 2017) 187페이지, (iii) 戸嶋浩二 外『M&A契約-モデル條項と解説』(商事法務, 2018) 66페이지, (iv) アンダーソン · 毛利 · 友常法律事務所(柴田義人 · 檀 柔正 · 石原 坦 · 廣岡健司) 編『M&A實務の基礎(第2版)』(商事法務, 2018) 119페이지, (v) Bar Association Mergers and Acquisitions Committee『Model Stock Purchase Agreement with Commentary(Second Edition) Volume Ⅰ: Stock Purchase Agreement』(2010) 31페이지 이하, (vi) Philip R Wood「INTERNATIONAL LOAN, BONDS AND SECURITIES REGULATION」『LAW AND PRACTICE OF INTERNATIONAL FINANCE』(SWEET & MAXWELL, 2007) 30페이지 각 참고

61) 사안에 따라서는 연대보증인이나 기타 담보제공자도 포함시키는 사례도 있다.

[계약서 기재례] 중대한 부정적 변경 – 용어정의 ②

"중대한 부정적 변경"이란, 다음과 같은 사항의 전부 또는 일부에 대해 중대한 부정적 영향이나 변화, 변경을 미치거나 미칠 것으로 합리적으로 예상되는 사실을 의미한다.

1. 차주 또는 투자대상회사의 사업, 자산, 경영, 재무 또는 신용상태
2. 차주의 금융계약상 채무의 이행을 할 수 있는 능력
3. 금융계약 또는 그에 따른 담보권의 유효성 및 집행가능성
4. 금융계약상 조건들에 따른 대주의 권리나 구제수단

지금까지의 선행조건에서는 구체적으로 커버되지 않았지만, 차주/투자대상회사에 대해 그 자산이나 재무상태에 중대한 부정적 변경{실무에서는 「중대한 부정적 변경」 또는 「중대한 부정적 영향」으로도 정의되는데, 「Material Adverse Change」의 약자인 「MAC」 또는 「Material Adverse Effect」의 약자인 「MAE」라고 하는 경우가 많다}[62]에 해당하는 사건이 발생한 경우, 역시 대주의 여신판단의 전제가 무너지게 된다. 따라서 MAC의 부존재도 대출실행의 선행조건으로 규정되는 것이 일반적이다.

한편, 「MAC」을 규정하는 방법으로는 특정한 사유를 기재하는 방법과 포괄적(Catch All)으로 규정하는 방법 및 양자를 혼용하여 기재하는 방법이 있을 수 있다. 다만, MAC은 통상 어느 방법에 의해 규정하더라도 그 성질상 추상적으로 규정될 수밖에 없기 때문에 앞서 살펴본 대출실행불능사유의 존부의 해석과 마찬가지로, 현실에서 발생한 어느 사건(예를 들면, 2008년 금융위기, 코로나로 인한 경영악화 · 금융경색[63] 등)이 MAC 또는 그 예외에 해당하는지 여부는 반드시 명확하지는 않고 그 판단이 곤란한 경우도 적지 않다. 따라서 이러한 해석상 불명확을 방지하기 위하여 당사자가 염두에 둔 특정사유 및 그 예외사유가 있는 경우에는 이를 명시하여 열거하는 것이 바람직하다.

MAC의 부존재는 주식양수도계약(M&A계약)의 선행조건으로도 규정되는 경우가 많은데, MAC의 존재 여부에 대한 차주와 대주의 판단이 일치하지 않는 경우, 특히 차주는

62) 보통은 차주 등 특정의 회사의 경영실적 등의 변화에 중점을 둔 개념을 의미하는 내용으로 규정되는데, 이를 시장의 변화에 중점을 둔 개념인 「Market MAC」과 비교하여 「Company MAC」이라고도 한다. 다만, 양자의 구분이 곤란한 경우도 있기 때문에 사안에 따라서는 「Market MAC」과 「Company MAC」을 구분하지 않고 양자에 해당하는 사유를 혼합하여 「MAC」으로 규정하기도 한다.

63) 코로나의 M&A거래 및 금융계약에 미치는 영향에 대해서는, (i) 「COVID-19의 M&A거래에 대한 영향 및 법적 쟁점」 BFL 103권(서울대학교 금융법센터, 2020) 21~34페이지, (ii) 「COVID-19사태와 금융계약상 쟁점」 BFL 103권(서울대학교 금융법센터, 2020) 35~49페이지 각 참고

MAC에 해당하지 않는다고 판단하여 주식양수도(M&A거래)의 거래종결을 원하지만, 대주는 MAC이 발생한 것으로 판단하여 대출실행을 거부하는 경우가 문제될 수 있다.[64]

(h) 담보권의 설정 · 요건구비

[계약서 기재례] 담보권의 설정 · 요건구비

담보계약과 관련하여 대출실행 이전에 이행되어야 하는 담보와 관련된 서류가 구비되고, 해당 담보계약에 따른 담보가 모두 설정(효력요건, 대항요건 구비 완료 포함) 절차가 완료되어 동 담보계약에 따른 효력이 유지되고 있어야 한다.

대출실행 전에 설정이 완료될 필요가 있는 담보권의 경우, 동 담보계약에 따른 담보권설정(효력 · 대항요건 구비)이 완료되었을 것이 규정된다.

(i) (필요한 경우) 기존 차입금의 상환완료 및 기존 한도대출약정의 소멸

M&A금융은 차주 및 투자대상회사가 창출하는 일체의 현금흐름에 의한 상환을 우선적으로 확보하기 위하여 차주 및 투자대상회사의 기존 차입금 전부를 상환하고,[65] 또한 당좌대월계약이나 기존 한도대출약정을 전부 소멸시키는 것이 선행조건으로 규정되는 경우가 많다. 이것은 차주 및 투자대상회사에 대한 대주 이외의 (금융)채권자[66]를 최대한 없애기 위해 요구되는 것이다.[67]

64) 주식양수도계약(M&A계약)과 대출계약 각각의 선행조건에 MAC이 규정되는 경우, 실무에서는 양 계약상 MAC의 정의가 다른 경우도 적지 않기 때문에, 그 경우에는 MAC의 정의의 불일치 여부에 대해서도 유의할 필요가 있다.

65) 이러한 기존 차입금의 상환은 많은 경우 해당 차입금에 대한 임의조기상환에 해당되는데, 임의조기상환에는 일정한 절차가 요구되거나 사안에 따라서는 임의조기상환이 금지되는 경우에는 기존 채권자의 승낙이 필요하며, 관련 담보의 해제(지)에도 그 절차가 필요하기 때문에 이러한 절차와 그 가능 여부에 대한 검토가 필요하게 된다. 또한 일반적으로 임의조기상환에는 조기상환수수료 등의 비용부담이 발생하는 경우가 많다는 점에도 유의해야 한다.

66) 기촉법의 적용을 받는 「금융채권」, 「금융채권자」의 범위에 대해서는 동법 제2조 제1호, 제2호, 제8호 참고

67) 다만, 차주 및 투자대상회사의 기존 차입금의 상환은 M&A금융의 대출계약에 의한 차입자금을 재원으로 이루어지는 경우가 일반적이기 때문에 대출실행 직전 시점에 이러한 상환을 완료하는 것까지는 요구하지 않고, 대출실행의 후행조건으로 규정되는 경우도 많은 것으로 보인다.

(j) 담보계약 등 관련계약(금융계약)의 체결

[계약서 기재례] 담보계약 등 관련계약(금융계약)의 체결

금융계약상 대출실행 후에 체결되어야 하는 것을 제외하고, 대출실행 전까지 담보계약 등 모든 금융계약이 대리기관[대주]이 만족하는 내용과 형식으로 적법·유효하게 체결·발급되어 그 효력을 유지하고 있어야 한다.

M&A금융의 전제가 되는 주식양수도계약 등 M&A관련계약, 스폰서에 의한 출자(주식)인수계약, 후순위 투자자가 존재하는 경우의 후순위 금융에 관한 계약 등 각종 관련계약이 대주가 합리적으로 만족하는 내용으로 전부 적법하고 유효하게 체결되어 그 효력이 유지되고 있다는 것도 당연한 전제로 선행조건에 규정된다.

(k) 후순위 금융의 실행·지분출자의 이행

[계약서 기재례] 후순위 금융의 실행·지분출자의 이행

① 선순위 대출의 경우에는, 아래 제②항이 완료되고, 후순위 대주에 의한 해당 대출이 실행되어 차주의 자금관리계좌로 입금되어 아무런 제한없이 즉시 출금(이체) 가능한 상태로 존재하거나 즉시 후순위 대주에 의해 해당 대출이 실행될 수 있는 것으로 대리기관이 인정하였어야 한다.

② 후순위 대출의 경우에는, 스폰서에 의한 차주 발행의 보통주식 [*]주에 대한 인수와 인수대금 금 [*]원 전액의 납입 및 그에 따른 증자등기가 완료되었고, 동 증자대금 전액이 차주의 자금관리계좌로 입금되었거나 즉시 입금될 수 있는 것으로 대리기관이 인정하였어야 한다.

대출계약에 따른 대출은 후순위 금융에 의한 투자에 우선하기 때문에 대출의 실행 전에 후순위 금융의 투자금 및 스폰서에 의한 지분의 출자금이 전부 납입되어야 하는 것이 원칙이다. 따라서 후순위 금융의 투자금이 전액 실행되어 있다는 것 및 스폰서에 의한 지분출자가 전액 이행되어 있다는 것 등이 선행조건으로 규정된다. 이와 관련하여, 후순위 금융이 (종류)주식발행/인수의 방법으로 제공되는 경우에는 증자등기 이후에 해당 인수대금/납입금의 인출 및 사용이 가능할 수도 있기 때문에[68] 가능한 대출실행 전에 최소한 후순위 금융

68) 단, 주금납입증명서 대신 잔고증명서로 갈음할 수 있는 경우(증자 후 자본금이 10억 원 미만인 경우)에는 잔고증명서 발급일 다음 날에 증자대금을 인출할 수 있다.

에 관한 (종류)주식발행에 따른 증자등기가 완료되었을 것을 선행조건으로 규정하는 경우도 많다.

(1) 선행조건서류의 제출

[계약서 기재례] 선행조건서류의 제출

차주는 대리기관에게 대출실행일로부터 [*]영업일 이전에 해당하는 날 또는 대리기관이 동의한 그 이후의 어느 시점까지 이 계약 별지 [*]에 기재된 서류들을 제출하여야 한다. 그 서류들 중 사본들은 차주의 대표이사(대표자)가 원본과의 동일성을 증명한 것{그러한 증명방법으로는 당해 사본에 원본대조필의 날인과 함께 차주의 대표이사(대표자)의 법인인감이 날인되어 있는 경우를 포함하되, 이에 한하지 않는다}이어야 한다.

별지 [*] 선행조건서류

아래 기재 선행조건서류들 중 사본은 원본을 제출해도 무방하며, 사본은 모두 대리기관이 합리적으로 수락할 수 있는 방식으로 차주의 대표이사가 원본과의 동일성을 증명한 것이어야 한다(그러한 증명방법으로는 당해 사본에 원본대조필의 날인과 함께 차주의 대표이사의 법인인감이 날인되어 있는 경우를 포함하되, 이에 한하지 않는다).

I. 차주의 회사 관련 서류들
  1. 차주 정관 사본 2부
  2. 차주가 당사자인 금융계약 및 그와 관련하여 차주가 작성한 각종 서류의 작성, 체결, 교부를 승인하는 주주총회 및 이사회의사록 사본 각 1부
  3. 차주의 등기사항전부증명서 3부
  4. 차주의 법인인감증명서 원본 5부
  5. 차주의 대표이사가 아닌 자가 금융계약을 체결하는 경우, 그 대리권을 입증할 수 있는 위임장 원본 및 수임인 신분증 사본 각 3부
  6. 주주가 차주의 의결권 있는 총지분의 100%를 각 보유하고 있는 주주로 기재된 차주의 주주명부 사본
  7. 사본 5부
  8. 국세 및 지방세 납부(완납)증명서

II. 연대보증인 관련 서류들
  1. 주민등록등본 및 초본
  2. 소득증명원
  3. 신분증 사본 1부
  4. 인감증명서 1부
  5. 국세 및 지방세 납부(완납)증명서

III. 투자대상주식 매수거래 관련
1. 주식매매계약의 서명본 사본
2. 주식매매계약에 필요한 인허가가 완료되었음을 증명할 수 있는 서류(관계법령상 필요한 경우 주식매매계약에 따른 거래에 대한 공정거래위원회의 기업결합 승인 서류 등)
3. 차주에 의한 투자대상주식 매수거래의 수행이 관련 법령에 위배되지 아니한다는 취지가 포함된 차주 측 변호사(법무법인)의 법률의견서
4. 매도인이 투자대상주식을 적법・유효하게 소유하고 있음을 증빙할 수 있는 것으로서 대리기관이 인정하는 서류
5. [변호사의 진정양도에 관한 법률의견서]
6. [회계법인의 Off-balance Opinion]

IV. 금융계약 관련
1. 아래 계약서 및 서류의 원본
   1) (투자대상주식)주식근질권설정계약 및 (차주의 주식)주식근질권설정계약
      ① 각 의결권 위임장 날인 서류 원본 각 5부
      ② 각 처분승낙서 날인 서류 원본 각 5부
      ③ 각 양도증서 날인 서류 원본 각 5부
   2) 배당금등수령계좌(고객계좌)근질권설정계약
      - 배당금등수령계좌(고객계좌)의 계좌증서(통장) 1부(증서가 발급된 경우에 한함) 및 그 거래인감
   3) (대출금관리계좌)예금근질권설정계약
      - 대출금관리계좌의 계좌증서(통장) 1부(증서가 발급된 경우에 한함) 및 그 거래인감

V. 기타 서류
1. 대리기관이 지정한 법률자문사가 작성한 것으로서, 본 대출계약과 유사한 내용의 거래에 있어 일반적으로 교부되는 법률의견서에 준하여 그 내용과 형식에 있어서 대리기관이 합리적으로 만족하는 법률의견서
2. 기타 대리기관이 합리적으로 요청하는 서류

M&A금융의 대출계약에서의 선행조건서류로는, 「차주 등 당사자 관련 기본서류」, 「관련 거래계약서 사본」, 「각종 승인(인허가)절차 서류의 사본」, 「(필요한 경우 재무・법률)실사보고서」, 「담보물 관련 서류」, 「법률의견서」, 「(필요한 경우)사업계획서」, 「대출실행 선행조건이 충족되어 있다는 취지로 차주의 대표자가 작성한 확인서」,[69] 「(대주주, 경영진의)

69) 실무에서는, 별도로 작성되지 않고 대출실행요청서(인출요청서)에 해당 내용이 포함되기도 한다.

경영권포기각서(임원의 사임서 포함)」 등을 예로 들 수 있는데, 통상은 대출계약서의 별지, 별첨에 별도로 그 목록이 기재된다.

위의 서류 중에서 「차주 등 당사자 관련 기본서류」로는, 일반적으로 (i) 정관, 이사회규정, 주주명부, 등기사항전부증명서, 인감증명서, (ii) 최근 사업연도의 재무제표 등의 계산서류, (국세 · 지방세)납세증명서 등 재무 · 세무 관련 서류, (iii) 이사회의사록 및/또는 주주총회의사록 등 내부승인절차 관련 서류가 규정된다.

위의 「관련 거래계약서 사본」으로는 주식양수도계약서 사본 및 그 부속서류, 주권 사본 · 주식발행회사의 주권미발행확인서 · 주주명부 사본 · 소유증명서[70] 등 투자대상주식에 대한 매도인의 적법 · 유효한 소유권을 증빙할 수 있는 서류 등이 규정된다.

위의 「각종 승인(인허가)절차 서류의 사본」으로는 (독점규제법상의 사전 기업결합신고가 필요한 경우)독점규제법상의 기업결합신고서 사본, (특히 금융기관 등의 경우) 대주주변경에 관한 각종 인허가서 관련 사본 등이 규정된다.

「담보물 관련 서류」로는, 담보물에 관한 감정평가보고서(주식, 부동산, 지적재산권 등의 경우) 사본, 담보물에 관한 회계법인의 실사보고서(매출채권, 신탁수익권 등의 경우) 사본, 주식의 경우에는 주권 실물(사본) · 주식발행회사의 주권미발행확인서 · 주주명부 · 소유증명서(투자대상주식이 전자등록주식의 경우), 부동산의 경우에는 등기사항(전부)증명서, 매출채권 등 기타의 자산의 경우에는 해당 자산의 발생원인계약(물품공급계약, 신탁계약, 예금거래약정서, 예금통장 등) 사본 등이 규정된다.

위의 「법률의견서」에는,[71] 계약서 작성을 담당한 변호사(주로 주선인 또는 대주가 지정한다) 또는 차주 측 변호사가 작성한 (i) 차주 · 담보제공자의 적법한 설립 및 유효한 존속, (ii) 대출계약, 담보계약 등의 금융계약의 적법한 내부수권절차, (iii) 금융계약의 적법성 · 유효성 · 집행가능성, (iv) 담보권의 적법 · 유효 · 대항력 있는 설정에 관한 사항 등에 대한 법률의견이 요구되는 것이 일반적이다.[72] 「법률의견서」를 발급하는 경우 법률의견서에는

70) 투자대상주식이 전자등록주식인 경우

71) 대출계약의 선행조건으로 규정되는 경우는 흔하지 않으나, 거래의 구조에 따라서는 법률의견서에 추가하여 M&A 및 M&A금융에 관한 세무의견서와 회계의견서의 제출이 요구되는 경우도 있다.

72) 「법률의견서(Legal Opinions)」에 대해서는, (i) American Bar Association Mergers and Acquisitions Committee 『Model Stock Purchase Agreement with Commentary(Second Edition) Volume Ⅱ: Exhibits, Ancillary Documents, and Appendices』, (2010) 37페이지 이하, (ii) Anthony C. Gooch · Linda B. Klein 『Documentation For Loans, Assignments And Participations』(Euromoney Books, 1996) 116페이지 이하, (iii) Sandra Stern 『Structuring and Drafting Commercial Loan Agreements(Revised Edition) VOLUME

일반적으로 일정한 사항을 전제로 하여 금융계약의 적법·유효성 및 집행가능성에 대한 법률의견이 기재되는데, 이와 관련하여 M&A금융의 차주가 PEF[73] 또는 그가 설립한 투자목적회사[74]인 경우를 제외하고는, 해당 차주(SPC)가 차입 및 증권발행을 통해 자금을 조달하여 투자대상회사의 주식을 취득(인수)하고 그 수익을 분배하는 일련의 행위가 자본시장법상 「집합투자」에 해당하는지 여부가 명확하지 않다.[75] 따라서 차주가 PEF 또는 그가 설립한 투자목적회사에 해당하지 않고 자본시장법상 집합투자의 예외에 해당하는지 여부도 명확하지 않은 M&A금융 사례의 경우에는, 법률의견서의 전제조건에 차주의 M&A 및 M&A금융 거래가 자본시장법상의 「집합투자」에 해당하지 않음을 전제로 법률의견을 발급하는 것임을 명시하는 경우도 많다.

[법률의견서 기재례]

저희 법무법인은 본건 계약서를 검토함에 있어서 다음과 같은 사항을 가정하고 이를 전제하였습니다.

- 차주에 의한 본건 거래의 수행은 자본시장과 금융투자업에 관한 법률상의 '집합투자'에 해당하지 아니한다.

한편, M&A금융에서 대주주·경영진으로부터 「경영권포기각서 및 사임서」를 일자를 공란으로 하여 선행조건서류로 제출받도록 하는 경우도 있는데,[76] 사안에 따라서는 대출실행 후(일정한 사유가 발생하는 경우) 대리기관 또는 대주의 요청에 의해 또는 대출실행 후 일정한 기한 내에 이를 제출하도록 대출실행 후행조건 또는 대출실행 후의 준수사항의 하나로 규정하는 경우도 많다.

이외에도 기타의 서류로서, 본인 확인에 관한 서류{대표자 신분증 사본, 연대보증인 신분증 사본, 연대보증인 인감증명서·주민등록초본(등본) 등 금융기관의 실무상 필요한 서류(예금계좌개설에 필요한 서류, 예금담보권 설정에 필요한 서류 등)}와 예금잔고 등을 확인할 수 있는 서류(잔고증명서, 예금통장사본 등) 등이 목록에 포함되는데, 이러한 기타의 서

1-1』(An A.S Pratt Publication, 2014) 2.02 [5] 부분, (iv) Philip R Wood 「INTERNATIONAL LOAN, BONDS AND SECURITIES REGULATION」 『LAW AND PRACTICE OF INTERNATIONAL FINANCE』(SWEET & MAXWELL, 2007) 215페이지 이하 각 참고

73) PEF는 자본시장법상의 집합투자기구에 해당하기 때문이다.

74) PEF 등이 출자한 투자목적회사가 주식 등에 투자하는 것은 집합투자에서 제외된다(자본시장법 시행령 제6조 제4항 제3호).

75) 자본시장법 제6조 제5항, 동 시행령 제6조 제4항

76) 다만, 그 유효성 및 집행가능성에 대해서는 실무상 종종 다툼이 있다.

류는 통상 몇몇 서류를 열거한 후 「기타 대주 또는 대리기관이 합리적으로 요청하는 서류」라는 포괄적인 규정(Catch All) 형식으로 규정된다.

(m) 기타 조건

[계약서 기재례] 기타 조건

> 차주는, 대출실행요청서상 기재된 대출실행예정일의 [*]영업일 전 날의 [*]시 또는 대리기관이 동의한 그 이후의 시점까지 대리기관이 합리적으로 요구하는 추가정보, 이 계약 및 기타 금융계약과 관련된 서류들을 대주 또는 대리기관에게 제공하거나 교부하여야 한다.

개별 M&A거래의 특수한 상황을 반영하여 특정한 사항을 선행조건에 추가하거나 포괄적인 규정(Catch All) 형식으로 추가 자료를 요구하여 제출받을 수 있는 근거를 규정하기도 한다. 다만, 「선행조건서류」의 「기타 서류」 항목으로 서류를 추가로 제출받을 수 있으므로 특수한 사정을 반영한 조건 이외에 이러한 포괄적인 규정은 별도로 두지 않는 경우도 있다.

2) 후행조건(Condition Subsequent)

[계약서 기재례] 대출실행 후행조건

> 각 대주가 차주에 대하여 이 계약에 따라서 대출금을 보유하고 유지할 의무는, 대출실행일 이후 아래 각 항에 기재된 기간 내에, ① 다음의 각 사항이 대리기관이 합리적으로 만족하는 내용으로 충족될 것과 ② 대리기관이 합리적으로 만족하는 내용과 형식의 관련 서류들이 차주로부터 대리기관에게 교부될 것을 조건으로 한다. 차주는 그의 전적인 재량에 따라 다음의 각 사항의 충족을 포기하거나 면제 또는 유예할 수 있다:
>
> (1) 차주는 이 계약 별지 [*]에 기재된 각 서류를 같은 별지 [*]에 각 기재된 기간 내에 대리기관에게 제출하여야 한다. 그 서류들 중 사본들은 차주의 대표이사(대표자)가 원본과의 동일성을 증명한 것{그러한 증명방법으로는 당해 사본에 원본대조필의 날인과 함께 차주의 대표이사(대표자)의 법인인감이 날인되어 있는 경우를 포함하되, 이에 한하지 않는다}이어야 한다.
>
> (2) 기존 차입금의 상환완료에 관한 증빙서류(영수증 등) 및 투자대상주식에 관한 기존 채권자 명의의 근질권이 해제되었음을 확인하는 기존 채권자 명의의 확정일자부 근질권 해제 통지 및 확인서(또는 근질권 해제 합의서)(이 계약 서식 [*], [*]〉의 각 양식) 각 사본(각 인감증명서 등 날인의 진정성을 확인할 수 있는 서류를 포함)을

대출실행일까지 대리기관에게 제출하여야 한다.[77]

(3) 대리기관에 의하여 서면으로 면제되지 않는 한 이 계약 제[*]조 소정의 대출실행 선행조건 중 일부가 충족되지 않았음에도 불구하고 대출실행이 이루어진 경우, 차주는 대리기관이 이러한 대출실행 선행조건 중 일부가 충족되지 않았음을 차주에게 통지한 날로부터 [*] 영업일 이내 또는 대리기관이 동의한 그 이후의 시점까지 그 선행조건을 모두 충족시켜야 한다.

(4) [*]

(5) 차주는 금융계약 및 기타 계약에 따라 지급하여야 할 지급기일이 도래하는 비용 및 수수료를 해당 지급기일까지 모두 지급하여야 한다.

(6) 차주는 이 계약 별지 [*] 및 별지 [*]에 기재된 각 서류[78]를 포함하여, 금융계약에 따라 대주 또는 대리기관에게 제출된 서류가 계속하여 효력을 유지할 수 있도록 하여야 한다.

차주는 투자대상주식 매매계약 및 금융계약에서 정하는 바에 따라 자신의 의무를 적시에 이행하고, 담보제공자(해당 담보물에 관한 채무자 및 발행회사 포함)로 하여금 금융계약에 따른 그들의 의무를 이행하도록 하여야 한다.

대출실행 후행조건에는 대출실행일 당일까지 이행되어야 할 사항, 대출실행일로부터 가까운 시일 이내에 이행되어야 할 사항, 기타 특정기한 내에 이행되어야 할 사항이 규정되는 경우가 일반적인데, 대출실행 후행조건 중에는 준수사항(Covenants)의 성격을 갖는 것이 대부분이기 때문에 대출실행 후행조건을 별도로 명시하지 않고 준수사항(Covenants)에 포함하여 함께 규정하는 경우도 있다. 그러나 대출실행일 당일 또는 대출실행과 근접한 시점까지 이행되어야 할 사항이나 대주나 대리기관에서 특히 중요하다고 생각되는 사항에 대해서는 대출실행 후 관리 · 주의환기의 측면에서 준수사항과 분리하여 별도로 대출실행 후행조건으로 규정하는 경우가 많다.

이러한 대출실행 후행조건으로 주로 규정되는 사항으로는, (i) 대출실행 후에 체결이 예정된 중요계약의 체결, (ii) 대출실행 후에 진행이 예정된 주요 절차의 이행(차주와 투자대상회사의 합병 등), (iii) 대출실행 후 제출되어야 하는 중요 서류(후행조건서류)의 제출, (iv) 대출실행 후에 이행될 수 있는 담보권 설정 절차의 이행(특히 리파이낸싱[79]의 경우),

77) 리파이낸싱의 경우
78) 선행조건서류와 후행조건서류를 의미한다.
79) 「리파이낸싱」에 대해서는, 본서 제6편 M&A금융의 리파이낸싱 부분 참조

그리고 (v) 그에 관한 각 증빙서류(후행조건서류 목록에 포함되어 기재되는 경우가 일반적이다)의 제출, (vi) 기타 몇 가지 사항이 규정되는데, 통상 그 조건이 충족되어야 하는 기한이 명시된다.[80)]

[계약서 기재례] 후행조건서류

아래 기재 후행조건서류들 중 사본은 원본을 제출해도 무방하며, 사본은 모두 대리기관이 합리적으로 수락할 수 있는 방식으로 차주의 대표이사가 원본과의 동일성을 증명한 것이어야 한다:

1. 투자대상주식 매수거래 관련:
   대출실행일까지,
   투자대상주식의 매수대금 지급이 완료되었음을 확인하는 증빙서류 원본
2. 주식근질권설정계약 관련:
   (i) 대출실행일까지(단, 대주가 동의하는 경우에는 연장 가능),
   - (차주의 주식)근질권 설정 내역(근질권자의 상호)이 기재되고 차주의 확인날인이 있는 주권 원본
   - (차주의 주식)근질권 설정 내역(근질권자의 상호 및 주소)이 기재되고 주식발행회사의 원본대조필 날인이 있는 차주의 주주명부 사본

   (ii) 인출일로부터 이(2)영업일 이내에(단, 대주가 동의하는 경우에는 연장 가능), (투자대상주식)계좌개설기관이 작성·관리하는 투자대상주식의 전자등록계좌부(고객계좌부)에 주식사채전자등록법에 따라 차주가 주주로, 대주가 근질권자로 적법·유효하게 등록되어 있음을 증명하는 서면 1부
3. 배당금등수령계좌(고객계좌) 근질권설정계약 관련:
   인출일로부터 이(2)영업일 이내에(단, 대주가 동의하는 경우에는 연장 가능), 계좌개설기관 소정 양식의 질권설정 승낙서 날인본 원본(확정일자 부)
4. 예금근질권설정계약 관련:
   인출일까지(단, 대주가 동의하는 경우에는 연장 가능),
   계좌개설기관 소정 양식의 질권설정 승낙서 날인본 원본(확정일자 부)

80) 실무에서는, 대출실행 후행조건을 「대출실행일 당일 이행되어야 할 후행조건」과 「그 후 이행되어야 할 후행조건」으로 나누어 규정하는 경우도 있다. 또한, 앞서 살펴본 바와 같이 대출실행 후행조건을 별도로 명시하지 않고, 준수사항(Covenants)에 포함하여 함께 규정하는 경우도 있다.

(2) 진술 및 보장(Representations and Warranties)[81]

[계약서 기재례] 진술 및 보장 ①

차주 및 연대보증인은 <u>계약체결일, 대출실행일 및 각 이자지급일 현재</u> 다음과 같이 대주 및 대리기관에게 진술 및 보장한다(다만, 해당 진술 및 보장에서 특정일을 언급하고 있는 경우에는 그러한 특정일에 진술 및 보장한 것으로 본다).
1. [*]

[계약서 기재례] 진술 및 보장 ②

차주 및 연대보증인은 대주 및 대리기관에게 이 계약 별지 [*]와 같이 진술 및 보장한다.

1) 개설

M&A금융의 대출계약에서는 여신판단의 전제가 된 기본적인 사항에 대한 진실성·정확성을 차주 등에게 진술 및 보장(Representations and Warranties)(「진술 및 보증」이라고도 한다. 본서에서는 「진술 및 보장」, 「진술 및 보증」 또는 「진술보장」, 「진술보증」이라고 한다)을 시킨다. 이러한 진술보장이 이루어지는 시점은 보통은 M&A금융의 대출계약의 체결일과 대출실행일인데, 더 나아가 사안에 따라서는 대출실행 후 매 이자기간 기산일 또는 매 이자지급일도 진술보장의 시점으로 규정되는 경우와 대출기간 동안 매일 해당 진술보장이 반복적으로 이루어지는 것으로 (간주)하는 규정을 두는 경우도 있다.

진술보장은 그 대상으로 된 각 사항의 내용이 진실하고 정확하다는 것을 특정시점에 진술

81) 「진술 및 보장」에 대해서는, (i) 「진술·보증 및 손해전보조항」 천경훈 편저 『우호적 M&A의 이론과 실무-M&A계약의 주요조항』(소화, 2017) 23~183페이지 이하, (ii) 藤原総一郎 編著 『M&Aの契約實務(第2版)』(中央經濟社, 2018) 151페이지 이하, (iii) 戸嶋浩二 外 『M&A契約-モデル條項と解説』(商事法務, 2018) 72페이지 이하, (iv) アンダ-ソン・毛利・友常法律事務所(柴田義人・檀 柔正・石原 坦・廣岡健司) 編 『M&A 實務の基礎(第2版)』(商事法務, 2018) 98페이지 이하, (v) Bar Association Mergers and Acquisitions Committee 『Model Stock Purchase Agreement with Commentary(Second Edition), Volume Ⅰ: Stock Purchase Agreement』(2010) 77페이지 이하, (vi) Anthony C. Gooch · Linda B. Klein 『Documentation For Loans, Assignments And Participations』(Euromoney Books, 1996) 68페이지 이하, (vii) Sandra Stern 『Structuring and Drafting Commercial Loan Agreements(Revised Edition) VOLUME 1-1』(An A.S Pratt Publication, 2014) 4.01 이하, (viii) 青山大樹 編著 『詳解 シンジケートローンの法務』(一般社団法人 金融財政事情研究会, 2015) 152페이지 이하, (ix) 渥美坂井法律事務所・外国法共同事業 編著 『シンジケ-トロ-ン契約書作成マニュアル-国内海外協調融資の実務(第4版)』(中央經濟社, 2021) 131페이지, 321페이지, (x) Philip R Wood 「INTERNATIONAL LOAN, BONDS AND SECURITIES REGULATION」 『LAW AND PRACTICE OF INTERNATIONAL FINANCE』(SWEET & MAXWELL, 2007) 28페이지 이하 각 참고

하고 보장하는 것이기 때문에, 그 진술보장 시점에 진실하고 정확하면 족하다. 따라서 진술보장 시점 이후에 그 대상사항의 내용이 부정확하게 되는 사건이 발생하더라도 과거에 이루어진 진술보장에 대한 위반이 되는 것은 아니다. 그러나 대출실행 후 매 이자기간개시일 또는 매 이자지급일 등 대출실행 후의 어느 기준일 또는 대출기간 동안 매일 해당 진술보장이 반복적으로 이루어지는 것으로 규정된 경우[82]에는, 대출실행 후에도 진술보장 대상사항이 부정확하게 되는 사건이 발생하면 진술보장위반이 되므로 대출기간 동안 진술보장사항의 진실성 · 정확성을 계속적으로 유지할 필요가 있다.[83] 또한, 한도약정대출(Commitment Line)의 경우 등 반복하여 대출실행이 이루어질 것이 예정되어 있는 경우, 진술보장의 대상으로 규정된 사항의 내용이 진실하지 않거나 또는 부정확하게 된다면 그 후의 한도약정대출 등의 대출실행일에 당해 사항을 진술보장할 수 없게 되어 한도약정대출 등을 실행할 수 없게 되므로 차주는 최초의 대출실행 후에도 일정한 진술보장사항의 진실성 · 정확성을 유지할 필요가 있다.

진술보장조항{위반에 따른 보상(Indemnification)}의 법적 성질에 대해서는 채무불이행책임설, 하자담보책임설, 손해담보계약설 등 견해가 나뉘고 있는데, 진술보장위반에 따른 보상은 하자담보책임과는 다른 계약에 따른 채무불이행책임 또는 손해담보계약의 성질을 갖고, 그 법적 효과는 원칙적으로 계약의 내용에 따라 정해지는 것으로 해석하는 채무불이행책임설 또는 손해담보계약설이 실무와 학계의 다수의 지지를 받고 있는 것으로 보인다.

[판례 3-9] 대법원 2018. 10. 12. 선고 2017다6108 판결

기업인수계약은 기업의 지배권을 이전하기 위하여 주식이나 자산을 양도하는 계약(M&A계약에서 합병을 제외한 것이다)으로서, 일반적으로 매도인이 투자대상회사의 상태에 관하여 진술하고 보증하는 이른바 진술 · 보증(representations and warranties)조항('진술 · 보장조항'이라고도 한다)을 포함하고 있다. 매도인이 투자대상회사의 상태에 관하여 사실과 달리 진술 · 보증을 하고 이로 말미암아 매수인에게 손해를 입힌 경우에는 계약상 의무를 이행하지 않은 것에 해당하므로 일종의 채무불이행 책임이 성립한다. 계약서에 진술 · 보증조항과 그 위반으로 인한 손해배상조항이 함께 있다면 그 조항에 따른 손해배상책임을 인정하여야 하고, 무과실책임인지 아니면 민법 제390조 단서가 적용되는 과실책임인지는 계약 내용과 그 해석에 따라 결정해야 한다. 이와 달리 계약서에 진술 ·

82) 주식양수도계약과 관련하여 진술보장이 계약체결일 이후 거래종결일에도 정확할 것을 요구하는 것을 실무에서는 「bring-down」이라고 한다.

83) 한편, 진술보장시점을 특정하지 않고 대출기간 중에 계속 정확성을 유지하도록 할 것을 차주의 준수사항에도 포함시키는 경우가 있는데, 이것은 진술보증의 내용을 사실상 준수사항으로 변질되게 하는 것이라는 비판이 있다. 박준 · 한민 『금융거래와 법(제3판)』(박영사, 2022) 113페이지

보증조항만 있고 그 위반으로 인한 손해배상조항이 없다면 민법 제390조를 비롯한 관련 규정들에 따라 채무불이행 책임의 성립 여부를 판단하여야 한다.

2) 진술보장조항의 역할

① 대출계약상 진술보장조항은 대주가 여신판단을 하는데 전제로 되는 기본적인 사항을 확인하기 위한 일종의 체크리스트(Checklist)로서 기능한다. 즉, 대주 측이 대출계약의 초안(Draft)을 작성하여 차주에게 제시하면, 차주는 대출계약에 규정되어 있는 진술보장의 각 대상사항을 검토하여 초안대로 진술보장할 수 없는 사항이 있으면 그 취지를 코멘트하기 때문에 차주에 의한 정보공개를 촉진하게 된다.[84] 대주는 이러한 코멘트를 통해 나타난 문제점을 검토하여 미리 대출계약상에 그에 필요한 조치를 추가하거나 또는 문제점이 중대하다고 판단하는 경우에는 계획하였던 M&A금융의 대출계약을 체결하지 않는 쪽을 선택하는 등 공개된 문제점에 대처할 기회를 제공받게 된다.

② 진술보장의 기준시점에 그 진실성・정확성을 진술보증할 수 없는 사항이 있는 경우 대출실행의 선행조건은 충족되지 못하게 되므로 원칙적으로 대주는 대출을 실행할 의무를 면한다. 즉, 대출실행 전에 대출계약상 진술보장위반이 판명되면 대주는 대출의무를 면하고 대출실행을 거절할 수 있게 된다.

③ 대출계약에서 진술보장위반은 기한의 이익 상실사유(보통은 「청구에 의해 기한의 이익 상실사유」)로 규정되기 때문에 대출실행 후에 대출계약상 진술보장위반이 판명되면 대주는 대출계약상 기한의 이익을 상실시킬지 여부(즉, 대출계약에 따라 기존의 대출금 전액을 즉시 상환하도록 차주에게 요구할지 여부)를 결정할 기회를 제공받게 된다.

3) 주식양수도계약과 M&A금융 대출계약의 진술보장의 비교

진술보장위반이 거래종결 전에 판명된 경우, 어느 계약에 의하더라도 각 선행조건조항을 통해 예정하고 있던 거래를 실행하지 않을 수 있다. 즉, 진술보장위반이 있는 경우 주식양수도계약에서는 선행조건 불충족으로 M&A거래를 종결하지 않을 수 있고, 대출계약에서는 선행조건 불충족으로 대출을 실행하지 않을 수 있다.

그러나 진술보장위반이 거래종결 후에 판명된 경우의 효과는 주식양수도계약과 대출계약에서 조금 다르다고 할 수 있다.

우선, 주식양수도계약에서는 진술보장위반에 따른 손해는 보상조항(Indemnification Clause)

84) 桃尾・松尾・難波法律事務所編『ベンチャー企業による資金調達の法務((제2판)』(商事法務, 2022) 93페이지

을 통하여 경제적으로 보전되는데, 이것은 실질적으로는 M&A거래의 매매가격에 대한 부분적인 조정으로서 기능한다.[85] 즉, 주식양수도계약(M&A계약)에서의 진술보증조항의 주요한 기능은 사후의 보상조항의 발동을 전제로 한 위험의 분담기능에 있다고 할 수 있다.[86]

이에 반해, 대출계약에서의 진술보장위반은 통상 청구에 의한 기한의 이익 상실사유로서 대출의 일부가 아닌 전부에 대해 기한의 이익을 상실시킬 수 있는 효과를 발생시킬 수 있기 때문에 대출거래 전체에 영향을 미치게 된다. 즉, 대주는 대출실행 전에 차주의 진술보증위반이 판명된 경우에는 선행조건의 불충족을 주장하여 대출실행을 거절할 수 있고, 대출실행 후에는 기한의 이익 상실을 주장하여 대출원리금 등(대출금, 약정이자, 지연손해금 등 포함)의 즉시 상환을 청구할 수 있다. 이 경우 보통은 보상(손해배상)조항에 따른 보상청구를 할 필요는 없을 것이다. 이에 따라 실무에서는 대출계약에서 진술보장위반에 따른 보상(손해배상)조항을 별도로 명시하지 않는 경우도 많다{주식양수도계약에서 보상조항을 명시적으로 규정하지 않은 경우 보상을 청구할 수 있는지 여부와 관련하여서는 대법원 2017다6108 판결([판례 3-9] 참조)}. 다만, 사안에 따라서는 대출의무 소멸에 따른 대출 불실행, 기한의 이익 상실에 의한 대출원리금 상환 완료 후에도 대주에게 추가로 발생한 손해가 존재할 가능성은 남아 있기 때문에, 실무에서는 이를 규정하되 주식양수도계약 등 M&A계약의 경우와는 달리 보상의 절차·금액·한도·기간제한 등 보상의 방법에 관한 구체적인 내용을 정하지 않고 아래와 같이 보상의무를 확인하는 정도로 그치는 경우가 많다.

[계약서 기재례] 보상·손해배상

차주는 금융계약상 진술 및 보장 사항이 허위이거나 또는 부정확한 경우 또는 이 계약 [*]조의 준수사항을 포함하여 금융계약상 의무를 준수하지 못한 경우, 이로 인하여 대주 또는 대리기관이 입게 되는 모든 손해, 손실, 비용(합리적인 변호사 보수 포함)을 대리기관의 청구가 있는 즉시 지급하여야 한다.

85) 보통은 주식양수도계약에서 거래종결 전에 한하여 주식양수도계약을 해제할 수 있도록 해제의 시점을 제한하고 있기 때문에, 주식양수도계약은 진술보장위반에 의해 매수(M&A)거래 전체가 해제되어 매수(M&A)거래 이전의 상태로 원상회복되지는 않는 것이 일반적이다.

86) 주식양수도계약상의 진술보장조항은 투자대상회사에 관하여 이미 발생하였지만 계약체결 시까지 판명되지 않은 문제점과 계약체결 후 거래종결 시까지 발생할 가능성이 있는 문제점에 대해 당해 M&A거래에서 그 위험을 사후 부분적인 매매대금조정(Purchase Price Adjustment)에 의해 매도인과 매수인 어느 쪽에 부담시켜야 할 것인가라는 관점에서 주로 협상이 이루어진다. (i) 藤原総一郎 編著『M&Aの契約實務(第2版)』(中央經濟社, 2018) 152페이지 이하, (ii) 戸嶋浩二 外『M&A契約-モデル條項と解說』(商事法務, 2018) 73페이지 이하

4) 진술보장의 범위 제한

진술보장은 그 항목별로 다양한 범위의 제한이 이루어지는데, 어느 범위에서 제한을 허용할지 여부가 당사자 간의 주 협상대상이 된다. 예를 들면, 「투자대상회사 등에 관한 법적분쟁은 없다」는 점에 대한 진술보장이 이루어지는 경우 투자대상회사에 전혀 법적분쟁이 없는 경우는 드물고, 또한 법적분쟁 중에는 그 소송가액 등에 비추어 그 중요성이 낮은 것이 존재하는 경우도 많다. 따라서 대출계약 체결 전에 실제로 발생한 것으로 판명된 법적분쟁에 대해서는 대주에게 공개(Disclosure)[87]한 후 진술보장의 대상에서 제외하지만,[88] 이에 추가하여 진술보장의 대상으로 된 법적분쟁에 대해, 예를 들면 「투자대상회사의 영업활동, 경영상황 또는 재무상황에 대한 중대한 부정적 영향을 미칠 수 있는 법적분쟁이 없다」 등과 같이, (i) 「중요성(重要性) 또는 중대성(重大性) 또는 경미성(輕微性)에 의한 제한」이 부가되는 경우와 법적분쟁이 발생할 「염려」에 관하여 「차주가 알고 있는 한(또는 차주가 아는 한 또는 차주가 알 수 있는 한) 이러한 법적분쟁이 생길 염려가 없다」 등과 같이, (ii) 진술보장자의 「인식가능성(認識可能性)에 의한 제한」이 부가되는 경우 등이 있다. 이와 같이, 「인식가능성에 의한 제한」을 부가할 경우 누구를(예를 들면, 대표이사, 이사, 업무담당자, 자문기관 등) 기준으로 그 인식가능성을 판단할 것인지 여부도 협상의 대상이 되는 경우가 많다.

[계약서 기재례] 진술보장(소송)

이 계약 별지 [*] 공개목록에 기재된 사항을 제외하고, 차주가 알고 있는 한 차주나 투자대상회사의 경영이나 재무상황에 중대한 부정적 영향을 미칠 수 있는 차주나 투자대상회사, 그 각각의 자산에 대한 소송이나 행정절차, 형사절차, 수사, 조사, 감사 또는 중재가 현재 계속되어 있지 않다.

금융계약에서 어느 당사자와 관련하여 "알고 있는 한"이란, 어느 당사자의 대표자, 이사, 집행임원, 임원, 직원, 대리인이 현실적으로 어떠한 사실을 알고 있는 경우뿐만 아니라, 그의 업무를 수행하는 과정에서 대한민국법상 선량한 관리자의 주의의무를 다하였다면 알 수 있었던 경우도 포함한다.

87) 공개된 사항을 실무에서는 공개목록(Disclosure Schedule)이라고 하는데, 대출계약의 경우에는 보통은 차주(주식양수도계약의 매수인) 측이 기입하여 계약서에 별지(Schedule)로 첨부된다. 한편, 주식양수도계약상의 공개목록은 보통 투자대상주식의 양도인이 기재하는 경우가 많은데, 대출계약상 투자대상회사, 투자대상주식 등에 관한 진술보장의 공개목록은 주식양수도계약상 공개목록과 불일치가 발생하지 않도록 주의해야 한다.

88) 대주는 이러한 진술보장으로부터 제외된 사항에 대해서는 그 위험 정도를 판단한 후에 대출을 실행하거나 선행조건조항, 준수사항조항, 기한이익상실조항 등 대출계약의 기타 조항에서 위험에 대해 대처하기 위한 특별조치를 취하게 된다.

그런데 진술보장이 「중요성」이나 「중대성」에 의해 제한되는 경우에 대출실행의 선행조건이나 기한의 이익 상실에 관한 조항에서 다시 중요(대)성에 의한 제한이 더하여지면 중요(대)성의 제한이 진술보장 해당 여부 판단 시에 적용되는 것에 추가하여, 대출실행의 선행조건의 충족이나 기한의 이익 상실사유 해당 여부를 판단함에 있어서도 다시 중복되어 적용되기 때문에, 결과적으로 중요(대)성에 의해 보통의 경우보다 더욱 한정되어 버릴 가능성, 이른바 「이중 중요(대)성(Double Materiality)」의 문제가 발생할 수 있다는 점이 지적되고 있다.[89] 이를 피하기 위하여 실무에서는, 예를 들면 해당 규정에 다음과 같은 단서를 두는 경우가 있다.

[계약서 기재례] 이중 중요(대)성의 배제(대출실행 선행조건)

각 대주가 차주에게 대출실행일에 대출약정금을 지급할 의무는, ① 다음의 각 사항이 대리기관이 합리적으로 만족하는 내용으로 충족될 것과 ② 대리기관이 합리적으로 만족하는 내용과 형식의 관련 서류들이 차주로부터 대리기관에게 교부될 것을 조건으로 한다. 대주는 그의 전적인 임의재량에 따라 다음의 각 사항의 충족을 포기하거나 면제 또는 유예할 수 있다.

3. 이 계약과 기타 금융계약에서 차주 및 담보제공자가 행한 모든 진술과 보장은 대출실행 당시에도 그 당시의 상황에 비추어 <u>중요한 점에서</u> 진정하고 정확한 것이어야 한다. <u>단, 당해 진술 및 보증에서 「중요한」, 「중대한」 또는 이들과 실질적으로 동일한 취지의 한정(제한)이 붙어있는 사항에 대해서는, 이 호에서 「중요한 점에서」라는 한정(제한)은 붙이지 않는 것으로 한다.</u>

[계약서 기재례] 이중 중요(대)성의 배제(기한의 이익 상실)

이 계약상 다음 각호의 사유는 기한의 이익 상실사유를 구성한다(의미를 명확히 하면, 차주 또는 어느 담보제공자에게 귀책사유가 있는지 여부를 불문한다).

3. 어느 금융계약에서 차주나 담보제공자가 한 진술 및 보증 사항 또는 차주나 담보제공자가 금융계약과 관련하여 대주나 대리기관에게 제공·확인한 사항이 <u>중요한 점에서</u> 사실과 다르거나 허위임(<u>중요한</u> 사실의 누락 포함)이 판명된 경우. <u>단, 당해 진술 및 보증에서 「중요한」, 「중대한」 또는 이들과 실질적으로 동일한 취지의 한정(제한)이 붙</u>

89) 형식적인 언어의 문제라는 측면도 있다는 점을 부정할 수 없고, 실제로 소송 등의 분쟁에서 이러한 이중의 제한의 존재가 소송의 결과에 영향을 어느 정도 미칠지는 반드시 명확하지는 않지만, 적어도 각각의 한정을 이중으로 주장하는 근거로 이용될 수 있다는 점은 확실한 것으로 보인다. 藤原総一郎 編著『M&Aの契約實務(第2版)』(中央經濟社, 2018) 138페이지

어있는 사항에 대해서는, 이 호에서 「중요한 점에서」 및 「중요한」이라는 한정(제한)은 붙이지 않는 것으로 한다.

또한, 이와 관련하여 주식양수도계약이나 주식인수계약상의 보상(손해배상)조항의 경우에는 보상의 하한(下限)(Basket 등)이 설정되는 것이 일반적인데, 이러한 보상의 하한은 금액적인 측면에서 중요성이 결여된 사유에 대해서는 금전적인 보상으로부터 제외하는 것이 목적이다. 이 점에서 진술보장 등에 개별적으로 설정된 중요성의 제한도 동일한 취지에서 설정되는 경우가 있는바, 이 경우에도 역시 위에서와 같은 「이중 중요(대)성(Double Materiality)」의 문제가 발생할 수 있다. 따라서 이러한 이중 중요(대)성 문제를 피하기 위하여 아래와 같이 손해의 산정 시에는 진술보장에 붙어있는 중요(대)성 등의 한정(제한)은 고려되지 않는다는 취지의 규정이 설치되는 경우도 있다.[90)]

[계약서 기재례] 이중 중요(대)성의 배제[보상(Indemnification) 및 손해배상]

이 계약의 다른 규정에도 불구하고, 이 조에 따른 보상 또는 손해배상 청구의 대상으로 되는 손해의 산정 시에는, 진술 및 보증 또는 준수사항에 규정되어 있는 「중요」, 「중대」 및 「중대한 부정적 영향」 기타 이들과 실질적으로 동일한 취지의 한정(제한)에 관한 것은 적용되지 않는 것으로 간주한 다음, 손해액을 산정한다.

나아가, 주식양수도계약이나 주식인수계약에서는 (iii) 진술보증의 기간을 제한하는 방법(보통은 「거래종결일로부터 [*]년. 단, 특정한 진술보장에 대해서는 [*]년」)으로 진술보증을 제한하는 경우가 일반적이다. 그러나 진술보장의 대상이 된 사항은 대주에 의한 여신판단의 전제로 된 것이기 때문에 진술보장 제공일을 기준으로 진술보장이 정확하다는 점은 대출유지를 위한 전제로서 대출원리금의 상환이 완료되기 전까지는 계속 유지되어야 한다. 따라서 대출계약의 경우에는 진술보증의 기간을 제한하는 규정은 포함시키지 않는 경우가 일반적이다.

---

90) 다만, 앞서 살펴본 바와 같이 실무상 대출계약에서는 진술보장위반의 경우 보상(Indemnification)(손해배상)조항을 별도로 명시하지 않거나(주식양수도계약의 경우 별도로 보상청구를 할 수 있는지 여부와 관련하여, 대법원 2017다6108 판결([판례 3-9])에서는, 「…계약서에 진술·보증조항만 있고 그 위반으로 인한 손해배상조항이 없다면 민법 제390조를 비롯한 관련 규정들에 따라 채무불이행 책임의 성립 여부를 판단하여야 한다」고 판시하였다), 이를 명시하더라도 주식양수도계약 등 M&A계약의 경우와는 달리 보상의 절차·금액·한도·기간제한 등 보상의 방법에 관한 구체적인 내용을 정하지 않고, 「차주는 진술보장을 위반한 경우에는 그로 인하여 대주에게 발생한 그 손해·손실·비용을 부담한다」와 같이 보상의무를 확인하는 정도로 그치는 경우가 많다.

또한, 주식양수도계약이나 주식인수계약에서는 진술보장 위반에 따른 보상청구의 상한・하한을 설정하거나 보상청구의 절차를 상세하게 규정하는 등의 방법으로 실질적으로 진술보장의 범위를 제한하는 것이 일반적이나[91] 대출계약에서는 이러한 제한규정은 일반적이지 않은 것으로 보인다.

한편, 진술보장의 상대방의 주관적 인식(認識)이 진술보장의 법적 효과에 어떠한 영향을 미치는지에 관하여 논의가 있다.

먼저, 일본에서는 주식매매계약상의 진술보장위반의 책임이 문제된 사안에서 「원고가 피고들이 본건 진술보증을 한 사항에 관하여 위반하고 있다는 점에 대해 선의(善意)라는 것이 원고의 중대한 과실에 기한 것이라고 인정되는 경우에는 공평의 견지에서 악의의 경우와 마찬가지로, 피고들은 본건 진술보증책임을 면한다고 해석할 여지가 있다」고 판시한 하급심 사례가 있는데,[92] 이 판결과 관련하여서는 다음과 같은 견해가 있다.[93]

「동 판례는 진술보증의 상대방이 악의인 경우에는 진술보증위반책임을 면하는 것으로 해석하고 있는 것 같고, 상대방에게 중과실이 존재하는 경우에도 동 책임을 면하는 것으로 해석할 여지가 있다고 하고 있다. 동 판례에 대해서는 찬반이 있고, 또한 동 판례가 진술보증의 법적 성질을 명시하지 않은 바와 같이, 이것은 반드시 진술보증위반책임의 법적 성질로부터 결론이 도출되는 문제는 아니라고 생각된다. 실무상으로는 만일 계약체결 전에 매수인이 매도인의 진술보증위반에 해당하는 사실을 발견하였더라도 당해 사실에 의한 손해발생의 유무나 손해액이 불확정이기 때문에 양도가격에 반영할 수 없는 경우와 당해 사실에 관한 법률상의 해석이 일의적(一義的)이 아니어서 진술보증위반에 해당하는지 여부 자체의 판단이 어려운 경우가 있어서 양도가격에 반영하기가 어려운 경우가 많다. 또한, 발견 시점이 계약체결의 직전인 경우 등 시간적인 제약이 있는 경우에, 그 상태대로 진술보증사항으로 하고 손해발생 시에는 진술보증위반에 따른 조정을 실시하는 것이 당사자 쌍방의 이익에 기여하는 경우도 있다. 따라서 실무상 진술보증의 상대방의 주관적 인식의 태양(態樣)에 따라 진술보증위반책임의 추궁이 제한되는 것은 불합리한 경우가 많다. 또한, 진술보증의 위험분담기능을 강조하면, 매수인의 주관적 인식의 태양(態樣)에 관계없이 합의된 대로 위험을 분담하는 것이 합리적인 경우가 많을 것이다. 따라서 계약상 특단의 정함이 없는

91) 본편 제2장 7 (3) 6) 진술보장・준수사항 위반과 보상 부분의 계약서 기재례 참조

92) 東京地方裁判所 平成 18年 1月 17日 判例時報 1920號 136項. 藤原総一郎 編著『M&Aの契約實務(第2版)』(中央經濟社, 2018) 164페이지에서 재인용

93) 藤原総一郎 編著『M&Aの契約實務(第2版)』(中央經濟社, 2018) 164~166페이지 참고

한 진술보증위반책임의 추궁이 진술보증의 상대방의 주관적 인식의 태양(態樣)에 좌우되어서는 안 될 것으로 생각되지만, 만일 영향을 받는다고 하는 경우에도 이러한 영향을 배제하는 취지의 당사자 간의 특약은 그 유효성을 인정할 수 있을 것이다. 이상과 같이 계약상 특단의 정함이 없는 한, 진술보증위반책임의 추궁이 진술보증의 상대방의 주관적 인식의 태양(態樣)에 좌우되어서는 안 될 것으로 생각되지만, 위와 같은 판례의 존재로 인해 실무상으로는 개별분쟁에서 법원에 의한 최종판단의 예측이 어려운 점이 있기 때문에, 진술보증위반책임의 성부(成否)에 대해서는 상대방의 주관적인 인식의 태양(態樣)이 영향을 미치지 않는다는 취지의 확인조항을 정하는 방법{이른바 샌드배깅조항(Sand-bagging Clause)}과 위반이 판명된 사항을 진술보증의 범위에서 제외한 후 당해 특정한 사실에 따라 손해가 발생한 경우에는 그 손해를 보상하는 취지의 특별보상조항(Special Indemnification Clause)을 정하는 방법 등으로 어떠한 대응을 해 두는 경우도 적지 않다. 또한, 역(逆)으로 상대방이 인식한 사항에 대해서는 진술보증의 범위에서 제외된다는 점을 명확히 하는 경우도 있다{이른바 엔타이 샌드배깅조항(Anti-Sandbagging Clause)}.」

우리나라에서도 위와 동일한 논의가 있는데,[94] 이와 관련하여 아래의 대법원 2012다64253 판결([판례 3-10])을 주목할 필요가 있다.

[판례 3-10] 대법원 2015. 10. 15. 선고 2012다64253 판결[95]

(1) 계약당사자 사이에 어떠한 계약내용을 처분문서인 서면으로 작성한 경우에 문언의 객관적인 의미가 명확하다면 특별한 사정이 없는 한 문언대로의 의사표시의 존재와 내용을 인정하여야 하며, 문언의 객관적 의미와 달리 해석함으로써 당사자 사이의 법률관계에 중대한 영향을 초래하게 되는 경우에는 그 문언의 내용을 더욱 엄격하게 해석하여야 한다(대법원 2010. 11. 11. 선고 2010다26769 판결, 대법원 2011. 12. 8. 선고 2011다78958 판결 참조). 그리고 채권자의 권리행사가 신의칙에 비추어 용납할 수 없는 것인 때에는 이를 부정하는 것이 예외적으로 허용될 수 있을 것이나, 일단 유효하게 성립한 계약상의 책임을 공평의 이념 및 신의칙과 같은 일반원칙에 의하여 제한하는 것은 자칫하면 사적 자치의 원칙이나 법적 안정성에 대한 중대한 위협이 될 수 있으므로 신중을 기하여 극히 예외적으로 인정하여야 한다(대법원 2004. 1. 27. 선고 2003다45410 판결, 대법원 2013. 7. 12. 선고 2011다66252 판결 참조).

94) 「진술 · 보증 및 손해전보조항」 천경훈 편저 『우호적 M&A의 이론과 실무 - M&A계약의 주요조항』(소화, 2017) 23~183페이지 참고

95) 이 판결에 대한 평석으로는, 「진술 및 보장 위반에 대한 악의의 매수인의 손해배상청구의 허용 여부」 법무법인(유) 율촌 송무그룹 편 『율촌판례연구』(박영사, 2016) 247페이지 이하 참조

(2) 원심판결 이유와 기록에 의하면, ① 이 사건 주식양수도계약 제11조는 주식양수도 실행일 이후 이 사건 진술 및 보증 조항의 위반사항이 발견된 경우, 원고는 즉시 피고들에게 이를 통보하고, 피고들은 통보받은 날로부터 30일 이내에 위 위반사항을 시정하거나 원고에게 위 보증위반과 상당인과관계 있는 손해를 배상하도록 정하고 있는 사실, ② 이 사건 주식양수도계약의 양수도 실행일 이후 공정거래위원회는 이 사건 담합행위에 대한 조사를 개시하여 2000. 10. 17. 인천정유가 이 사건 담합행위로 인해 공정거래법을 위반했다는 이유로 시정명령, 법위반사실공표명령 및 과징금 47,522,000,000원의 납부명령을 내렸고, 이후 위 과징금납부명령에 대한 이의신청 및 일련의 과징금납부명령 취소소송 등을 거쳐, 공정거래위원회는 2009. 1. 14. 과징금을 재산정하여 인천정유를 합병한 에스케이에너지 주식회사에 대하여 과징금 14,511,000,000원의 납부명령을 내렸던 사실, ③ 대한민국은 2001. 2. 14. 이 사건 담합행위로 인하여 군용유류 구매입찰에서 적정가격보다 고가로 유류를 공급받는 손해를 입었다는 이유로 인천정유를 포함한 5개 정유회사를 상대로 158,419,669,721원의 지급을 구하는 손해배상청구소송을 제기하여 10여 년째 소송이 진행되고 있는 사실을 알 수 있다.

(3) 원심이 인정한 사실관계와 위와 같은 사실관계로부터 알 수 있는 다음과 같은 사정들, 즉 ① 이 사건 주식양수도계약서에는 원고가 계약 체결 당시 이 사건 진술 및 보증 조항의 위반사실을 알고 있는 경우에는 위 손해배상책임 등이 배제된다는 내용은 없는 점, ② 원고와 피고들이 이 사건 주식양수도계약서에 이 사건 진술 및 보증조항을 둔 것은, 이 사건 주식양수도계약이 이행된 후에 피고들이 원고에게 진술 및 보증하였던 내용과 다른 사실이 발견되어 원고 등에게 손해가 발생한 경우에 피고들로 하여금 원고에게 500억 원을 초과하지 않는 범위 내에서 그 손해를 배상하게 함으로써 원고와 피고들 사이에 불확실한 상황에 관한 경제적 위험을 배분시키고, 사후에 현실화된 손해를 감안하여 주식양수도대금을 조정할 수 있게 하는데 그 목적이 있는 것으로 보이는데, 이러한 경제적 위험의 배분과 주식양수도대금의 사후 조정의 필요성은 원고가 피고들이 진술 및 보증한 내용에 사실과 다른 부분이 있음을 알고 있었던 경우에도 여전히 인정된다고 한 것인 점 등에 비추어 보면, 이 사건 주식양수도계약서에 나타난 당사자의 의사는, 이 사건 주식양수도계약의 양수도 실행일 이후에 이 사건 진술 및 보증조항의 위반사항이 발견되고 그로 인하여 손해가 발생하면, 원고가 그 위반사항을 계약 체결 당시 알았는지 여부와 관계없이, 피고들이 원고에게 그 위반사항과 상당인과관계 있는 손해를 배상하기로 하는 합의를 한 것으로 봄이 상당하다. 그리고 공정거래위원회가 이 사건 담합행위에 대한 조사를 개시한 것은 이 사건 주식양수도계약의 양수도 실행일 이후여서, 원고가 이 사건 주식양수도계약을 체결할 당시 공정거래위원회가 인천정유에 이 사건 담합행위를 이유로 거액의 과징금 등을 부과할 가능성을 예상하고 있었을 것으로 보기는 어렵다.

따라서 원고가 이 사건 담합행위를 알고 있었고 이 사건 담합행위로 인한 공정거래위원회의 제재 가능성 등을 이 사건 주식양수도대금 산정에 반영할 기회를 가지고 있었다고 하더라도, 특별한 사정이 없는 한 그러한 점만으로 이 사건 주식양수도계약 제11조에 따른 원고의 손해배상청구가 공평의 이념 및 신의칙에 반하여 허용될 수 없다고 보기는 어렵다고 할 것이다.

[판례 3-11] 대법원 2018. 10. 12. 선고 2017다6108 판결[96)]

1. 기업인수계약은 기업의 지배권을 이전하기 위하여 그 주식이나 자산을 양도하는 계약(M&A계약에서 합병을 제외한 것이다)으로서, 일반적으로 매도인이 대상회사의 상태에 관하여 진술하고 보증하는 이른바 진술・보증(representations and warranties)조항('진술・보장조항'이라고도 한다)을 포함하고 있다. 매도인이 대상회사의 상태에 관하여 사실과 달리 진술・보증을 하고 이로 말미암아 매수인에게 손해를 입힌 경우에는 계약상 의무를 이행하지 않은 것에 해당하므로 일종의 채무불이행 책임이 성립한다. 계약서에 진술・보증조항과 그 위반으로 인한 손해배상조항이 함께 있다면 그 조항에 따른 손해배상책임을 인정하여야 하고, 무과실책임인지 아니면 민법 제390조 단서가 적용되는 과실책임인지는 계약 내용과 그 해석에 따라 결정해야 한다. 이와 달리 계약서에 진술・보증조항만 있고 그 위반으로 인한 손해배상조항이 없다면 민법 제390조를 비롯한 관련 규정들에 따라 채무불이행책임의 성립 여부를 판단하여야 한다.
기업인수계약에서 진술・보증위반으로 인한 손해배상의 범위나 금액을 정하는 조항이 없는 경우에는 매수인이 소유한 대상회사의 주식가치 감소분 또는 매수인이 실제 지급한 매매대금과 진술・보증위반을 반영하였을 경우 지급하였을 매매대금의 차액을 산정하는 등의 방법으로 손해배상액을 정하여야 한다. 그러나 이러한 방법으로 손해배상액을 산정하는 데서 오는 불확실성을 해소하고자 손해배상의 범위와 금액을 산정하는

96) 위 대법원 2012다64253 판결([3-10 판결])의 환송 후 판결임. 갑 주식회사의 주주인 을 주식회사 등이 병 주식회사에 갑 회사의 발행주식을 양도하는 계약을 체결하면서 계약 체결일과 병 회사의 주식취득일을 기준으로 갑 회사가 행정법규를 위반하지 않았음을 보증하였고, 주식양수도계약서에 '양수도 실행일 이후 보증의 위반사항(순자산가치의 부족이나 숨은 채무 또는 우발채무가 새로이 발견되는 경우도 포함한다)이 발견된 경우 또는 기타 본 계약상의 약속사항을 위반함으로 인하여 갑 회사 또는 병 회사에 손해가 발생한 경우 을 회사 등은 현금으로 병 회사에 배상한다'라고 정하였는데, 그 후 갑 회사가 다른 정유사들과 함께 담합행위를 하고 있었다는 사실이 밝혀져 벌금과 과징금을 부과받고, 손해배상금과 관련 소송비용을 지출한 사안에서, 위 주식양수도계약서 규정은 진술・보증조항의 위반으로 인한 손해배상책임에 관한 조항이고, 여기에서 '갑 회사 또는 병 회사에 손해가 발생한 경우 현금으로 병 회사에 배상한다'는 약정은 구체적으로 손해배상의 범위와 금액을 산정하는 방법을 정한 것인데, 계약서의 문언에 따르면, 을 회사 등이 진술・보증한 것과 달리 기업지배권이 이전되는 시점 이전의 사유로 갑 회사의 우발채무가 발생하거나 부실자산 등이 추가로 발견되면 특별한 사정이 없는 한 그 금액이 진술・보증위반으로 병 회사가 입게 되는 손해이고, 나아가 병 회사가 직접 비용을 지출하는 등으로 손해를 입었다면 그 또한 손해에 포함된다고 보아야 하는데도, 갑 회사가 스스로 행한 담합행위의 결과로 과징금, 손해배상, 벌금, 소송비용을 부담하게 된 이상 이를 을 회사 등의 행위로 갑 회사가 입은 손해라고 평가할 수 없다고 본 원심판단에 매도인의 진술・보증위반으로 대상회사가 입은 손해의 의미를 이해하지 못한 잘못이 있다고 한 사례

방법을 정하고 있는 경우에는 이를 배제하거나 제한할 만한 사정이 없는 한 그에 따라야 한다.

2. 원심판결 이유와 적법하게 채택한 증거에 따르면 다음 사실을 알 수 있다.

가. 한화에너지 주식회사(이후 인천정유 주식회사로, 다시 에스케이 인천정유 주식회사로 상호가 변경되었다. 이하 '인천정유'라 한다)의 주주인 피고들은 원고에게 인천정유의 발행주식 9,463,495주를 양도하는 계약(이하 '이 사건 주식양수도계약'이라 한다)을 체결하였다. 당시 피고들은 계약 체결일인 1999. 4. 2.과 원고가 이 사건 주식을 취득한 1999. 8. 31.을 기준으로 인천정유가 행정법규를 위반하지 않았음을 보증하였다(이 사건 주식양수도계약 제9조 제1항 거호).

나. 이 사건 주식양수도계약서 제11조 제1항 1문은 진술·보증조항 위반으로 인한 손해배상책임에 관하여 "양수도 실행일 이후 제9조의 보증의 위반사항(순자산가치의 부족이나 숨은 채무 또는 우발채무가 새로이 발견되는 경우도 포함한다)이 발견된 경우 또는 기타 본 계약상의 약속사항을 위반함으로 인하여 인천정유 또는 원고에게 손해가 발생한 경우 원고는 즉시 피고들에게 통보하고, 피고들은 통보받은 날로부터 30일 이내에 시정하거나(시정 가능한 경우), 현금으로 원고에게 배상한다."라고 정하였다.

다. 그 후 인천정유가 원고를 포함한 다른 정유사들과 함께 1998년부터 2000년까지 군용유류 구매입찰에 참가하면서 미리 유종별 낙찰예정업체, 낙찰예정업체의 입찰가격과 들러리 업체의 들러리 가격 등에 대하여 구체적인 합의를 하고, 그 합의된 내용대로 입찰하고 낙찰을 받아 그에 따라 군용유류공급계약을 체결(이하 '이 사건 담합행위'라 한다)하여, 구 독점규제 및 공정거래에 관한 법률(2004. 12. 31. 법률 제7315호로 개정되기 전의 것, 이하 '공정거래법'이라 한다) 제19조 제1항 제1호를 위반하여 부당한 공동행위를 한 사실이 밝혀졌다.

라. 인천정유는 이 사건 담합행위로 아래와 같이 벌금과 과징금을 부과받고, 대한민국에 대한 손해배상금과 과징금납부명령 취소소송, 손해배상소송에 따른 소송비용을 지출하였다.

(1) 공정거래위원회는 2000. 10. 17. 인천정유가 이 사건 담합행위로 공정거래법을 위반했다는 이유로 과징금 47,522,000,000원의 납부명령 등을 내렸다. 이후 이에 대한 과징금납부명령 취소소송 등을 거쳐, 2009. 1. 14. 인천정유를 합병한 에스케이에너지 주식회사에 대하여 다시 산정된 과징금 14,511,000,000원을 부과하였다.

(2) 대한민국은 2001. 2. 14. 이 사건 담합행위로 군용유류 구매입찰에서 적정가격보다 고가로 유류를 공급받는 손해를 입었다는 이유로 인천정유를 포함한 정유회사들을 상대로 손해배상을 청구하는 소를 제기하였다. 정유회사들은 위 소송에서 확정된 화해권고결정에 따라 대한민국에 손해배상금 135,584,101,130원을 지급하였고, 인천정유는 그중 11.84%를 분담하기로 약정하였다.

(3) 인천정유는 이 사건 담합행위를 하여 공정거래법 제19조 제1항 제1호를 위반하였다는 범죄사실로 벌금 200,000,000원을 부과받아 납부하였다.

(4) 위 과징금납부명령 취소소송과 손해배상청구 소송의 소송비용으로 726,843,140원이 지출되었다.

3. 위와 같은 사실관계를 위에서 본 법리에 비추어 살펴본다.

이 사건 주식양수도계약서 제11조는 진술 · 보증조항의 위반으로 인한 손해배상책임에 관한 조항이다. 여기에서 '인천정유 또는 원고에게 손해가 발생한 경우 현금으로 원고에게 배상한다.'는 약정은 구체적으로 손해배상의 범위와 그 금액을 산정하는 방법을 정한 것이다. 위 계약서의 문언에 따르면, 피고들이 진술 · 보증한 것과 달리 기업지배권이 이전되는 시점 이전의 사유로 인천정유의 우발채무가 발생하거나 부실자산 등이 추가로 발견되면 특별한 사정이 없는 한 그 금액이 진술 · 보증위반으로 원고가 입게 되는 손해이고, 나아가 원고가 직접 비용을 지출하는 등으로 손해를 입었다면 그 또한 손해에 포함된다고 보아야 한다.

4. 그런데도 원심은 인천정유가 스스로 행한 1998년, 1999년 담합행위의 결과로 과징금, 손해배상, 벌금, 소송비용을 부담하게 된 이상 이를 피고들의 행위로 인천정유가 입은 '손해'라고 평가할 수 없다고 판단하였다. 그리고 과징금, 손해배상, 벌금, 소송비용 전부가 이 사건 주식양수도계약 제11조 제1항의 '인천정유에 발생한 손해'에 해당한다는 원고의 주장을 배척하였다.

이러한 원심의 판단에는 상고이유 주장과 같이 매도인의 진술 · 보증위반으로 대상회사가 입은 손해의 의미를 이해하지 못한 잘못이 있다. 이를 지적하는 원고의 상고이유 주장은 정당하다.

[판례 3-12] 대법원 2019. 1. 31. 선고 2015다243811 판결

1. 주식매매계약 체결 경위와 진술 · 보장조항의 주요 내용

원심판결 이유와 적법하게 채택된 증거들에 의하면, 다음과 같은 사실을 알 수 있다.

가. G 사모투자전문회사(이하 'G'라 한다)는 2010. 6. 4. 피고들로부터 주식회사 H(이하 'H'이라 한다)의 발행주식 80만 주 전부를 430억 원에 매수하는 내용의 주식매매계약(이하 '이 사건 주식매매계약'이라 한다)을 체결했다.

나. 이 사건 주식매매계약에서 H에 관한 피고들의 진술 · 보장과 그에 따른 손해배상을 규정한 주요조항은 별지 기재와 같다.

[별지]

이 사건 주식매매계약 중 주요 조항

제1조 정의

"불법·부실 신용공여"는 상호저축은행법 제2조 제5호에서 규정하는 개별차주 한도초과 신용공여, 불법거액 신용공여, 대주주 신용공여, 부실 신용공여를 비롯하여 상호저축은행에 적용되는 제반 법령, 회계규정상의 불법, 부실 또는 부적정한 신용공여를 통칭한다.

"법령"이라 함은 상호저축은행법 및 그 부속법규를 비롯하여 각 해당 시점에 있어 유효하게 시행 중인 헌법, 법률, 시행령, 시행규칙, 감독규정, 감독규정 시행세칙, 조약, 협약, 명령, 규칙, 조례, 행정규칙 또는 정부기관에 의하여 시행되거나 적용되는 이와 유사한 규칙, 규정을 의미한다.

제2조 본건 주식의 매매 및 종결

2.3 **이행 완료일**

본건 거래의 이행 완료일은 본 계약 이행의 선행조건을 비롯하여 본 계약에서 예정한 모든 약정, 조건이 충족된 날(혹은 그러한 조건 충족의 면제를 수용한 날)로부터 10영업일 되는 날 또는 당사자들이 달리 합의한 날로 한다. 당사자들은 이행 완료일의 13시 00분에 대상 회사의 본점 사무실에서 제2.4조에 정한 사항을 이행하기로 한다

제3조 진술 및 보장

3.1 **매도인들의 진술 및 보장**

매도인들이 본 계약의 체결일 및 이행 완료일에 매수인에게 별첨 부록 3.1에 기재된 바와 같이 진술하고 보장한다.

제7조 손해배상

7.1 당사자의 손해배상

각 당사자는 본 계약에 따른 그의 진술, 보장, 확약 또는 합의사항의 위반으로 인하여 또는 그에게 책임있는 사유로 인하여 발생하는 모든 청구, 손실, 경비, 의무, 책임, 손해 및 비용(이자, 벌금, 법원 경비 및 합리적인 변호사 수임료를 포함하되 이에 한정되지 않음)(이하 총칭하여 "손해"라고 함)으로부터 상대방 당사자, 법인인 상대방 당사자의 이사, 임직원, 계열회사, 대리인 및 대표자를 면책시키고 손해를 배상하여야 한다. 또한 본 조항에 따른 손해배상액은 본건 매매대금을 초과할 수 없다. 한편 손해배상을 청구하는 일방 당사자가 제7.2조를 위반하고 이러한 사유에 의해 추가적인 손해나 확대 손해가 발생하는 경우에 상대방 당사자는 이 부분에 대한 배상책임

을 부담하지 아니한다.

별첨 부록 3.1

매도인들의 진술 및 보장

매도인들은 본 계약의 체결일 및 이행 완료일에 매수인에게 아래 사항이 모든 주요한 측면에서 진실하고 정확하며 완전함을 진술하고 보장한다.

대상 회사에 관한 진술 및 보장

3.1.1 **재무제표**

(1) 공개목록 3.3.16으로 첨부된 대상 회사의 최근 3년간의 재무제표 및 2010년 3월 31일 기준 재무세표(영입보고시, 경영보고서 등을 포함하며 이하 총칭하여 "본건 재무제표"라고 함)는 (i) 대상 회사의 장부 및 기로에 따라 작성되었고, (ii) 진실하고 정확하고 완전하며, (iii) 일관되게 적용되는 한국의 기업회계기준 및 상호저축은행업 회계처리준칙, 상호저축은행업 감독규정, 상호저축은행업 감독업무 시행세칙에 따라 작성되었으며, (iv) 재무제표 작성일 현재 대상 회사의 재무상태 및 그에 포함된 각 기간에 대한 대상 회사의 운영 및 현금흐름을 공정하고 정확하게 제시하고 있다.

(2) 대상 회사는 본건 재무제표에 명시적으로 반영되거나 그에 대한 충당금이 적립된 것을 제외하고는, 어떠한 채무(부외부채 및 우발부채를 포함), 청구, 손실, 손해, 결손액, 의무, 책임(형실적인 발생 여부를 불문)을 갖고 있지 않다.

3.1.28 **법령의 준수**

대상 회사는 법령(이에 근거한 감독당국의 행정명령, 지도 포함, 이하 같음)에 따른 경영건전성 기준을 준수하고 있으며, 내부 통제기준을 수립하여 시행하고 있다. 대상 회사는 법령상 요구되는 경영공시사항을 적정하게 공시하고 있으며, 공시사항에 허위 기타 중요사항의 누락이 없다. 대상 회사는 관련 법령을 준수하고 있으며, 법령 위반으로 인하여 어떠한 협의, 조사, 감독, 제재, 분쟁이 진행 중이지 않다. 또한 매도인 대표가 아는 한, 대상 회사가 법령 위반으로 인해 정부기관으로부터 어떠한 조사, 감독, 제재를 받거나 분쟁이 발생할 사정이 존재하지 아니하다. 끝.

다. H의 2010. 3. 31. 자 재무제표에는 대손충당금 적립액이 7,571,102,476원으로 기재되어 있었다.

라. G는 2010. 6. 29. 원고에게 이 사건 주식매매계약의 매수인 지위를 양도했고, 금융위원회는 2010. 8. 18. 원고가 H의 주식을 취득하는 것을 승인했다.

마. 원고는 피고들의 대표인 피고 C에게 2010. 8. 27. 330억 원, 2010. 9. 16. 100억 원, 합계 430억 원의 주식매매대금을 모두 지급했다. 원고와 피고들은 2010. 9. 16. 각 주식매매계약 종결확인서를 작성하여 상대방에게 교부했다.

2. 피고들의 진술 · 보장위반 여부에 관하여

가. 원심은, H의 쟁점 대출채권에 관한 대손충당금 적립액이, 원고가 설정해야 한다고 주장하는 대손충당금 적립액과 차이가 있더라도, 이는 쟁점 대출채권에 관한 자산건전성 분류 등에 관한 회계처리상의 견해 차이에 기인한 것일 뿐, 일반적으로 인정된 회계처리 기준과 관습을 명백히 위반한 것이 아니므로, 피고들이 진술 · 보장 조항을 위반한 것으로 볼 수 없다고 판단하였다.

나. 그러나 원심의 판단은 다음과 같은 이유로 그대로 수긍하기 어렵다.

1) 먼저, 재무제표에 기재된 대손충당금이 상호저축은행 관련 법령에서 정한 것보다 적게 적립되었는지가 쟁점이 된 대출채권에 관하여 본다.

가) 상호저축은행의 회계처리에는 상법, 주식회사의 외부감사에 관한 법률, 기업회계 기준 이외에도 상호저축은행법을 비롯한 관련 법령이 적용된다.

나) 피고들도 이 사건 주식매매계약에서 H의 2010. 3. 31. 자 재무제표가 기업회계기준뿐만 아니라 상호저축은행업 감독규정, 상호저축은행업 감독업무 시행세칙에 따라 작성되었고, H가 상호저축은행법 및 그 부속법규를 비롯하여 상호저축은행업 감독규정, 상호저축은행업 감독업무 시행세칙은 물론 감독당국의 행정명령과 지도에 따른 경영건전성 기준을 준수하였음을 진술 · 보장하였다.

다) 그런데 상호저축은행의 경우 자산의 70~80%가 대출채권이므로, 그 회수가능성을 어떻게 평가할 것인지가 저축은행의 경영건전성과 가치를 결정짓는 중요한 기준이 된다.

라) 이 사건 주식매매계약 당시 적용된 구 상호저축은행업 감독규정(2010. 9. 24. 금융위원회 고시 제2010-36호로 개정되기 전의 것, 이하 '구 감독규정'이라 한다)은 저축은행의 건전한 경영 유도를 위해 대출채권의 자산건전성을 '정상', '요주의', '고정', '회수의문', '추정손실'의 5단계로 구분하고(제36조), 자산건전성 분류결과에 따라 적립해야 할 대손충당금의 하한을 정하였다(제38조).

마) 구 상호저축은행 감독업무 시행세칙(2010. 9. 20. 자로 개정되기 전의 것, 이하 '구 시행세칙'이라 한다)은 '자산건전성 분류기준'을 두어 연체기간 및 부도 여부 등에 따라 대출채권의 자산건전성을 분류하도록 정하면서, '요주의', '고정', '추정손실' 단계에 관하여는 각 단계에 적합한 사례를 '예시'로 열거하였다(제20조 및 별표2).

바) 이 사건 주식매매계약에서 H의 매수실사를 담당했던 I회계법인 소속 회계사 J는 원심에서 상호저축은행의 대출채권 자산건전성 분류와 대손충당금 적립에 관한 실무에 대하여 "연체기간을 기준으로 구 감독규정, 구 시행세칙에 따라 대출채권이 '정상', '요주의', '고정 이하(고정 · 회수의문 · 추정손실)'에 해당하는지 분류하여야 하고, '정상'으로 분류될 수 있는 경우라도 부실 징후가 있으면 '요주의'로 분류할 수 있으므로, 이 점에서 판단의 여지가 있으나, '고정 이하'로 분류되어야 할 것을 담보가 충분하다는 이유로 '정상' 또는 '요주의'로 분류할 수는 없다."라는 취지로 증언하였다.

사) 자산건전성 분류기준의 '예시'는 실무상 상호저축은행 회계처리의 명확한 기준으로 기능하고 있고, 상호저축은행의 기업인수에서도 당연히 이러한 회계처리 실무를 염두에 두고 기업인수에 임하게 된다. 더구나 이 사건 주식매매계약의 경우 경영건전성 기준에 관한 감독당국의 행정명령, 지도를 준수하였는지까지 진술 · 보장의 대상으로 삼고 있다. 따라서 피고들은 명문화된 감독당국의 자산건전성 분류기준의 예시 또한 당연히 준수하였음을 진술 · 보장한 것이다.

아) 그러므로 만약 쟁점 대출채권에 관하여 자산건전성 분류기준의 예시에 정한 사유가 있음에도, H가 쟁점 대출채권의 자산건전성을 기준보다 높게 분류하여 대손충당금을 적게 적립하였다면, 피고들은 재무제표에 기재된 대손충당금이 구 시행세칙의 자산건전성 분류기준의 예시에 맞추어 작성되었음을 진술 · 보장하고도 이를 위반한 것으로 보아야 한다.

2) 다음으로, H가 한국자산관리공사에 매각한 프로젝트 파이낸싱(Project Finacing, 이하 'PF'라 한다) 대출채권에 관하여 본다.

가) 구 감독규정은 상호저축은행이 PF 대출채권을 한국자산관리공사에 사후정산 또는 환매조건으로 매각할 때에는 손실가능 예상액을 산정하여 이를 대출채권 매각일 다음 분기 말부터 사후 정산 또는 환매일이 속하는 분기의 직전 분기 말까지의 기간으로 안분한 금액을 대손충당금으로 적립하여야 한다고 정하였다(제38조 제1항 제7호).

나) 금융감독원은 2009. 3. 31. 각 저축은행에, 손실가능 예상액은 매각대금에서 유효담보가액의 70%를 뺀 나머지 금액으로 추정하되, PF 대출 자율구조조정 협약 대상 채권의 경우 채권금액의 15%에 해당하는 금액을 손실가능 예상액으로 추정하도록 통보했다(이하 '변경 전 추정방법'이라 한다).

다) H는 2008. 12.경 및 2009. 3.경 PF 대출 자율구조조정 협약에 따라 한국자산관리공사에 대출채권을 매각했고, 2010. 3. 31. 자 회계장부에 변경 전 추정방법에 따라 대손충당금을 적립했다.

라) H는 2010. 6.경 PF 대출 자율구조조정 협약에 따라 한국자산관리공사에 대

출채권을 추가로 매각했다. 2010. 3. 31. 자 회계장부에는 2010. 6. 매각채권에 대한 대손충당금이 적립되어 있지 않았으나, 피고들은 실사과정에서 회계장부에 기재되지 않은 위 각 대출채권에 관한 변경 전 추정방법에 따른 대손충당금을 고지했고, 이는 이 사건 주식매매대금을 정하는데 반영되었을 것으로 보인다.

마) 금융감독원은 이행 완료일(2010. 9. 16.) 이전인 2010. 7. 5. 각 저축은행에 PF 대출 자율구조조정 협약 대상 채권의 경우에도 매각대금에서 유효 담보가액의 70%를 뺀 나머지 금액으로 추정하도록 통보했다(이하 '변경 후 추정방법'이라 한다).

바) 금융감독원이 통보한 손실가능 예상액 추정방법의 변경은 경영건전성 기준에 관한 행정명령 또는 지도에 해당한다. 그리고 피고들이 이행 완료일을 기준으로 감독당국의 행정명령과 지도에 따른 경영건전성 기준을 준수하였다고 진술·보장하였음은 위에서 본 바와 같다.

사) 기업인수계약에서 진술·보장조항을 둔 목적은 불확실한 상황에 관한 경제적 위험을 배분하기 위한 것이다(대법원 2015. 10. 15. 선고 2012다64253 판결, 대법원 2018. 7. 20. 선고 2015다207044 판결 참조). 비록 재무제표 작성이나 실사 당시에는 대손충당금 적립에 관하여 변경 전 추정방법이 적용되었으나, **이행 완료일 전에 변경 후 추정방법이 적용되었으므로, 그에 따른 위험은 매도인이 부담**하여야 한다.

아) 그러므로 피고들은 금융감독원의 행정명령과 지도에 따른 경영건전성 기준을 준수하였다고 진술·보장하고도 이를 위반한 것으로 보아야 한다.

다. 그런데도 원심은 그 판시와 같은 이유를 들어 피고들이 진술·보장을 위반하였다는 원고의 주장을 배척하였다. 이러한 원심의 판단에는 진술·보장조항의 해석에 관한 법리 등을 오해하여 판결에 영향을 미친 위법이 있다. 이를 지적하는 취지의 상고이유 주장은 이유 있다.

3. 손해 발생 여부에 관하여

가. 기업인수계약에서 진술·보장위반으로 인한 손해배상의 범위나 금액을 정하는 조항이 없는 경우에는 매수인이 소유한 대상 회사의 주식가치 감소분 또는 매수인이 실제 지급한 매매대금과 진술·보장위반을 반영하였을 경우 지급하였을 매매대금의 차액을 산정하는 등의 방법으로 손해배상액을 정하여야 한다(대법원 2018. 10. 12. 선고 2017다6108 판결 참조).

나. 원심판결 이유와 적법하게 채택된 증거들에 의하면, 다음과 같은 사실을 알 수 있다.

1) G와 피고들은 2010. 5. 7. H의 매매에 관한 양해각서를 체결하였는데, 매매대금은 477억 3,600만 원(=2010. 3. 31. 자 대차대조표상 자본총액 약 177억 3,600만

원+경영권 프리미엄 300억 원)으로 잠정 결정되었다.

2) G는 2010. 5. 10.부터 2010. 5. 17.까지 I회계법인을 통해 H의 2010. 3. 31. 기준 순자산가치에 대한 실사를 진행하였다.

3) 회계법인은 2010. 5. 20.경 실사 결과 2010. 3. 31. 자 대차대조표의 대출채권에 관한 대손충당금 설정액 약 75억 7,100만 원 외에 추가로 약 55억 5,400만 원을 대손충당금으로 설정하는 등 대차대조표상 자본총액을 약 177억 3,600만 원에서 약 141억 1,700만 원으로 조정해야 한다는 의견을 제시하였다.

4) G는 2010. 5. 25. 피고들에게 실사 결과에 기초하여 잠정적 주식매매대금 약 477억 3,600만 원에서 75억 800만 원[=대손충당금 추가 적립액 55억 5,400만 원+한국자산관리공사에 대한 매각채권의 대손충당금 8억 9,800만 원+비업무용 토지가액의 조정액 9억 7,000만 원+기타투자자산(골프회원권) 시가 하락분 9,200만 원-기타 조정금액 600만 원]을 감액할 것을 요구하였다.

5) 피고들은 48억 5,300만 원[=대손충당금 추가 설정액 38억 6,900만 원+한국자산관리공사에 대한 매각채권의 대손충당금 8억 9,800만 원+기타투자자산(골프회원권) 시가 하락분 9,200만 원-기타 조정금액 600만 원]을 감액하되, 자산가치 증가분(K 회원권) 18억 원을 가산하여 주식매매대금을 446억 8,300만 원으로 조정하겠다는 의사를 밝혔다.

6) 결국 최종 매각대금이 430억 원으로 결정되었음은 위에서 본 바와 같다.

다. 이처럼 잠정적 주식매매대금은 재무제표상 자본총액에 경영권 프리미엄을 얹어 산정되었고, 실사를 통해 대손충당금이 과소적립된 사실이 드러나자 이를 이유로 주식매매대금이 감액되었다. 이러한 사실관계를 앞서 본 법리에 비추어 보면, 실사 당시 쟁점 대출채권에 관한 대손충당금이 과소 적립되었다는 사실까지 반영되었을 경우 자본총액에 변동이 발생하여 주식매매대금은 추가로 조정되었을 것으로 보인다. 따라서 원고는 이 사건 실제 주식매매대금과 진술·보장위반을 반영하였을 경우 조정되었을 주식매매대금의 차액 상당을 추가로 지급하는 손해를 입었다.

라. 그럼에도 원심은 그 판시와 같은 사정만을 이유로 들어 피고들의 진술·보장위반이 인정되더라도 원고가 주장하는 손해가 발생하지 않았다고 판단하였다. 이러한 원심의 판단에는 진술·보장위반으로 인한 손해의 발생에 관한 법리 등을 오해하여 판결에 영향을 미친 위법이 있다. 이를 지적하는 취지의 상고이유 주장은 이유 있다.

위 대법원 2012다64253 판결([판례 3-10])에서 볼 수 있는 바와 같이, 우리나라의 경우에는 일본과 상황이 다름을 알 수 있다. 즉, 위 판시내용을 전제로 하면 우리나라의 경우에는 샌드배깅조항(Sand-bagging Clause) 등 계약상 다른 정함이 없다면, 다른 특별한 사정이 없는 한 진술보장의 상대방의 인식(실사과정 등에서 공개된 내용 포함)은 진술보장위반

책임의 성부(成否)에 영향을 미칠 수 없을 것으로 판단될 가능성이 높다(다만, 그러한 사유가 보상액의 범위에 참작될 수 있는 점은 별론으로 함). 따라서 진술보장의 상대방이 인식(실사과정에서 공개된 내용 포함)한 사항에 대해 진술보장책임의 부담하지 않고자 하는 진술보장제공자로서는, 해당 사항이 진술보장 대상에서 제외된다는 점을 해당 계약서에 명확히 기재되도록 해야 할 것이다(Anti-Sandbagging Clause).

[계약서 기재례] Anti-Sandbagging Clause

별지 [*] 공개목록에 기재되거나 본건 대출거래를 위한 자료제공과정에서 차주 등이 주관사, 대주 또는 대리기관에게 명시적으로 관련 정보를 제공하여 주관사, 대주 또는 대리기관이 차주 등의 진술 및 보장 위반 사실을 인지하거나 인지할 수 있었던 사항을 제외하고, 차주 등은 대주 및 대리기관에게 계약체결일 및 거래종결일 현재(특정일을 명시한 경우에는 그 특정일 현재) 다음 각 항에서 정한 사항이 정확하고 진실함을 진술 및 보증한다.

진술보장의 내용이 강행법규를 위반한 경우, 진술보장위반으로 인한 손해배상을 청구할 수 있는지 여부와 관련하여서는 아래와 같이 이를 부정한 판례가 있다.

[판례 3-13] 대법원 2019. 6. 13. 선고 2016다203551 판결[97]

가. 계약당사자 사이에서 일방이 상대방에 대해 계약의 체결이 관련 법령 등에 위반되지 않는다는 점과 함께 그 계약의 이행을 진술 · 보장하였는데도 계약을 이행하지 못하여 상대방에게 손해를 입힌 경우에는 계약상 의무를 이행하지 않은 것에 해당하므로 일종의 채무불이행 책임이 성립한다(대법원 2018. 10. 12. 선고 2017다6108 판결 참조). 그러나 당사자 사이에 체결된 계약이 강행법규 위반으로 무효인 경우에 그 계약 불이행을

97) 갑 주식회사 등이 을 농협으로부터 매수한 인삼 · 홍삼 원료를 가공하여 만든 홍삼제품을 병 주식회사에 판매하는 사업을 하기 위하여 정 주식회사 등으로부터 대출을 받은 후 병 회사 또는 2차적인 매입의무를 부담하는 을 농협으로부터 지급받은 매매대금으로 대출금을 변제하기로 하였고, 갑 회사 등, 을 농협, 병 회사, 정 회사 등이 체결한 제품매매계약에서 병 회사가 매입의무를 이행할 수 없는 경우에 을 농협이 2차적인 매입의무를 부담하며, 을 농협은 '본 계약을 체결 및 이행하는 것은 을 농협의 목적사업에 부합하는 것으로서 을 농협의 설립근거법 기타 관련 규정에 위배되지 않음'을 보장하고 위반 시 갑 회사 등에 그로 인한 일체의 손해를 배상하기로 약정하였는데, 그 후 병 회사가 회생절차를 신청하면서 제품을 매입하지 못하자 정 회사 등이 을 농협을 상대로 주위적으로 2차적인 매입의무의 이행을, 예비적으로 진술 · 보장조항에 따른 손해배상 등을 구한 사안에서, 농업협동조합 중 품목조합에 해당하는 을 농협이 제품매매계약에 따라 2차적인 매입의무를 부담하는 것은 사실상 갑 회사 등의 정 회사 등에 대한 대출금채무를 보증한 것에 해당하여 강행법규인 농업협동조합법 제57조 제2항, 제112조에 위반되어 무효이고, 이러한 경우에는 정 회사 등이 진술 · 보장조항을 근거로 손해배상을 청구하는 것도 허용될 수 없다고 본 원심판단이 정당하다고 한 사례

이유로 진술·보장약정에 따른 손해배상채무를 이행하는 것이 강행법규가 금지하는 것과 동일한 결과를 가져온다면 이는 강행법규를 잠탈하는 결과가 되고, 이러한 경우에는 진술·보장조항 위반을 이유로 손해배상을 청구할 수 없다고 보아야 한다.

나. 원심판결 이유와 기록에 따르면 다음 사실을 알 수 있다.

(1) 피고는 대출기관인 원고들, 삼마루 등 천지양과 사이에 체결한 제품매매계약을 통해 천지양이 대출금 채무자인 삼마루 등으로부터 홍삼제품을 정해진 가격과 일정에 따라 매입하지 못할 경우에는, 피고가 삼마루 등으로부터 홍삼제품을 정해진 가격과 일정에 따라 매입하기로 하는 2차적인 매입의무를 부담하였다. 이 계약에서 피고가 "본 계약을 체결 및 이행하는 것은 피고의 목적사업에 부합하는 것으로서 피고의 설립근거법 기타 관련 규정에 위배되지 않음"을 보장하고, 위반 시 삼마루 등에 그로 인한 일체의 손해를 배상하기로 약정하였다(이하 '진술·보장조항'이라 한다).

(2) 이후 천지양이 회생절차를 신청하면서 삼마루 등으로부터 홍삼제품을 매입하지 못하고 삼마루 등의 원고들에 대한 대출금채무 변제가 연체되자, 원고들은 피고에게 2차적인 매입의무를 이행할 것을 청구하였다. 이에 대하여 피고는 2차적인 매입의무 약정이 강행법규인 농업협동조합법에 위반되어 무효이므로 이를 이행할 수 없다고 다투었다.

(3) 원고들은 삼마루 등에 대한 대출금채권을 피보전권리로 하여 피고를 상대로 주위적으로 2차적인 매입의무의 이행을, 예비적으로 진술·보장조항에 따른 손해배상 등을 구하는 소를 제기하였다.

다. 원심은 위와 같은 사실을 기초로 다음과 같이 판단하였다.

제품매매계약에서 피고에게 2차적인 매입의무를 부담하도록 한 것이 강행법규 위반으로 무효인 이상, 피고는 계약에 따른 2차적인 매입의무를 이행할 수 없다. 이러한 경우에도 진술·보장조항을 근거로 의무불이행 당사자에 대해 이행이익에 해당하는 손해를 배상하도록 한다면, 강행법규의 적용을 배제하거나 잠탈하는 불합리한 결과가 초래될 수 있다. 따라서 원고들이 진술·보장조항을 근거로 피고에게 매매대금 상당의 손해배상을 청구하는 것은 강행법규인 농업협동조합법의 입법 취지를 몰각하는 결과가 되므로 허용될 수 없다.

5) 진술보장의 주요 내용

[계약서 기재례] 진술 및 보장[98)]

1. 설립 · 존속
   차주, 담보제공자,[99)] 투자대상회사 및 매도인[100)]은 대한민국법에 따라 적법하게 설립되고 유효하게 존속하고 있는 법인(주식회사)이다.
2. 능력 · 권한
   차주, 담보제공자 및 매도인은, 각자 ① 자신의 사업을 영위하고, ② 자기명의의 자산을 소유하고, ③ 금융계약에 따른 채무 기타 각종 의무를 부담하고, ④ 거래계약[101)] 및 거래계약과 관련한 모든 관련 서류들을 체결 · 교부하여 그 모든 조건을 이행하는데 필요한 모든 법적 능력과 권한을 가지고 있다.
3. 내부(수권)절차
   차주, 담보제공자 및 매도인은 각자 거래계약 및 거래계약과 관련한 모든 관련 서류들을 체결 · 교부하고, 그 모든 조건을 준수하고 이행하는데 필요한 회사 내부의 모든 법적인 조치를 취하였다.
4. 인허가
   차주, 담보제공자 및 매도인은 각자 거래계약의 체결 · 교부 및 그 의무이행을 위하여 필요한 모든 인허가를 적법 · 유효하게 취득하였으며(단, 장래의 의무이행을 위하여 취득하여야 할 인허가로서 통상의 사업수행 과정 중에는 장래의 그 시점 이전에 취득하기 어려운 것은 제외된다), 그 각자에게 중대한 부정적 영향을 발생시키는 인허가상의 조건을 위반한 사실이 없다.
5. 적법 · 유효성
   거래계약에 따른 차주, 담보제공자 및 매도인의 의무는 적법 · 유효하게 성립되어 있으며, 그러한 각자 의무는 거래계약의 제 조건에 따라서 적법 · 유효하게 이행될 수 있다. 단, 채무자 회생 및 파산에 관한 법률, 기업구조조정 촉진법 기타 채권자의 권리를 일반적으로 제한하는 법률에 의하여 그 이행이 제한될 수 있다.
6. 법령위반 · 의무불이행
   차주, 담보제공자 및 매도인의 거래계약의 체결, 교부, 이행과 거래계약에 따른 차주,

98) 진술보장조항은 (i) 차주, 연대보증인에 관한 진술 및 보장, (ii) 주식양수도(M&A)거래에 관한 진술 및 보장, (iii) 금융(M&A금융)거래에 관한 진술 및 보장, (iv) 투자대상주식에 관한 진술 및 보장, (v) 투자대상회사에 관한 진술 및 보장, (vi) 기타 진술 및 보장 등 사안에 따라 당사자들의 합의에 의해 분류/규정 형식을 달리한다.
99) 이 기재례에서는 연대보증인 및 담보권설정자를 포함하는 의미로 사용된다.
100) 투자대상주식의 매도인을 의미한다.
101) M&A금융에 관한 금융계약과 주식양수도계약 등 M&A관련계약을 포함하는 용어이다.

담보제공자 및 매도인의 의무 및 그 이행은, ① 차주, 담보제공자 또는 매도인에게 적용되는 어떠한 법령에도 중요한 점에서 위반되지 않고, ② 그 각자의 정관에 위배되지 않으며, ③ 그 각자가 당사자이거나 그 각자의 자산에 효력을 미치는 어떠한 계약상의 규정을 중요한 점에서 위반하거나 당해 계약상 채무불이행을 초래하지도 않는다.

7. 기한의 이익 상실 사유 부존재 등

차주, 담보제공자 및 매도인 각자 자신이 인지하고 있는 한도 내에서 차주, 담보제공자 또는 매도인 또는 그 각자의 자산이나 수익과 관련한 어떠한 계약과 관련하여, 거래계약상 그 각자의 의무이행능력에 중대한 부정적 영향을 미치는 위반을 하지 않았고, 존속하고 있는 기한의 이익 상실사유나 잠재적 기한의 이익 상실사유는 없으며, 또한 이 계약상 대출실행으로 인하여 그 각자에게 그러한 결과가 초래되지 않을 것이다.

8. 절차이행

차주, 담보제공자 및 매도인은 거래계약상 이 계약 체결일 이후에 완료될 것이 요구되는 경우를 제외하고, 각자 이 계약의 체결일 현재 거래계약 및 그에 따라 작성·교부될 모든 서류의 적법성·유효성 및 집행가능성을 보장하기 위하여 필요한 모든 등기·등록 또는 신청 절차를 완료하였다.

9. 허용된 부채(채무)

차주 및 투자대상회사에게는, 허용된 부채를 제외하고는 어떠한 부채(채무)도 존재하지 않는다.

10. 허용된 담보

허용된 담보를 제외하고, 차주 및 담보제공자는 담보물에 대해 일체의 담보권이 설정되어 있지 않은 상태의 적법·유효한 권리를 가지고 있다.

11. 담보권의 순위

금융계약에서 달리 규정하는 경우 및 허용된 담보를 제외하고, 담보계약상 담보권자의 담보권은 당해 담보물에 관한 다른 모든 채권자들의 권리(관련 법령에 의하여 우선순위가 주어지는 경우를 제외한다)에 우선한다. 단, 당해 담보물이 그 피담보채무를 완제하지 못하면, 담보권자의 미상환채무에 대한 청구권은 차주 및 연대보증인에 후순위가 아닌 모든 무담보채권자들의 권리(관련 법령에 의하여 우선순위가 주어지는 경우를 제외한다)와 상환 및 담보에 있어서 최소한 동등한 순위를 가진다.

12. 소송 등

가. 이 계약 별지 [*] 공개목록에 기재된 사항을 제외하고, 차주, 담보제공자 또는 투자대상회사나 그 각자의 자산에 대하여 그 각자의 재정상황에 중대한 부정적 영향을 미칠 수 있는 소송이나 행정절차 또는 중재가 진행 중에 있지 않으며, 차주, 담보제공자 또는 투자대상회사가 각자 자신이 인지하고 있는 한도 내에서 그러한 소송이나 행정절차 또는 중재가 제기될 우려도 없다.

나. 이 계약 별지 [*] 공개목록에 기재된 사항을 제외하고, 투자대상주식 매매계약에

따른 차주의 투자대상주식의 취득, 이 계약에 따른 대출의 실행, 담보계약에 다른 담보권의 설정을 포함하여 본건 거래에 대한 중대한 부정적 영향을 미칠 수 있는 소송이나 행정절차 또는 중재가 진행 중에 있지 않으며, 차주, 담보제공자 또는 투자대상회사가 각자 자신이 인지하고 있는 한도 내에서 그러한 소송이나 행정절차 또는 중재가 제기될 우려도 없다.

13. 주식 등 증권
이 계약의 체결일 및 대출실행일 현재, 투자대상회사[102]의 수권자본은 [*]주이고, 투자대상회사는 이 중 보통주 [*]주, 제1종 종류주식 [*]주 및 제2종 종류주식 [*]주 총 합계 [*]주를 발행하였다. 투자대상회사가 발행한 모든 주식은 (i) 적법하게 승인되어 유효하게 발행되었고 (ii) 그 주금이 전액 납입되었으며 더 이상의 납입책임을 부담하지 아니한다. 기발행 주식을 제외하고는 투자대상회사는 주식, 기타 지분증권을 발행한 바 없다. 투자대상회사는 (i) 제1회 기명식 사모 신주인수권부사채(권면총액: [*]원) 및 (ii) 제2회 기명식 사모 전환사채(권면총액: [*]원)를 제외하고는 전환사채, 신주인수권부사채, 교환사채, 상환사채를 발행하거나, 제3자에게 주식매수선택권이나 기타 투자대상회사의 신주발행을 요구할 수 있는 권리를 부여하거나 약정한 바 없다. 투자대상회사는 자본시장법에 따라 증권을 모집 또는 매출한 바 없다.

14. 투자대상주식
이 계약의 체결일 및 대출실행일 현재 투자대상주식은 적법・유효하게 발행되어 존속하고 있고, 매도인은 투자대상주식에 대하여 완전한 의결권을 적법하게 보유하고 있다. 투자대상주식에 관한 주권은 적법・유효하게 발행되었고, 이 계약의 체결일 현재 매도인이 점유하고 있다.[103]

15. 감사보고서
차주, 담보제공자 또는 투자대상회사가 각자 자신이 인지하고 있는 한도 내에서는, ① 차주, 담보제공자 또는 투자대상회사가 각자의 감사보고서(감사보고서가 작성된 경우에 한함. 이하 같음)에 기재된 것을 제외하고 차주, 담보제공자 또는 투자대상회사가 대주 및/또는 대리기관에게 금융계약에 따른 거래를 위하여 제공한 정보는 그 제공 당시의 상황에 비추어 중요한 점에 있어서 정확하며, ② 차주, 담보제공자 또는 투자대상회사 각자의 감사보고서에 기재된 것을 제외하고 차주, 담보제공자 또는 투자대상회사는 그 제공 당시에 대주 및 대리기관의 중대한 착오를 방지하기 위하여 필요한 모든 중요한 정보(자산 및 부채현황 기타 재무상황을 포함하며 이에 한하지 않음)를 대주 또는 대리기관에게 제공하였다.

102) 차주도 포함하는 경우도 있다.
103) 「전자등록주식」인 경우에는, 「주식사채전자등록법」에 따라 「전자등록기관」에 개설된 「전자등록계좌」에 등록되어 보관・관리되고 있음을 기재

16. 도산절차 부존재
    차주, 담보제공자, 투자대상회사 및 매도인에 대하여 청산, 해산, 회생, 파산 기타 이와 유사한 도산절차(사적 워크아웃절차 포함)가 진행되고 있지 않으며 차주, 담보제공자, 투자대상회사 또는 매도인 각자 자신이 인지하고 있는 한도 내에서는 그러한 우려도 없다.
17. 제세공과금
    차주, 담보제공자 및 투자대상회사는 각자의 세금, 부담금, 공과금 등 납부신고를 적법하고 완전하게 그 기한 내에 완료하였고, 세금, 부담금, 공과금 등을 납부기한 내에 납부하였다.
18. 부패방지 등
    차주 또는 담보제공자가 자신이 인지하고 있는 한도 내에서 차주, 담보제공자, 투자대상회사 및 매도인 자신 및 각자의 대표자, 이사, 집행임원, 임원, 직원 및 대리인(이하 이 호에서 합하여 "금융계약관련자 등")은 부패방지 관련 법령, 자금세탁방지 관련 법령 또는 이에 관한 제재 관련 법령(이하 합하여 "부패방지 등 관련 법령")과 관련하여 금융계약에 중대한 부정적 영향을 미치거나 미칠 염려가 있는 법 집행기관, 규제기관 혹은 기타 정부당국 또는 소비자나 공급자에 의하여 조사를 받았거나 받고 있지 아니하고, 진행 중이거나 진행될 우려가 있는 조사의 대상이 아니며, 부패방지 등 관련 법령을 위반한 것으로 여하한 관할법원에 의해 인정 또는 판단되지 아니하였고, 여하한 계약 또는 사업에 관한 입찰 참여가 금지되지 아니하였으며, 차주가 자신이 인지하고 있는 한도 내에서 이러한 조사, 인정, 판단 또는 금지를 유발할 만한 사정은 없다. 차주가 자신이 인지하고 있는 한도 내에서 금융계약관련자 등은 여하한 부패방지 등 관련 법령에 의한 제재 대상이 아니며 부패방지 등 관련 법령의 제재대상 국가 혹은 지역에서 설립되었거나 거주하고 있지 아니하다.
19. 법령의 준수 등
    이 계약 별지 [*] 공개목록에 기재된 사항을 제외하고 차주 및 투자대상회사는, (i) 그 설립 및 사업의 수행에 적용되는 법규, 법원의 판결이나 결정, 정부기관이나 관계기관의 조치, 명령, 지시, 지도, 예규 또는 유권해석 등을 중요한 점에서 준수하여 왔고, (ii) 그 설립 및 사업의 수행에 필요한 모든 인허가를 보유하여 왔으며, (iii) 이 계약의 체결일로부터 최근 [*]년간 이와 관련하여 정부기관이나 관계기관 또는 제3자로부터 고소, 고발, 지적, 민원 등을 제기받은 바 없다.
20. 재무제표 등
    가. 이 계약 별지 [*] 및 [*]에 각 첨부되어 있는 차주 및 투자대상회사의 재무제표(이하 합하여 "본건 재무제표", 그 기준일을 "본건 재무제표 기준일")는 모든 중요한 면에서 해당 기간 동안 대한민국에서 적용되는 일반적인 회계원칙과 관행에 따라 작성되었으며, 차주 및 투자대상회사의 장부 및 기록과 일치하고, 해당 기간

및 해당 일자 현재 차주 및 투자대상회사의 자산, 부채, 손익, 현금흐름, 영업결과 및 기타 재무상태를 정확하고 공정하게 반영하고 있으며, 중요한 채무(우발채무, 그 존재에 관하여 분쟁 중인 채무, 기타 일체의 채무를 포함함)를 누락하지 아니하였다.

나. 차주 및 투자대상회사의 주주총회 또는 이사회 기타 내부의 의사결정기관의 의사록, 회계장부 등 모든 장부 및 서류는 모든 면에서 관련 법령과 관례에 따라 적절하게 또한 일관되게 기록·작성되어 보관되고 있다. 또한, 이들 장부 및 서류는 차주 및 투자대상회사의 영업, 재산, 자본, 부채, 경영 등에 관한 사항을 모든 중요한 면에서 정확하게 반영하고 있다.

다. (i) 본건 재무제표에 포함된 재무상태표상에 반영되거나 언급되거나 충당금이 설정되어 있는 부채, (ii) 본건 재무제표 기준일 이후에 통상적인 사업과정에서 정상적으로 발생하는 부채 및 (iii) 통상적인 사업과정에서 발생한 계약상의 의무(동 채무는 계약위반, 불법행위 등으로 인한 것이 아님) 이외에, 계약체결일 현재 발행회사는 어떠한 확정적·불확정적 또는 우발적인 채무 또는 책임(특수관계자 기타 제3자에 대한 지급보증을 포함하나 이에 한정하지 아니함)을 부담하고 있지 아니하다.

라. 차주 및 투자대상회사는 (i) 통상적인 사업과정 및 과거의 관례에 부합하게 그 사업을 영위하였으며, (ii) 차주 또는 투자대상회사의 사업 또는 본건 재무제표에 개별적으로 또는 합하여 어떠한 중대한 부정적인 영향을 주는 변화가 발생하지 아니하였고 개별적으로 또는 합하여 어떠한 중대한 부정적인 영향을 주는 변화가 발생할 수 있는 사유가 존재하지 않는다.

21. 계열회사

이 계약의 체결일 현재, 차주 및 투자대상회사의 각 자회사를 포함한 독점규제법에 따른 계열회사의 현황, 각 계열사가 금융채권채무의 현황은 이 계약 별지 [*]와 같다.

22. 예금계좌

이 계약의 체결일 현재, 차주 및 투자대상회사의 예금계좌 및 그 예금잔액의 현황은 별지 [*]와 같다.

23. 기타

위 기재례와 같이 M&A금융의 대출계약상의 진술보장대상은 광범위하고 다양한 내용이 혼재되어 있지만, 크게는 차주 등/M&A거래/M&A금융거래에 관한 진술보장, 투자대상회사/투자대상주식에 관한 진술보장, 대출채권 및 담보에 관한 진술보장 등으로 나누어 볼 수 있다.

① 차주 등/M&A거래/M&A금융거래에 관한 각 진술보장

M&A금융에서는 대출계약뿐만 아니라 관련 담보계약, 스폰서에 의한 지분출자에 관한 계약, M&A관련계약 등 다양한 계약이 체결된다. 이러한 계약이 적법하고 유효하다는 것은 M&A금융의 구조 전체에 영향을 미치기 때문에 차주 등에게 필요한 내부수권절차가 이루어져 있다는 것을 비롯하여 이러한 계약의 적법성·유효성[104]의 기초를 이루는 사항이 규정된다. 또한, M&A거래의 전체가 당초 계획한대로 진행되는 것이 M&A금융의 전제가 되므로 이러한 M&A거래절차의 적법·유효성을 다투는 소송 등이 존재하지 않는다는 것도 진술보장의 대상으로 규정된다. 차주 등의 유효한 설립·존속, 내부승인절차(수권절차), 관련 거래계약의 적법성·유효성·집행가능성, 인허가의 취득, 법령·정관·다른 계약 등과의 적합성, 도산사유 등의 부존재, M&A거래의 적법·유효성(분쟁의 부존재) 등이 이 범주에 포함될 수 있다. 다만, 이와 관련하여 실무에서는 차주 및 연대보증인에 관하여만 진술보증의 대상으로 하는 것이 일반적이나 위 기재례와 같이 기타 담보제공자나 거래관계의 당사자의 현황이나 관련 거래계약상의 진술보장 등에 대해서도 차주 등에게 다시 진술보장을 시키는 경우도 있다.[105]

② 투자대상회사/투자대상주식에 관한 각 진술보장

M&A계약(주식양수도계약)에서와 마찬가지로, 투자대상주식 및 투자대상회사에 관한 진술보장이 M&A금융의 대출계약에서의 진술보장의 핵심이 될 것이다. M&A금융은 투자대상회사가 창출하는 현금흐름을 상환재원으로 대출을 하는 것이므로, 재무제표의 정확성을 비롯하여 투자대상회사에 관한 진술보장[106]이 정확하다는 것이 대주의 여신판단의 가장 중요한 전제로 된다. 투자대상회사의 재무제표의 정확성, 우발채무의 부존재, 기존 차입금의 현황, 지분율 현황, 자회사·계열회사 현황, 허용된 부채 및 허용된 담보 이외의 채무 및 담보의 부존재, MAC의 부존재, 소송 등의 부존재, 인허가, 법령준수, 중요계약에 대한 채무불이행 등의 부존재, 세금, 제공된 정보의 정확성, 자산·보험·지적재산권·종업원·환경문제의 현황 등이 이 범주에 포함될 수 있다.

---

104) 「적법성(Legality)」과 「유효성(Effectiveness)」은 구분되는 개념이다. 예를 들면, 단속법규를 위반한 경우에는 「부적법」(illegal)하지만, 「유효」(effective)하기 때문이다.

105) 사업수행회사 등 차주에게도 ESG 요소에 관한 진술보장이 필요한 경우에는 대출계약서에서도 차주에 관한 진술보장조항에 해당 사항을 포함시키는 것이 필요하다.

106) 주식양수도계약상 투자대상회사의 ESG 요소에 관한 진술보장이 규정된 경우에는 이를 참조하여 대출계약서에서도 투자대상회사에 관한 진술보장조항에 해당 사항을 포함시키는 것이 일반적이다. ESG와 주식양수도계약상 진술보장·준수사항 등에 대해서는, 본서 제2편 제1장 3 (4) 진술보장 및 보상 부분을 참조

③ 대출채권/담보에 관한 각 진술보장

M&A금융은 통상의 일반기업금융대출에 비하여 부채비율이 높고 위험이 큰 대출이며, 대출금액의 규모도 크기 때문에 대출채권의 보전(담보)에 필요한 각종 사항이 진술보장의 대상으로 규정된다. 차주의 단일목적성,[107] 대출채권의 동순위성, 담보의 적법·유효성, (잠재적) 기한의 이익 상실사유의 부존재 등이 이 범주에 포함될 수 있다.

(3) 준수사항(Covenants)[108]

1) 개설

「준수사항」이란, 대출계약상에 규정된 차주 등의 의무[109]를 의미하는 것으로, 「확약사항」 또는 「약정사항」이라고도 한다.

준수사항위반의 부존재는 대출실행의 선행조건의 하나로 규정되므로, 대출실행 전에 이행되어야 할 준수사항을 위반한 경우에는 대주는 대출실행을 위한 선행조건 미충족으로 대출계약에 따른 대출실행을 거절할 수 있다.

다음으로, 통상 준수사항위반은 대출계약상 「청구에 의한 기한의 이익 상실사유」로 규정되기 때문에 대출실행 후에 준수사항을 위반한 경우에는 대주는 그의 판단으로(통상은 대주의 의사결정 과정을 거쳐) 기한의 이익을 상실시키고 대출원리금 등(대출금, 약정이자, 지연손해금 등 포함)을 즉시 상환하도록 차주에게 요구할 수도 있다. 이 경우 통상은 보상

107) 차주(매수인)가 특수목적회사인 경우. 단, 정관의 목적사항 등을 통해 확인이 가능하므로, 다른 사업 금지 등의 형태로 (소극적) 준수사항에 포함시키는 이외에 진술보장에 별도로 규정하지 않는 경우도 많다. 앞서 살펴본 바와 같이, 차주의 단일목적성은 차주의 도산격리조치의 일환으로 요구되기도 한다.

108) 「준수사항」에 대해서는, (i) 藤原総一郎 編著『M&Aの契約實務(第2版)』(中央經濟社, 2018) 235페이지 이하, (ii) 戸嶋浩二 外『M&A契約-モデル條項と解說』(商事法務, 2018) 72페이지 이하 및 127페이지 이하, (iii) アンダーソン・毛利・友常法律事務所(柴田義人・檀 柔正・石原 坦・廣岡健司) 編『M&A實務の基礎(第2版)』(商事法務, 2018) 108페이지 이하, (iv) Bar Association Mergers and Acquisitions Committee『Model Stock Purchase Agreement with Commentary(Second Edition), Volume Ⅰ: Stock Purchase Agreement』(2010) 197페이지 이하, (v) Anthony C. Gooch · Linda B. Klein『Documentation For Loans, Assignments And Participations』(Euromoney Books, 1996) 75페이지 이하, (vi) Sandra Stern『Structuring and Drafting Commercial Loan Agreements(Revised Edition) VOLUME 1-1』(An A.S Pratt Publication, 2014) 5.01 이하, (vii) 青山大樹 編著『詳解 シンジケートローンの法務』(一般社団法人 金融財政事情研究会, 2015) 157페이지 이하, (viii) 渥美坂井法律事務所・外国法共同事業 編著『シンジケートローン契約書作成マニュアル-国内海外協調融資の実務(第4版)』(中央經濟社, 2021) 135페이지 이하, 336페이지 이하, (ix) Philip R Wood「INTERNATIONAL LOAN, BONDS AND SECURITIES REGULATION」『LAW AND PRACTICE OF INTERNATIONAL FINANCE』(SWEET & MAXWELL, 2007) 31페이지 이하 각 참고

109) 준수사항은 차주의 의무만이 아니라, 보증인 등 담보제공자에게도 의무로 규정되는 것이 통상적이다.

(손해배상)조항에 따른 보상청구를 할 필요는 없을 것이다. 이에 따라 실무에서는 대출계약에서 준수사항위반에 따른 보상(손해배상)조항을 별도로 명시하지 않는 경우도 많다.[110] 다만, 사안에 따라서는 대출 불실행, 기한의 이익 상실에 의한 대출원리금 상환 완료 후에도 대주에게 추가로 발생한 손해가 존재할 가능성은 남아 있기 때문에, 실무에서는 보상(손해배상)조항을 규정하되 주식양수도계약 등 M&A계약의 경우와는 달리 보상(손해배상)의 절차 · 금액 · 한도 · 기간제한 등 보상(손해배상)의 방법에 관한 구체적인 내용을 정하지 않고 아래와 같이 보상의무를 확인하는 정도로 그치는 경우가 많다.

[계약서 기재례] 보상 · 손해배상

차주는, 금융계약상 진술 및 보장 사항이 허위이거나 또는 부정확한 경우 또는 이 계약 [*]조의 준수사항을 포함하여 금융계약상 의무를 준수하지 못한 경우, 이로 인하여 대주 또는 대리기관이 입게 되는 모든 손해, 손실, 비용(합리적인 변호사 보수 포함)을 대리기관의 청구가 있는 즉시 지급하여야 한다.

준수사항에 대해서도 진술보장의 경우와 마찬가지로 차주는 대주가 제시한 각 준수사항의 내용 중에 적절한 제외 · 예외와 중요성 · 중대성에 의한 제한 등의 방법에 의해 일정한 절충을 하고자 하여 이에 대해 협상이 이루어지는 경우가 일반적이다. 준수사항과 선행조건, 기한의 이익 상실사유의 「이중 중요(대)성(Double Materiality)」 문제에 대해서는 본장 3 (2) 4) 진술보장의 범위 제한 부분의 내용이 마찬가지로 참고될 수 있을 것이다.

준수사항은 그 이행시점을 기준으로, 대출실행 전 이행(준수)되어야 할 준수사항(「대출실행 전 준수사항(Pre-closing Covenants)」과 대출실행 후 이행(준수)되어야 할 준수사항(「대출실행 후 준수사항(Post-closing Covenants)」으로 그리고 작위의무인가 부작위의무인가를 기준으로 적극적인 작위의무를 규정하는 준수사항(「적극적 준수사항(Affirmative Covenants)」과 소극적인 부작위의무를 규정하는 준수사항(「소극적 준수사항(Negative Covenants)」으로 나누어 볼 수 있다.[111]

110) 이 경우 손해배상을 청구할 수 있는지 여부와 관련하여서는, 준수사항은 준수의무자의 채무에 해당하고, 준수사항의 미준수는 결국 준수의무자에 의한 채무불이행에 해당하므로 민법 제390조를 비롯한 관련 규정들에 따라 채무불이행 책임의 성립 여부를 판단하여야 할 것이다{대법원 2017다6108 판결([판례 3-9])}.

111) 주식양수도계약상 투자대상회사의 ESG 요소에 관한 준수사항이 규정된 경우, 사업수행회사 등 차주에게도 ESG 요소가 있는 경우에는 대출계약서에서도 ESG 요소에 관한 준수조항이 포함되도록 하여야 한다. ESG와 주식양수도계약상 진술보장 · 준수사항 등에 대해서는, 본서 제2편 제1장 3 (4) 진술보장 및 보상 부분 참조

[계약서 기재례] 적극적 준수사항

차주는 이 계약의 효력이 존속하는 한, 대주 및 대리기관에게 다음 사항들을 준수하고 이행할 것을 확약한다.

1. 재무제표
   (1) 대출기간 동안 차주는 대리기관에게:
      1) 매 반기 종료일로부터 60일 이내에, 차주 및 투자대상회사의 각 반기재무제표(동 반기재무제표가 해당 회사의 해당 반기말 현재의 재무상태와 해당 반기의 재무성과 및 현금흐름의 내용을 대한민국의 일반적으로 인정된 회계처리기준에 따라 작성되었다는 각 회사의 대표이사가 작성한 확인서가 포함되어야 한다)를 교부하여야 하고;
      2) 매 회계연도 종료일로부터 90일 이내에, 회계법인이 작성한 차주, 투자대상회사 및 그 계열회사의 각 연말 연결재무제표 또는 개별재무제표에 대한 감사보고서(동 보고서에는 각 회사의 재무제표가 각 회사의 해당 회계연도 말 현재의 재무상태와 해당 회계연도의 재무성과 및 현금흐름의 내용을 대한민국의 일반적으로 인정된 회계처리기준에 따라 중요성의 관점에서 적정하게 표시하고 있다는 회계법인의 의견이 포함되어야 한다)를 교부하여야 한다.
   (2) 차주는 대리기관에게 위 (1)항 1)호에 따른 투자대상회사의 반기재무제표 및 위 (1)항 2)호에 따른 연말 연결재무제표에 대한 감사보고서를 제출할 때 차주가 제[*]조에 따른 재무약정을 준수하고 있는지 여부를 확인하는 내용의 서면(그 계산근거 포함)(차주의 대표이사 명의로 작성되고 법인인감이 날인되어야 함)을 함께 제출하기로 한다.
2. 제세공과금
   차주는 자신이나 자신의 자산에 대한 모든 세금 기타 제세공과금을 납기일에 납부하여야 하고, 투자대상회사로 하여금 투자대상회사나 투자대상회사의 자산에 대한 모든 세금 기타 제세공과금을 납기일에 납부하게 하여야 한다. 다만, 당해 제세공과금에 대하여 차주 또는 투자대상회사가 각각 자신의 제세공과금에 대해 이의신청(제1.1조에 정의됨)을 하거나, 차주 또는 투자대상회사가 각각 자신의 납기지체에 관한 담보금을 제공한 경우는 제외한다.
3. 인허가 유지 및 관련 법령 준수
   (1) 차주는 제[*]조에 정한 모든 인허가를 유효하게 유지하고, 그 위반으로 인하여 중대한 부정적 영향을 미치거나 미칠 염려가 없는 경우를 제외하고, 관련 법령을 준수하여야 하며, 금융계약상의 조건을 이행함에 추가적으로 필요한 인허가 및 관련 법령상 조건을 모두 취득하고 충족하여야 한다.
   (2) 차주는 투자대상회사로 하여금 이 계약 체결일 현재 투자대상회사의 정관에 기재

된 목적사업의 수행에 필요한 모든 인허가를 유효하게 유지하도록 하여야 한다.

4. 법인격의 유지

차주는 관련 법령에 따라서 제[*]조에 부합하게 자신의 법인격을 존속시켜야 한다.

5. 통지

차주는 기한의 이익 상실사유나 잠재적인 기한의 이익 상실사유, 제[*]조의 소송, 행정절차나 중재, 기타 중대한 부정적 영향을 발생시킬 사실이 발생한 경우, 대리기관에게 그 사실을 안 날로부터 [*]영업일 이내에 가능한 한 신속히 통지하여야 한다. 나아가 대리기관이 요구할 경우, 대리기관에게 이미 통지한 사항 이외에는 달리 기한의 이익 상실사유나 잠재적인 기한의 이익 상실사유, 제[*]조의 소송, 행정절차나 중재, 기타 중대한 부정적 영향을 발생시킬 사실이 존재하지 않음을 서면으로 확인해 주어야 한다.

6. 담보계약의 유지

차주는 이 계약의 효력이 존속하는 동안, 담보계약이 그 조건들에 따라서 유효, 적법하게 유지되기 위하여 필요한 행위를 하여야 한다.

7. 청구의 순위

(1) 차주는, 금융계약이나 관련 법령에 의한 경우를 제외하고는, 담보물에 대하여 담보권자가 항상 1순위의 담보권을 보유하도록 하여야 한다.

(2) 차주는, 금융계약이나 관련 법령에 의한 경우를 제외하고는, 대주 및 대리기관이 금융계약상 가지고 있는 모든 권리{단, 위 (1)항에 규정된 담보권은 위 (1)항에 따른다}가 항상 다른 모든 무담보채권자들의 권리와 최소한 동등한 순위를 보유하도록 하여야 한다.

8. 적절한 장부관리

차주는 자신의 사업수행과 관련하여 적절한 재무제표, 회계장부, 영수증 기타 관련 서류들을 관련 법령에 따라 작성・보관하여야 하고, 대리기관이나 대리기관이 선임한 회계사나 자문기관이 [*]영업일 이전에 사전통지를 하면 영업시간 내에는 당해 서류들을 열람할 수 있도록 하여야 한다. 다만, 이러한 열람은 (i) 차주가 대리기관에게 제출한 서류의 내용이 허위라고 합리적으로 의심할 만한 사유가 있는 경우 또는 기한의 이익 상실사유가 발생하였다고 합리적으로 의심할 만한 사유가 있는 경우에만 허용되며, (ii) 차주의 일상영업을 중대하게 방해하지 않는 범위 내에서 합리적인 주기로 이루어져야 한다.

9. 대출금의 사용

차주는 금융계약에서 정한 바에 따라 대출금을 사용하여야 한다.

10. 예금계좌

(1) 배당금등수령계좌

1) 차주는 투자대상주식과 관련하여 수령하는 일체의 금원(배당금, 감자대금을 포함하되 이에 한정하지 않는다. 이하 같음)을 예치하기 위하여 차주의 명의로 [*]에 계좌("배당금등수령계좌")[112]를 개설하고 이를 유지하여야 한다.

2) 차주는 투자대상주식과 관련하여 수령하는 일체의 금원이 각각 배당금등수령계좌에 직접 입금되도록 하여야 하며, 당해 계좌에 입금된 금원은 이 계약에서 정한 바에 따라 사용된다.

(2) 차주는 배당금등수령계좌에 대하여 대리기관이 만족하는 형식과 내용으로 담보권자를 위한 근질권을 설정하고 유지하여야 한다.

(3) 배당금등수령계좌의 관리(생략)

11. 재무약정 준수

대출기간 동안,

(1) 차주는 투자대상회사로 하여금 부채비율을 아래 기재된 비율로 유지하여야 한다. "부채비율"은 "총부채"를 "자기자본"으로 나눈 비율로 계산한다. "총부채"는 매반기 말 및 회계연도 말 연결재무제표상에 기재된 부채의 총액을 말하며, "자기자본"은 매 반기 말 및 회계연도 말 연결재무제표상에 기재된 자본의 총계(자본잉여금, 이익잉여금 및 자본조정계정을 포함함)를 말한다.

회계연도	**	**
부채비율	**%	**%

(2) 차주가 위 (1)항에 따른 재무약정을 준수하고 있는지 여부는 차주가 제[*]조 제[*]항에 따라 대리기관에게 교부한 연결재무제표에 대한 감사보고서 및 재무약정준수보고서를 근거로 하여 확인한다.

12. 지분율의 유지

차주는 대출실행일 이후에 투자대상회사가 발행한 의결권 있는 주식 중 [*]주(단, 어떠한 경우에도 차주가 소유한 투자대상주식은 투자대상회사가 발행한 의결권 있는 주식 총수 중 [*]% 이상에 해당하여야 함)를 적법・유효하게 소유하여야 한다.

13. 추가서류

차주는 대리기관에게 대리기관이 금융계약과 관련하여 합리적으로 요청하는 서류(차주의 재무상태, 경영상황 등에 관한 정보를 포함하며, 이에 한하지 않음)를 교부하여야 하고, 대리기관이 금융계약과 관련하여 합리적으로 요청하는 조치를 관련 법령상 허용되는 범위 내에서 취하여야 한다.

14. 상장 유지

차주는 투자대상회사 및 주권상장법인인 계열회사[113]가 주권상장법인의 지위를 유지하도록 하여야 한다.

15. 기타

112) 투자대상주식이 「상장주식」인 경우에는 「자본시장법」 및 「주식사채전자등록법」에 따른 계좌 개설

113) 보통은 독점규제법상의 「계열회사」를 의미하는 것으로 용어를 정의하나, 특정회사를 계열회사에서 배제하거나 추가하고자 하는 경우에는 해당 내용을 단서를 통해 가감한다.

[계약서 기재례] 소극적 준수사항

1. 담보
   (1) 차주는 허용된 담보 이외에, 대리기관의 서면에 의한 사전동의가 없는 한, 현재나 장래의 재산, 수익, 자산에 대하여 직접적 혹은 간접적으로 어떠한 담보도 설정해 주어서는 아니 된다.
   (2) 차주는 허용된 담보 이외에, 대리기관의 서면에 의한 사전동의가 없는 한, 투자대상회사로 하여금 현재나 장래의 재산, 수익, 자산에 대하여 직접적 혹은 간접적으로 어떠한 담보도 설정하지 않도록 하여야 한다.
2. 구조조정 등의 제한
   (1) 차주는 대리기관의 서면에 의한 사전동의 없이는 다음과 같은 행위를 하여서는 아니 된다.
      1) 상법상 회사형태의 변경(상법에 따른 조직변경을 의미하며, 단, 관련 법령이 요구하는 경우는 제외)
      2) 회사의 자발적 해산이나 청산, 분사나 분할, 영업양수도
      3) 단일 거래나 복수의 거래에 의한 재산이나 자산의 전부 또는 주요 부분에 있어서의 매매, 양도, 기타 처분
   (2) 차주는, ① 사업의 수행을 위하여 통상적으로 필요한 물품의 구매 등에 따른 자산취득이나 ② 대리기관이 서면에 의하여 사전 동의하는 경우를 제외하고, 타인의 중요 재산, 자산, 주식 등 기타 소유권을 나타내는 증서들을 차입을 통하여 취득하거나 투기목적으로 취득하여서는 아니 된다.
   (3) 차주는, 투자대상회사로 하여금 대리기관의 서면에 의한 사전동의 없이는 위 (1)항 및 (2)항에 기재된 행위를 하지 않도록 하여야 한다.
3. 신용공여
   (1) 차주는 대리기관의 서면에 의한 사전동의가 없는 한, 자금 대여, 지급 보증, 기타 일체 신용공여행위도 하여서는 아니 된다. 단, 투자대상회사에 대한 자본적 성격의 자금제공은 허용된다.
   (2) 차주는, 투자대상회사로 하여금 대리기관의 서면에 의한 사전동의 없이는 위 (1)항에 기재된 행위를 하지 않도록 하여야 한다. 단, 투자대상회사의 통상적인 영업활동에서 수반되는 신용공여는 허용된다.
4. 사업 변경
   (1) 차주는 대리기관의 서면에 의한 사전동의가 없는 한, 이 계약의 체결일 현재 차주가 실제 영위하고 있는 사업 및 정관에서 사업목적으로 기재된 사업 이외의 다른 사업을 영위할 수 없다.
   (2) 차주는 대리기관의 서면에 의한 사전동의가 없는 한, 투자대상회사로 하여금 이

계약의 체결일 현재 투자대상회사가 실제 영위하고 있는 사업 및 정관에서 사업목적으로 기재된 사업 이외의 다른 사업을 영위하도록 하여서는 아니 된다.

5. 정관 변경 등
   (1) 차주는, 대리기관의 서면에 의한 사전동의가 없는 한, 차주의 정관 또는 투자대상회사의 정관의 중요 부분을 수정하거나 개정하여서는 아니 된다(단, 관련 법령이 요구하는 경우 이 계약에서 허용되는 행위를 위한 변경인 경우는 제외).
   (2) 차주는, 대리기관의 서면에 의한 사전동의가 없는 한, 차주 및/또는 투자대상회사의 회계연도를 변경하여서는 아니 된다.
6. 주요계약
   (1) 차주는 대리기관의 서면에 의한 사전동의가 없는 한, 차주가 당사자이거나 차주의 자산에 효력을 미치는 중요한 계약상 조건, 권리 등을 양도, 종료, 변경하거나 포기하여서는 아니 된다(단, 중대한 부정적 영향이 발생하지 않는 경우는 제외).
   (2) 차주는, 투자대상회사로 하여금 대리기관의 서면에 의한 사전동의 없이는 위 (1)항에 기재된 행위를 하지 않도록 하여야 한다. 단, 투자대상회사의 통상적인 영업활동에서 수반되는 신용공여는 허용된다.
7. 출자환급의 제한
   이 계약에서 달리 허용되거나 대리기관의 서면에 의한 사전동의가 없는 한, 차주는 어떠한 출자환급도 행하여서는 아니 되며, 투자대상회사로 하여금 어떠한 출자환급도 하지 않도록 하여야 한다. 여기서 "출자환급"이란, 차주의 이익배당(금전배당, 주식배당), 자본의 감소, 이익소가, 자기주식 취득, 기타 차주가 자신의 주주들에게 그 보유주식과 관련하여 금전 또는 기타 자산을 분여하는 행위(자본시장과 금융투자업에 관한 법률에 따른 주주에 대한 분배를 포함함)를 의미한다.
8. 담보대상자산의 처분
   차주는 대리기관의 서면에 의한 사전 동의가 없는 한, 담보대상자산을 처분(매각, 양도, 담보제공, 신탁, 파생상품계약 등을 포함하되 이에 한정되지 아니한다)하여서는 아니 된다.
9. 자본적 지출의 제한
   (1) 차주는 대리기관의 서면에 의한 사전동의가 없는 한, 차주의 영업활동과 관련하여 건당 금 [*]원을 초과하는 자본적 지출을 할 수 없으며, 자본적 지출의 매 반기별 총액(대리기관의 서면에 의한 사전 동의를 받은 자본적 지출액을 포함함)은 금 [*]원을 초과할 수 없다. 이 항에서 "자본적 지출"이란 (생략)을 의미한다. 다만, "자본적 지출"은 다음을 포함하지 아니한다; (생략)
   (2) 차주는 투자대상회사로 하여금 대리기관의 서면에 의한 사전동의가 없는 한 위 (1)항에 따른 건별 및 반기별 기준을 초과하는 자본적 지출을 하지 못하도록 하여야 한다.

10. 계좌개설
    차주는 대출기간 동안 배당금등수령계좌 및 차주의 운영비용 등의 지급을 위하여 대리기관에게 사전 통지한 후 개설하는 계좌를 제외하고는, 대주의 사전 서면동의 없이 예금계좌 내지 증권계좌 등 일체의 계좌를 개설하여서는 아니 된다.
11. 후순위 금융의 상환
    차주는 이 계약 제[*]조 제[*]항에 따라 상환하는 경우를 제외하고, 대주의 사전 서면동의없이 후순위 대출원리금과 본건 A종주식을 상환하여서는 아니 된다.

이와 같이 구체적인 준수사항의 대상 및 내용은 광범위하고 다양하지만, 일반적으로는 위 기재례와 같이 「적극적 준수사항(작위의무)」과 「소극적 준수사항(부작위의무)」 2가지 유형으로 나누어 규정된다. 다만, 이하에서는 「적극적 준수사항(작위의무)」, 「소극적 준수사항(부작위의무)」과 함께 「적극적 준수사항(작위의무)」 또는 「소극적 준수사항(부작위의무)」의 어느 하나의 범위에 포함되어 규정되지만 그 중요성이 큰 「정보제공에 관한 준수사항」, 「재무에 관한 준수사항」, 「예금계좌에 관한 준수사항」, 「도산격리조치에 관한 준수사항」을 별도로 나누어 개략적으로 살펴보기로 한다.

2) 적극적 준수사항(작위의무)[114]

「적극적 준수사항」은 대주를 위하여 차주 등에게 일정한 행위를 요구하는 것인데, 이러한 적극적 준수사항도 또한 대출실행 후에 이행되어야 할 사항에 관한 규정 및 감시・통제를 위한 규정 등과 같이 광범위하고 다양하게 관련된다.

① 대출실행 후에 이행되어야 할 사항에 관한 규정

대출실행일 중에 M&A거래의 매매대금 지급을 완료시키기 위한 규정, 다른 (금융)채권자를 배제하기 위하여 기존 차입금의 상환을 완료시키기 위한 규정, (특히 리파이낸스의 경우) 대출실행 후의 담보제공을 확보하기 위한 규정, 소수주주 축출(Squeeze-Out)이나 합병을 이행시키기 위한 규정이 여기에 해당한다. 또한, 주식매수 시의 정밀실사에서 발견된 투자대상회사의 중요한 문제점에 대해 일정한 해결(대응)조치를 이행할 것을 의무로 명시하는 경우도 있다. 다만, 이 내용 중 차주 등의 주의를 환기시킬 필요가 있는 특히 중요한 사항은 대출실행 후행조건으로 별도로 규정되는 경우도 있다.

114) 「적극적 준수사항(Affirmative Covenants)」에 대해서는, Sandra Stern 『Structuring and Drafting Commercial Loan Agreements(Revised Edition) VOLUME 1-1』(An A.S Pratt Publication, 2014) Chapter 5 부분 참고

② 감시·감독을 위한 규정

대주나 대리인 및 그 자문기관 등에 의한 조사에 대한 협력, 재무상황 보고, 대주 또는 대리인 영업점에 예금계좌 개설에 의한 현금흐름(자금) 집중·관리, 각종 서류의 제출 등이 여기에 해당된다.

③ 기타 여신판단의 전제 유지를 위한 규정

예금계좌 및 일정한 수준의 예금잔고 유지, 법령준수, 자본관계(지분율)의 유지, 보험의 유지, 기타 일정한 사유 발생 시 통지 등이 이에 해당한다.

3) 소극적 준수사항(부작위의무)[115)]

「소극적 준수사항」은 차주 등의 행위 중 대주를 해할 염려가 있는 것을 유형화하여 대주의 승낙없이 이것을 하지 못하도록 하는 것이다. 이러한 소극적 준수사항은 현금유출을 방지하기 위한 규정 및 다른 채권자의 출현을 방지하기 위한 규정 등 광범위하고 다양하게 관련된다.

① 현금유출을 방지하기 위한 규정

배당 제한, 자기주식취득 제한, 유상감자 제한, 임원보수·상여 제한, 스폰서에 대한 용역비 지급 제한, 투자·자금대여 제한, 설비투자 제한, 추가 M&A의 금지, 계열회사 간 금융제공(Inter-company Financing)의 제한, 계열회사 간 거래 제한, 예금계좌 개설 제한 등이 여기에 해당한다.

② 다른 (금융)채권자의 출현을 방지하기 위한 규정

금융채무·리스채무·할부채무·부외(off-balance)부채 등 채무의 부담 제한, 파생상품(Derivative)거래의 제한, 보증·담보의 제공 제한(Negative Pledge), 증권(사채) 발행 제한 등이 여기에 해당한다.

③ 기타 여신판단의 전제 유지를 위한 규정

당초의 사업계획의 변경 금지, 중요한 변경행위(정관변경, 조직재편, 자본금 또는 자본준비금 감소, 자산양도·양수, 자회사·계열회사의 변동, 지적재산·라이선스의 처분 등)의 금지, (필요한 경우) 주식공개(IPO) 제한, 도산신청 제한, 관련계약의 변경 제한, 주요한 사업의 변경·해산 제한, 중요계약의 변경 제한, 감사법인의 변경 제한, 사업목적 변경 제

115) 「소극적 준수사항(Negative Covenants)」에 대해서는, Sandra Stern 『Structuring and Drafting Commercial Loan Agreements(Revised Edition) VOLUME 1-1』(An A.S Pratt Publication, 2014) Chapter 6 부분 참고

한, 정관변경 제한, Keyman조항[116] 등이 여기에 해당한다.

4) 정보제공에 관한 준수사항[117]

M&A금융에서는 대주가 차주의 재무현황을 감시·감독할 목적으로 일정한 사항에 대해, (i) 매 회계연도/반기/분기/월별로, 연결/단독 기준(base)으로, 감사(Audit)완료/감사회계법인 검토(Review) 완료된 재무제표를 포함한 각종 서류(예금잔고 현황 보고서, 계열사 간 대출의 현황보고서, 재무약정준수보고서 등)의 정기 보고·서류제출 의무와 (ii) 기제출 서류의 변경, 진술보장·의무 위반, 기한의 이익 상실사유의 발생, MAC의 발생, 준수사항 위반 등 일정한 사항이 발생한 경우의 수시 보고·서류제출 의무가 규정되는데, 이러한 정보제공에 관한 의무는 통상 적극적 준수사항의 하나에 포함된다.

5) 재무에 관한 준수사항[118]

「재무에 관한 준수사항(Financial Covenants)」(이하 「재무준수사항」)은 대출기간 동안 매년 특정 기준일(예를 들면, 반기별, 결산기별 등)에 준수해야 할 재무지표(財務指標)를 미리 설정하여 그 재무지표를 달성하도록 의무로 규정되는데, 이러한 재무에 관한 준수의무(재무약정사항)는 통상 적극적 준수사항의 하나에 포함된다.

재무준수사항 위반은 통상 「청구에 의한 기한의 이익 상실사유」로 규정되는 것이 일반적인데,[119] 이것은 차주의 도산(倒産)과 같은 극단적인 사건이 발생한 이후에는 채권회수를 위한 조치를 취하기에는 이미 늦기 때문에 그 이전에 차주의 재무현황에 무시할 수 없는 변화가 생긴 경우에 이것을 대주에게 보고하게 하고 그 시점에 대주가 기한의 이익을 상실시킬지 여부의 판단을 할 수 있도록 하기 위해서이다.

재무준수사항에 사용되는 재무지표들은 당해 당사자에게 적용되는 회계기준(국제회계기

116) 주요인력(임직원)과의 고용(위임)관계 유지·경업금지의무 등을 규정한 조항이다.

117) 차주 등이 정보를 제공하는 경우에는 해당 정보 제공이 개인정보보호법 등 관련 법령에 위반되지 않도록 주의해야 한다.

118) 「재무에 관한 준수사항」에 대해서는, (i) Sandra Stern『Structuring and Drafting Commercial Loan Agreements(Revised Edition) VOLUME 1-1』(An A.S Pratt Publication, 2014) Chapter 7 부분, (ii) 笹山幸嗣·村岡香奈子『M&Aファイナンス(第2版)』(一般社団法人金融財政事情研究会, 2008) 120페이지 이하, (iii) Anthony C. Gooch·Linda B. Klein『Documentation For Loans, Assignments And Participations』(Euromoney Books, 1996) 80~81페이지 이하, (iv) Philip R Wood「INTERNATIONAL LOAN, BONDS AND SECURITIES REGULATION」『LAW AND PRACTICE OF INTERNATIONAL FINANCE』(SWEET & MAXWELL, 2007) 43페이지 이하 각 참고

119) 물론 당초부터 치유가 불가능한 지표나 중요한 지표의 경우에는 「당연 기한의 이익상실사유」로 규정되는 경우도 있다.

준(IFRS) 등)에서 사용되는 용어(지표)를 인용하는 방법으로 정의되거나 (계약서에 별도로 정의하는 경우에는) 아래에서 설명하는 바와 같은 의미를 갖도록 정의되는 것이 일반적이다. 다만, 투자대상회사의 업종 · 상장법인 여부 등에 따라서는 회계기준상의 정의나 아래에서 설명하는 내용을 그대로 사용하지 않고 별도로 일정한 항목 · 요소를 가감하여 사용하기도 한다.

M&A금융에서 이용되는 주요한 재무지표로는, 대표적으로 LTV(Loan To Value), 부채비율(Leverage Ratio), DSCR(Debt Service Coverage Ratio) · ICR(Interest Coverage Ratio), 유효신용등급, EBITDA 등이 있는데, 실제 사례에서는 투자대상회사의 사업내용과 재무현황 등에 따라 적절한 지표가 선택되어 규정된다. 이와 관련하여서는 차주/투자대상회사 및 기타 계열회사의 연결(連結)기준으로 할 것인지 차주/투자대상회사의 단독기준으로 할 것인지에 대해서도 사안에 따라 선택된다.

① Loan To Value(LTV)[120]

「담보인정비율(LTV)」은, 대주가 대출을 할 때 담보물의 평가가액에 대비하여 제공해주는 대출금(대출실행 이후에는 기발생이자 포함)의 비율을 말하는 것으로, 통상 금융기관은 기한의 이익 상실 시에 따른 담보물처분 시 처분가격의 하락 등의 경우에도 대출채권 상환에 부족분이 발생하지 않도록 담보물이 평가가액에 대한 일정한 비율 이내에서 대출을 제공 및 유지하고자 한다. 차주의 입장에서 보면, LTV는 담보물 평가액 대비 최대한 차입할 수 있는 금액의 비율이라고 할 수 있다. 다만, 실무에서는 LTV의 계산을 (i) 주식담보대출이나 주택담보대출과 마찬가지로 특정한 담보물(예를 들면, 담보물인 상장주식)을 기준으로만 정하는 경우도 있고(주로 자산담보부대출 등 Asset-Finance의 경우), (ii) (특정 담보물의 시가가 명확하지 않은 경우 등에는) 투자대상회사의 전체 순자산액(또는 순자산액의 일정비율)을 기준으로 정하는 경우도 있다. 어느 방식이든 사안의 특성에 따라 결정될 것이지만, M&A금융의 경우에는 가능한 투자대상회사의 전체 자산 및 현금흐름에 대한 우선권을 확보하는 것이 필요하다는 점에 비추어 보면 후자의 방식이 좀 더 M&A금융의 특징에 부합하는 측면이 있는 것으로 생각된다.

120) 실무에서는 보통 「담보인정비율」이라고 한다.

[계약서 기재례] LTV(담보인정비율)

"계산기준일"이란, 투자대상회사의 회계기간 내의 매 분기의 마지막 날을 의미한다.
"담보인정비율"이란, 다음의 식에 의해 계산된 비율을 의미한다.

담보인정비율(LTV 비율) = (계산기준일 현재 이 약정에 따른 대출금 및 계산기준일 직전 이자지급일부터 계산기준일까지 이 계약에 따른 대출금에 대하여 발생한 이자의 합계액 - 배당금등수령계좌에 예치된 현금(단, 이 계약 제[*]조에 따라 투자대상회사의 주주에게 배당될 금액은 제외)) / (A x B x C)

A: 투자대상회사의 매 분기 말 재무제표 기준 순자산가액
B: 0.[*]
C: 투자대상회사 지분비율

"투자대상회사 지분비율"이란, 주식근질권설정계약에 따라 대주에게 담보로 제공된 투자대상회사 발행의 주식의 수를 투자회사 발행 전체 주식의 수(자기주식은 제외)로 나눈 비율을 의미한다.

[계약서 기재례] 담보인정비율의 유지

차주는 매 계산기준일을 기준으로 담보인정비율을 [*] 이하로 유지하여야 하며, 투자대상회사의 매 분기재무제표 제출일에 이를 확인한다. 다만, 본호 본문의 의무를 준수하지 못한 경우에도 그 직후 계산기준일까지 이 계약에 따른 대출금을 조기상환하여 본호 본문의 비율이 준수되는 경우에는 그 위반이 치유된 것으로 본다.

② 부채비율(Leverage Ratio)

「부채비율」은, 부채를 자기자본의 몇 배까지 허용할 것인지의 관점에서 설정되는 재무지표로서 일반적으로 아래의 식으로 계산되며, M&A금융의 실무에서 가장 자주 활용되는 재무지표라고 할 수 있다.

부채비율(Leverage Ratio) = 총부채 잔액/자기자본

통상, 분자의 「총부채」는 매 반기 말 및 회계연도 말 단독/연결재무제표상에 기재된 부채의 총액을, 분모의 「자기자본」은 매 반기 말 및 회계연도 말 단독/연결재무제표상에 기재된 자본의 총계(자본잉여금, 이익잉여금 및 자본조정계정을 포함함)를 각 의미하는 것으로

정의된다. 예를 들면, 「부채비율이 3.00 이하」라는 재무지표가 정하여져 있는 경우, 그 대출의 대주는 자기자본의 3배까지 부채를 허용한다는 것을 의미한다. 부채인 대출금이 분할상환이나 잉여현금흐름에 의한 조기상환에 의해 시간의 경과에 따라 감소되는 것이 예정되어 있는 경우에는 재무에 관한 준수사항으로서의 부채비율도 시간의 경과에 따른 부채 잔액의 감소액을 고려하여 일정한 시간의 경과 시마다 감소되어 가는 형태로 규정되는 경우가 일반적이다(위 적극적 준수사항 기재례 참조).

[계약서 기재례] 부채비율

"부채비율"은 "총부채"를 "자기자본"으로 나눈 비율을 의미한다. 여기서 "총부채"는 매 반기 말 및 회계연도 말 연결재무제표상에 기재된 부채의 총액을 의미하며, "자기자본"은 매 반기 말 및 회계연도 말 연결재무제표상에 기재된 자본의 총계(자본잉여금, 이익잉여금 및 자본조정계정을 포함함)를 의미한다.[121]

③ DSCR(Debt Service Coverage Ratio) · ICR(Interest Coverage Ratio)

(i) 먼저, 「DSCR」은, 일정 기간 동안의 대출원리금 상환에 충당가능한 현금흐름이 해당 기간 동안에 지급해야 할 대출의 원리금에 대해 어느 정도 여유가 있는가라는 차주의 상환능력을 나타내는 지표의 하나로서, 일반적으로는 아래의 식으로 계산된다.

DSCR = 잉여현금흐름(Free Cash Flow)/부채(Debt Service)액

DSCR의 수치가 클수록 대출원리금의 상환을 확실하게 할 능력이 있는 것이고, 반대로 1.00을 하회하는 경우에는 본래의 사업으로부터 창출되는 현금흐름만으로는 대출원리금을 상환할 능력이 없는 것이 된다. 위 식에서 분모의 「부채액」이란, 부채에 관한 원금 분할상환액에 지급이자 등을 더한 금액을, 분자의 「잉여현금흐름」은 (가장 단순화 하자면) 세후 영업이익 또는 일정한 기간 동안의 순수입액을 의미한다.

실무상 DSCR은 통상 「현금흐름보상비율」, 「원리금보상비율」 또는 「원리금지급력지수」로 표현되는데, 일정한 기간 동안의 원리금지급력지수가 1.[**] 이상일 경우에만 차주의 자금인출이나 후순위 대출원리금에 대한 상환이 허용되도록 규정하는 경우가 일반적이다.

121) 투자대상회사가 자본시장법상의 「금융투자업자」인 경우에는 「부채비율」을 「레버리지비율」로 정의하고, 「금융투자업규정에 정의된 레버리지비율」에 따라 계산하도록 규정된다. 이와 같이 투자대상회사의 업종에 따라서는 개별법에서 부채비율에 대해 정의하는 경우가 있다.

[계약서 기재례] 원리금지급력지수

"원리금지급력지수"란, 어느 이자기간 동안 [*]계좌에 입금된 금액(단, 보험금은 제외)에서 해당 이자기간 동안의 운영비용을 공제한 금액을 해당 이자기간 종료일의 분할상환액 및 해당 이자기간 동안의 이자(연체이자 포함) 발생액으로 나눈 비율을 의미하며, 해당 이자기간의 종료일 기준으로 계산된다.

(ii) 다음으로, 「ICR」은 일정 기간 동안의 대출이자에 충당가능한 잉여현금흐름이 해당 기간 동안 지급해야 할 대출이자에 대해 어느 정도 여유가 있는가라는 차주의 지급능력을 나타내는 지표의 하나로서 일반적으로는 아래의 식으로 계산하는데, 분모에 있어서 「DSCR」과 차이가 난다.

ICR = 잉여현금흐름(Free Cash Flow)/지급이자액

ICR의 수치가 클수록 대출이자를 확실하게 지급할 능력이 있는 것이고, 반대로 1.00을 하회하는 경우에는 본래의 사업으로부터 창출되는 현금흐름만으로는 대출이자를 지급할 능력이 없는 것이 된다. 위의 식에서 「잉여현금흐름」은 DSCR에서의 잉여현금흐름과 마찬가지의 수치이다.

실무상 ICR은 통상 「이자보상비율」 또는 「이자지급력지수」로 표현되는데, 일정한 기간 동안의 이자지급력지수가 1.[**] 이상일 경우에만 차주의 자금인출이나 후순위 대출이자에 대한 상환이 허용되도록 규정하는 경우가 일반적이다.

[계약서 기재례] 이자지급력지수

"이자지급력지수"란, 어느 이자기간 동안 [*]계좌에 입금된 금액(단, 보험금은 제외)에서 해당 이자기간 동안의 운영비용을 공제한 금액을 해당 이자기간 동안의 이자(연체이자 포함) 발생액으로 나눈 비율을 의미하며, 해당 이자기간의 종료일 기준으로 계산된다.

④ 유효신용등급

특히 투자대상회사가 상장회사이거나 금융기관인 경우에는 일정한 유효신용등급을 유지할 것이 규정되는 경우가 많다.

[계약서 기재례] 유효신용등급

"유효신용등급"이란, 선순위 회사채(후순위 조건 또는 다른 담보나 보증이 없는 회사채를 말한다) 또는 어음의 발행과 관련하여 투자대상회사의 신용평가의뢰에 따라 국내 2개 이상의 신용평가기관이 투자대상회사에 부여한 신용평가등급 중 가장 낮은 것을 의미한다.

[계약서 기재례] 유효신용등급의 유지

차주는 투자대상회사가 투자대상회사의 장기 유효신용등급을 [*] 이상으로 유지하도록 하여야 한다. 다만, 본호 본문의 의무를 준수하지 못한 경우에도 그로부터 3개월 이내에 투자대상회사의 장기 유효신용등급이 [*] 이상으로 회복되는 경우에는 그 위반이 치유된 것으로 본다.

⑤ 기타

위의 재무지표에 관한 준수사항에 추가하여, M&A금융에서는 차주/투자대상회사의 재무건전성을 확보하기 위하여 (i) 대출기간 중 차주/투자대상회사의 (연결)재무상태표상의 순자산계정의 금액(「최저 순자산액」)이나 EBITDA[122)] 수준을 최저한으로 유지하도록 정하거나 (ii) 대출기간 중 마이너스(−) 영업실적의 금지 등의 준수사항이 규정되는 경우도 있다. 이 중 (ii)의 영업실적의 지표로는 영업이익, 당기순이익 등의 어느 것 중 하나가 선택되어 그것이 마이너스(−)로 되는 것이 금지되는 경우도 있지만, 그 전부가 선택되어 이것들 중 어느 하나라도 마이너스(−)로 되는 것이 금지되는 경우도 있다. 이 경우, 일정 기간(예를 들면, [*]기 연속 등) 동안의 마이너스(−) 영업실적의 경우로 한정하는 경우도 있다.

6) 예금계좌(자금관리)에 관한 준수사항

M&A금융은 차주 및 투자대상회사의 자산이 창출하는 현금흐름을 상환재원으로 하는

122) Earnings Before Interest, Taxes, Depreciation and Amortization의 약자인데, 이자(Interest)와 법인세(Taxes) 및 감가상각비(Depreciation and Amortization) 차감 전 이익으로서, 일반적으로 어느 기업이 영업활동을 통해 벌어들인 현금창출능력을 나타내는 지표를 의미한다.

금융이기 때문에 미리 차주 및 투자대상회사의 자산과 현금흐름을 배타적으로 장악해 두고 차주 또는 투자대상회사에 의해 자산 및 현금이 함부로 처분되거나 다른 채권자에 대한 변제에 사용되지 않도록 조치를 취해 둘 필요가 있다. 그 일환으로 차주 및 투자대상회사가 대주·대리인의 영업점에 예금계좌를 개설하고 동 계좌로 현금흐름을 집중시켜 대주/대리인을 통해 관리할 것을 의무로 부여하는 것이 일반적이다. 나아가 해당 계좌상의 예금채권에 대해 질권을 설정해 두면서 동 계좌상의 현금흐름에 대해 우선권을 확보하고자 한다. 다만, 투자대상회사 명의의 예금계좌에 대한 관리, 질권설정에 대해서는 「담보제공형 LBO」의 문제 등을 포함한 배임죄 등의 법률상 리스크가 있기 때문에 이러한 예금계좌에 관한 준수사항은 차주에 한하는 경우가 일반적이다.

이러한 예금계좌의 개설 및 관리에 관한 사항은 통상 적극적 준수사항과 소극적 준수사항에 포함되어 규정되고 있다. 예금계좌의 명칭은 계좌개설의 목적, 입금되는 금원의 성격, 인출 용도 등에 따라 운영계좌, 자산관리계좌, 자금관리계좌, 대출금입금계좌, 대출금실행계좌, 수납관리계좌 등으로 적절하게 정의된다.

[계약서 기재례] 예금계좌(자금관리) ①

(1) 배당금등수령계좌

1) 차주는 투자대상주식과 관련하여 수령하는 일체의 금원(배당금, 감자대금을 포함하되 이에 한정하지 않는다. 이하 같음)을 예치하기 위하여 차주의 명의로 대리기관에 계좌(계좌번호: [*])("배당금등수령계좌")[123]를 개설하고 이를 유지하여야 한다.

2) 차주는 투자대상주식과 관련하여 수령하는 일체의 금원이 배당금등수령계좌에 입금되도록 하여야 한다. 차주는, 대주의 사전 서면동의가 없는 한 배당금등수령계좌를 통하지 않고 다른 방법으로 수령해서는 아니 되며, 해당 금원을 수령할 계좌를 배당금등수령계좌 이외의 계좌로 변경하여서는 아니 된다.

3) 차주는 이 계약 서식 [*]의 양식의 자금인출 요청서를 작성하고 그 자금소요 증빙자료를 첨부하여 동 자금인출 요청서를 대리기관에게 제출하는 방법으로 배당금등수령계좌상의 자금의 인출을 요청할 수 있고, 대리기관이 소요자금의 타당성을 검토하여 그의 전적인 재량에 의해 인출에 동의하는 경우 해당 소요자금은 배당금등수령계좌로부터 인출될 수 있다. 단, 대리기관은 이자의무적립액에 해당하는 금원을 해당 이자적립기준일에 차주의 별도의 인출요청이 없더라도 그의 전적인 임의재량에 따라(명확히 하면, 대리기관은 이러한 의무를 부담하지 아니 한다) 이자적립계좌로 이체할 수 있다. 또한, 대리기관은 차주의 별도의 인출요청이 없

123) 투자대상주식이 「상장주식」인 경우에는 「자본시장법」 및 「주식사채전자등록법」에 따른 계좌 개설을 규정한다.

더라도 지급기일이 도래(대출금의 임의조기상환 및 강제조기상환에 의해 지급기일이 도래한 경우를 포함)한 대출금 및 이자 기타 대리기관이 합리적으로 판단한 용도(단, 이자는 이자적립계좌의 잔액으로 지급할 수 없는 경우에 한한다)의 지급・변제를 위하여 해당 지급기일에 배당금등수령계좌로부터 그 소요자금을 인출하여 해당 항목의 지급에 사용하거나 변제에 충당할 수 있다.

(2) 이자적립계좌

1) 차주는 아래 2)호의 금액을 예치하기 위하여 차주의 명의로 대리기관에 예금계좌(계좌번호: [*])("이자적립계좌")를 개설하고 이를 유지하여야 한다.

2) 차주는, 대출실행일, 4회차 이자지급일 및 8회차 이자지급일(이하 각각 "이자적립기준일")마다 각각 해당 이자적립기준일 현재 해당 이자지급일까지 지급하여야 하는 이자(지연이자 포함)를 지급한 후의 이자적립계좌에 예치된 금액 잔액이 해당 이자적립기준일로부터 향후 매 1년의 이자기간 동안의 이자에 해당하는 각 금액(이하 각각 "이자의무적립액") 이상이 되도록 이자적립계좌의 예금 잔액을 유지하여야 하며, 부족액이 있는 경우 해당 이자적립기준일에 해당 부족액을 이자적립계좌에 각 입금・적립되도록 하여야 한다(단, 해당 이자적립기준일 현재 이자적립계좌에 예치된 금액 잔액이 이자의무적립액을 초과하더라도 그 초과액은 차주에게 인출・반환되지 않고 이자적립계좌에 계속 예치된다). 이자적립계좌에 입금・적립된 금원은 입금일 이후의 매 이자지급일에 대출금에 대한 이자지급에 사용된다.

(3) 대리기관은 대출금의 기한의 이익이 상실되거나 기한이 도래한 경우에는 예금채권근질권설정계약에서 정하는 바에 권리를 실행 또는 배당금등수령계좌 및 이자등적립계좌로부터 금원을 인출하여 피담보채무의 변제에 충당할 수 있다.

(4) 차주는 배당금등수령계좌 및 이자적립계좌상의 현재 예치되어 있거나 장래 예치될 일체의 금원 및 동 금원으로부터 발생하는 이자 등에 대한 예금채권 등 일체의 권리에 대하여 예금근질권설정계약에 따라 대주를 위한 공동 제1순위 근질권을 설정하고 유지하여야 한다.

(5) 차주는 배당금등수령계좌 및 이자등적립계좌의 관리 및 인출권한{명확히 하면, 동 계좌에 대한 자금인출통제 및 그 해지(제)를 단독으로 요청할 수 있는 권한을 포함한다}을 대리기관에게 위임하며, 동 계좌의 통장은 대리기관이 보관한다. 차주는 이 항에 따른 계좌에 관한 대리기관의 관리 및 인출권한을 피담보채무의 상환이 완료되기 전에는 취소・철회하여서는 아니 된다. 차주와 각 대주는 대출실행 전까지 이 계약 서식 [*]의 형식과 내용으로 작성된 질권 등록 및 해지(제) 신청 위임장을 대리기관이 요청하는 부수로 발행하여 대리기관에게 제출하고, 이후 대리기관의 요청이 있는 경우에는 즉시 이 계약 서식 [*]의 형식과 내용으로 작성된 질권 등록 및 해지(제) 신청 위임장을 추가로 발행하여 대리기관에 제출하여야 한다.

[계약서 기재례] 예금계좌(자금관리) ②

(1) 차주는 대출실행 전까지 이 조에 따라 계좌를 개설하고, 피담보채무가 존속하는 기간 동안 이를 유지하여야 한다. 차주의 일체의 자금의 수령과 지출은 이 조에 따라 개설된 계좌로만 이루어지며, 차주는 이 조의 계좌 이외의 예치계좌를 개설, 유지 또는 운영할 수 없다. 단, 차주는 법인세, 지방소득세 등 제세공과금 납부・환급 목적으로 예금계좌를 추가로 개설하여 제세공과금 납부・환급 목적으로 개설・관리할 수 있으며, 이 경우, 대리기관의 동의가 없는 한 제세공과금에 관한 환급액이 해당 계좌로 입금되는 경우 동 금원이 즉시 자금관리계좌로 이체되도록 하여야 한다.

(2) 자금관리계좌

1) 차주는 대리기관에 차주 명의로 자금관리계좌{(계좌번호: [*])("자금관리계좌")}를 개설하고, 대출금, 투자대상주식과 관련하여 차주가 지급받는 일체의 금원 및 기타 차주가 지급받는 일체의 금원이 자금관리계좌로 입금되도록 하여야 한다.

2) 자금관리계좌의 예금의 인출・지출은 다음 각 목의 해당 지급기일에 다음 각 목의 우선순위에 따라 이루어진다. 다만, 지급기일이 도래한 항목보다 선순위 항목의 지급기일(단, 직후 이자지급일 전에 도래하는 지급기일에 한함)이 도래하지 아니한 경우에는 다음 각 목의 우선순위에 따라 자금관리계좌에 선순위 항목의 지급을 위한 소요자금을 유보한 후 지급기일이 도래한 항목의 소요자금을 지급한다.

가. 투자대상주식 매매대금

나. 차주가 업무를 영위함에 따라 납세의무를 지는 법인세 및 기타 조세

다. 차주가 자산관리위탁계약 또는 업무위탁계약에 따라 자산관리자 또는 업무수탁자에게 지급하여야 하는 제반 비용 및 자산관리위탁계약 또는 업무위탁계약에 따라 자산관리자 또는 업무수탁자에게 지급하여야 하는 자산관리위탁수수료 및 업무위탁수수료

라. 다음의 수수료 및 부대비용. 다음의 수수료 및 부대비용 사이에는 우선순위가 없으며 동등한 지급순위를 가진다.

① 신용평가기관에 지급하여야 하는 수수료

② 회계감사인, 세무용역법인 또는 기장용역법인에게 지급하여야 하는 수수료 및 기타 비용

③ 차주가 법률자문기관에게 지급하여야 하는 수수료 및 제비용

④ 이 호 각 목에서 정하는 항목을 제외하고, 기타 차주가 부담하여야 하는 비용 및 수수료(인지세, 설립비용, 계좌 개설비용을 포함하며, 이에 한정되지 아니함)

마. 이 계약 제[*]의 항목(지급시기, 지급순위와 지급방법은 제[*]조에 따른다)[124)]

124) 변제충당 순서

바. 업무위탁계약 제[*]조에 따른 차주의 일시차입금의 원리금
사. 업무위탁계약 제[*]조 제[*]항에 따른 청산비용의 예치
아. 차주의 주주에게 배분하여야 할 금액이 있는 경우 그러한 금액(차주가 부담하는 모든 채무의 변제가 완료된 이후에 한함)

(3) 대리기관은 자금관리계좌를 포함한 이 계약 및 금융계약에 따라 개설되는 차주 명의의 각 계좌(이하 합하여 "차주예금계좌")상의 예금을 관리하며, 이 계약에서 예정된 자금의 이체를 위하여 차주예금계좌에 예치된 예금을 인출·이체할 권한을 가진다. 차주와 각 대주는 대리기관에게 차주예금계좌에 예치된 예금의 인출·이체할 권한(자금인출통제 및 그 해제를 단독으로 요청할 수 있는 권한 포함) 등 일체의 자금관리권한을 위임하고 대리기관의 인출·이체에 이의를 제기하지 아니하며, 피담보채무가 존속하는 기간 동안에는 이러한 자금관리권한을 철회해서는 아니 된다.

(4) 차주는, 이 계약과 금융계약에 따른 경우를 제외하고, 차주예금계좌에 예치된 예금을 인출하거나 이체하지 아니하며, 차주예금계좌에 예치된 예금은 이 계약 및 금융계약에서 정하는 바에 따라 인출·지출된다.

(5) 차주가 피담보채무의 상환을 전액 완료한 이후에는, 차주예금계좌상 예금에 대한 관리는 업무위탁계약에서 정하는 바에 따라 업무수탁자가 수행한다. 이 경우 대리기관은 업무수탁자에게 관련 자료 및 업무를 이관하고 업무수탁자가 자금관리업무를 할 수 있도록 최대한 협조한다.

M&A금융의 경우에는 위 기재례와 같이 예금계좌를 차주 명의로 개설하고 대주/대리인이 대출기간 동안 차주로부터 자금이체업무 등의 관리권한을 위임받는 방식을 취하는 경우가 일반적이다. 그러나 이 경우에는 예금주 명의의 인출(이체)신청서 등의 제출 등 매 자금인출(이체) 시마다 차주 등 예금주의 협력이 필요하게 된다(물론, 금융기관에 따라서는 위 기재례에서와 같이 미리 대출계약 등에서 필요한 권한을 포괄적으로 위임하는 취지를 규정하고, 대출계약 시 또는 일정한 기간마다 반복하여 날짜, 금액 등을 공란으로 한 인출요청에 필요한 서류를 수령하여 두는 경우도 있다. 또한, 차주 명의의 예금계좌상의 예금에 대해 질권을 설정하는 경우에는 자금인출 시마다 실무상 계좌개설기관의 전산상 질권등록/해제(지)절차를 취해야 하는 번거로움도 따른다. 이보다 더 큰 문제는, 차주 등의 명의로 예금계좌를 개설하는 경우에는 추후 동 계좌에 대한 가압류/압류 등(물론 이러한 사유는 기한의 이익 상실사유로 규정된다)에 의해 자금인출이 제한됨으로써 대출원리금 상환 등에 영향을 미칠 수도 있다는 점이다.

이러한 절차적인 번거로움과 제3자로부터의 집행 위험을 피하기 위하여, 당초부터 예금

계좌를 신용있는 제3의 기관(신탁사, 은행 등)(자금관리대리사무자, 에스크로업무수행자, 수탁자) 명의로 개설하여[125] 미리 정한 일정한 절차 따른 자금집행(인출)요청이 있는 경우에만 예금 명의인인 동 기관으로 하여금 예금계좌상의 자금을 집행하도록 하는 하는 방식이 자주 이용되고 있다. 이러한 방식은 자금관리대리사무계약, 에스크로계약, (금전)신탁계약 등의 명칭으로 체결되는 계약을 통해 이루어지는데, 어느 방식이든 자금관리자(자금관리대리사무자, 에스크로업무수행자, 수탁자)의 명의로 예금계좌가 개설된다는 점은 공통되지만, 금전신탁계약의 방식으로 체결되는 경우 이외에는 그 법적 성질이 명확하지 않다. 즉, 자금관리대리사무계약이나 에스크로계약의 경우 이것이 단순한 위임(대리) 내지 제3자를 위한 계약에 해당하는지, 아니면 신탁법상의 신탁에도 해당하는지(신탁재산으로서 보호를 받을 수 있는지) 여부는 불분명하다. 판례는, 부동산개발사업과 관련하여 시행사가 분양대금의 관리를 위하여 부동산담보신탁과 별도로 신탁사와 체결하는 자금관리대리사무계약 내지 대리사무계약의 법적 성질을 명확하게 밝히지는 않고 있지만, 그 판시내용에서 자금관리계좌상의 자금(분양수임금 등)은 신탁재산이 아니라고 하거나 동 계약에 따른 법률관계에 대하여 「위임(계약)」, 「위탁」, 「대리」 등의 용어를 사용하고 있고,[126] 일정한 경우에는 분양수입금에 관한 자금집행순서 위반에 따른 손해배상청구권에 관한한 제3자를 위한 계약으로 보고 있다는 점에 비추어 보면, 자금관리대리사무계약이나 에스크로계약에 따른 법률관계를 신탁법상의 신탁으로 해석하고 있지는 않은 것으로 생각된다.[127]

[판례 3-14] 대법원 2014. 11. 27. 선고 2012다21621 판결

1. 원심은, 그 채택 증거에 의하여 인정되는 다음과 같은 사정, 즉 ① 토투개발 주식회사(이하 '토투개발'이라고 한다)가 주식회사 한국토지신탁(이하 '한국토지신탁'이라고 한다)과의 부동산담보신탁계약에 따라 한국토지신탁에 서울 용산구(주소 생략) 소재 용산 토투밸리 오피스텔을 신탁하였고, 그중 원심판결 별지 제1목록 호수란 기재 부동산(이하 '이 사건 오피스텔'이라고만 한다)에 관한 이 사건 매매계약에 따라 원고들이 피고의 분양수입금관리계좌로 매매대금(분양수입금)을 입금하였으므로, 위 매매대금은 결국 신탁부동산에 속하는 금전으로서 위 부동산담보신탁계약상 신탁의 원본인 신탁재산인

125) 이 경우 계좌명의자인 자금관리대리사무자와 에스크로기관이 동 예금채권의 권리자가 될 것이다(대법원 2009. 3. 19. 선고 2008다45828 전원합의체 판결 등 참조).

126) 아래의 판결, 조합원의 출자금 등을 관리하기 위하여 지역주택조합과 신탁업자 사이에 체결되는 자금관리대리사무계약에 관한 대법원 2023. 4. 13. 선고 2022다244836 판결 및 대법원 2023. 4. 13. 선고 2022다279733, 2022다279740(병합) 판결, 대법원 2023. 5. 18. 선고 2022다265987 판결도 참조

127) 건축물의 분양에 관한 법률에 따라 분양관리신탁계약과 별도로 체결되는 자금관리대리사무계약 또는 대리사무계약도 마찬가지로 해석하고 있는 것으로 보인다.

점, ② 피고가 이 사건 매매계약의 해제를 이유로 피고 명의의 분양수입금관리계좌로 수납된 매매대금을 토투개발에 반환하고, 토투개발이 이를 다시 수분양자들인 원고들에게 반환하더라도, 해제된 이 사건 매매계약의 목적물인 이 사건 오피스텔 자체가 다시 미분양 상태의 신탁재산으로 환원되므로, 토투개발이나 한국토지신탁은 이 사건 오피스텔 자체를 다시 분양하거나 처분할 수 있어 신탁재산의 전체적인 가치는 그대로 유지된다고 볼 수 있는 점, ③ 이처럼 신탁재산의 전체적인 가치는 그대로 유지되므로, 이 사건 매매계약의 해제로 매매대금이 수분양자들인 원고들에게 반환되는 것만으로는 대주들 등의 이익이나 권리를 침해한다고 보기는 어려운 점, ④ 만일 피고가 이 사건 매매계약이 해제되었음에도 이 사건 매매대금을 토투개발에게 반환하지 않는다면, 토투개발 내지 한국토지신탁은 수납된 매매대금을 그대로 보유하게 되어, 미분양 상태로 환원된 이 사건 오피스텔에 더하여 이 사건 매매대금도 신탁재산으로 남게 되는 부당한 결과가 초래되는 점 등에 비추어 보면, 이 사건 매매계약의 해제로 이 사건 매매계약의 목적물인 이 사건 오피스텔 자체가 다시 미분양 상태의 신탁재산으로 환원되면, 이 사건 오피스텔과 대가관계에 있는 이 사건 매매대금은 이 사건 자금관리계약서 제2조에 규정된 분양수입금의 성격을 상실한다고 할 것이므로, 이 사건 매매계약의 해제로 인하여 매매대금을 원상회복함에 있어서는 이 사건 자금관리계약 제7조, 제9조의 제한을 받지 않는다고 할 것이어서, 피고는 토투개발을 대위한 원고들에게 그 명의의 분양수입금관리계좌에 입금되어 있는 금액의 한도 내에서 원고들의 매매대금 중 원심판결 별지 제1목록 기재 납입금액 해당란 기재 금액을 반환할 의무가 있다고 판단하였다

2. 그러나 원심의 이러한 판단은 아래와 같은 이유에서 그대로 수긍할 수 없다.

가. 계약당사자 사이에 어떠한 계약내용을 처분문서인 서면으로 작성한 경우에 문언의 객관적인 의미가 명확하다면 특별한 사정이 없는 한 문언대로의 의사표시의 존재와 내용을 인정하여야 하고, 특히 문언의 객관적 의미와 달리 해석함으로써 당사자 사이의 법률관계에 중대한 영향을 초래하게 되는 경우에는 그 문언의 내용을 더욱 엄격하게 해석하여야 할 것이다(대법원 2008. 11. 13. 선고 2008다46531 판결, 대법원 2010. 11. 11. 선고 2010다26769 판결 등 참조).

나. 먼저 원심판결 이유와 기록에 의하면 다음과 같은 사실을 알 수 있다.

1) 토투개발은 2006. 7. 18. 한국토지신탁과 용산 토투밸리 오피스텔의 각 구분건물에 관하여 위 오피스텔 사업과 관련한 자금대여자인 주식회사 삼화상호저축은행, 주식회사 삼화두리저축은행, 주식회사 대전저축은행, 주식회사 으뜸저축은행 총 4개 저축은행(이하 '이 사건 대주들'이라고 한다)을 우선수익자로 하여 부동산담보신탁계약(위 계약 체결 이후 수차 변경되었는데, 그 최종적으로 변경된 계약을 '이 사건 부동산담보신탁계약'이라 한다)을 체결하고, 2006. 7. 19. 위 용산 토투밸리 오피스텔의 각 구분건물에 관하여 한국토지신탁 앞으로 신탁을 원인으로 한 소유

권이전등기를 마쳤다.

2) 이 사건 부동산담보신탁계약서에서는, 이 사건 신탁은 신탁부동산의 소유권 관리와 위탁자가 부담하는 채무 내지는 책임의 이행을 보장하기 위하여 수탁자가 신탁부동산을 보전·관리하고 채무불이행 시 환가·정산하는데 그 목적이 있고(제1조), 신탁의 원본은 신탁부동산 또는 그 물상대위로 취득한 재산, 수탁자인 한국토지신탁이 임대인으로서 취득·보관하는 임차보증금, 신탁부동산의 처분대금 및 처분절차와 관련하여 발생되는 위약금 등, 신탁재산에 속하는 금전의 운용에 의하여 발생하는 이익, 기타 이에 준하는 것으로 하며(제4조), 신탁부동산은 공개시장에서 경쟁을 통하여 처분하는 것을 원칙으로 하되, 유찰 시 다음 처분일 공고 전까지 직전 처분 시 조건으로 수의 계약할 수 있고(제19조), 신탁부동산 처분대금은 처분계약을 체결한 날로부터 60일 이내에 완납하는 것을 원칙으로 하며(제21조), 수탁자가 신탁부동산을 환가하여 정산할 때에는 그 지급순위에 따라 정산하여야 한다(제22조)고 규정하고 있다. 또한 이 사건 부동산담보신탁계약서 특약사항에서는, 개발사업과 관련한 수분양자의 보호, 개발사업의 원활한 수행, 신탁부동산의 담보가치보전 등 기타 사업상 필요에 의하여 위탁자 및 우선수익자 전원이 매수인을 지정하여 수탁자에게 신탁부동산의 처분을 요청하는 경우에는 수탁자는 지정된 매수인에게 신탁부동산을 처분할 수 있으며, 위탁자가 우선수익자의 서면 동의를 득한 후 위탁자가 매수인과 매매계약을 체결하고 위탁자가 매매대금을 직접 수령할 경우에는 수탁자는 매매계약서에 수탁자로서 날인 후 매수인에게 소유권을 이전하기로 규정(제10조)하고 있다.

3) 이후 토투개발은 2008년경 이 사건 부동산담보신탁계약의 우선수익자들인 이 사건 대주들의 대출 원리금 회수를 위하여, 피고 및 위 대주들과 사이에 자금관리대리사무계약(이하 '이 사건 자금관리계약'이라 한다)을 체결하고 피고에게 위 오피스텔의 분양계약과 관련한 토투개발의 자금관리 업무를 위임하였다.

4) 이 사건 자금관리계약서에서는, 토투개발이 피고에게 분양대금수입계좌인 신탁관리계좌에서 자금인출을 요청할 때에는 위 자금관리계약서 제5조 제1항의 사업비 예산서 범위 내에서 인출요청서를 해당 증빙과 함께 피고와 대주들 중 주식회사 삼화상호저축은행에게 제출하여야 하고, 피고는 대주들 중 주식회사 삼화상호저축은행의 사전 동의를 받아 자금을 인출하여야 한다고 규정하고 있다(제7조).

5) 원고들이 토투개발과 이 사건 매매계약을 체결할 당시 피고도 자금관리자로서 위 매매계약에 참여하였는데, 이 사건 매매계약서에서는 매수인(원고들)이 토투개발에 대한 매매대금을 피고 명의 농협중앙회 계좌에 입금하고, 피고는 매매대금 등의 자금관리를 담당하며 그 외 사업주체 및 매도인으로서 책임을 지지 아니하고, 매매계약과 관련한 일체의 책임도 사업주체인 매도인(토투개발)에게 있으며(제1조), 매도인은 매매대금의 잔금 수령과 동시에 매수인에게 위 부동산을 인도하여

야 하며, 신탁해지 등 소유권이전등기에 필요한 모든 서류를 교부하여 등기절차에 협력한다고 규정(제3조)하고 있다.

다. 사실관계가 이와 같다면, 위탁자인 토투개발의 채무불이행 시 신탁부동산을 환가 · 처분하여 수익자에게 우선변제하는 것을 목적으로 하는 이 사건 부동산담보신탁계약과 수분양자가 자신이 분양받은 오피스텔의 매매대금을 피고 계좌에 완납함과 동시에 토투개발이 이 사건 부동산담보신탁계약 중 위 오피스텔에 관한 부분을 일부 해지하여 그 앞으로 소유권을 회복한 후 다시 수분양자에게 소유권이전등기를 마쳐줄 의무를 부담하는 이 사건 매매계약의 각 내용과 성격에 비추어 볼 때, 신탁재산인 이 사건 오피스텔은 그 분양대금이 완납되고 신탁계약이 해지되어 매매계약에 기한 소유권이전등기가 마쳐지기 전까지는 그대로 수탁자 소유의 신탁재산으로서 권리관계에 변동이 없고, 이 사건 오피스텔에 관한 분양수입금은 토투개발과 피고 사이에 체결된 자금관리 대리사무계약에 의하여 피고가 관리함으로써 대주들의 대출 원리금 회수가 보장되도록 하였을 뿐 신탁재산이 아니라 위탁자인 토투개발의 재산으로 봄이 타당하다. 나아가 이 사건 자금관리계약에 따른 피고의 자금관리 대리사무가 종료되어 정산이 실시되기 이전에 토투개발이 분양수입금계좌인 신탁관리계좌에 있는 자금을 인출하기 위해서는 대주의 사전 동의가 필요하다고 할 것이며, 이는 이 사건 매매계약의 해제로 인하여 매매대금을 원상회복하는 경우에도 마찬가지라고 할 것이다.
따라서 토투개발이 대주의 사전 동의를 받지 않은 이상, 이 사건 매매계약이 해제되고 토투개발 또는 토투개발을 대위한 원고들이 피고에게 그 매매대금의 지급을 요청하였다 하더라도 피고가 토투개발 또는 이를 대위한 원고들에게 곧바로 위 신탁관리계좌에 있는 매매대금 상당액을 반환하여야 하는 의무가 있다고 할 수 없다.

라. 그럼에도 원심은 이와 달리 이 사건 매매계약을 해제한 원고들이 대주의 사전동의 없이도 시행자인 토투개발을 대위하여 피고에게 매매대금의 반환을 청구할 수 있다고 판단하고 말았다. 이러한 원심의 판단에는 신탁재산의 범위나 처분문서 해석에 관한 법리를 오해하여 판결 결과에 영향을 미친 위법이 있다고 할 것이다.

[판례 3-15] 대법원 2009. 7. 9. 선고 2008다19034 판결

2. 원고의 상고이유 제3점에 대하여

원심판결 이유에 의하면, 원심은 미분양건물을 처분하여 정산하는 경우와 달리 이미 분양된 건물 부분을 처분하여 정산하는 경우에 있어서 수분양자에 대하여 부담하는 분양대금 반환채무는 이 사건 부동산담보신탁계약 제21조 제1항에서 정한 1순위로 정산하여야 하는 채무 또는 그보다 앞선 순위로 정산하여야 할 채무에 해당하는 것으로 보아야 한다고 전제한 다음, 피고가 위탁자인 소외 1 주식회사의 요청을 받아 이미 분양된 건물 부분인 102호를 매각한 대금으로 먼저 수분양자에 대한 분양대금과 상계하거나 공탁한 행위는 위 신탁계약 제21조의 정산의무를 위반하여 원고의 우선수익권을 침해한 것이라고 볼 수 없다고 판단하여 원고의 이 부분 손해배상청구를 배척하였다.

이 사건 부동산담보신탁계약, 이 사건 대리사무계약의 관련 규정 내용 등에 비추어 살펴보면 위와 같은 원심의 판단은 정당한 것으로서 수긍할 수 있고, 거기에 이 사건 신탁계약 제21조의 해석에 관한 법리오해 등의 위법이 없다.

3. 원고의 상고이유 제4점에 대하여

원심판결 이유에 의하면, 원심은 소외 1 주식회사가 이 사건 대리사무계약을 위반하여 소외 2 주식회사와의 사이에 이 사건 극장 부분에 관한 매매계약을 체결한 사실을 피고가 알고 있었음에도 이를 방치함으로써 위 매매대금 중 31억 원이 피고가 관리하는 분양수입금 관리계좌로 입금되지 아니하였고, 그 결과 원고가 위 금원 상당을 상환받지 못하는 손해를 입게 되었다는 원고의 주장에 대하여, 소외 1 주식회사가 소외 2 주식회사와의 사이에 위 매매계약을 체결한 사실을 피고가 알았다고 인정할 증거가 없다는 이유로 원고의 이 부분 손해배상청구를 배척하였다.

원심판결 이유와 원심이 채택한 증거들에 의하면, 소외 1 주식회사가 2003. 6. 20. 피고에게 보낸 '대리사무관련 분양수익금에 대한 대출이자, 신탁수수료 및 공사비 지급의 건'이라는 제목의 문서에는 "…극장 분양계약서상에 명기된 대로 극장 부분 매매대금 중 일금 일십억 원은 ○○건설의 공사비 정산금액으로 당사에서 지급하기로 계약된 내용이오니 참고하시기 바랍니다"라는 문구가 기재되어 있는 사실, 소외 2 주식회사가 위 매매계약에 따라 지급한 대금 중 2003. 6. 19. 3억 원, 2003. 6. 23. 2억 원, 2003. 7. 11. 161,311,000원, 2003. 7. 18. 167,200,000원이 각 피고가 관리하는 분양수입금 관리계좌에 입금된 사실, 피고가 2003. 12. 9. 이 사건 건물 8, 9층에 관한 신탁등기를 경료한 사실을 알 수 있고, 기록에 의하면, 피고가 2003. 6. 19.부터 2003. 7. 18.까지 사이에 이 사건 극장 부분 매매대금 11억 원을 공사비 등으로 지급한 사실을 자백하였음을 알 수 있는바, 위 각 사실들을 종합하면, 피고는 2003. 6. 20.경 또는 적어도 2003. 12. 9.경에는 소외 1 주식회사와 소외 2 주식회사 사이의 위 매매계약 체결사실을 알았거나 알 수 있었다고 봄이 상당하므로 이에 반하는 원심의 사실인정은 부당하다.

그러나 원심이 채택한 증거들에 의하여 알 수 있는 다음과 같은 사정들, 즉 ① 피고는 이 사건 부동산담보신탁계약에 따라 수탁자로서 신탁부동산의 보존・관리 등에 관한 선량한 관리자로서의 주의의무가 있으나 소외 1 주식회사가 임의로 소외 2 주식회사에게 매도한 이 사건 극장 부분은 아직 신탁등기가 경료되기 전이어서 신탁재산에 해당하지 아니하는 점, ② 이 사건 부동산담보신탁계약에 의하면 이 사건 건물의 분양업무는 소외 1 주식회사가 수행하도록 규정되어 있었고 피고는 그 분양계약에 따라 입금된 분양수입금을 관리하는 소극적 지위에 있었던 점, ③ 분양계약의 당사자가 아닌 피고로서는 소외 2 주식회사로 하여금 매매대금을 분양수입금 관리계좌로 입금하도록 강제할 방법이 없고, 소외 2 주식회사를 상대로 소유권이전청구권가등기의 말소를 구할 권원도 없었던 점,

④ 달리 피고가 소외 1 주식회사와 소외 2 주식회사 사이의 매매계약 체결을 알선하거나 적극적으로 가담한 사실을 인정할 증거가 없는 점 등을 종합하여 보면, 피고가 단순히 위 매매계약 체결사실을 알았거나 알 수 있었다는 이유만으로는 피고에게 공동불법행위로 인한 손해배상책임이 발생한다고 할 수 없다.

따라서 원심이 그 이유설시는 부적절하나 결국 원고의 이 부분 손해배상청구를 배척한 결론은 정당하므로, 원심의 조치에 판결에 영향을 미친 위법이 없다.

4. 피고의 상고이유 제1점에 대하여

가. 원심판결 이유에 의하면, 원심은 이 사건 대리사무계약 제10조 제1항에서 분양수입금 관리계좌의 자금집행순서를 1순위부터 5순위까지 규정하고 있고, 제10조 제2항은 제1항에서 규정한 각 항목에 관하여 지급시기나 개별적 지급방법 등을 정할 수 있도록 한 규정에 불과하다고 보아, 위 제2항의 규정에 따라 자금집행순서를 변경할 수 있다는 취지의 피고의 주장을 배척하고, 피고가 원고의 동의 없이 위 제1항의 자금집행순서를 위반하여 공사비를 지급한 부분에 관하여 손해배상책임을 인정하였다.

이 사건 대리사무계약 제10조 제1항, 제2항의 규정 내용, 조항의 순서 등에 비추어 보면 원심의 위와 같은 판단은 정당하고 거기에 위 대리사무계약 제10조의 해석에 관한 법리오해 등의 위법이 없다.

나. 이 사건 대리사무계약 제10조의 규정을 살펴보면, 같은 조 제1항 제3호에 규정한 '필수적 사업비'란 같은 항에 규정되어 있지 아니한 사업비 중 같은 조 제1항 제3호에 병렬적으로 규정된 '분양경비(분양대행수수료 및 광고비)'에 준하는 성격의 필수적 비용으로서, 우선수익권자인 원고와 국민은행의 동의를 그 전제요건으로 하는 비용을 의미한다 할 것이므로, 피고가 시공사들에게 지급한 계약금, 선급금은 대리사무계약 제10조 제1항 제3호에 규정된 '필수적 사업비'에 해당한다고 할 수 없다.

따라서 피고가 시공사들에게 지급한 계약금, 선급금이 이 사건 대리사무계약 제10조 제1항 제3호에 규정된 '필수적 사업비'에 해당한다는 피고의 주장을 배척한 원심의 조치는 정당하고, 거기에 상고이유에서 주장하는 위 대리사무계약 제10조의 해석에 관한 법리오해 등의 위법이 없다.

5. 피고의 상고이유 제2점에 대하여

원심판결 이유를 원심이 채택한 증거들에 비추어 살펴보면, 피고 주장의 사정만으로는 원고가 피고의 계약금, 선급금 지급에 관하여 묵시적으로 동의한 것으로 볼 수 없다고 판단한 원심의 조치는 수긍이 가고, 거기에 상고이유에서 주장하는 채증법칙 위배 또는 심리미진으로 인하여 사실을 오인한 위법이 없다.

6. 피고의 상고이유 제3점에 대하여

제3자를 위한 계약이라 함은 통상의 계약이 그 효력을 당사자 사이에서만 발생시킬 의사로 체결되는 것과는 달리 계약 당사자가 자기들 명의로 체결한 계약에 의하여 제3자로 하여금 직접 계약 당사자의 일방에 대하여 권리를 취득하게 하는 것을 목적으로 하는 계약인바, 어떤 계약이 제3자를 위한 계약에 해당하는지 여부는 당사자의 의사가 그 계약에 의하여 제3자에게 직접 권리를 취득하게 하려는 것인지에 관한 의사해석의 문제로서 이는 계약 체결의 목적, 계약에 있어서의 당사자의 행위의 성질, 계약으로 인하여 당사자 사이 또는 당사자와 제3자 사이에 생기는 이해득실, 거래 관행, 제3자를 위한 계약제도가 갖는 사회적 기능 등 제반 사정을 종합하여 계약 당사자의 합리적 의사를 해석함으로써 판별할 수 있다(대법원 1997. 10. 24. 선고 97다28698 판결 참조).

원심판결 이유와 원심이 채택한 증거들에 의하여 알 수 있는 다음과 같은 사정들, 즉 ① 이 사건 대리사무계약은 소외 1 주식회사와 피고 사이에 체결된 부동산담보신탁계약과 동시에 체결된 것으로서 부동산담보신탁계약과 밀접하게 관련되어 있는 점, ② 부동산담보신탁은 위탁자와 수탁자간의 신탁계약에 의하여 제3자인 채권자에게 수익권을 취득케 하는 점에서 민법 제539조의 제3자를 위한 계약과 유사한 구조를 가지고 있는 점, ③ **분양수입금 집행순서를 정한 이 사건 대리사무계약 제10조의 규정은 신탁계약에 의하여 수익자인 원고가 취득한 수익권의 구체적인 이행방법에 관하여 정한 것으로 볼 수 있는 점**, ④ **원고가 이 사건 대리사무계약에 동의하고 기명날인함으로써 수익의 의사표시를 한 것으로 볼 수 있는 점** 등을 종합하면, **이 사건 대리사무계약은** 비록 소외 1 주식회사와 피고 사이에 체결된 것이기는 하지만, **최소한 분양수입금의 집행순서 위반으로 인한 손해배상청구와 관련하여서는 제3자를 위한 계약**으로 봄이 상당하다.

같은 취지에서 이 사건 대리사무계약 중 분양수입금 집행순서를 정한 부분이 제3자를 위한 계약에 해당한다고 본 원심의 판단은 정당하고, 거기에 상고이유에서 주장하는 제3자를 위한 계약에 관한 법리를 오해한 위법이 없다.

7. 피고의 상고이유 제4점에 대하여

가. 계약이 합의에 의하여 해제되어 원상회복의무를 부담하는 경우에도 민법 제548조가 준용되어 제3자에 대하여는 계약해제를 주장할 수 없는 것이므로(대법원 2005. 6. 9. 선고 2005다6341 판결 참조), 소외 1 주식회사가 이 사건 건물 중 102호 수분양자들과 분양계약을 합의해제하기 전에 피고가 이 사건 대리사무계약에 따라 위 수분양자들이 납부한 분양대금을 관리하며 시공사들에게 계약금, 선급금을 지급한 것은 유효하고, 위 대리사무계약 제10조가 규정한 분양수입금 집행순서에 의하면 피고가 시공사들에게 지급한 계약금, 선급금 상당액은 원고에게 지급되어야 할 금원에 해당하므로 원고에게 손해가 발생하였다고 할 것이다.

같은 취지에서 이 사건 건물 중 분양계약이 해제된 102호에 관한 분양대금은 확정된 분양수입금이 아니어서 원고에게 추가로 손해가 발생하지 아니하였다는 피고의 주장을 배척한 원심의 판단은 정당하고, 거기에 상고이유에서 주장하는 손해액 산정에 관한 법리를 오해한 위법이 없다.

나. 1, 2, 3순위 사업비용으로 지급될 금액을 특정한 후 원고의 손해액에서 이를 공제하여야 한다는 상고이유의 주장은 피고가 상고심에 이르러 비로소 주장한 것으로서 원심 변론종결 이전에는 주장한 바 없었음이 기록상 명백하며 또한 직권조사사항도 아니므로 적법한 상고이유가 될 수 없다.

8. 피고의 상고이유 제5점에 대하여

항소심에서 피고의 항소를 상당 부분 받아들여 제1심판결 중 피고 패소 부분의 일부를 취소하고 이에 해당하는 원고의 청구를 기각하는 경우라 하더라도 수개의 청구 중 어느 청구에 대하여 제1심판결과 동일한 입장에서 청구를 전부 인용하였다면 그 부분에 관한 지연손해금에 대하여는 제1심판결 선고일 다음 날부터 소송촉진 등에 관한 특례법(이하 '소촉법'이라 한다) 제3조 제1항이 정한 이율을 적용할 수 있다(대법원 1991. 1. 25. 선고 90다9285 판결 참조).

원심판결 및 제1심판결 이유에 의하면, 제1심은 원고의 청구 중 계약금 등 선지급으로 인한 손해배상청구와 102호 매각대금의 상계처리로 인한 손해배상청구를 각 인용하면서 그 인용금액에 대하여 제1심판결 선고일 다음 날부터 소촉법 제3조 제1항이 정한 이율을 적용하였고, 원심은 피고의 항소를 일부 받아들여 제1심판결 중 계약금 등 선지급으로 인한 손해배상청구 인용금액을 초과하여 지급을 명한 피고 패소 부분(이는 102호 매각대금의 상계처리로 인한 손해배상청구 부분임)을 취소하고, 이에 해당하는 원고의 청구를 기각한 사실을 알 수 있다.

앞서 본 법리에 비추어 보면, 계약금 등 선지급으로 인한 손해배상청구에 관하여 제1심과 동일한 입장에서 피고의 항변을 배척하면서 그 인용금액에 관한 지연손해금에 대하여 제1심판결 선고일 다음 날부터 소촉법 제3조 제1항이 정한 이율을 적용한 원심의 조치는 정당하고, 거기에 상고이유에서 주장하는 소촉법 제3조의 해석에 관한 법리를 오해한 위법이 없다.

물론 당사자가 해당 계약이 신탁법상의 신탁에 해당하지 않음을 명확히 합의한 경우에는 달리 볼 여지도 있는 등 개별계약의 내용과 그 해석에 따라 달라질 수는 있지만, 사안에 따라서는 금전신탁으로서의 성질을 갖는 것으로 보아야 하는 경우가 있을 수 있고, 이 경우에는 신탁법 적용 여부뿐만 아니라 자금관리대리사무자나 에스크로업무수행자가 자본시장법상의 「신탁업」에 관한 인가없이[128] 그러한 업무를 수행할 수 있는지에 대한 검토도 필요하다.

128) 금융기관의 경우에는 자금관리대리사무/에스크로업무를 수행하기 위해서는 개별법령에서 정하는 바에 따라 (부수)업무신고 등의 일정한 요건이 필요하나, 자금관리대리사무/에스크로업무 수행에 신탁업 인가가 필요한지에 대해서는 관련 법령에서 명확하게 규정하지 않고 있고, 실무에서는 별도의 신탁업 인가없이 (부수)업무신고만으로 자금관리대리사무/에스크로업무를 수행하고 있는 것으로 보인다.

7) 도산격리조치에 관한 준수사항

앞서 살펴본 바와 같이,[129] 통상 M&A대출계약에는 도산격리를 달성하기 위한 각종의 조치들(도산상태 예방조치, 도산절차 개시 방지조치, 도산 시 대응조치 등)이 적극적 · 소극적 준수사항으로 규정되는 경우가 많은데, 이와 같은 도산격리조치를 취하더라도 차주(SPC) 기타 그러한 의무를 부담하는 자가 당초의 도산격리조치를 위반하는 경우(예를 들면, 도산신청권을 포기하였으나 이에 위반하여 도산절차를 신청한 경우) 그 위반행위의 효력(도산법원, 제3자와의 관계에서의 효력 등), 그 위반에 대한 구제수단 및 절차, 집행가능성 등 실효성 확보 가능 여부가 문제될 수 있다. 차주 이외의 제3자에 의한 행위로 도산절차가 개시되는 경우에는 차주의 귀책사유 유무에 따른 차주의 의무위반에 의한 청구에 의한 기한이익 상실사유 해당 여부가 다투어질 수 있기 때문에, 아래 기한의 이익 상실 부분의 계약서 기재례에서 보는 바와 같이 통상 M&A대출계약에는 도산절차의 개시 또는 그 이전단계의 일정한 사건이 발생하는 것 자체를 기한의 이익 상실사유로 규정해 둘 필요가 있다.

(4) 기한의 이익 상실[130]

1) 개설

차주는 변제기가 도래할 때까지는 원칙적으로 대출금의 상환을 강제 당하지 않는다는 소위 「기한의 이익」을 가진다(민법 제153조, 제387조). 그러나 차주는 일정한 사유가 발생하거나 존재하는 경우에는 당초의 기한의 이익을 주장할 수 없게 된다. 이것을 「기한의 이익 상실」이라고 하고, 이러한 기한의 이익을 상실시키는 사유를 일반적으로 「기한의 이익 상실사유」[131]

129) 본서 제1편 제4장 **2** (5) 도산격리조치의 필요성 부분 참조

130) 「기한의 이익상실」 및 「기한의 이익 상실사유」에 대해서는, (i) 「Anthony C. Gooch · Linda B. Klein」 『Documentation For Loans, Assignments And Participations』(Euromoney Books, 1996) 82페이지 이하, (ii) Sandra Stern 『Structuring and Drafting Commercial Loan Agreements(Revised Edition) VOLUME 1-1』(An A.S Pratt Publication, 2014) Chapter 8, (iii) 青山大樹 編著 『詳解 シンジケートローンの法務』(一般社団法人 金融財政事情研究会, 2015) 164페이지 이하, (iv) 渥美坂井法律事務所 · 外国法共同事業 編著 『シンジケートローン契約書作成マニュアル-国内海外協調融資の実務(第4版)』(中央經濟社, 2021) 350페이지 이하, (v) Philip R Wood 「INTERNATIONAL LOAN, BONDS AND SECURITIES REGULATION」 『LAW AND PRACTICE OF INTERNATIONAL FINANCE』(SWEET & MAXWELL, 2007) 46페이지 이하, (vi) 박준 · 한민 『금융거래와 법(제3판)』(박영사, 2022) 114페이지 이하 각 참고

131) 영문계약상으로는 「Event of Default(EOD)」에 해당하는 것인데, 국문계약서에서 이를 문자 그대로 「채무불이행사유」로 번역하여 사용하는 경우가 많다. 그러나 해당 EOD 중에는 예를 들면, 제3자로부터의 소송 또는 시장상황에 관한 사유 등 우리나라법상 「차주」의 「채무」 또는 「채무불이행」을 관념하거나 전제로 하지 않는 사유도 다수 포함되어 있고, 그 사유발생 효과 또한 대출금의 기한의 이익 상실이 주된 효과이므로, 대출계약에서도 「기한의 이익 상실사유」라고 정의 · 사용하는 것이 우리나라의 법률 용어와의 정합성에 비추어 더 타당하다고 생각된다.

라고 한다.

민법은 「기한의 이익 상실사유」로 (i) 채무자가 담보를 손상 · 감소 또는 멸실하게 한 때, (ii) 채무자가 담보제공의 의무를 이행 아니한 때의 2개의 사유만을 정하고 있고(민법 제388조), 채무자회생법에서는 채무자가 파산절차개시의 결정을 받은 때를 정하고 있는데(채무자회생법 제425조), 이외에도 판례상으로 계약의 당사자가 기한의 이익 상실사유를 특약으로 정하는 것도 유효하다고 인정되고 있다. 이에 따라 실무에서는 대출계약 시 다양한 각종의 기한의 이익 상실사유가 규정되고 있다.

[판례 3-16] 대법원 2001. 10. 12. 선고 99다56192 판결

은행여신거래기본약관에는, 채무자의 신용변동 · 담보가치의 감소 · 기타 채권보전상 필요하다고 인정될 상당한 사유가 발생한 경우에는 채무자는 은행의 청구에 의하여 곧 은행이 승인하는 담보나 추가담보를 제공하고 또는 보증인을 세우거나 이를 추가하기로 하며(제6조 제1항), 채무자가 제공한 담보재산에 대하여 가압류 · 압류명령이나 체납처분 압류통지가 발송된 때 또는 기타의 방법에 의한 강제집행개시나 체납처분착수가 있는 때, 어음교환소의 거래정지처분이 있는 때 등에는 채무자는 은행으로부터의 독촉 · 통지 등이 없어도 당연히 은행에 대한 모든 채무의 기한의 이익을 상실하고(제7조 제1항 제1호, 제3호), 약관 제6조 제1항에서 정한 약정내용을 위반하여 채권보전이 필요하다고 인정된 때에는 은행의 10일 이상의 기간을 정한 독촉에 의하여 은행에 대한 당해 채무 전부의 기한의 이익을 상실하도록 되어 있다(제7조 제4항, 제6조 제1항, 제14조).

원심은, 우주기공이 외화대출거래에서 장기신용은행에게 담보를 제공하기로 약정하였고, 장기신용은행이 우주기공에게 지급보증서상 보증기한이 만료되기 전에 새로운 지급보증서를 제출해 줄 것을 요구하였음에도 우주기공이 이에 응하지 아니하였으므로, 우주기공은 민법 제388조 제2호에 의하여 기한의 이익을 상실하게 되었고, 따라서 한솔종합금융은 지급보증서에 의한 보증채임이 있다는 피고보조참가인의 주장에 대하여 민법 제388조는 임의규정이므로 당사자 사이에 다른 약정이 있는 경우에는 그에 따라야 할 것인데, 외화대출거래약정에서 우주기공의 신용변동 · 담보가치의 감소 · 기타 채권보전상 필요하다고 인정될 상당한 사유가 발생한 경우에 우주기공이 장기신용은행의 청구에 의하여 장기신용은행이 승인하는 담보 또는 추가담보를 제공하지 아니하거나 보증인을 세우지 아니하는 경우에는 장기신용은행의 10일 이상의 기간을 정한 독촉에 의하여 장기신용은행에 대한 당해 채무 전부의 기한의 이익을 상실하는 것으로 약정하였으므로, 이에 따르면 우주기공이 장기신용은행의 요청에 따른 새로운 지급보증서를 제출하지 아니하였다 하더라도 그 즉시 기한의 이익을 상실하는 것이 아니라, 위와 같은 약정상의 절차에 따라 기한의 이익을 상실시키는 조치를 취하여야 기한의 이익이 상실된다[132]고 전제한 다음, 증거들에 의하더라도 장기신용은행이 1997. 9. 23. 우주기공에게 지급보증서 보증기한이 만료되는 1997. 10. 25.에 새로운 지급보증서를 갱신・제출하여 줄 것을 요청한 사실, 한솔종합금융은 우주기공의 자금사정 등이 지급보증약정 당시보다 악화되었음을 이유로 새로운 지급보증서 발행을 거절하여 우주기공이 새로운 지급보증서를 장기신용은행에게 제출하지 못한 사실, 그 후 장기신용은행이 우주기공에게 1997. 10. 24. 은행여신거래기본약관 제6조에 의거하여 환율상승으로 인한 담보가치의 감소에 따라 금 30,000,000원 상당의 추가담보를 제공해 줄 것을 요청하고 같은 해 11월 25일 지급보증서 갱신 및 연체대출금 정리를 독촉하는 등, 보증기간이 갱신된 새로운 지급보증서의 제출과 연체된 이자채무 및 이에 대한 지연배상금의 지급을 독촉하여 새로운 담보조건에 관하여 참가인과 우주기공이 이를 논의한 사실만 인정할 수 있을 뿐, 여신거래기본약관에 따라 기한의 이익을 상실시키는 조치를 취하였다는 점을 인정할 만한 증거가 없으므로, 우주기공은 이 사건 보증기한 내에 기한의 이익이 상실되지 않았다고 하여, 위 주장을 배척하였다.

관련 증거들을 기록과 대조하여 보면, 원심의 사실인정과 지급보증서 갱신 제출의무 위반에 대하여는 민법 제388조가 아닌 여신거래기본약관의 정함에 따라야 하는데 그 약관에 따른 기한의 이익 상실이 없었다고 한 판단은 정당한 것으로 수긍되고, 거기에 사실을 오인하거나 기한의 이익 상실에 관한 여신거래기본약관의 해석을 그르친 위법이 있다고 할 수 없다.

[판례 3-17] 대법원 2023. 4. 23. 선고 2021다305338 판결

1. 관련 법리

가. 기한의 이익은 포기할 수 있으나, 상대방의 이익을 해하지 못한다(민법 제153조 제2항). 변제기 전이라도 채무자는 변제할 수 있으나, 상대방의 손해는 배상하여야 한다(민법 제468조). 채무의 변제는 제3자도 할 수 있으나(민법 제469조 제1항 본문), 그 경우에도 급부행위는 채무내용에 좇은 것이어야 한다(민법 제460조).

나. 채권자와 채무자 모두가 기한의 이익을 갖는 이자부 금전소비대차계약 등에 있어서, 채무자가 변제기로 인한 기한의 이익을 포기하고 변제기 전에 변제하는 경우 변제기까지의 약정이자 등 채권자의 손해를 배상하여야 하고, 이러한 약정이자 등 손해액을 함께 제공하지 않으면 채무의 내용에 따른 변제제공이라고 볼 수 없으므로, 채권자는 수령을 거절할 수 있다. 이는 제3자가 변제하는 경우에도 마찬가지이다.

다. 그러나 기한의 이익과 그 포기에 관한 민법 제153조 제2항, 변제기 전의 변제에 관한 민법 제468조의 규정들은 임의규정으로서 당사자가 그와 다른 약정을 할 수 있다. 은

132) 즉, 본 사안에서의 은행여신거래기본약관상의 기한의 이익 상실 조항이 민법 제388조 제2호에 대한 특약에 해당한다는 의미로 해석된다.

행여신거래에 있어서 당사자는 계약 내용에 편입된 약관에서 정한 바에 따라 위 민법 규정들과 다른 약정을 할 수도 있다.

2. 사건의 경위

원심판결 이유와 기록에 의하면 다음과 같은 사실을 알 수 있다.

가. 소외인은 2011. 2.경 피고로부터 대출기간을 2031. 2.경까지로 정하여 대출을 받았고, 대출 당시 소외인과 피고 사이에 작성된 대출거래약정서에는 '대출거래를 함에 있어 「은행여신거래기본약관(가계용)」이 적용됨을 승인'한다는 내용이 포함되어 있다.

나. 소외인이 피고와 사이의 대출거래약정에 따라 부담하는 모든 채무를 담보하기 위하여, 원고는 피고와 원고 소유 이 사건 부동산에 관하여 이 사건 근저당권설정계약을 체결하고, 피고에게 이 사건 근저당권설정등기를 마쳐주었다.

다. 원고는 2020. 4.경 피고에게 이 사건 근저당권설정계약 해지 통고를 하였다.

라. 원고는, 위 해지 통고에 따라 2020. 5.경 결산기가 도래하였음을 전제로, 2020. 10.경 피고 앞으로 피담보채무 잔액 명목의 돈을 공탁하였는데, 위 공탁금에는 피고가 대출 만기까지 받을 수 있었던 약정이자 등은 포함되어 있지 아니하였다.

3. 판단

가. 위와 같은 사실관계를 앞서 본 법리에 비추어 살펴본다.

1) 원고가 이 사건 근저당권설정등기의 말소를 구하기 위해서는 소외인이 피고와 사이의 대출거래약정에 따라 부담하는 모든 채무를 변제하여야 한다.

2) 이 사건 부동산의 소유자 겸 근저당권설정자인 원고의 해지 통고 등에 따라 이 사건 근저당권의 결산기가 지정되었다고 하더라도, 이 사건 근저당권설정계약에 따른 결산기 지정은 소외인과 피고 사이의 대출거래약정상 피담보채무의 변제기에 관한 약정과 구별되므로, 결산기 지정만으로 대출금 채무의 변제기가 도래하였다고 보기는 어렵다. 민법 규정에 따를 경우 원고가 근저당권설정자 내지 물상보증인의 지위에서 소외인과 피고 사이의 대출거래약정에서 정한 변제기 전에 대출금을 변제하기 위해서는 변제기까지의 약정이자 등 손해를 배상하여야 할 것이다.

3) 그러나 대출거래약정상 약정한 상환기일이 도래하기 전이라도 중도상환수수료 등 배상금 부담 없이 원금을 갚을 수 있다는 다른 약정이 있는 경우에는 채무자 등은 손해배상 없이 변제할 수 있다.

4) 소외인과 피고는 대출거래약정 당시 중도상환수수료에 관한 구체적 약정을 하지 않은 것으로 보이고, 위 대출거래약정 당사자들이 대출거래약정 내용에 포함시키기로 합의한 약관의 규정에 기한의 이익 내지 변제기 전의 변제에 관하여 민법 규정과 달리 정한 바가 있어 기한의 이익이 대출채무자인 소외인 측에게만 있을 여지가 있다.

5) 따라서 원심으로서는 소외인과 피고가 대출거래약정 당시 계약 내용에 포함시키기로 한 약관의 규정이 변제기 전의 변제에 관하여 민법과 달리 정하고 있거나 그 밖에 당사자 사이에 다른 약정이 있었는지 등을 확인하고, 민법 규정과 다른 약정이 있었다면 원고의 공탁이 채무의 내용에 따른 변제제공으로 볼 수 있었는지 등에 대하여 심리하였어야 한다.

나. 그럼에도 원심이 적절한 조치를 취하지 아니한 채 원고가 대출만기까지의 약정이자 등 손해 상당액까지 배상하여야 한다는 등 이유로 원고의 청구를 받아들이지 아니한 데에는 대출거래약정서의 해석에 관하여 필요한 심리를 다하지 아니하거나 기한의 이익에 관한 법리를 오해한 잘못이 있다.

이에 따라, M&A금융의 대출계약에는 당사자 간의 특약으로 기한의 이익 상실사유가 상세하게 규정된다.

다만, 대출계약에서 별도로 정하는 이러한 기한의 이익 상실조항은 원칙적으로 유효하지만 「채권보전의 객관적 필요성」이 있을 것이 당연한 전제로 된다는 견해가 일본에서의 통설이다.[133] 이 견해에 따르면, 형식적으로는 기한의 이익 상실사유에 해당하는 것 같이 보이는 사건이 발생하더라도 차주의 신용도 악화 등 채권보전의 필요성이 없다고 판단되는 경우에는 법원이 기한의 이익 상실사유에 해당하는 사유가 아니라거나 또는 기한의 이익 상실을 주장하는 것이 신의칙에 반하거나 또는 권리의 남용에 해당하는 것으로 보아 기한의 이익 상실을 인정하지 않을 가능성이 있게 된다.[134] 또한, 대출계약에서 정하는 어느 기한의 이익 상실사유(특히 「청구에 의한 기한의 이익 상실사유」)가 발생하였으나 기한의 이익 상실 청구 전에 그 사유가 치유되었거나 동 사유 발생 이후에도 평소와 마찬가지로 이자를 수령하는 등 대주로서 아무런 조치를 취하지 않은 상태로 상당기간이 경과한 경우 등의 사정이 있는 경우에는, 대출계약서에서 통상 「대주의 명시적인 권리포기가 없는 한 기 발생한 대주의 권리는 소멸되지 않는다」는 취지의 규정을 두고 있음에도 불구하고, 이후의 기한의 이익 상실청구가 법원에서 신의칙에 반하거나 권리남용에 해당하여 허용되지 않는 것으로 판단될 가능성이 있다.[135]

133) 鈴木祿彌編『新版註釋民法 (17)』(有斐閣, 1993) 332페이지 주 25

134) 같은 취지의 일본의 판례로는 最高裁判所 平成 18年 4月 18日 金融・商事判例 1242号 10項, 1336号 40項. 渥美坂井法律事務所・外国法共同事業 編著 『シンジケ-トロ-ン契約書作成マニュアル-国内海外協調融資の実務(第4版)』(中央經濟社, 2021) 534페이지도 같은 취지

135) 기한의 이익 상실사유 발생 후 기한의 이익 상실을 전제로 행동하지 않고 일정한 기간이 경과한 후에 기한의 이익 상실을 주장하는 것은 신의칙에 위반되어 기한의 이익 상실이 인정되지 않는다고 한 일본의 하급심 판례로는 東京高等裁判所 平成 14年 10月 17日 金融・商事判例 1162號 14項 참조

2) 「당연 기한의 이익 상실사유」와 「청구에 의한 기한의 이익 상실사유」

대출계약상 기한의 이익 상실사유는, (i) 대주의 청구를 필요로 하지 않고 그 발생에 의해 자동으로 기한의 이익이 상실되는 「당연 기한의 이익 상실사유」(판례상 「정지조건부 기한의 이익 상실사유」)와 (ii) 그것이 발생한 경우에 대주의 청구에 의해 기한의 이익을 상실시킬 수 있는 「청구에 의한 기한의 이익 상실사유」(판례상 「형성권적 기한의 이익 상실사유」)의 2가지로 나누어 규정되는 것이 일반적이다. 「청구에 의한 기한의 이익 상실사유」가 발생한 경우, 대주는 채권보전의 필요성 등을 감안하여 기한의 이익을 상실시킬지 여부, 상실시키는 경우에는 그 시기, 상실시키지 않는 경우에는 그에 대신하여 대출계약상의 조건변경이나 추가 담보 제공 등을 요구할 것인지 여부 등을 검토하게 된다. 이 경우 대주단 대출에서의 차주에 대한 기한의 이익 상실 청구는 대주의 의사결정절차를 거쳐 대리인(대리기관)의 집행을 통해 이루어지는 것이 일반적이다.

[판례 3-18] 대법원 2010. 8. 26. 선고 2008다42416, 42423 판결[136)]

기한이익 상실의 특약은 그 내용에 의하여 일정한 사유가 발생하면 채권자의 청구 등을 요함이 없이 당연히 기한의 이익이 상실되어 이행기가 도래하는 것으로 하는 정지조건부 기한이익 상실의 특약과 일정한 사유가 발생한 후 채권자의 통지나 청구 등 채권자의 의사행위를 기다려 비로소 이행기가 도래하는 것으로 하는 형성권적 기한이익 상실의 특약의 두 가지로 대별할 수 있고, 기한이익 상실의 특약이 위의 양자 중 어느 것에 해당하느냐는 당사자의 의사해석의 문제이지만 일반적으로 기한이익 상실의 특약이 채권자를 위하여 둔 것인 점에 비추어 명백히 정지조건부 기한이익 상실의 특약이라고 볼 만한 특별한 사정이 없는 이상 형성권적 기한이익 상실의 특약으로 추정하는 것이 타당하다.

3) 기한의 이익 상실사유의 내용

실무상 기한의 이익 상실사유는 원리금 지급의무의 불이행뿐만 아니라 차주 등의 신용도에 관한 변경을 포함하여 대출채권의 회수(가능성)에 불정적인 영향을 미칠 수 있는 각종 사유들이 상세하게 규정되는 것이 일반적이다. 다만, 기한의 이익 상실사유가 발생하는 경우에는 차주 또는 투자대상회사의 다른 채무에 대한 교차채무불이행(Cross-Default)으로 인해 당초 예상하지 못한 급격한 신용악화로 이어질 수 있고 이에 따라 오히려 채권회수에 어려움이 초래될 수 있으므로 기한의 이익 상실사유를 규정함에 있어서는 이러한 사정도 고려해야 할 것이다.

136) 대법원 2015. 9. 10. 선고 2013다210633 판결, 대법원 2015. 4. 23. 선고 2013다45402 판결도 같은 취지

[계약서 기재례] 기한의 이익 상실사유

이 계약상 다음 각 항의 사유[137]는 기한이익상실사유를 구성한다(의미를 명확히 하면, 차주 또는 연대보증인 또는 해당 항에서 언급된 자에게 귀책사유가 있는지 여부를 불문한다).

(1) 지급의무의 불이행: (i) 그 사유를 불문하고, 대출금 및 이자를 포함하여 금융계약상 원금이나 이자, 각종 수수료 또는 금융계약상 지급되어야 하는 어떠한 금원이 각 지급기한 내에 지급되지 않은 경우(그 사유를 불문하고, 이 계약에 따른 각 해당 조기상환기일에 해당 금원이 지급되지 않은 경우를 포함하되, 이에 한정하지 아니함). 단, 그 불이행이 은행 간 계좌이체상의 기술적인 결함으로 인하여 발생한 경우에는 그 사유가 해소된 날로부터 일(1)영업일 이내에 지급되지 않은 경우

(2) 진술 및 보증의 위반: 차주, 어느 담보제공자, 어느 담보주식발행회사 또는 연대보증인이 거래계약상 하였거나 한 것으로 간주된 진술 및 보증사항(명확히 하면, 투자대상회사에 관한 진술 및 보장사항 포함. 이하 이 항에서 같음)이 그 진술 및 보증 당시 중대한 면에서 부정확하거나 잘못된 것으로 판명되고, 차주, 어느 담보제공자, 어느 담보주식발행회사 또는 연대보증인이 대리기관으로부터 그러한 사실을 서면통지받은 날로부터 일십(10)영업일 이내에 당해 오류를 시정하지 못한 경우(단, 아래에 별도로 항목으로 규정된 진술 및 보증사항의 위반은 이 항에 우선하여 당해 항이 적용된다)

(3) 준수사항의 위반: 이 조 제(1)항의 사유를 제외하고, 차주, 어느 담보제공자, 어느 담보주식발행회사 또는 연대보증인이 거래계약상 행하여 할 준수사항, 약정사항 또는 확약사항이나 각종 의무(명확히 하면 투자대상회사에 관한 준수사항, 약정사항 또는 확약사항이나 담보 설정 등 각종 의무 포함)를 적절하게 이행하지 못하고, 차주, 어느 담보제공자, 어느 담보주식발행회사 또는 연대보증인이 대리기관으로부터 그 불이행을 서면통지받은 날로부터 일십(10)영업일 이내에 당해 하자를 치유하지 못할 경우(단, 아래에 별도로 항목으로 규정된 준수사항의 위반은 이 항에 우선하여 당해 항이 적용된다)

(4) 다른 채무의 불이행: 차주, 연대보증인 또는 투자대상회사가 제3자에게 부담하는 일체의 금융부채에 관하여 기한의 이익이 상실된[138] 경우(상환, 매입, 환매 요구 기타 그 명목 여하를 불문하고 당해 채권자가 애초 예정된 변제기 전에 차주, 연대보증인 또는 투자대상회사에게 즉시변제나 조기상환을 요구한 경우를 포함한다)

137) 이 기재례는 기한의 이익 상실사유를 다소 엄격하게 규정한 사례이다.

138) 당연 기한이익상실사유로 규정하는 경우에는 다른 채무의 기한이익이 상실되었을 것으로, 청구에 의한 기한이익상실사유로 규정하는 경우에는 다른 채무의 기한이익상실사유가 발생하였을 것으로 규정하는 경우도 있다.

(5) 도산: 차주, 어느 담보제공자, 어느 담보주식발행회사, 연대보증인 또는 투자대상회사에 대하여 아래의 각 경우를 포함하여(이에 한하지 않는다) 도산사유가 발생할 경우

1. 차주, 어느 담보제공자, 어느 담보주식발행회사, 연대보증인 또는 투자대상회사가 자발적으로 회생절차, 파산절차, 기업구조조정 촉진법상 부실징후기업의 관리절차, 채권은행협의회 운영협약상의 공동관리절차 또는 사전공동관리절차, 해산절차, 청산절차 기타 이와 유사한 결과를 초래하는 어떠한 절차의 개시신청을 하거나 그러한 절차를 개시하는 경우
2. 대주 및 대리기관을 제외한 제3자가 위 1호 소정의 어떠한 신청을 하고, 그 날로부터 삼십(30)일 이내에 차주, 어느 담보제공자, 어느 담보주식발행회사, 연대보증인 또는 투자대상회사가 그 신청을 실효시키지 못할 경우
3. 차주, 어느 담보제공자, 어느 담보주식발행회사, 연대보증인 또는 투자대상회사가 자신의 파산, 회생, 청산 또는 해산을 위한 회생관리인, 파산관재인이나 기타 관리인의 임명을 신청하거나 그 임명에 대하여 동의한 경우
4. 차주, 어느 담보제공자, 어느 담보주식발행회사, 연대보증인 또는 투자대상회사가 지급불능상태에서, 변제명목으로 자신의 자산을 채권자에게 양도하거나, 채권자들과 채무일부감액, 만기연장 등 채무재조정을 위한 협의를 하거나 협약을 체결한 경우
5. 차주, 어느 담보제공자, 어느 담보주식발행회사, 연대보증인 또는 투자대상회사가 자신이 지급불능상태에 있음을 어느 대주, 대리기관 또는 기타 제3자에게 서면으로 인정한 경우
6. 차주, 어느 담보제공자, 어느 담보주식발행회사, 연대보증인 또는 투자대상회사의 파산절차, 회생절차, 기업구조조정 촉진법상 부실징후기업관리절차, 채권은행협의회 운영협약상 공동관리절차 또는 사전공동관리절차, 청산, 해산 기타 이와 유사한 결과를 초래하는 어떠한 절차를 승인하는 결의가 차주, 어느 담보제공자, 어느 담보주식발행회사, 연대보증인 또는 투자대상회사의 이사회나 주주총회에서 통과된 경우
7. 관할법원이 차주, 어느 담보제공자, 어느 담보주식발행회사, 연대보증인 또는 투자대상회사의 파산절차, 회생절차, 청산, 해산 기타 이와 유사한 결과를 초래하는 어떠한 절차나 차주, 어느 담보제공자, 어느 담보주식발행회사, 연대보증인 또는 투자대상회사의 주요자산의 처분을 명하거나 승인하는 판결을 선고하거나 결정을 내린 경우 또는 차주, 어느 담보제공자, 어느 담보주식발행회사, 연대보증인 또는 투자대상회사의 주채권은행이나 채권금융기관협의회가 차주, 어느 담보제공자, 어느 담보주식발행회사, 연대보증인 또는 투자대상회사를 기업구조조정 촉진법상 부실징후기업으로 지정하거나 차주, 어느 담보제공자, 어느 담보주식발행회사, 연대보증인 또는 투자대상회사를 채권은행협의회 운영협약상 부실징후기업으로 분류한 경우
8. 대주 또는 대리기관 기타 차주, 어느 담보제공자, 어느 담보주식발행회사, 연대보증인 또는 투자대상회사의 채권자가 차주, 어느 담보제공자, 어느 담보주식발행회

사, 연대보증인 또는 투자대상회사의 재무사항 전반에 관한 관리권을 계약상 인수하게 된 경우

9. 차주, 어느 담보제공자, 어느 담보주식발행회사, 연대보증인 또는 투자대상회사가 채무의 전부 혹은 실질적 전부를 지급할 수 없거나 그 지급을 유예할 수 없어, 그 채무의 만기연장, 지급일정 재조정, 채무일부감면 기타 조정을 위한 협상을 개시하거나 그 밖에 지급불능사태를 막기 위한 다른 조치를 취하는 경우

(6) 강제집행 등: 차주, 어느 담보제공자, 어느 담보주식발행회사, 연대보증인 또는 투자대상회사의 주요자산에 대하여 압류, 강제집행 기타 이와 유사한 절차가 개시되고 차주, 해당 담보제공자, 연대보증인 또는 투자대상회사가 그 개시일로부터 삼십(30)일 이내에 당해 절차를 실효시키거나 중단시키지 못할 경우

(7) 수용 등: 정부당국이 차주, 어느 담보제공자, 어느 담보주식발행회사, 연대보증인 또는 투자대상회사의 주요자산에 대하여 몰수, 징발, 수용 기타 이에 준하는 처분을 하거나 그러한 결정을 내리고 그로 인하여 중대한 부정적 영향이 발생한 경우

(8) 거래계약 등:

1. 어느 거래계약의 효력이 무효, 취소, 기타 그 효력이 상실되거나 그 조건에 따라서 이행할 수 없게 되고 그로 인하여 중대한 부정적 영향이 발생한 경우. 단, 해당 거래계약상 의무의 이행 또는 목적달성으로 종료되는 경우는 제외함.
2. 어느 거래계약의 유효, 적법, 이행가능성에 대한 분쟁이 발생하고, 그로 인하여 중대한 부정적 영향이 발생한 경우

(9) 위법: 차주, 어느 담보제공자 또는 연대보증인이 어느 거래계약상 주요한 의무를 이행하는 것이 위법하게 되는 경우 또는 그러한 주요 의무가 더 이상 차주, 어느 담보제공자 또는 연대보증인에 대하여 적법 · 유효한 구속력을 가지지 못하게 된 경우

(10) 판결: 차주, 어느 담보제공자, 어느 담보주식발행회사, 연대보증인 또는 투자대상회사에 대하여 금 [*]([*])원을 초과하는 금원의 지급(위 금액을 초과하는 금전적 손실이 초래되는 경우에 한함)을 명하는 판결이 선고되고 그 판결에 대하여 강제집행 또는 가집행이 실행되는 경우로서, 그 판결선고일로부터 삼십(30)일 이내에 차주, 어느 담보제공자, 어느 담보주식발행회사, 연대보증인 또는 투자대상회사가 동 판결을 이행하지 못하거나 실효시키지 못한 경우 또는 그 효력이나 집행을 중지시키지 못한 경우

(11) 정부당국의 인허가:

1. 차주, 어느 담보제공자, 어느 담보주식발행회사, 연대보증인 또는 투자대상회사에 대한 어떠한 인허가가 취소되거나 철회되어 중대한 부정적 영향이 발생할 경우. 단, 그 취소나 철회로 인한 하자를 치유하기 위하여 차주, 어느 담보제공자, 어느 담보주식발행회사, 연대보증인 또는 투자대상회사가 적절한 대체조치를 취한 경우는 제외된다.

2. 차주, 어느 담보제공자, 어느 담보주식발행회사, 연대보증인 또는 투자대상회사에 대한 어떠한 인허가사항이 수정되거나 새로운 조건이 부과됨으로 인하여 중대한 부정적 영향이 발생할 경우. 단, 그 수정이나 조건에 대하여 차주, 어느 담보제공자, 어느 담보주식발행회사, 연대보증인 또는 투자대상회사가 적절한 대응조치를 취한 경우는 제외된다.
3. 차주, 어느 담보제공자, 어느 담보주식발행회사, 연대보증인 또는 투자대상회사가 어떠한 인허가에 부과된 조건을 위반하거나 불이행하고 그로 인하여 중대한 부정적 영향이 발생하고 그로부터 삼십(30)일 이내에 차주, 어느 담보제공자, 어느 담보주식발행회사, 연대보증인 또는 투자대상회사가 이를 시정하지 못할 경우

(12) 담보계약: 어느 담보계약이 실효되거나 담보계약상 중요한 권리 기타 담보가 실효된 경우

(13) 양도: 차주, 어느 담보제공자 또는 연대보증인이 어느 금융계약(금융계약에 조건이 없는 경우에는 해당 거래계약)상 제 조건을 준수하지 않은 채 어느 거래계약상 권리나 의무를 양도한 경우

(14) 대출실행 후행조건의 불이행: 차주 등이 이 계약 제[*]조 소정의 대출실행 후행조건을 충족시키지 못한 경우

(15) 거래정지처분: 차주 등에 대하여 어음교환소의 거래정지처분이 내려진 경우

(16) 재무제표: 이 계약 제[*]조에 따라 대리기관에게 교부되는 회계법인이 작성한 차주 또는 투자대상회사의 재무제표에 대한 감사보고서에 "한정", "부적정" 또는 "의견거절"의 감사의견이 기재된 경우

(17) 여신거래기본약관상 제7조(기한 전의 채무변제의무) 각 항 각 호에서 정하는 어느 사유: 여신거래기본약관상 제7조(기한 전의 채무변제의무) 각 항 각 호에서 정하는 어느 사유가 발생한 경우. 다만, 이 항에 규정된 기한이익상실사유와 동일한 사유에 관하여는 이 항 각 호의 규정이 우선하여 적용됨.

(18) 기타사항: 차주, 어느 담보제공자, 연대보증인 또는 투자대상회사의 영업, 자산 및 재무상태에 관하여 중대한 부정적 영향이 발생하고, 대리기관이 그 시정을 통지한 날로부터 삼십(30)일 이내에 그러한 사유를 해소하지 못한 경우

차주가 기한의 이익을 상실한 경우에는 차주는 대출원리금 전액을 상환할 능력이 없는 경우가 통상이고, 신규차입도 할 수 없게 되어 운전자금도 부족하며, 교차채무불이행(cross-default) 등으로 인해 바로 도산상태에 빠질 수 있다. 따라서 차주는 (i) M&A금융의 대출계약의 기한의 이익 상실사유를 당연 기한의 이익 상실사유와 청구에 의한 기한의 이익 상실사유 중 어느 것으로 규정할 것인지, (ii) 그 예외사항, (iii) 금액의 하한 설정, (iv) 일정한 유예기간(치유기간) 확보, (v) 중요성·중대성에 의한 제한 등을 통해 어떤 사유가 십

게 기한의 이익 상실사유에 해당하지 않도록 규정하고자 하는 경우가 많고 이러한 점이 차주와 대주 간에 주요한 협상의 대상이 된다. 다만, 이에 관해서는 일률적으로 정해진 바는 없고, 담보대상자산, 당사자 간 협상력, 차주가 특수목적법인인지 여부, 대주의 업종, 다른 (금융)채권자의 존재가능성, 교차채무불이행의 가능성, 대출기간 동안의 예상 현금흐름, 분할상환금액, 만기일 등을 고려하여 사안별로 당사자 간의 협상에 의해 정해지게 된다.

한편, 금융기관의 여신거래기본약관[139]상 제7조(기한 전의 채무변제의무)에도 기한의 이익상실 사유가 규정되어 있는데, 대출계약상의 기한의 이익 상실사유 중에는 여신거래기본약관 제7조(기한 전의 채무변제의무) 각 항의 기한의 이익 상실사유와 중첩되는 사유도 규정된다(위 기재례 제(17)항). 그런데 대출계약상의 여신거래기본약관의 보충적 적용규정(아래의 기재례 참조)에 의해 여신거래기본약관상의 기한의 이익 상실에 관한 규정이 대출계약에도 적용되므로 대출계약상 기한의 이익 상실조항에서는 중첩되는 여신거래기본약관상의 기한의 이익 상실사유에 대해 반드시 다시 언급할 필요는 없는 것으로 생각될 수도 있다.

[계약서 기재례] 여신거래기본약관

이 계약에서 달리 정하지 아니한 사항에 대하여는 여신거래기본약관을 적용하며, 차주 등은 이 계약으로써 동 약관의 주요내용에 관한 설명을 들었고 동 약관 사본을 수령하였음을 확인한다. 이 계약 기타 금융계약과 여신거래기본약관이 상충되는 경우 이 계약, 기타 금융계약 순으로 여신거래기본약관에 우선하여 적용된다.

그러나 여신거래기본약관상의 기한의 이익상실 규정은 해당 대출거래에도 적용된다는 점 및 중첩되는 부분(특히 그 요건이나 효과가 여신거래기본약관보다 차주에게 더 불리하게 규정된 부분)은 대출계약상의 기한의 이익상실조항이 여신거래기본약관에 우선한다는 점 등을 명확히 하기 위해 「여신거래기본약관 제7조(기한 전의 채무변제의무) 각 항 각 호에서 정하는 어느 사유가 발생한 경우」를 기한의 이익 상실사유로 다시 규정하되, 대출계약에 규정된 기한의 이익 상실사유와 동일한 사유에 관하여는 대출계약상의 규정이 우선하여 적용됨을 규정하는 것이 일반적이다(위 기재례 제(17)항).

한편, 실무에서는 대주단 공통의 대출계약서와 담보계약서에 추가하여 각 대주별로 별도의 여신거래약정서와 대출관련약정서 및 기타 대출관련서류를 징구하는 경우가 있는데, 이때에는 해당 개별 약정서 및 서류의 내용은 대주단 공통의 대출계약서와 담보계약서에 반

139) 은행여신거래기본약관(기업용) 제7조 참고

하는 범위 내에서 적용(효력)이 없다거나 대주단 공통의 대출계약서와 담보계약서가 개별 약정서에 우선한다는 점 및 (개별 약정서에 따라 어느 대주에 대해서만 기한이익이 상실될 경우를 대비하여) 어느 대주에 대한 기한의 이익이 상실되는 경우 모든 대주에 대해서도 기한의 이익이 상실됨을 명확히 규정해야 할 것이다.

① 「당연 기한의 이익 상실사유」의 예

「당연 기한의 이익 상실사유」는 통상, 즉시 기한의 이익을 상실시키는 긴급성이 있는 중대한 사유로서, 금융계약상 지급채무의 불이행, 차주 등의 지급정지, 차주 등의 도산절차개시, 차주 등에 대한 어음교환소 거래정지처분, 차주 등의 해산・폐업 등이 규정되는 경우가 많다. 다만, 이 중에서 「지급채무의 불이행」은 사안에 따라 당연 기한의 이익 상실사유로 정해지는 경우도 있지만 지급기일로부터 몇 영업일 정도를 유예기간으로 두거나 청구에 의한 기한의 이익 상실사유로 규정하는 경우도 많다(특히 차주가 특수목적법인인 경우).

② 「청구에 의한 기한의 이익 상실사유」의 예

「청구에 의한 기한의 이익 상실사유」는 당연 기한의 이익 상실사유와 같이 즉시 기한의 이익을 상실시키는 중대성・긴급성은 없지만, 차주의 신용악화의 징후로 간주되는 사유나 대주의 여신판단의 전제가 무너질 수 있는 사유가 규정된다.

M&A금융의 대출계약에서 「청구에 의한 기한의 이익 상실사유」로는, [금융계약상의 지급채무의 불이행], 금융계약상의 진술보장위반, 금융계약상의 의무위반(준수사항 위반 등), 금융계약 이외의 중요관련계약(거래계약)상의 진술보장 위반・의무위반 등, 담보목적물에 대한 압류 등, 교차채무불이행(Cross-Default), 담보제공 불이행, 담보의 효력 상실, 증자, 합병 기타 기본 M&A 또는 M&A금융 구조상의 중요행위의 무효, 노동쟁의의 발생 등, 업무정지의 발생 등, 차주 또는 투자대상회사의 지배주주의 변경(Change of Control), 일정한 우발채무 또는 우발사건의 발생, 재무상태의 악화 기타 채권보전의 필요성이 있는 사유가 발생한 경우 등과 같이 광범위한 사유가 규정된다.

이 중에서 「금융계약상 지급채무의 불이행」은 사안에 따라 「청구에 의한 기한의 이익 상실사유」로 정해지는 경우도 있지만 「당연 기한의 이익 상실사유」로 규정하는 경우도 많다는 점은 앞서 살펴본 바와 같다.[140]

140) 특히, M&A금융이나 부동산 개발사업에 관한 대출채권을 기초자산으로 하는 유동화거래나 파생금융거래 등 기초자산으로부터의 적시 현금흐름이 중요한 금융거래가 개입되는 경우에는 당연 기한의 이익 상실사유로 규정하는 경우가 많다.

또한, 대주의 입장에서는 대출기간 중에 M&A거래의 스폰서가 변경되는 것은 바람직하지 않기 때문에 「차주 또는 투자대상회사의 지배주주의 변경(Change of Control)」을 「청구에 의한 기한의 이익 상실사유」로 규정하는 경우가 있다. 다만, 차주 또는 투자대상회사에 대한 교차채무불이행(Cross-Default)의 염려 등을 고려하여 「차주 또는 투자대상회사의 지배주주의 변경(Change of Control)」을 기한의 이익 상실사유가 아니라 「강제조기상환사유」로 규정하는 경우도 많다.

다만, 청구에 의한 기한의 이익 상실사유 중 차주 또는 그 의무를 부담하는 자의 적극적 · 소극적 준수사항 위반(의무위반)의 경우에도 차주의 귀책사유 유무에 따른 기한의 이익 상실사유 해당 여부가 다투어질 수 있기 때문에, 위의 기한의 이익 상실 부분의 계약서 기재례에서 보는 바와 같이. 특히 중요한 사건의 경우에는 단순히 의무위반이라는 포괄규정이 아니라 해당 특정 사유 자체를 명확하게 기한의 이익상실사유로 규정해 두고, 기한의 이익 상실사유 발생에는 (해당 사유에서 별도로 규정하지 않은 한) 차주 등의 귀책사유 유무를 묻지 않는다는 점도 명시해 둘 필요가 있다.[141]

4) 기한의 이익 상실사유 발생의 효과

기한의 이익 상실사유가 발생하는 경우 그 기본적인 효과로는 통상 대출실행 이전인 경우에는 대출실행의 정지, 대출실행 이후인 경우에는 대출원리금의 변제기 도래이다.

[계약서 기재례] 기한이익상실사유 발생의 효과 ①

(1) 기한이익상실사유가 발생하는 경우 대리기관은 다음과 같은 조치를 취할 수 있다.

1. (대출실행 전의 경우) 차주에게 대출약정금에 대한 대주의 대출의무가 소멸하였음을 통지할 수 있고, 대출실행이 실행되지 아니한 대출약정금에 대한 대주의 대출의무는 소멸한다.
2. (대출실행 후의 경우) 차주에게 모든 대출원리금 상환채무 및 차주가 대주에게 지급하여야 할 수수료와 비용 등의 피담보채무의 변제기가 도래하였음을 선언하는 통지(이하 "기한의 이익 상실통지")를 할 수 있고, 그 변제기는 대리기관이 기한의 이익 상실통지를 한 날에 도래한 것으로 본다. 다만, 기한이익상실사유 중 이 계약 제[*]조 제[*]호, 제[*]호 및 제[*]호의 각 사유 및 여신거래기본약관 제7조(기한 전의 채무변제의무) 제①항 각 호의 사유(이하 합하여 "당연 기한이익상실사유") 중 어느 하나의 사유가 발생하는 경우에는 차주에 대한 독촉, 통지 등이

141) 다만, 후자의 경우에는 사유에 따라서는 그 문구에도 불구하고 차주 등의 귀책사유가 없는 경우에는 기한의 이익 상실사유에 해당하지 않은 것으로 해석될 가능성도 있는 것으로 생각된다.

없더라도 대출원리금 및 차주가 금융계약에 따라 대주에게 지급하여야 할 모든 피담보채무는 기한의 이익을 상실하여 즉시 변제기에 도달한다.

3. 담보권 행사 등 금융계약 및 법령이나 규정에 의해 주어진 다른 조치를 취하거나 권리를 행사할 수 있다.

(2) 차주는 기한의 이익 상실통지를 받는 즉시(다만, 기한이익상실사유 중 당연 기한이익상실사유에 해당하는 어느 사유가 발생하는 경우에는 그 사유발생 즉시) 대주에게 대출금 전액과 그에 대한 이자(연체이자 포함) 및 기한이익상실사유로부터 발생하는 모든 비용과 손실을 배상하여야 한다. 대주의 대출원리금 및 피담보채무가 전액 상환 및 지급되기 이전까지, 차주는 대주에 대하여 어떠한 권리도 청구할 수 없다.

(3) 이 조 제(2)항의 규정에도 불구하고, 이 계약에 따른 대출원리금 및 피담보채무의 상환 및 지급이 지연되는 경우를 제외하고, 대주의 지시에 따라 대리금융기관은 기한이익상실사유의 발생에도 불구하고 해당 기한이익상실사유의 경중을 고려하여 조건부로 기한의 이익 상실통지를 유예할 수 있다.

(4) 차주가 이 조에 따라 기한의 이익을 상실한 경우라도, 차주가 이자, 연체이자의 지급 등 금융계약상 의무를 정상적으로 이행하는 등 차주가 이 계약에 의하여 정상적으로 대출거래가 가능하다고 대주전원이 판단하는 경우 대주는 서면동의에 의해 기한의 이익을 부활시킬 수 있다.

[계약서 기재례] 기한이익상실사유 발생의 효과 ②

(1) 이 계약 제[*]조 제[*]호 단서, 제[*]호 또는 제[*]호에 규정된 기한이익상실사유가 발생한 경우, 대출금 및 기타 금융계약상 지급되어야 할 모든 금원은 자동적으로 즉시 변제기가 도래하여 그때까지 발생한 이자와 함께 전액 상환되어야 한다. 이 경우 상환에 필요한 어떠한 증서의 제시, 지급요구, 지급거절 기타 각종의 요건은 구비될 필요가 없고 차주는 이러한 요건들이 갖추어질 것을 요구할 권리를 이 계약에 의하여 명시적으로 포기한다.

(2) 이 계약 제[*]조 제[*]호 단서, 제[*]호 또는 제[*]호 이외의 각호의 기한이익상실사유가 발생하여 계속되는 경우, 대리기관은 차주에게 서면으로 대출금 및 기타 금융계약상 지급되어야 할 모든 금원의 변제기가 당해 서면에서 지정한 날(당해 서면작성일 이후의 어느 날이어야 한다)에 도래하여 그때까지 발생한 이자와 함께 전액 상환되어야 함을 서면으로 통지할 수 있다. 이 경우 상환에 필요한 어떠한 증서의 제시, 지급요구, 지급거절 기타 각종의 요건이 구비될 필요없이(차주는 이러한 요건들이 갖추어 질 것을 요구할 권리를 이 계약에 의하여 명시적으로 포기한다) 그 통지된 바에 따른 효력이 발생한다.

(3) 이 조 제(1)항 혹은 제(2)항에 따라 변제기가 도래한 후에는, 대리기관은 대주를 대

리하여 담보계약 및 관련 법령에 따라서 대주가 가지는 모든 권리를 행사할 수 있다.
(4) 차주가 이 조에 따라 기한의 이익을 상실한 경우라도, 차주가 (i) 기한의 이익이 상실되기 전에 변제기가 도래한 대출금, (ii) 발생이자, (iii) 이 계약 제[*]조에 의한 연체이자를 전부 상환하는 경우, 대주의 지시에 의한 대리기관의 서면동의에 의해 기한의 이익은 그때부터 부활하는 것으로 한다.
(5) 대주는 서면에 의해서만 어떠한 기한이익상실사유에 대한 권리를 포기할 수 있다. 단, 이 경우에도 그러한 권리포기가 다른 기한이익상실사유나 후속하여 발생한 기한이익상실사유에 대한 권리까지 포기하는 것으로 해석되지 않는다.

① 대출실행의 중지(장래 대출의무의 소멸)

대출실행 선행조건 부분에서 살펴본 바와 같이, M&A금융의 대출계약에서는 기한의 이익 상실사유가 발생하지 않았을 것이 대출실행의 선행조건으로 규정되어 있다. 따라서 대출실행 전에 기한의 이익 상실사유가 발생한 경우에는 대주는 대출계약상의 장래의 대출의무를 면하고, 차주에 대하여 새로운 대출실행을 거절할 수 있다.[142)]

② 대출원리금의 변제기 도래

대출계약상의 기한의 이익 상실사유의 발생시점이 대출실행 이후인 경우에는 그 사유가 「당연 기한의 이익 상실사유」(판례상 「정지조건부 기한의 이익 상실사유」)에 해당하는 때에는 대주의 통지 등 별도의 행위를 요하지 않고 자동적으로, 그 사유가 「청구에 의한 기한의 이익 상실사유」(판례상 「형성권적 기한의 이익 상실사유」)에 해당하는 때에는 대주의 청구에 의해, 차주는 당해 대출계약상의 기한의 이익을 상실하게 된다. 기한의 이익을 상실한 경우 차주는 즉시 당해 대출계약에 기한 대출금 전액과 그 경과이자 및 그때까지 지급하여야 하는 각종 수수료 및 비용을 지급하여야 한다.

③ 기타의 효과

기본적인 기한의 이익 상실효과에 추가하여 기한의 이익 상실사유의 발생에는 다음과 같은 효과가 추가로 규정되는 경우도 있다.

---

142) 또한, M&A금융의 대출계약에서는 「기한의 이익 상실사유가 발생하지 않았을 것」에 추가하여, 「잠재적 기한의 이익 상실사유가 발생하지 않았을 것」도 대출실행의 선행조건으로 되는 경우가 일반적이다. 「잠재적(潛在的) 기한의 이익 상실사유」란, 시간의 경과 또는 통지 또는 양자에 의해 기한의 이익 상실사유를 발생시키는 사유를 말하는데, 예를 들면 지급의무 불이행에 대해 일정한 치유기간이 정하여져 있는 경우에, 지급의무 불이행은 있었지만 아직 치유기간 중에 있는 경우가 이에 해당한다. 잠재적 기한의 이익 상실사유가 발생한 경우, 통상 대주는 기한의 이익을 상실시키는 것까지는 할 수 없지만, (잠재적 기한의 이익 상실사유가 발생하지 않았을 것이 대출실행의 선행조건으로 되어 있는 때에는) 대출실행의 선행조건이 충족되지 않은 것을 이유로 그 이후의 대출실행을 거절할 수 있는 것으로 규정되는 경우가 많다.

(i) M&A금융을 위한 대출계약에서의 차주는 대출계약상 광범위한 제약하에 사업을 운영하고 중요한 행위를 실행하는 경우에는 적극적 준수사항 및 소극적 준수사항을 통해 원칙적으로 대주의 사전승낙(동의)을 얻어야 하기 때문에 대출채권이 차주에게 우호적이지 않는 자(예를 들면, 차주/투자대상회사의 경쟁사나 일부의 헤지펀드 등)에게 양도되면 이러한 사전승낙을 대주가 불합리하게 거절하는 등으로 인해 차주의 원만한 사업운영에 지장을 초래할 염려가 있다. 따라서 차주는 기한의 이익 상실사유(또는 잠재적 기한의 이익 상실사유)가 발생하지 않은 것을 조건으로 대출채권 등의 양수인을 금융기관 등 일정한 범위로 한정하여 당해 범위 외의 양도에 대해서는 차주의 사전동의사항으로 하는 내용을 대출계약에 규정할 것을 요청하는 경우도 있는데, 이러한 차주의 요청이 반영되어 대출계약에 규정된 경우에도, 기한의 이익 상실사유가 발생하면 그 효과로서 대주는 차주의 사전동의없이 대출채권을 양도할 수 있도록 그 예외가 규정되는 경우가 많다.

[계약서 기재례] 양도

(1) 각 대주는 다음 각호에서 정하는 요건이 모두 충족되는 경우에 한하여 피담보채권 전부 또는 일부와 함께 그에 상응하는 금융계약상의 일체의 지위 및 이에 수반되는 권리・의무를 제3자에게 양도하거나 이전할 수 있다. 이 경우 금융계약은 해당 대주의 승계인 및 양수인에 대하여도 구속력이 있다. 차주 등은 수시로 그와 같은 양도의 완결을 위하여 해당 대주가 합리적으로 요청하는 모든 절차를 취하여야 한다. 단, 차주 등은 대주에 의한 양도・이전으로 인하여 발생하는 제비용을 부담하지 아니한다.

1. 양도・이전되는 피담보채권, 금융계약상 일체의 지위 및 이에 수반되는 권리・의무에 대해서도 금융계약이 적용된다는 것
2. 양수인이 금융계약에 구속된다는 것
3. <u>양수인이 금융산업의 구조 개선에 관한 법률상의 금융기관으로서 신용평가등급이 양도인 이상일 것[또는 업종 제한]</u>
4. 양도로 인하여 차주에게 지급이자 등에 관한 원천징수의무가 발생하거나 양수인에 대한 차주의 지급이자액이 증가하지 않을 것

(2) 이 조 제(2)항에도 불구하고, <u>기한의 이익 상실사유 또는 잠재적 기한의 이익 상실사유가 발생하는 경우에는 각 대주는 피담보채권의 전부 또는 일부와 함께 그에 상응하는 금융계약상의 일체의 지위 및 이에 수반되는 권리・의무를 제3자에게 자유로이 양도하거나 이전할 수 있고</u>(단, 명확히 하면, 이 경우에도 이 조 제(1)항 제1호, 제2호, 제4호는 여전히 적용된다), <u>차주 등은 이에 대해 아무런 이의 없이 동의</u>하며, 이 경우 금융계약은 해당 대주의 승계인 및 양수인에 대하여도 구속력이 있다. 차주 등

은 수시로 그와 같은 양도의 완결을 위하여 해당 대주가 합리적으로 요청하는 모든 절차를 취하여야 한다. 단, 차주 등은 대주에 의한 양도·이전으로 인하여 발생하는 제비용을 부담하지 아니한다.

(ii) 한편, M&A금융의 대출계약에서는 대출기간 중 차주에게 영업활동 등 행위에 대한 많은 제한이 부과되지만 차주의 사업활동에 대한 과도한 제한이 되지 않도록 일정한 예외사항도 규정되는 경우도 있다. 그러나 기한의 이익 상실사유가 발생한 경우에는 이러한 차주에게 예외적으로 허용된 사항에 대해서도 다시 허용되지 않는 것으로 정하는 경우가 많다. 예를 들면, 기한의 이익 상실사유가 발생한 경우에 배당, 설비투자와 임원상여의 지급 등의 현금유출을 원칙적으로 금지하는 규정 등이 그 대표적인 예이다.

(5) 기타 주요 조항

1) 대출실행방법에 관한 조항

대주단대출에서 대출약정금에 대한 대출의 실행은 각 대주가 자신의 대출약정금(수수료 등 공제 가능)을, (i) 대리인 명의의 계좌(이하 「대리인계좌」)를 거쳐 대리인/대주의 영업점에 개설되는 차주 명의의 1개의 대출금입금계좌로 이체(입금)하는 방법과 (ii) 대리인계좌를 거치지 않고 바로 대리인/어느 대주의 영업점에 개설되어 질권이 설정된 차주 명의의 1개의 대출금입금계좌로 이체(입금)하는 방법으로 이루어진다.

통상은, 위 (i)의 경우에는 대리인이 대리인계좌에서 일괄하여 해당 대출금입금계좌로 입금(이체)한 시점에 모든 대주의 차주에 대한 대출실행의무가, 위 (ii)의 경우에는 각 대주가 자신의 대출약정금을 해당 대출금입금계좌로 입금(이체)한 시점에 해당 대주의 차주에 대한 각 대출실행의무가 각각 완료되는 것으로 해석되는데, 대출계약에는 이를 명확히 하기 위하여 해당 대출실행의무의 완료시점이 규정되는 경우가 많다. 위 (i)이 완전한 의미의 대주단대출을 실현하기 위한 방법이라면 위 (ii)는 다소 완화된 대주단대출이라고 할 수 있을 것이다.

그런데 위 (ii)의 경우에도 대주에 따라서는, 대리인/어느 대주의 영업점에 개설되는 1개의 대출금입금계좌가 아니라 각 해당 대주별로 각자의 영업점에 차주 명의로 대출금입금계좌를 개설하여 각 대주가 각자의 영업점에 개설된 해당 대출금입금계좌로 자신의 대출약정금을 이체하는 방법으로 대출을 실행하고, 해당 각각의 대출금입금계좌로 이체시점에 해당 대주의 대출실행의무가 완료되는 것으로 규정하는 경우도 있다.

[계약서 기재례] 대출실행의 방법 ①

(1) 대리기관은 대출실행요청서를 수령 후 각 대주에게 대출실행요청서를 수령한 사실 및 각 대주가 제공하여야 하는 대출금액 등 구체적인 대출실행의 방법을 통지하고, 각 대주는 당해 통지와 이 조 제(2)항에 따라 차주에게 대출실행을 하여야 한다.

(2) 각 대주는 차주에게 대출을 제공해 주어야 할 각자의 대출약정금(단, 각 대주는 대리기관과 합의하는 바에 따라 각자의 대출약정금에서 이 약정 제[*]조의 수수료 및 비용을 포함한 대출 관련 비용 등을 공제 후 그 잔액을 대리기관이 지정한 대리기관계좌에 입금할 수 있다)을 대리기관이 지정한 대리기관계좌[143]로 대출실행일 [*]시 또는 차주와 대리기관이 별도로 합의하는 시각까지 각 입금하여야 하고{입금 즉시 출금(이체)할 수 있는 것이어야 한다}, 대리기관은 대리기관계좌로 입금된 대출약정금을 지체 없이 대출금입금계좌[144]로 대출실행일 [*]시 또는 차주와 대리기관이 별도로 합의하는 시각까지 입금하여야 하며{입금 즉시 출금(이체)할 수 있는 것이어야 한다}, 대리기관이 이와 같이 입금한 때에 차주가 대주로부터 대출약정금을 차입한 것으로 본다. 어느 대주가 이 계약에 따라 대출할 금원을 대리기관에게 이 항에 따라 지급하지 아니한 경우, 대리기관 및 다른 대주는 차주에게 동 금원에 대한 대출의무를 부담하지 아니한다.

[계약서 기재례] 대출실행의 방법 ②

(1) 대리기관은 대출실행요청서를 수령 후 각 대주에게 대출실행요청서를 수령한 사실 및 각 대주가 제공하여야 하는 대출금액 등 구체적인 대출실행의 방법을 통지하고, 각 대주는 당해 통지와 이 조 제(2)항에 따라 차주에게 대출실행을 하여야 한다.

(2) 각 대주는 차주에게 대출을 제공해 주어야 할 각자의 대출약정금(단, 각 대주는 대리기관과 합의하는 바에 따라 각자의 대출약정금에서 이 약정 제[*]조의 수수료 및 비용을 포함한 대출 관련 비용 등을 공제 후 그 잔액을 대출금입금계좌에 입금하는 방법으로 대출을 실행할 수 있다)을 대출금입금계좌[145]로 대출실행일 [*]시 또는 차주와 대리기관이 별도로 합의하는 시각까지 입금하여야 하며{입금 즉시 출금(이체)할 수 있는 것이어야 한다}, 각 대주가 이와 같이 입금한 때에 차주가 각 대주로부터 해당 대출약정금을 차입한 것으로 본다. 어느 대주가 이 계약에 따라 대출할 금원을 차주에게 이 항에 따라 지급하지 아니한 경우, 대리기관 및 다른 대주는 차주에게 동 금원에 대한 대출의무를 부담하지 아니한다.

143) 대리인 또는 기타 금융기관의 영업점에 개설된 대리인 명의의 계좌
144) 대리인/어느 대주의 영업점에 개설된 차주 명의의 1개의 계좌
145) 대리인/어느 대주의 영업점에 개설된 차주 명의의 1개의 계좌

[계약서 기재례] 대출실행의 방법 ③

(1) 대리기관은 대출실행 선행조건이 충족된 경우에는 대출실행예정일의 직전영업일(또는 해당 대주가 동의하는 그 이후의 시점)까지 각 대주에게 대출실행요청서를 수령한 사실, 대출실행 선행조건이 충족된 사실, 대출실행예정일 및 각 대주의 대출참가비율에 따른 대출약정금액을 통지하여야 한다. 이 경우 각 대주는, 각자의 대출약정금 전액을 대출실행예정일까지 각자의 영업점에 개설된 해당 대출금입금계좌[146]에 입금하는 방법으로 대출을 실행하며(단, 각 대주는 차주 및 대리기관과 합의하는 바에 따라 각자의 대출약정금에서 이 약정 제5조의 수수료 및 비용을 포함한 본건 대출 관련 비용 등을 공제 후 그 잔액을 각자의 영업점에 개설된 해당 대출실행계좌에 입금하는 방법으로 대출을 실행할 수 있다), 동 방법으로 대출약정금이 송금, 이체됨으로써 각 대주의 차주에 대한 각자의 대출약정금 지급의무는 이행된 것으로 간주된다.

(2) 차주는 각 대주 및 대리금융기관과 협의하여 각 대출금입금계좌에 입금된 대출금을 대출실행 후 지체 없이 대출금운영계좌로 이체하여야 한다.

2) 조기상환조항[147]

M&A금융은 통상의 일반기업금융대출(Corporate Loan)에 비하여 부채비율 및 위험이 높은 대출이며 이러한 위험을 반영하여 금리 등의 대출조건과 준수사항도 엄격하기 때문에, 대주가 차주로 하여금 변제기보다 앞당겨 원금을 상환시킬 것인지{즉, 강제(의무)조기상환[148])} 또는 차주가 변제기보다 앞당겨 원금을 상환할 수 있는지(즉, 임의조기상환[149]) 여부가 대주와 차주의 중요한 관심사항이 된다.[150]

다만, 차주가 투자대상회사의 주식을 취득하는데 필요한 자금을 차입한 후 주주의 차입금 상환을 위하여, 투자대상회사가 과도한 이익배당이나 유상감자(주식소각),[151] 투자대상

146) 각 대주별로 그의 영업점에 개설된 차주 명의의 계좌

147) 「조기상환」에 대해서는, (i) 青山大樹 編著『詳解 シンジケートローンの法務』(一般社団法人 金融財政事情研究会, 2015) 114페이지 이하, (ii) 笹山幸嗣・村岡香奈子『M&Aファイナンス(第2版)』(一般社団法人金融財政事情研究会, 2008) 113페이지 이하, 197페이지, (iii) Philip R Wood 「INTERNATIONAL LOAN, BONDS AND SECURITIES REGULATION」『LAW AND PRACTICE OF INTERNATIONAL FINANCE』(SWEET & MAXWELL, 2007) 21페이지 이하 각 참고

148) 「강제(의무) 기한 전 변제」 또는 「강제(의무) 기한 전 상환」이라고도 한다.

149) 「임의 기한 전 변제」 또는 「임의 기한 전 상환」이라고도 한다.

150) 차주에게는 차주의 재량에 의한 조기상환(임의조기상환)에 관한 규정이 차주가 이용하기 쉬운 형태로 규정되어 있는지 여부가 중요하고, 대주에게는 일정한 사유가 발생한 경우에 차주에게 의무적으로 조기상환(강제조기상환) 시킬 수 있도록 대주의 의도를 반영하여 적절하게 규정되어 있는지 여부가 중요하다.

151) 아래의 대법원 2011도524 판결(대선주조 LBO 사건)([판례 3-19])

회사의 차주에 대한 대출, 투자대상회사의 자사주 매입 등을 통해 차주에게 투자대상회사의 자금을 유출하는 경우[152]에는 배임죄 등이 문제될 수 있기 때문에 조기상환사유 및 그 재원을 규정함에 있어서는 이와 같은 리스크를 고려해야 할 것이다.

[판례 3-19] 대법원 2013. 6. 13. 선고 2011도524 판결[대선주조 LBO 사건]

이른바 차입매수 또는 LBO(Leveraged Buy-Out의 약어)란, 일의적인 법적 개념이 아니라 일반적으로 기업인수를 위한 자금의 상당 부분에 관하여 피인수회사의 자산을 담보로 제공하거나 그 상당 부분을 피인수기업의 자산으로 변제하기로 하여 차입한 자금으로 충당하는 방식 등의 기업인수기법을 일괄하여 부르는 경영학상의 용어로, 거래 현실에서 그 구체적인 태양은 매우 다양하다. 이러한 차입매수에 관하여는 이를 따로 규율하는 법률이 없는 이상 일률적으로 차입매수 방식에 의한 기업인수를 주도한 관련자들에게 배임죄가 성립한다거나 성립하지 아니한다고 단정할 수 없는 것이고, 배임죄의 성립 여부는 차입매수가 이루어지는 과정에서의 행위가 배임죄의 구성요건에 해당하는지 여부에 따라 개별적으로 판단되어야 한다(대법원 2010. 4. 15. 선고 2009도6634 판결 등 참조).

이 부분 공소사실의 요지는, 공소외 1 주식회사(이하 '공소외 1 회사'라고 한다)의 공소외 2 주식회사(이하 '공소외 2 회사'라고 한다) 인수를 위한 대출금을 변제하려는 목적으로 피고인 2, 3이 주도적으로 유상감자 및 이익배당을 실시하였고 이에 피고인 1이 공모·가담하여 결국 614억 원을 회사에서 빼내어감으로써 공소외 1 회사로 하여금 614억 원 상당의 재산상 이익을 취득하게 하고 공소외 2 회사에게 동액 상당의 재산상 손해를 가하였다는 것이다. 이에 대하여 원심은, 피고인 2, 3이 공소외 2 회사의 이사로서 수행한 유상감자 및 이익배당으로 인하여 공소외 2 회사의 적극재산이 감소하였다고 하더라도 이는 우리 헌법 및 상법 등 법률이 보장하는 사유재산제도, 사적 자치의 원리에 따라 주주가 가지는 권리의 행사에 따르는 결과에 불과하고, 유상감자 당시 공소외 2 회사의 영업이익이나 자산 규모 등에 비추어 볼 때 유상감자의 절차에 있어서 절차상의 일부 하자로 인하여 공소외 2 회사의 채권자들에게 손해를 입혔다고 볼 수 없으며, 1주당 감자 환급금액과 공소외 2 회사의 배당가능이익을 감안하면 결국 이 사건 유상감자 및 이익배당으로 인하여 공소외 2 회사의 주주들에게 부당한 이익을 취득하게 함으로써 공소외 2 회사에 손해를 입혔다고 볼 수 없다고 판단하였다.

위와 같은 판단을 바탕으로 원심은 피고인 1이 위와 같은 피고인 2, 3의 행위에 공모·가담하였는지 여부에 관하여 더 나아가 살필 필요가 없이 피고인들에 대한 이 부분 공소사실을 무죄로 인정하여, 이와 결론을 같이한 제1심판결을 유지하였다.

관련 법리에 비추어 기록을 살펴보면, 원심의 위와 같은 판단은 정당하고, 거기에 상고

152) 실무에서는 「자산인출형 LBO」라고도 한다.

이유의 주장과 같이 차입매수에 있어서 업무상 배임죄의 성립, 업무상 배임죄에서 손해의 발생 또는 유상감자와 이익배당 등에 관한 법리를 오해하거나 논리와 경험의 법칙을 위반하여 사실을 인정하는 등의 위법이 있다고 할 수 없다.

① 임의조기상환

[계약서 기재례] 임의조기상환

① 차주는 선순위 대주의 참가비율에 따라 안분하여 선순위 대출금의 전부 또는 일부를 아래 조건에 따라 임의조기상환할 수 있다. 명확히 하면, 선순위 대주 전원의 동의가 없는 한, 아래 조건을 어느 하나라도 충족하지 않은 경우에는 차주는 선순위 대주에 대한 임의조기상환할 수 없으며, 이 경우에는 상환의 효력이 발생하지 아니한다.

1. 임의조기상환일은 매 이자지급일이어야 한다.
2. 차주는, (i) 해당 임의조기상환하는 선순위 대출금, (ii) 그에 대한 발생이자, (iii) 이 계약 제[*]조에 따라 계산된 조기상환수수료 및 (iv) 그 외 금융계약상 차주가 선순위 대주 및 대리기관에게 지급하여야 하는 일체의 금원을 함께 상환하여야 한다.
3. 차주는 서면으로 임의조기상환금액(원금, 이자, 기타 비용을 구분하여 기재하여야 함) 및 임의조기상환예정일을 적시하여 임의조기상환예정일로부터 [*]영업일 이전에 대리기관에게 통지하여야 한다. 차주로부터 서면통지를 받은 대리기관은 차주로부터 해당 통지를 받은 날로부터 [*]영업일 이내에 이를 각 선순위 대주에게 통지한다.
4. 임의조기상환금액 중 원금은 최소 금 [*]억 ([*])원이어야 하며, 그 이상인 경우 (i) 금 [*]원의 정배수에 해당하는 금액 또는 (ii) 선순위 대출금 전액이어야 한다.

② 차주는 선순위 대출채무의 상환이 전액 완료된 이후에 한하여 후순위 대주의 참가비율에 따라 안분하여 후순위 대출금의 전부 또는 일부를 임의조기상환할 수 있다. 명확히 하면, 후순위 대주 전원의 동의가 없는 한, 이 항의 조건을 어느 하나라도 충족하지 않은 경우에는 차주는 후순위 대주에 대한 임의조기상환할 수 없으며, 이 경우에는 상환의 효력이 발생하지 아니한다. 이 항에 따른 후순위 대출금의 조기상환의 경우에는 이 조 제①항 각호를 준용하되, 이 경우 선순위 대주는 후순위 대주로, 선순위 대출금은 후순위 대출금으로 교체·변경하여 해석·적용한다.

③ 이 조 제①항 제3호 및 이를 준용하는 이 조 제②항에 따라 차주가 한 임의조기상환 통지는 취소불능이며, 차주는 통지된 바에 따라 조기상환하여야 한다.

[계약서 기재례] 조기상환수수료

차주가 이 계약 제[*]조에 따라 대출금의 전부 또는 일부를 임의조기상환할 경우, 차주는 다음 산식에 따라 계산된 금액을 해당 조기상환일에 조기상환수수료로 지급하여야 한다. 조기상환수수료는 조기상환되는 대출금 및 그에 대한 이자에 우선하여 지급하여야 한다. 명확히 하면, 차주가 이 계약 제[*]조에 따라 대출금의 전부 또는 일부를 임의조기상환 하는 경우 외에는 대출금의 조기상환과 관련하여 조기상환수수료 지급의무를 부담하지 아니한다.

조기상환수수료 = 조기상환되는 대출금(원금) × A

여기서 A는 다음과 같다.
1. 조기상환일이 네 번째 이자지급일 이내(네 번째 이자지급일 포함)인 경우: [*]%
2. 조기상환일이 다섯 번째 이자지급일 이후(네 번째 이자지급일 포함)인 경우: 없음.

M&A금융 실행 후에 차주의 필요에 따라 리파이낸싱이 진행되는 경우 또는 차주에게 당초의 상환일정에 따른 상환 및 강제조기상환에 사용되지 않은 잉여현금흐름이 있어서 차주가 M&A금융에 관한 대출의 원리금의 부담을 경감하기 위하여 당해 잉여현금흐름을 사용하고자 하는 경우도 있을 수 있다.

이러한 차주 측의 수요를 반영하여 M&A금융의 대출계약에서는 미리 정한 절차에 따르는 경우에는 대출금의 전부 또는 일부를 임의조기상환할 수 있도록 규정되는 경우가 많다.[153] 또한, 임의조기상환을 하는 경우에는 대주가 예상한 수익률을 보전하기 위하여 임의조기상환에 대한 조기상환수수료를 지급해야 하는 것으로 규정되는 것이 일반적이다.[154] 이러한 조기상환수수료는 통상 잔여대출기간 또는 대출실행일부터 경과기간에 따라 면제 및/또는 수수료율에 차등을 두는 방법이 자주 채택되고 있다. 외국의 경우에는 차주에게 이자지급일 이외의 날에 임의조기상환하는 것이 허용되는 경우에는, 차주는 「Break Funding

153) 민법의 해석상으로도, 변제기일의 정함이 있는 경우에도 다른 약정이 없는 한, 차주에게는 임의 기한 전 변제권이 있다고 해석되고 있다(민법 제153조). 다만, 이자의 약정이 있는 경우에는 당초의 변제기일까지의 이자를 함께 변제해야 할 것이다.

154) 다만, 금소법에 따르면, 대출계약이 성립한 날부터 3년 이내에 상환하는 경우, 다른 법령에 따라 중도상환수수료 부과가 허용되는 경우, 금소법 시행령에서 정하는 경우를 제외하고는 수수료, 위약금 또는 그 밖에 어떤 명목이든 중도상환수수료를 부과하는 행위가 금지된다(금소법 제20조 제1항 제4호 나목, 동 시행령 제15조 제1항).

Cost」[155]의 지급의무를 부담하도록 규정하는 것이 통상적이나 우리나라의 경우에는 조기상환수수료 이외에 별도로 「Break Funding Cost」를 규정하는 경우는 드문 것으로 보인다.

한편, 조기상환수수료가 이자제한법/대부업법상 간주이자에 포함되는지 여부가 문제되는데, 실무에서는 서울고등법원 2020나2034880 판결([판례 3-6])과 아래의 대법원 2010도11258 판결([판례 3-20]) 등을 근거로 조기상환수수료를 간주이자에 포함시켜 이자제한법/대부업법상의 최고이자율 초과 여부를 판단하고 있는 것으로 보인다.[156]

[판례 3-20] 대법원 2012. 3. 15. 선고 2010도11258 판결

구 대부업의 등록 및 금융이용자보호에 관한 법률 시행령(2009. 4. 21. 대통령령 제21446호로 개정되기 전의 것, 이하 '구 대부업법 시행령'이라 한다) 제5조 제3항, 제4항 등에서 정한 구 대부업법의 입법목적과 관련 법령의 규정 내용을 종합하면, 대부업자가 선이자를 사전에 공제한 후 대부하였는데 선이자 산정의 대상기간 또는 약정 대부기간이 도과하기 전 중도에 대부원금이 상환된 경우 대부업자가 사전에 공제한 선이자가 구 대부업법에서 정한 제한이자율을 초과하는지 여부는, 선이자 공제액을 제외하고 채무자가 실제로 받은 금액을 원본으로 하여 대부일부터 실제 변제일까지 기간에 대한 제한이자율 소정의 이자를 기준으로 판단하여야 하고, 이러한 법리는 금융이용자가 약정 변제기 전에 대부금을 변제하는 경우 그로 인한 대부업자의 손해배상 명목으로 중도상환수수료를 지급하기로 하는 약정이 있는 경우에도 마찬가지이다. 결국 구 대부업법이 적용되는 대부에서는, 중도상환수수료를 포함하여 명목이나 명칭에 불구하고 대부업자가 받은 일체의 금원 중 구 대부업법 시행령 제5조 제4항에 열거된 비용을 제외한 금원을 모두 이자로 보아, 그 금액이 실제 대부기간에 대한 제한이자율 소정의 이율을 초과하게 되면 구 대부업법 제8조 제1항을 위반한 죄에 해당하게 된다.

155) 금융기관은 은행 간(Inter-bank) 시장 등으로부터 일정한 조달비용을 부담하여 M&A금융제공을 위한 자금을 조달하기 때문에, M&A금융의 대출이 기한 전에 변제되면 조달비용에 충당될 것으로 예상한 대출이자가 감소하게 된다. 이 경우, 금융기관은 기한 전 변제액을 재운용(再運用)하여 조달비용의 보전(補塡)을 시도하지만, 조달비용 중에서 이러한 재운용을 하더라도 조달될 수 없는 부분이 발생할 수 있는데 이를 실무에서는 「Break Funding Cost」라고 한다.

156) 일본에서의 논의에 대해서는, 金融法委員會 「論点整理: 期限前弁済手数料及びアップフロントフィーと利息制限法及び出資法に関する中間論点整理」(平成 23年 1月 10日) 참고

② 강제(의무)조기상환

[계약서 기재례] 강제(의무)조기상환 ①

차주는, 이 조 각호의 금원으로 해당 권리자의 해당 금원 수령일로부터(당해 수령일 포함) [*]영업일 이내(단, 대리기관이 동의하는 경우에는 그 동의하는 기한 내)에, 대출금을 조기상환하거나 해당 수령자로 하여금 조기상환하게 하여야 한다. 이 경우 조기상환수수료를 부담하지 아니한다. 이 조에 의한 조기상환의 경우 이 계약 제[*]조 제①항 제2호를 준용한다. 이 조 및 이 계약에서 "순 현금유입액"이란, 당해 금원의 수령과 관련하여, 관련 법령에 따라 원천징수된 각종 제세공과금 및 비용을 공제한 후의 금액을 의미한다. 단, 선순위 대출채무의 상환이 전액 완료된 이후에 한하여 후순위 대출채무를 이 조에 따라 의무조기상환할 수 있으며, 같은 순위의 대주에게는 해당 순위의 각 대주의 참가비율에 따라 안분하여 조기상환하여야 한다.

1. 투자대상주식을 포함하여 차주의 자산의 전부 또는 일부를 처분하여 차주가 그 매각대금 등을 수령하는 경우, 각 당해 수령금원(순 현금유입액) 전액
2. 차주가 투자대상회사로부터 투자대상주식에 관한 배당금, 감자대금 기타 지급금 등 투자대상주식과 관련하여 금원을 수령한 경우(제1호 제외), 각 당해 수령금원(순 현금유입액) 전액
3. 차주 또는 담보제공자가 어느 담보물과 관련하여 금원을 수령한 경우(제1호, 제2호 제외), 각 당해 수령금원(순 현금유입액) 전액
4. 기타 사유

[계약서 기재례] 강제(의무)조기상환 ②[157]

차주는, 매 이자기간별로 어느 이자기간 동안의 투자대상주식에 대한 가중산술평균주가(그 기간 동안 증권시장에서 거래된 해당 종목의 총 거래금액을 총 거래량으로 나눈 가격을 말한다. 이하 "가중산술평균주가")와 관련하여, 해당 이자기간 동안의 가중산술평균주가에 투자대상주식 수를 곱하여 계산한 금액이 해당 이자기간 종료일 대출금 합계액의 [*]%(이하 이 조에서 "담보기준금액")에 미달하는 경우{이하 이 사유를 "강제조기상환사유"}, 그 직후 이자기간 중의 [*]번째 영업일(이하 이 조에서 "조기상환의무 발생통지 기한일")까지 조기상환사유 발생사실 및 아래와 같이 계산된 해당 조기상환금액을 대리기관에게 통지하고, 실제 조기상환의무 발생통지일부터(당일 불포함) [*]영업일째 되는 날에 그 날의 [*]시까지 해당 조기상환금액을 기한 전 상환하여야 한다. 차주는 이 조에 따라 대출금에 관하여 기한 전 상환한 금액을 다시 차입할 수 없다.

157) 투자대상주식이 상장주식인 경우

[조기상환금액]

{담보기준금액 – (해당 이자기간 동안의 가중산술평균주가) × 투자대상주식수}

M&A금융은 통상의 일반기업금융대출(Corporate Loan)에 비하여 부채비율이 높고 위험이 크며 대출금액도 고액인 경우가 많고, 또한 차주와 투자대상회사에 발생하는 현금흐름을 상환재원으로 하는 대출이기 때문에 대출의 실행 후에 차주·투자대상회사에 잉여자금이 생긴 경우에는 그것을 강제적으로 조기상환에 사용하도록 요구되는 경우가 일반적이다.

M&A금융의 대출계약에서는 이와 같은 강제조기상환을 해야 하는 사유로 통상, (i) 담보물을 포함한 자산매각에 의한 매각대금의 수령, (ii) 투자대상주식에 관한 배당금·감자대금 등 수령, (iii) (담보물에 관한) 보험금의 수령, (iv) 주식양수도계약에 따른 보상금의 수령, (v) 증권발행·차입 등에 의한 자금조달, (vi) (상장주식의 경우) 주가하락 등의 사유가 규정되고, 이러한 사유에 의해 취득한 금원의 범위 내에서 조기상환으로 대주에게 지급할 것이 요구된다.

강제조기상환은 미리 예정되어 있는 원금상환(분할상환)과는 별도로, 차주가 수령하는 현금을 강제로 대출의 상환에 사용하도록 하는 것인데, 차주의 입장에서는 강제조기상환사유 및 강제조기상환금액의 범위를 모두 한정적·제한적으로 규정할 것을 요구하는 경우가 많다. 이 경우에는, 잉여현금흐름의 계산식(즉, 어떠한 경우 잉여현금흐름이 있는 것으로 볼 것인지), 잉여현금 중 강제조기상환의 대상이 되는 비율을 어느 정도로 할 것인지 등을 대출계약에 미리 규정하기도 하고, 차주의 운영비용 유보를 위해 일정금액(최저유보금액)을 유보하도록 하고 이를 초과하는 금액만을 조기상환재원으로 사용하도록 규정하는 경우도 있다.

강제조기상환은 「당해 현금유입이 발생한 날로부터 [*]영업일 이내 또는 그 이후 최초로 도래하는 이자지급일」에 이루어지도록 규정되는 경우가 많다. 한편, 실무상 임의조기상환의 경우와는 달리 강제조기상환의 경우에는 조기상환수수료를 별도로 규정하지 않고 있는데, 강제로 이루어지는 조기상환이라는 점에 비추어 볼 때 당연한 것으로 생각된다.

또한, 투자대상주식 등 담보주식이 상장주식인 경우에는 이자기간 동안의 주가와 연계하여 담보유지비율이 일정비율(통상은 120~130%) 미만으로 하락하면 그 이상이 되도록 하는 수준으로 원금을 강제 조기상환시키거나 그 부족액을 질권이 설정된 계좌로 자금보충하게 하거나 또는 그 부족액에 상응하는 추가 담보를 제공하도록 규정하는 경우도 있다.

한편, 투자대상주식 등 담보물로부터의 수령금의 전부 또는 일정액으로 대출금을 강제 조기상환하도록 규정하는 경우 그 법률구성에 대해서는 명확하지 않은 경우가 많다. 즉, 담보제공자가 차주 또는 연대보증인 등이어서 자신이 피담보채무의 채무자인 경우에는 자신의 채무의 상환으로 처리될 수 있으므로 문제가 없으나, 차주 및 연대보증인 등 채무자 이외의 제3자가 담보제공자인 경우에는 아직 담보권 실행 전이므로 담보권 실행에 의한 변제 충당으로 처리될 수는 없다. 따라서 후자의 경우에는 다른 법률관계가 매개되어야 하는데, 해당 담보제공자의 차주에 대한 후순위 대여 또는 (이해관계 있는) 제3자 변제 등을 매개로 한 기한 전 변제로 처리하는 방안이 이용될 수 있을 것으로 보인다. 어느 경우든, 해당 담보제공자는 담보권 실행에 의한 차주 등에 대한 구상권뿐만 아니라 후순위 대여에 따른 채권 또는 제3자 변제 등을 통한 조기상환에 따른 차주 등에 대한 구상권에 관해서도 피담보채무(선순위 대출)에 대해 후순위임을 관련 계약서(특히, 해당 담보계약서)에 명시해 두어야 할 것이다(또는 후순위 확약서를 별도로 발급받는 경우도 있다). 이 점은 담보권 실행 전의 담보물로부터의 현금흐름을 강제조기상환의 대상으로 하는 경우에 일반적으로 동일하게 고려되어야 할 것이다.

[계약서 기재례] 후순위 확약

(1) 근질권설정자는 이 계약에 따른 근질권이 실행되거나 기타 이 계약에 따른 채무와 책임을 이행함으로써 취득하는 구상권, 대위권 기타 일체의 권리를 피담보채무가 전액 변제될 때까지는 행사할 수 없음을 확약한다.

(2) 근질권설정자가 채무자에 대하여 별개의 계약관계(담보물로부터의 현금흐름을 통한 피담보채무의 강제조기상환의 경우 포함) 등을 기초로 보유하고 있거나 장래 보유하게 되는 어떠한 권리도 근질권자의 채무자에 대한 피담보채권보다 우선하여 행사하지 아니하며, 채무자의 재산에 대하여 강제집행절차나 임의경매절차가 개시되는 경우에도 해당 절차에서 근질권설정자는 근질권자의 피담보채권보다 후순위로 변제받을 것임을 확약한다.

(3) 근질권설정자가 이 조 제(1)항 및 제(2)항을 위반하여 수령하거나 회수한 금원은 즉시 대리기관에게 지급하여야 하며, 동 금원은 피담보채무의 변제에 충당되고, 근질권설정자는 이에 대해 이의가 없음을 확약한다.

③ 조기상환금의 충당순서

조기상환된 금액은 원칙적으로 대출계약상의 변제충당순서에 따라 충당된다. 또한, 일반적으로 임의조기상환 시의 충당순서와 강제조기상환 시의 충당순서는 동일한 순서로 된다.

그런데 M&A를 위하여 여러 종류의 동순위 대출이 실행된 경우, 조기상환금을 어떠한 순서로 각 대출에 충당할 것인지에 대해서도 대출계약에 규정되는 것이 통상적이다. 일반적으로는, 대주의 입장에서는 만기 시에 일시상환 조건의 대출, 분할상환 조건의 대출, 한도약정대출(Commitment Line)순으로 충당하고, 분할상환 조건의 대출의 일부 또는 한도약정대출(Commitment Line)의 일부에 대해 조기상환이 이루어지는 경우에는 각각 변제기일이 늦게 도래하는 원금부터 먼저 충당하는 것이 가장 유리하다고 할 수 있고, 차주의 입장에서는 그 반대가 될 것이다.

[계약서 기재례] 조기상환금의 충당

이 계약 제[*]조, 제[*]조에 따른 조기상환의 경우에, 차주가 조기상환하는 대출금은 해당 조기상환일까지 대출금에 대하여 발생한 이자, 이 계약 제[*]조에 따라 계산한 조기상환수수료를 포함하여 지급기일이 도래한 수수료, 그 외 금융계약상 차주가 각 대주 및 대리기관에게 지급하여야 하는 일체의 금원을 공제한 금액이 된다.

이 조에 따라 기한 전 상환된 금액은 이 계약 제[*]조에 따라 변제에 충당한다. 다만, <u>대출금에 대해서는 이 계약 별지 [*]에 기재된 상환일이 늦게 도래하는 해당 대출금부터 조기상환된 것으로 보고 이 계약 제[*]조에 따라 변제에 충당한다.</u>

[계약서 기재례] 조기상환제한 및 재인출 금지

(1) 차주는 이 계약상 명시적으로 인정되는 경우를 제외하고는, (i) 대주의 사전동의가 없는 한 대출금을 조기상환할 수 없으며, (ii) 대주의 사전동의가 없는 한 대출약정금을 감액할 수 없다.

(2) 조기상환된 대출금의 한도 내에서 대출약정은 취소되며, 차주는 그 부분에 대해서 다시 인출을 할 수 없다.

3) 차주의 지급방법 · 변제의 충당 · 분배 조항

① 차주의 지급방법

대주단대출에서 차주가 대출원리금을 지급하는 방법으로는 보통, (i) 차주는 대출원리금 등 일체의 지급금액을 대주에게 직접 지급할 수 없고 반드시 대리인을 통해서만 지급하도록 하는 것으로 차주가 대리인에게 해당 지급금액을 지급하면 이를 수령한 대리인이 다시 각 대주에게 분배하는 방법과 (ii) 차주가 대리인을 거치지 않고 직접 대주에게 지급금액을 지급하도록 하는 것으로 차주가 직접 각 대주에게 해당 지급금액을 지급하는 방법이 이용되고 있다.

대출계약에서 달리 정하지 않는 한, 통상은 위 (i)의 경우에는 차주가 해당 지급금액을 대리인에게 일괄하여 지급한 시점에 모든 대주에게 대한 지급채무의, 후자의 경우에는 차주가 각 대주에게 해당 지급액을 지급한 시점에 해당 대주에 대한 각 지급채무의 각 변제가 완료되는 것으로 해석되는데, 이를 명확히 하기 위하여 대출계약에는 해당 지급채무의 이행시점이 규정되는 경우가 많다. 위 (i)이 완전한 의미의 대주단대출을 실현하기 위한 방법이라면, (ii)는 다소 완화된 대주단대출이라고 할 수 있을 것이다.

[계약서 기재례] 지급방법 ①

(1) 이 계약상 달리 규정되지 않는 한, 차주 등 또는 기타의 자가 금융계약에 따라 대주 및/또는 대리기관에게 지급하는 일체의 금원(원금, 이자를 포함하며 이에 한하지 않는다)은, 대리기관이 지정하여 차주에게 통지하는 대리기관계좌[158]로 해당 지급기일 오후 한(1)시 또는 차주와 대리기관 사이에 달리 합의된 시각까지 입금되어야 하며, 당해 금원은 입금 즉시 출금(이체)될 수 있는 것이어야 한다.

(2) 차주 등 또는 기타의 자가 이 조 제(1)항에 따라 대리기관에게 지급하면, 당해 금원을 해당 대주에게 지급할 차주 등의 채무가 이행된 것으로 본다. 이 계약에서 별도의 정함이 있는 경우를 제외하고, 이 조 제(1)항에 위반하여 차주 등 또는 기타의 자가 금융계약에 따라 대주 및/또는 대리기관에게 지급하는 일체의 금원(원금, 이자를 포함하며 이에 한하지 않는다)을 대리기관 이외의 대주에게 직접 지급하더라도, 이러한 지급은 당해 금원에 대한 지급채무의 이행으로 인정되지 아니 한다. 이 경우 지급을 받은 대주는 수령한 금원을 즉시 대리기관에게 지급하여야 하고 대리기관이 당해 금원을 수령한 시점에 당해 금원에 대한 지급채무가 이행된 것으로 간주한다.

(3) 대리기관은 이 조 제(1)항에 따라 차주 등 또는 기타의 자로부터 수령한 금원을 이

158) 대리인 또는 다른 금융기관의 영업점에 개설된 대리인 명의의 계좌

계약 제[*]조 제[*]항에 따라 해당 항목의 상환 및 변제충당이 이루어질 수 있도록 각 대주가 사전에 대리기관에게 통지한 계좌로 입금하여야 한다.

[계약서 기재례] 지급방법 ②

(1) 이 계약상 달리 규정되지 않는 한, 차주 등 또는 기타의 자가 금융계약에 따라 대주 및/또는 대리기관에게 지급하는 일체의 금원(원금, 이자를 포함하며 이에 한하지 않는다)은, 대리기관이 지정하여 차주에게 통지하는 해당 대주 및 대리기관의 각 계좌[159]로 해당 지급기일 오후 한(1)시 또는 차주와 대리기관 사이에 달리 합의된 시각까지 입금되어야 하며, 당해 금원은 입금 즉시 출금(이체)될 수 있는 것이어야 한다.
(2) 차주 등 또는 기타의 자가 이 조 제(1)항에 따라 대리기관이 통지하는 해당 대주 및 대리기관의 각 계좌로 해당 금원을 입금하면, 당해 금원에 대한 지급채무가 이행된 것으로 본다.
(3) 이 약정에서 달리 정하지 아니하는 한, 차주 등은 금융계약에 따라 대주 및/또는 대리기관에게 지급하는 일체의 금원(원금, 이자를 포함하며 이에 한하지 않는다)을 상환·지급함에 있어서는 이 계약 제[*]조 제[*]항에 따라 해당 항목의 상환 및 변제충당이 이루어질 수 있도록 상환·지급하여야 한다.

② 변제의 충당

차주 등에 의해 지급된 금원은 대출계약에서 정하는 변제충당순서에 따라 각 대주의 채권에 충당된다.

변제충당방법에 관한 합의는, (i) 어느 대주 또는 대리기관에 대한 채무의 변제에 충당할 것인지와 (ii) 차주가 어느 대주 또는 대리기관에 대하여 부담하는 복수의 채무 중 어느 것에 충당할 것인지라는 두 가지의 측면에서 이루어진다. 이 중에서 (ii)에 대해서는 민법상 변제충당순서에 관한 규정이 존재하지만(민법 제476~479조), 당사자의 합의에 의해 충당순서를 정하는 것도 인정되고 있다. 다만, 강제경매절차나 임의경매절차에 있어서 당사자 사이의 합의에 의한 변제충당의 지정은 허용되지 않는다.

159) 각 대주 명의의 계좌 및 대리기관 명의의 계좌

[판례 3-21] 대법원 2004. 3. 25. 선고 2001다53349 판결

변제충당 지정은 상대방에 대한 의사표시로서 하여야 하는 것이기는 하나, 변제충당에 관한 민법 제476조 내지 제479조의 규정은 임의규정이므로 변제자(채무자)와 변제수령자(채권자)는 약정에 의하여 위 각 규정을 배제하고 제공된 급부를 어느 채무에 어떤 방법으로 충당할 것인가를 결정할 수 있고, 이와 같이 채권자와 채무자 사이에 미리 변제충당에 관한 약정이 있으며, 그 약정 내용이, 변제가 채권자에 대한 모든 채무를 소멸시키기에 부족한 경우 채권자가 적당하다고 인정하는 순서와 방법에 의하여 충당하기로 한 것이라면, 채권자가 위 약정에 터잡아 스스로 적당하다고 인정하는 순서와 방법에 좇아 변제충당을 한 이상 채무자에 대한 의사표시와 관계없이 그 충당의 효력이 있고, 위와 같이 미리 변제충당에 관한 별도의 약정이 있는 경우에는 채무자가 변제를 하면서 위 약정과 달리 특정 채무의 변제에 우선적으로 충당한다고 지정하더라도 그에 대하여 채권자가 명시적 또는 묵시적으로 동의하지 않는 한 그 지정은 효력이 없어 채무자가 지정한 채무가 변제되어 소멸하는 것은 아니다.

[판례 3-22] 대법원 2000. 12. 8. 선고 2000다51339 판결

담보권 실행을 위한 경매에서 배당된 배당금이 담보권자가 가지는 수개의 피담보채권 전부를 소멸시키기에 부족한 경우에는 민법 제476조에 의한 지정변제충당은 허용될 수 없고, 채권자와 채무자 사이에 변제충당에 관한 합의가 있었다고 하여 그 합의에 따른 변제충당도 허용될 수 없으며, 획일적으로 가장 공평타당한 충당방법인 민법 제477조 및 제479조의 규정에 의한 법정변제충당의 방법에 따라 충당하여야 하는 것이고, 이러한 법정변제충당은 이자 혹은 지연손해금과 원본 간에는 이자 혹은 지연손해금과 원본의 순으로 이루어지고, 원본 상호 간에는 그 이행기의 도래 여부와 도래 시기 그리고 이율의 고저와 같은 변제이익의 다과에 따라 순차적으로 이루어지나, 다만 그 이행기나 변제이익의 다과에 있어 아무런 차등이 없을 경우에는 각 원본 채무액에 비례하여 안분하게 되는 것이다.

대출계약에 규정되는 변제충당순서의 내용은 통상 아래와 같다.

[계약서 기재례] 변제의 충당 ①

대주 및/또는 대리기관이 차주 등 또는 기타의 자로부터 수령한 일체의 금원(담보권의 실행 및/또는 담보권과 관련하여 수령한 금원 포함. 이하 이 조에서 같음)은, 이 계약상 달리 규정된 경우를 제외하고, 아래의 순서에 따라 변제에 충당한다. 이 경우 같은 순위에 기재된 항목에 관하여는, (i) 대리기관에 대한 채무와 대주에 대한 채무 사이에서는 대리기관에 대한 채무가 우선하고, (ii) 대주에 대한 채무 사이에서는 우선순위가 없으며 상호 동등한 순위로 해당 대주의 대출참가비율에 따라 안분하여 충당한다.

1. 금융계약 및 기타 이와 관련되는 계약에 따라 대리기관 및/또는 대주에게 지급하여야 할 것으로서 아래에서 달리 열거되지 아니한 금원(이에 대한 각 연체이자, 지연손해금 포함)(원금, 연체이자 또는 지연손해금 순)
2. 채권회수를 위하여 대리기관 및/또는 대주가 지출하거나 부담한 비용(이에 대한 각 연체이자, 지연손해금 포함)(원금, 연체이자 또는 지연손해금 순)
3. 금융계약상 모든 수수료 및 제반 비용(이에 대한 각 연체이자, 지연손해금 포함)(원금, 연체이자 또는 지연손해금 순)
4. 아래 제5호 및 제6호에 대한 연체이자
5. 대출금의 이자
6. 대출금

[계약서 기재례] 변제의 충당 ②

(1) 대주 및/또는 대리기관이 수령한 일체의 금원(담보권의 실행 및/또는 담보권과 관련하여 수령한 금원 포함. 이하 이 조에서 같음)이 금융계약상 이행기가 도래한 금원 전부를 충당하기 부족한 경우, 해당 금원은 아래의 순서로 충당하되, 같은 순위의 대주 사이에서는 상호 동등한 순위로 해당 대주의 대출참가비율에 따라 안분하여 충당한다.

1. 지급기일이 도래하여 금융계약에 따라 대리기관에게 지급하여야 하는 비용, 수수료, 연체이자(비용, 수수료, 연체이자 순서)
2. 지급기일이 도래하여 금융계약에 따라 선순위 대주에게 지급하여야 할 것으로서 아래에서 달리 열거되지 아니한 모든 금액
3. 지급기일이 도래하여 선순위 대주에게 지급하여야 하는 금융계약에 따른 비용, 수수료, 연체이자, 약정이자(비용, 수수료, 연체이자, 약정이자 순서)
4. 지급기일이 도래한 선순위 대출금
5. 지급기일이 도래하여 금융계약에 따라 후순위 대주에게 지급하여야 할 것으로서 아래에서 달리 열거되지 아니한 모든 금액
6. 지급기일이 도래하여 후순위 대주에게 지급하여야 하는 금융계약에 따른 비용, 수수료, 연체이자, 약정이자(비용, 수수료, 연체이자, 약정이자 순서)
7. 지급기일이 도래한 후순위 대출금

(2) 차주 등, 선순위 대주 및 후순위 대주는 그 변제 순위에 있어서 선순위 대주가 후순위 대주보다 선순위임을 확인하며, 선순위 대주 전원의 동의가 없는 한, 지급기일이 도래한 후순위 피담보채무는 선순위 피담보채무가 전액 상환된 이후에 한하여 상환할 수 있는 것으로 한다. 다만, 차주 등은 선순위 대출금의 기한의 이익 상실 전에는 지급기

일이 도래한 이 조 제(1)항 제5호 및 제6호의 금액은 해당 지급기일까지 지급되어야 하는 같은 항 제1호 내지 제4호의 금액이 지급된 후 지급할 수 있는 것으로 한다.

(3) 명확히 하면, 이 조 제(2)항 단서에도 불구하고, 선순위 대출금의 기한의 이익이 상실된 이후에는 이 조 제(2)항 단서 부분은 더이상 적용되지 않고, 이 조 제(1)항 제5호 내지 제7호의 금액을 포함한 일체의 후순위 피담보채무는 선순위 피담보채무의 상환이 전액 완료된 이후에 한하여 지급되거나 해당 항목으로 충당될 수 있다.

③ 분배조항[160)]

대주단대출을 구성하는 동순위의 복수의 대주는 각자 「대출참가비율」[161)]에 따라 동순위의 동등한 권리와 의무를 갖기 때문에 담보권의 순위, 차주 등으로부터의 지급 및 대리기관에 의한 분배금의 지급에 있어서도 대출참가비율에 상응하는 동순위의 권리를 갖는다. 이 연장선에서, 대출계약에서는 각 대주가 동등한 권리를 보유함을 확인하고, 특정 대주가 우선적으로 채권회수를 하는 것을 방지하기 위하여 담보취득, 원리금의 회수 등에 있어서도 각 대주가 대출참가비율에 따른 동등한 권리를 보유하고 행사할 수 있도록 일부 대주에 의한 담보취득금지, 초과회수금의 분배 등의 절차를 규정하는 것이 일반적이다.

[계약서 기재례] 분배조항 ①

(1) 이 계약 또는 금융계약에서 별도로 규정된 경우 이외에는, 대주는 각 대출참가비율에 따라 모든 면에서 동순위의 권리, 권한 및 지위를 보유하고, 이 계약 또는 금융계약에 따라 동순위로 상환·지급받고 해당 금원을 수령할 권리를 가진다. 대주가 차주 등 또는 기타의 자로부터 수령한 일체의 금원(담보권의 실행 및/또는 담보권과 관련하여 수령한 금원 포함. 이하 이 조에서 같음)은 이 계약 제[*]조 제[*]항[162)] 및 이 조에 따라 상환 및 분배되어야 한다.

(2) 대주전원의 동의가 없는 한, 어느 대주도 단독으로 또는 일부 대주를 배제한 채 그의 피담보채권에 관하여 추가 담보(이 계약 체결 전후를 불문하고 체결된 계약에 따른

---

160) 「분배조항」에 대한 전반적인 설명은, (i) 박준·한민 『금융거래와 법(제3판)』(박영사, 2022) 182페이지 이하, (ii) 신희강·강희주 「신디케이티드 대출에서의 분배조항에 대한 이해」 『BFL 제35호』(서울대학교 금융법센터, 2009. 5.), (iii) 青山大樹 編著 『詳解 シンジケートローンの法務』(一般社団法人 金融財政事情研究会, 2015) 129페이지 이하, (iv) Philip R Wood 「INTERNATIONAL LOAN, BONDS AND SECURITIES REGULATION」 『LAW AND PRACTICE OF INTERNATIONAL FINANCE』(SWEET & MAXWELL, 2007) 96페이지 이하, (v) Sandra Stern 『Structuring and Drafting Commercial Loan Agreements (Revised Edition) VOLUME 1-1』(An A.S Pratt Publication, 2014) Chapter 11. 11.07 [6] 부분 각 참고

161) 「참가비율」이라고도 하며 대출계약에서 별도로 정의된다.

162) 변제충당조항

담보와 어음 취득을 포함한 일체의 인적 · 물적담보를 의미한다. 이하 이 항에서 같다)를 취득할 수 없다. 어느 대주가 이 항에 위반하여 담보를 취득한 경우 그로부터의 직 · 간접적인 회수금에 대해서는 이 조 제(3)항 및 제(4)항을 준용한다.

(3) 이 계약에서 별도로 규정된 경우 이외에는, 담보권(인적담보를 포함하며, 이 계약 체결 전후 및 누구로부터 취득한 것인지 여부를 불문한다. 이하 이 항에서 같다), 상계권 또는 그와 유사한 권리의 행사(도산절차에서의 배당 포함)에 의하여 또는 차주 등 또는 제3자로부터의 자발적이거나 비자발적인 지급 등으로 수령한 금원인지 여부를 불문하고, 어느 대주(이하 해당 대주를 이 항에서 "초과회수대주")가 그의 피담보채권에 관하여 이 계약상 대주 간 대출참가비율에 의한 동순위 상환 · 분배원칙에 따라 상환 · 분배 · 지급받을 금액을 초과하거나 위반하여 수령 · 회수한 것으로 대리기관이 인정하는 경우, 해당 초과회수대주는 다른 대주가 동 담보권, 상계권 또는 그와 유사한 권리의 행사 또는 차주 등 또는 제3자로부터의 지급 등에 의한 수령금 · 회수금에 대하여 대주 간 대출참가비율에 의한 동순위 상환 · 분배원칙에 따라 계산한 금원을 수령한 결과가 되도록 하여야 한다. 그 분배방법은 이 계약상 대주 간 대출참가비율에 의한 동순위 상환 · 분배원칙, 법원 등 제3자 대항 여부 등을 고려하여 대리기관이 합리적으로 정하는 방식에 따르기로 하며, 이 계약의 당사자들은 이에 대해 승낙하고, 대리기관의 결정에 명백히 불합리한 점이 없는 한 이에 구속되며, 대리기관이 요청하는 분배 및 그에 따른 권리관계조정에 필요한 절차를 이행하기로 한다.

(4) 대주(이 항에서 "분배요청대주"라 한다)가 대리기관에 이 조 제(3)항에 따른 초과회수금에 대한 분배절차의 이행을 청구하였음에도 불구하고, 대리기관이 합리적인 이유없이 이를 거부하거나 이행하지 않는 경우에는 해당 분배요청대주는 대리기관에 갈음하여 다른 대주를 대리하여 직접 이 조 제(3)항에 따른 권한을 행사할 수 있다.

[계약서 기재례] 분배조항 ②

(1) 이 계약 또는 금융계약에서 별도로 규정된 경우 이외에는, 대주는 각 대출참가비율에 따라 모든 면에서 동순위의 권리, 권한 및 지위를 보유하고, 이 계약 또는 금융계약에 따라 동순위로 상환 · 지급받고 해당 금원을 수령할 권리를 가진다. 대주가 차주 등 또는 기타의 자로부터 수령한 일체의 금원(담보권의 실행 및/또는 담보권과 관련하여 수령한 금원, 도산절차에서의 배당받은 금원 포함. 이하 이 조에서 같음)은 이 계약 제[*]조 제[*]항 및 이 조에 따라 상환 및 분배되어야 한다.

(2) 대주전원의 동의가 없는 한, 어느 대주도 단독으로 또는 일부 대주를 배제한 채 그의 피담보채권에 관하여 추가 담보(이 계약 체결 전후를 불문하고 체결된 계약에 따른 담보와 어음 취득을 포함한 일체의 인적 · 물적담보를 의미한다)를 취득할 수 없다.

어느 대주가 이 항에 위반하여 담보를 취득한 경우 그로부터의 직·간접적인 회수금에 대해서는 이 조 제(3)항 및 제(4)항을 준용한다.

(3) 금융계약에서 별도로 규정된 경우 이외에는, 담보권(인적담보를 포함하며, 이 계약 체결 전후 및 누구로부터 취득한 것인지 여부를 불문한다. 이하 이 항에서 같다), 상계권, 소송, 강제집행 또는 그와 유사한 권리의 행사(도산절차에서의 배당 포함)에 의하여 또는 채무자 또는 채무자 이외의 제3자(이하 이 조에서 "차주 등")로부터의 자발적이거나 비자발적인 지급 등으로 수령한 금원인지 여부를 불문하고, 어느 대주(이하 해당 대주를 "초과회수대주")가 그의 피담보채권에 관하여 이 계약상 대주 간의 대출참가비율에 의한 분배원칙에 따라 분배·지급받을 금액을 초과하거나 위반하여 수령·회수한 경우, 해당 초과회수대주는 다른 대주에게 해당 초과금액을 대리기관이 요청하는 날부터 오(5)영업일 이내에 지급하고(대리기관의 반환요청에도 불구하고 초과회수대주가 그 기한 내에 지급하지 않는 경우 또는 대리기관이 초과회수대주에게 초과회수금의 지급을 요청하지 않는 경우에는 다른 대주 각자는 그가 지급받을 금액을 초과회수대주에게 직접 청구할 수 있다), 그 지급에 따른 권리관계 조정은 금융계약상 대주 간의 대출참가비율에 의한 분배원칙, 법원 등 제3자 대항 여부 등을 고려하여 대리기관이 합리적으로 정하는 방식에 따르기로 하며, 이 계약의 당사자들은 이에 대해 승낙하고, 대리기관의 결정에 명백히 불합리한 점이 없는 한 이에 구속되며, 대리기관이 요청하는 권리관계조정에 필요한 절차를 이행하기로 한다.
또한, 이 항에 따라 초과회수대주가 초과회수금을 나머지 대주에게 지급한 후에 초과회수대주가 어떠한 사유로 인하여 차주 등에게 당초 수령·회수한 금원의 전부 또는 일부를 반환하였거나 반환하여야 할 경우, 초과회수대주는 즉시 그 사실을 대리기관에게 서면으로 통지하고, 이 항에 따라 초과회수대주로부터 해당 초과회수금을 지급받은 다른 대주는, 대리기관의 통지가 있는 날부터 오(5)영업일 이내에, 그 반환한 금액에 해당하는 금원 또는 그 반환에 필요한 금액에 해당하는 금원을 당초 초과회수대주로부터 지급받은 초과회수금의 비율에 따라 초과회수대주에게 각 반환한다{단, 해당 대주가 초과회수대주에게 반환할 금액은 해당 대주가 이 항에 따라 초과회수대주로부터 초과회수금의 지급을 받은 금액을 각 한도로 한다}. 명확히 하면, 초과회수대주를 제외한 다른 어느 대주가 대리기관의 청구일로부터 오(5)영업일 이내에 해당 금원을 초과회수대주에게 반환하지 않는 경우 또는 대리기관이 다른 대주에게 반환을 요청하지 않는 경우에는, 초과회수대주는 그가 직접 해당 미지급 대주에게 해당 미지급 금원에 대한 반환을 청구할 수 있다. 이 경우 그 반환에 따른 권리관계 조정은 금융계약상 선순위 대주와 후순위 대주 간의 변제·지급순위 및/또는 동순위 대주 간의 대출참가비율에 의한 분배원칙, 법원 등 제3자 대항 여부 등을 고려하여 대리기관이 합리적으로 정하는 방식에 따르기로 하며, 이 계약의 당사자들은 이에 대해 승낙하고, 대리기관의 결정에 명백히 불합리한 점이 없는 한 이에 구속되고, 대리기관이 요청하는 권리관계조정에 필요한 절차를 이행하기로 한다.
이 항과 관련하여, 각 대주는 대리기관의 통지 불요 요청이 없는 한, 각자가 어느 영업일에 차주 등으로부터 수령・회수한 금원이 있는 경우 그 각 항목(내역)과 해당 금액을 해당 수령일, 회수일까지 대리기관에게 통지하기로 한다.
(4) 어느 대주(이 항에서 "분배요청대주"라 한다)가 대리기관에 이 조 제(3)항에 따른 초과회수금에 대한 분배절차의 이행을 청구하였음에도 불구하고, 대리기관이 합리적인 이유없이 이를 거부하거나 이행하지 않는 경우에는 해당 분배요청대주는 대리기관에 갈음하여 다른 대주를 대리하여 직접 이 조 제(3)항에 따른 권리・권한을 행사할 수 있다.

한편, 초과회수대주로부터 해당 초과회수금을 분배받는 경우에는 차주 등과 대주 간의 법률관계의 조정이 필요한데 그 방법으로는, (i) 대주 간 채권매매의 방식(「채권매매방식」), (ii) 차주와 초과회수대주 간의 채권을 부활시키는 방식(「채권부활방식」), (iii) 초과회수대주에 의한 제3자 변제로 구성하는 방식(「제3자 변제방식」) 등이 이용되고 있다.

이 중에서, (i)의 방식의 경우에는, 근담보권의 피담보채무의 확정 전에 이루어지는 담보권의 일부양도 가능 여부에 문제가 있고, 각 대주별로 대출채권 및 그 담보권의 이전에 관한 절차를 구비할 필요가 있기 때문에 절차상의 부담이 있다. 물론, 실무에서는 대출계약서 등에 미리 차주가 이러한 채권양도에 대해 승낙한다는 취지도 규정하고 있지만, 채권양도의 시점이나 양수인이 특정되지 않은 상태에서의 포괄적인 사전승낙의 유효성에 의문이 있다.

다음으로, (ii)의 방식의 경우에는, 초과회수금 등 상당액에 해당하는 초과회수대주의 대출채권은 소멸하지 않고(또는 부활하고), 그에 상당하는 나머지 대주의 대출채권이 소멸하는 것으로 법률구성을 하는 방법인데, 이는 (담보설정방법이나 피담보채무 확정 여부에 따라서는) 담보권의 부종성의 문제나 도산절차나 배당절차에서 도산법원이나 배당법원을 구속할 수 없게 되는 단점이 있다.

이러한 점을 고려하여 해당 대위권 및 구상권의 계속적인 동일성 유지의 관점에서 위 (iii)의 방식이 이용되는 경우도 있다. 다만, 이 방식 역시 근담보권의 피담보채무의 확정 전에 이루어지는 담보권의 일부대위 가능 여부에 관한 문제가 있고, 일부대위자는 대위한 권리가 비록 가분적이더라도 그것을 단독으로 행사할 수 없고, 채권자와 함께 그 권리를 행사할 수 있을 뿐이며 이 경우에 변제에 관하여는 채권자가 일부대위자에 우선하는 것으로 해석되고 있으므로 그 동순위 확보에 문제가 있다는 단점이 있다.

이처럼 초과회수금의 반환에 따른 대주 간 및 차주 등 사이의 법률구성에 대해서는 어느 법률규성이든 장단점이 있다.

현재 실무에서는 (i)의 방법이 가장 자주 이용되고 있는 것으로 보이며, 위의 기재례와 같이 (i)과 (ii)를 대리인이 선택할 수 있도록 하거나 초과회수대주의 대리인에 대한 초과회수금의 지급 및 대리인의 재분배에 대해서만 규정하고 그에 따른 권리관계의 조정에 대해서는 별도로 규정하지 않는 사례도 자주 보인다. 아래의 기재례는 위 (ii)의 방법을 원칙으로 하되, 상황에 따라 위 (i)의 방법을 채택할 수 있도록 규정한 사례이다.

[계약서 기재례] 분배조항 ③

(1) 이 계약 또는 금융계약에서 별도로 규정된 경우 이외에는, 대주는 각 대출참가비율에 따라 모든 면에서 동순위의 권리, 권한 및 지위를 보유하고, 이 계약 또는 금융계약에 따라 동순위로 상환・지급받고 해당 금원을 수령할 권리를 가진다. 대주가 차주 등 또는 기타의 자로부터 수령한 일체의 금원(담보권의 실행 및/또는 담보권과 관련하여 수령한 금원 포함. 이하 이 조에서 같음)은 이 계약 제[*]조 제[*]항 및 이 조에 따라 상환 및 분배되어야 한다.

(2) 대주전원의 동의가 없는 한, 어느 대주도 단독으로 또는 일부 대주를 배제한 채 그의 피담보채무에 관하여 추가 담보(이 계약 체결 전후를 불문하고 체결된 계약에 따른 담보와 어음 취득을 포함한 일체의 인적・물적담보를 의미한다)를 취득할 수 없고, 어느 대주가 이에 위반하여 담보를 취득한 경우 그로부터의 직・간접적인 수령・회수금에 대해서는 이 조 제(3)항 내지 제(9)항을 준용한다.

(3) 이 계약 또는 금융계약에서 별도로 규정된 경우 이외에는, 담보권(인적담보를 포함하며, 이 계약 체결 전후 및 누구로부터 취득한 것인지 여부를 불문한다. 이하 이 항에서 같다), 상계권, 소송, 강제집행 또는 그와 유사한 권리의 행사(도산절차에서의 배당 포함)에 의하여 또는 차주, 담보제공자, 대리기관 또는 제3자(이하 이 조에서 합하여 "차주 등")로부터의 자발적이거나 비자발적인 지급 등으로 수령한 금원인지 여부를 불문하고, 어느 대주(이하 해당 대주를 "초과회수대주")가 수령・회수한 금원(대리기관으로부터의 분배금 포함. 이하 이 조에서 같음)(이하 "당초회수금")이 당초회수금에 해당 지급 또는 수령, 회수 직전의 대출참가비율(이하 "기준대출참가비율")을 적용하여 계산할 경우 초과회수대주가 수령・회수할 수 있는 금액을 초과하는 경우(초과 여부에 대해 어느 당사자 사이에서 이견 또는 다툼이 있는 경우에는 대리기관이 금융계약 및 이 조의 취지를 고려하여 합리적으로 결정하는 바에 따르며, 이 계약의 당사자들은 대리기관의 결정에 명백한 오류가 없는 한 이에 구속된다), 초과회수대주는 대리기관의 청구 여부에 관계없이 그 초과하는 금액에 해당하는 금원(이하

"초과회수금")을 대리기관에게 즉시 지급하기로 한다{명확히 하면, 초과회수대주가 대리기관의 청구일로부터 오(5)영업일 이내에 초과회수금을 대리기관에게 지급하지 않는 경우, 초과회수대주를 제외한 나머지 대주는 각자 그가 직접 초과회수대주에게 이 조에 따라 각자 분배받을 금원에 대한 지급을 청구할 수 있다}. 단, 초과회수대주는 금융계약상 자신이 단독으로 당해 금원을 수령할 권한이 있는 경우(초과회수대주에게 이러한 단독 수령권이 있는지 여부에 대해 어느 당사자 사이에 이견 또는 다툼이 있는 경우에는 대리기관이 금융계약 및 이 조의 취지를 고려하여 합리적으로 결정하는 바에 따르며, 이 계약의 당사자들은 대리기관의 결정에 명백한 오류가 없는 한 이에 구속된다), 대리기관의 동의를 얻어, 대리기관에게 이 항에 따른 지급을 하지 않을 수 있다. 대리기관은 초과회수대주로부터 지급받은 초과회수금을 초과회수대주를 제외한 나머지 대주에게 다시 분배 · 지급함으로써 당초수령금에 대해 모든 대주가 기준대출참가비율에 따른 금원을 수령 · 회수한 결과가 되도록 한다. 이 항과 관련하여 대주는, 대리금융기관의 통지 불요 요청이 없는 한, 각자가 어느 영업일에 차주 등으로부터 수령 · 회수한 금원이 있는 경우 그 각 항목(내역)과 해당 금액을 해당 수령일, 회수일까지 대리기관에게 통지하기로 한다. 이 항에 따른 초과회수금의 지급 · 분배에 따른 당사자 간의 법률관계에 대해서는 이 조 제(4)항, 제(5)항에 따른다.

(4) 이 조 제(3)항에도 불구하고:

1. 초과회수대주가 차주 등에 대하여 어떠한 소송절차를 진행하여 금융계약상 일정한 금원을 수령한 경우, 다른 대주 중에서 ① 당해 소송절차에 참가할 권리가 있었을 뿐만 아니라 (대리기관이 합리적으로 판단하기에) 참가할 기회가 있었음에도 불구하고 그 소송절차에 참가하지 아니하였고, 나아가 ② 당해 소송절차에 참가할 권리에 기하여 달리 별도의 소를 제기하여 자신의 권리를 실현하지 않은 다른 대주는, 해당 초과회수금에 관하여 대리기관으로부터 이 조 제(3)항에 따른 분배 · 지급을 받을 수 없다. 단, 이 경우에도 분배 · 지급받지 못한 당해 대주가 차주에 대하여 금융계약상 가지는 권리는 여전히 적법 · 유효하게 존속하며 어떠한 영향도 받지 않는다.
2. 이 조 제(3)항에 따라 어느 초과회수금을 대리기관이 분배 · 지급한 후에 다시 초과회수대주가 어떠한 사유로 인하여 차주 등에게 당초 수령한 금원의 전부 또는 일부를 반환하였거나 반환하여야 할 경우, 초과회수대주는 즉시 그 사실을 대리기관에게 서면으로 통지하고, 이 조 제(3)항에 따라 초과회수대주 이외에 대리기관으로부터 해당 초과회수금을 분배 · 지급받은 다른 대주는, 대리기관의 통지가 있는 날부터 오(5)영업일 이내에, 그 반환한 금액에 해당하는 금원 또는 그 반환에 필요한 금액에 해당하는 금원을 당초 분배받은 비율에 따라 대리기관에게 지급하여{단, 해당 대주가 대리기관에게 지급할 금액은 해당 대주가 이 조 제(3)항에 따라 대리기관으로부터 해당 초과회수금의 분배 · 지급을 받은 금액을 각 한도로 한

다}, 대리기관이 초과회수대주에게 그 반환에 필요한 자금을 상환해 줄 수 있도록 하여야 한다. 명확히 하면, 초과회수대주를 제외한 다른 어느 대주가 대리기관의 청구일로부터 오(5)영업일 이내에 해당 금원을 대리기관에게 지급하지 않는 경우, 초과회수대주는 그가 직접 해당 미지급 대주에게 해당 미지급 금원에 대한 지급을 청구할 수 있다.

(5) 이 조 제(3)항에 따라 대리기관이 해당 초과회수금을 초과회수대주를 제외한 다른 대주에게도 분배・지급한 경우, (i) 해당 초과회수금을 대리기관으로부터 분배・지급받은 초과회수대주를 제외한 다른 어느 대주의 차주 등에 대한 권리는 해당 초과회수금을 대리기관으로부터 지급받음과 동시에 그 지급받은 금액의 한도 내에서 각 소멸하고, (ii) 초과회수대주가 직접 금원을 수령하거나 회수함으로써 소멸하였던 초과회수대주의 차주 등에 대한 권리는 대리기관이 해당 초과회수금을 초과회수대주를 제외한 다른 대주에게 분배・지급함과 동시에 해당 초과회수대주가 대리기관에게 지급한 초과회수금에 해당하는 금액의 한도 내에서 부활한다. 단, 초과회수대주가 대리기관의 청구일로부터 오(5)영업일 이내에 이 조 제(3)항에 따른 초과회수금을 대리기관에게 지급하지 않아 이 조 제(3)항에 따라 초과회수대주를 제외한 다른 대주가 직접 초과회수대주에게 그의 분배받을 금원에 대한 지급을 청구하여 초과회수대주로부터 지급받은 경우에는 해당 대주가 초과회수대주로부터 해당 금원을 지급받음과 동시에 그 시점을 기준으로 이 항 (i), (ii)의 효력이 발생한다. 차주 등을 포함한 이 계약의 당사자들은 이 계약에 의하여 이를 명시적으로 승인한다.

(6) 이 조 제(5)항에도 불구하고, 대리기관이 합리적으로 판단하기에 초과회수대주가 제3자(집행법원, 도산절차의 도산법원・관리인・관재인 포함)에게 이 조 제(5)항에 따른 권리 소멸 또는 부활을 적법・유효하게 주장하거나 대항할 수 없는 것으로 판단하여 초과회수대주에게 매수를 통지하는 경우에는, 그 통지와 동시에 초과회수대주는 이 조 제(3)항에 따라 초과회수대주와 대리기관으로부터 해당 초과회수금을 분배・지급받은 초과회수대주 이외의 대주로부터 각 해당 대주가 이 조 제(3)항에 따라 분배・지급받은 항목 및 금원과 같은 항목 및 금액에 해당하는 금융계약상 관련 해당 권리 및 지위{명확히 하면, 이 조 제(3)항에 따라 분배・지급된 해당 대주의 각 해당 변제충당 항목에 관한 권리 및 그에 관한 금융계약상의 권리 및 지위를 의미하며, 이 항에서 "매매대상권리"}를 각 분배・지급된 해당 금액의 액면가로 매수한 것으로 간주되고, 매매대상권리를 매도한 나머지 대주는 그 각자의 비용부담으로 차주 등 해당 권리의 채무자에 대한 확정일자부 채권양도통지 기타 필요한 절차를 이행하기로 한다. 차주를 포함한 이 계약의 당사자들은 초과회수대주가 초과회수대주 이외의 다른 대주로부터 이 항에서와 같이 매매대상권리를 매수하여 그 매수한 범위 내에서 차주 등에 대하여 직접 권리자로서 권리를 행사하는 것에 대해 이 계약에 의하여 명시적으로 승인한다.

(7) 이 조 제(6)항 따라 초과회수대주를 제외한 나머지 어느 대주가 초과회수대주에게 각

자 매매대상권리를 매도한 후 해당 대주가 대리기관에게 이 조 제(4)항 제2호에 따라 해당 금원을 지급한 경우, 그와 동시에 이 조 제(6)항에 따른 해당 대주의 초과회수대주에 대한 매매대상권리의 매매는 해당 금원에 해당하는 항목과 금액에 대응하는 항목과 범위 내에서 해제된 것으로 간주되며{단, 초과회수대주를 제외한 나머지 어느 대주가 대리기관의 청구일로부터 오(5)영업일 이내에 이 조 제(4)항 제2호에 따른 금원을 대리기관에게 지급하지 않아 이 조 제(4)항 제2호에 따라 초과회수대주가 직접 해당 대주에게 해당 금원에 대한 지급을 청구하여 해당 대주로부터 지급받은 경우에는 초과회수대주가 해당 대주로부터 해당 금원을 지급받음과 동시에 그 시점을 기준으로 해제된 것으로 간주된다}, 초과회수대주는 그의 비용부담으로 차주 등 해당 권리의 채무자에 대한 확정일자부 채권양도해제통지 기타 필요한 절차를 이행하기로 한다.

(8) 초과회수금의 분배 방법과 관련하여 이 조 제(3)항 내지 제(7)항의 어느 항에 따르는 경우 그에 따른 효과를 제3자(집행법원, 도산절차의 도산법원 · 관리인 · 관재인 포함)에게 적법 · 유효하게 주장하거나 대항할 수 없는 것으로 판단한 경우에는, 대리기관이 금융계약 및 이 조의 취지를 고려하여 합리적으로 결정하는 바에 따르며, 이 계약의 당사자들은 대리기관의 결정에 명백한 오류가 없는 한 이에 구속되고, 대리기관이 요청하는 절차를 이행하기로 한다.

(9) 어느 대주(이 항에서 "분배요청대주"라 한다)가 대리기관에 이 조 제(3)항 내지 제(8)항에 따른 초과회수금에 대한 분배절차의 이행을 청구하였음에도 불구하고, 대리기관이 합리적인 이유없이 이를 거부하거나 이행하지 않는 경우에는 해당 분배요청대주는 대리기관에 갈음하여 다른 대주를 대리하여 직접 이 조 제(3)항 내지 제(8)항에 따른 권리 · 권한을 행사할 수 있다.

4) 대리인(대리기관) 조항[163)]

대주단대출에서는 대주의 권리행사 등은 대주간의 의사결정절차를 거쳐 대리인을 통해 집단적 · 통일적인 처리를 위해 대리인을 선임한다. 대리업무는 종류가 다양하기 때문에 외국의 경우에는 계약서 작성 대리인(Documentation Agent), 운영 대리인(Administration Agent), 지급 대리인(Paying Agent), 담보 대리인(Collateral Agent)과 같이 역할이 나누어지는 사례도 적지 않으나, 우리나라의 실무에서는 대리인을 이와 같이 세분하지 않거나,

163) 「대리인 조항」에 대해서는, (i) 박준 · 한민 『금융거래와 법(제3판)』(박영사, 2022) 165페이지 이하, (ii) 青山大樹 編著『詳解 シンジケートローンの法務』(一般社団法人 金融財政事情研究会, 2015) 182페이지 이하, (iii) Philip R Wood 「INTERNATIONAL LOAN, BONDS AND SECURITIES REGULATION」『LAW AND PRACTICE OF INTERNATIONAL FINANCE』(SWEET & MAXWELL, 2007) 98페이지 이하, (iv) Sandra Stern 『Structuring and Drafting Commercial Loan Agreements(Revised Edition) VOLUME 1-1』(An A.S Pratt Publication, 2014) Chapter 11. 11.07 [1]-[6] 부분 각 참고

세분하더라도 하나의 기관에서(통상은 주선인인 대주가) 관련 업무를 수행하도록 정하는 경우가 많은 것으로 보인다.[164)]

[계약서 기재례] 대리기관

[대리기관의 선임]

(1) 각 대주는, 관계 법령상 허용되는 범위 내에서 이 계약에 규정된 바에 따라 대리기관을 금융계약과 관련하여 그의 대리인으로 행위하도록 선임하고, 금융계약 및 그에 언급된 서류의 규정에 따라 대리기관에게 특별히 수권된 권한과 그에 합리적으로 부수된 권한을 행사할 수 있도록 수권하며, 이러한 수권은 피담보채무가 존속하는 기간동안 취소하거나 철회할 수 없다.

(2) 대리기관은, 관계 법령상 허용되는 범위 내에서 금융계약이 정하는 바에 따라 각 대주를 대리하여 행위하고 이에 합리적으로 부수되는 일체의 업무를 수행할 수 있으며, 그 밖에 담보계약과 관련한 담보관리업무와 차주 등이 금융계약에 따라 각 대주에게 지급하여야 하는 대출원리금과 연체이자, 제반수수료 및 담보권의 행사로 얻는 이익 등 일체의 금원을 각 대주를 위하여 수령하고 동 수령금을 각 대주에게 분배하여 지급하는 업무 등을 수행한다.

(3) 대리기관은 다음의 업무를 수행한다.

1. 금융계약 및 기타 관련 서류들의 원본 보관
2. 본건 대출과 관련하여 대리기관이 중요하다고 판단하는 서류의 내용 또는 대리기관이 인지한 기한이익상실사유 또는 잠재적 기한이익상실사유의 발생사실을 각 대주에게 통지
3. 대주의 의사결정이 필요한 사안에 대하여 대주의 의사취합 및 집행
4. 금융계약을 수정하는 경우 사전에 대주와 협의
5. 대출금에 관한 이자율 및 이자 금액의 계산과 이의 차주 및 대주에 대한 통보
6. 이 약정에서 정한 바에 따른 자금관리
7. 담보계약에서 정하는 바에 대주를 위하여 담보권에 관련된 권리를 행사할 권한
8. 기타 대주가 금융계약에 따라 적법하게 요청한 조치
9. 기타 금융계약에서 정하는 업무

(4) 대리기관은 금융계약에 따른 대리기관의 권한 및 그에 따른 의무의 일부를 제3자가 수행하는 것이 합리적이라고 인정되는 범위 내에서 제3자에게 위임할 수 있다. [이와 관련하여 제3자에게 지급되는 수수료 기타 비용은 대리기관이 부담하기로 한다.]

(5) 대리기관이 대주에 해당하는 경우, 대리기관은 다른 대주와 동일한 대주로서의 권한을 가지며 금융계약상 대리기관이 아닌 경우와 같이 그 권한을 행사할 수 있다.

164) 「대리인의 대주에 대한 책임」에 대해서는, 본서 제2편 제3장 **2** 대주단결성의 수행 주체 부분 참조

[대리기관의 책임]

(1) 대리기관은 단지 대주의 대리인으로 간주될 뿐이고, 금융계약에서 명시적으로 규정한 경우를 제외하고는, 대주의 수탁자 혹은 차주 등의 대리인이나 수탁자로 간주되지 않는다. 대리기관은 이 계약을 포함한 금융계약에서 규정된 경우를 제외하고는 어떤 의무도 부담하지 않는다.

(2) 대리기관은 다음과 관련된 사항에 관하여 대주에게 책임이나 의무를 부담하지 않는다. 이에 추가하여 대리기관 및 그 이사, 임직원, 대리인은 그들의 고의나 중과실로 인하여 직접적으로 발생한 것을 제외하고, 금융계약과 관련한 어떠한 행위(작위는 물론 부작위를 포함한다)에 대해서도 책임을 부담하지 않는다.

1. 금융계약에서 정하는 바에 따라 차주 또는 다른 당사자의 채무불이행이나 이행지체의 결과로서 발생하는 책임이나 의무
2. ① 금융계약과 관련한 다른 문서의 공증, 작성, 적법성, 타당성, 집행가능성, 유효성, 진실성 내지는 충분성에 대한 책임이나 의무 또는 ② 금융계약과 관련하여 이루어진 진술 및 보장의 정확성에 대한 책임이나 의무 또는 ③ 대리기관에 의해 정보가 유포되었는지 여부에 관계없이 누군가 제공한 정보의 정확성이나 완전성에 대한 책임이나 의무
3. 기한이익상실사유 내지 잠재적 기한이익상실사유가 발생했는지 여부 또는 차주 등 내지는 다른 당사자에게 금융계약상 의무위반행위가 있는지 여부를 확인하기 위해 조치를 취할 책임이나 의무
4. 금융계약에서 명시한 것을 제외하고 차주 등이나 다른 당사자의 신용을 조사할 책임이나 의무
5. 자신이 금융계약상 수령한 금원(대주를 위하여 지급받은 금액은 제외)에 관하여 설명할 책임이나 의무

(3) 각 대주는 차주 등, 투자대상회사, 투자대상주식, 담보제공자, 매도인 기타 이 계약상 언급된 제3자, 자산 등에 관하여 그 현황, 신용도, 전망, 사업, 영업, 자산상태 등을 독자적으로 조사·분석하고 그에 따라 의사결정을 하고 행위하였으며, 장래에도 그러할 것이다. 각 대주는 대리기관이 행한 진술이나 설명에 의존하여 이 약정 기타 금융계약을 체결한 것이 아니다.

(4) 대리기관은 차주 등이 이 약정상 그때그때 지급의무를 부담하는 부채에 관하여, 자신의 통상적인 업무관행에 따라서 장부를 작성하고 이를 유지하여야 한다. 대리기관이 이 항에 따라 기록한 장부 및 기타 금융계약과 관련하여 작성한 서류의 기록은, 차주 등의 의무의 존재 여부 및 금액과 관련하여 차주 등에 대하여 진정한 것으로 추정하고, 명백한 오류가 있거나 충분한 반증이 제시되지 않는 한 대주에게 확정적인 구속력을 가진다.

한편, 변호사가 아니면서 금품 등의 이익을 받거나 받을 것을 약속하고 소송사건 등의 법률사건에 관하여 감정·대리·중재·화해·청탁·법률상담 또는 법률 관계 문서 작성, 그 밖의 법률사무를 취급하거나 이러한 행위를 알선하는 행위는 처벌되는데(변호사법 제109조 제1호), 이와 관련하여 대주단대출에서 변호사가 아닌 대리인이 다른 대주를 위하여 담보권의 실행절차 및 원리금의 회수 등 대출계약을 포함한 금융계약에서 정하는 대리인의 역할을 담당하는 것이 위와 같은 변호사법에 위반되는 것인지 의문이 있다.

이에 대해서는, 대리인은 중요한 의사결정사항에 대해 대주의 의사결정 결과에 따라 행위해야 하기 때문에 대주의 재량적인 판단여지는 한정되어 있다는 점, 대리인의 설치는 대출채권과 담보권의 통일적인 관리를 위한 수단으로서 충분히 경제적 합리성이 인정된다는 점, 대리인 자신도 대주를 겸하는 금융기관인 것이 보통이기 때문에 변호사법에서 금지하는 행위를 잠탈할 염려도 없다는 점 등에 비추어 보면, 대리인이 구체적인 사안에서 수행하는 업무는 「법률사건에 관한 법률사무」에 해당하지 않거나, 만일 해당한다고 하더라도 특수한 남용사례나 잠탈사례를 제외하고, 보통의 금융거래의 일환으로서 수행되는 한, 정당한 업무행위로서 변호사법 위반행위에는 해당하지 않는다고 보는 것이 타당하다는 견해가 있다.[165)]

다음으로, 신용정보법에 따르면 누구든지 채권추심업의 허가를 받지 아니하고는 채권추심업을 하여서는 아니 되고(신용정보법 제4조 제1항), 여신금융기관 등은 금융위원회로부터 허가를 받은 채권추심회사 이외의 자에게는 채권추심을 위탁하여서는 아니 된다(동법 제27조의2). 따라서 대주단대출에서 채권추심업자가 아닌 대리인이 다른 대주를 위하여 담보권의 실행절차 및 원리금의 회수 등의 역할을 담당하는 것과 대주가 대리인에게 이러한 권한을 위임한 것이 신용정보법에 위반되는 것은 아닌지 의문이 있다. 그런데 신용정보법에서 금지되는 「채권추심업」이란, 상법에 따른 상행위로 생긴 금전채권 등의 채권(동법 제2조 제11호)과 관련하여 『채권자의 위임을 받아 변제하기로 약정한 날까지 채무를 변제하지 아니한 자에 대한 재산조사, 변제의 촉구 또는 채무자로부터의 변제금 수령을 통하여 채권자를 대신하여 추심채권을 행사하는 행위를 영업으로 하는 것」을 말하는바(동법 제2조 제10호), 실무에서는 「……변제하기로 약정한 날까지 채무를 변제하지 아니한 자에 대한 ……」이라는 문구에 근거하여 평상시에 행하여지는 대출계약 및 금융계약상의 대리인으로서의 권한행사는 신용정보법의 규제대상인 채권추심업에는 해당하지 않으나 기한의 이익상실 또는 변제

165) 변호사법 제109조 제1호와 유사한 규정을 두고 있는 일본 변호사법 제72조 위반 여부와 관련하여 青山大樹 編著『詳解 シンジケートローンの法務』(一般社団法人 金融財政事情研究会, 2015) 314페이지 이하

기 이후의 재산조사, 변제의 촉구 또는 채무자로부터의 원리금수령 등은 신용정보법상의 채권추심에 해당하는 것으로 해석 · 운용되고 있는 것으로 보인다. 이에 따르면 기한의 이익상실 또는 변제기 이후의 재산조사, 변제의 촉구 또는 채무자로부터의 원리금수령 등을 채권추심업 허가를 받지 않고 하는 경우에는 대주 및 대리인 모두 신용정보법을 위반하게 될 위험이 있다.

이러한 문제점을 감안하여, 실무에서는 대리인에 대한 대리권 수여 및 대리인의 대리권한 행사는 관계법령에서 허용되는 범위 내에서 이루어져야 한다는 점과 대리인이 필요하다고 판단하는 경우에는 수시로 변호사 등 자문인을 대주의 대리인으로서 선임할 수 있다는 점을 규정하여 두고, 실제 대리업무 수행 시에도 변호사법 또는 신용정보법 위반 염려가 있는 사안에 대해서는 자격이 있는 자문인을 선임하여 처리하는 경우가 많다.[166]

5) 대주의 의사결정 조항[167][168]

대주단대출에서는 대주의 권리행사 등은 대주 간의 의사결정절차를 거쳐 대리인을 통해 집단적 · 통일적으로 행동이 취해진다. 또한, M&A금융이 수개의 트랜치(Tranche) 또는 선후순위로 구성되어 제공되는 경우에는 대출계약에서 정하는 바에 따라 각 트랜치별 금리 기타 대출조건, 대주 및 선후순위 대주 간 권리행사, 의사결정절차 등이 이루어진다. 실무에

166) 또한, 대출채권의 추심과정에서는 「채권의 공정한 추심에 관한 법률」상의 절차와 제한을 준수해야 한다.

167) 「대주의 의사결정 조항」에 대해서는, (i) 青山大樹 編著『詳解 シンジケートローンの法務』(一般社団法人金融財政事情研究会, 2015) 172페이지 이하, (ii) Philip R Wood 「INTERNATIONAL LOAN, BONDS AND SECURITIES REGULATION」『LAW AND PRACTICE OF INTERNATIONAL FINANCE』(SWEET & MAXWELL, 2007) 94페이지 이하 각 참고

168) M&A금융 수단에 사채(社債)가 포함되어 있는 경우에는 사채권자 간 의사결정에 대해서는 상법상 「사채권자집회」에 관한 규정이 적용된다. 따라서 대주 간 의사결정 방법을 대출계약에서 임의로 규정할 수 있는 것과는 달리 사채권자 간 의사결정은 「사채권자집회」에 따라 이루어져야 하므로 사채인수계약이나 사채발행조건에서는 사채권자의 의사결정방법에 대해 사채권자집회에 의한다는 내용 외에는 별도로 규정하지 않는 것이 일반적이다. 다만, 여기서 사채권자의 결의가 필요한 사항에 대해 각 사채별로 사채권자 전원의 동의가 있는 경우에는 해당 사채권자집회 절차 자체를 생략할 수 있는지 여부가 문제되는데, 이에 대해서는 ① 어떠한 결의사항에 대해서도 해당 사채권자 전원의 동의가 있는 경우에는 사채권자집회 결의를 생략할 수 있다는 견해(무제한 허용설)와 ② 법정결의사항(자본감소 이의에 관한 상법 제439조 제3항, 사채관리회사의 사임에 관한 상법 제481조, 사채관리회사의 해임에 관한 상법 제482조 등 상법에서 명시적으로 사채권자집회 결의사항으로 규정하고 있는 사항)과 그 이외의 사채권자의 이해관계가 있는 사항으로 나누어 후자(그 이외의 사채권자의 이해관계가 있는 사항)의 경우에만 사채권자 전원의 동의로 사채권자집회에 갈음할 수 있다는 견해(제한적 허용설)가 있다. 또한, 사채권자집회 결의가 생략될 수 있는 경우에도 사채권자집회 의사록을 작성해야 하는지 문제되는데, 상법에서는 이 경우 의사록 작성에 대한 예외가 인정되지 않고 있다는 점, 주주전원동의에 의해 주주총회를 생략하는 경우에도 실무상 주주총회의사록 작성이 요구되고 있다는 점에 비추어 볼 때 사채권자의 동의에 의해 사채권자집회가 생략될 수 있는 경우에도 사채권자집회 의사록은 작성하는 것이 타당할 것으로 생각된다.

서는 대주전원, 다수대주, 과반수대주의 승인(동의)이 필요한 사항으로 나누어 규정하는 경우가 일반적이다. 다만, 담보권 실행 또는 담보계약상의 권리 행사 등 일정한 사항에 대해서는 대주의 의사결정에 따르지 않고 각 대주가 이를 개별적으로 행사할 수 있는 것으로 규정하는 사례도 있다.[169)]

[계약서 기재례] 대주의 의사결정

[대주의 의사결정 사항]

금융계약에서 대주의 동의(승인, 승낙) · 지시 · 의견표시(표명) 기타 어떠한 의사결정이나 행위가 필요한 사항은 다음에 따라 결정한다.

(1) 대주전원의 동의에 의하여 결정할 사항

1. 어느 금융계약의 취소, 해제, 해지 등 약정을 종료시키고자 하는 모든 행위
2. 대출약정금 금액, 이자율, 대출금, 이자, 수수료 등 차주 등이 금융계약에 따라 대주에게 지급하여야 할 여하한 금원의 금액 · 변제충당의 순서 · 상환기일 · 지급방법 · 대출만기일의 각 변경, 금융계약상 담보권에 관한 사항의 변경
3. 이 계약 제[*]조 제[*]항에 의한 기한의 이익의 부활
4. 기타 금융계약에서 대주전원의 동의, 지시 등 의사결정이나 행위가 필요한 것으로 규정된 사항

(2) 다수대주의 의사에 따라 결정할 사항

1. 이 계약 제[*]조 [*]항에 의한 기한이익의 상실 통지(당연 기한이익상실사유 발생에 의한 기한의 이익상실의 경우는 제외)
2. 이 계약 제[*]조 [*]항에 의한 기한이익의 상실 통지의 유예(당연 기한이익상실사유 발생에 의한 기한의 이익상실의 경우는 제외)
3. 대리기관의 선임, 해임, 변경
4. 기타 금융계약에서 달리 규정하지 않은 사항(대리기관이 대주의 의사결정이 필요하다고 판단한 사항을 포함)

(3) 이 조 제(1)항 및 제(2)항에도 불구하고, 주식근질권설정계약에 따른 근질권의 실행, 예금근질권계약에 따른 근질권의 실행 및 연대보증인에 대한 연대보증채무의 이행청구는 이 항 제(1)항 및 제(2)항에 따른 의사결정에 의하지 않고, 각 대주가 개별적으로 행사할 수 있다.

(4) 이 조 제(1)항 및 제(2)항에도 불구하고, 자금관리계좌상의 자금집행 및 차주의 자금집행요청에 대한 승인(동의) 여부에 관한 결정은, 다른 대주의 동의없이 금융계약에 따라 대리기관이 단독으로 하며, 나머지 대주는 대리기관의 자금집행 및 자금집행승

169) 대주가 담보신탁의 우선수익자로 지정되는 방법으로 담보가 제공되는 경우에는 신탁법 제61조에 따른 제한이 있을 수 있다는 점에 대해서는 본서 제4편 제2장 Ⅲ (3) 5) 수익자의 의사결정 부분 참조

인(동의)에 대하여 이의를 제기하지 아니하고 대리기관을 면책한다.

(5) 대리기관은 금융계약에서 특별히 정하고 있는 사항, 이 조 제(1)항 및 제(2)항에서 정하고 있는 대주의 의사결정사항을 제외하고는, 대주를 위하여 행위를 하기 이전에 필요한 경우 각 대주와 협의하고, 대리기관의 합리적인 판단에 따라 독자적으로 업무를 수행하며, 대리기관에 통지된 사항 및 결정사항에 대하여 각 대주에게 통지하기로 한다. 이 경우 대리기관은 그의 판단에 따라 다수대주의 의사결정에 따라 업무를 처리할 수 있으며, 대주는 이에 대해 이의를 제기하지 아니하며 대리기관을 면책한다.

[의사결정 절차 및 집행]

(1) 전 조에 따른 대주의 의사(의견)의 취합은, 대리금융기관 또는 각 대주의 요청에 의해, (i) 금융계약에서 대주의 서면에 의한 동의(승인, 승낙) · 지시 · 의견표시(표명) 기타 어떠한 의사결정이나 행위가 필요한 사항은 각 대주가 작성한 서면으로 대리금융기관에 통지하는 방법에 의하고, (ii) 그 이외의 사항은 기타 대리금융기관이 합리적으로 판단하는 적절한 방법에 의할 수 있다.

(2) 만일, 관계법령에서 합병 등 차주의 어느 행위(이하 이 항에서 "의견수렴대상행위")에 대하여 채권자의 이의(보호) 절차 등 어느 대주로부터의 동의 · 반대 · 승인 · 기타 어떠한 의견수렴절차(이하 이 항에서 "채권자이의등절차")를 규정하고 있는 경우, 차주는 해당 채권자이의등절차의 착수(개시)에 앞서 대리기관에게 해당 의견수렴대상행위에 대한 전 조에 따른 대주의 의사결정의 취합을 요청하고, 전 조에 따라 대주의 의사결정이 취합되어 대리기관으로부터 그 결과를 통지받은 이후에 한하여 채권자이의등절차에 착수하여야 한다{단, 일정 등을 고려하여 대리기관이 동의하는 경우에는 대리기관이 동의하는 일정에 따라 채권자이의등절차의 일부를 동시에 착수(개시)할 수 있는 것으로 한다}. 이 경우, 각 대주는 채권자이의등절차에서도 전 조에 따라 취합 · 결정된 대주의 단일한 의사에 구속되며, 채권자이의등절차에서 그에 부합하도록 의사를 표시하는 등의 행위(작위 · 부작위 포함)를 하여야 한다.[170)]

(3) 어느 대주가 전 조에 따른 의사결정을 함에 있어서, 각 대주는 각자가 보유하는 대출금의 총액 전액에 대해 단일한 의결권을 행사하여야 하며, 의결권을 분할하여 다르게 행사(의결권의 불통일 행사)할 수는 없는 것으로 한다.

(4) 전 조 및 이 조에 따라 결정된 대주의 의사결정내용은 모든 대주를 구속한다. 대리기관은 전 조 및 이 조에 따른 대주의 의사결정의 취합 결과를 모든 대주를 위하여 모든 대주의 단일한 의사로 이행하고 집행한다.

170) 관계법령상의 채권자이의절차(채권자보호절차)와의 관계를 명확히 하기 위해 이와 같은 규정을 추가하기도 한다.

6) 법률의 변경 및 사정변경 조항[171)]

대주단대출이나 M&A금융 대출계약에 특유한 조항은 아니나, 사안에 따라서는 대출실행 이후의 사정변경에 대한 리스크를 차주에게 부담시키기 위해 대주가 「법률의 변경 및 사정변경」이라는 표제하에 아래의 기재례와 같은 규정을 요구하는 경우도 있다. 다만, 이러한 규정은 법률/사정의 변경 위험을 차주 측에게 전가하는 면이 있기 때문에 외국과는 달리 우리나라의 실무에서는 차주 측의 반대로 대출계약에 포함하지 않은 경우도 많은 것으로 보인다.

[계약서 기재례] 법률의 변경 및 사정변경

[위법]

(1) 대주에 관하여, ① 이 계약 체결일 이후 관련 법령의 변경, 관련 법령의 해석 내지 적용의 변경, 관련 정부당국의 고시나 지침 등[(대외적인 법규의 효력을 가지는 것에 한함)]의 변경으로 인하여 대주의 대출 실행 의무(인출 이전)나 대출금 유지 의무(인출 이후) 혹은 그 밖에 금융계약상 대출금과 관련한 어떠한 의무의 이행이 위법하게 되고, ② 대주가 그러한 위법을 치유하기 위하여 합리적으로 노력하였음에도 불구하고(그러한 노력에는 관련 법령 및 이 계약이 허용하는 범위 내에서 대출지점의 이전 또는 대출금 채권의 양도 등의 조치를 포함한다) 그 위법이 치유되지 않을 경우, 대주는 즉시 그 사실을 대리기관에게 통지하여야 하고, 대리기관은 그 통지를 수령시 차주에게 그 내용을 통지하여야 한다.

(2) 이 경우:

1) 차주가 대리기관으로부터 위 제(1)항의 통지를 수령함과 동시에 대출약정은 효력을 상실하고, 그에 따라 대출금과 관련한 금융계약상 일체의 의무도 소멸하며,

2) 차주는 대리기관으로부터 위 제(1)항의 통지를 수령한 후 대출금 전액과 그에 대하여 그때까지 발생한 이자 및 이 계약상 차주가 대출금과 관련하여 대주에게 지급하여야 하는 일체의 금원을 합한 금원을 대주에게 지급하여야 한다.

(3) 차주가 위 제(2)항 제2)호 소정의 지급을 하여야 하는 날은 원칙적으로, ① 대주가 대리기관에게 위 제(1)항 소정의 통지를 하면서 그 지급일을 특정한 경우에는 당해

171) 「법률의 변경 · 사정변경 조항」에 대해서는, (i) 박준 · 한민 『금융거래와 법(제3판)』(박영사, 2022) 108페이지 이하, (ii) 青山大樹 編著 『詳解 シンジケートローンの法務』(一般社団法人 金融財政事情研究会, 2015) 224페이지 이하, (iii) Philip R Wood 「INTERNATIONAL LOAN, BONDS AND SECURITIES REGULATION」 『LAW AND PRACTICE OF INTERNATIONAL FINANCE』(SWEET & MAXWELL, 2007) 57페이지 이하, (iv) Sandra Stern 『Structuring and Drafting Commercial Loan Agreements (Revised Edition) VOLUME 1-1』(An A.S Pratt Publication, 2014) Chapter 11. 11.07 [17], [19] 부분 각 참고

특정일, ② 대주가 그러한 특정을 하지 않은 경우에는 차주가 대리기관으로부터 위 제(1)항 소정의 통지를 받은 이후 최초로 도래하는 이자지급일이다. 다만, 대주의 의무를 위법하게 하는 관련 법령에서 그러한 위법의 하자를 치유할 수 있는 유예기간을 부여하고 있는 경우에는, 그 유예기간의 말일 이후 최초로 도래하는 이자지급일(그 유예기간의 말일이 이자지급일인 경우에는 해당 이자지급일)까지 지급하여야 한다.

(4) 차주가 위 제(2)항 제2)호에 따라 대출금을 상환하는 경우에는 조기상환수수료가 부과되지 아니한다.

[추가비용]

(1) 대주에 관하여, ① 이 계약 체결일 이후 관련 법령의 변경, 관련 법령의 해석 내지 적용의 변경, 관련 정부당국의 고시나 지침 등[(대외적인 법규의 효력을 가지는 것에 한함)]의 변경으로 인하여 아래 각호의 전부 혹은 일부가 발생하고(이러한 경우의 발생이 대주의 신용등급 또는 자기자본비율 하락, 법령 위반 등 대주 자신에게 발생한 사유에 의한 것이 아니어야 한다), ② 대주가 그러한 사항을 시정하기 위하여 합리적으로 노력하였음에도 불구하고(그러한 노력에는 관련 법령 및 이 계약이 허용하는 범위 내에서 대출지점의 이전 또는 대출금 채권의 양도 등의 조치를 포함한다) 이를 시정할 수 없는 경우, 대주는 대리기관에게 그 사실을 통지할 수 있고, 대리기관은 그 통지를 수령하는 즉시 차주에게 그 내용을 통지하여야 한다.
   1) 대주가 금융계약상 차주가 부담하여야 할 금원을 부담하게 된 경우 또는,
   2) 금융계약상 대주가 지급받을 이자의 전부 혹은 일부를 지급받을 수 없게 된 경우(원천세 징수에 의한 경우와 당해 대주의 이익에 대하여 부과되는 세금은 제외) 또는,
   3) 금융계약상 의무를 계속 이행하기 위해서는 대주에게 이 계약 체결 당시 대주가 예상하지 못한 추가적인 비용이 발생하는 경우

(2) 이 경우 차주는 위 제(1)항의 통지를 대리기관으로부터 수령한 날로부터 칠(7)영업일 이내에 대출금이 상환되었는지 여부에 상관없이, 위 제(1)항에 의하여 대주에게 추가적으로 발생한 모든 비용(이하 "추가비용")을 지급하여야 한다. 다만, 대주가 이 항에 따른 추가비용을 지급받기 위해서는 실무적으로 가능한 조속히 그 추가비용에 관하여 대주나 대리기관은 차주에게 그 발생 근거, 산출내역, 명세서 및 기타 증빙서류를 제출하여야 한다.

(3) 위 제(1)항 각호의 상황이 지속될 경우, 차주는 일십(10)영업일 이전에 서면으로 통지한 후 당해 서면통지에서 지정한 날(영업일이어야 함)에 대출금과 그에 대하여 그 때까지 발생한 이자 및 이 계약상 차주가 대출금과 관련하여 대주에게 지급하여야 하는 일체의 금원을 합한 금원을 대주에게 지급할 수 있다. 이 경우 차주는 조기상환수수료를 지급할 의무를 부담하지 아니한다.

7) 원천징수에 대처하기 위한 조항

한편, 대주단대출이나 M&A금융 대출계약에 특유한 조항은 아니나, 대주가 당해 대출의 유동화 또는 자금조달을 위해 별도로 설립된 특수목적법인(이하 「원천징수대상대주」라고 한다) 등인 경우, 당해 원천징수대상대주는 M&A금융의 차주로부터 지급받은 이자 등을 재원으로 그가 조달한 대출원리금 등을 Back to Back으로 상환/지급해야 하는데, 이 경우 당해 원천징수대상대주는 법인세법상의 대출이자 등에 대한 원천징수면제법인에 해당하지 않기 때문에[172] M&A금융의 차주가 당해 원천징수대상대주에게 지급하는 대출이자 등은 그에 대한 원천징수가 이루어져야 하고 그 결과 동 원천징수액만큼 당해 원천징수대상대주가 그의 채권자에게 지급할 이자금액 등에 부족분이 발생하게 된다. 이러한 현금흐름의 불일치에 대비하여 원천징수액에 해당하는 금액에 대한 「보전(Gross-up)조항」[173]과 M&A금융의 차주에 의한 원천징수대상대주에 대한 「후순위 대여의무(자금보충)」의 두 가지 방법이 이용되고 있으나, 우리나라의 실무에서는 주로 후자의 방법이 이용되는 경우가 많은 것으로 보인다.

[계약서 기재례] 보전(Gross-up)조항

> 만일 차주가 금융계약상 대주에게 지급할 금원에 관하여, 관련 법령에 의하여 어떠한 공제나 원천징수를 하여야 할 경우, 차주는 당해 공제 내지 원천징수된 지급액과 함께 대주가 그러한 공제나 원천징수가 없었더라면 받았을 금액을 받을 수 있도록 추가금액을 지불하여야 한다. 차주는 대리기관에게 그러한 공제액이나 원천징수액이 적절한 세무당국 기타 관청에 납부되었음을 증빙하는 서면자료를 제출하여야 한다. 단, 당해 공제 내지 원천징수와 관련하여 대주가 관련 정부당국으로부터 환급을 받은 경우(환급이 가능한 경우 관련 대주는 환급을 받기 위한 조치를 취하여야 한다), 동 금액을 즉시 차주에게 반환하여야 한다.

172) 대주가 국내법인인 경우를 전제하면, 금융・보험기관 등이 대주로서 대출을 하는 경우에는 차주는 지급이자에 대한 원천징수의무가 없으나(법인세법 제73조, 동 시행령 제111조), 그 이외의 경우에는 지급이자에 대한 원친징수가 이루어진다.

173) 「Tax gross-up 조항」에 대해서는, (i) 박준・한민 『금융거래와 법(제3판)』(박영사, 2022) 107페이지 이하, (ii) Philip R Wood 「INTERNATIONAL LOAN, BONDS AND SECURITIES REGULATION」 『LAW AND PRACTICE OF INTERNATIONAL FINANCE』(SWEET & MAXWELL, 2007) 54페이지 이하, (iii) Sandra Stern 『Structuring and Drafting Commercial Loan Agreements(Revised Edition) VOLUME 1-1』(An A.S Pratt Publication, 2014) Chapter 11. 11.07 [20] 부분 각 참고

[계약서 기재례] 후순위 대여

(1) 차주는 대주에게 이자 등 어떠한 금원을 지급하는 것과 관련하여 지급금액에 대하여 원천징수(법인세법에 따른 원천징수 및 지방세법에 따른 특별징수를 포함함)를 하는 경우, 대주에게 다음 각 목의 조건에 따라 후순위로 원천징수세액 및 관련 비용 상당의 금원을 어떠한 상계나 공제없이 각각 대여하여야 한다(이 조에 따라 대주가 차주에 대하여 상환의무를 부담하는 대여금을 "후순위대여금"이라 한다).

가. 대여금액: 어떠한 금원의 지급에 따라 발생하는 원천징수세액 및 관련 비용 상당 금원

나. 대여방법: 매 해당 금원의 지급일에 매 해당 금원 지급일의 오전 열한(11)시(서울시간) 또는 대주와 차주가 합의하는 다른 시각까지 자산관리계좌로 입금하는 방법으로 대여함.

다. 상환일 및 상환방법: 후순위대여금의 상환은 대주가 다른 채권자에 대하여 부담하는 채무(제세공과금 및 제비용 포함)가 모두 상환된 이후에 상환될 수 있음. 다만, 대주가 이자소득세 등 해당 지급금원에 대한 원천징수액을 환급받은 때에는, 대주는 환급일로부터 일십(10)영업일 이내에, 그때까지 기한의 이익 상실사유가 발생하지 않았을 것을 조건으로, 그 환급금액의 범위 내에서 차주가 지정하는 계좌에 입금하는 방법으로 수시로 상환함. 이 경우 조기상환 수수료는 없는 것으로 함.

라. 이자: 연[*]%

마. 상계금지약정: 차주는 대주에 대한 채무와 후순위대여금에 대한 채권(이하 "후순위대여금채권")을 상계할 수 없으며, 채권자 지위와 채무자 지위의 혼동으로 인한 채권·채무의 소멸을 주장할 수 없음.

바. 기타: 차주는 후순위대여금채권을 대주의 사전 서면동의없이 제3자에게 양도하거나 담보로 제공할 수 없으며, 후순위대여금채권을 근거로 금융계약에 따른 채무 등 대주에 대한 채무의 이행을 거절할 수 없음.

(2) 차주는 어떠한 이유{차주 또는 대주에 대한 채무자 회생 및 파산에 관한 법률에 따른 파산 또는 회생 기타 이와 유사한 절차(기업구조조정촉진법에 따른 워크아웃, 사적 워크아웃 포함)의 개시신청, 각종 항변권 등을 포함하며 이에 한정되지 않는다}로도 이 조 제(1)항에 따른 후순위대여금의 대여의무의 이행을 거부하거나 동 의무를 부인, 취소, 해제 또는 변경할 수 없다.

(3) 차주의 이 조 제(1)항에 따른 후순위대여금의 대여의무는 무조건적이며 취소불능의 의무이고, 민법 제599조[174]의 적용을 배제한다.

174) 제599조(파산과 소비대차의 실효)
대주가 목적물을 차주에게 인도하기 전에 당사자 일방이 파산선고를 받은 때에는 소비대차는 그 효력을 잃는다.

M&A

제2장 후순위 금융에 의한 M&A금융

1 후순위 금융의 의의[175)]

후순위 금융이란, 일반적으로 확립된 정의가 있는 것은 아니나, 본서에서는 그 상환·투자회수의 순위에 있어서 (선순위) 대출 등 선순위 금융에 대해서는 후순위이고, 보통주식에 대해서는 선순위에 위치하는 투자수단에 의해 자금을 제공하는 M&A금융을 총칭하는 의미로 사용한다. 실무에서는 가운데(중위험-중수익) 위치한다[176)]는 의미에서 이를 「메자닌 금융(Mezzanine Financing)」 또는 「메자닌 투자」라고도 한다. 후순위 금융은 보통 후순위 대출, 상법상 종류주식의 인수 또는 후순위 사채의 인수를 통하여 자금을 제공하는 방법으로 이루어진다.

M&A금융에서의 후순위 금융은 스폰서의 자기자금에 의한 보통주식 출자와 금융기관으로부터의 선순위 대출 등의 선순위 금융에 의한 차입의 소합만으로는 M&A에 필요한 자금이 조달될 수 없는 경우에 그 부족자금을 조달하기 위한 방법으로 주로 이용되는데, 당초에는 거래규모가 큰 M&A금융의 경우에 주로 이용되었지만, 현재에는 거래규모가 소액인 경우에도 투자자들의 다양한 투자성향을 반영하여 자주 활용되고 있는 것으로 보인다.

175) 「후순위 금융」의 의의에 대해서는 추가로, (i) 笹山幸嗣·村岡香奈子 『M&Aファイナンス(第2版)』(一般社団法人金融財政事情研究会, 2008) 126페이지 이하, (ii) 「인수금융에서의 후순위금융과 리파이낸싱」, 천경훈 편저 『우호적 M&A의 이론과 실무-M&A계약의 주요조항』(소화, 2017) 218페이지 이하, (iii) Philip R Wood 「PROJECT FINANCE, SECURITIZATIONS, SUBORDINATED DEBT, Chapter 10. SUBORDINATED DEBT: GENERAL PRINCIPAL」 『LAW AND PRACTICE OF INTERNATIONAL FINANCE』(SWEET & MAXWELL, 2007) 178~179페이지 각 참고

176) 후순위 금융이 「가운데」 위치한다는 것은, 차주/투자대상회사의 사업이 실패하여 도산한 경우에는 투자회수의 가능성이 선순위 대출 등의 선순위 금융보다 낮지만 보통주식보다는 높고, 차주/투자대상회사의 경영실적이 개선된 경우에는, 선순위 대출 등의 선순위 금융보다 높은 이자(또는 우선배당률)가 지급되기 때문에 그 수익·위험이 선순위 대출 등의 선순위 금융보다 높지만 보통주식보다는 낮다는 것을 의미한다.

2 후순위 금융의 장 · 단점[177)]

① 스폰서의 입장에서, 선순위 대출 등의 선순위 금융과 보통주식에 추가하여 후순위 금융을 이용하여 M&A거래 자금을 조달하는 경우의 장점과 단점을 검토하면 다음과 같다. 먼저, 후순위 금융을 이용하는 장점의 하나로, 스폰서의 입장에서는 당초 예상한 보통주식의 인수에 의한 출자액의 일부를 후순위 금융으로 대체함으로써, 스폰서의 출자액을 낮추면서도 M&A거래의 매매대금을 조달하는 것이 가능하다는 점을 들 수 있다.
그리고 후순위 대출 또는 후순위 사채, 상법상 종류주식 등을 통해 그때그때 사안에 맞게 다양하게 설계된 금융상품을 통해 자금을 조달할 수 있다는 점도 장점의 하나로 들 수 있다.[178)]
또한, 후순위 대출을 다시 금리 등이 다른 트렌치(Tranche)로 나누는 것(Tranche B-1, Tranche B-2) 및 종류주식의 내용으로 분배 및 상환 순위에 선 · 후순위를 부여하는 것(A종 종류주식, B종 종류주식)도 가능하고, 다수의 후순위 금융 사이에 선 · 후순위를 부여하는 것도 가능하므로 전형적인 대출상품에 비해 유연하고 섬세한 위험 · 수익의 설계도 가능하다는 장점이 있다.

② 한편, 선순위 대주의 입장에서는 후순위 금융에 의해 조달된 금액만큼 선순위 대주의 신용위험 노출액과 담보물로부터의 회수가능성이 높아지게 되므로{이것을 실무에서는 후순위 금융이 선순위 금융에 대해 완충(buffer 또는 cushion) 역할을 한다고도 한다}, 후순위 금융이 존재하지 않는 경우에 비하여, 선순위 대출 기준 LTV(담보인정비율)가 낮아짐에 따라 더 많은 대출액을 제공[179)]할 수 있게 된다. 또한, 후순위 투자자의 입장에서는 이자율 또는 수익률을 보상받을 수 있는 장점이 있다.

③ 반면, 후순위 금융은 선순위 대출 등의 선순위 금융에 대해 후순위이고 보통주식에 우선하는 투자수단이기 때문에, 이러한 선 · 후순위 관계를 실현 또는 완전하게 할 구조와 장

---

177) (i) 笹山幸嗣 · 村岡香奈子 『M&Aファイナンス(第2版)』(一般社団法人金融財政事情研究会, 2008) 126페이지 이하, (ii) Philip R Wood 「PROJECT FINANCE, SECURITIZATIONS, SUBORDINATED DEBT, Chapter 10. SUBORDINATED DEBT: GENERAL PRINCIPAL」『LAW AND PRACTICE OF INTERNATIONAL FINANCE』(SWEET & MAXWELL, 2007) 177~178페이지 각 참고

178) 다만, 사채(社債)와 종류주식의 내용은 상법에 법정되어 있고, 특히 전자등록의 방법으로 발행되는 경우에는 그 발행조건의 표준화가 어느 정도 요구되기 때문에 대출, 사채, 종류주식 간 상품 선택에 있어서는 다른 종류의 투자수단을 조합하여 다양한 설계가 가능할 수 있지만, 사채나 종류주식이 선택된 경우 동 상품의 조건 설계에는 일정한 한계가 있다.

179) LTV가 낮아지면 대출금/담보평가액이 낮아져서 담보여력이 높아지게 됨을 의미한다. LTV(담보인정비율)에 대해서는, 본서 제3편 제1장 **3** (3) 5) 재무에 관한 준수사항 부분 참조

치가 필요하다. 따라서 후순위 금융의 구조에 따라서는 선순위 대주와의 사이에서 「채권자간합의서」를, 종류주식의 인수에 의한 경우에는 선순위 대주와의 사이에서 「투자자간합의서」 및 보통주주와의 사이에서 「주주간계약서」를 각각 체결함으로써 관계자 간의 권리관계를 명확히 해두는 것이 필요하다. 그러나 후순위 금융이 개입되지 않은 경우에 비하여 이해관계자의 수가 많아지기 때문에 그 권리관계가 복잡해지고, 이를 조정하기 위한 관련계약서의 협상 및 계약서 작성에 많은 시간이 소요되는 경우가 많다는 단점이 있다.

3 선 · 후순위 관계 확보 방법

M&A금융에서 후순위 금융을 이용하는 경우 선순위 대출 등의 선순위 금융과 후순위 금융 간의 선 · 후순위 관계가 확보되어야 함이 그 기본전제가 되는데, 그 방법으로는 대표적으로 「합의에 의한 선 · 후순위화의 방법」과 「구조적인 선 · 후순위화의 방법」이 이용될 수 있다.

먼저, 「합의에 의한 선 · 후순위화의 방법」[180]은 당사자 간 선 · 후순위에 관한 합의(계약)에 근거한 것으로, 선순위 대주와 후순위 투자자가 동일 차주에 대한 대출 · 투자를 함에 있어서 채권자간합의서 · 담보권자간합의서 · 투자자간합의서 등을 통하여 선순위 대주와 후순위 투자자의 권리관계를 조정하여 선 · 후순위 관계를 확보는 방법이다. 이와 같이 합의에 의해 선 · 후순위화를 만들기 위한 방법으로는, (i) 「상대적 후순위 방식」과 (ii) 「절대적 후순위 방식」이 이용되고 있는데 이에 대해서는 본서 제3편 제2장 6 (4) 1) 선 · 후순위 합의 부분에서 살펴보기로 한다.

다음으로 「구조적인 선 · 후순위화의 방법」[181]이 있는데, 이것은 선순위 대주의 대출처를 투자대상주식 매수를 위한 특별목적회사(편의상 「子SPC」라고 한다)로 하고 후순위 투자자의 투자처를 낭해 특별목적회사의 모회사(주주)(편의상 「母SPC」라고 한다)로 함으로써

180) 이를 「약정에 의한 선 · 후순위화의 방법」이라고도 한다. 「합의에 의한 선 · 후순위화의 방법」에 대해서는, (i) 박준 · 한민 『금융거래와 법(제3판)』(박영사, 2022) 122페이지 이하 및 976페이지 이하, (ii) 笹山幸嗣 · 村岡香奈子 『M&Aファイナンス(第2版)』(一般社団法人金融財政事情研究会, 2008) 132페이지 이하, (iii) Philip R Wood 「PROJECT FINANCE, SECURITIZATIONS, SUBORDINATED DEBT, Chapter 10. SUBORDINATED DEBT: GENERAL PRINCIPAL」 『LAW AND PRACTICE OF INTERNATIONAL FINANCE』(SWEET & MAXWELL, 2007) 185페이지 이하 각 참고

181) 「구조적 선 · 후순위화의 방법」에 대해서는, (i) Philip R Wood 「PROJECT FINANCE, SECURITIZATIONS, SUBORDINATED DEBT, Chapter 10. SUBORDINATED DEBT: GENERAL PRINCIPAL」 『LAW AND PRACTICE OF INTERNATIONAL FINANCE』(SWEET & MAXWELL, 2007) 179페이지, 189페이지 이하, (ii) 「인수금융에서의 후순위금융과 리파이낸싱」 천경훈 편저 『우호적 M&A의 이론과 실무-거래의 절차와 구조 설계』(소화, 2017) 220페이지 이하 각 참고

구조적으로 선·후순위 관계를 확보는 방법이다.[182] 이 경우, 母SPC의 채권자인 후순위 투자자는 子SPC/투자대상회사(및 그 하위의 투자대상회사의 자회사)에 대해서는 직접적으로는 어떠한 채권도 보유하지 않기 때문에 母SPC가 子SPC로부터 배당(또는 유상감자)을 받지 않는 한 후순위 투자를 회수할 수 없다. 그리고 子SPC로부터의 母SPC에 대한 배당은 子SPC의 선순위 대주에 대한 상환에 비해 후순위이므로 후순위 투자자는 선순위 대주에 대해 구조적으로 후순위가 된다. 따라서 이 구조에서는 원칙적으로 선순위 대주와 후순위 투자자의 권리조정(채권자간합의서·담보권자간합의서·투자자간합의서 등)은 필요하지 않게 되어 계약 협상에 걸리는 시간을 절약할 수 있다는 장점이 있다. 다만, 이 구조하에서는, 母SPC의 채권자인 후순위 투자자는 선순위 대주 이외에 子SPC의 다른 채권자(子SPC가 투자대상회사와 합병하는 경우에는 투자대상회사의 채권자 포함)에 대해서도 구조적으로 후순위 지위에 놓이게 된다. 또한, 母SPC가 子SPC에게 대출 등 금융을 제공하거나(Inter-Company Financing) 子SPC/투자대상회사(및 그 하위의 투자대상회사의 자회사)가 母SPC를 위한 보증·담보제공을 하는 경우에는 선순위 대주는 구조적으로 선·후순위 관계를 확보할 수 없게 되므로, 구조적 선·후순위관계를 확보하기 위해서는, 母SPC가 子SPC에게 대출 등 금융을 제공(Inter-Company Financing)하는 경우에는 동 채권도 후순위로 해야 하고, 子SPC/투자대상회사(및 그 하위의 투자대상회사의 자회사)가 母SPC를 위한 보증·담보제공을 하는 것도 제한할 필요가 있다.

[그림 3-1] 구조적 선·후순위화

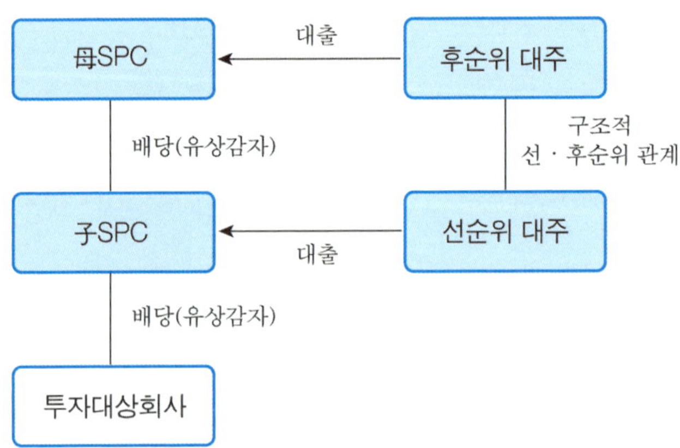

182) PEF는 복층(復層)의 투자목적회사를 통하여 투자대상회사에 투자(예를 들면, PEF → 母SPC → 子SPC → 투자대상회사의 구조)할 수 있는데(자본시장법 제249조의13 제1항 제3호 가목), 이를 통해 구조적 선·후순위화를 구현할 수 있을 것이다.

어느 방법을 선택할 것인지는 위의 장단점을 고려하여 개별 사안별로 결정하게 될 것이나 우리나라의 M&A금융에서는 「합의에 의한 선・후순위화 방법」이 이용되는 경우가 많은 것으로 보인다.

4 후순위 금융의 투자수단 선택 시 고려사항[183)]

M&A금융에서 후순위 금융의 투자수단으로는 주로 후순위 대출, 후순위 사채 및 상법상 종류주식의 3가지가 주로 고려될 수 있는데, 이하에서는 실무상 가장 자주 이용되는 후순위 금융의 수단인 상법상 종류주식과 후순위 대출의 방법에 의하는 경우를 염두에 두고, 사채에 대해서는 필요한 범위에서 간략히 언급해 가면서, 후순위 금융의 투자수단 선택 시의 주요 고려사항에 대해 살펴본다.[184)]

(1) 투자수단에 대한 법령상 제한 문제

후순위 금융의 투자수단 선택 시 가장 먼저 고려해야 할 사항 중 하나는, 「차주(SPC)에 대한 법령상 제한」과 「투자자에 대한 법령상의 제한」이 있는지 여부이다. 전자에 해당하는 제한으로는, PEF/투자목적회사의 차입한도 제한, PEF/투자목적회사의 주주 또는 사원의 자격 및 지분율 제한, PEF가 상법상 유한회사의 형태로 투자목적회사를 설립하는 경우에는 주식・사채를 발행할 수 없다는 점[185)] 등을 예로 들 수 있다. 그리고 후자에 해당하는 제한으로는 대부업법에 의한 제한, 독점규제법에 의한 제한, 금산법/금융지주회사법/은행법/자본시장법 등 투자자가 금융기관(은행, 증권회사, 신탁사, 보험사, 저축은행, 캐피탈사

183) 각 투자수단별 장단점의 비교에 대해서는, Philip R Wood 「PROJECT FINANCE, SECURITIZATIONS, SUBORDINATED DEBT, Chapter 10. SUBORDINATED DEBT: GENERAL PRINCIPAL」『LAW AND PRACTICE OF INTERNATIONAL FINANCE』(SWEET & MAXWELL, 2007) 183~185페이지 참고

184) 후순위 금융의 수단으로서의 「후순위 사채 발행 시 실무상 쟁점」에 대해서는, (i) 「인수금융에서의 후순위금융과 리파이낸싱」 천경훈 편저 『우호적 M&A의 이론과 실무-거래의 절차와 구조 설계』(소화, 2017) 231페이지 이하, (ii) Philip R Wood 「PROJECT FINANCE, SECURITIZATIONS, SUBORDINATED DEBT, Chapter 10. SUBORDINATED DEBT: GENERAL PRINCIPAL」『LAW AND PRACTICE OF INTERNATIONAL FINANCE』(SWEET & MAXWELL, 2007) 242페이지 이하 각 참고. 한편, 「사채(Bond)의 일반론 및 발행실무」에 대해서는, (i) 박준・한민 『금융거래와 법(제3판)』(박영사, 2022) 435페이지 이하, (ii) 이중욱 외 『M&A와 투자, 기업재편 가이드(개정증보판)』(삼일인포마인, 2022) 135페이지 이하, (iii) 최상우 외 『기업금융과 M&A』(삼일인포마인, 2016) 620~709페이지, (iv) 太田 洋 外 『社債ハンドブック』(商事法務, 2018), (v) 橋本 円 『社債法(제2판)』(商事法務, 2021), (vi) Philip R Wood 「INTERNATIONAL LOAN, BONDS AND SECURITIES REGULATION」『LAW AND PRACTICE OF INTERNATIONAL FINANCE』(SWEET & MAXWELL, 2007) 119페이지 이하 각 참고

185) 이에 따라 실무에서는 (종류)주식 발행에 의한 자금조달이 필요한 경우에는 SPC를 주식회사로 설립하고 있다.

등)이나 개별 법령에 의해 설립된 펀드 또는 투자 Vehicle인 경우 각 개별 법령(감독당국의 가이드라인 포함) 등에 의한 대출/증권(주식 · 사채) 인수(투자) 제한 등을 예로 들 수 있다.[186)]

(2) 회계처리(부채/자본) 문제

법률상 후순위 대출은 부채(채무), 종류주식은 출자지분(자본)의 일종으로 분류된다. 그리고 회계적으로도 후순위 대출은 원칙적으로[187)] 부채(채무), 일반적인 이익배당/잔여재산 분배에 관한 종류주식(우선주식)은 출자지분(자본)의 일종으로 분류되게 된다.[188)]

그러나 종류주식 중 우선주식에 상환권이 추가로 부여된 종류주식(상환우선주식), 우선주식에 전환권이 추가로 부여된 종류주식(전환우선주식) 및 우선주식에 상환전환권이 추가로 부여된 종류주식(상환전환우선주식)의 경우에는, K-GAPP와 K-IFRS하에서의 회계처리가 각각 다르다. 즉, K-GAPP하에서는 그 법적형태를 중시하여 상환우선주식, 전환우선주식 및 상환전환우선주식을 자본으로 회계처리하지만, K-IFRS하에서는 법적형태보다는 경제적인 실질을 중시하여 상환우선주식, 전환우선주식 및 상환전환우선주식을 일률적으로 자본으로 회계처리하지 않고 해당 주식의 성격에 따라 부채 또는 자본으로 회계처리를 하도록 하고 있다.[189)]

따라서 후순위 금융의 수단으로 상환우선주식, 전환우선주식 및 상환전환우선주식을 고려하는 경우에는 회계법인을 통해 해당 주식의 조건에 따라 부채/자본 어느 것으로 회계처리될 수 있는지 구체적인 검토가 필요하다는 점에 유의해야 한다.

(3) 세법상 문제(이자/배당)

후순위 대출에 관하여 차주가 지급하는 이자는 세무상 차주의 손금산입의 대상으로 된다.[190)] 그러나 종류주식(우선주식, 상환우선주식, 전환우선주식, 상환전환우선주식 포함)은

186) 금융기관의 경우에는 NCR(순자기자본비율) 등의 관리를 위하여 개별사안에 따라 대출 취급 여부, 인수/취득할 수 있는 증권의 종류와 그 비율이 정해지는 경우도 있다. 또한, 종류주식의 취득 등을 통한 후순위 금융에의 참여가 독점규제법상의 (사전, 사후)기업결합신고의 요건에 해당하는 경우에는 그에 사전/사후 신고도 필요하게 된다(동법 제12조).

187) 원금상환 및 이자지급 등에 있어서 자본에 가까운 조건을 포함하고 있는 하이브리드(Hybrid) 성격이 있는 대출/사채의 경우(영구채, 조건부 자본증권, 하이브리드대출)에는 일정한 요건을 충족하는 경우에는 회계상 (조건부)자본으로 분류될 수 있기 때문에 '원칙적'이라고 하였다.

188) 사채(社債)도 법률상/회계상 원칙적으로 대출에 준하여 분류된다.

189) 상환우선주식, 전환우선주식, 상환전환우선주식의 회계처리에 대해서는, (i) 이중욱 외『M&A와 투자, 기업재편 가이드(개정증보판)』(삼일인포마인, 2022) 139페이지, (ii) 최종학「경영권 분쟁 과정에서 상환전환우선주의 역할」『숫자로 경영하라 4』(원앤원북스, 2018) 39페이지 이하 각 참고

앞서 살펴본 바와 같이 회계상 부채로 처리되는 경우에도, 위 종류주식에 관하여 주식발행회사가 주주에게 지급하는 배당은 세법상 이자로 보지 않고 배당으로 보아 손금산입의 대상으로 되지 않는다.[191]

또한, 종류주식의 경우에는 발행회사는 종류주식의 발행 시에 증가하는 자본금의 액에 1,000분의 4(일반과세의 경우) 또는 1,000분의 12(중과세의 경우)를 각 곱한 금액의 등록면허세를 각 납부할 필요가 있는데(지방세법 제28조 제1항 제6호, 제28조 제2항), 투자금액에 따라서는 이러한 등록면허세의 부담이 큰 비용이 될 수도 있다. 다만, 실무에서는 증자 시의 등록면허세를 줄이기 위해 주식을 할증 발행(예를 들면, 액면가 1,000원, 발행가 10,000원)하여 그중 일부만을 자본금으로 계상하는 방식을 취하기도 한다.

이에 반하여, 금융・보험기관 등이 후순위 대주로서 후순위 대출을 하는 경우에는 동 대출에 관한 계약서는 인지세법상 과세문서(금전소비대차에 관한 증서)에 해당하여 인지(최대 35만 원)를 대출계약서에 첨부[192]하는 방법으로 납부하여야 하는 정도의 세금부담이 따른다(인지세법 제3조, 동 시행령 제2조의2).[193][194]

(4) 상법상 소요절차 문제

후순위 대출에 의해 M&A자금을 조달하는 경우 차주에게 필요한 상법상의 절차는 원칙적으로 후순위 대출계약 및 관련 담보계약 등의 체결을 승인하는 권한을 갖는 기관(주로 이사회)에 의한 승인이다(상법 제393조 제1항).[195] 이에 반하여, 종류주식에 의해 M&A자금

---

190) 사채(社債)에 관하여 지급하는 이자도 세무상 발행회사의 손금산입의 대상이 된다.

191) 국세청 질의회신(법인, 서면-2018-법령해석법인-2242, 2018. 12. 14. 및 법규법인2010-0015, 2010. 2. 11. 등) 참고

192) 실무에서는 「붙이다」는 의미의 「첩부(貼付)」라는 용어를 사용하고 있으나, 인지세법에서는 「인지세는 과세문서에 (생략) 종이문서용 전자수입인지를 첨부하여 납부한다」라고 규정하고 있다(동법 제8조 제1항).

193) 인지세는 (선순위)대출계약에도 동일하게 적용된다. 인지세는 과세문서 원본마다 첨부하여야 하므로(동법 제4조 제2항), 당사자가 많은 경우 상당한 부담이 될 수도 있다(관련 약정상 인지세는 통상 차주/발행회사가 부담하는 것으로 규정된다). 따라서 인지세의 부담을 줄이기 위해 실무에서는 인지세의 첨부가 필요한 과세문서의 경우, 등기・등록 등을 위하여 기타 국가기관 등에 제출되어야 하는 문서를 제외하고는 각 과세문서마다 원본 1부씩만을 작성하여 원본은 대리기관이 보관하고 다른 당사자들은 그 사본을 보관하도록 규정하는 경우가 많다. 한편, 사채권(인지세법 제3조 제1항 제9호) 이외에 (사모사채)사채인수계약서에도 인지를 첨부해야 하는지 문제되는데, 과세관청에서는 (사모사채)사채인수계약서에도 인지를 첨부해야한다고 해석한 바 있다(질의회신, 인지, 서삼46016-10432, 2002. 3. 19.).

194) 한편, 후순위 투자자가 국내법인인 경우를 전제하면, 차주/발행회사는 후순위 대출/사채의 지급이자에 대한 원천징수의무가 있으나, 후순위 투자자가 금융・보험기관 등인 경우에는 후순위 대출/사채의 지급이자에 대한 원천징수의무가 없다. 또한, 배당소득에 대해서도 투자신탁의 이익을 제외하고는 원칙적으로 원천징수의무가 없다(법인세법 제73조, 동 시행령 제111조).

195) 사채(社債)의 경우에는 상법 제469조부터 제489조까지 등에서 규정하는 발행절차가 필요하게 된다.

을 조달하는 경우에는 종류주식의 제3자 배정의 요건 및 절차, 이사회결의 등 신주발행에 관한 절차(상법 제416조)에 더하여 주식발행회사의 새로운 종류주식에 관한 규정의 신설(기존 정관에 종류주식에 관한 정함이 없는 경우)(상법 제344조 제2항, 제344조의2부터 제346조까지)과 발행가능주식 총수의 규정(상법 제289조 제1항 제3호)을 변경하기 위한 정관변경이 필요하기 때문에 반드시 주주총회의 특별결의가 필요하다(상법 제434조).[196]

(5) 피담보채무 적격성 문제

후순위 대출에 의해 M&A자금을 조달하는 경우, 후순위 투자자는 후순위 대출채권을 피담보채권으로 선순위 대주에 이은 후순위의 담보권(단, 양도담보의 경우는 제외)을 설정받는 것과 후순위 보증을 제공받는 것이 가능하다.[197]

반면, 종류주식에 의해 M&A자금을 조달하는 경우에는 후순위 투자자는 주주의 지위를 갖기 때문에 그 상태만으로는 주식을 담보하기 위한 담보나 보증을 설정받을 수 없는 것으로 해석되고 있는 것으로 보인다. 다만, 실무에서는 종류주식이 상환주식의 성격을 구비하고 있는 경우(상환우선주식, 상환전환우선주식이 이에 해당한다)에 종류주식의 투자자에게 상환주식에 관한 권리(상환주식의 상환청구권과 장래 우선배당권/이익배당청구권 등)를 피담보채권으로 하여 담보와 보증이 제공된 사례가 다수 존재한다. 여기서 「장래의 우선배당권/이익배당청구권」을 피담보채권으로 한 부분에 대한 담보와 보증의 유효성에 대해서는 의문이 있으나,[198] 「종류주식의 상환청구권」 또는 적어도 「종류주식에 관한 Put/Call Option 행사에 따른 매매대금채권」을 피담보채권으로 하여 설정되는 담보와 보증은 그 유효성이 인정될 수 있을 것으로 생각된다.

(6) 이자제한법/대부업법상 최고이자율 제한 적용 문제

후순위 대출은 그 이자의 최고한도에 대해서는 이자제한법 및 대부업법의 적용을 받는다. 따라서 연 20%를 초과하는 이자의 합의는 할 수 없다(이자제한법 제2조 제3항, 이자제한법 제2조 제1항의 최고이자율에 관한 규정, 대부업법 제15조 제1항, 동 시행령 제9조 제1항). 반면, 종류주

196) 이미 수종의 주식이 발행되어 있는 경우에는 주주총회의 결의에 추가하여 해당 종류주식의 주주로 구성된 각 종류주주총회의 결의가 추가로 필요한 경우가 많을 것이다(상법 제435조). 이외에도, 종류주식에 의해 M&A금융을 제공하는 경우에는, 사안에 따라서는 금산법, 은행법, 보험업법 등의 개별 관련 법령이나 독점규제법 등에 따른 (사전, 사후) 승인/신고 절차가 추가로 필요하게 된다.

197) 사채(社債)의 경우도 대출과 마찬가지이다.

198) 다만, 대법원 2020다263574 판결([판례 3-24])의 사실관계에서와 같은 내용의 우선주식에 관한 장래의 이익배당청구권은 담보권의 피담보채권 적격이 있다고 해석될 여지도 있을 것으로 생각된다.

식에 의한 투자의 경우에는 이자제한법과 대부업법이 적용되지 않는다.[199]

(7) 투자회수 제한 문제

종류주식의 경우 배당금의 지급 및 상환청구권 행사에 의한 대금의 지급은 모두 배당가능액의 범위 내에서 행사되지 않으면 안 되는 것으로 해석되고 있다. 그러나 후순위 대출의 상환에 대해서는 이러한 배당가능이익에 의한 제한이 없다.[200]

이 점 때문에, 후순위 투자자는 주식발행회사에 충분한 배당가능액이 존재하는 상태를 확보하기 위하여 후순위 투자계약(주식인수계약)에 주식발행회사에 대한 자본금・준비금 액의 감소를 실행하도록 요청할 수 있는 권리와 그에 따른 발행회사의 의무를 규정하고 나아가 그 의무를 위반한 경우를 종류주식의 상환사유로 규정하는 경우도 있다. 다만, 이와 같이 투자계약(주식인수계약)에서 주식발행회사에게 배당결의 또는 자본금・준비금 액의 감소 등을 준수사항 등의 의무로 규정하는 경우에도, 상법하에서는 배당결의 또는 자본금・준비금 액의 감소는 주식발행회사의 의사결정기관인 이사회 및 주주총회의 결의가 필요한 단체법적인 행위라는 점,[201] 주식발행회사는 이사 및 주주에 대해 이러한 결의를 하도록 법률적으로 강제할 수 없다는 점을 고려하면, 이러한 약정의 효력(그 약정위반으로 인한 주식발행회사에 대한 손해배상청구, 주식발행회사에 대한 상환청구 등)이 인정될 수 있을지는 명확하지 않은 면이 있다. 개인적인 생각으로는 적어도 배당결의 또는 자본금・준비금 액의 감소 의무 불이행 자체를 이유로 해당 예정 우선배당금에 대한 지연손해금이나 손해배상을 청구

199) 이자제한법/대부업법에 따른 최고이자율 제한이 사채(社債)의 경우에도 적용되는지 의문이 있다. 특히, 사모사채의 경우에는 그 경제적인 실질이 대출과 유사하다는 점에서 이자제한법/대부업법상의 최고이자율 제한을 회피할 목적으로 대출이 아닌 사모사채를 인수하는 탈법적인 행위를 방지하기 위해서는 이자제한법/대부업법상 최고이자율 제한 규정을 적용할 필요성이 있다고 볼 여지도 있다. 이론적으로는, (사모)사채의 발행 및 인수를 금전소비대차계약의 일종으로 해석하는 경우에는 '금전대차에 관한 계약(이자제한법 제2조 제1항), '금전의 대부'에 관한 계약(대부업법 제2조 제1호)에 해당하는 것으로 볼 수 있으므로 이자제한법/대부업법상의 최고이자율 제한을 받는 것으로 해석되고, 반면 사채의 발행 및 인수를 사채의 매매로 해석하는 경우에는 동법상의 최고이자율 제한이 적용되지 않는 것으로 해석하는 것이 논리적일 것이다. 개인적으로는, 사채(社債)는 상법에서 정하는 절차에 따라 발행되고 그 권리행사/이전 등 그 법률관계의 대부분이 대출과는 다른 특별규정에 의해 규율된다는 점에서 금전대차(부)에 관한 계약과는 다르므로 원칙적으로 이자제한법/대부업법상 최고이자율 제한 규정은 적용되지 않으나, 대출(부)에 따른 이자제한법/대부업법상의 이자제한을 회피하고자 (사모)사채의 형식을 취하는 경우에는 예외적으로 사채의 경우에도 이자제한법/대부업법상의 최고이자율의 제한규정을 적용받는다고 해석하는 것이 타당하다고 생각한다. 다만, 이러한 해석상의 문제에도 불구하고, 실무에서는 사채(社債)의 경우에도 이자제한법/대부업법상의 최고이자율 제한 규정이 적용됨을 전제로 이자율이 정해지고 있는 것으로 보인다.

200) 사채(社債)의 경우에도, 이익참가부사채 등 이익배당을 받는 경우를 제외하고는, 대출과 마찬가지이다.

201) 다만, 대법원 2020다263574 판결([판례 3-24])의 사실관계가 적용될 수 있는 종류주식의 경우에는 별도의 이사회/주주총회의 배당결의가 필요없는 경우도 있다.

할 수는 없다고 본다.[202] 다만, 이러한 의무 불이행을 상환주식의 상환사유로 규정할 수 있는지에 대해서는 견해가 나뉠 수 있으나, 배당가능이익이 존재하는 한 이를 인정하더라도 상환에 관한 종류주식의 성질에 반하지 않음으로 허용될 수 있을 것으로 생각된다.

또한, 주식발행회사가 배당가능이익을 확보하기 위해 자본금·준비금의 액의 감소를 실시하는 경우에는 원칙적으로 주주총회(결의) 및 채권자 보호절차를 거쳐야 하는 문제도 있다(상법 제438조 제1항).

(8) 대부업 등록 문제

대출을 영업으로 하는 경우, 그 자(者)는 「금전의 대부」[203]를 업(業)으로 하는 자(者)이기 때문에, 원칙적으로 대부업 등록이 필요하다(대부업법 제3조 제1항). 따라서 대부업자가 후순위 대출을 제공하는 경우에는 대부업법 제6조, 제6조의2, 제7조의2 등을 포함한 대부업법상의 각종의 절차를 이행하여야 한다.[204][205] 그러나 종류주식의 인수는 「금전의 대부」가

202) 다만, 대법원 2020다263574 판결([판례 3-24])의 사실관계가 적용될 수 있는 종류주식의 경우에는 배당가능이익이 존재하는 한 이사회/주주총회의 배당결의 유무에 관계없이 이익배당금에 대한 지연손해금이 발생할 수 있다.

203) 「금전의 대부」의 개념에 대해서는 대법원 2018도7682 판결([판례 3-3]) 참조

204) 이와 관련하여, 실무상 특정 프로젝트(M&A, 부동산개발사업, 특정자산인수 등) 관련해서만 사업운영회사 또는 특수목적회사(SPC)가 자금을 대여하거나 대주로부터 대출채권을 양수하여 추심하는 경우에도, 해당 사업운영회사 또는 특수목적회사(SPC)가 대부업법상의 대부업등록을 해야 하는지 여부가 자주 문제로 되고 있다. 일반적으로 말하면, 위 행위를 「업」으로 하는 것으로 볼 수 있을지 여부에 달려있다고 할 수는 있지만, 실제 사안에서 도대체 어느 경우에 어떠한 기준을 적용하여 「업」으로 하는 것으로 보아야 할지는 명확하지 않다(판례에 따르면, 1회만 대출이 이루어진 경우에도 「업」성이 인정될 여지가 있기 때문이다). 이 때문에, Compliance를 중시하는 외국계 투자자가 자금을 대여하는 경우에는(특히 국내에 SPC 기타의 법인을 설립하여 자금을 대여하는 경우에는) 사전에 투자자 측에서 대부업등록을 요구하는 사례도 보인다. 이에 대해서는 현재로서는 명확한 결론을 내릴 수는 없지만, 개인적으로는 일반공중(一般公衆)을 대상으로 하지 않고 특정 프로젝트거래를 위하여 차주와의 구체적인 협상을 거쳐 특정한 목적으로 자금을 대여하는 것이라는 점, 이러한 특정목적의 대여는 일반공중의 금융이용자 보호라는 대부업법 취지에 반하지 않는다는 점, 이와 같은 일체의 자금대여를 대부업에 해당하는 것으로 해석하여 등록을 요구하고 미등록 시 대부업법에 따라 처벌한다면 대부업법의 당초의 입법목적을 넘어 과도한 규제가 될 수 있다는 점 등을 고려하면, 최소한 특정 프로젝트를 위해 설립된 특수목적회사(SPC)가 해당 프로젝트기간 동안에만 자금을 대여하는 경우에는 대부업법에 위반되지 않는 것으로 해석하는 것이 합리적이지 않을까 생각된다. 지금까지의 실무에서는 이와 같이 불명확한 점을 반영하여, 대부업법상 「업」 요건에 해당하지 않는 것으로 인정받을 가능성을 가능한 높이기 위하여 1회에 한하여 대출 하는 구조를 취하고 있는 사례가 자주 보인다. 다만, 아래와 같은 법령해석 회신문(220004)에 비추어 보면, 감독당국은 이 경우에도 대부업 등록을 해야 한다는 입장으로 보인다. 또한, 일본의 판례는 대부 상대방의 불특정다수성은 대부업의 요건이 아니라고 하고 있다[最高裁判所 昭和 30年 7月 22日 判決 (第二小法廷) 刑集 第9巻 9号 1962頁: '대금업 등의 취급에 관한 법률 제2조에서의 이른바 '대금업'이란 계속반복의 의사를 가지고 금전의 대부 또는 금전의 대차의 중개를 하는 행위를 하면 족하고, 반드시 그 대부의 상대방이 불특정다수의 자(者)라는 점을 필요로 하지 않는다는 것이 본 재판소의 판례임이 명백하다.: https://www.courts.go.jp/app/hanrei_jp/detail2?id=56942)]. 위와 같은

아니기 때문에 대부업 등록은 필요하지 않다.

[법령해석 회신문(220004)]

[질의요지]

집합투자기구의 대출을 위해 설립한 특수목적법인에 대해 대부업법상 등록의무가 있는지 여부

[회답]

- 질의하신 내용 중 우리위원회 소관사항인 「대부업 등의 등록 및 금융이용자 보호에 관한 법률」(이하 "대부업법"이라 한다) 관련 내용에 대하여 답변을 드립니다.
- 대부업법 제2조 제1호에서 "대부업"이란 금전의 대부(어음할인 · 양도담보, 그 밖에 이와 비슷한 방법을 통한 금전의 교부를 포함한다)를 업(業)으로 하는 것으로 규정하고 있고, 같은 법 제3조 제1항 및 제2항에서 여신금융기관은 제외하고 대부업 또는 대부중개업을 하려는 자는 영업소별로 해당 영업소를 관할하는 특별시장 · 광역시장 · 특별자치시장 · 도지사 · 특별자치도지사 또는 금융위원회에 등록하여야 한다고 규정하고 있습니다.
- 귀 질의의 경우 집합투자기구의 대출을 위해 설립한 특수목적법인이 각 사업별로 설립된 특수목적법인에 대부행위를 하고 있는 것으로 보이는 바, 이를 업(業)으로 영위하는 경우에는 대부업법상 대부업에 해당되어 대부업 등록이 필요할 것으로 생각됩니다.
- 다만, 해당 대출을 위해 설립한 특수목적 법인이 「자본시장과 금융투자업에 관한 법률」 등 대부업법 시행령 제2조의2 각호의 법률에 따라 인가 또는 허가 등을 받은 경우에는

감독당국의 법령해석과 일본의 판례에 따르면 특정 프로젝트를 위해 설립된 특수목적회사(SPC)가 해당 프로젝트기간 동안에만 자금을 대여하는 경우나 대출채권을 양수하는 경우에도 대출이나 양수의 횟수 여하에 관계없이 대부업 등록을 해야 할 것으로 생각된다.

205) 투자자가 사채(社債)를 인수(자본시장법 제9조 제11항의 「인수」와는 다른 개념으로 발행회사가 발행하는 사채를 취득한다는 정도로 이해하면 될 것이다)하는 경우에도 대부업 등록이 필요한지 의문이 있다. 특히, 사모사채의 경우에는 그 실질이 대출과 유사하다는 점에서 대부업 등록이 필요하다고 볼 수도 있다. 이에 대해, (사모)사채의 발행 및 인수를 금전소비대차계약의 일종으로 해석하는 경우에는 '금전의 대부(대부업법 제2조 제1호)'에 해당하는 것으로 볼 수 있으므로 대부업에 해당하는 것으로 해석되고, 반면 사채의 발행 및 인수를 사채의 매매로 해석하는 경우에는 대부업에는 해당하지 않는 것으로 해석될 가능성도 있다. 그러나 이와 같은 법적 성질에 따른 이론적인 해석과는 별개로, 미등록대부업의 경우 형사처벌이 과해지므로 죄형법정주의 원칙상 그 문언은 엄격히 해석되어야 한다는 점, 사채(社債)는 상법 등에서 정하는 절차에 따라 발행되고 그 권리행사/이전 등 그 법률관계의 대부분이 대출과는 다른 특별규정에 의해 규율된다는 점, 위 주 201)에서 언급된 점 등을 종합적으로 고려하면, 투자자가 사채(社債)를 인수하는 경우에는 대부업 등록을 요하지 않는 것으로 해석하는 것이 합리적이지 아닐까 생각된다. 다만, 실무에서는 대출과는 발행/양도/권리행사 등에서 명확히 구별되도록 함으로써 대부업에 해당하는 것으로 해석될 리스크를 줄이기 위하여 사채(社債)를 기명식으로 발행하는 대신 무기명식 사채 및/또는 주식사채전자등록법에 따른 전자등록사채로 발행하고 투자자는 1회에 한하여 사채(社債)를 인수하는 구조를 취하는 사례도 많은 것으로 보인다.

대부업 등록이 필요하지 않음을 안내드립니다.

[이유]

금전의 대부와 관련하여 직접적인 금전의 교부가 상대방에게 이루어진 경우뿐만 아니라 할부금융, 금융리스 등 실질적으로 거래상대방에게 경제적 이익이 귀속된 경우에도 금전의 대부에 포함하여야 할 것이므로, 거래상대방에 대한 신용공여의 대가로 발생한 채권의 경우 대부계약에 따른 채권으로 보는 것이 타당할 것입니다. 이에 따라, 거래상대방에 대한 신용공여의 대가로 발생한 채권의 경우 대부계약에 따른 채권으로 볼 수 있습니다.

(9) 자본시장법상 발행시장 공시규제의 문제

후순위 대출은 자본시장법상의 「증권」에는 해당하지 않지만, 종류주식은 「(지분)증권」에 해당하기 때문에, 자본시장법상 발행시장 공시규제(공모규제 등)가 적용된다.[206] 따라서 종류주식을 발행하고자 하는 경우에는 자본시장법상의 공시규제에 관한 절차[207]를 준수하여야 한다.

(10) 금소법 적용 문제

금소법상 후순위 대출은 「대출성 상품」[208]에, 종류주식은 「투자성 상품」[209]에 각각 해당하여 금소법상의 「금융상품」[210]으로서 판매절차 등에 있어서 공통 준수사항 및 금융상품별 각각의 준수사항이 적용된다. 다만, 아직 금소법 시행 초기 단계여서, 실무에서는 대출, 사채, 주식 등 자금조달에 이용되는 해당 금융상품이 그 내용/조건에 비추어 금소법 적용대상인지 및 적용대상이라면 어느 「금융상품」에 해당하는지, 해당 금융거래 관여 당사자 중 어느 당사자가 어느 종류의 「금융상품판매업자」에 해당하는지, 어느 당사자가 금소법상 「금융소비자」에 해당하는지, 해당한다면 어느 당사자가 「전문금융소비자」 또는 「일반금융소비자」에 해당하는지 등에 대해 해석상 어려움이 자주 발생하고 있다.[211]

206) 자본시장법상 「(채무)증권」에 해당하는 후순위 사채를 발행하는 경우도 마찬가지이다.
207) 실무에서는 대부분 「증권발행공시규정」에서 정하는 바에 따라 동 규정에서 정하는 전매기준에 해당하지 않도록 전매제한 등의 조치를 취함으로써 증권신고서를 제출하지 않고 있다(증권발행공시규정 제2-2조 제2항).
208) 동법 제3조 제2호
209) 동법 제3조 제3호. 사채의 경우에도 자본시장법상 「(채무)증권」으로서 「투자성 상품」에 해당한다.
210) 동법 제2조 제1호
211) 금소법에 대한 전반적인 설명은, 김은 「금융소비자보호법 해설서」(박영사, 2023) 참고

5 후순위 금융의 절차 및 관련 계약의 개요

M&A금융에 의한 자금조달 시 후순위 대출 또는 종류주식 등의 후순위 금융이 포함된 경우에는 선순위 대출의 경우와 마찬가지로 선순위 대출과 동시에 후순위 금융제안요청 및 금융제공제안, 후순위 금융제공확약(후순위 금융주선 위임[212] 및 후순위 주요금융조건 확정 포함), 후순위 대주단 결성, 후순위 대출계약/주식인수계약(투자계약)의 체결, 후순위 금융의 실행 등의 흐름으로 후순위 금융에 관한 절차가 진행된다.

후순위 금융과 관련하여서는 후순위 대출계약/주식인수계약(투자계약)관련 서류(이하 합하여 「후순위 투자관련서류」라고 한다)가 작성 · 체결되는데, 이에 대해서는 차주와 당해 후순위 투자자 사이에서만 협상이 이루어지는 것이 아니라, 선순위 대주에 의한 검토도 거쳐야 하는 경우가 일반적이다. 다만, 선순위 대주가 후순위 투자관련서류에 대한 검토나 기타 관여를 하지 않는 경우도 있는데, 이 경우에는 선순위 대주, 후순위 투자자, 차주 및 스폰서 각각의 권리관계의 조정을 목적으로 채권자간합의서(후순위 대출의 경우)/투자자간합의서(종류주식의 경우) 등이 작성되는 것이 일반적이고, 채권자간합의서(후순위 대출의 경우)/투자자간합의서(종류주식의 경우)에 대해서도 최종계약(Definitive Agreement) 체결 전에 주요금융조건(Term Sheet)이 작성되어 각 당사자에 의한 검토를 거쳐 확정되게 된다.[213]

이하에서는 후순위 금융의 가장 대표적인 수단인 후순위 대출과 종류주식[214]에 관한 각 해당 계약의 내용을 선순위 대출 등의 선순위 금융과 대비하여 간략히 살펴본다. 따라서 일반적인 기타사항은 (선순위) 대출계약을 참조하기 바란다.

6 후순위 대출에 의한 후순위 금융 관련 계약

(1) 개요

일반적으로 후순위 대출에 의한 후순위 금융에서는 후순위 대출계약, 후순위 담보계약, 채권자간합의서 등이 체결된다. 후순위 대출계약 및 후순위 담보계약은 후순위 대주와 담보제공자 및 차주의 관계를 규율하기 위한 것이고, 채권자간합의서(담보권자간합의서 포

212) 실무에서는 선순위 금융을 주선하는 주선기관에서 후순위 금융까지 주선하는 경우가 많다.

213) 「후순위 투자관련서류」의 작성은 후순위 투자자 측이 주도하는 경우가 많은 반면, 투자자간합의서 등 선순위 대주가 당사자로 포함되는 것에 대해서는 선순위 대주 측이 맡는 경우가 일반적이다. 다만, 주선인이 후순위 금융까지 주선하는 경우에는 주선인 측에서 일괄하여 서류를 작성하는 경우가 일반적이다.

214) 이하에서의 종류주식은, 다른 언급이 없는 한 주식발행회사가 주권비상장법인이며, 해당 종류주식이 주식사채전자등록법상의 「전자등록주식」에 해당하지 않음을 전제로 한다.

함)는 선순위 대주와 후순위 대주 사이의 이해관계를 조정하는 것을 목적으로 체결되는 것이다.[215]

이하에서는「합의에 의한 선·후순위화의 방법」을 전제로 후순위 대출 관련 금융계약의 내용에 대해 간략히 살펴본다.

(2) 후순위 대출계약의 내용

후순위 대출계약의 내용은, (i) 이자지급방식에 관한 합의 및 (ii) 선순위 대출에 대한 후순위 합의의 점을 제외하면, 앞서 제3편 제1장에서 살펴본 (선순위) 대출계약의 내용과 거의 동일하다. 따라서 이하에서는 후순위 대출에 관한「이자지급방식에 관한 합의」와「선순위 대출에 대한 후순위 합의」에 대해서만 살펴본다.

1) 후순위 대출의 이자지급방식

실무에서는 후순위 대출의 이자지급방식으로, (i) 이자지급일마다 이자를 실제로 지급하는 방식(「현금이자지급방식」)과 (ii) 이자기간을 대출실행일부터 만기일까지로 하고 만기일에 원금과 함께 이자를 일괄하여 지급하는 방식(「일괄후불이자지급방식」) 및 (iii) 매 이자지급일에 이자를 현금으로 지급하지 않고 원금에 가산하여 다음 이자기간에 대한 이자를 계산하는 방식(「이자원가화방식」)이 자주 이용되고 있다.

선순위 대주는 그의 선순위성을 확보하기 위하여 선순위 대출의 상환 완료 시까지는 차주로부터의 현금유출을 제한하려고 하기 때문에 후순위 대주에 대한 이자지급을 만기일까지 이연(移延)시키도록 요구하는 경우가 많은데, 이를 위하여 이자를 최종 상환일(만기일)에 일괄하여 지급하도록 약정되는 경우가「일괄후불이자지급방식」이고, 일정한 이율로 정한 이자가 매 이자지급일마다 발생하되 실제 이자로 지급되지는 않고 해당 이자지급일[216]에 원금에 산입{이를 실무상 원가(元加)[217]하고 하는데, 원가되어 복리(複利)를 발생시킨다}되는 구조(이른바 복리특약)로 약정되는 경우가 바로「이자원가화방식」이다.

215) 다만, 동일한 주선인에 의해 선순위 대출 및 후순위 대출의 대주단결성이 함께 이루어지는 경우에는 보통은 선순위 대출과 후순위 대출을 포함한 하나의 대출계약서가 체결되는 경우가 많고, 이때에는 별도의 채권자간합의서의 내용은 대출계약서에 포함되므로 별도로 채권자간합의서가 체결되지 않게 된다.

216) 실제로는 각 대주가 정하는「원가기준일」. 통상은 매 이자지급일

217)「원금에 가산된다」는 의미이다.

2) 선순위 대출에 대한 후순위

선순위 대출에 대한 후순위 합의는, (i) 원금의 상환, (ii) 이자의 지급, (iii) 기한의 이익 상실, (iv) 담보권의 순위, (v) 변제충당순서 등으로 나누어 볼 수 있다. 선순위 대출에 대한 후순위 대출의 후순위 합의는 선순위 대주를 당사자에 포함시킨 채권자간합의서를 통해 보다 포괄적인 합의가 이루어지지만, 실무에서는 후순위 대출계약에서도 최소한 (i) 원금의 상환과 (ii) 이자의 지급에 대해서는 채권자간합의서의 내용과 균형을 맞추기 위해 일정한 내용이 규정되는 것이 일반적인 것으로 보인다.

① 원금의 상환

후순위 대출의 원금은 선순위 대출의 상환이 완료될 때까지는 일체 상환되지 않도록 구조를 설계하는 것이 일반적이다. 즉, 후순위 대출의 원금 상환일은 선순위 대출의 최종 상환일과 같은 날 또는 그 이후의 날로 정하는 경우도 많고, 해당 상환일에도 선순위 대출의 상환이 완료되었을 것을 조건으로 한다. 물론, 후순위 대출의 조기상환도 선순위 대출의 상환이 완료되었을 것을 조건으로 한다.

[계약서 기재례] 후순위 대출금의 상환 ①

(1) 이 계약에서 달리 정하지 않는 한, 차주는 후순위 대출금을 대출만기일에 전액 일시 상환하여야 한다.
(2) 차주는 선순위 피담보채무의 상환이 전액 완료된 이후에 후순위 대출금을 상환할 수 있다.

[계약서 기재례] 후순위 대출금의 조기상환 ②

차주는 선순위 피담보채무의 상환이 전액 완료된 이후에 한하여 후순위 대출금의 전부 또는 일부를 조기상환할 수 있다.

② 이자의 지급

[계약서 기재례] 후순위 대출 이자의 지급 ① – 현금이자지급방식

차주는 각 이자지급일마다, 해당 이자지급일까지 지급기일이 도래한 채권자간합의서 제[*]조[218] 제[*]호 내지 제[*]호의 항목[219]이 전부 지급되었을 것을 조건으로, 후순위 대출금에 대한 이자를 후순위 대주에게 지급한다. 단, 선순위 대출금에 대한 기한의 이익이 상실된 이후에는 후순위 대출금에 대한 이자의 지급은 중지되고, 선순위 피담보채무의 상환이 전액 완료된 이후에 한하여 후순위 대출금의 이자가 지급될 수 있다.

[계약서 기재례] 후순위 대출 이자의 지급 ② – 일괄후불이자지급방식

차주는 후순위 대출금의 최종 상환일에, 해당 상환일까지 지급기일이 도래한 채권자간 합의서 제[*]조[220] 제[*]호 내지 제[*]호의 항목[221]이 전부 지급되었을 것을 조건으로, 후순위 대출금에 대한 이자를 후순위 대주에게 지급한다. 단, 어떠한 경우에도 선순위 피담보채무의 상환이 전액 완료된 이후에 한하여 후순위 대출금의 이자가 지급될 수 있다.

[계약서 기재례] 후순위 대출 이자의 지급 ③ – 이자원가화방식

차주는, 후순위 대출금의 이자기간별로 후순위 대출금에 대하여 후순위 대출이자율을 적용하여 계산된 이자를 별도로 지급하지 않고 해당 이자지급일에 각 후순위 대주의 원가기준에 따라 원가하여 원금화 하기로 하며, 이 경우 해당 이자는 그 시점부터 후순위 대출금에 포함되는 것으로 본다.

선순위 대출원리금의 지급과 병행하여 이자지급일마다 이자를 지급하는 방식(「현금이자지급방식」)과 이자지급이 후순위 대출의 최종 상환일(만기일)까지 이연되어 최종 상환일(만기일)에 원금과 함께 이자를 일괄하여 지급하는 방식(「일괄후불이자지급방식」), 매 이자지급일에 해당 이자기간의 이자가 원가화되어 다음 이자기간의 원금에 산입되는 방법으로 후순위 대출의 최종 상환일(만기일)까지 지급이 이연되는 방식(「이자원가화방식」) 어느 경우에나, 당해 이자지급일 및 최종 상환일(만기일)에 선순위 대출원리금 등 선순위 항목의 지급이 완료된 후에 한하여 후순위 대출의 이자의 지급이 이루어질 수 있다는 취지가 규정된다.

(3) 후순위 담보계약

담보제공자와 후순위 대주 사이에서는 후순위 담보권의 설정을 위해 후순위 담보계약을 체결하게 되는데, 이하에서는 후순위 담보권에 관한 기본적인 문제에 대해 간략하게 살펴

218) 변제충당규정
219) 각 이자지급일에 지급되어야 하는 선순위 항목
220) 변제충당규정
221) 해당 최종 상환일까지 지급되어야 하는 선순위 항목

보는데 그치고, 담보에 관한 전반적인 문제는 본서 제4편에서 추가로 살펴보기로 한다.

1) 후순위 담보권 설정 가능 여부[222)]

① 저당권은 그 설정의 선후에 의하므로 설정등기의 선후에 의해 후순위 저당권을 설정할 수 있다(민법 제333조, 제370조).

② 또한, 질권의 순위는 설정의 선후에 의하게 된다(동법 제333조, 제355조). 따라서 민법상 후순위 질권의 설정도 가능하다. 동산질을 전제로 하면, 질권자에게 그 목적물을 인도함으로써 그 효력이 발생하므로(민법 제330조), 그 동산질권의 순위는 목적물의 인도의 선후에 따르게 된다.[223)] 그러나 질권설정자는 동일한 담보목적물을 현실인도(민법 제188조 제1항)하는 방법으로는 후순위 질권자에게 인도할 수 없기 때문에 후순위 질권 설정을 위해서는 목적물반환청구권 양도의 방법(민법 제190조)에 의해 인도해야 한다.

③ 질권 및 저당권과는 달리, 양도담보권은 법률상 명문이 없는 비전형담보(非典型擔保)이고, 후순위 양도담보권의 설정이 가능하다는 점에 대한 법령상의 근거도 존재하지 않는다. 이와 같은 상황하에서, 현재 후순위 양도담보권의 효력에 대해 무효설과 채권적 효력설이 대립하고 있으나, 실무에서는 담보의 안전을 위해 무효설의 입장에 따르고 있는 것으로 보인다.

④ 「동산채권담보법」에 따른 「동산담보권」과 「채권담보권」은 그 등기선후에 따라 후순위 담보권 설정이 가능하다.[224)]

2) 후순위 대주의 상계권 확보 가능 여부

선순위 대주가 수신(예금)업무를 취급하는 금융기관인 경우에는, 당해 금융기관에 개설된 예금계좌에 차주의 자금(배당금 등 투자대상주식 등으로부터의 현금흐름)을 집중적으로 관리하는 것을 의무로 부과함으로써(준수사항) 선순위 대주는 예금채권에 대한 질권 실행 이외에도 상계를 통해 사실상 우선변제권을 확보할 수 있게 된다. 그러나 수신(예금)업무를 취급할 수 없는 금융기관 또는 금융기관이 아닌 제3자가 후순위 대주인 경우에는 이러한 구조를 취하는 것이 불가능하고, 후순위 대주가 수신(예금)업무를 취급하는 금융기관인 경우에도 선순위 대출의 상환 완료 전에는 후순위 대주에 예금계좌를 개설하거나 개설

222) 본서 제4편 제1장 5 (4) 후순위 담보권 설정 가능 여부 및 그 절차 부분 참조
223) 실무에서는 선·후순위 질권이 광범위 하게 설정되고 있음에도 그 근거조문 및 그 설정방법 등에 대해 깊은 고민이 없이 기왕의 질권설정계약서 양식을 거의 그대로 이용하여 계약이 체결되는 경우가 많다.
224) 「동산채권담보법」에 따른 「동산담보권」과 「채권담보권」에 대해서는, 본서 제4편 제2장 6 동산담보권·채권담보권 부분 참조

된 예금계좌에 자금을 집중시킬 것을 요구하는 것이 (선순위) 대출계약상 금지되어 있는 경우(「준수사항」)가 대부분이기 때문에 후순위 대주가 상계에 의해 사실상 우선권을 확보하기 어려울 수 있다.[225]

(4) 채권자간합의서(담보권자간합의서 포함)[226]

채권자간합의서(채권자간계약서)는 선순위 대주와 후순위 대주 사이의 이해관계를 조정하는 것을 목적으로 선순위 대주(선순위 대리인 포함), 후순위 대주 및 차주 사이에서 체결되는 경우가 일반적이다. 그리고 담보권자간합의서(담보권자간계약서)는 담보목적물의 취급(관리), 담보권의 양도・실행 시의 규율 등을 당사자 간에 미리 합의하는 것을 목적으로 선순위 담보권자(선순위 담보대리인 포함), 후순위 담보권자 및 담보권설정자(차주 및 물상보증인) 사이에서 체결되는 경우가 일반적이다. 다만, 실무에서는 특별한 사정이 없는 한 이러한 채권자간합의서와 담보권자간합의서의 내용을 모두 포함하여 하나의 채권자간합의서로 체결하는 경우가 많은 것으로 보인다.

한편, 채권자간합의서 또는 담보권자간합의서의 체결 당사자에 차주 및 담보권설정자를 포함시킬지 여부가 자주 문제되고 있는데, (i) 통상 채권자간합의서에 규정되는 후순위 대출의 후순위성에 관한 사항들을 차주의 의무로 채권자간합의서에 정함으로써 보다 확실하게 후순위 대주의 후순위성을 확보할 수 있게 된다는 점, (ii) 채권자간합의서에는 동 합의서에 위반하여 선순위 대주에 앞서 후순위 대주에게 상환(변제)이 이루어지는 경우에 후순위 대주가 수령한 금전에 상당하는 금원을 선순위 대주에게 지급할 의무가 정해지고 이 경우 당사자 간의 법률관계 조정과 관련하여 여러 가지 법률구성(「채권양도방식」, 「채권부활

225) 실무에서는, 상계계약(예약)의 형태로 대리인 또는 어느 대주가 자신에 개설된 차주 또는 보증인의 예금계좌상 예금채권과 전체 대주의 대출채권을 상계하고 대출계약에서 정하는 바에 따라 대주 간에 Pro-rata 또는 선・후순위로 분배할 수 있는 권한을 갖는 이른바, 삼각상계(三角相計)의 합의가 규정되는 경우도 많은데, 상계적상, 제3자에 대한 효력 등과 관련하여 그 유효성의 범위(특히, 도산절차 개시 또는 제3자와의 관계에서)가 문제될 수 있다. 일반론으로 말하자면, 이 경우에는 상계권자의 일방적인 의사표시에 의해 이루어지는 민법상 상계 자체가 아니라 당사자 간의 사전 합의인 상계계약(예약)에 해당하므로 원칙적으로 당사자 사이에서는 단축급부의 한 유형으로서 유효하다고 할 것이다. 그러나 어느 당사자에게 도산절차가 개시되는 경우나 차주 또는 보증인의 다른 채권자나 예금채권에 대한 압류・가압류권자 등의 제3자와의 관계에서는 그 효력이 문제될 수 있다.

226) 「채권자간합의서(Intercreditor-Agreement, Subordination Agreement)」의 전반적인 내용에 대해서는, (i) Sandra Stern 『Structuring and Drafting Commercial Loan Agreements(Revised Edition) VOLUME 1-2』 (An A.S Pratt Publication, 2014) Chapter 15. Subordination Agreements 부분, (ii) Philip R Wood 「PROJECT FINANCE, SECURITIZATIONS, SUBORDINATED DEBT, Chapter 10. SUBORDINATED DEBT: GENERAL PRINCIPAL」 『LAW AND PRACTICE OF INTERNATIONAL FINANCE』 (SWEET & MAXWELL, 2007) 96페이지, 212페이지 이하 각 참고

방식」, 「제3자변제방식」 등)이 선택될 수 있는데, 차주 및 담보권설정자를 채권자간합의서의 계약당사자로 포함시킴으로써 이러한 법적효과를 차주 및 담보권설정자에 대해서도 직접 미치게 할 수 있는 이점이 있다는 점, (iii) 선·후순위 합의의 효력 범위와도 관련되지만, 차주 또는 담보권설정자에 대한 도산절차 개시 전에 이루어진 당사자 간의 합의에 의한 선·후순위 채권이 도산절차에서도 약정한 대로의 선·후순위성을 인정받을 수 있는지 여부에 대해 논의가 있는바, 도산절차에서도 그 전부는 아니더라도 당사자 간의 약정이 최대한 반영될 수 있도록 하여야 한다는 의미에서 추후 도산절차상 채무자가 될 수 있는 차주와 담보권설정자를 채권자간합의서의 계약당사자로 포함시키는 경우도 있다는 점(채무자회생법 제446조 제2항 등 참조)에 비추어 보면, 채권자간합의서나 담보권자간합의서에는 가능한 차주와 담보권설정자도 계약당사자로 포함시키는 것이 타당할 것으로 생각된다.

이하에서는 담보권자간합의서가 별도로 체결되지 않고 담보권에 관한 내용이 채권자간합의서에 포함되어 채권자간합의서만 체결되는 경우를 전제로 채권자간합의서의 내용을 간략히 살펴본다.

1) 선·후순위 합의

① 선·후순위에 관한 합의는 채권자간합의서의 핵심 내용이다. 후순위 대출채권을 선순위 대출채권에 대하여 후순위로 만들기 위한 방법으로는, (i) 「상대적 후순위 방식」과 (ii) 「절대적 후순위 방식」이 이용되고 있다.[227]

먼저, 「상대적 후순위 방식」이란 선순위 대주, 후순위 대주와 차주 사이에서 후순위 대주의 선순위 대주에 대한 후순위 조건을 합의에 의해 정하는 것이다. 따라서 당해 합의는 선순위 대주, 후순위 대주와 차주 사이에서의 채권적인 합의에 불과하고, 경매법원, 일반채권자와 회생관리인, 파산관재인 등의 제3자와의 관계에서는 선·후순위 관계는 발생하지 않게 된다. 이에 따라, 선·후순위 문제가 가장 첨예하게 드러나는 경매절차, 강제집행절차나 차주의 도산절차에서 선순위 대주와 후순위 대주는 채권자 평등의 원칙에 따라 동순위로 배당을 받는 것에 불과하고,[228] 그 후 선순위 대주와 후순위 대주가

227) 「절대적 후순위 방식」 및 「상대적 후순위 방식」의 전반적인 내용은, (i) 박준·한민 『금융거래와 법(제3판)』(박영사, 2022) 976페이지 이하, (ii) 笹山幸嗣·村岡香奈子 『M&Aファイナンス(第2版)』(一般社団法人金融財政事情研究会, 2008) 132페이지 이하, (iii) Philip R Wood 「PROJECT FINANCE, SECURITIZATIONS, SUBORDINATED DEBT, Chapter 10. SUBORDINATED DEBT: GENERAL PRINCIPAL」 『LAW AND PRACTICE OF INTERNATIONAL FINANCE』(SWEET & MAXWELL, 2007) 185페이지 이하 각 참고

228) 물론, 선순위 대주가 담보권을 설정받았다면, 그 범위에서 후순위 대주에 우선하게 될 것이다.

배당받은 합계액을 당사자 간의 선·후순위 합의에 따라 재분배하게 된다.

이 경우 후순위 대주의 선순위 대주에 대한 재분배 방식으로는, (i) 후순위 대주가 차주로부터 수령한 금원을 신탁법상의 수탁자의 지위에서 선순위 대주를 수익자로 하여 (특정금전)신탁을 설정한 것으로 약정하는 방식[229]과 (ii) 단순히 후순위 대주가 차주로부터 수령한 금원을 선순위 대주에게 지급하기로 약정하는 방식[230]이 이용되고 있는데, 우리나라의 실무에서는 (ii)의 방식이 주로 이용되고 있는 것으로 보인다.

한편, 「절대적 후순위 방식」[231]이란, 후순위 대주와 차주 사이에서 합의에 의해 지정된 선순위 대주가 보유하는 일체의 채권의 변제 완료를 정지조건으로 후순위 채권 등이 발생한다는 취지를 합의하는 것이다. 이러한 절대적 후순위 방식의 경우, 지정된 선순위 대출채권의 변제가 완료되는 시점은 선순위 대출채권과 동순위의 모든 채권(거래처의 채권이나 다른 대출채권 등)이 채권자 평등의 원칙에 따라 도산절차에서 변제가 완료되는 시점이 되기 때문에 후순위 대주는 당초 예정된 특정의 선순위 대주만이 아니라 선순위 대주와 동순위인 전체 일반채권자에 대해서도 후순위로 되는 결과가 된다.

담보가 별도로 제공되지 않은 경우를 전제로, 차주에 대한 파산절차 등에서 「상대적 후순위 방식」과 「절대적 후순위 방식」에 따른 분배가 이루어지는 모습을 예를 들어 살펴본다.[232]

- 배당가능재산: 180
- 선순위 대출: 100, 후순위 대출: 100, 기타 대출: 100

위 사례에서, 먼저 「상대적 후순위 방식」에 의할 경우에는 선순위 대주, 후순위 대주, 기타 대주가 각각 60씩을 배당받은 후, 선순위 대주와 후순위 대주 간의 상대적 후순위 방식에 의한 재분배 약정에 따라 후순위 대주는 선순위 대주에게 선순위 대주가 전액 변제받기에 필요한 금액(40)을 지급(분배)한다. 이러한 재분배 후 선순위 대주, 후순위 대주, 기타 대주는 각각 100, 20, 60을 변제받는 결과가 된다. 다음으로, 「절대적 후순위 방식」에 의할 경우에는 후순위 대주는 선순위 대주가 전액 변제될 때까지 배당을 받을 수 없기 때문에 선순위 대주, 후순위 대주, 기타 대주의 배당액은 각각 90, 0, 90이 된다.

229) 이를 「turnover subordination trust」라고도 한다. Philip R Wood 「PROJECT FINANCE, SECURITIZATIONS, SUBORDINATED DEBT, Chapter 10, SUBORDINATED DEBT : GENERAL PRINCIPAL」 『LAW AND PRACTICE OF INTERNATIONAL FINANCE』(SWEET & MAXWELL, 2007) 185페이지
230) 이를 「debtor-creditor turnover subordination」이라고도 한다. 위 문헌 186페이지
231) 이를 「Contractual Subordination」이라고도 한다. 위 문헌 187페이지
232) 위 문헌 188페이지

따라서 이 경우에는 후순위 대주의 변제금액(20→0)뿐만 아니라 선순위 대주의 최종 변제금액(100→90)도 모두 줄어들게 된다. 결국, 「절대적 후순위 방식」에 의할 경우에는 후순위 대주의 배당시점이 다른 일반채권자에 대해서도 모두 후순위가 됨에 따라 「상대적 후순위 방식」에 비해 선순위 대주 및 후순이 대주 모두에게 변제되는 금액이 감소하는 결과가 된다.

M&A금융의 실무에서는 후순위 대주가 「절대적 후순위 방식」을 받아들이는 경우는 거의 없고, 「절대적 후순위 방식」을 이용해야 하는 특수한 상황이 아닌 한 「상대적 후순위 방식」이 이용되는 경우가 일반적인 것으로 보인다.[233)]

이하에서는, 「상대적 후순위 방식」을 전제로 채권자간합의서의 주요 내용에 대해 간략하게 살펴본다.

② 모든 사항에 대한 선・후순위 관계를 확보하기 위하여, 후순위 대주는 선순위 대출의 상환이 완료될 때까지의 사이에 차주에 대한 도산신청, 회수행위(담보권의 실행, 상계를 포함), 담보청구, 기한 전 변제의 청구, 기한의 이익 상실 선언, 후순위 대출계약의 변경 등을 선순위 대주의 승낙없이 하지 않는다는 내용이 규정된다.

또한, 선순위 대출의 리파이낸싱 시에는 일단 선순위 대출의 상환완료에 따라 채권자간합의서가 종료되어 후순위 대출의 후순위성의 근거를 부여하는 계약이 실효되어 버리기 때문에, 리파이낸싱과 동시에 후순위 대주가 리파이낸싱 후의 선순위 대주 및 선순위 대리인과의 사이에서 종료된 채권자간합의서와 같은 내용의 채권자간합의서를 다시 체결할 의무가 규정되는 경우도 있다.[234)]

나아가, 차주도 후순위 대주가 부담하는 의무와 병렬적인 의무로서 선순위 대출계약・채권자간합의서에 반하는 후순위 대출채권의 변제, 차주의 후순위 대주에 대한 채권과 후순

233) 「절대적 후순위 방식」은 상법, 자본시장법, 은행법, 금융지주회사법 등에 따라 발행되는 조건부자본증권, 상법에 따라 발행되는 (일반) 영구채, 금융기관의 후순위채 등의 발행 시에 자주 이용되고 있다.

234) 원칙적으로 담보권에 대해서는 순위 승진의 원칙이 적용되기 때문에 기존의 선순위 대출의 리파이낸싱에 의해 선순위 피담보채무가 변제로 소멸하는 경우에는 기존 선순위 담보권이 소멸하고 기존 후순위 담보권이 선순위로 승진하게 된다. 따라서 선순위 대출만을 리파이낸싱 하는 경우에는 순위 승진의 원칙 때문에 기존 후순위 담보를 해제・말소하고, 리파이낸싱 대주에게 새로운 선순위 담보권을 설정 후 다시 후순위 담보권을 설정하는 절차를 취해야 한다(다만, ① 기존 선순위 대출채권을 셀다운하는 방법을 취하는 경우, ② 후순위 담보권자의 동의를 얻어 기존 선순위 담보권을 유용하는 경우, ③ 기존 선순위 담보권이 포괄 또는 한정근담보이고 리파이낸싱 대출이 채권최고액과 종류에 있어서 동 피담보채무의 범위에 포섭될 수 있는 경우 등에는 기존 선순위 담보를 이용할 수 있기 때문에 이러한 문제가 발생하지 않는다). 이 점 역시 채권자간합의서에 미리 반영되어야 한다.

위 대출채권의 상계, 후순위 대주에 대한 담보의 추가제공, 후순위 대출의 조기상환, 후순위 대출관련계약의 변경 등을 선순위 대주의 승낙없이 하지 않는다는 내용이 규정된다.

[계약서 기재례] 후순위 합의

이 계약서의 조건에 따라, 차주와 후순위 대주는 후순위 피담보채무[235]가 선순위 피담보채무[236]의 지급에 비해 후순위에 있음을 동의하고, 나아가 다음 각 항을 인정하고 동의 및 확약한다.

1. 선순위 피담보채무 전액이 변제되기 전까지, 후순위 피담보채무의 어떠한 지급·상환(이행기 도래 후 상환, 기한이익 상실에 의한 상환 또는 기타 사유를 불문함)은 우선순위 또는 지급받을 권리의 모든 측면에 있어서 후순위에 있다.
2. 선순위 피담보채무가 전액 변제되지 않는 한, 후순위 대주는 그 사유를 불문하고, 선순위 대주의 사전 서면 동의없이 다음 각호의 행위를 하여서는 아니 된다.
   (1) 후순위 피담보채무의 채무불이행(명칭을 불문함)을 선언하거나 기한이익을 상실시키는 행위 또는 후순위 피담보채무의 전부 또는 일부와 관련하여 후순위 대주가 차주 등 또는 기타 제3자에 대하여 가지는 권리나 구제수단을 행사하거나 집행하는 행위{대위권 행사, 담보권 행사 또는 실행, 차주 등에 대한 회생절차·파산절차·기업구조조정촉진법상 부실징후기업의 관리절차·채권은행협의회 운영협약상의 공동관리절차 또는 사전공동관리절차·해산절차·청산절차 기타 이와 유사한 결과를 초래하는 어떠한 절차의 개시신청을 포함}
   (2) 차주 등 또는 기타 제3자로부터 현금 또는 현물로 후순위 피담보채무와 관련되거나 후순위 피담보채무에 기인하는 금원(후순위 피담보채권의 양도에 의한 매매대금 포함)을 지급받는 행위. 단, 이 계약 또는 선순위 대출계약에서 명시적으로 상환이 허용되는 범위 내에서는 상환받을 수 있다.
   (3) 후순위 대주의 차주 등에 대한 채권자로서의 권리, 의무 및/또는 지위를 제3자에게 양도, 담보제공하는 행위
   (4) 선순위 대주가 선순위 피담보채무와 관련하여 가지는 권리를 집행하기 위하여 스스로 필요하다고 판단하는 조치를 취하는 것을 지연하거나 기타 저해하는 행위
   (5) 선순위 대주의 사전 서면 동의없이 후순위 대출계약 또는 후순위 피담보채무(그 담보권 포함)의 내용을 변경하는 행위
3. 후순위 대주는, 이 계약서의 내용을 위반하여 후순위 피담보채무를 지급받거나 회수하여서는 안 되며, 이를 위반하여 회수하거나 제3자로부터 지급받은 금원은 그 사유를 불문하고 대리기관의 청구에 의해 선순위 대주에게 즉시 지급한다.

235) 별도의 용어정의
236) 별도의 용어정의

4. 위 제1항 내지 제3항에도 불구하고, ① 후순위 대주는 법원 또는 정부당국 또는 이에 준하는 기관 또는 절차에서 채권신고 등 그의 권리보전을 위한 행위를 할 수 있으며, ② 선순위 대주가 요청하는 경우에는, 후순위 대주는 법원 또는 정부당국 또는 이에 준하는 기관 또는 절차에서 선순위 대주의 요청에 따라 후순위 대주의 권리를 보전 · 행사 · 실행하기 위한 절차를 이행해야 한다. 다만, 이 항에 따라 회수하거나 제3자로부터 지급받은 금원은 그 사유를 불문하고 대리기관의 청구에 의해 선순위 대주에게 즉시 지급한다.
5. 후순위 대주는, 후순위 대출계약을 포함한 금융계약상 차주 등의 행위에 대한 동의 · 승낙 등 어떠한 의사결정이 필요한 사항에 대해서는 선순위 대주의 의사결정에 따른다. 다만, 다음 각 목의 사항에 대해서는 후순위 대주는 선순위 대주의 의사결정에 구속되지 않고 독자적으로 동의 · 승낙 여부를 결정할 수 있다.
   (1) [*]
   (2) [*]
6. 후순위 대주는, 선순위 대주의 사전 서면동의 하에 위 2. (3)에 따른 양도 · 담보제공을 하는 경우에도, 해당 양수인 또는 담보권자가 이 계약서의 내용을 승인하고 이 계약서에 구속되는 것을 조건으로 후순위 피담보채무에 관한 권리를 양도 · 담보제공할 것이며, 이 계약서는 후순위 대주로부터 후순위 피담보채무에 관한 권리를 양수 · 담보제공받은 자에게도 차주 등, 후순위 대주, 선순위 대주 및 대리기관의 별도의 승낙 · 동의 등의 의사표시 또는 행위 없이 구속력이 있다.
7. 차주와 후순위 대주는, 차주가 선순위 피담보채무를 상환하기 위해 선순위 피담보채무와 동일한 순위로 리파이낸싱에 의해 자금을 차입하는 경우(단, 리파이낸싱의 원금은 선순위 대출계약상의 대출약정금을 초과하여서는 안 된다)에는 해당 리파이낸싱의 대주가 요청하는 시점까지 이 확약서에 준하여 작성된 새로운 후순위 확약서를 작성하여 리파이낸싱의 대주에게 제출하기로 하고, 또한 해당 리파이낸싱의 대주가 후순위 대주 및 후순위 피담보채무에 대하여 선순위 대주 및 선순위 피담보채무와 동일한 순위를 확보하는데 필요한 것으로 대리금융기관 또는 해당 리파이낸싱 대주가 요청하는 절차(후순위 담보의 말소 및 재설정 등)를 이행하여야 한다. 만일 이를 이행하지 않는 경우에도 해당 리파이낸싱의 대주를 이 확약서상의 선순위 대주로, 해당 리파이낸싱에 따른 원리금채무 등 일체의 금전지급채무를 이 확약서상의 선순위 피담보채무로 보고 해당 리파이낸싱의 대주에 대해서도 이 확약서가 준용되는 것으로 한다.

2) 이자지급의 후순위

앞서 살펴본 바와 같이, 후순위 대출계약에서의 이자지급방식으로는, (i) 이자지급일마다 이자를 지급하는 방식(「현금이자지급방식」)과 (ii) 이자기간을 대출실행일부터 최종 상환일

(만기일)까지로 하고 최종 상환일(만기일)에 원금과 함께 이자를 일괄하여 지급하는 방식(「일괄후불이자지급방식」) 및 (iii) 매 이자지급일에 이자를 현금으로 지급하지 않고 원금에 가산하여 다음 이자기간에 대한 이자를 계산하는 방식(「이자원가화방식」)이 주로 이용되고 있다.

어느 경우에나 후순위 대출의 이자를 지급하는 것을 예정하고 있는 경우에는 이자의 지급이 선순위 대출의 원리금의 지급에 대해 후순위가 되도록 이자의 지급시점을 선순위 대출의 원리금의 지급 완료 후로 정하는 것이 일반적이다. 즉, 해당 이자지급일에 선순위 대출의 원리금의 지급이 완료된 후에 한하여 후순위 대출의 이자의 지급이 이루어질 수 있다는 취지가 규정된다.

한편, 기한의 이익 상실사유 등이 발생한 경우에는 선순위 대주는 회수재원을 확보하기 위하여 그 이후 차주로부터의 현금의 유출을 방지할 필요가 있다. 따라서 기한의 이익 상실 또는 기한의 이익 상실사유 등[237]이 발생한 경우에는 후순위 대주에 대한 이자지급 등 일체의 지급을 금지하는 취지의 내용이 규정되는 것이 일반적이다.

3) 원금지급의 후순위

앞서 살펴본 바와 같이, 후순위 대출의 원금은 선순위 대출의 상환이 완료될 때까지는 일체 상환되지 않도록 규정하는 것이 일반적이다. 즉, 후순위 대출의 원금 상환일은 선순위 대출의 최종 상환일(만기일)과 같은 날 또는 그 이후의 날로 정하는 경우도 많고, 동 상환일에 선순위 대출의 상환이 완료되었을 것을 조건으로 한다. 또한, 후순위 대출의 조기상환도 선순위 대출의 상환이 완료되었을 것을 조건으로 한다.

4) 권리행사의 후순위

① 후순위 대출의 기한의 이익 상실사유가 발생한 경우에는 선순위 대출의 기한의 이익 상실사유를 구성하는 것으로 규정되고, 그 반대로 선순위 대출의 기한의 이익 상실사유가 발생한 경우에는 후순위 대출의 기한의 이익 상실사유를 구성하는 것으로 규정되는 것이 일반적이다. 다만, 이 경우 선순위 대주의 의사와는 관계없이 후순위 대주가 독자적으로 기한의 이익 상실을 선언(「청구에 의한 기한의 이익 상실사유」)하거나 기한의 이익상실에 따른 권리를 실행(「당연 기한의 이익 상실사유」)하는 경우에는 교차채무불이

237) 기한의 이익 상실사유에 해당하는 경우뿐만 아니라, 별도의 보다 엄격한 기준(DSCR, 이자지급력지수 등)을 설정하여 기한의 이익상실 또는 기한의 이익 상실사유에 해당하기 전에 이자의 지급정지를 규정하는 사례도 있다.

행의 발생 또는 채권자 간 경합 등으로 인해 선순위 대주의 우선권이 확보되지 못할 염려가 있다. 따라서 기한의 이익 상실사유가 발생하더라도 선순위 대주가 기한의 이익상실을 선언하기 전에는 후순위 대주가 선순위 대주의 동의없이 기한의 이익 상실을 선언할 수 없고, 당연 기한의 이익 상실사유가 발생한 경우에도 선순위 대주의 동의가 없는 한 선순위 대주에 앞서 권리를 행사하거나 회수하지 않는다는 취지가 규정된다.

[계약서 기재례] 기한의 이익상실 선언 등

(1) 선순위 피담보채무가 존속하는 기간 동안에는, 후순위 대주는 ① 선순위 대주의 사전동의가 없는 한 선순위 대주에 앞서 후순위 대출의 기한의 이익상실 선언을 할 수 없으며, ② 후순위 대출의 기한의 이익이 상실된 경우에도 선순위 대주의 사전동의가 없는 한 선순위 피담보채무의 상환(회수)이 완료된 이후에 한하여 후순위 피담보채무를 상환(회수)하기로 한다. 단, 후순위 대주의 권리를 보전하기 위한 법원 또는 정부당국 또는 이에 준하는 기관 또는 절차에서의 권리의 신고 · 신청은 예외로 한다.
(2) 그 사유를 불문하고 후순위 대주가 이 조 제(1)항을 위반하여 어떠한 금원을 회수(수령)한 경우에는 이 계약 제[*]조에 따라 대리기관의 청구에 의해 선순위 대주에게 즉시 지급한다.
(3) 이 조 제(1)항에도 불구하고, 선순위 대주가 요청하는 경우에는, 후순위 대주는 법원 또는 정부당국 또는 이에 준하는 기관 또는 절차에서 선순위 대주의 요청에 따라 후순위 대주의 권리를 보전 · 행사 · 실행하기 위한 절차를 이행해야 한다. 다만, 이 항에 따라 회수하거나 제3자로부터 지급받은 금원은 그 사유를 불문하고 대리기관의 청구에 의해 선순위 대주에게 즉시 지급한다.

② 담보권에 대한 선 · 후순위성을 확보하기 위해 채권자간합의서에는 담보권의 순위 · 실행 등과 관련하여 아래와 같은 취지가 규정된다.

[계약서 기재례] 담보권의 순위

(1) 당사자들은 다음 각 호의 담보권은 해당 호의 내용과 순위를 가진다는 점을 확인한다.
1. 투자대상주식에 대한 근질권
 - 제1순위: 선순위 대주(채권최고액: 금 [*]원)
 - 제2순위: 후순위 대주(채권최고액: 금 [*]원)
2. [*]에 대한 근질권
 - 제1순위: 선순위 대주(채권최고액: 금 [*]원)
 - 제2순위: 후순위 대주(채권최고액: 금 [*]원)

3. [*]
- 제1순위: 선순위 대주(채권최고액: 금 [*]원)
- 제2순위: 후순위 대주(채권최고액: 금 [*]원)

(2) 차주와 담보권설정자 및 후순위 대주는 선순위 피담보채무가 존속하는 동안 선순위 대주의 제1순위 담보권이 해당 담보권설정계약에서 정하는 바에 따라 적법 · 유효하고 완전하게 설정되어 계속 유지될 수 있도록 하여야 하며, 선순위 대주의 제1순위 담보권의 적법 · 유효성 또는 그 순위 · 권리를 침해하거나 침해할 염려가 있는 어떠한 행위(선순위 대주에 의한 담보권 행사에 대한 이의제기 포함)도 하여서는 아니된다.

(3) 기한의 이익 상실 전후를 불문하고 후순위 대주는, 선순위 피담보채무가 존속하는 동안에는, ① 선순위 대주의 사전 동의가 없는 한, 선순위 대수에 앞서 이 조 제(1)항 각호의 제2순위 담보권을 실행할 수 없으며, ② 선순위 대주의 사전동의가 없는 한, 선순위 피담보채무의 상환(회수)가 완료된 이후에 한하여 이 조 제(1)항 각호 제2순위 담보권을 실행하거나 그 실행절차에서 담보권(담보목적물)으로부터 후순위 피담보채무를 상환(회수)하기로 한다.

(4) 그 사유를 불문하고 후순위 대주가 이 항을 위반하여 어떠한 금원을 회수(수령)한 경우에는 이 계약 제[*]조에 따라 대리기관의 청구에 의해 선순위 대주에게 즉시 지급한다.

(5) [이 조 제(3)항에도 불구하고, ① 후순위 대주는 법원 또는 정부당국 또는 이에 준하는 기관 또는 절차에서 채권신고 등 그의 권리보전을 위한 행위를 할 수 있으며, ② 선순위 대주가 요청하는 경우에는, 후순위 대주는 법원 또는 정부당국 또는 이에 준하는 기관 또는 절차에서 선순위 대주의 요청에 따라 후순위 대주의 권리를 보전 · 행사 · 실행하기 위한 절차를 이행해야 한다. 다만, 이 항에 따라 회수하거나 제3자로부터 지급받은 금원은 그 사유를 불문하고 대리기관의 청구에 의해 선순위 대주에게 즉시 지급한다.]

5) 변제순위

원리금 등의 상환의 선 · 후순위성을 확보하기 위해 채권자간합의서에는 변제순위와 관련하여 아래와 같은 취지가 규정된다.

[계약서 기재례] 변제순위

선순위 대주와 후순위 대주는 선순위 대출원리금 및 후순위 대출원리금의 변제순위에 대하여 선순위 대출원리금이 후순위 대출원리금보다 선순위임을 확인하며, 선순위 대출원리금이 전액 상환된 이후에만 후순위 대출원리금을 상환할 수 있는 것으로 한다. 그 세부내역 및 변제순위는 다음 각호 기재와 같다. 다만, 명확히 하기 위하여 차주는 아래 제3호의 선순위 대출금의 지급기일(기한의 이익 상실일 포함) 이전에는 지급기일이 도래한 아래 제4호 내지 제5호의 금액은 지급할 수 있는 것으로 하되, 기한의 이익 상실[238] 이후에는 아래 제1호 내지 제3호의 지급이 완료된 이후에 한하여 아래 제4호 내지 제6호를 지급할 수 있다.

1. 선순위 대출계약을 포함한 선순위 대출계약 관련 금융계약에 따라 선순위 대주에게 지급하여야 할 것으로서 아래에서 달리 열거되지 아니한 모든 금액
2. 지급기일이 도래한 선순위 대출계약 관련 금융계약에 따른 비용, 수수료, 연체이자, 약정이자(비용, 수수료, 연체이자, 약정이자 순서)
3. 지급기일이 도래한 선순위 대출금
4. 후순위 대출계약을 포함한 후순위 대출계약 관련 금융계약에 따라 후순위 대주에게 지급하여야 할 것으로서 아래에서 달리 열거되지 아니한 모든 금액
5. 지급기일이 도래한 후순위 대출계약 관련 금융계약에 따른 비용, 수수료, 연체이자, 약정이자(비용, 수수료, 연체이자, 약정이자 순서)
6. 지급기일이 도래한 후순위 대출금

6) 기타 규정

① 후순위 합의에 위반하여 수령·회수한 금전의 인도의무

앞서 살펴본 바와 같이, 채권자간합의서에는 선순위 대출채권의 상환이 완료될 때까지는, 후순위 대주는 원금의 상환 및 이자의 지급을 받을 수 없다는 내용 및 기한의 이익 사유발생 등 일정한 경우에는 후순위 대주에 대한 이자의 지급을 정지하는 내용이 규정된다. 그러나 대주단대출에서의 각 대주 간의 관계에서와 마찬가지로, 이러한 제한에도 불구하고 후순위 대주(이하 「위반회수후순위대주」라고 한다)가 이러한 합의에 위반하여 차주로부터 금전을 수령·회수할 가능성도 부정할 수 없다. 따라서 후순위 대주가 이러한 후순위 합의에 위반하여 수령·회수한 금전(이하 「위반회수금」 이라고 한다)을 선순위 대주에게 인도할 의무를 정해둘 필요가 있다.

238) 또는 기한이익상실사유 발생

[계약서 기재례] 위반회수금의 인도 ①

금융계약에서 별도로 규정된 경우 이외에는, 담보권(인적담보를 포함하며, 이 계약 체결 전후 및 누구로부터 취득한 것인지 여부를 불문한다. 이하 이 항에서 같다), 상계권, 소송, 강제집행 또는 그와 유사한 권리의 행사(도산절차에서의 배당 포함)에 의하여, 또는 차주 또는 차주 이외의 제3자(이하 이 조에서 "차주등")로부터의 자발적이거나 비자발적인 지급 등으로 수령한 금원인지 여부를 불문하고, 어느 후순위 대주(이하 해당 후순위 대주를 "위반회수후순위대주")가 그의 후순위 대출채권에 관하여 이 계약상 선순위 대주와 후순위 대주 간의 변제・지급순위에 의한 분배원칙에 따라 분배・지급받을 금액을 초과하거나 위반하여 수령・회수할 수 없으며, 이를 위반하여 수령・회수한 경우, 해당 위반회수후순위대주는 선순위 대주에게 해당 위반회수금액을 대리기관이 요청하는 날부터 오(5)영업일 이내에 지급하고(대리기관의 반환요청에도 불구하고 위반회수후순위대주가 그 기한 내에 지급하지 않는 경우 또는 대리기관이 위반회수후순위대주에게 위반회수금의 지급을 요청하지 않는 경우에는 다른 선순위 대주 각자는 그가 지급받을 금액을 위반회수후순위대주에게 직접 청구할 수 있다)…

[계약서 기재례] 위반회수금의 인도 ②

후순위 대주는, 이 계약서의 내용을 위반하여 후순위 피담보채무를 지급받거나 회수하여서는 안 되며, 이를 위반하여 회수하거나 지급받은 금원은 대리기관의 청구에 의해 선순위 대주에게 즉시 지급한다.

인도할 위반회수금의 범위와 관련해서는, 위 기재례와 같이 담보권, 상계권, 소송, 강제집행 또는 그와 유사한 권리의 행사, 도산절차에서의 배당에 의하여 또는 차주 또는 차주 이외의 제3자로부터의 자발적이거나 비자발적인 지급 등으로 수령한 금원인지 여부를 불문하고 일체의 위반회수금이 인도할 대상으로 규정되는 경우가 많다.

이러한 후순위 대주의 위반수령금 등의 인도의무가 이행된 경우에는 선순위 대주, 차주 등 및 후순위 대주 간의 위반수령금 등 상당액에 대한 법률관계의 조정이 문제된다. 이에 대해서는, 선순위 대주 간 분배의 경우와 마찬가지로 (i) 선순위 대출채권 매매의 방식(「선순위채권매매방식」), (ii) 위반회수후순위대주의 채권을 부활시키는 방식(「후순위채권부활방식」), (iii) 위반회수후순위대주에 의한 제3자 변제로 구성하는 방식(「제3자 변제방식」) 등이 이용되고 있다.

이 중에서, (i)의 방식의 경우에는 근담보권의 피담보채무의 확정 전에 이루어지는 담보권의 일부양도 가능 여부에 관한 문제가 있고, 각 선순위 대주별로 선순위 대출채권 및 그 선순위 담보권의 이전에 관한 절차를 구비할 필요가 있기 때문에 절차상의 부담이 있다. 물론, 실무에서는 채권자간합의서 등에 미리 차주가 이러한 채권양도에 대해 승낙한다는 취지도 규정하고 있지만, 채권양도의 시점이나 양수인이 특정되지 않은 상태에서의 포괄적인 사전승낙의 유효성에 의문이 있다.

다음으로, (ii)의 방식의 경우에는 위반회수금 등 상당액에 해당하는 위반회수후순위대주의 대출채권은 소멸하지 않고(또는 부활하고), 그에 상당하는 나머지 선순위 대주의 선순위 대출채권이 소멸하는 것으로 법률구성을 하는 방법인데, 이는 (담보설정방법이나 피담보채무 확정 여부에 따라서는) 담보권의 부종성의 문제나 도산절차나 배당절차에서 도산법원이나 배당법원을 구속할 수 없게 되는 단점이 있다.

이러한 점을 고려하여 위 (iii)의 방식이 이용되는 경우도 있다. 다만, 이 방식 역시 근담보권의 피담보채무의 확정 전에 이루어지는 담보권의 일부대위 가능 여부에 관한 문제가 있고, 도산절차나 배당절차에서 그 배당순위에 있어 도산법원이나 배당법원을 구속할 수 없게 되는 단점이 있다.

그리고 (i)과 (iii)의 방법에 의하는 경우, 선순위 대주는 위반회수후순위대주가 위반회수금의 인도에 의해 선순위 대주로부터 취득하는 채권(채권매매구성의 경우는 양수하는 선순위 대출 관련채권, 제3자 변제구성의 경우에는 대위대상인 선순위 대출 관련채권 및 구상권)이 그 이후에도 기존의 후순위 대출 관련채권과 마찬가지로 잔존하는 선순위 대출 관련채권에 대해 후순위로 되도록 하는 것이 타당하며, 채권자간합의서에 그러한 합의가 이루어지는 경우가 통상적이다.

이상과 같이 각 방식은 모두 장단점이 존재한다. 다만, 현재 우리나라의 실무에서는 위기재례에서와 같이 위반회수후순위대주의 위반회수금의 지급 및 재분배에 대해서만 규정하고 그에 따른 법률관계의 조정에 대해서는 별도로 규정하지 않는 사례가 대부분인 것으로 보인다.

② 차주의 준수사항에 대한 별도 취급

선순위 대출계약에 따라 차주는 선순위 대주의 동의를 얻지 않으면 일정한 행위(정관변경 기타의 중요한 변경, 담보・보증 제공, 설비투자 등)를 할 수 없게 되는 이른바 준수사항으로 규정된 내용을 준수해야 하기 때문에 후순위 대출계약에서도 차주가 후순위 대주에 대하여 마찬가지의 준수사항을 부담하는 경우가 일반적이다.

이러한 경우, 차주가 해당 준수사항에 속하는 행위를 하기 위해서는 선순위 대주뿐만 아니라 후순위 대주의 동의까지도 얻어야 하기 때문에 후순위 대주는 일종의 거부권(veto right)을 갖게 된다. 그러나 선순위 대주는 선순위 대출계약상의 일정한 금지행위에 대해서는 후순위 대주의 관여없이 선순위 대주만으로 동의여부를 결정하고자 하는 경우가 많다. 이에 따라 실무에서는 채권자간합의서에서 선순위 대출계약상의 준수사항에 관한 동의는 선순위 대주만의 동의로 족하다고 하거나 또는 후순위 대주는 선순위 대주의 판단이나 의사결정에 따르도록 하는 것을 원칙으로 하면서 일정한 중요사항에 대해서만 예외적으로 후순위 대주의 독자적인 동의권한을 인정한다는 취지로 규정되는 경우가 많다.

③ 선순위 대출계약의 변경 제한

후순위 대주의 입장에서는 자신보다 우선적인 지위를 갖는 선순위 대주가 차주와의 사이에서 선순위 대출계약의 조건을 변경하거나 기존 선순위 대주의 순위가 유지되는 리파이낸싱을 실시하고, 그 결과 자기의 후순위 대출채권의 회수가 곤란하게 되는 것을 염려할 수 있다.

이에 따라, 후순위 대주는 선순위 대출계약의 내용 중 일정한 사항[239]에 대해서는, 선순위 대출계약의 변경의 경우 또는 리파이낸싱을 하면서 일정한 사항을 변경하는 경우에는 후순위 대주의 동의를 받도록 하는 취지를 규정할 것을 요구하는 경우도 있다.

④ 후순위 대출채권의 양도 제한

선순위 대주가 후순위 대주가 누구인지 여부를 선순위 대출의 여신판단을 할 때에 중요시하는 경우에는 후순위 대출채권의 양도는 일정한 조건에 따라야 한다는 취지나 후순위 대출채권의 양도를 허용하는 경우에도 기존의 채권자간합의서상의 합의 내용이 그대로 승계되어 양수인을 구속하는 조건(별도의 승계확약서 등을 요구하는 경우도 있다)으로만 양도할 수 있음을 규정하는 경우가 많다.

⑤ 후순위 대주에 의한 채권회수의 주도권 확보를 위한 조치

선순위 대주는 선순위 담보권의 실행에 의해 선순위 대출이 전액 회수되면 목적이 달성되기 때문에 통상은 선순위 대출금액을 초과하여 회수를 최대화하려는 (즉, 후순위 대주의

239) 이러한 사항으로는 선순위 대출금액의 증액, 이자율의 인상, 만기일의 연장, 기한의 이익 상실사유의 가중, 재무에 관한 준수사항의 가중 등이 대표적이라 할 수 있다.

회수금까지 확보하려는) 유인을 갖지 않는다. 다만, 민법 제368조[240]가 적용되는 공동저당의 경우와 (아래의 판례에서 보는 바와 같이) 당사자 사이의 약정 등 특별한 사정이 있는 것으로 해석되는 경우에는, 구체적인 담보권 실행의 순서와 배당(배분)에 따라서는 선순위 대주의 담보권 실행이 후순위 담보권의 침해가 될 수 있다.

[판례 3-23] 대법원 2013. 6. 27. 선고 2012다79347 판결

1. 피고 주식회사 한국토지신탁(이하 '피고 한국신탁')의 상고이유에 대하여

가. 원심판결 이유에 의하면, 원심은 그 채택 증거를 종합하여 아래와 같은 사실을 인정하였다. ① 소외 1 등 16인은 2004. 11. 5. 자신들이 1/16지분씩 공유하는 이 사건 11개 건물에 관하여 피고 한국신탁과 사이에 이 사건 신탁계약을 체결하였다. 그 주요 내용은 소외 1 등 16인이 이 사건 11개 건물을 피고 한국신탁에 신탁하고, 피고 한국신탁은 춘당종합건설 주식회사(이하 '춘당건설')가 피고 경기저축은행 주식회사(이하 '피고 경기저축은행')와 피고 진흥저축은행 주식회사(이하 '피고 진흥저축은행', 위 두 피고들을 통틀어 '피고 은행들'이라 한다)에게 부담하는 채무 내지 책임의 이행을 보장하기 위하여 이 사건 11개 건물의 소유권을 보전 관리하며, 채무불이행 시에는 이를 환가 · 정산하고, 채무이행 후 신탁 종료 시에는 그 소유권을 춘당건설에게 귀속시킨다는 것 등이다. 이 사건 신탁계약에 따라 피고 은행들은 이 사건 11개 건물에 관하여 1순위 수신수익자(피고 경기저축은행 18억 2,000만 원, 피고 진흥저축은행 9억 8,000만 원)가 되었고, 2004. 11. 8. 이 사건 11개 건물에 관하여 피고 한국신탁 앞으로 신탁을 원인으로 한 소유권이전등기가 각 마쳐졌다. ② 한편 춘당건설은 2004. 11. 8. 이 사건 11개 건물 중 이 사건 3개 건물(102호, 105호, 106호)에 관하여 피고 한국신탁과 사이에, 피고 은행들에 이은 제2순위의 우선수익자(5억 원)로 원고를 추가하는 이 사건 변경계약을 체결하였다. 이 사건 변경계약에는 특약사항 제9조가 추가되었는데, 그 내용은 "피고 한국신탁은 102호 매각 시 1억 5,000만 원, 105호 매각 시 1억 7,500만 원, 106호 매각 시 1억 7,500만 원을 제2순위 우선수익자에게 변제하기로 한다."는 것(제1항)과 "제1항에도 불구하고 제1순위 우선수익자의 채무변제 및 부대비용 집행 후 잔여금액이 호수별 변제금액에 미달하는 경우 제2순위 우선수익자에게 잔여금액 범위 내에서 채무를 변제하되, 수탁자는 동 신탁부동산 또는 타 신탁부동산 처분대금으로 제2순위 우선수익자의 채무가 완제될 수 있도록 제2순위 우선수익자에게 최대한

240) 민법 제368조 (공동저당과 대가의 배당, 차순위자의 대위) ① 동일한 채권의 담보로 수개의 부동산에 저당권을 설정한 경우에 그 부동산의 경매대가를 동시에 배당하는 때에는 각부동산의 경매대가에 비례하여 그 채권의 분담을 정한다. ② 전항의 저당부동산중 일부의 경매대가를 먼저 배당하는 경우에는 그 대가에서 그 채권전부의 변제를 받을 수 있다. 이 경우에 그 경매한 부동산의 차순위저당권자는 선순위저당권자가 전항의 규정에 의하여 다른 부동산의 경매대가에서 변제를 받을 수 있는 금액의 한도에서 선순위자를 대위하여 저당권을 행사할 수 있다.

협조하여야 한다."는 것(제2항)이다. ③ 이후 춘당건설은 피고 한국신탁과 사이에, 2005. 2. 24. 이 사건 8개 건물(이 사건 11개 건물 중 이 사건 3개 건물을 제외한 나머지 건물) 중 지하 101호, 지하 102호의 2개 건물에 관하여 제2순위 우선수익자(3억 원)로 소외 2를 추가하는 내용의 담보신탁변경계약, 2005. 3. 15. 이 사건 8개 건물 중 201호, 202호, 701호의 3개 건물에 관하여 2순위 우선수익자(4억 5,000만 원)로 소외 3을 추가하는 내용의 담보신탁변경계약을 각 체결하였다. ④ 이 사건 8개 건물은 2004. 12. 14.부터 2005. 4. 26.까지 사이에 춘당건설의 대표이사인 소외 4 등에게 처분되었는데, 그 처분대금 합계 24억 5,900만 원 중 11억 원만이 피고 은행들의 채권에 대한 우선변제에 충당되었고, 나머지 13억 5,900만 원은 춘당건설에게 지급되었다. ⑤ 그 후 피고 한국신탁은 2008. 2. 19. 이 사건 3개 건물 중 102호 및 105호를 공매절차에 의하여 매각하였는데, 2008. 4. 30. 그 매각대금에서 부가가치세 등 제반 비용을 공제한 잔액 6억 8,000만 원을 피고 경기저축은행(2008. 4. 22. 기준으로 춘당건설에 대하여 원금 6억 원, 이자 417,834,043원의 채권이 남아있었다)에게 지급하였으며, 106호에 대한 공매는 현재까지 이루어지지 않고 있다.

이러한 사실관계를 기초로 원심은, 이 사건 8개 건물의 처분이 춘당건설 및 피고 은행들의 요청에 따라 피고 한국신탁이 공매가 아닌 수의계약 방식으로 직접 매각하는 방식으로 이루어졌고 그 처분대금의 정산도 피고 한국신탁에 의하여 이루어진 것이라는 전제하에, 그 판시와 같은 사정들을 이유로, 피고 한국신탁은 위 특약사항 제9조의 취지에 따라 이 사건 11개 건물 전체의 감정평가금액을 고려하면서 이 사건 8개 건물의 처분대금 정산과정에서 원고의 채권변제 가능성이 침해될 위험성을 최소화시키는 방향으로 최대한의 노력을 하는 신의칙상 보호의무를 부담한다고 보았다. 나아가 원심은, 피고 한국신탁은 이 사건 8개 건물의 처분대금을 정산하면서 원고의 2순위 우선수익권이 침해되지 않도록 1순위 우선수익자인 피고 은행들에 우선적으로 금액을 배분할 의무가 있었음에도 불구하고, 이에 위반하여 춘당건설에 반 이상의 금액이 배분되도록 한 결과, 이 사건 3개 건물 중 2개나 처분되고도 원고에게 2순위 우선수익금이 전혀 배당되지 못하는 손해가 발생하였고, 따라서 피고 한국신탁은 위와 같은 채무불이행으로 인하여 원고가 입은 손해를 배상할 책임이 있다고 판단하였다.

나. 그러나 앞서 본 사실관계 및 제1심 및 원심이 적법하게 채택한 증거들에 의하여 알 수 있는 아래와 같은 사정들을 종합하여 볼 때, 원심의 위와 같은 판단은 그대로 수긍하기 어렵다.

(1) 우선 원심이 "피고 한국신탁이 춘당건설 및 피고 은행들의 요청에 따라 공매가 아닌 수의계약 방식으로 이 사건 8개 건물을 직접 처분하였고 그 처분대금을 정산(배당)하였다."고 한 부분에 관하여 본다.

이 사건 11개 건물은 기존 우정연립주택의 재건축을 통해 신축된 건물의 구분건물 중 일부로서 재건축공사를 맡은 춘당건설에 공사대금의 대물변제로 제공되었는데, 춘당건설이 유치권 등의 문제로 이 사건 11개 건물의 분양에 어려움을 겪던 와중에 이 사건 신탁계약이 체결된 것으로 보인다. 이 사건 신탁계약은 담보신탁계약으로서, 춘당건설이 피고 은행들로부터 총 20억 원(피고 경기저축은행 13억 원, 피고 진흥저축은행 7억 원)을 대출받으면서 그 담보를 위하여 체결된 것이다. 이 사건 신탁계약에서 예정하고 있는 본래의 신탁재산의 처분방법은 채무자의 채무불이행 시 우선수익자의 요청으로 수탁자가 공매 등의 절차를 통해 신탁재산을 처분하고 그 대금을 정산(배당)하는 것인데, 그 외에도 이 사건 신탁계약에서는 피고 한국신탁이 춘당건설 및 피고 은행들의 동의하에 적정한 방법으로 처분하거나(특약사항 제2조), 춘당건설이 이 사건 11개 건물을 분양하여 그 분양대금으로 피고 은행들에 대한 채무를 변제하는 방식(특약사항 제7조)도 예정하고 있었던 것으로 보인다. 그런데 이 사건 8개 건물에 관하여 피고 은행들이나 춘당건설이 피고 한국신탁에 그 처분을 요청하였다든가 피고 한국신탁이 구체적인 처분의 절차를 밟았다는 점은 이를 인정할 만한 아무런 직접적인 증거가 없다. 반면, 피고 은행들이 피고 한국신탁에 건물이 분양되었다는 등의 이유로 이 사건 8개 건물에 관한 신탁을 해지하여 달라는 등의 요청을 하였던 점, 이 사건 8개 건물 중 일부 건물에 대한 2순위 우선수익자인 소외 2와 소외 3이 위와 같은 해지에 동의를 하였던 점, 일부 건물에 관해서는 '우정연립재건축추진위원회 소외 1 등 16인'이 매도인으로 된 공급계약서가 작성되기도 하였던 점, 이 사건 8개 건물의 처분대금이 피고 한국신탁에 입금된 흔적이 없는 점 등에 비추어 보면, 오히려 이 사건 8개 건물의 처분은 춘당건설에 의하여 이루어졌고, 다만 피고 한국신탁은 춘당건설과 우선수익자들 전원의 해지요청에 따라 신탁계약을 해지해 준 것에 불과하다고 볼 여지가 크다. 비록 이 사건 8개 건물 중 일부에 관한 등기부등본에 신탁등기의 말소원인이 '신탁재산처분'이라고 기재되어 있기는 하나, 그러한 사정만으로 피고 한국신탁이 이 사건 8개 건물을 처분한 것이라고 단정하기는 어렵다고 보인다.[241]

(2) 특약사항 제9조의 취지를 고려한다고 하더라도, 피고 한국신탁이 원고의 이익을 고려하여 이 사건 8개 건물의 처분 시 1순위 우선수익자인 피고 은행들에 우선적으로 금액이 배분되도록 하였어야 한다든가 피고 은행들의 신탁계약 해지요청을 거절하였어야 한다고 보기는 어렵다.

즉, 위 특약사항 제9조 제2항의 취지는, 이 사건 3개 건물의 처분 시 피고 은행들 등 선순위 권리자의 존재로 인하여 원고에 대한 변제금액이 제1항에서 정한 각

241) 이 사건 신탁계약 특약사항 제9조는 수탁자가 신탁부동산의 처분(환가)하여 동 처분대금이 신탁재산을 구성하는 경우에 적용되는 것인데, 이 사안에서는 위탁자가 처분(환가)한 것이어서 동 처분대금은 신탁재산을 구성하지 않고 위탁자에 의해 동 처분대금을 재원으로 피담보채무의 변제가 이루어졌으므로 특약사항 제9조가 적용되지 않는다는 취지로 보인다.

변제금액에 미달하는 경우가 있을 수 있어, 그러한 경우에는 피고 한국신탁은 이 사건 3개 건물 중 나머지 건물 또는 이 사건 8개 건물의 처분대금에서 원고가 그 부족분을 변제받을 수 있도록 최대한 협조하겠다는 것으로 보인다. 그러나 일반적으로 "최대한 협조한다."는 것은 당사자가 그러한 의무를 법적으로 부담하지는 않고, 다만 사정이 허락하는 한 그 이행을 하겠다는 취지에 불과한 것이므로(대법원 1996. 10. 25. 선고 96다16049 판결 등 참조), 피고 한국신탁이 어떠한 경우에도 원고에게 우선수익권 금액 5억 원이 변제될 수 있도록 책임을 지겠다는 것으로 볼 수는 없다(제9조 제2항 중 '타 신탁부동산'이란 '이 사건 8개 건물'을 지칭하는 것으로 읽어야 문맥상 자연스럽기는 하지만, 그렇게 해석한다고 하여 피고 한국신탁의 법적 의무가 달라지는 것은 아니다).

다만, 이 사건에서 이 사건 11개 건물의 처분 순서 및 처분대금의 채무변제 충당금액에 따라 원고의 채권이 이 사건 3개 건물의 처분대금에서 변제될 수 있는지가 달라지므로, 원고는 이 사건 8개 건물의 처분 및 처분대금 충당 등에 대해서 큰 이해관계가 있고, 이러한 사정에 비추어 피고 한국신탁은 원고의 이익을 고려하여야 할 수탁자로서의 의무가 있다고 볼 여지는 있다. 그러나 ① 이 사건 8개 건물의 감정가는 24억 5,000만 원(실제 처분금액도 24억 5,900만 원임), 이 사건 3개 건물의 감정가는 12억 2,000만 원이었고 당시 피고 은행들의 채권액은 17억 원(20억 원 중 3억 원은 신탁관계 외에서 변제를 받았음)이었던 점을 고려할 때, 피고 은행들이 이 사건 8개 건물의 처분대금에서 11억 원을 변제받고, 이 사건 3개 건물의 처분대금에서 6억 원을 변제받기로 하는 것이 원고에게 과도하게 불리한 것이라고 보이지는 않는 점, ② 더욱이 이 사건 8개 건물 중 5개 건물(감정가 14억 4,000만 원, 실제 처분가 14억 6,900만 원)에는 소외 2, 소외 3의 총 7억 5,000만 원의 2순위 우선수익권이 설정되어 있었는데, 피고 한국신탁이 이들의 이익을 도외시한 채 이 사건 8개 건물의 처분대금에서 피고 은행들의 대출금 전액이 우선적으로 변제되도록 조치할 수는 없었을 것으로 보이는 점(소외 2, 소외 3이 신탁해지에 동의한 점에 비추어 보면, 춘당건설이 수령한 13억 5,900만 원 중에서 일부가 소외 2, 소외 3에게 지급되었을 가능성도 커 보인다), ③ 이 사건 8개 건물이 처분되었을 당시만 해도 이 사건 3개 건물의 감정가는 12억 2,000만 원이었고 피고 은행들의 잔여 채무는 원금 6억 원에 불과하였으므로, 이 사건 11개 건물이 동시에 처분되는 경우와 비교해 보더라도 원고의 지위가 크게 열악하게 되었다고 단정하기는 어려운 점 등을 종합하여 보면, 피고 한국신탁이 이 사건 8개 건물의 처분대금으로 피고 은행들의 채권이 우선적으로 변제되도록 하지 않았거나 피고 은행들의 신탁계약 해지요청을 거절하지 않았다고 하여 그것이 원고에 대한 관계에서 채무불이행이 된다고 단정하기는 어렵다고 할 것이다.

다. 그럼에도 원심은, 이 사건 8개 건물의 처분대금으로 1순위 우선수익자인 피고 은행들이 우선변제를 받도록 하지 않은 것이 피고 한국신탁의 채무불이행이라고 보아 이에 따른 원고의 피고 한국신탁에 대한 손해배상청구를 일부 인용하였다. 이러한 원심판결에는 법률행위의 해석에 관한 법리를 오해하였거나, 논리와 경험의 법칙에 위반하여 자유심증주의의 한계를 벗어남으로써 판결에 영향을 미친 잘못이 있다. 이 점을 지적하는 피고 한국신탁의 상고이유 주장은 이유 있다.

2. 원고의 상고이유에 대하여

가. 원심은, 원고가 2순위 우선수익권을 보유한 신탁재산은 이 사건 3개 건물에 한정되고, 이에 더하여 피고 한국신탁이 이 사건 8개 건물의 처분대금에서도 원고의 채권을 지급하기로 약정한 사실을 인정할 증거가 없으므로, 피고 한국신탁이 원고에게 약정금으로 5억 원을 지급할 의무는 없다고 판단하였다.

관련 법리와 기록에 비추어 살펴보면, 원심의 위와 같은 판단은 정당한 것으로 수긍할 수 있고, 거기에 상고이유로 주장하는 법리오해 등의 위법이 없다.

나. 원심은, **채무자 소유의 수개 부동산에 관하여 공동저당권이 설정된 경우 적용되는 민법 제368조의 법리가 이 사건과 같은 담보신탁의 경우에도 유추적용된다고 보기는 어렵다**고 보아, 피고 은행들이 이 사건 3개 건물 중 102호, 105호의 처분대금으로 수령한 돈 중 5억 원이 원고에 대한 관계에서 부당이득이 되고 피고 한국신탁 또한 이에 대하여 책임이 있다는 취지의 원고의 주장을 모두 배척하였다.

채무자 소유의 수개의 부동산에 관하여 채권자들을 선순위 또는 후순위 우선수익자로 한 담보신탁계약이 체결되어 있는 경우, 당사자 사이의 약정 등 특별한 사정이 없는 한, 선순위 우선수익자가 어느 부동산의 처분대금에서 자신의 채권을 회수함에 있어 각 부동산에 존재하는 후순위 우선수익자들 사이의 형평까지 고려하여야 할 제약을 받는다고 볼 근거는 없다. 그리고 설령 **선순위 우선수익자가 특정 부동산에서 다액의 채권을 회수함으로써 후순위 우선수익자들 사이에서 불공평한 결과가 발생하였다고 하더라도, 그러한 사정만으로 선순위 우선수익자가 특정 후순위 우선수익자에 대한 관계에서 부당이득을 취하였다고 볼 수도 없다.** 이와 같은 법리와 기록에 비추어 살펴보면, 원심의 이 부분 판단도 정당하고, 거기에 상고이유로 주장하는 법리오해 등의 위법이 없다.

한편 원고는, 이 부분 원고의 주장과 관련하여 원심이 일부 판단을 누락하였다는 주장도 하고 있으나, 원심의 판시 내용에 비추어 볼 때 원심에서 원고가 한 이 부분 주장을 모두 배척한 취지로 보이므로 원고의 위 주장도 받아들이지 않는다.

다. 원심은, 그 판시와 같은 이유로, 피고 은행들이 피고 한국신탁의 배임행위에 가담한 것이라고 보기는 어렵다고 보아, 피고 은행들이 피고 한국신탁과 함께 공동불법행위 책임을 부담한다는 취지의 원고의 주장을 배척하였다.

관련 법리와 기록에 비추어 살펴보면, 원심의 이 부분 판단도 정당하고, 거기에 상고이유로 주장하는 법리오해 등의 위법이 없다.

라. 원심은, 그 판시와 같은 이유로, 피고 한국신탁이 신탁재산인 이 사건 8개 건물과 그 처분대가를 적절하게 관리하지 아니하여 신탁재산의 감소를 초래하였으므로 5억 원을 신탁재산에 편입할 의무가 있다는 취지의 원고의 예비적 청구에 관한 주장을 배척하였다.

관련 법리와 기록에 비추어 살펴보면, 원심의 이 부분 판단도 정당하고, 거기에 상고이유로 주장하는 법리오해 등의 위법이 없다.

이와 관련하여, 후순위 대주는 후순위 담보권자인 자신의 채권회수액을 최대화 하기 위해 담보권 실행의 시점과 방법에 대해 일정한 주도권을 확보해 두고자 할 수 있는데, (i) 선순위 대출계약 및 후순위 대출계약상의 기한의 이익 상실사유가 발생하고 채권회수의 필요성이 발생하였음에도 불구하고, 일정한 기간(실무에서는 이를 「Stand Stay 기간」이라고 한다) 내에 선순위 대주가 채권회수행위(담보의 실행 등)를 하지 않는 경우에 후순위 대주에 의한 채권회수행위금지를 해제하는 방법, (ii) 선순위 담보권 실행을 위한 담보목적물의 양도처(양수인)로 되는 제3자를 후순위 대주 자신이 물색하여 주선할 권리(입찰절차 이용 여부의 검토도 포함)를 부여받는 방법, (iii) 후순위 대주 스스로가 선순위 대출채권을 선순위 대주로부터 매수할 수 있는 옵션(매수청구권)을 갖는 방법 등을 채권자간합의서에 규정하도록 요구하는 경우가 이것에 해당한다.

이 중에서, (i)과 (ii)의 방법은 선순위 대주의 담보권을 제한하고 지연시킬 수 있다는 측면에서 선순위 대주로서는 승낙하기 어려운 경우도 있을 것으로 생각되지만, (iii)의 방법은 선순위 대출채권 전부가 회수가능한 금액으로 매수되면 선순위 대출채권 전액의 회수가 가능하기 때문에 선순위 대주로서도 비교적 승낙하기 쉽고 실무에서도 자주 활용되고 있는 것으로 보인다.

[계약서 기재례] 후순위 대주의 매도청구권(Call-Option)

(1) 선순위 대출계약 및 후순위 대출계약에도 불구하고, 선순위 대출금 또는 후순위 대출금 중 어느 대출금의 기한의 이익이 상실되는 경우에는, 그와 동시에 차주에 대한 통지나 이행최고 등의 별도의 행위없이 다른 대출금의 기한의 이익도 당연히 상실된다. 선순위 대주는 [투자대상주식]에 관한 담보권을 실행하고자 하는 경우에는 미리 이를 후순위 대주에게 통지(이하 "담보실행예정통지")하기로 한다. 담보실행예정통지에는 후순위 대주가 선순위 대출계약에 따른 선순위 대주의 대출원리금채권(이하 "대상채권")을 양수할 것인지 여부에 대한 확인을 요청하는 내용이 포함되어야 한다.

(2) 후순위 대주는 담보실행예정통지를 수령한 날로부터 [5]영업일 이내에 대리기관에 대한 통지(이하 "양수통지")로 대상채권을 양수할 수 있다. 양수통지에는 거래종결일, 채권양수도대금{거래종결일 당시에 미지급된 선순위 대출계약에 따른 미지급 대출금 및 이자(약정이자 및 연체이자 포함)의 합산액으로 한다} 등 채권양수도의 조건이 기재되어야 한다(필요한 경우 위 조건이 포함된 채권양수도계약서 및/또는 기타 서류가 첨부될 수 있다). 대상채권은 선순위 대주가 양수통지를 수령하고, 양수통지에 첨부된 채권양수도계약 양식 또는 선순위 대주 및 후순위 대주가 별도로 합의한 채권양수도계약이 체결되어, 동 계약에 따른 거래종결대금이 지급된 시점에 후순위 대주에게 양도되고, 선순위 대주는 위에 기재한 채권양도 절차를 포함하여 후순위 대주가 합리적인 기간 내에 대상채권 및 담보권을 완전하고 유효하게 보유할 수 있도록 필요한 모든 조치(차주에 대한 확정일자부 양도통지서 발송 등을 포함하며 이에 한정하지 아니함)를 다하여야 한다. 대상채권이 후순위 대주에게 양도됨과 동시에 선순위 대출계약 및 관련 금융계약상 선순위 대주로서의 일체의 권리·지위는 후순위 대주에게 이전된다.

7 종류주식[242)]에 의한 후순위 금융 관련 계약[243)]

(1) 개요

종류주식에 의한 후순위 금융에서는 주식발행회사의 정관 및 종류주식 발행조건[244)]에서 종류주식의 내용이 결정되고, 후순위 투자자와 주식발행회사 사이에서 「주식인수계약(투자계약)」이, 후순위 투자자, 선순위 대주 및 주식발행회사 사이에서 「투자자간합의서」[245)]가, 후순위 투자자와 스폰서(보통주주)와의 사이에서 「주주간계약서」가 각각 체결되는 것이 일반적이다.

242) 이하에서의 「종류주식」은 다른 언급이 없는 한 주식발행회사가 주권비상장법인이며, 해당 종류주식이 주식사채전자등록법상의 「전자등록주식등」에 해당하지 않고, 사모(私募)로 발행되는 것을 전제로 한다. 또한, 이하에서의 「보통주식」은 우선주식이나 열후주식(후배주식)에 비하여 이익배당이나 잔여재산분배에 있어서 기준이 되는 주식을 의미한다.

243) 「종류주식」의 발행조건 및 관련계약의 내용에 대해서는, (i) JEFFREY J. HAAS 『Corporate Finance in a nutshell (3rd Edition)』(WEST ACADEMIC PUBLISHING, 2015) Chapter 12. Preferred Stockholders 부분(393페이지 이하), (ii) 太田 洋・松尾拓也 編著『種類株式 ハンドブック』(商事法務, 2017), (iii) 桃尾・松尾・難波法律事務所編, 『ベンチャー企業による資金調達の法務(제2판)』(商事法務, 2022) 34페이지 이하, (iv) 宍戸 善一=ベンチャー・ロー・フォーラム (VLF) 編『スタートアップ 投資契約-モデル契約と解説』(商事法務, 2020), (v) 笹山幸嗣・村岡香奈子 『M&Aファイナンス(第2版)』(一般社団法人金融財政事情研究会, 2008) 145페이지 이하 각 참고

244) 종류주식 발행조건의 주요내용은 주요금융조건(Term Sheet)으로 합의되어 최종계약을 통해 확정된다.

245) 그 명칭은 투자자간합의서, 권리자간합의서, 관계자간합의서 등으로 다양하게 불리고 있다.

이하에서는 상법상 「이익배당 및 잔여재산 분배에 관한 종류주식(실무상 우선주식)」, 「주식의 상환에 관한 종류주식(실무상 상환주식)」, 「주식의 전환에 관한 종류주식(실무상 전환주식)」의 성격을 모두 구비하고 있는 것으로서, M&A금융의 실무상 자주 이용되고 있는 「상환전환우선주식(Redeemable Convertible Preferred Stock. RCPS)」을 전제로[246] 그 발행조건 및 관련 계약의 내용을 살펴본다.[247]

(2) 종류주식의 발행조건

[표 3-2] A종주식[248] 주요금융조건(short-form)

발행할 주식	종류주식(상환전환우선주식)
발행예정일	[*]
발행회사	[SPC]
인수기관	인수단
발행가액	총 금 [*]원(1주당 발행가액: [*]원)

246) 이외에도 실무에서는 기본적으로는 우선주식의 성격을 구비하면서 전환주식 또는 상환주식의 어느 하나의 성격이 가미된 「전환우선주식(CPS)」 또는 「상환우선주식(RPS)」이 이용되는 경우도 있다. 한편, 상환에 관한 종류주식에 관한 조문인 상법 제345조 제5항에서는 「상환과 전환에 관한 것은 제외한다」라고 규정하고 있어서 이 문구의 해석상 전환주식을 상환주식으로 발행하는 것도 허용하지 않는 취지인지, 즉 2011년 상법 개정에 의해 상환전환우선주식의 발행은 허용되지 않는다는 취지인지 논란이 있었으나, 위 규정은 전환주식과 상환주식이 개념상 구별되어야 한다는 취지에서 주의적으로 삽입된 문구이고 종전부터 이용되었던 상환전환우선주식을 금지하는 취지는 아니라고 해석되었고{정동윤 감수 『상법 회사편 해설』(법무부, 2012) 151페이지)}, 법무부의 유권해석도 또한 이러한 입장이었다. 이에 따라 실무에서는 현행 상법하에서도 상환전환우선주식의 발행이 가능한 것으로 정리가 이루어졌다. 또한, 전환사채가 M&A금융의 수단으로 이용되는 경우도 있는데, 이 경우 전환권 행사에 의해 발행되는 주식은 「보통주식」인 경우가 일반적이나, 사안에 따라서는 전환사채의 전환에 의해 「상환전환우선주식(RCPS)」, 「전환우선주식(첸)」 또는 「상환우선주식(RPS)」이 발행되는 것으로 약정하는 사례도 있다.

247) 이하의 종류주식은 당초부터 상법상 종류주식으로 발행되는 경우를 염두에 둔 것이며, 이미 발행된 보통주식을 종류주식으로 변경함에는 주식발행회사와 종류주식으로 변경을 희망하는 주주 간의 합의 및 보통주식으로 남는 주주 전원이 동의하면 가능하다는 점(상업등기선례 제1-197호(2000. 7. 13. 등기 3402-490 질의회답)에 비추어 볼 때, 종류주식을 보통주식으로 변경하는 경우에는 주식발행회사와 보통주식으로 변경을 희망하는 주주 간의 합의 및 우선주식의 주주로 남는 주주전원의 동의 및 기존의 보통주식의 주주전원의 동의가 필요하다고 본다. 대법원 2020다263574 판결([판례 3-24])에서도 이와 같은 절차에 따라 기 발행 보통주식을 종류주식으로 전환할 수 있음을 전제로 판시하고 있다(그 판시 내용 중 「원고는 피고 회사가 발행한 총 주식 106,000주(보통주) 전부를 보유하고 있었다. 이후 피고 회사의 주주총회에서 원고의 찬성으로 이익배당에 관한 종류주식(이하 '이 사건 우선주'라 한다)을 발행할 수 있도록 정관을 변경하고, 이미 발행된 보통주 106,000주 중 31,800주를 이 사건 우선주로 변경하는 것을 승인하는 결의가 이루어졌다.」 부분 참조).

248) 그 명칭은 예를 들면, 「A종우선주식」, 「A종상환전환우선주식」, 「제1종주식」, 「제1종우선주식」, 「1종상환전환우선주식」 등과 같이 정관 및 주식발행조건에서 자유롭게 정할 수 있다. 이하의 발행조건에서는 편의상 「A종주식」이라고 한다.

<table>
<tr><td colspan="2">액면가액</td><td>금 [*]원</td></tr>
<tr><td colspan="2">용 도</td><td>[*]㈜ 발행 기명식 보통주식 [*]주 매매대금 및 운영비용</td></tr>
<tr><td rowspan="5">A종주식의 주요조건</td><td>이익배당우선권</td><td>매 반기별로 내부수익률(IRR) 기준 연 [*]% 비율</td></tr>
<tr><td>잔여재산분배우선권</td><td>[*]</td></tr>
<tr><td>상환권</td><td>[*]</td></tr>
<tr><td>전환권</td><td>[*]</td></tr>
<tr><td>의결권</td><td>[*]</td></tr>
<tr><td colspan="2">선행조건</td><td>[*]</td></tr>
<tr><td colspan="2">진술보장</td><td>[*]</td></tr>
<tr><td colspan="2">준수사항</td><td>[*]</td></tr>
<tr><td rowspan="2">기타사항</td><td>주주간계약</td><td>[*]</td></tr>
<tr><td>투자자간계약</td><td>선순위 대출(금 [*]원)</td></tr>
</table>

[계약서 기재례] 발행조건 일반사항(상환전환우선주식)

이 발행조건에 따라 발행되는 A종주식[249]은 기명식 의결권부 주식이며, 이익의 배당 및 잔여재산의 분배에 있어 보통주식에 대해 우선권이 있고, 전환 및 상환에 관하여 정함이 있는 주식으로서 그 발행조건은 다음과 같다.

1) 우선배당에 관한 사항

우선배당액은 발행가격에 대해 일정한 연이율{내부수익률(IRR), 만기보장수익률(YTM) 등을 고려한 이율}로 정해지는 경우가 일반적인데, 통상 매년 1회(정기배당) 또는 2회(중간배당)에 배당이 이루어지도록 정해진다.

다만, 후순위 대출의 이자의 지급은 상법상 특별한 제한을 받지 않음에 반하여, 우선배당에 대해서는 주식발행회사에 배당가능이익이 존재해야 한다는 제약이 있다. 즉, 종류주식에 대한 우선배당도 보통주식에 대한 배당과 마찬가지로 상법상의 이익배당 요건 및 절차에 따라야 하고 이를 위반하여 이익배당을 한 때에는 회사재산을 위태롭게 하는 죄(상법 제625조 제3호)에 해당하는데, 상법상 이익배당은 원칙적으로 회사의 주주총회(또는 이사회)의 재량에 의한 결의사항이라는 점에서 종류주식의 이러한 우선배당권은 「주식발행회사에

249) 우선주식의 성질을 기본적으로 구비하고, 여기에 상환조건, 전환조건 등이 부가되기 때문에, 「A종주식」과 「A종주주」를 각각 「A종우선주식」과 「A종우선주주」로 부르기도 한다.

배당가능이익이 존재하고, 주식발행회사가 배당결의를 하여 배당을 실시하는 경우」에 보통주식에 대해 우선적으로 배당을 받는다는 것이지, 배당가능이익이 존재하지 않거나 또는 (배당가능이익은 존재하나) 주식발행회사의 주주총회(또는 이사회)에서 배당결의가 없음에도 불구하고 주식발행회사가 매 사업연도마다 우선배당률을 적용하여 계산된 확정된 우선배당금액에 해당하는 배당금을 지급해야 한다는 의미는 아니라고 할 것이다. 다만, 아래의 대법원 2020다263574 판결([판례 3-24])은 **정관에서** 주식발행회사에 배당의무를 부과하면서 배당금의 지급조건이나 배당금액을 산정하는 방식 등을 구체적으로 정하고 있어 그에 따라 개별 주주에게 배당할 금액이 일의적으로 산정되고, 대표이사나 이사회가 경영판단에 따라 배당금 지급 여부나 시기, 배당금액 등을 달리 정할 수 있도록 하는 규정이 없다면, 예외적으로 정관에서 정한 지급조건이 갖추어지는 때에 주주에게 구체적이고 확정적인 배당금지급청구권이 인정될 수 있다고 판시하고 있는데,[250] 이 경우에는 주식발행회사는 이사회/주주총회에서 이익배당에 관한 결의를 하지 않았다거나 정관과 달리 이익배당을 거부하는 결의를 하였다는 사정을 들어 주주에게 이익배당금의 지급을 거절할 수 없다고 할 것이다.

[판례 3-24] 대법원 2022. 8. 19. 선고 2020다263574 판결

1. 2011년 상법 개정으로 회사가 발행할 수 있는 종류주식의 유형이 확대됨에 따라 회사는 이익의 배당, 잔여재산의 분배, 주주총회에서의 의결권의 행사, 상환 및 전환 등에 관하여 내용이 다른 종류의 주식을 발행할 수 있게 되었다(상법 제344조 제1항). 이 경우 회사는 정관에 발행하고자 하는 종류주식의 내용과 수를 정하여야 하고, 특히 이익배당에 관하여 내용이 다른 종류주식을 발행하는 때에는 정관에 그 종류주식의 주주에게 교부하는 배당재산의 종류, 배당재산의 가액의 결정방법, 이익을 배당하는 조건 등 이익배당에 관한 내용도 정하여야 한다(상법 제344조 제2항, 제344조의2 제1항).
주주의 이익배당청구권은 장차 이익배당을 받을 수 있다는 의미의 권리에 지나지 아니하여 이익잉여금처분계산서가 주주총회에서 승인됨으로써 이익배당이 확정될 때까지는 주주에게 구체적이고 확정적인 배당금지급청구권이 인정되지 아니한다(대법원 2010. 10. 28. 선고 2010다53792 판결 등 참조). 다만, 정관에서 회사에 배당의무를 부과하면서 배당금의 지급 조건이나 배당금액을 산정하는 방식 등을 구체적으로 정하고 있어 그에 따라 개별 주주에게 배당할 금액이 일의적으로 산정되고, 대표이사나 이사회가 경영판

250) 다만, 개인적으로는 대법원 2020다263574 판결([판례 3-24])에서 문제된 정관 규정이 이러한 요건을 충족하고 있는지 의문이다. 구체적인 사실관계에서 과연 어느 경우에 이러한 조건이 충족되었다고 볼 수 있는지 여전히 명확하지 않다.

단에 따라 배당금 지급 여부나 시기, 배당금액 등을 달리 정할 수 있도록 하는 규정이 없다면, 예외적으로 정관에서 정한 지급조건이 갖추어지는 때에 주주에게 구체적이고 확정적인 배당금지급청구권이 인정될 수 있다. 그리고 이러한 경우 회사는 주주총회에서 이익배당에 관한 결의를 하지 않았다거나 정관과 달리 이익배당을 거부하는 결의를 하였다는 사정을 들어 주주에게 이익배당금의 지급을 거절할 수 없다.

2. 원심판결 이유와 기록에 의하면 다음과 같은 사실을 알 수 있다.

가. 원고는 피고 회사가 발행한 총 주식 106,000주(보통주) 전부를 보유하고 있었다. 이후 피고 회사의 주주총회에서 원고의 찬성으로 이익배당에 관한 종류주식(이하 '이 사건 우선주'라 한다)을 발행할 수 있도록 정관을 변경하고, 이미 발행된 보통주 106,000주 중 31,800주를 이 사건 우선주로 변경하는 것을 승인하는 결의가 이루어졌다.

나. 피고 회사의 정관은 이 사건 우선주에 관하여 다음과 같이 정하고 있다.

1) 피고 회사가 발행할 주식의 종류는 기명식 보통주식과 기명식 우선주식으로 한다(제8조 제1항).

2) 피고 회사가 발행할 우선주식은 기명식 이익배당 우선주식이고, 발행하는 우선주식의 수는 31,800주로 한다(제8조의2).

3) 우선주식의 주주는 주식 1주당 보통주와 동일하게 1개의 의결권을 갖는다(제8조의3 제1항).

4) 우선주식의 주주는 우선주식을 보유하는 동안 1주당 당기순이익 중 106,000분의 1을 우선적으로 현금으로 배당받고, 우선주식에 대한 배당은 정기주주총회(결산승인의 총회)일로부터 7일 이내에 지급되어야 하고, **당해 회계연도에 당기순이익이 있는 경우 반드시 정기주주총회(결산승인의 총회)의 결의를 통하여 그때부터 7일 이내에 지급**되어야 한다(제8조의4).

다. **2018년과 2019년에 개최된 각 정기주주총회에서 전년도에 당기순이익이 발생하였음**에도 이익배당에 관하여 아무런 기재가 없는 잉여금처분계산서가 승인되자, 피고 회사는 이를 이유로 원고에게 이익배당금을 지급하지 않았다

3. 위 사실관계를 앞서 본 법리에 비추어 본다.

피고 회사의 정관은 이 사건 우선주에 관한 배당의무를 명시하면서 배당금 지급조건 및 배당금액 산정과 관련한 사항을 구체적으로 규정하고 있으므로, 피고 회사의 정기주주총회에서 재무제표가 승인됨으로써 당기순이익이 확정되기만 하면 이 사건 우선주에 관하여 피고 회사가 지급할 의무가 있는 배당금액이 곧바로 계산된다.

따라서 이 사건 우선주의 주주인 원고에게는 피고 회사의 정기주주총회에서 당기순이익이 포함된 재무제표를 승인하는 결의가 있는 때에 구체적이고 확정적인 이익배당청구권이 인정되고, 다른 특별한 사정이 없는 한 상법 제462조 제1항에 따른 배당가능이익의 범위 내에서 피고 회사를 상대로 정관 규정에 따라 계산된 배당금의 지급을 청구할 수 있다.

그럼에도 원심은, 이 사건 우선주에 관한 이익배당청구권이 주주총회의 이익배당 결의에 의하여 비로소 그 내용이 확정되는 권리에 불과함을 전제로, 피고 회사의 정기주주총회에서 2017년도나 2018년도에 당기순이익이 발생하였다는 내용의 재무제표가 승인되었는지 여부 및 각 배당가능이익이 얼마인지 등에 관하여 심리하지 않은 채, 피고 회사의 2018년과 2019년에 개최된 각 정기주주총회에서 이익배당 결의를 하지 않았다는 이유만으로 원고가 피고 회사에게 2017 및 2018 회계연도 관련 이익배당금의 지급을 청구할 수 없다고 판단하였다. 이러한 원심의 판단에는 이익배당청구권에 관한 법리를 오해하여 판결에 영향을 미친 잘못이 있고, 이를 지적하는 원고의 상고이유 주장은 이유 있다.

또한, 주식발행회사의 상황이나 투자자의 투자수요에 따라 다르기는 하지만, 종류주식은 배당가능이익이 부족하게 되는 등의 이유로 우선배당이 예정된 일정대로 전액 지급되지 못하는 경우에 당해 사업연도에 관한 배당액이 다음 사업연도로 이월(移越)되어 당해 금액이 누적되는 이른바 「누적적 우선주식」의 조건으로 발행되는 경우가 많다. 다만, 일반적인 종류주식의 경우에는 우선배당을 실시한 후에도 아직 배당가능액이 남아 있는 경우에 종류주식의 주주(이하 「종류주주」라고 한다)가 보통주주와 함께 다시 배당을 받는 이른바 「참가적 우선주식」의 조건으로 발행되는 경우가 있지만, M&A금융에서 발행되는 종류주식의 경우에는 우선배당은 후순위 대출에서의 이자와 마찬가지로 주식납입대금(주식인수대금) 상당액에 일정한 비율을 곱한 금액이 상한(上限)으로 되는 것이 일반적이기 때문에 「비참가적 우선주식」으로 발행되는 경우가 많은 것으로 보인다.

[계약서 기재례] 우선배당에 관한 사항 ①

우선배당: 매 사업연도마다 A종주식에 대하여 A종주식우선배당금을 현금으로 보통주식 [및 B종주식]에 우선하여 배당한다. [매 사업연도마다 A종주식에 대하여 A종주식우선배당금을 중간배당 및 배당으로 1/2씩 분할하여 현금으로 보통주식 [및 B종주식]에 우선하여 배당한다.[251)] A종주식우선배당금은 A종주식의 1주당 발행가격에 연 [*]%[252)]의 이율을 적용하여 계산한 금액으로 하되, 1년을 365일(단, 윤달이 포함된 사업연도는 366일)로 보고 해당 사업연도의 초일부터 해당 배당기준일까지의 실제경과일수(최초의 우선배당의 경우에는 A종주식의 발행일을 초일로 하여 실제경과일수를 계산한다)에 따라 일할계산한다. 실제경과일수의 계산에 있어서 초일 및 말일을 모두 산입한다. 계산된 금액 중 원 미만은 절사한다.

A종주식에 대한 배당은 누적적,[253)] 보통주식에 대하여 비참가적으로 한다.

[계약서 기재례] 우선배당에 관한 사항 ②

우선배당: 매 사업연도마다 A종주식에 대하여 A종주식의 1주당 발행가격에 대한 내부수익률(IRR) 기준 연 [*]%에 해당하는 배당금을 현금으로 보통주식 [및 B종주식]에 우선하여 배당한다.
A종주식에 대한 배당은 누적적, 보통주식에 대하여 비참가적으로 한다.

2) 잔여재산분배에 관한 사항

주식발행회사의 해산・청산 시에 보통주주에 우선하여 종류주주가 분배를 받을 수 있는 주식발행회사의 잔여재산의 금액은 후순위 투자자인 종류주주가 당초의 투자수익(IRR, YTM 등)을 확보할 수 있도록 아래의 상환청구권을 행사한 경우의 상환가액과 같은 금액이 되도록 정해지는 경우가 일반적이다.

[계약서 기재례] 잔여재산분배에 관한 사항

잔여재산분배: 발행회사의 청산 시 A종주식에 대하여는 발행회사의 채권자에 대한 부채상환 후 잔여재산에 대하여 잔여재산을 분배받는 날을 상환일로 보아 산정된 분배가액(단, 잔여재산의 실제 분배일을 상환일로 간주한다)을 보통주식 [및 B종주식]에 우선하여 분배한다.
A종주식에 대한 잔여재산분배는 보통주식에 대하여 비참가적으로 한다.

3) 상환에 관한 사항

[계약서 기재례] 상환에 관한 사항

상환일: 발행회사는 발행일로부터 [*]년이 되는 발행일의 해당일 및 그 후부터 매 [*]개월이 되는 발행일의 해당일(이하 "기본상환일")에 A종주식의 전부 또는 일부를 상환할 수 있다. 발행회사는 A종주식의 주주(이하 "A종주주"라고 한다)의 청구가 있는 경우 기본상환일에 A종주주가 상환을 청구한 A종주식을 상환하여야 한다.

251) 중간배당을 하는 경우
252) 사업연도마다 또는 특정한 사유가 발생한 경우 연이율을 달리 정하는 경우도 있다.
253) 누적적인 경우 누적 미지급 A종주식우선배당금, 당해 사업연도의 A종주식우선배당금의 순으로 A종주식에 배당된다.

다음의 어느 사유가 발생하는 경우, A종주주는 발행회사에 A종주식의 전부 또는 일부의 상환을 청구할 수 있고, 발행회사는 A종주주의 청구가 있는 날부터 [*]영업일째 되는 날(이하 "특별상환일")에 A종주주가 상환을 청구한 A종주식을 상환하여야 한다.

1. [*]
2. [*]

[상환권 행사 및 그에 따른 상환과 관련하여 A종주식은 B종주식에 우선한다.]

상환가액: (i) 해당 A종주식의 발행가액의 합계액과 그에 대하여 A종주식의 발행일부터 해당 기본상환일 또는 특별상환일(이하 합하여 "상환일")까지의 기간(초일 산입, 말일 불산입)에 대하여 연 [*]%의 만기보장수익률을 적용하여 산정한 가액을 합한 금액에서, (ii) 해당 A종주주가 해당 A종주식의 발행일부터 해당 상환일까지의 기간(초일 산입, 말일 불산입) 동안 해당 A종주식과 관련하여 기 지급받은 배당금과 동 배당금에 대해 그 지급일부터 해당 상환일까지의 기간(초일 산입, 말일 불산입)에 대하여 위 만기보장수익률을 적용하여 산정한 금액의 합계액을 차감한 가액으로 한다.

상환절차: A종주주가 A종주식의 전부 또는 일부에 대하여 상환권을 행사하기 위해서는 상환일의 1주 전에 발행회사에 서면으로 상환을 청구하여야 하고, 상환일에 발행회사에 A종주식의 주권을 제출하여야 한다. 발행회사는 상환일에 A종주식의 주주권을 제출받음과 동시에 A종주주에게 상환가액을 지급한다.

발행회사가 A종주주에 대하여 상환권을 행사하기 위해서는 상환일의 1주 전에 상환 계획을 A종주주 및 주주명부에 기재된 권리자에게 통지 또는 공고하여야 하고, 상환일에 A종주식의 주권 제출과 동시에 A종주주에게 상환가액을 지급한다.

A종주식의 일부를 상환하는 경우 각 A종주주가 보유하는 A종주식의 주식수를 기준으로 A종주주들 사이에서 안분비례의 방법으로 한다.

A종주주는 상환일 전까지 해당 A종주식에 관한 전환권을 행사할 수 있다.

A종주주 또는 발행회사는 A종주식 전부의 상환이 완료될 때까지 일회 또는 수회 상환권을 행사할 수 있다.

① 상환기간(상환일)

M&A금융과 관련하여 발행되는 종류주식은 통상 종류주주가 주식발행회사에 대하여 미리 정해진 상환가액으로 종류주식의 상환을 청구할 수 있는 조건이 포함되어 발행되는데 (상법 제345조 제3항의 「주주의 청구에 의한 상환에 관한 종류주식」), 이러한 주주의 상환청구권은 그 행사사유가 후순위 대출계약에서의 기한의 이익 상실사유에 준하여 규정되는 경우에는 후순위 대출에 준하여 후순위 투자자의 투자회수를 도모할 수 있는 역할을 할 수 있다.

종류주주의 「상환청구권의 행사사유」는 정관에서는 상법에서 요구하는 최소한의 근거규정만을 두고 후순위 투자자와 주식발행회사 사이에서 체결되는 주식인수계약 또는 종류주식의 발행조건에서 구체적으로 규정되는 경우가 많다. 즉, 정관에서는 종류주식 발행 이후 언제부터라도 상환청구권의 행사가 가능하도록 해 두면서도 주식인수계약 또는 종류주식의 발행조건에서 그에 대한 상환기간 · 상환사유 · 상환일을 제한적으로 규정할 수 있다(물론, 정관에서 상환사유를 구체적으로 정할 수도 있을 것이다).[254)]

다만, 종류주주가 상환청구권을 행사함에 있어서는 주식발행회사에 상환청구권의 행사에 따라 종류주주에게 지급할 금액에 상당하는 배당가능이익이 존재해야 하므로(상법 제345조 제1항, 제3항), 상환청구권 행사사유가 발생하여 종류주주가 상환청구권을 행사하더라도 배당가능이익이 존재하지 않는 한 주식발행회사는 상환의무 및 그에 따른 지체책임을 지지 않게 된다는 문제가 있다.

한편, 종류주식은 주식발행회사의 청구에 의해서도 상환되는 조건으로 발행될 수 있는데(상법 제345조 제1항의 「회사의 청구에 의한 상환에 관한 종류주식」), 주식발행회사에 의한 상환청구권의 행사를 무제한으로 허용하면 후순위 투자자는 충분한 투자수익을 얻을 수 없게 되기 때문에 「회사의 청구에 의한 상환에 관한 종류주식」의 경우에는 주식인수계약에서 일정한 제한 등이 규정되기도 한다.

② 상환가액

후순위 투자자의 상환청구권의 행사에 의해 투자회수 목적을 달성하기 위해서는 이것이 행사되는 경우의 상환가액을 당해 주식취득 시점에 예상하였던 당초의 투자수익(IRR, YTM 등)을 충족시키는 가액으로 정할 필요가 있다.

③ 상환권 행사에 따른 주주의 지위 상실 시점

후순위 투자자가 상환조건에 따라 발행회사에 상환권을 행사한 경우 어느 시점에 주주로서의 지위를 상실하게 되는지 문제되는데, 판례는, 정관이나 해당 주식인수계약에서 달리 정함이 없는 한, 상환권 행사시점이 아니라 상환대금을 지급받은 때 해당 상환주식의 주주의 지위를 상실한다고 해석하고 있다.

---

254) 「상환사유」와 관련하여, 서울고등법원 2020나2049059 판결([판례 3-29])이 상환사유 및 그에 따른 상환청구의 경우에도 적용될 수 있는지 문제되는데, 이 점에 대해서는 해당 판례 부분 참조

[판례 3-25] 대법원 2020. 4. 9. 선고 2017다251564 판결[255)]

1. 회사는 정관으로 정하는 바에 따라 주주가 회사에 대하여 상환을 청구할 수 있는 종류주식을 발행할 수 있다. 이 경우 회사는 정관에 주주가 회사에 대하여 상환을 청구할 수 있다는 뜻, 상환가액, 상환청구기간, 상환의 방법을 정하여야 한다(상법 제345조 제3항). 주주가 상환권을 행사하면 회사는 주식 취득의 대가로 주주에게 상환금을 지급할 의무를 부담하고, 주주는 상환금을 지급받음과 동시에 회사에게 주식을 이전할 의무를 부담한다. 따라서 **정관이나 상환주식인수계약 등에서 특별히 정한 바가 없으면**[256)] 주주가 회사로부터 그 상환금을 지급받을 때까지는 상환권을 행사한 이후에도 여전히 주주의 지위에 있다고 봄이 상당하다.
2. 원심판결 이유와 기록에 의하면 다음의 사실을 알 수 있다.
   가. 원고와 피고는 2011. 3. 11. 비상장법인인 피고가 발행한 A종상환우선주 3,334주(이하 '이 사건 주식'이라고 한다)를 원고가 총 150억 원(1주당 4,499,100원)에 인수하는 계약(이하 '이 사건 계약'이라고 한다)을 체결하면서 다음과 같이 정하였다.
      1) 원고는 인수일로부터 3년이 되는 날부터 7일 이내에 서면으로 피고에게 이 사건 주식의 조기상환을 청구할 수 있고, 이때 상환금액은 조기상환권을 행사할 것을 통지한 날의 공정시장가격으로 한다.
      2) 원고의 조기상환청구가 있는 경우 피고는 그 통지를 받은 즉시 그 사본을 상환청구자 이외에 A종상환우선주를 보유한 다른 주주들에게 전달해야 하고, 위 주주들은 이를 수령한 날로부터 14일 이내에 피고를 상대로 자신이 보유한 A종상환우선주 전부 또는 일부를 상환해달라고 청구할 수 있다.
      3) 피고는 위 14일의 기간이 만료된 날 이후 14일 이내에 모든 A종상환우선주의 주주들에게 상환금액을 보유주식에 비례해서 지급해야 하고, 만약 이를 지체할 경우 지급되지 않은 상환금액에 대하여 연 15%의 복리로 계산한 지연손해금을 가산하여 지급하여야 한다.
      4) 원고는 위 조기상환권 이외에도 A종상환우선주의 주주로서 배당에 있어서의 우선권과 청산 시 잔여재산분배에 관한 우선권을 가지고, 그 주식이 완전히 전환되었을 경우의 보통주식의 수와 동일한 수의 의결권을 가지며, 거래종료일로부터 5년을 만기로 하는 전환권과 상환권을 가진다.
   나. 원고는 이 사건 계약에 따라 2011. 3. 22.경 피고가 발행한 이 사건 주식을 인수한 다음, 그로부터 3년이 되는 날인 2014. 3. 21. 피고에게 이 사건 주식에 대한 조기상환을 청구하였다. 피고가 발행한 A종상환우선주를 보유한 주주는 원고뿐이다.

255) 관련 판결인 대법원 2020. 4. 9. 선고 2016다32582 판결도 참고
256) 주주지위의 취득/상실 시점을 정관이나 당사자 간 합의만으로 자유롭게 정할 수 있는지는 추가 논의가 필요한 것으로 보인다.

다. 피고는 이 사건 주식의 상환금 액수가 230억 원이라는 회계법인의 감정 결과에 따라 원고에게 230억 원을 수령할 것을 제안하였으나 원고는 상환금의 액수를 다투며 그 수령을 거절하였다. 이에 피고는 2014. 5. 22. 원고의 수령거절을 원인으로 하여 서울중앙지방법원 2014년 금제10793호로 이 사건 주식 상환금 명목으로 230억 원을 공탁한 다음(이하 '이 사건 공탁'이라고 한다), 원고를 상대로 이 사건 주식 상환금채무의 부존재 확인을 구하는 소(이하 '관련소송'이라고 한다)를 제기하였다. 관련소송의 1심법원은 2015. 8. 21. 상환금에 관하여 원금 265억 원 및 이에 대한 판결 확정일 다음 날부터의 지연손해금이라고 판단하였는데 쌍방이 항소하였다. 항소심법원은 2016. 6. 14. 상환금 액수가 원금 265억 원 및 이에 대한 2014. 4. 19.부터 다 갚는 날까지의 지연손해금이지만 원고의 지연손해금채권 중 일부의 권리행사는 신의칙에 반하여 제한된다고 판단하였다. 이에 쌍방이 모두 상고하여 현재 상고심이 계속 중이다.

라. 피고는 관련소송의 1심판결 선고 이후에 이 사건 공탁금을 회수하였고, 관련소송의 원심판결 선고 이후인 2016. 6. 21. 그 판결에 따라 상환금을 계산한 다음 원천징수세액 상당을 공제한 나머지 25,196,052,617원을 공탁하였다. 원고는 2016. 9. 19. 이의를 유보하고 공탁금출급청구를 하여 2016. 9. 20. 위 공탁금과 이자 합계액에서 원천징수세액을 공제한 25,200,952,392원을 수령하였다.

마. 한편 피고는, 2014. 7. 25. 주주총회(이하 '이 사건 주주총회'라고 한다)를 개최하였는데 전체 주주 3인 중 원고를 제외한 나머지 주주 2인(전체 주식수 63,334주, 출석 주식수 60,000주)이 출석하여 만장일치로 피고의 이사 소외인을 해임하는 결의를 하였다. 그런데 이 사건 주주총회 결의 전에 피고가 원고에게 소집통지를 발송하거나 원고의 사전동의를 받은 바는 없다.

3. 원심은 그 판시와 같은 이유로 원고가 이 사건 주식에 관한 상환권을 행사한 이상 그 상환금을 지급받지 못하였다 하더라도 더 이상 피고의 주주가 아니므로 이 사건 주주총회 결의의 무효확인을 구할 확인의 이익이 없고, 주식회사의 주주, 이사, 감사에 한하여 제기할 수 있는 주주총회결의 취소의 소를 제기할 당사자적격이 없다고 판단하였다.

4. 그러나 앞에서 본 법리에 비추어 보면, **<u>피고의 정관이나 이 사건 계약에서 원고가 상환권을 행사한 경우 주주 지위를 상실하는 시기에 관하여 달리 정한 바가 없으므로</u>** <u>원고는 상환권을 행사하였더라도 피고로부터 그 상환금을 지급받을 때까지는 여전히 피고의 주주라고 할 것이다.</u> 그렇다면 원심은 원고와 피고 사이에서 이 사건 주식의 상환금인 '공정한 시장가격'에 관하여 다툼이 계속되고 있는 사정 등을 고려하여 원고가 피고로부터 이 사건 주식의 상환금 전부를 지급받았는지 여부를 심리해 보았어야 한다. 그럼에도 원심은 그 판시와 같은 이유로 원고가 상환권을 행사한 이상 피고의 주주가 아니라고 판단하였으니, 이러한 원심의 판단에는 상환금의 지급과 주주 지위 상실에

관한 법리를 오해하여 판결 결과에 영향을 미친 위법이 있다. 이 점을 지적하는 상고이유 주장은 이유 있다.

4) 전환에 관한 사항

[계약서 기재례] 전환에 관한 사항

전환기간: A종주식 발행일의 다음 날부터, A종주식 발행일로부터 [*]년째 되는 날의 직전일까지 행사가능. 단, 그때까지 상환을 완료하지 못한 경우에는 상환을 완료할 때까지 연장됨.

전환청구: A종주식의 주주(이하 "A종주주"라고 한다)는 전환기간 중 언제라도 자신이 보유한 A종주식의 일부 또는 전부를 아래 전환계산방법에 따라 산정되는 숫자의 보통주식으로 전환할 것을 청구할 수 있다.

전환 시 발행주식: 발행회사의 기명식 보통주식(액면가 금 [*]원)

전환방법: A종주식 1주의 전환으로 발행되는 보통주식의 수는 A종주식 발행가격을 전환가격(전환가격이 조정될 경우에는 조정된 전환가액)으로 나눈 숫자로 한다. 단주의 처리는 일반 관례에 따르기로 하며, 특별한 정함이 없는 한 1주 미만의 단수주가 발생하는 경우 단수주에 해당하는 주식은 발행하지 아니한다. 단, 이에 대하여는 해당 시점의 전환가액을 기준으로 계산한 금액을 현금으로 지급한다.

1주당 전환가액: 금 [*]원(액면가 [*]원 기준. 이하 "전환가액")

단, 다음 사유가 발생한 경우 아래 기재된 공식에 따라 조정된다. <u>조정사유가 중복으로 발생하는 경우에는 각각의 전환비율의 조정을 적용하여 중복적으로 전환비율을 조정한다.</u>[257]

① 발행회사가 A종주식을 발행한 후 A종주주가 전환청구를 하기 전에 발행회사가 그 당시 전환가액과 시가 중 높은 가격{이하 "<u>기준가</u>". 다만, 발행회사가 주식을 증권시장에 상장하기 전에는 그 당시 A종주식의 전환가액을 기준가로 함}을 하회하는 발행가액으로 유・무상증자, 주식배당, 준비금의 자본전입 등을 통해 신주를 발행하거나, 기준가를 하회하는 최초 전환가액 또는 행사가격으로 주식관련사채를 발행하는 경우, 다음과 같이 전환가액을 조정하기로 한다. 다만, 유상증자와 무상증자를 병행하여 실시하는 경우, 유상증자의 1주당 발행가액이 기준가를 상회하는 때에는 유상증자에 의하여 발행된 신주에 대하여는 전환가액 조정을 적용하지 아니하고, 무상증자에

257) 대법원 2013다40858 판결([판례 3-26]) 참조

의하여 발행된 신주에 한하여 전환가액 조정을 적용하기로 한다. 본 ①에 따른 전환가액의 조정일은 유·무상증자, 주식배당, 준비금의 자본전입 등으로 인한 신주의 발행일로 한다.

$$\text{조정 후 전환가액} = \text{조정 전 전환가액} \times \frac{A+B\times(C\div D)}{A+B}$$

A: 회사의 기 발행주식수
B: 회사의 신 발행주식수
C: 회사의 신 발행주식의 1주당 발행가격
D: 기준가

② 위 ①에 따른 조정 후 전환가액은 다음 각호에서 정한 바에 따라 산정한다.

(i) "기 발행주식수"는 당해 조정사유가 발생하기 직전일 현재 발행회사의 발행주식 총수로 한다.

(ii) 전환사채 또는 신주인수권부사채를 발행하는 경우, "신 발행주식수"는 당해 사채 발행 시의 전환가액으로 당해 사채 전부가 주식으로 전환되거나 당해 사채 발행 시 행사가격으로 신주인수권이 전부 행사될 경우 발행될 주식의 수로 한다.

(iii) "1주당 발행가격"은 주식배당·준비금의 자본전입의 경우 영(0)으로 하고, 전환사채 또는 신주인수권부사채를 발행하는 경우 낭해 사재 발행 시 전환가액 또는 행사가격으로 한다.

(iv) "시가"라 함은 당해 발행가액 산정의 기준이 되는 기준주가 또는 이론권리락 주가(유상증자 이외의 경우에는 조정사유 발생 전일을 기산일로 계산한 기준주가)로 한다.

③ 합병, 분할, 감자, 주식분할 또는 주식병합 등에 의하여 전환가액의 조정이 필요한 경우 당해 합병, 분할, 감자, 주식분할 또는 주식병합 등의 직전에 A종주주가 전환권을 행사하여 A종주식이 전액 주식으로 전환되었더라면 A종주주가 가질 수 있었던 주식수를 산출할 수 있는 가액으로 전환가액을 조정한다. 본 ③에 따른 전환가액의 조정일은 합병, 분할, 감자, 주식분할 또는 주식병합의 기준일 또는 기타 사유의 효력발생일로 한다. 단, 발행회사가 주식을 증권시장에 상장한 후 본 ③에 따른 조정사유가 발생한 경우, 본 ③에 따른 조정사유 중 감자 및 주식병합의 경우에 있어서는, 감자 및 주식병합 등을 위한 주주총회 결의일 전일을 기산일로 하여 "증권의 발행 및 공시 등에 관한 규정" 제5-22조 제1항 본문의 규정에 의하여 산정한 가액(이하 "산정가액")이 액면가액 미만이면서 기산일 전에 전환가액을

액면가액으로 이미 조정한 경우(전환가액을 액면가액 미만으로 조정할 수 있는 경우는 제외한다)에는 조정 후 전환가액은 산정가액을 기준으로 감자 및 주식병합 등으로 인한 조정비율만큼 상향 조정한 가액 이상으로 조정한다.

④ 조정된 전환가액이 주식의 액면가 이하일 경우에는 액면가를 전환가액으로 한다.

⑤ 조정 후 전환가액 중 원단위 미만은 절사한다.

전환절차: A종주주는 전환청구서 2통에 주권을 첨부하여 발행회사에 제출하는 방법으로 자신이 보유하는 A종주식을 보통주식으로 전환할 수 있다. 전환청구서에는 전환하고자 하는 A종주식의 수와 청구년월일을 기재하고 기명날인 또는 서명하여야 한다. 전환청구서가 발행회사에 제출된 이후에는 전환청구를 취소할 수 없다. 주식의 전환은 발행회사가 전환청구서를 수령한 날("전환일") 그 효력이 발생한다. 발행회사는 전환일로부터 5영업일 이내에 전환권을 행사한 A종주주에게 보통주식 주권을 교부하고, 전환권을 행사한 A종주주를 발행회사의 주주명부에 보통주주로 명의개서 한다.

수권주식의 유보: 발행회사는 전환청구기간의 만료 시까지 발행회사가 발행할 수권주식의 총수에 A종주식의 전환으로 발행가능한 주식수를 미발행 주식으로 유보하여야 한다.

① 전환기간(전환일)

M&A금융과 관련하여 발행되는 종류주식은 보통 종류주주가 주식발행회사에 대하여 미리 정해진 계산식에 따라 산출된 수의 보통주식으로 전환을 청구할 수 있는 조건이 포함되어 발행된다(상법 제345조 제1항의 「주주의 청구에 의한 전환에 관한 종류주식」).

후순위 투자자는 상환청구권의 행사에 의해 투자회수를 하는 것이 가장 이상적이지만, 상환청구권을 행사함에 있어서는 주식발행회사에 (i) 상환청구권의 행사에 따라 종류주주에게 지급할 금액에 상당하는 배당가능이익과 (ii) 당해 배당가능이익에 상당하는 현금이 존재할 필요가 있기 때문에 종류주주가 상환을 원하는 시점에 항상 투자회수가 가능하다고는 할 수 없다. 따라서 상환청구권의 행사에 의해 투자회수를 할 수 없는 것으로 판단되는 경우에는 그 대안으로 전환청구권의 행사에 의해 보통주식을 취득하고자 할 수 있다. 특히 종류주식이 의결권이 없는 조건으로 발행되는 경우에는 주식발행회사의 경영에 관여하여 스스로 주식발행회사의 기업가치를 높인 후에 제3자에게 보통주식을 매각하여 투자회수를 시도할 수 있고, 주식발행회사가 상장을 예정하고 있는 경우에는 전환청구권의 행사에 의해 종류주주가 취득하는 보통주식을 상장 후 시장에서 매각함으로써 후순위 투자자의 투자회수의 한 수단으로서 기능할 수도 있다.

「전환청구권 행사사유」는 상환청구권의 경우와 마찬가지로 정관에서는 상법에서 요구하는 최소한의 근거규정만을 두고 후순위 투자자와 주식발행회사 사이에서 체결되는 주식인수계약 또는 종류주식의 발행조건에서 그 행사사유를 구체적으로 정하는 경우가 많다. 즉, 정관에서는 종류주식 발행 이후 언제부터라도 또는 일정한 전환기간 동안 전환청구권의 행사가 가능하도록 해 두면서도 주식인수계약 또는 종류주식의 발행조건에서 그에 대한 전환사유를 구체적으로 규정할 수 있다(물론, 정관에서 전환사유를 구체적으로 정할 수도 있을 것이다).

한편, 종류주식은 정관에 일정한 사유가 발생할 때 회사가 종류주식을 보통주식으로 전환할 수 있는 조건으로 발행될 수 있는데(상법 제346조 제2항 「회사의 청구에 의한 전환에 관한 종류주식」), 이 경우에는 후순위 투자자의 의사에 관계없이 보통주식으로 전환됨으로써 후순위 투자자의 투자수익률 등을 제한하는 측면이 있기 때문에 M&A금융에서는 자주 사용되고 있지는 않는 것으로 보인다. 다만, 주식발행회사가 상장을 예정하고 있는 경우에는 상장 전에 주식발행회사가 종류주식을 모두 보통주식으로 전환시키기 위해 이러한 조건의 종류주식을 발행하는 사례도 있다.[258]

② 전환조건

전환청구권을 행사한 종류주주에게 교부되는 보통주식의 수는 통상 상환청구권이 행사된 경우의 종류주식의 상환가액을 전환가액으로 나눔으로써 산출된다. 여기서 「전환가액」은 통상 주식발행회사의 순자산 등 특정 재무수치에 의해 산출된 가치를 기발행된 보통주식의 수로 나누어 얻은 가액으로 하는 경우가 일반적이며, 전환사채의 전환가액, 신주인수권부사채의 신주인수권 행사가액, 교환사채의 교환가액의 조정의 경우와 같이 일정한 지분희석화 사유가 발생한 경우에는 미리 합의한 조건에 따라 전환가액을 조정하게 된다(실무에서는 이를 「희석화 방지조항」 또는 「반희석화 조항」이라고도 한다). 위 기재례의 전환가액의 조정규정은 주식발행회사가 주권비상장법인인 경우에 통상 규정되는 희석화 방지조항이다.[259]

258) 다만, 실무에서는 주식발행회사의 상장(IPO)이 이루어지기 전(상장신청을 위한 이사회결의시점 등)에 전환이 이루어지고 있는바, 전환 후 당초 예정하였던 상장이 좌절되거나 유예·연기되는 경우에 해당 전환의 효력을 취소하거나 철회하여 전환 이전의 상태로 되돌릴 수는 없기 때문에 상장이 좌절되거나 유예·연기되는 경우의 처리에 대해서도 (주주간계약 등을 통해) 미리 합의가 필요한 경우가 발생할 수 있다.

259) 만일 주식발행회사가 주권상장법인인 경우에는 자본시장법, 증권의 발행 및 공시에 관한 규정상 전환사채의 전환가액 조정 규정을 반영한 「희석화 방지조항」이 규정되고, 나아가 주가의 변동을 반영한 전환가액 조정규정(실무에서는 이를 「리픽싱(refixing) 조항」이라고 한다)이 추가로 규정된다. 이와 관련하여, 금융

[판례 3-26] 대법원 2014. 9. 4. 선고 2013다40858 판결

1. 본안전 항변에 관한 상고이유에 대하여

가. 신주인수권만의 양도가 가능한 분리형 신주인수권부사채를 발행한 발행회사가 신주인수권의 발행조건으로 주식의 시가하락 시 신주인수권의 행사가액을 하향조정하는 이른바 '리픽싱(refixing) 조항'을 둔 경우, 주식의 시가하락에 따른 신주인수권 행사가액의 조정사유가 발생하였음에도 발행회사가 그 조정을 거절하고 있다면, 신주인수권자는 발행회사를 상대로 조정사유 발생시점을 기준으로 신주인수권 행사가액 조정절차의 이행을 구하는 소를 제기할 수 있고, 신주인수권자가 그 소송과정에서 리픽싱 조항에 따른 새로운 조정사유의 발생으로 다시 조정될 신주인수권 행사가액의 적용을 받겠다는 분명한 의사표시를 하는 등의 특별한 사정이 없는 한 위와 같은 이행의 소에 대하여 과거의 법률관계라는 이유로 권리보호의 이익을 부정할 수는 없다.

그리고 위와 같은 발행조건의 리픽싱 조항에서 신주인수권의 행사를 예정하고 있지 아니하고 신주인수권자가 소로써 신주인수권 행사가액의 조정을 적극적으로 요구하는 경우와 발행회사가 자발적으로 그 행사가액을 조정하는 경우를 달리 볼 이유가 없는 점, 주식의 시가하락이 있는 경우 리픽싱 조항에 따른 신주인수권 행사가액의 조정이 선행되어야만 신주인수권자로서는 신주인수권의 행사 또는 양도 등 자신의 권리행사 여부를 결정할 수 있는 점, 반면 위와 같은 이행의 소에 신주인수권의 행사가 전제되어야 한다면 이는 본래 신주인수권의 행사기간 내에서 신주인수권의 행사 여부를 자유로이 결정할 수 있는 신주인수권자에 대하여 신주인수권의 행사를 강요하는 결과가 되어 불합리한 점 등을 종합하면, 신주인수권 행사가액 조정절차의 이행을 구하는 소는 신주인수권의 행사 여부와 관계없이 허용된다고 보아야 한다.

나. 원심판결 이유와 기록에 의하면, 아래와 같은 사실을 알 수 있다.

(1) 피고는 2009. 6. 25. 사채권면 총액 20억 원, 신주인수권 행사가액 1주당 2,580원,

위원회는 2021. 10. 27. 전환사채가 최대주주의 편법적 지분확대에 이용되는 등 불공정거래에 악용되는 사례를 방지하기 위해, 상장회사의 사모발행 CB 등의 경우 전환가액 등 하향조정(Refixing) 조건이 있는 경우에는 상향조정 조건도 포함하도록 하는 내용의 '증권의 발행 및 공시 등에 관한 규정'을 개정한 후 동 개정 규정을 2021. 12. 1. 부터 시행한 바 있는데(동 규정 제5-23조. 동 규정은 신주인수권부사채에도 준용된다(동 규정 제5-24조)), 위와 같은 규제 시행 이후 (상환)전환우선주식 등 다른 주식연계증권과의 규제 형평성 문제가 존재한다고 판단하여 그 보완책으로서 상장회사가 발행하는 (상환)전환우선주식에 대해서도 동일한 규제를 적용하고자 (상환)전환우선주식의 전환가액 조정제도를 개선하는 내용으로 '증권의 발행 및 공시 등에 관한 규정'을 개정하여 2023. 5. 1.부터 시행하였다(동 규정 제5-24조의2). 즉, 상장회사가 (상환)전환우선주식을 사모발행하는 경우 주가 하락에 따른 전환가액 하향조정(Refixing) 조건이 있는 경우에는 상향조정 조건도 포함하도록 의무화하고, 상향조정의 범위는 최초 전환가액 이내로 제한된다. 단, 공모발행 시에는 증권신고서 제출의무 등 강화된 발행 절차 규제가 적용되는 점 등을 고려하여 이와 같은 규제가 적용되지 않는다. 또한, 동 개정에 의해 사모(상환)전환우선주식의 경우 발행 후 1년(공모의 경우에는 1개월)간 전환권 행사 금지된다.

신주인수권 행사기간 2009. 9. 25.부터 2012. 5. 25.까지, 사채만기일 2012. 6. 25.로 하되 신주인수권만의 양도가 가능한 제5회 무기명식 이권부 무보증 신주인수권부사채를 발행하였고, 원고는 2010. 11. 1. 권면금액 5억 원인 이 사건 신주인수권을 양수하였다.

(2) 한편 이 사건 신주인수권의 발행조건에는, ① '사채발행일로부터 매 3개월이 되는 날(행사가액 조정일)마다 행사가액 조정일 전일을 기산일로 하여, 기산일로부터 소급한 1개월 거래량 가중평균가격, 1주일 거래량 가중평균가격, 기산일 종가를 산술평균한 가격과 기산일 종가 중 높은 가격이 본건 신주인수권부사채의 행사가액보다 낮은 경우에는 그 가격을 행사가액으로 조정한다. 다만, 조정 후 행사가액은 액면가액을 하회하지 못한다.'는 주식의 시가하락 시 신주인수권의 행사가액을 하향조정하는 내용의 '리픽싱 조항', ② '자본감소, 주식분할 및 주식병합, 합병 등에 의하여 행사가액의 조정이 필요한 경우에는 자본감소 등 직전에 본 계약에 따른 신주인수권이 모두 행사되었더라면 인수인이 가질 수 있었던 주식의 수에 따른 가치로 보장하는 방법으로 행사가액을 조정한다.'는 내용의 이른바 '반희석화 조항'이 규정되어 있다.

(3) 피고는 2009. 9. 25.경 주식의 시가하락을 이유로 리픽싱 조항에 따라 이 사건 신주인수권 행사가액을 840원으로 하향조정한 것을 시작으로 2010. 6. 25. 그 행사가액의 최저한도인 액면가 500원까지 하향조정하였다.

(4) 그런데 피고는 재무구조 개선을 위하여 2011. 4. 11. 피고의 보통주 10주를 1주로 병합하는 방식으로 감자결정을 한 다음, 그 무렵 감자를 이유로 반희석화 조항에 따라 이 사건 신주인수권의 행사가액을 종전 500원에서 5,000원으로 상향조정하였다.

(5) 원고는 반희석화 조항에 따른 이 사건 신주인수권의 행사가액 조정 이후 주식의 시가가 지속적으로 하락하였으므로 리픽싱 조항에 따라 2011. 9. 25.을 기준으로 그 행사가액이 798원으로 하향조정되어야 한다면서, 2012. 4. 27. 피고에 대하여 이 사건 신주인수권 행사가액을 2011. 9. 25. 기준으로 1주당 798원으로 소성하는 절차를 이행하라는 이 사건 소를 제기하는 한편, 2012. 5. 18. 이 사건 소의 판결확정 시까지 이 사건 신주인수권의 권리행사기간을 정지한다는 내용의 가처분결정을 받았다.

다. 원심은, 이 사건 신주인수권을 행사하지도 않으면서 과거의 신주인수권 행사가액 조정일을 기준으로 행사가액의 조정을 구하는 이 사건 소가 권리보호의 이익이 없어 부적법하다는 취지의 피고의 본안전 항변에 대하여, 이 사건 신주인수권 행사가액의 조정사유가 발생하였음에도 피고가 그 조정절차를 이행하지 않는 경우 원고로서는 부당하게 형성된 행사가액에 의해 신주인수권을 행사하거나 그 행사를 포기할 수밖에 없으므로 원고로 하여금 그 조정절차의 이행을 청구하여 정당한 행사가액에 의해 신주인수권을 행사할 수 있도록 할 필요성이 있다는 이유로, 피고의 본안전 항변을 배척하였다.

라. 원심판결 이유를 앞서 본 법리에 비추어 살펴보면, 원심이 피고의 본안전 항변을 배척한 조치는 정당하고, 거기에 상고이유 주장과 같이 논리와 경험의 법칙을 위반하여 자유심증주의의 한계를 벗어나거나 권리보호의 이익에 관한 법리를 오해하는 등의 위법이 없다.

2. 본안에 관한 상고이유에 대하여

원심은 그 판시와 같은 사정을 들어, 반희석화 조항에 따른 이 사건 신주인수권의 행사가액 조정 이후 리픽싱 조항에 따른 조정사유가 발생한 경우에는 피고가 이 사건 신주인수권의 행사가액을 추가로 조정하는 절차를 이행하여야 한다고 판단하여 그 조정절차의 이행을 구하는 원고의 청구를 인용하였다.

원심판결 이유를 관련 법리와 기록에 비추어 살펴보면, 원심의 위와 같은 판단은 정당한 것으로 수긍할 수 있고, 거기에 상고이유 주장과 같이 논리와 경험의 법칙을 위반하여 자유심증주의의 한계를 벗어나거나 신주인수권 행사가액의 조정에 관한 법리를 오해하는 등의 위법이 없다.

또한, 실무에서는 일정한 조건의 성취나 기한의 도래로 종류주식이 자동적으로 보통주식으로 전환될 수도 있는 조건으로 발행되는 경우(실무에서는 이를 「자동전환주식」, 「(존속)기한부전환주식」이라고도 한다)도 있는데, 상장회사 표준정관에서도 이러한 「자동전환주식」의 발행을 인정하고 있으며, 비상장회사의 경우에도 이러한 예를 따르는 경우가 자주 있다. 학설은 「자동전환주식」은 상법상 종류주식(전환주식)은 아니지만 유효한 것으로 해석하는 것이 일반적으로 보인다.[260]

[기재례] 상장회사 표준정관 제8조의4

제8조의4(종류주식의 수와 내용③)

⑦-1 종류주식은 다음 각호에 의거 회사의 선택에 따라 전환할 수 있다.

1. 전환으로 인하여 발행할 주식의 수는 전환 전의 수와 동수로 한다.
2. 전환할 수 있는 기간은 발행일로부터 ○○년 이상 ○○년 이내의 범위에서 이사회결의로 정한다. 다만, 전환기간 내에 전환권이 행사되지 아니하면, 전환기간 만료일에 전환된 것으로 본다.
3. 전환으로 인하여 발행할 주식은 보통주식(또는 제○조의 종류주식)으로 한다.

260) (i) 임재연 『회사법 Ⅱ』(박영사, 2019) 411페이지, (ii) 김건식 외 『회사법(제3판)』(박영사, 2019) 173페이지

4. 종류주식은 다음 각 목의 사유가 발생한 경우 전환할 수 있다.
   가. ……………………
   나. ……………………
   다. ……………………
   라. ……………………

⑦-2 종류주식은 다음 각호에 의거 주주가 회사에 대하여 전환을 청구할 수 있다.
   1. (⑦-1의 1호와 동일)
   2. (⑦-1의 2호에서 "전환할 수 있는 기간"을 "전환을 청구할 수 있는 기간"으로 하고, 나머지는 동일)
   3. (⑦-1의 3호와 동일)

그러나 「자동전환주식」을 상법상의 종류주식(전환주식)이 아니라고 하면서도 그 유효성을 인정할 때에는 주식회사가 보통주식과 상법상의 종류주식 이외의 다른 주식을 발행할 수 있는지[261] 여부와도 관련하여 추가로 검토되어야 한다. 생각건대, 일정한 조건의 성취나 기한의 도래 시에 주주 또는 주식발행회사에 의한 전환권이 행사된 것으로 의제하기로 합의한 것으로 본다면 「자동전환주식」도 상법상 종류주식(전환주식)에 해당하는 것으로 볼 여지가 충분하고, 2011년 개정에 의해 주식발행회사의 전환권도 인정되었으므로 이것이 주주 또는 주식발행회사의 전환권을 침해한다고 보기도 어렵다. 따라서 「자동전환주식」을 상법상의 종류주식(전환주식)이 아니라고 하면서도 그 유효성을 인정하기보다는 「자동전환주식」 역시 상법 제346조의 종류주식(전환주식)에 해당한다고 보는 것이 타당할 것으로 생각된다.

실무에서는 주식발행회사의 정관에 주주/주식발행회사에게 전환권이 인정되는 종류주식을 발행할 수 있는 근거를 규정하고, 주식발행조건에서 일정한 조건의 성취나 기한의 도래 시에 주주 또는 주식발행회사에 의한 전환권이 행사된 것으로 의제된다는 조건을 포함시킴으로써 이 점을 좀 더 명확히 하는 경우도 있다.

5) 의결권에 관한 사항

종류주식은 의결권이 없는 주식이나 의결권이 제한되는 주식으로도 발행될 수 있지만(상

261) 서울고등법원 2020나2049059 판결([판례 3-29]) 중 「주주평등의 원칙에 대한 예외로서 종류주식이 발행될 수 있으나 그 유형은 법령이 정한 것으로 한정된다. 상법은 제344조 제1항에서 이익의 배당, 잔여재산의 분배, 주주총회에서의 의결권의 행사, 상환 및 전환 등에 관하여만 그 내용이 다른 종류의 주식을 발행할 수 있도록 허용하고 있을 뿐이므로, 현행법상 이와 같이 법이 허용하는 범위를 넘어 내용이 다른 주식은 발행될 수 없다.」 부분 참조

법 제344조의3 제1항),[262] 실무에서 M&A금융의 후순위 투자자에게 발행되는 종류주식(특히, 사모발행의 경우)은 의결권이 부여되는 경우가 많은 것으로 보인다.

[계약서 기재례] 의결권에 관한 사항

의결권: A종주주는 발행회사의 주주총회 및 A종주주로 구성되는 종류주주총회에서 A종주식 1주당 1개의 의결권을 가진다.

다만, M&A금융에서 의결권이 배제되거나 제한되는 종류주식이 이용되는 경우에는 아래와 같은 몇 가지 점을 유의해야 한다.

① 의결권이 없거나 제한되는 종류주식의 총수는 발행주식총수의 4분의 1을 초과할 수 없다(상법 제344조의3 제2항).

② 의결권이 배제되는 종류주주도 분할・분할합병의 승인을 위한 주주총회에서는 의결권을 행사할 수 있고(상법 제530조의3 제3항), 의결권이 배제되거나 제한되는 종류주주도 종류주주총회에서는 원칙적으로 의결권을 행사할 수 있다(동법 제435조, 제436조).[263] 이와 관련하여 종류주주총회에서도 의결권이 배제되거나 제한되는 종류주식을 발행할 수 있는지 여부가 문제되는데, 실무에서는 종류주주총회에 관한 상법 제435조 제1항을 강행규정으로 보아야 하므로 이러한 종류주식의 발행은 허용되지 않는다는 견해[264]에 따라 이러한 종류주식은 발행되지 않고 있는 것으로 보인다.[265]

③ 이사 등의 책임면제(상법 제400조, 제408조의9, 제415조, 제415조의2 제7항)를 위해서는 의결권이 배제되거나 제한되는 종류주주를 포함한 주주전원의 동의를 얻어야 한다.

④ 2011년 개정 전 상법 제370조 제1항에서는 의결권이 없는 주식도 「정관에서 정한 우선적 배당을 받지 아니한다는 결의가 있는 총회의 다음 총회부터 그 우선적 배당을 받는다는 결의가 있는 총회의 종료 시까지는 의결권이 있다」고 하여 의결권의 부활을 규정하고 있었기 때문에, 주식발행회사의 정관에서 위 구 상법규정과 동일한 취지를 규정하고 있지 않은 경우에도, 위 구 상법규정에 따라 우선배당을 받지 못하는 기간 동안에는 의결권이 부활되었다. 그러나 현행 상법에서는 위 구 상법규정을 삭제하고

262) 따라서 우선주식, 상환주식, 전환주식, 상환전환주식, 상환전환우선주식 등의 종류주식이 반드시 무의결권주식으로 발행되어야 하는 것은 아니다. 또한, 보통주식도 의결권이 배제되거나 제한되는 조건으로 발행될 수 있는데, 이 경우에는 해당 보통주식도 종류주식에 해당할 것이다.

263) 따라서 상법상으로는 완전한 의미에서의 무의결권주식의 발행은 허용되지 않는다.

264) 임재연 『회사법 Ⅰ』(박영사, 2019) 396페이지

265) 서울고등법원 2020나2049059 판결([판례 3-29]) 참조

의결권 부활의 조건을 정관에서 정하도록 하였는바(상법 제344조의3 제1항), 이에 따라 의결권 배제・제한에 관한 종류주식은 주식발행회사의 정관에서 별도의 의결권 부활 조건을 정하지 않음으로써 의결권 부활이 없는 조건으로도 발행될 수 있다. 다만, 실무에서는 의결권 배제・제한에 관한 종류주식을 발행하는 경우에는 이러한 상법규정의 변경에도 불구하고 위 구 상법규정과 같은 취지의 의결권 부활에 관한 내용을 포함시키는 경우도 여전히 많은 것으로 보인다.

6) 양도제한에 관한 사항

스폰서 및 선순위 대주는 후순위 투자자가 누구인지를 중시하여 M&A금융을 실시하기 때문에 후순위 투자자가 자유롭게 종류주식을 양도할 수 있도록 허용하는 것은 바람직하지 않다. 따라서 스폰서 및 선순위 대주는 종류주식에 관하여 상법에 근거하여 정관상의 양도제한(이사회승인에 의한 양도제한)(상법 제335조 제1항 단서)을 부과하기를 바라거나 양도를 직・간접적으로 제한하기 위한 여러 규정을 포함시키기를 요구하는 경우가 많다. 다만, 주식발행회사는 상법에 근거하여 정관상의 양도제한(이사회승인에 의한 양도제한)을 부과하는 방법으로만 주식의 양도를 제한할 수 있으므로, 이러한 방식의 정관에 의한 제한 이외에 주식인수계약에서 다른 방법으로는 양도를 제한할 수 없다고 해석된다.

[계약시 기재례] 양도제한에 관한 사항

양도제한: A종주식의 양도는 발행회사의 이사회의 승인을 받아야 하고, 발행회사의 이사회의 승인을 얻지 않은 A종주식의 양도는 회사에 대하여 효력이 없다.

따라서 실무에서는 종류주식의 양도제한은 주식발행회사와의 관계에서는 원칙적으로 정관에 의해 이사회승인을 받도록 하는 방법만이 규정되고, 주주간계약을 통해 주주 간에 추가로 다양한 방법이 규정된다. 실무에서 주주 간에 이루어지는 다양한 주식양도제한방법에 대해서는 아래의 (5) 주주간계약서 부분에서 살펴본다.

7) 기타 사항(Tracking Stock, 간주청산조건)

① 상법상 이익배당이나 잔여재산분배가 특정 사업부문이나 자회사의 성과에 연동되는 주식, 이른바 「트래킹스톡(Tracking Stock)」의 발행이 허용되는지 논의가 있으나, 학설은 비록 상법에 명문규정은 없지만, 상법 제344조 제2항의 「이익을 배당하는 조건 등 이익배당에 관한 내용」이나 「잔여재산분배에 관한 내용」이 다른 주식으로서 허용

된다고 보는 견해가 유력한 것으로 보인다. 다만, 배당에 연동된 특정 사업부문 등에 이익이 발생한 경우에도 이익배당이나 잔여재산분배는 주식발행회사의 전체의 이익이나 (채무상환 후) 최종 잔여재산을 기준으로 이루어지기 때문에 배당가능이익이나 잔여재산분배액의 산정에 관하여 어려움이 있을 것으로 생각된다. 이와 같은 실무상의 어려움에 더하여 M&A금융은 통상 차주(주식발행회사)/투자대상회사의 전체 현금흐름을 상환재원으로 한다는 점에서 필자는 우리나라에서 이러한 트래킹스톡이 M&A금융의 수단으로 사용된 사례를 아직까지 발견하지 못하였다.

② 또한, 주식발행회사의 합병, 회사분할, 주식교환, 주식이전, 신주발행 또는 주식양수도 등을 통해 제3자가 투자대상회사의 지배권(통상은 의결권 기준 지분율 과반수 이상)을 취득하고 **주주에게 그 대가가 지급되는 거래**의 경우[266]에도 주식발행회사의 청산에 준하여 주주 간에 해당 거래의 대가를 잔여재산에 준하여 분배하도록 요구되는 사례도 있는데 이를 실무에서는 통상 「간주청산」이라고 부른다.[267] 실무에서는 주식발행회사의 정관 및 주식발행조건에서 「간주청산」이라는 내용으로 이러한 「간주청산조건」이 부여되는 종류주식을 발행하는 경우도 있는 것으로 보이나[268] 이러한 「간주청산조건」은 상법상 종류주식으로는 발행될 수 없기 때문에[269] 주식발행회사의 정관 및 주식발행조건이 아니라 「간주청산조항」의 형태로 주주간계약에서 규정하는 것이 타당할 것으로 생각된다. 다만, 합병, 회사분할, 주식교환, 주식이전, 신주발행 등 주식발행회사의 주주에 대한 주식배정이나 대가지급 등의 주식발행회사의 일정한 행위가 개입되는 거래의 경우에는, 주식발행회사의 정관에 임의적 기재사항으로서 이러한 사유가 발생한 경우에 잔여재산분배에 준하여 우선 배정 및 분배를 하도록 기재함으로써 해당 주식발행회사의 이사 등이 해당 행위(합병계약 등)를 함에 있어서 이를 준수하도록 하는 방법으로 간접적으로 그 이행을 확보하는 방법을 고려해 볼 수는 있을 것으로 생각된다.[270]

나아가 주식발행회사의 영업이나 특정자산을 매각하는 거래 등 해당 **대가가 주식발행회사에 지급되는 거래**도 간주청산의 일종으로 주식발행회사의 정관이나 주식발행조

266) 이러한 거래를 실무에서는 「지배권이전거래」라고도 한다.

267) 「지배권이전거래」는 그 실질이 주식발행회사의 해산・청산에 준함에도 불구하고 통상은 주식발행회사의 해산・청산절차를 거칠 필요가 없는 경우가 많기 때문에 종류주식에 부가된 잔여재산분배조건이 적용되지 않게 된다.

268) 특히, 벤처기업이나 스타트업 기업에서 자주 발견된다.

269) 서울고등법원 2020나2049059 판결([판례 3-29])의 판시내용 참조

270) 이외에도, 지배권이전거래가 반대주주의 매수청구권 행사대상, 종류주주총회의 승인대상에 해당하는 경우에는 그 절차를 통해 그리고 그러한 거래를 상환주식의 상환사유/전환주식의 전환사유로 규정하여 신설법인/승계법인으로 하여금 그러한 의무를 승계하도록 하는 방안도 고려해 볼 수 있을 것이다.

건에 포함시켜 종류주식을 발행하는 실무사례도 있으나, 이러한 조건이 부여되는 종류주식이 상법상 발행될 수 없고[271] 이러한 거래는 그 대가를 주주가 아닌 주식발행회사가 취득한다는 점에서 그 분배를 주주간계약에서 규정하는 것도 타당하지 않다고 생각된다. 따라서 이러한 거래를 염두에 둔 경우에는, 이러한 사유가 발생한 경우를 주식발행회사의 정관상 해산사유로 규정하거나 주주간계약에서 이러한 거래 이후 빠른 시일 내에 (임의)해산결의를 하도록 약정하거나 종류주식의 상환 또는 다른 주주/제3자에 대한 Put/Call-option 사유로 규정하는 등의 방법으로 별도의 조치를 취할 수 있는 근거를 마련해 두는 것이 타당할 것이다.[272]

(3) 주식인수계약[273]의 주요 내용[274]

이하에서는 종류주식에 의한 후순위 금융의 경우 체결되는 주식인수계약의 특유한 내용만을 중심으로 간단히 살펴본다. 따라서 일반적인 기타사항은 앞서 살펴본 대출계약 및 후순위 대출계약을 참조하기 바란다.

[주식인수계약서의 구성][275]

- 당사자의 표시
- 전문

제1장 총칙
 제1.1조 목적
 제1.2조 정의
제2장 주식의 발행 및 인수 약정
 제2.1조 주식의 발행[별지. 주식발행조건]
 제2.2조 주식의 배정 · 인수
제3장 인수대금 및 납입방법
 제3.1조 인수대금

271) 서울고등법원 2020나2049059 판결([판례 3-29])의 판시내용 참조
272) 이외에도, 이러한 거래가 반대주주의 매수청구권 행사대상, 종류주주총회의 승인대상에 해당하는 경우에는 그 절차를 통해 권리를 확보하는 방안도 고려해 볼 수 있을 것이다.
273) 「투자계약」이라는 명칭으로 체결되기도 한다.
274) 「주식인수계약」 또는 「투자계약」의 주요 내용에 대해서는, (i) 桃尾・松尾・難波法律事務所編, 『ベンチャー企業による資金調達の法務(제2판)』(商事法務, 2022) 100페이지 이하, (ii) 宍戸 善一=ベンチャー・ロー・フォーラム (VLF)編『スタートアップ 投資契約-モデル契約と解說』(商事法務, 2020) Ⅳ 株式引受契約 부분 각 참고
275) 아래의 구성은 하나의 예시일 뿐이므로, 실제의 구체적인 사안에 따라 달라질 수 있다.

제3.2조 납입방법
제4장 거래종결
제4.1조 선행조건
제4.2조 인수인의 거래종결
제4.3조 발행회사의 거래종결
[제5장 거래종결 후 이행사항
제5.1조 거래종결 후 이행사항]
제6장 진술 및 보장
제6.1조 발행회사의 진술 및 보장
제6.2조 인수인의 진술 및 보장
제7장 준수사항
제7.1조 발행회사의 거래종결 전 준수사항
제7.2조 발행회사의 거래종결 후 준수사항
제7.3조 인수인의 준수사항
제8장 양도제한
제8.1조 양도제한
제9장 보상 등
제9.1조 보상 등
제10장 계약의 효력
제10.1조 계약의 효력 발생
제10.2조 계약의 해제
제10.3조 계약의 종료
제11장 구제수단의 한정
제11.1조 구제수단의 한정
제12장 일반조항

1) 인수대금 납입의 선행조건 · 후행조건

종류주식의 인수대금 납입의 선행조건에 관한 규정은 기본적으로는 대출계약에서의 대출실행의 선행조건과 동일한 취지이고 그 내용 역시 후순위 대출계약과 거의 병렬적으로 규정되는데, 종류주식에 의한 후순위 금융에 고유한 선행조건으로는 「종류주식의 발행(주주의 전환청구권 행사에 따른 보통주식의 수권주식수 유보 포함)을 가능하게 하는 정관변경 및 관련 주주총회 · 종류주주총회 등 상법상의 절차의 이행 완료」가 통상 추가로 규정된다.

[계약서 기재례] 선행조건

인수인이 이 계약 제[*]조에 따라 거래종결일에 인수대금을 납입할 의무는 계약체결일 및 거래종결일 현재 아래 조건이 모두 충족되거나 일부의 조건이 충족되지 않더라도 인수인이 그 충족을 면제하는 것을 선행조건으로 한다.

1. 이 계약 제[*]조에 따른 발행회사 및 스폰서의 진술 및 보장에 위반이 없을 것
2. 발행회사 또는 스폰서가 이 계약에 따라 거래종결일 이전에 이행하거나 준수하여야 할 모든 약정사항, 합의 및 조건을 이행 및 준수하고 기타 이 계약의 제반 사항에 대하여 위반이 없을 것
3. 이 계약의 체결 및 이행에 대하여 중대한 부정적인 영향을 미치거나 미칠 가능성이 있는 여하한 법률의 제정이나 개정, 소송, 조정, 중재, 신청, 기타 분쟁 및 행정기관의 조사・처분, 기타 사법상・행정상의 조치 등이 발생하였거나 발생할 우려가 없고, 발행회사에 중대한 부정적인 영향을 미칠 수 있는 사항이 발생하지 않았고 또한 발생할 우려가 없을 것
4. 발행회사는 본건 주식을 발행함에 있어 상법 등 관계 법령 및 그 정관이 정하는 바에 따라 이사회 또는 주주총회(종류주주총회 포함) 결의 등 상법 등 관계 법령 및 그 정관상 필요한 모든 절차를 완료하였고, 인수인은 본건 주식을 인수함에 있어 투자심의위원회의 승인 등 관계 법령상 필요한 모든 절차를 완료하였을 것
5. 이 계약의 체결 및 이행과 관련하여 발행회사 또는 인수인이 거래종결일 이전에 법률상 또는 계약상 요구되는 모든 정부의 인허가 또는 제3자의 동의 또는 승인 등을 취득하였고 사전합의, 통지, 보고 등의 절차를 완료하였을 것
6. 스폰서에 의한 발행회사의 보통주식 [*]주에 대한 인수와 인수대금 금 [*]원 전액의 납입 및 그에 따른 증자등기가 완료되었고, 동 증자대금 전액이 [*]계좌로 입금되었거나 즉시 입금될 수 있는 것으로 인수인이 인정하였을 것[276)]
7. 주주간계약/투자자간계약이 적법・유효하게 체결되어 효력이 유지되고 있을 것
8. 발행회사가 거래종결일 또는 그 이전에 인수인에게 다음과 같이 해당 서류(그 부수는 인수인이 합리적으로 요청하는 부수로 한다)를 모두 제출하였을 것
   ① 이 계약 〈별지 [*]〉의 양식으로 작성된 인수대금납입요청서
   ② 본건 주식의 발행과 이 계약의 체결 및 이행을 승인하는 내용의 발행회사의 이사회 의사록 사본(발행회사의 원본대조필)
   ③ 발행회사의 등기사항전부증명서(법인등기부등본) 및 법인인감증명서

276) 주금의 인출가능시점은 원칙적으로 주금납입 및 증자등기가 완료된 이후이므로(단, 증자후 자본금이 10억원 미만인 경우에는 잔고증명서 제출일 다음 날 인출 가능) 스폰서에 의한 증자대금 납입이 후순위 투자금 납입의 선행조건인 경우에는 그 시점에 유의해야 한다.

④ 본건 주식의 발행 근거가 반영된 것으로 인수인이 인정하는 발행회사의 정관 사본 (발행회사의 원본대조필)
⑤ 기타 이 계약 별지 [*]에 기재된 선행조건서류가 인수인이 만족하는 내용으로 인수인에게 제출되었을 것

후행조건에 관한 규정은 기본적으로는 대출계약에서의 대출실행의 후행조건과 동일한 취지이고 그 내용 역시 후순위 대출계약과 거의 병렬적으로 규정되는데, 특유한 사항으로 주권발행 및 주주명부 사본 교부, (필요한 경우) 전환권 행사 시를 대비한 수권주식수 유보를 위한 정관변경 등의 절차를 별도로 후행조건으로 규정하고 있다.

이때, 사안에 따라서는 주권의 발행 및 주주명부 사본의 교부가 인수대금 납입의 선행조건으로 규정된 경우도 있지만, 주권은 주주에게 교부되어야 하고 주주에게 교부된 때에 비로소 효력이 발생하고,[277] 신주발행의 경우 주식인수인이 주주로 되는 시점은 「신주의 납입기일의 다음 날」이므로(상법 제423조 제1항), 결국 주권발행 가능시점은 주식인수인이 주주의 지위를 취득하게 되는 「신주의 납입기일의 다음 날」, 즉 「인수대금을 납입한 다음 날」이 된다. 이에 따라 상법에서는 「신주의 납입기일 후」 지체 없이 주권을 발행하여야 하고, 신주의 납입기일 후가 아니면 주권을 발행하지 못하도록 규정하고 있다(상법 제355조 제1항, 제2항). 따라서 주권의 발행 및 주주명부 사본의 교부를 인수대금 납입의 선행조건으로 규정하는 것은 타당하지 않다.[278]

2) 거래종결

종류주식 발행의 거래종결 역시 후순위 대출의 대출실행절차와 유사하지만, 종류주식의 발행의 경우에는 인수대금 납입, 주권발행 및 주주명부 작성·기재, 주식발행회사의 증자등기 등 증권발행 등의 절차가 필요하다는 점[279]에서 차이가 있다.

277) 대법원 2000. 3. 23. 선고 99다67529 판결 등
278) 한편, 주식과 달리 사채의 경우에는 사채의 납입이 전액 완료되면 채권을 발행할 수 있다(상법 제478조 제1항).
279) 「주식사채전자등록법」에 따라 발행하는 경우에는 동법에 따른 전자등록절차가 추가로 필요한데, 이를 위해 사전에 주식발행조건을 포함한 주식인수계약의 내용에 대해 전자등록기관인 한국예탁결제원과의 협의가 필요하다.

[계약서 기재례] 거래종결

제[*]조 본건 인수금액 및 납입방법

(1) 본건 인수금액: 인수인은 본건 인수금액을 이 조 및 이 계약 제4조에 따라 발행회사에 납입하여야 한다.

(2) 납입방법: 인수인은 이 계약 제[*]조의 선행조건이 모두 충족(권한 있는 당사자에 의하여 서면으로 충족이 포기된 경우 포함)된 것을 조건으로, 거래종결일(이 계약 제4조 제(1)항에서 정의함)에 발행회사가 지정하는 아래의 주금납입계좌에 즉시 인출가능한 원화를 이체하는 방식으로 발행회사에게 본건 인수금액 전액을 어떠한 공제나 유보 없이 납입하여야 한다.

계좌개설은행: [*]

예금주: 발행회사

계좌번호: [*]

제[*]조 거래종결

(1) 본건 거래의 종결(이하 "거래종결")은 [*]년 [*]월 [*]일(이하 "거래종결일")에 인수인이 지정하는 장소 또는 당사자들이 달리 합의하는 장소에서 행하기로 한다.

(2) 인수인은 거래종결일에, 이 계약 제[*]조 제(1)항의 선행조건이 충족되었을 것을 전제로, 발행회사로부터 이 조 제(3)항 제1호의 서류를 교부받음과 동시에 이 계약 제3조 제(2)항에서 정한 바에 따라 본건 인수금액을 납입하여야 한다.

(3) 발행회사는 거래종결과 관련하여 다음 각호의 사항을 이행하여야 한다.

1. 거래종결일에 인수인이 이 조 제(2)항의 의무를 이행하는 것과 동시에 인수인에게 ① 본건 인수금액에 대한 영수증, ② 본건 거래 및 그에 따른 본건 주식의 발행을 승인한 발행회사의 이사회 결의가 유효하게 채택되었음을 보여주는 의사록 사본(주주총회 결의가 필요한 경우 주주총회 의사록 사본) 및 ③ 발행회사가 작성한 "주권미발행 확인서"를 인수인에게 교부한다.
2. 거래종결일의 다음 첫 번째 영업일까지, ① 인수인을 본건 주식의 주주로 기재한 발행회사의 주주명부 사본을 인수인에게 교부하고, ② 본건 주식의 발행에 따라 요구되는 변경등기사항에 대한 변경등기를 관할 등기소에 신청한다.
3. 거래종결일로부터 오(5)영업일 내에 인수인으로부터 위 제1호의 주권미발행 확인서를 반환받는 것과 동시에 인수인에게 적법·유효하게 발행된 본건 주식의 주권을 교부한다.[280]

280) 이에 대해서는 위 후행조건 부분의 설명 참조

3) 진술보장

[계약서 기재례] 진술보장

첨부 공개목록에 기재되거나 본건 거래를 위한 자료제공과정에서 발행회사가 인수인에게 명시적으로 관련 정보를 제공하여 인수인이 발행회사의 진술 및 보장 위반 사실을 인지하거나 인지할 수 있었던 사항을 제외하고, 발행회사는 발행회사에 관하여 계약체결일 및 거래종결일 현재(특정일을 명시한 경우에는 그 특정일 현재) 인수인에게 다음 각 항에서 정한 사항이 정확하고 진실함을 진술 및 보장한다.

1. 자본, 주식의 적법 · 유효성: 계약체결일 현재 발행회사의 수권주식수는 [*]([*])주이고, 발행주식수는 기명식 보통주식 [*]([*])주이다. 발행회사가 이 계약에 따라 인수인에게 발행하는 본건 주식은 적법 · 유효하게 발행될 것이다.
2. 주식관련사채 등: 발행회사가 발행한 주식관련사채(전환사채, 신주인수권부사채, 교환사채, 상환사채 등 발행회사의 주식으로 전환되거나 교환, 상환될 수 있는 사채를 의미) 또는 발행회사가 부여한 주식매수선택권 기타 이와 유사한 것으로서 발행회사가 발행할 의무를 부담하는 약정이나 증권은 존재하지 않는다. 단, 이 계약에 따라 주식의 발행의무를 부담하는 것은 제외한다.
   [계약체결일 현재 발행회사의 수권주식수는 [*]주이고, 발행회사는 이 중 보통주식 [*]주, 제1종종류주식 [*]주, 제2종종류주식 [*]주 및 제3종종류주식 [*]주 총 합계 [*]주를 발행하였다. 모든 발행주식은 (i) 적법하게 승인되어 유효하게 발행되었고 (ii) 그 주금이 전액 납입되었으며 더 이상의 납입책임을 부담하지 아니한다. 기발행 주식을 제외하고는 발행회사는 주식, 기타 지분증권을 발행한 바 없다. 발행회사는 (i) 제[*]회 기명식 사모 신주인수권부사채(권면총액: [*]원), (ii) 제[*]회 기명식 사모 신주인수권부사채(권면총액: [*]원) 및 (iii) 제[*]회 기명식 사모 신주전환사채(권면총액: [*]원)를 제외하고는 전환사채, 신주인수권부사채, 교환사채를 발행하거나, 제3자에게 주식매수선택권이나 기타 발행회사의 신주발행을 요구할 수 있는 권리를 부여하거나 약정한 바 없다. 발행회사는 자본시장법에 따라 증권을 모집 또는 매출한 바 없다.]
3. [*]

주식인수계약상의 진술보장에 관한 규정 역시 대출계약에서의 진술보장과 동일한 취지로 규정된다. 그 제공시점 역시 계약체결일 및 거래종결일에 한하는 경우가 일반적이다.

진술보장은 인수대금 납입의 선행조건과 주식인수계약의 해제사유나 주식발행조건상의 상환사유 · 전환사유 및 보상 규정 등과 연계되어 규정된다. 진술보장의 내용 역시 후순위 대출계약과 거의 병렬적으로 규정되는데, 「자본 · 주식의 적법 · 유효성」과 「주식관련사채 등」

에 관한 사항은 반드시 규정되는 경우가 많다.

한편, 진술보장 위반에 따른 보상조항의 문제점에 대해서는 아래 6) 진술보장・준수사항 위반과 보상 등 부분에서 살펴보기로 한다.

4) 준수사항

주식인수계약상의 준수사항도 대출계약에서의 준수사항과 동일한 취지로 규정된다. 준수사항은 인수대금 납입의 선행조건과 주식인수계약의 해제사유나 주식발행조건상의 상환사유・전환사유 및 보상 규정, 주주간계약상의 Put/Call-option, Drag-along right 등과 연계되어 규정된다. 준수사항의 내용도 후순위 대출계약에서의 준수사항과 거의 병렬적으로 규정되지만, 사안에 따라서는 종류주식에 의한 후순위 금융에 특유한 준수사항으로 아래의 사항이 추가로 규정되는 경우도 있다.

① 우선배당을 실시할 의무

사안에 따라서는, 주식인수계약에 주식발행회사가 우선배당을 실시할 의무가 규정되기도 한다.

그러나 구체적인 사정에 따라 달리 판단될 여지가 있지만, 종류주식에 대한 우선배당도 보통주식에 대한 배당과 마찬가지로 상법상의 이익배당 요건 및 절차에 따라야 하고 이를 위반하여 이익배당을 한 때에는 회사재산을 위태롭게 하는 죄(상법 제625조 제3호)에 해당한다는 점, 상법상 이익배당은 원칙적으로 주식발행회사의 의사결정기관인 이사회 및 주주총회의 배당결의가 필요한 단체법적인 행위라는 점, 주식발행회사는 이사 및 주주에 대해 이러한 결의를 하도록 법률적으로 강제할 수 없다는 점에 비추어 보면, 이와 같이 주식발행회사에 우선배당을 실시할 의무를 규정한다고 하더라도, 배당가능이익이 존재하지 않거나(배당가능이익은 존재하나) 주식발행회사의 이사회 또는 주주총회에서 배당결의가 이루어지지 못하였음을 이유로 어느 사업연도에 대한 배당 또는 중간배당 자체가 이루어지지 못한 경우에는, 원칙적으로 해당 우선배당금 지급 및 그러한 우선배당 실시의무 불이행 자체를 이유로 해당 예정 우선배당금에 대한 지연손해금이나 손해배상(위약벌)을 청구할 수는 없을 것이라는 견해도 있다. 이 견해에 의하면 우선배당을 실시할 의무에 관한 규정은 주식발행회사나 스폰서를 간접적으로 압박하는 효과만 있을 것이다.[281)]

그런데 대법원 2020다263574 판결([판례 3-24])은 <u>**정관에서**</u> 주식발행회사에 배당의무

281) 그 불이행 시, 주주간계약에 따라 스폰서 등에 대한 Put/Call-option 사유, Drag-along right행사 사유 등으로 그 이행을 간접적으로 담보함은 별론으로 한다.

를 부과하면서 배당금의 지급조건이나 배당금액을 산정하는 방식 등을 구체적으로 정하고 있어 그에 따라 개별 주주에게 배당할 금액이 일의적으로 산정되고, 대표이사나 이사회가 경영판단에 따라 배당금 지급 여부나 시기, 배당금액 등을 달리 정할 수 있도록 하는 규정이 없다면, 예외적으로 정관에서 정한 지급조건이 갖추어지는 때에 주주에게 구체적이고 확정적인 배당금지급청구권이 인정될 수 있다고 판시하고 있는데,[282] 이 경우에는 주식발행회사는 이사회/주주총회에서 이익배당에 관한 결의를 하지 않았다거나 정관과 달리 이익배당을 거부하는 결의를 하였다는 사정을 들어 주주에게 이익배당금의 지급을 거절할 수 없다고 할 것이므로, <u>**주식인수계약만이 아니라 주식발행회사의 정관에도**</u> 이와 같은 정도의 우선배당의무를 규정함으로써 해당 우선배당금 지급 및 그러한 우선배당 실시의무 불이행 자체를 이유로 해당 예정 우선배당금에 대한 지연손해금이나 손해배상(위약벌)을 청구할 수 있는 근거를 확보해 두는 방안을 고려해 볼 수 있을 것이다.

또한, 이러한 우선배당 실시의무 불이행을 종류주식의 상환청구사유로 규정할 수 있는지에 대해서는 견해가 나뉠 수 있는데, 배당가능이익이 존재하는 한 이를 인정하더라도 상환에 관한 종류주식의 성질에 반하지 않으므로 미리 주식인수계약서 또는 주식 발행조건에 우선배당 실시의무 불이행 또는 우선배당이 실시되지 않은 경우를 주주에 의한 상환청구의 사유로 규정하여 두고 그에 따라 주주가 상환청구를 하는 것도 허용될 수 있을 것으로 생각된다.

② 주주의 상환청구 시 상환대금의 지급을 확실하게 실행하기 위한 자본금 · 준비금의 액의 감소에 필요한 상법상의 절차(주주총회결의 등)의 이행 의무

사안에 따라서는, 주식인수계약에 주식발행회사에게 자본금 · 준비금 액의 감소 등을 준수사항 등의 의무로 규정하는 경우도 있다.

그러나 구체적인 사정에 따라 달라질 수는 있지만, 이러한 행위는 상법상 주식발행회사의 의사결정기관인 이사회 및 주주총회의 결의가 필요한 단체법적인 행위라는 점, 주식발행회사는 이사 및 주주에 대해 이러한 결의를 하도록 법률적으로 강제할 수 없다는 점을 고려하면, 이러한 배당가능이익의 확보를 위해 자본금 · 준비금의 액의 감소에 필요한 절차의 이행의무를 부과하는 약정을 하더라도, 주식발행회사의 이사회 또는 주주총회에서 자본금 · 준비금의 액의 감소에 필요한 결의가 이루어지지 못하여 자본금 · 준비금의 액의 감소가 이루어지지 못한 경우에는, 원칙적으로 자본금 · 준비금 액의 감소 의무 불이행 자체를

282) 다만, 개인적으로는 대법원 2020다263574 판결([판례 3-24])에서 문제된 정관 규정이 이러한 요건을 충족하고 있는지 의문이 든다. 구체적인 사실관계에서 과연 어느 경우에 이러한 조건이 충족되었다고 볼 수 있는지 여전히 명확하지 않다.

이유로 손해배상(위약벌)을 청구할 수 없을 것이라는 견해도 있다.[283)]

그리고 이러한 의무 불이행을 종류주식의 상환사유로 규정할 수 있는지에 대해서도 역시 견해가 나뉠 수 있는데, 배당가능이익이 존재하는 한 이를 인정하더라도 상환에 관한 종류주식의 성질에 반하지 않으므로, 미리 주식인수계약서 또는 주식 발행조건에 이와 같은 의무 불이행 또는 이와 같은 절차가 이행되지 않은 경우를 주주에 의한 상환청구의 사유로 규정하여 두고 그에 따라 주주가 상환청구를 하는 것도 허용될 수 있을 것으로 생각된다.

③ 주주의 전환청구 시 보통주식으로의 전환을 확실하게 실행하기 위한 발행가능주식 총수(수권주식수)의 증가에 관한 정관변경에 필요한 상법상의 절차(주주총회결의 등)의 이행의무

위 의무는 주식인수계약에서 진술보장에 포함되어 인수대금 납입의 선행조건으로 규정되는 것이 보통이나, 사안에 따라서는 일정상의 제약 등의 이유로 주식발행회사에게 이러한 정관변경 등을 준수사항 등의 의무로 규정하는 경우가 있다.

그러나 구체적인 사정에 따라 달라질 수는 있지만, 이러한 의무 역시 상법상 주식발행회사의 의사결정기관인 이사회 및 주주총회의 결의가 필요한 단체법적인 행위라는 점, 주식발행회사는 이사 및 주주에 대해 이러한 결의를 하도록 법률적으로 강제할 수 없다는 점을 고려하면, 이러한 정관변경에 필요한 절차의 이행의무를 부과하는 약정을 하더라도, 주식발행회사의 이사회 또는 주주총회에서 정관변경에 필요한 결의가 이루어지지 못하여 수권주식 수가 확보되지 못한 경우에는, 원칙적으로 정관변경 의무 불이행 자체를 이유로 손해배상(위약벌)을 청구할 수 없을 것이라는 견해도 있다. 따라서 이러한 경우에는 앞서 살펴본 바와 같이, 가능하다면 전환에 따른 보통주식의 수권주식 수 확보에 관한 사항은 주식인수대금 납입 이전에 충족되어야 하는 진술보장 또는 선행조건에 포함시키는 것이 안전할 것으로 생각된다.

그리고 이러한 의무의 불이행을 종류주식의 상환사유로 규정할 수 있는지에 대해서도 역시 견해가 나뉠 수 있는데, 배당가능이익이 존재하는 한 이를 인정하더라도 상환에 관한 종류주식의 성질에 반하지 않으므로, 미리 주식인수계약서 또는 주식 발행조건에 이와 같은 의무 불이행 또는 이와 같은 절차가 이행되지 않은 경우를 주주에 의한 상환청구의 사유로 규정하여 두고 그에 따라 주주가 상환청구를 하는 것도 허용될 수 있을 것으로 생각된다.

283) 그 불이행 시, 주주간계약에 따라 스폰서에 대한 Put/Call-option 사유, Drag-along right행사 사유 등으로 그 이행을 간접적으로 담보함은 별론으로 한다.

④ 주식발행회사에 의한 상환권 행사의 제한

후순위 투자자인 주주에 의한 충분한 투자수익의 확보를 위하여, 선순위 대출계약 및 후순위 대출계약상의 임의조기상환의 경우와 동일한 취지에서, 주식인수계약상에 (i) 주식발행회사에 의한 상환권 행사에 일정한 금지기간을 설정하거나 또는 (ii) 상환권을 행사하는 기간별로 상환가액 산정 시 적용되는 수익률에 차등을 두는 경우가 많고, 경우에 따라서는 이 양자를 모두 규정하는 등 주식발행회사에 의한 상환권 행사에 일정한 제한이 부과되는 경우가 많다.

⑤ 종류주식 양도에 대한 주식발행회사의 승인의무

사례에 따라서는, 정관상 종류주식에 대한 양도에 이사회승인을 요하도록 하는 양도제한을 부가하는 경우(상법 제335조 제1항 단서)에도 주식인수계약에서 일정한 양도에 대해서는 주식발행회사가 승인을 해야 하는 의무로 부과하는 경우가 있다.

그러나 주주간계약서 등에 이사회의 불승인 시를 대비하여 다른 대안(다른 주주에 대한 Put/Call option 등을 규정해 두거나 주주에 의한 상환청구권 행사사유로 정하는 것은 별론으로 하고, 회사의 기관인 이사회의 승인사항에 대해 주식발행회사가 승인의무를 부담하는 이러한 약정의 유효성이 인정될 수 있을지 의문이다. 이에 대해서는 위 ① 내지 ④에서의 논의가 참고가 될 수 있을 것으로 생각된다.

한편, 준수사항 위반에 따른 보상조항의 문제점에 대해서는 아래 6) 진술보장 • 준수사항 위반과 보상 등 부분에서 살펴보기로 한다.

5) 종류주식의 양도제한

앞서 살펴본 바와 같이, 선순위 대주 및 주식발행회사의 요청에 의해 종류주식의 양도에 대해서는 일정한 제한이 부과되는 경우가 많다.

다만, 주식은 자유롭게 양도될 수 있고 정관으로 정하는 바에 따라 이사회의 승인을 받도록 하는 방법으로만 이를 제한할 수 있는데(상법 제335조 제1항 단서), 이러한 주식양도자유의 원칙에 비추어, 정관에서 정하는 바에 따라 종류주식에 대한 양도에 이사회승인을 요하도록 하는 경우, 우선매수권(Right of first refusal), 우선제안권(Right of first offer), 동반매도청구권(Drag-along right), 동반매도참가권(Tag-along right) 등 양도 자체를 원천적으로 금지하지 않는 경우를 제외하고, 일체 또는 일정 기간 동안 종류주식의 양도를 금지하는 내용의 양도금지(제한)약정은 주식발행회사와의 관계에서 그 효력이 부인될 수 있으므로 이러한 양도제한약정의 효력 유무 및 당사자 등 그 유효성의 범위와 한계에 대해서는 주식양도자유의 원칙과의 관계에서 검토가 필요하다는 점에 주의를 요한다. 이에 대해서는 아래의 (5) 주주간계약서 부분에서 추가로 살펴보기로 한다.

6) 진술보장 · 준수사항 위반과 보상 등

주식양수도계약과 마찬가지로 종류주식의 발행에 관한 주식인수계약서에도 주식발행회사의 진술보장 및 준수사항이 규정되고, 이러한 내용은 거래종결 선행조건조항, 해제 및 보상조항 등으로 연결되는 경우가 일반적이다. 또한, 보상의 경우에는 주식양수도계약에서의 진술보장이나 준수사항 위반으로 인한 보상에서와 마찬가지로 금액의 상 · 하한, 보상의무 존속기간, 지분비율에 의한 손해범위 한정 등을 규정하는 방법으로 보상의무를 일정한 범위로 제한하는 경우가 일반적이다.

[계약서 기재례] 보상 등 ①

(1) 이 계약 제[*]조의 진술 및 보장은 거래종결일 이후 [*]년간 유효하다. 단, 이 계약 제[*]조 제[*]호의 진술 및 보장은 거래종결일 이후 [*]년간, 동 제[*]호의 진술 및 보장은 [*]년간 그리고 동 제[*]호의 진술 및 보장은 이 계약의 효력이 유지되는 기간 동안 유효하다. 각 당사자는 위 해당 유효기간이 지나면 관련 진술 및 보장 위반에 대하여 더 이상 상대방 당사자에게 어떠한 책임도 지지 아니한다. 단, 인수인이 해당 유효기간 내에 서면으로 위반사실을 적시하여 발행회사에게 면책이나 손해배상청구를 한 경우에 해당 청구에 대해서는 최종 결론이 날 때까지 유효기간이 연장된다.

(2) 발행회사는 이 계약과 관련하여 그가 행한 진술 및 보장이 사실과 다르거나 이 계약상의 확약 또는 의무를 위반함으로 인하여 인수인(그의 임직원, 대리인 및 자문사를 포함하며, 이하 이 조에서 동일함)에게 발생하는 일체의 손실, 책임, 손해, 청구, 소송, 부과금, 경비 또는 비용(보증금, 이사, 벌금 및 합리적인 변호사 수임료와 비용을 포함하나 이에 제한되지 아니함)으로부터 인수인을 면책하고 이를 보상(배상)하기로 한다. 이 조를 적용함에 있어서는, 발행회사에 어떠한 손실, 책임, 손해, 청구, 소송, 부과금, 경비 또는 비용이 발생한 경우에도 다음의 산식에 따라 계산한 금액에 상당하는 해당 손실, 책임, 손해, 청구, 소송, 부과금, 경비 또는 비용이 인수인에게 직접 발생한 것으로 본다.
계산식: [*][284]

284) 통상은 지분비율에 따라 손해액 등을 분배하나, 종류주식의 단순 지분율에 의하는 것이 적당하지 않은 경우도 있다.

[계약서 기재례] 보상 등 ②

(1) 발행회사는 이 계약과 관련하여 그가 행한 진술 및 보장이 사실과 다르거나 이 계약상의 확약 또는 의무를 위반함으로 인하여 인수인(그의 임직원, 대리인 및 자문사를 포함하며, 이하 이 조에서 동일함)에게 발생하는 일체의 손실, 책임, 손해, 청구, 소송, 부과금, 경비 또는 비용(보증금, 이자, 벌금 및 합리적인 변호사 수임료와 비용을 포함하나 이에 제한되지 아니함. 이하 이 조에서 같다)으로부터 인수인을 면책하고 이를 보상(배상)하기로 한다. 이 조를 적용함에 있어서는 발행회사에 어떠한 손실, 책임, 손해, 청구, 소송, 부과금, 경비 또는 비용이 발생한 경우에도 다음의 산식에 따라 계산한 금액에 상당하는 해당 손실, 책임, 손해, 청구, 소송, 부과금, 경비 또는 비용이 인수인에게 직접 발생한 것으로 본다.
계산식: [*]

(2) [*]은 발행회사의 이 계약과 관련하여 발행회사가 행한 진술 및 보장이 사실과 다르거나 이 계약상의 확약 또는 의무를 위반함으로 인하여 인수인(그의 임직원, 대리인 및 자문사를 포함하며, 이하 이 조에서 동일함)에게 발생하는 일체의 손실, 책임, 손해, 청구, 소송, 부과금, 경비 또는 비용(보증금, 이자, 벌금 및 합리적인 변호사 수임료와 비용을 포함하나 이에 제한되지 아니함. 이하 이 조에서 같다)으로부터 발행회사와 독립하여 인수인을 면책하고 이를 보상(배상)하기로 한다. 이 조 제(1)항 제2문은 이 항에 준용한다.

(3) 이 조 제(1)항 및 제(2)항에 기한 보상(배상)청구 시 발행회사 및 [*]의 보상(배상)액의 총 누적합계액은 어떠한 경우에도 금 [*]원을 초과할 수 없다.

(4) 이 조 제(1)항 및 제(2)항에 기한 보상(배상)청구에 대해서는 각각의 어느 하나의 사유에 기한 위반으로 인하여 발생한 손실, 책임, 손해, 청구, 소송, 부과금, 경비 또는 비용이 금 [*]원을 초과하는 것의 합계액이 금 [*]원을 초과하는 경우에만 그 발생한 손해의 전액에 대하여 보상(배상)의무가 발생한다.

(5) 이 조 제(1)항 또는 제(2)항에 기한 보상(배상)청구는 인수인이 발행회사(발행회사에 대한 청구의 경우) 또는 [*]([*]에 대한 청구의 경우)에 대하여 거래종결일로부터 [*]년을 경과할 때까지 청구사유와 그 금액을 구체적으로 기재한 서면에 의해 통지를 한 경우에 한하여 인정된다.

이러한 보상규정 등과 관련해서는, 우선, 인수대금 납입에 의한 주식발행 전에는 후순위 투자자는 아직 (종류)주주의 지위에 있지 아니하므로 거래종결 전의 진술보장이나 준수사항 위반을 이유로 후순위 투자자가 주식인수대금의 납입을 거절하거나 그러한 사유가 치유되지 않은 상태에서 거래종결 전에 주식인수계약에 따라 주식인수계약을 해제하고 그 위반으로 인한 손해나 비용을 청구하는 것은 원칙적으로 유효하다고 생각된다.

그러나 거래종결 이후 보상 등의 경우에는 위 4) 준수사항 부분에서 살펴본 문제점 이외에도 다음의 점을 유의해야 한다.

즉, 주식발행회사가 특정 주주에게만 이러한 진술보장 및 준수사항을 약정하고 이를 위반한 경우 보상(손해배상, 위약금, 위약벌)을 하기로 하는 것이[285] 특정 주주에 대한 출자환급 또는 특정 주주에 대한 이익 공여(상법 제467조의2)라는 측면에서 다른 주주들과의 관계에서 주주평등의 원칙 또는 상법 제467조의2(이익공여의 금지)에 위반되지 않는지 여부가 문제될 수 있다.

만일 주주평등의 원칙이나 상법 제467조의2(이익공여의 금지)에 위반되는 것으로 해석될 경우에는 해당 조항만이 효력이 없고(기 지급받은 금액에 대한 부당이득반환 포함) 종류주식의 발행 및 취득은 모두 유효한 것으로 판단될 가능성이 높다. 따라서 이 경우 후순위 투자자는 무효로 인정된 진술보장 및 준수사항과 보상규정에 의한 보호를 받지 못한 채 종류주주의 지위를 유지하게 된다.

그런데 아래의 판례에 비추어 보면, 진술보장이나 준수사항의 내용(예를 들면, 특정주주에 대한 별도의 대가 지급, 주식발행회사의 특정행위에 대한 동의권 부여 등)에 따라서는, 주식발행회사가 특정 주주에게만 어떠한 진술보장 및 준수사항을 약정하고 이를 위반한 경우 보상(손해배상, 위약금, 위약벌)을 하기로 하는 것이 주주평등의 원칙이나 상법 제467조의2(이익공여의 금지)에 위반되는 것으로 해석될 가능성이 있다.[286] 따라서 후순위 투자자로서는 주식인수계약상 진술보장이나 준수사항 위반이 발생한 경우 주식발행회사에 대해 취할 수 있는 것으로 주식인수계약상 합의된 구제수단이 무효로 될 수 있다는 점을 염두에 두고 주주간계약서 등을 통해 스폰서 기타 제3자에 대한 다른 대책(Put/Call-option 등)을 강구해 둘 필요가 있을 것으로 생각된다.

285) 통상은 거래종결 전에 한하여 주식인수계약을 해제할 수 있는 것으로 규정되므로 여기서는 보상에 한하여 살펴본다.

286) 일본에서는 주식인수계약상 주식인수인 또는 특정 주주에게 부여되는 이러한 동의권 등은 주식발행회사가 채권자의 지위에 있는 주주에게 부여하는 것이므로 다른 주주들과의 관계에서 주주평등의 원칙 등에 위반되지 않는다는 견해가 있으나, 그 논거는 명확하지 않은 것으로 보인다.

[판례 3-27] 대법원 2018. 9. 13. 선고 2018다9920, 9937 판결[287)]

1. 상고이유 제1점에 대한 판단

가. 주주평등의 원칙이란, 주주는 회사와의 법률관계에서는 그가 가진 주식의 수에 따라 평등한 취급을 받아야 함을 의미한다. 이를 위반하여 회사가 일부 주주에게만 우월한 권리나 이익을 부여하기로 하는 약정은 특별한 사정이 없는 한 무효이다.

나. 원심판결 이유 및 적법하게 채택된 증거들에 의하면 다음과 같은 사실을 알 수 있다.

(1) 원고(반소피고, 이하 '원고'라 한다)가 2005년경 자금난에 처하여 경영이 어려워지자 원고, 원고의 경영진과 우리사주조합은 피고(반소원고, 이하 '피고'라 한다) 1로부터 운영자금을 조달하기 위하여 피고 1과 사이에 **이 사건 주식매매약정**을 체결하였다. 그 주된 내용은 다음과 같다.

① 피고 1은 우리사주조합원들이 보유한 주식 중 40,000주를 액면가인 1주당 5,000원에 매수하여 그 대금 2억 원을 2005. 7. 14.까지 원고에게 지급한다(제1항 및 제2항).

② 피고 1은 원고에게 2005. 7. 28.까지 1억 원, 2005. 9. 14.까지 1억 원, 2005. 10. 14.까지 1억 원, 2005. 11. 14.까지 1억 원, 합계 4억 원을 대여한다(제4항).

③ 피고 1이 그와 같이 합계 4억 원을 원고에게 대여하면 우리사주조합이 보유하는 주식을 우선 매수할 권리를 가진다(제3항).

④ 피고 1은 '원고의 임원 1명을 추천할 권리'(이하 '임원추천권'이라 한다)를 가지고, 원고는 피고 1이 추천한 임원에게 상근임원에 해당하는 보수를 지급한다(제5항).

(2) 피고 1은 이 사건 주식매매약정에 따라 주식매매대금 2억 원을 지급하고 우리사주조합원들이 보유하고 있던 원고의 보통주 40,000주를 피고들 명의로 취득하였고, 원고는 우리사주조합원들이 지급받아야 할 위 주식매매대금 2억 원을 즉시 우리사주조합원들로부터 차용하여 이를 사용하였다. 또한 피고 1은 이 사건 주식매매약정 제4항에 따라 원고에게 4억 원을 대여하였다.

(3) 원고와 피고 1은 이 사건 주식매매약정 직후 피고 1이 이 사건 주식매매약정에

287) 갑 주식회사와 그 경영진 및 우리사주조합이 갑 회사의 운영자금을 조달하기 위하여 을과 '을은 우리사주조합원들이 보유한 갑 회사 발행주식 중 일부를 액면가로 매수하여 그 대금을 갑 회사에 지급하고, 이와 별도로 갑 회사에 일정액의 자금을 대여하며, 갑 회사 임원 1명을 추천할 권리를 가진다'는 내용의 주식매매약정을 체결하였고, 그 후 갑 회사가 을과 '을이 위 임원추천권을 행사하는 대신 갑 회사가 을 및 그의 처인 병에게 매월 약정금을 지급한다'는 내용의 약정을 체결하여 을 등에게 매월 약정금을 지급하였는데, 갑 회사가 위 약정금 지급약정이 주주평등의 원칙에 반하여 무효라고 주장하면서 약정금의 지급을 중단하고 부당이득반환을 구한 사안에서, 을 등이 갑 회사로부터 운영자금을 조달해 준 대가를 전부 지급받아 갑 회사의 채권자로서의 지위를 상실하고 주주로서의 지위만을 가지게 되었는데도 갑 회사가 계속해서 지급약정에 의한 돈을 지급하는 것은 갑 회사가 다른 주주들에게 인정되지 않는 우월한 권리를 주주인 을 등에게 부여하는 것으로 주주평등의 원칙에 위배된다고 한 사례

정한 임원추천권을 행사하지 아니하는 대신 원고가 피고들에게 매월 200만 원을 지급하기로 하는 내용의 **이 사건 지급약정**을 체결하였다. 그에 따라 원고는 피고들에게 2005. 7. 31. 200만 원을 지급한 것을 시작으로 2013. 4. 12.까지 매월 200만 원을 지급하였고, 2013. 5. 11.부터 2013. 7. 11.까지는 매월 250만 원을 지급하였다. 원고는 2013. 8.경 지급을 중단하였는데, 그때까지 이 사건 지급약정에 따라 피고들에게 지급한 돈은 합계 201,500,000원이고, 그중 아래와 같이 차용금 4억 원을 상환한 2008. 9.경까지 지급한 돈은 합계 70,000,000원이다.

(4) 한편 원고는 2008. 9.경까지 차용금 4억 원을 피고 1에게 차례로 상환하였고, 별도의 이자 명목으로 2005. 7.경부터 2008. 9.경까지 39개월 동안 105회에 걸쳐 830,000원씩 지급하는 등 총 87,670,547원을 피고 1 또는 피고 2에게 지급하였다.

다. 원심은 위 사실관계를 토대로 다음과 같이 판단하였다.

이 사건 지급약정은 피고들이 자금난에 처한 원고에게 합계 6억 원의 금융이익을 주는 금전소비대차 또는 그에 유사한 계약이라는 개별거래관계에 속하는 것이지 주주와 회사 사이의 사원관계에 관한 것이라고 단정하기 어렵다. 따라서 이 사건 지급약정이 주주평등의 원칙에 위반된다고 단정하기 어렵다.

라. 그러나 원심의 이러한 판단은 다음과 같은 이유에서 그대로 수긍하기 어렵다.

(1) 이 사건 지급약정은 피고 1이 이 사건 주식매매약정에 정한 임원추천권을 행사하지 아니하는 대신 원고가 피고들에게 매월 200만 원을 지급하기로 하는 것이다. 피고 1이 임원추천권을 가지게 된 것은 자금난에 처한 원고에게 이 사건 주식매매약정에 따라 주식매매대금 2억 원과 대여금 4억 원, 합계 6억 원의 운영자금을 조달하여 준 것에 대한 대가이므로, 임원추천권 대신 피고들이 매월 200만 원을 지급받기로 한 이 사건 지급약정도 그러한 운영자금 조달에 대한 대가라고 볼 수 있다[대법원 2017. 1. 12. 선고 2015다68355(본소), 2015다68362(반소) 판결 참조].

(2) 이와 같이 피고들이 이 사건 지급약정에 기해 원고로부터 월정액을 받을 권리는 주주 겸 채권자의 지위에서 가지는 계약상의 특수한 권리인 반면, 피고들이 원고에게 2억 원을 지급하고 주식 40,000주를 매수한 때부터 현재까지 피고들은 원고의 주주이고, 이러한 주주로서의 권리는 위 40,000주를 양도하지 않는 이상 변함이 없다. 따라서 피고들이 원고로부터 적어도 6억 원의 운영자금을 조달해준 대가를 전부 지급받으면, 피고들은 원고의 채권자로서의 지위를 상실하고, 40,000주의 주주로서의 지위만을 가지게 된다고 봄이 상당하다. 그와 같이 채권자의 지위를 상실하여 주주에 불과한 피고들에게 원고가 계속해서 이 사건 지급약정에 의한 돈을 지급한다면, 이는 회사인 원고가 다른 주주들에게 인정되지 않는 우월한 권리를 주주인 피고들에게 부여하는 것으로 **주주평등의**

원칙에 위배된다.

(3) 나아가 원고와 피고들 사이의 관계 등을 비롯하여 기록에 의해 알 수 있는 다음의 사정들을 종합해 보면, 피고들이 원고로부터 6억 원의 운영자금 조달에 대한 대가를 전부 지급받아 원고의 채권자로서의 지위를 상실하는 때는 단순히 위 대여금 4억 원의 원리금이 명목상 변제된 때가 아니라, 그 이후로서 당사자들의 구체적 주장·입증에 따라 판단하되 피고들이 조달해 준 금융이익 상당액을 넘지는 못한다고 봄이 상당하다.

① 원고와 피고들 사이의 이 사건 주식매매약정은, 피고들이 원고 주식 40,000주를 매수하되 그 매매대금은 액면금을 기준으로 하여 2억 원으로 정하고, 피고들이 원고에게 4억 원의 운영자금을 대여하며, 피고 1이 임원추천권을 가지는 내용이 일체로서 체결된 것이므로, 서로 분리하여 논할 수 없다. 이는 임원추천권을 행사하지 아니하는 대신 월정액을 지급하기로 한 이 사건 지급약정의 경우도 마찬가지이다.

② 피고들이 취득하기로 한 원고 주식은 우리사주조합원들이 보유하고 있는 주식이었는데, 이 사건 주식매매약정 당시부터 그 주식매매대금 상당액을 원고가 사용할 것을 예정하고 있었고, 실제 원고가 우리사주조합원들로부터 즉시 차용하는 형식을 통해 위 주식매매대금 2억 원을 사용하였다.

③ 당시 원고의 재무구조, 악화된 경영상태 등에 비추어 보면 피고들이 매수한 원고 주식 40,000주가 실제 주식매매대금으로 지급된 2억 원의 가치가 있었다고 보기 어렵고, 다만 편의상 액면금을 기준으로 주식매매대금 액수를 정하였을 뿐이며, 피고들은 4억 원 대여를 포함한 이 사건 주식매매약정을 통해 재정난을 겪는 원고에게 운영자금 조달의 금융이익을 제공하는 대신 향후 주식 가치가 상승할 경우 주주로서 누리게 될 이득을 기대한 것으로 보인다.

④ 실제 원고는 대여금 4억 원에 대한 원리금을 변제하는 것과 별도로 이 사건 지급약정에 따라 매월 피고들에게 약정금액을 지급하였고, 이러한 지급행위는 대여금 4억 원에 대한 원리금을 모두 변제한 2008. 9. 이후에도 계속되었다. 이 사건 지급약정에 따라 원고가 현재까지 피고들에게 지급한 돈의 합계액은 201,500,000원이고, 이는 주식매매대금으로 산정된 200,000,000원을 근소하게 초과하는 액수이다.

마. 그럼에도 원심은 그 판시와 같은 이유로 이 사건 지급약정이 주주평등의 원칙에 위반되지 않는다고 판단하였다. 이러한 원심의 판단에는 주주평등의 원칙에 관한 법리를 오해한 나머지 피고들의 채권자로서의 지위가 소멸한 시점에 관한 심리를 다하지 아니하여 판결에 영향을 미친 위법이 있다. 이 점을 지적하는 상고이유 주장은 이유 있다.

2. 상고이유 제2점에 대한 판단

가. 원심판결 이유에 의하면 원심은 다음과 같이 판단하였다.

이 사건 주식매매약정은 피고 1이 추천한 임원이 주주총회 결의를 거치지 아니하고 곧바로 이사로 선임된다거나, 피고 1이 추천한 임원에게 지급할 구체적 보수액을 정한 내용이라고 볼 수는 없다. 따라서 이 사건 지급약정은 주주총회의 이사선임권한을 규정한 상법 제382조 제1항 또는 주주총회가 이사 보수액을 정할 권한을 규정한 상법 제388조에 위반되지 않는다.

나. 기록에 비추어 살펴보면 원심의 위와 같은 판단에 상고이유 주장과 같이 주식회사의 기관구성에 관한 법리를 오해한 위법이 없다.

나아가, 원고는 피고들이 채권자로서 주식회사의 이사 선임에 관여하는 것은 무효라고 주장한다. 그러나 이 사건 임원추천권은 피고 1이 추천하는 임원 후보 1명을 원고 경영진과 우리사주조합이 이사회와 주주총회 결의 등 상법에 정해진 절차에 따라 원고 임원으로 선임한다는 내용이므로, **피고 1이 추천권을 가지는 것만으로 주식회사의 기관 구성에 관한 상법 규정에 위배된다고 단정하기 어렵다**. 그뿐만 아니라, 앞서 본 바와 같이 피고들이 이 사건 주식매매약정에 정한 임원추천권을 행사하지 아니하는 대신 월정액을 지급받기로 하는 이 사건 지급약정을 한 이상, 이로써 피고들의 임원추천권은 확정적으로 소멸하였다고 봄이 상당하다. 이러한 점에서도 이 부분 상고이유는 이유 없다.

3. 상고이유 제4점에 대한 판단

가. 원심판결 이유를 관련 법리와 기록에 비추어 살펴보면, 원심이 그 판시와 같은 이유를 들어 이 사건 지급약정에 기한 월정액의 지급이 상법 제467조의2에 반하지 않는다고 보아 위 약정에 기해 지급된 돈을 부당이득으로 반환을 구하는 원고의 주장을 배척한 것에 상고이유 주장과 같이 논리와 경험의 법칙을 위반하고 자유심증주의의 한계를 벗어나거나 약정의 해석, 주주에 대한 이익공여금지의 법리를 오해한 위법이 없다.

나. 한편 원고는, 이 사건 지급약정은 임원추천권을 행사하지 않는 대가일 뿐만 아니라 주주권 전부를 행사하지 않는 대가이므로 적어도 후자의 대가 부분에 관하여는 상법 제467조의2에 반한다고 주장한다. 그러나 이는 상고심에 이르러 비로소 주장하는 것으로 적법한 상고이유가 될 수 없을 뿐만 아니라, 이 사건 지급약정에 기한 월정액은 이 사건 주식매매약정에서 정했던 임원추천권을 행사하지 않는 대신 원고가 피고들에게 지급하기로 한 돈임은 앞서 본 바와 같다. 이 부분 상고이유의 주장은 받아들일 수 없다.

[판례 3-28] 대법원 2020. 8. 13. 선고 2018다236241 판결[288]

1. 주주평등의 원칙이란, 주주는 회사와의 법률관계에서는 그가 가진 주식의 수에 따라 평등한 취급을 받아야 함을 의미한다. 이를 위반하여 회사가 일부 주주에게만 우월한 권리나 이익을 부여하기로 하는 약정은 특별한 사정이 없는 한 무효이다(대법원 2018. 9. 13. 선고 2018다9920, 9937 판결 참조).
   회사가 신주를 인수하여 주주의 지위를 갖게 되는 자와 사이에 신주인수대금으로 납입한 돈을 전액 보전해 주기로 약정하거나, 상법 제462조 등 법률의 규정에 의한 배당 외에 다른 주주들에게는 지급되지 않는 별도의 수익을 지급하기로 약정한다면, 이는 회사가 해당 주주에 대하여만 투하자본의 회수를 절대적으로 보장함으로써 다른 주주들에게 인정되지 않는 우월한 권리를 부여하는 것으로서 주주평등의 원칙에 위반되어 무효이다. 이러한 약정의 내용이 주주로서의 지위에서 발생하는 손실의 보상을 주된 내용으로 하는 이상, 그 약정이 주주의 자격을 취득하기 이전에 체결되었다거나, 신주인수계약과 별도의 계약으로 체결되는 형태를 취하였다고 하여 달리 볼 것은 아니다.

2. 가. 원심판결 이유와 기록에 의하면 다음의 사실을 알 수 있다.
   1) 원고는 2010. 3. 23. 제3자 배정 방식의 유상증자를 실시하여(이하 '이 사건 유상증자'라고 한다) 2010. 3. 24. 합계 23,154,920,740원을 조달하였고, 피고들을 포함한 약 30여 명이 이 사건 유상증자에 참여하였다.
   2) 원고는 2010. 3. 23. 피고들과 사이에, '피고 1은 1,499,999,300원, 피고 2는 999,999,990원, 피고 3은 499,999,310원을 원고에게 각 투자하여 이 사건 유상증자 청약대금으로 사용하되, 원고는 피고들에게 위 투자금을 2010. 4. 22.까지 이를 반환하고 투자원금에 관하여 소정의 수익률에 따른 수익금을 지급하는 한편, 그 담보로 공증약속어음, 발행되는 주식, 투자원금의 30%에 해당하는 현금성자산을 제공하고, 만약 투자금 상환기한 이전에 담보주식을 처분하여 투자수익이 발생한다면 이

288) 갑 주식회사가 제3자 배정 방식의 유상증자를 실시하면서 이에 참여한 사람들 중 일부인 을 등과 '을 등이 투자하는 돈을 유상증자 청약대금으로 사용하되, 투자금은 30일 후 반환하고 투자원금에 관하여 소정의 수익률에 따른 수익금을 지급하며, 담보로 공증약속어음, 발행되는 주식 등을 제공한다'는 등의 내용으로 투자계약을 체결한 다음 을 등에게 담보를 제공하고 수익금을 지급하였는데, 이후 갑 회사가 위 투자계약이 주주평등의 원칙에 반하여 무효라며 을 등을 상대로 그들이 지급받은 수익금 상당의 부당이득반환을 구한 사안에서, 위 투자계약은 유상증자에 참여하여 갑 회사 주주의 지위를 갖게 되는 을 등에게 신주인수대금의 회수를 전액 보전해 주는 것을 내용으로 하고 있어서 회사가 주주에 대하여 투하자본의 회수를 절대적으로 보장하는 것인 동시에 다른 주주들에게 인정되지 않는 우월한 권리를 부여하는 계약인데, 을 등이 투자한 자금이 그 액수 그대로 신주인수대금으로 사용될 것으로 예정되어 있었고 실제로도 그와 같이 사용되었으며 이로써 을 등이 갑 회사의 주주가 된 이상, 위 투자계약이 을 등의 주주 지위에서 발생하는 손실을 보상하는 것을 주된 목적으로 한다는 점을 부인할 수 없으므로 주주평등의 원칙에 위배되어 무효이고, 투자계약이 체결된 시점이 을 등이 주주 자격을 취득하기 전이었다거나 신주인수계약과 별도로 투자계약이 체결되었다고 하여 이를 달리 볼 수 없다고 한 사례

를 피고들과 원고가 4 : 6으로 배분'하기로 하는 내용의 투자계약(이하 '이 사건 투자계약'이라고 한다)을 체결하였다.

3) 이 사건 투자계약에 따라 피고들은 2010. 3. 23. 9억 원 상당의 원고 명의 ○○○○○○ 계좌(계좌번호 생략)를 담보로 제공받았고, 수익금으로 2010. 5. 25. 1억 5,000만 원, 2010. 6. 8. 5,000만 원을 각 수령하였다.

4) 한편, 이 사건 유상증자 당시 원고를 비롯하여 여러 코스닥 상장사들을 차명 지분을 통해 비밀리에 지배하는 이른바 '△△그룹'의 회장으로 행세하던 소외 1과 소외 1 등의 지시를 받아 업무를 처리하던 원고 대표이사 소외 2는 이 사건 유상증자 대금 중 일부를 용도 외로 사용하여 횡령하였다는 등의 범죄사실로 유죄판결을 선고받아 그 판결이 확정되었다.

5) 원고는 2016. 1. 12. 피고들을 상대로 이 사건 투자계약이 자본충실의 원칙에 위반하여 무효라는 등의 이유로, 피고들이 이 사건 투자계약에 기하여 지급받은 위 수익금 상당의 부당이득의 반환을 구하는 이 사건 소송을 제기하였고, 원심에서 이 사건 투자계약이 주주평등의 원칙에 반하여 무효라는 주장을 추가하였다.

나. 원심은 위 사실관계를 토대로, 이 사건 투자계약은 피고들이 주주의 자격에서 회사에 대하여 가지는 법률관계에 관한 것이 아니라 그 이외의 다른 법률요건에 기하여 발생하는 법률관계에 관한 것이므로, 주주평등의 원칙에 위배되지 않는다고 판단하였다.

3. 그러나 원심의 이러한 판단은 다음과 같은 이유에서 그대로 수긍하기 어렵다.
이 사건 투자계약은 이 사건 유상증자에 참여하여 원고 주주의 지위를 갖게 되는 피고들에게 그 신주인수대금의 회수를 전액 보전해 주는 것을 내용으로 하고 있어서, 회사가 주주에 대하여 투하자본의 회수를 절대적으로 보장하는 것인 동시에 다른 주주들에게 인정되지 않는 우월한 권리를 부여하는 계약이다. 즉, 이 사건에서 피고들이 투자한 자금이 그 액수 그대로 신주인수대금으로 사용될 것으로 예정되어 있었고 실제로도 그와 같이 사용되었으며 이로써 피고들이 원고의 주주가 된 이상, 이 사건 투자계약이 피고들이 주주로서의 지위로부터 발생하는 손실을 보상하는 것을 주된 목적으로 한다는 점을 부인할 수 없으므로 주주평등의 원칙의 규율 대상에서 벗어날 수 없다.
이는 이 사건 투자계약이 체결된 시점이 피고들이 주주의 자격을 취득하기 이전이었다거나, 신주인수계약과 별도로 이 사건 투자계약이 체결되었다는 사정이 있더라도 달리 볼 수는 없다. 따라서 이 사건 투자계약은 주주평등의 원칙에 위반된다고 봄이 상당하다.

[판례 3-29] 서울고등법원 2021. 10. 28. 선고 2020나2049059 판결[289)290)291)]

[신주인수계약의 주요 내용]

제1조(계약의 목적) 본 계약은 피고 회사가 자금을 조달하기 위하여 신주를 발행하고, 그 신주를 인수인(피고 회사)이 인수함에 있어 당사자들 사이에 권리·의무를 명확히 하고 피고 회사의 사업운영에 관한 제반 사항을 규정하는 것으로 목적으로 작성되었다.

제2조(이해관계인)

① 이 사건 신주인수계약에서 "이해관계인"이라 함은 주식인수 당시 피고 회사의 무의결권 주식을 제외한 발행주식 총수의 10% 이상을 소유한 대주주 또는 피고 회사의 실질적인 지배권을 갖고 있다고 원고가 인정하는 법인 또는 자연인인 사실상의 지배자 중 아래에 열거된 자를 말한다.

성명: 피고 C

② 본 조 제1항의 피고 회사와 피고 C은 이 사건 신주인수계약서의 각 조항을 승인하고 이 사건 신주인수계약상 의무를 연대하여 이행한다.

제11조(주식발행 및 인수조건)

① 피고 회사는 다음과 같이 주식을 발행하고 원고는 피고 회사가 배정한 주식을 인수한다.

3. 원고가 인수할 주식의 내용

가. 주식의 종류: 상환전환우선주

나. 주식의 수량: 200,000주

다. 1주의 액면가: 500원

라. 주당 인수가액: 10,000원

마. 주금납입금액: 2,000,000,000원

289) 상고되어 현재 대법원에 계류 중이다.

290) 갑 주식회사가 을 주식회사와, 갑 회사가 을 회사의 상환주식을 인수하는 내용의 신주인수계약을 체결하면서 '을 회사는 위 주식 발행 이후 신주 또는 주식 관련 사채를 발행하는 경우 갑 회사에 사전 서면동의를 받아야 하고, 이를 위반한 때에는 갑 회사가 위 주식의 조기상환 및 위약벌을 청구할 수 있다.'는 취지의 약정을 하였는데, 위 주식 발행 이후 을 회사가 갑 회사의 사전 서면동의 없이 신주를 발행하자, 갑 회사가 을 회사를 상대로 위 주식의 조기상환 및 위약벌을 청구한 사안에서, 위 사전 서면동의 약정과 그 위반 시 제재로서의 조기상환 및 위약벌 약정은 주주평등의 원칙에 반하여 무효라고 본 사례

291) 다만, 위 판결은 판결 이유에서 위반 대상인 의무와 그 구제수단을 묶어서 "사전 서면동의 약정과 그 위반 시의 제재로서의 조기상환 및 위약벌 약정"이 무효라고 판시하고 있는데, 만약 사전 서면동의 약정을 하되 그 위반 시의 제재가 (위 사건과 같이 배당가능이익과 무관한 조기상환청구권이나 과도한 규모의 위약벌 등 상법상 허용되지 않는 방식이 아닌) 합리적인 수준의 손해배상이나 기타 적절한 수준의 구제수단으로 규정되었다면, 그러한 경우에도 사전 서면동의 약정 (및 그 구제수단)을 그 자체로 무효라고 판단하였을지 여부는 명확치 않아 보인다는 평가가 있다(Lee&Ko, News Letter November 2021 기업자문 그룹 M&A 그룹. https://www.leeko.com/newsl/mna/202111/mna2111.pdf).

바. 주금납일일: 이 사건 주식인수계약의 체결일로부터 3영업일 이내

제19조(상환에 관한 사항)

① 원고는 다음의 절차와 조건에 따라 피고 회사에 이 사건 주식의 전부 또는 일부의 상환을 요청할 수 있으며 피고 회사 및 피고 C는 피고 회사의 이익잉여금 중 배당가능이익 범위 내에서 상환의무가 있다.

1. 상환기간: 원고는 이 사건 주식의 발행일(주금납입일)로부터 3년이 경과하는 날부터 존속기간 만료일까지 피고 회사에 이 사건 주식의 전부 또는 일부의 상환을 청구할 권리가 있다. 또한 원고는 상환청구 시점 이전에도 피고 회사의 동의 및 상호 협의하에 상환을 청구할 수 있다.

3. 상환가액: 원고가 상환을 청구한 이 사건 주식의 인수금액과 동 금액에 대하여 발행일로부터 상환일까지의 기간까지 연 복리 8%를 적용하여 산출한 금액의 합계액으로 한다. 다만, 이 사건 주식 발행일로부터 상환일까지 지급된 배당금이 있을 경우 이를 차감하여 지급한다.

② 피고 회사는 원고의 상환요구가 있는 날로부터 지정된 기일 이내에 상환하지 않는 경우에는 경과한 날로부터 실제 상환이 이루어지는 날까지 상환가액과는 별도로 그 상환가액에 연리 15% 이자율을 적용하여 계산한 지연배상금을 지급한다.

제20조(신주인수권)

② 피고 회사는 이 사건 수식 발행 이후로 신주 또는 주식 관련 사채를 발행하는 경우 원고의 사전 서면동의를 받아야 한다. 또한 신주 및 주식 관련 사채를 발행할 경우 상법 제416조 제1호, 제2호, 제2호의2, 제3호 및 제4호에서 정하는 사항을 그 납입기일의 2주 전까지 주주에게 통지하여야 한다.

제21조(협의 및 동의사항)

① 피고 회사는 다음 각호의 사항에 대하여 원고의 사전 서면동의를 받아야 한다.

1. 원고의 부사 이후 피고 회사가 원고의 최종 주당인수가격보다 낮은 가격으로 유상증자, 특수사채(전환사채, 신주인수권부사채를 포함하는 자본의 변동을 가져오는 모든 사채)를 발행하거나 피고 회사의 임직원에게 주식매입선택권을 부여하는 경우

9. 납입 자본금의 증가 또는 감소

제25조(임원의 지명)

① 피고 회사 및 피고 C는 원고의 요청시 원고가 지명한 1인을 피고 회사의 이사 또는 감사로 선임하여야 하며, 위와 같이 선임된 이사 또는 감사는 피고 회사의 주요정책 결정 시 이사회에 참여한다.

② 원고의 지명으로 선임된 이사 또는 감사는 비상근으로 하며, 피고 회사의 채무에 대한 보증의무를 면제한다.

제31조(주식매수의 청구 및 조기상환청구)

① 투자금 납입 후 다음 각호의 사유가 발생하였을 시에는 원고는 서면으로 피고 회사 및 피고 C에게 계약 위반 사실을 통지하고, 피고 C에 대하여 원고 보유 피고 회사 주식에 대한 주식매수를 청구하거나, 피고 회사에 대하여 이 사건 주식의 조기상환을 청구할 수 있다. 이에 따른 위약벌의 산정기준은 본조 제2항에서 정한다.

1. 피고 회사 또는 피고 C이 이 사건 신주인수계약을 위반하고, 이에 대한 시정을 요하였음에도 불구하고 시정요구가 있은 날로부터 15일 이내에 위반사항이 시정되지 않은 경우
2. "회사"의 특수관계인, 관계회사, 제3자에 대한 투자, 제3자의 주식매입 또는 보증
3. "회사"의 중요재산을 취득, 매각 또는 양도하는 경우
4. 대표이사 변경 및 정관의 변경
5. 사업의 중단 또는 포기
6. 인수, 합병, 분할, 분사, 영업양수도, 경영권 변동, 화의, 워크아웃, 회사정리절차, 파산의 신청 등 기타 이에 준하는 것으로 "회사"의 경영에 중대한 영향을 미치는 행위
7. "회사"와 "이해관계인", 주주, 임직원, 특수관계인 또는 이사간의 거래 및 자금거래
8. 이익잉여금의 처분
9. 납입자본금의 증가 또는 감소

② 피고 회사는 원고에게 위약벌로 다음 1호와 2호의 합계액을 지급하여야 한다.

1. 원고가 투자한 원금과 투자일로부터 피고 회사의 이 사건 주식 조기상환 완제일까지 연 7%의 금액을 가산한 금액
2. 기타 피고 회사 및 피고 C의 계약 불이행으로 인해 원고의 채권보전을 위해 지급한 제반 비용. 해당 비용은 피고 회사와 합의하에 결정한다.

③ 본조 제1항에 의한 원고의 주식매수청구 및 조기상환청구는 피고 회사 또는 피고 C에게 서면으로 하여야 하며, 피고 회사 또는 피고 C는 청구를 받은 날로부터 3개월 이내에 완제하여야 하며, 동 기간 내에 완제가 안 될 경우 그 다음 날로부터 실제 완제일까지 연 15%의 비율로 지연손해금을 부담한다. 또한 조기상환청구를 받은 경우 피고 회사와 피고 C는 연대하여 이행하도록 한다.

제37조(특약사항)

본 특약사항은 이 사건 신주인수계약서 본문의 내용을 수정 · 삭제 · 추가하는 사항으로 본문의 내용이 특약사항과 상충되는 경우, 제37조 특약사항의 내용이 그 효력에 있어 우선한다.

⑤ 피고 회사의 D의 계약일로부터 1년간의 판매량을 기준으로 하여 이 사건 신주인수

> 계약 제11조 제1항 제3호에 기재된 이 사건 주식의 주당 인수가액을 다음과 같이 조건부 조정(Refixing)을 하며, 이로써 이 사건 주식의 보통주 전환 시 적용될 인수가액(전환가액)이 낮아질 수 있도록 우선주와 보통주 전환비율을 조정한다.(생략)

가. 사전 서면동의 약정 위반을 이유로 한 청구권의 발생 여부에 대하여

1) 이 사건 신주인수계약은 오로지 원고가 피고 회사가 발행하는 신주인 전환상환우선주 20만 주를 인수하기 위하여 체결된 것일 뿐이고 위 신주인수 과정에서 달리 원고가 피고 회사에 대하여 추가적인 투자를 하거나 자금을 대여한 바 없는 사실은 앞서 본 바와 같거나 당사자 사이에 다툼이 없는 이 사건에서, 원고는 이 사건의 주된 청구로 피고 회사가 이 사건 주식인수 과정에서 체결된 이 사건 신주인수계약 중 제20조 제2항, 제21조 제1항 제1, 9호에서 정한 사전 서면동의의 약정을 위반하였음을 전제로 하여 그 위반에 따른 조기상환 청구 및 위약벌 청구를 하고 있다. 이에 대하여 피고들은 사전 서면동의의 약정이 상법상의 주주평등 원칙 등에 위반되는 것이어서 무효라고 주장하고 있다. 그러므로 먼저 위 사전 서면동의의 약정의 효력에 관하여 본다.

2) 주주평등의 원칙이란, 주주는 회사와의 법률관계에서는 그가 가진 주식의 수에 따라 평등한 취급을 받아야 함을 의미한다. 이를 위반하여 회사가 일부 주주에게만 우월한 권리나 이익을 부여하기로 하는 약정은 특별한 사정이 없는 한 무효이고, 이는 그 약정이 주주의 자격을 취득하기 이전에 체결되었다거나, 신주인수계약과 별도의 계약으로 체결되는 형태를 취하였다고 하여 달리 볼 것이 아니다(대법원 2018. 9. 13. 선고 2018다9920, 9937 판결, 대법원 2020. 8. 13. 선고 2018다236241 판결 등 참조).

   한편 주주평등의 원칙에 대한 예외로서 종류주식이 발행될 수 있으나 그 유형은 법령이 정한 것으로 한정된다. 상법은 제344조 제1항에서 이익의 배당, 잔여재산의 분배, 주주총회에서의 의결권의 행사, 상환 및 전환 등에 관하여만 그 내용이 다른 종류의 주식을 발행할 수 있도록 허용하고 있을 뿐이므로, 현행법상 이와 같이 법이 허용하는 범위를 넘어 내용이 다른 주식은 발행될 수 없다.

3) 이 사건에 관하여 보건대, 원고는 피고 회사가 신주로 발행하는 주식을 인수하면서 이 사건 신주인수계약과 관련하여, 그 주식인수대금 납입 외에 추가로 회사에 자금을 투자하거나 대여한 바도 없고 그 주당 인수가격조차 2018년 제1, 2차 유상증자 시의 가격보다 낮음에도 불구하고, 이 사건 신주인수계약이라는 형식을 통하여 피고 회사에 대하여 그 주식이 표창하고 있는 권리를 넘어 추가적이고도 강력한 경영상, 재산상 권리를 취득하고 있다. 즉, 신주인수계약 제20조 제2항에서 피고 회사가 이 사건 주식 발행 이후에 신주 또는 주식 관련 사채를 발행하는 경우에

원고의 사전 서면동의를 받도록 하고, 제21조 제1항에서 피고 회사가 향후 회사를 경영하는 과정에서 ① 피고 회사가 원고의 최종 주당인수가격보다 낮은 가격으로 유상증자, 특수사채(전환사채, 신주인수권부사채를 포함하는 자본의 변동을 가져오는 모든 사채)를 발행하거나 피고 회사의 임직원에게 주식매입선택권을 부여하는 경우(제1호), ② 납입자본금을 증가 또는 감소하는 경우(제9호) 등 각호에서 열거한 주요 경영사항에 대하여는 원고의 사전 서면동의를 받도록 함으로써 피고 회사 경영과 관련한 사전 동의권을 명문화하고 있다. 나아가 이 사건 신주인수약정 제31조를 통하여 피고 회사가 그러한 의무를 불이행하고 시정요구에 따르지 아니한 경우에는 원고가 이 사건 주식의 조기상환을 청구하여 **피고 회사의 배당가능이익의 존부와 상관없이 곧바로 신주인수 과정에서의 출자금 및 이에 대한 이자 상당액을 회수**할 수 있도록 하고 있을 뿐 아니라 그 외에 **추가로 위약벌 명목으로 출자금 전액과 그 금액에 이자 등을 가산한 금액 상당액도 청구할 수 있는 권리**를 명문화하였다.

위와 같이 피고 회사에 대하여 회사 경영 과정에서 원고의 동의를 받도록 강제하는 내용의 사전 서면동의 약정과 그 위반 시의 재제로서의 조기상환 및 위약벌 약정은, 신주로 발행되는 이 사건 주식을 인수함으로써 피고 회사의 주주 지위만을 갖게 된 원고에 대하여 신주 인수 후 피고 회사의 운영과정에서 피고 회사의 다른 주주들에게는 인정되지 않는 우월한 권리인 '피고 회사의 주요 경영사항들에 대한 사전 동의권'이라는 권한을 부여함으로써, 불과 약 5.27%의 지분(= 200,000주 / 이 사건 주식 발행 직후 총 발행주식 3,790,318주)을 가진 원고에게 피고 회사의 경영에 대하여 다른 주주들과는 비교할 수 없을 정도로 강력하고 절대적인 영향력을 행사할 수 있도록 하는 것일 뿐 아니라, 그 위반 시에는 조기상환 및 위약벌이라는 재제를 통하여 배당가능이익의 존부와 상관없이 언제든지 출자금의 배액을 초과하는 금액의 반환을 받을 수 있는 권리를 부여함으로써, 실질적으로 회사의 주주에 대하여 투하자본의 회수를 절대적으로 보장하는 기능을 하는 것인바, 이러한 사전 서면동의 약정과 위반 시 재제로서의 조기상환 및 위약벌 약정은 주주평등의 원칙에 반하는 것으로서 무효라고 보지 않을 수 없다.

비록 원고가 인수한 주식이 종류주식의 일종인 상환전환우선주로서 피고 회사가 발행한 다른 주식들과 그 종류와 내용이 다른 주식이기는 하나, **우리 상법 등 관계 법령상 주주에게 위와 같이 경영사항에 관한 사전 서면동의권을 부여하는 내용의 주식 발행이 허용되어 있지 아니하므로**, 이 사건 주식이 다른 주식과 그 내용이 다른 상환전환우선주라는 사정만으로 주주 중 1인에 불과한 원고에 대하여 위와 같이 차별적이고도 강력한 권한을 부여하는 것을 정당화할 수는 없다.

나아가 투자활성화라는 측면에서 볼 때, 원고와 같이 재무상태가 좋지 못한 회사에 투자하는 투자자에게 투자금의 회수를 담보하기 위한 안전장치가 어느 정도 필요한 측면이 있기는 하고, 우리 상법상 그러한 안전장치가 충분하지 못하다는 지적이 있기도 하다. 이러한 현실에서 이 사건과 같이 신주인수계약을 통하여 투자자에게 주주에게 부여되는 통상적인 권리 외에 추가적인 권리를 부여하는 것을 금지할 경우에는 투자 위축을 가져와 기업의 자금조달이 어려워질 우려가 있는 것도 사실이다. 그러나 투자자 보호를 위한 장치도 상법이 인정하는 종류주식을 발행하는 방법이나 '주주간 협약' 등과 같이 관계 법령을 준수하는 범위 내에서 만들어져야 하는 것이지, 동의권부주식이나 이사선·해임권부주식 등과 같이 회사 경영과 관련하여 일부 주주에게만 특수한 권한을 부여하는 내용의 종류주식의 발행이 허용되지 않는 현행법 체계에서, 회사와 신주인수인 사이에 별개의 약정으로 주식에 표창된 권리를 넘어 위와 같은 내용의 권리 또는 권한을 부여하고 그 위반 시 강력한 재제를 가하는 방법으로 그 이행을 강제하는 것을 허용할 수는 없다. 만약 이를 허용할 경우 기존 회사로 하여금 신주발행의 형식으로 통하여 실질적으로는 이른바 '황제주'와 같은 사실상 법이 허용하지 않는 내용의 종류주식을 발행하는 것과 같은 결과를 초래하게 될 우려가 있고, 이는 재무적으로 열악한 상황에 처하여 신주발행 방식을 통해 자금을 조달하고자 하는 회사의 기존 주주들을 매우 불공평하고 불리한 지위에 처하도록 만들게 된다. 나아가 그러한 계약 내용은 공시할 적절한 방법이 없는 상황을 고려할 때 주식의 거래 안전을 해할 우려도 있다.

결국, 이 사건 사전 서면동의 약정과 이를 이유로 한 조기상환 및 위약벌 약정은 주주평등의 원칙에 반하는 것으로서 무효이므로, 위 약정들이 유효임을 전제로 하는 이 부분 원고의 청구는 더 나아가 살필 필요 없이 받아들일 수 없다.

나. 사전 통지 약정 위반을 이유로 한 청구권의 발생 여부에 대하여

1) 피고 회사가 원고와 사이에 이 사건 신주인수계약을 통해 이 사건 주식 발행 이후에 신주 또는 주식 관련 사채를 발행하는 경우에는 상법 제416조 제1호 내지 제4호에서 정하고 있는 신주의 종류와 수, 발행가액과 납입기일, 인수방법 등을 그 납입기일의 2주 전까지 주주에게 통지해주기로 약정한 사실은 앞서 본 바와 같고, 피고 회사가 1, 2차 유상증자를 실시한 것은 위 약정에서 정하고 있는 '이 사건 주식 발행 이후 신주 발행'에 해당하므로, 피고 회사로서는 D 및 H에 발행한 상환전환우선주의 납입기일 2주 전까지 상법 제416조에서 정하고 있는 신주의 종류와 수, 발행가액과 납입기일, 인수방법 등을 원고에게 통지할 의무가 있다고 할 것인데, 피고 회사는 2차 유상증자의 경우에만 주금 납입기일 2주 전까지 그 사실을 통지하였고, 1차 유상증자의 납입기일인 2018. 9. 5.로부터 2주 전인 2018. 8. 22.까지는 원고에게 D에 발행하는 상환전환 우선주의 수, 발행가액 등을 통지하지 아니하고 9일 전인 2018. 8. 27.에 이르러서야 이를 통지한 사실은 앞서 본 증거와 앞서 인정한 사실을 종합하여 보면 알 수 있다.

2) 따라서 피고 회사는 원고에 대한 관계에서 2차 유상증자 과정에서는 이 사건 신주인수약정 제20조 제2항이 정한 사전 통지의무를 위반하였다고 볼 수 없으나, 1차 유상증자 과정에서는 위 사전 통지의무를 위반하였다고 보아야 한다(원고가 이 사건에서 조기상환청구권과 위약벌청구권 발생의 근거로 주장한 2018. 12. 19. 자 조기상환청구에서도 1차 유상증자 과정에서의 사전 통지의무 위반을 근거 사유로 주장하고 있다). 그것은 피고들이 주장하는 바처럼 피고 회사의 발행주식이 J에 상장되었기에 피고 회사로서는 자본시장과 금융투자업에 관한 법률(이하 '자본시장법'이라 한다) 제165조의92에 따라 주요사항보고서를 주금납입기일 1주 전까지 공시함으로써 제3자 배정방식의 신주발행에서 요구되는 주주에 대한 통지 및 공고절차를 갈음할 수 있는데, 피고 회사가 1차 유상증자를 실시하면서 이 관련된 주요사항보고서를 주금납입기일 1주 전까지 공시하여 법령이 정한 의무를 모두 이행하였다고 하더라도, 원고와 피고 회사 사이에 이 사건 주식인수약정에서 위 법령과 다른 내용을 별도로 정한 이상 마찬가지이다.

3) 나아가 이 사건 신주인수계약 제31조는 피고 회사가 이 사건 신주인수계약을 위반하고 원고가 이에 대한 시정을 요구하였음에도 불구하고 시정요구가 있은 날로부터 15일 이내에 위반사항이 시정되지 않는 경우에는 원고가 피고 회사에 대하여 원고가 보유한 이 사건 주식의 조기상환과 위약벌의 지급을 구할 수 있다고 규정하고 있는데, 피고 회사는 1차 유상증자 시에 위와 같이 이 사건 신주인수약정 제20조 제2항 후문이 정한 사전 통지의무를 위반한 후 원고의 시정요구를 받고서도 정해진 기간 내에 이를 시정하지 아니한 사실은 앞서 본 바와 같다.

4) 그러나 <u>피고 회사가 이 사건 신주인수계약 제20조 제2항 후문에서 정한 사전 통지의무를 위반하였다고 하더라도</u> 앞서 채택한 각 증거에 변론 전체의 취지를 종합하여 알 수 있는 다음과 같은 사실 또는 사정들을 고려하면, <u>이 사건 신주인수계약 제31조 제1항 제1호는 피고들이 제31조 제1항 제2호 내지 9호의 사유 또는 이에 준하는 정도로 중대한 의무를 위반하여 더 이상 계약을 유지할 수 없을 정도에 이른 경우에 한하여 적용되는 것이지 앞서 본 바와 같은 정도로 경미한 사전 통지의무 위반의 경우에까지 적용되어 원고에게 조기상환청구권 및 위약벌청구권을 부여하는 것으로는 해석할 수 없다</u> 할 것인데(그렇게 해석할 경우 해당 부분은 투자자에게 일방적으로 유리한 계약으로 선량한 풍속 기타 사회상규에 반하는 것이어서 무효라고 보아야 한다), <u>피고 회사가 1차 유상증자 과정에서 앞서 본 바와 같이 사전통지를 지연한 것은 제31조 제1항 제2 내지 9호의 사유 또는 이에 준하는 정도로 중대한 의무를 위반하여 더 이상 계약을 유지할 수 없을 정도에 이른 경우에 해당한다고 보기 어려우므로, 원고는 피고 회사의 위와 같은 사전통지 의무 위반을 이유로 이 사건 신주인수계약 제31조에서 정한 조기상환 청구 및 위약벌 청구를 할 수 없다.</u>

① 이 사건 신주인수계약 제31조 제1항 제2호 내지 제9호는 회사 또는 이해관계인의 불법행위로 인하여 회사의 조업중단이 3개월 이상 장기화될 때, 회사와 이해관계인 등 간의 분쟁으로 회사의 사업추진이 불가능할 때, 회사와 이해관계인의 불법행위나 허위, 가공지출 등의 면탈행위로 인하여 회사의 재산상 중대한 손실을 초래하였을 때 등과 같이 이 사건 신주인수계약을 더 이상 유지할 수 없을 정도로 피고 회사가 중대한 의무 위반을 한 경우를 구체적으로 열거하여 규정하고 있는 반면, 제1호는 '회사 또는 이해관계인이 본 계약을 위반하고 이에 대한 시정을 요구하였음에도 불구하고 시정 요구가 있은 날로부터 15일 이내에 위반사항이 시정되지 않은 때'라고 하여 그 위반 내용을 추상적으로 규정하고 있을 뿐인바, 제1호와 나머지 각호 사이의 규정 취지와 균형을 고려하여 보면 제1호 역시 나머지 각호에 준하는 정도로 이 사건 신주인수계약을 더 이상 유지할 수 없을 정도로 중대한 의무를 위반한 경우를 의미한다고 해석함이 상당하다.

② 이 사건 신주인수계약 제31조 제1항 제1호의 '피고 회사가 이 사건 신주인수계약을 위반하고 시정요구에 응하지 않았을 때'라는 사유에 이 사건 사전 통지의무 위반과 같이 경미한 위반의 경우도 포함된다고 해석하는 경우, 원고는 경미한 계약 위반 사정만으로도 그 이후에 언제든지 이 사건 주식의 조기상환을 청구하여 조기상환금으로서 출자금 20억 원 및 이에 대한 주식발행일로부터 상환일까지 연 복리 8%의 이자의 지급을 구할 수 있을 뿐 아니라 추가로 출자금 20억 원 및 이에 대하여 연 7%의 금액을 가산한 금액 상당의 위약벌을 청구할 수 있게 된다. 이는 피고 회사의 경미한 의무위반이 있을 경우 그로 인한 원고의 피해 여부, 과정, 규모와 상관없이 투자자인 원고에게 언제든지 출자금의 배액 이상을 회수할 수 있도록 해주는 것으로서 원고에게 일방적으로 유리한 불공정한 계약으로서 선량한 풍속 기타 사회상규에 반하는 것인바, 당사자 사이에 이 사건 신주인수계약을 체결할 당시 당사자 사이에 신주인수계약 제31조 제1항 제1호를 이러한 경우까지 포함하고자 하는 의사합치가 있었다고 보기도 어렵다.

③ 원고가 피고 회사와 이 사건 신주인수계약을 체결하면서 피고 회사에 대하여 신주 또는 주식 관련 사채를 발행하는 경우에 사전에 통지하도록 의무를 부과한 이유는 피고 회사가 위법하게 신주 등을 발행함으로 인하여 원고의 정당한 권리가 침해되는 것을 방지하기 위한 것으로 보이고, 이는 이 사건과 같은 제3자 배정 방식의 신주발행의 경우에 있어서의 상법 제418조 제4항의 사전통지 또는 공고 제도와 같은 취지로 볼 수 있다. 그런데 피고 회사 발행주식은 J에 상장된 주식이어서 제3자 배정방식의 신주발행에서 요구되는 주주에 대한 통지 및 공고절차는 자본시장법 제165조의9에 따라 주요사항보고서를 주금납입

기일 1주 전까지 공시함으로써 갈음할 수 있다. 이에 따라 피고 회사도 1차 유상증자 시에 이와 같은 절차를 거쳤다. 나아가 앞서 본 증거들에 의하면, 피고 회사는 이와 별도로 1차 유상증자에 관한 내용을 투자 유치 초기부터 그 내용이 확정되는 단계에 맞추어 보고하여 왔었고, 주금납입기일인 2018. 9. 5.으로부터 9일 전인 2018. 8. 27.에는 원고에게 메일과 전화로 발행예정인 신주의 종류와 수, 발행가액, 인수인, 이자율 등 관련 내용을 통지하면서 그때까지 확정되지 아니한 부분에 대하여는 다음 날 이사회에서 확인할 수 있으니 원고의 지명으로 피고 회사의 사외이사로 선임되어 있던 E의 참석을 요청하였는데, 원고 측에서 E의 일정을 이유로 이사회 불참을 통보하며 이사회에서 결정되는 내용을 나중에 알려달라고 이야기한 사실을 알 수 있는바, 1차 유상증자에 관하여 사전 통지사항으로 정해진 내용들이 원고에게 다소 늦게 통지되었다고 하더라도 원고에게는 위 1차 유상증자 과정에서 자신의 이익을 보호할 조치를 취할 수 있는 기회가 부여되었다고 볼 수 있어, 피고 회사의 통지의무 위반은 경미한 것으로 보아야 하지 이를 두고 이 사건 신주인수계약을 더 이상 유지할 수 없을 정도로 중대한 의무를 위반한 경우라고 보기는 어렵다. 이에 대하여 이 사건 신주인수계약 제20조 제2항 후문의 위 사전통지 의무를 둔 목적에 신주 등 발행으로 인한 원고의 정당한 권리가 침해되는 것을 방지하기 위한 목적을 넘어 이 사건 신주인수계약 제20조 제2항 전문의 원고의 사전 서면동의권의 실효성을 높이기 위한 취지가 포함되어 있다고 볼 여지가 있으나, 그렇게 보더라도 앞서 본 바처럼 이 사건 신주인수계약 제20조 제2항 전문의 사전 서면동의 관련 규정은 무효이므로 그와 같은 목적은 보호될 것이 아니다.

④ 피고 회사가 1차 유상증자 과정에서 원고에게 정해진 것보다 늦게 사전통지를 한 것은 회사 운영을 위하여 긴급하게 투자자금을 유치하는 것이 필요하였으나 신주 인수자와의 협상 과정에서 그 인수조건 등이 뒤늦게 확정되었기 때문이었고, 피고 회사는 1차 유상증자 과정에서 원고 측에 수시로 그러한 사정을 유선 등으로 알려온 것으로 보인다. 이에 원고 측 담당자 F는 1차 유상증자를 위한 이사회 전날인 2018. 8. 27. 피고 회사 담당자에게 1차 유상증자에 대하여 동의한다는 전제 아래 그 투자금이 들어오면 그 투자금으로 원고의 채무부터 갚고 유상증자에 관한 이사회의 결정 사항만 알려달라고 말하기도 하였다. 그럼에도 불구하고 원고는 예상과 달리 유상증자로 조달된 자금으로 원고의 채무변제가 제대로 이행되지 않자 유상증자에 따른 주금이 납입되고 인수인에게 주식이 배정된 후인 2018. 9. 7.에 이르러 위 유상증자 과정에서 원고의 사전 서면동의와 사건 서면통지가 없었음을 이유로 그 시정을 요구하는 조치를 취하였다.

5) 이와 같이 원고는 피고 회사의 위 사전통지 의무 위반을 이유로 이 사건 신주인수계약 제31조에서 정한 조기상환청구권 및 위약벌청구권을 행사할 수 없다고 보는

이상 원고의 나머지 청구는 받아들이지 아니하고, 위 사전통지 규정의 효력 등에 관한 피고 회사의 나머지 주장에 관한 판단은 생략한다.

[위 서울고등법원 2020나2049059 판결의 1심 판결]

서울중앙지방법원 2020. 12. 3. 선고 2019가합517157 판결

가. 이 사건 주식의 조기상환청구에 관한 판단

1) 청구원인에 관한 판단

가) 피고 회사의 이 사건 신주인수계약 제20조 제2항, 제21조 제1항 위반 여부

(1) 위 기초사실에 의하면, 피고 회사가 1, 2차 유상증자를 실시한 것은 이 사건 신주인수계약 제20조 제2항에서 정하고 있는 '이 사건 주식 발행 이후 신주발행' 및 제21조 제1항 제9호에서 정하고 있는 '납입 자본금의 증가'에 해당한다. 따라서 피고 회사는 1, 2차 유상증자를 실시함에 있어 이 사건 신주인수계약 제20조 제2항, 제21조 제1항에 따라 원고의 사전 서면동의를 받아야 하고, E 및 G에 발행한 상환전환우선주의 납입기일 2주 전까지 상법 제416조에서 정하고 있는 신주의 종류와 수, 발행가액과 납입기일, 인수방법 등을 원고에게 통지할 의무가 있다.

(2) 또한, 을 제7, 9, 10호증의 각 기재에 의하면, 피고 회사가 1, 2차 유상증자 당시 E 및 G와 사이에 체결한 각 신주인수계약에서 피고 회사의 2019년도 영업이익이 10억 원 미만일 경우 1주당 4,000원, 10억 원 이상 20억 원 미만일 경우 1주당 5,000원으로 E 및 G가 배정받은 상환전환우선주의 전환가액을 조정하도록 규정하고 있는 사실, 피고 회사의 영업이익은 2016년도에 297,594,131원, 2017년도에 851,656,905원, 2018년도에 135,494,931원인 사실이 인정된다. 이러한 추세에 비추어 보면, 피고 회사의 2019년도 영업이익 역시 20억 원 미만일 가능성이 높아 E 및 G의 1주당 전환가액이 4,000원 내지 5,000원으로 조정될 가능성이 높았고, 갑 제16호증의 기재에 의하면 실제로 피고 회사의 2019년도 영업이익은 4,996,640,792원의 손실이 발생하였다.

이 사건 신주인수계약 제21조 제1항 제1호에서 피고 회사가 원고의 '최종' 주당인수가격보다 낮은 가격으로 유상증자를 하는 경우 원고의 사전 서면동의를 받도록 하고 있고, 앞서 본 바와 같이 1, 2차 유상증자 실시 당시에 이미 E 및 G의 최종 전환가액이 원고의 최종 전환가액보다 낮게 조정될 가능성이 충분히 예상되는 상황이었을 뿐만 아니라, 원고가 보유한 이 사건 주식 가치의 희석화 등을 방지하기 위한 목적으로 이 사건 신주인수계약 제21조 제1항 제1호를 규정한 점에 비추어 볼 때, E 및 G의 조정 전 1주당 인수가액(전환가액)이 12,500원으로서 원고의 최종 1주당 인수가액(전환가액)인 7,500원보다

높았다고 하더라도, 피고 회사는 1, 2차 유상증자를 실시함에 있어 이 사건 신주인수계약 제21조 제1항 제1호에 따라 원고의 사전 서면동의를 받아야 한다고 봄이 타당하다(설령 피고 회사 및 피고 C의 주장과 같이 원고의 1주당 인수가액보다 높은 가액인 12,500원에 1, 2차 유상증자를 실시함으로써 이 사건 신주인수계약 제21조 제1항 제1호에 따른 원고의 사전 서면동의가 필요하지 않다고 보더라도, 이 사건 신주인수계약 제20조 제2항 전문, 제21조 제1항 제9호에 따라 피고 회사가 1, 2차 유상증자를 실시함에 있어 원고의 사전 서면동의를 받아야 함은 마찬가지이다).

(3) 그런데 앞서 본 바와 같이 피고 회사는 원고의 사전 서면동의 없이 1차 유상증자를 실시하였을 뿐만 아니라, 1차 유상증자의 납입기일인 2018. 9. 5.로부터 2주 전인 2018. 8. 22.까지 원고에게 E에 발행하는 상환전환우선주의 수, 발행가액 등을 통지하지 아니하고 9일 전인 2018. 8. 27.에 이르러서야 이를 통지하였으며, 원고의 사전 서면동의 없이 2차 유상증자를 실시하였다. 따라서 피고 회사는 이 사건 신주인수계약 제20조 제2항, 제21조 제1항을 위반하였다고 할 것이다.

나) 이 사건 주식의 조기상환청구

피고 회사가 이 사건 신주인수계약 제20조 제2항, 제21조 제1항을 위반하였고, 원고가 2018. 9. 7. 및 2018. 11. 19. 피고 회사에 이에 대한 시정을 요구하였으나 그로부터 15일이 지나도록 위반사항이 시정되지 않았음은 앞서 본 바와 같으므로, 원고는 피고 회사에 이 사건 신주인수계약 제31조 제1항 제1호에 따라 이 사건 주식의 조기상환을 청구할 수 있다.

이 사건 신주인수계약 제19조 제1항 제3호에서 상환가액을 이 사건 주식의 인수금액에 이 사건 주식 발행일로부터 상환일까지 연 복리 8%를 가산한 금액으로 정하고 있고, 제31조 제3항에서 원고의 조기상환청구는 피고 회사 또는 피고 C에게 서면으로 하여야 하며, 피고 회사와 피고 C는 연대하여 청구를 받은 날로부터 3개월 이내에 이 사건 주식상환금을 완제하여야 하고 동 기간 내에 완제가 안 될 경우 그 다음 날부터 완제일까지 연 15%의 비율로 지연손해금을 부담한다고 정하고 있는 사실, 원고가 2018. 12. 19. 피고 회사에 내용증명으로 조기상환을 청구하였고, 위 내용증명이 2018. 12. 20. 피고 회사에 도달한 사실은 앞서 본 바와 같다.

이에 따라 원고가 납입한 이 사건 주식 인수금액에 이 사건 주식을 발행받은 2016. 12. 9.부터 상환기일인 2019. 3. 20.까지(원고가 피고 회사에 조기상환을 청구한 2018. 12. 20.로부터 3개월이 경과한 날이다) 연 복리 8%로 계산한 가산금을 더하면, 이 사건 주식의 상환가액은 2,384,952,460원이다.

따라서 피고 회사, C는 연대하여 원고에게 이 사건 주식의 상환가액 중 원고가 구하는 2,365,150,684원 및 이에 대하여 상환기일 다음 날인 2019. 3. 21.부터 다 갚는 날까지 약정이율에 의한 연 15%의 비율로 계산한 지연손해금을 지급할 의무가 있다.

2) 피고 회사, C의 주장에 관한 판단

가) 제3자 배정방식의 신주발행 및 납입 자본금 증가의 경우 원고의 사전 서면동의가 필요하지 않다는 주장에 관한 판단

(1) 위 피고들의 주장

이 사건 신주인수계약 제20조 제2항 전문, 제21조 제1항을 피고 회사의 신주발행 조건과 관계없이 모든 신주발행에 대하여 원고의 사전 서면동의를 얻어야 한다고 해석하는 것은 피고 회사 이사회의 주요 권한을 특정 주주인 원고에게 부여하는 것으로 주주평등의 원칙에 반하고 소유와 경영의 분리라는 주식회사의 기본 원리에 반한다. 이 사건 신주인수계약 제20조 제2항 전문에 따른 원고의 사전 서면동의는 동조의 표제가 신주인수권인 점에 비추어 보았을 때 원고가 갖는 신주인수권과 관련된 경우, 즉 주주배정 유상증자의 경우에만 적용되고, 이 사건 신주인수계약 제21조 제1항 제9호에 따른 원고의 사전 서면동의는 납입 자본금 감소의 경우에만 적용되는 것으로 보아야 한다. 그런데 피고 회사가 실시한 1, 2차 유상증자는 주주배정이 아닌 제3자 배정방식의 신주발행이고 납입 자본금의 증가를 가져오는 것이므로, 원고의 사전 서면동의가 필요하지 않다.

(2) 판단

<u>이 사건 신주인수계약 제20조 제2항 전문, 제21조 제1항은 피고 회사의 신주발행이 원고의 주식 가치, 지분율 등에 영향을 미치게 됨에 따라 피고 회사로 하여금 사전에 원고의 서면동의를 받도록 함으로써 피고 회사의 신주발행 조건, 내용 등을 감독하기 위한 취지</u>로 보이고, <u>신주발행 등에 관하여 상법상 요구되는 이사회 결의를 대체하여 원고의 서면동의를 받도록 한 것이 아니라 추가적으로 원고의 서면동의를 받도록 한 것</u>이어서, <u>피고 회사 이사회의 주요 권한을 특정 주주인 원고</u>에게 부여하는 것이라고 보기 어려우며, <u>소유와 경영의 분리라는 주식회사의 기본 원리에 반한다고도 볼 수 없다</u>.

또한, 앞서 본 바와 같이 이 사건 신주인수계약 제20조 제2항 전문에서는 "피고 회사는 이 사건 주식 발행 이후로 신주를 발행하는 경우 원고의 사전 서면동의를 받아야 한다"고 규정하고 있을 뿐, 위 계약 조항이 주주배정 신주발행의 경우에만 적용되는 것으로 한정하고 있지 않다. 이 사건 신주인수계약 제21조 제1항 제9호에서는 명시적으로 '납입 자본금의 증가'의 경우에도 피고 회사가 원고의 사전 서면동의를 받도록 규정하고 있다. 위와 같은 계약 조항의 문언에도 불구하고 이 사건 신주인수계약 제20조 제2항 전문을 주주배정 신주발행의 경우에만 적용되는 것으로 해석하거나, 이 사건 신주인수계약 제

21조 제1항 제9호를 납입 자본금의 감소의 경우에만 적용되는 것으로 해석할 만한 아무런 근거가 없다.

따라서 피고 회사, C의 이 부분 주장은 어느 모로 보나 이유 없다.

나. 위약벌 청구에 관한 판단

1) 청구원인에 관한 판단

이 사건 신주인수계약 제31조 제2항 제1호에서 피고 회사가 이 사건 신주인수계약을 위반하는 경우 위약벌로 "원고가 투자한 원금과 투자일로부터 피고 회사의 이 사건 주식 조기상환 완제일까지 연 7%의 금액을 가산한 금액"을 지급하도록 규정하고 있는 사실은 앞서 본 바와 같다.

피고 회사가 이 사건 신주인수계약 제20조 제2항, 제21조 제1항을 위반함에 따라, 피고 회사 및 피고 C는 연대하여 원고에게 이 사건 신주인수계약 제31조 제2항 제1호에 따른 위약벌로 원고가 투자한 이 사건 주식의 인수대금 2,000,000,000원 및 이에 대하여 피고 회사는 투자일로서 주금납입일인 2016. 12. 8.부터 이 사건 소장부본 송달인 2019. 4. 10.까지 약정이율에 의한 연 7%, 그 다음 날부터 2019. 5. 31.까지 소송촉진 등에 관한 특례법 제3조 제1항 본문의 법정이율에 관한 규정(2019. 5. 21. 대통령령 제29768호로 개정된 것) 부칙 제2조 제2항, 구 소송촉진 등에 관한 특례법 제3조 제1항 본문의 법정이율에 관한 규정(2019. 5. 21. 대통령령 제29768호로 개정되기 전의 것)이 정한 연 15%, 그 다음 날부터 다 갚는 날까지 소송촉진 등에 관한 특례법이 정한 연 12%, 피고 C는 2016. 12. 8.부터 이 사건 소장부본 송달일인 2019. 6. 15.까지 약정이율에 의한 연 7%, 그 다음 날부터 다 갚는 날까지 소송촉진 등에 관한 특례법이 정한 연 12%의 각 비율로 계산한 이자 및 지연손해금을 지급할 의무가 있다(원고가 피고 회사, C에 대하여 2019. 6. 1. 이후로도 연 12%를 초과하는 비율로 계산한 지연손해금의 지급을 구하는 부분은 이유 없다).

2) 피고 회사, C의 주장에 관한 판단

위 피고들은 이 사건 신주인수계약 제31조 제2항 제1호에서 규정하고 있는 위약벌은 손해배상액의 예정으로 보아야 할 것인데 그 금액이 부당히 과다하므로 감액되어야 한다고 주장한다.

처분문서는 문언의 객관적인 의미가 명확하다면 특별한 사정이 없는 한 문언대로의 의사표시의 존재와 내용을 인정하여야 한다(대법원 2010. 5. 13. 선고 2009다92487 판결 등 참조). 앞서 든 증거들에 의하여 인정되는 다음과 같은 사정, 즉 이 사건 신주인수계약 제31조 제2항 제1호에 명확하게 '위약벌'로 기재되어 있는 점, 피고 회사가 고의적으로 상장을 지연시킬 경우의 배상금에 관하여 이 사건 신주인수계약 제26조 제2항에서는 "피고 회사는 지연배상금 통지를 받은 날로부터 30일 이내에 원고에게 지연배상금을 현금으로 지급하기로 한다. 이때 지연배상금 지급은 위약벌의 성격을 띤 것으로서, 원고의 손해배상청구 및 주식소유권에 영향을 미치지 아니한다."라고 규정하고 있는바, 이 사건 신주인수계약에서 '위약벌'이라는 용어는 손해배상과 별도로 피고 회사에 계약 위반에 대한 제재를 가함과 동시에 계약이행을 간접적으로 강제하기 위한 목적으로 그 성격과 의미를 명확히 하여 사용된 것으로 보이는 점 등을 종합하면, 이 사건 신주인수계약 제31조 제2항 제1호는 손해배상액의 예정이 아닌 위약벌 약정이라고 봄이 타당하다.

그런데 위약벌의 약정은 손해배상의 예정과 달라 손해배상의 예정에 관한 민법 제398조 제2항을 유추 적용하여 그 액을 감액할 수 없으므로(대법원 2016. 1. 28. 선고 2015다239324 판결 등 참조), 피고 회사, C의 주장은 이유 없다.

다. 소결

피고 회사, C는 연대하여 원고에게 4,365,150,684원(이 사건 주식상환금 2,365,150,684원+위약벌 2,000,000,000원) 및 그중 이 사건 주식상환금 2,365,150,684원에 대하여 2019. 3. 21.부터 다 갚는 날까지 연 15%, 위약벌 2,000,000,000원에 대하여 피고 회사는 2016. 12. 8.부터 2019. 4. 10.까지 연 7%, 그 다음 날부터 2019. 5. 31.까지 연 15%, 그 다음 날부터 다 갚는 날까지 연 12%, 피고 C는 2016. 12. 8.부터 2019. 6. 15.까지 연 7%, 그 다음 날부터 다 갚는 날까지 연 12%의 각 비율로 계산한 이자 및 지연손해금을 지급할 의무가 있다.

위 서울고등법원 2020나2049059 판결([판례 3-29]) 및 그에 관한 제1심 판결과 관련해서는 다음의 2가지 점을 살펴본다.

① 이 사건에서, 원고는 위 소송을 통해 이 사건 신주인수계약 제31조(이하에서는 해당 조, 항만 언급한다)를 근거로 상환(전환우선)주식(이하 「상환주식」이라고만 한다)의 조기상환금 및 위약벌과 그에 대한 각 지연손해금을 청구하고 있으므로 그 청구의 타당 여부는 조기상환금과 위약벌로 나누어 살펴볼 필요가 있다.

먼저, 제31조에는 조기상환금에 관하여는 아무런 규정이 없고 단지 위약벌 및 그 지연손해금에 대해서만 규정하고 있으므로 제31조를 근거로 한 조기상환금 자체 및 그에 대한 지연손해금 청구는 이유 없다. 원고가 피고 등에게 제31조에 따른 조기상환을 청구한 시점은 2018. 12. 20.로 제19조에 따른 상환(청구)기간의 기산일인 2019. 12. 9.(주금납입일인 2016. 12. 8.로부터 3년이 경과한 날) 이전이므로 제31조에 따른 조기상환 청구를 제19조에 따른 상환청구로 볼 수도 없다. 제31조를 제19조 외의 추가 상환조건을 약정한 것으로 해석하더라도 제31조는 상법 및 정관에서 정한 상환조건(제19조)의 범위를 벗어난 것이므로 제31조와 같은 상환조건이 추가로 부여된 상환주식은 상법상 허용될 수 없을 것이다(이를 편의상 「종류주식 법정주의」라고도 할 수 있을 것이다). 그렇다면 제31조는 상환주식의 상환조건과는 별개의 약정으로서 「상환에 관한 종류주식」의 내용을 구성하는 상환조건이 아니라 특정 주주(인수인)와의 합의에 의해 해당 특정 주주(인수인)에게만 부여된 별개의 권리라고 보아야 할 것인데,[292] 그렇다고 하더라도 이러한 특정 주주에게만 부여된 별개의 권리에 근거한 조기상환금 청구 역시 상법상 주주평등의 원칙, 자기주식 취득 제한, 자본충실의 원칙에 비추어 허용되어서는 안 될 것이다. 따라서 어느 경우에나 상환주식의 조기상환에 관한 원고의 조기상환금 및 그에 대한 지연손해금 청구는 기각되어야 한다.[293]

다음으로, 위약벌 청구에 대해 살펴본다. 위 서울고등법원 판결은 제19조와 제31조의 관계를 명시적으로는 밝히지 않고 있으나, 제31조에 관하여 「배당가능이익의 존부에 관계없이 제31조의 약정을 한 것으로」 판시하고 있는 점에 비추어 보면, 위약벌 부분에 관해서도 제31조를 상법 및 정관에 따른 상환주식의 상환조건과는 별개의 위약벌을 약정한 것으로 해석하지 않았나 생각한다. 즉, 제19조는 상법 및 정관에 따른 상환주식의 상환조건에 관한 규정이고, 제31조는 이와는 별개로 특정 주주(인수인)에게 위약벌 청구권을 부여하는 것으로 본 것이다. 그런데 주식발행회사가 특정 주주(인수인)에게만 이러한 위약벌을 약정한 경우에는 주주평등의 원칙 등과의 관계에서 문제가 될 수 있다는 점은 앞서 살펴본 바와 같다. 이러한 관점에서, 위 서울고등법원 판결은 이러한 위약벌 약정을 무효로 해석하여 동 약정에 근거한 위약벌 및 그에 대한 지연손해금 청구를 기각한 것으로 볼 수 있다.

② 위 서울고등법원 2020나2049059 판결의 사실관계와는 약간 사안을 달리하여, 상법 및/또는 정관상의 상환기간 내에 배당가능이익의 범위 내에서 상환청구가 행사되는 것을 기본 전제로, 주식발행회사에게 사전 동의권이나 통지의무를 부여하고 그 위반 등을 상환주식의 상환사유로 정하거나 (좀 더 구체적으로) 상환사유 자체에서 사전 동의권이나 통지의무 위반을 명시하고 그 상환사유 발생 시 그에 따른 상환청구를 할 수 있음을 상환조건으로 정하는 경우에도 위 서울고등법원 판결의 결론이 그대로 적용될 수 있을지에 대해서는, 위 서울고등법원 판결에서 문제된 이 사건 신주인수계약의 내용이 명확하지 않고, 위 서울고등법원

---

292) 위 서울고등법원 2020나2049059 판결은 제19조와 제31조의 관계를 명시적으로는 밝히지 않고 있으나, 제31조에 관하여 「배당가능이익의 존부에 관계없이 제31조의 약정을 한 것으로」 판시하고 있는 점에 비추어 보면, 제31조를 상법 및 정관에 따른 상환주식의 상환조건(제19조)과는 별개의 권리(조기상환권 및 위약벌)를 부여하는 약정으로 해석하지 않았나 생각한다.

293) 위 제1심 판결은 원고의 제31조에 따른 조기상환금 및 위약벌 청구에 대해서도 동 제19조에 따라 조기상환금을 계산하고 있고, 나아가 배당가능이익의 존부를 고려하지도 않고 있는바, 이러한 판시는 타당하지 않은 것으로 생각된다.

및 제1심 판결도 불분명한 부분이 있기 때문에 그 가부에 대해서는 견해가 나뉠 수 있다. 그런데 통상적인 상환주식에서와 같이 정관에서 상환기간을 정하고 그 기간에는 언제든지 상환청구를 할 수 있음을 정한 경우에[294] 상환사유의 구체화는 상법과 정관의 범위 내에서 당사자 간 합의로 상환 자체를 더욱 제한하는 의미를 가지므로 주식발행회사나 다른 주주에게도 불리하다고 볼 수 없다는 점,[295] 배당가능이익의 존부와 관계없이 상환금 및 위약벌을 정하는 것은 아니기 때문에 배당가능이익이 존재하는 한 이를 인정하더라도 「상환에 관한 종류주식」의 성질에 반하지 않는다는 점 등에 비추어 보면, 위 서울고등법원 판결의 판시 내용이 이러한 경우에도 그대로 적용된다고 보는 것은 타당하지 않다고 생각된다.

한편, 주식양수도계약의 경우에는 진술보장 및 준수의무의 주체는 원칙적으로 주식발행회사가 아닌 매도인이므로 그 위반에 따른 보상의무의 주체도 매도인이 되나, 주식인수계약의 경우에는 그 진술보장 및 준수의무의 주체가 주식발행회사가 되므로 그 위반에 따른 보상의무의 주체도 주식발행회사가 된다. 따라서 후순위 투자자인 종류주주가 주식발행회사에 주식인수계약상 진술보장 또는 준수사항 위반에 따른 보상을 청구하게 되면 결국 후순위 투자자인 종류주주 자신이 투자한 주식발행회사의 가치를 훼손하게 되고 이것은 자신이 투자한 주식의 가치하락으로 귀결되게 된다.[296]

이상과 같은 문제점을 고려하여, 실무에서는 주식인수계약에서는 진술보장 및 준수사항을 거래종결 선행조건 및/또는 거래종결 전의 해제 및 손해배상 등에만 관련시키고, 거래종결 이후 주식발행회사의 보상의무나 해제를 별도로 규정하지 않거나, 주식발행회사 이외의 제3자(스폰서 등)를 주식인수계약의 당사자로 포함시키거나 또는 별도의 계약(주주간계약 등)을 통해 (해당 제3자에게 주식발행회사에 대한 진술보장 및 준수의무에 대한 보증을 시킨 후) 주식발행회사/제3자의 진술보장 또는 준수사항 위반이 있는 경우에는 종류주주가 해당 제3자에게 풋옵션(Put-option)을 행사하거나 동반매도청구권(Drag-along right)을 행사할 수 있도록 하는 방안이나 제3자에게 그 위반에 따른 보상의무를 부담시키는 방안[297] 등

294) 이 사건 신주인수계약의 경우에는 주금납입일부터 3년이 경과한 날부터 상환청구를 할 수 있으나(제19조 제1항), 제31조 제1항 각호에서 정하는 사유가 발생하면 그 이전에라도 조기상환청구를 할 수 있으므로 제31조의 조기상환청구에 의해 제19조에 따른 당초의 상환기간 이전에도 상환이 이루어질 수 있다는 측면에서 통상적인 경우와는 그 조건이 다르다고 할 수 있고, 앞서 살펴본 바와 같이, 이 사건에서 실제로 제31조에 의한 조기상환청구가 이루어진 시점은 제19조의 상환(청구)기간 도래 전이었다.

295) 이러한 점에 비추어, 가능하다면 다른 (주요)주주의 동의를 얻어 상환주식을 발행하는 것도 고려해 볼 수 있을 것이다.

296) 桃尾・松尾・難波法律事務所編『ベンチャー企業による資金調達の法務(제2판)』(商事法務, 2022) 93페이지

297) 나아가 손해배상액의 입증이 용이하지 않는 점을 고려하여 보상조항에서 손해배상액을 예정하거나 위약벌을 규정하는 경우도 많다.

이 이용되는 경우도 많다.

7) 주식인수계약의 해제

주식양수도계약과 마찬가지로 종류주식의 발행에 관한 주식인수계약에서도 거래종결 이후에는 주식인수계약의 해제를 제한하는 경우가 일반적이다.[298)]

[계약서 기재례] 해제

(1) 이 계약의 일방 당사자는(단, 이 항 제5호의 경우에는 인수인에 한한다) 아래 각호의 사유가 발생하는 경우, 상대방 당사자에게 서면으로 통지함으로써 이 계약을 해제할 수 있다. 단, 이 계약 제[*]조에 따른 거래종결[인수대금 납입] 후에는 사유를 불문하고 이 계약을 해제할 수 없다.

1. 계약체결일로부터 [*]개월 이내에 거래종결이 되지 않는 경우(다만, 거래종결이 되지 못하게 되는데 대해 귀책사유가 있는 당사자는 해제권을 행사할 수 없음)
2. 거래종결일 이전에 천재지변, 본건 거래의 전부 또는 중요 부분을 금지하는 내용의 법령, 정부기관의 조치 기타 불가항력적인 사유로 인하여 이 계약에 따른 거래의 이행이 불가능해지거나 불법화되는 경우
3. 거래종결일 이전에 상대방 당사자가 이 계약상의 진술 및 보장 또는 준수사항을 중대하게 위반하고 해제권을 행사하고자 하는 당사자로부터 그 위반의 시정을 요구하는 서면통지를 받은 후 10영업일 이내에 그러한 위반사항을 시정하지 못하는 경우
4. 거래종결일 이전에 상대방 당사자에 대하여 (i) 해산, 청산, 회생절차 또는 파산의 개시신청 또는 재산보전처분신청 또는 이와 유사한 절차의 신청이 있는 경우, (ii) 기업구조조정촉진법에 따른 공동관리절차가 의결되거나 주채권은행(동법에 정의된 바에 따름)이 공동관리절차 개시를 위하여 협의회를 소집한 경우 또는 부실징후기업으로 선정되었거나 선정될 것이 예상되는 경우 또는 이와 유사한 절차가 개시되거나 발생한 경우, (iii) 채권금융기관 전원의 동의에 의한 해당 회사와의 자율경영정상화 약정(이하 "채권금융기관 자율협약")이 있는 경우, (iv) 금융기관에 대한 채무불이행이 발생한 후 7일 이내에 채무불이행 상태가 해소되지 않는 경우 또는 (v) 어음교환소의 거래정지처분이 내려진 경우
5. 거래종결일 이전에 발행회사의 주요 자산에 대하여 압류 결정 또는 명령이나 체납

298) 상법에서는 「신주의 발행으로 인한 변경등기를 한 날로부터 1년을 경과한 후에는 신주를 인수한 자는 주식청약서 또는 신주인수권증서의 요건의 흠결을 이유로 하여 그 인수의 무효를 주장하거나 사기, 강박 또는 착오를 이유로 하여 그 인수를 취소하지 못한다. 그 주식에 대하여 주주의 권리를 행사한 때에도 같다.」고 규정하고 있는데(동법 제427조), 당사자 간에 다른 합의가 없는 한, 주식인수계약상의 해제 제한에 관한 규정에도 불구하고 위 상법 규정은 적용될 것이다.

처분 압류통지가 발송되었을 때 또는 기타의 방법에 의한 강제집행(임의경매를 포함)의 개시나 체납처분의 착수가 있고, 이로부터 1개월 내에 본 호의 사유가 해소되지 않은 경우

(2) 이 조에 의한 해제의 효력은 해제의 통지가 상대방 당사자에게 도달한 때에 발생하고 이 계약서에서 정한 것 이외에 이행의 최고 등을 하지 않아도 된다. 이 계약에 따른 합의, 의무 기타 조항을 위반함으로써 해제사유의 발생에 귀책사유가 있는 당사자(이하 이 조에서 "귀책 당사자"라 한다)는 그 사유에 근거하여 본 계약을 해제할 수 없다.

(3) 이 조에 의한 이 계약의 해제는 귀책 당사자의 계약불이행 또는 위반으로 인하여 상대방 당사자가 갖는 손해배상의 청구 등 다른 권리 또는 구제방법에 영향을 주지 않는다. 의문의 여지를 피하기 위하여 부언하면, 이 조에 따라 이 계약을 해제한 당사자는 귀책 당사자에 대하여 이 계약과 관련하여 발생한 일체의 경비 및 비용(합리적인 범위 내에서의 법무법인, 회계법인 등의 자문사에게 지출한 비용을 포함하되 이에 제한되지 아니함)을 청구할 수 있다. 단, 이 조 제(1)항 제2호에 따라 이 계약이 해제되는 경우 일방 당사자는 상대방 당사자에 대하여 손해배상을 청구할 수 없다.

그 취지는 주식양수도계약의 거래종결 후 해제를 제한하는 취지와 같은 측면이 있지만, 나아가 주식인수계약의 경우에는 만일 주식발행 후 주식인수계약을 해제하게 되면 주식발행회사는 주식발행이 없었던 것과 같은 상태로 주식납입대금 반환, 주식말소, 변경등기 등의 원상회복을 해야 하는데, 상법상 그 원상회복 방법이 명확하지 않은 측면도 있다는 실무상의 어려움도 있기 때문이다.

이 경우 주식발행회사가 자기주식취득, 자본감소 등의 방법으로 처리할 수 있도록 그 절차와 다른 주주의 협력의무 등이 주식인수계약에 자세히 규정하는 사례도 보이지만, 상법상 자기주식취득 및 자본감소에는 엄격한 요건과 절차가 요구되기 때문에 그 유효성 및 강제력이 불명확한 측면이 있다.

이 점을 고려하여 실무에서는, 주식인수계약의 해제를 제한하면서도 종류주주의 투자회수를 확보하기 위해, 앞서 살펴본 바와 같이 주식발행회사 이외의 제3자(스폰서 등)를 주식인수계약의 당사자로 포함시키거나 또는 별도의 계약(주주간계약 등)을 통해 주식발행회사의 진술보장 또는 준수사항 위반이 있는 경우 등 일정한 사유(해제사유에 준하는 사유)가 발생한 때에는 종류주주가 해당 제3자에게 풋옵션(Put-option)을 행사하거나 동반매도청구권(Drag-along right)을 행사할 수 있도록 하는 방안 등이 이용되기도 한다.

8) 주식인수계약의 종료

주식인수계약의 종료는 해제와 함께 또는 해제조항에 포함되어 규정되는 경우가 일반적이나 아래 기재례와 같이 해제와 별도로 규정되는 경우도 있다. 특히 주식발행회사가 가까운 시일에 상장을 예정하고 있는 경우에는, 후순위 투자자는 주식시장에서의 매각에 의해 투자회수를 할 기회가 주어지므로 주식에 대한 상장신청 시에는 주식인수계약에서 약정한 권리와 의무관계는 장래를 향하여 효력이 상실됨을 규정하는 경우가 있다.

또한, 주식인수계약의 종료는 장래에 대해서만 효력이 있고 이 계약의 종료 전에 이 계약에 따라 기 발생한 당사자의 권리와 의무는 이 계약의 종료에 의해 영향을 받지 않는다는 점과 보상(손해배상), 해제, 종료, 준거법, 재판관할, 비밀유지 등 주식인수계약 종료 이후에도 당사자 간에 적용될 필요가 있는 조항은 그 효력이 유지된다는 점도 함께 규정된다.

[계약서 기재례] 종료

(1) 이 계약은 다음 각호의 어느 사유가 발생하는 경우에 종료하여 그 효력이 상실된다.

1. 인수인{이 계약 제[*]조 제[*]항에 따라 이 계약상 지위를 양수받은 자를 포함함}이 본건 주식을 더 이상 소유하지 않게 된 때. 명확하기 위하여 덧붙이면, 이 호에서 본건 주식에는 본건 주식에 대한 전환권을 행사하여 취득한 보통주식은 포함되지 아니한다.
2. 당사자 전원이 서면으로 합의한 때
3. 이 계약 제[*]조에 따라 이 계약이 해제된 때
4. 발행회사의 주식에 대한 상장신청이 있는 때. 명확히 하면, 발행회사가 주식에 대한 상장을 신청을 한 때에는 당해 신청일 이후(신청일 포함) 이 계약은 종료하고 이 계약에서 정하는 당사자의 권리 및 의무는 효력이 상실하되, 당해 신청의 불수리, 취하, 각하 또는 상장승인취소 등에 의해 상장이 실현되지 못한 경우(당해 상장신청에 따른 상장이 불가능하게 된 것으로 합리적으로 판단되는 경우를 포함)에는 신청일에 소급하여 이 계약 및 그에 따른 당사자의 권리와 의무는 그 효력이 부활하는 것으로 한다. 발행회사는 상장신청을 한 경우 및 상장이 실현되지 못하는 것으로 판명된 경우 즉시 인수인에게 그 사실을 서면으로 통지하여야 한다.

(2) 이 계약의 종료는 장래를 향해서만 그 효력이 발생하고, 이 계약의 종료 전에 이 계약에 따라 기 발생한 당사자의 권리와 의무는 이 계약의 종료에 의해 영향을 받지 아니한다.

(3) 이 계약이 종료된 경우에도 이 계약 제[*]조, 제[*]조 및 제[*]조는 계속 유효하게 존속한다. 다만, 해당 조항에서 별도로 정하는 경우에는 그에 따른다.

9) 구제수단의 한정

주식양수도계약에서와 마찬가지로 주식인수계약에서는 계약위반 시의 구제수단에 대한 예측가능성을 높이기 위해 구제수단을 주식인수계약에서 인정된 해제권 등의 권리로 한정하는 취지가 규정되는 경우가 많다.

[계약서 기재례] 구제수단의 한정

이 계약의 어느 당사자가 이 계약에 따른 의무를 위반하거나 진술보장을 위반한 경우, 이 계약의 다른 당사자가 취할 수 있는 권리는 이 계약 제[*]조 및 제[*]조에서 정하는 권리 및 구제수단에 한정된다. 이 계약의 당사자는 이러한 권리를 제외하고, 채무불이행, 하자담보책임, 불법행위, 착오 기타의 법률구성 여하를 불문하고, 이 계약에 관련하여 다른 당사자에게 손해배상 등의 청구 또는 이 계약의 해제 기타의 권리를 행사할 수 없다. 단, 이 계약에서 정하는 의무의 이행청구는 제한되지 아니한다.

10) 양수인에 대한 효력 여부

상법 등 관계법령, 정관 및 주식발행조건에 포함되어 종류주식의 양수인에게도 당연히 그 효력이 미치는 사항을 제외하고, 주식인수계약에 규정된 사항(진술보장, 준수사항, 보상조항, 기타 특약사항)은 어디까지나 주식발행회사와 인수인(후순위 투자사)(필요한 경우 대주주 포함) 사이의 채권적 합의에 불과하므로, 다른 약정이 없는 한 종류주식이 양도되는 경우에는 해당 양수인은 주식인수계약상의 합의에 구속되지 않을 염려가 있고, 반대로 당사자의 의사와는 달리 종류주식의 양수인에게도 주식인수계약상의 합의가 적용되는 것으로 해석될 염려가 있다. 따라서 주식발행회사와 인수인(후순위 투자자)(필요한 경우 대주주 포함)은 주식인수계약상의 합의사항이 종류주식의 양수인에게 적용되어도 좋은지/적용되어야 하는지, 합의사항 중 종류주식의 양수인에게 세속되어야 할 사항과 적용되지 않아야 할 사항을 명확히 구분하여 규정해 두는 것이 좋을 것이다. 이 점은 아래의 투자자간합의서의 경우에도 마찬가지이다.

(4) 투자자간합의서

일반적으로 선순위 대주, 후순위 대주 및 차주(매수인) 사이에서 체결되는 것이 채권자간합의서 또는 대주간합의서라면, 투자자간합의서는 선순위 대주, 후순위 투자자인 종류주주 및 주식발행회사(매수인) 간의 권리의무를 조정하기 위하여 체결되는 것이다. 따라서 채권자간합의서에 규정되는 내용은 투자자간합의서에도 병렬적으로 규정되는 것이 보통이다. 이하에서는 종류주식의 성질을 고려한 몇 가지 사항에 대해서만 추가로 살펴본다.

① 종류주식에 의한 후순위 금융의 경우, 채권자인 선순위 대주와의 관계에서 종류주주가 후순위임은 법률상 확보되어 있으므로(구조적 선·후순위 관계) 별도의 선·후순위 관계의 확보를 위한 조치가 필요하지 않다고 볼 여지도 있다. 그러나 종류주주는 주식발행회사에 대한 우선배당청구권과 상환청구권 또는 주식발행회사에 의한 상환권 행사에 의한 금전채권 등을 취득하는 경우가 있을 수 있고, 이 경우에는 선순위 대주와 후순위 대주와의 관계에서와 마찬가지로 종류주주와 선순위 대주는 모두 주식발행회사에 대한 채권자로서 경합하게 된다. 따라서 선순위 대주는 후순위 대주와의 관계에서와 마찬가지로 종류주주에 대하여도 우선권을 확보할 필요가 있지만, 선순위 대주와 종류주주 사이에는 직접적인 계약관계가 없기 때문에 완전한 구조적 선·후순위 관계가 확보되지 않는 한 투자자간합의서에 따른 합의에 의한 선·후순위 관계의 확보(「합의에 의한 선·후순위화의 방법」)가 필요하게 된다. 즉, 앞서 살펴본 후순위 대출에 의한 후순위 금융의 경우와 마찬가지로 (i) (후순위 대출의 이자 지급의 후순위에 대응하는) 주식발행회사에 의한 우선배당금 등 금전 지급의 후순위 합의, (ii) (후순위 대주가 선순위 대출의 상환 완료 시까지는 선순위 대주의 동의없이 회수행위 등을 하지 않는다는 취지의 약정 및 조기상환의 금지에 대응하는) 선순위 대출의 상환 완료 시까지는 차주(주식발행회사)/종류주주에 의한 상환청구권·상환권의 행사를 하지 않는다는 취지의 후순위 합의 등이 규정된다.

② 또한, 선순위 대주는 차주(주식발행회사)의 보통주식에 선순위 담보권을 취득하지만, 담보권의 실행으로 선순위 대주가 보통주식을 제3자에게 처분하는 경우에 종류주주의 존재가 장애로 될 가능성이 있다.[299] 따라서 이것을 방지하기 위하여 선순위 대출의 담보권 실행사유가 발생하여 선순위 대주가 종류주주에 대하여 종류주식을 자신 또는 제3자에게 매도할 것을 청구하거나(Call-option) 종류주식을 보통주식과 함께 일괄하여 제3자에게 양도할 것을 요구할 수 있는 동반매도청구권(Drag-along right)이 규정되는 경우도 있다.[300]

---

299) 특히, 당해 종류주식에 의결권이 부여되어 있는 경우에는 주식발행회사의 상환의무 등 금전적인 채무부담의 측면만이 아니라 제3자가 주식발행회사의 지배권을 확보할 수 없다는 측면도 있기 때문에 의결권부 종류주식의 존재는 보통주식에 관한 담보권 실행에 더 큰 장애가 될 수 있다.

300) 콜옵션(Call-option)과 동반매도청구권(Drag-along right)은 통상 주주간계약서에서 약정되는 경우가 많은데, 주주간계약서상의 콜옵션과 동반매도청구권에 대해서는 아래의 (5) 주주간계약서 부분에서 추가로 살펴보기로 한다.

(5) 주주간계약서[301)]

일반적으로 주주간계약은 후순위 투자자인 종류주주, 스폰서(보통주주) (및 주식발행회사) 사이에서 체결되는데, (i) 주식발행회사의 기관구성(이사 등 지명 · 선임권) 등 지배구조에 관한 사항, (ii) 주식발행회사의 운영 등에 관한 사항(의결권 행사 방향, 종류주주의 동의권 · 거부권 등), (iii) (필요한 경우) 간주청산조항[302)] 및 (iv) 주식의 양도제한에 관한 사항 등이 주 내용을 이룬다.

[주주간계약서의 구성][303)]

- 당사자의 표시
- 전문

제1장 총칙
  제1.1조 목적
  제1.2조 정의
제2장 회사의 기관구성(Governance)
  제2.1조 이사지명권 등
  제2.2조 이사회 및 주주총회의 개최 등
  제2.3조 주식인수인(투자자)의 사전 동의 사항
  제2.4조 주식인수인(투자자)에 대한 통지 사항
  제2.5조 재무정보의 제공
  제2.6조 기타 자료 · 정보의 제공 등
  제2.7조 주주권의 행사
제3장 회사의 운영
  제3.1조 스폰서주주의 경영책임
  제3.2조 주식매수선택권의 발행(부여)

---

301) 「주주간계약」의 전반적인 내용에 대해서는, (i) 金丸和弘 外 [編著] 『ジョイントベンチャー契約の実務と理論(新訂版)』(一般社団法人 金融財政事情研究会) 18페이지 이하, (ii) 「주주간계약」 천경훈 편저 『우호적 M&A의 이론과 실무-M&A계약의 주요조항』(소화, 2017) 321페이지 이하, (iii) 桃尾・松尾・難波法律事務所編, 『ベンチャー企業による資金調達の法務(제2판)』(商事法務, 2022) 129페이지 이하, (iv) 천경훈, 「주주간계약의 실태와 법리: 투자촉진 수단으로서의 기능에 주목하여」, 『상사판례연구 26집 3권』(한국상사판례학회, 2013) 3페이지 이하, (v) 이철송 「주주간계약의 회사법적 효력론의 동향」『선진상사법률연구 86호』(법무부, 2019) 1페이지 이하, (vi) 宍戸 善一=ベンチャー・ロー・フォーラム (VLF) 編 『スタートアップ 投資契約-モデル契約と解説』(商事法務, 2020) 각 참고

302) 「간주청산조항」에 대해서는, 본장 7 (2) 7) 기타 사항(Tracking Stock, 간주청산조건) 부분 참조

303) 아래의 구성은 하나의 예시일 뿐이므로, 실제의 구체적인 사안에 따라 달라질 수 있다.

제3.3조 법령 등의 준수
[제3.4조 주식상장]
제4장 주식 등의 양도 등
제4.1조 신주 등의 우선인수권
제4.2조 양도제한(양도승인)
[제4.3조 우선매수권(Right of first-refusal) 또는 우선제안권(Right of first-offer)
제4.4조 동반매도청구권(Drag-along right)
제4.5조 동반매도참가권(Tag-along right)
제4.6조 콜옵션(Call-option)
제4.7조 풋옵션(Put-option)
제4.8조 지배권이전거래 · 조직재편 시 대가의 분배 등(간주청산)
제4.9조 주식상장관련 협력의무 및 확약서의 발급(체결)]
제5장 보상
제5.1조 보상
제6장 계약의 효력
제6.1조 계약의 효력 발생
제6.2조 계약의 종료
제7장 일반조항

이하에서는 M&A금융에서의 후순위 투자자인 종류주주의 투자회수와 관련하여 중요한 의미를 갖는 주식의 양도제한에 관한 사항을 중심으로 살펴보기로 하되,[304] 다만 주주간계약의 실효성/집행가능성 확보와 관련하여 주의할 점을 우선 2가지만 지적해 둔다.

먼저, 주주간계약의 내용 중에는, (i) 투자대상회사에 관련된 의무를 부과하는 경우, 의무의 내용에 따라서는 그 의무부과 자체가 상법 등 단체법적 성격의 규정 기타 강행규정에 위반되어 무효로 해석되거나 의무불이행에 대해 의무부담자인 주식발행회사(대표이사)의 귀책사유가 없는 것으로 해석될 여지가 있고, (ii) 주식양도제한약정 역시 권리자 보호에 미흡할 수 있기 때문에, 그러한 준수사항과 위약금 약정, 매수/매도청구권(Put/Call-opion), 동반매도청구권(Drag-along right) 행사 등을 연계하여 규정함으로써 그 실효성을 확보해 둘 필요가 있다.

다음으로, 상법 등 관계법령, 정관 및 주식발행조건에 포함되어 종류주식의 양수인에게

304) 「주식양도제한」에 대해서는, 본편 주 301)의 문헌 및 한국상사법학회 편 『주식회사법대계 I』(법문사, 2013) 863~900페이지 각 참고

도 당연히 그 효력이 미치는 사항을 제외하고, 주주간계약에 규정된 사항(의결권 조항, 임원선임조항, 간주청산조항, 주식양도제한조항 등)은 어디까지나 주주 간의 채권적 합의에 불과하므로, 다른 약정이 없는 한 종류주식이 양도되는 경우에는 해당 양수인은 주주간계약상의 합의에 구속되지 않을 염려가 있고,[305] 반대로 주주간계약의 당사자의 의사와는 달리 종류주식의 양수인에게도 주주간계약상의 합의가 적용되는 것으로 해석될 염려가 있다. 따라서 주주간계약의 당사자들은 주주간계약상의 합의사항이 종류주식의 양수인에게 적용되어도 좋은지/적용되어야 하는지, 합의사항 중 종류주식의 양수인에게 계속되어야 할 사항과 적용되지 않아야 할 사항을 명확히 구분하여 규정해 두는 것이 좋을 것이다.

1) 주식양도제한의 유효성

① 정관에 의한 양도제한

주식의 발행회사는 정관으로 정하는 바에 따라 이사회 승인을 받도록 하는 방법으로 주식의 양도를 제한할 수 있고(상법 제335조 제1항 단서), 이를 위반하여 이사회의 승인을 얻지 않은 주식의 양도는 주식발행회사에 대하여 효력이 없다(동법 제335조 제2항).[306] 그리고 주식발행회사는 이와 같은 방법으로만 주식양도를 제한할 수 있으며, 이외에 다른 정관 내용 또는 약정에 의한 제한은 주식발행회사에 대한 관계에서 그 제한의 유효를 주장할 수 없다. 즉, 주식발행회사는 명의개서를 거부할 수 없고 양수인을 주주로 인정해야 한다. 다만, 정관의 규정에도 불구하고 이사회승인이 없이 주식양도가 이루어지더라도 양도인과 양수인 사이에서는 주식양수도의 채권적 효력은 인정되는 것으로 일반적으로 해석되고 있다.

② 주식양도제한약정의 유효성

실무에서는 이사회승인에 의한 양도제한을 정관에 규정하는 방법 이외에 주주 간 혹은

305) 주식담보권자에 의한 담보권 실행의 경우에도 주주간계약상 다른 주주의 우선매수권 등의 양도제한약정이 적용되지 않는 것으로 해석될 가능성이 높기 때문에 담보권의 실행에 의한 주식양도의 경우에도 주주간계약상 주식양도제한약정이 적용되도록 하기 위해서는 주주간계약서에 이 점을 명확히 규정(담보권자가 주식양도제한약정의 내용에 구속되는 것을 조건으로 담보계약을 체결하여야 한다는 점)하고, 나아가 해당 담보계약서상 담보권 실행 조항에 이 점을 규정해 두는 것이 좋을 것이다.

306) 주식에 대한 질권 또는 양도담보권 설정의 경우에도 주식발행회사의 정관에 따른 이사회승인이 필요한지 여부에 대해서는 견해가 나뉘고 있다. 실무에서는 주식질권은 양도가 아니므로 질권설정 시에는 주식발행회사의 이사회승인을 요하지 않고 추후 질권실행에 의한 처분 시에 주식발행회사의 이사회승인을 얻어야 하나, 양도담보권의 경우에는 양도담보의 법적 성질(동산의 경우 신탁적 소유권이전설)에 비추어 양도담보권 설정 시에 주식발행회사의 이사회승인을 얻도록 하고 있는 것으로 보인다. 또한, 사안에 따라서는 질권 설정 시에도 미리 질권설정 및 그에 따른 「질권실행에 의한 주식처분」에 대해 주식발행회사의 이사회의 승인을 받도록 요구하는 경우도 많이 있는데, 다만 이러한 사전승인의 유효성에 대해서는 의문이 남아 있다. 정관에 의한 양도제한주식에 대한 질권설정에 대해서는, 본서 제4편 제2장 1 (4) 4) 양도제한주식의 질권설정 부분 참조

주식발행회사와 주주 사이에서의 약정으로 주식의 양도를 제한하는 경우가 일반적인데, 이러한 양도제한약정(이사회승인에 의한 양도제한을 정관에 규정하는 방법 이외의 방법)의 효력을 어느 범위에서 인정할 것인지 자주 문제가 되고 있다.

이 점에 대해서는, 일단 주주 간의 관계에서는 이러한 양도제한약정은 원칙적으로 유효하고, 다만 주주의 투하자금 회수의 가능성을 전면적으로 부인하는 정도에 이르렀거나 공서양속에 반한다면 무효라고 보는 것이 판례와 학설의 대체적인 견해로 보인다. 이러한 견해에 의하면, 약정 당사자인 주주 사이에서는 주주의 투하자금 회수의 가능성을 전면적으로 부정하여 공서양속에 반하는 것이 아니라면 원칙적으로 양도제한약정의 효력이 인정되므로, 다른 주주는 양도제한약정을 위반하여 주식을 양도한 주주에게 계약위반에 따른 책임{위약벌, 손해배상(위약금)}을 물을 수 있게 된다.[307)]

[판례 3-30] 대법원 2022. 3. 31. 선고 2019다274639 판결

1. 사안 개요

원심판결 이유와 기록에 따르면 다음 사실을 알 수 있다.

가. 주식회사 청주테크노폴리스(이하 '이 사건 회사'라 한다)는 청주시(주소 생략) 일대에서 첨단 복합 산업단지를 조성하는 청주테크노폴리스개발사업(이하 '이 사건 사업'이라 한다)을 위해 설립되었다. 이 사건 회사의 주식은 피고를 비롯한 8명의 출자자가 보유하고 있고, 주주의 구체적인 지분 관계는 원심판결 별지 1 기재와 같다.

나. 피고를 비롯한 8명의 출자자는 2008. 5. 9. 이 사건 사업 추진과 관련하여 주주로서 권리와 의무를 정하는 주주간 협약을 체결하였다(이하 '이 사건 협약'이라 한다). 이 사건 협약 제14조 제1항은 '출자자들은 협약 종료 이전에 이 사건 회사 등의 주식을 다른 당사자 또는 제3자에게 매각, 양도 등의 방법으로 임의로 이전하거나 질권 기타 담보로 제공할 수 없다. 다만, 다음 각호의 1의 경우에는 출자자는 보유주식의 전부 또는 일부를 본 조에서 정하는 조건에 따라 다른 당사자 또는 제3자에게 양도할 수 있다.'고 정하고, 제1호에서 '어느 출자자가 주식을 계속하여 보유하는 것이 관련 법령상 위법하게 되는 경우'를, 제2호에서 **'어느 출자자의 보유주식 양도에 대하여 나머지**

307) 그러나 아래의 판결을 통해서도 알 수 있는 바와 같이, 과연 어떠한 경우에 「주주의 투하자금 회수의 가능성을 전면적으로 부정한 것」으로 볼 수 있는지에 대한 명확한 기준은 여전히 보이지 않는다. 특히, 대법원 2019다274639 판결([판례 3-30])과 대법원 99다48429 판결([판례 3-33])의 사실관계에 어떠한 의미 있는 차이가 있는지는 불분명하다. 다만, 실무의 전반적인 추세는 특정 프로젝트를 위한 합작회사 설립이나 투자, 제3자의 주식 취득이나 경영참여를 배제할 합리적인 이유가 있는 사안 등의 경우에는 최소한 주주 간에 이루어진 주식양도제한약정의 채권적 효력 및 그에 따른 위약벌, 위약금, 손해배상액의 예정의 유효성(다만, 일정한 경우 감액)은 인정하고 있는 것으로 보인다.

출자자 전원이 동의하는 경우'를 들고 있다. 또한 제14조 제2항은 **'위 제1항 단서의 규정에 따라 어느 출자자가 그 보유주식의 전부 또는 일부를 양도하고자 하는 경우 다른 출자자들은 그 당시 각자의 지분비율에 따라 당해 출자자가 처분하고자 하는 주식을 우선매수할 수 있는 권리가 있다.'**고 정하고, 제3항과 제4항에서 우선매수권의 구체적인 행사방법과 절차 등을 정하고 있다.

다. 원고는 2013. 9. 3. 피고로부터 이 사건 회사 발행주식의 5%에 해당하는 50,000주를 5억 원에 양수하는 계약을 체결하고(이하 '이 사건 계약'이라 한다), 같은 날 계약금 5,000만 원을 피고에게 지급하였다. 이 사건 계약 제6조는 '양도 · 양수 계약 시 5,000만 원을 지급하고, 잔금 4억 5,000만 원은 이 사건 협약의 주식양도에 따른 절차 이행과 출자자 전원의 동의 후 이 사건 회사의 이사회 승인시 3일 이내 지급한다. 다만, 출자자 전원의 동의와 이사회 승인이 이행되지 않을 경우에는 본 계약을 무효로 하고, 피고는 지체 없이 원고에게 계약금을 반환한다.'고 정하고, 제7조는 '양도 목적물 주식에 대한 모든 권리 · 의무는 양도금액 잔금지급일을 기준으로 하여 피고에서 원고에게 승계된다. 또한 원고는 발행회사 출자자간 체결한 이 사건 협약에 의거하여 본 협약과 관련된 기타 계약 등의 제 규정을 준수하고 따른다.'고 정하고 있다.

라. 피고는 2014. 2. 초순 원고에게 '이 사건 계약은 출자자 중 일부가 주식양도에 반대하여 이 사건 계약 제6조 단서에 따라 무효가 되었으니 원고에게 계약금을 반환하겠다.' 고 통보하고 5,000만 원을 반환하였다. 원고는 이 사건 계약이 여전히 유효함을 전제로 주식양도절차의 이행을 구하는 이 사건 소를 제기하였다.

2. 우선매수권 행사가 없는 경우에 주식양도에 대한 출자자 전원의 동의가 불필요한지(상고이유 제1점)

원고는 이 사건 계약의 해석상 우선매수권을 행사하는 출자자가 없으면 주식양도가 가능하고 별도로 주식양도에 대한 출자자 전원의 동의는 필요하지 않다고 주장하였다. 이에 대하여 원심은 다음과 같은 사유를 들어 이 사건 계약의 해석상 주식양도를 위해서는 우선매수권 부여절차와 별도로 주식양도에 대한 출자자 전원의 동의가 필요하다고 판단하였다. ① 이 사건 계약 제6조, 제7조에서 정한 '출자자 전원의 동의'는 문언상 이 사건 협약과 관련하여 해석해야 한다. 이 사건 협약 제14조는 주식양도의 요건과 절차에 관하여 정하면서 출자자 전원의 동의(제1항)와 출자자의 우선매수권(제2~4항)을 별도로 정하고 있다. 이 사건 협약 제14조 제2~4항에 규정된 우선매수권 부여 절차는 주식의 보유가 위법하여 해당 주식을 양도하는 경우와 출자자의 동의로 주식을 양도하는 경우에 모두 적용된다. ② 우선매수권 부여절차는 양도대상 주식의 수와 1주당 매도희망가격을 정하여 다른 출자자들에게 우선매수권을 행사할 기회를 부여하는 절차인 반면, 출자자 동의절차는 양수인의 해당 주식양수가 적법한지, 양수인을 이 사건 회사의 주주로서 이 사건 사업에 참여시키는 것이 타당한지 등을 검토하여 해당 양도에 대한 동의 여부를 묻는 절차로서, 그 목적에서도 구분된다.

원심판결 이유를 관련 법리와 기록에 비추어 살펴보면, 원심판결에 상고이유 주장과 같이 계약의 해석에 관한 법리를 오해하거나 필요한 심리를 다하지 않은 채 논리와 경험의 법칙에 반하여 자유심증주의의 한계를 벗어난 잘못이 없다.

3. 주식양도를 위해 출자자 전원의 동의를 요건으로 정한 약정이 무효인지(상고이유 제2점)

가. 주식의 양도를 제한하는 방법으로 이사회 승인을 받도록 정관에 정할 수 있다는 상법 제335조 제1항 단서의 취지에 비추어 볼 때, 주주 사이에서 주식의 양도를 일부 제한하는 약정을 한 경우, 그 약정은 주주의 투하자본회수 가능성을 전면적으로 부정하는 것이 아니고, 선량한 풍속 그 밖의 사회질서에 반하지 않는다면 당사자 사이에서는 원칙적으로 유효하다(대법원 2013. 5. 9. 선고 2013다7608 판결 등 참조).

나. 원심은 다음과 같은 이유를 들어 주식양도를 위해 출자자 전원의 동의를 받도록 한 이 사건 협약 제14조를 무효로 볼 수 없다고 판단하였다. ① 이 사건 협약 제14조는 이 사건 회사 주식의 양도를 전면적으로 금지하는 것이 아니라 일정한 요건과 절차를 거쳐 양도가 가능하도록 규정하고 있다. 이 사건 회사의 주주가 8명에 지나지 않아 다른 주주로부터 주식양도에 관한 동의를 받는 것이 그 양도를 금지할 정도에 이른다고 보기도 어렵다. ② 이 사건 회사의 정관과 법인등기부등본에 따르면 이 사건 회사는 존립기간이 설립등기일부터 13년으로 정해져 있어 주주의 투하자본 회수가 불가능하다고 보기 어렵다. ③ 이 사건 사업은 주간사(피고), 공공출자자(청주시), 재무적 출자자(산업은행), 건설출자자(대우건설 등) 등 각 역할을 수행하는 주주의 구성이 중요하여 그 주주 구성의 변동을 제한할 합리적 필요성이 있다.

다. 원심판결 이유를 위에서 본 법리에 비추어 살펴보면, 원심판결은 정당하고 상고이유 주장과 같이 주식양도 제한에 관한 법리 등을 오해한 잘못이 없다.

[판례 3-31] 대법원 2013. 5. 9. 선고 2013다7608 판결

위약벌 약정은 채무의 이행을 확보하기 위하여 정해지는 것으로서 손해배상의 예정과는 그 내용이 다르므로 손해배상의 예정에 관한 민법 제398조 제2항을 유추적용하여 그 액을 감액할 수는 없고, 다만 그 의무의 강제에 의하여 얻어지는 채권자의 이익에 비하여 약정된 벌이 과도하게 무거울 때에는 그 일부 또는 전부가 공서양속에 반하여 무효로 된다(대법원 2002. 4. 23. 선고 2000다56976 판결, 대법원 2005. 10. 13. 선고 2005다26277 판결 등 참조). 그리고 주식의 양도를 제한하는 방법으로서 이사회의 승인을 요하도록 정관에 정할 수 있다는 구 상법(2011. 4. 14. 법률 제10600호로 개정되기 전의 것, 이하 같다) 제335조 제1항 단서의 취지에 비추어 볼 때, 주주들 사이에서 주식의 양도를 일부 제한하는 내용의 약정을 한 경우, 그 약정은 주주의 투하자본회수의 가능성을 전면적으로 부정하는 것이 아니고 공서양속에 반하지 않는다면 당사자 사이에서는 원칙적으로 유효하다(대법원

2008. 7. 10. 선고 2007다14193 판결 등 참조).

원심판결 이유에 의하면, 원심은 그 채택증거에 의하여 인정되는 판시와 같은 사정 등을 근거로, 이 사건 부속약정의 위약벌 약정이 그 의무의 강제에 의하여 얻어지는 원고의 이익에 비하여 약정된 벌이 과도하게 무겁다고 단정할 수 없고, 이 사건 부속약정의 보유주식 처분금지 조항이 공서양속에 반하거나 주주의 투하자본회수 가능성을 원천적으로 봉쇄하는 것이 아니어서 구 상법 제335조를 위반하는 것이라고 할 수 없다고 하면서, 이 사건 부속약정의 일부 또는 전부가 공서양속 등에 반하여 무효라는 피고들의 주장을 배척하였다.

앞서 살펴본 법리들에 비추어 기록을 살펴보면 원심의 위와 같은 조치는 정당하여 수긍할 수 있고, 거기에 상고이유의 주장과 같은 위약벌 약정의 효력에 관한 법리오해 등의 위법이 없다.

[위 대법원 2013다7608 판결의 원심 판결]

서울고등법원 2012. 12. 28. 선고 2012나65654 판결

1. 기초사실

다음의 사실은 당사자 사이에 다툼이 없거나, 갑 제1 내지 8, 13 내지 17, 19 내지 21호증, 을 제2, 10, 12호증의 각 기재에 변론 전체의 취지를 종합하여 인정할 수 있다.

가. 분할 전 주식회사 A프로덕션(이하 '소외 회사'라고 한다)의 대표이사이던 A는 2005. 12. 12. 한원그룹의 계열사인 원고 및 한원홀딩스 주식회사(이하 '한원홀딩스'라고 한다) 등과 함께 드라마 태왕사신기 세트장을 설치하고 그 배후 부지를 관광단지로 개발하는 사업(이하 '이 사건 사업'이라고 한다)을 추진하기 위하여 주식회사 청암영상테마파크(이하 '청암'이라고 한다)를 설립하였는데, 당시 원고, 한원홀딩스 등의 청암 발행주식 보유 현황은 아래와 같다.

주주	보유 주식수	보유 주식 비율
원고	700주	14%
한원홀딩스	150주	3%
B[1)]	500주	10%
C	2,550주	51%
D[2)]	1,000주	20%
기타 주주	100주	2%
합계	5,000주	100%

〈각주 1〉 한원홀딩스 측 주주였다.
〈각주 2〉 A의 처남으로서 A의 차명주주이다.

나. 한원홀딩스, B, C〈각주 3: 원고 측의 주주들이었다.〉는 이 사건 사업이 진행되던 중인 2006. 11. 21. 소외 회사와 사이에, 자신들이 보유한 위 주식 합계 3,200주(발행주식 총수의 64%)를 소외 회사에 양도하기로 하는 주식양수도 계약(이하 '이 사건 주식양수도 계약'이라고 한다)을 체결하였고, 소외 회사, D 및 원고는 같은 날 주주 간 약정 및 부속약정(이하 '이 사건 부속약정'이라고 한다)을 체결하였는데, 그 주요 내용은 아래와 같다.

[이 사건 주식양수도 계약]

양도인: C(갑), B(을), 한원홀딩스(병)
양수인: 소외 회사(정)

양도인은 청암의 주주인바, 양도인이 보유 중인 대상 회사 발행 기명식 보통주식 합계 3,200주(대상 회사 발행주식 총수의 64%, 이하 '본건 주식'이라고 한다) 및 대상 회사에 대한 경영권을 양수인에게 양도하고, 양수인은 본 계약서가 정한 조건에 따라 본건 주식 및 대상 회사에 대한 경영권을 양수하고자 한다.

제1조 매매할 주식의 종류와 수

본건 계약서에서 정하는 조건에 따라 양도인은 양수인에게 아래와 같은 본건 주식을 양도하고 양수인은 본건 주식을 양수한다.

① 갑의 대상회사 발행 보유주식 2,550주(대상 회사 발행주식 총수의 51%)
② 을의 대상회사 발행 보유주식 500주(대상 회사 발행주식 총수의 10%)
③ 병의 대상회사 발행 보유주식 150주(대상 회사 발행주식 총수의 3%)
합계 대상회사 발행주식 3,200주(대상 회사 발행주식 총수의 64%)

제2조 매매대금 및 지급방법

(1) 본건 계약에 따라 양수인이 지급해야 할 대금 총액은 아래 기재와 같이 합계 이십오억 삼천이백만 원으로 한다.
① 본건 주식 매각대금: 삼천이백만 원(1주당 일만 원)
② 경영권 양도에 따른 대상 회사에 대한 대여 금액: 이십오억 원

[이 사건 부속약정]

당사자: 소외 회사(갑), D(을), 원고(병)

제2조 지분비율 변동제한

(1) 대상 회사 발행주식 유지의무
① 갑과 을은 대상 회사의 이사회 및 주주총회를 통한 의사결정 중 유·무상의 신주

발행, 전환사채 발행 등 대상 회사의 발행주식 총수를 증가시켜 병의 대상 회사에 대한 지분비율을 희석시킬 수 있는 일체의 행위는 병의 명시적인 사전 서면동의 없이는 할 수 없다.

② 갑 또는 을 중 1인이라도 위 ①항 기재 의무를 위반한 경우 갑과 을은 위약벌로서 병에게 일금 이십억 원의 위약금을 연대하여 지급하기로 한다. 병은 위약금과는 별도로 갑 또는 을 중 1인이라도 위 ①항 기재 의무를 위반함으로써 병에게 발생한 일체의 손해에 대한 손해배상액의 예정액으로서 금 오십억 원(갑 또는 을의 위 ①항 기재 의무위반 행위로 인하여 병의 대상 회사에 대한 지분비율이 희석된 가치를 병이 지정하는 회계법인-국내 규모 기준으로 5대 회계법인 중에서 지정한다.-이 평가, 산정한 손해액이 금 오십억 원을 초과하는 경우에는 그 금액, 병의 대상 회사에 대한 지분비율이 희석된 가치를 평가하기 위한 회계법인 수수료 등 일체의 비용은 갑이 부담한다)을 갑과 을에게 연대하여 청구할 수 있다. 병은 위 기재된 위약벌 및 손해배상액의 예정액의 청구 이외에도 갑과 을에게 법률상 민·형사상 책임을 추궁할 수 있다.

(2) 보유주식 처분금지 의무

① 갑과 을은 각각 보유하고 있는 대상 회사 발행주식 보통주 3,200주(대상 회사 발행주식 총수의 64%) 및 보통주 1,000주(대상 회사 발행주식 총수의 20%)의 전부 또는 일부에 대하여 병의 명시적인 사전 서면동의 없이는 매각, 양도, 이전, 무상공여하거나, 질권 기타 담보의 목적물로 제공하는 등 갑과 을의 대상 회사에 대한 지분비율을 변경시킬 수 있는 일체의 처분행위를 할 수 없다. 다만, 대상 회사의 사업 및 운영자금을 조달할 목적임이 명백한 경우에 한하여, 갑과 을은 대상 회사 발행주식 총수의 33% 범위 이내에서(갑이 처분한 대상 회사 발행주식 및 을이 처분한 대상 회사 발행주식의 합이 대상 회사 발행주식 총수의 33% 이내라는 의미) 병의 명시적인 사전 서면동의 없이도 대상 회사에 대한 지분비율을 변경시킬 수 있는 처분행위를 할 수 있다. 갑과 을은 각각 보유하고 있는 대상 회사에 대한 주식을 예외적으로 처분한 경우에도 대상 회사의 사업 및 운영자금 등 대상 회사를 위하여만 사용하여야 한다.

② 갑 또는 을 중 1인이라도 위 ①항 기재 의무를 위반한 경우 갑과 을은 위약벌로서 병에게 일금 이십억 원의 위약금을 연대하여 지급하기로 한다. 병은 위약금과는 별도로 갑 또는 을 중 1인이라도 위 ①항 기재 의무를 위반함으로써 병에게 발생한 일체의 손해에 대한 손해배상액의 예정액으로서 금 오십억 원(갑 또는 을의 위 ①항 기재 의무위반 행위로 인하여 병의 대상 회사에 대한 지분비율이 희석된 가치를 병이 지정하는 회계법인-국내 규모 기준으로 5대 회계법인 중에서 지정한다-이 평가, 산정한 손해액이 금 오십억 원을 초과하는 경

우에는 그 금액, 병의 대상 회사에 대한 지분비율이 희석된 가치를 평가하기 위한 회계법인 수수료 등 일체의 비용은 같이 부담한다)을 갑과 을에게 연대하여 청구할 수 있다. 병은 위 기재된 위약벌 및 손해배상액의 예정액의 청구 이외에도 갑과 을에게 법률상 민·형사상 책임을 추궁할 수 있다.

(3) 주식 매도, 매수 청구권

① 갑 또는 을 중 1인이라도 위 (1), (2)항에 기재된 의무를 위반하거나, 예외적으로 병의 명시적인 사전 서면동의하에 위 (1), (2)항에 의하여 금지된 행위를 하는 경우, 병은 보유한 대상 회사의 주식의 전부 또는 일부를 갑 또는 을에게 매도할 수 있는 권리(Put Option)를 갖는다.

② 갑 또는 을 중 1인이라도 위 (1), (2)항에 기재된 의무를 위반하거나, 예외적으로 병의 명시적인 사전 서면동의하에 위 (1), (2)항에 의하여 금지된 행위를 하는 경우, 병은 각각 새로이 발행되는 신주나 전환사채 등과 갑 또는 을이 처분하는 대상 회사의 주식에 대하여 병이 매수할 수 있는 권리(Call Option)를 갖는다.

다. 소외 회사는 2006. 12. 28. 원고의 사전 서면동의 없이 주식회사 써니스지엠〈각주 4: A의 차명회사이다.〉(이하 '써니스지엠'이라고 한다)에게 위 청암 발행주식 32,000주 중 1,150주(발행주식 총수의 23%)를 매매대금 40억 원에 양도하였고, 2007. 2. 15. 청암이 이 사건 사업을 위하여 주식회사 우리은행(이하 '우리은행'이라 한다)으로부터 170억 원의 범위 내에서 PF 대출을 받을 당시 원고의 사전 서면동의 없이 우리은행에게 위 32,000주를 근질권 설정 등 담보로 제공하였다.

라. 한편, D는 2007년경 원고의 사전 서면동의 없이 E에게 청암 발행주식 500주(발행주식 총수의 10%)를 양도하였다.

마. 원고는 2009. 5. 13. 소외 회사 및 D에게, 그들이 원고의 사전 동의 없이 써니스지엠 및 E에게 위와 같이 청암 발행주식을 양도하였음을 이유로 이 사건 부속약정에서 정한 위약벌 20억 원을 지급하라는 취지의 내용증명우편물을 발송하였다. 이에 대해 소외 회사와 D는 2009. 5. 29. 원고에게, 위와 같은 청암 발행주식의 양도사실은 인정하면서 이는 청암 발행주식 총수의 33%의 범위 내에서 청암의 사업 및 운영 자금을 조달할 목적으로 이루어진 것이 명백하므로 이 사건 부속약정을 위반한 것이 아니라는 취지의 내용증명우편물을 발송하였다.

바. A은 2009. 5.경 주식회사 비제이 엔터테인먼트(이하 '비제이엔터테인먼트'라 한다)와 사이에 청암의 주식 및 경영권 양수도에 관한 양해각서를 작성하면서, 자신이 차명으로 보유하고 있던 청암의 발행주식 2,150주{써니스지엠 1,150주, D 500주, F 500주(E로부터 이전받은 것이다)}를 비제이엔터테인먼트에게 67억 원에 매도하기로 하는 특약을 체결하였다. 그 후 A은 위 양해각서에 따라 2009. 7. 31. 청암 및 비제이엔터테인

먼트와 사이에 청암의 자산 및 부채 양수도계약을 체결하였고, 2009. 10. 29. 비제이엔터테인먼트와 사이에 위 2,150주에 관하여 매매대금을 40억 1,000만 원으로 정하여 주식매매계약을 체결하였다.

사. 피고 주식회사 A프로덕션은 2011. 7. 4. 소외 회사로부터 물적 분할하여 설립되었고, 피고 주식회사 디지탈아리아는 2011. 12. 5. 분할 후 남은 소외 회사를 흡수합병하였다.

2. 원고 주장의 요지

소외 회사와 D가 이 사건 부속 약정을 위반하여 원고의 사전 서면동의 없이 청암 발행주식 33%를 써니스지엠 및 E에게 양도하고, 41%를 우리은행에 담보로 제공하였으므로, 피고들은 연대하여 원고에게 이 사건 부속약정에서 정한 바에 따라 위약벌 20억 원과 손해배상의 예정액 50억 원 중 일부인 20억 원 합계 40억 원 및 이에 대한 지연손해금을 지급할 의무가 있다.

3. 판단

가. 소외 회사의 이 사건 부속약정 위반 여부

소외 회사가 원고의 사전 서면동의 없이 2006. 12. 28. 써니스지엠에게 청암 발행주식 1,150주를 양도하고, 2007. 2. 15. 우리은행에게 위 1,150주를 포함한 3,200주를 담보로 제공하였으며, D가 2007년경 E에게 청암 발행주식 500주를 양도한 사실은 앞서 인정한 바와 같으므로, 소외 회사는 이 사건 부속약정 제2조 (2)항에서 정한 보유주식 처분금지 의무를 위반하였다 할 것이다.

나. 피고들의 주장에 관한 판단

(1) 피고들은, 소외 회사와 D의 위와 같은 보유주식의 처분행위는 이 사건 사업을 진행하기 위한 청암의 사업 및 운영 자금 조달을 위한 것이고, 이로 인해 원고는 자신의 이익이 침해됨이 없이 오히려 이 사건 사업의 진행으로 인한 이익을 얻을 뿐임에도, 위와 같은 보유주식의 처분행위에 대하여 거액의 위약벌을 부과하는 이 사건 부속약정은 그 의무의 강제에 의하여 얻어지는 채권자의 이익에 비하여 약정된 벌이 과도하게 무거울 때에 해당하므로, 그 일부 또는 전부가 공서양속에 반하여 무효라고 주장한다.

살피건대, 앞서 인정한 사실과 갑 제9호증의 1 내지 7, 갑 제10호증, 갑 제11호증의 1 내지 3, 을 제4호증의 1, 2, 을 제5호증, 을 제6호증의 1 내지 3, 을 제13, 14호증의 각 기재에 변론 전체의 취지를 종합하여 알 수 있는 다음과 같은 사정, 즉 ① 위 위약벌 약정은 원고 측이 소외 회사에게 청암의 지배주주로서의 지위 및 경영권을 이전하는 대신 청암의 지배구조를 변동시키는 것을 금지함으로써 이 사건 사업의 안정적 수행을 통한 주식가치의 극대화 및 원고의 지위를 보호하기 위한 목적에서 이루어진 것으로 판단되는 점, ② 태평양감정평가법인이 2006. 6.경이 사건 사업이 완료될 경우를 전제로 당시 6,359,429,000원인 이 사건 사업 부지의 가치를 24,754,000,000원으로 평가하는 등 이 사건 사업이 성공적으로 진행될 경우 원고가 보유한 청암 발행의 주식 가치는 훨씬 높아질 것으로 기대되었던 점, ③ 그럼에도 이 사건 주식양수도 계약에서 청암 발행주식 3,200주 자체에 대한 매매대금은 주식의 액면가 합계 3,200만 원으로만 정한 점, ④ 결국 이 사건 사업은 2012. 2. 6. 사업기간 만료 및 장기간의 공사 중단으로 인하여 개발사업시행승인이 취소되었고, 이 사건 사업의 부지가 환매되어 같은 달 14. 제주특별자치도에 소유권이 이전됨으로써 그 진행이 불가능하게 된 점에 비추어 보면, 이 사건 부속약정의 위약벌 약정이 그 의무의 강제에 의하여 얻어지는 원고의 이익에 비하여 약정된 벌이 과도하게 무겁다고 단정할 수 없고, 달리 이를 인정할 증거가 없다. 피고들의 위 주장은 받아들일 수 없다.

(2) 또한 피고들은, 이 사건 부속약정의 보유주식 처분금지 조항이 상법 제335조 제1항 단서 소정의 주식 양도제한 요건을 가중하여 사실상 양도를 불가능하게 하거나 현저하게 양도를 곤란하게 하는 것으로서 실질적으로 양도를 금지함으로써 주식의 양도성을 규정한 상법 제335조의 강행법규에 위반하여 무효라고 주장한다. 살피건대, 주주들 사이에서 주식의 양도를 일부 제한하는 내용의 약정을 한 경우, 그 약정은 주주의 투하자본 회수의 가능성을 전면적으로 부정하는 것이 아니고, 공서양속에 반하지 않는다면 당사자 사이에서는 원칙적으로 유효하다고 할 것이다 (대법원 2008. 7. 10. 선고 2007다14193 판결).

이 사건에 관하여 보건대, 앞서 살펴본 바와 같은 이 사건 부속약정의 체결 경위, 목적 및 내용에 비추어 이 사건 부속 약정의 보유주식 처분금지 조항이 공서양속에 반하는 것이라고 할 수 없고, 이 사건 사업의 안정적 수행을 바라는 원고의 의사에 반하는 주식 처분을 금지하고 이를 위해서는 원고의 사전 서면동의를 얻도록 하는 것일 뿐이어서 그 제한이 주주의 투하자본회수의 가능성을 원천적으로 봉쇄하는 것은 아니므로, 상법 제335조의 강행법규를 위반하는 것이라고 할 수 없다.

피고들의 위 주장도 받아들일 수 없다.

(3) 한편 피고들은, 위와 같은 보유주식의 처분이 자신의 이익에 부합하여 구두 동의 또는 묵시적 동의를 한 원고가 이 사건 사업이 파탄에 이르자 사전 서면동의가 없었다는 절차적인 사유로 이 사건 청구를 하는 것은 신의칙에 반한다고 주장한다. 살피건대, 을 제15호증의 기재만으로는 원고의 사전 구두 동의 또는 묵시적 동의가 있었다고 인정하기에 부족하고 달리 이를 인정할 증거가 없으며, 갑 제20호증의 기재에 의하면 원고는 2009. 5.경 이미 소외 회사 및 D에게 위약벌의 이행을 청구한 사실을 인정할 수 있으므로, 원고의 이 사건 청구가 신의칙에 반한다는 피고들의 위 주장은 받아들일 수 없다.

(4) 피고들은, 소외 회사가 청암의 사업 및 운영 자금 조달을 위하여 원고의 사전 구두 동의를 얻거나 이 사건 부속약정에서 정한 33%의 범위 내에서 청암 발행주식의 처분행위를 한 것일 뿐이고, 위와 같은 처분행위로 인하여 원고의 청암 발행주식에 대한 지분비율 14%가 변경되거나 그 가치가 희석된 사실이 없으므로, 이 사건 부속약정을 위반한 것이 아니라고 주장한다.

살피건대, 앞서 본 바와 같이 소외 회사 및 D의 보유주식 처분행위에 대하여 원고의 사전 구두 동의 또는 묵시적 동의가 있었다고 인정할 수 없고, 갑 제4호증, 을 제7호증의 1 내지 36, 을 제10, 15호증의 각 기재만으로 소외 회사가 청암의 사업 및 운영자금 조달을 위하여 써니스지엠에 청암 발행주식 1,150주를 양도한 것이라고 인정하기에 부족하며 달리 이를 인정할 증거가 없고, 오히려 갑 제12호증의 1, 2, 갑 제18호증의 각 기재에 변론 전체의 취지를 종합하면, 소외 회사가 퓨어나노텍 주식회사를 인수하여 우회 상장을 하기 위하여 소외 회사의 자산 및 수익을 부풀리고자 A이 써니스지엠에게 40억 원을 대여해 주고, 써니스지엠이 위 차용금으로 소외 회사의 위 주식을 양수한 후 소외 회사에게 주식매매대금 40억 원을 입금한 사실을 인정할 수 있다.

비록 소외 회사 및 D의 보유주식 처분행위가 청암의 사업 및 운영 자금 조달을 위한 것이라고 하더라도, 앞서 인정한 바와 같이 소외 회사 및 D는 이 사건 부속약정에서 원고의 사전 서면동의 없이 처분할 수 있는 33%의 범위를 초과하여 보유주식을 양도 또는 담보제공하였다(피고들은, 소외 회사와 써니스지엠 사이의 청암 발행주식 1,150주에 관한 주식 양도계약은 통정허위표시로 무효라고 주장하나, 을 제9호증의 1, 2, 을 제15호증의 각 기재만으로는 이를 인정하기에 부족하고 달리 이를 인정할 증거가 없으며, 이 부분을 제외하더라도 위 33%의 범위를 초과하는 것은 마찬가지이다).

또한, 앞서 본 이 사건 부속약정의 체결 경위 및 목적, 이 사건 부속약정이 명시적으로 소외 회사와 D가 보유주식을 매각, 양도, 이전, 무상공여하거나 질권 기타 담보의 목적물로 제공하는 등 소외 회사와 D의 청암에 대한 지분비율을 변경시킬 수 있는 일체의 처분행위를 금지하고 있는 점, 원고의 사전 서면동의 없이 처분할 수 있는 주식 지분비율을 33%로 제한하여 소외 회사와 D의 보유주식 지분비율을 51% 이상 유지하도록 한 점, 원고의 보유주식 지분비율을 희석시킬 수 있는 행위에 대하여 이 사건 부속약정 중 별도의 항에서 규정하고 있는 점에 비추어 보면, 이 사건 부속약정의 보유주식 처분금지 조항이 소외 회사 및 D의 보유주식 처분으로 인하여 원고의 청암 발행주식에 대한 지분비율 14%가 변경되거나 그 가치가 희석될 것을 요건으로 한 것이라고 할 수 없다.

피고들의 위 주장 역시 받아들일 수 없다.

다. 손해배상액의 예정 및 감액

이 사건 부속약정에서 위약벌 규정과는 별도로 소외 회사 또는 D가 보유주식 처분금지 의무를 위반함으로써 원고에게 발생한 일체의 손해에 대하여 50억 원을 배상할 책임을 규정하고 있는 점은 앞서 인정한 바와 같은바, 이는 소외 회사 및 D가 원고에게 배상해야 할 손해액을 미리 정하여 둔 것으로서 손해배상액의 예정이라 할 것이다. 한편, 예정된 손해배상액이 부당하게 과다한 경우 법원은 직권으로 이를 감액할 수 있는데, ① 일반적으로 손해배상액의 예정은 손해배상의 합의로서의 성격이 강하지만, 실제 거래계에서는 고액의 손해배상액을 예정함으로써 이행강제적 기능도 가지는 점, ② 이 사건 부속약정은 손해배상액의 예정과 별도로 피고들의 의무 이행을 강제하기 위한 20억 원의 위약벌을 규정하고 있는 점, ③ 소외 회사는 이 사건 사업의 실패로 인하여 투입한 자금을 회수하지 못하는 손해를 입은 반면, 원고로서는 이 사건 사업에 따른 기대수익을 얻지 못한 것에 그친 점, ④ 원고가 소외 회사 및 D의 보유주식 처분금지 의무 위반으로 인한 직접적인 손해에 관하여 구체적인 주장·입증이 부족한 점 및 이 사건 변론에 나타난 제반 사정을 참작하여 보면, 이 사건 부속약정에서 예정된 손해배상액은 부당하게 과다하므로, 그 손해배상액을 5억 원으로 감액함이 타당하다.

[판례 3-32] 대법원 2008. 7. 10. 선고 2007다14193 판결

주식의 양도를 제한하는 방법으로서 이사회의 승인을 요하도록 정관에 정할 수 있다는 상법 제335조 제1항 단서의 취지에 비추어 볼 때, 주주들 사이에서 주식의 양도를 일부 제한하는 내용의 약정을 한 경우, 그 약정은 주주의 투하자본회수의 가능성을 전면적으로 부정하는 것이 아니고, 공서양속에 반하지 않는다면 당사자 사이에서는 원칙적으로 유효하다고 할 것이다(대법원 2000. 9. 26. 선고 99다48429 판결 취지 참조).

원심이 같은 취지의 법리에 따라 그 채용 증거를 종합하여 그 판시와 같은 사실을 인정한 다음, 이 사건 약정의 내용이 약정 주주들의 투하자본 회수가능성을 전면적으로 부정하여 강행법규에 위반되거나 공서양속에 반한다고 볼 수 없다는 취지로 판단하였는바, 원심의 위와 같은 사실인정과 판단은 정당한 것으로 수긍할 수 있고, 거기에 상고이유에서 주장하는 바와 같은 주식의 양도 제한에 관한 법리오해 등의 위법이 없다.

주식의 양도는 이사회의 승인을 얻도록 규정되어 있는 회사의 정관에도 불구하고 이사회의 승인을 얻지 아니하고 주식을 양도한 경우에 그 주식의 양도는 회사에 대하여 효력이 없을 뿐, 주주 사이의 주식양도계약 자체가 무효라고 할 수는 없다.

원심이 같은 취지에서 피고들의 주식 양도가 주식회사 한국케이블티브이 남부산방송 이사회의 승인을 얻지 않은 것이어서 무효라는 위 피고의 주장을 배척한 것은 정당하고, 거기에 상고이유에서 지적하는 것과 같은 법리오해 등의 위법이 없다.

민법 제398조 제2항에 의하면, 손해배상의 예정액이 부당히 과다한 경우에는 법원이 이를 적당히 감액할 수 있다고 규정하고 있는바, 여기서 '부당히 과다한 경우'라고 함은 채권자와 채무자의 각 지위, 계약의 목적 및 내용, 손해배상액을 예정한 동기, 채무액에 대한 예정액의 비율, 예상 손해액의 크기, 그 당시의 거래관행 등 모든 사정을 참작하여 일반 사회관념에 비추어 그 예정액의 지급이 경제적 약자의 지위에 있는 채무자에게 부당한 압박을 가하여 공정성을 잃는 결과를 초래한다고 인정되는 경우를 뜻하는 것으로 보아야 하고, 한편 위 규정의 적용에 따라 손해배상의 예정액이 부당하게 과다한지의 여부 내지 그에 대한 적당한 감액의 범위를 판단하는데 있어서는, 법원이 구체적으로 그 판단을 하는 때, 즉 사실심의 변론종결 당시를 기준으로 하여 그 사이에 발생한 위와 같은 모든 사정을 종합적으로 고려하여야 할 것이다(대법원 1999. 4. 23. 선고 98다45546 판결, 대법원 2000. 12. 22. 선고 99다57928 판결 등 참조).

원심판결 이유에 의하면 원심은, 피고들과 망 소외인, 원고 1의 각 주식 1주당 매도가격의 차이, 이 사건 약정의 동기와 경위 및 그 밖에 이 사건 변론에 나타난 여러 사정을 종합하여 이 사건 손해배상 예정액은 지나치게 과다하다는 이유로 이를 예정액의 10% 상당액으로 감액하였는바, 기록에 의하여 살펴보면 원심의 위와 같은 조치는 정당한 것으로 수긍이 가고, 거기에 상고이유에서 지적하는 바와 같이 감액사유를 잘못 인정한 위법이 있다고 할 수 없다.

[위 대법원 2007다14193 판결의 원심 판결]

부산고등법원 2007. 1. 11. 선고 2005나13783 판결

1. 인정사실

다음 각 사실은 당사자 사이에 다툼이 없거나, 갑1, 3, 13, 14, 15호증, 갑2호증의 1, 2, 3, 을가2호증, 을가5호증의 1, 2의 각 기재에 변론 전체의 취지를 종합하면, 이를 인정할 수 있다.

가. 주식회사 ○○케이블티브이 ○○○방송의 설립

(1) 원, 피고들은 부산 수영구, 남구 등지에서 중계유선방송업을 운영하던 자들로서 같은 업종을 운영하던 ○○○, ○○○, ○○○, ○○○ 등과 함께 각기 보유 운영하던 방송시설물을 현물출자 하는 방식으로 2001. 7. 28.경 주식회사 ○○케이블티브이 ○○○방송(이하 '○○○방송'이라 한다)을 설립하였으나, 내부적으로는 기존에 자신들이 운영하던 유선방송사를 각자 그대로 운영하면서 등기부상으로는 지점으로 등재하여 독립채산제로 운영하였다.

(2) ○○○방송의 주주들은 ○○○방송을 설립하면서 방송위원회에 종합유선방송승인신청을 하였는데, 방송위원회는 승인 유효기간인 3년 내 대주주 변경금지를 조건으로 이를 승인하였고, 위 주주들은 승인일로부터 승인 유효기간 만료 전까지

주식을 처분하지 않겠다는 취지의 서약서를 제출하였다.

나. 이 사건 약정의 경위

(1) 주식회사 ○○케이블비전과 주식회사 ○○케이블티브이○○방송을 운영하던 ○○○(이하 '○○○ 측'이라 한다)은 ○○○방송의 주주인 주식회사 ○○유선방송사와 주식회사 ○○유선방송사를 인수하여 ○○○방송의 새로운 대주주가 되었고, 이에 ○○○방송의 발행주식 총수의 52%를 소유한 주주들인 원, 피고들, ○○○, ○○○, ○○○, ○○○은 2002. 7. 31.경 ○○○ 측의 적대적 M&A를 막기 위하여 다음과 같은 내용의 약정(이하 '이 사건 약정'이라 한다)을 하고, 그 내용을 기재한 (주)○○케이블티브이 ○○○방송 주주 간 합의계약서(이하 '이 사건 약정서'라 한다)를 작성하여 각기 서명・날인한 다음, 같은 날 ○○합동법률사무소에서 이 사건 약정서를 인증받았다.

제1조 (목적)

주주 간 합의계약서에 서명한 각 주주들은 ○○○방송을 공동설립한 주체로서 회사의 발전과 소주주의 권익을 위하여 공동체로서 적극적으로 협력하며, 서로의 이익을 위해 어떠한 경우라도 함께 책임을 지고 모든 행위를 같이 할 것을 목적으로 한다.

제2조 (합의내용)

1. 서명 주주들 개인이 소유한 주식을 개별적으로 합의계약서 서명 주주 이외의 제3자에 대한 유상양도, 무상양도, 담보제공 및 소유권에 영향을 끼칠 수 있는 모든 행위를 할 수 없으며, 향후 추가적으로 획득하게 되는 주식 및 주식을 취득할 수 있는 권리 등도 포함된다.
2. 만약 합의계약서에 서명한 주주가 주식의 일부 또는 전부에 대하여 위 1항에 해당하는 행위를 하고자 할 경우, 회의소집을 요구하여야 하며, 서명 주주 전원이 반드시 참석하여 그 승인 여부를 만장일치로 결정하고 주식매매를 희망할 경우 서명 주주 중 매수의사가 있는 주주가 우선적으로 매수할 수 있는 권리를 가지며, 매수의사가 있는 주주가 2인 이상일 때에는 매도 주식수를 매수의사 주주로 나눈 주식을 각각의 매수의사를 가진 주주에게 배분한다.
3. 매도주식에 대한 인수의사를 가진 주주가 없고 제3자에게 양도할 때에는 가격결정 및 매수자 선정에 관한 모든 사항은 서명 주주들의 만장일치로 의결한다.
4. 적대적 M&A나 지분인수로 인하여 사업의 계속적 공동체 운영에 문제가 발생했을 때 또는 서명 주주들 전원이 동의할 경우 서명 주주들의 합의에 의해 각 주주의 주식 전부를 1주당 동일한 가격으로 제3의 인수자에게 일괄 매도하기로 한다.
5. ○○○방송 주주총회의 의결권행사는 합의계약서 체결일 이후 즉시 서명 주주들 중 특정 주주에게 의사결정을 일괄 위임하여 서명 주주들의 의결권을 통일적으로 행사할 수 있게 한다.

6. 서명 주주들 간의 주식매매 시 매매가격은 만장일치로 협의하여 결정한다.

제3조(계약기한)

1. 합의계약의 기간은 서명날인한 날로부터 2007년 8월 20일까지이다.
2. 기한 만료일 3개월 전에 협의하여 연장할 수 있다.

제4조 (위약금)

서명· 주주들은 위의 합의내용을 위반하여 소유주식을 유상양도, 무상양도, 담보제공, 서명 주주 간 우선매수선택권에 관한 의무조항을 위반한 경우 및 소유권의 이전을 유발할 가능성이 있는 모든 원인 행위를 할 경우 위반행위자의 기 보유 주식을 제외한 나머지 주주들의 주식을 주당 50,000원으로 산정하여 그 총액을 위약금으로 하며, 1개월 이내 해당 주주들에게 각각의 주식 수에 해당하는 금액을 지불하여야 하고, 제2조 제5항의 의무를 위반한 경우에도 상기 위약금을 동일하게 적용한다.

제5조 (부칙)

합의계약서는 서명날인한 때부터 효력을 가지고, 합의계약에 대해 확신을 기하기 위해 공증인에게 공증을 하며, 각각 1통씩 보관한다.

(2) 원, 피고를 비롯하여 이 사건 약정서에 서명・날인한 ○○○방송의 주주들은 위와 같은 내용을 다른 주주들에게 알리지 않았다.

다. 피고들의 주식 매도

(1) 피고 ○○○은 2002. 11. 16.경 ○○○ 측에게 자신이 소유하고 있던 ○○○방송 발행주식 총수 중 9.07%에 해당하는 84,367주를 24억 원(1주당 가격 약 28,447원)에 매도하였다.

(2) 피고 ○○○는 2003. 2. 11.경 ○○○ 측에게 자신이 소유하고 ○○○방송 발행주식 총수 중 5.74%에 해당하는 50,603주를 14억 원(1주당 가격 약 27,660원)에 매도하였다.

(3) 피고 ○○○는 2003. 3. 5.경 ○○○ 측에게 자신이 소유하고 있던 ○○○방송 발행주식 총수 중 5.74%에 해당하는 50,603주를 18억 원(1주당 가격 약 35,571원)에 매도하였다.

(4) 피고들은 위 매도와 관련하여 이 사건 약정서에 서명・날인한 다른 주주들에게 주식의 우선매수를 위한 회의를 소집하거나 주식매수를 제안하지 않았다.

라. 원고들의 주식 보유

피고들이 위와 같이 ○○○방송의 주식을 매도할 당시 원고 ○○○는 ○○○방송 발행주식 126,442주를, 원고 ○○○는 101,516주를 각 소유하고 있었다.

2. 청구원인에 관한 판단

위 인정사실에 의하면, 특별한 사정이 없는 한 피고들은 이 사건 약정 중 주주 간 우선매도의무를 위반하였다고 할 것이므로, 이 사건 약정에 따라 양도 당시 원고들이 보유한 주식수에 따른 위약금 중 원고들이 구하는 금원을 원고들에게 각 지급할 의무가 있다고 할 것이다.

3. 피고들의 주장에 관한 판단

가. 피고들의 주장

피고들은, ① 이 사건 약정은 주주의 주식양도를 전면적으로 제한하는 것이어서 상법 제335조 제1항 또는 공서양속에 위반되어 무효이고, ② 이 사건 약정은 주주가 아닌 ○○○과 피고 ○○○가 참여하여 무효이고, ③ 이 사건 약정은 2002. 8. 20. 자 주주 간 약정서로 대체되었는데, 2002. 8. 20. 자 주주 간 약정서는 2003. 3. 28. 개최된 ○○○방송 주주총회에서 파기되었으므로, 원고는 이 사건 위약금을 청구할 수 없고, ④ 피고들과 ○○○ 측 사이에 체결된 주식양도계약은 ○○○방송 이사회의 승인을 얻은 바 없어 무효이므로, 위 주식양도가 유효함을 전제로 하는 원고들의 청구는 이유 없고, ⑤ 원고들 또한 자신들의 주식을 타에 처분함으로써 주주의 지위를 상실하였으므로, 원고들의 청구는 그 권원이 소멸되었거나 금반언 또는 신의칙에 반하고, ⑥ 원고들은 ○○○방송의 발전으로 인하여 보유 주식의 가치가 상승하였을 뿐만 아니라, 상당한 가격으로 타에 매도함으로써 손해를 입지 않았으므로, 손해를 전제로 하는 원고들의 주장은 이유 없다고 주장하고, 이와 별도로 피고 ○○○는 이 사건 약정은 불공정한 법률행위라고 주장하며, 피고 ○○○은 원고들에게 우선매수권 행사를 고지하였으므로 원고의 위약금청구는 부당하다는 취지로 주장한다.

나. 판단

(1) 상법 제335조 제1항 또는 공서양속에 위반되어 무효라는 주장에 대한 판단

살피건대, 상법 제335조 제1항의 취지에 비추어 볼 때 회사의 정관으로 혹은 회사와 주주 간의 약정으로 주식의 양도를 전면적으로 금지하는 것은 무효라고 할 것이나, <u>주주가 자신의 이익 일부를 포기하면서 계약에 참여하는 주주 간 주식양도 제한약정에 있어서는 상법상 강행적 규율이 필요한 구조적 약자가 존재하지 아니하고, 계약에 참여한 주주를 특별히 보호하여야 할 이유도 존재하지 아니하므로, 원칙적으로 유효하다</u>고 할 것이고, 따라서 <u>그러한 제한의 위반에 관하여 위약금을 부과하는 약정도 당사자 사이에서는 원칙적으로 유효하다</u>고 할 것이며(한편, 이러한 경우에도 <u>그 제한계약은 계약당사자 사이에 채권적 효력을 발생시킴에 불과하고 그러한 제한에 위반하여 주식양도가 행하여진 경우 주식양도 자체는 원칙적으로 유효하므로, 회사는 제3자에 대하여 주식양도의 효력을 인정하여야 하고</u>, 다만 <u>계약위반자인 양도인은 손해배상의무나 위약금 지급의무를 부담할</u>

뿐이라고 할 것이다), 예외적으로 그러한 주주 상호 간의 약정이라도 그 약정의 체결 목적과 내용, 제한의 정도 등에 비추어 공서양속에 위반되거나 투하자본의 회수가능성을 전면적으로 부정하는 경우에는 이를 무효라고 보아야 할 것이다. 나아가, 이 사건 약정의 내용이 주주의 투하자본의 회수가능성을 전면적으로 부정하거나 공서양속에 위반하는 것인지에 대하여 살피건대, ① 이 사건 약정은 ○○○방송이 설립된 후 ○○○ 측이 다수의 지분을 확보하자 위기의식을 느낀 일부 주주들이 경영권을 확보하기 위하여 체결한 것이므로, 그 목적이 위법하다고 할 수 없는 점, ② 이 사건 약정의 내용 중 일부 조항에 제3자에 대한 주식양도를 금지하는 듯한 기재가 있는 것은 사실이나 그 실질적 내용은 주식이 제3자에게 양도될 수 있음을 전제로 하면서, 다만 제3자에게 주식을 양도할 경우에 약정 주주들이 원하지 않는 자에 대한 주식양도를 금지하고 아울러 주식양도를 원하는 경우에는 약정 주주들에게 우선 매도하여야 할 의무를 부담시키기 위한 것이어서 그 제한이 주주의 투하자본 회수가능성을 원천적으로 봉쇄하는 것은 아니라고 보여지는 점, ③ 이 사건 약정의 내용 중 주식양도의 실질적 제한이라고 볼 수 있는 것은, 주식양도를 희망하는 주주는 회의를 소집한 후 약정 주주에게 매수를 제안하여 우선 매도하여야 할 의무를 부담하고, 우선 매수자가 없어 제3자에게 매도하여야 할 경우 그 상대방이나 가격 등을 만장일치로 결정하게 하고 있고, 약정 주주에게 주식을 매도할 경우에도 그 가격을 약정 주주의 만장일치로 결정하게 하고 있는 것인데, ㉮ 적대적 M&A에 대비하여 경영권을 확보하기 위하여 제3자에 대한 주식양도를 제한할 현실적 필요성이 있다는 점에서 매수인을 제한하고 약정 주주에게 우선 매도하기로 하는 의무를 부여하는 조항이 과중한 제한이라고 볼 수 없고, ㉯ 가격 결정에 약정 주주의 만장일치를 요구한다고 하여 인적 신뢰관계를 기초로 위와 같은 약정을 한 주주들 사이에서 제3자가 제시한 매수가격보다 현저하게 낮은 가격으로 결정되거나 주식의 양도가 불가능하게 될 것이라고 단정할 수 없을 뿐 아니라, 그 매도가격이 현저하게 불합리하게 결정될 경우 이를 이유로 이 사건 약정을 해지할 수도 있다고 보여지는 점, ④ 원, 피고를 비롯한 ○○○방송의 주주들이 2001. 7.경 ○○○방송을 설립하면서 방송위원회에 종합유선방송승인일로부터 3년 내에는 주식을 처분하지 않겠다는 취지의 서약서를 제출하였는데, 이 사건 약정에서 약정 주주들이 우선 매도의무를 부담하는 기간을 2007. 8. 20.까지로 제한한 점을 종합해 보면, 이 사건 약정의 내용이 약정 주주들의 투하자본 회수가능성을 전면적으로 부정하여 강행법규에 위반되거나 공서양속에 반한다고 볼 수 없고, 달리 이를 인정할 아무런 증거가 없으므로, 위 주장은 이유 없다.

(2) 주주 아닌 자의 참여로 인하여 무효라는 주장에 대한 판단

피고들은 이 사건 약정 당시 주주가 아닌 ○○○, 피고 ○○○가 참여하였으므로,

이 사건 약정은 효력이 없다는 취지로 주장하고, 피고 ○○○는 이 사건 약정 당시 ○○○방송의 주주가 아니었으므로, 자신에게는 이 사건 약정의 효력이 미치지 아니한다는 취지로 주장한다.

살피건대, 을가3호증, 을가4호증의 1, 2의 각 기재에 의하면, 이 사건 약정 당시 ○○○과 피고 ○○○가 ○○○방송의 주주명부에 등재되지 아니한 사실을 인정할 수 있으나, 한편 갑2호증의 2, 갑9호증의 각 기재에 변론 전체의 취지를 종합하면, 피고 ○○○는 애초 ○○○ 명의로 부산 ○○구 ○○유선방송사를 운영하던 중 그 방송시설물을 현물 출자하는 방식으로 ○○○방송의 설립에 참여하게 되었는데, 당시 사업자등록상의 명의가 ○○○로 되어 있어서 자신의 명의로 주주로 등재할 수 없게 되자, 다른 주주들과 협의하여 나중에 ○○○, 원고 ○○○, ○○○로부터 50,603주를 양수하는 형식을 거쳐 명의상 주주가 되기로 약정하였고, ○○○ 또한 사업자등록 없이 유선방송을 운영하다가 ○○○방송의 설립에 참여하여 ○○○방송의 주주로 등재할 수 없게 되자, 다른 주주들과 협의하여 나중에 ○○○와 피고 ○○○로부터 14,458주를 양수하는 형식을 거쳐 명의상 주주가 되기로 약정한 후 이 사건 약정을 한 사실을 인정할 수 있고, 이에 의하면, ○○○과 피고 ○○○는 ○○○방송의 실질적인 주주로서 이 사건 약정에 참여하였다고 할 것이므로, 실질적인 주주인 ○○○과 피고 ○○○가 이 사건 약정에 참여하였다고 하여 그 효력이 부정된다고 할 수 없을 뿐만 아니라, 이 사건 약정 제2조 제1항이 양도를 제한하는 주식에 '향후 주식을 취득할 수 있는 권리'를 포함시키고 있는데, 피고 ○○○가 그 후 ○○○방송의 주식을 취득하고 주주명부에 등재된 후 ○○○ 측에게 자신의 주식을 매도하였음은 앞서 본 바와 같으며, ○○○의 주주 자격의 유무가 나머지 주주들 사이의 약정의 효력까지 좌우한다고 볼 수도 없으므로, 이 부분 피고들의 주장은 이유 없다.

(3) 불공정한 법률행위이므로 무효라는 주장에 대한 판단

피고 ○○○는, 자신은 이 사건 약정의 내용을 제대로 알지 못한 상태에서 경솔하게 이 사건 약정서에 서명 · 날인하였으므로, 이 사건 약정서에 표시된 자신의 의사표시는 현저하게 공정을 잃은 법률행위로서 무효라고 주장하나, 이를 인정할 아무런 증거가 없으므로, 위 주장은 이유 없다.

(4) 다른 약정으로 대체되어 파기되었다는 주장에 대한 판단

피고들은, 원, 피고들을 비롯한 ○○○방송의 주주들은 이 사건 약정을 체결한 이후인 2002. 8. 20. ○○○방송 주주 간 약정서를 작성함으로써 이 사건 약정을 대체하였는데, 위 주주 간 약정서가 2003. 3. 28. 개최된 ○○○방송 정기주주총회에서 파기되었으므로, 이 사건 약정은 효력을 상실하였다는 취지로 주장한다.

그러므로 이 사건 약정이 2002. 8. 20. 자 약정으로 대체되었는지에 대하여 살피건대, 갑4, 8호증, 갑18호증의 8, 을가1호증의 각 기재 및 제1심 증인 최상기, 당심

증인 정정일의 각 일부 증언에 변론 전체의 취지를 종합하면, ① 이 사건 약정서가 작성된 이후인 2002. 8. 20. 당시 ○○○방송의 주주들인 원고 ○○○, ○○○, 피고 ○○○, ○○○, ○○○ 측, ○○○, ○○○, ○○○, ○○○, ○○○, ○○○, ○○○은 다음과 같은 내용, 즉 ㉮ ○○○방송의 운영을 독립채산제로 운영·관리하며 각 주주들의 주식매매를 원칙적으로 금지하고, ㉯ 당시 32.88%의 지분을 가진 ○○○ 측은 10% 이상의 지분변동을 하지 않고, 현 경영진과 일체의 지분 경쟁 유발행위를 하지 아니하며 이를 위반하였을 경우 나머지 주주들에게 그 지분율에 비례하여 50억 원을 배상하고, ㉰ 나머지 주주들이 ○○○ 측의 양해를 받지 않고 그들의 지분 67.12% 중 10% 이상을 다른 사람에게 매도하였을 경우 ○○○ 측에게 50억 원을 연대하여 배상하고, ㉱ 주주들 중 부득이한 사유로 매매를 하여야 할 경우 ○○○ 측 및 기타 주주들에게 우선 취득을 제안하여야 하고, 이를 위반할 경우 50억 원을 나머지 주주들에게 배상한다고 약정한 사실, ② 피고들이 자신들의 주식을 ○○○ 측에 매도한 이후인 2003. 3. 28. 개최된 ○○○방송의 정기주주총회에서 의장인 피고 ○○○가 다른 안건들과 함께 2002. 8. 20. 자 약정이 주식양도를 전면적으로 금지하는 측면이 지나치게 강하여 상법 제335조 제1항에 위반되어 무효일 가능성이 높다는 이유로 그 파기를 제안하여 일부 주주들이 불참하거나 반대한 가운데 이를 승인하는 결의가 이루어진 사실을 인정할 수 있다. 그런데 ① 이 사건 약정의 체결 목적은 원, 피고들을 비롯한 ○○○방송 주주들 중 일부가 대주주인 ○○○ 측을 견제하여 경영권을 확보하기 위한 목적으로 자신들 스스로를 내부적으로 구속하기 위해 체결된 것인 반면, 2002. 8. 20. 자 약정은 대주주인 ○○○ 측의 주식매입을 견제하기 위한 원, 피고들을 비롯한 일반 주주들의 목적과 일반 주주들이 ○○○ 측이 아닌 제3자(○○ 또는 ○○케이블 등)에게 주식을 매도하는 것을 방지하기 위한 ○○○ 측의 목적이 결합하여 체결된 것인 점, ② 2002. 8. 20. 자 약정에 포함된 위약금 약정은 ○○○ 측과 나머지 주주들이 각 상대방에 대한 의무를 위반할 경우의 제재로 보이는 점(이렇게 본다면, 2002. 8. 20. 자 약정에 기한 피고들의 원고들에 대한 위약금채무는 발생하지 않을 것이다), ③ 이 사건 약정의 당사자는 원, 피고들과 ○○○, ○○○, ○○○, ○○○ 등 9인인 반면, 2002. 8. 20. 자 약정의 당사자에는 사실상의 주주인 ○○○과 피고 ○○○가 빠져 있고, 이 사건 약정의 당사자가 아닌 ○○○, ○○○, ○○○, ○○○, ○○○ 등 5인이 포함되어 약정 당사자에 차이가 있는 점을 종합해 보면, 이 사건 약정이 2002. 8. 20. 자 약정으로 대체되었다고 볼 수 없고, 달리 이를 인정할 아무런 증거가 없으므로, 피고들 주장과 같이 2002. 8. 20. 자 약정이 2003. 3. 28. 개최된 ○○○방송 주주총회의 결의로 파기되었다고 하더라도 그로 인하여 이 사건 약정까지 당연히 파기되었다고 할 수 없고, 설령 이 사건 약정이 2002. 8. 30. 자 약정으로 대체되었다고 하더라도, 위 인정사실에 의하면, 2002. 8. 20. 자 약정은 ○○○

방송의 주주들이 ○○○방송과 관련 없이 사적으로 체결한 약정이라고 할 것인데, 그러한 약정을 계약해지 또는 해제의 방법을 통하지 않고 약정 주주들 중 일부가 불참하고 일부가 반대하는 가운데 주주총회의 일반적인 결의로써 파기할 수는 없다고 할 것이므로, 피고들의 주장은 어느 모로 보나 이유 없다.

(5) 이 사건 주식양도계약이 무효라는 주장에 대한 판단
피고들은, 피고들과 ○○○ 측 사이에 체결된 이 사건 주식양도계약은 ○○○방송 이사회의 승인을 얻은 바 없어 무효이므로, 위 주식양도가 유효함을 전제로 하는 원고들의 청구는 이유 없다고 주장하므로 살피건대, 을다3, 4호증의 각 기재에 의하면, 2002. 3. 25. 개정된 ○○○방송 정관 제27조가 '이사회의 승인을 얻지 않은 주식의 양도는 효력이 없다'고 규정하고 있는 사실, 피고들과 ○○○ 측이 ○○○방송 이사회의 승인을 얻지 아니하고 이 사건 주식양도계약을 체결한 사실을 인정할 수 있으나, 한편 위 정관의 규정은 이사회의 승인을 얻지 아니한 주식의 양도는 회사에 대하여 효력이 없다는 취지에 불과하므로, 주주 사이의 이 사건 주식양도계약 자체가 무효라고 할 수는 없고, 뿐만 아니라 앞서 든 각 증거들에 변론 전체의 취지를 종합하면, ○○○방송이 피고들로부터 주식을 양수한 ○○○ 측의 신청에 따라 명의개서를 한 사실, 위 정관의 규정이 2003. 11. 28. 삭제된 사실, ○○○방송이 현재까지 이 사건 주식양도를 무효라고 주장하고 있지 아니한 사실을 각 인정할 수 있고, 이와 같이 ○○○방송이 이사회의 승인 여부에 불구하고 위 주식양도를 유효한 것으로 취급하여 명의개서를 하였음에도 불구하고 위 정관 규정이 삭제된 지금에 와서 그 효력을 부인할 수는 없다 할 것이므로, 위 주장도 이유 없다.

(6) 원고들이 주식을 처분함으로써 청구권원을 상실하였다는 주장에 대한 판단
피고들은, 원고들 또한 자신들의 주식을 ○○○ 측에 매도함으로써 주주의 지위를 상실하였으므로, 원고들의 청구는 그 권원이 소멸되었거나 금반언 또는 신의칙에 반한다고 주장하므로 살피건대, 갑11호증의 기재 및 당심에서의 주식회사 티브로드동남방송에 대한 사실조회결과를 종합하면, 원고 ○○○는 2005. 3. 31. ○○○ 측에 자신의 주식 80,933주를 6억 3,000만 원(주당 가격 약 7,784원)에 매도한 사실, 원고 ○○○는 2006. 7. 14. ○○○ 측에 자신의 주식 131,611주를 789,666,000원(주당 가격 6,000원)에 매도한 사실을 인정할 수 있으나, 원고들이 그 이전에 이미 피고들에 대하여 이 사건 약정위반을 원인으로 한 위약금채권을 취득하였음은 앞서 본 바와 같으므로, 원고들이 피고들의 주식양도 이후 자신들의 주식을 타에 처분하였다고 하더라도, 이미 취득한 위약금채권이 소멸하는 것은 아니라고 할 것이고, 이 사건 약정은 원, 피고들을 비롯한 일부 주주들이 ○○○방송의 경영권을 방어하기 위한 것인데, 먼저 자신들의 주식을 ○○○ 측에 양도함으로써 ○○○ 측으로 하여금 ○○○방송의 경영권을 인수하게 하고 ○○○방송 주주의 지위를 상실한 피고들이, 그 이후에 위와 같은 피고들의 주식양도로 인하여 소수 주주로 전락함

으로써 경영권마저 상실한 원고들이 자신들의 주식을 양도하고 이 사건 청구를 하는 것을 금반언 또는 신의칙에 반한다고 할 수도 없는 것이므로, 위 주장은 이유 없다.

(7) 우선매수권의 행사를 고지하였다는 주장에 대한 판단
피고 ○○○은 2002. 8. 8. 개최된 ○○○방송 임시주주총회에서 주주와 임원이 모두 참석한 가운에 피고 ○○○를 비롯한 다른 주주들과 법인을 같이 할 수 없다고 하면서 우선매수권을 행사할 주주가 있는지 여부를 타진하였고, 그 이후 2개월이 지나도 피고 ○○○에게 우선매수 의사를 표시한 주주가 없어 ○○○ 측에게 주식을 양도한 것이므로, 자신은 주주 간 우선매도의무를 위반하지 않았다는 취지로 주장하므로 살피건대, 피고 ○○○이 위 주주총회 이후에 작성된 2002. 8. 20. 자 약정서에 서명 · 날인한 점에 비추어 보면, 을가9, 10, 12호증의 각 기재 및 당심 증인 ○○○, ○○○의 각 일부 증언만으로는 피고 ○○○이 그 주장과 같이 우선매수를 고지하였다고 인정하기에 부족하고, 달리 이를 인정할 아무런 증거가 없을 뿐 아니라, 이 사건 약정에 따르면, 일부 주주가 자신의 주식을 타에 매도하고자 할 경우 회의소집을 요구하고 서명주주 전원이 반드시 참석한 가운에 그 승인 여부에 대한 의견을 물어야 할 것인데, 피고 ○○○의 주장에 의하더라도, 피고 ○○○이 그러한 절차를 거치지 아니하였음은 명백하므로, 피고 ○○○의 이 부분 주장은 어느 모로 보나 이유 없다.

(8) 원고들이 손해를 입지 않았음을 전제로 하는 주장에 대한 판단
피고들은, 원고들은 ○○○방송의 발전으로 인하여 보유 주식의 가치가 상승함으로써 손해를 입지 않았으므로, 손해를 전제로 하는 이 사건 위약금청구는 이유 없다는 취지로 주장하나, 을다9, 10호증의 각 기재 및 당심에서의 주식회사 ○○○방송에 대한 사실조회결과만으로는 원고들이 피고들의 주식양도로 인하여 손해를 입지 않았다고 인정하기에 부족하고, 달리 이를 인정할 아무런 증거가 없을 뿐 아니라, 위약금의 약정은 민법 제398조 제4항에 의하여 손해배상의 예정으로 추정된다 할 것인데, 위 조항이 규정하는 손해배상의 예정은 채무불이행의 경우에 채무자가 지급하여야 할 손해배상액을 미리 정해두는 것으로서 그 목적은 손해의 발생사실과 손해액에 대한 입증곤란을 배제하고 분쟁을 사전에 방지하여 법률관계를 간이하게 해결하는 것 외에 채무자에게 심리적으로 경고를 줌으로써 채무이행을 확보하려는 데에 있으므로, 채무자가 실제로 손해발생이 없다거나 손해액이 예정액보다 적다는 것을 입증하더라도 채무자는 그 예정액의 지급을 면하거나 감액을 청구하지 못한다고 할 것이므로, 위 주장은 이유 없다.

4. 손해배상 예정액의 감경

따라서 피고들은 이 사건 약정에 포함된 위약금 약정에 따라 각 원고 ○○○에게

6,322,100,000원(126,442주 × 50,000원), 각 원고 ○○○에게 5,075,800,000원(101,516주 × 50,000원)을 손해배상으로 지급할 의무가 있다고 할 것이나, 한편 ① 피고 ○○○은 1주당 27,660원, 피고 ○○○는 1주당 27,660원, 피고 ○○○는 1주당 35,571원에 자신들의 주식을 매도하였는데, 원고 ○○○는 1주당 7,784원, 원고 ○○○는 1주당 6,000원에 자신들의 주식을 매도한 점, ② 원고들이 피고들로부터 각 손해배상금을 지급받게 되는 점, ③ 주식의 제3자에 대한 양도는 원칙적으로 허용되어야 한다는 점과 이 사건 약정의 동기 및 경위 등을 종합해 보면, 피고들에게 손해배상액으로 예정한 위약금 전액을 배상하게 하는 것은 지나치게 과하다고 인정되므로, 민법 제398조 제2항에 따라 이를 10%(1주당 5,000원)로 감액함이 상당하다.

[판례 3-33] 대법원 2000. 9. 26. 선고 99다48429 판결

상법 제335조 제1항은 주식은 타인에게 이를 양도할 수 있고, 다만 주식의 양도는 정관이 정하는 바에 따라 이사회의 승인을 얻도록 할 수 있다고 규정하고 있다. 그러나 그러한 상법 제335조 제1항 단서는 주식의 양도를 전제로 하고, 다만 이를 제한하는 방법으로서 이사회의 승인을 요하도록 정관에 정할 수 있다는 취지이지 주식의 양도 그 자체를 금지할 수 있음을 정할 수 있다는 뜻은 아니기 때문에, 정관의 규정으로 주식의 양도를 제한하는 경우에도 주식양도를 전면적으로 금지하는 규정을 둘 수는 없다고 할 것이다.

원심이 제1심판결을 인용하여 적법하게 확정한 사실관계에 의하면, 피고 회사와 주주들은 1994. 6. 3. 이 사건 합작투자계약 시에, 그리고 주주들을 대리한 소외 주식회사 포항제철과 소외 주식회사 경방은 1994. 9. 4. 투자약정 시에, 피고 회사 발행 주식의 양도제한에 관하여 "합작회사(이하 '피고 회사'를 말한다)가 사전에 공개되는 경우를 제외하고 합작회사의 설립일로부터 5년 동안, 합작회사의 어느 주주도 합작회사 주식의 전부 또는 일부를 다른 당사자 또는 제3자에게 매각, 양도할 수 없다. 단 법률상 또는 정부의 조치에 의하여 그 주식의 양도가 강제되는 경우 또는 당사자들 전원이 그 양도에 동의하는 경우는 예외로 한다. 위 예외의 경우나 설립일로부터 5년이 경과한 후 합작회사의 공개 이전까지 포항제철이나 코오롱 이외의 주주가 보유하는 합작회사의 주식의 전부 또는 일부를 양도하고자 할 경우에는 포항제철과 코오롱이 주식 매입 시의 각자의 주식보유비율에 따라 동 주식을 우선 매수할 권리가 있다. 이때 양도인은 우선 포항제철과 코오롱에 서면으로 동 주식의 양도를 청약하여야 하고, 그 양도가액은 합의된 가격 또는 감정에 의한 공정가격으로 한다. 위 계약들에 의한 주식의 양도제한에 위배하여 합작회사의 주식이 양도된 경우 그 주식양수인은 위 계약들에 따른 어떠한 권리와 이익도 가지지 아니하며, 그 주식의 양도인은 본 계약 및 위 합의서 등의 서면에 의한 약정 및 의무에 대하여 계속 책임을 진다."는 내용의 합의를 하였다는 것이다.

그러나 이 사건 약정은, 그 내용 자체에 의하더라도 그 양도에 이사회의 승인을 얻도록 하는 등 그 양도를 제한하는 것이 아니라, 설립 후 5년간 일체 주식의 양도를 금지하는 내용으로, 이와 같은 내용은 위에서 본 바와 같이 정관으로 규정하였다고 하더라도 이는 주주의 투하자본회수의 가능성을 전면적으로 부정하는 것으로서 무효라고 할 것이다. 그러므로 그와 같이 정관으로 규정하여도 무효가 되는 내용을 나아가 회사나 주주들 사이에서, 혹은 주주들 사이에서 약정하였다고 하더라도 이 또한 무효라고 할 것이다.

그리고 이 사건 약정 가운데 주주 전원의 동의가 있으면 양도할 수 있다는 내용이 있으나, 이 역시 상법 제335조 제1항 단서 소정의 양도제한 요건을 가중하는 것으로서 상법 규정의 취지에 반할 뿐 아니라, 사실상 양도를 불가능하게 하거나 현저하게 양도를 곤란하게 하는 것으로서 실질적으로 양도를 금지한 것과 달리 볼 것은 아니다.

그러므로 이 사건 양도제한약정은 무효라고 할 것이고, 피고는 그와 같은 무효인 양도제한약정을 들어 이 사건 명의개서청구를 거부할 수는 없는 것이다.

원심의 판단은 그 이유 설시에 있어 다소 명확하지 않은 점이 있으나, 이 사건 양도제한약정의 효력을 부정한 결론에 있어서는 정당하다. 이 점 상고이유는 받아들일 수 없다.

그러나 주식발행회사에 대한 관계에서는, 상법에서 주식양도를 제한하는 방법으로 정관에 이사회 승인을 받도록 하는 조항을 두는 것만을 규정하고 있고,[308] 주식양도자유의 원칙상 주식발행회사에 대한 관계에서 주식양도제한은 엄격하게 해석되어야 한다는 점에 비추어 볼 때, 공서양속에 반하는지 여부 및 주주의 투하자금 회수가능성 등과는 관계없이[309] 그 효력을 부정하는 것이 타당할 것으로 생각된다.[310] 이것은 주식발행회사가 주식양도제한약정의 당사자이거나 이사회 승인 외의 방식으로 주식양도를 제한하는 약정의 내용을 정관에 기재하였다고 하더라도 마찬가지로 보아야 할 것이다. 따라서 주식발행회사가 당사자에 포함되는지 여부와 관계없이 주식발행회사와의 관계에서는 주식양도제한약정에 의한

308) 즉, 주식발행회사는 상법 제335조 제1항 단서의 방식으로만 주식의 양도를 제한할 수 있다.

309) 즉, 주주 간의 채권적 효력 유무와는 관계없이

310) 주주 간의 채권적 효력을 명확히 판시한 위 대법원 2019다274639 판결([판례 3-30]), 대법원 2013다7608 판결([판례 3-31]) 및 대법원 2007다14193 판결([판례 3-32])은 주식양도제한약정 위반에 대한 당사자 간의 위약금, 위약벌이 문제된 사안이었기 때문에 주식발행회사에 대한 효력(명의개서 절차 이행, 주주지위 인정 여부 등)에 대해서는 별도의 판단이 없는 것으로 생각된다. 다만, 위 대법원 99다48429 판결([판례 3-33])에서는 「회사나 주주들 사이에서, 혹은 주주들 사이에서 약정하였다고 하더라도 이 또한 무효라고 할 것이다」라고 판시한 부분이 있는데, 이 부분을 근거로, 위 판례는 (회사가 주주와 주식양도제한약정을 하였더라도) 회사에 대한 관계에서는 무효라고 판시한 것으로 볼 수 있다는 견해도 가능할 것으로 생각된다. 물론 학계에서는 위 판례를 비판하면서 발행회사와의 관계에서도 양도제한이 주주의 투하자본회수를 부당하게 방해하지 않는 합리적인 내용이거나 기타 계약의 내용이나 다른 요소를 고려하여 유·무효를 판단하여야 한다는 견해도 있으나, 실무처리 시에는 일단 발행회사와의 관계에서는 상법에서 정하는 방법에 의한 제한 이외의 약정에 의한 제한은 그 효력이 부인될 수 있다는 것을 전제로 최소한 다른 대안을 반영하여 주주간계약을 체결하는 것이 타당할 것으로 생각된다.

주식양도제한의 유효성을 주장할 수 없으므로, (주식발행회사를 포함하여) 주주 간에 주식의 양도제한 약정을 체결하였다고 하더라도, 주식발행회사는 그 약정을 이유로 주식양도제한약정을 위반하여 주식을 양수한 제3자에 대해서 명의개서를 거부할 수 없으며, 주식발행회사의 주주로서의 모든 권리를 인정하여야 할 것이다.

③ 약정에 의한 주식양도제한의 방식

위와 같은 판례의 입장을 고려하면, 판례에서 일반론으로 설시하는 '주주의 투하자본회수 가능성을 전면적으로 부인하는 것'에 해당하는지 명확한 기준이 존재하지 않는 상황에서는, (i) 주식양도를 전면적으로 금지하는 방식, (ii) 주주 전원 또는 그에 준하는 수준의 주주의 동의 없이는 처분을 금지하는 방식,[311] (iii) 일정한 기간 동안 주식 처분을 금지하는 방식의 경우에는 법원에서 해당 주주의 투하자본회수 가능성을 전면적으로 부인하는 것으로서 주주 간의 채권적 효력조차 인정되지 않는 것으로 판단될 위험이 여전히 존재하기 때문에, 보수적으로 접근하여 위 (i) 내지 (iii)의 방식만을 이용하는 것은 리스크가 있는 것으로 생각된다. 이에 따라 실무에서는, 위 (i) 내지 (iii)의 방식만을 채택하기보다는 「우선매수권(Right of first-refusal)」,[312] 「우선제안권(Right of first-offer)」,[313] 「동반매도청구권(Drag-along right)」,[314] 「동반매도참가권(Tag-along right)」,[315] 「매수청구권(Put-option)」,[316] 「매도청구권(Call-option)」,[317] 「매매가격 제한」 등의 방식을 통해 간접적으로 주식양도를 제한하는 방법이 이용되고 있는 것으로 보인다.

이러한 약정에 의한 주식양도제한에 관한 실무를 반영하여 M&A금융에서 체결되는 주주간계약에서는, (i) 「우선매수권(Right of first-refusal)」 또는 「우선제안권(Right of first-offer)」, (ii) 「동반매도청구권(Drag-along right)」, (iii) 「동반매도참가권(Tag-along right)」,

311) 물론 위 대법원 2019다274639 판결([판례 3-30])에서는 그러한 방식의 양도제한약정도 채권적 효력이 있는 것으로 판시하고 있으나 이를 일반화하는 것에는 아직 법률적인 리스크가 있는 것으로 생각된다.
312) 주식을 양도하려는 주주간계약의 어느 한 당사자는 제3자가 제시하는 조건대로 먼저 주주간계약의 다른 당사자에게 자신의 주식을 매수할 권리를 주는 것
313) 주식을 양도하려는 주주간계약의 어느 한 당사자는 먼저 주주간계약의 다른 당사자에게 자신의 주식에 관한 우선적인 매수제안 기회를 주는 것
314) 주주간계약의 당사자 중 일방이 제3자에게 주식을 양도하게 되는 경우에 주주간계약의 다른 당사자가 소유하는 주식도 그 제3자에게 동시에 양도할 수 있는 권한을 부여하는 것
315) 주주간계약의 당사자 중 일방이 주주간계약의 당사자가 아닌 제3자에게 주식을 양도하고자 할 때에는 주주간계약의 다른 당사자에게도 그와 동일한 조건으로 그 제3자에게 양도할 수 있는 권리를 부여하는 것
316) 주주간계약의 일방 당사자로 하여금 그가 보유하고 있는 주식 전부 또는 일부를 상대방 계약당사자에게 매각할 수 있는 권리(예약완결권)를 부여하는 것
317) 주주간계약의 일방 당사자로 하여금 계약상대방으로부터 계약상대방이 보유하고 있는 주식 전부 또는 일부를 매수할 수 있는 권리(예약완결권)를 부여하는 것

(iv) 「매수청구권(Put-option)」, (v) 「매도청구권(Call-option)」 등이 주로 이용되고 있다.[318)][319)]

다만, 아래의 대법원 2018다223054 판결([판례 3-35])에서 보는 바와 같이 우선매수권, 우선제안권, 동반매도청구권 또는 동반매도참가권의 행사에 대해 다른 당사자가 응하지 않거나 동 절차에 협력하지 않는 경우(특히, 입찰 절차 등 별도의 절차를 통해 매매상대방이나 매매매대금의 확정될 수 있는데 그러한 절차 자체에 협조하지 않는 경우)에는, 계약의 내용에 따라서는 우선매수권, 우선제안권, 동반매도청구권 또는 동반매도참가권을 행사한 당사자의 보호에 한계가 있을 수 있다. 따라서 이러한 경우를 대비하여, 해당 권리행사에 대한 상대방의 협력의무의 내용(제공할 자료의 범위, 관련 절차 등), 우선매수권, 우선제안권, 동반매도청구권 또는 동반매도참가권에 응하지 않는 경우나 그 절차에 협력하지 않는 경우의 실효성 확보를 위한 조치(예를 들면, 권리행사 대상주식에 대해서도 매매예정통지/동반매도통지에 기재된 조건으로의 매매계약 체결 의제, 권리행사자에 의한 매수청구권 행사, 위약금 등)를 함께 규정해 둘 필요가 있다.

2) 우선매수권(Right of first-refusal), 우선제안권(Right of first-offer)

스폰서/종류주주가 그의 주식을 매도하려는 경우 외부의 제3자가 주식발행회사의 운영에 개입되는 것을 방지하기 위해, ① 매수예정인이 제시하는 조건대로 먼저 주주간계약의 상대방에게 해당 주식을 매수할 권리를 주고 주주간계약의 상대방이 매수를 거절하는 경우에 비로소 매수예정인에게 동 조건으로 양도할 수 있게 하는 내용(우선매수권), ② 먼저 주주간계약의 상대방에게 해당 주식의 매수에 관한 우선적 제안 기회를 부여하고 주주 간 계약의 상대방이 매수 조건을 제시하면 그 조건보다 더 낮은 가격이나 더 나쁜 조건으로 제3자에게 양도할 수 없도록 하는 내용(우선제안권)[320)]이 규정된다.

---

318) 그 대상을 주식에 한정할지, 주식연계사채 등 잠재적인 주식도 대상으로 할지 여부도 협상의 중요대상이 되는데, 지분율 희석화 방지 등을 위해 잠재적인 주식도 그 대상에 포함시키는 것이 일반적이다.

319) 다만, 사안에 따라 해당 권리·권한을 종류주주나 스폰서의 일방에만 부여할 것인지, 양자에 부여할 것인지는 달라질 수 있다.

320) 한편, 우선제안권의 한 유형이지만 조금 다른 것으로, 먼저 주주간계약의 상대방에게 매매예정통지를 한 후 일정 기간 동안 해당 주식의 매수에 관한 우선협상권을 주고 주주간계약의 상대방과 사이에서 협상이 이루어지지 않은 경우에 비로소 매수예정인에게 동 조건으로 양도할 수 있게 하는 방식(실무에서는 「우선협상권」이라고도 한다)이 규정되기도 하는 등 사안에 따라서 다양한 유형이 이용된다.

[계약서 기재례] 우선매수권(Right of first-refusal)

(1) 어느 당사자(이하 "청구당사자")가 자신이 보유한 발행회사의 주식을 제3자(발행회사의 다른 주주를 포함. 이하 이 조에서 같음)에게 매도하고자 하는 경우, 청구당사자는 매도예정일로부터 [*]영업일 전까지 이 계약의 다른 당사자(이하 "상대당사자")에게 청구당사자가 매도하고자 하는 주식(이하 "매도대상주식")의 수, 주당 매매가격, 매매예정일 기타 매도 조건과 매매상대방 등 주요한 매매예정내용을 통지(이하 "매매예정통지")하여야 한다.

(2) 청구당사자가 이 조 제(1)항에 따른 통지를 한 경우, 상대당사자는 매매예정통지에 기재된 동일한 가격과 조건으로 매도대상주식의 전부 또는 일부를 우선매수할 수 있는 권리(이하 "우선매수권")를 가진다. 상대당사자가 우선매수권을 행사하고자 하는 경우, 상대당사자는 이 조 제(1)항의 통지를 받은 날로부터 [*]영업일 이내에 청구당사자에게 우선매수권을 행사하여 매수하고자 하는 주식의 수량을 통지하여야 한다. 청구당사자는 상대당사자가 우선매수권을 행사하는 경우, 상대당사자의 우선매수권 행사가 있는 때로부터 [*]영업일 이내에 해당 주식{단, 복수의 상대당사자가 우선매수권을 행사하여 각 상대당사자가 우선매수권을 행사한 주식 수의 합계가 매도대상주식수를 초과하는 경우에는 매도대상주식의 총수를 우선매수권을 행사한 각 상대당사자가 보유하는 주식 수의 비율로 안분하여 계산된 수의 주식(단, 1주 미만의 단수는 절사한다)}을 매매예정통지에 기재된 조건과 매매가격으로 각 상대당사자에게 매도하여야 하고, 그와 동시에 또는 그 이후 매도대상주식 중 상대당사자에게 매도하는 주식을 제외한 나머지 주식을 매매예정통지에 기재된 매도상대방에게 매도하여야 한다(단, 매도상대방에 대한 매도조건은 매매예정통지에 기재된 조건 및 우선매수권을 행사한 각 상대당사자에 대한 매매조건보다 매도상대방에게 유리한 조건이어서는 아니 된다).

[계약서 기재례] 우선제안권(Right of first-offer)

(1) 어느 당사자(이하 "청구당사자")가 자신이 보유한 발행회사의 주식을 매도하고자 하는 경우, 청구당사자는 이 계약의 다른 당사자(이하 "상대당사자")에게 청구당사자가 매도하고자 하는 주식(이하 "매매예정주식")의 수를 서면으로 통지하여야 한다.

(2) 청구당사자가 이 조 제(1)항에 따른 통지를 한 경우 상대당사자는 통지를 받은 날로부터 [*]영업일 이내에 청구당사자에게 매매하고자 하는 주식(이하 "매매대상주식")의 수, 주당 매매가격 기타 청구당사자가 상대당사자에게 제안을 요구한 중요한 매매 조건을 서면으로 통지(이하 "매매제안통지")하여야 한다.

(3) 청구당사자는 상대당사자의 매매제안통지를 받은 날로부터 [*]영업일 이내(이하

"매매제안수락기한")에 해당 매매대상주식{단, 복수의 상대당사자가 매매제안통지를 하여 각 상대당사자가 매매제안통지를 한 매매대상주식 수의 합계가 매매예정주식의 수를 초과하는 경우에는 매매예정주식의 총수를 매매제안통지를 한 각 상대당사자가 보유하는 주식 수의 비율로 안분하여 계산된 수의 주식(단, 1주 미만의 단수는 절사한다)}에 대한 매매제안의 수락(이하 "매매제안수락") 여부를 각 상대당사자에게 서면으로 통지하여야 한다.

(4) 청구당사자가 매매제안수락기한 이내에 매매제안수락을 한 경우, 청구당사자와 각 상대당사자는 매매제안수락이 있는 날로부터 [*] 영업일 이내(이하 "매매대금지급기한")에 각 매매제안통지에 기재된 조건으로 각 매매대상주식에 대한 매매를 완료하여야 하며, 각 상대당사자는 각 매매제안통지에 기재된 매매가격으로 계산된 매매대금을 청구당사자에게 지급하고, 그와 동시에 청구당사자로부터 각 매매대상주식을 매수한다.

(5) 청구당사자가 매매제안수락기한 내에 매매수락을 하지 않은 잔여 매매예정주식이 있는 경우, 청구당사자는 이 조 제(4)항에 따라 매매대상주식의 매매가 모두 완료됨과 동시에 또는 그 이후에 잔여 매매예정주식을 제3자(발행회사의 다른 주주를 포함. 이하 이 조에서 같음)에게 매도할 수 있다. 단, 제3자에 대한 매도조건은 각 매매제안통지에 기재된 조건 및 각 상대당사자에 대한 매매조건보다 해당 제3자에게 유리한 조건이어서는 아니 되며, 이 항에 따른 매매대금 지급 및 잔여 매매예정주식의 매도 등 매매의 종결은 이 조 제(4)항에 따라 매매대금의 지급이 완료된 날과 메메대금지급기한의 종료일 중 먼저 도래한 날로부터 [*]영업일 이내(이하 "제3자매도기한")에 이행되어야 한다.

(6) 청구당사자가 이 조 제(5)항에 따라 제3자매도기한 내에 잔여 매매예정주식의 매도를 이행하지 아니한 경우, 청구당사자는 잔여 매매예정주식의 매도에 앞서 이 조에 정해진 절차를 반복하여야 한다.

3) 동반매도청구권(Drag-along right)

스폰서/종류주주가 그의 주식에 대한 매각을 통해 투자회수를 하고자 하는 경우, 다른 주주의 존재가 스폰서/종류주주에 의한 투자회수에 장해가 되지 않도록, 스폰서/종류주주가 주주간계약의 상대방에 대하여 그 상대방의 주식을 스폰서/종류주주가 보유하는 주식과 함께 일괄하여 매도할 것을 요구할 수 있는 권리가 규정된다.[321]

321) 앞서 살펴본 바와 같이, 선수위 대주와 후순위 투자자인 종류주주 및 차주(주식발행회사) 사이에 체결되는 투자자간합의서에서 선순위 대주에게 보통주식에 대한 담보권 실행 시 종류주식에 대한 동반매도청구권(Drag-along right)이 부여되기도 한다.

[계약서 기재례] 동반매도청구권(Drag-along Right) ①

(1) 어느 당사자(이하 "청구당사자")가 자신이 보유한 발행회사의 주식 전부를 제3자(발행회사의 다른 주주를 포함. 이하 이 조에서 같음)에게 매도하고자 하는 경우, 청구당사자는 이 계약의 다른 당사자(이하 "상대당사자")가 보유 중인 발행회사의 주식 전부를 함께 매도하도록 요구할 수 있는 권리(이하 "동반매도청구권")를 이 조에서 정하는 바에 따라 가진다.
단, 이 조에 따른 동반매도청구권은, (x) 제[*]조 기간이 종료된 이후이거나, (y) 다음 각호의 어느 사유가 발생해야 한다.
1. [*]
2. [*]

(2) 청구당사자의 동반매도청구권 행사는 상대당사자에게 주당 매매가격, 매매예정일 기타 매도 조건과 매매상대방 등 상세한 매매예정내용을 함께 기재한 동반매도청구권 행사 의사를 통지(이하 "동반매도통지")하는 방법으로 하여야 한다. 청구당사자가 이 조에 따라 동반매도통지를 한 경우, 청구당사자와 상대당사자는 청구당사자가 보유한 발행회사의 주식 전부와 상대당사자가 보유한 발행회사의 주식 전부의 매각이 이루어지도록 하여야 하며, 당사자들은 이에 동의하고 협력한다.

[(3) 청구당사자가 이 조에 따라 동반매도통지를 한 이후 상대당사자가 이 조에서 정하는 어느 절차에 협조하지 않거나 이 조에서 정하는 절차 또는 의무를 이행하지 않는 경우 청구당사자가 단독으로 그의 재량에 따라 이 조에서 정하는 절차를 진행할 수 있고, 청구당사자는 매매상대방과 사이에서 청구당사자가 매매상대방과 합의한 조건으로 청구당사자가 보유한 발행회사의 주식 전부와 상대당사자가 보유한 발행회사의 주식 전부에 대한 매매계약을 체결할 수 있으며, 상대당사자는 이에 대해 이의를 제기하지 아니 한다. 이 경우 상대당사자는 매매상대방에게 직접 해당 매매계약에 따른 권리, 의무를 부담하고, 매매상대방은 상대당사자에게 직접 해당 매매계약에 따른 권리, 의무를 부담한다. 매매상대방은 자신의 이익을 위하여 이 항의 내용을 직접 원용할 수 있다.]

[계약서 기재례] 동반매도청구권(Drag-along Right) ②

(1) 어느 당사자(이하 "청구당사자")가 자신이 보유한 발행회사의 주식 전부를 제3자(발행회사의 다른 주주를 포함)에게 매도하고자 하는 경우, 청구당사자는 이 계약의 다른 당사자(이하 "상대당사자")가 보유 중인 발행회사의 주식 전부를 함께 이 조에 따라 선정된 제3자에게 매도하도록 할 수 있는 권리(이하 "동반매도청구권")를 이 조에서 정하는 바에 따라 가진다.
단, 이 조에 따른 동반매도청구권은, (x) 제[*]조의 기간이 종료된 이후이거나, (y) 다음 각호의 어느 사유가 발생한 경우 한하여 행사될 수 있다.
1. [*]
2. [*]

(2) 청구당사자의 동반매도청구권 행사는 상대당사자에게 동반매도청구권 행사 의사를 통지(이하 "동반매도통지")하는 방법으로 하여야 한다. 어느 당사자가 이 조에 따라 동반매도통지를 한 경우, 다음과 같은 절차 및 조건에 따라 청구당사자가 보유한 발행회사의 주식 전부와 상대당사자가 보유한 발행회사의 주식 전부(이하 합하여 "동반매도주식")의 매각이 이루어지도록 하여야 하며, 당사자들은 이에 동의한다.
<u>절차개시:</u> 동반매도통지가 있는 경우 청구당사자는 동반매도주식 전부의 매각을 위한 절차를 개시하며, 상대당사자는 이를 위하여 필요한 절차에 협조하여야 한다.
<u>매각절차:</u> 청구당사자는 동반매도통지가 있은 날로부터 [*]개월간(이하 "입찰기한") 입찰(이하 "경쟁입찰")을 통하여 동반매도를 위한 우선협상대상자를 지정하기 위한 절차를 진행하여야 한다. 위 경쟁입찰에 대한 입찰 제안서 제출일은 입찰기한이 종료하기 이전의 날이어야 한다. 청구당사자가 잠재적 매수인들에게 입찰에 참여할 수 있는 권한을 부여하는 경우 상대당사자도 청구당사자가 입찰 참여 권한을 부여한 잠재적 매수인의 수와 동일한 수의 자들에게 입찰 참여 권한을 부여할 수 있으며, 청구당사자는 잠재적 매수인과 관련한 상황을 실시간으로 상대당사자와 공유하여야 한다. 당사자들은 입찰 과정에서 직접 그리고 발행회사로 하여금 잠재적 매수인들의 실사에 최대한 협력하도록 하여야 한다. 경쟁입찰 시 제출된 제안은 청구당사자와 상대당사자가 동시에 확인하여야 하며, 경쟁입찰 시 제안 방식에 이를 담보할 수 있는 구조가 반영될 수 있도록 하여야 한다. 동반매도주식의 주당 매매가격(이하 "동반매매가격")은 동일하여야 하되 동반매도청구권이 행사되는 경우 동반매도주식의 매매가격은 거래종결일에 발행회사에게 납입한 본건 주식의 인수대금에 대하여, 제(1)항의 (x)에 의한 경우에는 투자원금, 제(1)항의 (y)에 의한 경우에는 투자원금 및 그 투자원금의 내부수익률 IRR [*]% 이상을 달성할 수 있는 금액이어야 한다. 이러한 조건은 경쟁입찰 시 제안의 조건으로 포함되어야 한다.
<u>우선협상대상자 선정:</u> 경쟁입찰의 결과 가장 높은 금액을 제안한 자를 우선협상대상자

로 선정하기로 한다. 다만, 제안 시 포함된 각종 옵션, 가격조정사항, 손해배상 등 매매가격 이외의 조건들로 인하여 어느 잠재적 매수인이 제시한 금액이 가장 높은 금액인지에 대하여 당사자들 간에 합의가 이루어지지 아니하는 경우 이러한 조건을 제시한 잠재적 매수인들 중 누구를 우선협상대상자로 선정할 것인지에 대한 결정 권한은 인수인이 가진다. 우선협상대상자의 선정은 경쟁입찰의 제안서 제출일로부터 30일 이내에 이루어져야 한다. 우선협상자의 선정 전까지 A(스폰서) 또는 A가 지정하는 자는 우선협상자로 지정될 자가 제시한 조건 또는 그보다 매도인에게 우호적인 조건으로 인수인으로부터 동반매도주식을 매수할 것임을 인수인에 청구할 수 있고 인수인은 이에 응하여야 한다.

<u>본계약:</u> 당사자들은 경쟁입찰 결과 우선협상대상자로 선정된 자와 우선협상대상자 선정일로부터 1개월 이내에 동반매도주식에 대한 매매계약을 체결하기 위하여 필요한 절차를 진행하여야 한다. 당사자들은 경쟁입찰 시 당사자들이 제시한 조건 및 그와 관련하여 우선협상대상자가 입찰 제안 시 제출한 조건들과 상충하는 이유로 매매계약 체결을 거부하여서는 아니 된다. 명확히 하면, 매수인이 제안한 매매대금(제안에 포함된 한도 내에서 매매대금이 조정된 경우 해당 조정된 매매대금)에 따른 매매계약의 체결을 매수인이 요구하고, 어느 당사자가 이와 같은 조건의 매매계약 체결에 동의하는 경우 다른 당사자는 해당 매매계약을 체결할 의무를 부담한다.

<u>거래 종결:</u> 동반매도주식의 매매계약에 따른 거래 종결은 매매계약 체결일로부터 1개월 내에 이루어져야 한다(단, 감독당국의 승인 등의 절차로 인해 소요된 기간은 산입하지 않는다).

<u>매매대금의 분배:</u> 동반매도주식 매매계약의 거래 종결에 따라 수취하는 매매대금은 각 당사자가 직접 매수인으로부터 수취하는 것을 원칙으로 하되 아래에 따라 이를 분배한다.

① 제(1)항의 (x)에 의한 경우:

② 제(1)항의 (y)에 의한 경우:

[(3) 청구당사자가 이 조에 따라 동반매도통지를 한 이후 상대당사자가 이 조에서 정하는 어느 절차에 협조하지 않거나 이 조에서 정하는 절차 또는 의무를 이행하지 않는 경우 청구당사자가 단독으로 그의 재량에 따라 이 조에서 정하는 절차를 진행할 수 있으며 매매상대방과 사이에서 이 항의 조건에 따라 청구당사자가 보유한 발행회사의 주식 전부와 상대당사자가 보유한 발행회사의 주식 전부에 대한 매매계약이 체결된 것으로 보며, 상대당사자는 이에 대해 이의를 제기하지 아니 한다. 이 경우 상대당사자는 매매상대방에게 직접 해당 매매계약에 따른 권리, 의무를 부담하고, 매매상대방은 상대당사자에게 직접 해당 매매계약에 따른 권리, 의무를 부담한다. 매매상대방은 자신의 이익을 위하여 이 항의 내용을 직접 원용할 수 있다.]

실무에서는, 동반매도청구권의 행사절차와 방법(예를 들면, 위 기재례와 같이 동반매도청구권이 행사된 경우에는 공개입찰의 방법으로 매각하도록 정하는 경우), 매각대금의 수준 및 매각대금의 분배(동반매도에 의한 매각대금을 종류주주에게 먼저 분배하도록 규정하는 경우)에 대해 상세하게 규정하는 사례도 있는데, 이러한 주주 간의 분배규정 역시 원칙적으로 유효하다고 보아야 할 것이다.

다만, 동반매도청구권의 행사에 대해 다른 당사자가 응하지 않거나 동 절차에 협력하지 않는 경우(특히, 입찰 절차 등 별도의 절차를 통해 매매상대방이나 매매대금이 확정될 수 있는데 그러한 절차 자체에 협조하지 않는 경우)에는, 계약의 내용에 따라서는 동반매도청구권을 행사한 당사자의 보호에 한계가 있을 수 있으므로, 동반매도청구권 행사에 대한 상대방의 협력의무의 내용(제공할 자료의 범위, 관련 절차 등), 그 절차에 협력하지 않는 경우의 실효성 확보를 위한 조치(예를 들면, 권리행사 대상주식에 대해서도 매매예정통지/동반매도통지에 기재된 조건으로의 매매계약 체결 의제, 권리행사자에 의한 매수청구권 행사, 위약금 등)를 함께 규정해 둘 필요가 있다는 점은 앞서 살펴본 바와 같다.

이러한, 주주간계약상 동반매도청구권 조항의 의미 및 그 권리를 행사하는데 있어서 상대방이 부담하는 협조의무의 내용과 그 위반에 따른 효과와 관련하여서는 아래의 판결을 참고하기 바란다.

[판례 3-35] 대법원 2021. 1. 14. 선고 2018다223054 판결

1. 피고 두산인프라코어 주식회사(이하 '피고 두산인프라코어'라 한다)의 상고이유에 관한 판단

가. 사실관계

워심판결 이유와 기록에 따르면 다음 사실을 알 수 있다.

(1) 당사자들의 관계

원고 오딘2 유한회사(이하 '원고 오딘2'라 한다)는 「자본시장과 금융투자업에 관한 법률」에 따라 설립된 투자목적회사로서 코에프씨 미래에셋 그로쓰 챔프 2020의4호 사모투자전문회사, 아이엠엠로즈골드 사모투자전문회사, 원고 하나제일호사모투자전문회사(이하 위 3개의 사모투자전문회사를 '이 사건 제1투자자들'이라 한다)가 그 지분의 100%를 소유하고 있다.

피고 두산인프라코어는 「독점규제 및 공정거래에 관한 법률」상 두산그룹에 속하는 계열회사이고, 두산공정기계(중국)유한공사[Doosan Infracore (China) Corporation, 이하 'DICC'라 한다]는 1994년경 피고 두산인프라코어가 중국에

설립한 회사로서 중국에서 '두산' 브랜드의 건설기계와 산업차량을 조립 · 판매하는 방식의 사업구조를 가지고 있다. 두산(중국)투자유한회사[Doosan Infracore (China) Investment, 이하 'DICI'라 한다)는 피고 두산인프라코어의 중국 내 종속기업의 지주회사이다.

(2) DICC 지분에 관한 매매계약과 주주간계약

피고 두산인프라코어와 DICI는 2011. 3. 25. 이 사건 제1투자자들에게 자신들이 보유하고 있던 피고 두산인프라코어의 핵심 자회사인 DICC의 지분(각 90%와 10%) 중 10%씩 합계 20%를 3,800억 원에 매도하는 계약(이하 해당 지분을 'DICC 지분'이라 하고, 위 계약을 'DICC 지분매매계약'이라 한다)을 체결하였다. 동시에 이 사건 제1투자자들과 피고 두산인프라코어는 주주간계약(이하 'DICC 주주간계약'이라 한다)을 체결하였는데, 이후 원고 오딘2가 이 사건 제1투자자들의 DICC 지분매매계약과 DICC 주주간계약상 지위를 승계하였다. DICC 주주간계약 제3.4조에서는 3년 내에 DICC의 기업공개가 이루어지지 않으면 일방 당사자가 DICC 주식을 매도할 수 있도록 정하고 있는데, 구체적인 내용은 아래와 같다.

① DICC 주식 전부(일부 매도는 불가)를 매도하고자 하는 일방 당사자(이하 '매도주주'라 한다)는 원칙적으로 복수의 매수희망자(선의의 제3자여야 한다)들이 회사에 대한 실사를 실시하고 매수희망 가격과 거래조건을 제시하는 입찰절차를 진행해야 하며, 그 결과 가장 유리한 가격과 거래조건을 제시한 매수예정자(이하 '매수예정자'라 한다)가 결정된 이후로서 매수예정자와 정식계약을 체결하기 전에 상대방 당사자에게 매도결정통지(가격과 거래조건 기재)를 해야 한다[제3.4조 (a)항].

② 매도주주는 상대방에게 동일한 매도절차에서 동일한 가격과 거래조건으로 상대방 당사자가 보유하고 있는 DICC 주식 전부를 매도할 것을 요구할 수 있고[제3.4조 (b)항 (i)호. 이를 '동반매도요구권(drag-along right)'이라 한다], 동반매도요구권을 행사하고자 하는 매도주주는 매도결정통지에 그 행사 여부를 명시해야 한다[제3.4조 (b)항 (ii)호].

③ 동반매도요구권 행사의 의사가 명시된 매도결정통지를 수령한 상대방 당사자는 매도주주의 동반매도요구에 동의하거나[제3.4조 (b)항 (iii)호 (x)], 매도주주가 보유한 회사의 주식 전부를 매도결정통지에 기재된 가격 또는 사전에 약정한 가격 중 상대방 당사자가 선택한 가격으로 매수하거나[제3.4조 (b)항 (iii)호 (y)], 매도주주가 보유한 회사의 주식 전부를 보다 유리한 조건으로 새로운 제3자에게 매도할 것을 제안할 수 있다[제3.4조 (b)항 (iii)호 (z)]. 다만 상대방 당사자가 매도결정통지를 수령하고도 14일 이내에 위 (x), (y), (z)의 통지를 하지 않으면 (x)로 간주된다. 위 (x)의 경우

매도주주와 상대방 당사자는 매수예정자와 회사 주식 전부를 매도하는 계약을 체결한 것으로 간주되고[제3.4조 (b)항 (iv)호], (y)의 경우 상대방 당사자의 제안서가 매도주주에게 도달한 시점에 매도주주와 상대방 당사자 사이에 제안서에 기재된 가격에 따른 주식매매계약이 체결된 것으로 간주된다[제3.4조 (b)항 (v)호]. (z)의 경우 매도주주의 귀책사유 없이 새로운 제3자와 매매계약이 일정 기간 내에 체결되지 못할 경우에는 매도주주가 한 매도결정통지에 따른 가격 등에 대한 상대방 당사자의 동의가 간주되어 매도주주와 상대방 당사자는 매수예정자와 회사 주식 전부를 매도하는 계약을 체결한 것으로 간주된다[제3.4조 (b)항 (vi)호].

④ 매도주주가 동반매도요구권 행사의 의사를 표시하지 않은 경우에도 상대방 당사자는 매도주주의 주식 전부를 자신이 매수하거나, 매도주주에게 자신의 주식 전부를 함께 매각하라고 요구하는 등의 권리를 행사할 수 있다[제3.4조 (c)항].

(3) 원고 오딘2의 DICC 지분 매각절차 진행 과정

(가) 원고 오딘2는 DICC 지분매매계약 종결일부터 3년이 지난 2014. 4. 28.까지 DICC에 대한 기업공개가 이루어지지 않자, 2014. 4. 29. 피고 두산인프라코어에 투자 원금과 적정 수익을 보상하는 방안 등의 투자금 회수를 위한 조치를 해달라고 요청하였으나, 피고 두산인프라코어는 위 요청에 답변하지 않았다.

(나) 원고 오딘2는 2014. 6. 10. 피고 두산인프라코어에 DICC의 매각절차(이하 '이 사건 매각절차'라 한다)를 진행할 의사를 밝히면서 그 무렵부터 매각절차 준비를 위한 자료로서 DICC 경영권 지분 매각과 관련하여 중국법상 제한이 없음을 확인할 수 있는 자료 등의 제공을 요청하였다. 그러나 위 피고는 해당 자료들은 외부 유출이 엄격하게 금지되는 것으로 진정성 있는 매각절차가 구체화되는 시점에서 검토하겠다고만 답변하면서 요청한 자료들을 제공하지 않았다. 원고 오딘2는 그 후에도 회계법인으로부터 받은 매도자 실사에 필요한 회계·세무 자료 목록을 위 피고에게 전달하면서 제공할 수 있는 자료부터 순차로 제공해 달라고 요구하였으나, 위 피고는 다시 진정성 있는 매각 절차가 구체화되는 시점에 제공 여부를 검토하겠다면서 이에 응하지 않았다. 이후 원고 오딘2는 매각주간사를 선정하였다.

(다) 원고 오딘2는 2014. 9. 5. 법원에 피고 두산인프라코어를 상대로 매도자 실사에 필요한 자료의 열람·등사를 구하는 가처분을 신청하였고, 법원은 2015. 3. 2. 위 원고가 신청한 자료 중 DICC의 중장기사업계획서 부분을 인용하였다. 이에 따라 피고 두산인프라코어는 2015. 3. 18. 원고 오딘2에

DICC의 2015년 중장기사업계획서를 제공하였다. 원고 오딘2는 2014. 11.경 매각주간사와 자신이 자력으로 수집한 자료를 이용하여 DICC를 소개하는 안내서인 티저(Teaser)를 작성하였다.

(라) 원고 오딘2는 2015. 5. 26. 피고 두산인프라코어에 위 두 회사가 보유한 DICC 지분을 동반매각하기 위한 입찰절차를 개시하겠다는 통지를 발송한 다음, 2015. 5. 28. 매일경제신문과 한국경제신문에 매각대상주식을 'DICC 지분 100% 전체'로 기재하여 이 사건 매각 공고를 하였다.

(마) 피고 두산인프라코어는 2015. 6.경 UBS 증권을 이 사건 매각절차에 관한 자신의 자문사로 선정하였고, 원고 오딘2는 2015. 6. 16. UBS 증권에 투자소개서 목차를 보내면서 그 작성을 위한 자료 제공을 요청하였다.

(바) 원고 오딘2와 매각주간사, 피고 두산인프라코어와 UBS 증권 등은 이 사건 매각절차를 진행하기 위해 2015. 6. 24.과 2015. 8. 19. 두 차례에 걸쳐 회의를 열었다. 원고 오딘2는 2차 회의에서 피고 두산인프라코어에 2015. 4. 1. 받았던 WL Ross Holding Corp.(이하 '윌버 로스'라 한다)의 인수의향서와 2015. 7. 31. 받았던 Platinum Equity Partners(이하 '플래티넘'이라 한다)의 인수의향서가 있다고 알려주었다. 이후 원고 오딘 2는 피고 두산인프라코어에 위 인수의향서를 전달하면서 윌버 로스와 플래티넘이 문의한 115개 질문 목록에 대한 답변과 자료제공을 요청하였으나, 피고 두산인프라코어는 원고 오딘2가 답변을 요청한 사항은 향후 협상을 거쳐야 구체적 논의가 가능하고 현 단계에서는 답변하기 어렵다는 취지로 회신하였다. 원고 오딘2는 위 피고에게 다시 윌버 로스 등의 자료제공 요청과 제안 수용 여부에 대한 답변을 요청하였고, 위 피고는 UBS 증권을 통해 윌버 로스 등을 직접 만나 그 진정성과 선의를 확인하고 싶다고 제안하였으나 원고 오딘2의 자료제공 요청에는 응하지 않았다. 원고 오딘2는 피고 두산인프라코어의 위 제안에 응하지 않았고, 이 사건 매각절차는 더 이상 진행되지 않았다.

(4) 원고 오딘2의 소 제기와 소송 경과

(가) 원고 오딘2는 2015. 11. 19. 다음과 같이 주장하며 이 사건 소를 제기하였다. 주위적으로, 매수예정자 결정이 이 사건 동반매도요구권 행사의 조건인데 피고 두산인프라코어가 신의성실에 반하여 조건의 성취를 방해하였으므로 민법 제150조 제1항에 따라 DICC 지분에 관한 매매계약 체결이 의제되고 피고 두산인프라코어는 매매대금을 지급할 의무가 있다. 예비적으로, 피고 두산인프라코어의 기망 또는 원고 오딘2의 착오를 이유로 DICC 지분매매계약을 취소하였으므로, 피고 두산인프라코어는 부당이득을 반환할 의무가 있다.

(나) 제1심 법원은 다음과 같은 이유로 원고 오딘2의 주위적 청구와 예비적 청구를 모두 기각하였다. 매수예정자의 결정이 이 사건 동반매도요구권의 효력을 발생시키는 조건이라고 보기 어렵고, 피고 두산인프라코어의 조건성취 방해행위가 있었다고 보기도 어렵다. 뿐만 아니라 원고 오딘2가 DICC 지분매매계약과 DICC 주주간계약을 체결하면서 중요부분에 관한 착오가 있었다거나 피고 두산인프라코어의 기망으로 인해 위 각 계약을 체결하였다고 인정하기도 어렵다.

(다) 원고 오딘2가 항소하였는데, 원심은 다음과 같은 이유로 원고 오딘2의 주위적 청구를 받아들였다. 매수예정자와 매각금액 결정은 동반매도요구권 행사의 조건이고, 피고 두산인프라코어가 신의성실에 반하여 조건의 성취를 방해하였으므로, 민법 제150조 제1항에 따라 조건의 성취가 의제되어야 한다. 그런데 동반매도요구권 행사에 따른 위 (x), (y), (z) 가운데 (y)만이 유일하게 이행이 가능하므로, 이에 따라 원고 오딘2와 피고 두산인프라코어 사이에 원고 오딘2 소유의 DICC 지분에 관한 매매계약 체결이 의제된다. 따라서 피고 두산인프라코어는 원고 오딘2에게 그 매매대금을 지급할 의무가 있다.

나. 피고 두산인프라코어가 이 사건 매각절차에 협조할 의무를 부담하는지 여부 (피고 두산인프라코어의 상고이유 제2점)

(1) …

(2) 위 법리에 비추어 피고 두산인프라코어가 이 사건 매각절차에 협조할 의무를 부담하는지 본다. DICC 주주간계약에 따르면, 원고 오딘2와 피고 두산인프라코어는 DICC의 기업공개 전까지는 특별한 사정이 없는 한 DICC 지분을 유지하도록 하고(제3.1조), 이러한 처분 제한 기간이 지난 다음 주주 일방이 그 소유의 DICC 지분을 매도하고자 할 경우에는 입찰절차를 진행하는 것을 원칙으로 하되 상대방 당사자에게 서면으로 주식매도결정의 통지를 하면서[제3.4조 (a)항] 동반매도요구권을 행사할 수 있다[제3.4조 (b)항 (i)호]. 이처럼 매도주주가 동반매도요구권을 행사하면 결국 그 매각대상은 매도주주의 DICC 지분에 한정되지 않고 매도주주와 상대방 당사자가 보유한 DICC 지분 100%가 된다. 따라서 매도주주가 동반매도요구권을 행사할 것을 전제로 매각절차를 진행하겠다는 의사를 밝혔다면, 상대방 당사자는 DICC 주주간계약의 당사자로서 매각절차에 협조하여야 할 신의칙상의 의무를 부담한다고 보아야 한다. 특히 원고 오딘2로서는 위 조항에 따라 자신 소유의 DICC 지분을 매도할 때 피고 두산인프라코어를 상대로 동반매도요구권을 행사함으로써 피고 두산인프라코어의 지분까지 함께 매도하여 경영권 프리미엄을 포함한 보다 높은 매도가격으로 원활하게 투자금을 회수할 수 있게 된다. 즉, 원고 오딘2의 동반매

도요구권 행사는 DICC의 경영권이 이전되는 기업인수의 효과를 가져올 수도 있다. 그렇다면, 원고 오딘2가 매각주체로서 동반매도요구권을 행사할 것을 전제로 DICC 지분 100%의 매각절차를 진행하는 경우 DICC의 경영권을 행사하고 있는 대주주인 피고 두산인프라코어의 협조가 있어야만 적합한 매수희망자를 물색할 수 있는 정보를 수집하고 DICC의 정당한 기업가치를 평가하여 매도가격의 기준을 산정하며 투자소개서 등을 작성하는 방법으로 일반적인 매각절차 준비과정을 진행할 수 있다. 이러한 사정을 종합하면, 피고 두산인프라코어는 원고 오딘2가 진행하는 매각절차의 상황과 진행단계에 따라 DICC 지분의 원활한 매각을 위해서 적기에 DICC에 관한 자료를 제공하고 DICC를 실사할 기회를 부여하는 등의 방법으로 협조할 의무가 있다. 이와 더불어 원고 오딘2 역시 동반매도요구권을 행사할 것을 전제로 매각절차를 진행하는 매도주주로서, 상대방 당사자인 피고 두산인프라코어의 요청이 있는 경우 매수예정자가 진정으로 매수할 의향이 있는지, 인수 목적이나 의도에 별다른 문제가 없는지 등을 확인하는데 필요한 정보를 적절한 시기에 제공하는 등 협조할 의무가 있다.

(3) 원심은 같은 취지에서 피고 두산인프라코어가 원고 오딘2에 이 사건 매각절차에 협조할 의무가 있는데도 원고 오딘2의 정당한 자료제공 요청에 합리적인 이유 없이 응하지 않고 불충분한 자료만을 제공함으로써 협조의무를 위반하였다고 판단하였다. 원심 판결 이유 중 원고 오딘2가 하였던 모든 자료제공 요청이 정당하다고 본 부분은 부적절하지만, 원심이 피고 두산인프라코어의 협조의무 위반을 인정한 결론에는 상고이유 주장과 같이 협조의무 위반 등에 관한 법리를 오해하거나 필요한 심리를 다하지 않은 잘못이 없다.

다. 피고 두산인프라코어의 조건 성취 방해로 매매계약 체결이 의제되는지 여부 (피고 두산인프라코어의 상고이유 제1, 3, 4점)

(1) …

(2) 원심은 다음과 같이 판단하였다. 원고 오딘2가 일반적인 기업인수합병(M&A) 절차를 거쳐 가장 유리한 매각금액과 거래조건을 제시한 매수예정자를 결정하는 것은 장래의 불확실한 사실에 해당하므로, 원고 오딘2의 동반매도요구권은 매수예정자와 매각금액이 결정되는 것을 정지조건으로 한 것으로 볼 수 있다. 피고 두산인프라코어는 원고 오딘2가 진행하는 이 사건 매각절차에 협조할 의무가 있는데도 이러한 의무를 위반하여 원고 오딘2의 동반매도요구권 행사의 정지조건이 되는 매수예정자와 매각대금 결정의 성취를 방해하였다. 그러므로 원고 오딘2로서는 민법 제150조 제1항에 따라 피고 두산인프라코어에 대하여 매수예정자와 매각금액이 결정된 것으로 주장할 수 있고, 위 피고의 방해행위가 없었더라면 조건이 성취되었으리라고 추산되는 시점인 이 사건 소 제기일 무렵에는 위 피고에게 동반매도요구권의 의사가 명시된 매도결정통지를 할 수

있었다고 볼 수 있다. 그런데 동반매도요구권 행사에 따라 위 DICC 주주간계약 제3.4조 (b)항 (iii)호의 (x), (y), (z) 가운데 (y)만이 유일하게 이행이 가능하므로, 이에 따라 원고 오딘2와 피고 두산인프라코어 사이에 원고 오딘2 소유의 DICC 지분에 관한 매매계약 체결이 의제된다.

(3) 그러나 위에서 본 법리에 비추어 살펴보면, 피고 두산인프라코어가 신의성실에 반하여 조건의 성취를 방해하였다고 보아 민법 제150조 제1항에 따라 원고 오딘2와 피고 두산인프라코어 사이에 원고 오딘2 소유의 DICC 지분에 관한 매매계약 체결이 의제된다는 원심판단은 받아들이기 어렵다. 그 이유는 다음과 같다.

(가) DICC 주주간계약에 따르면, 지분매매거래 종결일부터 3년 내에 DICC의 기업공개가 실행되지 않을 경우 일방 당사자는 그 지분을 매도할 수 있다. 이때 매도주주가 동반매도요구권을 행사하기 위해서는 반드시 사전에 가장 유리한 매각금액과 거래조건을 제시한 매수예정자가 결정되어 있어야 하고, 매수예정자가 결정된 다음 매수예정자와 정식계약을 체결하기 전에 상대방 당사자에게 서면으로 매수예정자와 매도가격 등 거래조건이 기재된 매매계약서 양식이 첨부된 매도결정통지를 하여야 한다. 그런데 위 계약에서는 매도주주가 DICC 주식을 매도할 경우에 원칙적으로 복수의 매수희망자를 대상으로 하는 입찰절차를 실시하도록 하면서도 상대방 당사자가 협조하지 않는 등으로 입찰절차가 원활하게 진행되지 않아 매수예정자와 매각금액이 결정되지 않으면 어떠한 법률효과가 발생하는지에 관해서는 어떠한 내용도 정하고 있지 않다. 따라서 설령 신의칙에 반하는 협력의무 위반이 있어서 조건 성취를 의제하려고 하더라도 매도주주의 동반매도요구권 행사만으로는 실제 원고 오딘2와 피고 두산인프라코어가 그 소유의 DICC 주식을 매도하는 상대방이 누구인지, 매각금액이 얼마인지가 구체적으로 특정되지 않고 매수예정자와 매각금액을 의제할 수도 없다.

(나) DICC 주주간계약에 따르면, 동반매도요구권 행사의 통지를 받게 되는 상대방 당사자로서는 매수예정자와 매각금액이 결정되어 있어야만 매도주주의 동반매도요구에 응할 것인지[(x)], 아니면 자신의 선택에 따라 매도주주가 보유한 주식을 자신이 매수하거나[(y)] 매도결정통지에 기재된 내용보다 유리한 조건으로 새로운 제3자에게 매도하도록 제안할 것인지[(z)]를 결정할 수 있다. 그 결정에 따라서 DICC 주식에 관해서 매수예정자를 매수인으로 하고 매도주주(원고 오딘2)와 피고 두산인프라코어를 매도인으로 하는 매매계약의 체결이 의제될 수도 있고[(x)의 경우], 매도주주(원고 오딘2)와 피고 두산인프라코어 사이에 매매계약의 체결이 의제될 수도 있는[(y)의 경우] 등 전혀 다른 매매계약의 당사자

와 내용으로 매매계약이 체결되는 법적 효력이 발생한다. 이와 같이 매수예정자와 매각금액을 특정할 수 없는 이상, 조건성취 방해에 따른 조건성취를 의제하더라도 그것만으로는 곧바로 매도주주와 상대방 당사자 사이에 어떠한 법적 효과가 발생하는지를 정할 수 없다.

(다) 원심은, 이 사건 동반매도요구권이 그 행사 결과 원고 오딘2의 매도결정통지로부터 14일 이내에 DICC 주주간계약 제3.4조 (b)항 (iii)호 (x), (y), (z) 가운데 상대방인 피고 두산인프라코어의 선택에 좇아 위 피고가 부담하는 급부의 내용이 확정되는 선택채권의 성격을 가진다고 판단하였다. 그러나 다음과 같은 이유로 이러한 판단은 타당하지 않다.

이 사건 동반매도요구권은 매도주주가 가지는 권리로서 매도주주의 동반매도요구권을 행사한다는 의사표시가 있고, 이에 대한 상대방 당사자의 동의가 있거나 동의가 간주됨에 따라 상대방 당사자와 매도주주를 매도인으로, 매수예정자를 매수인으로, 상대방 당사자와 매도주주 소유의 DICC 지분을 매매목적물로 하는 매매계약 체결이 의제되는 법률효과가 발생함이 원칙이다[제3.4조 (b)항 (iii)호 (x)]. 이와 달리 상대방 당사자가 자신의 지분을 매수예정자에게 매도하기를 원하지 않는다면, 매도주주 소유의 DICC 지분을 자신이 직접 매수하거나[제3.4조 (b)항 (iii)호 (y)], 매수예정자의 조건보다 더 유리한 조건을 가진 제3의 매수인을 찾아서 매도주주에게 제3의 매수인에게 DICC 주식을 매도할 것을 제안할 수 있다[제3.4조 (b)항 (iii)호 (z)]. 동반매도요구권 행사에 따른 효과를 규정한 위 조항들의 내용을 종합하면, 상대방 당사자인 피고 두산인프라코어가 어떠한 경우에도 DICC 경영권 유지 등의 목적으로 자신의 지분을 매각할 수 없고 반드시 보유해야만 하는 등 특별한 상황이 아니라면 (y)와 (z)는 매도주주로부터 동반매도요구권 행사의 통지를 받은 상대방 당사자가 그 행사 여부를 선택할 수 있는 권리라고 할 수 있고, 상대방 당사자가 선택해야만 하는 의무로 보기는 어렵다. 원심판결 이유에 원고 오딘2의 동반매도요구권 행사에 대하여 피고 두산인프라코어가 반드시 DICC의 경영권을 유지하기 위해서 우선매수권을 행사해야만 하는 사정은 나타나 있지 않다. 따라서 (x)와 (y), (z)는 기본원칙과 그 원칙을 변경할 수 있는 추가적 권리를 정한 것으로 볼 수 있을 뿐이고, 원심이 전제하고 있는 것처럼 이들이 서로 대등한 병렬적인 선택채권의 관계에 있다고 보기는 어렵다. 피고 두산인프라코어의 선택이 있어야만 (x), (y), (z)에 따라서 매매계약의 당사자, 매매대상, 매매금액 등이 전혀 다른 별개의 매매계약의 체결이 의제되는 법적 효력이 발생한다. 매수예정자와 매각금액이 특정되었다고 볼 수 없는 상태에서 조건성취 방해에 따른 조건

성취를 의제하더라도 그것만으로 곧바로 매도주주와 상대방 당사자 사이에 어떠한 법적 효과가 발생하는지를 정할 수 없으므로, 이에 따라 원고 오딘2가 갖는 구체적인 권리와 의무의 내용을 정할 수 없다.

(라) 기업인수계약은 일반적으로 매도인이 회사에 관한 투자소개서와 입찰서류를 배포하여 그에 응한 사람들 가운데 입찰적격자를 선정한 다음 구속력 있는 입찰제안을 받아서 우선협상대상자를 선정하고, 우선협상대상자와 양해각서를 체결한 다음 대상회사에 대한 정밀실사를 거쳐 인수대금을 조정하며, 대금 지급 시기와 경영권 이전 시기 등을 조율하는 등의 절차를 거친 다음에 비로소 본계약을 체결하게 된다. 그런데 이 사건 매각절차는 원고 오딘2가 윌버 로스와 플래티넘으로부터 법적 구속력이 없는 인수의향서만을 제출받은 상황에서 투자소개서 작성을 준비하고 있던 초기 단계에서 중단되었다. 동반매도요구권이 행사되어 DICC의 지분 100%가 매도될 수 있음을 전제로 진행되었던 이 사건 매각절차가 기업의 지배권을 이전하기 위해 주식을 양도하는 기업인수절차와 같고, 기업인수계약과 마찬가지로 본 계약 체결에 이르기까지 절차가 매우 복잡하며 여러 가지 변수에 따른 불확실성을 가진다는 점에 비추어 보더라도, 피고 두산인프라코어가 원고 오딘2의 자료제공 요청에 응하지 않았다는 사정만으로 신의성실에 반하여 조건의 성취를 방해하였다고 단정하기는 어렵다.

(마) 위와 같은 여러 사정을 종합적으로 고려하면, 피고 두산인프라코어가 원고 오딘2에 입찰절차 진행에 필요한 투자소개서 작성을 위한 자료를 제대로 제공하지 않은 행위만을 이유로 신의성실에 반하여 조건의 성취를 방해한 것으로 보기 어려울 뿐 아니라 그 조건성취로 인한 법률 효과를 정할 수 없다는 점에서도 민법 제150조 제1항에 따라 원고 오딘2와 피고 두산인프라코어 사이에 원고 오딘2 소유의 DICC 지분에 관한 매매계약 체결이 의제된다고 할 수 없다.

(바) 그런데도 원심은 이 사건 매수예정자와 매각금액의 결정이 동반매도요구권 행사의 조건이고, 동반매도요구권의 행사 결과 원고 오딘2가 갖는 권리가 선택채권의 성격을 가진다고 보아 민법 제150조 제1항에 따라 원고 오딘2와 피고 두산인프라코어 사이에서 원고 오딘2 소유의 DICC 지분에 관한 매매계약이 체결된 것으로 의제된다고 판단하였다. 원심의 이러한 판단에는 조건부 법률행위에서 조건, 민법 제150조 제1항에서 정한 조건성취 방해행위와 그 유추적용, 선택채권에 관한 법리를 오해하여 판결에 영향을 미친 잘못이 있다. 이를 지적하는 피고 두산인프라코어의 상고이유 주장은 정당하다.

4) 동반매도참가권(Tag-along right)

스폰서/종류주주가 그의 주식의 매각을 통해 투자회수를 하고자 하는 경우, 다른 주주의 투자회수도 가능하게 하기 위하여, 주주간계약의 상대방이 스폰서/종류주주에게 그 상대방이 보유하는 주식을 스폰서/종류주주의 주식과 함께 일괄하여 매도하도록 요구할 수 있는 권리가 규정된다. 다만, 이러한 동반매도참가권이 앞서 살펴본 우선매수권(Right of first-refusal)과 함께 규정되는 경우에는, 청구당사자에 의한 매매예정통지 → 상대당사자의 우선매수권 행사 여부 확정 → 상대당사자의 동반매도참가권 등의 절차로 규정된다.

[계약서 기재례] 동반매도참가권(Tag-along Right)

(1) 어느 당사자(이하 "청구당사자")가 이 계약 제[*]조[322]에 따른 매매예정통지를 한 경우로써 이 계약 제[*]조에 따른 우선매수권 행사기한 만료 후에 우선매수권이 행사되지 않은 매도대상주식(이하 "잔존 매도대상주식")이 있는 경우에는, 이 계약 제[*]조에 따른 우선매수권을 행사하지 않은 이 계약의 다른 당사자(이하 "상대당사자")는 자신이 보유한 발행회사의 주식 중 아래에 따라 계산된 수의 주식(단, 1주 미만의 단수는 절사한다. 이하 "매도참가가능주식")(잔존 매도대상주식과 상대당사자가 매도참여를 희망하는 발행회사의 주식이 다른 종류의 주식인 경우에는, 보통주식으로의 전환비율 및 각 해당 주식의 권리 행사에 의해 또는 취득과 상환으로 교부될 보통주식의 수를 고려한 매도참가가능주식의 수에 상당하는 주식으로 한다)에 관하여 청구당사자와 동일한 가격과 조건으로 그에 우선하여 주식 매도에 참여할 수 있는 권리(이하 "동반매도참가권")를 가진다. 상대당사자가 동반매도참가권을 행사하고자 하는 경우, 상대당사자는 제(1)항의 통지를 받은 날로부터 [*]영업일 이내에 청구당사자에게 동반매도참가권을 행사하여 매도하고자 하는 주식의 수량을 통지하여야 한다.

$$A = B \times C / (D + E)$$

A = 매도참가가능주식 수
B = 잔존 매도대상주식 수
C = 해당 상대당사자가 보유하는 주식 수
D = 청구당사자가 보유하는 주식 수
E = 동반매도참가권을 행사한 전(全)상대당사자가 보유하는 주식 수

(2) 상대당사자가 이 조에 따라 동반매도참가의 통지를 한 경우 청구당사자는 상대당사자의 매도참가가능주식이 자신의 주식보다 먼저 매도되도록 하여야 하고, 상대당사자의 매도참가가능주식이 먼저 매도되지 아니하는 경우 청구당사자는 자신의 주식을 매도할 수 없다. 만일 청구당사자가 이 항을 위반하여 자신의 주식을 일부라도 먼저 매도하는 경우에는, 상대당사자의 다른 의사표시가 없는 한, 위반하여 매도한 청구당

322) 우선매수권(Right of first-refusal)에 관한 조항

사자의 주식 수에 상당하는 상대당사자의 매도참가가능주식 수에 대해 청구당사자와 상대당사자 사이에서도 청구당사자와 매도상대방 사이에서 체결된 매매계약과 동일한 조건으로 매매계약이 체결된 것으로 본다.

5) 종류주주의 매수청구권(Put-option)

일정한 사유가 발생한 경우 또는 일정 기간 경과 후 또는 양자의 요건이 모두 충족되는 경우, 종류주주가 스폰서(주식매입의무자)에게 종류주식의 매수를 청구할 수 있는 권리가 규정된다.[323] 이때 후순위 투자자인 종류주주의 매수청구권의 행사에 의해 투자회수 목적을 달성하기 위해서는, 상환가격의 경우와 마찬가지로 이것이 행사되는 경우의 매매대금을 당해 주식취득 시점에 예상하였던 당초의 투자수익(IRR, 만기보장수익률 등)을 충족시키는 가액으로 정할 필요가 있다. 다만, 매매대금에 대해서는 풋옵션이 행사된 사유에 따라 달리 합의될 수 있는데, 스폰서 등의 의무위반 등의 사유에 의해 풋옵션이 행사되는 경우를 예로 들면, 이때에는 스폰서에 대한 제재의 의미가 있으므로 콜옵션의 경우와는 반대로 이것이 행사되는 경우의 매매대금을 미리 합의된 기준가액에서 추가로 일정한 페널티(위약벌 등)를 감액한 가액으로 정하는 경우도 있다.

[계약서 기재례] 매수청구권(Put-option)

제[*]조 [매수청구권(Put-option)]

(1) 인수인은, 다음 각호의 어느 사유(이하 "풋옵션사유"라고 한다), 자신이 보유하는 주식 전 부(이하 "풋옵션대상주식"이라고 한다)를 1주당 납입금액(주식분할, 주식병합 등이 이루어진 경우에는 그에 따라 합리적인 조정이 이루어진 액)과 1주당 공정가액 중 높은 가격에 [1.5][324]를 곱하여 산출된 가격(이하 "풋옵션행사가격"[325]이라고 한다)으로, 스폰서주주에 대하여 매수할 것을 청구할 수 있는 권리(이하 "풋옵션"이라고 한다)를 가진다. 본 항에서 '공정가액'이란, [*][326]을 말한다.

1. 스폰서주주 또는 주식발행회사에 의해 본 계약 또는 주식인수계약상의 [중대한] 의무위반이 있고, 인수인이 스폰서주주에게 서면에 의해 그 시정을 요구하였음에

323) 주식발행회사가 매수청구의 상대방이 되는 경우 또는 그의 출연으로 매수청구권 대금이 지급되는 경우에는 자기주식취득약정에 해당하여 원칙적으로 무효가 된다.

324) 통상은 풋옵션의 성질상 1.0 초과로 규정된다. 기간, 사유에 따라 달리 정할 수 있다.

325) 각 사유별로 풋옵션행사가격을 달리 정하기도 하고, 의무위반에 대한 제재의 성격이 있는 경우에는 일정한 페널티(위약벌 등)를 가산하기도 한다.

326) 회계법인에 의한 평가, 주가 등 공정가액 산정 방법을 규정한다.

도 불구하고, 시정 요구일부터 [*]주 이내에 해당 위반상태가 시정되지 않은 경우
2. 스폰서주주 또는 주식발행회사가 도산절차의 개시신청을 하거나 스폰서주주 또는 주식발행회사에 대해 그러한 신청이 이루어진 경우(단, 정당한 이유없이 그러한 신청이 이루어진 경우를 제외)
3. 주주의 변경에 의해 스폰서주주 또는 주식발행회사의 지배권 변동이 발생한 경우. 본 호에서 "지배권 변동"이란 [*]를 말한다.
4. [*]

(2) 인수인이 풋옵션을 행사하고자 하는 경우, 풋옵션을 행사한 인수인(이하 "풋옵션행사당사자"라고 한다)은 스폰서주주에 대하여 풋옵션사유의 발생일부터 [*]일 이내(이하 "풋옵션행사기한"이라고 한다)에 그 행사취지를 통지(이하 "풋옵션행사통지"라고 한다)하고, 풋옵션행사기한 내에 풋옵션행사통지가 발송되지 않은 경우에는 해당 풋옵션사유에 관한 풋옵션은 소멸한다.

(3) 전항에 의한 풋옵션행사통지가 발송된 경우, 스폰서주주에게 풋옵션행사통지가 도달한 날부터 [*]일 후의 날(단, 해당일이 영업일이 아닌 경우에는 그 다음 영업일) 또는 스폰서주주와 풋옵션행사당사자가 별도로 합의한 날을 실행일(이하 "풋옵션실행일"이라고 한다)로 하여, 풋옵션대상주식에 관한 주식양도계약이 체결된 것으로 본다. 스폰서주주는 풋옵션실행일에 풋옵션행사당사자에 대하여 풋옵션대상주식 수에 풋옵션행사가격을 곱하여 계산된 금액을 풋옵션대상주식의 양수의 대가로 지급하고, 풋옵션행사당사자는 스폰서주주에 대하여 해당 대가의 수령과 상환으로 풋옵션대상주식을 양도한다. 스폰서주주는 제3자를 통하여 풋옵션대상주식을 매수할 수 있다. 단, 제3자는 스폰서주주의 신용등급 이상의 자로서 인수인이 승인하는 자여야 한다. 스폰서주주가 제3자를 통하여 풋옵션대상주식을 양수하는 경우 스폰서주주는 해당 제3자의 풋옵션대상주식의 양수의 대가에 대한 지급채무를 연대하여 보증한다.

(4) 풋옵션의 행사는 풋옵션행사당사자에 의한 스폰서주주 및 주식발행회사 등에 대한 손해배상청구권의 행사에 영향을 미치지 않는다.

6) 종류주주의 매도청구권(Call-option)

일정한 사유가 발생한 경우 또는 일정 기간 경과 후 또는 양자의 요건이 모두 충족되는 경우, 종류주주가 스폰서(주식매도의무자)에게 종류주식의 매도를 청구할 수 있는 권리가 규정된다.[327] 이때 이것이 행사되는 경우의 매매대금에 대해서는 콜옵션이 행사된 사유에 따라 달리 합의될 수 있는데, 스폰서 등의 의무위반 등의 사유에 의해 콜옵션이 행사되는

327) 앞서 살펴본 바와 같이, 선수위 대주와 후순위 투자자인 종류주주 및 차주(주식발행회사) 사이에 체결되는 투자자간합의서에서 선순위 대주에게 보통주식에 대한 담보권 실행 시 종류주식에 대한 콜옵션(Call-option)이 부여되기도 한다.

경우를 예로 들면, 이때에는 스폰서에 대한 제재의 의미가 있으므로 풋옵션의 경우와는 반대로 이것이 행사되는 경우의 매매대금을 미리 합의된 기준가액에서 일정비율(필요한 경우)(일정한 페널티 포함)을 할인한 가액으로 정하는 경우가 많다.

[계약서 기재례] 매도청구권(Call-option)

제[*]조 [매도청구권(Call-option)]

(1) 인수인은, 다음 각호의 어느 사유(이하 "풋옵션사유"라고 한다)가 발생하는 경우, 스폰서주주가 보유하는 주식 전부(이하 "콜옵션대상주식"이라고 한다)를 1주당 납입금액(주식분할, 주식병합 등이 이루어진 경우에는 그에 따라 합리적인 조정이 이루어진 액)과 1주당 공정가액 중 낮은 가액(단, 제1호의 사유에 해당하는 경우에는 해당 금액에 [0.7][328]을 곱하여 산출된 가격)(이하 "콜옵션행사가격"[329]이라고 한다)으로, 자신 또는 그가 지정하는 제3자에게 매도할 것을 청구할 수 있는 권리(이하 "콜옵션"이라고 한다)를 가진다. 본 항에서 '공정가액'이란, [*][330]을 말한다.

1. 스폰서주주 또는 주식발행회사에 의해 본 계약 또는 주식인수계약상의 [중대한] 의무위반이 있고, 인수인이 스폰서주주에게 서면에 의해 그 시정을 요구하였음에도 불구하고, 시정 요구일부터 2주 이내에 해당 위반상태가 시정되지 않은 경우
2. 스폰서주주 또는 주식발행회사가 도산절차의 개시신청을 하거나 스폰서주주 또는 주식발행회사에 대해 그러한 신청이 이루어진 경우(단, 정당한 이유없이 그러한 신청이 이루어진 경우를 제외)
3. 주주의 변경에 의해 스폰서주주 또는 주식발행회사의 지배권 변동이 발생한 경우. 본 호에서 "지배권 변동"이란 [*]를 말한다.
4. [*]

(2) 인수인이 콜옵션을 행사하고자 하는 경우, 콜옵션을 행사한 인수인(이하 "콜옵션행사당사자"라고 한다)은 스폰서주주에 대하여 콜옵션사유의 발생일부터 90일 이내(이하 "콜옵션행사기한"이라고 한다)에 그 행사취지를 통지(이하 "콜옵션행사통지"라고 한다)하고, 콜옵션행사기한 내에 콜옵션행사통지가 발송되지 않은 경우에는 해당 콜옵션사유에 관한 콜옵션은 소멸한다.

(3) 전항에 의한 콜옵션행사통지가 발송된 경우, 스폰서주주에게 콜옵션행사통지가 도달한 날부터 30일 후의 날(단, 해당일이 영업일이 아닌 경우에는 그 다음 영업일) 또는 스폰서주주와 콜옵션행사당사자가 별도로 합의한 날을 실행일(이하 "콜옵션실행일"

---

328) 통상은 콜옵션의 성질상 1.0 미만으로 규정된다. 기간, 사유에 따라 달리 정할 수 있다.

329) 각 사유별로 콜옵션행사가격을 달리 정하기도 하고, 의무위반에 대한 제재의 성격이 있는 경우에는 일정한 페널티(위약벌 등)를 감액하기도 한다.

330) 회계법인에 의한 평가, 주가 등 공정가액 산정 방법을 규정한다.

이라고 한다)로 하여, 콜옵션대상주식에 관한 주식양도계약이 체결된 것으로 본다. 콜옵션행사당사자는 콜옵션실행일에 스폰서주주에 대하여 콜옵션대상주식 수에 콜옵션행사가격을 곱하여 계산된 금액을 콜옵션대상주식의 양수의 대가로 지급하고, 스폰서주주는 콜옵션행사당사자에 대하여 해당 대가의 수령과 상환으로 콜옵션대상주식을 양도한다.

(4) 콜옵션의 행사는 콜옵션행사당사자에 의한 스폰서주주 및 주식발행회사 등에 대한 손해배상청구권의 행사에 영향을 미치지 않는다.

(6) 주식발행회사/계열회사의 금융지원

주식의 발행·인수·양도와 관련하여, 자사(自社)가 발행하는 주식을 인수하거나 또는 기발행한 자사(自社) 주식을 제3자로부터 매수하고자 하는 자에 대한 주식발행회사에 의한 자금대여 등 금융지원, 자금조달에 관한 보증·담보의 제공, 풋옵션(Put-option)을 통한 주식매수의무의 부담 등이 허용되는지의 문제[331]가 있다. 이러한 지원행위는 통상의 담보제공이나 금융지원의 경우와 마찬가지로, 이사의 배임, 선관주의의무 및 충실의무 위반, 이사 등과 회사 간의 거래 제한(상법 제398조), 주요주주 등 이해관계자와의 거래 제한(상법 제549조의9), 독점규제법상의 채무보증제한(동법 제24조)·불공정거래행위금지(동법 제45조 제1항) 및 특수관계인에 대한 부당한 이익제공 등 금지(동법 제47조) 등의 행위제한, 금소법상 불건전영업행위 금지에 의한 연대보증인 적격 제한(금소법 제20조 제1항 제4호) 등 관련 법령상 각종 금지·제한의 위반이 문제될 수 있기 때문에 우선은 이러한 각종 금지·제한의 위반 여부가 검토되어야 한다. 또한, 주식발행회사의 계열회사(투자대상회사, 100% 자회사 포함)에 의한 보증·담보의 제공, 풋옵션(Put-option), 신용디폴트스왑(CDS), 총수익스왑(TRS)을 통한 주식매수의무의 부담 또는 실질적인 경제적 이익 귀속 등의 경우에도 마찬가지이다.

한편, 주식발행회사에 의한 자금대여 등 금융지원, 자금조달에 관한 보증·담보의 제공, 풋옵션(Put-option)을 통한 주식매수의무의 부담 등의 경우에는 위와 같은 일반적인 문제에 더하여, 다음의 대법원 판결 [판례 3-37]부터 [판례 3-43]까지에서 보는 바와 같이, 사안에 따라서는 상법상 자기주식취득규제와 자본충실의 원칙 등과 관련하여서도 그 위반 여부가 문제될 수 있으므로 이에 대한 검토도 추가로 필요하다.

331) 영미(英美)의 실무에서는 통상 「Financial Assistance」의 문제의 하나로 다루어지고 있다고 한다.

[판례 3-36] 대법원 1999. 6. 25. 선고 99도1141 판결

종업원지주제도는 회사의 종업원에 대한 편의제공을 당연한 전제로 하여 성립하는 것인 만큼, 종업원지주제도하에서 회사의 경영자가 종업원의 자사주 매입을 돕기 위하여 회사자금을 지원하는 것 자체를 들어 회사에 대한 임무위배행위라고 할 수는 없을 것이나, 경영자의 자금지원의 주된 목적이 종업원의 재산형성을 통한 복리증진보다는 안정주주를 확보함으로써 경영자의 회사에 대한 경영권을 계속 유지하고자 하는데 있다면, 그 자금지원은 경영자의 이익을 위하여 회사재산을 사용하는 것이 되어 회사의 이익에 반하므로 회사에 대한 관계에서 임무위배행위가 된다.

회사의 이사가 타인에게 회사자금을 대여하거나 타인의 채무를 회사 이름으로 지급보증함에 있어 그 타인이 이미 채무변제능력을 상실하여 그를 위하여 자금을 대여하거나 지급보증을 할 경우 회사에 손해가 발생하리라는 점을 충분히 알면서 이에 나아갔다면, 그와 같은 자금대여나 지급보증은 타인에게 이익을 얻게 하고 회사에 손해를 가하는 행위로서 회사에 대하여 배임행위가 되고, 회사의 이사는 단순히 그것이 경영상의 판단이라는 이유만으로 배임죄의 죄책을 면할 수는 없으며, 이러한 이치는 그 타인이 자금지원 회사의 계열회사라 하여 달라지지 않는다.

[판례 3-37] 대법원 2013. 7. 11. 선고 2013다16473 판결

원심은, 손실보전 등의 금지를 규정한 「자본시장과 금융투자업에 관한 법률」 제55조는 금융투자업자와 투자자 사이에 적용되는 것이어서 이 사건 연대보증계약에 직접 적용되는 것으로 볼 수 없고, 피고가 이 사건 주식의 발행회사가 아니므로 이 사건 연대보증계약이 주주평등의 원칙이나 자기책임의 원칙에 반한다고 볼 수 없다는 이유로, 이 사건 연대보증계약이 탈법적인 약정으로서 무효라는 피고의 항변을 배척하였다.

관련 법리와 법령에 비추어 기록을 살펴보면 원심의 위와 같은 판단은 정당한 것으로 수긍할 수 있고, 거기에 상고이유의 주장과 같은 반사회적 법률행위에 관한 법리오해, 심리미진 등의 위법이 없다.

또한 원심은 이 사건 연대보증계약이 자기주식의 취득을 원칙적으로 금지하는 상법 제341조에 위반되거나 그러한 제한을 회피하기 위하여 행하여진 것으로서 무효라는 피고의 주장에 대하여 명시적으로 판단하지는 아니하였지만, 기록에 의하면 이 사건 연대보증계약에 따라 원고가 주식매수청구권(풋옵션)을 행사하여 피고가 이 사건 주식을 취득하게 되더라도 그 주식취득을 위한 자금이 주식발행회사인 알티전자 주식회사(이하 '알티전자'라 한다)의 출연에 의한 것이라거나 그 주식 취득에 따른 손익이 알티전자에 귀속되는 것이라는 점을 인정할 증거가 없으므로, 이 사건 연대보증계약이 자기주식 취득금지에 관한 상법 규정을 위반하거나 그러한 제한을 회피하기 위한 탈법적인 약정이라고 볼 수 없다(대법원 2011. 4. 28. 선고 2009다23610 판결 등 참조). 따라서 원심판결에 상고이유의 주장과 같이 상법 제341조의 자기주식 취득금지 규정에 관한 법리를 오해하여 판결에 영향을 미친 위법이 있다고 할 수 없다.

[판례 3-38] 대법원 2011. 4. 28. 선고 2009다23610 판결[332)]

상법 제341조는, 회사는 같은 조 각 호에서 정한 경우 외에는 자기의 계산으로 자기의 주식을 취득하지 못한다고 규정하고 있다. 이 규정은 회사가 자기의 계산으로 자기의 주식을 취득할 수 있다면 회사의 자본적 기초를 위태롭게 할 우려가 있어 상법 기타의 법률에서 규정하는 예외사유가 없는 한 원칙적으로 이를 금지하기 위한 것으로서, 회사가 직접 자기 주식을 취득하지 아니하고 제3자의 명의로 회사의 주식을 취득하였을 때 그것이 위 조항에서 금지하는 자기주식의 취득에 해당한다고 보기 위해서는, 그 주식취득을 위한 자금이 회사의 출연에 의한 것이고 그 주식취득에 따른 손익이 회사에 귀속되는 경우이어야 한다(대법원 2003. 5. 16. 선고 2001다44109 판결, 대법원 2007. 7. 26. 선고 2006다33609 판결 등 참조).

원심판결 이유에 의하면, 원심은 그 채택 증거들을 종합하여 그 판시와 같은 사실을 인정한 후, 자기주식의 취득을 금지하는 입법 취지에 비추어 볼 때, 회사의 경영자 등이 회사의 지배권을 취득하거나 유지 · 강화할 목적으로 회사로부터 금융상 지원을 받아 주식을 취득하는 것도 위와 같은 요건을 갖춘 경우에는 자기주식취득에 관한 탈법행위의 일종으로서 금지된다고 봄이 상당하다고 한 다음, 그 판시와 같은 사실관계에 나타나는 여러 사정들, 특히 피고의 이사인 소외인 등이 원래 피고의 최대 주주인 주식회사 버추얼텍(이하 '버추얼텍'이라고만 한다)의 경영위임에 따라 피고를 경영하다가 주식회사 글로벌피앤티(이하 '글로벌피앤티'라고만 한다)를 설립한 후, 버추얼텍으로부터 글로벌피앤티 명의로 이 사건 주식을 인수하여 글로벌피앤티를 통하여 피고를 지배하게 되었는데, 이것은 소외인 등이 글로벌피앤티에게 피고의 중요한 영업부문을 사실상 무단히 이전하고 피고의 재산을 빼돌리는 방법으로 피고의 희생하에 이루어진 것이므로, 이 사건 주식취득은 그 자금이 피고의 출연에 의한 것이고 그 주식취득에 따른 손익이 피고에게 귀속

332) 갑 주식회사 이사 등이 을 주식회사를 설립한 후 갑 회사 최대 주주에게서 을 회사 명의로 갑 회사 주식을 인수함으로써 을 회사를 통하여 갑 회사를 지배하게 된 사안에서, 갑 회사가 을 회사에 선급금을 지급하고, 을 회사가 주식 인수대금으로 사용할 자금을 대출받을 때 대출원리금 채무를 연대보증하는 방법으로 을 회사로 하여금 주식 인수대금을 마련할 수 있도록 각종 금융지원을 한 것을 비롯하여 갑 회사 이사 등이 갑 회사의 중요한 영업부문과 재산을 을 회사에 부당하게 이전하는 방법으로 을 회사로 하여금 주식취득을 위한 자금을 마련하게 하고 이를 재원으로 위 주식을 취득하게 함으로써 결국 을 회사를 이용하여 갑 회사를 지배하게 된 사정들만으로는, 을 회사가 위 주식 인수대금을 마련한 것이 갑 회사의 출연에 의한 것이라는 점만을 인정할 수 있을 뿐, 갑 회사 이사 등이 설립한 을 회사의 위 주식취득에 따른 손익이 갑 회사에 귀속된다는 점을 인정할 수 없으므로, 을 회사의 위 주식취득이 갑 회사의 계산에 의한 주식취득으로서 갑 회사의 자본적 기초를 위태롭게 할 우려가 있는 경우로서 상법 제341조가 금지하는 자기주식의 취득에 해당한다고 볼 수 없다고 한 사례

되는 경우에 해당하여 피고의 자본적 기초를 위태롭게 한다는 점 등을 근거로, 글로벌피앤티의 이 사건 주식취득은 외관상으로는 글로벌피앤티의 명의로 그 부담과 책임하에 이루어진 것처럼 보이지만 실질적으로는 피고의 계산이나 전폭적인 금융상 지원하에 이루어진 것으로서 상법 제341조가 금지하는 자기주식의 취득에 해당한다고 판단하였다.

그러나 원심이 인정한 사실관계에 비추어 볼 때, 피고가 글로벌피앤티에게 선급금을 지급하고, 글로벌피앤티가 이 사건 주식 인수대금으로 사용할 자금을 대출받을 때 그 대출원리금 채무를 연대보증하는 방법으로 글로벌피앤티로 하여금 이 사건 주식 인수대금을 마련할 수 있도록 각종 금융지원을 한 것을 비롯하여 원심 판시와 같이 피고의 이사인 소외인 등이 피고의 중요한 영업부문과 재산을 글로벌피앤티에게 부당하게 이전하는 방법을 통하여 글로벌피앤티로 하여금 주식취득을 위한 자금을 마련하게 하고 이를 재원으로 이 사건 주식을 취득하게 함으로써 결국 글로벌피앤티를 이용하여 피고를 지배하게 되었다 하더라도, 이러한 사정들만으로는 글로벌피앤티가 이 사건 주식 인수대금을 마련한 것이 피고의 출연에 의한 것이라는 점만을 인정할 수 있을 뿐, 더 나아가 소외인 등이 설립한 글로벌피앤티의 이 사건 주식취득에 따른 손익이 피고에게 귀속되는 관계에 있다는 점을 인정하기는 어렵고, 달리 기록을 살펴보아도 법률상 별개의 회사들인 피고와 글로벌피앤티 사이에 글로벌피앤티의 이 사건 주식취득에 따른 손익을 피고에게 귀속시키기로 하는 명시적 또는 묵시적 약정이 있었다는 등 글로벌피앤티의 이 사건 주식취득에 따른 손익이 피고에게 귀속되는 것으로 볼만한 사정을 찾아볼 수 없다.

따라서 사정이 이러하다면 위에서 본 법리에 따라 글로벌피앤티의 이 사건 주식취득이 피고의 계산에 의한 주식취득으로서 피고의 자본적 기초를 위태롭게 할 우려가 있는 경우로서 상법 제341조가 금지하는 자기주식의 취득에 해당한다고 볼 수 없다.

결국 원심판결에는 상법 제341조가 금지하는 자기주식의 취득에 관한 법리를 오해함으로써 판결에 영향을 미친 위법이 있다.

[판례 3-39] 대법원 2007. 7. 26. 선고 2006다33609 판결

회사가 제3자의 명의로 회사의 주식을 취득하더라도, 그 주식 취득을 위한 자금이 회사의 출연에 의한 것이고 그 주식 취득에 따른 손익이 회사에 귀속되는 경우라면, 상법 기타의 법률에서 규정하는 예외사유에 해당하지 않는 한, 그러한 주식의 취득은 회사의 계산으로 이루어져 회사의 자본적 기초를 위태롭게 할 우려가 있는 것으로서 상법 제341조, 제625조 제2호, 제622조가 금지하는 자기주식의 취득에 해당한다(대법원 2003. 5. 16. 선고 2001다44109 판결 참조). 한편, 구 종금사법 제21조는 "금융감독위원회는 종합금융회사의 업무를 감독하고 이에 필요한 명령을 할 수 있다."고 규정하고 있고, 이에 따라 종금사감독규정 제23조 제1항은 "종금사는 직접, 간접을 불문하고 당해 종금사의 주식을 매입시키기 위한 대출을 하여서는 아니 된다."고 규정하고 있는바, 이는 상법 제341조, 제625조 제

2호, 제622조의 취지를 잠탈하는 것을 막기 위한 것으로 볼 수 있다. 따라서 종금사의 이사가 상법 제341조, 제625조 제2호, 제622조의 규정을 위반하였을 뿐만 아니라, 그와 같은 취지를 규정한 종금사감독규정 제23조 제1항을 위반한 경우에는 경영판단의 원칙이 적용된다고 볼 수 없다.

원심판결 이유에 의하면, 대한종금의 대표이사이던 피고 5는 동남산업 주식회사(이하 '동남산업'이라 한다), 해표푸드서비스 주식회사(이하 '해표푸드서비스'라 한다)와 사이에, 대한종금이 해표푸드서비스에게 금원을 대출하여 주면, 동남산업은 그 대출금을 건네받아 그 돈으로 대한종금이 1999. 3. 25.경 유상증자를 위하여 발행할 신주를 인수하기로 하되, 해표푸드서비스의 대출금 상환을 위한 담보로 위 주식을 대한종금에게 제공하고, 대한종금이 관할 당국으로부터 영업정지처분결정을 받는 경우에 동남산업은 위 인수한 주식의 소유권을 대한종금에게 귀속시키고, 해표푸드서비스의 대출금 상환의무를 소멸시키는 통지를 할 수 있으며 이로써 대출금의 상환이 완료된 것으로 한다는 내용의 약정을 한 사실, 대한종금의 이사회 의장인 피고 1, 대표이사인 피고 5는 그 다음 날 이사회를 열어 해표푸드서비스를 신규 여신대상적격업체로 선정하고, 거래한도액을 300억 원으로 하는 내용의 이사회 결의를 하였고, 당시 감사이던 피고 4는 위 이사회 결의에 참석하여 의사록에 서명한 사실, 이에 따라 대한종금은 해표푸드서비스 앞으로 253억 원을 대출한 사실, 동남산업은 1999. 3. 26. 위 대출금을 해표푸드서비스로부터 건네받아 250억 원은 주식인수에 따른 주금납입대금으로, 나머지 3억 원은 기타 부대비용으로 각 사용하고, 대한종금에게 자신이 취득한 대한종금 보통주 500만 주를 담보로 제공한 사실, 대한종금이 1999. 4. 9. 금융감독위원회로부터 제2차 영업정지명령을 받게 되자, 동남산업은 1999. 5. 29. 위 약정에 기하여 동남산업이 인수한 주식의 소유권을 대한종금에 귀속시키고, 해표푸드서비스 명의의 대출금의 상환의무를 소멸시키는 통지를 한 사실을 알 수 있다. 대한종금과 해표푸드서비스 사이의 위 약정은 결국 동남산업이 청약하는 신주인수대금을 대한종금이 대출의 형식으로 제공하여 납입하게 하지만 해표푸드서비스에게는 그 대여금 상환의 책임을 지우지 아니하고 그 주식인수에 따른 손익을 대한종금에 귀속시키기로 하는 내용이라고 할 것이고, 위 약정의 실질은 대한종금의 계산 아래 대한종금이 동남산업 명의로 대한종금 스스로 발행하는 신주를 인수하여 취득하는 것을 목적으로 하는 것으로서, 대한종금의 대표이사 및 이사인 피고 5, 1의 위와 같은 행위는 자기주식취득을 금지한 상법 제341조, 제625조 제2호, 제622조에 위반될 뿐만 아니라, 그와 같은 취지를 규정한 종금사감독규정 제23조 제1항을 위반한 행위이므로, 이러한 경우에는 원칙적으로 경영판단의 원칙이 적용되지 않는다고 보아야 할 것이다.

[판례 3-40] 대법원 2003. 5. 16. 선고 2001다44109 판결

1. 상고이유 제2점에 대하여

가. 주식회사가 자기의 계산으로 자기의 주식을 취득하는 것은 회사의 자본적 기초를

위태롭게 하여 회사와 주주 및 채권자의 이익을 해하고 주주평등의 원칙을 해하며 대표이사 등에 의한 불공정한 회사지배를 초래하는 등의 여러 가지 폐해를 생기게 할 우려가 있으므로 상법은 일반 예방적인 목적에서 이를 일률적으로 금지하는 것을 원칙으로 하면서, 예외적으로 자기주식의 취득이 허용되는 경우를 유형적으로 분류하여 명시하고 있다(상법 제341조).

그러므로 상법 제341조, 제341조의2, 제342조의2 또는 증권거래법 등에서 명시적으로 자기주식의 취득을 허용하는 경우 외에, 회사가 자기주식을 무상으로 취득하는 경우 또는 타인의 계산으로 자기주식을 취득하는 경우 등과 같이, 회사의 자본적 기초를 위태롭게 하거나 주주 등의 이익을 해한다고 할 수 없는 것이 유형적으로 명백한 경우에도 자기주식의 취득이 예외적으로 허용되지만(대법원 1996. 6. 25. 선고 96다12726 판결 참조), 그 밖의 경우에 있어서는, 설령 회사 또는 주주나 회사채권자 등에게 생길지도 모르는 중대한 손해를 회피하기 위하여 부득이 한 사정이 있다고 하더라도 자기주식의 취득은 허용되지 아니하는 것이다.

그리고 위와 같은 금지규정에 위반하여 회사가 자기주식을 취득하는 것은 당연히 무효이다(대법원 1964. 11. 12. 자 64마719 결정 참조).

한편, 상법 제625조 제2호는 "누구의 명의로 하거나를 불문하고 회사의 계산으로 부정하게 그 주식을 취득하는 행위"를 처벌대상으로 규정하고 있다.

이들 규정을 아울러 고찰할 때, 비록 회사 아닌 제3자의 명의로 회사의 주식을 취득하더라도, 그 주식취득을 위한 자금이 회사의 출연에 의한 것이고 그 주식취득에 따른 손익이 회사에 귀속되는 경우라면, 상법 기타의 법률에서 규정하는 예외사유에 해당하지 않는 한, 그러한 주식의 취득은 회사의 계산으로 이루어져 회사의 자본적 기초를 위태롭게 할 우려가 있는 것으로서 상법 제341조가 금지하는 자기주식의 취득에 해당한다고 할 것이다.

나. 다른 한편, 주식회사의 자본충실의 원칙상 주식의 인수대금은 그 전액을 현실적으로 납입하여야 하고 그 납입에 관하여 상계로써 회사에 대항하지 못하는 것이므로(상법 제295조, 제334조, 제421조, 제422조) 회사가 제3자에게 주식인수대금 상당의 대여를 하고 제3자는 그 대여금으로 주식인수대금을 납입한 경우에, 회사가 처음부터 제3자에 대하여 대여금 채권을 행사하지 아니하기로 약정되어 있는 등으로 대여금을 실질적으로 회수할 의사가 없었고 제3자도 그러한 회사의 의사를 전제로 하여 주식인수청약을 한 때에는, 그 제3자가 인수한 주식의 액면금액에 상당하는 회사의 자본이 증가되었다고 할 수 없으므로 위와 같은 주식인수대금의 납입은 단순히 납입을 가장한 것에 지나지 아니하여 무효라고 할 것이다.

다. 원심이 적법하게 인정한 사실에 의하면, 대한종합금융 주식회사(이하 '대한종금'이라 한다)의 제안에 따라 원고는 원고 또는 그가 지정하는 자의 이름으로 대한종금의 유상증자에 참여하기로 하되, 100억 원을 대한종금으로부터 대출받아 이를 신주인수의 청약대금으로 대한종금에 납입하고, 인수한 주식 전부를 대한종금에 담보로 제공하며, 대한종금이 영업정지를 받는 등의 사유가 발생하는 경우에는 그 전일자로 대한종금에 대하여 원고가 위 주식의 매수(환매)를 청구할 수 있는 권리가 발생한 것으로 간주하고 그 매수가격을 발행가액으로 하여 원고의 위 대출금채무와 상계된 것으로 보고 이자 등 일체의 채권에 대하여 대한종금의 권리가 상실되는 것으로 계약을 체결하였다는 것인바, 이는 결국 원고가 청약하는 신주인수대금을 대한종금이 대출의 형식으로 제공하여 납입하게 하지만 원고에게는 그 대여금 상환의 책임을 지우지 아니하고 그 주식인수에 따른 손익을 대한종금에 귀속시키기로 하는 내용의 계약이라고 할 것이고, 따라서 이 계약의 실질은 대한종금의 계산 아래 대한종금이 원고 또는 원고가 지정하는 자의 명의로 대한종금 스스로 발행하는 신주를 인수하여 취득하는 것을 목적으로 하는 것으로서, 앞에서 본 법리에 비추어 자기주식의 취득이 금지되는 유형에 해당한다고 할 것이므로, 위 계약은 대출약정을 포함한 그 전부가 무효라고 할 것이고, 그 계약에 따라 원고가 대한종금의 대여금으로 신주대금을 납입한 것 역시 무효라고 할 것이다.

라. 그렇다면 위 계약에 기초하여 원고와 대한종금 사이에서 이루어진 100억 원의 대출약정은 무효이므로 위 대출약정에 따른 원고의 채무는 존재하지 아니한다고 할 것이고, 그 계약에 따라 대출금으로 원고에게 입금되었던 금원은 신주인수대금 명목으로 다시 대한종금에 입금되었으므로 원고가 대출금 상당의 부당이득을 한 것으로 볼 수도 없다고 할 것이다.

마. 원심판결의 이유설시가 적절하지는 아니하나, 위 대출약정에 따른 원고의 대출원리금 기타 일체의 채무가 존재하지 아니한다고 본 결론에 있어서는 정당하고, 원심판결에, 판결에 영향을 미친 법리오해의 위법이 있다고 볼 수 없다.

2. 상고이유 제1점에 대하여

피고는 이 사건 주식매수 및 상계약정이 유효하다는 결론에 따를 때 원고만이 주금을 환급받는 결과로 되어 다른 일반주주들에 비하여 원고에게 특별한 이익을 부여하는 것으로서 주주평등의 원칙에 위배된다고 주장하나, 위에서 본 바와 같이 이 사건 계약은 대한종금이 자기주식을 취득하는 것을 목적으로 하는 것으로서 자기주식의 취득금지에 위배되어 그 전체가 무효이고, 이에 따라 이에 포함된 주식매수 및 대출약정 등도 모두 무효로 되는 것으로서 상고이유의 주장은 이와 다른 전제에서 주장하는 것으로 이유 없다 할 것이다.

3. 상고이유 제3점에 대하여

피고는 이 사건 주식매수 및 상계약정이 파산채권자를 해함을 알고 한 행위이거나 파산자의 의무에 속하지 아니함에도 불구하고 지급정지나 파산신청이 있은 후에 한 채무소멸에 관한 행위이므로 파산법상의 부인권을 행사한다고 주장하나, 원고와 대한종금

사이의 계약이 앞에서 본 바와 같은 이유로 모두 무효인 이상, 그 주식매수대금과 대여금 사이에 상계가 이루어질 여지는 없고, 따라서 피고가 상계약정에 대하여 부인권을 행사할 이유나 필요도 없다고 할 것이므로, 이와 다른 견지에서 위 계약이 유효함을 전제로 하는 위 주장은 이유 없다.

[판례 3-41] 대법원 2022. 7. 14. 선고 2019다271661 판결

1. 이 사건 확약서상 주식 환매약정에 따른 주식매매대금 청구에 관한 판단

원심은 다음과 같이 판단하였다.

피고 주식회사 디시홀딩스(이하 '디시홀딩스'라 한다)가 2007년 이 사건 조합으로부터 이 사건 주식을 환매하고 피고 2가 이를 연대보증하기로 하는 이 사건 확약서가 작성되었다.

이 사건 확약서상 피고 디시홀딩스가 피고 2의 계산으로 이 사건 주식을 환매하기로 했다고 보기 어렵고, 설령 그러한 가능성이 있다고 하더라도 그것만으로 상법상 자기주식취득 제한 규정의 적용을 면할 수 없다.

피고 디시홀딩스가 주식을 소각하기 위하여 주식 환매를 약정하였다고 볼 증거도 없다.

<u>피고 디시홀딩스가 이 사건 확약서에서 정한 대로 주식을 환매하면 특정 주주인 이 사건 조합에 출자를 환급하는 결과가 되므로 자본충실을 해칠 위험성이 존재한다. 따라서 이 사건 확약서상 주식 환매약정은 자기주식취득을 내용으로 하는 채권적 합의로서 자기주식취득 제한에 관한 구 상법(2011. 4. 14. 법률 제10600호로 일부 개정 전의 것) 제341조를 위반하여 무효이다</u>.

원심판결 이유를 관련 법리에 비추어 살펴보면, 원심판결에 상고이유 주장과 같이 자기주식취득 제한, 증명책임, 권리남용금지 원칙, 신의성실의 원칙에 관한 법리 등을 오해하여 판결에 영향을 미친 잘못이 없다.

2. 피고들의 공동불법행위로 인한 손해배상청구에 관한 판단

원심은 다음과 같은 이유로 원고의 피고 디시홀딩스, 피고 2에 대한 손해배상청구와 피고 디시홀딩스의 법인격 부인을 전제로 한 피고 주식회사 디시인사이드(이하 '피고 디시인사이드'라 한다)에 대한 손해배상청구를 받아들이지 않았다.

피고 디시홀딩스와 피고 2가 처음부터 이 사건 확약서가 상법상 자기주식취득 제한 규정에 반하여 무효임을 알면서 주식 환매를 약속하는 등 원고를 기망하였다고 인정하기 어렵다.

이 사건 확약서 작성 당시 디시홀딩스 주식의 가치가 약정한 환매대금에 현저히 미치지 못하였다거나 피고 디시홀딩스가 약속을 이행하지 못할 정도로 재정적인 어려움을 겪고 있었다고 보기 어렵다.

피고 디시홀딩스가 환매의무를 이행할 생각 없이 원고가 전환권을 행사하면 곧바로 관계회사를 설립하여 주요 영업자산을 양도할 의도였다고 인정하기도 어렵다.

원심판결 이유를 관련 법리와 기록에 비추어 살펴보면, 원심판결에 상고이유 주장과 같이 피고들의 공동불법행위 여부에 관한 심리미진이나 사실오인 등의 잘못이 없다.

3. 이 사건 인수계약상 주식매수청구권 행사에 따른 주식매매대금청구에 관한 판단

가. 주식매수청구권의 행사기간에 관한 법리

투자 관련 계약에서 당사자 일방이 상대방에게 자신이 보유한 주식의 매수를 청구하면 주식에 관한 매매계약이 체결되는 것으로 정한 경우 이러한 주식매수청구권은 일방의 의사표시에 따라 매매계약이라는 새로운 법률관계를 형성하는 권리로서 일종의 형성권에 해당한다.

이와 같이 계약에 따라 발생하는 형성권인 주식매수청구권의 행사기간은 제척기간이다. 제척기간은 일반적으로 권리자로 하여금 자신의 권리를 신속하게 행사하도록 함으로써 법률관계를 조속히 확정하려는데 그 제도의 취지가 있으나, 법률관계를 조속히 확정할 필요성의 정도는 그 권리를 정한 계약마다 다르므로, 주식매수청구권의 행사기간을 정할 때에도 이를 고려해야 한다. 우선 계약에서 주식매수청구권의 행사기간을 약정한 때에는 주식매수청구권은 그 기간 내에 행사되지 않으면 제척기간의 경과로 소멸한다. 반면 주식매수청구권의 행사기간에 관한 약정이 없는 때에는 그 기초가 되는 계약의 성격, 주식매수청구권을 부여한 동기나 그로 말미암아 달성하고자 하는 목적, 주식매수청구권 행사로 발생하는 채권의 행사기간 등을 고려하여 주식매수청구권의 행사기간을 정해야 한다.

상행위인 투자 관련 계약에서 투자자가 약정에 따라 투자를 실행하여 주식을 취득한 후 투자대상회사 등의 의무불이행이 있는 때에 투자자에게 다른 주주 등을 상대로 한 주식매수청구권을 부여하는 경우가 있다. 특히 주주 간 계약에서 정하는 의무는 의무자가 불이행하더라도 강제집행이 곤란하거나 그로 인한 손해액을 주장·증명하기 어려울 수 있는데, 이때 주식매수청구권 약정이 있으면 투자자는 주식매수청구권을 행사하여 상대방으로부터 미리 약정된 매매대금을 지급받음으로써 상대방의 의무불이행에 대해 용이하게 권리를 행사하여 투자원금을 회수하거나 수익을 실현할 수 있게 된다. 이러한 주식매수청구권은 상행위인 투자 관련 계약을 체결한 당사자가 달성하고자 하는 목적과 밀접한 관련이 있고, 그 행사로 성립하는 매매계약 또한 상행위에 해당하므로, 이때 주식매수청구권은 상사소멸시효에 관한 상법 제64조를 유추적용하여 5년의 제척기간이 지나면 소멸한다고 보아야 한다.

한편, 투자 관련 계약에서 투자대상회사 등의 의무불이행이 있는 때에 투자자가 형성권인 주식매수청구권을 행사할 수 있다고 정한 경우 특별한 사정이 없는 한 그 행사기간은 투자대상회사 등의 의무불이행이 있는 때부터 기산한다고 보아야 한다. 그렇지 않으면 행사기간이 지난 다음에 비로소 투자대상회사 등의 의무불이행이 있는 경우에 투자자가 주식매수청구권을 행사할 수 없게 되어 불합리하다.

나. 이 사건에 대한 판단

(1) 원심판결 이유와 기록에 따르면, 다음 사정을 알 수 있다.

(가) 이 사건 조합은 2003. 9. 19.과 2006. 9. 20. 피고 디시홀딩스, 피고 2와 이 사건 인수계약을 체결하여 피고 디시홀딩스가 발행한 전환사채를 인수하였다. 이 사건 조합은 2007. 12. 20. 일부 전환사채에 대하여 전환권을 행사함으로써 디시홀딩스 주식을 보유하게 되었다.

(나) 피고 디시홀딩스는 2011. 2. 24. 이 사건 조합의 사전 서면 동의를 받지 않고 주요 영업자산을 피고 디시인사이드에 양도함으로써 이 사건 인수계약 제15조를 위반하였다. 이는 이 사건 인수계약 제26조 제1항 제9호, 제10호에서 정한 의무위반에 해당한다.

(다) 이 사건 인수계약 제27조는 제26조 제1항 제9호, 제10호의 사유가 발생한 경우 이 사건 조합이 전환사채에서 전환된 주식 중 전부 또는 일부에 대해 피고 2에게 매수를 청구할 수 있고, 이로써 이 사건 조합과 피고 2 사이에 매수청구 대상 주식에 관한 매매계약이 성립하는 것으로 정하고 있다. 또 이 사건 인수계약 제27조는 이 사건 조합이 주식매수청구권을 행사한 경우 피고 2는 그때부터 30일 또는 이 사건 조합이 지정한 기한 내에 매매대금을 지급해야 하고, 매매대금은 원고가 투자한 원금에 일정기간 연복리 9%로 산정한 이자금을 합산한 금액으로 산정한다고 정하고 있다.

(라) 원고는 이 사건 조합으로부터 이 사건 인수계약상 권리를 전부 양도받았고, 이 사건 원심에서 소송이 진행되던 도중인 2018. 10. 19. 피고 2를 상대로 당시 보유 중인 주식 5,925주에 대하여 이 사건 인수계약 제27조가 정하는 주식매수청구권을 행사하였다.

(2) 이러한 사정을 위에서 본 법리에 비추어 보면, 다음과 같은 결론이 도출된다.

(가) 이 사건 인수계약 제27조가 정하는 주식매수청구권은 이 사건 인수계약의 당사자 일방인 이 사건 조합이 일방적으로 상대방인 피고 2와 이 사건 주식에 관한 매매계약을 성립시킬 수 있는 권리이므로 일종의 형성권에 해당한다.

(나) 위 주식매수청구권은 상사계약인 이 사건 인수계약의 일방 당사자이자 투자대상회사인 피고 디시홀딩스가 이 사건 인수계약 제15조의 사전 서면동의 의무 등을 불이행한 경우에 투자자인 이 사건 조합이 다른 당사자인 피고 2를 상대로 행사할 수 있는 권리이다. 이 사건 인수계약 제15조가 피고 디시홀딩스의 중요 자산 매각 등에 관하여 사전 서면동의 의무를 부과한 것은 그것이 투자 성과와 직결되는 중요한 사항이기 때문이다. 의무자가 이러한 의무를 불이행하더라도 그 이행을 강제하기가 쉽지 않고 그로 인한 합리적인 손해액을 산정하기도 어렵다. 이러한 상황에서 주식매수청구권은 투자대상회사인

피고 디시홀딩스가 투자자인 원고의 투자 성과에 중대한 영향을 미치는 의무를 위반한 경우에 원고로 하여금 원금과 일정한 수익을 보장받도록 하는 역할을 수행한다. 이러한 사정을 종합하면, 이 사건 인수계약 제27조가 정하는 주식매수청구권의 행사기간은 상사소멸시효에 관한 상법 제64조를 유추적용하여 5년이라고 봄이 타당하다.

(다) 원고는 이 사건 원심에서 소송이 진행되던 도중인 2018. 10. 19. 주식매수청구권을 행사하였으나, 그 전에 이미 피고 디시홀딩스가 의무를 위반한 때인 2011. 2. 24.부터 5년의 제척기간이 지남으로써 주식매수청구권은 소멸하였다고 보아야 한다.

(3) 결국 원고의 주식매수청구권이 그 행사 전에 5년의 제척기간이 지남으로써 소멸하였다는 원심판단은 정당하다. 원심판결에 상고이유 주장과 같이 주식매수청구권의 행사기간에 관한 법리오해나 변론주위 위반 등의 잘못이 없다.

4. 이 사건 인수계약 제28조에 따른 손해배상청구에 관한 판단

이 부분 상고이유 주장은 이 사건 인수계약 제28조에 따른 손해배상청구권의 소멸기효 기산점과 소멸시효 중단에 관한 주장에 대해 원심이 판단을 누락하였다는 것이다. 그러나 원심은 위 손해배상청구권에 관해 계약 위반일인 2011. 2. 24.부터 5년의 상사소멸시효기간이 진행된다고 판단함으로써 계약 위반 사실을 안 날을 소멸시효 기산점으로 해야 한다는 원고의 주장을 명시적으로 배척하였다.

한편, 원고는 가압류 결정으로 위 손해배상청구권의 소멸시효가 중단된다고 주장하였으나, 기록에 따르면 그 피보전채권은 이 사건 인수계약상 주식 환매약정에 근거한 환매대금채권이어서 가압류 결정은 이 사건 인수계약 제28조에 따른 손해배상채권에 대한 소멸시효 중단의 효력이 없다. 결국 원심이 원고의 소멸시효 중단 주장에 관하여 판단하지 않았다고 하더라도 그 주장이 배척될 경우임이 분명하므로 판결에 영향을 미치는 잘못이라 할 수 없다(대법원 2009. 2. 26. 선고 2006다24872 판결 등 참조).

[판례 3-42] 대법원 2006. 10. 12. 선고 2005다75729 판결

1. 예금 반환청구에 관하여

가. 상고이유 제1점에 대한 판단

상법은 주식회사가 자기의 계산으로 자기주식을 취득하는 것을 원칙적으로 금지하면서, 예외적으로 일정한 경우에만 그 취득이 허용되는 것으로 명시하고 있다. 따라서 상법 제341조, 제341조의2, 제342조의2 또는 증권거래법 등이 명시적으로 이를 허용하고 있는 경우 외에는, 회사의 자본적 기초를 위태롭게 하거나 주주 등의 이익을 해한다고 할 수 없는 것이 유형적으로 명백한 경우가 아닌 한 자기주식의 취득은 허용되지 아니하고, 위와 같은 금지규정에 위반하여 회사가 자기주식을

취득하거나 취득하기로 하는 약정은 무효이다(대법원 2003. 5. 16. 선고 2001다44109 판결 등 참조).

원심이 적법하게 인정한 사실에 의하면 원고는 피고와 사이에 그 판시와 같이 제1, 2차 약정을 체결하면서 피고가 출자전환에 의하여 취득하는 원고의 주식 중 매각제한 주식 110만 주를 원고가 55억 원에 매입하기로 하였다는 것인바, 이와 같이 피고가 출자전환에 의하여 취득하는 원고의 매각제한 주식을 원고가 다시 자금을 출연하여 피고로부터 매수하는 것은 회사의 자본적 기초를 위태롭게 하고 주주 등의 이익을 해하는 것임이 분명하므로 상법상 자기주식취득금지의 규정에 반하여 허용될 수가 없다.

한편, 주식회사가 자기주식을 취득할 수 있는 경우로서 상법 제341조 제3호가 규정하고 있는 '회사의 권리를 실행함에 있어 그 목적을 달성하기 위하여 필요한 때'라 함은 회사가 그 권리를 실행하기 위하여 강제집행, 담보권의 실행 등을 함에 있어 채무자에게 회사의 주식 이외에 재산이 없을 때 회사가 자기주식을 경락 또는 대물변제로 취득하는 경우 등을 말하므로(대법원 1977. 3. 8. 선고 76다1292 판결 참조), 원고의 피고로부터의 자기주식 매수가 그에 해당한다고 보기도 어렵다.

따라서 원심이 제1, 2차 약정에 따른 원고의 주식매수의무는 상법상 자기주식취득금지 규정에 반하는 것으로서 무효라고 판단한 것은 정당하고, 거기에 상고이유에서 주장하는 바와 같은 상법상 자기주식취득금지 규정에 관한 법리오해의 위법이 없다.

[판례 3-43] 대법원 2021. 10. 28. 선고 2020다208058 판결

2. 상고이유 제2점에 관하여

가. 원심의 판단

원심은, 원고 회사와 피고 사이에 피고가 보유한 주식을 특정가격으로 원고 회사가 매수하거나 원고 회사가 지정하는 제3자로 하여금 매수하게 하는 내용의 이 사건 임원퇴직합의 제1항의 약정을 한 사실, 이에 따라 원고 회사가 직접 2017. 2.경 피고와 사이에 이 사건 주식매매계약을 체결하고 매매대금을 지급한 사실 등을 인정한 후, 이 사건 주식매매계약은 상법 제341조의 자기주식취득금지 규정을 위반하여 무효이므로 피고가 매매대금을 원고에게 부당이득으로 반환할 의무를 부담한다고 판단하면서, 다만 원고가 이 사건 소를 통해 이 사건 임원퇴직합의 제1항의 약정에서 정한 제3자로 하여금 매수하게 할 의무 역시 이행하지 않을 의사를 명백하게 표시하였으므로 그 채무불이행에 기한 손해배상책임이 있다고 보아 이를 전제로 한 피고의 상계항변을 받아들였다.

나. 관련 법리

1) 구 상법(2011. 4. 14. 법률 제10600호로 개정되기 전의 것, 이하 '구 상법'이라고

만 한다) 제341조, 제341조의2 등은 주식회사가 자기의 계산으로 자기의 주식을 취득하는 것은 회사의 자본적 기초를 위태롭게 하여 회사와 주주 및 채권자의 이익을 해하고 주주평등의 원칙을 해하며 대표이사 등에 의한 불공정한 회사지배를 초래하는 등의 여러 가지 폐해를 생기게 할 우려가 있으므로 일반 예방적인 목적에서 이를 일률적으로 금지하는 것을 원칙으로 하면서, 예외적으로 자기주식의 취득이 허용되는 경우를 유형적으로 분류하여 명시하였다. 대법원은 구 상법 제341조, 제341조의2 등에서 명시적으로 자기주식의 취득을 허용하는 경우 외에는 회사가 자기주식을 취득하는 것은 허용되지 않고 당연히 무효라고 보았다(대법원 2003. 5. 16. 선고 2001다44109 판결, 대법원 2006. 10. 12. 선고 2005다75729 판결 등 참조).

2) 2011. 4. 14. 법률 제10600호로 개정되어 2012. 4. 15.부터 시행된 개정 상법은 종래 자기주식 취득을 엄격히 불허하였던 것에서 이를 완화하여, 제341조에서 회사가 배당가능이익의 한도 내에서 거래소에서 취득하는 방법 등으로 자기의 명의와 계산으로 자기주식을 취득할 수 있도록 허용하고, 제341조의2에서는 각 호에서 규정한 특정한 목적이 있는 경우에는 구 상법과 마찬가지로 배당가능이익이나 취득 방법 등의 제한 없이 자기주식을 취득할 수 있도록 허용하면서, 제4호에서 주주가 주식매수청구권을 행사한 경우를 들고 있다. 따라서 <u>개정 상법 제360조의5 제1항, 제374조의2 제1항, 제522조의3 제1항 등에 따라 주주가 주식매수청구권을 행사하는 경우에는 개정 상법 제341조의2 제4호에 따라 회사가 제한 없이 자기주식을 취득할 수 있으나, 회사가 특정 주주와 사이에 특정한 금액으로 주식을 매수하기로 약정함으로써 사실상 매수청구를 할 수 있는 권리를 부여하여 주주가 그 권리를 행사하는 경우는 개정 상법 제341조의2 제4호가 적용되지 않으므로, 개정 상법 제341조에서 정한 요건 하에서만 회사의 자기주식 취득이 허용된다</u>.

3) 다만, 이와 같이 <u>개정 상법이 자기주식취득 요건을 완화하였다고 하더라도 여전히 법이 정한 경우에만 자기주식취득이 허용된다는 원칙에는 변함이 없고 따라서 위 규정에서 정한 요건 및 절차에 의하지 않은 자기주식취득 약정은 효력이 없다</u>.

다. 판단

위와 같은 법리에 비추어 살펴보면, <u>이 사건 임원퇴직합의 제1항 중 원고 회사가 직접 주식을 매수하기로 약정한 부분 및 이에 따라 체결된 이 사건 주식매매계약은 원고 회사가 특정한 주주에게 특정한 금액으로 주식매수를 요구할 수 있는 권리를 부여한 것으로 개정 상법 제341조에서 정한 요건을 갖추지 못한 자기주식취득 약정이어서 무효이다</u>. 원심은 개정 상법 하의 요건이 아닌 구 상법하의 요건을 전제로 하여 그 효력에 대해 판단한 잘못이 있는 것으로 보이나, 이 사건 매매계약 등이 무효라고 본 결론에 있어서는 정당하고, 한편 이 사건 임원퇴직합의 제1항 중 원고가 제3자로 하여금 피고의 주식을 매수하기로 약정한 부분에 대해 원고가 그 효력을 다투지 않는 이 사건에 있어서,[333] 원고의 채무불이행 책임 및 그에 기한 손해배상청구권을 인정한 원심의 판단에 상고이유 주장과 같이 손해배상액 산정 등에 관한 법리를 오해하거나 심리미진 등으로 판결에 영향을 미친 잘못이 없다.

333) 이 판결은 원고 회사가 제3자를 통한 매수의무의 효력에 대해서도 다투었을 경우 그 효력을 인정할지 여부에 대해서는 명확하게 밝히고 있지는 않다.

M&A금융의 신용보강

M&A

제1장 총 론

1 신용보강의 의의

신용보강(信用補强)이란, 그 의미가 명확하게 정의될 수 있는 것은 아니므로, 일단 본서에서는 「투자원리금 회수가능성을 높이기 위한 일체의 보강 조치(장치)」의 의미 정도로 이해하면 된다. 이 용어는 당초에는 자산유동화 등의 구조화금융(Structured Finance)이나 프로젝트 파이낸스(Project Finance)에서 자주 사용되었으나, 현재는 대출 등의 금융거래 일반에서도 일반적으로 사용되고 있다.

M&A거래와 M&A금융을 예로 들면, 주식양수도계약상의 매매대금의 (일부)지급유보, 매도인에 의한 후순위 대출 또는 후순위 사채/종류주식의 인수,[1] 주식양수도계약상 진술보장이나 준수사항 위반으로 인한 보상(Indemnification)이나 기타 담보책임, 주식양수도계약이나 M&A금융계약상의 각종 진술보장이나 준수사항(이자유보, 자금관리, 투자제한, 차입제한, 담보제공제한, 재무약정, 차주와 투자대상회사의 합병, 투자대상회사의 이익배당・감자 제한 등), 복수의 트렌치(Tranche) 및 선・후순위 구조, 원리금분할상환 및 강제(의무)조기상환, 기한의 이익 상실, 초과담보제공,[2] 제3자로부터의 (선・후순위) 인적・물적 담보 제공, 자금보충약정(신용공여약정), 유동성공여약정(차환발행증권 매입약정, 리파이낸싱 대출확약), 손해담보계약, 피담보채권 또는 담보자산에 대한 (조건부 또는 사전)매입약정(확약), 보험제공, 각종의 장외파생상품거래(CDS, TRS 등) 등이 모두 이러한 의미의 신용보강을 위한 장치에 해당한다고 할 수 있다.[3][4]

1) 매도인 금융(Seller Finance 또는 Vendor Finance)
2) 채무액을 초과하여 담보를 제공하는 것을 의미한다. LTV(담보인정비율)가 낮을수록 초과담보액이 크다고 할 수 있다.
3) 한편, 실무에서는 편의상 신용보강을 차주와의 내부관계에서 자체적으로 일정한 장치를 마련함으로써 사실상 신용을 보강하는 방법(「내부적 신용보강」)과 제3자로부터의 담보제공 등을 통해 신용을 보강하는 방법(「외부적 신용보강」)으로 분류하기도 한다.
4) M&A금융에서의 신용보강 방안과 그 한계에 대해서는, 박준・한민 『금융거래와 법(제3판)』(박영사, 2022) 944페이지 이하 참고

본편에서는, 이와 같은 광의의 신용보강 중에서 M&A금융, 특히 대출에 의한 자금조달과 관련하여 제공되는 제반「담보」에 주목하여 원칙적으로 주로 대출에 의한 M&A금융에서 설정되거나 제공되는 인적·물적담보를 중심으로 살펴보고, 유사한 기능을 갖는 다른 신용보강수단에 대해서도 해당 부분에서 간략히 살펴보기로 한다.

2 대주단대출에서의 담보권 설정방식

동순위의 대주가 복수인 경우의 담보권 설정방식으로는, (i) 각 대주별로 담보권설정계약을 각자 체결하고 그 등기·등록신청, 대항요건 구비 등도 동시에 하여 그 순위가 동일하게 되도록 하는 방식(이하「개별계약개별동순위 방식」)과 (ii) 편의상 모든 대주가 하나의 담보권설정계약을 체결하되 각 대주별로 각자가 담보권을 동순위로 보유하도록 하는 방식(이하「단일계약개별동순위 방식」)(이하「개별계약개별동순위방식」과「단일계약개별동순위방식」을 합하여「개별동순위방식」[5]) 및 (iii) 모든 대주가 하나의 담보권설정계약을 체결하고 공동담보권자로서 하나의 담보권을 준공유하는 방식(이하「단일계약준공유방식」)이 고려될 수 있다.[6]

[표 4-1] 대주단대출의 담보권 설정방식

방 식	계약체결	순 위	피담보채무의 표시
개별계약개별동순위방식	대주별 담보권설정계약 채권자간합의서 (담보권자간합의서)	수개의 동순위 담보권 (등기·등록 동시접수 등 설정절차 동시에 진행)	[채권최고액] 대주1: 금 [*]원 [채권최고액] 대주2: 금 [*]원 * 담보권자는 각 담보계약에 따른 담보권을 참가비율에 따라 동순위로 보유한다.

5) 단, 양도담보의 경우에는「개별동순위방식」이 허용되는지 여부에 대해서는 아래에서 살펴보는 바와 같이 논의가 있다.

6) (i) 오시정,『근저당권의 이론과 실무(재전정5판)』(한국금융연수원, 2017) 111페이지 이하 참고. 일본에서의 논의에 대해서는, (ii) 笹山幸嗣·村岡香奈子『M&Aファイナンス(第2版)』(一般社団法人金融財政事情研究会, 2008) 227페이지 이하, (iii) 青山大樹 編著『詳解 シンジケートローンの法務』(一般社団法人 金融財政事情研究会, 2015) 272페이지 이하도 참고

방 식	계약체결	순 위	피담보채무의 표시
단일계약개별동순위방식	단일 담보권설정계약	수개의 동순위 담보권(등기·등록 동시접수 등 설정절차 동시에 진행)	[채권최고액] 대주1: 금 [*]원 대주2: 금 [*]원 * 담보권자는 이 계약에 따른 담보권을 참가비율에 따라 동순위로 보유한다.
단일계약준공유방식	단일 담보권설정계약	하나의 담보권 준공유	[채권최고액] 금 [*]원 * 담보권자는 이 계약에 따른 담보권을 참가비율에 따라 준공유한다.

우리나라의 M&A금융에서도 어느 방식에 의하는 것도 가능하나,[7] 대주단대출(Syndicated Loan)의 경우에도 원칙적으로 각 대주와 차주 사이에서 독립적인 채권·채무관계가 성립하지만 담보관리의 통일적인 처리 및 편의성 등을 고려하여, 복수의 동순위 대주가 하나의 담보권설정계약을 체결하면서도, 각 대주별로 각자의 담보권을 동순위로 보유하도록 하는 방식(「단일계약개별동순위방식」)과 모든 대주가 하나의 담보권을 준공유하는 「단일계약준공유방식」의 2가지가 자주 이용되고 있는 것으로 보인다.[8]

[판례 4-1] 대법원 2008. 3. 13. 선고 2006다31887 판결

[1] 여러 채권자가 같은 기회에 어느 부동산에 관하여 하나의 근저당권을 설정받아 이를 준공유하는 경우 그 근저당권은 준공유자들의 피담보채권액을 모두 합쳐서 채권최고액까지 담보하게 되고, 피담보채권이 확정되기 전에는 근저당권에 대한 준공유비율을 정할 수 없으나 피담보채권액이 확정되면 각자 그 확정된 채권액의 비율에 따라 근저당권을 준공유하는 것이 되므로, 준공유자는 각기 그 채권액의 비율에 따라 변제받는 것이 원칙이다. 그러나 준공유자 전원의 합의로 피담보채권의 확정 전에 위와 다른 비율을 정하거나 준공유자 중 일부가 먼저 변제받기로 약정하는 것을 금할 이유가 없으므로 그와 같은 약정이 있으면 그 약정에 따라야 하며, 이와 같은 별도의 약정을 등기하게 되면 제3자에 대하여도 효력이 있다.

7) 단, 아래의 등기예규에서 보는 바와 같이 (근)저당권의 경우에는 「단일계약개별동순위방식」의 (근)저당권은 등기될 수 없는 것으로 보인다.

8) 다만, 대주별로 특정담보물에 대한 독립적이고 배타적인 지배권·우선권을 확보하기 위해 담보목적물을 수량으로 분할하여(투자대상주식 [*]주, [*]주, 담보권자별 고객계좌개설 등) 각각 단독의 선순위 담보권(다른 대주에 대해서는 정산금채권에 대한 담보권 제공)을 설정하는 사례도 있다.

[2] 근저당권의 준공유자들이 각자의 공유지분을 미리 특정하여 근저당권설정등기를 마쳤다면 그들은 처음부터 그 지분의 비율로 근저당권을 준공유하는 것이 되고, 이러한 경우 다른 특별한 사정이 없는 한 준공유자들 사이에는 각기 그 지분비율에 따라 변제받기로 하는 약정이 있었다고 봄이 상당하므로, 그 근저당권의 실행으로 인한 경매절차에서 배당을 하는 경매법원은 배당시점에서의 준공유자 각자의 채권액의 비율에 따라 안분하여 배당할 것이 아니라 각자의 지분비율에 따라 안분하여 배당해야 하며, 어느 준공유자의 실제 채권액이 위 지분비율에 따른 배당액보다 적어 잔여액이 발생하게 되면 이를 다른 준공유자들에게 그 지분비율에 따라 다시 안분하는 방법으로 배당해야 한다.

[등기예규 제832호] 2004. 8. 10. 부등 3402-393 질의회답

동일 부동산에 대하여 갑과 을을 공동채권자로 하는 하나의 근저당권설정계약을 체결한 경우, 각 채권자별로 채권최고액을 구분하여 등기하거나 갑과 을을 각각 근저당권자로 하는 2개의 동순위의 근저당권설정등기를 신청할 수 없다.

[등기예규 제1656호] 근저당권에 관한 등기사무처리지침

제2조 (근저당권설정등기)

① 근저당설정등기를 함에 있어 그 근저당권의 채권자 또는 채무자가 수인일지라도 단일한 채권최고액만을 기록하여야 하고, 각 채권자 또는 채무자별로 채권최고액을 구분하여(예 '채권최고액 채무자 갑에 대하여 1억 원, 채무자 을에 대하여 2억 원, 또는 '채권최고액 3억 원 최고액의 내역 채무자 갑에 대하여 1억 원, 채무자 을에 대하여 2억 원' 등) 기록할 수 없다.

3 담보권의 부수성

(1) 담보권의 부수성[9]의 원칙

민법상 담보권은 피담보채권을 전제로 하고, 담보권자는 피담보채권의 채권자에 한하기 때문에(「담보물권의 부종성」), 원칙적으로 피담보채권의 채권자 이외의 자가 담보권만을 보유하는 것은 인정되지 않는다고 해석되고 있다.[10]

9) 통상 「부종성」과 「수반성」을 합하여 「부수성」이라고 부르고 있으므로 이하에서는 이러한 의미로 사용한다.
10) 이 원칙에 대한 법률상 예외에 해당하는 것이 신탁법에 따른 「담보권신탁」과 담보부사채신탁법에 따른 「담

또한, 담보권은 피담보채권과 함께 양도 · 이전될 수 있기 때문에(「담보물권의 수반성」) 피담보채권의 양도 시마다 담보권 이전에 관한 각종 효력요건과 대항요건 구비에 필요한 절차를 거쳐야 하므로 담보권의 양도 · 이전에 관한 절차는 피담보채권의 양도 시에도 시간과 비용 면에서 상당한 부담이 되는 경우가 많다.

(2) 담보권의 부수성 원칙에 대한 도산절차상 특칙

한편, 주채무자에게 도산절차가 개시되는 경우에 채무자회생법 등에서는 담보권의 부수성(특히, 부종성)의 원칙과 관련하여 몇 가지 특칙을 두고 있는바, 이하에서는 이에 대해 간략히 살펴본다.[11]

① 회생절차상 특칙

회생계획은 회생채권자 또는 회생담보권자가 채무자의 보증인 그 밖에 채무자와 함께 채무를 부담하는 자(예를 들면, 연대채무자)에 대하여 가지는 권리와 제3자(예를 들면, 물상보증인 등)가 회생채권자 또는 회생담보권자를 위하여 제공한 담보에 영향을 미치지 아니한다(채무자회생법 제250조 제202항).[12)13)]

그런데 주채무자에 대한 회생계획에서 회생채권의 변제에 갈음하여 출자전환을 하기로 정한 경우에는 회생채권자나 회생담보권자가 출자전환에 의한 신주 취득에 의하여 실질적으로 권리의 만족을 얻은 이상 그에 상당하는 금액만큼[14)] 보증채무 또는 피담보채무는 소멸한다고 보아야 한다.[15)]

보부사채」 등이다.

11) 이에 대해서는, 박준 · 한민 『금융거래와 법(제3판)』(박영사, 2022) 985~990페이지 참고

12) 단, 신용보증기금법과 기술신용보증기금법에서는 주채무자가 중소기업기본법에 따른 중소기업인 경우(신용보증기금법 제30조의3, 기술신용보증기금법 제37조의3)에, 중소기업진흥에 관한 법률에서는 채권자가 중소기업진흥공단인 경우(동법 제74조의2)에 각각 채무자회생법 제250조 제2항에 의한 부종성의 원칙 배제에 대한 예외를 인정하고 있다.

13) 채권자가 보증인에 대한 권리를 행사하여 보증인으로부터 변제를 받은 때에는 보증인은 회생채무자에 대하여 구상권을 취득하고, 대위변제의 효과로서 채권자의 회생채권 또는 회생담보권을 대위행사할 수 있다. 이때 보증인의 구상권은 회생계획에 의해서만 변제를 받을 수 있고 회생계획에 따른 권리변경의 대상이 된다. 단, 회생절차에서 피보증채권 전액이 회생채권 또는 회생담보권으로 채권목록에 기재되어 있거나 채권신고가 되어 있는 경우에는 구상권의 행사는 허용되지 아니 하고(채무자회생법 제 126조 제3항), 피보증채권이 전액 변제되기 전에는 보증인은 대위권을 행사할 수 없다(동법 제126조 제1항, 제2항, 제4항).

14) 출자전환에 의한 신주발행의 효력발생일을 당시를 기준으로 회생채권자/회생담보권자가 인수한 신주의 시가를 평가하여 출자전환으로 변제에 갈음하기로 한 회생채권/회생담보권의 액수를 한도로 그 평가액에 상당하는 채무액이 변제된 것으로 보아야 한다(대법원 2012. 6. 14. 선고 2010다28383 판결 등 참조). 이때 출자전환으로 변제에 갈음하기로 한 회생채권/회생담보권의 액수는 신주의 발행가액에 출자전환 받은 주식 수를 곱하여 산출한 액수를 말한다(대법원 2010. 3. 25. 선고 2009다85830 판결 참조).

15) 한편, 보증인에 대한 회생계획인가로 보증채무가 감면되면 보증인이 주채무자의 채무를 일정한 한도에서

② 파산절차상 특칙

주채무자가 법인인 경우를 전제하면, 파산절차에서 채무가 면책되는 것은 아니나[16] 파산절차가 종료하면 법인 채무자의 법인격이 원칙적으로 소멸하므로 그의 채무도 소멸한다. 그러나 법인 채무자가 파산종결 또는 파산폐지의 결정으로 소멸하는 경우에도 법인격 소멸에 의한 주채무 소멸의 효과는 보증인과 물상보증인의 의무에 영향이 없다(채무자회생법 제548조 제2항, 제567조). 다만, 파산절차에서 배당받은 범위 내에서는 주채무는 절대적으로 소멸하므로 채권자는 잔존 채권에 관하여만 보증인과 물상보증인에게 권리를 행사할 수 있다.

③ 워크아웃절차

대법원은, 「기촉법상의 관리절차에서 채권금융기관들과 재무적 곤경에 처한 주채무자인 기업 사이에 기업의 경영정상화를 도모하고 채권금융기관들의 자산 건전성을 제고하기 위하여 일부 채권을 포기하거나 채무를 면제하는 등 채무조건을 완화하여 주채무를 축소・감경하는 내용의 기업개선작업약정을 체결한 경우, 이를 규율하는 기업구조조정촉진법에서 보증채무의 부종성에 관한 예외규정을 두고 있지 아니할 뿐만 아니라, 기업개선작업약정은 법원의 관여 없이 일부 채권자들인 채권금융기관들과 기업 사이의 사적 합의에 의하여 이루어지고 그러한 합의의 내용에 따른 효력을 갖는 것으로서, …보증인으로서는 원래의 채무 전액에 대하여 보증채무를 부담한다는 의사표시를 하거나 채권금융기관들과 사이에 그러한 내용의 약정을 하는 등의 특별한 사정이 없는 한, 보증채무의 부종성에 의하여 기업개선작업약정에 의하여 축소・감경된 주채무의 내용에 따라 보증채무를 부담한다.」고 판시하

보증하기로 하는 이른바 일부보증과 유사한 법률관계가 성립한다. 일부보증의 경우 주채무자가 일부 변제를 하면 보증인은 남은 주채무자의 채무 중 보증한 범위 내의 것에 대하여 보증책임을 부담한다. 따라서 보증인에 대한 회생계획인가 후 주채무자의 변제 등으로 주채무가 일부 소멸하는 경우 보증인은 회생계획에 따른 변제금액 중 주채무자의 변제 등으로 소멸하고 남은 주채무를 한도로 한 금액을 변제할 의무가 있다(대법원 2023. 5. 18. 선고 2019다227190 판결: 원고(구상금 보증채무자)의 회생절차에서 피고(구상금 채권자)에 대한 장래 확정 구상채무의 63%를 출자전환하고, 37%를 현금 변제하는 내용의 회생계획인가결정이 확정되어 종결됨. 피고의 대위변제로 구상금채무 13억 원이 확정된 후 구상금 주채무자가 피고에게 주채무 중 일부(7.4억 원)를 변제하자, 원고는 피고를 상대로 잔존 현금변제 및 출자전환의무의 존부 확인 및 초과 지급한 현금변제 부분의 부당이득반환을 청구한 사안에서, 원심은 확정 구상금채무 13억 원에서 주채무자의 변제액 7.4억 원을 공제한 잔액을 기준으로 원고의 현금 변제액 및 출자전환액을 산정하였으나, 대법원은 확정 구상금채무 13억 원이 원고의 현금 변제액 및 출자전환액 산정의 기준이 되어야 하고, 이를 기준으로 원고의 현금 변제액 및 출자전환액을 산정한 후 주채무자의 변제 등으로 소멸하고 남은 금액을 한도로 원고가 실제로 변제하여야 할 범위와 원고가 변제한 부분 중 실제로 변제할 범위를 넘는 부분에 관하여 심리・판단하였어야 한다고 보아, 이와 달리 판단한 원심을 파기・환송함).

16) 채무자회생법은 개인에 대한 파산절차와는 달리 법인에 대한 파산절차에서는 면책절차를 규정하고 있지 않다.

여 기촉법상의 워크아웃절차에서는 보증채무의 부종성의 원칙을 인정하고 있다.[17]

또한, 대법원은 「기업개선작업절차에서 채무자인 기업과 채권자인 금융기관 사이에 채무자가 채권자에게 주식을 발행하여 주고 채권자의 신주인수대금채무와 채무자의 기존 채무를 같은 금액만큼 소멸시키기로 하는 내용의 상계계약 방식에 의하여 이른바 출자전환을 하는 경우, 상계계약의 효과로서 각 채권은 당사자들이 그 계약에서 정한 금액만큼 소멸하고, 이와 달리 주식의 시가를 평가하여 그 시가 평가액만큼만 기존의 채무가 변제되고 나머지 금액은 면제되었다거나 또는 출자전환받은 채권자가 현실적으로 금전의 만족을 얻은 때에 비로소 그 한도 내에서 채권이 소멸된다고 볼 것은 아니」라고 판시한 바 있다.[18] 따라서 이 경우에도 출자전환된 채권에 관한 보증채무도 부종성의 원칙에 따라 소멸한다고 할 것이다.

위 기촉법상 워크아웃에 관한 위 대법원 판결들은 채무자와 채권자들 간의 사적 워크아웃절차(예를 들면, 채권은행협약 또는 자율협약 등)에 의하여 채무의 감경 또는 면제에 관한 워크아웃약정이 체결된 경우에도 적용될 수 있을 것으로 생각된다.

결국, 대법원 판결에 따르면, 기촉법상의 워크아웃절차 및 사적 워크아웃절차에서는, 특별한 사정이 없는 한 담보권의 부종성의 원칙이 적용된다고 할 것이다.

4 담보물권의 부수성 완화 방안

(1) 담보권신탁[19]

「담보권신탁(Security Trust)」이란, 담보권설정자를 위탁자, 담보권자를 수탁자, 피담보채권의 채권자를 수익자로 하여 설정되는 신탁을 의미하는데, 2011년 신탁법 전면개정 시에 신탁법 제2조 (신탁의 정의)에서 신탁을 「… 수익자에게 특정의 재산을 이전하거나 담보권의 설정 또는 그 밖의 처분을 하고…」로 정의함으로써, 수탁자에게 특정의 재산에 대한 담보권을 설정하는 것도 신탁법상의 신탁에 해당함을 규정하게 되었는데, 이를 근거로 신탁법에 의해 담보권신탁이 도입된 것으로 이해되고 있다.[20]

17) 대법원 2004. 12. 23. 선고 2004다46601 판결

18) 대법원 2010. 9. 16. 선고 2008다97218 전원합의체 판결

19) 「담보권신탁」의 일반론에 대해서는, (i) 최수정 『신탁법(개정판)』(박영사, 2019) 547페이지 이하, (ii) 임채웅 「담보권신탁 연구」 『신탁법 연구2』(박영사, 2009) 29페이지 각 참고

20) 새로 도입된 담보권신탁에 관한 등기를 위해 「부동산등기법」 제87조의2와 「신탁등기사무처리에 관한 예규」 1. (나) (7) 등에서도 담보권신탁의 등기절차에 관한 규정을 두고 있다.

종래에는 담보부사채신탁법 이외에는 채권자와 담보권자가 동일하여야 한다는 담보물권법상의 원칙에 대한 예외를 인정할 수 없다는 견해에 따라 실무가 이루어졌는바, 신탁법은 담보부사채신탁법에서만 인정되던 신탁을 매개로 한 담보권의 설정방법을 사채만이 아니라 대출채권 등 일반적인 피담보채권에 대해서도 인정하였다는 점에 의의가 있다고 할 수 있다.

그러나 담보권신탁에 대해서는, (i) 신탁법 제2조 (신탁의 정의)에서만 담보권신탁이 언급되고 있고 「부동산등기법」과 「신탁등기사무처리에 관한 예규」에서 담보권신탁의 등기절차에 관한 규정을 두고 있을 뿐, 담보권신탁의 구체적인 법률관계에 대해서는 신탁법 자체뿐만 아니라 다른 법률에서도 별다른 규정을 두고 있지 않으며, 특히 담보권자와 채권자의 일치를 전제로 하고 있는 민법, 민사집행법, 채무자회생법 등 기존의 법률적용 시 그 구체적인 법률관계에 대해서는 전적으로 해석에 의존할 수밖에 없는 상황이어서 법률관계의 불확실성이 크다는 점, (ii) 수탁자가 담보권자로서 당사자로 개입되어야 하기 때문에 추가 비용이 발생할 수 있다는 점, (iii) 저당권 설정 시에는 피담보채권액의 일정비율에 해당하는 금액의 등록면허세(지방세) 등을 납부해야 하는데, 저당권을 신탁하는 경우 신탁법상의 신탁이 매개됨에도 불구하고 아직까지 등록면허세 등에 대한 감면 혜택이 부여되지 않고 있다는 점(즉, 저당권신탁 시에도 저당권 설정 시 부담하는 등록면허세 등의 부담), (iv) 수탁자는 특정의 재산 자체가 아니라 동 재산에 대한 담보권만을 설정받는 것이어서 담보권설정자의 도산 시 담보권자인 수탁자의 담보권 행사는 도산절차에 구속되기 때문에 (담보신탁[21]과는 달리) 대법원 판례에서 인정하고 있는 도산절연효과를 달성할 수 없다는 점 등의 난점 때문에, 2011년 신탁법의 개정에 의해 도입된 후 오랜 시간이 지났음에도 담보권신탁은 M&A금융에서뿐만 아니라 일반 금융거래에서도 거의 활용되지 않고 있는 것으로 보인다.

(2) 담보부사채신탁

「담보부사채신탁」이란, 사채권자 사이에서 전전 유통되는 사채(社債)마다 담보를 붙이는 것은 사실상 불가능하기 때문에 신탁의 법리를 이용하여 담보권을 신탁재산으로 하고 (이 점에서 담보권신탁과 같다) 사채권자를 수익자로 하여 설정되는 신탁이다. 담보부사채신탁을 이용하는 경우에는, 담보부사채신탁법에 따라 담보목적물의 소유자가 위탁자로 되

21) 한편, 「담보권신탁」과 유사하나 구별되는 것으로 실무상 활발하게 활용되고 있는 「담보신탁」에 대해서는 본장 **5** (7) 담보권과 도산절연(도산격리) – 담보신탁의 이용 가능성 부분에서 살펴본다.

고, 당해 담보권을 신탁재산으로, 사채권자를 수익자로 하는 신탁계약을 수탁자인 신탁회사와 사이에서 체결함으로써 채권자가 아닌 수탁자가 담보권자로 될 수 있게 된다(채권자와 담보권자의 분리가 발생한다).

그러나 이러한 장점에도 불구하고, ① 수탁회사의 설치가 강제되는 데에 따른 비용 및 수탁회사에 의한 심사의 부담이 있다는 점(담보부사채신탁법 제3조), ② 담보부사채신탁법상 설정할 수 있는 물상담보가 제한되어 있다는 점(동법 제4조), ③ 비상장주식을 물상담보의 목적으로 하는 경우에는 금융위원회의 인가를 받아야 한다는 점(동법 제4조 제2항), ④ 담보부사채에 관한 신탁계약을 신탁증서로 체결할 필요가 있다는 점(동법 제12조),[22] ⑤ 신탁계약에 의한 담보권에 관하여는 전질(轉質)과 유질계약(流質契約)이 허용되지 않는다는 점(동법 제63조), ⑥ 담보의 변경 등에 대해 원칙적으로 사채권자집회의 결의가 필요하다는 점(동법 제65조), ⑦ 신탁계약에 의한 동산질에 관하여는 간이변제충당권이 인정되지 않는다는 점(동법 제71조 제2항) 등의 제한 내지 절차적 번거로움 때문에 도입 후 오랜 시간이 지났음에도 현재까지 담보부사채신탁법에 따라 발행된 담보부사채의 사례는 그다지 많지 않다.[23] 개인적으로 파악한 바로는, 실무에서 지금까지 담보부사채신탁의 목적으로 된 담보권으로는 「부동산에 대한 (근)저당권」과 「부동산신탁의 수익권에 대한 (근)질권」의 사례 몇 건이 전부로 보인다.

한편, 사채에 물상담보를 제공하는 모든 경우에 반드시 담보부사채신탁법에 따른 담보부사채로 발행해야 하는지 문제가 된다. 즉, 담보부사채신탁법에 의하지 않으면 사채원리금을 담보하기 위한 물상담보를 설정할 수 없는지 문제가 된다. 동법에서는 「사채에 물상담보를 붙이려면 그 사채를 발행하는 회사와 신탁업자 간에 신탁계약에 의하여 사채를 발행하여야 한다」고 규정하고 있고(동법 제3조), 「물상담보가 붙은 사채」를 담보부사채로 규정하고 있으며, 동법상의 담보부사채는 수탁자가 신탁계약에 따라 설정받은 담보권을 수익자인 사채권자를 위해 행사함으로써 개별 사채권자 각각에 대한 담보제공에 따른 절차적 번거로움을 완화하고, 그 소요비용을 절감하며, 나아가 사채의 전전유통에 따른 담보물권의 부수성을 완화하고 사채의 유통성 등을 제고하기 위한 것이라는 점에 비추어 보면, 담보부사채신탁법은 지원법으로서의 성격이 강하므로 사채의 발행회사와 사채권자가 담보부사채신탁법에 따른 이점을 자발적으로 포기하여 개별 사채권자에 대한 담보제공의 절차적 번거로움과

22) 실무에서는 거의 정형화되어 있는 양식으로 「신탁증서」를 작성 · 체결하고 있는 것으로 보인다.
23) 담보부사채신탁법의 기타 문제점 대해서는, 박준 · 한민 『금융거래와 법(제3판)』(박영사, 2022) 497페이지 이하 참고

소요비용을 감수하고 나아가 사채권자 변경 시 해당 담보권의 근거법에 따른 담보권의 개별적인 이전절차를 전제로 하여 당사자 간의 개별계약에 의한 담보물권을 설정하고자 하는 경우 그 자체를 금지할 필요는 없다고 생각된다.[24)]

적어도 우리나라에서는, 담보부사채신탁법에 따르지 않더라도 담보설정자와 사채권자(인수인) 사이의 별개의 계약에 의해 물적담보를 설정할 수 있다는 견해가 실무에서 받아들여지고 있으며, 이러한 견해를 반영한 실무 사례도 많이 존재하고 있는 것으로 보인다. 물론 이러한 경우에는 담보부사채신탁법에 따른 설정이 아니므로 사채의 양도 시마다 별도로 그에 관한 담보권 양도・이전에 필요한 절차를 거쳐야 할 것이다.

다음으로, 실무에서는 「부동산신탁의 수익권에 대한 (근)질권」이 담보부사채신탁법상의 담보부사채의 담보목적물(질권)로서 활용된 사례가 있는데, 「부동산신탁의 수익권에 대한 (근)질권」이 동법에 따라 설정될 수 있는 담보인지 여부와 관련해서는 의문이 있을 수 있다. 현재 실무에서는 부동산신탁의 수익권증서를 동법 제4조 제1항 제2호의 「증서가 있는 채권질」에서의 「증서」 해당하는 것으로 해석하여 질권의 설정이 이루어지고 있는 것으로 보이나,[25)] 담보부사채신탁법은 동 호에서의 「증서」의 의미에 대해 달리 규정하지 않고 있다.

이와 관련해서는 우선, 동 호에서의 「증서」는 민법 제347조에서의 「채권증서」와 같은 의미로 해석함이 타당할 것으로 생각된다. 나아가 민법 제347조에 따라 채권을 질권의 목적으로 하는 경우의 「채권증서」의 의미에 대한 아래의 판례에 비추어 보면, 결국 「부동산신탁의 수익권에 대한 (근)질권」이 담보부사채신탁법에 따라 설정될 수 있는 담보인지 여부는, 부동산신탁의 수익권증서를 민법 제475조의 「채권증서」에 해당하는 것으로 볼 수 있는지가 관건이 될 것인데, 대법원 2011다84359 판결([판례 4-77]) 및 대법원 2017다8395 판결([판례 4-79])에서는 방론이긴 하나, 실무상 증거증권으로 발행되는 수익권증서도 여기서의 「채권증서」에 해당한다는 취지로 판시하고 있다. 따라서 위 판시에 따르면, 현재 실무에서 종종 설정되는 「수익권증서가 발행되는 부동산신탁의 수익권에 대한 (근)질권」도 담보부사채신탁법에서 허용되는 물상담보에 해당한다고 볼 수 있을 것이다.

---

24) 반면, 우리와 유사한 법제를 갖고 있는 일본의 실무와 학계에서는, 사채원리금을 담보하기 위한 물상담보는 반드시 일본의 담보부사채신탁법에 따라서만 설정되어야 하는 것으로 해석되고 있는 것으로 보인다.

25) 「부동산신탁의 수익권에 대한 (근)질권」이 담보부사채신탁법상의 담보부사채의 담보목적물(질권)로서 활용된 최초의 사례에서 필자는 아래와 같은 점을 논거로 이렇게 의견을 제시한 바 있다.

[판례 4-2] 대법원 2013. 8. 22. 선고 2013다32574 판결

민법 제347조는 채권을 질권의 목적으로 하는 경우에 채권증서가 있는 때에는 질권의 설정은 그 증서를 질권자에게 교부함으로써 효력이 생긴다고 규정하고 있다. 여기에서 말하는 '채권증서'는 채권의 존재를 증명하기 위하여 채권자에게 제공된 문서로서 특정한 이름이나 형식을 따라야 하는 것은 아니지만, 장차 변제 등으로 채권이 소멸하는 경우에는 민법 제475조에 따라 채무자가 채권자에게 그 반환을 청구할 수 있는 것이어야 한다. 이에 비추어 임대차계약서와 같이 계약 당사자 쌍방의 권리의무관계의 내용을 정한 서면은 그 계약에 의한 권리의 존속을 표상하기 위한 것이라고 할 수는 없으므로 위 채권증서에 해당하지 않는다고 할 것이다.

원고는 주식회사 유비원(이하 '유비원'이라 한다)의 피고들에 대한 임대차보증금 반환채권에 관하여 유비원으로부터 질권을 설정받은 질권자로서 피고들을 상대로 임대차보증금의 반환을 구하였다. 이에 대하여 원심은, 임대차계약 시 유비원과 피고들이 작성한 이 사건 임대차계약서는 민법 제347조에서 말하는 채권증서에 해당하는데도, 원고는 유비원으로 하여금 피고들에게 질권설정계약 사실을 통지하게 하였을 뿐 위 임대차계약서를 교부받지 못하였으므로 결국 질권을 유효하게 취득하지 못하였다는 이유로 원고의 청구를 기각한 제1심의 판단을 그대로 유지하였다.

그러나 이러한 원심의 판단은 앞서 살펴본 법리에 비추어 수긍할 수 없다. 원심판결 이유에 의하더라도 이 사건 임대차계약서는 임대인과 임차인의 권리의무관계를 정한 약정서일 뿐이고, 그 밖에 증거와 기록을 살펴보아도 그것이 임대차보증금 반환채권의 존재를 증명하기 위하여 임대인이 임차인에게 제공한 문서라고 볼 만한 사정은 나타나지 않는다. 따라서 이 사건 임대차계약서는 민법 제347조에서 말하는 채권증서에 해당하지 않는다고 보아야 하므로, 원고가 질권설정자인 유비원으로부터 이 사건 임대차계약서를 교부받지 않았어도 임대차보증금 반환채권에 관한 질권설정의 효력에는 아무런 영향이 없다고 할 것이다. 원심판결에는 채권질권의 설정을 위하여 교부되어야 하는 채권증서의 의미에 관한 법리를 오해하여 판결에 영향을 미친 위법이 있다. 이 부분 상고이유의 주장은 이유 있다.

또한, 실무상 이용되고 있는 「부동산신탁의 수익권에 대한 (근)질권」의 사례의 경우, 담보부사채신탁법에 의하면 신탁계약에 의한 담보권 설정에 관하여는 전질(轉質)과 유질계약(流質契約)이 허용되지 않는 등(동법 제63조) 그 요건이나 절차에 일정한 제한이 있음에도 불구하고, 담보부사채신탁법에 의한 이와 같은 제한이 계약서에 반영되지 않고 오히려 일반적인 질권설정계약서의 내용과 같이 전질이나 유질에 관한 내용이 담보권신탁에 따른 담보권 설정을 위한 질권설정계약서에 포함되어 있는 경우가 자주 발견되는데 이러한 내용은 담보부사채신탁법에 위반되는 것이라는 점에 유의해야 한다.

(3) 병행채무(Parallel-Debt) 구조의 이용 가능성

외국법을 준거법으로 하는 담보권의 경우에는 담보물권의 부수성의 원칙에 따르는 담보권설정・양도의 절차적 부담을 해소・경감하기 위해 병행채무(Parallel-Debt)라는 구조가 자주 활용되고 있다. 이것은 차주가 대주에 대하여 부담하는 채무(원채무)와 동일한 내용으로 담보권대리인(Security Agent)[26]을 채권자로 하는 별도의 채무(「Parallel-Debt」)를 만들어 이러한 병행채무를 피담보채무로 하여 담보권을 담보권대리인에게만 설정하는 구조이다.

병행채무의 구조에서는 담보권대리인 스스로 병행채무에 관한 채권자 겸 담보권자로 되기 때문에 채권자와 담보권자가 동일해야 한다는 담보물권법의 원칙과의 저촉문제가 없고, 대주가 보유하는 대출채권의 양도는 담보권대리인이 보유하고 있는 병행채무에 영향을 미치지 않기 때문에 담보권의 양도・이전에 수반하는 사무절차도 필요하지 않는 것으로 이해되고 있다.

우리나라의 경우에도 위의 병행채무에 대응하는 채권을「당사자의 합의에 의한 연대채권 또는 불가분채권」으로 보아 병행채무의 구조가 이용될 수 있다고 볼 여지도 있으나,[27] 담보권에 관하여 대한민국법을 준거법으로 하는 M&A금융 및 일반 금융사례에서는, 필자가 아는 한, 병행채무의 구조는 아직 이용되고 있지 않은 것으로 보인다. 이것은 병행채무 자체가 통정허위표시(민법 제108조)에 해당하는 것으로 판단될 염려가 있고, 담보권설정자, 채무자, 담보권자, 담보권대리인 간의 법률관계가 명확하지 않기 때문에, 그 유효성에 대해 다른 이해관계자 또는 제3자가 다투는 경우에는 배당절차 및 도산절차 등에서 담보권대리인의 담보권자로서의 지위 및 그 권리행사가 인정되지 않거나 제한될 가능성이 있는 등 담보권의 유효성 등이 불확실하기 때문인 것으로 생각된다.

---

26) 병행채무구조는 담보권대리인이 담보권자의 지위를 보유한다는 점에서 담보권신탁에서의 수탁자(Security Trustee)의 지위와 유사한데, 본서에서는 우리나라의 담보계약서에서 담보권을 보유하지 않고 담보계약에서 정하는 바에 따라 담보권자를 대리하여 담보권의 관리에 관한 역할만을 담당하는 담보대리인(Collateral Agent)과는 구별되는 개념으로 사용한다.

27) 「제3자를 근저당권 명의인으로 하는 근저당권을 설정하는 경우 그 점에 대하여 채권자와 채무자 및 제3자 사이에 합의가 있고, 채권양도, 제3자를 위한 계약, 불가분적 채권관계의 형성 등 방법으로 채권이 그 제3자에게 실질적으로 귀속되었다고 볼 수 있는 특별한 사정이 있는 경우에는 제3자 명의의 근저당권설정등기도 유효하다」고 판시한 대법원 2001. 3. 15. 선고 99다48948 전원합의체 판결, 대법원 2014. 12. 28. 선고 2014다32007 판결 및 대법원 2020. 7. 9. 선고 2019다212594 판결의 취지도 참조

5 담보권 선택 및 설정 시 고려사항[28)]

담보권을 선택하거나 담보권을 설정하는 경우 사전에 고려할 사항은 개략적으로 아래와 같다. 주선인(대주단)과 차주 등 M&A금융거래의 당사자들은 주요금융조건(Term sheet) 협상 단계부터 아래의 주요사항을 검토하여 해당 M&A금융거래의 실정에 맞는 담보권을 선택해야 한다.

① 담보목적물이 적법 · 유효하게 존재하는지 여부[29)]
② 담보권설정자가 담보를 설정할 권리 · 권한이 있는지 여부
③ 담보권 설정에 대한 (담보목적물 또는 담보제공자 측면에서의) 법률상 · 계약상 · 실무상 제한 등 담보권 설정 가능 여부
④ 설정 가능한 담보권의 종류
⑤ 도산절차에서의 담보권자의 지위, 담보권의 도산격리기능 여부(도산절연효과 유무)[30)]
⑥ 담보목적물별 담보권 설정 절차(효력요건, 대항요건 등)
⑦ 담보목적물별 담보권 설정 및 실행에 관한 제세공과금[31)]
⑧ 피담보채권의 범위(보통담보/근담보)
⑨ 담보의 효력이 미치는 담보목적물의 범위(주물, 종물, 과실, 처분대금/수입금, 물상대위, 법률/계약상 기타의 중요 권리 · 권한 등)
⑩ 담보권설정자의 담보목적물 관련 중요한 권리 · 권한 기타 행위의 파악 및 그에 대한 통제 가능 여부[32)]
⑪ 각 담보권의 실행 방법 · 절차와 실행 시 유의사항[33)]

28) 각 담보권에 관한 일반적인 내용에 대해서는, 오시정『여신실무법률 담보Ⅰ, Ⅱ』(한국금융연수원, 2019)를 참고. 일본에서의 논의에 대해서는, (i) 青山大樹 編著『詳解 シンジケートローンの法務』(一般社団法人 金融財政事情研究会, 2015) 256페이지 이하, (ii) 笹山幸嗣 · 村岡香奈子『M&Aファイナンス(第2版)』(一般社団法人金融財政事情研究会, 2008) 218페이지 이하 각 참고
29) M&A금융계약상의 차주/담보권설정자에 의한 진술보장과는 별도로 주식의 경우에는 주권실물(사본) · 주식발행회사의 주권미발행확인서 · 주주명부 · 소유증명서 등 전자등록증빙서류(전자등록주식의 경우) 등을 통해, 부동산의 경우에는 등기사항(전부)증명서, 매출채권 등 기타의 자산의 경우에는 해당 자산의 발생원인계약(물품공급계약, 신탁계약, 예금거래약정서, 예금통장 등) 등에 대한 각 실사(필요한 경우 제3채무자에 대한 확인)를 통해 확인하는 것이 일반적이다.
30) (담보)신탁의 활용가능성
31) 부동산근저당권의 경우 근저당권 설정 관련 등록면허세, 원칙적으로 근저당권설정자에게 부과되는 근저당권 실행 관련 양도소득세, 주식근질권의 경우 근질권설정자에게 부과되는 근질권 실행 관련 증권거래세 및 양도소득세, 신탁설정 · 운용 · 신탁재산의 처분 · 신탁의 종료 과정에서 부과되는 등록면허세 · 부가가치세 · 소득세 · 지방세 등
32) 특히, 주식/수익권/수익증권의 의결권, 담보목적물 처분지시권, 담보권 실행 전 수입금의 처리 등
33) 상장주식의 경우 미공개정보이용, 공개매수, 대량보유보고의무 등

이하에서는 담보권 설정 시 고려해야 할 몇 가지 사항에 대해서만 살펴본다.

(1) 근담보권과 보통담보권 선택

이론적으로는 담보권이 근담보로 설정되어야 하는지 보통담보로 설정되어야 하는지는 피담보채권의 성질에 따라 결정된다. 즉, 피담보채권이 불특정의 채권인 경우라면 이것을 담보하는 담보권은 근담보권이 되어야 하고, 특정의 채권이라면 이것을 담보하는 담보권은 보통담보권이 되어야 한다고 이해되고 있다.[34] 이러한 점은 질권, 양도담보, 동산·채권담보권, 신탁수익권 등의 물적담보와 연대보증 등의 인적담보에 모두 적용된다.

다만, 판례와 실무에서는 특정채권을 담보하기 위해 설정되는 근담보의 유효성도 인정되고 있고, 실무에서는 대부분의 담보가 (특정, 한정)근담보권으로 설정되고 있으며, 가사 일정액의 대출약정금액에 대한 1회 대출의 경우와 같이 원본이 처음부터 확정된 특정채권{기한대출(Term Loan)}에 대한 담보의 피담보채권 역시 「○년 ○월 ○일자 대출계약을 포함한 금융계약상 대주의 차주에 대한 일체의 채권」 등과 같이 대출금 이외의 다른 채권(수수료 및 비용 채권 등)도 피담보채권에 포함되도록 규정하여 (특정, 한정)근담보로 설정하고 있는바, 이 점에 비추어 보면 이론적으로는 몰라도 실무에서는 위와 같은 「특정채권=보통담보권」, 「불특정채권=근담보권」과 같은 구별 및 그에 따른 유효 여부는 큰 의미가 없을 것으로 생각된다.[35]

이와 같이 실무에서는 대출이 기한대출(Term Loan) 및 한도약정대출(Commitment Line)의 여러 개로 구성되는 경우에도 보통담보가 설정되는 경우는 거의 없고, 모든 채권을 피담보채권으로 하는 하나의 근담보(주로 특정근담보 또는 한정근담보)가 설정되고 있기 때문에 그 대출채권의 양도 시에는 피담보채권의 확정 여하에 따른 근담보권의 양도·이전 가능성 및 절차에 주의할 필요가 있다. 이에 대해서는, 본서 제5편 M&A금융의 셀다운 **3** (2) 셀다운 계약 부분에서 살펴본다.

---

34) 예를 들면, 대출원금이 수시로 변동되는 한도약정대출(Commitment Line)에 의한 채권만이 피담보채권으로 되는 경우에는 근담보권으로 되어야 하고, 대출원금이 고정된 채권만이 피담보채권으로 되는 경우에는 보통담보권이 되어야 한다. 또한, 대출약정금액이 일정액으로 정해지고, 동 대출약정금액에 대한 대출실행만 1회 또는 수회로 미리 정해져 있는 경우에는 장래의 특정된 채권이기 때문에, 이것을 담보하는 담보권은 보통담보권으로 되어야 한다고 할 것이다.

35) 일정한 경우에는 포괄근담보가 제한될 수 있다(예를 들면, 보증인보호특별법 제6조 제1항, 금소법에 관한 감독규정 제14조 제6항 제8호 등 참조). 또한, 대출거래에 관한 연대보증인 적격 제한에 대해서는 금소법 제20조 제1항 제4호, 동 시행령 제15조 제2항 제2호를 참조

[판례 4-3] 대법원 2002. 2. 26. 선고 2000다48265 판결

근저당권이라 함은 그 담보할 채권의 최고액만을 정하고 채무의 확정을 장래에 유보하여 설정하는 저당권을 말하고, 이 경우 그 피담보채무가 확정될 때까지의 채무의 소멸 또는 이전은 근저당권에 영향을 미치지 아니하므로, 근저당권설정자는 피담보채무가 확정된 이후에 그 확정된 피담보채무를 채권최고액의 범위 내에서 변제하고 근저당권의 소멸을 청구할 수 있다고 할 것이고, 피담보채무의 확정은 근저당권 설정계약에서 근저당권의 존속기간을 정하거나 근저당권으로 담보되는 기본적인 거래계약에서 결산기를 정한 경우에는 원칙적으로 존속기간이나 결산기가 도래한 때에 피담보채무가 확정된다고 할 것이지만, 이 경우에도 근저당권에 의하여 담보되는 채권이 전부 소멸하고 채무자가 채권자로부터 새로이 금원을 차용하는 등 거래를 계속할 의사가 없는 경우에는, 그 존속기간 또는 결산기가 경과하기 전이라 하더라도, 근저당권설정자는 계약을 해제하고 근저당권 설정등기의 말소를 구할 수 있다고 할 것이고, 존속기간이나 결산기의 정함이 없는 때에는 근저당권설정자가 근저당권자를 상대로 언제든지 해지의 의사표시를 함으로써 피담보채무를 확정시킬 수 있다.

[판례 4-4] 대법원 2000. 12. 26. 선고 2000다54451 판결

원심은, 피고보조참가인은 1997. 6. 10. 피고 은행과 사이에 그 소유의 이 사건 부동산에 관하여 채무자는 주식회사 해운건업(다음부터는 '해운건업'이라고 한다), 근저당권자는 피고 은행, 피담보채무는 채무자가 채권자에 대하여 현재 및 장래에 부담하는 여신거래에 관한 모든 채무, 채권최고액은 3억 9,000만 원으로 하는 내용의 근저당권설정계약을 체결하고 이에 따라 같은 날 피고 은행 앞으로 이 사건 근저당권설정등기를 경료하여 준 사실, 해운건업은 피고 은행으로부터 금전을 대출받음에 있어 원고 발행의 신용보증서를 제출하기로 하여, 원고와 사이에 1997. 6. 14.경 보증금액을 1억 원으로 하는 신용보증계약을, 1997. 12. 10.경 보증금액을 3억 원으로 하는 신용보증계약을, 1998. 3. 3.경 보증금액을 1억 원으로 하는 신용보증계약을 각 체결하고 각 그 신용보증서를 발급받아 피고 은행에 제출하고 각 그 무렵 위 각 보증금액에 해당하는 금전을 대출받은 사실, 그 후 해운건업이 위 각 신용보증서상의 보증기간 내에 피고 은행에 대한 위 대출금의 상환을 지체하자 피고 은행은 원고에게 위 각 대출금채권의 보증이행을 청구하였고, 이에 따라 원고는 1999. 3. 31. 피고 은행에게 위 각 대출금의 원리금 446,417,571원을 변제한 사실을 인정하였다. 그런데 근저당권은 계속적인 거래관계로부터 발생·소멸하는 불특정다수의 채권 중 그 결산기에 잔존하는 채권을 일정한 한도액의 범위 내에서 담보하는 것으로서 그 거래가 종료하기까지 그 피담보채권은 계속적으로 증감·변동하는 것이므로, 근저당 거래관계가 계속되는 관계로 근저당권의 피담보채권이 확정되지 아니하는 동안에는 그 채권의 일부가 대위변제되었다 하더라도 그 근저당권이 대위변제자에게 이전될 수 없다(대법원 1996. 6. 14. 선고 95다53812 판결 참조).

그리고 해운건업이 1998. 7. 4., 1999. 1. 4. 및 1999. 1. 20. 피고 은행 등으로부터 어음부도 등을 이유로 각 이른바 적색거래처로 등록된 바 있고 또 그 뒤에는 피고 은행에 대하여 새로운 채무를 부담한 사실이 없다고 하더라도, 계속된 영업활동으로 1998. 2. 13. 무렵 11억여 원에 이르던 해운건업의 피고 은행에 대한 채무가 2000. 4. 25. 무렵에는 1억 2,535만여 원으로 감소되는 등 피고 은행과의 거래가 계속되고 있었던 이 사건에서, 위와 같은 사유만으로 이 사건 근저당권의 피담보채권이 확정되었다고 볼 수는 없다.

같은 취지에서 원심이, 원고가 해운건업의 피고 은행에 대한 채무를 대위변제할 당시 이 사건 근저당권의 피담보채권이 확정되지 아니하였으므로 이 사건 근저당권의 일부가 원고에게 이전되었다고 볼 수 없다고 판단한 것은 옳고, 거기에 상고이유의 주장과 같은 법리오해 등의 잘못이 없다. 따라서 상고이유는 모두 받아들이지 아니한다.

[등기예규 제1656호] 근저당권에 관한 등기사무처리지침

제3조 (근저당권이전등기)

① 근저당권의 피담보채권이 확정되기 전의 근저당권 이전등기의 신청은 다음 각호와 같이 한다.

3. 근저당권의 피담보채권이 확정되기 전에 그 피담보채권이 양도 또는 대위변제된 경우에는 이를 원인으로 하여 근저당권이전등기를 신청할 수는 없다.

(2) 질권과 양도담보권 선택

민법상 부동산 기타 부동산의 사용·수익을 목적으로 하는 권리에 대해서는 질권을 설정할 수 없지만(민법 제345조 단서),[36] 부동산 및 부동산 관련 권리 이외의 재산을 대상으로 하는 담보권에 대해서는 질권과 양도담보권의 어느 쪽도 가능하므로 이 중 어느 쪽을 설정할 것인지[37]에 대해 검토가 필요하다.

36) 민법상 「부동산 질권」은 허용되지 않기 때문에 실무에서는 부동산을 목적물로 하는 채권(부동산소유권이전등기청구권 등)에 대해서도 (부동산소유권이전등기청구권에 대한 질권은 부동산에도 미치므로) 질권의 설정이 허용되지 않는 것으로 해석하여 부동산소유권이전등기청구권에 대해서는 질권이 아니라 (부동산매매계약에 따른 소유권이전등기청구권의 경우에는 매도인의 승낙하에) 양도담보 또는 담보신탁을 통해 담보권을 설정하고 있다.

37) 한편, 채권, 동산 및 지식재산권에 대해서는 질권, 양도담보권에 추가하여, 「동산채권담보법」에 따른 「동산담보권」과 「채권담보권」 및 「지적재산권담보권」이 이용될 수 있다. 이에 대한 내용은, 본편 제2장 6 동산

우선, 전형담보인 질권은 민법상 명시적으로 규정되어 있어서 그 요건·효과가 비교적 명확하다는 의미에서 법적 안정성이 있지만, 판례상 인정되고 있는 비전형담보인 양도담보권은 그 법적 효과가 반드시 명확하지 않은 경우가 있다.[38)]

반면에, 조세채권과의 관계에서는 양도담보권 쪽이 질권보다 유리한 측면이 있다. 조세채권과 담보권의 우열은 국세의 「법정기일」과 담보권의 「설정일」의 선후에 의하는 것이 원칙이지만(질권에 대해서는 국세기본법 제35조, 지방세기본법 제71조), 양도담보권의 경우에는 담보권설정자의 재산만으로 국세가 완납될 수 없는 경우에 한하여 양도담보재산으로 국세를 징수할 수 있기 때문이다(물적 납세책임, 국세기본법 제42조, 지방세기본법 제75조).

그 밖에도, 담보권의 실행 시 질권의 경우에는 상행위에 의해 발생한 채권을 담보하기 위한 질권을 제외하고는 유질계약이 금지되는데(민법 제339조, 상법 제59조), 양도담보권의 경우에는 그러한 제약이 없다는 차이도 있지만, M&A금융의 경우에 보통은 대주와 차주가 모두 「상인」이어서 그 피담보채권이 상행위에 의해 발생한 채권이 되기 때문에 의미 있는 차이는 아닌 것으로 생각된다.

이와 같이 양자에는 장·단점이 있지만, 전체적으로는 질권이 법적 안정성 측면에서 유리하다고 생각되기 때문에 실무에서는 일부 재산(특히, 지명채권, 재고동산)을 대상으로 하는 경우를 제외하고, 양도담보권이 아니라 질권이 선택되는 경우가 많은 것으로 보인다.

참고로 질권, 양도담보권, 동산담보권·채권담보권의 내용을 비교하면 다음과 같다.

[표 4-2] 질권·양도담보권·동산담보권의 비교[39)]

구 분		질 권	양도담보권	동산담보권
근거		민법	판례	동산채권담보법
담보대상	장래 취득 동산	불가능	가능	가능
	동산*	가능	가능	불가능
담보권설정자		제한 없음	제한 없음	법인, 상호등기자
설정방법 (공시방법)		합의+인도 (점유개정 ×)	합의+인도 (점유개정 ○)	합의+담보등기 (동산담보등기부)

담보권·채권담보권 부분 참조

38) 예를 들면, 대주가 복수인 경우, 양도담보권은 통상 「단일계약준공유방식」으로 구성되는데, 「양도담보권의 준공유」라고 하는 것이 하나의 양도담보권을 복수의 대주가 준공유하는 것을 의미하는지, 아니면 담보목적으로 양도된 자산 각각을 복수의 대주가 공유하는 것을 의미하는지 등은 반드시 확실하지 않다. 또한, 후순위 양도담보권이 설정될 수 있는지에 대해서도 아래에서 살펴보는 바와 같이 논의가 있다.

39) 오시정 『여신법률실무Ⅰ』(한국금융연수원, 2019) 290페이지의 표를 수정하여 게재하였다.

구 분	질 권	양도담보권	동산담보권
점유개정에 의한 설정	불가능	가능	불필요
담보권의 선의취득	가능	점유개정에 의한 취득 시 불가능	불가능
설정자의 무단처분 시 제3자의 선의취득	불가능	담보권설정자 점유 시 가능	담보권설정자 점유 시 가능
집합물	가능	가능	가능
동순위, 후순위 담보권	가능(설정순서)	가능(단, 동순위는 단일 계약준공유방식만), 불가능(후순위)	가능(등기순위)
존속기간	없음.	없음.	5년을 초과할 수 없음(갱신 가능).
근담보	가능	가능	가능
담보권의 침해	주로 담보권의 유효성과 담보물에 대한 물리적 침해가 문제됨.	주로 담보권의 유효성과 담보물에 대한 물리적 침해가 문제됨.	담보권의 유효성과 담보물에 대한 물리적 침해 이외에 담보등기의 침해도 문제됨.
설정자의 다른 채권자가 압류할 경우	유치적 효력에 의한 인도거부(선순위권자나 조세채권자에 의한 압류 시에는 인도거부 불가)	제3자 이의의 소에 의한 압류 배제(담보권자 점유 시에는 인도 거부 가능)	배당참가만 가능(담보권자 점유 시에는 인도거부 가능)
체납조세의 우선징수	가능	2차 납세의무 범위 내	가능
임금우선특권의 최우선배당	가능	불가능	가능
4대 보험료 우선징수	가능	불가능	가능
이전(양도)	설정방법과 동일	설정방법과 동일	이전등기
실행	민사집행법상 경매, 간이변제충당, 유질계약(사적실행)	처분청산 또는 취득정산의 방법에 의한 실행, 직접변제충당, 민사집행법상 압류(경매) - 우선변제권 인정	민사집행법상 경매, 취득정산 또는 처분정산에 의한 실행, 별도의 약정에 의한 사적 실행
사적실행의 중지제도	없음.	없음.	다른 채권자의 경매신청이 있는 경우 담보권자의 사적실행은 중지됨(제23조 제5항).

구 분	질 권	양도담보권	동산담보권
사적실행절차와 후순위권리자 보호			사적실행 시 설정자에게 지급할 청산금에 대한 후순위권리자의 권리행사절차 법정화 (제21조, 제23조)
경매에 의한 실행 시 다른 채권자의 배당참가	가능	불가능	가능

* (i) 공장 및 광업재단 저당법에 따라 등기된 기업재산, 그 밖에 다른 법률에 따라 등기되거나 등록된 동산
(ii) 화물상환증, 선하증권, 창고증권이 작성된 동산
(iii) 무기명채권증서, 자산유동화에 관한 법률 제2조 제4호에 따른 유동화증권과 자본시장법 제4조에 따른 증권

[표 4-3] 질권 · 양도담보권 · 채권담보권의 비교[40)]

구 분	질 권	양도담보권	채권담보권
근거	민법	판례	동산채권담보법
담보권설정자	제한 없음.	제한 없음.	법인, 상호등기자
설정방법 (채권증서 인도)	합의+채권양도대항요건 (채권증서 인도 필요)	합의+채권양도대항요건 (채권증서 인도 불필요. 단, 담보실행 시를 대비하여 담보권자가 점유할 필요 있음)	합의+담보등기 (채권담보등기부) (채권증서 인도 불필요)
채권증서 인도	필요	필요?, 불필요?	불필요
(제3)채무자 통지권자	설정자	설정자	설정자, 담보권자
(제3)채무자 통지방법 (대항요건)	통지, 승낙	통지, 승낙	등기사항증명서를 건네주는 방법
채권 종류	제한 없음.	제한 없음.	지명채권
집합물	가능	가능	가능
(제3)채무자불특정 (채권)	불가능	불가능	가능
제3자 대항요건	확정일자부 (제3)채무자 통지 또는 승낙	확정일자부 (제3)채무자 통지 또는 승낙	담보등기

40) 오시정 『여신법률실무 I』(한국금융연수원, 2019) 356페이지의 표를 수정하여 게재하였다.

구 분	질 권	양도담보권	채권담보권
동순위, 후순위 담보권	가능(설정순서)	가능(단, 동순위는 단일계약준공유방식만), 불가능(후순위)	가능(등기순위)
존속기간	없음.	없음.	5년을 초과할 수 없음(갱신 가능).
근담보	가능	가능	가능
담보권의 침해	주로 담보권의 유효성 침해가 문제됨.	주로 담보권의 유효성 침해가 문제됨.	담보권의 유효성 침해 이외에 담보등기의 침해도 문제됨.
담보목적인 지명채권의 변제기가 먼저 도래	공탁청구	공탁청구, 지급청구	공탁청구
체납조세의 우선징수	가능	2차 납세의무 범위 내	가능
임금우선특권의 최우선배당	가능	불가능	가능
4대 보험료 우선징수	가능	불가능	가능
이전(양도)	설정방법과 동일	설정방법과 동일	이전등기
실행	직접청구, 민사집행법에 의한 채권집행, 유질계약(사적실행)	직접 청구, 처분청산 또는 취득정산의 방법에 의한 사적실행	직접청구, 민사집행법에 따른 채권집행, 유질계약(사적실행)

(3) 동순위 담보권 설정 가능 여부 및 그 절차

1) 저당권과 질권

저당권의 경우에는 앞서 살펴본 「개별계약개별동순위방식」과 「단일계약준공유방식」으로 동순위 담보권의 설정이 가능하고, 질권의 경우에는 「개별동순위방식」과 「단일계약준공유방식」으로 동순위 담보권의 설정이 가능하다.

2) 양도담보권

동일한 담보목적물에 대해 여러 대주에게 병렬적으로 동순위의 양도담보권이 설정되는 경우, 양도담보권의 목적물이 부동산이라면 양도담보권자가 소유권자로 등기가 된다는 점에서 복수의 중복된 양도담보권을 공시할 수 없고, 양도담보권의 목적물이 동산이나 채권인 경우에도 양도담보권설정에 의해 이미 소유권과 채권이 양도・이전되었음에도 다시 양도담보권을 설정(양도)하는 것은 무권리자에 의한 처분에 해당한다 점에서,[41] 실무에서는 「개별동순위방식」은 이용되지 않고, 복수의 대주가 하나의 담보계약을 통해 동시에 하나의 양도담보권을 설정하여 준공유하는 「단일계약준공유방식」이 이용되고 있는 것으로 보인다. 다만, 이 경우에 1개의 양도담보권을 복수의 대주가 준공유하게 되는지, (신탁적 소유권 이전설의 측면에서) 담보목적물을 복수의 대주가 공유하게 되는 것인지 여부에 대해 불명확한 부분은 남아 있다.

3) 동산담보권과 채권담보권

「동산채권담보법」에 따른 「동산담보권」과 「채권담보권」은 동시에 등기를 접수함으로써 동순위 담보권 설정이 가능하다.[42]

4) 담보권신탁 및 담보신탁의 활용

앞서 살펴본 「담보권신탁」 또는 아래에서 살펴보게 될 「담보신탁」을 활용하여 복수의 대주에게 동순위의 우선수익권을 부여하는 방법으로 위에서 본 동순위 담보권 설정과 유사한 효과를 얻을 수 있을 것이다. 다만, 앞서 살펴본 바와 같이, 현재 담보권신탁은 거의 활용되고 있지 못하고 이러한 구조는 담보신탁을 통해 널리 이용되고 있다.

(4) 후순위 담보권 설정 가능 여부 및 그 절차[43]

1) 저당권과 질권

저당권과 질권의 순위는 설정의 선후(민법 제333조, 제370조)에 의하므로 설정의 선후를 달리하여 후순위 저당권 및 질권을 설정할 수 있다.[44] 여기서 「설정의 선후」의 의미와 관련하여 저당권의 경우에는 「설정등기의 선후」를, 질권의 경우에는 「성립요건 및 효력요건 구비의 선후」를 의미하되 질권목적물이 지명채권인 경우와 같이 질권설정에 대항요건의 구비가 필요한

41) 채권에 준하여 담보권 설정이 이루어지는 신탁수익권에 대한 양도담보의 경우에도 같은 문제가 있다.

42) 「동산채권담보법」에 따른 「동산담보권」과 「채권담보권」에 대해서는, 본편 제2장 **6** 동산담보권 · 채권담보권 부분 참조

43) 다만, 선순위 대출계약이나 선순위 담보계약에서 담보목적물 또는 담보계약상 담보제공자의 권리에 대한 담보제공을 금지하는 경우에는 그에 따른 선순위 대주 등의 사전 동의를 받아야 한다. 이하의 논의는 이러한 동의를 받았음을 전제로 한다.

44) 따라서, 민법상 후순위 저당권뿐만 아니라 후순위 질권의 설정도 가능하고, 동산질을 전제로 하면 질권의 순위는 목적물의 인도의 선후에 따르게 된다. 그러나 질권설정자는 선순위 질권자(또는 그 대리인)에게 담보목적물을 이미 인도한 상태에서 동일한 담보목적물을 다시 현실인도(민법 제188조 제1항)하는 방법으로는 후순위 담보권자에게 인도할 수 없기 때문에 후순위 질권 설정을 위해서는 목적물반환청구권 양도의 방법(민법 제190조)에 의해 인도하여야 한다.

경우에는 「대항요건 구비의 선후」까지 포함하는 것으로 보는 것이 타당할 것으로 생각된다.

질권의 순위에 관한 이러한 규정이 물권법정주의에 관한 것이라는 점을 고려하면, 실무상 질권설정의 선·후순위성을 명확히 하기 위해서는, 당사자 사이에서 선·후순위 담보약정을 하는 것만으로는 부족하고, 선순위 담보계약과 후순위 담보계약을 구분하여 시차를 두고 체결하여 (단일한 계약으로 체결하더라도) 그 효력요건 및 대항요건의 구비도 시차를 두어서 선순위 질권에 관한 효력 및 대항요건 구비 후 후순위 질권에 관한 효력 및 대항요건을 구비하는 것이 안전할 것이다. 특히, 선순위 대출만을 리파이낸싱 하는 경우에는 (후순위) 담보권의 순위 승진의 원칙과의 관계에서 리파이낸싱 대출과 기존 후순위 대출 사이에 담보권에 대해 기존의 선·후순위성이 유지될 수 있도록 주의해야 한다.

2) 양도담보권

판례는, 후순위 양도담보권의 유효성 여부에 대해, 동산양도담보권에 관한 사안에서 원칙적으로 그 효력을 부정하고 있다.

[판례 4-5] 대법원 2005. 2. 18. 선고 2004다37430 판결

원심은 그 설시의 증거들을 종합하여 다음과 같은 사실, 즉 정읍시(주소 생략)에서 '○○농장'이라는 상호로 양돈업을 영위하던 소외 1이 원고 또는 피고로부터 양돈 사료를 공급받던 중 그 사료대금채무를 담보하기 위하여 각 점유개정의 방법으로 ○○농장에서 당시까지 사육하고 있거나 장래에 사육하게 될 모든 돼지(이하 '이 사건 돼지'라 한다)를 각각의 목적물로 하여, 먼저 2000. 12. 21. 피고와 사이에 피담보채권액을 1억 원으로 정한 유동 집합물 양도담보계약을, 그 후 2002. 1. 28. 원고와 사이에 피담보채권액을 2억 원으로 정한 같은 양도담보계약을, 다시 2002. 10. 25. 피고와 사이에 피담보채권액을 2억 원으로 정한 같은 양도담보계약을 각 체결하면서, 그 각 채무불이행 시 이 사건 돼지에 대한 강제집행이 개시되더라도 이의가 없음을 인낙하는 취지의 공정증서도 함께 작성한 사실, 그런데 소외 1이 그 각 양돈 사료대금채무를 연체하자 먼저 피고가 전주지방법원 정읍지원 2003본393호로, 다음으로 원고가 같은 지원 2003본400호로 이 사건 돼지를 각 압류한 다음, 이에 따라 진행된 유체동산 경매절차에서 이 사건 돼지가 소외 2에게 1억 3,160만 원에 일괄 매각되자 집행법원은 그 매각대금에서 집행비용을 뺀 나머지 131,451,600원을 피고에게 모두 배당하기로 하는 내용의 배당표를 작성한 사실 등을 인정한 다음, 원고도 적법하게 후순위 양도담보권을 취득하였으므로 최초의 양도담보계약에 따른 선순위 양도담보권자인 피고는 실제 배당할 금액 중 그 양도담보계약에서 정한 피담보채권액의 범위 안에서만 후순위 양도담보권자인 원고의 피담보채권액에 우선하여 배당받을 수 있을 뿐이라는 취지로 판단하여, 위 배당표 중 피고에 대한 배당액을 1억 원으로, 원고에 대한 배당액을 나머지 31,451,600원으로 각 경정하였다.

그러나 원심의 이러한 판단은 다음과 같은 이유로 수긍할 수 없다.

금전채무를 담보하기 위하여 채무자가 그 소유의 동산을 채권자에게 양도하되 점유개정의 방법으로 인도하고 채무자가 이를 계속 점유하기로 약정한 경우 특별한 사정이 없는 한 그 동산의 소유권은 신탁적으로 이전되는 것에 불과하여, 채권자와 채무자 사이의 대내적 관계에서는 채무자가 소유권을 보유하나 대외적인 관계에서의 채무자는 동산의 소유권을 이미 채권자에게 양도한 무권리자가 되는 것이어서 다시 다른 채권자와 사이에 양도담보설정계약을 체결하고 점유개정의 방법으로 인도하더라도 선의취득이 인정되지 않는 한 나중에 설정계약을 체결한 채권자는 양도담보권을 취득할 수 없는데, 현실의 인도가 아닌 점유개정의 방법으로는 선의취득이 인정되지 아니하므로 결국 뒤의 채권자는 적법하게 양도담보권을 취득할 수 없는 것이다(대법원 2004. 10. 28. 선고 2003다30463 판결, 대법원 2004. 12. 24. 선고 2004다45943 판결 등 참조).

따라서 이 사건에서도 단지 점유개정의 방법으로 나중에 소외 1과 사이에 이 사건 돼지에 관하여 이중양도담보계약을 체결하였을 뿐인 원고는 이 사건 돼지에 대하여 적법하게 양도담보권을 취득한 것이 아니라 소외 1의 일반 채권자에 불과한 것으로 볼 수밖에 없으며, 피고가 2002. 10. 25. 소외 1과 사이에 이 사건 돼지에 관하여 다시 체결한 양도담보계약에 의하여 그들 사이의 최초의 양도담보계약에서 약정하였던 피담보채권액은 적법하게 증액된 것으로 보아야 한다.

한편, 동산을 목적으로 하는 유동 집합물 양도담보설정계약을 체결함과 동시에 채무불이행 시 강제집행을 수락하는 공정증서를 작성한 경우, 양도담보권자는 그 집행증서에 기하지 아니하고 양도담보계약내용에 따라 이를 사적으로 타에 처분하거나 스스로 취득한 후 정산하는 방법으로 현금화할 수도 있지만, 집행증서에 기하여 담보목적물을 압류하고 강제경매를 실시하는 방법으로 현금화할 수도 있는데, 만약 후자의 방식에 의하여 강제경매를 실시하는 경우, 이러한 방법에 의한 경매절차는 형식상은 강제집행이지만, 그 실질은 일반 강제집행절차가 아니라 동산양도담보권의 실행을 위한 환가절차로서 그 압류절차에 압류를 경합한 양도담보설정자의 다른 채권자는 양도담보권자에 대한 관계에서 압류경합권자나 배당요구권자로 인정될 수 없고, 따라서 환가로 인한 매득금에서 환가비용을 공제한 잔액은 양도담보권자의 채권변제에 우선적으로 충당하여야 하므로(대법원 1999. 9. 7. 선고 98다47283 판결 등 참조), 앞서 살펴본 바와 같이 위 2002. 10. 25. 자 양도담보계약에 의하여 피고의 피담보채권이 적법하게 증액된 이 사건에서 그 환가로 인한 매득금액은 유일한 양도담보권자인 피고에게 모두 배당되어야 하는 것이다.

실무에서는 위 판례의 취지에 따라 후순위 양도담보권의 유효성이 부인될 수 있다는 점을 의식하여, (i) 담보계약 자체에서는 선·후순위 양도담보권을 구분하여 설정하지 않고 선순위 대주와 후순위 대주가 함께 공동 양도담보권설정 후 담보권자간 합의서를 통해 선·후순위 분배(변제충당)를 규정하는 방법,[45] (ii) 선순위 양도담보권 및 (정지조건부) 후순위 양도담보권을 설정하는 방법, (iii) 후순위 대주가, 담보권설정자가 양도담보권자(선순위 담보권자)에 대하여 취득하게 되는 정산금채권에 대한 양도담보권 또는 질권설정을 하는 방법[46] 등이 이용되고 있는 것으로 보인다.

3) 동산담보권과 채권담보권

「동산채권담보법」에 따른 「동산담보권」과 「채권담보권」은 그 등기선후에 따라 후순위 담보권 설정이 가능하다.[47]

4) 담보권신탁 및 담보신탁의 활용

앞서 살펴본 「담보권신탁」 또는 아래에서 살펴볼 「담보신탁」을 활용하여 수익권을 복층화 함으로써 선순위 대주에게 선순위 우선수익권을, 후순위 대주에게 후순위 우선수익권을 각 부여하는 방법으로 선·후순위 담보권 설정과 유사한 효과를 얻을 수 있을 것이다. 다만, 담보권신탁은 현재 거의 활용되고 있지 못하고, 이러한 구조는 담보신탁을 통해 널리 이용되고 있다.

(5) 근담보권의 양도 가능 여부 및 그 절차

대출실행 전후 셀다운(Sell-Down)에 의해 대주의 지위 및 이에 수반되는 권리·의무가 양도되는 경우, 양수인은 대출채권만이 아니라 담보권도 취득할 필요가 있다.

담보권 중에서 보통저당권은 대출채권에 수반하여 이전하기 때문에 양도인과 양수인 사이에 저당권을 이전하지 않기로 하는 합의가 없는 한, 원칙적으로 저당권은 대출채권과 함께 양수인에게 이전되고 양수인은 저당권이전의 부기등기를 함으로써 저당권을 취득하게

45) 담보권자 간에 별도의 합의서로 선·후순위 변제충당 순서 등을 정하여 담보권자 간에 선·후순위 담보와 유사한 결과를 가져오더라도 당사자 간에는 이러한 별도의 약정의 유효성이 인정될 수 있을 것으로 생각된다.

46) 다만, 선순위 대출계약이나 선순위 담보계약에서 담보목적물 또는 담보계약상 담보제공자의 권리에 대한 담보제공을 금지하는 경우에는 그에 따른 선순위 대주 등의 사전 동의를 받아야 한다. 이 (iii)의 방법은 이러한 동의를 전제로 한다.

47) 「동산채권담보법」에 따른 「동산담보권」과 「채권담보권」에 대해서는, 본편 제2장 6 동산담보권·채권담보권 부분 참조

된다.[48)]

그러나 근저당권은 피담보채권 확정 전에는 수반성이 없기 때문에, 대출채권의 양수만으로는 양수인이 근저당권을 취득할 수 없게 된다. 따라서 양수인은 대출채권을 양수하는 것에 대한 양도인과의 합의에 추가하여 대출계약 및 근저당권설정계약상 지위 이전 및 그에 대한 차주/근저당권설정자의 승낙과 양수채권을 피담보채권에 추가하는 것도 필요하게 된다.[49)]

근저당권과 달리 민법상 근질권·근양도담보권의 양도에 관한 규정은 없지만, 성질상 준용할 수 없는 것을 제외하고, 근저당권의 규정이 준용될 수 있을 것으로 보인다.

한편, 피담보채권과 신탁수익권의 관계에 대해서는 본편 제2장 **2** (1) 6) 신탁수익권 부분에서 살펴보기로 한다.

(6) 담보권 설정에 대한 부인권 행사 가능성

담보권 설정 이후 담보권설정자의 회생절차 및 파산절차가 개시되는 경우에는 개시 전에 이루어진 담보권 설정행위와 담보권 실행행위도 일정한 요건(고의부인, 위기부인, 대항요건 부인, 집행행위 부인 등)을 충족하면 회생관리인/파산관재인의 부인권 행사에 의해 그 효력이 부인될 수 있나(채무자회생법 제100조, 제103조, 제104조, 제391조, 제394조, 제395조 등). 이하에서는 실무에서 자주 문제되는, 일부 채권자에 대한 담보권 설정(편파행위), 정지조건부 또는 예약형 담보권 설정, 담보권 실행행위가 부인권의 대상이 되는지 여부에 대해 간략히 살펴본다.

1) 편파적인 담보권 설정과 부인권

신규로 자금을 조달하면서 해당 채권자에게 담보를 제공하는 경우에는 특별한 사정이 없는 한 이른바 편파행위에 해당한다고 보기는 어려울 것으로 생각되나, 기존의 일부 특정 채권자에게만 담보를 제공하는 행위는 편파행위로서 부인권의 대상이 될 수 있다. 특히, 리파이낸싱 등 자금조달의 실질이 변제기의 연장으로 해석되는 경우에는 리파이낸싱 등 자금조달을 하면서 리파이낸싱 투자자에게만 새로운 또는 추가로 담보를 제공한다면 그 행위는 편파행위로서 부인의 대상이 될 수도 있다.

48) 양도 후의 보통저당권은 양도인과 양수인이 준공유하게 된다.
49) 이에 대해서는, 본서 제5편 M&A금융의 셀다운 부분 참조

[판례 4-6] 대법원 2016. 1. 14. 선고 2014다18131 판결

채무자 회생 및 파산에 관한 법률(이하 '채무자회생법'이라 한다) 제100조 제1항 제1호에서 정한 '채무자가 회생채권자 또는 회생담보권자를 해하는 것을 알고 한 행위'에는 총채권자의 공동담보가 되는 회사의 일반재산을 절대적으로 감소시키는 이른바 사해행위뿐만 아니라 특정한 채권자에 대한 변제와 같이 다른 회생채권자들과의 공평에 반하는 이른바 편파행위도 포함된다. 위와 같은 고의부인이 인정되기 위해서는 주관적 요건으로서 '회사가 회생채권자들을 해함을 알 것'을 필요로 하는데, 특히 편파행위의 경우에는 채무자회생법이 정한 부인대상행위 유형화의 취지를 몰각시키는 것을 방지하고 거래 안전과의 균형을 도모하기 위해 회사회생절차가 개시되는 경우에 적용되는 채권자평등의 원칙을 회피하기 위하여 특정 채권자에게 변제한다는 인식이 필요하다고 할 것이지만, 더 나아가 회생채권자 등에 대한 적극적인 가해의 의사 내지 의욕까지 필요한 것은 아니다(대법원 2006. 6. 15. 선고 2004다46519 판결 등 참조). 한편 위 행위로 인하여 이익을 받은 자(이하 '수익자'라고 한다)가 그 행위 당시 회생채권자 등을 해하는 사실을 알지 못한 경우에는 그 행위를 부인할 수 없으나, 수익자의 악의는 추정되므로, 수익자 자신이 그 선의에 대한 증명책임을 부담한다(대법원 2014. 7. 10. 선고 2014다24112 판결 등 참조).

원심은, 엘아이지건설 주식회사(변경 후 상호: 주식회사 건영, 이하 '엘아이지건설'이라 한다)가 과천시 타운하우스 사업(이하 '이 사건 사업'이라 한다)이 중단되는 등 사업을 통한 대출금의 변제가 불가능해지자 이 사건 대출금의 변제기 연장을 목적으로 원고와 이 사건 담보신탁계약을 체결하고 원고보조참가인(이하 '참가인'이라 한다)을 1순위 우선수익자로 지정한 행위는 특정 채권자에 대한 담보제공행위로서 채무자회생법 제100조 제1항 제1호에 의하여 부인의 대상이 된다고 인정한 다음, 참가인이 엘아이지건설에 이 사건 대출금의 상환을 요구하였다가 추가 담보를 취득한 후 대출금 채무의 기한을 연장한 것은 통상적으로 금융기관이 취해야 할 합리적인 방식으로 대출 관련 업무를 취급한 것으로 볼 수 있는 점, 신용평가서에 의하면 엘아이지건설의 단기 유동성 위험은 대응 가능할 것으로 전망되었고, 실제로 엘아이지건설이 2011. 2. 28.부터 같은 해 3. 10.까지 242억 원가량의 CP를 발행하는 한편 2010. 12. 이후에도 여러 금융기관과 대출거래를 계속해 왔던 점, 엘아이지건설이 이 사건 대출금의 이자를 연체하지 않고 납부하였고, 당시 금융가에서는 계열사인 엘아이지건설에 대한 엘아이지그룹의 지원가능성을 신뢰하고 있었던 점, 엘아이지건설의 재무현황이 2010. 9. 기준 매출액 3,618억 원, 순익 43억 원으로 공시된 점 등을 종합하면, 참가인은 엘아이지건설이 채무초과의 상태에 있거나 곧 채무초과상태로 인하여 회생개시신청을 하게 될 상태에 있음을 알지 못한 채 이 사건 담보신탁계약을 체결하였다고 판단된다는 이유로, 참가인의 선의 항변을 받아들였다.

그러나 원심의 이러한 판단은 다음과 같은 이유로 수긍하기 어렵다.

채무자의 일반재산의 유지・확보를 주된 목적으로 하는 채권자취소권의 경우와 달리, 이른바 편파행위까지 규제 대상으로 하는 채무자회생법의 부인권 제도에 있어서는 반드시 해당 행위 당시 부채의 총액이 자산의 총액을 초과하는 상태에 있어야만 부인권을 행사할 수 있다고 볼 필요가 없으므로(대법원 2005. 11. 10. 선고 2003다271 판결 등 참조), 원심이 참가인을 우선수익자로 하는 이 사건 담보신탁계약을 특정 채권자에 대한 담보제공행위로서 편파행위에 해당한다고 판단하면서 당시 엘아이지건설이 채무초과 상태에 있었는지에 대한 참가인의 인식 여부를 선의 인정의 주된 근거로 삼은 것은 잘못이다.

또한 원심판결 이유와 기록에 의하여 인정되는 다음과 같은 사정, 즉 ① 참가인은 2009. 5. 19. 최초로 시행사인 주식회사 김앤파트너스(이하 '김앤파트너스'라 한다)에 이 사건 대출금을 변제기 1년으로 정하여 대여하였고, 2010. 5. 27. 연대보증인이자 시공사인 엘아이지건설이 김앤파트너스의 채무를 인수하면서 이 사건 대출금의 변제기를 2010. 11. 27.까지로 정하였는데, 이 사건 사업의 공사는 2009. 5.경부터 중단되었고 분양실적도 없었으며, 공매를 통해 이 사건 사업 부지를 취득하기로 한 엘아이지건설이 2010. 10. 21.경 공매예정가가 14,173,000,000원으로 떨어졌음에도 공매 유찰을 방치하는 등 이 사건 사업의 정상적인 추진이 불가능하였고 참가인도 이와 같은 사정을 잘 알고 있었던 점, ② 참가인은 김앤파트너스와 주식회사 하나다올신탁의 신탁계약에 따른 1순위 우선수익권과 엘아이지건설의 2순위 우선수익권에 대한 근질권, 엘아이지건설이 교부한 백지어음을 담보로 가지고 있었는데, 위와 같이 이 사건 사업을 통한 대출금 회수가 불가능하게 되자, 2010. 11. 26. 엘아이지건설로부터 그 소유의 이 사건 부동산(이 사건 사업과 관계없는 진주시 강남동 소재 51필지 토지로 2010. 10. 6. 당시 감정평가액은 약 182억 원임)에 관한 우선수익권을 추가 담보로 제공받기로 하고 이 사건 대출금의 변제기를 2011. 5. 27.까지로 연장하였고, 엘아이지건설은 같은 날 원고와 사이에 이 사건 부동산에 관하여 부동산 담보신탁계약을 체결한 뒤 참가인을 1순위 우선수익자로 정하였으며, 2010. 11. 29. 이 사건 부동산에 관하여 위 담보신탁을 원인으로 한 원고 명의의 소유권이전등기를 경료하였는데, 추가담보를 제공받으면서 당해 프로젝트 파이낸싱 대출과 관련 없는 토지에 대해 제3자에게 보수를 지급하여야 하는 부동산담보신탁계약을 이용하는 것은 금융거래관행상 이례적이라고 보이는 점, ③ 엘아이지건설의 총차입금, 부채비율이 2008년부터 1년에 2,000억 원씩 증가하는 추세에 있었고, 특히 자기자본 대비 우발채무 비율이 2008년도에 2배에서 2010. 9.경 3.5배까지 증가하여 이 사건 부동산을 추가담보로 제공할 때에도 참가인에게 향후 특수목적법인을 설립하여 과천시 타운하우스 사업의 사업권을 인수시키고 이 사건 대출의 차주를 특수목적법인으로 변경하는 것을 조건으로 내걸었는데 이는 엘아이지건설의 부채비율을 낮추기 위한 것이었던 점, ④ 한국신용정보평가는 엘아이지건설의 단기유동성 위험에 대하여 '2010. 10. 기준 총 차입금 5,251억 원 중 1년 내 만기도래하는 차입금이 4,803억 원으로 유동성 부담이 존재하고, 엘아이지그룹의 지원가능성 등을 고려할 경우 대응 가능한 것'으로 전망하고 있어 엘아이지그룹의 지원이 없다면 우발채무로 인한 단기 유동성 위험이 현실화될 가능성이 예상되었고, 실제로 이 사건 담보신탁계약 후 4개월 이내인 2011. 3. 21. 엘아이지건설이 회생을 신청한 점 등을 종합하여 보면, 참가인에게는 채무자인 엘아이지건설과 마찬가지로 회생절차가 개시되는 경우에 적용되는 채권자 평등의 원칙을 회피하기 위하여 이 사건 담보신탁계약의 우선수익자로 지정됨으로써 다른 채권자들을 해한다는 인식이 있었다고 볼 여지가 충분하다.

그럼에도 원심은 그 판시와 같은 이유만으로 참가인이 선의의 수익자라는 항변을 받아들였으니, 이러한 원심의 판단에는 고의부인에 있어 수익자의 선의에 관한 법리를 오해하여 판결에 영향을 미친 위법이 있다. 이를 지적하는 상고이유 주장은 이유 있다.

[판례 4-7] 대법원 2005. 11. 10. 선고 2003다271 판결

1. 원심이 인정한 사실관계와 판단의 요지

가. 원심은 그의 채용 증거들을 종합하여 다음과 같은 사실을 인정하였다.

(1) 동서증권 주식회사(1998. 5. 28. 동서호라이즌증권 주식회사로 상호가 변경되었다. 이하 '동서증권'이라고 한다)는 피고에게 각 액면 200억 원 및 100억 원의 각 약속어음을 발행·교부하고 기업어음 할인자금으로 1997. 9. 2. 200억 원(만기 1997. 12. 8.), 1997. 9. 10. 100억 원(만기 1998. 1. 15.)을 대출받았고, 액면 20,052,547,945원의 약속어음 1장을 발행·교부하고 단기 콜자금으로 1997. 12. 1. 200억 원(만기 1997. 12. 8.)을 대출받았다.

(2) 피고는, 1997. 12. 8. 결제용으로 지급받은 1997. 9. 2. 자 및 1997. 12. 1. 자 각 200억 원의 대출금에 대한 동서증권 발행의 각 약속어음을 교환에 돌렸고 자금난으로 위 각 약속어음을 결제하기 어렵게 된 동서증권으로부터 변제기의 연장을 요구받자, 이 사건 각 부동산에 관하여 채권최고액 합계 670억 원의 각 근저당권설정계약을 체결하고, 동서증권으로 하여금 1997. 9. 2. 자 약속어음을 1997. 12. 8. 21 : 02경, 1997. 12. 1. 자 약속어음을 1997. 12. 8. 20 : 22경 각 결제하고 400억 원을 피고가 발행한 자기앞수표로 교부받아 23 : 43경 동서증권의 보통예금 계좌에 입금하여 사용하도록 하였다. 피고는 1997. 12. 10. 다시 위 400억 원을 회수하고 같은 날 만기 1997. 12. 12.로 정하여 대여하는 방법으로 기한을 유예하였다가 1997. 12. 12. 동서증권의 부도로 이를 상환받지 못하였다.

(3) 피고는 위 각 근저당권설정계약에 따라 1997. 12. 12.부터 1997. 12. 13.까지 사이에 이 사건 근저당권설정등기를 경료하였다.

(4) 동서증권은 1997. 12. 12. 지급정지로 최종적으로 부도처리되어 증권관리위원회로부터 영업정지처분을 받고 1998. 10. 23. 파산선고를 신청하여 1998. 11. 25. 서울지방법원으로부터 파산선고를 받아 원고가 파산관재인으로 선임되었다.

나. 원심은 나아가 그의 채용 증거들을 종합하여, 동서증권이 위 각 근저당권설정계약 당

시 재무상태가 악화되어 있었던 사실, 모그룹인 극동그룹의 재정적 위기로 인한 탈법적 자금지원, 단기차입금의 부담 가중, 고정자산의 과다 보유로 스스로 유동성 부족을 초래하였고, 고려증권 부도 이후 예탁금의 계속적인 인출이 있었으나 그 인출사태가 호전될 기미도 없었던 사실, 단기차입금의 만기가 연달아 도래하였으나 추가적인 자금조달도 어려웠고, 위 각 근저당권설정계약 후 바로 4일 만에 지급정지에 이르게 되었던 사실, 1997. 12. 11. 자 예탁금 대량 인출이 없었더라도 당시의 재정상황 및 금융여건에 비추어 지속적인 예탁금 인출로 인하여 조만간 부도가 예견되었던 사실 등을 인정한 다음, 이 사건 근저당권설정계약이 파산법 제64조 제1호의 파산채권자를 해함을 알고 한 행위에 해당한다고 보아, 부인권을 행사하여 이 사건 각 근저당권의 부인등기를 구하는 원고의 이 사건 예비적 청구를 받아들였다.

2. 상고이유 제1점에 대하여

가. 원심이 인정한 바와 같이, 1997. 12. 8.에 만기가 도래하는 1997. 9. 2. 자 어음할인에 의한 대여금채무 200억 원과 1997. 12. 1. 자 콜자금 대여금채무 200억 원이 1997. 12. 8. 21:32 및 20:22경 결제된 후에 400억 원의 피고 발행 자기앞수표가 동서증권에게 건네졌고 동서증권은 이를 23:43경에 한빛은행 여의도지점 보통예금계좌에 입금하여 사용함으로써, 적어도 형식적으로는 기존 채무의 변제가 먼저 이루어지고, 그 직후에 새로운 대출이 이루어진 것으로 볼 여지가 있음은 상고이유의 주장과 같다.

나. 그러나 같은 날 위 각 변제 이전에 이 사건 각 근저당권설정계약이 체결되었는데, 변제기가 도래한 합계 금 400억 원의 채무를 당일 동서증권이 변제하고서 동액 상당을 다시 대출받을 것이 예정되어 있지 아니하였다면 새삼스럽게 근저당권을 설정할 아무런 이유가 없는 점, 변제와 대출이 시간적으로 극히 근접하여 이루어진 점, 변제한 채무액과 대출금액이 동일한 점 및 당시 동서증권이 처한 원심 인정의 급박한 유동성 위기 등에 비추어 보면, 근저당권설정계약 당시 이미 동서증권과 피고 사이에 동일한 금액에 대하여 당일 변제 및 당일 대출이 이루어질 것이라는 점에 관한 양해가 있어 채무의 변제와 동일 금액의 재대출이 서로 조건적으로 연계되어 있었던 것으로 봄이 상당하므로, 적어도 형식적으로는 일단 변제받은 다음 동일한 금액을 다시 다른 조건으로 대출하는 방식을 취하였지만, 그 실질 및 경제적 효과에 있어서는 기한의 연장과 달리 볼 이유가 없고, 담보 제공의 목적 역시 피고의 동서증권에 대한 전체 신용제공의 규모를 계속 유지시키려는 데에 있다 할 수 있어, 전체적으로는 무담보 채권을 담보부 채권으로 전환한 것과 같은 경제적 효과를 도모한 것에 지나지 아니한다 할 것이다.

다. 그렇다면 1997. 12. 8. 심야에 이루어진 400억 원 상당의 대출이 실질적으로는 신규자금의 대출이 아니라 기존 채무의 변제기 연장에 지나지 아니하는 것으로 보고, 사업의 계속을 도모하기 위하여 신규로 자금을 제공받은 경우와는 달리, 이 사건 각 근저당권설정행위가 사회적으로 필요하고 상당하였다거나 불가피하였다고 인정되어 일반 파산채권자가 파산재단의 감소나 불공평을 감수하여야 한다고 볼 수 있는 경우에 해당하지 아니한다고 본 원심의 인정과 판단은 정당하고, 거기에 채증법칙 위배나 법리오해 등의 잘못이 없다.

3. 상고이유 제2, 5, 6점에 관하여

파산법상의 일반적인 파산원인은 지급불능에 있으며, 지급정지가 있는 경우에는 지급불능이 추정되고, 부채초과는 파산법상 법인과 상속재산에 관한 부가적 파산원인에 지나지 않을 뿐이며, 지급불능은 채무자가 변제능력의 결핍으로 인하여 즉시 변제하여야 할 채무를 일반적, 계속적으로 변제할 수 없다고 인정되는 객관적 상태를 의미하므로, 재산이 부족하다고 하더라도 신용이나 노력 내지 기능에 의하여 지급수단을 조달할 수 있으면 변제능력의 결핍은 아니고, 반대로 채무를 초과하는 재산이 있더라도 용이하게 환가할 수 없기 때문에 지급수단을 조달할 수 없으면 변제능력의 결핍으로 볼 수 있다.

한편, 회사의 재무제표에는 장부에 반영되지 아니한 보증채무 등 이른바 우발채무가 모두 반영되지 아니할 수도 있고, 파산절차에서 채권의 추심, 부동산 매각 등 회사의 자산의 처분 가격이 재무제표상의 평가액에 미치지 못하는 경우가 많으며, 영업 중단 등으로 인한 설비나 재고자산의 산일과 진부화로 자산의 축소가 따르기 마련인 점과, 상대방으로서도 위기상황에 처한 회사와 거래함에 있어서는 위와 같은 사정을 감안하고 거래에 임하기 마련인 점 등에 비추어 보면, 해당 행위 당시 대차대조표 등 재무제표상 부채의 총액이 자산의 총액에 미치지 아니하는 상태(이하 '자산초과상태'라고 한다)였다고 하여, 반드시 유해성 혹은 상당성이 부정되어 파산법상 부인권 행사를 할 수 없다고 볼 것은 아니다.

따라서 채무자의 일반재산의 유지·확보를 주된 목적으로 하는 채권자취소권의 경우와는 달리, 이른바 편파행위까지 규제 대상으로 하는 파산법상의 부인권 제도에 있어서는 반드시 해당 행위 당시 부채의 총액이 자산의 총액을 초과하는 상태(이하 '부채초과상태'라고 한다)에 있어야만 행사할 수 있다고 볼 필요도 없고, 행위 당시 자산초과상태였다 하여도 장차 파산절차에서 배당재원이 공익채권과 파산채권을 전부 만족시킬 수 없는 이상, 그리고 그러한 개연성이 존재하는 이상, 일부 특정 채권자에게만 변제를 한다거나 담보를 제공하는 것은 다른 채권자들이 파산절차에서 배당받아야 할 배당액을 감소시키는 행위로서 부인권 행사를 할 수 있다 할 것이다.

원심의 인정과 판단을 기록에 비추어 살펴보면, 증권감독원이 1997. 12. 31.을 기준으로 실시한 동서증권에 대한 자산실사 결과나, 삼일회계법인이 동서증권을 인수할 의향을 보였던 국민은행의 의뢰에 따라 1998. 1. 17.을 기준으로 실시한 자산실사 결과는 모두 동서증권이 자산초과상태에 있는 것으로 조사되어 있으나, 위 각 자산실사에 있어서 우발채무가 모두 고려되었다고 보기는 어렵다고 본 원심의 인정은 정당하고 거기에 채증법칙 위배 등의 잘못이 없으며, 이와 같은 사실인정을 기초로 하여 편파행위에 의한 파산법 제64

조 제1호의 부인을 이유로 한 원고의 예비적 청구를 받아들인 원심의 판단은 정당하며, 거기에 소론과 같은 위법이 없다.

4. 상고이유 제3, 4, 7점에 관하여

가. 파산법 제64조 제1호에서 정한 부인의 대상으로 되는 행위인 '파산자가 파산채권자를 해함을 알고 한 행위'에는 총채권자의 공동담보가 되는 파산자의 일반재산을 절대적으로 감소시키는 이른바 사해행위뿐만 아니라 특정한 채권자에 대한 변제나 담보의 제공과 같이 그 행위가 파산자의 재산관계에 영향을 미쳐 특정한 파산채권자를 배당에서 유리하게 하고 다른 파산채권자와의 공평에 반하는 이른바 편파행위도 포함되나, 한편 위와 같은 고의부인이 인정되기 위해서는 주관적 요건으로서 파산자가 '파산채권자를 해함을 알 것'을 필요로 하는바, 파산법이 정한 부인대상행위 유형화의 취지를 몰각시키는 것을 방지하고 거래 안전과의 균형을 도모하기 위해서는, 특정채권자에게 변제하거나 담보를 제공하는 편파행위를 고의부인의 대상으로 할 경우, 파산절차가 개시되는 경우에 적용되는 채권자평등의 원칙을 회피하기 위하여 특정채권자에게만 변제 혹은 담보를 제공한다는 인식이 필요하다고 보아야 할 것임은 소론과 같다.

나. 이에 관해 원심은, 동서증권이 위 각 근저당권설정계약 당시 재무상태가 악화되어 있었고, 모그룹인 극동그룹의 재정적 위기로 인한 탈법적 자금지원, 단기차입금의 부담가중, 고정자산의 과다 보유로 스스로 유동성 부족을 초래하였으며, 고려증권 부도 이후 예탁금의 계속적인 인출이 있었으나 그 인출사태가 호전될 기미도 없었고, 단기차입금의 만기가 연달아 도래하였으나 추가적인 자금조달도 어려웠으며, 위 각 근저당권설정계약 후 바로 4일 만에 지급정지에 이르게 되었고, 1997. 12. 11. 자 예탁금 대량인출이 없었더라도 당시의 재정상황 및 금융여건에 비추어 지속적인 예탁금 인출로 인하여 조만간 부도가 예견되었던 점 등 그 채용 증거들에 의해 적법하게 인정한 사실관계에 근거하여, 동서증권에게는 파산채권자를 위한 공동담보인 책임재산이 감소하여 그 평등을 저해한다는 인식이 있었다고 판단하는 한편, 극동건설의 1997. 12. 10. 자 자구계획 발표로 인한 예탁금의 대량 인출이 부도 원인이 되었더라도, 모기업인 극동건설도 자금사정이 악화되어 자구계획을 발표할 수밖에 없었던 상황이었고 이러한 극동건설의 자금사정 악화는 계열사들에게 부당 자금지원을 했던 동서증권에게도 영향을 주게 되는 것이어서 이로 인한 동서증권의 부도는 이미 금융기관들 사이에서 예견되었다고 볼 것인 점, 피고도 금융기관으로서 동서증권의 위와 같은 재정상황을 누구보다도 잘 알고 있었다고 볼 것인 점, 피고는 대출금채무의 회수와 대출을 반복하는 방법으로 실제로는 기한의 유예를 주었던 점 등에 비추어, 피고로서도 위 각 근저당권설정계약 당시 그것이 다른 파산채권자들 사이에 평등을 저해하는 편파행위에 해당함을 인식하고 있었음을 추단할 수 있고 달리 피고가 그 당시 파산채권자를 해하게

되는 사실을 알지 못하였음을 인정할 증거가 없다고 판단하였다.

다. 원심의 위 판시는 결국 동서증권 및 피고가 지급정지가 임박하였음을 예견한 상태에서, 장차 파산절차가 개시되는 경우에 적용되는 채권자평등의 원칙을 회피하기 위하여 위 각 근저당권설정행위를 하였다고 본 것으로서, 위 가.항에서 본 법리에 입각하여 판단한 것으로 풀이되므로 여기에 상고이유가 주장하는 법리오해 등의 위법이 없다 할 것이다.

2) 정지조건부 또는 예약형 담보권 설정과 부인권

실무에서는, 주로 동산 또는 매출채권 등과 관련하여, ① 특정한 사유(신용불안사유 또는 기한의 이익 상실사유 등)가 발생한 경우 담보권 설정절차의 일부요건(등기, 인도 등의 성립요건·효력요건 및/또는 대항요건)을 이행하거나, ② 특정한 사유의 발생을 정지조건으로 하여 질권 또는 양도담보의 효력이 발생하게 하거나(정지조건부형 담보권 설정), ③ 채권자의 예약완결권 행사에 의해 담보계약 체결 및 담보권설정절차(효력요건 및/또는 대항요건)가 이행되도록 하는 경우(예약형 담보권 설정)가 있는데, 이 경우에는 담보제공자의 도산절차에서 이러한 유보된 절차의 이행, 조건부 또는 예약형의 담보권 설정이 담보제공자의 도산절차에서 부인(대항요건 부인 포함)의 대상이 될 수 있는지 문제될 수 있다.

판례에 따르면, 위 ①, ②, ③ 유형의 담보권 설정이 원칙적으로는 부인의 대상이 아니지만, (i) 채무자의 행위가 없었다고 하더라도 예외적으로 채무자와의 통모 등 특별한 사정이 있어서 채권자 또는 제3자의 행위를 채무자의 행위와 동일시할 수 있는 사유가 있는 경우나 (ii) 대항요건 구비가 담보권 설정행위가 있은 날부터 15일을 경과한 후에 이루어진 경우에는 그 채권자 또는 제3자의 행위도 부인의 대상이 될 수 있다.

[판례 4-8] 대법원 2002. 7. 9. 선고 2001다46761 판결

1. 원심이 그 채택 증거를 종합하여 적법하게 확정한 사실은 다음과 같다.
   가. 1997. 8.경 해태전자 주식회사(현재 회사명은 주식회사 이트로닉스, 이하 '해태전자'라고 한다)가 피고로부터 담보제공 없이 신용거래의 형태로 수십억 원 규모의 여신을 제공받고 있던 중 피고에게 단기대출금의 만기를 연장해 달라고 요청하자, 피고는 해태전자의 매출채권을 담보로 제공받아 만기를 연장해 주기로 하고 해태전자와 사이에 다음과 같은 약정(이하 '이 사건 기본약정'이라 한다)을 하였다.
   이 사건 기본약정의 내용은, ① 해태전자가 피고에게 해태전자의 매출채권을 양도함에 있어 제3채무자와 제3채무자별 채권금액 및 지급기일 등의 명세를 피고에게 제출하고 변동이 있을 때 수시로 보고하며, ② 해태전자가 피고에 대한 채무에 관한 기한의 이익을 상실하는 경우 피고가 해태전자를 대리하여 채권양도의 통지를 할 수 있고, ③ 해태전자는 채권양도계약서 및 채권양도통지서의 일부 또는 전부를 백지로 피고에게 제출하고, 피고는 위 채권명세에 따라 양도받을 채권을 확정하고 백지의 채권양도계약서와 채권양도통지서에 제3채무자 및 채권금액을 기재할 수 있는 권한을 갖는다는 것이다.

나. 위 약정에 따라, 해태전자는 피고에게 ① 채무자란에만 해태전자의 명판과 대표이사의 인감을 날인하고 연월일란이 백지인 상태로 위 약정내용이 인쇄된 '각서'(갑 제3호증의 1, 2)를 제출함과 동시에, ② 양도인란에 해태전자의 명판과 대표이사의 인감만 날인하고 채무자 및 제3채무자, 채권의 종류, 그 금액, 연월일란이 모두 백지인 '채권양도계약서'와 ③ 역시 통지인란에만 해태전자의 명판과 대표이사의 인감을 날인하고 채권의 종류 및 그 금액, 통지서를 수령할 제3채무자란을 모두 공란으로 둔 '채권양도통지서', ④ 그리고 해태전자가 제3채무자들에게 가지는 외상매출금이 기재된 '매출채권명세서'를 각 교부하였다.

다. 해태전자가 피고에게 교부한 매출채권명세서에는 현대전자산업 주식회사(이하 '현대전자'라고 한다)에 대한 채권은 기재되어 있지 않았고, 그 후 해태전자가 피고에게 변동된 매출채권명세를 보고한 사실도 없었다.

라. 해태전자는 1999. 11. 30. 인천지방법원 99회15호로 회사정리절차개시신청을 하였다.

마. 피고는 해태전자와 현대전자 사이의 거래 사실을 우연히 알게 되어 1999. 12. 2. 이미 백지상태로 교부받은 위 채권양도계약서 및 채권양도통지서의 제3채무자란에는 현대전자를, 채권의 종류란에는 물품대금을, 금액란에는 이십억 원을, 채권양도계약서의 연월일란에는 1998. 2. 18. 및 채권양도통지서의 연월일란에는 1999. 12. 2.을 각 기재하고, 양수인란의 피고의 명칭 옆에는 피고의 대표이사 인장을 날인하여 같은 날 위 통지서를 현대전자에 발송하였으며, 위 통지서는 그 무렵 현대전자에게 도달되었다

바. 그 후 인천지방법원은 위 회사정리절차개시신청을 받아들여 2000. 2. 10. 11:30에 회사정리절차개시결정을 함과 동시에 소외인과 원고를 정리회사의 공동관리인으로 선임하였다.

2. 원고는, 주위적으로 해태전자와 피고 사이의 위 현대전자에 대한 매출채권에 관한 1999. 12. 2. 자 양도행위와 현대전자에 대한 채권양도통지행위는 회사정리법 제78조 제1항 제2호에 정한 위기부인 사유에 해당한다고 주장하고, 예비적으로 1999. 12. 2. 자 채권양도통지행위는 회사정리법 제80조 제1항에 정한 권리변동의 대항요건 부인사유에 해당한다고 주장하면서 해태전자의 현대전자에 대한 위 매출채권 양도행위와 채권양도통지행위의 취소 및 그 원상회복조치로서 취소 사실을 현대전자에 통지할 것을

청구하고 있다.

3. 이러한 주장과 관련하여 원심은 다음과 같은 이유에서 원고의 주장을 받아들여 피고의 항소를 기각하고 원고의 청구를 인용한 제1심판결을 유지하였다.

가. 원심은 먼저 이 사건 기본약정의 성질과 관련하여, 위 약정은 해태전자가 피고의 단기채권의 만기를 연장하여야 할 긴절한 필요가 있는 상황에서 해태전자와 피고가 그 만기연장에 즈음하여 종래의 신용대출을 일종의 담보대출로 전환하면서 그 담보로서 자신의 특정 매출채권을 장차 양수・양도하기로 하는 추상적, 방침적인 약정을 한 것으로서 장차 해태전자가 매출채권명세서를 피고에게 제출하면 그에 기재된 채권에 관하여 피고의 자유로운 판단에 따라 피고가 임의로 이를 특정, 양수하는 권한을 행사할 수 있도록 피고에게 위임하기로 하는 포괄적, 기본적인 채권양도계약 혹은 담보제공계약의 성질을 띤 무명계약이라 할 것이고, 나아가 해태전자가 피고에게 이 사건 기본약정에 기하여 양도인란과 통지인란에 해태전자의 명판과 인감만 날인된 채 백지로 된 채권양도계약서 및 채권양도통지서를 교부한 것은 장차 피고가 구체적, 현실적으로 담보를 제공받거나 또는 채무변제를 위하여 매출채권을 양수하고자 할 경우 그때그때 해태전자의 협력 없이도 원활하게 개개의 매출채권에 관한 양도계약이 체결되도록 피고에게 미리 해태전자의 대리권 내지 처분권한을 부여하여 자기대리의 형식으로 채권양도계약이 체결되도록 한 것이라고 판단하였다.

나. 원심은 이 사건 기본약정의 성질에 관한 위 판단에 기초하여, 이 사건 기본약정만으로는 양도대상 채권, 채권액, 제3채무자, 양도시기, 그 피담보채권 혹은 변제대상 채권 등이 확정되지 아니한 상태이어서 구체적인 개개의 채권에 관하여는 채권양도계약이 체결되었다고 볼 수 없고, 이 사건 기본약정에 터잡아 피고가 위임받은 대리권을 행사하여 백지상태로 교부받은 위 채권양도계약서와 채권양도통지서에 그 공란을 보충한 1999. 12. 2.에 이르러서야 비로소 피고와 해태전자 사이에 현대전자에 대한 매출채권에 관한 양도계약이 성립됨과 동시에 그 효력이 발생하였고, 그 대항요건도 피고가 해태전자를 대행 내지 대리하여 위 채권양도통지서를 발송하여 그것이 현대전자에 도달됨으로써 그 효력이 발생되었다고 판단하였다.

다. 또한 원심은, 회사정리법 제78조 제1항 제2호 소정의 이른바 위기부인의 대상이 되는 '회사의 행위'라 함은 회사가 제3자의 행위에 협력하거나 제3자가 회사의 행위를 대행하는 경우, 또는 제3자의 행위의 효과가 실질적으로 회사가 한 것과 동일시할 수 있을 정도에 이르러야 한다고 새겨야 할 것인데, 위 사실관계와 이 사건 기본약정, 채권양도계약서 등 서식의 교부행위, 피고의 보충행위의 법적 성질 등에 비추어 보면, 위 1997. 8.경의 이 사건 기본약정과 그에 터잡아 백지를 보충함으로써 1999. 12. 2. 자 채권양도계약이 체결되게 한 피고의 행위는 전체적으로 '회사'인 해태전자에 의한 채권양도계약의 체결로서의 실질을 가진다 할 것이고, 대항요건을 갖추기 위한 피고의 통지행위 역시 해태전자를 대리 내지 대행한 것이므로, 결국 '회사'인 해태전자의 행위로 볼 수 있다고 판단하였다.

라. 원심은 결국 해태전자와 피고 사이의 1999. 12. 2. 자 채권양도계약 및 그 통지행위는 회사정리절차개시신청 이후 정리채권자들 사이의 평등에 위배되는 불공평한 담보제공 또는 불공평한 채무소멸에 관한 행위로서 해태전자의 행위 또는 그와 동일시할 수 있는 행위이므로, 회사정리법 제78조 제1항 제2호 소정의 부인권 행사의 대상이 되어 취소되어야 하고, 위 1999. 12. 2. 자 채권양도계약이 부인된 이상, 피고는 원고에게 그 원상회복 절차를 이행할 의무가 있다고 판단하였다.

4. 그러나 원심의 판단은 다음과 같은 이유에서 수긍할 수 없다.

가. 먼저 이 사건 기본약정의 성질에 관하여 보건대, 위 약정은 해태전자와 피고가 대출금에 대한 담보로서 해태전자의 특정 매출채권을 장차 양도·양수하기로 하는 추상적, 방침적인 약정을 하면서 장차 피고가 해태전자를 대리하는 자기대리의 형식으로 해태전자의 매출채권을 특정하여 양도계약을 체결할 수 있는 대리권 내지 처분권한을 부여한 계약이 아니라, 해태전자와 피고가 해태전자의 대출채무를 담보하기 위하여 해태전자의 매출채권에 관한 채권양도를 목적으로 한 대물변제의 예약을 체결한 계약 이른바 예약형 집합채권의 양도담보에 해당하는 것으로서, 그 예약을 일방적으로 완결할 수 있는 예약완결권을 피고에게 부여함과 동시에 해태전자가 매출채권명세서에 기재한 매출채권 중에서 대물변제로 양도·양수할 매출채권을 선택할 수 있는 선택권을 피고에게 부여하기로 하는 한편, 피고가 위 선택권과 예약완결권을 행사할 경우 그 실효성과 편의를 위하여 피고가 해태전자를 대리하여 제3채무자에게 채권양도사실을 통지할 수 있도록 해태전자가 피고에게 그 대리권을 부여한 계약이라고 할 것이다. 따라서 이 사건 기본약정에 의하여, 피고는 대물로 할 해태전자의 매출채권을 선택하는 선택권, 대물변제 예약을 완결하여 채권양도계약을 성립시키는 예약완결권을 취득함과 더불어 해태전자를 대리하여 제3채무자에게 채권양도사실을 통지할 수 있는 대리권을 수여받았다고 보아야 한다.

나. 그러므로 피고가 1999. 12. 2.에 한 행위는 이 사건 기본약정에서 주어진 위 매출채권 선택권과 예약완결권을 행사한 것으로서 피고의 행위이고, 원고가 부인권의 대상으로 삼고자 하는 해태전자의 채권양도행위가 있었던 것은 아니다.

다. 한편, 회사정리법 제78조 제1항 각호의 규정에 의하면, 회사정리법상의 부인의 대상은 원칙적으로 정리 전 회사의 행위라고 할 것이고, 다만 회사의 행위가 없었다고 하더라도 정리 전 회사와의 통모 등 특별한 사정이 있어서 채권자 또는 제3자의 행위를 회사의 행위와 동일시할 수 있는 경우에는 예외적으로 그 채권자 또는 제3자의 행위도 부인의 대상으로 할 수 있다고 할 것이지만, 이 사건의 경우에는 기록을 살펴보아도 피고가 정리 전 회사인 해태전자와 통모하여 위 예약완결권을 행사하였다고 볼 수 없고, 달리 피고의 예약완결권 행사행위를 해태전자의 행위와 동일시할 만한 특별한 사정을 찾아볼 수 없다. 따라서 1999. 12. 2. 해태전자가 피고에게 현대전자에 대한 매출채권을 양도하는 행위가 있었음을 전제로 그 행위가 회사정리법 제78조 제1항 제2호에 정한 위기부인의 대상에 해당한다는 원고의 주장은 받아들일 수 없다고 할 것이다.

라. 또한, 위에서 본 바와 같이 피고의 1999. 12. 2. 자 예약완결권 행사행위를 부인할 수 없는 이상, 같은 날 피고가 해태전자를 대리하여 현대전자에 매출채권양도사실을 통지한 행위는 위 예약완결권의 행사로 효력이 발생한 매출채권의 양도사실을 통지하여 그 채권양도의 대항력을 갖추는 행위이므로 회사정리법 제78조 제1항 제2호가 부인의 요건으로 정한 "정리채권자 등을 해하는 행위와 담보의 제공 또는 채무의 소멸에 관한 행위"에 해당한다고 할 수 없다.

한편, 원고는 예비적으로 회사정리법 제80조 제1항을 매출채권양도행위에 대한 부인의 근거로 주장하지만(원심은 원고의 주위적 주장을 받아들였으므로 예비적 주장에 나아가 판단하지 않았다), 회사정리법 제80조 제1항은 "지급의 정지 또는 파산, 화의개시, 정리절차개시의 신청이 있은 후 권리의 설정, 이전 또는 변경으로써 제3자에 대항하기 위하여 필요한 행위를 한 경우에 그 행위가 권리의 설정, 이전 또는 변경이 있은 날로부터 15일을 경과한 후 악의로 한 것인 때에는 이를 부인할 수 있다."라고 규정하고 있는바, 피고가 해태전자를 대리하여 현대전자에게 채권양도사실을 통지한 행위는 예약완결일로부터 15일 이내의 행위임이 명백하므로 원고가 이에 대하여 위 규정상의 부인권을 행사할 수도 없다고 할 것이다.

마. 그렇다면 이와 다른 견해에서 1999. 12. 2. 해태전자와 피고 사이에 채권양도계약이 체결되었거나 이와 동일시할 수 있음을 전제로 그 채권양도 행위와 채권양도 통지행위에 대한 원고의 부인권행사 주장을 받아들여 원고의 청구를 인용한 제1심판결을 유지한 원심의 판단에는 분명 예약형 집합채권 양도담보와 회사정리법상의 부인권에 관한 법리를 오해한 위법이 있다고 할 것이므로 이 점을 지적하는 상고이유의 주장은 정당하다(다만, 원심이 적법하게 확정한 사실에 의하면, 피고가 선택한 현대전자에 대한 해태전자의 매출채권은 해태전자가 피고에게 교부한 매출채권명세서에 기재되어 있지 아니한 것이므로 그러한 선택이 기본약정의 취지에 맞는 유효한 것인지는 별개의 문제이다).

[판례 4-9] 대법원 2004. 2. 12. 선고 2003다53497 판결

1. 원심은, 그 채용 증거에 의하여, 판시 사실들을 인정한 다음, 이 사건 약정은 주식회사 진도(이하 '진도'라 한다)와 피고가 진도의 피고에 대한 대출금반환채무를 담보하기 위하여 체결한, 이른바 '예약형 집합채권의 양도담보'의 약정으로서, 피고는 위 약정에 따라, 양도받을 매출채권을 선택하는 선택권, 대물변제 예약을 완결하여 채권양도계약을 성립시키는 예약완결권을 취득함과 아울러 진도 대신 제3채무자에게 채권양도사실을

통지할 수 있는 권한까지 함께 수여받았다고 보아야 한다고 판단하였는바, 위와 같은 원심의 사실인정이나 판단은 기록에 비추어 모두 정당한 것으로 수긍되고 거기에 원고가 상고이유로 주장하는 바처럼 채증법칙 위배 등으로 사실을 오인하거나 이 사건 약정의 법률적 성질에 관한 법리를 오해하는 등의 위법이 없다.

2. 회사정리법 제80조 제1항은 "지급의 정지 또는 파산, 화의개시, 정리절차개시의 신청이 있은 후 권리의 설정, 이전 또는 변경으로써 제3자에 대항하기 위하여 필요한 행위를 한 경우에 그 행위가 권리의 설정, 이전 또는 변경이 있은 날로부터 15일을 경과한 후 악의로 한 것인 때에는 이를 부인할 수 있다."라고 규정하고 있는바, 대항요건을 구비하여야 하는 위 15일의 기간은 권리변동의 원인행위가 이루어진 날이 아니고 그 원인행위의 효력이 발생하는 날부터 기산하여야 한다.
원심이 같은 취지에서, 이 사건과 같은 대물변제예약의 경우에는 대물변제예약 시에 권리가 이전되었다고 할 수 없고, 예약완결 시인 2001. 5. 16. 이전되었다고 보아야 하며, 따라서 피고가 위 예약완결일로부터 15일 이내에 진도를 대행하여 원심판결의 별지 제1목록 기재 채무자들에게 채권양도사실을 통지함으로써 이 사건 약정의 대항요건을 구비하는 행위를 한 이상 위 법조 소정의 부인권이 인정될 여지가 없다고 판단한 것은 정당하고, 거기에 원고가 상고이유로 주장하는 바와 같은 법리오해의 위법이 없다.

3. 회사정리법 제80조가 대항요건 내지 효력발생요건 자체를 독자적인 부인의 대상으로 규정하고 있는 취지는 대항요건 내지 효력발생요건 구비행위도 본래 같은 법 제78조의 일반 규정에 의한 부인의 대상이 되어야 하지만, 권리변동의 원인이 되는 행위를 부인할 수 없는 경우에는 가능한 한 대항요건 내지 효력발생요건을 구비시켜 당사자가 의도한 목적을 달성시키면서 같은 법 제80조 소정의 엄격한 요건을 충족시키는 경우에만 특별히 이를 부인할 수 있도록 한 것이라고 해석되므로, 권리변동의 대항요건을 구비하는 행위는 같은 법 제80조 소정의 엄격한 요건을 충족시키는 경우에만 부인의 대상이 될 뿐이지, 이와 별도로 같은 법 제78조에 의한 부인의 대상이 될 수는 없다.
원심은, 피고가 2001. 5. 16. 진도를 대리하여 원심판결 별지 제1목록 기재 각 채권의 채무자들에게 각 채권양도사실을 통지한 행위는 예약완결권의 행사로 효력이 발생한 매출채권의 양도사실을 통지하여 그 채권양도의 대항력을 갖추는 행위이므로 그 행위 자체는 원인행위인 이 사건 약정과 분리하여 독자적으로 회사정리법 제78조에 의한 부인의 대상이 되지 않는다고 판단하여, 이에 반하는 원고의 주장을 배척하였는바, 이러한 원심의 판단은 위에서 본 법리에 따른 것이어서 정당하고, 거기에 원고가 상고이유로 주장하는 바와 같은 법리오해의 위법이 없다.

4. 회사정리법 제78조 제1항 각호의 규정에 의하면, 부인의 대상은 원칙적으로 정리 전 회사의 행위라고 할 것이고, 다만 회사의 행위가 없었다고 하더라도 정리 전 회사와의 통모 등 특별한 사정이 있어서 채권자 또는 제3자의 행위를 회사의 행위와 동일시할 수 있는 경우에는 예외적으로 그 채권자 또는 제3자의 행위도 부인의 대상으로 할 수

있다(대법원 2002. 7. 9. 선고 2001다46761 판결 참조).

따라서 원심이, 피고가 2001. 5. 16.에 한 행위는 이 사건 약정에 기한 매출채권의 선택권과 예약완결권을 행사한 것으로서 어디까지나 피고의 행위이고, 원고가 부인권의 대상으로 삼고자 하는 진도에 의한 채권양도행위가 있었던 것은 아니며, 또한 피고가 정리 전 회사인 진도와 통모하여 위 예약완결권을 행사하는 등 피고의 예약완결권 행사행위를 진도의 행위와 같이 볼 만한 특별한 사정을 인정할 아무런 증거가 없다고 판단하여, 원고의 주장, 즉 2001. 5. 16. 진도가 피고에게 원심판결 별지 제1목록 기재 채권들을 양도하는 행위를 하였음을 전제로 그 행위가 회사정리법 제78조 제1항에 정한 부인의 대상에 해당한다는 주장을 배척한 조치는 정당하고, 거기에 상고이유에서 주장하는 바와 같은 사실오인이나 법리오해의 위법이 없다.

5. 원심은, 이른바 예약형 집합채권의 양도담보의 경우 채권명세표에 기재되어 있던 채권 중 장래 증감변동하는 일체의 채권을 그 양도의 목적채권으로 정하는 것이므로 위 채권 중 모두 변제되어 소멸되는 채권도 있는 반면, 채무자가 추가로 채권명세표를 제출함에 따라 새로이 편입되는 채권도 있을 수 있어 그 예약 당시에 그 목적채권이 확정될 수 없고 채권자가 그 채권양도통지서를 발송하는 시점에 이르러서야 비로소 특정되는 것이므로, 담보 제공 약정 당시 장차 대물변제로 양도・양수할 채권이 특정되지 아니한 상태에서는 장차 양도・양수할 채권의 가액이 차용액 및 이자의 합산액을 초과하는지 여부를 확정할 수는 없는 것이므로, 약정 당시 채무 총액이 양도 목적 채권 총액을 초과한다고 하여 그러한 약정이 민법 제607조와 제608조에 위반되어 무효라고 볼 수는 없다고 판단하였는바, 이러한 원심의 판단은 옳고, 거기에 무슨 채증법칙 위배 또는 심리미진으로 인한 사실오인이나 민법 제607조, 제608조에 관한 법리오해의 위법이 있어 판결 결과에 영향을 미쳤다 할 수 없으므로, 이 부분 상고이유의 주장 역시 이유 없다.

[판례 4-10] 대법원 2011. 10. 13. 선고 2011다56637, 56644 판결

채무자 회생 및 파산에 관한 법률(이하 '법'이라 한다) 제391조 제1호에서 정한 부인의 대상으로 되는 행위인 '채무자가 파산채권자를 해하는 것을 알고 한 행위'에는 총 채권자의 공동담보가 되는 채무자의 일반재산을 파산재단으로부터 일탈시킴으로써 파산재단을 감소시키는 행위뿐만 아니라, 특정한 채권자에 대한 변제나 담보의 제공과 같이 그 행위가 채무자의 재산관계에 영향을 미쳐 특정한 채권자를 배당에서 유리하게 하고 이로 인하여 파산채권자들 사이의 평등한 배당을 저해하는 이른바 편파행위도 포함된다.

또한 법 제391조 제1호에 의하면, 부인의 대상은 원칙적으로 채무자의 행위라고 할 것이나, 다만 채무자의 행위가 없었다고 하더라도 예외적으로 채무자와의 통모 등 특별한 사정이 있어서 채권자 또는 제3자의 행위를 채무자의 행위와 동일시할 수 있는 사유가 있는 경우에는 예외적으로 그 채권자 또는 제3자의 행위도 부인의 대상으로 할 수 있다

(대법원 2002. 7. 9. 선고 2001다46761 판결, 대법원 2004. 2. 12. 선고 2003다53497 판결 등 참조).

원심판결 이유에 의하면, 원심은 창대산업 주식회사(이하 '창대산업'이라 한다)와 원고 주식회사 영진공사(이하 '원고 영진공사'라 한다) 사이에 체결된 이 사건 약정은, 창대산업의 원고 영진공사에 대한 세척사 대금 채무를 담보하기 위하여 창대산업의 피고들에 대한 레미콘 대금 채권에 관하여 채권양도를 목적으로 하는 이른바 '예약형 집합채권의 양도담보'에 해당하는 것으로서, 그 예약을 일방적으로 완결할 수 있는 예약완결권을 원고 영진공사에게 부여함과 동시에 창대산업의 대금 채권 중에서 대물변제로서 양도·양수할 대금 채권을 선택할 수 있는 선택권을 위 원고에게 부여하기로 하는 한편 위 원고가 위 선택권과 예약완결권을 행사하는 경우 그 실효성과 편의를 위하여 위 원고로 하여금 창대산업을 대리하여 제3채무자들에게 채권양도사실을 통지할 수 있도록 창대산업이 위 원고에게 그 대리권을 부여한 계약이라고 전제한 다음, 이와 같은 예약형 집합채권의 양도담보 계약의 경우, 그로 인한 권리변동의 효력은 약정이 이루어짐으로써 즉시 발생하는 것이 아니고 그 예약완결권이 행사됨으로써 비로소 발생하는 것이기는 하지만, 이에 의하여 예약완결권, 양도·양수할 대금 채권에 대한 선택권, 채권양도사실 통지 대리권한까지 채권자에게 부여되는 것이므로, 이는 어느 특정 채권자에게만 담보를 제공함으로써 파산절차에서의 채권자평등의 원칙을 회피하는 편파행위에 해당하고, 한편 이 사건 예약완결의 의사표시 당시 창대산업은 자금사정이 급격히 악화된 상태였고, 원고 영진공사도 이러한 사정을 잘 알면서도 자신의 채권을 미리 우선적으로 확보하기 위하여 창대산업과 통모하여 창대산업으로부터 피고들에 대한 대금 채권 관련 정보를 제공받아 그에 기하여 이 사건 약정에 따른 예약완결권과 선택권을 행사하는 등 원고 영진공사의 이 사건 예약완결의 의사표시가 실질적으로 창대산업의 행위와 동일시할 만한 특별한 사정이 있었다고 보아 그 행위가 법 제391조 제1호에 정한 부인의 대상에 해당한다고 판단하였다.

앞서 살펴본 법리들과 기록에 비추어 살펴보면, 원심의 위와 같은 판단은 정당한 것으로 수긍할 수 있고, 거기에 상고이유 주장과 같은 법 제391조 제1호의 요건 등에 관한 법리오해 등의 위법이 없다.

[판례 4-11] 대법원 2013. 6. 28. 선고 2013다8564 판결

1. 원심은, 주식회사 와이푸드(이하 '와이푸드'라 한다)와 피고가 2009. 3. 16. 이 사건 임대차보증금 반환채권에 관한 채권(보증금)양도증서(이하 '이 사건 양도증서'라 한다)를 작성한 것은 기왕에 이루어진 채권양도약정에 따라 임대인인 소외인에게 채권양도사실을 통지하기 위한 것이었을 뿐이고, 실제로 와이푸드가 피고에게 이 사건 임대차보증금 반환채권을 양도한 것은 2008. 10. 1.이므로, 그 당시를 기준으로 와이푸드에게 사해의사가 있었는지, 와이푸드와 피고가 통모하였는지 등을 판단하여야 한다는 피고의 주장에 대하여, ① 2008. 10. 1. 작성된 조건부 이행 확약서(이하 '이 사건 확약서'라

한다) 제1항에서 와이푸드가 피고에게 이 사건 임대차보증금 반환채권을 양도하기로 정하고 있으나 제2항에서는 와이푸드가 채무를 변제하지 못하였을 때에 한하여 효력이 발생하는 것으로 정하고 있어 채권양도의 효력발생에 조건이 붙어있는데다가, 그 조건이 와이푸드가 변제하지 못한 채무를 확정하는 절차를 예정하고 있어 이 사건 확약서의 작성만으로는 명시적으로 2008. 10. 1. 채권양도계약이 체결되었다고 보기 어려운 점, ② 와이푸드와 피고는 2009. 3. 16. 별도로 이 사건 채권양도계약을 체결하였고 와이푸드는 이 사건 채권양도계약을 근거로 소외인에게 채권양도사실을 통지한 점, ③ 피고도 소외인에 대한 양수금청구소송에서 스스로 2009. 3. 16. 이 사건 임대차보증금 반환채권을 양수하였다고 주장하여 일부승소 판결까지 받은 점 등에 비추어 피고가 이 사건 임대차보증금 반환채권을 양수한 때는 이 사건 채권양도계약을 체결한 2009. 3. 16.이라고 판단하여 피고의 위 주장을 배척하였고, 위 판단을 전제로 하여 피고가 이 사건 임대차보증금 반환채권을 양도받을 당시 와이푸드가 이미 부도를 내고 사업을 폐지한 상태라는 사실을 피고도 알고 있었던 점 등 판시와 같은 사정에 비추어 와이푸드는 피고와 통모하여 원고를 비롯한 다른 채권자를 해할 의사를 가지고 이 사건 채권양도계약을 체결한 것으로 보이므로, 이 사건 채권양도계약은 사해행위에 해당하고 와이푸드의 사해의사도 인정되며 피고의 악의도 추정된다고 판단하였다.

2. 그러나 이러한 원심의 판단은 다음과 같은 이유에서 그대로 수긍하기 어렵다.

어느 시점에서 사해행위에 해당하는 법률행위가 있었는가를 따짐에 있어서는 당사자 사이의 이해관계에 미치는 중대한 영향을 고려하여 신중하게 이를 판정하여야 하고, 채무자의 재산처분행위가 사해행위가 되는지 여부는 처분행위 당시를 기준으로 판단하여야 하며(대법원 2002. 11. 8. 선고 2002다41589 판결, 대법원 2011. 1. 13. 선고 2010다71684 판결 등 참조), 설령 그 재산처분행위가 정지조건부인 경우라 하더라도 특별한 사정이 없는 한 마찬가지라고 할 것이다.

그런데 원심이 인용한 제1심판결 이유에 따르더라도, 와이푸드는 2006. 11.경부터 피고로부터 육류를 공급받거나 육류 수입자금을 차용하는 등의 거래를 하여 왔고, 2008년 하반기 무렵 위와 같은 거래관계로 인하여 수천만 원 상당의 미수대금채무 등을 부담하고 있는 상태에서 피고에게 육류 수입자금을 추가로 대여해 달라고 요청하였으며, 이에 피고가 담보제공을 요구하자 이 사건 임대차보증금 반환채권을 담보로 제공하겠다고 하여, 2008. 10. 1. 피고와 '1. 와이푸드는 피고에게 이 사건 임대차보증금 8,000만원에 대해 권리를 양도한다, 2. 제1항은 와이푸드가 피고에게 채무를 변제하지 못하였을 때에 한하여 효력을 발생한다'는 내용의 이 사건 확약서를 작성하였고, 그 무렵 피고로부터 약 9,000만 원을 차용하였다는 것이다. 나아가 원심이 적법하게 채택하거나 배척하지 아니한 증거들에 따르면, 와이푸드가 피고에게 1억 원 이상의 채무를 부담하고 있는 상태에서 2009. 2.경 부도를 내고 사실상 사업을 폐지하자 피고는 2009. 3. 13.경 이 사건 확약서를 근거로 임대인인 소외인에게 와이푸드로부터 이 사건 임대차보증금

반환채권을 양수하였으니 위 임대차보증금을 자신에게 반환해 달라고 요청하였다가 거절당한 사실, 그러자 피고는 소외인에게 정식으로 채권양도통지를 하기 위하여 와이푸드에 요구하여 2009. 3. 16. 와이푸드와 '와이푸드가 피고에게 지급하여야 할 채무를 변제하기 위하여 이 사건 임대차보증금 반환채권을 피고에게 양도한다'는 내용의 이 사건 양도증서를 작성하였고, 와이푸드는 그 직후인 2009. 3. 24. 소외인에게 위 채권양도 사실을 통지한 사실, 그 후 피고는 소외인을 상대로 양수금 청구의 소(서울북부지방법원 2009가단33256)를 제기하여 2011. 4. 15. 그 항소심(위 법원 2010나4378)에서 일부 승소판결을 선고받았으며 위 판결이 그즈음 확정된 사실을 알 수 있다.

이러한 사실관계를 앞서 본 법리에 비추어 보면, 와이푸드는 피고로부터 추가로 금전을 차용하여 사업자금으로 사용할 목적으로 피고의 요구에 따라 피고와의 물품 및 금전거래로 인한 채무를 담보하기 위하여 2008. 10. 1. 피고에게 와이푸드가 위 채무를 변제하지 못하게 되는 것을 정지조건으로 하여 이 사건 임대차보증금 반환채권을 양도하는 계약을 체결하였는데, 2009. 2.경 와이푸드가 부도를 내고 사업을 사실상 폐지하게 됨으로써 위 정지조건이 성취되어 위 채권양도계약의 효력이 발생하였다고 할 것이고, 그 후 와이푸드와 피고가 이 사건 양도증서를 작성한 것은 새로이 채권양도계약을 체결한 것이 아니라 기존 채권양도계약의 대항요건을 갖추기 위한 행위에 불과하다고 봄이 상당하므로, 와이푸드와 피고가 체결한 위 채권양도계약이 사해행위에 해당하는지는 이 사건 양도증서가 작성된 2009. 3. 16.이 아니라 당초 채권양도계약이 체결된 2008. 10. 1.을 기준으로 판단하여야 할 것이다.

그럼에도 이와 달리 원심은 그 판시와 같은 이유만으로 이 사건 양도증서가 작성된 2009. 3. 16. 이 사건 임대차보증금 반환채권에 관한 양도계약이 있었다고 보아 그때를 기준으로 하여 위 채권양도계약이 사해행위에 해당한다고 판단하였는바, 이러한 원심판결에는 채권양도 및 사해행위에 관한 법리를 오해하여 판결에 영향을 미친 위법이 있다. 이 점을 지적하는 상고이유 주장에는 정당한 이유가 있다.

[판례 4-12] 대법원 2018. 10. 25. 선고 2017다287648, 287655 판결

(1) 채무자 회생 및 파산에 관한 법률(이하 '채무자회생법'이라고 한다) 제391조 제1호에서 정한 부인의 대상으로 되는 행위인 '채무자가 파산채권자를 해하는 것을 알고 한 행위'에는 총채권자의 공동담보가 되는 채무자의 일반재산을 파산재단으로부터 일탈시킴으로써 파산재단을 감소시키는 행위뿐만 아니라, 특정한 채권자에 대한 변제나 담보의 제공과 같이 그 행위가 채무자의 재산관계에 영향을 미쳐 특정한 채권자를 배당에서 유리하게 하고 이로 인하여 파산채권자들 사이의 평등한 배당을 저해하는 이른바 편파행위도 포함된다(대법원 2011. 10. 13. 선고 2011다56637, 56644 판결 등 참조). 다만, 채무자가 지급불능 상태에서 특정 채권자에 대한 변제 등 채무소멸에 관한 행위

를 하였다고 하더라도, 이것이 새로운 물품공급이나 역무제공 등과 동시에 교환적으로 행하여졌고, 채무자가 받은 급부의 가액과 당해 행위에 의하여 소멸한 채무액 사이에 합리적인 균형을 인정할 수 있다면 특별한 사정이 없는 한 이러한 채무소멸행위는 파산채권자를 해하는 행위로 볼 수 없어 채무자회생법 제391조 제1호에 따라 부인할 수 있는 행위에 해당하지 않는다(대법원 2017. 9. 21. 선고 2015다240447 판결 참조).

한편 부인의 대상이 되는 행위가 파산채권자를 해하는 행위인지 여부는 그 행위 당시를 기준으로 판단하여야 한다(대법원 2002. 11. 8. 선고 2002다41589 판결 등 참조). 이는 특별한 사정이 없는 한 그 행위가 정지조건부인 경우라 하더라도 마찬가지이다(대법원 2013. 6. 28. 선고 2013다8564 판결 등 참조).

(2) 원심판결 이유와 기록에 의하면 다음과 같은 사실을 알 수 있다.

(가) 방문판매업체인 주식회사 디케이코퍼레이션(이하 '디케이'라고 한다)은 2007년 경부터 원고(선정당사자)들 및 선정자들을 포함한 판매원들에게 판매수당을 지급하지 못해 사실상 영업을 중단하였고, 2007. 5. 31.경 모든 지사에 대하여, 2007. 11. 16.경 본사에 대하여 각 폐업신고를 하였다. 디케이는 위 폐업신고 전인 2006년 재무상태표상 이미 자본잠식 상태에 있었다.

(나) 디케이는 2009. 6. 30.경 변호사인 피고 1, 변호사 소외인(이하 '피고 1 등'이라고 한다)과 부가가치세 경정거부처분에 대한 심판청구 및 행정소송(전심급)에 대한 사무의 처리를 위임하는 계약을 체결하면서, 착수금 없이 성공보수금만 아래와 같이 지급하기로 약정하였다.

1) 심판청구 단계에서 위임사무가 성공한 때에는 환급세액(환급 가산금 포함)의 6%(부가가치세 포함)를, 행정소송 단계에서 위임사무가 성공한 때에는 환급세액(환급 가산금 포함)의 7%(부가가치세 포함)를 성공보수금으로 지급한다.

2) 업무의 편의를 위하여 디케이가 피고 1 등에게 환급세액 수령업무를 위임하고, 피고 1 등은 디케이를 대리하여 관련기관으로부터 환급액 전액을 입금받은 후 보수를 정산하고 나머지 금액을 디케이로 송금한다. 디케이가 피고 1 등에게 국세환급금양도요구서를 따로 작성하여 교부한다.

(다) 이에 따라 디케이는 구 국세기본법 시행규칙(2012. 2. 28. 기획재정부령 제262호로 개정되기 전의 것, 이하 '구 국세기본법 시행규칙'이라고 한다) [별지 제24호의2 서식]의 '국세환급금양도요구서'에 인감을 날인한 다음 인감증명서를 첨부하여 피고 1에게 교부하였다. 국세기본법 등 관련 법령에 의하면, 국세환급금에 관한 권리를 타인에게 양도하려는 납세자는 위 서식에 의한 국세환급금양도요구서에 양도인의 인감증명서를 첨부하여 관할 세무서장에게 국세환급금의 양도요구를 하여야 한다.

(라) 피고 1 등은 2009. 8.경 위 위임계약에 따라 디케이를 대리하여 부가가치세 경정

거부처분에 대하여 조세심판을 청구하였으나, 2010. 3. 9. 기각결정을 받았다.

(마) 이에 피고 1 등은 2010. 6. 4.경 디케이를 대리하여 역삼세무서장 등을 상대로 부가가치세 경정거부처분의 취소를 구하는 행정소송(이하 '이 사건 거부처분취소의 소'라고 한다)을 제기하였다.

(바) 제1심에서 2012. 2. 23. 부가가치세 경정거부처분의 취소를 명하는 판결이 선고되자, 역삼세무서장 등이 항소를 제기하였으나, 2012. 11. 23. 항소가 기각되어 그 무렵 제1심판결이 확정되었다.

(사) 대한민국은 2013. 1. 15.경 디케이에 대한 부가가치세 환급금 합계 157,433,151,219원을 혼합공탁하였다.

(아) 한편 디케이는 대한민국에 대한 부가가치세 환급금채권(이하 '이 사건 환급금채권'이라고 한다) 중 성공보수금 상당액인 110억 원에 관하여 ① 2012. 8. 말경 33억 원, ② 2012. 9. 10. 33억 원, ③ 2012. 9. 11. 33억 원, ④ 2012. 12. 24. 11억 원을 각 피고 1에게 양도하는 내용의 채권양도계약서를 작성하고 그 무렵 대한민국에 채권양도통지를 하였다.

(자) 디케이는 2014. 10. 16. 10:00 서울중앙지방법원 2014하합100072호로 파산선고를 받았고, 같은 날 원고 소송수계인이 파산관재인으로 선임되었다.

(3) 위와 같은 사실관계를 앞서 살펴본 법리에 비추어 살펴본다.

디케이는 2009. 6. 30.경 피고 1 등과 체결한 위임계약에 따라 피고 1에게 국세환급금양도요구서를 작성, 교부하였다. 이로써 디케이와 피고 1 사이에 위임사무가 성공하는 것을 정지조건으로 하여 이 사건 환급금채권 중 성공보수금 상당액을 양도하는 계약이 체결되었고, 이후 이 사건 거부처분취소의 소에서 승소판결이 선고, 확정됨으로써 위 정지조건이 성취되어 위 채권양도계약의 효력이 발생하였다. 위 승소판결을 전후하여 디케이와 피고 1 사이에 채권양도계약서가 작성되고 채권양도통지가 이루어졌으나, 이는 새로이 채권양도계약을 체결한 것이 아니라 기존 채권양도계약의 대항요건을 갖추기 위한 행위에 불과하다고 봄이 상당하다. 따라서 부인의 대상이 되는 행위는 채권양도계약서가 작성된 시점이 아니라 국세환급금양도요구서가 작성, 교부된 시점에 있었던 것으로 보아야 하고, 파산채권자를 해하는 행위인지 여부도 위 시점을 기준으로 판단하여야 한다.

국세환급금양도요구서가 작성, 교부될 당시 디케이는 이미 지급불능 상태에 있었다. 그러나 디케이가 피고 1에게 이 사건 환급금채권 중 성공보수금 상당액을 양도한 행위는 피고 1의 역무제공과 실질적으로 동시교환적으로 행하여진 것으로 볼 수 있고, 그러한 역무제공과 채권양도금액 사이에 합리적인 균형을 인정할 수 있으므로 파산채권자를 해하는 행위로 볼 수 없다. 그러므로 행위의 상당성 유무를 따져볼 필요 없이 채무자회생법 제391조 제1호에 따라 부인할 수 있는 행위에 해당하지 않는다.

따라서 원심이 위 채권양도가 파산채권자를 해하는 행위임을 전제로 하여 위 행위가 사회적으로 필요하고 불가피하였다고 인정되어 일반 파산채권자가 파산재단의 감소나 불공평을 감수하여야 한다고 볼 수 있는 경우에 해당한다고 판단한 것은 부적절하다. 그러나 원심이 위 채권양도가 채무자회생법 제391조 소정의 부인권 행사의 대상이 된다는 원고 소송수계인의 주장을 배척한 결론에 있어서는 타당하므로, 판결에 영향을 미친 잘못은 없다.

다만, 위 ①, ②, ③ 유형의 담보권 설정이 구체적인 사안에서 부인의 대상이 아니라 판단되더라도, 그에 따른 담보권은 담보권설정자에 대한 회생절차에서 회생담보권으로 취급되기 때문에 개별적인 담보권행사가 제한되고 회생계획에 의해서만 채권회수가 가능하다는 제약은 여전히 따르게 된다.

[판례 4-13] 대법원 2011. 5. 26. 선고 2009다90146 판결

1. 상고이유 제1점에 대한 판단

채무자 회생 및 파산에 관한 법률(이하 '법'이라 한다) 제44조 제1항 제2호에 의하면, 법원은 회생절차개시의 신청이 있는 경우 필요하다고 인정하는 때에는 회생절차개시의 신청에 대한 결정이 있을 때까지 채무자의 재산에 대하여 이미 행하여지고 있는 회생채권 또는 회생담보권에 기한 강제집행, 가압류, 가처분 또는 담보권실행을 위한 경매절차(이하 '회생채권 또는 회생담보권에 기한 강제집행 등'이라 한다)의 중지를 명할 수 있고, 법 제45조 제1항, 제3항에 의하면, 법원은 제44조 제1항의 규정에 의한 중지명령에 의하여 회생절차의 목적을 충분히 달성하지 못할 우려가 있다고 인정할 만한 특별한 사정이 있는 때에는 회생절차개시의 신청에 대한 결정이 있을 때까지 모든 회생채권자 및 회생담보권자에 대하여 회생채권 또는 회생담보권에 기한 강제집행 등의 금지를 명할 수 있으며(이하 '포괄적 금지명령'이라 한다), 포괄적 금지명령이 있는 때에는 채무자의 재산에 대하여 이미 행하여진 회생채권 또는 회생담보권에 기한 강제집행 등은 중지된다. 또한 법 제58조 제2항 제2호에 의하면, 회생절차개시결정이 있는 때에는 채무자의 재산에 대하여 이미 행한 회생채권 또는 회생담보권에 기한 강제집행 등은 중지된다.

그런데 법 제141조 제1항은 양도담보권도 회생담보권에 포함되는 것으로 규정하고 있으므로, 회생절차개시결정의 효력을 규정하고 있는 법 제58조 제2항 제2호의 '회생담보권에 기한 강제집행 등'에는 양도담보권의 실행행위도 포함되고, 포괄적 금지명령은 회생절차개시의 신청에 대한 결정이 있을 때까지 모든 회생채권자 및 회생담보권자에 대하여 회생채권 및 회생담보권에 기한 강제집행 등의 금지를 명하는 것이므로, 포괄적 금지명령에 의하여 금지되거나 중지되는 '회생담보권에 기한 강제집행 등'에는 양도담보권의 실행행위도 포함된다고 해석함이 상당하다.

원심이 인용한 제1심판결 이유에 의하면, 원심은 그 채택 증거를 종합하여 피고는 2005. 8. 16. 농업협동조합중앙회(이하 '농협'이라 한다)와 농협은 택지의 매수인에게 매수자금을 대출하여 주고, 매수인의 대출금상환이 연체될 경우에는 피고에게 매매계약 해제를 요구할 수 있으며, 이 경우 피고는 토지매매계약을 해제하고 별도의 채권양도 약정에 따라 매수인으로부터 받은 토지대금 중 계약보증금을 제외한 나머지를 직접 농협에 지급하기로 하는 이 사건 협약을 체결한 사실, 우정건설 주식회사(이하 '우정건설'이라 한다)는 2005. 11. 30. 피고와의 사이에 이 사건 부동산에 대한 매매계약을 체결하고 10%에 해당하는 계약보증금을 납부한 후, 나머지 매수자금 조달을 위하여 2006. 5. 30. 농협과의 사이에 220억 원을 한도로 하는 대출약정을 체결하면서, 대출금 상환 연체 등 기한의 이익을 상실하는 경우에는 피고가 매매계약을 해제하고 반환할 매매대금 중 계약보증금을 제외한 나머지를 농협에 직접 지급하여도 이의를 제기하지 않기로 하는 각서를 제출하였으며, 그 다음 날 계약해제로 받게 될 매매대금 반환청구권을 농협에 양도한 후 그 사실을 확정일자 있는 증서에 의하여 피고에게 통지한 사실, 우정건설은 이 사건 대출금으로 피고에게 이 사건 부동산에 대한 매매대금을 모두 납입하였으나, 2008. 2. 4. 부도처리되어 기한의 이익을 상실한 사실, 농협은 2008. 2. 22. 피고에게 이 사건 매매계약을 해제하고 우정건설이 납입한 매매대금 중 계약보증금을 제외한 나머지를 농협에게 직접 지급하여 줄 것을 요청(이하 '이 사건 해제 및 지급 요청'이라 한다)한 사실, 우정건설은 2008. 2. 25. 서울중앙지방법원에 회생절차개시를 신청하였고, 위 법원은 2008. 2. 29. 모든 회생채권자 및 회생담보권자에게 회생채권 및 회생담보권 등에 기한 강제집행 등을 금지하는 포괄적 금지명령을 한 사실, 피고는 2008. 3. 13. 우정건설에게 같은 달 17일까지 대출약정을 정상화시키지 못하면 매매계약이 해제된다는 통지를 한 뒤, 반환할 매매대금 20,036,016,000원을 채권자 불확지를 이유로 공탁한 사실, 서울중앙지방법원은 2008. 3. 21. 우정건설에 대하여 회생절차개시결정을 한 사실 등을 인정하였다.

사실관계가 위와 같다면, 농협은 이 사건 매매계약이 해제되는 경우 발생하는 우정건설의 피고에 대한 기지급 매매대금의 반환채권을 이 사건 대출금채권의 담보로 제공받은 회생담부권자에 해당하고, 그 담보권 실행을 통한 채권의 회수를 위하여는 피고의 이 사건 매매계약 해제통지가 선행되어야 할 것이다. 그런데 농협의 이 사건 해제 및 지급요청은 피고에게 매매계약 해제통지를 요구하는 의사표시에 불과하고, 이를 우정건설의 재산에 대한 양도담보권 실행행위로 볼 수 없으므로, 법원이 우정건설의 모든 회생채권자 및 회생담보권자에 대하여 포괄적 금지명령을 하였다고 하더라도, 이 사건 해제 및 지급요청 의사표시가 중지된다고 볼 수 없고, 나아가 피고의 매매계약 해제 의사표시를 포괄적 금지명령에 의하여 금지되는 양도담보권 실행행위로 볼 수도 없다.

따라서 피고의 이 사건 매매계약 해제의사표시가 포괄적 금지명령에 반하여 무효임을 전제로 하는 원고의 이 부분 주장은 이유 없다.

원심이 양도담보권 실행행위에는 포괄적 금지명령의 효력이 미치지 아니하는 것처럼 판단한 것은 부적절하나, 원고의 주장을 배척한 결론은 정당하다.

[판례 4-14] 대법원 2020. 12. 10. 선고 2017다256439, 2017다256446 판결

1. 원심판결 이유와 기록에 의하면 다음의 사실을 알 수 있다.

가. 이 사건 전동차구매계약의 체결과 이 사건 소 제기

1) 서울특별시는 인천광역시, 부천시와 서울지하철 7호선 구간 연장사업을 공동 시행하기로 하고, 서울특별시도시철도공사(이하 '도시철도공사'라고 한다)에 서울특별시의 담당 부분 시행을 위탁하였다.

2) 도시철도공사는 입찰 등을 통해 주식회사 로윈(이하 '로윈'이라고 한다)을 사업자로 선정한 다음 2010. 6.경 로윈과 전동차 56량을 총 계약금 51,734,227,710원에 구매하는 내용의 1차 전동차구매계약을 체결하고 2011. 2. 28.까지 전동차 1개 편성분 8량을 납품받은 다음 2011. 6. 8.까지 그 물품대금 지급을 완료하였다. 이후 서울특별시의 공동 사업시행자측의 사정으로 나머지 전동차의 구매시기가 늦추어지다가 도시철도공사가 2011. 12. 29. 로윈과 나머지 전동차 6개 편성분 48량을 구매하는 내용의 2차 전동차구매계약을 체결하였다.

3) 로윈은 2012. 6. 11. 도시철도공사에게 지수조정률 방법에 따른 물가변동으로 인한 계약금액조정 신청을 하였는데 도시철도공사가 응하지 않자 도시철도공사를 상대로 추가 물품대금의 지급을 구하는 이 사건 소를 제기하였다.

나. 이 사건 각 채권양도

1) 로윈은 2006. 2. 23.부터 2012. 3. 30.까지 독립당사자참가인(이하 '참가인'이라고 한다)으로부터 합계 123억 원 상당의 자금을 대출받았다. 로윈은 도시철도공사에 대해 물가변동으로 인한 계약금액조정 신청을 하기 전인 2012. 3. 30. 참가인과 로윈의 도시 철도공사에 대한 2차 전동차구매계약에 따른 물품대금채권을 참가인에게 양도하는 내용의 채권양도계약을 체결하였고(이하 '제1차 채권양도'라고 한다), 도시철도공사는 2012. 4. 3. 로윈의 채권양도를 승인하였다.

2) 로윈은 계약금액조정 신청을 한 이후인 2013. 3. 29. 참가인에게 계약금액조정에 따라 증액되는 물품대금채권 중 10억 원 상당을 양도하고(이하 '제2차 채권양도'라고 한다), 같은 날 도시철도공사에게 내용증명우편으로 양도통지를 하였으며 그 무렵 위 양도통지서가 도시철도공사에 도달하였다. 2차 채권양도 당시 로윈과 참가인은 "양도의 효력발생 시에 로윈의 참가인에 대한 아래의 채무는 전부 변제된 것으로 한다(또는 양도채권액 한도에서 채무를 면한다)"라고 약정하였다.

다. 로윈에 대한 회생절차개시와 참가인의 회생담보권 신고 및 참가인의 이 사건 독립당사자참가 신청 등

1) 이 사건 제1심 계속 중인 2014. 5. 14. 로윈에 대한 회생절차가 개시되었다. 참가인

은 위 회생절차에서 채권신고기간 내에 대출금채권의 원리금 합계 4,193,658,988원(그중 원금 3,488,650,709원)을 회생채권으로 신고하였고 이에 대해 이의가 제기되지 않아 그대로 인정되었다. 참가인은 다시 위 대출금채권에 관하여 로윈으로부터 추가 물품대금채권에 관한 양도담보권을 설정받았다고 하면서 추후보완에 의한 회생담보권 신고를 하였는데, 당시 참가인은 담보권으로 제1차 채권양도에 기한 양도담보권만을 기재하였다.

2) 참가인은 로윈의 회생절차가 개시된 이후에 회생담보권 추후보완 신고와는 별도로 도시철도공사를 상대로 추가 물품대금채권의 양도담보권자 내지 양수인임을 주장하며 추가 물품대금을 참가인에게 지급할 것을 구하는 이 사건 독립당사자참가 신청을 하였다.

3) 로윈의 관리인은 위 회생절차에서 참가인이 동일한 대출금채권을 회생채권으로 신고하여 전액 인정되었을 뿐만 아니라 이 사건 추가 물품대금채권은 제1차 채권양도의 목적물에 속하지 아니한다는 등의 이유로 참가인이 신고한 회생담보권에 대해 이의를 제기하였고, 이에 참가인이 로윈의 관리인을 상대로 회생담보권조사확정재판을 제기하였다.

라. 로윈의 회생계획 인가와 회생절차 종결

회생법원은 이 사건 제1심이 진행 중이던 2014. 12. 16. 로윈의 회생계획을 인가하고, 2015. 10. 23. 로윈에 대한 회생절차를 종결하였다. 위 회생계획의 주요 내용은 다음과 같다.

1) 회생담보권 대여채무에 관하여, 시인된 원금 및 개시 전 이자의 전액을 현금으로 변제하되 그중 90%를 2015년에, 10%를 2018년에 변제한다. 개시 후 이자는 연 3%의 이율을 적용하여 2014년부터 2018년까지의 변제기일에 변제한다.

2) 회생담보권자의 담보권은 본 회생계획안에 의하여 권리변경된 회생담보권을 피담보채권으로 하는 담보권으로서 종전의 순위에 따라 존속한다. 그러나 회생담보권으로 인정되지 않은 담보권과 담보 목적의 지상권 등은 소멸한다.

3) 회생채권 대여채무에 관하여, 시인된 원금 및 개시 전 이자의 66%를 출자전환하고 34%를 현금으로 변제하되, 현금으로 변제할 채무에 대하여 2019년부터 2023년까지 매년 15%씩을, 2024년에 25%를 분할하여 변제한다. 개시 후 이자는 전액 면제한다.

4) 미확정채권이 조사확정재판이나 확정소송에 의해 회생담보권 또는 회생채권으로 확정될 경우, 그 권리의 성질 및 내용에 비추어 가장 유사한 회생담보권 또는 회생채권의 권리변경 및 변제방법에 따라 변제한다. 이러한 권리변경 및 변제방법을 적용하는 것에 관해 다툼이 있을 경우에는 관리인의 신청에 의해 회생법원이 이를 결정한다.

마. 당사자 지위의 수계

원심 진행 중 원고가 로윈을 흡수합병하여 그 권리의무를 포괄승계하였음을 이유로 로윈의 소송절차를 수계하였고, 도시철도공사와 서울메트로의 합병으로 설립된 피고가 도시철도공사의 권리의무를 포괄승계하고 도시철도공사의 소송절차를 수계하였다.

3. 상고이유 제2점에 대한 판단

가. 채무자 회생 및 파산에 관한 법률(이하 '채무자회생법'이라고 한다) 제58조 제1항 제2호에 의하면 회생절차개시결정이 있는 때에는 회생채권 또는 회생담보권에 기한 강제집행 등은 할 수 없고, 채무자회생법 제141조 제1항은 양도담보권도 회생담보권에 포함되는 것으로 규정하고 있다. 따라서 회생절차개시결정이 있는 때에 금지되는 채무자회생법 제58조 제2항 제2호의 '회생담보권에 기한 강제집행 등'에는 양도담보권의 실행행위도 포함된다(대법원 2011. 5. 26. 선고 2009다90146 판결 참조).

양도담보권의 실행행위는 종국적으로 채권자가 제3채무자에 대해 추심권을 행사하여 변제를 받는다는 의미이다. 특히 양도담보권의 목적물이 금전채권인 경우 피담보채권의 만족을 얻기 위해 금전채권을 환가하는 등의 별도의 절차가 필요 없고, 만약 양도담보권자가 제3채무자를 상대로 채무의 이행을 구하는 소를 제기하여 승소판결을 얻는다면 제3채무자가 양도담보권자에게 임의로 변제하는 것을 막을 방법이 없다. 따라서 채권이 담보 목적으로 양도된 후 채권양도인인 채무자에 대하여 회생절차가 개시되었을 경우 채권양수인인 양도담보권자가 제3채무자를 상대로 그 채권의 지급을 구하는 이행의 소를 제기하는 행위는 회생절차개시결정으로 인해 금지되는 양도담보권의 실행행위에 해당한다. 이와 같이 해석하는 것이 채무자의 효율적 회생을 위해 회생절차개시결정 이후 채권자의 개별적 권리행사를 제한하는 한편, 양도담보권도 회생담보권에 포함된다고 규정한 채무자회생법의 내용에도 부합한다.

나. 원심은, 판시와 같은 이유로 채권양도담보에서 담보권설정자인 채무자에 대한 회생절차가 개시된 경우에 양도담보권자가 제3채무자를 상대로 이행을 청구하는 것을 일률적으로 회생절차개시로 금지되는 담보권 실행행위라고 단정할 수 없으므로, 특별한 사정이 없는 한 제3채무자를 상대로 이행을 청구할 권리는 채무자의 관리인이 아니라 회생담보권자인 양도담보권자에게 있고, 따라서 이 사건 추가 물품대금채권의 청구권자는 담보 목적으로 채권양도를 받은 참가인이라고 판단하였다.

다. 그러나 앞서 본 법리와 기록에 비추어 살펴보면, 원심의 이러한 판단은 다음과 같은 이유에서 그대로 수긍하기 어렵다.

참가인은 로윈의 대출금채권자로서 이 사건 추가 물품대금채권에 관하여 양도담보권을 설정받았다고 주장하면서 로윈의 회생절차에서 회생담보권을 신고하는 한편, 제3채무자인 피고를 상대로 양도담보권에 기해 추가 물품대금채권의 지급을 구하는 이 사건 독립당사자참가 신청을 하였다. 그런데 참가인의 위 신청은 로윈의 회생절차개시결정이 있은 후에 이루어졌다. 그렇다면 참가인이 로윈의 회생담보권자라 하더라도 참가인의 이 사건 독립당사자참가 신청 행위는 채무자회생법 제58조 제1항 제2호에서 정한 '회생담보권에 기한 강제집행 등'에 포함되는 양도담보권의 실행행위로서 로윈의 회생절차개시결정에 따라 금지된다(뿐만 아니라 원심 변론종결 당시 참가인이 로윈의 회생담보권자인지, 참가인이 이 사건 추가 물품대금채권에 관해 설정받은 양도담보권이 로윈의 회생계획에 따라 존속하는지 여부도 확정되지 않은 상태였다).

라. 그럼에도 원심은 참가인이 피고를 상대로 양도담보권에 기하여 추가 물품대금의 지급을 구하는 이 사건 독립당사자참가 신청이 회생절차개시결정에 따라 금지되는 양도담보권의 실행행위에 해당하지 않는다고 보아 참가인의 청구를 인용하였다. 이러한 원심의 판단에는 채무자회생법에서 정한 회생절차개시결정에 의해 금지되는 양도담보권의 실행행위의 범위에 관한 법리오해의 위법이 있다. 이 점을 지적하는 상고이유 주장은 이유 있다.

다만, 회생절차에서 신고된 회생담보권에 관하여 관리인 등으로부터 이의가 있으면 그에 관한 채권조사확정절차에서 회생담보권의 존부와 내용이 정해지므로 참가인이 로윈의 회생담보권자인지는 참가인과 로윈을 승계한 원고 사이에 진행되고 있는 채권조사확정절차에서 정해질 것이고, 그 결과와 로윈의 회생계획에 따라 참가인의 양도담보권이 채무자회생법 제251조에 의하여 소멸하는지 또는 존속하는지 여부가 정해질 것이다. 이미 로윈의 회생계획이 인가되고 회생절차가 종결된 이상 환송 후 원심으로서는 이러한 점을 함께 살펴보아야 함을 지적하여 둔다.

3) 담보권 실행과 부인권

또한, 판례는 담보권 설정 자체는 부인의 대상이 되지 않은 경우에도 담보계약에 따른 담보목적물의 환가를 위한 처분도, 집행행위와 동일한 것으로 볼 수 있는 경우에는 부인의 대상이 될 수 있다(채무자회생법 제104조, 제395조)고 판시하고 있는바, 그 범위에서는 담보권 실행도 부인권의 행사에 의해 제한을 받을 수 있다.

[판례 4-15] 대법원 2003. 2. 28. 선고 2000다50275 판결

원심은, 이 사건 출자증권의 처분행위가 부인권행사의 대상이 아니라는 피고의 주장에 대하여 그 판시와 같은 이유로 피고가 1997. 12. 9. 정리 전 회사에 대하여 지급정지가 있은 후인 1998. 1. 23. 및 1998. 11. 16. 이 사건 출자증권을 처분하여 그의 채권 중 일부에 충당한 행위도 회사정리법 제78조 제1항 제2호에 따라 피고가 정리 전 회사의 정리채권자를 해함을 알고 한 행위에 해당하여 정리재단을 위하여 부인할 수 있다고 판단하였다.

살피건대, 회사정리절차에 있어서는 담보권자는 개별적으로 담보권실행행위를 할 수 없고(회사정리법 제67조), 정리담보권자로서 정리절차 내에서의 권리행사가 인정될 뿐, 정리절차 외에서 변제를 받는 등 채권소멸행위를 할 수 없으며(위 법 제123조 제2항, 제112조), 또한 위 법 제81조 후단이 부인하고자 하는 행위가 집행행위에 기한 것인 때에도 부인권을 행사할 수 있다고 규정한 취지에 비추어 보면, 이 사건과 같이 질권의 목적물을 타에 처분하여 채권의 만족을 얻는 경우도 그 실질에 있어서 집행행위와 동일한 것으로 볼 수 있어 부인의 대상이 되는 행위에 포함된다고 해석함이 타당하므로 같은 취지의 원심 판단은 정당하고 거기에 상고이유에서 주장하는 바와 같은 부인권행사의 대상에 관한 법리 오해 등의 위법이 있다고 할 수 없다.

(7) 담보권과 도산절연(도산격리) – 담보신탁[50]의 이용 가능성

질권과 양도담보권은 담보권설정자의 도산절차에서 회생담보권(회생절차의 경우)과 별제권(파산절차 및 개인회생절차)으로 취급되므로, 그 담보권 실행에 있어서 정도의 차이는 있지만 어느 정도 해당 도산절차에 구속을 받게 된다.

그런데 M&A금융을 포함한 금융거래에서는 담보권신탁과 유사하지만 담보권신탁과는 구별되는 「담보신탁」이 담보권설정자의 도산절차로부터의 절연[51]을 목적으로 자주 활용되고 있다. 「담보신탁」[52]은 일반적으로 수탁자에게 재산(부동산, 매출채권, 동산, 주식 등)[53] 자체를 담보목적으로 신탁하여 양도・이전하고, 대주를 해당 신탁의 우선수익자로, 위탁자를 (최후순위) 수익자로 각 지정하여,[54] 대주에게 해당 우선수익권을 담보로 제공하는 신탁을 의미하는 것으로 이해되고 있다(대주=신탁의 우선수익자).

담보신탁에서는 일반적으로 신탁재산으로부터 현금흐름(매출채권 회수금, 배당금, 임대료, 보증금, 분양대금, 판매대금 등)이 신탁재산에 포함되는 경우에는, 평상시에는 신탁재산으로부터의 회수액에서 신탁계약에서 정하는 선순위 항목(신탁비용, 신탁보수, 대출이자, 분할상환 대출금 등)을 지급하고 남은 잔액을 위탁자에게 수익으로 지급하되, 대출계약

50) 「담보신탁」의 일반론에 대해서는, (i) 박준・한민 『금융거래와 법(제3판)』(박영사, 2022) 270페이지 이하, (ii) 최수정 『신탁법(개정판)』(박영사, 2019) 542페이지 이하, (iii) 임채웅 「담보신탁 연구」 『신탁법 연구』(박영사, 2009) 106페이지 이하 각 참고
51) 실무에서는 통상 이를 「도산절연/도산격리(Bankruptcy Remoteness)」라고 부른다. 도산격리/도산절연에 대해서는 본서 제1편 제4장 **2** (5) 도산격리조치의 필요성 부분 참고
52) 신탁계약의 명칭이나 형식은 불문한다. 예를 들면, 부동산관리처분신탁계약서, 금전채권신탁계약서, 유가증권신탁계약서 등도 그 명칭에 불구하고 그 목적과 내용에 따라 담보신탁의 범위에 포함될 수 있다.
53) 수탁자가 자본시장법상의 신탁업자인 경우에는 신탁가능재산에 제한이 있다(자본시장법 제103조 제1항).
54) 물론 대출의 선・후순위의 종류에 따라 우선수익권 역시 수개의 선・후순위로 나누어 설계될 수 있다(수익권의 복층화).

상 기한의 이익 상실 등 신탁계약에서 정한 사유(「신탁재산처분사유」, 「담보권실행사유」 또는 「우선수익권 지급사유」, 「선순위수익권 지급사유」 등 다양하게 정의된다)가 발생한 경우, 우선수익자의 수익지급 요청(지시)에 의해 수탁자는 위탁자에 대한 수익지급을 중지하고 신탁재산으로부터의 회수액에서 선순위 항목(신탁비용, 신탁보수 등)을 지급하고 남은 잔액을 피담보채무의 상환이 완료될 때까지 우선수익권 한도[55] 내에서 우선수익자에게 수익으로 지급한다. 나아가, 신탁재산이 부동산이나 주식인 경우 등 환가가치가 큰 경우에는 우선수익자의 수탁자에 대한 처분 또는 환가요청(지시)에 의해 수탁자가 신탁재산을 환가(공매, 수의계약)하거나 기타 신탁재산에 속하는 현금 등으로 우선수익권 한도 내에서 우선수익자에게 수익을 지급함으로써 피담보채권을 회수하게 된다.

구체적인 내용에 따라 해석이 달라질 수는 있지만, 이러한 내용의 담보신탁은 원칙적으로 우선수익자의 처분지시에 의해 신탁재산의 처분이 이루어지는 「관리(형)신탁」에 해당하기 때문에 자본시장법상 금융투자상품에는 해당하지 않는 것으로 해석되고 있다(동법 제3조 제1항 제2호, 제9조 제4항).[56]

[계약서 기재례] 부동산담보신탁-부동산담보신탁계약서 [특약사항] ①

제10조 (신탁부동산의 처분)

① 우선수익자는 다음 각호의 어느 사유가 발생하는 경우(그 발생 여부는 전적으로 우선수익자의 재량에 의한다) 수탁자에게 신탁부동산의 처분을 요청할 수 있으며, 수탁자는 우선수익자의 요청에 의하여 처분할 수 있다. 이에 대하여 위탁자는 일체의 이의를 제기치 아니하고 수탁자의 처분업무에 적극 협조하여야 한다.

1. 위탁자가 신탁계약 위반 등으로 피담보채무의 상환이 불가능하다고 판단되는 경우
2. 위탁자의 금융거래정지, 부도, 청산신청, 파산신청 또는 채무자회생 및 파산에 관한 법률상 보전처분 또는 이에 준하는 상황이 발생될 위험이 있거나 또는 발생으로 인

55) 우선수익권의 한도액을 정하는 경우가 일반적이나 사안에 따라서는 우선수익권의 한도액(권면액)을 정하지 않고 무액면으로 하고 피담보채무의 상환완료 시까지 대출원리금 상환 일정에 따라 우선수익자에 대한 수익이 지급되도록 약정하는 경우도 있다.

56) 자본시장법상의 「관리형 신탁」에 해당하지 않는 경우(이를 실무상 수탁자를 기준으로 「운용형 신탁」 또는 「재량형 신탁」이라고 한다)에는 자본시장법상 「금융투자상품」과 금소법상의 「금융상품」에 해당하여 자본시장법과 금소법상의 각종 규제(발행규제, 판매규제 등)를 받게 된다. 따라서 실무에서는 담보신탁이 「관리형 신탁」에 해당하도록 하기 위해 우선수익자의 처분지시에 따라서만 신탁목적물의 처분이 이루어지도록 규정하고 있다. 다만, 감독당국에서는 자본시장법과 금소법상의 「관리형 신탁」에 해당하는지 여부의 판단은 신탁재산 처분·운용에 대한 수탁자의 「재량성」을 기준으로 하기 때문에 그 기준이 여전히 모호하고 해석상 불명확한 점이 존재한다. 실제 실무에서 체결된 각종 신탁계약은 특정금전신탁 외에는 대부분이 「관리형 신탁」이라는 전제하에 판매프로세스를 운영하고 있지만(다만, 관리형 토지신탁의 경우에는 대외적으로 수탁자 명의로 개발 및 분양행위 등이 이루어진다는 점에서 견해의 대립이 있다), 실제 계약 내용에 따라서는 「관리형 신탁」에 해당하지 않은 것으로 해석될 가능성이 있는 조항들이 포함된 경우도 보인다.

하여 피담보채무를 상환할 수 없거나 상환에 막대한 차질이 발생하는 경우 기타 이하 동일시 할 수 있다고 판단되는 경우

3. 여신거래약정[57]상 대출금의 기한의 이익이 상실된 경우

4. 기타 여신거래약정에서 정한 사유가 발생하여 우선수익자가 요청하는 경우

② 기본계약 제[*]조 및 본 조 제①항에 따라 신탁부동산을 처분하는 경우, 기본계약 제[*]조 내지 제[*]조에도 불구하고, 우선수익자는 수탁자의 처분절차에 관한 의견을 고려하여 신탁부동산의 구체적인 처분방법(수의계약 포함), 처분가격, 처분조건, 처분대금 수납방법 기타 처분에 관한 사항을 정할 수 있고, 위탁자는 이에 이의 없이 동의하고 처분절차에 협조한다. 공매의 방법으로 신탁부동산을 처분하는 경우, 최초 처분예정가격은 기본계약 제[*]조의 규정에도 불구하고, 매각을 위한 별도 감정을 하여 감정가격의(공매가 진행되어 매회 공매 유찰 시에 유찰된 회차의 최저가격을 포함한다) 100%를 상위하는 범위 내 우선수익자의 채권을 해하지 않는 범위에서 정할 수 있으며, 동 감정에 소요되는 비용은 처분을 요청한 자가 선지출하고, 매각에 소요되는 비용으로 간주하여 정산하기로 한다.

③ 본 조 제①항에 따라 공매 외의 방법으로 신탁부동산을 처분하는 경우, 신탁부동산의 처분가격은 처분 당시의 경제상황, 시장가격, 감정가, 우선수익자의 의견, 우선수익한도금액, 처분의 시급성, 신탁과 관련된 법적 제한사항(가압류, 가처분 등) 기타 사정을 고려한 적정한 가격으로 정한다.

④ 위탁자는 본 조 제①항의 신탁부동산 처분 시, 신탁부동산을 포함한 그 지상건축물(시설물, 완성 또는 미완성건물 등 포함)을 일괄 처분할 수 있도록 건축주명의, 건축허가권, 건축물 소유권 등 건축에 관련된 일체의 권리를 신탁토지와 함께 신탁토지의 매수자에게 양도하고 이에 필요한 행정상 및 기타 권리양도에 필요한 모든 협조를 다하여야 한다. 이 경우 위탁자는 지상건축물의 건축주 명의변경절차 등 우선수익자가 요청하는 절차를 우선수익자가 지정하는 자에게 동시에 진행하여야 하며, 우선수익자가 요청하는 경우 건축주 명의변경 등 우선수익자가 요청하는 절차에 필요한 서류 일체를 우선수익자가 지정하는 자에게 제출하여야 한다. 위탁자는 우선수익자의 사전 동의없이 신탁부동산상의 지상건축물을 제3자에게 양도하거나 제공할 수 없으며, 수탁자에 의한 신탁부동산의 처분 시 어떠한 경우에도 우선수익자, 수탁자 및 신탁부동산의 매수자에 대하여 (법정)지상권, 임차권 등을 포함하여 신탁부동산에 대한 어떠한 형태의 토지사용권을 주장할 수 없다.

⑤ 기본계약 제[*]조 제①항, 본 조 제①항의 각호의 사유가 발생하지 않은 경우에도, 우선수익자에 대한 채무이행을 위하여 위탁자가 요청하고 우선수익자가 동의하는 경우에는 수탁자는 신탁부동산을 처분할 수 있고, 처분절차는 본 조 제①, ②항 및 기본계

57) 별도 용어정의

약 제[*]조 내지 제[*]조에서 정한 바에 따른다.
⑥ 수탁자가 신탁부동산을 처분하는 경우, 명도책임, 담보책임, 민원 기타 매도인이 부담하는 제반 의무 및 책임 일체는 위탁자가 부담하며, 이를 확인하기 위하여 매매계약서(또는 분양계약서 등 그 명칭을 묻지 않는다)에 '수탁자는 매수인 앞으로의 등기부상 소유권이전에 관하여만 책임을 지며, 그 외 매도인으로서의 제반 책임과 의무는 위탁자에게 있다'라는 문구를 삽입한다.
⑦ 신탁기간 중 위탁자의 요청으로 우선수익자의 동의를 얻어 체결되거나 수탁자를 임대인으로 하여 체결된 임대차계약이 있을 경우, 임대인 지위를 매수인이 승계하는 조건으로 처분한다.
⑧ 수탁자는 신탁부동산을 처분(공매에 의한 환가를 포함함)하는 경우, 기본계약 제[*]조 제①항에도 불구하고, 처분대금에서 신탁재산 관련 조세(납부의무는 성립하였으나, 납부기한이 도래하지 않는 조세를 포함한다)를 우선적으로 납부하며, 신탁기간 종료 이후에 납부기한이 도래하는 신탁재산 관련 조세가 존재하는 경우, 수탁자는 해당 조세 납부를 위해 필요한 금전을 제외한 잔여 신탁재산을 기본계약 제[*]조 제①항에 따라 정산한다.
⑨ 기본계약 및 특약사항에 따라 우선수익자 등이 수탁자에게 신탁부동산에 대한 처분(공매 포함)을 요청할 경우 신탁부동산 전체에 대한 일괄처분 요청을 원칙으로 한다. 다만, 수탁자의 동의를 득하여 신탁부동산에 대한 개별처분 요청을 할 수 있으나, 이 경우 개별매매계약 1건당 최저 재산처분보수는 금 [*]원으로 한다
⑩ 신탁부동산이 환가되어 그 대금을 정산 배당하는 경우 우선수익자에 대한 배당비율은 배당 당시 우선수익자의 피담보채권의 액을 기준으로 한다. 다만, 우선수익자에게 배당되는 환가대금의 합계액이 배당 당시 우선수익자의 피담보채권의 액의 총 합계액에 미달하는 경우에는 여신거래 약정상의 충당 및 분배방법에 따라 배당한다.
⑪ 우선수익자가 동의한 위탁자의 매매, 분양 기타 처분이 있는 경우, 본 조에 정한 처분의 대상은 매매, 분양 기타 처분계약이 해제 또는 해지된 부동산에 한한다.

[계약서 기재례] 부동산담보신탁-부동산담보신탁계약서 [특약사항] ②

제11조 (수의계약에 의한 처분 특례)
① 본 계약 제18조(신탁부동산의 처분시기) 제1항 제1호의 '우선수익자와 채무자 간에 체결한 여신거래 약정 위반 시'는, <u>채무자가 공동 제1순위 우선수익자에 관련된 여신거래약정에 따른 제1순위 피담보채무의 기한의 이익을 상실한 것으로 공동 제1순위 우선수익자가 판단하여 수탁자에게 신탁부동산의 처분을 요청한 경</u>우를 의미하며, <u>공동 제1순위 우선수익자가 본 계약 제18조(신탁부동산의 처분시기) 제1항 제1호에 따른 처분</u>

요청 시 해당 처분과 관련하여 매수인을 지정하여 요청하는 경우에는 수탁자는 수의계약에 의하여 신탁재산을 처분한다.

② 본 조 제1항에 의한 처분 시 처분가격은, 본 계약 제20조에도 불구하고, 처분을 위한 감정평가금액 이상으로 공동 제1순위 우선수익자가 결정하여 수탁자에게 통지하기로 한다. 본 항에 따른 감정에 소요되는 비용은 본 계약 제20조 제1항 제1호의 공매절차에 따른 비용으로 간주하여 본 계약 제20조 제1항에 따라 지급・정산하기로 한다.

③ 본 계약 제22조 제1항 처분대금 등 정산방법과 관련하여 부동산관리 및 공매절차에 따른 비용은 신탁재산의 수분양자가 존재하는 경우 수분양자에게 지급하여야 할 분양금 반환대금, 신탁재산의 관리・유지 및 신탁사무의 처리와 관련하여 처분대금 잔금 지급일까지 발생한 제비용을 포함한다.

[계약서 기재례] 매출채권 담보신탁-금전채권신탁거래기본약관에 대한 특약

제11조 (수익권에 대한 지급)

(1) 매 계산기간 동안의 회수액은 해당 계산기간 직후 도래하는 신탁지급일에 아래 순위에 따라 지급한다. 단, 어느 신탁지급일에 본 항 제3호의 항목의 지급이 이루어지기 전에, 어느 선순위 수익권 지급사유가 발생한 경우로서 수탁자가 선순위수익자 대리기관으로부터 본 조 제2항에 따른 지급을 요구할 권리를 행사하지 않는다는 내용의 서면통지를 받지 못한 경우에는, 수탁자는 해당 신탁지급일에 본 항 제3호에 따른 후순위수익권에 대한 수익을 지급할 수 없고 해당 금액을 신탁에 유보한 후 본 조 제2항에 따라 수익지급에 사용한다. 어느 선순위수익권 지급사유가 발생한 경우로서 만일 선순위수익자 대리기관이 수탁자에게 회수액 중 본 항 제3호에 따라 후순위수익권에 대한 수익으로 지급될 금액의 한도액을 정하여 후순위수익권에 대한 수익의 지급이 이루어질 수 있음을 서면으로 통지한 경우에는, 수탁자는 선순위수익자 대리기관이 지정한 해당 한도액의 범위 내에서 본 항 제3호에 따라 후순위수익권에 대한 수익으로 후순위수익자에게 지급한다.

1. 다음 각 목에 기재된 비용을 다음 각 목의 순서에 따라 지급
   가. 신탁재산에서 지급하여야 하는 조세
   나. 이 특약 제[*]조에 따라 지급하여야 하는 신탁보수 및 신탁비용을 수탁자에게 지급
2. 잔액이 있는 경우, 대출계약에 따라 해당 계산기간에 대한 신탁지급일까지 선순위수익자에게 지급하여야 하는 피담보채무액에 해당하는 금액을 선순위수익자에게 지급.[58] 각 항목의 지급순서는 대출계약에서 정하는 변제충당 순서에 따른다.

58) 이자, 분할상환 대출금을 신탁수익으로 지급하는 경우

3. 잔액이 있는 경우, 후순위수익권에 대한 수익으로서 후순위수익자에게 지급

(2) 본 조 제1항에도 불구하고, 선순위수익권 지급사유가 발생한 경우로서 선순위수익자 대리기관이 서면으로 수탁자에게 선순위수익권에 대한 지급을 요구하는 경우에는 그 이후 도래하는 매 영업일마다 회수액의 범위 내에서 아래 순위에 따라 지급한다.

1. 다음 각 목에 기재된 비용을 다음 각 목의 순서에 따라 지급
   가. 신탁재산에서 지급하여야 하는 조세
   나. 이 특약 제[*]조에 따라 지급하여야 하는 신탁보수 및 신탁비용을 수탁자에게 지급
2. 잔액이 있는 경우, 선순위수익권에 대한 수익으로서 선순위수익자에게 지급한 수익 금액의 누적 합계액이 선순위수익권 권면액[59]에 이를 때까지(단, 피담보채무액을 한도로 한다) 선순위수익권에 대한 수익으로서 선순위수익자에게 지급
3. 잔액이 있는 경우, 후순위수익권에 대한 수익으로서 후순위수익자에게 지급

(3) 본 조 제1항에도 불구하고, 어느 영업일에 다음 각호의 요건이 모두 충족된 경우, 수탁자는 해당 계산기간 동안의 회수액 중 해당 계산기간의 신탁지급일까지 지급하여야 하는 본 조 제1항 제1호 및 제2호의 합계액을 초과하는 금액을 후순위수익자에게 가지급한다. 단, 수탁자가 어느 신탁지급일에 본 조 제1항 제1호 및 제2호의 항목으로 지급하는데 부족한 것으로 판단하여 후순위수익자에게 해당 계산기간에 속하는 어느 영업일 동안 본 조 제2항에 따라 가지급받은 수익의 반환을 요청하는 경우, 후순위수익자는 해당 요청을 받은 날로부터 3영업일 이내(단, 해당 신탁지급일의 직전 영업일을 초과할 수 없다)에 해당 요청금액을 수탁자에게 반환하여야 하고, 수탁자는 반환된 금원을 본 조 제1항에 따라 지급한다.

1. 선순위수익권 지급사유가 발생하지 아니하였거나, 발생한 경우에는 수탁자가 선순위수익자 대리기관으로부터 본 조 제2항에 따른 조기지급 또는 지급을 요구할 권리를 행사하지 아니한다는 서면통지를 받았을 것
2. 해당 계산기간 동안 신탁추심계좌에 예치된 회수액이 해당 계산기간의 신탁지급일까지 지급하여야 하는 본 조 제1항 제1호 및 제2호의 합계액을 초과할 것

(4) 신탁계약에 따른 수익자에 대한 수익의 지급은 다음 각호에서 정하는 방법으로 이루어진다. 본 항에 따른 계좌이체의 방법에 의해 수익이 지급된 경우 해당 수익자에 대한 수익의 지급이 이루어진 것으로 간주하며, 수익자는 이에 대해 이의를 제기하지 아니한다.

59) 기재례에서는 대출금의 120%에 해당하는 금액

1. 선순위수익자에 대한 수익의 지급은 수탁자가 해당 수익 금액을 다음 각 목의 계좌로 이체하는 방법으로 이루어진다.

선순위수익자	개설금융기관	계좌번호	예금주

2. 후순위수익자에 대한 수익의 지급은 수탁자가 해당 수익 금액을 다음의 계좌로 이체하는 방법으로 이루어진다.

계좌번호:

개설금융기관:

예금주:

(5) 선순위수익자 대리기관은 본 조에 따라 지급받을 수익을 수시로 수탁자에게 통지(정정통지 포함)할 수 있다. 다만, 선순위수익자 대리기관이 통지를 하지 않거나 해태하였다고 하여 신탁계약에 따른 선순위수익자의 권리가 소멸되거나 포기된 것으로 해석되어서는 안 된다.

(6) 선순위수익권 지급사유가 발생한 경우 위탁자는 해당사실을 알게 된 즉시 수탁자 및 선순위수익자 대리기관에게 통지하여야 하며, 이에 따른 위탁자의 통지가 있기 이전에 수탁자가 선순위수익권 지급사유 발생사실을 알게 된 경우 해당 사실을 즉시 위탁자와 선순위수익자 대리기관에게 통지하여야 한다.

(7) 본 조 제2항 제2호의 선순위수익권 권면액은 수탁자가 본 조 제1항 제2호에 따라 선순위수익자에게 수익을 지급하거나 달리 위탁자 기타 제3자의 상환·변제·지급 등으로 피담보채무가 감소하는 경우, 이 특약에 따라 선순위수익자에게 지급된 수익 또는 감소된 피담보채무 중 대출금 상환(변제)에 충당된 금액의 120%에 해당하는 금액만큼 감액된다. 단, 수탁자는 선순위수익권 권면액이 감액되는 경우에도 권면액을 감액한 선순위수익권증서를 재발행하지는 않는 것으로 한다.

담보신탁이 이루어지면 해당 신탁대상재산의 소유권은 수탁자에게 양도·이전되지만, 앞서 살펴본 「담보권신탁」의 경우에는 수탁자는 해당 재산에 대한 소유자가 아니라 담보권자의 지위를 취득하게 된다는 점에서 양자의 차이가 있다.

판례는, 신탁대상재산의 소유자는 수탁자이고, 대주가 취득하는 우선수익권은 위탁자와는 별개의 제3자인 수탁자로부터 취득한 채권적인 권리(제3자인 수탁자에 대한 권리)라는 이유로,[60] 담보신탁의 경우에도 해당 신탁대상재산 및 우선수익권은 위탁자의 도산절차

60) 따라서 담보신탁의 경우에도 법률적으로 신탁대상재산은 채권담보의 목적으로 양도된 것이 아니라(즉, 양

(회생절차, 파산절차)로부터 절연된다는 취지로 판시하고 있기 때문에,[61] 금융실무에서는 위탁자로부터의 도산절연의 목적이나 (부동산의 경우) 저당권 설정에 관한 세금의 부담을 줄이기 위한 목적 등에서 자주 이용되고 있다(따라서 위탁자와 채무자가 동일한 경우를 전제하면, 담보신탁의 방식으로 담보가 제공된 경우에는, 위탁자(=채무자)의 회생절차에서 우선수익자는 일반 회생채권자의 지위를 갖게 된다).[62]

[판례 4-16] 대법원 2017. 9. 21. 선고 2015다52589 판결

위탁자가 금전채권을 담보하기 위하여 금전채권자를 우선수익자로, 위탁자를 수익자로 하여 위탁자 소유의 부동산을 신탁법에 따라 수탁자에게 이전하면서 채무불이행 시에는 신탁부동산을 처분하여 우선수익자의 채권 변제 등에 충당하고 나머지를 위탁자에게 반환하기로 하는 내용의 담보신탁을 해 둔 경우, 특별한 사정이 없는 한 우선수익권은 경제적으로 금전채권에 대한 담보로 기능할 뿐 금전채권과는 독립한 신탁계약상의 별개의 권리가 된다. 따라서 이러한 우선수익권과 별도로 금전채권이 제3자에게 양도 또는 전부되었다고 하더라도 그러한 사정만으로 우선수익권이 금전채권에 수반하여 제3자에게 이전되는 것은 아니고, 금전채권과 우선수익권의 귀속이 달라졌다는 이유만으로 우선수익권이 소멸하는 것도 아니다.

[판례 4-17] 대법원 2014. 5. 29. 선고 2014다765 판결

1. 상고이유 제1점에 대하여

채무자 회생 및 파산에 관한 법률(이하 '법'이라 한다) 제100조 제1항 제4호는 '채무자가 지급의 정지 등이 있은 후 또는 그 전 6월 이내에 한 무상행위 및 이와 동일시할 수 있는 유상행위'를 회생절차개시 이후 채무자의 재산을 위한 부인의 대상으로 규정하여 감소한 재산과 사업의 수익력을 회복하거나 채권자들 사이의 평등을 도모하고 있다. 여기에서 무상행위라 함은 채무자가 대가를 받지 않고 적극재산을 감소시키거나, 소극재산 즉 채무를 증가시키는 일체의 행위를 말하고, 이와 동일시하여야 할 행위란 상대방이 반대급부로서 출연한 대가가 지나치게 근소하여 사실상 무상행위와 다름없는 경우를 말한다. 채무자가 의무 없이 타인을 위하여 한 보증 또는 담보의 제공은, 그것이 채권자의 타인에 대한 출연 등의 직접적인 원인이 되는 경우에도, 채무자가 그 대가로서 직접적이고도 현

도담보가 아니라) 수탁자에게 대외적으로 소유권이 완전히 이전되는 것이다(대법원 2012다80231 판결([판례 4-20]).

61) 담보신탁과 도산절연에 대해서는, (i) 오수근 외 『도산법』(한국사법행정학회, 2012) 490페이지 이하, (ii) 임채웅 「도산격리의 연구」 『신탁법 연구』(박영사, 2009) 283페이지 이하 각 참고

62) 다만, 양도담보권과의 균형상 담보신탁의 도산절연효과를 인정하지 않는 견해도 존재하며, 일본의 경우에는 도산절연효과를 부정하는 견해가 유력한 것으로 보인다.

실적인 경제적 이익을 받지 아니하는 한 무상행위에 해당한다고 해석함이 상당하다(대법원 1999. 3. 26. 선고 97다20755 판결, 대법원 2008. 11. 27. 선고 2006다50444 판결 등 참조).

원심은, 주식회사 선린건설(이하 '선린건설'이라 한다)은 이 사건 공동주택 신축사업과 관련하여 피고 농업협동조합중앙회(이하 '농협'이라 한다)와 피고 기산그대가 주식회사(이하 '기산그대가'라고 한다)를 대주로, 선린건설을 차주로, 주식회사 임광토건(이하 '임광토건'이라 한다)을 시공사 겸 채무인수인으로 하여, 선린건설이 피고 농협, 기산그대가(이하 '피고 농협 등'이라 한다)로부터 사업자금 2,200억 원을 대출(이하 '이 사건 대출'이라 한다)받는 내용의 약정을 체결한 사실, 이 사건 대출의 만기일이 2011. 9. 9. 도래하자, 임광토건과 피고 농협 등은 이 사건 대출의 만기를 6개월 연장하되 임광토건이 피고 농협 등에 이 사건 신탁부동산에 관한 우선수익권을 담보로 제공하기로 합의한 사실, 임광토건은 2011. 9. 16. 이 사건 신탁부동산의 수탁자인 피고 주식회사 하나자산신탁(변경 전 상호는 주식회사 하나다올신탁이다. 이하 변경 전, 후를 통틀어 '하나자산신탁'이라 한다)과 사이에 피고 농협 등에 새로 공동 제2순위 우선수익권을 부여하는 내용의 이 사건 부동산담보신탁변경계약을 체결한 사실, 한편 임광토건은 2011. 11. 17. 서울중앙지방법원에 회생절차개시신청을 하여 2011. 11. 24. 회생절차개시결정을 받은 사실 등을 인정한 다음, 임광토건은 이 사건 신탁부동산을 피고 하나자산신탁에 신탁한 위탁자로서 이 사건 신탁부동산의 처분 시 제1순위 우선수익권자에 대한 채무를 변제하고 남은 돈을 지급받기로 되어 있었던 점, 임광토건이 이 사건 대출의 만기를 연장하면서 이 사건 부동산담보신탁변경계약을 통해 이 사건 대출의 대주인 피고 농협 등에 공동 제2순위 우선수익권을 부여하였으나, 이 사건 대출의 차주인 선린건설로부터 그 대가를 받거나 피고 농협 등으로부터 신규로 자금을 조달받는 등의 반대급부를 취득한 바가 없는 점 등 그 판시와 같은 사정들을 종합하면, 이 사건 부동산담보신탁변경계약은 법 제100조 제1항 제4호가 정한 무상행위에 해당하여 부인의 대상이 된다고 판단하였다.

원심판결 이유를 앞서 본 법리와 기록에 비추어 보면, 원심의 위와 같은 판단은 정당한 것으로 수긍이 가고, 거기에 상고이유 주장과 같이 무상행위에 관한 법리, 부인권 행사의 요건으로서 유해성에 관한 법리를 오해하거나 필요한 심리를 하지 아니하는 등의 위법이 없다.

한편, 피고들은 임광토건이 이 사건 부동산담보신탁변경계약을 체결한 것은 그 당시의 사정에 비추어 필요하고 상당하였거나 불가피한 행위로서 부인권 행사를 위한 부당성의 요건이 흠결되었다고 주장하나, 이러한 주장은 상고심에 이르러 비로소 내세우는 새로운 주장으로서 적법한 상고이유가 되지 못한다.

2. 상고이유 제2점에 대하여

기록에 의하면, 임광토건에 대한 회생절차에서 인가되어 확정된 회생계획에는 이 사건 대출의 대주인 피고 농협 등의 채권이 '회생채권 보증채무(인천 북항 부지 담보신탁물건 우선수익권)'로 분류되어 있고, 그 권리변경과 변제방법으로서 원금 및 개시 전 이자는 이 사건 신탁부동산을 환가하여 받을 수 있는 수익금으로 우선 변제하고, 변제 후 잔액이 있는 경우에는 2014년 또는 그 이후의 환가 해당연도에 전액 현금으로 변제하며, 개시 후 이자는 전액 면제하는 것으로 정해져 있는 사실을 알 수 있다.

한편, 이 사건 대출의 대주인 피고 농협 등이 이 사건 신탁부동산에 관한 공동 제2순위 우선수익권을 가지게 된 원인이 비록 임광토건의 신탁행위로 말미암은 것이라 하더라도, 그 우선수익권은 법 제250조 제2항 제2호가 정한 '채무자 외의 자가 회생채권자 또는 회생담보권자를 위하여 제공한 담보'에 해당하여 회생계획이 여기에 영향을 미칠 수 없다 (대법원 2001. 7. 13. 선고 2001다9267 판결 참조).

따라서 위 회생계획에서 원금 및 개시 전 이자를 이 사건 신탁부동산의 처분 대금으로 우선 변제하도록 정하고 있다고 하더라도, 이는 피고 농협 등이 이 사건 신탁부동산의 수탁자인 피고 하나자산신탁에 대하여 우선수익권을 가지고 있다면 그에 따라 우선 변제받고 남은 잔액에 한하여 임광토건에 대한 회생채권으로서 변제받을 수 있음을 정한 것으로 보아야 하고, 위 회생계획이 아무런 영향을 미칠 수 없는 피고 하나자산신탁에 대한 우선수익권을 회생채권의 내용으로 인정한 것으로 볼 수는 없다. 따라서 위 회생계획에 의하여 인정된 피고 농협 등의 권리가 임광토건의 회생채권자표에 기재되었다고 하더라도, 그러한 기재에 대하여 법 제255조 제1항에 따라 인정되는 확정판결과 동일한 효력, 즉 불가쟁의 효력은 이 사건 부동산담보신탁변경계약에 따른 피고 농협 등의 우선수익권에는 미치지 아니한다고 보아야 한다.

이에 관한 원심판결의 이유 설시에는 다소 적절하지 않은 부분이 있으나, 원고의 이 사건 부인권 행사가 회생채권자표의 불가쟁력에 의하여 허용될 수 없다는 피고들의 주장을 배척한 결론은 정당하고, 거기에 상고이유 주장과 같이 회생채권자표의 불가쟁력에 관한 법리를 오해하는 등의 위법이 없다.

[판례 4-18] 대법원 2001. 7. 13. 선고 2001다9267 판결

신탁법상의 신탁은 위탁자가 특정의 재산권을 수탁자에게 이전하거나 기타의 처분을 하고 수탁자로 하여금 수익자의 이익을 위하여 또는 특정의 목적을 위하여 그 재산권을 관리, 처분하게 하는 법률관계를 말하므로, 신탁자가 어음거래약정상의 채무에 대한 담보를 위하여 자기 소유의 부동산에 대하여 수탁자와 담보신탁용 부동산관리·처분신탁계약을 체결하고 채권자에게 신탁원본 우선수익권을 부여하고서, 수탁자 앞으로 신탁을 원인으로 한 소유권이전등기를 경료하였다면, 위탁자의 신탁에 의하여 신탁부동산의 소유권은 수탁자에게 귀속되었다고 할 것이고, 그 후 신탁자에 대한 회사정리절차가 개시된 경우 채권자가 가지는 신탁부동산에 대한 수익권은 회사정리법 제240조 제2항에서 말하는 '정리회사 이외의 자가 정리채권자 또는 정리담보권자를 위하여 제공한 담보'에 해당하여 정리계획이 여기에 영향을 미칠 수 없다고 할 것이므로 채권자가 정리채권 신고기간 내에 신고를 하지 아니함으로써 정리계획에 변제의 대상으로 규정되지 않았다 하더라도, 이로써 실권되는 권리는 채권자가 신탁자에 대하여 가지는 정리채권 또는 정리담보권에 한하고, 수탁자에 대하여 가지는 신탁부동산에 관한 수익권에는 아무런 영향이 없다고 할 것이다.

[판례 4-19] 대법원 2003. 5. 30. 선고 2003다18685 판결

신탁자가 자기 소유의 부동산에 대하여 수탁자와 부동산관리신탁계약을 체결하고 수탁자 앞으로 신탁을 원인으로 한 소유권이전등기를 경료해 주어 대내외적으로 신탁부동산에 관한 소유권을 수탁자에게 완전히 이전한 다음 수탁자로 하여금 신탁부동산에 관하여 다시 신탁자의 채권자의 채권을 위하여 근저당권설정등기를 경료하도록 하였다면, 수탁자는 결국 신탁자를 위한 물상보증인과 같은 지위를 갖게 되었다고 할 것이고 그 후 신탁자에 대한 회사정리절차가 개시된 경우 채권자가 신탁부동산에 대하여 갖는 근저당권 등 담보권은 회사정리법 제240조 제2항에서 말하는 '정리회사 이외의 자가 정리채권자 또는 정리담보권자를 위하여 제공한 담보'에 해당하여 정리계획이 여기에 영향을 미칠 수 없다고 할 것일 뿐만 아니라 채권자가 정리채권 신고기간 내에 신고를 하지 아니함으로써 정리계획에 변제의 대상으로 규정되지 않았다 하더라도, 이로써 실권되는 권리는 채권자가 신탁자에 대하여 가지는 정리채권 또는 정리담보권에 한하고, 수탁자에 대하여 가지는 신탁부동산에 관한 담보권과 그 피담보채권에는 아무런 영향이 없다.

[판례 4-20] 대법원 2014. 11. 27. 선고 2012다80231 판결

…이 부분 상고이유 주장은 이 사건이 남한제지가 이 사건 판결금 채권의 청구 대상인 원고에 대한 물품대금채권을 하나은행에 양도담보로 제공하였다가 피담보채무를 변제하고 담보인 위 물품대금채권을 회수한 사안임을 전제로 하여 남한제지가 원고에 대하여 계속하여 위 물품대금채권을 가지고 있었던 경우와 실질이 동일하므로 이 사건 판결금 채무는 원고가 남한제지의 파산선고 당시 부담하는 채무에 해당한다는 취지이다. 그렇지만 원심이 적법하게 채택한 증거들에 의하면 신탁을 이용한 이 사건 거래구조는, 위탁자인 남한제지가 보유 중인 현재 및 장래의 외상매출채권을 수탁자인 하나은행에 신탁하고, 하나은행은 제1종 수익자인 남한제일차 유한회사에 제1종 수익권을 부여하며, 위 유한회사는 위 수익권을 담보로 대주로부터 차입을 하여 하나은행에 수익권대금을 지급하고, 하나은행은 남한제지에 이를 다시 지급하며, 위 유한회사는 위 수익권에 의한 수익으로 대주에 대한 차입금을 상환하는 구조임을 알 수 있다. 따라서 이 부분 상고이유 주장은 실제 이루어진 거래구조와는 전제를 달리하고 있다는 점에서도 받아들일 수 없다.

원심은, ① 하나은행이 위 물품대금채권을 양수한 것은 남한제지와 체결한 채권신탁계약에 기한 것이고, 피고가 파산재단 조사 중 제1종 수익자에 대한 수익지급이 완료된 것

(원심판결의 '완료되지 않은 것'은 오기로 보인다)을 확인하고 하나은행의 미추심채권을 양수하여 정산하기로 합의하자 하나은행이 위 신탁계약을 해지하고 이 사건 판결금 채권을 피고에게 양도함에 따라 파산선고 후에 피고가 이 사건 판결금 채권을 취득하고 원고가 그 채무자가 된 것일 뿐 피고가 파산선고 시점에 이 사건 판결금 채권을 당연히 돌려받을 것을 예정하고 있었다고 볼 수 없고, ② 채권신탁에서 신탁종료의 사유가 발생하더라도 수탁자가 수익자나 위탁자에게 목적채권을 양도할 의무를 부담하게 됨에 불과할 뿐 당연히 목적채권이 수익자나 위탁자에게 복귀된다고 볼 수 없으며, ③ 또한 <u>남한제지가 하나은행에 채무의 담보 목적으로 위 물품대금채권을 양도하였다고 하더라도 원고에 대한 관계에서는 채권이 확정적으로 양도된 것이어서 원고는 파산선고 당시 하나은행에만 채무를 부담하고 있었을 뿐 남한제지에도 조건부 채무를 부담하였다고 볼 수 없다</u>는 이유로, 이 사건 판결금 채무가 채무자회생법 제422조 제1호의 적용이 배제되는 채무자회생법 제417조 후문의 조건부 채무에 해당하지 않는다고 판단하였다.

원심판결 이유를 관련 법리 및 적법하게 채택된 증거들에 비추어 살펴보면, <u>남한제지가 하나은행에 채무담보 목적으로 위 물품대금채권을 양도하였다고 한 부분은 적절하지 않지만</u>, 이 사건 판결금 채무가 채무자회생법 제417조후문의 조건부 채무에 해당하지 않는다고 본 원심의 결론은 정당하고, 거기에 상고이유 주장과 같이 채무자회생법 제417조의 조건부 채무에 관한 법리를 오해한 위법이 없다.

그러나 담보신탁의 경우에도 보통은 해당 신탁계약에서 우선수익권의 양도에 대해 수탁자의 동의를 요하는 것이 일반적이고, 부동산 등 신탁재산이 등기·등록을 요하는 재산인 경우에는 우선수익권의 양도·이전 시마다 우선수익자 변경을 위한 신탁원부 변경등기·등록을 요하고 있기 때문에,[63)64)] 실무에서는 위탁자로부터의 도산절연 및 신탁등기·등록

63) 신탁법상 수익자의 변경등기는 수익권 양도의 대항요건이 아니다(동법 제65조). 따라서 신탁법에만 비추어 보면, (수익증권 비발행 신탁을 전제하면) 수익권 양도 합의+수탁자에 대한 확정일자부 통지 또는 수탁자로부터의 확정일자부 승낙이 구비되면 수익권 양도의 효력이 발생하고 대항요건까지 구비하게 된다. 그러나, (i) 원칙적으로 수익권과 수익자의 개념은 구분되는데 수익권을 양수하였다고 하여 신탁계약상 수익자의 다른 권리·권한을 모두 취득하였다고 볼 수 있는지 여부에 대해 분쟁이 발생할 수 있다는 점, (ii) 수익자의 성명과 주소는 신탁원부의 기재사항인데(부동산등기법 제81조 제1항 제1호, 제2항), 구 신탁법하에서부터 대법원 판례는 일관되게 신탁원부 기재의 대항력 범위를 광범위 하게 인정하고 있으므로 수익권 양도에 의해 수익권의 권리자가 변경되었음에도 불구하고 신탁원부상의 수익자 변경을 하지 않는 경우에는 대항력을 확보하지 못할 염려가 있다는 점, (iii) 일반적으로 신탁계약에서는 수익자와 수익권의 권리자가 동일인임을 전제로 규정하고 있는데, 수익권과 수익자 양자가 분리되는 경우에는 조세·회계를 포함한 기타의 법률관계에서 신탁 당사자들의 법적 지위가 불안정해질 수 있다는 점, (iv) 신탁법이나 신탁계약에서 수익자의 동의 등 수익자의 어떠한 행위가 필요한 경우 법원이나 관할관청에서는 등기된 신탁원부상의 수익자를 기준으로 그 동의 등의 요건 구비 여부를 판단하는 경우가 많다는 점, (v) 신탁부동산을 처분(환가) 또는 신탁 해지 등을 원인으로 신탁등기를 말소하고자 하는 경우에는 신탁등기사무처리에 관한 예규 제6조 가.항 등을 근거로 등기공무원으로부터 처분(환가) 또는 해지에 대한 신탁원부상의 수익자의 동의서가 요구되는 경우가 많다는 점 등을 이유로, 실무에서는 수익권이 양도되는 경우에는 수익자의 지위도 함께 이전됨을

시 세금절감 이외에 담보권 이전의 편의성이라는 측면에서는 여전히 한계가 있다.

또한, 담보신탁 자체가 민법상 사해행위 또는 신탁법상의 사해신탁으로 취소되거나 채무자회생법에 따라 부인되거나 기타 신탁행위 자체에 하자가 존재하는 경우에는 신탁 자체가 무효이거나 취소됨으로써 당초의 도산절연효과를 달성할 수 없으며, 나아가 실무에서는 위탁자에 대한 회생절차나 파산절차 이외에 위탁자에 대한 기업구조조정촉진법 또는 사적약정(私的約定)에 따른 워크아웃절차에서는 채무재조정 시 담보신탁의 도산절연성을 인정하지 않고 있는 것으로 보이는바, 이러한 점에서 담보신탁의 도산절연효과에 있어서도 일정한 한계가 있다.

특히, (i) 신탁대상재산이 주식인 경우에는 자본시장법상 수탁자에 의한 대량보유보고의무 등 각종 공시의무(상장주식인 경우)(자본시장법 제147조), 미공개정보이용행위규제(상장주식인 경우)(동법 제174조) 및 수탁자의 의결권 제한(동법 제112조 제2항, 제3항), (ii) 신탁대상재산이 장래 매출채권인 경우에는 위탁자의 도산절차개시 이후 발행하는 채권에 대한 양도담보권의 효력을 제한하고 있는 판례{대법원 2010다63836 판결([판례 4-61])}로 인해 그 이용에 상당한 제약을 받고 있다. 이에 대해서는 아래의 담보대상자산별 담보권 부분에서 추가로 살펴보기로 한다.

한편, 담보권신탁과 담보신탁을 포함하여, 신탁을 활용하여 담보를 제공하는 방안을 정리하면 다음과 같다.

[표 4-4] 신탁을 담보목적으로 활용하는 방안[65]

담보유형			내 용	위탁자의 도산절차 절연 여부(*1)	채권자(담보권자)의 지위	근거법률
근저당권·질권	설정자	수탁자	수탁자가 신탁계약에 따라 담보권설정자의 지위에서 신탁목적물(담보목적물)을 채권자에게 근저당권·질권설정	절연 ○(*7)	수탁자에 대한 근저당권·질권자 (3자 담보)	민법 신탁법

규정하고 신탁원부가 작성되는 신탁(부동산신탁 등)의 경우에는 수탁자의 동의를 받아 신탁원부상 수익자도 변경하는 경우가 많다.

64) 통상은 신탁사에서 신탁원부 변경 또는 수익권증서 발급 시마다 상당한 액수의 신탁보수를 별도로 지급하도록 요구하기 때문에 위탁자 입장에서는 그 비용도 상당한 부담이 된다. 그러한 절차에 소요되는 시간과 부담에 비추어 신탁사가 요구하는 보수가 합리적인지 의문이다.

65) 전경준 편 『판례 신탁법』(진원사, 2018) 6페이지의 내용을 수정하여 게재하였다.

담보유형			내 용	위탁자의 도산절차 절연 여부[*1]	채권자(담보권자)의 지위	근거법률
		위탁자	위탁자가 신탁목적물(담보목적물)을 채권자에게 근저당권·질권 설정 후 신탁(수탁자가 저당권·질권 승계)	절연 ○[*7]	수탁자에 대한 근저당권·질권자 (3자 담보)	민법 신탁법
수익권 질권 또는 양도담보권[*2]			위탁자가 자신을 (후순위)수익자로 신탁목적물(담보목적물)을 (자익)신탁한 후 신탁계약상 수익권에 채권자를 위한 질권을 설정하거나 양도담보권을 설정	절연 ×	위탁자에 대한 회생담보권자, 별제권자	민법 신탁법
타익신탁 수익권			위탁자가 채권자를 (우선)수익자로 지정하여 신탁목적물(담보목적물)을 신탁[*3]	절연 ○	· 수탁자에 대한 수익자 · 위탁자에 대한 일반 회생채권자, 파산채권자 · 위탁자의 도산절차에 관계없이 신탁계약에 따라 수탁자에 대한 수익권 행사(제3자 담보)	신탁법
담보권 신탁			위탁자가 채권자를 (우선)수익자로 지정하여 담보목적물에 대한 담보권을 수탁자에게 설정(신탁)[*4]	절연 ×	수탁자는 위탁자에 대한 회생담보권자, 별제권자의 지위에 있게 되므로 신탁계약상의 수익자 역시 위탁자의 도산절차로부터 절연되기 어려움.	민법 신탁법

담보유형	내 용	위탁자의 도산절차 절연 여부(*1)	채권자(담보권자)의 지위	근거법률
담보부사채신탁	위탁자가 사채에 물상담보를 붙이기 위하여 수탁자와 신탁계약을 체결하고 수탁자에게 물상담보(*5)를 설정(신탁)(*6)	절연 ×	수탁자는 위탁자에 대한 회생담보권자, 별제권자의 지위에 있게 되므로 담보부사채신탁계약상의 수익자 역시 위탁자의 도산절차로부터 절연되기 어려움.	민법 담보부사채신탁법

(*1) 수탁자의 도산절차로부터의 절연은 신탁법 제24조

(*2) 수익권에 대한 담보권 설정이 아닌 수익권의 매각 시에도 진정양도성(True-sale)가 문제된다.

(*3) 수익자를 미지정하거나 수익자를 「특정채권(권리)의 보유자(예를 들면, ○년 ○월 ○일 대출계약에 따른 대주)」로 지정하면서 신탁계약에 신탁관리인을 정하는 경우에는(신탁법 제67조) 대출채권 양도에 따른 수익자인 대주(채권자) 변경 시에도 수익자 변경이 불필요하다.

(*4) 대출채권 양도에 따른 대주 변경 시에도 수탁자가 대주인 수익자를 위하여 담보권을 계속 보유하므로 담보권자 변경이 불필요하다(담보물권의 부수성 완화).

(*5) 동산질(1호), 증서있는 채권질(2호), 주식질(3호), 부동산저당이나 그 밖에 법령에서 인정하는 각종 저당(4호. 이상 담보부사채신탁법 제4조 제1항). 다만, 2018년 8월 22일부터 시행된 담보부사채신탁법 일부개정법률에서는 물상담보의 범위에 동산·채권 등의 담보에 관한 법률상의 담보권(5호), 그 밖에 재산적 가치가 있는 것으로서 대통령령으로 정하는 담보권(6호)을 추가하였다. 특히 추가된 6호는 지적재산권의 담보 제공을 염두에 둔 규정이라고 하나, 아직 동 시행령은 개정되지 않은 상태이다.

(*6) 사채의 양도에 의해 수익자인 사채권자의 변경 시에도 수탁자가 담보권을 수익자를 위해 계속 보유하므로 담보권자 변경이 불필요하다(담보물권의 부수성 완화).

(*7) ① 대법원 2003. 5. 30. 선고 2003다18685 판결: 「신탁자가 자기 소유의 부동산에 대하여 수탁자와 부동산관리신탁계약을 체결하고 수탁자 앞으로 신탁을 원인으로 한 소유권이전등기를 경료해 주어 대내외적으로 신탁부동산에 관한 소유권을 수탁자에게 완전히 이전한 다음 수탁자로 하여금 신탁부동산에 관하여 다시 신탁자의 채권자의 채권을 위하여 근저당권설정등기를 경료하도록 하였다면, 수탁자는 결국 신탁자를 위한 물상보증인과 같은 지위를 갖게 되었다고 할 것이고 그 후 신탁자에 대한 회사정리절차가 개시된 경우 채권자가 신탁부동산에 대하여 갖는 근저당권 등 담보권은 회사정리법 제240조 제2항에서 말하는 '정리회사 이외의 자가 정리채권자 또는 정리담보권자를 위하여 제공한 담보'에 해당하여 정리계획이 여기에 영향을 미칠 수 없다고 할 것일 뿐만 아니라 채권자가 정리채권 신고기간 내에 신고를 하지 아니함으로써 정리계획에 변제의 대상으로 규정되지 않았다 하더라도, 이로써 실권되는 권리는 채권자가 신탁자에 대하여 가지는 정리채권 또는 정리담보권에 한하고, 수탁자에 대하여 가지는 신탁부동산에 관한 담보권과 그 피담보채권에는 아무런 영향이 없다.」, ② 대법원 2017. 11. 23. 선고 2015다47327 판결: 「신탁자가 그 소유의 부동산에 채권자를 위하여 저당권을 설정하고 저당권설정등기를 마친 다음, 그 부동산에 대하여 수탁자와 부동산 신탁계약을 체결하고 수탁자 앞으로 신탁을 원인으로 한 소유권이전등기를 해 주어 대내외적으로 신탁부동산의 소유권이 수탁자에게 이전하였다면, 수탁자는 저당부동산의 제3취득자와 같은 지위를 가진다. 따라서 그 후 신탁자에 대한 회생절차가 개시된 경우 채권자가 신탁부동산에 대하여 갖는 저당권은 채무자 회생 및 파산에 관한 법률 제250조 제2항 제2호의 '채무자 외의 자가 회생채권자 또는 회생담보권자를 위하여 제공한 담보'에 해당하여 회생계획

이 여기에 영향을 미치지 않는다. 또한 회생절차에서 채권자의 권리가 실권되거나 변경되더라도 이로써 실권되거나 변경되는 권리는 채권자가 신탁자에 대하여 가지는 회생채권 또는 회생담보권에 한하고, 수탁자에 대하여 가지는 신탁부동산에 관한 담보권과 그 피담보채권에는 영향이 없다.」

또한, 실무에서는 자금수요자인 위탁자가 장래 (일정 기간 동안) 발생할 매출채권 등을 신탁하고 SPC가 선순위 수익권(「제1종 수익권」이라고도 한다)을 인수하여 동 수익권을 담보(질권)로 대주로부터 자금을 차입하여 동 차입금으로 수익권인수대금을 지급한 후 선순위 수익권으로 지급받은 수익으로 대주에 대한 원리금을 상환하는 구조의 유동화거래방식(이하 편의상 「SPC수익권인수방식」이라고도 한다)이 광범위하게 이용되고 있다. 이 구조는 실질적으로는 매출채권의 위탁자가 차주 겸 위탁자의 지위에서 대주로부터 자금을 직접 차입하고 대주들을 매출채권 신탁의 우선수익자로 직접 지정하는 방식(이하에서는 편의상 「위탁자담보신탁방식」이라 한다)과 그 실질에 있어서는 유사하다고 보이나, 「SPC수익권인수방식」은 수익권의 매매(인수)가 중간에 개입되는 수익권의 매매(최소한 수익권인수대금에 상응하는 매출채권의 매매)거래라는 점을 근거로 위탁자에 대한 기업구조조정촉진법상의 워크아웃절차 개시의 경우 선순위 수익자인 SPC의 기업구조조종촉진법 적용 여부(금융채권자 해당 여부. 즉, SPC가 위탁자에 대한 금융채권자인지 여부), 채무자회생법상의 부인권 행사가 문제되는 경우 주관적인 요건의 존부의 판단과 관련하여 거래의 안정성을 좀 더 확보할 수 있다는 점에서 장래 매출채권이 담보목적물인 경우에는 「위탁자담보신탁방식」보다 더 자주 이용되고 있는 것으로 보인다. 물론, 「SPC수익권인수방식」의 경우에도, 위탁자에게 도산절차가 개시되는 경우에 신탁설정 자체가 사해행위/사해신탁/부인권의 대상이 될 가능성은 여전히 존재하고{광주고등법원(전주) 2018나12402 판결([판례 4-21]) 참조}, 도산절차 개시결정 이후 발생하는 매출채권에 대해 신탁의 효력이 미치는지 여부도 문제되며,[66] 나아가 도산절차가 개시되는 경우 회생관리인/파산관재인이 매출채권의 발생원인인 물품공급계약 등 기초계약을 쌍방 미이행 쌍무계약으로서 해제하는 경우에는 신탁수익을 지급받을 수 없어 상환재원을 확보할 수 없게 되는 점은 여전히 문제로 남는다.[67]

66) 대법원 2010다63836 판결([판례 4-61])

67) 이와 같이 위탁자의 관리인이 기본계약을 해제할 가능성이 있기 때문에 위탁자에게 회생절차가 개시되는 경우에는 관리인과 수익자 간 협의를 거쳐 선순위 수익권과 후순위 수익권의 지급금액과 스케줄을 조정하기 위해 신탁계약을 변경하는 경우가 많다.

[판례 4-21] 광주고등법원(전주) 2019. 10. 10. 선고 2018나12402 판결

1. 인정사실

가. 이 사건 신탁계약 체결

1) A 주식회사(이하 '채무자 회사'라고 한다)는 1986. 12. 12. 설립되어 자동차 생산에 사용되는 Shock Absorber(완충장치) 스틸파이프 절단, 가공, 부품 조립 등을 전문적으로 생산하는 업체이다.

2) 채무자 회사는 2016. 11. 29. 주식회사 I(이하 'I'이라고 한다), 피고 C 유한회사(이하 '피고 C'라 한다)와 사이에 채무자 회사의 주식회사 G, 주식회사 H에 대한 매출채권(이하 '이 사건 매출채권'이라 한다)을 I에 위탁하기로 하는 금전채권신탁계약을 체결하였다(이하 '이 사건 신탁계약'이라고 한다).

3) 이 사건 신탁계약의 주요 내용은 아래와 같다.

(생략)

4) 주식회사 G는 2015. 11. 30.경, 주식회사 H는 2016. 11. 29.경 확정일자 있는 증서로 이 사건 신탁계약에 따른 채권양도를 승낙하였다.

나. 이 사건 대출계약 체결 경위

1) 피고 C는 이 사건 신탁계약의 제1종 수익자로 지정되는 대가로 채무자 회사에 60억 원을 지급하기로 하였다(이 사건 신탁계약 특약 제11조). 이에 피고 C는 채무자 회사에 지급하기로 한 60억 원을 조달하기 위해 2016. 11. 29. 피고 D 주식회사, 주식회사 E, F 주식회사(이하 통칭하는 경우 '피고 D 등'이라고 한다)와 사이에 60억 원 대출계약(이하 '이 사건 대출계약'이라 한다)을 체결하였다.

이 사건과 관련된 대출약정서 내용은 다음과 같다.

(생략)

2) 피고 C는 2016. 11. 29. 위 대출금 채무에 대한 담보로 피고 D 등에 이 사건 신탁계약에 따른 제1종 수익권과 피고 C의 자산관리계좌에 관하여 근질권을 설정하여 주었다.

다. 채무자 회사의 담보제공

채무자 회사는 피고 C가 이 사건 대출계약으로 피고 D 등에 부담하는 채무 일체를 담보하기 위해, 2016. 11. 29. 피고 D 등과 사이에 연대보증약정 및 채무자 회사가 보유한 동산(1. LFD/P32R 파트 용접라인 장비, 2. A/s 용접라인 장비, 3. JA Frt 용접라인 장비)에 관하여 양도담보계약을 각 체결하였다(이하에서는 연대보증 및 동산양도담보약정을 통칭하여 '이 사건 담보제공'이라 한다).

라. 피고 D 등의 이 사건 변제금 수령

1) 채무자 회사는 2016. 12. 20. 전주지방법원 2016회합133호로 회생절차 개시신청을 하여 2017. 2. 1. 위 법원으로부터 회생절차 개시결정을 받고, 부사장이던 원고가

관리인으로 선임되었다.

2) 피고 C는 이 사건 신탁계약의 수탁자인 I에 이 사건 신탁계약 특약 제1조 제9호 및 제10조 제1항에 따른 조기지급사유(채무자 회사에 대한 회생절차 개시) 발생 사실을 통지하였고, 피고 D 등은 제1종 수익권의 근질권자로서 I으로부터 아래 표 기재와 같이 2017. 2. 20.부터 2017. 4. 17.까지 5차례에 걸쳐 원금과 이자 명목으로 합계 5,524,022,609원(이하 '이 사건 변제금'이라 한다)을 지급받았다.

2. 주장 및 판단

가. 주장의 요지

1) 원고

채무자 회사는 이 사건 신탁계약 체결 당시 일반채권자 등을 위한 책임재산이 감소됨을 알면서도 회생절차가 개시되는 경우 적용되는 채권자 평등의 원칙을 피하기 위하여 이 사건 신탁계약 체결에 나아갔는바, 이러한 경위로 체결된 이 사건 신탁계약은 채무자 회생 및 파산에 관한 법률(이하 '채무자회생법'이라 한다) 제100조 제1항 제1호에 따라 부인권의 행사 대상이 된다.

따라서 부인권 행사에 따른 원상회복으로 피고들은 연대하여 원고에게 이 사건 변제금과 지연손해금을 지급할 의무가 있다.

2) 피고들

이 사건 대출계약은 이 사건 신탁계약과 별개의 계약으로 채무자 회사는 대출계약의 당사자가 아니다. 피고 D 등은 이 사건 대출계약에 근거하여 채무자 회사가 아닌 이 사건 신탁계약의 수탁자인 I으로부터 이 사건 변제금을 지급받은 것에 불과하므로 채무자 회사의 행위가 아닌 위 행위는 부인의 대상이 되지 않는다.

설령 원고 주장대로 이 사건 신탁계약 및 대출계약이 부인의 대상이 된다 하더라도, 채무자 회사가 이 사건 신탁계약으로 피고 C에 설정해준 제1종 수익권 권면액은 물론 이 사건 담보제공으로 피고 D 등에 설정해준 보증한도액은 모두 78억 원으로 채무자 회사가 피고 C로부터 지급받은 60억 원의 130%에 불과하여 차입금과 담보목적물 가치 사이에 합리적인 균형을 이루고 있고, 이 사건 매출채권 중 제1종 수익자에 우선권이 인정되지 않는 나머지 채권은 이 사건 신탁계약 제2종 수익자인 채무자 회사에 그대로 귀속되어 채무자 회사의 일반재산이 감소된 바도 없으므로 회생채권자나 회생담보권자(이하 '회생채권자 등'이라 한다)에게 유해하지 않다.

나아가 이 사건 신탁계약 및 대출계약이 회생채권자 등에게 유해하다 하더라도, 채무자 회사는 사업계속을 위해 필요한 자금조달 및 기존채무의 상환 목적으로 이 사건 신탁계약 및 대출계약을 체결하고 피고 C로부터 60억 원을 지급받아 이를 기존 채무 및 원자재 공급업체들에 대한 물품대금 변제에 사용하였는바, 이는 채무자 회사의 계속적 사업 수행을 위한 부득이하고 불가피한 것이어서 예외적으로 부인권대상에 해당하지 않는다.

또한 피고들은, 채무자 회사가 중국 현지 법인 설비 자금으로 사용하겠다며 이 사건 신탁계약을 통한 자금 융통을 요청하여 이를 신뢰하였고, 채무자 회사의 재무제표 및 외부감사보고서 등 객관적인 자료 등을 근거로 채무자 회사의 재무 건전성을 판단하여 이 사건 신탁계약 및 대출계약을 체결에 나아간 것으로 이 사건 신탁계약 체결 당시 회생채권자 등을 해하는 사실을 알지 못하였다.

나. 판단

1) 이 사건 대출계약이 부인의 대상이 아니라는 주장에 관하여

이 사건 대출계약의 대주는 피고 D 등이고, 차주는 피고 C로 채무자 회사가 계약당사자가 아닌 사실은 앞서 본 바와 같다.

그러나 위 인정사실 및 설시 증거와 이 법원 증인 M, N의 각 증언에 의하여 인정되는 다음과 같은 사정 등을 종합하여 보면, 이 사건 대출계약은 이 사건 신탁계약과 일련의 과정에서 이루어진 것으로, 형식적으로는 이 사건 신탁계약과 대출계약이 계약당사자를 달리하는 방식을 취하였지만 그 실질 및 경제적 효과에 있어서는 채무자 회사가 이 사건 대출계약의 실질적인 차주라고 봄이 타당하다.[68] 따라서 이 사건 대출계약이 채무자 회사의 행위가 아니어서 부인의 대상이 되지 않는다는 피고들의 주장은 받아들이기 어렵다(이하에서는 이 사건 대출계약을 신탁계약과 하나의 계약으로 보고 부인의 대상에 해당하는지 나아가 살펴본다).

① 채무자 회사는 피고들에게 거래처 매출채권을 상환재원으로 하는 자산유동화대출(ABL, Asset Backed Loan)을 신청하였고, 피고들은 채무자 회사의 영업상태 및 자산실사 등을 통해 이 사건 매출채권 발생 및 회수가능성을 심사하였다.

② 이 사건 신탁계약은 채무자 회사가 피고 C를 제1종 수익자로 지정하고 그 대가로 이 사건 대출금 60억 원을 전액 지급받는 내용이고, 이 사건 대출계약의 대주인 피고 D 등은 피고 C의 제1종 수익권에 근질권을 설정하여 위 수익권으로 대출금을 변제받는 내용으로, 사실상 이 사건 대출계약은 채무자 회사의 매출채권을 자산으로 하여 이루어졌다.

③ 이 사건 신탁계약으로 피고 C가 채무자 회사에 지급하기로 한 금액과 피고 C가 피고 D 등으로부터 대출받기로 한 금액이 동일하고, 이 사건 신탁계약과 대출계약이 같은 날 체결되어 시간적으로도 근접하여 이루어졌다.

④ 이 사건 대출계약에 의하면, 피고 C는 이 사건 대출금을 이 사건 신탁계약상

68) 이 견해에 따르면, 위의 「SPC수익권인수방식」의 경우에도 위탁자의 기촉법상 워크아웃절차에서 SPC의 대주인 금융기관 또는 SPC가 위탁자에 대한 기촉법상의 금융채권자로 해석될 가능성이 있다.

제1종 수익자 지정의 대가 용도로만 사용하여야 하고(제2조 제2항), 이 사건 대출금 인출은 이 사건 신탁계약이 적법 · 유효하게 체결되고 그 효력이 유지되고 있어야만 가능하며(제3조 제2항 (1)의 다.목), 이 사건 신탁계약에서 정한 제1종 수익권의 조기지급사유가 발생하는 경우 이 사건 대출금은 기한 전에 상환하도록(제6조 제3항) 규정하여 이 사건 대출계약과 이 사건 신탁계약은 서로 조건적으로 연계되어 체결되었다.

2) 행위의 유해성 및 부당성 여부

가) 관련 법리

채무자회생법 제100조 제1항 각호는 관리인이 회생절차개시 이후 채무자의 재산을 위하여 부인할 수 있는 행위를 네 가지 유형으로 나누어 규정하고 있다. 이러한 네 가지 유형은 모두 공통적으로 '회생채권자 등을 해하는 행위'일 것, 즉 행위의 유해성을 부인권 행사의 요건으로 하고 있다. 여기서 '회생채권자 등을 해하는 행위'에는 채무자의 일반재산을 절대적으로 감소시키는 사해행위 외에 채권자 간의 평등을 저해하는 편파행위도 포함된다.

한편, 일체로 이루어진 행위는 전체를 통틀어 판단할 때 회생채권자 등에게 불이익을 주는 것이 아니라면 개별약정만을 따로 분리하여 그것만을 가지고 유해성이 있다고 판단하여서는 안 된다. 일체로 이루어진 행위의 유해성은 행위 전체가 회생채권자 등에게 미치는 영향을 두고 판단되어야 하기 때문이다(대법원 2018. 4. 12. 선고 2016다247209 판결 등 참조).

또한 채무자회생법 제100조 제1항 제1호에서 정한 '채무자가 회생채권자 등을 해하는 것을 알고 한 행위'와 같은 고의부인이 인정되기 위해서는 주관적 요건으로서 '회사가 회생 채권자들을 해함을 알 것'을 필요로 하는데, 특히 편파행위의 경우에는 채무자회생법이 정한 부인대상행위 유형화의 취지를 몰각시키는 것을 방지하고 거래 안전과의 균형을 도모하기 위해 회생절차가 개시되는 경우에 적용되는 채권자평등의 원칙을 회피하기 위하여 특정채권자에게 변제한다는 인식이 필요하다고 할 것이다(대법원 2012. 6. 28. 선고 2012다30427 판결 등 참조).

한편, 회생절차상 부인의 대상이 되는 행위가 회생채권자 등에게 유해하다고 하더라도 행위 당시 개별적 · 구체적 사정에 따라서는 당해 행위가 사회적으로 필요하고 상당하였다거나 불가피하였다고 인정되어 회생채권자 등이 회생회사 재산의 감소나 불공평을 감수하여야 한다고 볼 수 있는 경우가 있고, 그와 같은 예외적인 경우에는 채권자 평등, 채무자 보호와 이해관계의 조정이라는 법의 지도이념이나 정의관념에 비추어 채무자회생법 제100조 제1항에서 정한 부인권 행사의 대상이 될 수 없다고 보아야 한다.

여기에서 행위의 상당성 유무는 행위 당시 회생회사의 재산 및 영업 상태, 행위의 목적 · 의도와 동기 등 회생회사의 주관적 상태를 고려함은 물론, 변제행위에서는 변제자금의 원천, 회생회사와 채권자의 관계, 채권자가 회생회사와 통모하거나 회생회사에 변제를 강요하는 등 영향력을 행사하였는지 등을 기준으로 하여 신의칙과 공평의 이념에 비추어 구체적으로 판단하여야 한다(대법원 2011. 5. 13. 선고 2009다75291 판결 등 참조).

나) 구체적인 판단

갑 제1, 2, 4, 5, 8, 9호증, 을 제1, 3, 4, 7, 8, 10호증, 을나 제1, 2, 3, 11, 14호증의 각 기재, 이 법원 증인 M, N의 각 증언에 변론 전체의 취지를 종합하여 인정할 수 있는 다음과 같은 사정을 위 법리를 비추어 보면, <u>이 사건 신탁계약이 회생채권자 등을 해하는 행위에 해당한다거나 당시 채무자 회사가 그러한 결과를 인식하였다고 단정할 수 없고</u>, 설령 <u>이 사건 신탁계약이 외견상 회생채권자 등을 해하는 결과를 초래하였다 하더라도 사회적으로 필요하고 상당하거나 불가피하다고 인정되어 회생채권자 등이 채무자 회사 재산의 감소나 불공평을 감수하여야 하는 예외적인 경우에 해당한다</u>고 봄이 타당하다.

(1) 이 사건 신탁계약으로 채무자 회사가 보유한 이 사건 매출채권 약 494억 원이 수탁자 I에 양도되고 피고 C는 제1종 수익자로서 그중 78억 원 한도 내에서 우선변제권이 인정되어 일응 채무자 회사의 회생채권자 등의 공동담보에 제공되는 책임재산이 감소되는 것으로 보이기는 한다.

그러나 아래의 사정에 비추어 보면 <u>이 사건 신탁계약으로 제1종 수익권을 설정한 행위가 회생채권자 등을 해하는 행위라고 단정할 수 없다.</u>

① 채무자 회사는 이 사건 신탁계약으로 피고 D 등으로부터 신규로 60억 원을 차용함과 동시에 차용금 상환 변제 및 이를 담보할 목적으로 이 사건 매출채권에 제1종 수익권을 설정해준 것이므로 이를 일체의 행위로 판단하여야 하고, 채무자 회사로서는 차입금 상당의 이익을 얻은 이상 제1종 수익권 설정행위만을 분리하여 그것만으로 회생채권자 등을 해하였다고 단정할 것은 아니다.

② 채무자 회사가 설정한 제1종 수익권은 그 권면액은 대출금 60억 원의 130%에 해당하는 78억 원으로 설정되어 담보물의 가치가 차입금에 비해 과다하다고 할 수 없다.

이에 대해 원고는, 차입금 60억 원에 대한 담보로 약 494억 원의 이 사건 매출채권에 대해 신탁이 이루어져 채무자 회사 책임재산이 감소되었을 뿐만 아니라 이와 더불어 이 사건 담보제공이 추가로 이루어져 차입금과 담보가치 사이에 합리적인 균형이 깨어졌다고 주장한다. 그러나 이 사건 신탁계약의 제1종 수익권은 이 사건 매출채권 약 494억 원 전액에 대해 미치지 않고, 제1종 수익권은 권면액인 78억 원 한도 내에서 매월 원금 2억 5,000만 원(=대출금 60억 원 ÷ 24개 월)과 대출금 잔액에 대한 연 6.5%의 이자액 합계 6,405,404,000원 상당(24개월 변제의 경우)에 한정되며, 그와 같은 제1종 수익자의 월변제액을 제외한 나머지 이 사건 매출채권 회수액이나 제1종수익권 권면액을 초과하는 이 사건 매출채권은 제2종 수익자인 채무자 회사에 그대로 귀속되는 것이므로 제1종 수익권의 담보가치는 이 사건 매출채권 가액이 아닌 제1종 수익권의 권면액인 78억 원으로 봄이 타당하다. 또한 채무자 회사가 제1종 수익권 지정 외에도 피고 D 등에 이 사건 담보제공을 하였으나, 그중 연대보증인으로의 입보는 앞서 본 바와 같이 채무자 회사가 이 사건 대출계약의 실제 차주이기 때문에 이루어진 것으로 보이고, 동산에 대한 양도담보 역시 이 사건 매출채권이 채무자 회사가 주식회사 G, H와 정상적으로 거래하는 경우 발생하는 장래의 물품대금 채권이기 때문에 채무자 회사의 계속적 영업을 위한 필수 자산 보전 차원에서 추가된 것이며, 그 채권최고액 역시 이 사건 동산에 대한 별도의 가치 평가 없이 제1종 수익권 권면액인 78억 원과 동일하게 설정된 사정 등을 종합하면 이와 같은 담보제공을 이유로 차입금와 담보가치 사이에 합리적 균형이 깨어졌다고 볼 수 없다.

③ 피고 C는 대출 약정을 위해 설립된 특수목적법인(SPC)이고, 피고 D 등은 대출취급을 전문적으로 하는 금융기관으로 채무자 회사와 사이에 경영 또는 지배구조상 어떠한 특수 관계가 인정되지 않으며, 달리 피고들이 채무자 회사와 공모하거나 채무자 회사에 영향을 끼칠 만한 관계 또는 지위에 있었다고 볼 만한 증거가 없다. 더욱이 이 사건 대출계약의 조건이 일반적인 자산유동화대출과 비교할 때 피고 D 등 일방에 유리하거나 채무자 회사에 불리하게 설정되었다고 보이지 않고, 채무자 회사가 이 사건 신탁계약으로 인해 조달한 60억 원을 기존 채무 변제 및 거래처 물품대금으로 전액 사용한 사정에 비추어 보더라도 채무자 회사가 이 사건 신탁계약을 통해 차입금을 은닉 또는 증여하는 등 회생채권자 등을 해하는 처분을 하였다고도 볼 수 없다.

(2) <u>채무자 회사는 원자재 공급업체와의 거래를 지속하여 사업을 계속적으로 추진하는 것이 채무 변제력을 갖게 되는 최선의 방법이라고 생각하고 이 사건 신탁계약을 체결하고 필요 자금을 융통하였다</u>고 볼 만한 사정이 있다.

① 채무자 회사는 철강 등 원자재를 구입하여 자동차 부품을 가공・판매하는 사업을 영위하는 법인으로, 원자재 공급업체와의 안정적인 거래가 지속적인 사업 추진을 위해서는 반드시 필요하다.

② 채무자 회사는 이 사건 신탁계약 체결 후 20여일 만인 2016. 12. 20. 회생절차 개시 신청을 하면서 '금융기관에 대한 장, 단기 차입금으로

시설 투자 및 관계회사 설립 등을 하였으나 유동자금이 경색되기 시작하였고, 2016. 12. 30. 자로 만기 도래하는 어음금 3,678,435,000원을 결제하지 못하는 상황에 처해 이 사건 신청에 이르게 되었다'며 회생 신청에 이르게 된 경위를 밝힌 바 있는데, 이에 의하면 이 사건 신탁계약 체결일인 2016.11. 29. 당시 채무자 회사는 자금난으로 신규 자금 융통이 불가피한 상황이었던 것으로 보인다.

③ 실제 채무자 회사는 2016. 7. 1.부터 2016. 10. 6.경까지 원자재 공급업체에 채무자 회사가 보유한 거래처 매출채권 및 재고자산에 대해 근담보를 설정하고 거래를 유지하였는데, 2016. 11. 30. 이 사건 신탁계약으로 60억 원을 차입하게 되자 2016. 11. 30.부터 2016. 12. 5.까지 31억 7,400여만 원(3,174,594,449원)을 원자재 공급업체에 물품대금으로 지급하였다(차입금 중 나머지 28억 2,600여만 원은 원자재 물품대금이 아닌 기존 대출금 및 기타 상거래채무의 변제로 사용되기는 하였으나, 이를 사업의 계속을 통한 회사의 갱생이라는 목적을 위한 합리적인 범위를 넘은 것으로 볼 수 없다).

(3) 이 사건 신탁계약의 내용 및 차입금 사용처, 채무자 회사의 회생절차 개시신청 경위 및 그 시기 등에 비추어 채무자 회사가 이 사건 신탁계약 체결 당시 채무자 회사에 대한 회생절차가 개시되는 경우 적용되는 채권자 평등의 원칙을 회피하여 피고 D 등에만 우선변제 한다는 인식이 있었다고 보기 어렵고, 피고들 역시 회생채권자 등을 해하는 사실을 알지 못한 것으로 보인다.

① 이 사건 신탁계약으로 피고 C에 부여된 제1종 수익권 권면액은 차입금의 130%에 불과하여 차입금액을 크게 넘어서지 않는 점, 매월 제1종 수익자에게 지급하는 금액을 넘어선 이 사건 매출채권 회수액 및 권면액을 초과하는 이 사건 매출채권은 이 사건 신탁계약의 제2종 수익자인 채무자 회사에 귀속되어 그 부분에 대해서는 채무자 회사의 책임재산이 감소된다고 볼 수 없음은 앞서 본 바와 같다. 또한 채무자 회사는 이 사건 신탁계약으로 차입한 60억 원으로 원자재 공급업체의 거래대금31억 7,400여만 원을 포함하여 기존의 대출채무 25억 원, 금융권 이자 5,100여만 원, 기타 상거래 채무 1억 5,700여만 원을 변제하는 데 사용함으로써 당면한 유동자금의 악화를 해소한점에 비추어 보면, 채무자 회사가 이 사건 신탁계약 체결 당시 회생채권자 등을 해한다는 인식을 하였다고 보기 어렵다.

② 채무자 회사 부사장이던 원고의 진술에 의하면, 채무자 회사는 회사 자산을 매각하여 자금을 융통할 계획을 가지고 있었으나 자산매각이

여의치 않아 2016. 12. 30. 만기가 도래하는 어음금 변제가 어려워지게 되었고, 이에 급작스럽게 2016. 12. 14. 회생절차에 관한 법률상담을 받아 2016. 12. 20. 회생절차 개시신청을 한 것으로 보이는바 채무자 회사는 이 사건 신탁계약 체결 당시까지만 하더라도 회생절차를 고려하지 않았던 것으로 보인다.

③ 채무자 회사는 피고들에게 차입금 사용 용도를 '○ 합작 법인 설비자금 및 기존 대출금 상환'으로 밝히며 이 사건 신탁계약 및 대출계약 체결을 요청하였고, 당시 채무자 회사와 ○ 사이에 합작 법인 설립 계획이 구체화되어 있었던 것으로 보이며, 반면 금융기관 계정 과목별 조회, 법인신용정보조회서상 채무자 회사의 금융기관 연체나 채무불이행 및 당좌거래정지 사실이 없었던 것으로 조회되어 이 사건 신탁계약 당시까지 채무자 회사의 재무상황을 특별히 의심할 만한 사정이 존재하지 않았던 사실에 비추어 보면 피고들은 채무자 회사가 말한 자금 용도를 믿고 이 사건 신탁계약 및 대출계약을 체결한 것으로 볼 수 있다.

④ 피고 C는 채무자 회사가 회생절차 개시신청을 하기 훨씬 이전인 2015. 11. 27.경 채무자 회사와 I 사이에 채무자 회사가 주식회사 G에 대한 매출채권 26,865,368,000원에 대해 이 사건 신탁계약 및 대출계약과 같은 구조의 금전채권신탁계약을 체결하고 자금을 융통해준 적이 있는바, 이전 신탁계약과 이 사건 신탁계약의 계약조건을 비교한 아래 표기재에 의하더라도 피고 C는 채무자 회사가 가까운 장래에 회생절차를 신청할 것을 예상하고 이 사건 신탁계약을 체결하였다고는 보이지 않는다.

⑤ 피고 D 등은 금융기관의 일반적이고 통상적인 업무 절차에 따라 이 사건 대출계약에 앞서 채무자 회사의 2014년부터 2016년까지의 재무제표와 감사보고서, L회계법인 작성의 자산실사보고서 등을 기준으로 채무자 회사의 영업현황이나 변제자력 등 재정 상태를 평가하였는데, 재무제표와 감사보고서상 2014년부터 2016년 상반기까지 채무자 회사의 재무상태는 아래 표와 같이 양호한 것으로 기재되어 있었다. 따라서 피고 D 등은 이 사건 대출 당시 채무자 회사의 재정상태가 좋지 못함을 알지 못하였을 것으로 보인다.

⑥ 원고는, 피고들이 이 사건 신탁계약 당시 채무자 회사의 일시적인 유동자금 악화를 인지하고 채무자 회사에 대한 도산절차가 진행되더라도 자신의 채권을 확보하고자 이 사건 신탁계약을 체결한 것이므로 회생채권자 등을 해한다는 인식이 충분하였다고 주장한다. 그러나 장래 발생하는 채권을 담보로 자금을 유동화시키는 것은 금융업계에서 일반적으로 이용되는 방법일 뿐 아니라 앞서 본 바와 같이 피고 C는 이

사건 신탁계약 이전에도 이 사건 신탁계약과 같은 내용으로 채무자 회사에 자금을 융통해준 적이 있는 사정, 신탁을 통해 도산절연의 효과를 얻는 것은 신탁법상에 따른 결과일 뿐 그와 같은 신탁의 방식을 취한 것만으로 피고 D 등이 회생채권자 등을 해한다는 인식이 있었다고 단정할 수 없다.

다) 소결론

결국 이 사건 신탁계약 및 대출계약은 부인권 행사의 대상이 될 수 없다고 할 것이므로, 이와 다른 전제에 선 원고의 청구는 이유 없다[원고는 이 사건 담보제공이 사해행위에 해당한다고 주장하면서도(2018. 10. 18. 자 준비서면), 이 사건 담보제공의 취소를 구하는 청구를 구한 바는 없다. 그런데 사해행위 취소소송을 제기함이 없이 원상회복만을 청구한 경우 원상회복의 전제가 되는 사해행위의 취소가 없는 이상 원상회복 청구권이 인정되지 않으므로 원고의 위 주장에 대해서는 따로 살피지 않는다. 설령 원고가 이 사건 담보제공의 취소를 구한다 하더라도 피고 D 등이 그 담보권 실행을 원인으로 이 사건 변제금을 수령한 것이 아닌 이상 원상회복으로서 이 사건 변제금의 반환을 구할 수 없다 할 것이어서 결론이 달라지지 않는다].

한편, 실무상 신탁겸영은행 등 수탁자에게 수신(예금)기능이 있는 경우에는 수탁자가 신탁재산을 자행예금(자신의 본·지점에 예금)으로 운용하는 사례가 있는데, 그 유효성에 대해 논란이 되고 있다. 이를 엄격하게 해석하면 예금에 의해 신탁재산인 금전의 소유권은 수탁자인 은행의 고유계정에 귀속하고 신탁계정은 고유계정에 대한 예금반환채권을 취득하기 때문에[69] 신탁재산과 고유재산 간의 거래(신탁법 제34조 제1항 제1호)에 해당하여 금지된다고 할 수 있다(신탁재산을 자행예금보다 더 고율의 타행예금 등에 운용할 수 있음에도 불구하고 이자율이 더 낮은 자행예금에 운용하는 경우에는 사안에 따라서는 수탁자의 선관주의의무 또는 충실의무 위반 등도 문제될 수 있으나 이는 구체적인 사실관계의 판단이 필요한 문제이므로 여기서는 일단 논외로 한다).

신탁법에서는 신탁행위에서 허용된 경우(1호), 수익자의 승인을 받은 경우(2호)에는 신탁재산과 고유재산 간의 거래를 허용하고 있지만(신탁법 제34조 제2항) 현행 자본시장법은 신탁업자에 대해서는 위 신탁법 제34조 제2항을 적용하지 않고 신탁계약이 정하는 바에 따라 신탁재산을 고유재산으로 취득할 수 있는 경우를 한정하고 있고(자본시장법 제104조), 나아가

69) 예금채권의 채권자와 채무자가 동일하게 되나, 신탁재산의 경우에는 혼동에 관한 특칙이 적용되므로 예금이 가능하다(신탁법 제26조).

신탁재산으로 신탁업자의 고유재산과 거래하는 것을 불건전영업행위로 금지하고 있다(자본시장법 제108조 제6호).[70] 따라서 신탁겸영은행 등의 경우에는 신탁법에도 불구하고 여전히 자행예금의 유효성이 문제될 수 있다.

이에 대해서는 자금관리의 효율성 등 그 현실적인 필요성에 의해 그 유효성을 긍정하여야 한다는 견해도 있으나, 신탁법 및 자본시장법에 위반되는 것임은 부인할 수 없다. 특히 자본시장법에서는 수탁액 3억 원 이상의 특정금전신탁의 경우에는 자행예금도 불건전영업행위에 해당하지 않는다는 규정을 두고 있지만(자본시장법 시행령 제109조 제1항 제4호 아목), 동 규정에 의해 수탁액 3억 원 이상의 특정금전신탁의 경우에 자행예금이 허용된다 하더라도 특정금전신탁 외의 채권 등 재산신탁의 경우에는 그 자금운용에 있어서 여전히 자행예금이 금지된다고 볼 수 있다.

나아가 이상과 같은 자행예금에 대한 논의가 신탁재산 운용을 위한 경우 뿐만 아니라 신탁목적물인 매출채권, 부실채권(NPL) 등 신탁재산으로부터의 회수를 위해 수탁자 명의의 예금계좌를 수탁은행의 본·지점에 개설하는 경우에도 역시 적용되는지 문제될 수 있다. 현행 자본시장법 등 관련 규정상으로는 양자 모두 신탁재산이라는 측면에서 금전을 운용하는 경우와 차이가 없다고 할 수 있으나, 이 경우에는 신탁재산의 운용 목적이 아닌 신탁재산 회수 및 일시적인 보관에 목적이 있다는 점을 고려하여 신탁재산 운용 목적의 자행예금과 달리 보아야 하지 않을까 생각한다. 실무에서는 특히 매출채권 신탁거래에서는, 신탁재산인 매출채권의 추심·회수계좌를 수탁은행의 다른 지점에 개설하여 신탁재산을 회수하는 것이 일반적으로 보인다. 다만, 이와 같은 실무에도 불구하고, 신탁재산이 부실채권(NPL)인 사안에서 그 회수계좌를 자행에 개설하는 것이 신탁재산과 고유재산 간의 거래에 해당한다는 취지의 감독당국의 해석이 존재하고 있다는 점을 유의하여야 할 것이다.

(8) 사실상의 담보 역할을 할 수 있는 장치 확보 가능 여부

1) 현금흐름 파악·통제 및 상계권 확보 등

M&A금융에서는 민법상 전형담보·비전형담보에 추가하여 대리수령, 입금(납입)계좌 지정 등도 사실상 담보확보의 목적으로 이용되는 경우가 있다. 또한, 차주 및 투자대상회사의 자금관리의 일환으로 차주 및 투자대상회사가 대주·대리인에 예금계좌를 개설하고 동

70) 단, 수탁액이 3억 원 이상인 특정금전신탁인 경우에는 자행예금이 허용된다(자본시장법 시행령 제109조 제1항 제4호 아목).

계좌로 현금흐름을 집중시켜 대주/대리인을 통해 관리할 것을 의무로 부여하는 것이 일반적인데 이 역시 현금흐름을 파악·통제하고 이후 상계를 통하여 사실상 우선변제권의 확보로 이어지게 된다. 다만, 상계권 확보와 관련하여 실무에서는, 상계계약(예약)의 형태로 대리인 또는 어느 대주가 자신에 개설된 차주 또는 보증인의 예금계좌상 예금채권과 전체 대주의 대출채권을 상계하고 대출계약에서 정하는 바에 따라 대주 간에 Pro-rata 또는 선·후순위로 분배할 수 있는 권한을 갖는 이른바, 삼각상계(三角相計)의 합의가 규정되는 경우도 많은데, 상계적상, 제3자에 대한 효력 등과 관련하여 그 유효성의 범위(특히, 도산절차 개시 또는 제3자와의 관계에서)가 문제될 수 있다. 일반론으로 말하자면, 이 경우에는 상계권자의 일방적인 의사표시에 의해 이루어지는 민법상 상계 자체가 아니라 당사자 간의 사전 합의인 상계계약(예약)에 해당하므로 원칙적으로 당사자 사이에서는 단축급부의 한 유형으로서 유효하다고 할 것이다. 그러나 어느 당사자에게 도산절차가 개시되는 경우나 차주 또는 보증인의 다른 채권자나 예금채권에 대한 압류·가압류권자 등의 제3자와의 관계에서는 그 효력이 문제될 수 있다.[71]

[판례 4-22] 대법원 2022. 12. 16. 선고 2022다218271 판결

1. 원심의 판단

원심은, 청구원인 주장인 주식회사 오엔이건설(이하 '오엔이건설'이라 한다)의 피고에 대한 기반시설부담금 환급금채권의 성립과 원고가 그 채권을 양수한 사실에 따른 피고의 원고에 대한 지급의무를 인정하는 한편, 피고의 상계항변, 즉 피고가 구 지방세법(2010. 3. 31. 법률 제10221호로 개정되기 전의 것) 제28조, 구 국세징수법(2011. 4. 4. 법률 제10527호로 개정되기 전의 것, 이하 '구 국세징수법'이라고 한다) 제41조에 따라 압류한 채무자 주식회사 에스엠랜드(이하 '에스엠랜드'라 한다)의 제3채무자 오엔이건설에 대한 주택건설사업권 양도대금채권(이하 '이 사건 피압류채권'이라 한다)을 자동채권으로 하여 위 환급금채권과 상계한다는 항변 또한 받아들임으로써 원고의 환급금채권은 모두 소멸하였다고 판단하였다.

2. 대법원의 판단

가. 1) 상계는 당사자 쌍방이 서로 같은 종류를 목적으로 한 채무를 부담한 경우에서로 같은 종류의 급부를 현실로 이행하는 대신 어느 일방 당사자의 의사표시로 그 대

71) 이러한 삼각상계조항이 채무자회생법 제120조 제3항의 「적격금융거래」의 기본계약에 포함되어 있는 경우(예를 들면, ISDA Master Agreement)에는 위 조항 및 그에 이행의 효력이 인정될 수 있을 것이나(동법 제120조 제3항), M&A금융거래에서 사용되는 대출약정서 등에 따른 거래가 위 적격금융거래에 해당하는 경우는 많지 않을 것으로 생각된다.

등액에 관하여 채권과 채무를 동시에 소멸시키는 것이고, 이러한 상계제도의 취지는 서로 대립하는 두 당사자 사이의 채권·채무를 간이한 방법으로 원활하고 공평하게 처리하려는데 있으므로, 법률의 규정 등 특별한 사정이 없는 한 자동채권으로 될 수 있는 채권은 상계자가 상대방에 대하여 가지는 채권이어야 하고 제3자가 상대방에 대하여 가지는 채권으로는 상계할 수 없다(대법원 2019. 5. 16. 선고 2016다239420 판결 등 참조).

2) 국세징수법에 의한 채권압류의 경우 압류채권자는 체납자에 대신하여 추심권을 취득할 뿐이고, 이로 인하여 채무자가 제3채무자에 대하여 가지는 채권이 압류채권자에게 이전되거나 귀속되는 것은 아니다(대법원 1985. 4. 9. 선고 82다카449 판결, 대법원 1997. 3. 14. 선고 96다54300 판결 등 참조). 따라서 압류채권자가 채무자의 제3채무자에 대한 채권을 압류한 경우 그 채권은 압류채권자가 제3채무자에 대하여 가지는 채권이 아니므로, 압류채권자는 이를 자동채권으로 하여 제3채무자의 압류채권자에 대한 채권과 상계할 수 없고, 이는 피압류채권에 대하여 이중압류, 배분요구 등이 없다고 하더라도 달리 볼 것은 아니다.

나. 원심판결 이유를 위 법리에 비추어 살펴보면, 피고가 구 국세징수법에 기하여 에스엠랜드의 오엔이건설에 대한 채권을 압류하였다고 하더라도, 이 사건 피압류채권이 피고에게 이전되거나 귀속되지 않는다. 따라서 이 사건 피압류채권은 피고가 오엔이건설에 대하여 가지는 채권이 아니므로 피고는 오엔이건설에 대하여 이 사건 피압류채권을 자동채권으로 하여 상계할 수 없고, 오엔이건설의 피고에 대한 채권을 양수한 원고에게 상계의 효력을 주장할 수 없다.

다. 그럼에도 원심은 피고의 상계항변을 받아들임으로써 원고의 피고에 대한 환급금채권이 모두 소멸하였다고 판단하였다. 이러한 원심의 판단에는 상계권 행사요건 등에 관한 법리를 오해하여 판결에 영향을 미친 잘못이 있다.

[판례 4-23] 대법원 2019. 5. 16. 선고 2016다239420 판결

1. 원심의 판단

원심은, 청구원인 주장인 원고의 피고에 대한 부당이득반환채권의 성립에 따른 피고의 지급의무를 인정하는 한편, 피고의 상계항변, 즉 피고가 한○열을 대위하여 원고를 상대로 제기한 채권자대위소송에서 '원고는 피고에게 14억 3,000만 원과 이에 대한 지연손해금을 지급하라'는 판결이 선고되어 확정되었으므로 위 확정된 판결금채권을 자동채권으로 하여 원고의 피고에 대한 부당이득반환채권과 상계한다는 항변 또한 받아들임으로써 그와 같은 상계로 원고의 부당이득반환채권은 모두 소멸하였다고 판단하였다.

2. 대법원의 판단

가. (1) 상계는 당사자 쌍방이 서로 같은 종류를 목적으로 한 채무를 부담한 경우에 서로

같은 종류의 급부를 현실로 이행하는 대신 어느 일방 당사자의 의사표시로 그 대등액에 관하여 채권과 채무를 동시에 소멸시키는 것이고, 이러한 상계제도의 취지는 서로 대립하는 두 당사자 사이의 채권 · 채무를 간이한 방법으로 원활하고 공평하게 처리하려는데 있으므로, 법률의 규정 등 특별한 사정이 없는 한 자동채권으로 될 수 있는 채권은 상계자가 상대방에 대하여 가지는 채권이어야 하고 제3자가 상대방에 대하여 가지는 채권으로는 상계할 수 없다(대법원 2011. 4. 28. 선고 2010다101394 판결 참조).

(2) 채권자가 자기의 금전채권을 보전하기 위하여 채무자의 금전채권을 대위행사하는 경우 제3채무자로 하여금 채무자에게 지급의무를 이행하도록 청구할 수도 있지만 직접 대위채권자 자신에게 이행하도록 청구할 수도 있다. 그런데 채권자대위소송에서 제3채무자로 하여금 직접 대위채권자에게 금전의 지급을 명하는 판결이 확정되더라도, 대위의 목적인 권리, 즉 채무자의 제3채무자에 대한 피대위채권이 판결의 집행채권으로서 존재하고 대위채권자는 채무자를 대위하여 피대위채권에 관한 추심권능 내지 변제수령권능을 행사할 수 있을 뿐 이로 인하여 채무자의 제3채무자에 대한 피대위채권이 대위채권자에게 이전되거나 귀속되는 것은 아니다(대법원 2016. 8. 29. 선고 2015다236547 판결 등 참조).

나. 이러한 법리에 비추어 볼 때, 피고가 한○열을 대위하여 원고를 상대로 제기한 채권자대위소송에서 원고가 피고에게 직접 지급을 명하는 판결이 선고되어 확정되었다고 하더라도 피대위채권인 한○열의 원고에 대한 채권이 피고에게 이전되거나 귀속되지 않는다. 따라서 위 확정된 판결금채권은 피고가 원고에 대하여 가지는 채권이 아니므로 피고는 원고에 대하여 위 판결금채권을 자동채권으로 하여 상계할 수 없다고 보아야 한다.

다. 그럼에도 원심은 위 판결금채권이 피고의 원고에 대한 채권임을 전제로 피고의 상계항변을 받아들임으로써 원고의 피고에 대한 부당이득반환채권이 모두 소멸하였다고 판단하였다. 이러한 원심의 판단에는 상계에서 채권의 상호대립성 및 채권자대위소송에서의 직접청구의 효력 등에 관한 법리를 오해하여 판결에 영향을 미친 잘못이 있다. 이를 지적하는 상고이유 주장은 이유 있다.

[판례 4-24] 대법원 2011. 4. 28. 선고 2010다101394 판결

원심은, 원고가 피고 2의 유치권이 인정되는 이 사건 아파트를 경락 · 취득함으로써 유치권의 부담을 안게 되는 경우에는, 원고로 하여금 자신의 피고 2에 대한 부당이득금 반환채권과 유치권의 피담보채권인 피고 2의 소외인에 대한 유익비상환청구권을 상계할 수 있도록 허용하는 것이 형평의 원칙상 타당하다고 전제한 다음, 원고가 피고 2에 대한 이 사건 아파트 중 일부의 점유 · 사용에 따른 임료 상당의 부당이득금반환채권을 자동채권으로 하고 피고 2의 종전 소유자에 대한 유익비상환채권을 수동채권으로 한 상계의 의사표시에 의하여 원고의 부당이득금반환채권과 피고 2의 유익비상환청구권은 대등액의 범위 내에서 소멸하였다고 판단하였다.

그러나 상계는 당사자 쌍방이 서로 같은 종류를 목적으로 한 채무를 부담한 경우에 서로 같은 종류의 급부를 현실로 이행하는 대신 어느 일방 당사자의 의사표시로 그 대등액에 관하여 채권과 채무를 동시에 소멸시키는 것이고, 이러한 상계제도의 취지는 서로 대립하는 두 당사자 사이의 채권·채무를 간이한 방법으로 원활하고 공평하게 처리하려는 데에 있으므로, 수동채권으로 될 수 있는 채권은 상대방이 상계자에 대하여 가지는 채권이어야 하고, 그 상대방이 제3자에 대하여 가지는 채권과는 상계할 수 없다고 보아야 한다. 그렇지 않고 만약 상대방이 제3자에 대하여 가지는 채권을 수동채권으로 하여 상계할 수 있다고 한다면, 이는 상계의 당사자가 아닌 상대방과 제3자 사이의 채권채무관계에서 상대방이 제3자로부터 채무의 본지에 따른 현실급부를 받을 이익을 침해하게 될 뿐 아니라, 그 상대방의 채권자들 사이에서 상계자만 독점적인 만족을 얻게 되는 불합리한 결과를 초래하게 되므로, 상계의 담보적 기능과 관련하여 법적으로 보호받을 수 있는 당사자의 합리적 기대가 이러한 경우에까지 미친다고 볼 수는 없다.

이와 달리, 원고가 피고 2에 대한 채권으로, 위 피고의 제3자에 대한 채권과 상계할 수 있음을 전제로 원고의 상계 주장을 받아들인 원심판결에는 상계의 요건에 관한 법리를 오해하여 판결에 영향을 미친 위법이 있고, 이 점을 지적하는 상고이유는 이유 있다.

2) 중요계약상의 권리·지위에 대한 통제 확보

또한, 계약상의 권리에 대해 담보권의 설정이 이루어지는 경우도 있다. 즉, M&A금융에서는 차주 및 투자대상회사의 사업에 관한 계약으로부터 발행하는 현금흐름을 장악하는 것이 필요하기 때문에, 이러한 사업의 계속에 필요 불가결한 중요한 계약(라이선스계약 등)상의 당사자로서의 권리를 대주가 양도담보를 통해 취득하는 것이 유용한 경우도 있다.

나아가, 계약상 권리에 대한 양도담보권 설정에 그치지 않고 일정한 사유의 발생 시 담보권의 목적물인 해당 권리의 발생에 관한 기초계약상 지위(계약당사자 지위)[72]에 대한 양도·이전에 관한 내용을 담보계약에 포함시키는 것(실무에서는 「개입권(Step-in Right)」이라고 한다)도 가능하고, 이 경우 이러한 개입권 역시 장래 현금흐름 확보를 도모하기 위한 것이어서 실질적으로는 담보의 역할을 할 수 있다. 이 방법에 의해 기한의 이익 상실사유 발생 등 미리 약정한 사유가 발생하는 경우에 대주 또는 대주가 지정하는 자에게 당해 계약상의 권리나 지위를 이전시키고, 담보권 실행 후의 사업의 계속성을 확보할 수 있게

72) 계약상 권리와 의무를 포함하는 개념이다.

된다.

다만, 이러한 중요한 계약은 그 권리나 지위에 대해 제3자에의 양도와 담보제공이 금지되어 있는 경우가 많다. 또한 어느 계약상 지위의 양도・이전을 위해서는, 해당 계약에서 계약상 지위의 양도・이전절차에 대해 달리 정하지 않는 한(예를 들면, 상대방에 대한 통지만으로 양도 가능 등), 계약상 지위의 양도와 담보제공이 금지되어 있지 않은 경우에도 원칙적으로는 계약상대방의 동의를 받아야 한다. 따라서 개입권의 행사에 의해 중요계약상의 지위를 이전받더라도 그 이전에 대한 계약상대방의 동의를 얻어야 한다는 문제가 있다.

또한, 담보제공자의 도산절차에서 이러한 조건부 또는 예약형의 양도담보, 개입권 내지 계약상 지위의 양도・이전 약정 내지 그에 따른 이전이 채무자회생법에 따라 부인의 대상이 될 가능성은 없는지, 쌍방 미이행 쌍무계약에 해당하여 회생관리인(파산관재인)에 의해 해제될 가능성은 없는지 등도 검토되어야 한다.

(9) 담보제공자의 범위 확정

대주는 차주 및 투자대상회사 전체의 현금흐름을 M&A금융의 상환재원으로 하기 위해 차주, 투자대상회사 및 계열회사에게 인적・물적담보를 제공하도록 요구할 필요성이 있다. 그러나 신용도, 자산규모 등에 비추어 담보 제공이 필요하지 않은 계열회사가 포함되어 있는 경우도 있기 때문에 우선은 「상환재원인 현금흐름을 발생시키는 주체와 자산은 어느 것인가」라는 관점에서 담보대상자산 및 담보제공자의 범위를 구체적으로 정해야 할 것이다.

또한, 담보제공자의 범위를 확정함에 있어서는, 위와 같은 실무적인 관점에 추가하여 법적인 관점에서의 고려도 필요하다. 즉, 담보제공자에 포함된 투자대상회사 및 계열회사는 차주의 차입채무(주채무)를 보증・담보제공하기 때문에 자신이 채무를 부담하거나 책임을 추궁당할 위험을 부담한다. 투자대상회사 및 계열회사의 이러한 위험은 경제적으로는 투자대상회사 및 계열회사의 주주에게 최종적으로 전가되기 때문에 이러한 주주로부터의 보증・물상보증을 제공한 투자대상회사 또는 계열회사의 이사에 대한 책임 추궁의 위험도 있다. 특히, 투자대상회사나 계열회사에 의한 제3자 담보제공의 경우에는 해당 담보제공 법인의 이사의 선관주의의무・충실의무 위반 등의 민사책임만이 아니라, 배임죄(이른바 「LBO와 배임죄」의 문제),[73] 상장회사의 신용공여 금지・제한(상법 제549조의2), 주요주주 등과의 거래 제한(상법 제398조), 독점규제법상의 채무보증제한(독점규제법 제10조의2)・불

73) 본서 제1편 [판례 1-4]부터 [판례 1-11]까지 참조

공정거래행위금지(동법 제45조 제1항) · 특수관계인에 대한 부당한 이익제공 등 금지(동법 제47조), 금소법에 따른 연대보증 제한(불건전영업행위)(금소법 제20조 제1항 제4호) 등 그 위반시 형사적인 문제 및 담보제공 자체의 효력문제가 제기될 가능성이 있는 제한규정도 있기 때문에, 투자대상회사 또는 계열회사에 의한 인적 · 물적담보 제공에 있어서는 이러한 책임 및 관계법령상 금지 · 제한 여부(탈법행위 여부 및 그 유효성 포함)에 대해서도 주의할 필요가 있다.

한편, 이러한 책임과 관련하여서는, 담보제공법인이 차주의 100% 자회사라 하더라도(Upstream) 자회사의 이사의 형사 책임문제가 완전히 해결될 수는 없을 것이라는 점과 모 · 자회사 또는 계열회사 간의 담보제공이라도 다른 합리적인 이유가 없다면, 담보제공자의 이사의 업무상 배임 등의 책임문제가 제기될 수 있다는 점에도 유의해야 할 것이다.

[판례 4-25] 대법원 2004. 6. 24. 선고 2004도520 판결

가. 원심의 판단

이 부분 공소사실의 요지는, 피고인 1, 피고인 2가 공모하여, 공소외 4 주식회사는 1996년도 자산이 410,830,306,985원, 부채가 579,515,629,902원, 자본총계가 마이너스 168,685,322,917원으로 자본금 16,000,000,000원을 초과한 상태이고, 1983. 10. 17.부터 법정관리 중에 있어 회생 여부가 불확실한 상태에 있었으므로 공소외 2 주식회사가 공소외 4 주식회사의 채무에 대하여 지급보증을 할 경우 담보를 제공받는 등의 방법으로 공소외 2 주식회사에게 손해가 가지 않도록 하여야 할 업무상 임무가 있음에도 이에 위배하여 아무런 담보를 제공받음이 없이 공소외 4 주식회사가 상업은행에 견질용으로 발행한 액면금 12,719,446,905원인 약속어음의 공동발행인란과 지급보증 한도액이 17,807,225,667원인 한정근보증서의 연대보증인란에 각 날인하여 연대보증을 함으로써 공소외 4 주식회사로 하여금 17,807,225,667원 상당의 재산상 이익을 취득하게 하고, 공소외 2 주식회사에게 동액 상당의 재산상 손해를 가하였다는 것인바, 원심은 이에 대하여 판시 채용 증거들에 의하여 이를 유죄로 인정한 제1심을 그대로 유지하였다.

나. 대법원의 판단

그러나 위와 같은 원심의 판단은 다음과 같은 이유에서 수긍하기 어렵다.

(1) 회사의 대표이사가 타인의 채무를 회사 이름으로 지급보증 또는 연대보증함에 있어 그 타인이 만성적인 적자로 손실액이나 채무액이 누적되어 가고 있는 등 재무구조가 상당히 불량하여 이미 채무변제능력을 상실한 관계로 그를 위하여 지급보증 또는 연대보증을 할 경우에 회사에 손해가 발생할 것이라는 점을 알면서도 이에 나아갔다면 그러한 지급보증 또는 연대보증은 회사에 대하여 배임행위가 된다

고 할 것이나, 그 타인이 단순히 채무초과 상태에 있다는 이유만으로는 그러한 지급보증 또는 연대보증이 곧 회사에 대하여 배임행위가 된다고 단정할 수 없다.

(2) 원심이 인용한 제1심판결이 적법하게 인정한 사실에 의하면, 공소외 4 주식회사는 1983. 10. 17.부터 법정관리 중에 있는 회사로서 1996년도 자산이 410,830,306,985원, 부채가 579,515,629,902원, 자본총계가 마이너스 168,685,322,917원으로 자본금 16,000,000,000원을 크게 초과한 상태임은 인정된다.

그러나 기록에 의하면, 공소외 4 주식회사는 1992년도 이후 꾸준하게 영업이익을 내고 있으면서(당기순이익이 1992년 말에는 5,866,155,803원, 1993년 말에는 7,854,389,803원, 1994년 말에는 5,082,252,521원, 1995년 말에는 1,250,685,110원, 1996년 말에는 2,279,721,443원이다) 이 사건 연대보증이 있었던 1997. 2.을 기준으로 할 때 법정관리의 계속에 특별히 문제가 있었던 사정은 보이지 않는 점, 이 사건 연대보증은 이미 공소외 2 주식회사가 속해 있는 (상호 생략) 그룹의 계열회사인 공소외 3 주식회사가 연대보증채무를 부담하고 있던 공익채무에 대하여 추가로 보증한 것이고, 공소외 4 주식회사는 이러한 인적담보 이외에도 물적담보로 채권자인 상업은행에게 공소외 4 주식회사 소유의 부동산에 대하여 채권최고액을 150억 원으로 하는 근저당권설정등기를 경료하기로 하였으며, 공소외 4 주식회사 명의의 350억 원 상당의 예금 및 적금에 대하여 질권을 설정하기로 한 점 등을 인정할 수 있으므로, 이러한 사정을 참작하여 볼 때, 이 사건 보증에 이르게 된 경위, 공소외 4 주식회사가 정리계획에 따른 정리채무와 공익채무의 변제를 제대로 이행하고 있었는지 여부, 이 사건 지급보증을 할 당시인 1997. 2.경 공소외 4 주식회사에 대하여 갱생의 가능성이 없다는 이유로 회사정리절차가 폐지될 가능성이 있었는지 그리고 그러한 사정을 피고인들이 알고 있었는지 여부(공판기록 821쪽에 편철된 공소외 4 주식회사의 등기부등본에 의하면 1998. 11. 16. 서울지방법원에서 회사정리절차폐지결정이 있었고, 1999. 6. 30.에는 파산선고가 있었던 점이 인정된다) 등에 대하여 더 심리한 다음, 원심이 판단한 것과 같이 <u>이 사건 지급보증 당시 이미 공소외 4 주식회사가 회생의 가능성이 없는 회사였고 이를 피고인들이 알고 있었다면 그 지급보증에 이른 피고인 1, 피고인 2의 행위를 업무상배임죄로 처단할 수 있으나</u>, 그렇지 않고 <u>공소외 4 주식회사가 그 당시까지 채무이행을 제대로 하고 있는 등 정상적인 영업활동을 하고 있으면서 단순히 채권자의 요구에 의하여 계열회사라는 이유로 공소외 2 주식회사를 공익채무의 연대보증인으로 추가한 것에 불과하다면 위 피고인들의 위의 행위를 업무상배임죄로 처단할 수는 없을 것이다.</u>

그럼에도 불구하고 원심이 공소외 4 주식회사는 법정관리 중인 회사로서 자본총계가 마이너스 168,685,322,917원에 이른다는 사실만으로 공소외 4 주식회사가 그 당시 이미 회생능력이 없는 회사로 단정하여 이러한 공소외 4 주식회사의 공익채무에 대하여 연대보증을 한 행위에 대하여 업무상배임죄가 성립한다고 본 것은 심리를 다하지 아니한 채 채증법칙을 위반한 사실오인으로 인하여 판결 결과에 영향을 미친 위법을 저지른 경우에 해당한다 할 것이므로, 이 점에 관한 피고인 피고인 1, 피고인 2의 상고이유의 주장은 이유 있다.

[판례 4-26] 대법원 2009. 7. 23. 선고 2007도541 판결

가. 배임죄는 타인의 사무를 처리하는 자가 그 임무에 위배하는 행위로써 재산상 이익을 취득하거나 제3자로 하여금 이를 취득하게 하여 본인에게 손해를 가함으로써 성립하는바, 이 경우 그 '임무에 위배하는 행위'라 함은 사무의 내용, 성질 등 구체적 상황에 비추어 법률의 규정, 계약의 내용 혹은 신의칙상 당연히 할 것으로 기대되는 행위를 하지 않거나 당연히 하지 않아야 할 것으로 기대되는 행위를 함으로써 본인과 사이의 신임관계를 저버리는 일체의 행위를 포함하고, '재산상의 손해를 가한 때'라 함은 현실적인 손해를 가한 경우뿐만 아니라 재산상 실해 발생의 위험을 초래한 경우도 포함되므로, 회사의 이사 등이 타인에게 회사자금을 대여함에 있어 그 타인이 이미 채무변제능력을 상실하여 그에게 자금을 대여할 경우 회사에 손해가 발생하리라는 점을 충분히 알면서 이에 나아갔거나, 충분한 담보를 제공받는 등 상당하고도 합리적인 채권회수조치를 취하지 아니한 채 만연히 대여해 주었다면, 그와 같은 자금대여는 타인에게 이익을 얻게 하고 회사에 손해를 가하는 행위로서 회사에 대하여 배임행위가 되고, 회사의 이사는 단순히 그것이 경영상의 판단이라는 이유만으로 배임죄의 죄책을 면할 수는 없으며, 이러한 이치는 그 타인이 자금지원 회사의 계열회사라 하여 달라지지 않는다(대법원 1999. 6. 25. 선고 99도1141 판결, 대법원 2007. 9. 7. 선고 2007도3373 판결 등 참조).
그리고 업무상배임죄가 성립하려면 주관적 요건으로서 임무위배의 인식과 그로 인하여 자기 또는 제3자가 이익을 취득하고 본인에게 손해를 가한다는 인식, 즉 배임의 고의가 있어야 하고, 이러한 인식은 미필적 인식으로도 족한바, 이익을 취득하는 제3자가 같은 계열회사이고, 계열그룹 전체의 회생을 위한다는 목적에서 이루어진 행위로서 그 행위의 결과가 일부 본인을 위한 측면이 있다 하더라도 본인의 이익을 위한다는 의사는 부수적일 뿐이고 이득 또는 가해의 의사가 주된 것임이 판명되면 배임죄의 고의를 부정할 수 없다(대법원 2004. 6. 24. 선고 2004도520 판결, 대법원 2008. 5. 29. 선고 2005도4640 판결 등 참조).

나. 원심은, 공소외 1 주식회사와 공소외 2 주식회사 및 공소외 3 주식회사(이하, 공소외 2 주식회사와 공소외 3 주식회사를 합하여 '지원회사'라 한다) 등을 계열회사로 하는 □□기계그룹의 회장인 피고인 1과 공소외 1 주식회사 및 공소외 2 주식회사의 대표이사이던 피고인 2, 공소외 3 주식회사의 대표이사이던 피고인 3은, 공소외 1 주식회사가 1979년 인수될 당시부터 지극히 열악한 재무구조를 가지고 출발하여 여러 차례의 구조조정 및 유상증자를 비롯한 지원회사의 금융지원에도 불구하고 1997년까지

자본잠식상태가 계속 이어져, 수년 사이에 채무의 상당 부분을 변제하고 재무구조를 개선하여 독자적으로 존속할 수 있는 능력을 갖추기가 어려운 상태에 있었고, 계열회사인 공소외 2 주식회사와 공소외 3 주식회사는 계속된 계열사에 대한 지원 등으로 자금사정이 악화되고 당기순손실이 확대되어 재무구조가 악화되고 있었으며, 1996년도 후반기 이후 1997년 말경까지 외환위기로 인하여 국내의 자금사정은 급격히 악화되었고 그와 같이 어려운 상황이 한동안 계속될 것이라는 점은 충분히 예측할 수 있었는데도, 공소외 2 주식회사는 1997. 11. 5.까지, 공소외 3 주식회사는 1997. 12. 17.에 이르기까지 이 사건 각 지원행위를 계속함으로써 공소외 1 주식회사로 하여금 재산상 이익을 취득하게 하고 공소외 2 주식회사와 공소외 3 주식회사에 대하여 손해를 가하였다는 이 사건 특정경제범죄 가중처벌 등에 관한 법률 위반(배임)의 범죄사실에 대하여, 그 판시와 같은 이유로 피고인들의 범죄사실 일부를 각 유죄로 인정하였다.

원심판결과 원심이 인용한 제1심 판결의 채택 증거들을 앞서 살펴본 법리와 기록에 비추어 살펴보면, 아래에서 지적하는 부분을 제외한 나머지 부분에 대한 원심의 사실인정과 판단은 옳은 것으로 수긍이 간다.

[판례 4-27] 대법원 2012. 7. 12. 선고 2009도7435 판결

원심판결 이유에 의하면, 원심은 (1) 그 채택 증거를 종합하여 ① 공소외 1이 2005년 2월경 이익소각대금채권을 피보전채권으로 하여 공소외 3 주식회사의 예금채권 등에 대하여 채권가압류 결정을 집행함에 따라, 공소외 3 주식회사는 약 400억 원 규모의 자산유동화대출(ABL)이 무산되고 일시적 자금경색으로 인하여 물품대금의 미결제 등 부도 위기에 몰린 사실, ② 이에 피고인은 2005. 3. 2.경 공소외 3 주식회사로 하여금 150억 원 규모의 담보부사모사채(만기 3년)를 발행하도록 하면서, 공소외 5 주식회사 소유의 광명점 점포의 토지 및 건물을 사채인수인에게 담보로 제공한 사실, ③ 이 사건 담보제공 당시 공소외 3 주식회사는 비교적 건전한 재무구조를 지니고 있었을 뿐 아니라, 2004년도의 영업이익이 약 74억 원, 당기순이익이 약 44억 원, 2005년도의 영업이익이 약 69억 원, 당기순이익이 약 48억 원, 2006년도의 영업이익이 62억 원, 당기순이익이 약 63억 원 정도로 매년 수십억 원 가량의 당기순이익을 내고 있었던 사실, ④ 공소외 3 주식회사와 공소외 5 주식회사는 모두 "공소외 3 주식회사(영문 상호 생략)"라는 상호의 유통업체를 운영하는 회사들로서, 공소외 5 주식회사는 공소외 3 주식회사를 위한 구매업무를 총괄하고 있어 공소외 5 주식회사는 공소외 3 주식회사의 기업가치 훼손을 방치할 수 없는 위치에 있었던 사실, ⑤ 공소외 5 주식회사는 이 사건 담보제공의 대가로 연 1억 5,000만 원의 수수료를 받았는데, 이는 이 사건 담보제공의 대가로 낮아진 사채이율과 원래 사채이율과의 차이인 1%에 해당하는 금액인 사실, ⑥ 공소외 3 주식회사는 원리금의 연체 없이 2008. 3. 3. 이 사건 담보부사채를 모두 상환하였고, 그로 인하여 공소외 5 주식회사에는 현실적으로 재산상 손해가 발생하지 아니한 사실 등을 인정한 다음, (2) 이러한 공소외 3 주식회사의 재무구조와 영업이익 및 당기순이익의 규모, 자금경색의 원인, 그리고 공소외 3 주식회사 및 공소외 5 주식회사 상호간의 관계 등을 고려할 때, 피고인이 공소외 5 주식회사 소유의 광명점 점포의 토지 및 건물을 공소외 3 주식회사를 위하여 담보로 제공한 것을 이사의 임무위배행위로 볼 수 없다고 판단하였다.

원심판결 이유를 앞서 살펴본 법리와 기록에 비추어 살펴보면, 원심의 위와 같은 판단은 수긍할 수 있다.

[판례 4-28] 대법원 2013. 4. 11. 선고 2012도15585 판결

배임죄는 타인의 사무를 처리하는 사람이 그 임무에 위배하는 행위로써 재산상 이익을 취득하거나 제3자로 하여금 이를 취득하게 하여 본인에게 손해를 가함으로써 성립하는 바, 여기서 그 '임무에 위배하는 행위'는 사무의 내용, 성질 등 구체적 상황에 비추어 법률의 규정, 계약의 내용 혹은 신의칙상 당연히 할 것으로 기대되는 행위를 하지 않거나 당연히 하지 않아야 할 것으로 기대되는 행위를 함으로써 본인과의 신임관계를 저버리는 일체의 행위를 포함하고, '재산상의 손해를 가한 때'는 현실적인 손해를 가한 경우뿐만 아니라 재산상 실해 발생의 위험을 초래한 경우도 포함하므로, 회사의 이사 등이 타인에게 회사자금을 대여함에 있어 그 타인이 이미 채무변제능력을 상실하여 그에게 자금을 대여할 경우 회사에 손해가 발생하리라는 정을 충분히 알면서 이에 나아갔거나, 충분한 담보를 제공받는 등 상당하고도 합리적인 채권회수조치를 취하지 아니한 채 만연히 대여해 주었다면, 그와 같은 자금대여는 타인에게 이익을 얻게 하고 회사에 손해를 가하는 행위로서 회사에 대하여 배임행위가 되고, 회사의 이사는 단순히 그것이 경영상의 판단이라는 이유만으로 배임죄의 죄책을 면할 수는 없다(대법원 2000. 3. 14. 선고 99도4923 판결 등 참조).

원심은 그 판시와 같은 대여 경위 및 시기, 형식적으로 제공된 담보 제공 형태 및 담보가치 등 여러 사정을 종합하여, 피고인 1, 피고인 3이 상대방의 자산현황, 채권회수 가능성 등에 관하여 조사를 하거나 충분한 담보를 제공받는 등 상당하고 합리적인 채권회수조치 없이 공소외 6 주식회사에 3억 원, 공소외 7 주식회사에 10억 원, 공소외 8 주식회사에 3회에 걸쳐 합계 12억 5,000만 원의 공소외 1 회사의 자금을 대여함으로써 위 회사들에 위 금액 상당의 재산상 이익을 취득하게 하고 피해자 공소외 1 회사에 같은 금액 상당의 손해를 가하였다고 판단하였다.

원심이 적법하게 채용한 증거들을 원심판결 이유 및 위 법리에 비추어 살펴보면, 원심의 위와 같은 판단은 정당한 것으로 수긍할 수 있고, 거기에 업무상배임에 관한 법리를 오해하거나 증거의 취사선택이나 사실의 인정에 있어 자유심증주의의 한계를 벗어난 잘못이 없다.

[판례 4-29] 대법원 2013. 9. 26. 선고 2013도5214 판결

4. 피고인 1, 2, 3의 연결자금 제공 및 지급보증 관련 특정경제범죄 가중처벌 등에 관한 법률 위반(배임)의 점에 대하여

나. 경영판단의 원칙이 적용되어야 한다는 주장에 관하여

배임죄는 타인의 사무를 처리하는 자가 그 임무에 위배하는 행위로써 재산상 이익을 취득하거나 제3자로 하여금 이를 취득하게 하여 본인에게 손해를 가함으로써 성립한다. 어떤 법인이 법인격을 달리하는 다른 법인에 자금을 대여하거나 다른 법인의 채무를 지급보증한 경우, 그 자금을 대여하는 등의 당해 법인의 임원의 행위가 배임죄에 해당하는지를 판단함에 있어서는 그 임원이 사무의 내용, 성질 등 구체적 상황에 비추어 법률의 규정, 계약의 내용 혹은 신의칙상 당연히 할 것으로 기대되는 행위를 하지 않거나 당연히 하지 않아야 할 것으로 기대되는 행위를 함으로써 당해 법인과 임원 사이의 신임관계를 저버리는 행위를 하였는지 및 그러한 행위를 통해 당해 법인에 재산상 실해 발생의 위험을 초래하였는지를 기준으로 판단하여야 한다(대법원 2006. 11. 10. 선고 2004도5167 판결 등 참조). 한편, 당해 법인의 임원이 회계처리를 적정하게 하지 아니함으로써 다른 법인에 자금을 대여하거나 지급보증한 사실 자체를 은폐한 경우, 그러한 부적정한 회계처리는 자금대여 등과 관련된 배임행위의 고의를 뒷받침하는 유력한 요소로 평가할 수 있는 것이므로, 그러한 부적정한 회계처리에도 불구하고 배임죄의 성립을 부정하려면 당해 법인과 다른 법인의 관계, 자금대여나 지급보증의 경위와 목적, 자금대여나 지급보증의 방법 등 제반 사정을 종합적으로 고려하여 보다 신중하게 판단할 필요가 있다(대법원 2010. 10. 28. 선고 2009도1149 판결 등 참조).

그러므로 회사의 이사 등이 타인에게 회사자금을 대여하거나 타인의 채무를 회사 이름으로 지급보증함에 있어 그 타인이 이미 채무변제능력을 상실하여 그를 위하여 자금을 대여하거나 지급보증을 할 경우 회사에 손해가 발생하리라는 점을 충분히 알면서 이에 나아갔거나, 충분한 담보를 제공받는 등 상당하고도 합리적인 채권회수조치를 취하지 아니한 채 만연히 대여해 주었다면, 그와 같은 자금대여나 지급보증은 타인에게 이익을 얻게 하고 회사에 손해를 가하는 행위로서 회사에 대하여 배임행위가 되고, 이러한 이치는 그 타인이 자금지원 회사의 계열회사라 하여 달라지지 않는 것이며(대법원 2007. 9. 7. 선고 2007도3373 판결, 대법원 2012. 6. 14. 선고 2012도1283 판결 등 참조), 한편 경영상의 판단을 이유로 배임죄의 고의를 인정할 수 있는지는 문제된 경영상의 판단에 이르게 된 경위와 동기, 판단대상인 사업의 내용, 기업이 처한 경제적 상황, 손실발생의 개연성과 이익획득의 개연성 등 제반 사정에 비추어 자기 또는 제3자가 재산상 이익을 취득한다는 인식과 본인에게 손해를 가한다는 인식하의 의도적 행위임이 인정되는 경우인지에 따라 개별적으

로 판단하여야 한다(대법원 2004. 7. 22. 선고 2002도4229 판결, 대법원 2010. 10. 28. 선고 2009도1149 판결 등 참조).

나아가 업무상배임죄가 성립하려면 주관적 요건으로서 임무위배의 인식과 그로 인하여 자기 또는 제3자가 이익을 취득하고 본인에게 손해를 가한다는 인식, 즉 배임의 고의가 있어야 하고, 이러한 인식은 미필적 인식으로도 족하다. 이익을 취득하는 제3자가 같은 계열회사이고, 계열그룹 전체의 회생을 위한다는 목적에서 이루어진 행위로서 그 행위의 결과가 일부 본인을 위한 측면이 있다 하더라도 본인의 이익을 위한다는 의사는 부수적일 뿐이고 이득 또는 가해의 의사가 주된 것임이 판명되면 배임죄의 고의를 부정할 수 없다(대법원 2009. 7. 23. 선고 2007도541 판결, 대법원 2012. 7. 12. 선고 2009도7435 판결 등 참조).

원심은, 공소외 7 회사, 공소외 8 회사, 공소외 9 회사의 설립경위와 그 각 채무액의 증대 원인, 한화그룹 측에서 위 회사들의 지급보증을 떠맡게 된 경위와 과정, 이에 따라 한화그룹 구조조정본부에서 직접 위 회사들에 대한 경영권을 행사하면서 지속적으로 연결자금이나 지급보증을 제공하게 된 사정 등을 종합하여 한화그룹의 계열회사인 피해회사들이 부실 위장계열회사인 공소외 7 회사 등에 그 채권회수를 위한 담보 등을 확보하지 아니한 채 상당한 기간 동안 거액의 연결자금이나 지급보증을 제공하였던 점, 그 과정에서 연결자금 및 지급보증 제공이 피해 계열회사의 입장에서 그 자금지원과 관련한 제반 정보를 수집하여 검토한 후 각 이사회에서 지원 여부를 실질적으로 심의·의결하는 절차를 거쳐 이루어진 것이 아니라 한화그룹 경영기획실에서 일방적으로 결정하여 지시함에 따라 이루어졌고, 공소외 7 회사 등의 사업과 피해 계열회사의 사업의 상호 연계나 관련성 등을 주된 목적으로 한 지원도 아니었던 점, 그 지급의 형식이나 방법에 있어서도 공소외 7 회사 등이 단자회사로부터 자금을 융통하는 것처럼 보이는 외관을 가장하고 피해 계열회사들은 지급보증한 금액에 대하여도 재무제표에 우발채무로 기재하지 않는 등 한화그룹 계열회사에서 직접 공소외 7 회사 등에 자금을 지원하는 사실을 숨긴 점, 설사 1997년 외환위기 당시에 한화그룹 차원의 공소외 7 회사 등에 대한 지급보증채무의 인수가 일부 불가피한 선택이라는 측면이 있었다고 하더라도, 이후 상당한 시간이 경과하도록 적법한 방법에 따라 부실을 정리하지 않고 돌려막기식으로 자금지원의 규모를 지속적으로 늘려온 데다가 그 자금지원의 규모도 외환위기 무렵 약 1,000억 원에서 2005년 말에 이르러 약 3,000억 원에 근접하여 그 규모가 대폭 증가하게 된 점 등을 고려해 보면, <u>위 피해 계열회사들이 위와 같이 채무변제능력을 상실한 공소외 7 회사, 공소외 8 회사, 공소외 9 회사에 거액의 연결자금 및 지급보증을 제공한 행위는 합리적인 경영판단이라고 할 수 없으므로 피고인 1, 2, 3에게 배임의 고의도 인정된다</u>고 판단하였다.

이러한 원심판결 이유에 더하여 원심이 적법하게 채택한 증거들에 의하여 알 수 있는 다음과 같은 사정, 즉 대규모 기업집단의 공동목표에 따른 집단이익의 추구가 사실적, 경제적으로 중요한 의미를 갖는 경우도 있을 수 있으나, 그 기업집단을 구성하는 개별 계열회사도 별도의 독립된 법인격을 가지고 있는 주체로서 그 각자의 채권자나 주주 등 다수의 이해관계인이 관여되어 있고, 사안에 따라서는 대규모 기업집단의 집단이익과 상반되는 고유이익이 있을 수 있는 점, 피지원계열회사에 해당하는 공소외 7 회사와 공소외 8 회사 등은 피고인 1 등이 차명으로 보유하면서 공정거래위원회 등에 계열회사 신고도 하지 아니한 이른바 위장 계열회사로서 과연 그에 대한 지원이 피고인 1 개인이나 그 일가 또는 특정 회사가 아닌 한화그룹 소속 계열회사 전체의 이익을 위한 것인지조차 의문인 점, 게다가 이러한 위장 계열회사에 대한 자금지원은 대규모 기업집단의 탈법행위를 규제하기 위하여 독점규제법 등에서 규정한 출자총액제한, 채무보증제한 등의 각종 법령상 제한을 회피하기 위한 수단으로 악용될 소지가 큰 점, 이 사건 지원행위의 주체가 되는 공소외 10 주식회사(이하 '공소외 10 회사'라고 한다) 등 지원계열회사를 선정하는 과정에서 다른 계열회사와의 형평 등을 감안한 합리적이고 객관적인 기준이 적용되었다고 보기 어려울 뿐만 아니라, 그러한 지원행위로 인하여 상당한 경제적 부담 내지 위험을 안게 된 지원계열회사에 대하여 그 부담이나 위험에 상응하는 현재 또는 장래의 적절한 보상이 마련되지도 아니한 점, 이 사건에서 나중에 연결자금이 회수되거나 지급보증이 해소된 것은 피지원계열회사의 영업수익의 확대나 투자 유치 등 정상적인 경영행위로 인한 것이 아니라 또 다른 배임행위 성립 여부가 문제되는 계열회사 간의 부당한 부동산 내부거래 등 변칙적인 방법을 통해 이루어진 점 등을 종합하면, 원심이 위와 같은 연결자금 제공 등의 행위가 합리적 경영판단에서 비롯된 것이어서 배임죄로 처벌하여서는 아니 된다는 위 피고인들의 주장을 배척하고 이 부분 공소사실을 유죄로 인정한 조치는 정당하여 수긍이 가고, 거기에 위 피고인들의 상고이유 주장과 같이 논리와 경험칙에 반하여 자유심증주의의 한계를 벗어나거나 경영판단의 원칙 및 배임의 고의에 관한 법리를 오해하는 등의 위법이 없다.

라. 재산상 손해 발생 또는 이득액에 관한 주장에 관하여

1) 배임죄에 있어서 '재산상의 손해를 가한 때'는 현실적인 손해를 가한 경우뿐만 아니라 재산상 손해 발생의 위험을 초래한 경우도 포함되고, 일단 손해의 위험을 발생시킨 이상 나중에 피해가 회복되었다고 하여도 배임죄의 성립에 영향을 주지 아니하며, 재산상 손해의 유무에 대한 판단은 본인의 전 재산 상태를 고려하여 경제적 관점에 따라 판단되어야 한다(대법원 2012. 7. 12. 선고 2009도7435 판결 등 참조).

한편, 특경법 제3조 제1항은 형법상의 업무상배임죄를 범한 자를 그 범죄행위로 인하여 취득한 이득액이 5억 원 이상인 때 그 이득액에 따라 가중처벌하도

록 규정하고 있는바, 여기서 말하는 이득액은 단순일죄의 이득액이나 혹은 포괄일죄가 성립되는 경우의 이득액의 합산액을 의미하고(대법원 2011. 8. 18. 선고 2009도7813 판결 등 참조), 어느 회사의 이사 등이 상당하고 합리적인 채권회수조치를 하지 아니한 채 이미 채무변제능력을 상실한 계열회사를 위하여 자금을 대여하거나 지급보증하는 행위가 배임행위가 될 경우에는 그러한 자금 제공행위나 지급보증행위 자체가 당해 회사에 손해의 위험성을 발생시킨 행위로서 그 제공된 자금액 또는 지급보증금액 전체가 배임죄에 있어서 손해 및 이득액이 된다(대법원 2007. 6. 1. 선고 2006도1813 판결, 대법원 2007. 9. 7. 선고 2007도3373 판결 등 참조).

원심은, 이 부분 공소사실과 관련하여 공소외 7 회사 등에 연결자금이나 지급보증을 제공한 피해회사별로 포괄일죄가 성립함을 전제로 그 각 피해회사가 공소외 7 회사 등에 제공한 연결자금액의 합계 또는 그 연결자금액과 지급보증액의 합계를 업무상배임죄에 있어서의 손해액 내지 특경법 위반(배임)죄에 있어서의 이득액으로 인정하였다.

원심판결 이유를 앞서 살펴본 법리와 원심이 적법하게 채택한 증거들에 비추어 살펴보면, 원심의 위와 같은 판단은 정당하고, 거기에 위 피고인들의 상고이유 주장과 같이 논리와 경험칙에 반하여 자유심증주의의 한계를 벗어나거나 업무상배임죄에 있어서 재산상 손해액이나 특경법 위반(배임)죄에 있어서의 이득액 산정에 관한 법리를 오해하는 등의 위법이 없다. 이와 관련된 상고이유 주장은 모두 받아들일 수 없다.

2) 한편, 이미 타인의 채무에 대하여 보증을 하였는데, 피보증인이 변제자력이 없어 결국 보증인이 그 보증채무를 이행하게 될 우려가 있고, 보증인이 피보증인에게 신규로 자금을 제공하거나 피보증인이 신규로 자금을 차용하는데 담보를 제공하면서 그 신규자금이 이미 보증을 한 채무의 변제에 사용되도록 한 경우라면, 보증인은 기보증채무와 별도로 새로 손해를 발생시킬 위험을 초래한 것이라고 볼 수 없다(대법원 2009. 7. 23. 선고 2007도541 판결, 대법원 2010. 11. 25. 선고 2009도9144 판결 등 참조).

그런데 원심은 그 판시 별지 범죄일람표(4) 중 순번 15와 18, 순번 24와 27, 순번 42와 43 및 순번 2, 29, 33과 36의 각 지급보증과 관련하여, 공소외 7 회사가 피해회사의 지급보증하에 특정 금융기관으로부터 어음담보대출을 받은 뒤 그 어음의 만기도래로 이를 회수하기 위해 공소외 7 회사가 다른 금융기관으로부터 어음담보대출을 받을 때 다시 피해회사가 지급보증을 한 것이라면, 후행지급보증이 설사 선행지급보증의 해소를 위해 이루어진 것이라 하더라도 보증관계에서 그 채권자가 달라진다는 것은 보증인에게 중요한 이해관계를 가지는 것이고, 보증인이 피보증인에게 단순히 자금이나 담보를 제공하는 것을 넘어서 그러한 지원을 위해 추가적인 보증관계를 창설하는 것이므로, 보증인인 피해회사는 후행지급보증이 선행지급보증과 별도로 새로운 손해를 발생시킬 위험을 초래한 것이라고 평가할 수밖에 없다는 이유를 들어 위 각 후행지급보증으로 인하여 새로운 재산상 손해가 발생하지 아니하였다는 위 피고인들의 주장을 배척하였다.

그러나 이와 같은 원심의 판단은 다음과 같은 이유에서 그대로 수긍하기 어렵다. 원심이 인정한 위 사실관계에 의하더라도, 피해회사인 공소외 10 회사가 금융기관에 대하여 각 지급보증채무를 실제로 이행하기 전에 공소외 7 회사가 공소외 10 회사의 지급보증 아래 할인받은 어음을 결제하지 못하게 되어, 공소외 10 회사가 현실적, 구체적으로 위 각 어음금을 대위변제하여야 할 상황에서 지원회사인 공소외 10 회사의 위 각 지급보증이 행하여진 것이라면, 이는 위 피고인들이 공소외 7 회사에 대하여 자금을 지원하였으나 공소외 7 회사로 하여금 그 자금으로 지원회사인 공소외 10 회사가 이미 보증을 한 채무를 변제하게 함으로써 결국 자신의 보증채무를 감소시킨 것과 마찬가지여서 위 지급보증으로 인하여 지원회사인 공소외 10 회사에 기왕의 보증행위로 인한 손해와는 다른 별개의 새로운 손해를 발생시킬 위험이 초래되었다고 보기 어렵다고 볼 여지가 크다.

그렇다면 원심은, 그 판시 별지 범죄일람표(4) 중 순번 15와 18, 순번 24와 27, 순번 42와 43 및 순번 2, 29, 33과 36의 각 지급보증 등의 경우가 보증인 지위에 있는 공소외 10 회사가 현실적, 구체적으로 위 각 어음금을 대위변제하여야 할 상황에서 기존에 지급보증한 대출금을 변제하기 위하여 위 각 후행지급보증이 행하여진 것인지, 실제로 후행지급보증한 대출금이 선행지급보증의 대출금을 변제하는데 사용되었고, 그 후행지급보증한 대출금이 선행지급보증한 대출금 등을 변제하는데 사용되지 아니할 가능성이 있었는지 등을 면밀히 심리・판단하여, 만약 보증인인 피해회사 공소외 10 회사의 후행지급보증이 선행지급보증과 별도로 새로운 손해를 발생시킬 위험을 초래한 것이 아니라고 평가되는 경우라면 후행지급보증으로 인한 업무상배임죄의 손해액 산정에 있어서 그 후행지급보증의 대상이 된 대출금 상당액을 손해액에서 제외하였어야 할 것이다.

그럼에도 원심은 그 판시와 같은 이유만으로 위 각 지급보증 등의 부분에 관하여 피해회사인 공소외 10 회사에 대하여 새로운 손해를 발생시킬 위험을 초래한 것이라고 단정하여 이 부분 공소사실을 모두 유죄로 인정하였으니, 이러한 원심판결에는 업무상배임죄에 있어서 재산상 손해에 관한 법리를 오해하여 필요한 심리를 다하지 아니한 잘못이 있다.

[판례 4-30] 대법원 2017. 11. 9. 선고 2015도12633 판결

배임죄는 타인의 사무를 처리하는 자가 그 임무에 위배하는 행위로써 재산상 이익을 취득하거나 제3자로 하여금 이를 취득하게 하여 본인에게 손해를 가함으로써 성립한다. 여기서 그 '임무에 위배하는 행위'는 사무의 내용, 성질 등 구체적 상황에 비추어 법률의 규정, 계약의 내용 혹은 신의칙상 당연히 할 것으로 기대되는 행위를 하지 않거나 당연히 하지 않아야 할 것으로 기대되는 행위를 함으로써 본인과 사이의 신임관계를 저버리는 일체의 행위를 포함한다.

회사의 이사 등이 타인에게 회사자금을 대여함에 있어 타인이 이미 채무변제능력을 상실하여 그에게 자금을 대여할 경우 회사에 손해가 발생하리라는 점을 충분히 알면서 이에 나아갔거나, 충분한 담보를 제공받는 등 상당하고도 합리적인 채권회수조치를 취하지 아니한 채 만연히 대여해 주었다면, 그와 같은 자금대여는 타인에게 이익을 얻게 하고 회사에 손해를 가하는 행위로서 회사에 대하여 배임행위가 되고, 회사의 이사는 단순히 그것이 경영상의 판단이라는 이유만으로 배임죄의 죄책을 면할 수 없으며, 이러한 이치는 타인이 자금지원 회사의 계열회사라 하여 달라지지 않는다.

다만, 기업의 경영에는 원천적으로 위험이 내재하여 있어서 경영자가 개인적인 이익을 취할 의도 없이 가능한 범위 내에서 수집된 정보를 바탕으로 기업의 이익을 위한다는 생각으로 신중하게 결정을 내렸더라도 예측이 빗나가 기업에 손해가 발생하는 경우가 있으므로, 이러한 경우에까지 고의에 관한 해석기준을 완화하여 업무상배임죄의 형사책임을 물을 수 없다. 여기서 경영상의 판단을 이유로 배임죄의 고의를 인정할 수 있는지는 문제된 경영상의 판단에 이르게 된 경위와 동기, 판단대상인 사업의 내용, 기업이 처한 경제적 상황, 손실발생의 개연성과 이익획득의 개연성 등 제반 사정에 비추어 자기 또는 제3자가 재산상 이익을 취득한다는 인식과 본인에게 손해를 가한다는 인식하의 의도적 행위임이 인정되는 경우인지에 따라 개별적으로 판단하여야 한다.

한편, 기업집단의 공동목표에 따른 공동이익의 추구가 사실적, 경제적으로 중요한 의미를 갖는 경우라도 기업집단을 구성하는 개별 계열회사는 별도의 독립된 법인격을 가지고 있는 주체로서 각자의 채권자나 주주 등 다수의 이해관계인이 관여되어 있고, 사안에 따라서는 기업집단의 공동이익과 상반되는 계열회사의 고유이익이 있을 수 있다. 이와 같이 동일한 기업집단에 속한 계열회사 사이의 지원행위가 기업집단의 차원에서 계열회사들의 공동이익을 위한 것이라 하더라도 지원 계열회사의 재산상 손해의 위험을 수반하는 경우가 있으므로, 기업집단 내 계열회사 사이의 지원행위가 합리적인 경영판단의 재량 범위 내에서 행하여졌는지는 신중하게 판단하여야 한다.

따라서 동일한 기업집단에 속한 계열회사 사이의 지원행위가 합리적인 경영판단의 재량 범위 내에서 행하여진 것인지를 판단하기 위해서는 앞서 살펴본 여러 사정들과 아울러, 지원을 주고받는 계열회사들이 자본과 영업 등 실체적인 측면에서 결합되어 공동이익과 시너지 효과를 추구하는 관계에 있는지, 이러한 계열회사들 사이의 지원행위가 지원하는 계열회사를 포함하여 기업집단에 속한 계열회사들의 공동이익을 도모하기 위한 것으로서 특정인 또는 특정회사만의 이익을 위한 것은 아닌지, 지원 계열회사의 선정 및 지원 규모 등이 당해 계열회사의 의사나 지원 능력 등을 충분히 고려하여 객관적이고 합리적으로 결정된 것인지, 구체적인 지원행위가 정상적이고 합법적인 방법으로 시행된 것인지, 지원을 하는 계열회사에 지원행위로 인한 부담이나 위험에 상응하는 적절한 보상을 객관적으로 기대할 수 있는 상황이었는지 등까지 충분히 고려하여야 한다. 위와 같은 사정들을 종합하여 볼 때 문제된 계열회사 사이의 지원행위가 합리적인 경영판단의 재량 범위 내에서 행하여진 것이라고 인정된다면 이러한 행위는 본인에게 손해를 가한다는 인식하의 의도적 행위라고 인정하기 어렵다.

(10) 담보제공자의 구상권 · 대위권 행사의 후순위성 확보

예를 들면, 보증인과 물상보증인은 이해관계 있는 제3자로서 피보증(담보)채무를 변제할 수 있고(민법 제469조 제2항의 반대해석), 이 경우 보증인과 물상보증인은 변제할 정당한 이익 있는 자로서 변제로 채권자의 채권 및 「그 담보에 관한 권리」[74]를 행사할 수 있다(민법 제481조, 제482조 제1항). 즉, 보증인이 피보증채무를 변제한 경우, 변제금액에 대해 주채무자인 차주에 대하여 사후구상권을 취득하게 되고, 또한 일정한 경우에는 사전구상권을 취득하고(민법 제441조, 제442조), 이 경우 보증인은 구상권의 범위 내에서 채권자가 갖는 권리를 대위행사할 수 있다(민법 제481조, 제482조). 또한, 물상보증인이 피담보채무를 변제하거나 담보권의 실행으로 인하여 담보목적물의 소유권을 잃은 때에도 채무자에 대한 구상권을 취득하고(민법 제341조, 제370조), 구상권의 범위 내에서 채권자의 권리를 대위행사할 수 있다(민법 제481조, 제482조).[75]

한편, 이와 같은 법정대위 규정에 의해 대위 · 이전되는 채권에 「양도제한(금지)특약」이 있는 경우 채권의 대위 · 이전이 부정되는지, 또는 채무를 변제한 보증인, 물상보증인 등 변제자의 선 · 악의에 따라서 차주(채무자)가 대항할 수 있을 뿐인지 문제된다. 이에 대해서

74) 실무에서는 대위의 대상이 되는 「그 담보에 관한 권리」의 범위가 쟁점이 되는 경우가 많다(대법원 2009다80460 판결([판례 4-34]), 대법원 95다11009 판결([판례 4-39]) 등 참조).

75) 채무자를 위하여 근저당권 피담보채무의 일부를 대위변제한 사람은 종래 채권자가 가지고 있던 채권 및 담보에 관한 권리를 취득할 수 있는데, 이 경우에도 채권자는 일부 대위변제자에 대하여 우선변제권을 가지고, 근저당권을 실행하여 배당할 때에는 채권자가 자신의 잔존 채권액을 일부 대위변제자보다 우선하여 배당받는 것이 원칙이다. 그러나 채권자와 일부 대위변제자는 변제 순위나 배당금 충당에 관하여 따로 약정을 체결할 수 있다. 이 경우에는 그 약정에 따라 채권자와 일부 대위변제자 사이에 변제 순위와 배당방법이 정해진다(대법원 2023. 5. 18. 선고 2020다269275 판결, 대법원 2011. 6. 10. 선고 2011다9013 판결, 대법원 2001. 1. 19. 선고 2000다37319 판결 등 참조).

는, (i) 민법상 법정대위 규정은 채권의 대위・이전을 통해 차주(채무자)와 채권자 및 변제자 간의 이익 상태를 조정하거나 변제자의 구상권을 확보하고자 하는 취지이므로 차주(채무자)와 채권자 간의 특약에 의해 임의로 배척할 수 있도록 해서는 안 된다는 점, (ii) 판례와 실무에서는 이러한 양도제한(금지)특약이 있는 채권에 대한 (가)압류・전부명령 역시 허용되고 있다는 점에 비추어 보면, 양도제한(금지)특약의 존부 및 그에 대한 이해관계 있는 변제자의 선・악의에 관계없이 변제자는 위 법정대위 규정에 따라 채권을 이전받는다고 해석하는 것이 타당할 것으로 생각된다.[76][77]

76) 한편, 법정대위(민법 제481조)의 경우에, 변제되는 채권의 담보에 관한 권리(민법 제482조 제1항)(예를 들면, 변제되는 채권을 담보하기 위한 신탁 수익권 등)에 양도제한(금지) 특약이 존재하는 경우(예를 들면, 수탁자의 동의 등)에도 해당 담보에 관한 권리의 대위가 양도제한(금지) 특약에 따른 제한을 받는지 여부가 문제될 수 있다. 개인적으로는 법정대위의 취지에 비추어 보면, 이상의 변제된 채권(피담보채권)에 관한 논의가 적용될 수 있을 것으로 보인다. 대법원 2017다278187 판결([판례 4-38])에서는 수탁자의 동의없이 신탁 수익권에 대한 법정대위가 가능함을 전제로 판시하고 있으며, 하급심 판례이긴 하나 신탁수익권에 대한 법정대위가 문제된 사안에서 서울고등법원 2017나2036022, 2017나2036039 판결([판례 4-76])에서도 같은 취지로 판시한바 있다. 다만, 법정대위의 경우에도 실무에서는 대위의 대상인 변제되는 채권이나 그의 담보에 관한 권리에 양도제한(금지) 특약이 존재하는 경우에는 대위변제 전에 관계당사자로부터 대위에 대한 동의까지 받도록 하여 대위변제자의 대위권을 안정적으로 확보해 두는 경우도 있다.

77) 법정대위와 달리 임의대위(민법 제480조)의 경우에는, 변제와 동시에 채권자의 동의를 얻어야 하고(동조 제1항), 대위를 위해서는 채권양도에 관한 민법 제450조부터 제452조까지의 규정이 준용되는데(동조 제2항), 여기서 해당 채권에 양도제한(금지)특약이 존재하는 경우에는, 해당 채무자로부터 해당 채권의 대위에 대한 승낙까지 받아야 하는지 문제된다. 개인적으로는 민법 제480조에서 민법 제449조 제2항을 준용하고 있지 않은 점을 고려하면 임의대위 역시 민법 제480조 제2항, 제450조부터 제452조까지의 규정에 따라 (확정일자부로) 변제되는 채권의 채무자에 대한 대위 통지 또는 채무자의 대위 승낙이 있으면 족하다고 보는 것이 타당하다고 생각되나, 이에 대해 실무에서는 변제되는 채권에 양도제한(금지) 특약이 존재하는 경우에는 채무자에 대한 통지만으로 부족하고 채무자의 승낙까지 받아야 한다는 견해도 존재하는 것으로 보인다. 또한, 임의대위의 경우에, 변제되는 채권이 아니라 그 담보에 관한 권리(민법 제482조 제1항)(예를 들면, 변제되는 채권을 담보하기 위한 신탁 수익권 등)에 양도제한(금지) 특약이 존재하는 경우(예를 들면, 수탁자의 동의 등)에도 해당 담보에 관한 권리의 대위가 양도제한(금지) 특약에 따른 제한을 받는지 여부가 문제될 수 있다. 개인적으로는, 대위의 취지에 비추어 보면, 법정대위에서의 논의가 적용될 수 있을 것으로 보이나, 실무에서는 변제되는 채권에 양도제한(금지)특약이 존재하는 경우와 마찬가지로 그 담보에 관한 권리에 양도제한(금지) 특약이 존재하는 경우에는 해당 당사자의 승낙까지 받아야 한다는 견해도 존재하는바, 민법 제480조의 규정만으로는 아직 명확하지 않은 측면이 있다. 이와 같은 점을 고려하여 특히 임의대위의 경우, 실무에서는 대위의 대상인 변제되는 채권이나 그의 담보에 관한 권리에 양도제한(금지) 특약이 존재하는 경우에는 임의대위변제 전에 관계당사자로부터 대위에 대한 동의까지 받도록 하여 대위변제자의 안정적인 대위권을 확보해 두는 경우가 일반적인 것으로 보인다. 임의대위의 경우에는 대위변제자, 채무자, 담보제공자 등 이해당사자 사이에서 「대위변제 합의서」를 체결함으로써 대위변제자의 안정적인 대위권을 확보하고 대위변제에 따른 이해당사자 간 법률관계를 명확히 해두는 경우도 많다. 물론 법정대위의 경우에도 이러한 「대위변제 합의서」를 체결함으로써 법률관계를 명확히 하는 것도 가능하며 실제로 그러한 사례도 많다.

[판례 4-31] 대법원 2001. 4. 24. 선고 2001다6237 판결

물상보증은 채무자 아닌 사람이 채무자를 위하여 담보물권을 설정하는 행위이고 채무자를 대신해서 채무를 이행하는 사무의 처리를 위탁받는 것이 아니므로, 물상보증인이 변제 등에 의하여 채무자를 면책시키는 것은 위임사무의 처리가 아니고 법적 의미에서는 의무 없이 채무자를 위하여 사무를 관리한 것에 유사하다. 따라서 물상보증인의 채무자에 대한 구상권은 그들 사이의 물상보증위탁계약의 법적 성질과 관계없이 민법에 의하여 인정된 별개의 독립한 권리이고, 그 소멸시효에 있어서는 민법상 일반채권에 관한 규정이 적용된다. 결국 같은 취지의 원심의 판단은 정당하고, 거기에 상고이유의 주장과 같은 소멸시효에 관한 법리오해 등의 위법이 없다. 따라서 이 부분 상고이유도 받아들이지 아니한다.

[판례 4-32] 대법원 2009. 7. 23. 선고 2009다19802 판결

민법 제370조에 의하여 동법 제341조가 저당권에 준용되는데, 동법 제341조는 타인의 채무를 담보하기 위한 저당권설정자가 그 채무를 변제하거나 저당권의 실행으로 인하여 저당물의 소유권을 잃은 때에 채무자에 대하여 구상권을 취득한다고 규정하여 물상보증인의 구상권 발생 요건을 보증인의 경우와 달리 규정하고 있는 점, 물상보증은 채무자 아닌 사람이 채무자를 위하여 담보물권을 설정하는 행위이고 채무자를 대신해서 채무를 이행하는 사무의 처리를 위탁받는 것이 아니므로 물상보증인은 담보물로서 물적 유한책임만을 부담할 뿐 채권자에 대하여 채무를 부담하는 것이 아닌 점, 물상보증인이 채무자에게 구상할 구상권의 범위는 특별한 사정이 없는 한 채무를 변제하거나 담보권의 실행으로 담보물의 소유권을 상실하게 된 시점에 확정된다는 점 등을 종합하면, 원칙적으로 수탁보증인의 사전구상권에 관한 민법 제442조는 물상보증인에게 적용되지 아니하고 물상보증인은 사전구상권을 행사할 수 없다고 해석하는 것이 상당하다.

원심판결 이유를 기록에 비추어 살펴보면, 원심이, 물상보증인의 채무자에 대한 구상권은 물상보증인이 채무를 변제하거나 저당권의 실행으로 인하여 저당물의 소유권을 잃은 때에 발생할 뿐이라는 이유로 피고 2 영농조합법인이 물상보증인으로 사전구상권을 행사할 수 있다는 피고들의 주장을 배척한 것은 위 법리에 따른 것으로 정당하고, 거기에 물상보증인의 사전구상권에 관한 법리를 오해하는 등의 위법이 없다.

[판례 4-33] 대법원 2009. 2. 26. 선고 2005다32418 판결

채무를 변제할 이익이 있는 자가 채무를 대위변제한 경우에 통상 채무자에 대하여 구상권을 가짐과 동시에 민법 제481조에 의하여 당연히 채권자를 대위하나, 위 구상권과 변제자대위권은 그 원본, 변제기, 이자, 지연손해금의 유무 등에 있어서 그 내용이 다른 별개의 권리이므로(대법원 1997. 5. 30. 선고 97다1556 판결 참조), 대위변제자와 채무자 사이에 구상금에 관한 지연손해금 약정이 있더라도 이 약정은 구상금을 청구하는 경우에 적용될 뿐, 변제자대위권을 행사하는 경우에는 적용될 수 없다.

[판례 4-34] 대법원 2010. 4. 8. 선고 2009다80460 판결

변제할 정당한 이익이 있는 자가 채무자를 위하여 채권의 일부를 대위변제할 경우에 대위변제자는 변제한 가액의 범위 내에서 종래 채권자가 가지고 있던 채권 및 담보에 관한 권리를 취득하게 되고 따라서 채권자가 부동산에 대하여 저당권을 가지고 있는 경우에는 채권자는 대위변제자에게 일부 대위변제에 따른 저당권의 일부이전의 부기등기를 경료해 주어야 할 의무가 있다 할 것이나 이 경우에도 채권자는 일부 대위변제자에 대하여 우선변제권을 가지고 있다고 할 것이고, 다만 일부 대위변제자와 채권자 사이에 변제의 순위에 관하여 따로 약정(이하 '우선회수특약'이라 한다)을 한 경우에는 그 약정에 따라 변제의 순위가 정해진다고 할 것이다(대법원 1998. 9. 8. 선고 97다53663 판결, 대법원 2005. 7. 28. 선고 2005다19958 판결 참조). 그런데 변제로 채권자를 대위하는 경우 '채권 및 그 담보에 관한 권리'가 변제자에게 이전될 뿐 계약당사자의 지위가 이전되는 것은 아니라는 점, 변제로 채권자를 대위하는 자가 구상권 범위에서 행사할 수 있는 '채권 및 그 담보에 관한 권리'에는 채권자와 채무자 사이에 채무의 이행을 확보하기 위한 특약이 있는 경우 그 특약에 기하여 채권자가 가지게 되는 권리도 포함된다고 할 것이나, 채권자와 일부 대위변제자 사이의 약정에 지나지 않는 '우선회수특약'이 '채권 및 그 담보에 관한 권리'에 포함된다고 보기는 어렵다는 점을 고려하면, 일부 대위변제자의 채무자에 대한 구상채권에 대하여 보증한 자가 자신의 보증채무를 변제함으로써 일부 대위변제자를 다시 대위하게 되었다 하더라도 그것만으로 채권자의 채무자에 대한 권리가 아니라 채권자와 일부 대위변제자 사이의 약정에 지나지 않는 '우선회수특약'에 따른 권리까지 당연히 대위하거나 이전받게 된다고 볼 수는 없다.

원심판결 이유와 기록에 의하면, 중소기업은행은 2006. 9. 27. 주식회사 유성델코(이하 '유성델코'라 한다)에 외화시설자금대출 명목으로 일본국 통화 182,710,000엔을 대여하면서 위 대출금 채권을 담보하기 위하여 유성델코 소유의 인천 남동구 (주소 생략) 공장용지 994㎡ 및 위 지상 공장건물(이하 '이 사건 부동산'이라 한다)에 관하여 채무자를 유성델코, 근저당권자를 중소기업은행으로 한 채권최고액 2,160,000,000원의 근저당권(이하 '이 사건 근저당권'이라 한다) 설정등기를 마쳤고, 신용보증기금은 2006. 9. 13. 유성델코의 중소기업은행에 대한 위 대출금 채무에 대하여 일본국 통화 166,383,000엔을 한도로 신용보증한 사실, 유성델코가 2007. 8. 8. 사업장폐업 등으로 위 대출금 채무에 대한 기한이익을 상실함에 따라 신용보증기금은 2008. 3. 10. 유성델코의 중소기업은행에 대한 위 대출금 채무 중 315,943,947원을 대위변제하였고, 같은 날 중소기업은행과의 사이에 이 사건 근저당권 중 위 대위변제금액만큼의 근저당권을 이전받기로 하는 근저당권일부이전계약을 체결하고 2008. 3. 26. 중소기업은행으로부터 그에 따른 근저당권 일부이전의 부기등기를 경료받은 사실, 원고는 유성델코의 신용보증기금에 대한 구상채무의 연대보증인으로서 2008. 3. 10. 유성델코의 신용보증기금에 대한 구상채무 전액인 314,265,436원을 대위변제한 사실, 피고는 2007. 12. 14. 중소기업은행으로부터 유성델코에 대한 위 대출금채권 일체를 양수받은 사실, 중소기업은행은 2007. 8. 6. 이 사건 근저당권에 기하여 이 사건 부동산에 관한 임의경매를 신청하여 이 사건 부동산은 1,850,000,000원에 매각되었고, 경매법원은 2008. 8. 7. 배당기일에서 그 매각대금 중 집행비용을 공제한 1,841,810,022원 전부를 피고에게 배당하는 내용의 배당표를 작성한 사실, 이 사건 근저당권은 포괄근저당으로 위 경매신청 당시 피담보채무로는 이 사건 외화시설자금대출채무 외에도 3건의 중소기업자금대출채무(2005. 8. 9. 자 대출원금 17,231,408원, 2006. 8. 29. 자 대출원금 1억 원, 2006. 9. 28. 자 대출원금 3억 4,000만 원 및 그에 대한 지연손해금)를 포함하고 있었던 사실을 알 수 있고, 신용보증기금과 중소기업은행은 위 신용보증계약과 근저당권일부이전계약을 체결하면서 이 사건 근저당권의 실행으로 인한 회수금 중 일정 금액의 범위 내에서 신용보증기금이 중소기업은행의 보증부대출 이외의 채권에 우선하여 변제받기로 하는 특약(이하 '이 사건 우선회수특약'이라고 한다)을 한 사실은 당사자가 다투지 아니한다.

앞서 살펴본 법리에 의하면, <u>이 사건 우선회수특약은 일부 대위변제자인 신용보증기금과 채권자인 중소기업은행 사이에 변제의 순위에 관하여 따로 약정을 한 것으로서 신용보증기금과 중소기업은행 사이에서는 이 사건 우선회수특약에 따라 변제의 순위가 정해진다</u>고 할 것이지만, <u>채무자인 유성델코의 신용보증기금에 대한 구상채무를 보증한 원고가 자신의 보증채무를 변제함으로써 신용보증기금을 다시 대위하게 되었다 하더라도 피고와의 관계에서 이 사건 우선회수특약에 따른 변제의 순위를 주장할 수는 없다</u>고 할 것이다. 그리고 원심이 설시한 대법원 2001. 1. 19. 선고 2000다37319 판결은, 채권자에게 일부 채무를 먼저 대위변제한 자가 채권자로부터 그에 상응하는 일부 근저당권을 이전받으면서 우선회수특약을 한 경우에, 나중에 채권자의 나머지 채권을 모두 대위변제한 자가 채권자로부터 그 채권과 근저당권 일부를 양도받아 채권자를 대위하게 되었다고 하더라도 그것만으로 채권자의 채무자에 대한 권리나 담보권 외에 위 우선회수특약에 따른 권리까지 당연히 대위하거나 이전받게 된다고 볼 수는 없다고 판단하였는바, 위 판결의 사안은 나중에 채권자의 나머지 채권을 모두 대위변제하고 채권자로부터 채권과 근저당권 일부를 양도받은 자가 우선회수특약에 따른 권리를 주장하는 것이고, 이 사건은 일부 대위변제자를 다시 대위한 자가 우선회수특약에 따른 권리를 주장하는 데에서 차이가 있을 뿐, 우선회수특약 당사자로부터 채권 및 그 담보에 관한 권리를 이전받은 제3자가 우선회수특약에 따른 권리를 주장할 수 없다는 점에서 다를 바가 없다.

그런데도 원심이 판시와 같은 사정을 들어 이와 달리 판단한 데에는 일부 대위변제자와 채권자 사이에 변제의 순위에 관한 법리를 오해함으로써 판결 결과에 영향을 미친 위법이 있다.

[판례 4-35] 대법원 1995. 3. 3. 선고 94다33514 판결

원심판결 이유에 의하면, 원심은 거시증거에 의하여 (1) 원고가 1989. 10. 7.(원심판시의 "1987. 10. 7."은 오기로 보인다) 및 같은 해 11. 21. 각 피고 발행의 신용보증서를 담보로 금 2억 원 및 금 1억 원을 소외 유한회사 대화에게 각 대여하였는데, 소외 1이 1990. 4. 18. 판시 경매사건의 경매목적물인 소외 회사 소유의 이 사건 건물을 가압류하였고, 그 후 원고는 소외 회사와의 약정에 따라 같은 해 8. 10. 소외 회사에게 위 대여금채무의 변제에 있어 기한의 이익이 상실되었음을 통보하고 같은 달 20. 피고에게도 그 내용을 통보하자 위 통보를 받은 피고가 보증인으로서 소외 회사에 대한 사전구상권의 보전을 위하여 같은 해 9. 5. 이 사건 건물에 대하여 청구금액을 금 288,722,331원으로 하여 가압류를 하였고, 그 후 원고가 같은 해 12. 5. 위 대출원리금채권의 담보를 위하여 이 사건 건물에 대하여 채권최고액 금 4억 2천만 원의 근저당권을 설정받은 사실, (2) 위 소외 1이 이 사건 건물에 대하여 강제경매를 신청하여 1991. 8. 23. 그 사유가 등기부에 기입된 다음, 피고가 같은 해 12. 30. 원고에게 보증인으로서 위 대출원리금 채무 중 연체이자와 기한 내 이자의 차액을 제외한 그때까지의 대여원리금 340,665,613원을 소외 회사를 위하여 대위변제하면서 원고와의 사이에 배당일 현재 원고의 잔존채권이 피고의 소외 회사에 대한 구상권보다 우선하기로 하며 원고가 완전한 변제를 받고도 배당할 금액에 잔여액이 있는 경우에만 피고가 배당 내지 변제받기로 약정하였고, 피고는 1992. 1. 10. 대위변제자로서 위 대위변제금액만큼 원고의 위 근저당권의 일부를 이전받는 부기등기를 마친 사실, (3) 그런데 위 경매사건의 배당표에는 실제 배당할 금액 57,400,750원 중 위 소외 1의 신청채권 금 254,164,680원에 대하여 금 19,466,580원을, 피고의 위 사전구상권의 보전을 위한 가압류채권 금 288,721,331원에 대하여 금 22,113,360원을, 원고의 위 일부 근저당권부 잔존채권 금 80,229,527원{실제는 금 79,334,387원(420,000,000원－340,665,613원)인데 위와 같이 배당요구하였다}에 대하여 금 3,015,710원을, 피고의 위 대위변제로 인한 일부 근저당권부 구상채권 금 340,665,613원에 대하여 금 12,805,100원을 각 배당하는 것으로 기재되어 있는 사실을 인정한 다음, 동 인정사실에 의하면 원·피고 사이에 배당일 현재의 원고의 잔존채권이 보증인인 피고의 소외 회사에 대한 사전구상권을 포함한 일체의 구상권보다 우선하기로 배당에 관한 합의를 하였다고 볼 것이고, 경매법원은 위 합의에 따라 배당하여야 한다고 하여 위 경매대금을 배당표의 기재대로 각 채권자에게 배당할 경우 원고의 채권액은 금 76,318,677원(＝79,334,387원－3,015,710원)이 남게 되므로, 위 배당표상 피고가 대위변제로 인한 일부 근저당권자로 배당받을 것으로 기재된 금 12,805,100원과 위 사전구상권의 보전을 위한 가압류권자로서 배당받을 것으로 기재된 금 22,113,360원은 모두 원·피고 사이의 위 합의에 따라 원고가 피고에 우선하여 배당받아야 한다고 판단하였다.

그러나 기록을 살펴보아도 원심이 인정한 바 원·피고 사이에 배당일 현재 원고의 잔존채권이 피고의 소외 회사에 대한 구상권보다 우선하기로 하며 원고가 완전한 변제를 받고도 배당할 금액에 잔여액이 있는 경우에만 피고가 배당 내지 변제받기로 약정하였다는 사실에 부합하는 자료는 찾아볼 수 없고, 단지 원심이 채용한 갑 제1호증(근저당권일부이전계약서)의 기재에 의하면 피고는 소외 회사의 보증인으로서 소외 회사를 위하여 원고에게 그가 보증한 범위 내인 금 340,665,613원을 변제할 당시 원고와의 사이에 위 변제에 따라 원고로부터 이 사건 건물에 관한 판시 근저당권 중 일부를 피고 앞으로 이전받기로 하는 한편, "위 근저당권에 관하여는 배당일 현재 등기의무자의 잔존채권을 우선 변제받기로 하고 잔여가 있는 경우에 한하여 등기권리자가 변제받기로 한다"고 약정(위 근저당권일부이전계약서 제2조)한 사실이 인정될 뿐인바, 물론 변제할 정당한 이익이 있는 자가 채무자를 위하여 채권의 일부를 대위변제할 경우 대위자는 그 변제한 가액에 비례하여 채권자와 함께 그 권리를 행사하고, 변제한 가액의 범위 내에서 종래 채권자가 가지고 있던 채권 및 담보에 관한 권리를 취득하는 것이되, 이 경우에도 채권자는 일부 대위변제자에 대하여 우선변제권을 가지는 것이라 하겠으나, 보증인이 변제 기타의 출재로 주채무를 소멸하게 하는 등의 사유로 주채무자에 대하여 가지게 되는 구상권은 변제자가 갖는 고유의 권리로서 대위의 객체가 된 권리와는 별개라 할 것이어서 당사자 사이에 다른 약정이 있다는 등의 특정한 사정이 없는 한 일부대위에 관한 위와 같은 법리가 보증인이 행사하는 구상권의 경우에 당연히 그대로 적용되는 것은 아니라 할 것이므로, 위 갑 제1호증의 문면상 피고가 일부 대위변제자로서 원고로부터 취득한 일부 근저당권에 기하여 채무자의 책임 재산으로부터 변제받게 될 경우에 원고의 우선적인 지위를 인정한다는 취지일 뿐임이 명백한 위 약정 내용을 이와 달리 볼 아무런 증거도 없는 이 사건에 있어서 원심과 같이 피고가 그 고유의 권리로서 행사하는 구상권의 경우에도 원고의 우선적 지위를 인정하는 취지라고 확장해석할 수는 없다 할 것이다.

결국 원심이 그 거시증거만에 의하여 판시와 같은 내용의 약정사실을 인정하고, 이를 판시와 같이 해석하여 그 합의의 효력이 피고가 그의 구상권 보전을 위하여 한 가압류에 기하여 배당받은 금원에까지 미친다고 보아 이에 대하여 원고가 피고에 우선하여 배당받아야 한다고 판단한 것은 필경 채증법칙을 위반하여 증거 없이 사실을 인정한 것이거나 당사자의 의사를 잘못 해석한 나머지 판결에 영향을 미친 위법을 저지른 것이라 할 것이다. 이 점을 지적하는 논지는 이유 있다.

[판례 4-36] 대법원 2023. 1. 12. 선고 2020다296840 판결

1. 사안 개요

원심판결 이유와 기록에 따르면 다음 사실을 알 수 있다.

가. 주식회사 한국씨티은행은 제1심 판결 별지 1목록 기재 가, 나, 다 부동산(이하 '이 사건 부동산'이라 한다)에 관하여 채무자 소외인으로부터 2007. 12. 17. 채권최고액 520,000,000원의 근저당권을, 2008. 2. 27. 채권최고액 195,000,000원의 근저당권

(이하 통틀어 '이 사건 각 근저당권'이라 한다)을 설정받고, 각 근저당권설정등기를 마쳤다. 주식회사 어니언자산관리(이하 '어니언자산관리'라 한다)는 2015. 4. 15. 채권양도를 원인으로 이 사건 각 근저당권을 취득하고, 그 근저당권이전등기를 마쳤다.

나. 어니언자산관리는 2015. 4. 15. 주식회사 제이비우리캐피탈(이하 '제이비우리캐피탈'이라 한다)로부터 470,000,000원을 약정이자율 연 7%, 지연배상금율 연 16.5%, 상환기간 1년으로 정하여 대출받는 일반대출약정(이하 '제1 대출 약정'이라 한다)을 체결하였다. 어니언자산관리는 제이비우리캐피탈에 채권액 520,000,000원의 근저당권부 질권과 채권액 195,000,000원의 근저당권부 질권(이하 통틀어 '이 사건 각 근저당권부 질권'이라 한다)을 설정하여 주고 그 부기등기를 마쳤는데, 당시 등기부에는 연 7%의 약정이자만 기재되었고, 지연손해금은 기재되지 않았다. 어니언자산관리는 2015. 4. 20. 소외인에게 이러한 내용의 질권설정 통지서를 발송하였고, 그 무렵 소외인에게 통지가 도달하였다.

다. 피고는 2016. 5. 30. 어니언자산관리 등에 300,000,000원을 이자율 연 25.2%, 연체이율 연 27.9%, 대부기간 만료일 2016. 10. 30.로 정하여 대출하는 내용의 계약(이하 '제2 대출 약정'이라 한다)을 체결하였다. 피고는 2016. 5. 31. 어니언자산관리를 대신하여 제이비우리캐피탈에 제1 대출 약정 채무 잔액 300,000,000원을 변제하고, 제이비 우리캐피탈로부터 2016. 5. 31. 자 채권양도를 원인으로 하여 이 사건 각 근저당권부 질권을 이전받은 다음 그 부기등기를 마쳤다. 제이비우리캐피탈은 피고에게 '대위변제에 따라 이 사건 각 근저당권부 질권 및 그 권리 일체를 이전함을 확인한다.'는 내용의 확인서를 작성해 주었다. 제이비우리캐피탈은 2016. 7. 8. 소외인에게 위와 같은 내용의 근저당권부 질권 및 채권양도 통지서를 발송하였고, 그 무렵 통지가 소외인에게 도달하였다.

라. 이 사건 부동산은 2018. 10. 1. 부동산임의경매절차에서 매각되었다. 피고는 2019. 3. 8. 임의경매절차에서 "청구채권액: 533,442,739원[원금 300,000,000원 + 이자 233,442,739원(원금에 대한 2016. 5. 30.부터 2019. 3. 13.까지 연 27.9%)]"으로 기재한 채권계산서를 제출하였고, 그 배당절차에서 1순위 근저당권의 근저당권부 질권자로서 520,000,000원, 2순위 근저당권의 근저당권부 질권자로서 13,442,739원을 배당받았다.

마. 이 사건 부동산에 대한 후순위 근저당권부 질권자인 원고들은 배당기일에 출석하여 피고에 대한 배당액에 관하여 이의를 한 후 이 사건 배당이의의 소를 제기하였다.

2. 상고이유 제1점에 대하여

원심은 다음과 같은 이유를 들어 '이 사건 각 근저당권부 질권에 관하여 등기부에 7%

의 약정이율만 기재되어 있으므로, 질권을 이전받은 피고는 약정이율 범위 내에서만 우선변제권이 있고, 이를 넘는 지연손해금에 대해서는 우선변제를 받을 수 없다.'는 원고들의 주장을 받아들이지 않았다.

민법 제335조의 규정에 의하여 권리질권에 준용되는 민법 제334조 전문은 '질권은 원본, 이자, 위약금, 질권실행의 비용, 질물보존의 비용 및 채무불이행 또는 질물의 하자로 인한 손해배상의 채권을 담보한다.'고 정하고 있다. 부동산등기법 제76조 제1항은 등기관이 민법 제348조에 따라 저당권부 채권에 대한 질권의 등기를 할 때에는 부동산등기법 제48조에서 규정한 사항 외에 '채권액 또는 채권최고액, 채무자의 성명 또는 명칭과 주소 또는 사무소 소재지, 변제기와 이자의 약정이 있는 경우에는 그 내용'을 기록하여야 한다고 정하고 있어 채권의 지연손해금을 등기사항으로 정하고 있지 않다. 이러한 사정에 비추어 보면, 채권의 지연손해금을 별도로 등기부에 기재하지 않았더라도 근저당권부 질권의 피담보채권의 범위가 등기부에 기재된 약정이자에 한정된다고 볼 수 없다.

원심판결 이유를 관련 법리와 기록에 비추어 살펴보면, 상고이유 주장과 같이 근저당권부 질권의 피담보채권의 범위에 관한 법리를 오해하여 판결에 영향을 미친 잘못이 없다.

3. 상고이유 제2점에 대하여

가. 원심은 다음과 같이 판단하였다.

피고는 어니언자산관리 등과 제2 대출 약정을 체결하였으므로, 제1 대출 약정 채무의 대위변제에 따른 변제자대위권 등과 더불어 제2 대출 약정에 따른 채권도 행사할 수 있다. 피고가 이 사건 배당절차에서 제출한 채권계산서의 내용에 비추어 보면, 피고는 이 사건 배당절차에서 제2 대출 약정에 따른 채권을 행사한 것으로 볼 수 있다. 따라서 피고는 질권설정 합계액인 715,000,000원(= 520,000,000원+195,000,000원)을 한도로, 피담보채권인 제2 대출 약정 채권 원금 300,000,000원과 이에 대한 약정이율에 의한 이자 및 지연손해금을 우선변제 받을 수 있다.

나. 그러나 이러한 원심의 판단은 다음과 같은 이유로 그대로 받아들일 수 없다.

(1) 채무자를 위하여 변제한 자는 변제와 동시에 채권자의 승낙을 얻어 채권자를 대위할 수 있다(민법 제480조 제1항). 제3자가 채무자를 위하여 채무를 변제함으로써 채무자에 대하여 구상권을 취득하는 경우, 그 구상권의 범위 내에서 종래 채권자가 가지고 있던 채권과 그 담보에 관한 권리는 동일성을 유지한 채 법률상 당연히 변제자에게 이전한다(대법원 1997. 11. 14. 선고 95다11009 판결 등 참조).

(2) 피고는 어니언자산관리를 위하여 제1 대출 약정 채무 잔액 300,000,000원을 제이비우리캐피탈에 대위변제함으로써 채무자 어니언자산관리에 대하여 구상권을 취득하였고, 그 범위에서 종래 제이비우리캐피탈이 가지고 있던 제1 약정 채권과 그 담보에 관한 권리는 동일성을 유지한 채 법률상 당연히 피고에게 이전한다. 피고가 이전받은 이 사건 각 근저당권부 질권은 위 구상금 채권액을 담보하는 범

위 내에서 유효하고 그 피담보채권은 원채권, 즉 대위변제자의 변제에 의하여 소멸하는 제1 약정 채권이다.

(3) 피고의 구상금 채권을 초과하여 이 사건 각 근저당권부 질권이 어니언자산관리의 피고에 대한 채무인 제2 대출 약정 채권을 담보한다고 볼 근거가 없다. 다만, 피고와 어니언자산관리 사이에 이 사건 각 근저당권부 질권으로 제2 대출 약정 채권을 담보한다는 의사의 합치가 있었다면 이를 등기 유용의 합의로 볼 여지는 있으나, 기록을 살펴보더라도 그러한 합의의 존부나 효력 등에 대하여 아무런 주장·증명이 이루어지지 않았다.

(4) 원심으로서는 이 사건 각 근저당권부 질권이 구상금 채권을 초과하여 제2 대출약정 채권을 담보하는 근거에 대해 주장·증명을 촉구하는 등으로 석명권을 행사한 다음, 이를 바탕으로 이 사건 각 근저당권부 질권의 피담보채권의 범위에 관하여 심리·판단했어야 한다.

다. 그런데도 원심은 별다른 근거 없이 제2 대출 약정에 따른 채권이 이 사건 각 근저당권부 질권의 피담보채권이 된다고 단정하여, 피고에게 제2 대출 약정에 따른 채권 전액을 배당해야 한다고 판단하였다.

원심판결에는 변제자대위로 취득하는 담보권의 피담보채무에 관한 법리 등을 오해하고 필요한 심리를 다하지 않아 판결에 영향을 미친 잘못이 있다. 이를 지적하는 원고들의 상고이유는 정당하다.

[판례 4-37] 대법원 2022. 12. 29. 선고 2017다261882 판결

2. 피고 2의 상고이유에 대하여

가. 민법 제485조는 "제481조의 규정에 의하여 대위할 자가 있는 경우에 채권자의 고의나 과실로 담보가 상실되거나 감소된 때에는 대위할 자는 그 상실 또는 감소로 인하여 상환을 받을 수 없는 한도에서 그 책임을 면한다."라고 정한다. 이는 보증인 등 법정대위를 할 자가 있는 경우에 채권자에게 담보보존의무를 부담시킴으로써 대위할 자의 구상권과 대위에 대한 기대권을 보호하려는 것이다(대법원 2014. 10. 15. 선고 2013다91788 판결, 대법원 2017. 10. 31. 선고 2015다65042 판결 등 참조). 법정대위를 할 자는 채권자가 고의나 과실로 담보를 상실하게 하거나 감소하게 한 때에는 원칙적으로 민법 제485조에 따라 면책을 주장할 수 있을 뿐이지만(대법원 2000. 1. 21. 선고 97다1013 판결, 대법원 2013. 3. 28. 선고 2012다106218 판결 등 참조), 채권자가 제3자에 대하여 자신의 담보권을 성실하게 보존·행사하여야 할 의무를 부담하는 특별한 사정이 인정되는 경우에는 채권자의 담보권의 포기 행위가 불법행위에 해당할 수 있다(대법원 2001. 12. 24. 선고 2001다42677 판결 참조).

나. 원심판결 이유와 기록에 따르면, 다음과 같은 사실을 알 수 있다.

1) 원고와 피고 1은 2010. 11. 17. 이 사건 토지 각 1/2 지분에 관하여 소유권이전등기를 마친 후, 피고 1이 농업협동조합중앙회(이하 '농협중앙회'라고 한다)로부터 1억 4,000만 원을 대출받으면서 이 사건 토지에 관하여 근저당권자를 농협중앙회, 채무자를 피고 1, 채권최고액을 1억 6,800만 원으로 하는 근저당권설정등기를 마쳐주었다.
2) 농협중앙회는 2014. 11. 12. 피고 2에게 피고 1에 대한 원금 1억 4,000만 원의 대출금채권과 이 사건 토지에 관한 근저당권을 양도한 후 채권양도의 통지를 하였고, 피고 2는 2014. 11. 20. 위 근저당권설정등기에 관한 이전의 부기등기를 마쳤다.
3) 피고 2는 춘천지방법원 영월지원 2014타경8132호로 이 사건 토지 중 원고 지분에 관한 임의경매를 신청하여 2015. 1. 6. 임의경매개시결정(이하 '이 사건 경매'라고 한다)을 받았고, 원심 공동피고 3은 이 사건 경매절차에서 이 사건 토지 중 원고 지분을 매수하여 2015. 12. 2. 매각대금 1억 4,000만 원을 완납하고 같은 날 위 토지 지분에 관한 소유권이전등기를 마쳤다.
4) 한편, 원심 공동피고 3은 2015. 12. 2. 피고 1로부터 이 사건 토지 중 피고 1 지분에 관하여 2015. 10. 14. 매매를 원인으로 한 소유권이전등기를 마치고, 같은 날 이 사건 토지에 관하여 대전축산업협동조합에 채무자를 원심 공동피고 3, 채권최고액을 2억 2,100만 원으로 하는 근저당권설정등기를 마쳐주었다.
5) 피고 2는 2015. 12. 2. 이 사건 토지 중 피고 1 지분에 관한 근저당권설정등기(이하 '이 사건 근저당권설정등기'라고 한다)에 관하여 해지를 원인으로 하는 말소등기를 마쳐주었다.
6) 춘천지방법원 영월지원은 이 사건 경매절차에서 2015. 12. 24. 1순위 근저당권자인 피고 2에게 그 신고채권액인 8,400만 원을 배당하는 것으로 배당표를 작성하였다.

다. 위와 같은 사실관계와 기록에 의하여 알 수 있는 사정들을 앞서 본 법리에 비추어 살펴본다.

채무자인 피고 1과 물상보증인인 원고가 각 1/2 지분씩 소유하는 이 사건 토지에 공동저당권을 보유하던 채권자인 피고 2가 그중 물상보증인인 원고 지분에 관하여만 담보권 실행을 위한 경매를 신청하여 개시된 이 사건 경매절차에서 원고 지분이 매각되어 매수인이 매각대금을 완납하였다. 이로써 원고는 이 사건 토지 지분의 소유권을 상실하였고 매각대금의 배당절차만이 남게 되었는데, 피고 2는 1순위 저당권자로서 신고한 채권 전액을 배당받을 것이 예정되어 있었다. 위 배당절차에서 채권자인 피고 2에게 배당이 이루어지면 민법 제481조, 제482조의 규정에 따라 이 사건 토지 중 채무자인 피고 1 지분에 관한 피고 2 명의의 근저당권에 대하여 원고의 변제자대위가 당연히 이루어질 것으로 예상되던 상황이었다. 이와 같은 상태에서 피고 2는 이 사건 근저당권설정등기를 말소해 주었다.

사정이 이러하므로, <u>물상보증인인 원고의 지분에 관하여 담보권이 실행될 가능성이</u>

단순히 예상되는 수준을 넘어 실제로 현실화됨으로써 원고는 배당절차를 통하여 변제가 이루어졌을 때에 준하는 변제자대위에 관한 정당한 기대를 가지게 되었고, 채권자인 피고 2는 원고에 대하여 자신의 담보권을 성실하게 보존·행사하여야 할 의무를 부담한다고 보아야 한다.

그럼에도 불구하고 피고 2가 곧 변제자대위의 대상이 될 채무자에 대한 근저당권설정등기를 말소하여 줌으로써 저당권을 포기한 행위는 변제자대위에 의하여 취득한 권리의 침해에 준하는 물상보증인의 변제자대위에 대한 정당한 기대를 침해하는 행위로서 민법 제750조에 정한 불법행위에 해당한다고 봄이 타당하다. 그리고 이러한 불법행위의 성립은 원고가 피고 2에 대한 배당에 관하여 배당이의를 통하여 민법 제485조에 따른 면책을 주장하지 않았다거나, 민법 제485조에 따른 면책을 전제로 피고 2에 대하여 면책되는 금액 상당의 배당금에 관한 부당이득반환을 청구할 수 있다고 하더라도 달라지지 않는다.

[판례 4-38] 대법원 2022. 5. 12. 선고 2017다278187 판결

1. 원심판결 이유와 기록에 의하면 다음과 같은 사실을 알 수 있다.

가. 주식회사 경남은행(이하 '경남은행'이라 한다)은 2012. 9. 28. 주식회사 동림산업개발(이하 '동림산업개발'이라 한다)에 40억 원을 대출하였고(이하 '이 사건 대출'이라 한다), 원고는 동림산업개발의 경남은행에 대한 위 대출금채무를 연대보증하였다.

나. 주식회사 동림개발(이하 '동림개발'이라 한다)은 동림산업개발의 이 사건 대출금채무를 담보하기 위하여 그 무렵 동림개발 소유이던 양산시 (주소 1 생략) 토지 및 (주소 2 생략) 토지에 관하여 코리아신탁 주식회사(이하 '코리아신탁'이라 한다)와 우선수익자를 경남은행(우선수익한도금액 52억 원), 수익자를 동림개발로 하는 부동산 담보신탁계약을 체결하고(이하 '이 사건 신탁계약'이라 한다), 코리아신탁에 신탁등기를 마쳐주었다. 이 사건 신탁계약의 주요 내용은 아래와 같다.

1) 이 사건 신탁은 신탁부동산의 소유권관리와 위탁자(채무자가 따로 있는 경우에는 이를 포함한다)가 부담하는 채무 내지 책임의 이행을 보장하기 위하여 수탁자가 신탁부동산을 보전·관리하고 채무불이행 시 환가·정산하는데 그 목적이 있다(제1조).
2) 우선수익자(경남은행)는 수익권증서에 기재된 52억 원을 한도로 하여 채무자와 사이에서 여신거래로 발생하는 원금, 이자 및 지연손해금 등에 한하여 수익권의 수익을 얻을 권리가 있고, 신탁원본에 대한 우선수익자의 수익권은 수익자(동림개발)의 수익권보다 우선한다(제7조, 제22조, 특약사항 제1조).
3) 신탁기간 만료 전에 우선수익자의 요청 등에 의하여 신탁부동산을 처분한 경우에는 양수인이 소유권이전등기를 마친 때에 신탁이 종료하고(제2조), 우선수익자와

채무자 사이에 체결한 여신거래 약정 위반이 있는 경우 신탁기간 만료 전이라도 우선수익자의 요청 등에 의하여 신탁부동산을 처분할 수 있다(제18조).

다. 원고는 2014. 5. 23.부터 2015. 1. 2.까지 이 사건 대출금채무 중 이자 합계 184,620,507원을 경남은행에 대위변제하였다(이하 '이 사건 대위변제'라 한다).

라. 그 후 코리아신탁은 신탁부동산의 처분 및 정산을 거친 결과 이 사건 신탁계약의 수익자인 동림개발에 대하여 지급하여야 할 잔여 금액이 1,903,236,092원인데, 이에 대하여 다수의 채권가압류, 채권압류 및 추심명령 등이 존재한다는 이유로, 2015. 6. 1. 위 잔여 금액을 서울중앙지방법원 2015년 금 제11452호로 공탁하였다.

마. 위 공탁금에 대하여 창원지방법원 2015타배79호로 개시된 배당절차에서 2015. 10. 27. 피고에게 합계 334,435,911원을 배당하는 내용의 배당표가 작성되었고, 배당이의소송 등의 결과를 반영하여 2017. 1. 11. 피고에게 합계 165,701,953원을 추가로 배당하는 내용의 추가 배당표가 작성되었다. 한편, 원고는 위 배당절차에서 이 사건 대위변제로써 원고가 경남은행의 우선수익권을 변제자대위할 수 있다는 이유로 위 금액에 대하여 우선하여 배당받을 권리를 주장하였으나 위와 같이 작성된 배당표 및 추가 배당표에는 그 주장이 반영되지 않았다.

2. 담보신탁에서의 위탁자의 지위에 관한 상고이유 주장에 대한 판단

가. 위탁자가 금전채권을 담보하기 위하여 금전채권자를 우선수익자, 위탁자를 수익자로 하여 위탁자 소유의 부동산을 신탁법에 따라 수탁자에게 이전하면서 채무불이행 시에는 신탁부동산을 처분하여 우선수익자의 채권 변제 등에 충당하고 나머지를 위탁자에게 반환하기로 하는 내용의 담보신탁을 한 경우, 특별한 사정이 없는 한 우선수익권은 경제적으로 금전채권에 대한 담보로 기능하지만, 그 성질상 금전채권과는 독립한 신탁계약상의 별개의 권리이다(대법원 2017. 6. 22. 선고 2014다225809 전원합의체 판결 참조). 우선수익권은 수익급부의 순위가 다른 수익자에 앞선다는 점을 제외하면 일반적인 수익권과 법적 성질이 다르지 않고, 채권자가 담보신탁을 통하여 담보물권을 얻는 것도 아니다(대법원 2018. 4. 12. 선고 2016다223357 판결 참조). 그러므로 채무자가 아닌 위탁자가 타인의 채무를 담보하기 위하여 금전채권자를 우선수익자로 하는 부동산담보신탁을 설정한 경우에, 설령 경제적인 실질에 있어 위탁자가 부동산담보신탁을 통하여 신탁부동산의 처분대금을 타인의 채무의 담보로 제공한 것과 같이 볼 수 있다고 하더라도, 위탁자가 자기의 재산 그 자체를 타인의 채무의 담보로 제공한 물상보증인에 해당한다고 볼 수는 없다.[78]

그러나 다른 한편, 민법 제482조 제2항 제4호, 제5호가 물상보증인 상호 간에는 재산의 가액에 비례하여 부담 부분을 정하도록 하면서, 보증인과 물상보증인 상호 간에는

78) 위탁자의 채무자에 대한 구상권이 인정되지 않다는 취지는 아니다.

보증인의 총 재산의 가액이나 자력 여부, 물상보증인이 담보로 제공한 재산의 가액 등을 고려하지 않고 형식적으로 인원수에 비례하여 평등하게 대위비율을 결정하도록 규정한 것은, 인적 무한책임을 부담하는 보증인과 물적 유한책임을 부담하는 물상보증인 사이에는 보증인 상호 간이나 물상보증인 상호 간과 같이 상호 이해 조정을 위한 합리적인 기준을 정하는 것이 곤란하고, 당사자 간의 특약이 있다는 등의 특별한 사정이 없는 한 오히려 인원수에 따라 대위비율을 정하는 것이 공평하고 법률관계를 간명하게 처리할 수 있어 합리적이며 그것이 대위자의 통상의 의사 내지 기대에 부합하기 때문이다(대법원 2010. 6. 10. 선고 2007다61113, 61120 판결 참조).

그리고 이와 같이 법정대위자 상호 간의 관계에 관하여 민법 제482조 제2항 제5호가 보증인과 물상보증인 사이에 우열을 인정하지 않고 양자를 동등하게 취급하여 그에 따라 변제자대위를 제한하거나 같은 항 제4호가 물상보증인 상호 간에 그 재산의 가액에 따라 변제자대위의 범위를 제한하거나 민법의 해석상 공동보증인 상호 간의 변제자대위가 구상권의 범위에 따라 제한된다고 보는 것은 변제자대위의 순환을 방지하여 혼란을 피하고 채무자의 무자력 위험을 보증인과 물상보증인 등 법정대위자 어느 일방이 종국적으로 부담하지 않도록 함으로써 당사자 사이의 공평을 도모하고자 하는데 그 취지가 있다고 할 것이다.

이러한 취지에 비추어 볼 때, <u>채무자가 아닌 제3자인 위탁자가 채권자를 우선수익자로 정하여 부동산담보신탁을 한 경우에 채권자가 가지는 우선수익권이 민법 제481조, 제482조 제1항에 의하여 보증채무를 이행한 보증인이 법정대위할 수 있는 '담보에 관한 권리'에 해당한다</u>[79]고 하더라도, <u>먼저 보증채무를 이행한 보증인이 채권자의 우선수익권에 대하여 아무런 제한 없이 보증채무를 이행한 전액에 대하여 변제자대위를 할 수 있다고 볼 수는 없으며</u>, <u>다른 기준이나 별도의 약정 등 특별한 사정이 없는 이상</u>, <u>채권자의 우선수익권에 대한 보증인의 변제자대위도 인원수에 비례하여 채권자를 대위할 수 있다</u>고 보는 것이 대위자 상호 간의 합리적이고 통상적인 기대에도 부합한다고 할 것이므로, <u>채권자의 우선수익권에 대한 보증인의 변제자대위도 보증인과 물상보증인 상호 간의 관계와 마찬가지로 그 인원수에 비례하여 채권자를 대위하는 제한을 받는다</u>고 해석함이 타당하다.

나. 원심은, 동림개발이 물상보증인의 지위에 있고, 원고가 이 사건 대출금채무 중 민법

79) 실무에서는, 우선수익권이 담보물권이 아니라 위탁자와 수탁자 간의 별개의 신탁계약에 따라 발생한 수탁자에 대한 권리라는 점에서, (i) 우선수익권이 대위의 대상인 「그 담보에 관한 권리」에 해당하는지, 법정/임의대위의 각 경우 (ii) 신탁계약상 우선수익권에 대한 양도에 수탁자의 동의(승인)를 받아야 하는 것으로 규정된 경우에도 수탁자의 동의없이 대위의 객체가 될 수 있는지, (iii) 신탁원부에 우선수익자 기재의 변경이 이루어지지 않은 상태에서 우선수익권에 대한 대위가 인정되는지(배당참가 등), (iv) 신탁원부에 우선수익자 변경에 대해서는 수탁자의 동의(승인)을 받도록 규정되어 있는 경우에도 우선수익권의 대위만으로 수탁자에 대해 우선수익자 변경을 청구하거나 우선수익자 지위 확인을 청구할 수 있는지 등 다양한 문제가 제기되고 있다.

제482조 제2항 제5호가 정한 방식에 따라 산정한 자기의 부담 부분을 초과하여 대위변제하였다는 주장·증명이 없다는 이유로 피고가 실제로 배당받은 금액과 원고에게 184,620,507원이 우선 배당될 경우 배당받게 될 금액의 차액을 부당이득하였다고 주장하면서 그 반환을 구하는 원고의 청구를 받아들이지 않았다.

다. 원심판결 이유를 위 법리에 비추어 살펴본다.

담보신탁은 담보적 기능을 가지는 신탁계약이지 담보물권은 아니므로 이 사건 신탁계약의 위탁자인 동림개발도 물상보증인은 아니다. 그러나 동림개발과 연대보증인인 원고 사이에 대위비율에 관한 특약 등이 존재한다는 사정도 찾아볼 수 없으므로, 동림개발과 원고 사이에서는 인원수에 따라 대위비율을 정하는 것이 공평하고 합리적이며 그와 같이 보는 것이 통상의 의사 내지 기대에 부합한다. 원심판결 이유 중 동림개발이 물상보증인의 지위에 있는 것으로 보고 곧바로 민법 제482조 제2항 제5호를 적용한 부분은 적절하지 않으나, 원고가 인원수에 따른 대위비율로 정한 방식에 따라 산정한 부담 부분을 초과하여 대위변제하였다고 볼 수 없다고 보아 원고의 청구를 기각한 결론에 있어서는 수긍할 수 있다. 거기에 상고이유 주장과 같이 담보신탁에서의 위탁자의 지위에 관한 법리를 오해하여 판결에 영향을 미친 잘못이 없다.

[판례 4-39] 대법원 1997. 11. 14. 선고 95다11009 판결

원심판결 이유에 의하면 원심은, 소외 정진석이 1991. 4. 17. 소외 중부리스 주식회사(이하 '소외 회사'라고 한다)로부터 진공성형기 1세트를 리스받음에 있어 소외 회사와 사이에, 리스료 지급을 연체할 경우 소외 회사는 위 리스계약을 해지할 수 있고, 위 리스계약이 해지될 경우 소외 회사에게 위 리스물건을 반환함과 아울러 소정의 규정손실금을 지급하기로 약정하는 한편, 같은 날 원고와 사이에 피보험자를 소외 회사, 보험금을 금 100,000,000원으로 하여 위 정진석이 위 리스계약에서 정한 채무를 이행하지 아니함으로써 소외 회사가 입는 손해를 원고가 보상하기로 하는 내용의 리스보증보험계약을 체결하였고, 한편 소외 회사는 1992. 4. 18. 피고와 사이에 위 리스물건에 관하여 보험금을 금 83,511,000원으로 하여 우연한 사고로 인하여 위 리스물건에 생긴 손해를 보상하기로 하는 내용의 동산종합보험계약을 체결하였는데, 위 각 보험기간 중인 1992. 9. 29. 위 리스물건이 설치되어 있던 공장에서 화재가 발생하여 위 리스물건이 모두 소실되고 그에 따라 위 정진석이 자금 사정이 악화되어 리스료 지급을 지체하자 소외 회사는 위 리스계약에서 정한 바에 따라 위 리스계약을 해지하고 원고에게 위 보증보험계약에 따른 보험금의 지급을 구하였고, 이에 원고는 같은 해 12. 4. 소외 회사에게 보험금으로 위 리스계약에 따른 규정손실금 상당인 금 87,099,264원을 지급한 사실을 인정한 다음, 원고는 보증보험의 보험자로서 변제자의 법정대위를 규정한 민법 제481조, 제482조에 따라 소외 회사가 위 정진석에 대하여 가지는 위 규정손실금청구권과 리스물건반환청구권 및 그 담보에 관한 권리를 대위하여 행사할 수 있다 할 것인데, 이 사건에 있어서 위 리스물건의 소유권이 소외 회사에게 유보되는 것 자체가 소외 회사의 위 정진석에 대한 리스료채권 나아가 위 리스계약 해지 시의 위 규정손실금청구권과 리스물건반환청구권을 담보하는 기능을 가지는 것을 부인할 수는 없으나, 소외 회사의 피고에 대한 위 동산종합보험계약에 따른 보험금청구권은 보험목적물만 위 리스물건으로 하였을 뿐 소외 회사와 피고 사이의 별개의 보험계약에 따라 발생한 권리로서 위 리스물건 자체에 부착된 권리는 아니어서 소외 회사의 위 정진석에 대한 규정손실금청구권과 리스물건반환청구권 및 그 담보에 관한 권리 그 자체 또는 그 변환물로 볼 수 없으므로 원고가 대위 취득할 수 있는 권리가 아니라고 하여 변제자대위의 법리에 따라 위 보험금청구권을 대위 취득하였다는 원고의 주장을 배척하였다.

리스이용자의 계약상 채무불이행으로 인한 손해의 보상을 목적으로 한 리스보증보험은 보험금액의 한도 내에서 리스이용자의 채무불이행으로 인한 손해를 담보하는 것으로서 보증에 갈음하는 기능을 가지고 있어 보험자의 보상책임은 본질적으로 보증책임과 같은 것이라고 할 것이므로(대법원 1991. 4. 9. 선고 90다카26515 판결, 대법원 1995. 7. 14. 선고 94다10511 판결, 대법원 1995. 9. 29. 선고 93다3417 판결 각 참조), 그 보증성에 터잡아 보험금을 지급한 리스보증보험의 보험자는 변제자대위의 법리에 따라 피보험자인 리스회사가 리스이용자에 대하여 가지는 채권 및 그 담보에 관한 권리를 대위하여 행사할 수 있다고 할 것이나, 이와 같은 변제자대위에서 말하는 '담보에 관한 권리'에는 질권, 저당권이나 보증인에 대한 권리 등과 같이 전형적인 물적·인적 담보뿐만 아니라, 채권자와 채무자 사이에 채무의 이행을 확보하기 위한 특약이 있는 경우에 그 특약에 기하여 채권자가 가지게 되는 권리도 포함된다고 보아야 할 것이다.

그런데 일반적으로 리스계약에 있어서는 리스물건의 소유권이 리스회사에게 유보되는 것 자체가 리스이용자의 리스회사에 대한 계약상의 채무 이행을 담보하는 기능을 가지고 있어 리스물건의 변환물이라고 할 수 있는 리스물건에 관한 리스회사의 보험금청구권 역시 그와 같은 담보적 기능을 가지고 있다고 보일 뿐만 아니라, 기록에 의하면 이 사건 리스계약에 있어서, 리스물건에 관한 동산종합보험계약은 리스회사가 체결하되, 그 보험료는 리스물건수령증을 발급한 이후부터 리스이용자가 이를 부담하도록 되어 있고(리스약관 제12조), 리스물건이 멸실된 경우에, 동산종합보험의 보험금이 리스회사에게 먼저 지급되면 리스이용자의 리스회사에 대한 규정손실금채무는 그만큼 경감되고, 이와 달리 리스이용자가 먼저 규정손실금을 리스회사에게 지급하게 되면 리스회사는 동산종합보험의 보험자로부터 수령한 보험금을 리스이용자에게 교부하기로 하는 취지로 약정이 되어 있으며(리스약관 제20조 제2항 제2호), 한편 이 사건 동산종합보험계약에서는 보험자가 리스이용자 측의 과실(중과실은 제외)로 인하여 리스물건에 생긴 손해에 대하여 보험금을 지급하더라도 보험자대위 등에 의하여 취득하게 될 리스이용자에 대한 손해배상청구권을 포기하기로 약정이 되어 있음(동산종합보험임대물건특별약관 제7조)을 알 수 있는바, 위와 같은 각 약정의 취지에 비추어 보면, 이 사건에서 리스회사인 소외 회사가 체결한 동산종합보험계약은 소외 회사와 리스이용자인 위 정진석 사이에 위 정진석의 소외 회사에 대한 규정손실금채무의 이행을 확보하여 주기 위한 약정을 바탕으로 체결된 것이라고 보아야 할 것이므로, 위 동산종합보험에 관한 보험사고가 발생하여 소외 회사가 피고에 대하여 취득하게 되는 보험금청구권은 리스회사가 자신의 위험부담에 대비하여 자신의 비용으로 리스이용자와 무관하게 보험계약을 체결한 경우와는 달리 위 리스계약상의 규정손실금채무의 이행을 확보하기 위하여 위 리스계약 당사자 사이의 특약에 기하여 소외 회사가 가지게 된 권리로서 규정손실금채무의 담보에 관한 권리에 속한다고 봄이 상당하고, 나아가 피고는 소외 회사나 위 정진석에 대한 관계에서는 리스물건의 멸실로 인한 종국적인 책임을 진다고 보여지므로, 위와 같이 소외 회사에게 규정손실금 상당액을 리스보증보험계약에 따른 보험금으로 지급한 원고로서는 변제자대위의 법리에 따라 소외 회사가 피고에 대하여 가지는 위 동산종합보험계약에 따른 보험금청구권을 대위행사할 수 있다고 보아야 할 것이다.

따라서 원심이 이와 견해를 달리하여 소외 회사의 위 보험금청구권이 원고가 대위 취득할 수 있는 권리가 아니라고 판단하여 원고의 주장을 배척한 것은 변제자대위의 대상이 되는 권리에 관한 법리를 오해하여 판결에 영향을 미친 위법을 범한 것이라고 할 것이므로, 이 점을 지적하는 논지는 이유 있다.

그런데 M&A금융의 대주는 담보계약상의 자신의 권리에 앞서 담보제공자에 의한 구상권의 행사를 허용할 수 없기 때문에, 「담보계약에 따른 피담보채무의 변제가 완료될 때까지 담보제공자는 구상권을 행사할 수 없고 또한 구상권을 담보하기 위한 담보・보증의 제공도 요구하지 않는다」는 점을 담보계약에 규정해 둘 필요가 있다. 또한, 피담보채무의 변제가 완료될 때까지 담보권자 이외의 자에 의한 담보권 행사에 대한 참가를 인정하면(담보권자의 권리행사에) 장해가 되기 때문에, 「피담보채무 변제가 완료될 때까지는 대위권도 행사할 수 없다」는 점도 담보계약에 규정할 필요가 있다.

[계약서 기재례] 구상권 · 대위권 ①

근질권설정자는 근질권의 실행, 변제 등으로 말미암아 대위에 의해 근질권자로부터 취득한 권리 및 채무자에 대한 구상권 등 이 계약과 관련하여 취득하는 일체의 권리를 피담보채무가 존속하고 있는 동안에는, 근질권자의 사전 동의가 없는 한 근질권자에 앞서서 행사하지 아니하며, 근질권자와 동시에 그 권리를 행사할 경우에도 근질권자가 피담보채무를 전액 변제받은 이후 그 다음으로 변제받기로 하며, 이를 위반하여 수령하거나 회수한 금원이 있는 경우 즉시 근질권자에게 지급하기로 한다.

[계약서 기재례] 구상권 · 대위권 ②

(1) 근질권설정자는, 이 계약에 따른 근질권이 실행되거나 기타 이 계약에 따른 채무와 책임을 이행함으로써 취득하는 구상권, 대위권 기타 일체의 권리를 피담보채무가 전액 변제될 때까지는 행사할 수 없음을 확약한다.
(2) 근질권설정자가 채무자에 대하여 별개의 계약관계(담보물로부터의 현금흐름을 통한 피담보채무의 강제조기상환의 경우 포함) 등을 기초로 보유하고 있거나 장래 보유하게 되는 어떠한 권리도 근질권자의 채무자에 대한 피담보채권보다 우선하여 행사하지 아니하며, 채무자의 재산에 대하여 강제집행절차나 임의경매절차가 개시되는 경우에도 해당 절차에서 근질권설정자는 근질권자의 피담보채권보다 후순위로 변제받을 것임을 확약한다.
(3) 근질권설정자가 이 조 제(1)항 및 제(2)항을 위반하여 수령하거나 회수한 금원은 즉시 대리기관에게 지급하여야 하며, 동 금원은 피담보채무의 변제에 충당되고, 근질권설정자는 이에 대해 이의가 없음을 확약한다.

[계약 기재례] 구상권 · 대위권 ③

근질권설정자는, (i) 피담보채무의 변제 등으로 말미암아 다른 근질권설정자, 담보제공자, 채무자 및/또는 다른 제3자에 대하여 가지는 구상권이나 대위에 의하여 근질권자로부터 취득한 권리 등 이 계약과 관련하여 취득하는 일체의 권리 및 (ii) 기타 채무자에 대한 현재 및 장래의 일체의 권리(이 계약 제[*]조의 강제조기상환에 따른 채무자에 대한 구상권 등 일체의 권리를 포함하며, 이하 합하여 "구상권등")를, 피담보채무가 존속하고 있는 동안에는 근질권자의 사전 서면 동의가 없는 한, 근질권자에 앞서서 행사하지 아니하며, 근질권자와 동시에 그 권리를 행사할 경우에도 근질권자의 피담보채무가 전액 변제된 후 다음으로 변제받기로 한다.

명확히 하면, 근질권설정자는 구상권등과 관련하여 근질권자 및 대리기관에게 다음을 확약한다. 근질권설정자는 다음의 확약 내용을 위반하여 구상권등 관련채무를 지급받거나 회수하여서는 안 되며, 이를 위반하여 회수하거나 지급받은 금원은 대리기관의 청구에 의해 근질권자에게 즉시 반환하여야 한다.

1. 채무자가 피담보채무 전액을 변제하기 전까지, 이행기 도래 전후 · 기한이익 상실 여부 또는 기타 사유를 불문하고, 구상권등 관련 채무에 관한 어떠한 권리행사 · 수령 · 회수는 우선순위 또는 지급받을 권리의 모든 측면에 있어서 피담보채무에 대해 후순위에 있음.
2. 채무자가 피담보채무 전액을 변제하기 전까지, 금융계약상 허용된 경우를 제외하고, 이행기 도래 전후 · 기한이익 상실 여부 또는 기타 사유를 불문하고, 근질권자의 사전 서면 동의가 없는 한, 구상권 등 관련채무에 관한 어떠한 권리행사 · 수령 · 회수가 이루

어 질 수 없음.

3. 채무자가 피담보채무 전액을 변제하기 전까지, 근질권자 및 대리기관은 어떠한 권리(담보권 포함)를 행사함에 있어서는 구상권 등에 관한 근질권설정자의 이해관계 및 권리를 고려할 의무를 부담하지 않음.
4. 피담보채무가 전액 변제되거나 이 계약에서 명시적으로 달리 허용하고 있지 아니하는 한, 근질권설정자는 그 사유를 불문하고 근질권자의 사전 서면 동의가 없이 다음의 행위를 하여서는 아니 됨.
   ① 구상권 등 관련채무의 채무불이행(명칭을 불문함)을 선언하거나 기한이익을 상실시키는 행위 또는 구상권등 관련채무의 전부 또는 일부와 관련하여 채무자, 다른 근질권설정자, 담보제공자 또는 기타 제3자에 대하여 가지는 권리나 구제수단을 행사하거나 집행하는 행위(대위권행사, 담보권 행사 또는 실행, 회생절차 · 파산절차 · 기업구조조정촉진법상 부실징후기업의 관리절차 · 채권은행협의회 운영협약상의 공동관리절차 또는 사전공동관리절차 · 해산절차 · 청산절차 기타 이와 유사한 결과를 초래하는 어떠한 절차의 개시신청을 포함)
   ② 금융계약에서 허용하는 경우를 제외하고 채무자, 다른 근질권설정자, 담보제공자 또는 기타 제3자로부터 현금 또는 현물로 구상권등 관련 채무와 관련하거나 구상권 등 관련 채무에 기인하는 대금을 청구하거나 받는 행위
   ③ 구상권등 관련 채무에 관한 권리를 제3자에게 양도 · 담보제공하는 행위
   ④ 근질권자 또는 대리기관이 피담보채무와 관련하여 가지는 권리를 집행하기 위하여 스스로 필요하다고 판단하는 조치를 취하는 것을 지연하거나 기타 저해하는 행위
   ⑤ 근질권자의 사전 동의없이 구상권등 관련 채무의 내용을 변경하는 행위
5. 근질권자의 사전 서면 동의하에 이 항 4호 ③에 따른 양도 · 담보제공을 하는 경우에도, 해당 양수인 또는 담보권자가 이 항의 확약 내용을 승인하고 이에 구속되는 것을 조건으로 구상권등 관련 채무에 관한 권리를 양도 · 담보제공할 것이며, 이에 따라 이 항의 확약 내용은 구상권 등 관련 채무에 관한 권리를 양수 · 담보제공받은 자에게도 구속력이 있음.

(11) 담보권의 존속 여부

M&A금융의 실행에 의한 M&A거래의 종결 후 차주인 특수목적회사(SPC)와 투자대상회사의 합병 등 기타의 후속절차가 예정되어 있는 경우에는 이미 설정되어 있는 담보권이 동 합병 등 후속절차에 의해 어떠한 영향을 받게 될지에 대해서도 미리 검토가 필요하다. 만일 당초 설정한 담보권이 합병 등의 후속절차에 의해 소멸할 것으로 판단되는 경우에는 미리 대출계약이나 담보계약에서 대체담보제공 또는 기타의 준수사항을 약정해 둘 필요도 있다.

예를 들면, 차주인 특수목적회사와 투자대상회사 사이에서 계열사 간 채권채무관계가 존재하고 동 채권이 담보로 제공되어 있는 경우에는, 합병에 의해 차주와 대주가 동일인으로 되지만 동 채권에는 대주를 위한 담보가 설정되어 있기 때문에 민법상으로는 혼동의 예외로서 소멸하지 않는 것으로 될 것이다(민법 제507조 단서).[80] 또한, 특수목적회사(SPC)와 투자대상회사가 합병하는 경우 특수목적회사(SPC)가 갖는 투자대상회사의 주식에 대한 대주의 담보권의 존속 유무도 문제될 수 있다.

(12) 담보제공의 사해행위 가능성

담보제공행위에 대해서는 채무자회생법에 의한 부인권 이외에도 민법상 사해행위(동법 제406조)에 해당하여 담보설정행위가 취소될 수 있는데, 판례는 원칙적으로 채무초과 상태의 채무자가 그의 재산을 특정 채권자에게 담보로 제공한 경우 사해행위에 해당하고, 이는 담보로 제공된 재산이 채무자의 유일한 재산이 아니거나 그 가치가 채권액에 미달하는 경우라도 마찬가지로 보고 있다. 다만, 자금난에 처한 채무자가 자금을 융통하여 사업을 계속 추진하는 것이 채무 변제력을 갖게 되는 최선의 방법이라고 생각하고 특정 채권자에게 담보를 제공하여 신규자금을 추가로 융통받은 경우에는 담보권 설정행위가 사해행위에 해당하지 않지만, 이 경우에도 신규자금의 융통 없이 단지 기존채무의 이행을 유예받기 위하여 채권자 중 한 사람에게 담보를 제공하는 것은 다른 채권자들에 대한 관계에서 사해행위에 해당하는 것으로 보고 있다.

[판례 4-40] 대법원 2022. 1. 14. 선고 2018다295103 판결

1. 채무자의 재산이 채무의 전부를 변제하기에 부족한 경우에 채무자가 그의 재산을 어느 특정 채권자에게 대물변제나 담보조로 제공하였다면 특별한 사정이 없는 한 이는 곧 다른 채권자의 이익을 해하는 것으로서 다른 채권자들에 대한 관계에서 사해행위가 되는 것이고, 위와 같이 대물변제나 담보조로 제공된 재산이 채무자의 유일한 재산이 아니라거나 그 가치가 채권액에 미달한다고 하여도 마찬가지라고 할 것이다(대법원 2007. 7. 12. 선고 2007다18218 판결 등 참조). 다만, <u>자금난으로 사업을 계속 추진하기 어려운 상황에 처한 채무자가 자금을 융통하여 사업을 계속 추진하는 것이 채무 변제력을 갖게 되는 최선의 방법이라고 생각하고 자금을 융통하기 위하여 부득이 특정 채권자에게</u>

80) 그러나 구체적으로는 그 의미가 무엇인지, 즉 혼동의 예외를 인정할 실익이 있는지(특히 해당 채권이 무담보인 경우), 혼동의 예외로 인정되어 소멸하지 않는다고 할 때 그 구체적인 법률관계가 어떠한지는 명확하지 않다.

담보를 제공하고 그로부터 신규자금을 추가로 융통받았다면 채무자의 담보권 설정행위는 사해행위에 해당하지 않을 수 있다(대법원 2001. 5. 8. 선고 2000다50015 판결 등 참조). 그러나 이러한 경우에도 채무자에게 사업의 갱생이나 계속 추진의 의도가 있더라도 신규자금의 융통 없이 단지 기존채무의 이행을 유예받기 위하여 자신의 채권자 중 한 사람에게 담보를 제공하는 행위는 다른 특별한 사정이 없는 한 다른 채권자들에 대한 관계에서는 사해행위에 해당한다(대법원 2010. 4. 29. 선고 2009다104564 판결 등 참조).

2. 원심판결 이유와 적법하게 채택된 증거들에 의하면 다음 사실을 알 수 있다.

가. 한방병원을 운영하는 소외인은 2015. 9. 8. 피고로부터 1억 원을 대출받기로 하고(이하 '이 사건 대출'이라 한다) 이에 대한 담보로 소외인이 국민건강보험공단에 대하여 현재 보유하거나 장래 보유할 요양급여채권 30억 원을 양도하는 채권양도계약을 체결하였다(이하 '이 사건 채권양도'라 한다). 피고는 2015. 9. 9. 소외인에게 대출금 상환만료일을 2018. 9. 9.로 정하여 이 사건 대출금을 지급하였다. 소외인은 이 사건 대출 당시 대신저축은행에 대한 1억 원 상당의 대출금 채무를 가지고 있었는데 이 사건 대출금의 상당 부분을 위와 같은 기존 대출금 채무 변제에 사용하였다.

나. 국민건강보험공단은 2015. 9. 21.부터 2017. 5. 18.까지 발생한 소외인의 요양급여비용 합계 633,822,350원을 피고에게 입금하였다. 피고는 자신의 '메디칼론 여신전결처리지침'에 따라 국민건강보험공단으로부터 요양급여비용이 지급되면 이 사건 대출금의 상환원리금을 변제에 사용한 다음 나머지를 소외인의 계좌로 반환하였다.

다. 피고는 국민건강보험공단으로부터 지급받은 요양급여비용으로 이 사건 대출금을 2017. 5. 18.까지 모두 변제받은 다음 2017. 5. 19. 국민건강보험공단에 이 사건 채권양도를 해지한다는 통지를 하였다.

라. 소외인은 이 사건 채권양도 당시 채무초과의 상태에 있었다.

3. 가. 이러한 사실관계를 위 법리에 비추어 살핀다.

1) 이 사건 채권양도처럼 의료기관 운영자가 금융기관으로부터 대출을 받으면서 의료기관 운영자의 국민건강보험공단에 대한 현재 또는 장래의 요양급여채권을 합리적인 범위 내에서 담보로 제공하는 행위는 의료기관의 통상적인 자금운용 상황이나 현실적인 필요성 등을 고려할 때 신규자금의 유입을 통해 영업을 계속하여 변제능력을 향상시키는 유용한 방법이 될 수 있다. 그러나 이러한 방법의 담보제공도 다른 채권자의 이익을 해하는 것이라면 사해행위로 취소되어야 할 것이다. 의료기관 운영자가 채무초과 상태에서 실행한 대출이 신규자금의 유입이 아닌 기존채무의 변제에 사용되거나 채무자의 변제능력의 향상에 기여하지 않고, 나아가 담보로 제공된 요양급여채권이 지나치게 많은 금액이어서 상당한 기간 동안 다른 채권자들이 요양급여채권을 통한 채권만족이 어려워진 경우에는 위와 같은 담보제공이 다른 채권자

들을 해하는 경우라 할 수 있다.

2) 소외인은 대신저축은행에 대한 기존 대출금 채무를 변제하기 위해서 이 사건 대출을 받고 그 담보로 피고에게 이 사건 채권양도를 하였던 것으로 보일 뿐 이 사건 대출과 이 사건 채권양도가 신규자금 유입을 통한 소외인의 변제능력 향상에 기여하였다고 볼 근거는 없다. 또한 이 사건 채권양도로 피고는 국민건강보험공단의 소외인에 대한 요양급여비용이 30억 원에 이를 때까지 소외인 대신 이를 지급받게 된다. 그 기간 동안 소외인의 다른 일반채권자들은 요양급여채권에 대한 강제집행이 사실상 배제되어 이를 통한 채권만족이 어려워졌다. 이러한 사정을 고려하면 이 사건 채권양도는 소외인의 채무초과 상태를 더욱 심화시키고 피고에게만 다른 채권자에 우선하여 자신의 채권을 회수할 기회를 부여하는 것으로 볼 수 있어, 원고를 비롯한 소외인의 일반채권자들을 해하는 사해행위에 해당한다. 나아가 소외인에게는 사해의사가 인정되고 피고의 악의도 추정된다.

3) 피고는 원고에게 이 사건 채권양도로 국민건강보험공단으로부터 2017. 5. 18.까지 지급받은 633,822,350원을 이 사건 채권양도가 사해행위로 취소된 데 따른 가액배상으로 지급할 의무가 있다. 피고가 국민건강보험공단으로부터 지급받은 금원 중 상당한 금액을 소외인에게 반환하였다고 하더라도 양도받은 채권 자체를 반환한 것이 아닌 이상 가액배상의 의무를 면하는 것은 아니다.

[판례 4-41] 대법원 2022. 1. 13. 선고 2017다264072, 264089 판결

1. 원심판결 이유와 기록에 의하면 다음 사실을 알 수 있다.

가. 소외 1과 소외 2(이하 '소외 1 등'이라 한다)는 2014. 4.경부터 2014. 10. 15.경까지 의사인 소외 1 명의로 세란요양병원을 운영하였다.

나. 소외 1 등은 2014. 9. 2.경 소외 3을 통하여 원고(반소피고, 이하 '원고'라 한다)로부터 1억 8,000만 원을 차용하기로 하면서, 원고에게 위 차용금반환채무를 담보하기 위하여 소외 1이 국민건강보험공단에 가지고 있거나 가지게 될 요양급여채권(이하 '이 사건 채권'이라 한다) 40억 원을 양도하였다(이하 '이 사건 채권양도'라 한다).

다. 소외 1은 2014. 9. 2. 양도인란, 양수인란 및 양도금액란이 공란인 채권양도통지서에 서명・날인하여 소외 3에게 교부하였다. 원고를 대리한 소외 3은 같은 날 양도인, 양수인, 양도금액란을 보충한 후 소외 1을 대리하여 국민건강보험공단에 채권양도 통지를 하였고, 국민건강보험공단은 그다음 날 위 채권양도 통지서를 받았다.

라. 원고는 소외 3의 처 소외 4 및 동생 소외 5를 통하여 소외 2에게 2014. 9. 3. 5,000만 원, 직접 소외 2에게 2014. 9. 5. 5,000만 원, 2014. 9. 11. 5,000만 원, 2014. 9. 12. 3,000만 원 등 합계 1억 8,000만 원을 지급하였다.

마. 국민건강보험공단은 2014. 9. 22. 원고에게 소외 1의 국민건강보험공단에 대한 요양

급여금 등 92,853,490원을 지급하였고, 원고는 같은 날 국민건강보험공단으로부터 받은 위 92,853,490원 중 이자 명목으로 3,524,898원을 뺀 나머지 89,328,592원을 소외 4의 계좌에 송금하였다. 소외 3은 2014. 9. 23. 43,353,592원, 2014. 9. 26. 1,800만 원을 소외 2에게 송금하였고, 이에 앞서 소외 2의 부탁을 받고 소외 4 명의로 2014. 9. 11. 소외 2에게 2,000만 원을 지급하였다.

바. 소외 1은 2014. 10. 7. 국민건강보험공단에 이 사건 채권양도가 허위라고 주장하면서 이를 철회한다고 통지하였고, 국민건강보험공단은 2015. 2. 16. 소외 1의 채권양도 통지 후 양도철회서가 접수되고 피고(반소원고, 이하 '피고'라 한다)를 비롯한 소외 1의 채권자들의 채권압류 및 추심명령 등이 경합한다는 사유로 피공탁자를 원고와 소외 1로 하여 162,798,050원(이하 '이 사건 공탁금'이라 한다)을 혼합공탁하였다.

2. 본소청구와 주위적 반소청구에 관한 상고이유에 대하여

원심은 그 판시와 같은 이유로, 소외 1 등이 원고로부터 1억 8,000만 원을 차용하면서 그에 대한 담보 목적으로 한 이 사건 채권양도와 채권양도 통지의 권한을 부여받은 소외 3에 의해 이루어진 이 사건 채권양도 통지는 유효하다고 판단하였다. 이에 따라 소외 1과 피고를 비롯한 압류채권자들에 대하여 이 사건 공탁금에 대한 출급청구권이 원고에게 있다고 확인을 구하는 본소청구를 받아들였고, 이 사건 채권양도가 통정허위표시로 무효이므로 원고가 국민건강보험공단으로부터 지급받은 92,853,490원을 피고에게 반환하여야 한다는 주위적 반소청구를 받아들이지 않았다.

원심판결 이유를 관련 법리와 적법하게 채택된 증거들에 비추어 살펴보면, 원심의 판단에 상고이유 주장과 같이 논리와 경험의 법칙에 반하여 자유심증주의의 한계를 벗어나거나 채권양도의 효력 등에 관한 법리를 오해하여 판결에 영향을 미친 잘못이 없다.

3. 예비적 반소청구에 관한 상고이유에 대하여

가. 채무초과상태에 있는 채무자가 그 소유의 재산을 채권자 중의 어느 한 사람에게 채권담보로 제공하는 행위는 특별한 사정이 없는 한 다른 채권자들에 대한 관계에서 사해행위에 해당한다. 다만, 채무자가 자금난으로 사업을 계속 추진하기 어려운 상황에서 자금을 융통하여 사업을 계속 추진하는 것이 채무 변제력을 갖게 되는 최선의 방법이라고 생각하고 자금을 융통하기 위하여 부득이 그 재산을 특정 채권자에게 담보로 제공하고 그로부터 신규자금을 추가로 융통받았다면 그러한 채무자의 담보제공행위는 궁극적으로 일반채권자를 해하는 행위로 볼 수 없다 할 것이다 (대법원 2001. 5. 8. 선고 2000다50015 판결 등 참조). 이때 <u>담보제공행위가 사업계속 추진을 위한 신규자금 융통을 위한 행위로서 사해성이 부정되는지 여부는, 행위목적물이 채무자의 전체 책임재산 가운데에서 차지하는 비율, 무자력의 정도, 그 행위가 사업을 계속 추진하여 채무를 변제하거나 변제자력을 얻기 위한 불가피하고 유효적절한 수단이었는지, 담보제공이 합리적인 범위에서 이루어진 것인지, 실제 자</u>

금이 채권자에 대한 변제나 사업의 계속을 위해 사용되어 채무자가 변제자력을 갖게 되었는지, 채무자가 일부 채권자와 통모하여 다른 채권자를 해칠 의사를 가지고 행한 것은 아닌지 등 여러 사정을 종합적으로 고려하여 판단하여야 한다.

나. 원심은 그 판시와 같은 이유로, 이 사건 채권양도 당시 소외 1이 채무초과의 상태에 있었다고 인정하면서도 이 사건 채권양도는 신규자금을 융통하여 사업을 계속 추진함으로써 채무 변제력을 갖기 위한 부득이한 방편으로서 사해행위라고 보기 어렵다고 보아, 이를 전제로 한 피고의 예비적 반소청구를 받아들이지 않았다.

다. 그러나 원심판결 이유를 앞서 본 법리 및 기록에 따라 살펴보면, 원심판결은 다음과 같은 이유에서 그대로 받아들이기 어렵다.

1) 이 사건 채권양도 당시 소외 1은 이미 채무초과의 상태에 있었고, 이 사건 채권은 소외 1의 사실상 유일한 재산이었던 것으로 보인다. 이미 채무초과의 상태에 빠져 있던 소외 1이 원고로부터 1억 8,000만 원을 차용하면서 이 사건 채권 40억 원을 원고에게 채권담보로 제공하는 것은 특별한 사정이 없는 한 다른 채권자들에 대한 관계에서 사해행위에 해당한다.

2) 원고는, 소외 1이 원고에게 40억 원에 달하는 이 사건 채권을 양도한 경위는 원고가 소외 1 등에게 일회성으로 대여한 1억 8,000만 원만을 담보하기 위한 것이 아니라, 원고가 향후 2년간 국민건강보험공단으로부터 매달 지급받게 될 요양급여채권에서 1억 8,000만 원의 이자를 공제한 나머지 금액을 다시 소외 1 등에게 대여하기로 약정함에 따른 것이므로, 그 채권양도 금액이 원고의 진채 채권에 비하여 과도한 것이 아니라고 주장한다. 그러나 원고 주장에 의하더라도, 원고가 소외 1 등에게 다시 대여하게 되는 금원은 원래 소외 1이 지급받아야 하는 이 사건 채권에서 비롯된 것일 뿐 원고가 신규로 자금을 마련하는 것이 아니다. 결국 원고는 소외 1 등에게 1억 8,000만 원을 2년간 대여하면서 그 담보로 40억 원 상당의 이 사건 채권을 양도받은 것으로 보일 뿐이고, 이로 인하여 소외 1의 일반채권자들은 국민건강보험공단이 원고에게 지급하게 되는 요양급여비용이 40억 원에 이를 때까지 이에 대한 강제집행을 할 수 없게 되었다.

3) 이 사건 채권양도가 자금난으로 사업을 계속 추진하기 어려운 상황에 처한 소외 1 등이 사업을 계속 추진함으로써 궁극적으로 일반채권자들에 대한 채무 변제력을 갖기 위한 최선의 방법으로서 불가피한 것이었다고 단정하기도 어렵다. 소외 1 등은 2014. 9. 2.경 원고로부터 1억 8,000만 원을 차용하고 2014. 9. 22.경 원고를 통하여 89,328,592원의 요양급여 등을 지급받았으나, 그로부터 얼마 지나지 않은 2014. 10. 15. 세란요양병원의 운영을 중단하였다. 또한 소외 1 등이 원고로부터 차용한 1억 8,000만 원이나 원고를 통하여 지급받은 89,328,592원의 요양급여 등은 모두 소외 3의 처 소외 4 등을 통하여 소외 2에게 지급되었는바, 위 금원이 실제로 병원운영을 계속 추진하는데 사용된 것인지도 알 수 없다. 당

시 소외 1 등이 자금난을 겪고 있었다는 사정과 이들이 원고로부터 신규자금을 융통하면서 담보제공으로 이 사건 채권양도를 하였다는 사정만으로 이 사건 채권양도가 소외 1 등의 병원운영을 위한 최선의 방법으로서 사해성이 부정된다고 단정할 수는 없다.

라. 사정이 이러하다면 원심으로서는 이 사건 채권양도가 소외 1 등이 채무 변제력을 갖기 위하여 행한 불가피하고 유효적절한 수단이었는지, 담보로 제공된 이 사건 채권 금액이 합리적인 범위 내에서 책정된 것인지, 소외 1 등이 이 사건 채권양도로 융통한 금원을 계속적인 병원운영을 통하여 채무 변제력을 갖는데 사용하였는지 등을 심리하여 이 사건 채권양도가 사해행위에 해당하는지를 판단하였어야 했다. 그런데도 원심은 이러한 사정을 살피지 않은 채 이 사건 채권양도가 신규자금을 융통하기 위한 방법이라는 등 판시와 같은 이유만으로 사해행위가 아니라고 판단하였다. 이러한 원심의 판단에는 사해행위 성립에 관한 법리를 오해하여 필요한 심리를 다하지 않아 판결에 영향을 미친 잘못이 있다. 이를 지적하는 상고이유 주장은 이유 있다.

[판례 4-42] 대법원 2018. 12. 28. 선고 2018다272261 판결

1. 채무초과 상태에 있는 채무자가 그 소유의 부동산을 채권자 중의 어느 한 사람에게 채권담보로 제공하는 행위는 특별한 사정이 없는 한 다른 채권자들에 대한 관계에서 사해행위에 해당한다(대법원 1997. 9. 9. 선고 97다10864 판결 등 참조). 그러나 채무자의 재산처분행위가 사해행위가 되려면 그 행위로 채무자의 총재산이 감소되어 채권의 공동담보가 부족한 상태를 유발 또는 심화시켜야 하는 것이므로, 채무자가 제3자로부터 자금을 차용하여 부동산을 매수하고 해당 부동산을 차용금채무에 대한 담보로 제공하거나, 채무자가 제3자로부터 부동산을 매수하여 매매대금을 지급하기 전에 소유권이전등기를 마치고 해당 부동산을 매매대금채무에 대한 담보로 제공한 경우와 같이 기존 채권자들의 공동담보가 감소되었다고 볼 수 없는 경우에는 그 담보제공행위를 사해행위라고 할 수 없다. 나아가 위와 같은 부동산매수행위와 담보제공행위가 한꺼번에 이루어지지 않고 단기간 내에 순차로 이루어졌다고 하더라도 다른 특별한 사정이 없는 한 그 일련의 행위 전후를 통하여 기존 채권자들의 공동담보에 증감이 있었다고 평가할 것도 아니므로, 그 담보제공행위만을 분리하여 사해행위에 해당한다고 할 수 없다(대법원 2009. 4. 23. 선고 2008다95663 판결, 대법원 2017. 9. 21. 선고 2017다237186 판결 등 참조).

2. 원심은 그 판시와 같은 이유를 들어 주식회사 디케이씨(이하 '디케이씨'라고 한다)가 무자력 상태에서 피고에게 집행가치 있는 거의 유일한 재산인 이 사건 부동산에 근저당권을 설정하여 준 것은 일반 채권자들을 위한 공동담보를 감소시키는 행위로서 채권자인 원고에 대하여 사해행위가 성립한다고 판단하였다.

3. 그러나 원심의 위와 같은 판단은 다음과 같은 이유로 수긍할 수 없다.
가. 원심판결 이유와 기록에 의하면 다음의 사실을 알 수 있다.
(1) 주식회사 생각을짓는건설(이하 '소외 회사'라 한다)은 2016. 3. 24. 디케이씨와 사이에 소외 회사 소유의 영천시 (주소 1 생략) 공장용지 3,097㎡ 지상에 공장건물을 신축하여 디케이씨에 분양하기로 하는 계약을 체결하였다.
(2) 위 분양계약에 의하면, 디케이씨는 소외 회사로부터 위 공장용지를 포함한 영천시 (주소 2 생략) 도로 1,153㎡ 중 1,153분의 260.6 지분, (주소 3 생략) 도로 1,446㎡ 중 2,514분의 375 지분, (주소 4 생략) 도로 961㎡ 중 2,514분의 375 지분, (주소 5 생략) 도로 98㎡ 중 2,514분의 375 지분, (주소 6 생략) 도로 8㎡ 중 2,514분의 375 지분과 신축 공장건물(300평)을 대금 18억 5,000만 원에 매수하되, 계약 체결 시 계약금 1억 원을 지급하고, 중도금과 잔금은 상호 협의하여 지급하기로 하였다.
(3) 소외 회사는 위 공장용지 지상에 일반철골구조 패널지붕 1층 923.6㎡ 공장건물(이하 위 공장용지를 포함한 위 각 토지들을 통칭하여 '이 사건 각 토지'라고 하고, 이 사건 각 토지와 위 공장건물을 통칭하여 '이 사건 각 부동산'이라고 한다)을 신축하였고, 디케이씨는 위 분양계약에 따른 매매대금을 지급하지 아니한 채 2016. 8. 9. 위 공장건물에 관하여 소유권보존등기를 마쳤고, 같은 날 이 사건 각 토지에 관하여 소유권이전등기를 마쳤다.
(4) 디케이씨는 2016. 8. 9. 이 사건 각 부동산을 공동담보로 하여 주식회사 대구은행에 채권최고액 10억 2,000만 원의 1순위 근저당권설정등기를 마쳐주고 위 은행으로부터 8억 1,600만 원을 대출받아 이를 위 매매대금의 일부로 지급하였다.
(5) 디케이씨는 2016. 8. 9. 소외 회사와 사이에 미지급 매매대금 잔액 9억 5,000만 원 및 소외 회사가 부담한 취등록세 8,200만 원의 합계 10억 3,200만 원을 소외 회사로부터 차용하기로 하되, 위 채무를 담보하기 위하여 이 사건 공장용지 및 건물에 관하여 채권최고액을 13억 원으로 하는 근저당권설정계약(이하 '이 사건 근저당권설정계약'이라고 한다)을 체결하고, 소외 회사의 대표이사 소외인의 처인 피고에게 대구지방법원 영천등기소 2016. 8. 16. 접수 제25292호로 근저당권설정등기를 마쳐주었다.
(6) 원고는 디케이씨에게 2016. 3. 8. 14,597,000원 상당의, 2016. 4. 14. 594,000원 상당의 각 우레탄몰드를 판매하였다. 원고는 디케이씨를 상대로 물품대금 청구의 소를 제기하여 2016. 10. 6. "디케이씨는 원고에게 11,191,000원 및 이에 대한 지연손해금을 지급하라"는 이행권고결정을 받았고, 위 이행권고결정은 2016. 10. 27. 확정되었다.
나. 앞에서 본 법리에 비추어 위 사실관계를 살펴보면, <u>디케이씨는 소외 회사와 분양계약을 체결하여 이 사건 각 부동산을 매수하고</u> 그 <u>매매대금을 지급하기 전에 위 각</u>

부동산에 관하여 소유권이전등기 또는 소유권보존등기를 마친 다음, 같은 날 소외 회사와 매매대금 등 지급 채무를 담보하기 위하여 이 사건 공장용지 및 건물에 관하여 이 사건 근저당권설정계약을 체결하고, 그로부터 7일 만에 피고에게 근저당권설정등기를 마쳐주었음을 알 수 있다. 위와 같은 일련의 행위 전후를 통하여 기존 채권자들의 공동담보가 감소되었다고 볼 수 없고, 이러한 경우 디케이씨의 피고에 대한 근저당권설정행위만을 분리하여 그것이 사해행위에 해당한다고 보아서는 안 된다. 그런데도 원심은 그 판시와 같은 이유만으로 디케이씨가 피고에게 근저당권을 설정하여 준 것이 사해행위에 해당한다고 판단하였으니, 원심판결에는 사해행위에 관한 법리를 오해하여 판결 결과에 영향을 미친 잘못이 있다.

[판례 4-43] 대법원 2018. 8. 30. 선고 2018다228318 판결

1. 원심판결 이유에 의하면, 원심은 채택증거들에 의하여 ① 피고는 주식회사 서울축산[이하 '㈜서울축산'이라 한다]과 2010. 12.경부터 사료매매거래를 하여 오다가, 2015. 10. 28. 피고의 ㈜서울축산에 대한 미회수대금채권을 담보하기 위하여 이 사건 부동산에 관하여 채권최고액을 630,000,000원으로 하는 근저당권설정계약(이하 '이 사건 제1 근저당권설정계약'이라 한다)을 체결하고 2015. 10. 30. 근저당권설정등기를 마쳤는데, 위 근저당권설정등기가 2016. 1. 13. 말소된 사실, ② 피고는 2016. 4. 20. ㈜서울축산과 결제예정금액을 800,000,000원으로 하여 2016. 4. 21.부터 사료원료를 공급하기로 하는 이 사건 물품거래계약을 체결한 다음, 2016. 4. 21. 이 사건 부동산에 관하여 채권최고액을 800,000,000원으로 하는 근저당권설정계약(이하 '이 사건 제2 근저당권설정계약'이라 한다)을 체결하고 같은 날 근저당권설정등기를 마친 사실 등을 인정하였다.
   그런 다음 원심은, ① 피고는 이 사건 제1 근저당권설정등기가 말소된 직후인 2016. 1. 16.부터 이 사건 제2 근저당권설정등기가 마쳐진 3개월 동안 추가 근저당권설정을 하지 아니한 상태에서 ㈜서울축산에 계속적으로 물품을 공급한 점, ② 특히 피고가 이 사건 제2 근저당권설정등기를 마친 직후인 2016. 4. 22. 이후 더 이상 ㈜서울축산에 건초 등을 공급한 내역이 확인되지 않는 점, ③ 오히려 피고는 이 사건 제2 근저당권설정계약이 채권최고액의 범위 내에서 종전의 미지급대금채무를 포함한 모든 채무를 담보하는 것이라고 주장하고 있는 점 등을 종합하여 보면, 제출된 증거들만으로는 이 사건 제2 근저당권설정계약이 사업계속 추진을 위한 신규자금 융통에 해당하는 것으로 볼 수 없다고 판단하였다.

2. 그러나 원심의 위와 같은 판단은 아래와 같은 이유로 수긍하기 어렵다.
   가. 채무초과 상태에 있는 채무자가 그 소유의 부동산을 채권자 중의 어느 한 사람에게 채권담보로 제공하는 행위는 특별한 사정이 없는 한 다른 채권자들에 대한 관계에서 사해행위에 해당한다고 할 것이나, 자금난으로 사업을 계속 추진하기 어려운 상

황에 처한 채무자가 자금을 융통하여 사업을 계속 추진하는 것이 채무 변제력을 갖게 되는 최선의 방법이라고 생각하고 물품을 공급받기 위하여 채무초과상태에 있으면서도 부득이 채무자 소유의 부동산을 특정 채권자에게 담보로 제공하고 그로부터 물품을 공급받았다면 특별한 사정이 없는 한 채무자의 담보권설정행위는 사해행위에 해당하지 않는다(대법원 2012. 2. 23. 선고 2011다88832 판결 등 참조). 그리고 이와 같이 설정된 담보권의 피담보채무에 기존채무가 포함되었다고 하더라도 기존채무를 위한 담보설정과 물품을 계속 공급받기 위한 담보설정이 불가피하게 동일한 목적하에 하나의 행위로 이루어졌고, 당시의 여러 사정하에서 그것이 사업의 계속을 통한 회사 갱생이라는 목적을 위한 담보제공행위로서 합리적인 범위를 넘지 아니한 때에는 기존채무를 위한 담보설정행위 역시 사해행위에 해당하지 않는다(대법원 2002. 3. 29. 선고 2000다25842 판결 참조).

나. 원심판결 이유 및 기록에 의하면 다음과 같은 사실을 알 수 있다.

(1) 피고는 2010. 12.경부터 ㈜서울축산에 건초 등을 판매하여 왔는데, 거래규모는 2013년에 918,163,105원 상당, 2014년에 1,312,507,372원 상당, 2015년에 1,846,818,521원 상당에 이른다.

(2) 한편, ㈜서울축산은 2014. 1. 21. 이 사건 부동산을 취득한 다음, 이 사건 부동산 등에 관하여 같은 날 국민은행에 채권최고액을 715,200,000원으로 하는 근저당권설정 등기를, 이 사건 부동산 중 파주시 (주소 생략) 대 4,407㎡에 관하여 2014. 5. 19. 국민은행에 채권최고액 679,200,000원으로 하는 근저당권설정 등기를 각 마쳐주었다.

(3) ㈜서울축산은 2015. 1.경부터 2015. 9.경까지 피고로부터 합계 1,463,753,007원 상당의 물품을 공급받아 월 평균 162,639,223원 상당의 물품을 구입하였으나, 자금사정 악화로 ㈜서울축산의 피고에 대한 미지급대금채무 잔액은 2015. 9. 4. 808,729,354원에 이르렀다. 이에 피고가 2015. 10. 무렵 ㈜서울축산에 물품의 공급을 중단하면서 담보제공을 요구하자, ㈜서울축산은 2015. 10. 30. 피고에게 이 사건 제1 근저당권을 설정하여 주었다.

(4) ㈜서울축산이 2016. 1.경 피고에게 대출거래은행을 국민은행에서 신한은행으로 변경하면 200,000,000원을 더 대출받을 수 있으므로, 이 사건 부동산에 관하여 신한은행 앞으로 1순위 근저당권을 설정할 수 있도록 이 사건 제1 근저당권을 말소하여 주면 신한은행으로부터 대출을 받아 피고에게 200,000,000원을 변제한 다음 다시 이 사건 부동산을 담보로 제공하여 주겠다고 제안을 하였고, 피고는 이러한 제안에 동의를 하였다.

(5) 이에 따라 2016. 1. 13. 이 사건 부동산과 이 사건 부동산 중 파주시 파평면 (주소 생략) 대 4,407㎡에 관하여 국민은행 앞으로 마쳐진 각 근저당권설정등기와 이 사건 제1 근저당권설정등기가 모두 말소되는 한편, 같은 날 이 사

건 부동산 등에 관하여 채권최고액을 1,662,000,000원으로 하는 근저당권설정등기가 신한은행 앞으로 마쳐졌다.

(6) ㈜서울축산이 2016. 1. 13. 피고에게 200,000,000원을 변제함으로써 피고의 ㈜서울축산에 대한 미회수대금채권 잔액은 361,818,521원이 되었다.

(7) 한편, 이 사건 제1 근저당권설정등기가 말소된 이후 피고는 ㈜서울축산에 2016. 1.경 103,619,913원 상당의, 2016. 2.경 59,997,278원 상당의, 2016. 3.경 87,644,887원의 상당의 물품을 공급하였다.

(8) 피고는 2016. 4. 20. 거래규모를 확대하기 위하여 ㈜서울축산과 이 사건 물품거래계약을 체결하는 한편, 2016. 4. 21. 이 사건 제2 근저당권설정계약을 체결하고 그 설정등기를 마쳤다.

(9) 피고는 이 사건 물품거래계약에 따라 ㈜서울축산에 2016. 4. 21. 48,981,196원 상당의, 2016. 4. 22. 139,869,576원 상당의 물품을 공급하였다. 그런데 ㈜서울축산이 2016. 4. 25. 거래처로부터 100,000,000원 정도의 물품대금을 지급받고도 그중 40,000,000원만을 피고에게 지급하고 나머지는 다른 용도로 사용함에 따라 이후 물품의 공급을 중단하였다.

다. 이러한 사실관계 및 기록에 의하여 알 수 있는 다음과 같은 사정들을 앞서 본 법리에 비추어 살펴보면, 자금난에 처한 ㈜서울축산이 사업의 계속적 추진에 필요한 물품을 피고로부터 공급받기 위하여 이 사건 부동산을 담보로 제공한 것으로 보이고, 이와 같이 담보를 제공함으로써 합계 188,850,772원 상당의 물품을 공급받은 이상, 이 사건 제2 근저당권설정계약의 체결은 사업의 계속적 추진을 통해 회사를 갱생하기 위하여 한 담보제공행위로서 사해행위에 해당하지 않는다고 보는 것이 타당하다.

(1) 이 사건 제1 근저당권설정등기가 말소된 이후 피고는 ㈜서울축산에 공급하는 물품의 양을 대폭 축소하였고, 이에 ㈜서울축산은 부족한 공급물량을 보충하기 위하여 2016. 2. 24.부터 2016. 3. 25.까지 약 1달 동안 원고로부터 수입용 건초 등을 공급받기도 하였지만, 2016. 3. 25. 이후에는 원고로부터의 물품 공급마저 중단되었다. 그 결과 ㈜서울축산은 2016. 4. 무렵에는 매출을 거의 올리지 못하는 등 사업을 계속 영위할 수 없는 처지에 이르렀다.

(2) 이러한 상황에서 2016. 4. 중순 무렵 피고의 임원으로부터 거래를 정상화하자는 제안을 받게 된 ㈜서울축산 대표이사 소외인은 '한 달에 4억 원 정도만 있으면 거래가 어느 정도 돌아갈 수 있고, 두 달 가량 매출액 8억 원 정도의 공급이 있으면 충분히 돌릴 수 있다'고 말하였고, 이에 피고의 임원이 이 사건 부동산에 관하여 채권최고액을 800,000,000원으로 한 근저당권을 설정하여 주면 800,000,000원 상당의 물품을 공급하여 줄 수 있다고 하자, ㈜서울축산은 이 사건 부동산을 담보로 제공하여 피고로부터 물품을 공급받아 영업을 계속하는 것이 변제 자력을 회복하는 유일한 방법이라고 판단하고 이 사건 제2 근저

당권설정계약을 체결한 것으로 보인다.

(3) 이 사건 물품거래계약이 체결된 직후 피고가 ㈜서울축산에 이틀에 걸쳐 무려 188,850,772원에 달하는 물품을 공급한 점에 비추어 보면, ㈜서울축산과 피고 모두 이 사건 물품거래계약에 따라 800,000,000원 상당의 물품을 공급받거나 공급하려고 하였다고 보는 것이 상당하다. 피고가 이후 ㈜서울축산에 물품의 공급을 중단한 것은, 여러 채권자들로부터 채무의 변제를 독촉받은 ㈜서울축산이 물품의 판매대금 중 상당 부분을 다른 채권자들에 대한 채무를 변제하는 데 사용하는 등 피고에 대한 채무 변제 이 외의 다른 용도로 사용한 데에서 비롯된 것으로 보인다.

(4) 이 사건 제2 근저당권에 의하여 담보되는 피담보채무에 2016. 4. 15.까지 발생한 미지급대금채무가 포함되어 있기는 하다. 그러나 위 미지급대금채무는 피고가 ㈜서울축산과 2010. 12.경부터 이루어진 계속적 거래관계에서 발생한 채무로서 위 미지급대금채무를 위한 담보설정과 이 사건 물품거래계약에 의하여 물품을 계속 공급받기 위한 담보설정은 불가피하게 동일한 목적하에 하나의 행위로 이루어졌을 뿐만 아니라, 위와 같은 미지급대금채무 역시 원래 이 사건 제1 근저당권에 의하여 담보되거나 담보될 수 있는 채무이었던 점, 이 사건 제1 근저당권이 말소될 당시 ㈜서울축산은 피고에게 신한은행으로부터 대출을 받은 다음 이 사건 부동산을 다시 담보로 제공하겠다고 약정을 한 점, 이 사건 제1 근저당권이 말소된 2016. 1. 13. 무렵 위 근저당권에 의하여 담보될 수 있었던 피담보채무액은 361,818,512원으로, 피고와 ㈜서울축산의 거래가 종료된 2016. 4.말경 이 사건 제2 근저당권에 의하여 담보된 피담보채무액 366,140,850원과 거의 비슷한 금액인 점 등을 종합적으로 고려하면 기존채무를 위한 담보제공은 합리적 범위를 넘지 않는다고 할 것이다.

라. 그럼에도 원심은 그 판시와 같은 이유만으로 이 사건 제2 근저당권설정계약이 사해행위에 해당한다고 판단하였으니, 이러한 원심의 판단에는 논리와 경험의 법칙을 위반하여 자유심증주의의 한계를 벗어나거나 사해행위 등에 관한 법리를 오해하여 판결에 영향을 미친 잘못이 있다. 이를 지적하는 상고이유 주장은 이유 있다.

[판례 4-44] 대법원 2006. 4. 14. 선고 2006다5710 판결

원심은 다음과 같은 원고의 이 사건 청구원인, 즉 제1심 공동피고였던 제1심 공동피고와 피고 사이에 2004. 6. 14. 이 사건 아파트에 관하여 체결된 근저당권설정계약이 제1심 공동피고의 다른 채권자인 원고에 대한 관계에서 사해행위에 해당한다는 주장에 대하여, 그 설시의 증거들에 의하여 인정되는 판시와 같은 사실관계에 터잡아 이 사건 근저당권설정계약 당시 피고가 선의의 수익자였다는 취지로 판단하여 원고의 이 사건 청구를 기각한 제1심판결을 유지하였다.

그러나 원심의 이러한 조치는 다음과 같은 이유로 수긍하기 어렵다.

이미 채무초과 상태에 빠져 있는 채무자가 그의 유일한 재산인 부동산을 채권자들 중 1인에게 채권담보로 제공하는 행위는 다른 특별한 사정이 없는 한 다른 채권자들에 대한 관계에서 채권자취소권의 대상이 되는 사해행위가 되는 것이고(대법원 2002. 4. 12. 선고 2000다43352 판결 등 참조), 채무자의 제3자에 대한 담보제공행위가 객관적으로 사해행위에 해당하는 경우 수익자의 악의는 추정되는 것이므로 수익자가 그 법률행위 당시 선의였다는 입증을 하지 못하는 한 채권자는 그 법률행위를 취소하고 그에 따른 원상회복을 청구할 수 있는 것인데(대법원 2003. 6. 13. 선고 2003다12526 판결 등 참조), 위와 같이 채무자의 제3자에 대한 담보제공 등의 재산처분행위가 사해행위에 해당할 경우에, 그 사해행위 당시 수익자가 선의였음을 인정함에 있어서는 객관적이고도 납득할 만한 증거자료 등이 뒷받침되어야 할 것이고, 채무자의 일방적인 진술이나 제3자의 추측에 불과한 진술 등에만 터잡아 그 사해행위 당시 수익자가 선의였다고 선뜻 단정하여서는 안 된다.

기록에 의하면, 피고의 선의를 증명할만한 자료로는, 피고의 주장 외에는 소외 1이 작성한 확인서(을 제7호증, 을 제5호증과 내용이 동일하다)가 유일하다고 할 수 있는데, 그 내용이, 이 사건 근저당권을 설정할 당시 피고가 소외 2 주식회사나 제1심 공동피고의 자금난을 알기 어려웠을 것으로 생각된다는 것으로서 자신의 의견이나 추측을 기재한 것에 불과하여, 이를 가지고 사해행위 당시 피고가 선의였음을 선뜻 인정하기가 어렵다. 뿐만 아니라 소외 1은 피고와 제1심 공동피고를 소개함으로써 피고가 제1심 공동피고에게 금전을 대여하는 단초를 제공한 사람으로서, 만약 이 사건 근저당권설정행위가 사해행위로서 취소되어 피고가 대여금을 반환받지 못할 경우에는 입장이 난처해질 수도 있는 위치에 있기 때문에 그의 진술을 쉽사리 믿기도 어렵다. 그 밖에 원심이 피고의 선의를 인정하는 근거로 삼은 사정들은 대체로 피고 명의의 근저당권의 피담보채권이 허위가 아니라 실제로 존재한다는 것에 관한 것일 뿐 피고의 선의 여부와는 직접적인 관련이 없어 보이고, 피고가 제1심 공동피고와 계속적으로 금전거래를 한 것이 아니라거나 친인척 또는 친우관계가 아니라는 점, 이 사건 근저당권설정계약 당시 제1심 공동피고 소유의 이 사건 아파트에 대하여 가압류 등이 없었다는 점 등은, 기록에 의하여 알 수 있는 다음과 같은 사정에 비추어 볼 때, 피고의 선의를 인정할 근거가 되지 못한다. 즉, 기록에 의하면, 피고는 자신이 소외 2 주식회사의 주주일 뿐만 아니라 위 회사의 대표이사인 제1심 공동피고로부터 위 회사 주식 8만 주를 담보로 취득한 바 있었기 때문에 소외 2 주식회사의 재무상태에 관하여 상당한 경제적 이해관계와 이에 따른 각별한 관심을 가지고 있었을 것으로 보이고, 피고의 전 직장동료로서 친분이 있는 소외 1이 마침 2003. 11. 13.부터 소외 2 주식회사의 감사로 재직하고 있었기 때문에 위와 같은 관심을 가진 피고로서는 소외 1에게 위 회사의 형편에 관하여 자주 문의하였을 것으로 보이며, 소외 1을 통해 소외 2 주식회사가 이 사건 근저당권을 설정하기 약 20일 전인 2004. 5. 25. 중소기업은행에 대한 대출금채무를 연체하기 시작한 사실과 그 대표이사인 제1심 공동피고의 연대보증사실을 알게 되었을 가능성이 농후하다는 점을 알 수 있으므로, 원심이 설시한 앞서 본 사정만으로는 피고의 선의 주장을 그대로 믿기 어렵다.

담보제공의 사해행위성에 관한 특수한 문제로, (담보제공과 관련하여) 실무에서 자주 문제되는 부동산신탁의 사해행위(사해신탁)에 대해서는 본편 제2장 Ⅲ. (3) 9) 부동산신탁과 사해행위(사해신탁) 및 부인 부분에서 다시 살펴본다.

6 담보권설정계약 관련 유의사항

M&A금융거래에서 담보권을 설정하는 경우에는, 보통은 대출계약, 후순위 대출계약, 주식인수계약에서는 「담보조항」에 담보에 관한 설정 및 연대보증제공 의무를 규정하고, 이와는 별도로 담보권설정에 관한 계약(연대보증계약 포함)을 체결하여 구체적인 내용을 합의하는 경우가 많다.

담보권설정계약에서는 담보권설정의 합의, 효력요건/대항요건 구비절차, (필요한 경우) 추가 담보권설정에 관한 합의 및 절차, 진술보장, 준수사항, 담보권의 실행, 담보권자의 관계 및 의사결정, 담보대리인, 기타 조항이 규정되는데, 이하에서는 앞서 살펴본 사항을 제외하고, 선순위의 대주단대출을 전제하여 이에 관한 담보권설정계약 시 유의해야 할 몇 가지 사항에 대해 추가로 간략하게 살펴본다.

(1) 임의처분특약(유담보특약)

담보권실행은 경매, 민사집행법 등 법정의 절차에 의해 실시되는 것이 원칙이지만, 일반적으로 법정절차에 의한 담보권실행은 임의처분에 의하는 경우에 비하여 수고와 비용, 시간을 요하고 처분가격도 임의처분의 경우보다 염가(廉價)로 되는 경우가 많다. 따라서 대부분의 담보권설정계약에서는 담보권의 종류(저당권, 질권, 양도담보권)를 묻지 않고, 법정절차에 의하는 방법에 추가하여 담보권자가 담보목적물을 매각 기타의 방법으로 처분하는 방법(처분청산) 및 담보권자가 담보목적물을 스스로 평가하여 취득하는 방법(귀속청산)을 임의처분의 방법으로 약정하는 것이 일반적이다.

질권의 경우는 상행위에 의해 발생한 채권을 담보하기 위한 질권을 제외하고는 유질계약이 금지되지만(민법 제339조, 상법 제59조), M&A금융의 경우에 보통은 대주와 차주가 모두 「상인」이어서 그 피담보채권이 상행위에 의해 발생한 채권이 되기 때문에 유질도 가능하다. 다만, 임의처분의 방법 및 절차에 대해서는 담보권설정계약의 내용에도 불구하고, 가담법의 적용을 받는 부동산 등의 등기・등록 대상 담보목적물의 임의처분, 담보목적물에 대한 정산의무 이행 등과 관련하여 법률・판례에 의한 별도의 제한이 있을 수 있다{대법원 2018다304007 판결([판례 4-58]) 참조}.

[계약서 기재례] 근질권의 실행

(1) 피담보채무의 기한이 도래하였으나 변제되지 아니하거나 기한의 이익이 상실된 경우 근질권자는 근질권을 실행할 수 있다. 근질권자는 즉시 이 계약상 근질권자에게 부여된 모든 권한을 행사할 수 있으며, 그 권한은 아래를 포함하나 이에 한정되지 않는다. 이와 관련하여 근질권설정자와 채무자는 대리기관의 요구에 따라 이러한 권한이 유효하도록 하는데 필요한 모든 조치를 취하여야 한다.
   1. 담보목적물에 관한 모든 권리를 행사할 권한
   2. 근질권자가 담보목적물이나 기타 자산을 추심할 수 있는 권한(다만, 근질권자가 추심할 의무를 부담하는 것은 아님)
   3. 관계법령상 허용되는 범위 내에서, 근질권자가 합리적으로 결정하는 방법, 시기, 가격 등의 조건에 따라 담보목적물을 제3자에게 처분하는 행위. 대리기관이나 근질권자 또는 여하한 제3자라도 담보목적물의 양수인이 될 수 있으며 근질권설정자의 모든 권한 및 구상권(근질권설정자의 상환 권한도 포함됨)의 제약을 받지 않는다. 근질권설정자와 채무자는 근질권자가 직접 또는 자문기관을 통하여 담보목적물의 처분을 위하여 채무자에 대한 재무・회계・법무・기타의 실사를 요청하는 경우에는 [*]주 이상의 실사에 응하여야 한다.

(2) 이 조 제(1)항에 따른 회수대금이 피담보채무를 완전히 변제하기에 부족한 경우 채무자는 해당 부족액을 지불할 의무가 있다.

(3) 대리기관과 근질권자는 이 조 제(1)항 제3호에 따른 담보목적물의 매각과 관련해서 어떠한 비용도 부담하지 않는다. 근질권설정자와 채무자는 담보목적물의 매각 방법, 시기, 가격 등의 매각조건과 관련하여 대리기관 및 근질권자에게 어떠한 이의나 청구도 제기하지 아니하고, 그러한 이의나 청구를 제기할 수 있는 모든 권리를 포기한다.

(4) 이 계약상의 다른 규정에도 불구하고, 근질권자는 관계법령상 허용되는 범위 내에서 이 계약에 따라 근질권자에게 부여된 권리실행을 담보권자의 의사결정에 따라 대리기관을 통해서만 행사할 수 있다는 것을 인정하고, 대리기관에게 이와 같은 권한을 부여한다.

(5) 이 조에 의한 근질권의 실행에 따라 회수된 금원은 대출계약상의 변제충당순서에 따라 근질권자에게 분배한다.

또한, 가담법이나 정산의무 등에 의한 제한 이외에도, 담보권설정계약상의 문구에도 불구하고, 담보목적물의 처분 조건을 담보권자(담보대리인)의 완전한 재량에 맡길 수는 없기 때문에 담보권자(담보대리인)가 부당하게 염가로 담보목적물을 처분한 경우에는 그 책임을 청구당할 가능성이 있다는 점에도 주의를 요한다.[81]

(2) 담보대리인

대주단대출에서의 담보관리업무의 통일적인 처리와 담보관리의 편의성을 위해 대출계약에서와 같이 복수의 담보권자를 대리하는 담보대리인(Collateral Agent)이 설치되는 것이 일반적이다. 담보권설정계약에서는 담보권자를 위한 담보관리업무(담보권의 실행, 제반서류 등의 수령・보관, 담보권의 소멸 시의 절차 이행 등)를 담보대리인의 업무로 규정하고, 이와 관련하여 담보대리인의 권한, 권리, 의무 및 면책에 관해서도 규정한다. 다만, 실무에서는 대출계약상의 대리인이 담보대리인을 겸임하는 경우도 많은데,[82] 이때에는 담보대리인의 권한, 권리, 의무 및 면책에 관해서는 대출계약의 규정이 준용되도록 하는 등의 방법으로 규정되는 경우가 많다.

[계약서 기재례] 담보대리인

(1) 근질권자는 근질권설정자로부터 설정받은 근질권과 관련하여, 근질권자의 대리인으로서 대리기관을 선임하고, 대리기관은 이 계약과 대출계약에 따라서 이를 수락한다.
(2) 대출계약 제[*]조는 이 계약상의 대리기관에 대하여도 준용된다.
(3) 관계법령상 허용되는 범위 내에서, 근질권자가 이 계약상 행사할 수 있는 모든 권리는 대리기관을 통하여 또는 대리기관에 의하여 행사되어야 하며, 근질권자가 이러한 권리를 대리기관을 통하지 않고 행사하는 것은 허용되지 아니한다. 대리기관은, 관계법령상 허용되는 범위 내에서, 자신의 합리적인 판단하에 담보권자를 위하여 변호사, 회계사 등 외부 전문가, 채권추심업무를 수행할 자격이 있는 제3자 등의 자문을 구하거나 그러한 자문 및 위임에 의하여 이 계약상 업무나 역할을 수행할 수 있다. [이와 관련하여 제3자에게 지급되는 수수료 기타 비용은 대리기관이 부담하기로 한다.]

한편, 대주단대출에서 변호사가 아닌 담보대리인이 다른 담보권자를 위하여 담보권의 실행절차 및 원리금의 회수 등의 역할을 담당하는 것이 변호사법 또는 신용정보법에 위반되

81) 青山大樹 編著『詳解 シンジケートローンの法務』(一般社団法人 金融財政事情研究会, 2015) 354페이지 참고. 대법원 2018다304007 판결([판례 4-58])도 참조
82) 이 경우 담보권설정계약에서도 별도로 담보대리인이라는 명칭을 사용하지 않고 대리인으로 표시하기도 한다.

는 것은 아닌지 여부에 대해서는 본서 제3편 제1장 3 (5) 4) 대리인(대리기관) 조항 부분에서 살펴본 바와 같다.

(3) 담보권자의 관계 및 의사결정

대주단대출에서는 동순위의 복수의 담보권자가 존재하는데, 통상 이들 간의 관계는 저당권과 질권의 경우에는 그 설정방식에 따라 (대출)참가비율에 따라 동순위의 권리를 가지는 것으로 규정되거나(「개별동순위방식」의 경우) 또는 하나의 담보권을 (대출)참가비율에 따라 준공유하는 것으로 규정되고(「단일계약준공유방식」의 경우), 양도담보권의 경우에는 (대출)참가비율에 따라 준공유하는 것으로 규정된다(「단일계약준공유방식」).

이와 같이 대주단대출에서는 복수의 담보권자가 존재하기 때문에 담보권자 사이의 의사결정과정을 통하여 전체의 담보권자의 관계를 통일적으로 처리하는 구조를 취하는 것이 일반적인데, 절차의 효율성을 위해 담보대리인이 담보권자의 의사결정을 취합하고 취합된 의사결정에 따라 담보권자를 대리하여 담보관리업무를 처리하게 된다는 점은 대출계약에서와 마찬가지이다. 보통은 담보권 행사 등 담보권설정계약상 담보권자의 권리(동의, 승인 등 포함)의 행사와 관련된 담보권자 사이의 의사를 취합하는 절차는 대출계약에서 정하는 대주의 의사결정 절차에 따라 이루어진다.

(4) 공동담보와 누적담보

민법 제368조에서는 공동저당과 관련하여, 동시배당의 경우의 각 부동산의 경매대가의 분담액과 이시배당의 경우의 차순위 저당권자의 대위에 대해 규정하고 있다.[83] 여기서, 민법은 「공동저당」을 「동일한 채권의 담보로 수개의 부동산에 저당권을 설정한 경우」로 규정하는데, 판례는 이와 같은 공동저당의 경우에는 피담보채권이 중첩되며 동시배당, 이시배당을 불문하고 공동근저당권자가 각 부동산의 환가대금으로부터 채권최고액만큼 반복하여 배당받을 수 없다고 판시하고 있다.

---

83) **제368조(공동저당과 대가의 배당, 차순위자의 대위)** ① 동일한 채권의 담보로 수개의 부동산에 저당권을 설정한 경우에 그 부동산의 경매대가를 동시에 배당하는 때에는 각부동산의 경매대가에 비례하여 그 채권의 분담을 정한다. ② 전항의 저당부동산 중 일부의 경매대가를 먼저 배당하는 경우에는 그 대가에서 그 채권전부의 변제를 받을 수 있다. 이 경우에 그 경매한 부동산의 차순위저당권자는 선순위저당권자가 전항의 규정에 의하여 다른 부동산의 경매대가에서 변제를 받을 수 있는 금액의 한도에서 선순위자를 대위하여 저당권을 행사할 수 있다.

한편, 판례는 당사자 사이에 동일한 채권을 담보하기 위하여 여러 개의 부동산에 근저당권을 설정하면서 각각의 근저당권 채권최고액을 합한 금액을 우선변제받기 위하여 공동근저당권의 형식이 아닌 개별 근저당권의 형식을 취한 경우, 이러한 근저당권을 민법 제368조가 적용되는 공동근저당권이 아니라 피담보채권을 누적적(累積的)으로 담보하는 근저당권, 즉 「누적저당」을 인정하면서, 이와 같은 누적적 근저당권은 공동근저당권과 달리 담보의 범위가 중첩되지 않으므로, 누적적 근저당권을 설정받은 채권자는 여러 개의 근저당권을 동시에 실행할 수도 있고, 여러 개의 근저당권 중 어느 것이라도 먼저 실행하여 그 채권최고액의 범위에서 피담보채권의 전부나 일부를 우선변제받은 다음 피담보채권이 소멸할 때까지 나머지 근저당권을 실행하여 그 근저당권의 채권최고액 범위에서 반복하여 우선변제를 받을 수 있다고 판시하고 있다.

간단히 말하자면, 공동저당권은 채무를 중첩적으로 담보하는 반면, 누적저당권은 담보범위가 중첩되지 않고 누적적이라는 점에 차이가 있다.

예를 들어 설명하면, A, B부동산에 채권최고액 100억 원의 근저당권이 설정되었는데 확정된 피담보채권 잔액이 150억 원인 경우를 예로 들면, 위 근저당이 공동저당이면 근저당권자에게는 A, B부동산을 통틀어 100억 원만 우선변제되고(담보의 범위가 중첩되기 때문이다) 이는 동시배당이든 이시배당이든 마찬가지이다. 따라서 100억 원 외에 나머지 금액은 A, B부동산의 각 소유자(또는 후순위 권리자)에게 배당된다. 반면, 위 근저당이 누적저당이면 근저당권은 A, B부동산 별로 각 100억 원씩 총 합계 200억 원의 한도 내에서 우선변제받을 수 있게 되어 근저당권자는 피담보채권 잔액 150억 원 전체를 변제(배당)받을 수 있게 된다.

[판례 4-45] 대법원 2020. 4. 9. 선고 2014다51756, 2014다51763(병합) 판결

1. 기본적 사실관계

원심판결 이유와 기록에 따르면 다음 사실을 알 수 있다.

가. 주식회사 푸른상호저축은행(이하 '푸른상호저축은행'이라 한다)은 2009. 10. 16. 주식회사 송백(이하 '송백'이라 한다)에게 75억 원을 여신기간만료일 2010. 10. 16., 이율 연 10%, 지연배상금률 최고 연 25%로 정하여 대출하였다(이하 위 대출금을 '이 사건 대출금'이라 한다). 원고 1은 같은 날 송백이 푸른상호저축은행에 대하여 현재 및 장래 부담하는 채무를 97억 5,000만 원의 범위에서 연대보증하였다.

나. 송백과 원고들은 2009. 10. 14. 푸른상호저축은행과 사이에 송백이 위 은행에 대하여 현재 및 장래에 부담하는 채무를 포괄 담보하기 위하여 다음과 같은 세 그룹의 근저

당권을 설정하기 위한 각각의 계약을 체결하고, 2009. 10. 16. 푸른상호저축은행 앞으로 해당 근저당권의 설정등기를 마쳤다. 이로써 ① 송백 소유의 남양주시 소재 건물(이하 '남양주 건물'이라 한다) 4개 호실과 원고 1 소유의 인천 연수구 송도동 소재 아파트를 공동담보로 하고 채권최고액을 25억 원으로 하는 근저당권(이하 '이 사건 A 그룹 근저당권'이라 한다), ② 원고 1이 소유하는 인천 남구 주안동 소재 토지와 건물, 원고들이 각 1/2 지분씩 공유하는 인천 남구 도화동 소재 토지를 공동담보로 하고 채권최고액을 40억 원으로 하는 근저당권(이하 '이 사건 B그룹 근저당권'이라 한다), ③ 송백 소유의 남양주 건물 36개 호실에 관하여 각 부동산별로 채권최고액을 약 9,000만 원 내지 16억 원으로 하는 각 근저당권(이하 '이 사건 C그룹 근저당권'이라 한다)이 설정되었다. 당사자들은 공동근저당권으로 등기된 이 사건 A그룹 근저당권 상호 간 및 이 사건 B그룹 근저당권 상호 간을 제외하고는 각 근저당권 사이에 담보범위가 중첩되지 않고 이 사건 대출금 채권 전체를 누적적으로 담보할 의사로 각 근저당권을 설정하였다.

다. 원고들 소유의 위 도화동 소재 토지에 관하여 「공익사업을 위한 토지 등의 취득 및 보상에 관한 법률」에 따른 공익사업이 시행되어 그 사업시행자가 위 토지를 협의취득하였다. 사업시행자는 협의취득 보상금에 대한 푸른상호저축은행의 물상대위권 행사에 따라 2010. 4.경부터 7.경까지 푸른상호저축은행에게 원고 1을 위하여 1,011,463,842원을, 원고 2를 위하여 1,013,000,000원을 각 지급하였다.

라. 푸른상호저축은행이 이 사건 A그룹 근저당권에 기하여 원고 1 소유의 위 송도동 소재 아파트에 관한 임의경매개시결정을 받자, 원고 1은 매각기일 연기를 위하여 2012. 2. 23. 푸른상호저축은행에 이 사건 대출금 중 2억 원을 변제하였다.

마. 푸른상호저축은행은 2012. 3. 21. 주식회사 쓰리엠모터스(이하 '쓰리엠모터스'라 한다)에 이 사건 대출금채권과 이를 담보하기 위한 이 사건 A, B, C그룹 근저당권을 모두 양도하고 2012. 4. 3. 쓰리엠모터스 앞으로 근저당권이전의 부기등기를 마쳤다.

바. 한편, 피고는 2010. 9. 7. 송백에 대한 공사대금 채권을 담보하기 위하여 남양주 건물 전체를 공동담보로 채권최고액을 19억 5,000만 원으로 하는 근저당권설정등기를 마쳤다.

사. 피고 등 채권자들의 신청에 따라 송백 소유의 남양주 건물 38개 호실(이 사건 C그룹 근저당권이 설정된 36개 호실 전체와 이 사건 A그룹 근저당권이 설정된 4개 호실 중 2개 호실)에 관하여 임의경매절차가 진행되었다. 배당법원은 2013. 2. 12.과 2013. 3. 12. 2차에 걸친 배당기일에서 실제 배당할 금액 중 당해세 압류권자, 소액임차인, 1순위 근저당권자 쓰리엠모터스 등 선순위 채권자에게 배당하고 난 나머지 금액 1,608,205,161원(1차 배당)과 162,457,379원(2차 배당)을 모두 피고와 피고의 배당금 전부 채권자에게 배당하고, 원고들에게는 전혀 배당하지 않는 내용으로 배당표를 작성하였다. 이에 원고들은 피고에 대한 배당액에 대해 이의하고 이 사건 각 배당이의의 소를 제기하였다.

2. 누적적 근저당권과 변제자대위에 관한 법리오해 등 주장(상고이유 제1점 내지 제3점) 에 대한 판단

가. 당사자 사이에 하나의 기본계약에서 발생하는 동일한 채권을 담보하기 위하여 여러 개의 부동산에 근저당권을 설정하면서 각각의 근저당권 채권최고액을 합한 금액을 우선변제받기 위하여 공동근저당권의 형식이 아닌 개별 근저당권의 형식을 취한 경우, 이러한 근저당권은 민법 제368조가 적용되는 공동근저당권이 아니라 피담보채권을 누적적(累積的)으로 담보하는 근저당권에 해당한다. 이와 같은 누적적 근저당권은 공동근저당권과 달리 담보의 범위가 중첩되지 않으므로, 누적적 근저당권을 설정받은 채권자는 여러 개의 근저당권을 동시에 실행할 수도 있고, 여러 개의 근저당권 중 어느 것이라도 먼저 실행하여 그 채권최고액의 범위에서 피담보채권의 전부나 일부를 우선변제 받은 다음 피담보채권이 소멸할 때까지 나머지 근저당권을 실행하여 그 근저당권의 채권최고액 범위에서 반복하여 우선변제를 받을 수 있다.

나. 채권자가 하나의 기본계약에서 발생하는 동일한 채권을 담보하기 위하여 채무자 소유의 부동산과 물상보증인 소유의 부동산에 누적적 근저당권을 설정받았는데 물상보증인 소유의 부동산이 먼저 경매되어 매각대금에서 채권자가 변제를 받은 경우, 물상보증인은 채무자에 대하여 구상권을 취득함과 동시에 민법 제481조, 제482조에 따라 종래 채권자가 가지고 있던 채권 및 담보에 관한 권리를 행사할 수 있다. 이때 물상보증인은 변제자대위에 의하여 종래 채권자가 보유하던 채무자 소유 부동산에 관한 근저당권을 대위취득하여 행사할 수 있다고 보아야 한다. 그 상세한 이유는 다음과 같다.

1) 누적적 근저당권은 모두 하나의 기본계약에서 발생한 동일한 피담보채권을 담보하기 위한 것이다. 이와 달리 당사자가 근저당권 설정 시 피담보채권을 여러 개로 분할하여 분할된 채권별로 근저당권을 설정하였다면 이는 그 자체로 각각 별개의 채권을 담보하기 위한 개별 근저당권일 뿐 누적적 근저당권이라고 할 수 없다. 누적적 근저당권은 각 근저당권의 담보 범위가 중첩되지 않고 서로 다르지만 이러한 점을 들어 피담보채권이 각 근저당권별로 자동으로 분할된다고 볼 수도 없다. 이는 동일한 피담보채권이 모두 소멸할 때까지 자유롭게 근저당권 전부 또는 일부를 실행하여 각각의 채권최고액까지 우선변제를 받고자 누적적 근저당권을 설정한 당사자의 의사에 반하기 때문이다.

   채무자 소유의 부동산과 물상보증인 소유의 부동산에 설정된 누적적 근저당권도 마찬가지이다. 따라서 채무자 소유 부동산에 설정된 근저당권은 물상보증인이 변제로 채권자를 대위할 경우 민법 제482조 제1항에 따라 행사할 수 있는 채권의 담보에 관한 권리에 해당한다.

2) 민법 제481조, 제482조가 대위변제자로 하여금 채권자의 채권과 그 채권에 대한 담보권을 행사할 수 있도록 하는 이유는 대위변제자의 채무자에 대한 구상권의 만족을 실효성 있게 보장하기 위함이다. 물상보증인은 채무자의 자력이나 함께 담보

로 제공된 채무자 소유 부동산의 담보력을 기대하고 자신의 부동산을 담보로 제공한다. 누적적 근저당권의 피담보채권액이 각각의 채권최고액을 합한 금액에 미달하는 경우 물상보증인은 변제자대위 등을 통해 채무자 소유의 부동산이 가장 우선적으로 책임을 부담할 것을 기대하고 담보를 제공한다(누적적 근저당권의 피담보채권액이 각각의 채권최고액을 합한 금액보다 큰 경우에는 채권자만이 모든 근저당권으로부터 만족을 받게 되므로 물상보증인의 변제자대위가 인정될 여지가 없다). 그 후에 채무자 소유 부동산에 후순위저당권이 설정되었다는 사정 때문에 물상보증인의 기대이익을 박탈할 수 없다.

3) 반면, 누적적 근저당권은 공동근저당권이 아니라 개별 근저당권의 형식으로 등기되므로 채무자 소유 부동산의 후순위저당권자는 해당 부동산의 교환가치에서 선순위근저당권의 채권최고액을 뺀 나머지 부분을 담보가치로 파악하고 저당권을 취득한다. 따라서 선순위근저당권의 채권최고액 범위에서 물상보증인에게 변제자대위를 허용하더라도 후순위저당권자의 보호가치 있는 신뢰를 침해한다고 볼 수 없다.

다. 앞서 1.항에서 본 사실관계를 위와 같은 법리에 비추어 살펴본다.

송백과 원고들은 이 사건 대출금 채권을 누적적으로 담보하기 위하여 자신들 소유의 부동산을 담보로 제공하고 이 사건 A, B, C그룹 근저당권을 각각 설정하였다. 그런데 푸른상호저축은행은 이 사건 B그룹 근저당권에 기하여 원고들 소유 부동산의 협의취득 보상금에 물상대위권을 행사하여 이 사건 대출금 일부를 변제받았고, 원고 1은 자기 소유의 부동산에 관한 이 사건 A그룹 근저당권의 실행을 연기하기 위하여 푸른상호저축은행에 이 사건 대출금 일부를 대위변제하였다. 그렇다면 원고들은 변제자대위에 의하여 푸른상호저축은행이 이 사건 대출금채권을 담보하기 위하여 보유하고 있는 이 사건 A, C그룹 근저당권을 푸른상호저축은행의 승계인인 쓰리엠모터스와 함께 행사할 수 있다고 할 것이다.

나아가 원고 1은 이 사건 대출금 채권 전체에 대하여 연대보증인의 지위도 겸하고 있어 위 각 변제는 연대보증인의 변제에도 해당하므로, 원고 1은 연대보증인의 지위에서도 이 사건 A, C그룹 근저당권에 대해 변제자대위를 할 수 있다.

따라서 원고들은 이 사건 경매절차에서 이 사건 A, C그룹 근저당권의 각 채권최고액 중 쓰리엠모터스가 우선변제받고 남은 금액이 있으면 원고들의 구상권의 범위에서 후순위근저당권자인 피고에 우선하여 배당받을 수 있다.

원심은 이와 같은 취지에서 원고들이 이 사건 A, C그룹 근저당권을 대위행사할 수 있고, 위 근저당권의 각 채권최고액 중 쓰리엠모터스에 배당된 금액을 뺀 나머지 범위에서 피고에 우선하여 배당받을 수 있다고 판단하였다. 이러한 원심의 판단은 앞서 본 법리에 따른 것으로 정당하다. 원심의 위 판단에 상고이유 주장과 같이 누적적 근저당권과 변제자대위에 관한 법리를 오해하여 판결에 영향을 미친 잘못이 없다.

3. 배당액의 계산에 관한 심리미진 주장(상고이유 제4점)에 대한 판단

원심은 이 사건 경매절차에서 쓰리엠모터스에게 배당하고 남은 매각대금이 원고들이 대위행사하는 각 근저당권의 잔존 채권최고액은 물론 원고들의 구상금 채권의 원본인 대위변제금액에도 미달하므로, 원고들은 각 근저당권의 잔존 채권최고액의 범위에서 자신들이 배당받을 채권액을 부동산별로 자유롭게 배분하여 배당을 신청할 수 있다고 판단하였다.

관련 법리와 기록에 비추어 살펴보면, 원심의 위 판단에 상고이유 주장과 같이 배당액의 계산에 관하여 필요한 심리를 다하지 않아 판결에 영향을 미친 잘못이 없다.

[판례 4-46] 대법원 2017. 12. 21. 선고 2013다16992 전원합의체 판결

1. 상고이유 제1점 및 제4점에 관하여

원심은 판시와 같은 이유로, (1) 피고가 채무자 겸 원심판결 별지 제1목록 기재 부동산(이하 '이 사건 제1부동산'이라 한다)의 소유자인 주식회사 네오스틸(이하 '네오스틸'이라 한다)에 대한 원심 판시 회생절차(이하 '이 사건 회생절차'라 한다)에서 이 사건 제1부동산에 관한 원심 판시 공동근저당권(이하 '이 사건 공동근저당권'이라 한다)을 이 사건 제1부동산의 평가액 내에서 회생담보권으로 인정받고, 이에 기초하여 이 사건 회생절차의 회생계획에 따라 이 사건 제1부동산을 포함한 영업의 양도대금에서 합계 4,109,272,480원을 받았다고 판단한 다음, (2) 이는 공동근저당권의 담보 목적 부동산에 대한 환가절차에서 근저당권의 우선변제권을 행사하여 배당받은 경우에 해당하고 채무자의 임의변제와 같은 성격이라고 보기 어렵다고 판단하였다.

원심판결 이유를 원심 판시 관련 법리와 적법하게 채택된 증거들에 비추어 살펴보면 원심의 판단을 수긍할 수 있고, 거기에 상고이유 주장과 같이 피고가 이 사건 회생계획에 따라 근저당권자로서 배당받은 금액에 관하여 필요한 심리를 다하지 아니하고 논리와 경험의 법칙에 반하여 자유심증주의의 한계를 벗어나거나 근저당권의 우선변제권 행사 등에 관한 법리를 오해한 위법이 없다.

2. 상고이유 제2점 및 제3점에 관하여

가. (1) 공동근저당권자가 스스로 근저당권을 실행하거나 타인에 의하여 개시된 경매·공매 절차, 수용 절차 또는 회생 절차 등(이하 '경매 등의 환가절차'라 한다)을 통하여 공동담보의 목적 부동산 중 일부에 대한 환가대금 또는 수용보상금 등으로부터 다른 권리자에 우선하여 피담보채권의 일부에 대하여 배당 또는 변제를 받은 경우에, 공동담보의 나머지 목적 부동산에 대한 경매 등의 환가절차에서 공동근저당권자로서 나머지 피담보채권에 대하여 다시 최초의 채권최고액 범위 내에서 공동근저당권자로서 우선변제권을 행사할 수 있는지 문제된다.

(2) 민법 제368조 제1항은 "동일한 채권의 담보로 수개의 부동산에 저당권을 설정한 경우에 그 부동산의 경매대가를 동시에 배당하는 때에는 각 부동산의 경매대가에 비례하여 그 채권의 분담을 정한다."라고 정하고 있고, 제2항은 "전항의 저당부동산 중 일부의 경매대가를 먼저 배당하는 경우에는 그 대가에서 그 채권 전부의 변제를 받을 수 있다. 이 경우에 그 경매한 부동산의 차순위 저당권자는 선순위 저당권자가 전항의 규정에 의하여 다른 부동산의 경매대가에서 변제를 받을 수 있는 금액의 한도에서 선순위자를 대위하여 저당권을 행사할 수 있다."라고 정하고 있다.

공동저당권의 목적인 수개의 부동산이 동시에 경매된 경우에 공동저당권자로서는 어느 부동산의 경매대가로부터 배당받든 우선변제권이 충족되기만 하면 되지만, 각 부동산의 소유자나 후순위 저당권자 그 밖의 채권자는 어느 부동산의 경매대가가 공동저당권자에게 배당되는지에 관하여 중대한 이해관계를 가진다. 민법 제368조 제1항은 공동저당권 목적 부동산의 전체 환가대금을 동시에 배당하는 이른바 동시배당(同時配當)의 경우에 공동저당권자의 실행선택권과 우선변제권을 침해하지 아니하는 범위 내에서 각 부동산의 책임을 안분함으로써 각 부동산의 소유자와 후순위 저당권자 그 밖의 채권자의 이해관계를 조절하고, 나아가 같은 조 제2항은 대위제도를 규정하여 공동저당권의 목적 부동산 중 일부의 경매대가를 먼저 배당하는 이른바 이시배당(異時配當)의 경우에도 최종적인 배당의 결과가 동시배당의 경우와 같게 함으로써 공동저당권자의 실행선택권 행사로 인하여 불이익을 입은 후순위 저당권자를 보호하는 데에 그 취지가 있다(대법원 2006. 10. 27. 선고 2005다14502 판결 등 참조).

민법 제368조는 공동근저당권의 경우에도 적용되고, 공동근저당권자가 스스로 근저당권을 실행한 경우는 물론이며 타인에 의하여 개시된 경매 등의 환가절차에서 그 환가대금 등으로부터 다른 권리자에 우선하여 피담보채권의 일부에 대하여 배당받은 경우에도 적용된다(대법원 2006. 10. 27. 선고 2005다14502 판결, 대법원 2014. 4. 10. 선고 2013다36040 판결 등 참조).

공동근저당권이 설정된 목적 부동산에 대하여 동시배당이 이루어지는 경우에 공동근저당권자는 채권최고액 범위 내에서 피담보채권을 민법 제368조 제1항에 따라 부동산별로 나누어 각 환가대금에 비례한 액수로 배당받으며, 공동근저당권의 각 목적 부동산에 대하여 채권최고액만큼 반복하여, 이른바 누적적으로 배당받지 아니한다.

그렇다면 공동근저당권이 설정된 목적 부동산에 대하여 이시배당이 이루어지는 경우에도 동시배당의 경우와 마찬가지로 공동근저당권자가 공동근저당권 목적 부동산의 각 환가대금으로부터 채권최고액만큼 반복하여 배당받을 수는 없다고 해석하는 것이 민법 제368조 제1항 및 제2항의 취지에 부합한다.

(3) 만일 위와 달리, 공동근저당권자가 타인에 의하여 개시된 공동근저당권의 목적 부동산 중 일부에 관한 경매 등의 환가절차에서 그 환가대금 등으로부터 다른 권리자에 우선하여 피담보채권의 일부를 배당받았음에도, 이후 공동근저당권의 다른 목적 부동산에 대한 경매 등의 환가절차에서 감액되지 아니한 최초의 채권최고액 전부에 대하여 다시 우선변제권을 행사할 수 있다고 보게 되면, 아래와 같은 불합리한 결과가 발생한다.

(가) 선순위 공동근저당권이 설정되어 있는 부동산에 대하여 후순위로 근저당권을 취득하려는 사람은 선순위 공동근저당권의 목적물 전부의 환가대금 중 공동근저당권의 채권최고액만큼의 담보가치만을 선순위 공동근저당권자의 몫으로 고려하고 그 나머지 담보가치는 자신의 몫으로 파악하여 근저당권을 취득한다. 그런데 선순위 공동근저당권자가 공동근저당권의 각 목적물마다 최초의 채권최고액만큼 반복하여 배당받을 수 있다면, 후순위로 근저당권을 취득한 사람에게 예측하지 못한 손해를 입힐 수 있고 또한 후순위 근저당권자에 의한 민법 제368조 제2항의 대위가 불가능하게 되거나 대위의 범위가 축소될 수 있으며, 공동근저당권자가 의도적으로 이시배당을 선택할 우려마저 있으므로, 이시배당의 경우에 선순위 공동저당권자의 실행선택권 행사로 불이익을 입은 후순위 저당권자를 보호하려는 민법 제368조 제2항의 취지에 어긋난다.

(나) 채무자 소유의 부동산과 물상보증인 소유의 부동산에 공동근저당권이 설정된 경우에, 그중 물상보증인 소유의 부동산에 대하여 먼저 경매 등의 환가절차가 진행되어 그 환가대금에서 공동근저당권자가 피담보채권의 일부에 대하여 배당받은 때에는, 물상보증인은 배당받은 가액의 범위 내에서 변제자대위에 의하여 채무자 소유의 부동산에 대한 공동근저당권을 대위취득하나, 다만 그 경우에도 공동근저당권자는 위와 같이 일부 변제자대위를 하는 물상보증인에 대한 관계에서 우선변제권을 가진다(대법원 1994. 5. 10. 선고 93다25417 판결, 대법원 2004. 6. 25. 선고 2001다2426 판결, 대법원 2011. 6. 10. 선고 2011다9013 판결 등 참조). 그런데 위와 같은 일부 배당에도 불구하고 공동근저당권자가 채무자 소유의 부동산에 대하여 감액되지 아니한 최초의 채권최고액 범위 내에서 다시 우선변제권을 행사할 수 있다면, 물상보증인의 변제자대위가 불가능하게 되거나 대위의 범위가 축소되어 채무자 소유의 부동산에 관한 담보력을 기대하고 자기의 부동산을 담보로 제공한 물상보증인의 기대이익을 박탈하게 된다.

(다) 특히 공동근저당권의 목적 부동산이 동일한 물상보증인의 소유인 경우에, 그 물상보증인으로서는 자신이 부담하게 될 책임이 위 근저당권의 채권최고액을 넘지 아니한다고 믿기 마련인데, 만일 이시배당이 이루어졌다는 이

유만으로 공동근저당권자가 공동근저당권 목적물의 각 환가대금으로부터 채권최고액만큼 반복하여 배당받을 수 있게 된다면, 물상보증인의 책임 범위가 그 담보제공 의사와 무관하게 확장되는 결과를 낳는다. 더욱이 근저당권 목적 부동산 중 일부 부동산에 대한 경매절차에서 공동근저당권자가 소극적으로 참가하여 배당받음에 따라 나머지 부동산에 대하여는 근저당권의 피담보채권이 확정되지 아니하는 경우에, 나머지 부동산에 대한 경매절차에서 그동안 계속 발생된 피담보채권을 포함한 피담보채권 전액에 관하여 채권최고액만큼 반복하여 우선하여 배당받을 수 있게 된다면, 채권최고액 범위 내에서의 배당을 예정한 물상보증인의 기대에 완전히 배치되고, 또한 이러한 담보제공 의사와 무관하게 공동근저당권자가 적극적으로 경매를 신청하였는지 아니면 제3자의 경매신청에 소극적으로 참가하였는지에 따라 물상보증인의 책임 범위가 크게 달라질 수 있어 형평에 어긋나게 된다.

(4) 그러므로 <u>공동근저당권자가 스스로 근저당권을 실행하거나 타인에 의하여 개시된 경매 등의 환가절차를 통하여 공동담보의 목적 부동산 중 일부에 대한 환가대금 등으로부터 다른 권리자에 우선하여 피담보채권의 일부에 대하여 배당받은 경우에, 그와 같이 우선변제받은 금액에 관하여는 공동담보의 나머지 목적 부동산에 대한 경매 등의 환가절차에서 다시 공동근저당권자로서 우선변제권을 행사할 수 없다</u>고 보아야 하며, <u>공동담보의 나머지 목적 부동산에 대하여 공동근저당권자로서 행사할 수 있는 우선변제권의 범위는 피담보채권의 확정 여부와 상관없이 최초의 채권최고액에서 위와 같이 우선변제받은 금액을 공제한 나머지 채권최고액으로 제한된다</u>고 해석함이 타당하다(대법원 2006. 10. 27. 선고 2005다14502 판결, 대법원 2012. 1. 12. 선고 2011다68012 판결, 대법원 2017. 9. 21. 선고 2015다50637 판결 등 참조). 그리고 이러한 법리는 채권최고액을 넘는 피담보채권이 원금이 아니라 이자·지연손해금인 경우에도 마찬가지로 적용된다.

(5) 이와 달리, 공동근저당권의 목적 부동산이 일부씩 나누어 순차로 경매가 실행되는 경우에 공동근저당권자가 선행 경매절차에서 배당받은 원본 및 이자·지연손해금의 합산액이 결과적으로 채권최고액으로 되어 있는 금액을 넘더라도 나머지 목적 부동산에 관한 경매 등의 환가절차에서 다시 우선변제권을 행사할 수 있다는 취지로 판단한 대법원 2009. 12. 10. 선고 2008다72318 판결은 이 판결의 견해에 배치되는 범위 내에서 이를 변경하기로 한다.

나. 원심은 판시 이유를 들어, 다음과 같은 취지로 판단하였다.

(1) 피고는 선행 환가절차인 이 사건 회생절차에서 채권최고액이 71억 5,000만 원인 이 사건 공동근저당권에 대하여 그 목적 부동산 중 일부인 이 사건 제1부동산의 평가액 내에서 회생담보권으로 인정받고, 이에 기초하여 회생계획에 따라 4,109,272,480원을 우선변제받았다.

(2) 이와 같이 우선변제받은 금액에 대해서는, 이 사건 공동근저당권의 다른 목적 부동산으로서 주식회사 블루밸리의 소유인 원심판결 별지 제2목록 기재 부동산(이하 '이 사건 제2부동산'이라 한다)에 대하여 이 사건 회생절차 종결 후에 이루어진 공매절차(이하 '이 사건 공매절차'라 한다)에서 피고가 다시 공동근저당권자로서 우선변제권을 행사할 수 없다.

(3) 따라서 이 사건 공동근저당권에 따라 이 사건 회생절차에서 우선변제받은 위 금액은 그만큼 이 사건 공동근저당권의 채권최고액에서 공제되어야 하며, 피고는 이 사건 공매절차에서 그 공제 후의 채권최고액 범위 내에서만 이 사건 공동근저당권의 피담보채권에 대하여 배당받을 수 있다.

다. 원심판결 이유를 적법하게 채택된 증거들에 비추어 살펴보면, 이러한 원심의 판단은 앞에서 본 법리에 기초한 것으로 보이고, 거기에 상고이유 제3점의 주장과 같이 우선변제가 가능한 공동근저당권의 채권최고액 범위에 관한 법리를 오해한 위법이 없다. 그리고 앞에서 본 법리에 의하면 채무자인 네오스틸에 대한 이 사건 회생절차개시결정으로 인하여 이 사건 제2부동산에 관한 이 사건 공동근저당권의 피담보채권이 확정되는지의 여부는 위와 같은 원심의 결론에 영향이 없으므로, 그 피담보채권의 확정에 관한 상고이유 제2점의 주장 역시 그 당부에 관하여 판단할 필요 없이 원심판결을 파기할 사유가 되지 못한다.

이와 같은 공동저당, 누적저당의 개념이 저당권 외의 다른 담보권(질권, 양도담보권, 보증 등)에도 적용될 수 있는지 의문이 있을 수 있으나, 실무에서는 근저당권 외에 질권, 양도담보, 보증 등 다른 담보권 설정 시에도 이와 같은 공동저당, 누적저당의 개념이 적용될 수 있음을 전제로 동 개념을 원용하여 담보권설정계약 체결 시 누적담보의 형태로 담보권 설정이 이루어지고 있는 것이 일반적이다. 다만, 실무상 체결되고 있는 담보권설정계약에서는 중첩적/누적적이라는 개념을 혼용해서 사용하거나 공동담보의 목적물과 누적담보의 목적물을 구분하지 않고 1개의 계약서에 혼재하여 담보를 설정함으로써 동 담보가 공동/누적 담보인지, 어느 담보물이 공동/누적인지 여부 등에 대한 해석에 혼란이 발생하는 경우가 자주 보이는바, 공동담보/누적담보로 구분하여 담보권을 설정하고자 할 경우에는, 이러한 의사를 명확히 하기 위해 공동담보/누적담보라는 점을 명확히 기재하고, 해당 담보목적물별로 담보권 설정계약을 분리하여 체결하는 것이 타당할 것으로 생각된다. 또한, 등기 · 등록이 필요한 담보물의 경우에는 공동담보라는 점이 반드시 등기부에 표시되도록 하여야 할 것이다.

[계약서 기재례] 누적담보 ① – 연대보증계약서 기재례

채무자, 연대보증인, 다른 담보제공자 및/또는 제3자가 채권자에게 피보증채무에 관하여 따로 제공한 인적 · 물적 담보가 있는 경우, 그 인적 · 물적 담보는 이 계약에 의해 변경되지 아니하며, 그 인적 · 물적 담보는 이 계약에 의한 담보책임과는 별개의 것으로, 이 계약에 의한 담보에 더하여져, 피보증채무가 전액 소멸할 때까지, 누적적으로 적용되는 것으로 한다. 채무자, 연대보증인, 다른 담보제공자 및/또는 제3자가 장래 별도로 다른 담보를 제공한 경우에도 같다.

[계약서 기재례] 누적담보 ② – 근질권설정계약서 기재례

채무자, 근질권설정자, 담보제공자 및/또는 제3자가 근질권자에게 피담보채무에 관하여 따로 제공한 인적 · 물적 담보가 있는 경우, 그 인적 · 물적 담보는 이 계약에 의해 변경되지 아니하며, 그 인적 · 물적 담보는 이 계약에 의한 책임과는 별개의 것으로, 이 계약에 의한 담보에 더하여져, 피담보채무가 전액 소멸할 때까지, 누적적으로 적용되는 것으로 한다. 채무자, 근질권설정자, 담보제공자 및/또는 제3자가 장래 별도로 다른 담보를 제공한 경우에도 같다.

[판례 4-47] 대법원 2005. 4. 29. 선고 2005다3137 판결

1. 상고이유 제1점에 대하여

계속적인 거래관계로부터 장래 발생하는 불특정채무를 보증하는 근보증을 하고 아울러 그 불특정채무를 담보하기 위하여 동일인이 근저당권설정등기를 하여 물상보증도 하였을 경우, 이 근저당권의 피담보채무와 근보증에 의하여 담보되는 주채무가 별개의 채무인가 아니면 그와는 달리 근저당권에 의하여 담보되는 채권이 위 근보증에 의하여도 담보되는 것인가의 문제는 계약 당사자의 의사해석 문제라 할 것이다(대법원 1983. 7. 26. 선고 82다카1772 판결 참조).

원심은, 그 채용 증거들에 의하여, 주식회사 경기은행(이하 '경기은행'이라 한다)이 1994. 2. 23. 주식회사 덕산산업(이하 '덕산산업'이라 한다)과 여신과목 할인어음, 여신한도 730,000,000원, 거래기간 1995. 2. 23.까지로 정한 여신한도거래약정(이하 '이 사건 대출약정'이라 한다)을 체결하고 판시와 같이 어음할인대출을 한 사실, 망 유승호가 이 사건 대출약정 체결 전날인 1994. 2. 22. 경기은행과 사이에 채권최고액 645,000,000원, 피담보채무 덕산산업이 경기은행에 대하여 당시 및 그 이후 장래에 부담하는 여신에 관한 채무 중 판시 피담보채무 전부에 대하여 이 사건 부동산을 담보로 제공하기로 하는 이 사건 근저당권설정계약을 체결하고, 그 다음 날인 1994. 2. 23. 이 사건 부동산에 관하여 채권최고액 645,000,000원, 채무자 덕산산업, 근저당권자 경기은행으로 된 판시와 같은 내용의 이 사건 근저당권설정등기를 경료하여 준 사실, 또한 망 유승호는 위 1994. 2. 23. 경기은행과 사이에, 덕산산업이 경기은행에 대하여 당시 및 그 이후 장래에 부담하는 여신에 관한 채무 중 그 판시와 같은 피담보채무에 대하여 보증한도 645,000,000원의 범위 내에서 덕산산업과 연대하여 보증채무를 부담하기로 하는 이 사건 근보증계약을 체결한 사실을 포함한 판시와 같은 사실을 인정한 다음에, 이 사건 근저당권과 근보증은 그 계약의 취지에 비추어 포괄근저당권 및 포괄근보증이라고 할 것이고 이 사건 근저당권의 채권최고액과 이 사건 근보증의 보증한도액이 각각 645,000,000원으로 동액인 점, 이 사건 근저당권설정계약의 체결일이 1994. 2. 22.이고 이 사건 근보증의 계약체결일이 1994. 2. 23.로서 하루의 차이가 있지만 사실상 이 사건 대출약정에 즈음하여 동시에 이루어진 점, 망 유승호로서는 이 사건 근저당권설정계약일 이전에는 덕산산업과 별다른 관련이 없었는데 이덕구(망 유승호의 친구이다)의 권유에 의하여 덕산산업을 위하여 이 사건 근저당권설정계약과 근보증계약을 체결한 것인 점, 덕산산업의 대표이사 등 덕산산업 관련 보증인들은 이 사건 대출약정의 여신한도액인 730,000,000원의 130%에 해당하는 949,000,000원을 보증한도액으로 정한 반면에 망 유승호는 이 사건 부동산의 감정가와 대비하여 130%의 역(逆)의 비율에 해당하는 645,000,000원을 이 사건 근저당권의 채권최고액 및 이 사건 근보증의 보증한도액으로 정한 것인 점 등에 비추어 보면, 이 사건 근저당권의 피담보채무와 이 사건 근보증에 의하여 담보되는 주채무는 별개의 채무가 아니라 동일한 채무로서 담보 또는 보증하는 채무의 액수는 중첩적으로 645,000,000원에 한정된다고 할 것이고, 위 각 수액을 합산한 1,290,000,000원(이 사건 근저당권의 채권최고액 645,000,000원+이 사건 근보증의 보증한도액 645,000,000원)에 달하는 것은 아니라고 판단하였다.

위에서 본 법리와 기록에 비추어 살펴보면, 원심의 위와 같은 사실인정과 판단은 모두 정당하여 수긍이 가고, 거기에 상고이유의 주장과 같은 근저당권의 피담보채무와 근보증의 주채무의 동일성에 관한 법리를 오해한 위법이 없다.

(5) 담보권실행순서

저당권자는 피담보채권의 만족을 얻을 때까지 저당권의 전부 또는 일부를 동시에 또는 순차적으로 행사할 수 있다.

[판례 4-48] 대법원 1983. 3. 22. 선고 81다43 판결

1. 원고의 피고들에 대한 손해배상청구 부분에 관하여,

공동저당권자가 공동저당물중 일부만에 대하여 저당권을 실행한다고 하더라도 이는 저당권자의 권리에 속하는 것이므로 그것이 특별히 권리남용에 해당되지 아니한 이상 불법행위를 구성하는 것이 아니라고 할 것인바(당원 1960. 2. 27. 자 4292민재항307 결정; 1961. 1. 26. 자 4293민재항341 결정), 원심이 이러한 취지아래 공동저당권자인 피고 주식회사 대한석유공사(이하 '석유공사'라 한다)가 공동저당물인 이 사건 토지와 건물 전부에 대하여 근저당권을 실행하려고 경매신청을 하였다가 경매절차 진행 중 이 사건 건물에 대한 경매신청을 취하하고 원고가 취득한 이 사건 토지에 대하여서만 경매를 실시하게 하여 원고가 그에 대한 소유권을 상실하게 되었다고 하더라도 불법행위를 구성하지 아니한다고 판단한 조치는 수긍이 가고 거기에 소론과 같은 법리오해나 채증법칙위반의 위법이 있음을 발견할 수 없으므로 논지는 채용할 수 없다.

따라서 공동저당권자는 공동저당의 목적인 수개의 부동산 중 어느 것이라도 먼저 저당권을 실행하여 피담보채권의 전부나 일부를 자유롭게 우선변제 받을 수 있는 것이 원칙이다. 그러나 이러한 공동저당권자의 자유선택권은 저당부동산 소유자와 후순위 권리자의 이해관계에 현저한 영향을 미칠 수 있다. 이에 따라 공동저당의 경우 제368조를 통해 저당권자와 저당부동산 소유자, 후순위 권리자 사이의 이해관계를 조정하고 있다. 다만, 판례는 공동저당권이 설정되어 있는 수개의 부동산 중 일부는 채무자 소유이고 일부는 물상보증인 소유인 경우 위 각 부동산의 경매대가를 동시에 배당하는 때에는 민법 제368조 제1항은 적용되지 아니하고, 채무자 소유 부동산의 경매대가에서 공동저당권자에게 우선적으로 배당을 하고, 부족분이 있는 경우에 한하여 물상보증인 소유 부동산의 경매대가에서 추가로 배당을 하여야 한다고 한다.

[판례 4-49] 대법원 2016. 3. 10. 선고 2014다231965 판결

2. 상고이유 제2점에 대하여,

공동저당권이 설정되어 있는 수개의 부동산 중 일부는 채무자 소유이고 일부는 물상보증인 소유인 경우 위 각 부동산의 경매대가를 동시에 배당하는 때에는 민법 제368조 제1항은 적용되지 아니하고, 채무자 소유 부동산의 경매대가에서 공동저당권자에게 우선적으로 배당을 하고, 부족분이 있는 경우에 한하여 물상보증인 소유 부동산의 경매대가에서 추가로 배당을 하여야 한다(대법원 2010. 4. 15. 선고 2008다41475 판결 참조). 그리고 이러한

이치는 물상보증인이 채무자를 위한 연대보증인의 지위를 겸하고 있는 경우에도 마찬가지이다.

원심이 이 사건 각 부동산 중 채무자인 소외 2 지분의 경매대가에서 1순위 근저당권자인 장호원신용협동조합과 2순위 근저당권자인 피고에게 각 배당한 다음, 피고 명의 근저당권의 채권최고액 중 위 배당액에 의하여 만족되지 못한 부분에 한하여 물상보증인인 소외 1 지분의 경매대가에서 추가로 배당하여야 한다고 판단한 것은 위 법리에 따른 것으로서 정당하다. 거기에 민법 제368조 제1항의 적용 범위 또는 물상보증의 성립에 관한 법리를 오해하거나, 대법원 판례를 위반하거나, 필요한 심리를 다하지 아니한 위법이 없다.

[판례 4-50] 대법원 2010. 4. 15. 선고 2008다41475 판결

1. 공동저당권이 설정되어 있는 수개의 부동산 중 일부는 채무자 소유이고 일부는 물상보증인의 소유인 경우 위 각 부동산의 경매대가를 동시에 배당하는 때에는, 물상보증인이 민법 제481조, 제482조의 규정에 의한 변제자대위에 의하여 채무자 소유 부동산에 대하여 담보권을 행사할 수 있는 지위에 있는 점 등을 고려할 때, "동일한 채권의 담보로 수개의 부동산에 저당권을 설정한 경우에 그 부동산의 경매대가를 동시에 배당하는 때에는 각 부동산의 경매대가에 비례하여 그 채권의 분담을 정한다"고 규정하고 있는 민법 제368조 제1항은 적용되지 아니한다고 봄이 상당하다(대법원 1994. 5. 10. 선고 93다25417 판결, 대법원 2008. 4. 10. 선고 2007다78234 판결 등 참조).
   따라서 이러한 경우 경매법원으로서는 채무자 소유 부동산의 경매대가에서 공동저당권자에게 우선적으로 배당을 하고, 부족분이 있는 경우에 한하여 물상보증인 소유 부동산의 경매대가에서 추가로 배당을 하여야 할 것이다.

2. 원심 및 제1심의 적법한 증거조사를 거친 증거들에 의하면, 채무자 소외 1 소유의 파주시 교하읍 교하리 70-39, 70-44 각 토지(이하 '이 사건 제1부동산'이라 한다)와 물상보증인인 원고 소유의 파주시 교하읍 70-8, 70-43 각 토지(이하 '이 사건 제2부동산'이라 한다)에 관하여 소외 2 명의의 공동근저당권이 설정되어 있었고(한편, 이 사건 각 부동산상에는 금촌농업협동조합 명의의 선순위근저당권이 개별적으로 설정되어 있었다), 이 사건 제1부동산에 관하여 그 후순위로 피고 1 명의의 근저당권설정등기 및 피고 파주시 명의의 압류등기, 나머지 피고들 명의의 각 가압류등기가 경료되어 있었는데, 소외 2의 신청에 의하여 의정부지방법원 고양지원 2005타경28088호로 부동산임의경매절차가 진행되었음을 알 수 있다.
   이를 앞서 본 법리에 비추어 살펴보면, 경매법원으로서는 채무자 소유인 이 사건 제1부동산의 경매대가에서 공동근저당권자인 소외 2에게 우선적으로 배당을 하고, 부족분이 있는 경우에 한하여 물상보증인 소유인 이 사건 제2부동산의 경매대가에서 추가로 배당을 하였어야 할 것이다.

> 그럼에도 원심은, 경매법원이 이 사건 각 부동산의 경매대가에 비례하여 안분한 금액을 공동근저당권자인 소외 2에게 배당한 후, 이 사건 제1부동산의 나머지 경매대가를 위 부동산에 관한 후순위권리자들인 피고들에게 순차로 배당하는 내용으로 배당표를 작성한 조치를 정당하다고 판단하였는바, 이와 같은 원심의 판단에는 민법 제368조 제1항의 적용 범위 등에 관한 법리를 오해한 위법이 있고, 이는 판결 결과에 영향을 미쳤음이 분명하다. 이 점을 지적하는 상고이유는 이유 있다.

한편, 누적적 저당권도 저당권의 일반적 특성인 저당권실행의 선택권, 담보의 불가분성이 인정되기 때문에 누적적 저당권을 설정받은 채권자는 그 선택에 따라 각 저당권을 동시에 실행할 수도 있고, 각 저당권 중 어느 것을 먼저 실행하여 그 채권최고액의 범위에서 피담보채권을 우선변제받은 다음 피담보채권이 잔존한다면 나머지 저당권을 실행하여 그 저당권의 채권최고액 범위에서 반복하여 우선변제를 받을 수 있다. 즉, 앞서 살펴본 바와 같이, 누적저당권에 대해서는 민법 제368조의 제한이 적용되지 아니한다.[84]

이와 같은 저당권자의 담보권 실행 시의 선택권은 근저당권 외에 질권, 양도담보, 보증 등 다른 담보권 실행 시에도 적용될 수 있을 것인데, 실무에서는 이 점을 명확히 하기 위해, 해당 담보권설정계약서에서도 담보권자가 수개의 담보목적물에 대한 담보권 실행 시에 선택권을 가짐을 규정하는 경우도 있다.

(6) 주주(사원)총회 특별결의 요부

M&A금융은 원칙적으로 차주(SPC)가 보유하는 전 재산을 담보로 취득하는 것을 예정하고 있기 때문에, 추후 담보권이 실행되어 담보목적물이 처분되는 경우에는 실질적으로 차주의 영업이 양도되거나 적어도 중요한 영업용 재산이 양도되어 양도 이후 영업이 중단 또는 폐업하게 되는 결과에 이르게 된다. 따라서 M&A금융의 대주는 담보제공자 및 담보목적물을 선택할 때 사전에 담보제공자의 성격(사업법인, 특수목적법인), 담보제공자의 설립 목적, 담보목적물이 해당 담보제공자의 영업이나 재산에서 차지하는 비중, 추후 담보권이 실행될 경우 담보제공자의 영업 계속이 가능한지 여부 등을 판단하고, 특히 차주가 특수목적회사 등 특수목적법인(SPC)인 경우에는 상법 및 해당 정관을 확인하여 담보권설정 및 그에 따른 담보실행에 의한 담보목적물의 양도에 대해 주주(사원)총회 특별결의를 받아 그 의사록을 대출실행의 선행조건으로 제출하도록 요구하는 것이 타당할 것이다(아래의 판결

84) 대법원 2014다51756, 2014다51763 판결([판례 4-45]) 등 참조

과 대법원 2017다213937 판결의 원심인 서울고등법원 2016나2015158 판결([판례 4-59]) 참조}. 다만, 담보권설정 단계에서는 아직 담보권실행에 의해 담보목적물을 취득(양수)할 자가 확정되지 아니한 상태이므로 담보권설정단계에서 이와 같이 주주(사원)총회의 승인절차를 거치더라도 양수인이 특정되지 않은 상태에서의 주주(사원)총회의 사전 승인결의의 효력 여부는 여전히 남는다.

[판례 4-51] 대법원 2018. 4. 26. 선고 2017다288757 판결

1. 원심은, 피고가 그 자회사인 이 사건 유한공사를 매각하기 위해서는 상법 제374조 제1항 제1호에 따라 주주총회의 특별결의가 있어야 하는데 피고는 주주총회 특별결의를 거치지 않았으므로 피고가 원고에 대하여 이 사건 유한공사를 매각한 행위는 무효라는 피고의 주장에 대하여, 상법 제434조에 규정된 주주총회 특별결의 요건 이상에 해당하는 84% 지분을 가진 주주가 이 사건 양도계약의 체결에 동의한 것으로 볼 수 있으므로 피고가 주주총회 특별결의의 흠결을 이유로 위 계약의 무효를 주장하는 것은 신의칙에 반하여 허용되지 않는다고 판단하여 그 주장을 받아들이지 아니하였다.

2. 그러나 이러한 원심의 판단은 다음과 같은 이유로 수긍하기 어렵다.
   가. 민법상 신의성실의 원칙은 법률관계의 당사자는 상대방의 이익을 배려하여 형평에 어긋나거나, 신뢰를 저버리는 내용 또는 방법으로 권리를 행사하거나 의무를 이행하여서는 아니 된다는 추상적 규범으로서, 신의성실의 원칙에 위배된다는 이유로 그 권리의 행사를 부정하기 위해서는 상대방에게 신의를 공여하였다거나 객관적으로 보아 상대방이 신의를 가짐이 정당한 상태에 있어야 하고, 이러한 상대방의 신의에 반하여 권리를 행사하는 것이 정의관념에 비추어 용인될 수 없는 정도의 상태에 이르러야 한다. 또한, 강행법규를 위반한 자가 스스로 그 약정의 무효를 주장하는 것이 신의칙에 위배되는 권리의 행사라는 이유로 그 주장을 배척한다면, 이는 오히려 강행법규에 의하여 배제하려는 결과를 실현시키는 셈이 되어 입법 취지를 완전히 몰각하게 되므로, 달리 특별한 사정이 없는 한 위와 같은 주장이 권리남용에 해당되거나 신의성실 원칙에 반한다고 할 수 없다(대법원 2014. 9. 4. 선고 2014다6404 판결 등 참조).
   상법 제374조 제1항 제1호는 주식회사가 영업의 전부 또는 중요한 일부의 양도행위를 할 때에는 제434조에 따라 출석한 주주의 의결권의 3분의 2 이상의 수와 발행주식총수의 3분의 1 이상의 수로써 결의가 있어야 한다고 규정하고 있는데 이는 주식회사가 주주의 이익에 중대한 영향을 미치는 계약을 체결할 때에는 주주총회의 특별결의를 얻도록 하여 그 결정에 주주의 의사를 반영하도록 함으로써 주주의 이익을 보호하려는 강행법규라고 할 것이므로, 주식회사가 영업의 전부 또는 중요한 일부를 양도한 후 주주총회의 특별결의가 없었다는 이유를 들어 스스로 그 약정의 무효를 주장하더라도 주주 전원이 그와 같은 약정에 동의한 것으로 볼 수 있는 등 특별한 사정이 인정되지 않는다면 위와 같은 무효 주장이 신의성실 원칙에 반한다고 할 수는 없다.

나. 원심판결 이유와 원심이 적법하게 채택하여 조사한 증거들에 의하면 다음 사실이나 사정을 알 수 있다.

1) 피고는 의류 제조 및 판매업 등을 주된 영업으로 하는 주식회사로서 해외로 사업을 확장하기 위해 2004년 무렵 중국에 100% 지분을 출자하여 이 사건 유한공사를 설립하였다.

2) 원고는 피고의 대표이사로 재직하면서 그의 처 소외 1과 함께 피고의 주식 85%를 보유하여 피고를 실질적으로 운영하고 있다가 2014. 4. 29. 소외 2 등에게 피고의 경영권 및 원고와 소외 1이 보유한 지분 일체를 양도하는 계약을 체결하는 한편, 같은 날 피고로부터 이 사건 유한공사의 지분 전부를 무상으로 양수하는 계약을 체결하였다.

3) 그 후 원고는 위와 같이 무상으로 이 사건 유한공사를 양수한다는 조건을 변경하여 2014. 9. 18. 지분매각대금의 산정기준 및 그 지급방법, 지분이전의 구체적 절차 등을 정하는 지분양수도계약(이하 '이 사건 양도계약'이라 한다)을 체결하였다.

4) 이 사건 양도계약 체결 당시 이 사건 유한공사는 피고의 자산 중 약 4분의 1을 차지하고, 피고는 경영상태의 악화로 사실상 부실화되어 있어 피고의 자산 중 실질적인 재산적 가치가 있는 것은 이 사건 유한공사의 지분뿐이었으며, 의류의 제조 및 판매를 주된 영업으로 하고 있는 피고에게 중국 내 의류제조 공장이 없다면 피고의 운영에 막대한 차질이 생겼을 것으로 보이는 점 등에 비추어 볼 때 이 사건 유한공사의 지분 전부를 매도하는 것은 피고의 영업의 전부 또는 중요한 일부를 양도하는 것에 해당하는 것이었음에도 피고는 주주총회 특별결의를 거치지 않았다.

5) 이 사건 양도계약 체결 무렵 피고의 주주는 소외 3(42,000주, 21%), 소외 4, 소외 2, 소외 5, 소외 6(각 32,000주, 16%), 소외 7(30,000주, 15%)이었는데, 소외 6을 제외한 나머지 주주들(지분 84%)은 이 사건 양도계약을 직접 체결하거나, 그 계약의 이행이 완료되도록 적극적으로 협조하겠다는 내용의 확인서를 작성하였다.

다. 이와 같은 사실관계를 앞서 본 법리에 비추어 보면, 피고가 이 사건 유한공사의 지분 전부를 원고에게 매도하는 행위는 상법 제374조 제1항 제1호에 따라 주주총회 특별결의를 거쳐야 하는 영업용 재산의 처분행위에 해당하므로 그러한 특별결의를 거치지 않은 채 체결된 이 사건 양도계약은 무효라고 할 것이고, 피고가 스스로 그 약정의 무효를 주장하더라도 특별한 사정이 없는 한 그 무효 주장이 신의성실 원칙에 반한다고 할 수는 없다. 피고의 주주 중 84%의 지분을 가진 주주들이 이 사건 양도계약에 동의하였다는 사정만으로는 피고의 무효 주장을 배척할 만한 특별한 사정이 있다고 볼 수 없다. 원심이 판단의 근거로 삼은 대법원 2003. 3. 28. 선고 2001다14085 판결은 실질적으로 주주 전원의 동의가 있었던 사안으로서 이 사건과 사실관계를 달리하고 있으므로 그대로 원용하기에 적절하지 않다.

라. 그럼에도 원심은 피고가 주주총회 특별결의의 흠결을 이유로 이 사건 양도계약의 무효를 주장하는 것은 신의칙에 반하여 허용되지 않는다고 보았다. 이러한 원심의 판단에는 논리와 경험의 법칙을 위반하여 자유심증주의의 한계를 벗어나거나 주주총회 특별결의 및 신의칙에 관한 법리를 오해하는 등으로 판결에 영향을 미친 위법이 있다. 이 점을 지적하는 상고이유 주장은 이유 있다.

[판례 4-52] 대법원 2004. 7. 8. 선고 2004다13717 판결

1. 원심은 그 채용 증거를 종합하여, 원고 회사는 1999. 12. 21. 구조물해체 및 발파공사업 등을 목적으로 설립된 법인으로서 장○○, 박○○이 각자 대표이사였던 사실, 원고 회사는 2000. 2. 25. 이 사건 특허권을 그 특허권자이자 대표이사인 장○○으로부터 25억 원에 양수하고 2000. 3. 2. 원고 회사 앞으로 이전등록을 경료한 사실, 원고 회사는 2000. 5.경 공모에 의한 증자를 하면서, 원고 회사의 주식이 연말까지 코스닥에 등록될 것이라고 약속하는 등 장래가 유망한 벤처기업이라는 설명을 하여 출자자를 모집하였고, 위 약속을 믿은 피고를 포함한 수십 명의 투자자들로부터 주식 액면가의 5배에 해당하는 주식인수대금을 납입받는 방법으로 합계 11억 7,900만 원을 출자받아 2000. 5. 16. 증자에 따른 변경등기를 경료한 사실, 그 후 투자자들에게 약속한 코스닥등록이 되지 않고 원고 회사의 공사매출실적 및 공사수급실적이 전무하자, 투자자들을 대표한 피고가 원고 회사에게 자신들의 투자금 회수에 대한 확보방안을 마련하여 줄 것을 요구하였고, 이에 원고 회사는 2000. 10. 20. 피고를 비롯한 투자자들과 사이에 원고 회사의 주식이 청약증거금 입금일로부터 5개월 이내에 코스닥에 등록되지 않을 경우에는 청약금 상당액을 투자자들의 요구에 따라 전액 반환하기로 약정한 사실(이하 '이 사건 약정'이라고 한다), 그 후에도 원고 회사의 영업실적이 호전되지 않고 원고 회사의 주식 중 80% 가량을 소유한 대표이사 장○○이 2000. 12. 초순경부터 회사에 출근하지 않자, 피고는 2000. 12. 5. 투자자들의 선정당사자로서 원고 회사의 법인통장 예금에 대한 채권가압류결정을 받는 등 이 사건 약정에 따른 채권의 확보를 위한 조치를 실행하였고, 원고 회사의 또 다른 대표이사 박○○은 2000. 12. 16.부터 2001. 3. 말경까지 사이에 피고에게 이 사건 약정에 따른 채무의 이행으로 3억 300만 원을 지급한 사실, 원고 회사는 대표이사 장○○이 계속 회사에 출근을 하지 않자 그를 해임하고 2001. 2. 16.

해임등기를 경료하였으며, 원고 회사의 자금사정상 투자자들의 투자금을 변제할 자금의 마련이 어렵게 되자, 그 담보를 위하여 2001. 2. 21. 투자자들을 대표한 피고에게 이 사건 특허권에 관하여 채권액을 11억 6,000만 원으로 하는 질권을 설정해 주었고, 2001. 3. 15.에는 피고 앞으로 이전등록을 경료해 주기에 이른 사실(이하 '이 사건 특허권의 양도'라고 한다)을 인정하였다.
이어서 원심은, 이 사건 특허권의 양도는 원고 회사의 영업용 재산의 처분으로서 그로 인하여 원고 회사 영업의 전부 또는 일부를 양도하거나 폐지하는 것과 같은 결과를 가져오는 경우에 해당하여 주주총회의 특별결의가 필요함에도 그러한 특별결의가 없었으므로 이 사건 특허권의 양도는 무효이고, 따라서 피고는 이 사건 특허권에 관하여 피고 앞으로 경료된 이전등록의 말소등록절차를 이행할 의무가 있다는 원고의 주장에 대하여, 이 사건 특허권의 양도로 인하여 원고 회사 영업의 전부 또는 일부를 양도하거나 폐지하는 것과 같은 결과를 가져온다고 볼 수 없다는 이유로 원고의 위 주장을 배척하였다.

2. 그러나 원심의 이러한 판단은 수긍하기 어렵다.
주주총회의 특별결의가 있어야 하는 상법 제374조 제1항 제1호 소정의 '영업의 전부 또는 중요한 일부의 양도'라 함은 일정한 영업목적을 위하여 조직되고 유기적 일체로 기능하는 재산의 전부 또는 중요한 일부를 총체적으로 양도하는 것을 의미하는 것으로서, 이에는 양수 회사에 의한 양도 회사의 영업적 활동의 전부 또는 중요한 일부분의 승계가 수반되어야 하는 것이므로 단순한 영업용 재산의 양도는 이에 해당하지 않으나, 다만 영업용 재산의 처분으로 말미암아 회사 영업의 전부 또는 일부를 양도하거나 폐지하는 것과 같은 결과를 가져오는 경우에는 주주총회의 특별결의가 필요하다(대법원 1997. 4. 8. 선고 96다54249, 54256 판결, 대법원 1998. 3. 24. 선고 95다6885 판결 등 참조).
기록에 의하면, 장○○은 1999. 6. 10. 자신이 발명특허로 출원한 '사전 암반 절단공법'이 이 사건 특허권으로 특허등록되자 이러한 특허기술을 이용한 사업을 추진하는 '○○엔지니어링'이라는 개인업체를 설립하였다가 1999. 12. 21. 이를 법인으로 전환하여 구조물해체 및 발파공사업 등을 목적사업으로 하는 원고 회사를 설립한 사실, 장○○은 원고 회사가 중소기업청으로부터 벤처기업으로 지정받을 수 있도록 하기 위하여 이 사건 특허권을 원고 회사에게 양도하고 원고 회사 앞으로 이전등록을 경료하였고 이에 따라 원고 회사는 2000. 3. 22. 벤처기업으로 지정받기에 이른 사실, 원고 회사는 서울 강남 소재 사무실에 직원 5~6명이 근무하는 소규모의 회사로서 그동안 이 사건 특허권을 이용한 공사의 수주를 주된 사업으로 추진해 왔으며, 2000년도 대차대조표상 자산 총계 27억 9,329만 원 중 이 사건 특허권이 25억 원으로서 대부분의 비중을 차지할 정도로 이 사건 특허권은 원고 회사의 가장 중요한 재산인 사실을 알 수 있는바, 사정이 이와 같다면, 이 사건 특허권의 양도로 인하여 원고 회사 영업의 전부 또는 일부를 양도하거나 폐지하는 것과 같은 결과를 가져오는 경우라고 보아야 할 것이므로 이 사건 특허권의 양도에는 주주총회의 특별결의가 필요하다고 할 것이다.
그럼에도 불구하고, 원심은 이 사건 특허권의 양도로 인하여 원고 회사 영업의 전부 또는 일부를 양도하거나 폐지하는 것과 같은 결과를 가져오는 경우라고 볼 수 없다고 판단하여 원고의 위 주장을 배척하고 말았으니, 거기에는 상법 제374조 소정의 주주총회의 특별결의사항에 관한 법리를 오해하거나 채증법칙을 위배하여 사실을 오인함으로써 판결 결과에 영향을 미친 위법이 있다고 하지 않을 수 없고, 따라서 이 점을 지적하는 상고이유에서의 주장은 이유 있다.

(7) 담보설정서류에 대한 간인(천공) 및 확정일자 요부

담보권설정계약서 및 그 부속서류 중 등기·등록이 필요하거나 기타 관할관청에 제출이 필요한 서류는 날인 당사자의 간인이 필요하고 원칙적으로 어느 당사자 일방 또는 법무법인의 천공 등으로 대체할 수 없다. 그러나 확정일자를 구비해야 하는 서류(통지서, 승낙서 등)는 해당 서류의 날인자의 간인에 갈음하여 어느 일방 당사자 또는 법무법인 등 제3자의 날(직)인이나 천공 등으로 당사자의 간인에 갈음할 수 있다. 다만, 이를 위해서는 해당 서류의 날인자 간 해당 서류의 간인대체에 관한 합의(간인대체 문구)가 있어야 하는데 통상은 해당 간인대상서류에 간인대체문구(예를 들면, 「이 계약서의 간인은 법무법인 ○○의 천공(천공 표시: "○○")으로 대체한다」)를 기재하는 방법으로 간인대체합의가 이루어지고 있다.

한편, 통지서나 승낙서 등 대항요건의 구비가 필요하지 않은 담보설정서류의 경우에는 반드시 확정일자를 받아야 하는 것은 아니다. 그러나 조세채권과 담보권의 우열은 국세/지방세의 「법정기일」과 담보권의 「설정일」의 선후에 의하는 것이 원칙이기 때문에(국세기본법 제35조, 지방세기본법 제71조), 추후 조세채권과의 우열관계의 증빙을 위해 관련 담보계약서나 그 부속서류에 확정일자 또는 사서증서인증을 받아두는 경우도 있다.

M&A

제2장 물적담보에 의한 M&A금융의 신용보강[85)]

M&A금융실무에서 물적담보의 역할을 수행할 수 있는 신용보강장치로는 질권, 저당권, 양도담보권이 주로 이용되고 있으며, 신탁계약을 활용한 담보신탁의 방법도 자주 이용되고 있다. 또한, 최근에는 동신채권담보법에 따른 동산담보권·채권담보권 역시 그 이용빈도가 늘어나고 있는 것으로 보인다.

이러한 물적담보의 목적물로는 사안에 따라 다양하게 고려될 수 있으나, 실무에서는 차주/투자대상회사의 주식과 예금채권을 기본으로 하면서, 이에 추가하여 매출채권, 부동산, 재고동산, 지적재산권 등의 현금흐름을 창출하거나 환가가치가 큰 주요자산에 대해서도 추가로 담보를 설정하고 있다.

이하에서는, 주식 등 지분(Equity)담보, 채권(債權)담보, 부동산담보, (재고)동산담보, 지적재산권담보, 동산담보·채권담보, 사채(Bond)담보, 투자신탁 수익권 담보 등 M&A금융실무에서 가장 기본적이고 보편적인 담보목적물로 나누어 각 담보목적물별 담보권의 내용 및 그 설정방법과 실무상 이슈에 대해 개략적으로 살펴본다.[86)]

85) 담보목적물의 종류에 따른 담보권의 설정절차 및 그 효력에 관한 일반론에 대해서는, 오시정『여신실무법률 담보Ⅰ, Ⅱ』(한국금융연수원, 2019)를 각 참고. 일본에서의 논의에 대해서는, (i) 青山大樹 編著『詳解 シンジケートローンの法務』(一般社団法人 金融財政事情研究会, 2015) 364페이지 이하, (ii) 笹山幸嗣·村岡香奈子『M&Aファイナンス(第2版)』(一般社団法人金融財政事情研究会, 2008) 240페이지 이하 각 참고

86) 본편은 당사자 간 합의에 의한 담보권 설정을 전제로 하는 것이므로, 법정담보물권인 유치권에 대해서는 별도로 다루지 않는다.

I 지분(Equity)담보

1 주식

(1) 의의

M&A금융에서 차주 및 투자대상회사의 주식은 가장 중요한 담보대상자산이다. 차주 및 투자대상회사의 주식에 대한 담보는 대주에 의한 차주 및 투자대상회사의 회사지배권과 경제적인 가치의 파악이라는 두 가지의 의미가 있다. 즉, 차주 및 투자대상회사의 주식에 담보권을 설정해 두면, 담보권의 실행에 의해 차주/투자대상회사 전체의 지배권을 취득・처분할 수 있고, 나아가 차주/투자대상회사 전체의 경제적 가치를 파악할 수 있기 때문에 이러한 주식은 모든 종류의 자산 중에서 대주에게는 최우선적으로 담보로 취득해야 할 자산이라고 할 수 있다.

(2) 담보권의 종류

주식담보로는 질권, 양도담보권 및 담보신탁이 가능하다.

주식양도담보는 주주명부상 명의개서까지 이루어지는 등록양도담보와 주주명부상 명의개서는 이루어지지 않는 약식양도담보가 모두 가능하다. 그런데 주식에 양도담보권이 설정되어 주주명부상 명의개서까지 마쳐지는 등록양도담보의 경우에는, 양도담보권자가 주식발행회사를 포함하여 대외적으로도 주식의 소유자가 되어[87] 공시・회계・세무 등 여러 가지 면에서 담보권설정자에게도 담보권자에게도 (경우에 따라서는 주식발행회사에 대하여도) 모두 부담으로 작용할 수 있어서 실무에서는 등록양도담보는 자주 이용되지는 않는 것으로 보인다. 한편, 주식 약식양도담보와 약식질은 모두 (주권이 발행된 경우) 주권의 교부만 이루어지고 주주명부에의 명의개서 또는 질권자의 기재가 이루어지지 않으므로, 담보권자가 주권만을 교부받아 점유하고 있는 경우에 이론적으로는 약식양도담보인지 약식질인지 불문명하게 된다는 문제가 있다. 이는 결국 당사자의 의사에 따라야 할 것이지만, M&A금융의 실무에서는 M&A금융 관련 계약서(대출계약서, 담보권설정계약서 등)에서 질권인지, 양도담보권인지 여부가 명확히 기재되는 것이 일반적이므로 이러한 점이 실제로 문제

87) 주식양도담보의 경우에도 독점규제법상의 기업결합신고의 요건이 충족되는 경우 신고의무가 발생한다(공정거래위원회 『기업결합신고 가이드북(2019년판)』 89페이지

가 될 가능성은 거의 없는 것으로 생각된다.

[판례 4-53] 대법원 1993. 12. 28. 선고 93다8719 판결

위 소외 2가 1987. 9. 7. 원고 2와 한 약정이 소론과 같이 위 소외 2가 앞서 1986. 12. 26. 원고 3과 한 약정을 실효케 하는 취지가 아님이 분명하고, 채권담보의 목적으로 주식이 양도되어 양수인이 양도담보권자에 불과하다고 하더라도 회사에 대한 관계에는 양도담보권자가 주주의 자격을 갖는 것인바(당원 1992. 5. 26. 선고 92다84 판결 참조), 소론과 같이 위 소외 2가 1987. 9. 7. 원고 2와 위 약정을 할 당시 자신이 피고 회사의 주식을 취득하게 되는 경우에도 이를 선취담보의 해제에 사용하고 나서 즉시 그 주식을 반환하기로 약정하였다고 하더라도, 양도담보권자인 위 소외 2가 위와 같은 약정을 위반하였다고 하여 피고 회사에 대한 관계에서 바로 주주의 자격을 상실하게 된다고 볼 수는 없을 것이므로, 원심판결에 법리를 오해하여 이 점들에 관하여 심리를 제대로 하지 아니한 채 판단을 유탈한 위법이나 이유가 모순되거나 이유를 제대로 갖추지 못한 위법이 있다는 논지도 받아들일 수 없다.

[판례 4-54] 대법원 2020. 6. 11. 자 2020마5263 결정

가. 채무자가 채무담보 목적으로 주식을 채권자에게 양도하여 채권자가 주주명부상 주주로 기재된 경우, 그 양수인이 주주로서 주주권을 행사할 수 있고 회사 역시 주주명부상 주주인 양수인의 주주권 행사를 부인할 수 없다(대법원 1992. 5. 26. 선고 92다84 판결, 대법원 2017. 3. 23. 선고 2015다248342 전원합의체 판결 참조).

나. 기록에 따르면 다음 사실을 알 수 있다.

특별항고인은 부동산 개발과 컨설팅업 등을 목적으로 설립된 회사이고, 신청인은 주주명부상 특별항고인의 발행주식총수 30,000주 중 21,300주(이하 '이 사건 주식'이라 한다)를 보유하고 있다.

신청인은 2019. 3. 29. 특별항고인의 대표이사에게 '특별항고인의 대표이사 신청외 1, 이사 신청외 2의 각 해임과 후임 대표이사, 이사의 선임, 정관변경, 임시의장 선출'을 회의목적으로 하는 임시주주총회의 소집을 청구하였으나, 특별항고인은 임시주주총회의 소집절차를 밟지 않고 있다.

다. 원심은 다음과 같은 이유로 신청인의 이 사건 임시주주총회 소집허가 신청을 인용하였다.

신청인은 특별항고인의 발행주식총수 중 71%를 소유한 주주로서 임시주주총회의 소집을 청구하였는데도 특별항고인이 지체 없이 임시주주총회의 소집절차를 밟지 않고 있으므로 상법 제366조 제2항, 제1항에 따라 임시주주총회 소집을 허가함이 타당하다.

특별항고인은 신청인이 이 사건 주식의 양도담보권자인데 피담보채무가 변제로 소멸하여 더 이상 주주라고 할 수 없으므로 이 사건 임시주주총회 소집허가 신청이 권리남용에 해당한다고 주장한다. 신청외 1 등이 채무담보 목적으로 이 사건 주식을 신청인에게 양도한 것으로 보이기는 하지만, 이 사건 주식의 반환을 청구하는 등의 조치가 없는 이상 신청인이 여전히 주주이고 특별항고인이 주장하는 사정과 제출한 자료만으로 신청인이 주주가 아니라거나 이 사건 임시주주총회 소집허가 신청이 권리남용에 해당한다고 볼 수 없다.

다음으로, 담보목적물이 주식인 경우에는 자본시장법상 대량보유보고의무 등 각종 공시의무(상장주식인 경우)(자본시장법 제147조), 미공개정보이용해위규제(상장주식인 경우)(동법 제174조) 및 아래와 같은 수탁자의 의결권 제한(동법 제112조 제2항, 제3항) 등으로 인해 실무에서는 양도담보권이나 담보신탁보다는 질권이 설정되는 경우가 많다.

한편, 주식담보의 방법으로 (담보)신탁을 이용하고자 하는 경우에는 주식의 신탁에 의해 신탁업자가 주주의 지위에서 주식에 관한 권리를 행사하게 되는데(자본시장법 제112조 제1항), 신탁업자는 일정한 경우 Shadow Voting을 해야 하며(자본시장법 제112조 제2항), 나아가 동일법인이 발행한 주식 총수의 15%를 초과하여 취득한 주식에 대해서는 의결권을 행사할 수 없다[88]는 점(자본시장법 제112조 제3항)에도 유의해야 한다.

이와 관련하여 실무에서는, 주식을 (담보의 목적으로) 신탁하는 경우, 신탁계약에서 신탁재산인 주식의 의결권 행사의 지시권(또는 동의권)을 수익자 또는 위탁자에게 부여하는 내용을 정하는 경우가 많은바, 이러한 의결권 행사의 지시권[89] 부여가 적법·유효한 것인지 논의가 있다.

이 문제는 신탁법과 자본시장법의 측면에서 각각 검토가 필요한데,

먼저, 신탁법상 허용되는지 여부에 대해 살펴보면, 신탁계약의 당사자들은 신탁계약에 의해 수탁자의 권한을 제한할 수 있는바(신탁법 제31조 단서), 신탁계약에서 미리 위탁자 또는 수익자에게 이러한 의결권 행사의 지시권을 부여하는 방법으로 수탁자의 권한(의결권)을 제한할 수 있으므로 이러한 지시권 부여는 신탁법에는 위반되지 않는 것으로 생각된다.

88) 이러한 제한을 피하기 위해, 담보권제공자(위탁자)가 15%를 초과하여 주식을 보유하고 있는 경우에는 15%를 한도로 분할하여 각각 수개의 담보신탁을 설정하거나 15%까지는 담보신탁을 설정하고 이를 초과하는 부분은 질권을 설정하는 사례도 있다.
89) 신탁계약의 내용에 따라 달리 판단될 여지도 있지만, 합의에 의한 의결권 행사와 의결권 행사에 대한 동의권도 여기서의 의결권 행사의 지시권과 유사한 논의가 가능하다고 생각된다.

다음으로, 자본시장법에서는 의결권을 포함한 신탁된 주식에 관한 권리는 수탁자인 신탁업자가 행사하도록 규정하고 있고 이 경우 신탁업자는 수익자의 이익을 보호하기 위하여 의결권을 충실하게 행사하여야 한다고 규정하고 있는데(자본시장법 제112조 제1항), 이 규정은 신탁업자에 대한 규제법적인 차원에서 규정한 것으로 탈법적 목적으로 신탁업자에게 주식을 신탁하는 것을 방지하기 위하여 신탁업자의 독자적인 판단하에 의결권을 행사할 것을 전제로 한 조문이라는 점[90]을 근거로, 수탁자가 신탁업자인 경우에는[91] 의결권 행사의 지시권을 위탁자 또는 수익자에게 부여하는 것은 허용되지 않는다고 해석하는 견해가 있다.[92] 다만, 이 견해도 입법론으로는 수탁자가 신탁업자인지 여부를 불문하고 의결권 행사의 지시권을 위탁자 또는 수익자에게 부여하는 것이 허용되어야 한다고 한다.[93]

그러나 자본시장법 제112조 제1항이 은행들이 신탁을 통한 자금유치의 대가로서 의결권 행사에 편의를 제공하던 관행에 대응하여 (투자신탁과 마찬가지로) 신탁업자의 독자적인 의결권 행사를 규정한다는 차원에서 도입된 것이라 하더라도,[94] 그것은 위탁자(수익자)가 은행을 수탁자로 하여 금전신탁을 설정하고 수탁자가 동 신탁자금으로 주식을 취득하는 경우, 즉 주로 「금전신탁」의 상황을 염두에 둔 것으로 보이며(이 점은 투자신탁의 경우와 같다) 적어도 처음부터 위탁자가 보유하고 있던 주식을 신탁업자에게 신탁하는 재산(자산)신탁의 일종인 「주식신탁」의 경우에는 그 입법의도가 전제하는 상황과 반드시 일치하지는 않는다는 점, 신탁계약에서 위탁자 또는 수익자에게 의결권 행사의 지시권을 부여하는 것은 신탁법 제31조 단서에 따라 수탁자의 권리행사방법 및 절차를 제한하는 것이라는 점, 자본시장법 제112조는 신탁법 제31조 단서에 따른 수탁자의 권한 제한에 대한 예외로서 규정된 것으로 보이지는 않는다는 점(즉, 의결권 행사에 대해서는 신탁법 제31조 단서에도 불구하고 신탁계약으로 신탁업자의 권한을 제한할 수 없다는 취지의 규정은 아니라는 점), 신탁계약에서 당사자들이 합의한 내용대로 수탁자의 의결권 행사의 방법과 절차를 미리 규정하고 수탁자로 하여금 그러한 방법과 절차에 따르도록 하는 것이 수익자의 이익에 부합하므로 이러한 지시권 부여가 오히려 자본시장법 제112조의 취지에 부합하는 경우가 많을 것이라는 점, 신탁계약은 위탁자와 수탁자의 신뢰관계에 기초를 둔 1 : 1의 관계라는 점 등

90) 이 조항은 자본시장법의 시행으로 폐지된 구 신탁업법 제17조의7을 계수한 것인데, 동 조문은 당시 은행들이 신탁을 통한 자금유치의 대가로서 의결권 행사에 편의를 제공하던 관행에 대응하여 (투자신탁과 마찬가지로) 신탁업자의 독자적인 의결권 행사를 규정한다는 차원에서 도입된 것이라고 한다. 노혁준 · 김지평 「주식신탁의 활용방안 연구」(서울대학교 금융법센터, 2015) 66~67페이지 참고

91) 금융거래에서 이용되고 있는 대부분의 신탁이 이에 해당할 것이다.

92) 위 「주식신탁의 활용방안 연구」(서울대학교 금융법센터, 2015) 66~68페이지 참고

93) 위 문헌 68~69페이지 참고

94) 위 문헌 66~67페이지 참고

에 비추어 보면, 수탁자가 신탁업자인 경우에도, 신탁계약에서 위탁자 또는 수익자에게 의결권 행사의 지시권을 부여하는 것은 원칙적으로 자본시장법에도 위반되지 않는 것으로 보는 것이 타당할 것으로 생각된다.

한편, 일본의 경우에는 신탁법에서는 이러한 지시권에 대해 아무런 규정을 두고 있지 않지만, 실무에서는 신탁계약에 의해 이러한 지시권을 부여하는 것은 신탁법에 위반되지 않는다고 일반적으로 해석되고 있다. 또한, 신탁업법[95]에서는 더 나아가 「신탁재산의 관리 또는 처분의 방법에 대하여 지시를 실시하는 업을 영위하는 자」를 「指図権者」로 정의하여 수탁자에 대한 지시권을 명시적으로 인정하고 있다(일본 신탁업법 제65조). 이에 따라 일본의 실무에서는, 신탁계약에 의한 이러한 지시권의 부여가 적법 · 유효함을 전제로, 신탁업자가 수탁자인 「영업신탁」 내지 「상사신탁」[96]뿐만 아니라 신탁업자가 수탁자로 개입되지 않는 「민사신탁」 내지 「가족신탁」의 경우[97]에도 신탁된 주식에 관한 의결권 행사 지시권을 위탁자 또는 수익자에게 부여하는 구조가 광범위하게 채택되고 있다고 한다.[98]

[계약서 기재례] 일본 – 議決權 行使 指図權

① 신탁재산에 속하는 주식에 관한 의결권은 위탁자 또는 위탁자가 지명하는 자(이하 "의결권행사지시자"라고 한다)의 지시에 의해 수탁자가 행사한다. 수탁자는 신탁재산에 속하는 수식의 발행회사로부터 송부된 주주총회참고서류 기타 주주총회에 관련된 서류의 사본을 위탁자 또는 의결권행사지시자에게 지체 없이 송부하고, 의결권행사 지시를 요청하여야 한다.

② 위탁자는 언제라도 의결권행사지시자의 지명을 철회하거나 의결권행사지시자를 변경할 수 있다. 위탁자가 의결권행사지시자의 지명을 철회하거나 의결권행사지사자를 변경하는 경우 서면에 의해 즉시 수탁자에게 그 사실을 통지하여야 한다.

③ 신탁재산에 속하는 주식의 발행회사의 주주총회개최일의 [*]영업일 전까지 위탁자 및 의결권행사지시자로부터 의결권 행사의 지시가 없는 경우, 수탁자는 그의 재량에 따라 행사하되, 신탁업법 등 관계법규에 저촉되지 않는 범위 내에서 수익자를 위하여 신의에 따라 성실하게 행사한다.

95) 일본의 경우에는 신탁업법이 우리나라의 자본시장법에 해당하는 금융상품거래법과는 분리되어 별도로 제정되어 있다.

96) 이 경우에는 신탁법에 추가하여 신탁업법도 적용된다.

97) 이 경우에는 신탁법만이 적용되고 신탁업법은 적용되지 않는다.

98) (i) 田中 和明 編著『新類型の信託 ハンドブック』(日本加除出版株式會社, 平成 29年) 260페이지 이하, (ii) 遠藤 英嗣『新しい 家族信託』(日本加除出版株式會社, 2019) 104, 146, 521, 527페이지 이하 각 참고

우리나라의 경우에는 이에 관한 대법원 판례나 금융감독당국의 유권해석이 존재하지 아니하는 상황에서, 실무에서는 신탁계약에서 주식의 의결권 행사의 지시권(또는 동의권 · 합의권)을 수익자 또는 위탁자에게 부여하는 경우가 많고,[99] 신탁업자가 사용하고 있는 (유가)증권신탁약관(증권신탁계약서)에서도 이러한 규정을 두고 그 적법 · 유효성을 전제로 의결권 행사에 관한 업무를 처리하는 경우가 많은 것으로 보이며,[100] 감독당국에서도 이러한 내용의 신탁계약을 문제 삼고 있지 않고 있는 것으로 보인다.

[계약서 기재례] (유가)증권신탁계약서 – 의결권

- 신탁재산 중 주식에 관한 권리행사는 수탁자가 위탁자 및 수익자와 협의하여 관련 법규가 허용하는 범위에서 행사할 수 있다.
- 신탁재산 중 지분증권에 대한 의결권의 행사는 신탁법 등 관계 법령이 정하는 범위 내에서 수탁자가 직접 행사한다. 수탁자가 의결권을 행사함에 있어, 수탁자는 위탁자와 사전에 협의하고 위탁자의 지시에 따라 행사하기로 하되, 위탁자의 서면에 의한 지시가 해당 주주총회의 5영업일 이전까지 수탁자에게 도달하지 않는 경우에는 수탁자가 수익자의 이익을 보호하기 위하여 신탁재산에 속하는 지분증권의 의결권을 충실하게 행사하기로 한다. 다만, 주주총회의 장소가 특별히 원거리에 있는 등 특별한 사정이 있는 경우 통상적인 소요시간을 감안하여 사전 통지하기로 한다. 수탁자가 의결권을 행사하는 경우 이 신탁계약의 목적에 따라 위탁자의 순수한 재산관리, 증식목적으로만 행사하여야 하며 이 목적을 벗어난 의결권 행사의 경우에는 참석한 주주의 찬성 혹은 반대 비율대로 행사한다.
- 수탁자의 주식에 대한 의결권의 행사, 유상주식의 청약, 신주인수권 및 전환권 등 특별한 권리를 행사함에 있어 위탁자 및 수익자의 사전 합의에 의한 지시에 따르기로 하되, 그러한 지시가 없는 경우 선량한 관리자의 주의의무로써 수탁자가 결정하여 행사한다.

한편, 금융기관은 다른 회사 등의 의결권 있는 지분증권에 대한 소유가 일정 한도로 제한되는 바(금산법 제24조, 은행법 제37조, 보험업법 제109조 등), 해당 금융기관(은행, 보험사 등)이 주식을 신탁재산으로 하는 담보신탁의 수탁자가 되거나 양도담보권자가 되는 경우, 위 주식소유제한에 관한 규정이 적용되는지 여부가 문제되는데, 실무에서는 위 금융기관이 주식

99) 실무에서는, (i) 위탁자 및 수익자의 합의(또는 협의)에 의한 수탁자의 의결권 행사, (ii) 우선수익자의 동의를 받은 위탁자의 지시에 의한 의결권 행사, (iii) 위탁자, 수탁자 및 수탁자의 합의(또는 협의)에 의한 의결권 행사 등 다양한 형태로 의결권 행사에 대한 방법과 절차가 규정되고 있다.

100) 다만, 의결권 행사의 대상주식이 상장주식인 경우에는 의결권의 행사 지시권 등의 보유가 자본시장법상 「소유에 준하는 보유」에 해당하여 의결권 행사 지시자가 대량보유상황보고의무를 이행해야 할 의무를 부담하게 될 수 있으므로 주의를 요한다(자본시장법 제147조, 동 시행령 제142조).

을 신탁법에 따라 수탁자의 지위에서 신탁받거나 양도담보권자가 되는 경우에는, 해당 주식에 관한 실질적인 의결권 행사자(의사결정권자)가 누구인지(당해 금융기관인지, 양도담보권설정자/위탁자인지 등)에 따라 위 규정의 적용 여부가 결정되고 있는 것으로 보인다. 따라서 앞서 살펴본 의결권행사의 지시권 등은 위 규정의 적용 여부와 관련해서도 금융기관인 수탁자/양도담보권자에게 중요한 의미를 가질 수 있다.

다만, 대주가 금융기관인 경우에는 위 규정위반 여부 등을 포함하여 해당 금융기관이 대외적으로 담보주식을 보유 또는 대외적으로 소유하고 있는 것으로 해석됨으로 인해 발생할 수 있는 법률관계의 리스크 및 불확실성 때문에 M&A금융거래의 실무에서는 주식신탁이나 주식양도담보권이 아니라 주식질권이 주로 이용되고 있는 것으로 보인다.

이하에서는 실무상 가장 많이 이용되고 있는 주식질권을 전제로 살펴본다.

(3) 설정방법

주식질권의 설정방법은 주식의 전자등록 및 주권발행 여부에 따라 다르다.

1) 전자등록주식[101)]

① 질권설정

주식사채전자등록법상의 「전자등록주식」은 주식사채전자등록법의 적용을 받아 전자등록계좌 간 대체제도에 의해 처분되는 주식이다. 차주가 M&A거래를 통해 상장회사인 투자대상회사의 주식을 취득하여 해당 주식을 담보대상자산으로 제공하는 경우가 여기에 해당된다.

전자등록주식의 양도는 양도인의 고객계좌(부)에서 양수인의 고객계좌(부)로의 대체기재에 의해 그 효력이 발생하지만, 전자등록주식에 대한 질권은 질권자의 고객계좌(부)로 대체기재를 하지 않고 질권설정자의 고객계좌부[102)]에 질권설정 내역을 기재함으로써 그 효력이 발생한다(주식사채전자등록법 제31조, 동 시행령 제26조 제1항).[103)] 이것이 상법상 「약식질」

101) 상장주식이 이에 해당한다.

102) 「고객계좌부(顧客計座簿)」란, 전자등록주식등에 관한 권리의 발생·변경·소멸에 대한 정보를 전자적 방식으로 편성한 장부로서(주식사채전자등록법 제2조 제3호 가목), 고객계좌 개설 시 계좌관리기관(통상은 증권사)이 1. 권리자의 성명 또는 명칭 및 주소, 2. 발행인의 명칭, 3. 전자등록주식등의 종류, 종목 및 종목별 수량 또는 금액, 4. 전자등록주식등에 질권이 설정된 경우에는 그 사실, 5. 전자등록주식등이 신탁재산인 경우에는 그 사실, 6. 전자등록주식등의 처분이 제한되는 경우에는 그에 관한 사항, 7. 그 밖에 고객계좌부에 등록할 필요가 있는 사항으로서 대통령령으로 정하는 사항을 전자등록하여 권리자별로 작성하는 고객계좌에 관한 장부를 의미한다(주식사채전자등록법 제22조 제2항).

103) 질권설정의 전자등록 신청은 질권설정자가 해야 하지만, 질권설정자의 동의를 받아 질권자도 등록신청을 할 수 있다(주식사채전자등록법 시행령 제26조 제1항).

에 해당한다.

나아가 「등록질」을 설정하기 위해서는, 주권과 주주명부에의 질권등록이 필요한데, 주식사채전자등록법에서는 주권에의 등록의 경우에는 「상법에 따른 주식의 등록질(登錄質)의 경우 질권자의 성명을 주권에 기재하는 것에 대해서는 그 성명을 전자등록계좌부에 전자등록하는 것으로 갈음한다」는 예외규정을 두고 있기 때문에(동법 제35조 제3항2문), 별다른 문제가 없다. 그러나 주주명부에의 등록은, (i) 질권자가 계좌개설기관(즉, 계좌개설 증권회사)에 주식발행회사에게 질권내용을 통보해 줄 것을 요청하면, (ii) 해당 계좌개설기관은 전자등록기관(즉, 한국예탁결제원)에 질권설정 내역을 포함하여 전자등록주식의 소유자내역 등을 통지하고, (iii) 이러한 통지를 받은 전자등록기관이 주식사채전자등록법상 주식발행회사에 대한 소유자명세 통지가 이루어지는 시점에 전자등록주식의 질권설정 내역을 포함한 소유자명세를 작성하여 주식발행회사에게 통지하면, (iv) 주식발행회사는 주주명부 작성 시 질권설정 내역을 함께 기재하는 절차를 거쳐, 해당 시점에 비로소 등록질 설정절차가 완료된다(동법 제37조). 따라서 전자등록주식에 대한 등록질을 설정하고자 하는 경우에는, 이와 같은 과정을 거쳐 실제 주식발행회사에 의해 주주명부가 작성될 때까지(즉, 등록질 설정 시까지) 상당한 시차가 생길 수 있다는 점에 유의해야 할 것이다.

이러한 점을 고려하면, 전자등록주식에 대해 등록질을 설정하고자 하는 대주는 이 경우 시차를 최대한 줄이기 위해 해당 주식질권 설정 시점과 주식사채전자등록법에 따라 전자등록기관에 의해 주식발행회사에 대한 소유자명세 통지가 이루어질 수 있는 가장 이른 시점(즉, 주식발행회사의 전자등록기관에 대한 소유자명세 작성의 요청이 이루어질 수 있는 가장 이른 시점)과의 시차를 확인한 후 주식발행회사의 전자등록기관에 대한 소유자명세 작성 요청이 가능한 최대한 이른 시점에 주식발행회사로 하여금 전자등록기관에 소유자명세의 작성·통지를 요청하게 하고, 질권자는 해당 시점에 계좌개설기관을 통하여 전자등록기관에 의한 소유자명세 작성 및 주식발행회사에 대한 소유자명세 통지 시 질권자의 질권설정 내역을 반영해 줄 것을 신청함으로써 주식발행회사의 주주명부에 자신의 질권설정 내역이 기재될 수 있도록 하여야 할 것이다. 실무에서는 이러한 절차적인 번거로움 등의 이유 때문에, 일정한 사유가 발생하지 않는 한 전자등록주식의 경우에는 등록질까지 요구하지 않는 것이 일반적으로 보인다.[104]

104) 이러한 시차적인 문제에 더하여, 고객계좌 개설기관인 증권회사의 내부정책이나 전산문제 등으로 인해 고객계좌 개설기관에 따라서는, 등록질 설정 관련 절차 업무자체를 취급하지 않는 경우도 있고, 등록질 설정이 가능하다고 하더라도 해당 이익배당금은 계속 질권설정자의 고객계좌로만 입금받을 수 있는 경우가 많으므로 이 점 주의를 요한다.

다만, 위와 같은 등록질 설정절차가 완료되기까지의 시차를 감안하여, 실무에서는 일단 질권설정시점에 주식발행회사로부터 질권설정내역이 기재된 임의의 주주명부를 작성하게 하고 그 사본을 교부하도록 하는 경우도 보이는데, 이와 같이 주식발행회사가 주식사채전자등록법에 따른 절차에 의하지 않고 작성한 문서가 법률상 주주명부로서의 효력이 인정될 수 있는지, 동 문서에 기재된 내용대로 상법 및 주식사채전자등록법상의 등록질로서의 효력이 인정될 수 있는지는 여전히 불명확하다.

[계약서 기재례] 근질권설정 – 전자등록주식(약식질)

각 담보주식(단, 의무보유등록대상주식은 제외함. 이하 이 항에서 같음)에 대한 각 근질권설정자는, 대출계약에 따른 대출실행일까지(단, 대리기관이 동의하는 경우에는 그 이후의 동의하는 시점까지), 대출실행일자로, 근질권자가 주식·사채 등의 전자등록에 관한 법률(그 시행령, 한국예탁결제원의 주식·사채 등의 전자등록업무규정 및 그 시행세칙을 포함한 일체의 하위 법령 및 관련규정을 포함하며, 이하 합하여 "전자증권법"이라 한다)에 따라 해당 계좌개설기관에 개설된 해당 근질권설정자의 고객계좌부에 해당 담보주식의 공동 제1순위 근질권자로 적법하게 전자등록되어 있음을 증빙(확인)하는 것으로서 대리기관이 인정하는 서류를 대리기관에게 제출하여야 한다.

한편, 주식사채전자등록법에서는 공동질권의 설정을 예정하고 있고(주식·사채 등의 전자등록업무규정 제37조 제1항 제4호), 실무상으로도 공동질권의 등록이 허용되고 있는 것으로 보인다(단, 계좌개설기관의 전산시스템에 따라서는 공동질권자의 수에 제한이 있다).

그러나 주식사채전자등록법에는 질권에 순위를 붙이는 것을 예정하고 있는 규정은 존재하지 않는다. 따라서 전자등록주식에 관하여 후순위 질권을 설정할 수 있는지 여부는 주식사채전자등록법상으로는 명확하지 않다.[105] 이러한 상황하에서 실무에서는 주식사채전자등록법에서 후순위 질권설정에 대한 근거 규정이 존재하지 않음을 근거로 전자등록주식에 대한 후순위 질권의 전자등록을 허용하지 않고 있는 것으로 보인다.[106][107]

---

105) 다만, 주식사채전자등록법에서는 공동질권의 설정을 예정하고 있고(주식·사채 등의 전자등록업무규정 제37조 제1항 제4호), 실무상으로도 공동질권의 등록이 허용되고 있는 것으로 보이므로(단, 계좌개살기관의 전산시스템에 따라서는 공동질권자의 수에 제한이 있음), 대주 간에 공동담보를 설정한 후 담보권자 간에 별도의 합의서로 선·후순위 변제충당 순서 등을 정하여 담보권자 간에 선·후순위 담보와 유사한 결과를 가져올 수 있고 이러한 약정의 당사자 간 효력은 인정될 수 있을 것으로 생각된다. 또한, 전자등록주식에 대한 후순위 질권을 설정하지는 않고 동 주식이 처분되고 남은 정산금(「정산금」)이 있는 경우에 동 정산금 채권에 대해서 후순위 질권자에게 (정산금에 관한한 선순위 담보로서의) 질권 또는 양도담보를 설정하고 관련 확정일자부 통지 또는 승낙을 구비하는 방안도 고려해 볼 수 있을 것이다.

106) 계좌개설기관에 따라 다를 수는 있지만, 계좌개설기관에 따라서는 실무상 증권계좌(주로 고객계좌)에 대

특히, 주식사채전자등록법이 시행된 지 얼마 지나지 않아서 실무가 아직 정착되지 않은 상태이기 때문에, 전자등록주식과 아래에서 살펴보는 증권계좌(주로 고객계좌)의 질권에 대해서는 해당 계좌개설기관에 따라 가능 여부, 그 절차와 소요서류, 질권설정(등록)이 허용되는 범위(주식질권과 계좌질권을 동시에 설정할 수 있는지 여부 및 질권 효력범위의 차이, 공동질권 및 그 질권자의 수・기재방법, 선・후순위 질권 및 그 질권자의 수・기재방법, 주식질권과 계좌질권 시 주식 및 입고주식의 처분・매각절차 등)에 차이가 있을 수 있다. 따라서 담보계약서 작성 전에 반드시 해당 계좌개설기관(즉, 계좌개설 증권회사)을 통하여 위 사항에 대한 확인이 필요하다.

한편, 종래에는 주권 보호예수주식[108]에 대한 질권은 질권설정자(주주)와 담보권자 사이의 질권설정합의+질권설정자의 발행회사(보호예수의뢰인)에 대한 주권반환청구권을 질권자에게 양도+발행회사에 대한 확정일자부 통지 또는 발행회사의 확정일자부 승낙(사안에 따라서는, 발행회사가 질권을 등록한 주주명부 작성・발급을 요구하는 경우도 있었다)의 방법으로 설정되었는데, 이것은 제3자가 다시 타인에게 주권을 보관시킴으로써 점유매개관계가 중첩적으로 이루어진 경우에도 최상위 간접점유자인 질권설정자는 질권자에게 자신의 점유매개자인 제3자(보호예수의뢰인)에 대한 반환청구권을 양도하고 그 대항요건으로서 제3자의 승낙 또는 제3자에 대한 통지를 갖추면 충분하며, 직접점유자인 타인의 승낙이나 그에 대한 질권설정자 또는 제3자의 통지까지 갖출 필요는 없다는 판례[109]의 판시내용을 반영한 것이었다. 그러나 주식사채전자등록법 시행 후에는 주권 발행을 전제로 하는 위와 같은 방법은 주권 불발행을 전제로 하는 주식사채전자등록법상의 「의무보유등록대상주식」(기존의 주권 보호예수주식에 해당)에 대한 질권설정에는 이용될 수 없을 것으로 생각된다. 또한, 주식사채전자등록법하에서는 원칙적으로 주식사채전자등록법상의 「의무보유등록대상주식」에 대해서는 질권설정 및 등록을 허용하지 않고 있고(주식・사채 등의 전자등록업무규정 제34조 제1항 제2호), 이에 따라 각 계좌개설기관(즉, 계좌개설 증권회사)에서도 질권

한 선・후순위 질권은 허용되고 있는 것으로 보인다. 다만, 이 경우에도 질권설정금지특약, 자기개설계좌 등 예금계좌질권에 관한 실무상 문제가 그대로 적용된다.

107) 한편, 예탁제도에 따른 예탁대상주식의 경우에는 질권설정자의 투자자계좌부에 질권을 등록하면 질권자가 해당 주식에 관한 주권을 점유한 것으로 간주되므로, 증권사의 전산시스템상 후순위 질권의 등록이 불가하더라도, 주권반환청구권 양도의 방법으로 후순위 질권을 설정한 사례도 존재하였다. 그러나 주식사채전자등록법상의 전자등록주식의 경우에는, 주권의 발행 및 점유를 전제로 하지 않기 때문에 예탁주식의 경우에 이용되었던 이러한 방법으로는 후순위 질권을 설정할 수 없을 것으로 생각된다.

108) 주식사채전자등록법상 「의무보유등록대상주식」(예탁결제원 주식・사채 등의 전자등록업무규정 제33조, 동 시행세칙 제31조)

109) 대법원 2012. 8. 23. 선고 2012다34764 판결

등록을 허용하지 않고 있으며, 다만 계좌개설기관에 따라서는 동 의무보유등록대상주식이 입고되어 관리되는 증권계좌(주로 고객계좌)에 대해서만 질권설정을 허용하고 있는 것으로 보인다(물론 계좌개설기관에 따라 증권계좌에 대한 질권 가능 여부도 다를 수는 있다는 점은 앞서 살펴본 바와 같다).

[계약서 기재례] 근질권 설정 – 의무보유등록대상주식

담보주식 중 의무보유등록대상주식에 대한 각 근질권설정자는, 해당 의무보유기간이 종료하는 경우 해당 의무보유기간 종료일로부터 일(1)영업일 이내(대리기관이 동의하는 경우에는 동의하는 시점 이내)에, (i) 계좌개설기관인 [*]증권 주식회사에 개설된 해당 근질권설정자 명의의 각 주식위탁계좌로 해당 주식을 전부 이체하는 방법으로 입고하고, (ii) 해당 의무보유기간 종료일의 다음 날짜로, 근질권자가 전자증권법에 따라 해당 계좌개설기관인 [*]증권 주식회사에 개설된 해당 근질권설정자의 고객계좌부에 해당 의무보유등록대상주식의 공동 제1순위 근질권자로 적법하게 전자등록되어 있음을 증빙(확인)하는 것으로서 대리기관이 인정하는 서류를 대리기관에게 제출하여야 한다. 또한, 담보주식 중 의무보유등록대상주식의 해당 의무보유기간이 종료하기 전이라도, 대리기관의 요청(재발급·갱신발급 요청 포함)이 있는 경우에는 해당 의무보유등록대상주식에 대한 각 근질권설정자는, 대리기관의 해당 요청일로부터 일(1)영업일 이내(대리기관이 동의하는 경우에는 동의하는 시점 이내)에 근질권자를 전자증권법에 따라 각 해당 의무보유등록대상주식의 공동 제 1순위 근질권자로 전자등록 하는데 필요한 해당 계좌개설기관([*]증권 주식회사를 포함함) 소정 양식의 일체의 서류를 일자를 공란으로 하여 대리기관이 요청하는 부수만큼 대리기관에게 제출(재발급·갱신발급 제출 포함)하여야 한다.

② 증권계좌(주로 고객계좌)상 예금채권 등 권리에 대한 질권

전자등록주식의 경우에는 주로 약식질이 설정되고 있는데, 약식질의 경우에는 배당금 등에 대한 효력이 미치지 않는 것으로 이해되고 있기 때문에(상법 제340조 제1항의 반대해석), 전자등록주식 이외에도 전자등록주식에 관한 금원(배당금 등)이 입금·관리되는 증권계좌(주로 고객계좌)상의 예금채권 등 권리에 대한 질권도 함께 설정함으로써 해당 주식으로부터의 현금흐름도 통제하는 방안도 함께 고려되기도 한다. 다만, 실무에서는 고객계좌상의 권리에 대한 질권설정금지특약이 존재하고 계좌개설기관의 승낙하에 질권설정이 허용되는 경우에도 자행예금/타행예금에 따라 계좌개설기관의 승낙 여부가 달라진다는 점은 예금채권에 대한 질권설정의 경우와 마찬가지이다. 나아가 실무에서 이루어지는 증권계좌(고객계좌)상의 예금채권 등 권리에 대한 질권의 경우에는 해당 고객계좌부에서 관리되는 전자등

록주식 등에 대해서는 질권의 효력이 미치지 않는 것으로 약정하는 경우가 일반적이기 때문에, 전자등록주식에 질권을 설정할 수 없는 사정(전자등록주식에 대한 후순위 질권, 의무보유대상주식에 대한 질권 등)이 있어서 그에 대신하여 증권계좌(고객계좌)상의 예금채권 등 권리에 대한 질권만을 설정하는 경우에는 해당 증권계좌(고객계좌)에서 관리되는 전자등록주식 자체는 처분・인출(계좌대체)이 이루어질 수 있다.110) 따라서 담보계약서 작성 전에 반드시 해당 계좌개설기관(즉, 계좌개설 증권회사)을 통하여 질권설정 가능 여부, 그 절차와 소요서류, 질권설정(등록)이 허용되는 범위(주식질권과 계좌질권을 동시에 설정할 수 있는지 여부 및 질권 효력범위의 차이, 공동질권 및 그 질권자의 수・기재방법, 선・후순위 질권 및 그 질권자의 수・기재방법, 주식질권과 계좌질권 시 주식 및 입고주식의 처분・매각절차 등)에 대한 확인이 필요하다는 점은 앞서 본바와 같다.

③ 배당금 등의 처리

약식질의 경우나 등록질의 경우나 모두, 배당금 등의 처리에 대해서는 담보계약에서 별도로 정할 수 있으므로, 증권계좌(고객계좌)로 입고되는 배당금 등의 금전에 대한 취급(강제조기상환 또는 차주의 운영비용 사용을 위한 인출 등)에 대해서도 정해 둘 필요가 있다.111)

2) 비전자등록주식112)

① 주권이 발행된 주식

주식사채전자등록법의 적용을 받지 않는 주식 중에서 주권이 발행된 주식에 대한 질권설정은 질권설정자와 질권자 간의 질권설정의 합의에 추가하여 주권의 교부가 효력발생요건이고(상법 제331조 제1항), 계속적인 주권의 점유가 제3자에 대한 대항요건이 된다(동조 제2항). 이상만을 구비한 것이 「약실질」이고, 이것에 추가하여 질권설정자의 청구에 의해 주식발행회사가 주권 및 주주명부상에 질권의 등록(동법 제340조 제1항)까지 실시한 것이 「등록질」이다. 실무에서는, 비상장주식주식의 경우에는 설정 시부터 등록질을 요구하는 경우가 많은 것으로 보인다.

110) 이 점은 해당 계좌개설기관인 증권사의 승낙요청서 및 승낙서 양식에 규정되어 있는 경우가 일반적이다.
111) 통상 M&A금융계약상 차주가 배당을 하는 것은 금지되어 있지만, 투자대상회사와 그 자회사가 배당을 하는 것은 허용되는 경우가 있기 때문에 문제가 될 수 있다. 실무상 전자등록주식에 대한 등록질의 경우에도 이익배당금 등은 질권자가 아니라 질권설정자의 고객계좌로 계속 입금되는 경우가 많다는 점은 앞서 본 바와 같다.
112) 비상장주식이 이에 해당한다.

[계약서 기재례] 근질권 설정 – 비전자등록주식(주권발행, 등록질)

> 근질권설정자는 대출계약에 따른 대출실행일까지 담보주식에 대한 근질권설정과 관련하여 담보주식에 관한 주권 및 담보주식발행회사의 주주명부에 근질권설정의 취지, 근질권자의 상호 및 주소를 기재하여야 하며, 그 주권 원본과 주주명부의 사본(담보주식발행회사의 원본대조필 날인이 있는 것이어야 함)을 대리기관에게 교부하여야 한다. 대리기관은 이 항에 따른 서류의 제출 기한을 대출계약서에서 정하는 바에 따라 유예할 수 있다.

비전자등록주식의 경우에도 동순위 질권설정이 가능하다. 즉, 공동질권자가 담보대리인을 선임하여 담보대리인으로 하여금 질권설정자로부터 인도받는 주권을 공동질권자를 위하여 점유할 것을 위임하고, 이후 질권설정자가 주권을 당해 주권의 대리점유자로서의 담보대리인에게 인도하는 방법으로 질권을 설정한다. 등록질을 설정하는 경우에는 더 나아가 공동질권자를 주식발행회사의 주주명부에 동시에 동순위 질권자로 등록한다.

또한, 비전자등록주식 중 주권이 발행된 주식에 대해서는 다음과 같은 방법으로 후순위 질권이 설정될 수 있다.

먼저, 선순위 질권자가 선순위 담보대리인을 선임하여 선순위 담보대리인으로 하여금 질권설정자로부터 인도받는 주권을 선순위 질권자를 위하여 점유할 것을 위임하고, 이후 질권설정자가 주권을 당해 주권의 대리점유자로서의 선순위 담보대리인에게 인도하는 방법으로 선순위 질권을 설정한다(상법 제381조 제1항). 다음으로, 질권설정자는 선순위 담보권 소멸 시 발생하는 선순위 질권자 및 선순위 담보대리인에 대한 당해 주권에 관한 목적물반환청구권(「주권반환청구권」)을 후순위 질권자에게 양도(민법 제190조)하는 방법으로 당해 주권을 후순위 질권자에게 인도하여 후순위 담보권을 설정하며, 질권설정자는 주권반환청구권을 양도한 사실을 선순위 질권자 및 선순위 담보대리인에게 확정일자부로 통지하거나(선순위 담보계약 등에 주권반환청구권 등의 양도 등을 제한하는 규정이 포함되어 있는 경우에는) 질권설정자가 주권반환청구권 양도에 대해 선순위 질권자 및 선순위 담보대리인으로부터 확정일자부 승낙을 받아 동 승낙서를 후순위 질권자에게 교부한다. 이때 후순위 질권 역시 등록질로 설정하고자 하는 경우에는 주식발행회사의 주주명부에 선순위 질권에 이은 후순위 질권설정내역을 기재하도록 한다(그러나 선순위 질권이 약식질인 경우에는 후순위 질권 역시 약식질로만 설정하는 것이 일반적이다).

또한, 위의 방법으로 후순위 질권을 설정한 후 담보주식이 처분되고 남은 정산금(「정산금」)이 있는 경우에 (특히, 질권설정자가 주권반환반환청구권 양도 사실을 통지만 한 경우) 주식에 관한 후순위 질권만으로 선순위 질권자 및 선순위 담보대리인이 해당 정산금을 후순위 질권자에게 직접 지급할 의무를 부담하는지 여부에 대해서는 명확하지 않은 측면이 있다는 판단하에, 주식에 대한 후순위 질권과는 별도로 그와 함께 정산금 채권에 대해서도 후순위 질권자에게 (정산금에 관한 한 선순위 담보로서의) 질권 또는 양도담보를 설정하고 관련 확정일자부 통지 또는 승낙을 구비하는 사례도 있다.

② 주권 미발행 주식

주권발행 전 주식(회사성립 후 또는 발행 후 6개월이 경과하도록 주권이 발행되지 않은 주식)에 대해 민법에 따른 권리질권 설정방법(질권설정합의+발행회사에 대한 확정일자부 통지 또는 발행회사의 확정일자부 승낙)에 따라 질권을 설정하는 것이 판례에 의해 인정되고 있는데, 실무에서는 위 판례에 따라 질권설정의 합의+주식발행회사에 대한 확정일자부 통지 또는 주식발행회사의 확정일자부 승낙(경우에 따라서는 주권미발행확인서 추가)의 방법으로 주권 미발행주식에 대한 질권을 설정하고, 더 나아가 주권발행 전 주식양도의 경우에도 회사에 대항하기 위해서는 명의개서가 필요하다는 점에서 주권발행 전 주식질권 설정의 경우에도 주식발행회사의 주주명부에 질권설정 내역을 기재하도록 하는 것이 일반적이다.[113]

[판례 4-55] 대법원 2000. 8. 16. 자 99그1 결정

주권발행 전의 주식에 대한 양도도 인정되고, 주권발행 전 주식의 담보제공을 금하는 법률규정도 없으므로 주권발행 전 주식에 대한 질권설정도 가능하다고 할 것이지만, 상법 제338조 제1항은 기명주식을 질권의 목적으로 하는 때에는 주권을 교부하여야 한다고 규정하고 있으나, 이는 주권이 발행된 기명주식의 경우에 해당하는 규정이라고 해석함이 상당하므로, 주권발행 전의 주식 입질에 관하여는 상법 제338조 제1항의 규정이 아니라 권리질권설정의 일반원칙인 민법 제346조로 돌아가 그 권리의 양도방법에 의하여 질권을 설정할 수 있다고 보아야 한다.

113) 그러나 이러한 방법으로 설정된 질권은 상법에 따른 약식질 또는 등록질의 요건을 갖춘 것이 아니므로, 상법상 약식질 또는 등록질로서 또는 그에 준하는 효력을 인정할 수는 없고, 민법상 권리질권의 효력만이 인정될 수 있을 것으로 생각된다. 따라서 상법에 따른 약식질 또는 등록질로서의 효력을 명확히 하고자 하는 경우에는 가능한 주권을 발행하도록 하는 쪽이 좋을 것으로 생각된다.

[계약서 기재례] 근질권 설정 – 비전자등록주식(주권미발행, 권리질)

근질권설정자는 대출계약에 따른 대출실행일까지, 이 계약 서식 1의 양식으로 담보주식발행회사가 작성한 확정일자부 근질권 설정 등 승낙서와 근질권설정의 취지, 근질권자의 상호 및 주소가 기재된 담보주식발행회사의 주주명부 사본(담보주식발행회사의 원본대조필 날인이 있는 것이어야 함)을 대리기관에게 교부하여야 한다. 대리기관은 이 항에 따른 서류의 제출 기한을 대출계약서에서 정하는 바에 따라 유예할 수 있다.

또한, 주권발행 전 주식의 양도는, 회사성립 후 또는 발행 후 6개월이 경과하도록 주권이 발행되지 않은 경우를 제외하고는, 주식발행회사에 대해 무효이므로(상법 제335조 제3항), 동 주식에 대한 질권설정 역시 (질권설정자와 질권자 사이에서 채권적 효력은 인정되더라도) 주식발행회사에 대해서는 무효가 된다. 따라서 회사성립 후 또는 신주발행 후 6개월이 경과하기 전의 주식[114)]에 대해 질권을 설정하는 경우에는, 주식발행회사로 하여금 주권을 발행하게 한 후 질권설정자로부터 동 주권을 교부받아야 할 것이다. 물론, 현재의 판례에 따르면, 회사성립 후 또는 신주발행 후 6개월이 경과하면 주권불발행의 하자는 치유될 수 있지만, 하자가 치유되기 전까지의 기간 동안에는 이러한 질권 설정은 적법・유효하다고는 할 수 없고, 만일 하자치유 전에 담보권실행사유가 발생하는 경우에는 담보권을 확보할 수 없다는 문제가 발생할 수 있기 때문이다.

따라서 대주는 주식담보를 설정받는 경우, 담보권 설정 시점에 주식발행회사가 주권을 아직 발행하지 않은 경우에 주권 발행 및 교부를 요구할 것인지 여부가 문제된다. 물론, 회사성립 후 또는 주식발행 후 6개월이 경과한 후라면 민법상 권리질권설정의 방법으로 주식질권을 설정할 수는 있기 때문에 주식담보권의 효력이 부정되는 것은 아니지만, 이 경우에도 (i) 주식질권의 법률관계를 명확히 한다는 점, (ii) 주권을 대주가 점유함으로써 담보권설정자에 의한 양도・이중담보권설정의 위험을 경감시킬 수 있다는 점, (iii) 정관상 주식에 대한 양도제한이 있는 경우 담보권 실행 시 양수인 단독으로 양도승인청구를 하는 것이 가능하다는 점을 고려하면, 담보권자인 대주는 주권을 발행시켜서 이를 점유하는 쪽이 좋을 것으로 생각된다.

114) 특별목적회사로 설립되는 차주의 주식이 이에 해당하는 경우가 많을 것이다.

[판례 4-56] 대법원 2002. 3. 15. 선고 2000두1850 판결

상법 제335조 제3항은 "주권발행 전에 한 주식의 양도는 회사에 대하여 효력이 없다. 그러나 회사성립 후 또는 신주의 납입기일 후 6월이 경과한 때에는 그러하지 아니하다." 라고 규정하고 있는바, 주권발행 전의 주식의 양도는 지명채권의 양도에 관한 일반원칙에 따라 당사자의 의사표시만으로 효력이 발생하는 것이고(대법원 1995. 5. 23. 선고 94다36421 판결, 대법원 1996. 6. 25. 선고 96다12726 판결 등 참조), 한편 주권발행 전에 한 주식의 양도가 회사성립 후 또는 신주의 납입기일 후 6월이 경과하기 전에 이루어졌다고 하더라도 그 이후 6월이 경과하고 그때까지 회사가 주권을 발행하지 않았다면, 그 하자는 치유되어 회사에 대하여도 유효한 주식양도가 된다고 봄이 상당하다고 할 것이다.

원심이 같은 취지에서 소외 회사가 1995. 10. 17. 성립된 후 6월이 경과하여 현재까지 주권을 발행하지 않은 이상 소외 회사의 성립일로부터 6월이 경과하기 전인 1996. 3. 8. 원고와 소외 2 사이의 의사표시만으로 이루어진 이 사건 주식양도도 소외 회사에 대하여 유효하다고 판단한 것은 위 법리에 따른 것으로 정당하고, 거기에 상고이유에서 주장하는 바와 같은 주권발행 전의 주식양도에 관한 법리오해의 위법이 있다고 할 수 없다.

한편, 비전자등록주식 중 주권 미발행 주식의 경우에도 동순위 질권설정이 가능하다. 이때에는 주식발행회사에 대한 대항요건(주식발행회사의 주주명부에의 등록까지 요구하는 경우에는 동 등록절차 포함)도 단일한 확정일자부 통지서 또는 확정일자부 승낙서, 주주명부 등록을 통해 동시에 구비하게 된다.

또한, 비전자등록주식 중 주권 미발행 주식에 대한 선·후순위 질권설정은, 민법상 권리질권설정 방법의 선후(질권설정합의+주식발행회사에 대한 확정일자부 통지 또는 주식발행회사의 확정일자부 승낙)에 의하게 될 것이다. 나아가, 후순위 질권 역시 주식발행회사의 주주명부에 등록하도록 하는 사례가 있는데, 이때에는 주식발행회사의 주주명부에 선순위 질권에 이은 후순위 질권설정내역을 기재하도록 한다(그러나 선순위 질권을 주주명부에 등록하지 않는 경우에는 후순위 질권 역시 주주명부에 등록하지 않는 것이 일반적이다).

③ 배당금등수령계좌상 예금채권 등에 대한 질권

전자등록주식의 경우와 마찬가지로, 비전자등록주식의 경우에도 약실질의 경우에는 배당금 등에 대한 효력이 미치지 않는 것으로 이해되고 있기 때문에(상법 제340조 제1항의 반대해석), 비전자등록주식 이외에도 비전자등록주식에 관한 금원(배당금 등)이 입금·관리되는 (가칭)배당금등수령계좌를 개설하도록 하여 비전자등록주식에 관한 배당금등 일체의 금원은 배당금등수령계좌로만 입금되도록 하고, 동 계좌상의 예금채권등에 대한 질권도 함께 설정함으로써 해당 주식으로부터의 현금흐름도 통제하는 방안도 함께 고려되기도 한다. 특히, 전자등록주식의 경우에는 배당금등이 미리 지정된 증권계좌(고객계좌)로 입금되나 비전자등록주식의 경우에는 배당금등이 입금되는 증권계좌가 개설되지 않는 경우가 일반적이기 때문에 이러한 배당금등이 입금될 계좌를 개설하여 동 계좌상의 예금채권등에 대한 질권을 설정해 둘 필요가 있다.[115)]

④ 배당금등의 처리

비전자등록주식에 대한 질권을 어느 방식으로 설정하든 모두, 배당금등의 처리에 대해서는 담보계약에서 별도로 정할 수 있으므로 배당금등의 금전에 대한 취급(강제조기상환 또는 차주의 운영비용 사용을 위한 인출 등)에 대해 정해 둘 필요가 있음은 앞서 살펴본 전자등록주식의 경우와 같다.

(4) 주식질권 관련 몇 가지 유의사항

1) 대량보유상황보고의무 등 공시규제

한편, 자본시장법상 대량보유상황보고의무(5%룰)(자본시장법 제147조)와 관련하여, (i) 의결권 있는 발행주식 총수의 5% 이상의 상장주식을 보유하는 어느 주주(경영참여목적 주주에 한함)가 의결권 있는 발행주식 총수의 1% 이상의 상장주식에 대한 질권을 설정하는 경우에는 <u>질권설정자는</u> 질권설정사실만으로 보고의무가 발생하여 변경보고(주요계약에 대한 변경보고)의무가 있고, 이후 실제 채무불이행에 따른 담보주식 처분 등 소유권이 이전되어 질권설정자의 보유비율이 1% 이상 변동하는 경우에는 변동보고의무가 있다. 그리고 <u>질권자는</u> 피담보채무의 변제기가 도래하는 등 담보계약의 내용에 따라 담보주식 등의 처분권한이나 의결권 행사권한이 생기는 시점에 신규보고(보유에 의한 신규보고)의무, 담보주식을 처분하는 경우 변동보고의무, 소유권이 이전되는 시점에 보유형태의 변경(보유→소유)에 따른 변경보고의무가 있다. 또한, 질권자(대주)의 변경, 담보계약기간 갱신 또는 만료의 경우에는 각각 변경보고의무가 발생하므로[116)] 질권설정자와 질권자는 해당 시점에 공시의무 불이행이 발생하지 않도록 유의해야 한다.

한편, 상장주식에 대한 질권을 설정하면서 질권설정시점부터 질권자 또는 대리인(또는

115) 비전자등록주식의 경우에는 등록질의 경우 발행회사로 하여금 이익배당금을 질권자의 계좌로 입금하도록 할 수도 있을 것이다.
116) 『기업공시실무안내』(금융감독원, 2018) 421페이지 참고

그가 지정하는 자)이 해당 주식에 대한 의결권을 위임받은 경우에는 해당 의결권을 위임받은 시점부터 자본시장법상 대량보유상황보고의무(5%룰)의 대상이 될 수 있으므로 주의를 요한다. 실무에서는 이 점을 고려하여 상장주식의 경우에는 기한의 이익 상실사유 발생에 따른 처분권 발생 이전에는 일정한 요건하에 담보주식에 대한 의결권을 질권설정자가 계속하여 행사하도록 규정하는 경우가 많다.

2) 미공개중요정보이용행위규제

담보주식이 자본시장법상의 미공개중요정보이용행위(내부자거래)규제를 받는 주식인 경우, 자본시장법상으로는 미공개중요정보이용행위규제의 대상행위를 「매매, 그 밖의 거래」로 규정하고 있어서 반드시 「유상성」을 요건으로 하고 있지는 않지만(동법 제174조 제1항), 학설은 미공개중요정보이용행위규제의 대상은 유상거래만을 의미하고 유상거래이면 매매에 한정하지 않고 담보권설정과 같이 소유권의 이전이 없는 경우에도 다른 요건을 충족하는 한 미공개중요정보이용행위규제의 대상행위에 포함된다고 해석하고 있다.[117]

또한, 질권의 실행은 「매매, 그 밖의 거래」에 해당하기 때문에 다른 요건을 충족하는 한 미공개중요정보이용행위규제의 대상행위에 포함될 수 있을 것이다.[118] 특히 주식의 대량취득 · 처분의 개시 · 중지에 관한 미공개정보를 이용하는 경우에도 미공개중요정보이용행위규제의 대상이 되므로(자본시장법 제174조 제3항), 질권실행 시에는 질권실행 행위가 위 규정에서 금지하는 행위에 해당하지 않도록 유의할 필요가 있다. 예를 들면, 기한의 이익이 상실된 상태에서 증권시장에서 담보주식을 매각하는 경우에는 자본시장법 제174조 제3항에도 위반될 수 있다. 따라서 질권의 실행에 의한 담보주식의 처분행위가 미공개중요정보이용행위에 해당하지 않도록 질권실행 시 상장주식의 처분 방법에 대한 검토가 필요한데, 실무에서는 일반적으로는 미공표의 중요사실을 알고 있는 일정한 자 사이에서 실시되는 「상대거래」에 의하는 경우가 많은 것으로 보인다. 상대거래와 같이 거래상대방이 미공개상태의 정보를 알고 있는 경우에는 정보의 격차가 없으므로 미공개정보를 이용하였다고 볼 수는 없을 것이기 때문이다.[119]

---

117) 임재연 『자본시장법(2019년판)』(박영사, 2019) 929페이지 참고
118) 이와 관련하여 「실무상 채권자인 은행이 담보로 보유하는 채무자기업의 주식을 처분하는 경우도 이와 관련하여 문제가 될 수 있다. 채권자의 지위에서 새로운 경영부실이나 부도사실을 알게 된 경우에는 비록 여신계약상 담보주식을 처분할 권리가 있다고 해도 그 사실을 공개하기 전에 처분하는 것은 미공개정보이용에 해당할 것이다.」라는 점을 적절하게 지적하는 견해가 있다. 김건식 · 정순섭 『자본시장법(제3판)』(두성사, 2013) 416페이지 참고
119) 김건식 · 정순섭 『자본시장법(제3판)』(두성사, 2013) 415페이지 참고

3) 공개매수규제

주식질권설정에 대해 공개매수절차를 밟을 필요가 있는지에 관해서는, 질권설정은 「주식의 매수」에 해당하지 아니하므로 설정시점에 공개매수 절차는 필요하지 않고, 질권실행 시에는 그 취득 상대방의 입장에서 공개매수의 요건을 충족할 경우에는 그 취득자에 대해서만 공개매수에 관한 규정이 적용될 것으로 생각된다.

4) 양도제한주식의 질권설정

차주(SPC)와 투자대상회사의 주식 등 M&A금융에서의 담보주식이 그 양도에 이사회 승인이 필요한 주식(상법 제335조)인 경우가 있다. 이러한 양도제한주식에 대해 질권을 설정하는 경우에는, 질권설정 시점에는 이사회의 승인을 받을 필요는 없고, 질권실행 시에 이사회승인을 받으면 되는 것으로 일반적으로 해석되고 있고, 실무도 이러한 견해에 따라 이루어지고 있는 것으로 보인다. 따라서 양도제한주식인 채로 질권이 설정된 경우, 장래 질권실행에 의해 주식의 양수도가 발생한 때에는, 주식발행회사의 이사회승인을 얻을 필요가 있지만, 이사회의 승인절차가 지체되어 담보주식의 처분이 신속하게 이루어질 수 없는 위험이 남게 된다.[120]

이 점을 고려하여, 실무에서는 (i) 주식발행회사의 정관을 사전에 변경하여 양도제한규정을 폐지하거나, 담보주식에 관한 담보권의 실행(법정절차에 의하는 것 외에 법정절차에 의하지 않는 임의매각 또는 대물변제에 의한 실행을 포함)에 따른 양도에 의한 주식의 취득에 대해서는 이사회의 승인이 있었던 것으로 간주하는 취지의 규정(실무상 「간주승인규정」이라고 한다)을 신설할 것을 요구하거나, (ii) 정관변경이 여의치 아니한 경우에는 질권설정 시에 미리 질권설정 및 그에 따른 「질권실행에 의한 주식처분」에 대해서도 주식발행회사의 이사회승인을 받도록 요구하는 방법이 취해진다. 다만, 질권실행에 의한 주식취득자가 불명한 단계에서 설치되는 위의 간주승인규정이나 사전 이사회승인의 유효성의 문제는 남아 있다.[121]

120) 물론, 주식의 양수인에 의한 승인청구가 가능하지만(상법 제335조의7), 역시 주식취득 가능 여부가 신속하게 확정될 수 없다는 문제점은 남는다.

121) 질권자가 유질 등의 방법(실무에서는 이를 「상계유입」이라고도 한다)으로 자신이 취득하는 경우는 별론으로 하고, 제3자에 대한 매각 등의 경우에는 이러한 간주승인규정이나 사전 이사회승인의 유효성에 의문을 표시하는 견해가 있다. 山下友信 編『會社法 コメンタリー 3-株式(1)』(商事法務, 2013) 437페이지 [森下哲郎]

5) 사후보고

한편, 은행이 다른 회사 등의 지분증권의 100분의 20을 초과하는 지분증권을 담보로 취득한 때에는 금융위원회에 사후보고를 하여야 한다는 점(은행법 제47조 제8호)도 유의해야 한다.

6) 의결권 행사 및 질권실행 방법

주식질권을 설정하더라도 담보주식에 관한 의결권은 주주의 지위에 있는 질권설정자가 계속 행사한다. 실무에서는, 보통은 일정한 사유(담보권실행사유) 발생 이전에는 상장주식 및 비상장주식 모두 질권설정자가 일정한 요건하에 담보주식에 관한 의결권을 행사하되, 담보권실행사유가 발생한 이후부터는 대주 또는 대리인(또는 그가 지정하는 자)이 질권설정자로부터 의결권을 위임받아 의결권을 행사하도록 하고 이를 위하여 미리 일자와 수임인을 공란으로 한 의결권 위임장과 인감증명서를 교부받아 두고 실제 주주총회개최 시에 대주 또는 대리인이 일자 및 공란을 기재하여 해당 수임자로 하여금 질권설정자를 대리하여 의결권을 행사하도록 규정하는 것이 일반적이다. 다만, 담보주식이 특수목적법인의 주식인 경우에는 주식질권설정 시부터 대주 또는 대리인(또는 그가 지정하는 자)이 질권설정자로부터 의결권을 위임받아 질권설정자를 대리하여 행사하는 경우도 자주 있다.

특히, 담보주식이 상장주식인 경우에는 대주 또는 대리인이 의결권을 위임받은 시점부터 자본시장법상 대량보유상황보고의무(5%룰)의 대상이 될 수 있으므로 주의를 요한다는 점은 앞서 살펴본 바와 같다.

[계약서 기재례] 의결권 행사 ①

(1) 근질권설정자는 이 계약의 체결 이후의 채무자[122)]의 모든 정기주주총회 및 임시주주총회에서 담보주식에 대한 의결권의 행사를 대리기관에게 위임하기로 한다. 이를 위하여 근질권설정자는 이 계약서식 [*]의 양식으로 작성된 위임장을 대리기관이 합리적으로 요구하는 수만큼 작성하여 이 계약서 체결일에 대리기관에게 교부하기로 하며, 대리기관이 수시로 의결권의 행사를 위하여 합리적으로 요구하는 문서 기타 서류(추가적인 위임장의 교부 포함)를 작성하여 대리금융기관에게 교부하기로 한다.

(2) 근질권설정자는, 대리기관이 이 조 제(1)항에 따라 교부받은 위임장에 그 재량에 따라 관련 주주총회에 관한 사항과 대리권을 행사할 자를 기재하여 그 주주총회에서 의결권 및 담보목적물에 대한 주주로서의 권리를 행사할 수 있음을 인정하고 이에

122) 담보주식의 발행회사가 피담보채무의 채무자인 사례

동의한다.
(3) 근질권설정자는 피담보채무가 전액 상환될 때까지 이 조 제(1)항 및 제(2)항에 따른 위임을 철회하지 않을 것을 확약하며 이를 철회함으로써 발생한 모든손해를 근질권자 및 대리기관에게 배상하기로 한다.
(4) 채무자는 정기주주총회 또는 임시주주총회의 개최에 관하여 상법 및 정관에서 정하는 바에 따라 근질권설정자, 근질권자 및 대리기관에게 개최 일시, 의제 및 의안의 요령을 서면으로 통지하여야 하고, 근질권설정자는 채무자로부터 정기주주총회 또는 임시주주총회의 개최에 관하여 통지를 수령하는 즉시 이를 근질권자 및 대리기관에 통지하여야 한다.

[계약서 기재례] 의결권 행사 ②

(1) 담보권실행사유가 발생하지 않는 한, 근질권설정자는 이 계약 제[*]조 및 기타 대출계약의 조건에 위반하지 않는 범위 내에서 담보주식에 대한 의결권을 행사한다.
(2) 담보권실행사유가 발생한 경우, 그와 동시에 근질권설정자는 대리기관(대리기관이 지정하는 자 포함)을 근질권설정자의 대리인으로 선임하여 주식발행회사의 모든 정기주주총회 및 임시주주총회에서의 의결권을 행사할 수 있는 권한을 대리기관에게 수여한 것으로 간주한다.
(3) 담보주식에 대한 의결권의 행사와 관련하여, 근질권설정자는 ① 대출실행 전까지, 이 계약 서식[*]으로서 이 계약서에 첨부된 위임장을 대리기관이 요청하는 부수 이상 작성하여 이를 대리기관에게 교부하고, ② 담보권실행사유가 발생하여 계속되는 경우 대리기관에게 해당 서류의 공란(수임자, 주주총회결의사항 포함)을 기재할 수 있는 권한을 부여한다. 대리기관은 근질권설정자에게 이 조에 따른 각 서류의 갱신(재발급)을 요청할 수 있으며 근질권설정자는 해당 요청을 받은 날로부터 일(1)영업일 이내에 대리기관이 요청하는 해당 서류를 갱신(재발급)하여 대리기관에게 제출하여야 한다.

한편, 주식에 관한 의결권의 포괄 위임의 유효성에 대해서는 학설상 논의가 있는데, 아래와 같이 유효성을 인정한 판례가 있다{대법원 2013다56839 판결([판례 4-57])}. 이 판례는 「이 경우 의결권의 행사를 구체적이고 개별적인 사항에 국한하여 위임해야 한다고 해석하여야 할 근거는 없고 포괄적으로 위임할 수도 있다」고 일반론을 설시하고는 있지만, 구체적인 내용에 있어서는 포괄위임의 유효성이 부인될 수 있는 여지를 남겨두고 있는 것으로 보인다. 따라서 이 판례를 근거로 의결권 포괄위임이 일반적으로 유효하다고 보기는 어려울 것으로 생각된다.

이 판례의 사실관계가, 주식발행회사가 특정 프로젝트를 위해 설립된 특수목적법인이나 도관(Vehicle)에 해당하거나 그에 유사하고, 1인 주주의 주식 100%에 대한 질권을 설정하였으며, 나아가 피담보채무의 기한의 이익상실 이후 질권설정자(주주)로부터 다시 위임장(판시내용에서 「이 사건 위임장」)을 교부받았다는 점 등의 특수성이 있기 때문에 이 판례를 일반화하여 단정적으로 말하기 어려울 수 있지만, 이 판례의 취지에 비추어 보면, 적어도 주식질권설정과 관련하여 질권자가 그 재산적 가치 및 권리의 확보 목적으로 질권설정자인 주주로부터 의결권을 위임받아 질권설정계약에서 정한 범위 내에서 의결권을 행사하는 경우에는 그 의결권 위임 및 그에 따른 의결권 행사의 유효성이 인정될 수 있지 않을까 생각된다.

[판례 4-57] 대법원 2014. 1. 23. 선고 2013다56839 판결

1. 상고이유 제3점에 대하여

가. 주식회사의 주주는 상법 제368조 제2항에 따라 타인에게 의결권 행사를 위임하거나 대리행사하도록 할 수 있다. 이 경우 의결권의 행사를 구체적이고 개별적인 사항에 국한하여 위임해야 한다고 해석하여야 할 근거는 없고 포괄적으로 위임할 수도 있다 (대법원 1969. 7. 8. 선고 69다688 판결 참조).

나. 원심판결 이유 및 적법하게 채택된 증거들에 의하면, 다음 사실을 알 수 있다.

(1) 주식회사 우리은행(이하 '우리은행'이라 한다)은 2009. 12. 11.과 2010. 1. 22.에 피고가 대한생명보험 주식회사 및 주식회사 국민은행으로부터 대출받은 합계 3,800억 원의 대출금 채권(이하 '이 사건 대출금 채권'이라 한다)을 대한생명보험 주식회사와 주식회사 국민은행으로부터 양수하였다.

(2) 피고의 실질적인 책임재산은 중국의 시행사인 북경중천굉업방지산자문 유한책임공사(이하 '중천굉업'이라 한다)의 소유인 화푸오피스 빌딩(이하 '이 사건 빌딩'이라 한다)인데, 이 사건 빌딩과 중천굉업 발행 주식에 대하여는 이미 동아은행유한공사 북경분행 앞으로 담보권이 설정되어 있었다. 따라서 우리은행은 원고로부터 위 대출금에 관한 담보로 중천굉업의 지분 100%를 보유하고 있는 바베이도스 소재 법인인 Mountain Breeze SRL(이하 'MB'라고 한다)의 발행주식, MB의 지분 100%를 보유하고 있는 홍콩 소재 법인인 New PI Investment Co., Limited(이하 'New PI'라고 한다)의 발행주식, New PI의 지분 100%를 소유하고 있는 피고의 발행주식에 대한 질권을 설정받기로 합의하였다.

(3) 이에 따라 원고와 소외 1은 2010. 1. 22. 우리은행과 사이에 이 사건 대출금 채권을

담보하기 위하여 우리은행 앞으로 원고와 소외 1 보유의 피고 발행 주식[원고 보유 3,000주(지분 60%)와 소외 1 보유 2,000주(지분 40%), 이하 '이 사건 주식'이라 한다]에 대한 근질권을 설정하기로 하는 계약(이하 '이 사건 주식근질권 설정계약'이라 한다)을 체결하였다.

이 사건 주식근질권 설정계약은, (가) '의결권행사의 위임'이라는 제목 아래 제4조에서, 각 근질권설정자는 위 계약의 체결 이후 개최되는 피고의 모든 정기주주총회 및 임시주주총회에서 담보주식에 대한 의결권의 행사를 근질권자에게 위임하되 이를 위하여 근질권자가 합리적으로 요구하는 수만큼 위임장을 작성하여 이 계약 체결일에 근질권자에게 교부하기로 하며 근질권자가 수시로 의결권의 행사를 위하여 합리적으로 요구하는 문서 및 기타 서류(추가적인 위임장의 교부 포함)를 작성하여 교부하고(제1항), 또한 근질권자가 위 위임장에 그 재량에 따라 관련 주주총회의 의결에 관한 사항과 대리권을 행사할 자를 기재하여 그 주주총회에서 의결권 및 담보주식에 대한 주주로서의 권리를 행사할 수 있음을 인정하고 이에 동의한다(제2항)고 규정하고, (나) 위와 별도로 '근질권의 실행'이라는 제목 아래 제8조에서, 이 사건 대출금 채권의 기한도래 또는 기한의 이익의 상실로 인하여 피고가 피담보채무를 이행하여야 할 때에는 근질권자는 이 사건 근질권을 실행할 수 있고(제1항), 이 경우 근질권자는 일반적으로 적당하다고 인정되는 방법, 시기, 가격 등에 의하여 담보주식을 임의 처분하고 그 취득금을 충당하거나 일반적으로 적당하다고 인정되는 방법, 시기, 가격 등에 의하여 피담보채무의 전부 또는 일부의 변제에 갈음하여 담보주식을 취득할 수 있으며(제2항), 근질권자는 의결권 행사를 통한 임원의 변경 등 필요한 절차를 진행할 수 있고, 피고를 대신하여 관련 주주총회를 개최할 수 있다(제3항)고 규정하고 있다.

이에 따라 이 사건 주식근질권 설정계약서의 부속서류(을 제10호증의 2)로 원고와 소외 1이 그 보유의 발행 주식에 대하여 주주총회 참석과 의결권 행사 등의 권한을 백지의 수임인에게 위임하는 내용의 위임장들이 우리은행에게 교부되었다.

(4) 우리은행은 이 사건 대출금 채권을 양수한 이후 피고의 요청에 따라 2011. 3. 31.까지 5차례에 걸쳐 대출 만기를 연장하였으나, 피고는 연기된 만기인 2011. 6. 30.까지 이 사건 대출 원리금을 상환하지 못하였다.

한편, 원고는 2011. 3. 29. 우리은행과 작성하기로 한 2011. 3. 31. 자 변제기 연장합의서에 의한 연장합의와 관련하여, 피고의 자회사인 New PI 및 MB의 각 주주명부, 설립증명서 및 정관과 MB가 발행한 주권(Quota Certificate)의 발행이 취소되었음을 증명하는 서류를 우리은행에 제출하되 이를 제출하지 않으면 변제기 연장합의는 체결되지 않은 것으로 간주되고, 2011. 3. 31. 이후 차입금의 만기도래 또는 기한이익상실 선언 등의 이유로 담보권을 실행하는 경우에도 위 연장합의 체결을 이유로 만기미도래의 항변을 할 수 없다는 내용의 확약서를 작성·교부하였다. 그러나 원고는 위 서류를 우리은행에 제출하지 아니하였고, 이에 우리은행은 2011. 5. 3. 이 사건 대출계약의 기한이익이 상실될 수 있음을 통지하고 2011. 6. 15. 피고에게 2011. 6. 30.까지 대출원리금을 상환할 것을 통지하였다.

(5) 마침내 우리은행은 이 사건 대출금의 이자 연체를 이유로 2011. 7.경 피고에게 기한의 이익 상실 통지를 하였을 뿐 아니라, 2011. 8. 1.경에는 피고의 대표이사이던 원고에게 같은 달 5.경까지 대출금 상환과 관련된 구체적인 계획을 제시하지 못하면 법과 계약에서 정한 바에 따라 필요한 조치를 취할 수밖에 없다는 통고를 하였다.

(6) <u>원고는 소외 1로부터 그가 보유하고 있던 피고 발행 주식 전부를 인수하였고, 주식근질권 보완을 위하여 우리은행의 요구에 따라 2011. 8. 10. 자신이 보유하고 있는 피고 발행 주식 전부에 대하여 우리은행을 '피고의 주주총회 소집 및 참석, 주주총회 의안에 대하여 보유주식에 대한 의결권의 행사' 등의 권한을 가진 대리인으로 선임한다는 내용의 위임장(이하 '이 사건 위임장'이라 한다)을 작성·교부하였다. 이 사건 위임장에는, 위 (3)항의 위임장들에서 위임하였던 의결권 행사 등의 권한에 추가하여, '주주총회의사록을 공증하기 위한 촉탁 및 이와 관련한 일체의 행위'에 관한 권한도 위임되어 있다.</u>

(7) 그런데 원고는 피고의 주식을 제외한 MB, New PI의 발행주식에 대해 근질권을 설정하기 전인 2010. 1. 12. 위 각 주식에 대하여 분실신고를 하여 새로운 주식을 발급받은 후 무효가 된 기존 주식들에 대해 우리은행 앞으로 근질권을 설정하고, 2010. 8.경에는 자신의 처인 소외 2와 공모하여 브리티시 버진 아일랜드(British Virgin Islands)에 설립한 페이퍼 컴퍼니(YingBo Limited)를 통해 MB의 출자지분 100주를 발행하여 우리은행이 보유하는 담보주식의 지분을 100%에서 2%로 희석시키는 등의 담보권 침해 행위를 하였다.

(8) 우리은행은 이 사건 위임장을 통해 위임받은 권한에 기초하여, '2011. 8. 18. 원고를 대리한 우리은행 직원 소외 3이 참석한 상태에서 피고의 본점 소재지에서 임시주주총회를 개최하여 원고와 소외 4를 각 대표이사와 사내이사에서 해임하고 소외 5를 이사로 선임하는 주주총회(이하 '이 사건 주주총회'라 한다)가 이루어졌다'는 내용의 임시주주총회 의사록(이하 '이 사건 의사록'이라 한다)을 작성하고, 이를 근거로 위와 같은 내용으로 피고의 임원 변경등기를 마쳤다.

다. 위 사실관계에 의하면, (1) 우리은행은 원고 및 피고와 이 사건 주식근질권 설정계약을 체결하였는데, 이는 피고가 자회사인 New PI 및 MB를 통하여 간접적으로 지배하는 중천광업 소유의 이 사건 빌딩 외에는 뚜렷한 책임재산이 없는 상황에서 우리은행이 이 사건 빌딩을 이 사건 대출금 채권에 대한 실질적인 담보로 확보하기 위하여는 중천광업에 대한 피고의 지배권 내지 경영권을 적절히 제어할 필요가 있고 이를 위해서 원고의 피고에 대한 지배권 내지 원고가 보유하는 피고 주식을 담보로 제공하기 위한 목적으로 이루어진 것으로서, 이에 따라 이 사건 주식근질권 설정계약에서 우리은행이 담보권 설정 후부터 담보물인 피고 주식에 관하여 의결권을 위임받아 담보 권한을 확보할 뿐 아니라, 기한이 도래한 경우에는 피고 주식의 임의 처분 외에 위임받은 의결권에 기하여 주주총회를 개최하여 피고의 경영진을 교체할 수 있는 것을 담보권의 실행방법으로 약정한 것으로 보이고, (2) 우리은행으로서는 대출만기가 지나도록 피고가 대출원리금을 상환하지도 아니하여 담보권을 실행할 필요성이 있었고, 더욱이 원고가 MB, New PI의 발행주식에 대한 담보권을 침해하는 등 피고의 유일한 책임재산인 이 사건 빌딩에 대한 우리은행의 권리확보를 어렵게 하는 사정까지 발생한 상태에서, 원고로부터 새로 의결권 행사와 아울러 주주총회 의사록 공증에 관한 권한까지 위임하는 이 사건 위임장을 교부받았으므로, 원고로서도 우리은행이 이 사건 위임장을 이용하여 이 사건 주식근질권 설정계약에서 정한 피고 임원 변경 등을 포함해 담보권 실행을 위해 필요한 목적으로 위임받은 의결권을 행사할 것이라는 점을 예측할 수 있었을 것으로 보이며, (3) 나아가 우리은행은 이 사건 주식근질권 설정계약 제8조 제3항에서 정한 약정에 따라 피고의 경영진을 교체하는 것이 이 사건 대출금 채권에 관한 담보물인 이 사건 주식에 관한 권리를 보존하고 그 담보권 실행을 확보하기 위한 최선의 방안이라고 판단하여 이 사건 위임장을 사용하여 이 사건 주주총회결의 절차를 취한 것으로 보인다. 그리고 상행위로 인하여 생긴 채권을 담보하기 위하여 주식에 대하여 질권이 설정된 경우에 질권자가 가지는 권리의 범위 및 그 행사 방법은 원칙적으로 질권설정계약 등의 약정에 따라 정하여질 수 있고(상법 제59조 참조), 위와 같은 질권 등의 담보권의 경우에 담보제공자의 권리를 형해화하는 등의 특별한 사정이 없는 이상 담보권자가 담보물인 주식에 대한 담보권실행을 위한 약정에 따라 그 재산적 가치 및 권리의 확보 목적으로 담보제공자인 주주로부터 의결권을 위임받아 그 약정에서 정한 범위 내에서 의결권을 행사하는 것도 허용될 것이다.

이와 같은 사정들을 앞서 본 법리에 비추어 살펴보면, 우리은행의 이 사건 위임장 및 이 사건 주주총회를 통한 담보권자로서의 권한 행사는 이 사건 대출금이 변제기에 이른 후에 위에서 본 것과 같은 사정 아래에서 피고의 실질적 책임재산인 이 사건 빌딩을 담보로 확보하기 위하여 체결된 이 사건 주식근질권 설정계약에서 약정된 담보권의 실행방법에 따라 원고로부터 위임받은 의결권 행사의 범위 내에서 이루어진 것이라고 할 것이고, 담보제공자로서 주주인 원고의 권리를 부당하게 침해하는 것이라고 할 수 없다.

라. 따라서 이 사건 위임장이 원고 주주의결권을 포괄적으로 위임한 것이라거나 이 사건 주주총회에서의 의결권 행사가 원고의 위임 범위를 벗어난 것이어서 무효라는 원고의 주장을 배척한 원심의 판단은 이와 같은 취지로서, 거기에 상고이유 주장과 같이 주주의 고유권한으로서의 의결권 및 의결권 행사의 대리・위임의 범위, 담보권실행

방법 등에 관한 법리를 위반하여 판결에 영향을 미친 위법이 없다.

2. 상고이유 제1, 2점에 대하여

가. 주식회사가 설립된 이후 총 주식을 한 사람이 소유하게 된 이른바 1인 회사의 경우에는 그 주주가 유일한 주주로서 주주총회에 출석하면 전원 총회로서 성립하고 그 주주의 의사대로 결의가 될 것임이 명백하므로 따로 총회소집절차가 필요 없고, 실제로 총회를 개최한 사실이 없었다 하더라도 그 1인 주주에 의하여 의결이 있었던 것으로 주주총회의사록이 작성되었다면 특별한 사정이 없는 한 그 내용의 결의가 있었던 것으로 볼 수 있다(대법원 2004. 12. 10. 선고 2004다25123 판결 참조).

나. 원심은 판시와 같은 이유를 들어, 이 사건 주주총회가 실제 개최되지는 아니하였지만 피고의 1인 주주인 원고가 이 사건 담보권의 실행방법으로 주주총회 개최 및 의결권 행사를 통한 임원의 변경 등을 우리은행에 위임하였고, 그에 따라 우리은행 직원 소외 3에 의하여 원고와 소외 4를 각 대표이사와 사내이사에서 해임하고 소외 5를 이사로 선임하는 의결이 있었던 것으로 이 사건 의사록이 작성되었으므로, 피고의 이사회에 의한 소집결의 및 대표이사에 의한 소집절차가 생략되었다고 하더라도 그러한 내용의 결의가 있었던 것으로 볼 수 있다고 판단하고, 이 사건 주주총회결의에 중대한 하자가 있다는 이유로 그 부존재의 확인을 구하는 원고 청구를 배척하였다.

다. 주주의 의결권을 적법하게 위임받은 수임인은 특별한 사정이 없는 한 주주총회에 참석하여 의결권을 행사할 수 있으므로(대법원 1993. 2. 26. 선고 92다48727 판결 등 참조), 의결권을 적법하게 위임받은 대리인이 주주총회에 출석한 것은 그 의결권의 범위 내에서는 주주의 수권에 따른 것으로서 주주가 직접 출석하여 의결권을 행사하는 것과 마찬가지로 볼 수 있고, 주주로부터 의결권 행사를 위임받은 대리인은 특별한 사정이 없는 한 그 의결권 행사의 취지에 따라 제3자에게 그 의결권의 대리행사를 재위임할 수 있다(대법원 2009. 4. 23. 선고 2005다22701, 22718 판결 참조). 그리고 위에서 본 것과 같이, 피고의 임원을 변경하는 이 사건 주주총회결의는 이 사건 주식근질권 설정계약에서 정한 담보권의 실행방법에 관한 구체적인 약정 및 이 사건 위임장을 통하여 원고로부터 위임받은 의결권의 범위 내에서 이루어졌다고 할 것이고, 이와 다른 취지의 상고이유 주장은 받아들일 수 없다.

라. 따라서 이와 같은 사정들을 앞서 본 법리 및 적법하게 채택된 증거들에 비추어 살펴보면, 위와 같은 원심의 판단은 앞서 본 법리에 기초한 것으로서, 거기에 상고이유 주장과 같이 주주총회 소집절차에 하자가 있는 1인 회사의 주주총회결의의 효력, 주주에 대한 주주총회 소집 통지, 대리인 및 복대리인에 의한 의결권 대리 행사 등에 관한 법리를 오해하거나 논리와 경험의 법칙을 위반하여 자유심증주의의 한계를 벗어나고 필요한 심리를 다하지 아니하며 판단을 누락하는 등의 사유로 판결에 영향을 미친 위법이 없다.

또한, 대부분의 담보권설정계약에서는 담보권의 종류(저당권, 질권, 양도담보권)를 묻지 않고, 법정절차에 의하는 방법에 추가하여 담보권자가 담보목적물을 매각 기타의 방법으로 처분하는 방법(「처분청산」) 및 담보권자가 담보목적물을 스스로 평가하여 취득하는 방법(「귀속청산」)을 임의처분의 방법으로 약정하는 것이 일반적이라는 점은 앞서 살펴본 바와 같은데, 주식질권설정계약 역시 이러한 취지에서 임의처분특약을 규정하고, 이를 용이하게 하기 위해 질권설정자로부터 미리 처분승낙서, 일자 및 양수인 공란의 양도증서(또는 양수인이 공란인 주식양수도계약서)를 날인하여 교부받아 두고 이후 담보권실행시에 공란을 기입한 후 담보주식을 양수인에게 처분하는 방법으로 주식질권을 실행하는 것이 보통이다. M&A금융에서 담보로 제공되는 투자대상주식은 통상은 차주(SPC)의 재산의 전부 또는 대부분일 것이므로 반드시 대출실행 선행조건으로 투자대상주식에 대한 담보설정 및 담보실행에 대한 차주의 주주총회의 특별결의를 받아두는 것이 좋다는 점은 앞서 살펴본 바 있다.

[계약서 기재례] 질권실행

제6조 (근질권의 실행)

(1) 피담보채무 중 어느 일부라도 그 기한이 도래하였으나 변제되지 아니하거나 기한의 이익이 상실된 경우 근질권자는 근질권을 실행할 수 있다. 근질권자는 즉시 이 계약상 근질권자에게 부여된 모든 권한을 행사할 수 있으며, 권한은 아래를 포함하나 이에 한정되지 않는다. 이와 관련하여 근질권설정자는 대리기관의 요구에 따라 이러한 권한이 유효하도록 하는데 필요한 모든 조치를 취하여야 한다.
  1. 담보목적물에 관한 모든 권리를 행사할 권한
  2. 근질권자가 담보목적물이나 기타 자산을 추심할 수 있는 권한(다만, 근질권자가 추심할 의무를 부담하는 것은 아님)
  3. 근질권자가 합리적으로 결정하는 방법, 시기, 가격 등의 조건에 따라 담보목적물을 제3자에게 처분하는 행위. 대리기관이나 근질권자 또는 여하한 제3자라도 담보목적물의 양수인이 될 수 있으며 근질권설정자의 모든 권한 및 구상권(근질권설정자의 상환 권한도 포함됨)의 제약을 받지 않는다. 근질권설정자와 채무자는 근질권자가 담보목적물의 처분을 위하여 채무자에 대한 재무・회계・법무・기타의 실사를 요청하는 경우에는 그에 응하여야 한다.

(2) 이 계약 제(1)항에 따른 회수대금이 피담보채무를 완전히 변제하기에 부족한 경우 채무자는 해당 부족액을 지불할 의무가 있다.

(3) 대리기관과 근질권자는 이 조 제(1)항 제3호에 따른 담보목적물의 매각과 관련해서 어떠한 비용도 부담하지 않는다. 근질권설정자는 담보목적물의 매각 방법, 시기, 가

격 등의 매각조건과 관련하여 대리기관 및 근질권자에게 어떠한 이의나 청구도 제기하지 아니하고, 그러한 이의나 청구를 제기할 수 있는 모든 권리를 포기한다.

(4) 이 계약상의 다른 규정에도 불구하고, 관련 법령에서 허용되는 범위 내에서, 근질권자는 이 계약에 따라 근질권자에게 부여된 권리실행을 대리기관을 통해서만 행사할 수 있다는 것을 인정하고, 대리기관에게 이와 같은 권한을 부여한다.

(5) 질권의 실행에 따라 회수된 금원은 대출계약상의 변제충당순서에 따라 근질권자에게 분배한다.

제7조 (대리권)

근질권설정자는 대출실행 전까지 이 계약 서식 [*]의 양식에 의한 처분승낙서 및 서식 [*]의 양식에 의한 양도증서 그 첨부 부속서류와 함께 대리기관에게 교부하여야 한다. 대리기관은 근질권설정자에게 이 조에 따른 각 서류의 갱신(재발급)을 요청할 수 있으며 근질권설정자는 해당 요청을 받은 날로부터 일(1)영업일 이내에 대리기관이 요청하는 해당 서류를 갱신(재발급)하여 대리기관에게 제출하여야 한다. 근질권설정자는 이 계약에 의하여 대리기관에게 이 계약 서식 [*]의 양식에 의한 양도증서에 대리기관이 적절하다고 판단하는 바에 따라 양수인 및 그 작성일자를 기재하여 완성하고 그 양수인에게 당해 양도증서를 교부하는 것을 포함하여 이 계약 제6조 제(2)항 제3호에 따라 담보목적물을 처분하거나 취득하기 위하여 필요한 서류를 자신을 대리하여 작성, 교부할 수 있는 권한을 수여하며, 이에 대해서는 이 계약 제5조 제(3)항[123]을 준용한다.

[판례 4-58] 대법원 2021. 11. 25. 선고 2018다304007 판결

1. 상법 제59조는 "민법 제339조의 규정은 상행위로 인하여 생긴 채권을 담보하기 위하여 설정한 질권에는 적용하지 아니한다."라고 정함으로써 상행위로 인하여 생긴 채권을 담보하기 위한 질권설정계약에 대해서는 유질약정을 허용하고 있다. 다만, 상법은 유질약정이 체결된 경우 질권의 실행 방법이나 절차에 관하여는 아무런 규정을 두고 있지 않으므로, 유질약정이 포함된 질권설정계약이 체결된 경우 질권의 실행 방법이나 절차는 원칙적으로 질권설정계약에서 정한 바에 따라야 한다(대법원 2017. 7. 18. 선고 2017다207499 판결 참조).

   비상장주식에 대하여 유질약정이 포함된 질권설정계약이 적법하게 체결된 경우, **질물인 비상장주식의 가격이나 그 산정방식에 관하여 질권설정계약에서 정한 바가 없고** 또 객관적으로 형성된 시장가격이 없거나 이를 확인하기 어려운 형편이라면, 채권자가 유

123) 위임철회금지 조항
124) M&A금융 관련 주식질권계약서상 질권실행 조항에 통상 포함되는 전형적인 문구이다.

질약정을 근거로 처분정산의 방법으로 질권을 실행할 때 **일반적으로 허용된 여러 비상장주식 가격 산정방식 중 하나를 채택하여 그에 따라 처분가액을 산정**한 이상, 설령 나중에 그 가격이 합리적인 가격이 아니었다고 인정되더라도, 다른 특별한 사정이 없는 한 유질약정의 내용에 따라 채권자와 채무자 사이에서 피담보채무의 소멸 범위나 초과액의 반환 여부, 손해배상 등이 문제될 여지가 있을 뿐이고 **채권자와 처분 상대방 사이에서 채권자의 처분행위 자체가 무효로 된다고 볼 수는 없다**.

2. 원심판결 이유와 기록에 의하면 다음과 같은 사실을 알 수 있다.

가. 아뮤티제이차 주식회사(이하 '아뮤티제이차'라고 한다)는 신한은행 주식회사와 두산캐피탈 주식회사로부터 피고에 대한 대출금 채권(원금 약 2,100억 원)을 양수하였다. 그 무렵인 2007. 12.경 피고의 주주이던 소외 1, 소외 2, 소외 3, 소외 4, 소외 5, 소외 6(이하 '종전 주주들'이라고 한다)은 아뮤티제이차와 사이에 위 대출금 채권을 담보하기 위하여 종전 주주들이 보유한 피고의 주식 전부인 64,000주(이하 '이 사건 주식'이라고 한다)에 근질권을 설정하는 내용의 근질권설정계약(이하 '이 사건 근질권설정계약'이라고 한다)을 체결하고, 아뮤티제이차에 이 사건 주식에 대한 처분승낙서와 양도증서를 교부하여 주었다.

나. 이 사건 근질권설정계약에서는 질권의 실행에 관하여 '아뮤티제이차는 변제기가 도래하거나 피고가 기한의 이익을 상실한 때에 **일반적으로 적당하다고 인정되는 방법, 시기, 가격 등에 의하여 담보주식을 임의 처분하고 그 취득금을 충당**하거나, **일반적으로 적당하다고 인정되는 방법, 시기, 가격 등에 의하여 피담보채무의 전부 또는 일부의 변제에 갈음하여 담보주식을 취득**할 수 있다. 후자의 경우 아뮤티제이차는 담보 주식의 취득사실을 그 취득 후 즉시 종전 주주들에게 통지하기로 한다. 종전 주주들은 아뮤티제이차가 담보주식에 대한 질권을 실행하기 위하여 본 항에서 정한 방법 중 선택한 방법에 이의를 제기하지 아니하기로 한다.'고 정하고 있다.[124)]

다. 피고가 대출금 채무를 제때 변제하지 못하자, 아뮤티제이차는 이 사건 근질권설정계약에 따른 질권의 실행으로 **이 사건 주식을** 0원에 원고에 양도하였고(이하 '이 사건 질권 실행'이라고 한다), 그 무렵인 2017. 1. 25.경 피고와 종전 주주들에게 '이 사건 주식을 원고에게 처분하는 방식으로 질권을 실행하였다. 아뮤티제이차는 구 「상속세 및 증여세법」 제63조 제1항 제1호 다목 및 같은 법 시행령 제54조에 따른 비상장주식의 보충적 평가방법에 의해 피고의 주식가치를 산정한 결과 피고의 순자산가치와 순손익가치가 모두 (-)로 평가되었다. 따라서 이 사건 주식의 가치는 0원이므로 이 사건 질권 실행으로 인한 변제금은 없다.'는 취지의 통지를 하였다.

라. 이후 아뮤티제이차와 원고는 2017. 2. 9.경 종전 주주들과 피고에게 이 사건 질권 실행에 관하여 다시 통지하면서 원고를 주주로 변경하는 내용의 명의개서를 청구하였고, 이후 원고는 다시 같은 달 27.경 명의개서절차를 청구하면서 임원 전원의 해임 및 새로운 임원 선출을 안건으로 하는 임시주주총회의 소집을 요구하였다.

마. 피고는 원고의 위와 같은 요구에 응하지 않던 중인 2017. 4. 14. 제3자 배정방식으로 신주 80,000주를 1주당 5,000원에 피고보조참가인에게 발행하였다(이하 '이 사건 신주발행'이라고 한다).

3. 위 사실관계와 앞서 본 법리에 비추어 살핀다.

아뮤티제이차는 유질약정이 포함된 이 사건 근질권설정계약에 따라 질권을 실행할 의사로 질물인 이 사건 주식을 원고에게 처분하면서 비상장주식인 이 사건 주식의 가격을 일반적으로 비상장주식의 가격 평가방식으로 인정되는 상속세 및 증여세법에 따라 0원으로 산정하였다. 사정이 이렇다면, 설령 아뮤티제이차가 이 사건 주식의 가격 산정과 관련하여 다소 부적절한 평가방식을 채택하였다거나 그로 인해 평가액이 합리적이지 않다고 하더라도, 피고가 아뮤티제이차를 상대로 이 사건 근질권설정계약의 피담보채권인 대출금 채권이 이 사건 주식의 합리적인 평가액만큼 소멸하였다고 다투거나 만일 아뮤티제이차의 의무 위반이 인정된다면 그를 이유로 손해배상을 청구할 여지가 있을 뿐이고, 다른 특별한 사정이 없는 한 아뮤티제이차의 이 사건 질권 실행 자체를 무효라고 다툴 수는 없다.

그럼에도 원심은 아뮤티제이차가 이 사건 질권 실행으로 이 사건 주식을 0원으로 평가하여 원고에게 처분한 것은 질권의 본질 등에 반하여 무효라고 보아 원고가 이 사건 주식을 유효하게 취득하지 못하였다고 판단하였다. 이러한 원심의 판단에는 유질약정에 따른 질권의 실행에 관한 법리를 오해하여 판결에 영향을 미친 잘못이 있고, 이를 지적하는 원고의 상고이유 주장은 이유 있다.

[판례 4-59] 서울고등법원 2017. 1. 17. 선고 2016나2015158 판결[125]

1. 기초사실

가. 당사자 등의 지위

1) 원고는 국내외 리조트 및 골프장 개발 및 운영 등을 목적으로 2005. 6. 18. 설립된 회사이다. 피고는 원고의 발행주식 중 25%(2,500주)를 보유하고 있는 주주로서 2005. 6. 18.부터 2008. 6. 18.까지, 2009. 10. 6.부터 2012. 10. 6.까지 원고의 이사로 재직한 자이다.

125) 대법원 2017. 8. 23. 선고 2017다213937 판결로 확정됨.

2) E는 원고가 베트남 하타이성 G지역 약 179ha에서 'H(H, 이하 '이 사건 골프장'이라 한다)'라는 상호로 36홀 골프장과 임대용 빌라를 개발하여 분양・임대하는 사업(이하 '이 사건 골프장 사업'이라 한다)을 진행하기 위하여 베트남 현지에 설립한 회사이다.

나. E의 이 사건 골프장 사업권 확보

E는 2006. 10. 11. 베트남 하노이 인민위원회(이하 '하노이 인민위원회'라 한다) 계획투자부로부터 이 사건 골프장 사업에 관하여 아래와 같은 내용의 투자허가서를 받아 G지역 약 179ha에 대한 50년의 임차권과 36홀 골프장 개발사업권을 확보하였다.

다. A 주식회사의 원고에 대한 자금대여 및 원고의 E에 대한 송금 등

1) 원고는 이 사건 골프장 사업에 필요한 자금을 조달하기 위하여 2006. 12. 4. A 주식회사(변경 전 상호: 주식회사 L, 이하 'A'라 한다)로부터 100억 원을 차용하기로 하는 자금대여계약(이하 '이 사건 자금대여계약'이라 한다)을 체결하였다. 그 주요 내용은 별지 '자금대여계약서'의 기재와 같다.

2) <u>원고의 주주인 M과 피고는 같은 날 A와 사이에 위 차용금의 담보 제공을 위하여 그들이 보유하고 있던 원고의 총 발행주식 중 70%에 해당하는 주식 7,000주(M4,500주+피고 2,500주)에 관하여 A에 질권을 설정하여 주는 내용의 담보권설정 및 연대보증계약(이하 '이 사건 담보권설정계약'이라 한다)을 체결하였다.</u>

3) A는 같은 날 이 사건 자금대여계약과 별도로, M이 보유하던 원고의 주식 3,000주[위 2)항에서 질권을 설정한 4,500주와 별개이다)를 1,050만 원에 매수하는 내용의 주식매매계약을 체결하였고, 이에 따라 원고의 주식 3,000주를 취득하여 원고의 주주가 되었다.

4) 이에 기초하여, 원고의 주주인 A(3,000주, 지분율 30%)와 M(4,500주, 지분율 45%), 피고(2,500주, 지분율 25%)는 같은 날 원고의 경영 등에 관한 사항을 정하기 위하여 주주간계약(이하 '이 사건 주주간계약'이라 한다)을 체결하였다. 그 주요 내용은 별지 '주주간계약서' 기재와 같다.

5) 그 후 A는 2008. 7. 15. 원고에게 이 사건 골프장 사업에 필요한 토지사용권 및 임차권 확보를 위한 자금 30억 원을 추가로 대여하기로 하는 추가 자금대여계약(이하 '이 사건 추가대여계약'이라 한다)을 체결하였다.

6) A는 이 사건 자금대여계약 및 추가대여계약에 따른 대여금 합계 130억 원을 원고에게 모두 지급하였고, 원고는 2006. 12.경부터 2008. 11.경까지 E에 미화 11,551,221.72달러(이하 '미화' 표시는 생략한다)를 송금하였다.

라. E의 지분 변경 및 피고의 지분 양수

1) 베트남 회사법(Law on Enterprise)의 하위 규정인 정부명령(Decree)과 계획투자부의 결정(Decision)에 따르면 외국인 투자자가 베트남에서 영업활동을 하는 외국인투자회사의 지분을 취득하는 경우 외국인 투자자는 반드시 투자허가서를 변경

하는 절차를 수행하도록 규정하고 있다. 이에 따라 원고는 2008. 10. 24. 하노이 인민위원회로부터 이 사건 골프장 사업에 투입된 자본 100%를 투자한 투자자로서 J의 36.36% 지분 및 K의 56.06% 지분 합계 92.42%을 이전받아 E의 지분 100% (위 92.42% 지분+원고의 종전 지분 7.58%)를 소유하게 되었다는 내용의 투자허가서(번호: F, 이하 '이 사건 투자허가서'라 한다)를 발급받았고, 이로써 E는 원고 1인의 사원을 둔 베트남 회사법상 1인 유한책임회사가 되었다.

2) 베트남 회사법에 따르면 1인 유한책임회사의 소유주는 다른 단체나 개인에게 지분의 일부나 전부를 양도하는 방식에 의하여 자본을 철회할 수 있도록 정하고 있다. 피고는 2009. 4. 2. 피고가 이 사건 골프장 사업에 투입된 자본 92.42%를 투자하여 원고로부터 E의 지분 92.42%(이하 '이 사건 지분'이라 한다)를 양도받았다면서 하노이 인민위원회에 투자허가서 변경을 신청하였고, 하노이 인민위원회는 2009. 10. 15. 이 사건 투자허가서를 '이 사건 지분 92.42%는 피고가, 나머지 7.58%는 원고가 보유하게 되었고, E는 2인 유한책임회사로 변경되었다'는 내용으로 변경하여 다시 발급하였다.

마. A의 질권 실행 및 의결권 행사

1) A는 원고가 변제기가 경과하도록 이 사건 자금대여계약 및 추가대여계약에 따른 차용금을 변제하지 않자 2013. 10. 15. 및 같은 달 22. 원고와 피고, M에게, A가 피고와 M의 보유 주식 7,000주에 대한 질권을 실행하여 위 주식을 취득하였음을 이유로 주권 발행 및 명의개서 절차를 이행할 것을 통지하였다.

2) 그 후 A는 원고의 주식 100%(= M으로부터 매수한 주식 3,000주+위와 같이 질권을 실행한 주식 7,000주)를 취득한 1인 주주임을 전제로 2013. 10. 30. N을 원고의 대표이사로 선임하는 결의를 하였다.

2. 피고의 본안 전 항변에 관한 판단

가. 대표권 없는 자에 의한 소제기 여부

1) 피고의 주장

A는 이 사건 자금대여계약 및 담보권설정계약에 따라 설정된 피고와 M의 보유 주식에 대한 질권을 실행하여 A가 원고의 주식 100%를 취득한 1인 주주임을 전제로 2013. 10. 30. N을 원고의 대표이사로 선임하였다.

그러나 원고는 이 사건 담보권설정계약 이후 주권을 발행하지 아니하였으므로 A의 M과 피고의 주식에 대한 질권이 성립되지 않았을 뿐 아니라, A의 질권 실행도 민법 및 민사집행법이 정한 절차 또는 정산절차를 거치지 아니하고 질권설정자인 피고와 M의 위임 없이 직접 질권실행의 통지를 하는 등 위법하게 이루어졌다. 따라서 위 질권 실행을 통하여 A가 원고의 주식 100%를 취득하였음을 전제로 N을 원고의 대표이사로 선임한 행위는 무효이므로, N이 원고를 대표하여 제기한 이 사건 소는 대표권 없는 자에 의해 제기된 것이어서 부적법하다.

2) 판단

가) 질권의 성립 여부

주권발행 전의 주식에 대한 양도도 인정되고, 주권발행 전 주식의 담보제공을 금하는 법률규정도 없으므로 주권발행 전 주식에 대한 질권설정도 가능하다고 할 것이다. 다만, 상법 제338조 제1항은 기명주식을 질권의 목적으로 하는 때에는 주권을 교부하여야 한다고 규정하고 있으나, 이는 주권이 발행된 기명주식의 경우에 해당하는 규정이라고 해석함이 상당하므로, 주권발행 전의 주식 입질에 관하여는 상법 제338조 제1항의 규정이 아니라 권리질권설정의 일반원칙인 민법 제346조로 돌아가 그 권리의 양도방법에 의하여 질권을 설정할 수 있다고 보아야 한다(대법원 2000. 8. 16. 자 99그1 결정 참조). 한편, 주권발행 전 주식의 양도가 회사 성립 후 6월이 경과한 후에 이루어진 때에는 당사자의 의사표시만으로 회사에 대하여 효력이 있다(대법원 2016. 3. 24. 선고 2015다71795 판결 등 참조).

위 법리에 비추어 보건대, 원고가 2005. 6. 18. 설립되었고, 그로부터 6개월이 경과한 이후인 2006. 12. 4. 이 사건 자금대여계약 및 담보권설정계약이 체결된 사실은 앞서 인정한 바와 같은바, 이와 같이 원고의 주권이 회사 성립 후 6개월이 경과하도록 발행되지 않은 상태에서 질권설정자인 피고와 M, 질권자인 A 사이에 이 사건 자금대여계약 및 담보권설정계약이 체결되었으므로, 이러한 당사자 사이의 합의만으로 원고의 주식에 대한 질권 설정은 유효하게 이루어졌다고 할 것이다.

이에 대하여 피고는, 이 사건 자금대여계약 중 제4조 제2항('원고는 주권 실물을 발행하여야 하고, 대여금 지급일에 피고와 M은 주권 실물을 A에 제공하여야 한다')을 근거로, 이 사건 담보권설정계약은 피고와 M이 보유하는 원고의 주식을 담보로 제공하기로 하는 채권적 합의에 불과하고 그 합의의 이행을 위해서는 별도의 물권적 합의와 주권의 발행 · 교부가 필요하다는 취지로도 주장한다. 그러나 위에서 본 바와 같이 원고와 피고 등의 주권의 발행 · 교부 없이도 원고의 주식에 관한 질권 설정이 충분히 가능한 점, 이 사건 자금대여계약 및 담보권설정계약의 전체적인 내용에 비추어 이 사건 자금대여계약 제4조 제2항은 대상 주식에 대한 주권 발행 · 교부 의무를 규정한 것일 뿐 질권 설정을 위한 추가적인 요건을 규정한 것이라고 보기 어려운 점 등을 고려할 때, 이 사건 담보권설정계약이 질권 설정에 관한 단순한 채권적 합의에 불과하다고 볼 수는 없으므로, 피고의 위 주장은 이유 없다.

나) 질권 실행방법의 위법 여부

민법 제339조에 의하면 질권설정자는 채무변제기 전의 계약으로 질권자에게 변제에 갈음하여 질물의 소유권을 취득하게 하거나 법률에 정한 방법에 의하지 아니하고 질물을 처분할 것을 약정하지 못하나, 상법 제59조에 의하면 위 민법 규정은 상행위로 인하여 생긴 채권을 담보하기 위하여 설정한 질권에는 적용되지 아니한다. 따라서 상행위로 인하여 생긴 채권을 담보하기 위하여 설정한 질권의 경우에는 이른바 유질계약이 허용된다고 할 것이므로, 상행위로 인하여 생긴 채권을 담보하기 위하여 주식에 대하여 질권이 설정된 경우에 질권자가 가지는 권리의 범위 및 그 행사 방법은 원칙적으로 질권설정계약 등의 약정에 따라 정하여질 수 있다(대법원 2014. 1. 23. 선고 2013다56839 판결 참조). 위 법리에 비추어 보건대, 주식회사인 A와 원고 사이에 체결된 이 사건 자금대여계약은 상행위에 해당한다고 할 것이고, 앞서 든 증거에 의하면, 이 사건 담보권설정계약 제2조 제1항은 'A는 이 사건 자금대여계약에 따른 채무불이행사유가 발생하는 경우 그 즉시 담보로 제공받은 주식을 A 앞으로 명의개서하고 의결권을 행사할 수 있으며, 담보권을 실행하여 A의 소유로 할 수 있다'고 규정하고 있는 사실, 피고와 M은 2006. 12. 4. 이 사건 담보권설정계약을 체결하면서 '이 사건 담보권설정계약 제2조의 담보권실행조항에 따라 A가 대상 주식을 무상으로 양수함에 동의하며 이에 대하여 민·형사상 아무런 이의를 제기하지 않는다'는 내용의 확약서를 작성한 사실을 인정할 수 있는바, 피고, M 및 A가 상행위로 인하여 생긴 이 사건 자금대여계약에 기한 채권을 담보하기 위하여 피고와 M이 보유하는 원고의 주식에 질권을 설정하면서 위와 같이 권리의 범위 및 행사 방법을 정한 것은 유질계약을 위한 별도의 약정으로 유효하다고 할 것이다. 따라서 A가 위 주식에 대한 질권을 실행하면서 민사집행법상 절차 및 정산절차를 거치지 않았다고 하더라도 이는 위와 같은 약정에 따른 것으로서 적법하다.

또한, 주권발행 전 주식의 양도가 회사 성립 후 6월이 경과한 후에 이루어진 때에는 당사자의 의사표시만으로 회사에 대하여 효력이 있으므로, 그 주식양수인은 특별한 사정이 없는 한 양도인의 협력을 받을 필요 없이 단독으로 자신이 주식을 양수한 사실을 증명함으로써 회사에 대하여 그 명의개서를 청구할 수 있는바(대법원 2016. 3. 24. 선고 2015다71795 판결 등 참조), 이 사건에서 질권자인 A가 질권설정자인 피고와 M의 위임 없이 직접 원고에게 질권실행(대상 주식의 양도)의 통지를 한 것이 위법하다고 할 수도 없다.

다) 소결

따라서 A의 위 질권 설정 및 실행은 모두 적법하다고 할 것이므로, 이와 다른 전제에서 A가 선임한 원고 대표이사의 대표권 여부를 다투는 피고의 이 부분 본안 전 항변은 이유 없다.

3. 본안에 관한 판단

가. 원고의 주장

원고와 피고 사이의 이 사건 지분 양도는 아래와 같은 이유로 무효이므로, 피고에 대하여 이 사건 지분 양도가 무효라는 확인을 구함과 아울러 이 사건 지분의 반환 및 그에 따른 투자허가서 변경절차의 이행을 구한다.

1) 피고는 당시 원고의 이사의 지위에 있었으므로, 피고가 원고의 자산인 이 사건 지분을 취득하는 것은 '이사의 자기거래'에 해당하여 구 상법(2011. 4. 14. 법률 제10600호로 개정되기 전의 것, 이하 같다) 제398조에 따라 이사회의 승인을 받아야 함에도 원고의 이사회 승인을 받지 않았다.

2) 원고는 이 사건 골프장 사업을 위하여 설립된 회사로서, 원고가 보유한 E의 지분 100%는 원고의 중요 영업 또는 주요 자산에 해당하므로, 그중 92.42%인 이 사건 지분을 피고에게 양도하기 위해서는 구 상법 제374조 제1항, 제434조 및 원고의 정관에 따라 주주총회의 특별결의를 거쳐야 함에도 그러한 절차를 거치지 않았다.

3) 피고는 원고의 이사로서 선관주의의무가 있음에도 적법한 절차를 거치지 않고 무상으로 이 사건 지분을 취득하였는바, 이는 원고에 대한 배임 또는 횡령행위에 해당하므로 이 사건 지분 양도는 반사회적 법률행위에 해당한다.

나. 준거법

1) 이 사건은 베트남 법인인 E의 지분 양도의 유효성 및 그에 따른 원상회복의무 여부가 쟁점인 사건으로서 외국적 요소가 있으므로 국제사법에 따라 준거법을 결정하여야 한다.

2) 국제사법 제26조 제1항은 당사자가 준거법을 선택하지 아니한 경우에 계약은 그 계약과 가장 밀접한 관련이 있는 국가의 법에 의한다고 규정하고 있고, 제29조 제1항은 계약의 성립 및 유효성은 그 계약이 유효하게 성립하였을 경우 적용되는 준거법에 의하여야 한다고 규정하고 있다.

3) 비록 위 양도계약의 목적물인 이 사건 지분이 베트남 법인(유한책임회사)의 지분이고, 위 양도계약이 베트남에서 이루어진 것으로 보이기는 하나, ① 위 양도계약의 당사자인 원고와 피고는 모두 대한민국 법인 또는 대한민국 사람인 점, ② 이 사건 지분은 대한민국 법인인 원고의 주요 자산이고, 피고 역시 원고의 이사로서 E의 설립을 주도하는 등 원고와 밀접한 관련이 있는 사람인 점, ③ 위 양도계약의 유효성 여부는 기본적으로 계약당사자인 원고와 피고 사이의 법률관계에서 비롯된 문제이지 그 양도대상인 이 사건 지분이나 E와는 별다른 관계가 없는 점 등을 고려하면, 이 사건 지분양도계약과 가장 밀접한 관련이 있는 국가는 대한민국이라고 봄이 타당하므로, 이 사건 지분 양도계약의 유효성 여부를 비롯하여 위 양도계약에 따른 원고와 피고 사이의 법률관계의 준거법은 대한민국 법이라고 할 것이다.

4) 설령 이 사건 준거법이 베트남 법이라고 하더라도, 적어도 원고의 청구원인 중 구

상법 제374조 제1항 제1호 위반을 이유로 한 부분에 관하여는 대한민국 법률인 구 상법 제374조 제1항 제1호 역시 적용되어야 할 것인바, 그 이유는 아래와 같다.

① 국제사법 제7조는 '입법목적에 비추어 준거법에 관계없이 해당 법률관계에 적용되어야 하는 대한민국의 강행규정은 이 법에 의하여 외국법이 준거법으로 지정되는 경우에도 이를 적용한다'고 규정하고 있다.

② 구 상법 제374조 제1항 제1호는 '회사가 영업의 전부 또는 중요한 일부의 양도' 행위를 할 때에는 동법 제434조에서 정하는 '출석한 주주의 의결권의 3분의 2 이상의 수와 발행주식총수의 3분의 1 이상의 수'로써 주주총회 특별결의를 거치도록 규정하고 있는데, 위 규정은 회사의 수익의 원천이 되는 영업의 전부 또는 일부를 주주총회의 특별결의에 의하여만 양도될 수 있도록 함으로써 주주권을 보호하고 회사의 계속기업으로서의 존속을 보장하고자 하는 취지이다.

③ 위와 같은 구 상법 제374조 제1항 제1호의 입법목적에 비추어 위 조항은 대한민국의 공익 또는 회사법 질서를 유지하기 위하여 필수적인 이른바 '국제적 강행규정'이라고 봄이 상당하다. 만약 이와 같이 보지 않는다면, 대한민국 회사의 주요 자산을 해외로 처분하면서 그 양도계약의 당사자가 구 상법 제374조 제1항 제1호과 같은 규정이 없는 국가의 법을 준거법으로 선택할 경우 위 조항의 적용이 배제되어 그 입법목적을 달성할 수 없게 되는바, 이러한 결과는 대한민국 회사법 질서의 근간을 해하는 것으로서 그대로 용인될 수 없다.

다. <u>이 사건 지분 양도가 주주총회 특별결의를 거치지 않아 무효인지 여부</u>

1) 관련 법리

주주총회의 특별결의가 있어야 하는 구 상법 제374조 제1항 제1호 소정의 '영업의 전부 또는 중요한 일부의 양도'라 함은 일정한 영업목적을 위하여 조직되고 유기적 일체로 기능하는 재산의 전부 또는 중요한 일부를 총체적으로 양도하는 것을 의미하는 것으로서, 이에는 양수 회사에 의한 양도 회사의 영업적 활동의 전부 또는 중요한 일부분의 승계가 수반되어야 하는 것이므로 단순한 영업용 재산의 양도는 이에 해당하지 않으나, 다만 영업용 재산의 처분으로 말미암아 회사 영업의 전부 또는 일부를 양도하거나 폐지하는 것과 같은 결과를 가져오는 경우에는 주주총회의 특별결의가 필요하다(대법원 2004. 7. 8. 선고 2004다13717 판결 등 참조).

2) 인정 사실

갑5, 10, 12, 13, 15, 16, 을3의 기재 및 변론 전체의 취지를 종합하면, ① 원고는 피고와 M이 이 사건 골프장 사업을 진행하기 위하여 설립한 회사로, 베트남에서 위 사업을 시행하는 회사인 E의 지분 100%는 원고의 중요한 영업 자산이었던 사실, ② 원고의 정관 제26조 제3항 제4호는 '원고의 영업 및 자산의 전부 또는 2분의 1 이상의 양도'에 관한 사항은 주주총회에서 '출석한 주주의 의결권의 3분의 2 이상의 수와 발행주식총수의 3분의 1 이상의 수'로써 결의하여야 한다고 정하고 있는 사실, ③ 원고의 2008년도 감사보고서에 의하면, 원고가 보유한 E의 지분 100%의 자산가치는 8,118,326,965원으로, 원고의 자산 총계인 13,378,690,717원의 1/2을 초과하는 사실, ④ 하노이 인민위원회는 2009. 10. 15. 이 사건 지분 양도에 따라 이 사건 투자허가서를 변경할 당시 원고의 법인등기부등본, 원고의 대표이사 ○이 작성한 지분 양도에 관한 서면, 지분양도계약서 등을 확인하였을 뿐, 당시 하노이 인민위원회에 위 지분 양도에 관한 원고의 주주총회 결의와 관련한 서면은 제출되지 않았던 사실, ⑤ ○은 수사기관에서 자신은 원고 및 E의 각 명의상 대표이사에 불과하였고, 피고의 지시에 따라 이 사건 지분 양도에 동의하는 서류에 서명하였을 뿐이라고 진술한 사실이 인정되고, 한편 피고가 원고에게 이 사건 지분의 양도 대가를 지급하지 아니한 사실은 당사자들 사이에 다툼이 없다.

3) 원고의 이 부분 청구원인에 대한 판단

위 인정사실에 의하면, 이 사건 지분 양도는 원고의 사업 목적인 이 사건 골프장 사업을 영위하는데 필수적인 자산인 E의 지분 100% 중 92.42%를 양도하는 것으로, 실질적으로 이 사건 골프장 사업을 양도하는 것과 같은 결과를 가져오게 된다. 따라서 이 사건 지분 양도는 구 상법 제374조 제1항 제1호에서 정한 '영업의 중요한 일부의 양도' 및 원고의 정관 제26조 제3항 제4호에서 정한 '회사의 영업 및 자산의 전부 또는 2분의 1 이상의 양도'에 해당하므로, 구 상법 제434조 및 위 정관 규정에 따라 주주총회를 개최하여 주주총회에 출석한 주주 의결권의 3분의 2 이상의 수와 발행주식총수의 3분의 1 이상의 수로써 결의하여야 하는 사항이라고 할 것이다.

그런데 피고는 원고의 주주총회 결의를 거치지 아니한 채 무단으로 원고로부터 이 사건 지분을 양도받았으므로, 특별한 사정이 없는 한 이 사건 지분 양도는 무효라고 할 것이고, 하노이 인민위원회가 이 사건 투자허가서 변경이 적법하게 이루어졌다는 결정을 하였다는 사정만으로 이 사건 지분의 양도 자체가 적법・유효하다고 볼 수는 없다.

4) 피고의 주장에 대한 판단

가) 원고의 이 사건 지분 취득이 무효라는 주장에 대하여

(1) 피고의 주장

A는 이 사건 자금대여계약 당시 이 사건 골프장 사업을 위하여 E의 자본금 660만 달러를 포함하여 총 2,200만 달러를 투자하기로 약정하였고, 원고는 A로부터 2,200만 달러의 투자금을 전부 지급받으면 종전의 출자자인 J 및 K로부터 E의 지분 92.42%를 양도받기로 하였다. 그런데 A는 합계 130억 원만을 투자한 후 투자를 중단하였고, 원고는 A로부터 투자금을 계속 지급받기 위하여 J 및 K의 지분을 일단 원고에게 이전하고 최초 투자허가서를 변경하여 이 사건 투자허가서를 발급받았다. 이후로도 A가

투자금 2,200만 달러를 전부 지급하지 아니함에 따라 원고는 J 및 K에 위 지분양도의 대가를 지불하지 못하였고, J와 K는 원고와의 위 지분 양도계약을 해제할 수 있게 되었다. 피고는 J 및 K로부터 위 지분에 관한 권리를 위임받아 이들과 원고 사이의 위 92.42%의 지분양수도계약을 해제하고 그 원상회복으로 이 사건 지분을 취득하였다. 따라서 원고의 이 사건 지분(J 및 K로부터 양도받은 92.42% 지분) 취득은 무효이고, 이 사건 지분을 원고의 실질적 재산이라고 볼 수 없으므로, 피고가 원고의 주주총회 결의 없이 이를 양도받았다고 하더라도 원고는 그에 대한 권리를 주장할 수 없다.

(2) 판단

먼저, A가 이 사건 골프장 사업을 위하여 원고에게 2,200만 달러를 투자하기로 약정하였는지에 관하여 보건대, 이 사건 골프장 사업의 총 투자금액이 2,200만 달러인 사실(2006. 10. 11. 자 투자허가서 제4조 참조)은 앞서 인정한 바와 같으나, 위 인정 사실 및 이 사건에 제출된 증거만으로는 A가 이 사건 자금대여계약 및 추가대여계약에서 정한 합계 130억 원을 초과하는 2,200만 달러를 원고에게 투자 또는 대여하기로 약정하였다는 점을 인정하기에 부족하고, 달리 이를 인정할 증거가 없다.

나아가 원고가 J 및 K로부터 E의 지분 92.42%를 양도받은 계약이 무효 또는 해제되었는지에 관하여 보더라도, 갑6의 기재를 비롯하여 이 사건에 제출된 증거만으로는 이를 인정하기에 부족하고, 달리 이를 인정할 만한 증거가 없다. 오히려 갑4, 6, 7~15, 29, 을3의 기재 및 변론 전체의 취지에 의하여 인정되는 아래와 같은 사실을 비롯한 사정에 비추어 보면, 원고의 E에 대한 자본금 660만 달러의 출자는 정상적으로 이루어졌고, 이에 따라 원고가 명목상 지분권자인 J 및 K로부터 E 지분 92.42%를 이전받은 것으로 보일 뿐이다. 따라서 피고의 위 주장은 나아가 살펴볼 필요 없이 이유 없다.

① 원고는 E에 대하여 투자허가서상 투자예정금액 2,200만 달러 중 660만 달러는 E의 자기자본, 즉 법정자본금(charter capital) 명목으로, 나머지는 외부자금(융자) 명목으로 투자할 계획을 가지고 있었다. A는 이러한 원고의 투자계획을 검토한 후 원고가 E의 100% 지분을 보유함을 전제로 2006. 12. 4. 원고, M, 피고와 사이에 이 사건 자금대여계약 및 담보권설정계약을 체결하고, 그에 따라 원고에게 대여금 100억 원을 지급하였다.

② 당시 A와 M, 피고 사이에 작성된 2006. 12. 4. 자 이 사건 주주간계약서에는 '베트남 현지사업법인(E)은 자본투자 없이 설립되어 있으며, 그 주식 또는 지분의 100%를 원고가 소유하고 있다'고 기재되어 있다(이 사건 주주간계약서 부록 11.4 중 제1.1조, 제2.1조 참조). 이에 비추

어 E는 2006. 10.경 자본금 660만 달러가 실제로 출자되지 않은 상태에서 설립되었고, J 및 K는 위 설립 당시부터 명목상으로만 지분권을 보유하고 있었던 것으로 보인다.

③ 그 이후에도 J 및 K가 위 지분에 해당하는 자본금을 실제로 출자하였다고 볼 만한 뚜렷한 증거가 없을 뿐 아니라, 이들이 원고에게 92.42%의 지분을 모두 양도한 이후에 그 양도계약을 해제하였다거나 위 지분에 관한 권리를 피고에게 위임하였다고 인정할 아무런 증거가 없다. 현재까지 J 및 K가 원고 또는 피고에 대하여 위 지분에 관한 권리나 그 대가 지급을 주장하였다고 볼 만한 사정도 전혀 없다.

④ 이 사건 지분 양도에 의한 투자허가서 변경신청에 따라 개최된 하노이 인민위원회 회의록(갑29-4)에는 '2008년 감사를 받은 E의 제무제표와 원고가 E 계좌로 송금한 내역 등에 따르면 원고가 정관자본금 660만 달러를 충분히 출자하여 2009. 4.까지 최대 1,150만 달러를 투자하였다'고 기재되어 있다.

⑤ 원고에 대한 2008년 감사보고서(갑12)에도 원고가 E의 지분 100%를 소유하고 있고, 그 지분의 취득원가는 8,118,328,000원이며, 원고가 2008. 12. 31.까지 E에 대여한 대여금이 총 5,239,708,000원(단기대여금 3,747,131,069원+장기대여금 1,492,576,629원)이라고 기재되어 있는바, 위 지분의 취득원가와 대여금 합계액을 달러로 환산하면 원고가 E에 송금한 약 1,150만 달러와 비슷한 금액이다.

나) 이 사건 청구가 금반언의 원칙 및 사정변경의 원칙에 반한다는 주장에 대하여

(1) 피고의 주장

원고는 피고와 M이 보유하는 원고의 주식에 대한 A의 질권실행이 적법하다는 근거로서 위 질권실행 당시 원고의 주식가치가 전혀 없었다는 점을 주장하였다가 위 질권실행으로 A가 원고의 경영권을 장악한 이후에는 원고가 보유하는 이 사건 지분이 중요한 영업 자산이라고 주장하는 등 상황에 따라 서로 모순되는 진술을 함으로써 금반언의 원칙을 위반하였다. 또한 A는 이 사건 골프장 사업의 투자허가 조건인 2,200만 달러에 훨씬 미달하는 금액만을 투자한 채 투자를 중단하였고, 이후 피고의 노력으로 취소될 위기에 있던 이 사건 골프장 사업을 정상화시켜 현재 그 자산가치가 크게 증대하였는바, 위와 같이 투자를 중단하였던 A가 이제 와서 E의 기업가치를 독식하려고 하는 것은 사정변경의 원칙에 반하는 것이므로, 원고의 이 사건 청구는 신의성실의 원칙에 따라 제한되어야 한다.

(2) 판단

원고의 이 사건 소송 목적은 피고 측에 의해 무단 양도된 원고 소유의 이

사건 지분을 반환받고자 하는 것이다. 이에 비추어 볼 때, 원고의 주식가치에 관한 원고의 주장이 일관성이 없거나 그 자체로 모순되는 면이 있다고 하더라도 이러한 사정만으로 원고의 이 사건 청구가 배척되어야 한다고 볼 수는 없다. 또한, A가 현재 원고의 1인 주주라고 하더라도 이 사건 소송의 당사자는 어디까지나 원고이므로, A와 관련된 사정변경을 이유로 원고의 이 사건 청구가 제한되어야 할 만한 근거도 없다. 따라서 피고의 위 주장도 모두 받아들일 수 없다.

라. 소결

위에서 살펴본 바와 같이 원고와 피고 사이의 이 사건 지분 양도는 무효라고 할 것인바(이 사건 지분 양도가 주주총회 결의를 거치지 않아 무효라는 원고의 주장을 받아들이는 이상 나머지 무효 주장에 관하여는 나아가 판단하지 아니한다), 피고가 이를 다투고 있고, 아래와 같이 투자허가서를 변경하기 위해서는 피고로부터 이 사건 지분 양도가 무효임을 확인받아야 할 필요도 있어 보이므로, 원고로서는 위 무효의 확인을 구할 이익이 있다.

나아가 갑18의 기재 및 변론 전체의 취지에 의하면, 피고가 원고에게 이 사건 지분을 반환하는 절차는 피고가 이 사건 지분을 다시 원고에게 양도하는 방식에 의하여야 하고, 앞서 본 바와 같이 베트남 회사법의 하위 규정인 정부명령과 계획투자부의 결정에 의하면 원고가 E의 지분을 취득하는 경우 외국인 투자자는 반드시 투자허가서를 변경하는 절차를 수행하여야 하므로, 피고는 이 사건 지분을 원고에게 양도하는 방식으로 이를 반환하고, 하노이 인민위원회에 이 사건 지분에 관하여 투자자를 원고로 변경하고 E를 1인 유한책임회사로 변경하는 투자허가서 변경절차를 이행할 의무가 있다.

7) 신주인수권 등의 행사 및 추가 주식질권설정

주식질권설정 후 대출기간 동안 담보제공자가 주식발행회사의 주식(구주 및 신주)을 취득하는 경우, 추가 취득한 주식에 대한 질권을 추가로 설정하도록 할 것인지 여부 및 그 기준을 미리 규정하고, 나아가 주주배정에 의한 유상증자 등 질권설정자인 주주에게 주식을 추가로 취할 수 있는 권리가 부여되는 경우 해당 권리의 행사 주체, 방법 및 절차, 추가 납입주체 및 그 비용보상 등에 대해 질권설정계약서에 명확히 규정해 두는 것이 좋다.

또한, 담보주식이 상환주식이나 전환주식의 성격을 구비하고 있는 종류주식인 경우에는 해당 권리의 행사 주체, 방법 및 절차, 권리행사로 인해 취득한 주식[126] 및 현금 등의 처리

126) 주식의 소각, 병합, 분할 또는 전환이 있는 때에는 이로 인하여 종전의 주주가 받을 금전이나 주식에 대하여도 종전의 주식을 목적으로 한 질권을 행사할 수 있지만(상법 제339조), 보통은 주식질권설정계약서에서도 이 점을 다시 규정하고 있다.

등에 대해서도 질권설정계약서에 명시해 두어야 할 것이다.

2 유한회사 지분

실무에서는 차주(SPC)가 상법상 유한회사의 형태로 설립되는 경우가 있고, 이때에는 주식에 대응하는 유한회사의 지분에 대해 담보권이 설정된다. M&A금융에서는 PEF가 스폰서로서 특수목적회사(SPC)를 유한회사 형태로 설립하여 M&A거래에 참여하는 경우가 있는데,[127] 이때에는 「PEF가 취득하는 SPC의 지분」에 대해서 담보가 설정된다. 유한회사의 지분에 대한 담보로는 질권, 양도담보, 담보신탁 등이 이용될 수 있으나 주식담보에서와 마찬가지 이유로 실무에서는 질권이 자주 이용되고 있다.

유한회사의 지분에 대한 질권설정 절차에 대해서는 상법에서 규정하고 있다. 즉, 유한회사의 사원은 그 지분의 전부 또는 일부를 대상으로 다른 사원의 동의없이 자유롭게 질권을 설정할 수 있다(상법 제559조, 제556조 본문). 다만, 유한회사는 그 정관으로 지분의 질권설정을 제한할 수 있으므로(상법 제559조, 제556조 단서), 질권설정을 검토함에 있어서는 사전에 해당 유한회사의 정관을 확인해야 한다. 유한회사의 지분에 대한 질권설정은 질권설정자와 질권자가 질권설정계약을 체결하고 질권설정사실을 유한회사 또는 제3자에게 대항하기 위해서는 사원명부에 질권자의 성명, 주소와 질권의 목적인 출좌좌수를 기재하는 방법으로 하여야 한다(상법 제559조 제2항, 제557조). 그런데 상법에서는 주식등록질에 관한 규정을 유한회사의 지분에 대한 질권에 준용하고 있으나(상법 560조 제1항, 제340조 제1항), 통상은 출자증권(증서)이 발행되지 않는 유한회사의 지분에 대한 질권의 경우에는 증권(증서) 자체에 질권자를 등록할 방법이 없으므로 사원명부 기재만으로 등록질로 인정받을 수 있을지는 명확하지 않다.

3 PEF(유한책임사원) 출자지분

M&A금융에서는 PEF가 스폰서로서 특수목적회사(SPC)를 설립하여 M&A거래에 참여하는 경우가 일반적인데, 이때에는 「SPC가 취득하는 투자대상회사의 주식」, 「PEF가 취득하는 SPC의 주식/지분」에 추가하여 「PEF의 유한책임사원이 취득하는 PEF의 출자지분」에 대해서도 질권을 설정하는 경우가 많다. 이와 같은 PEF의 유한책임사원이 취득하는 출

127) 자본시장법에서는 PEF가 투자목적회사(SPC)를 주식회사나 유한회사 형태로 설립하는 것을 인정하고 있다(동법 제249조의13 제1항 제1호).

자지분에 대한 질권설정 절차에 대해서는 자본시장법에서 규정하고 있지 않아서 실무상 그 설정절차 및 유효성이 문제되었다.

이에 대해 판례는, 구 간접투자자산운용업법상의 사모투자전문회사의 출자지분에 관한 사안에서, 질권설정계약의 체결 및 질권설정에 대한 무한책임사원 전원의 동의에 의해 질권설정의 효력이 발생하고 제3자에 대한 대항요건을 구비하게 되는 것으로 판시하고 있는바, 자본시장법상의 PEF는 그 법정형태가 상법상의 합자회사로서 구 간접투자자산운용업법상의 사모투자전문회사와 동일하므로 이 판례는 자본시장법상의 PEF의 유한책임사원의 출자지분에 대한 질권설정의 경우에도 적용될 수 있을 것이다.

[판례 4-60] 대법원 2015. 4. 23. 선고 2014다218863 판결

1. 상고이유 제1점에 대하여

가. 구 간접투자자산운용업법(2007. 8. 3. 법률 제8635호로 제정되어 2009. 2. 4.부터 시행된 자본시장과 금융투자업에 관한 법률 부칙 제2조에 의해 폐지되기 전의 것, 이하 '간접투자법'이라 한다)은 사모투자전문회사[128]의 유한책임사원 지분에 대한 질권설정에 관하여 별도의 규정을 두고 있지 아니하고, 같은 법 제144조의2 제4항에 의하여 사모투자전문회사에 적용되는 상법 중 합자회사에 관한 규정 중에도 합자회사의 유한책임사원 지분에 대한 질권설정에 관한 규정이 없다. 한편, 권리질권의 설정에 관하여 민법 제346조는 법률에 다른 규정이 없으면 그 권리의 양도에 관한 방법에 의하여야 한다고 규정하고 있고, 간접투자법 제144조의14 제3항은 사모투자전문회사의 유한책임사원은 무한책임사원 전원의 동의를 얻어 출자한 지분을 분할하지 아니하고 타인에게 양도할 수 있다고 규정하고 있으나, 사모투자전문회사의 유한책임사원 지분 양도에 있어 제3자에 대한 대항요건이나 공시방법에 관한 별도의 규정은 두고 있지 아니하며, 상법에도 합자회사의 유한책임사원 지분 양도에 있어 제3자에 대한 대항요건에 관한 규정이 별도로 존재하지 아니한다. 그리고 상법 제269조는 합자회사에는 상법 제3편 제3장에 다른 규정이 없는 사항은 합명회사에 관한 규정을 준용하도록 규정하고 있고, 합명회사에 관한 상법 제195조는 합명회사의 내부관계에 관하여는 정관 또는 본법에 다른 규정이 없으면 조합에 관한 민법의 규정을 준용하도록 되어 있는데, 민법 조합편은 조합원의 지분권 또는 조합원 지위 이전에 있어 제3자에 대한 대항요건에 관한 규정을 별도로 두고 있지 아니하다.

위와 같은 관련 규정을 종합하면, 사모투자전문회사의 유한책임사원지분에 대한 질권설정에 관하여 간접투자법, 상법 등 관련 법률에 달리 규정이 없는 이상 이에 대하여

128) 자본시장법상의「기관전용 사모집합투자기구(PEF)」

질권을 설정하기 위하여는 권리질권의 설정에 관한 민법 제346조에 기하여 그 지분양도에 관한 방법에 의하여야 할 것이고, 그 지분양도에 관하여는 간접투자법 제144조의14 제3항이 규정하고 있으므로, 이에 따라 사모투자전문회사의 유한책임사원이 자신의 지분에 관하여 그 질권자와 질권설정계약을 체결하고 위 질권설정에 대하여 무한책임사원 전원의 동의를 얻으면 이로써 질권설정의 효력이 발생한다 할 것이다. 그런데 사모투자전문회사의 유한책임사원 지분에 대한 질권설정 시 제3자에 대한 대항요건에 관하여는 위와 같이 관련 법률에 별도의 규정이 없고, 이와 유사한 성질을 가지는 합자회사의 유한책임사원 지분권, 합명회사 사원 지분권, 조합원 지위 양도에 관하여 제3자에 대한 대항요건을 요구하는 규정도 존재하지 아니하며, 사모투자전문회사의 유한책임사원지분권은 인적회사의 사원권으로서 지명채권과는 성질을 달리하는 이상 지명채권에 대한 질권설정의 대항요건에 관한 민법 제349조 제1항이 유추 적용될 수도 없으므로, 그 질권자는 사모투자전문회사의 유한책임사원과 질권설정계약을 체결하고 이에 대하여 무한책임사원 전원의 동의를 얻어 질권 설정의 효력이 발생하였다면, 이에 더하여 별도로 그 질권으로써 제3자에 대하여 대항하기 위하여 추가적인 대항요건을 갖출 필요는 없다 할 것이다.

나. 원심판결 이유에 의하면, 원심은 그 채택 증거를 종합하여, 피고가 간접투자법에 의하여 설립된 사모투자전문회사인 사실, 원고가 2007. 8. 1. 나우타인베스트먼트 주식회사(변경 전 상호 나우타아이텍 주식회사, 이하 '나우타'라고만 한다)와 사이에 나우타가 발행하여 원고가 인수한 100억 원의 사모사채에 대한 담보로 나우타가 취득하는 피고 유한책임사원 지분 100억 좌(이하 '이 사건 지분'이라 한다)에 관하여 근질권 설정계약을 체결하면서, 그 피담보채무의 이행기가 도래할 경우 원고는 근질권을 실행하여 이 사건 지분을 직접 원고 또는 제3자에게 양도 또는 처분할 수 있는 것으로 약정한 사실, 같은 날 피고의 무한책임사원이자 업무집행사원인 아이스텀파트너스 주식회사와 아이스텀투자 주식회사(이하 각 '아이스텀파트너스', '아이스텀투자'라 한다)는 위 근질권설정에 관하여 동의한 사실, 그 후 나우타가 기한의 이익을 상실하자 원고가 2012. 11. 23. 아이스텀파트너스와 아이스텀투자에 대하여 위 근질권을 실행하여 이 사건 지분을 양수하겠다는 취지를 통보한 사실 등을 인정하고, 이 사건 지분의 근질권자인 원고가 근질권을 실행함에 따라 피고는 피고 정관에 유한책임사원으로 기재된 나우타의 명의를 원고로 변경해 줄 의무를 부담한다고 판단하면서, 위 근질권설정 당시 무한책임사원 전원의 동의가 확정일자 있는 문서에 의하지 아니하였고 그 후 이 사건 지분에 대하여 압류 등 강제집행이 행해졌으므로 원고가 위 근질권으로써 이 사건 지분에 대한 압류채권자 등에게 대항할 수 없다는 피고의 주장에 대하여, 관련 법령에서 제3자에 대한 대항요건에 관하여 따로 규정하고 있지 아니하고 사모투자전문회사의 유한책임사원 지분의 성격은 지명채권과 달라 지명채권 양도의 대항요건에 관한 민법의 규정이 적용 또는 유추 적용되지 아니한다는 이유로, 피고의 위 주장을 배

척하였다.

다. 앞서 살펴본 법리와 기록에 비추어 살펴보면, 원심의 이러한 판단은 정당하고, 거기에 상고이유 주장과 같이 사모투자전문회사 유한책임사원 지분에 대한 질권설정의 대항요건에 관한 법리를 오해한 위법이 없다.

2. 상고이유 제2점에 대하여

원심은 그 판시 사실 및 사정을 종합하여, 피고 정관 제45조에 따라 피고의 다른 사원들은 피고의 유한책임사원이 양도하고자 하는 출자지분에 대해 우선매수권을 가지고 위 조항은 유한책임사원이 지분을 임의양도하는 경우뿐 아니라 이 사건과 같이 질권자가 질권실행을 통하여 직접 지분을 취득하는 경우에도 적용되나, 원고가 피고에게 질권실행을 통보함과 아울러 피고의 다른 사원들이 우선매수를 할 의향이 있는 경우 이에 관해 협조하겠다는 의향을 밝혔음에도 피고가 피고의 다른 사원들에 대하여 우선매수권 행사절차를 진행하지 아니하였고, 이미 그로부터 상당한 기간이 경과하였으므로, 원고는 더 이상 피고가 위 절차를 거치는 것을 기다릴 필요가 없다고 보아, 피고가 다른 사원들에 대한 우선매수권 행사절차를 거치지 아니하고서는 원고에게 유한책임사원의 지위가 양도되었다고 볼 수 없다는 피고의 주장을 배척하였다.

관련 법리와 기록에 비추어 살펴보면 원심의 이러한 판단은 정당하고, 거기에 상고이유 주장과 같이 피고 정관의 해석 및 적용에 관하여 법리를 오해하는 등의 위법이 없다.

위 판례에 따라 실무에서 사용되는 PEF의 정관에서는 PEF의 출자지분에 대한 질권설정에 대해서는 다음과 같은 규정을 두고 있다.

[PEF 정관 기재례] 출자지분의 양도 · 담보권 설정

유한책임사원은 무한책임사원 전원의 사전 서면동의를 얻어 그 출자지분의 전부 또는 일부를 양도하거나 그 출자지분에 대하여 담보권을 설정할 수 있고, 무한책임사원은 사원 전원의 서면동의를 얻어 그 출자지분의 전부 또는 일부를 양도할 수 있다.

그리고 PEF의 유한책임사원의 출자지분에 대한 질권설정계약서에서도 위 정관의 내용을 반영하여 질권설정절차에 관하여 다음과 같이 규정하는 경우가 일반적이다. 출자증서의 교부와 사원명부의 질권등록은 위 판례나 법령상 요구되는 요건은 아니나, 실무에서는 출자증서가 발행된 경우에는 민법 제347조에 따라 출자증서의 교부를 요구하고, 나아가 주식질이나 유한회사의 지분에 대한 질권에 준하여 PEF의 사원명부에의 질권등록까지도 요구하고 있다.

[계약서 기재례] 근질권의 설정

근질권설정자는, 대출계약에 따른 대출실행일(또는 근질권자가 동의하는 시점)까지,

(1) 이 계약 〈첨부 [*]〉의 양식 또는 대상PEF의 무한책임사원이 지정하는 양식으로 근질권 설정에 관하여 대상PEF의 무한책임사원 전원으로부터 서면 동의를 얻어 그 원본을 대리기관에게 교부하여야 하고,
(2) 근질권설정자는 담보목적물에 관한 출자증서 원본을 대리기관에게 교부하여야 하며,
(3) 근질권설정자는 ① 근질권설정 사실 및 관련 출자지분 수, ② 근질권자의 상호 및 주소가 모두 기재된 대상PEF의 사원명부 사본(원본대조필 요) 또는 사원명부의 내용에 대한 대상PEF의 업무집행사원의 확인서 원본을 대리기관에게 제출하여야 한다.

대리기관은 이 항에 따른 서류의 제출 기한을 대출계약서에서 정하는 바에 따라 유예할 수 있다.

한편, PEF의 유한책임사원이 취득하는 PEF의 출자지분에 대한 동순위/후순위 질권설정 역시 가능하다. 이것은, 민법상 권리질권설정 방법의 동시/선후(설정합의+무한책임사원의 확정일자부 동의)에 의하게 될 것이다.

배당금등의 수령계좌의 개설, 동 계좌상의 예금채권에 대한 질권 설정 및 배당금등의 처리 등에 관한 약정이 필요하다는 점은 앞서 주식에 대한 질권설정 부분에서 살펴본 바와 같다.

4 유한책임회사 지분

PEF의 투자목적회사는 주식회사 또는 유한회사로 설립되어야 하므로, PEF가 스폰서로 진행하는 M&A 및 M&A금융거래에서는 이용되지 않으나, 최근 금융실무에서는 투자도관(Vehicle)을 위한 SPC의 형태로 상법상 「유한책임회사」가 자주 이용되고 있다. 그 이유는 다양하겠지만, 유한회사가 당초에는 외감법상 외부감사의 대상이 아니었으나 2018년 개정에 의해 일정한 경우 외부감사의 대상에 포함됨에 따라(외감법 제2조 제1호, 제4조 제1항) 투자도관으로서의 매력이 다소 감소되었다는 점도 주요 이유 중의 하나이다. 유한책임회사는 합명회사와 주식회사의 성질을 혼합한 회사의 형태로 사원 상호 간의 대내적인 관계에 있어서는 민법상 조합의 성격을 가지고 대외적 관계에서는 주식회사의 성격을 가지는 회사이다. 유한책임회사는 원칙적으로 합명회사의 성격을 가지지만 사원의 대외적 책임이 상법에 다른 규정이 있는 외에는 그 출자금액을 한도로 하는 점에서 주식회사와 유사하다.

즉, 유한책임회사는 1인 이상의 유한책임사원으로 구성되고 유한책임사원은 회사채권자에 대하여 출자금액을 한도로 간접·유한의 책임을 진다(상법 제287조의2 및 제287조의7).

또한, 유한책임회사는 업무집행자가 유한책임회사를 대표하므로 정관에 사원 또는 사원이 아닌 자를 업무집행자로 정해 놓아야 하며, 정관 또는 총사원의 동의로 둘 이상의 업무집행자가 공동으로 회사를 대표할 것을 정할 수도 있다(상법 제287조의12 제1항, 제287조의19). 유한책임회사의 사원은 1인당 1의결권을 갖는다(상법 제287조의11, 제287조의18, 제195조, 민법 제706조 제2항).

유한책임회사의 사원의 지분을 대상으로 질권을 설정할 수 있는지에 대해서는 상법에 규정이 없으나 실무에서는 합명회사 사원의 지분을 대상으로 하는 질권설정과 마찬가지로 이를 긍정하고 있는 것으로 보인다. 이에 따라, 질권설정은 통상 당사자 간에 질권설정계약을 체결하고, 질권설정에 대한 다른 사원 전원의 확정일자부 동의서를 제출받음과 함께 질권설정사실을 회사에 확정일자부로 통지하거나 회사로부터 확정일자부 승낙을 받는 방법으로 절차가 취해지고 있다. 다만, 유한책임회사는 정관으로 사원의 지분의 양도에 관하여 달리 정할 수 있으므로(상법 제287조의8 제3항), 사전에 정관을 통해 지분 양도에 관하여 달리 정하는 바가 있는지를 확인해야 할 것이다.

Ⅱ 채권담보

(1) 담보대상채권

채권담보의 대상으로 되는 채권은 크게, 대출채권{차주의 투자대상회사에 대한 대출 등의 계열회사 간 대출(Intercompany Loan)에 의한 것 포함}, (계약의 해제 등 소멸로 인한) 계약금·보증금반환청구권, 보험금청구권, 매출채권, 주식양수도계약상의 보상청구권, 예금채권, 신탁계약상의 수익권(이하 「신탁수익권」) 등이 있다.[129)]

129) 엄밀하게는, 원칙적으로(자연채무 등 예외적인 경우를 제외하고) 「청구권」은 채권의 속성을 나타내는 징표(권능)의 하나이고 청구권과 채권은 동일한 개념이 아니기 때문에 「청구권」에 대해 질권을 설정한다는 표현은 정확하지 않다. 다만, 그 명칭에도 불구하고 위에서 예로 들고 있는 청구권은 그 법적 성질에 있어서는 모두 그 자체로 독립된 권리로서의 채권의 특성을 지니고 있기 때문에, 실무상 관행에 따라 「~청구권」이라는 표현을 사용하더라도 무방할 것으로 판단된다.

이 중에서 실무상 자주 담보권 설정이 이루어지는 매출채권 등 몇 가지 담보대상채권에 대해 살펴본다.

1) 매출채권

매출채권은 차주/투자대상회사[130]의 현금흐름을 발생시키는 원천이라고도 할 수 있기 때문에, 대주는 허용될 수 있는 범위 내에서 매출채권을 담보로 취득할 필요성이 크다.[131] 한편, 재고(在庫)자산에 대한 동산담보가 설정되면 대주의 채권보전으로 충분하다고 생각될 수도 있지만, 회사가 통상의 영업 범위 내에서(in the course of business) 재고자산을 매각한 경우, 재고자산에 대한 동산담보권은 소멸되기 때문에 현금흐름에 대한 우선권 확보라는 측면에서는 재고자산의 매각에 의해 발생하는 매출채권 및 그 회수금이 입금되는 계좌상의 예금채권에 대해서도 별도로 담보제공을 받을 필요가 있다.

매출채권은, (i) 이미 발생하여 존재하는 확정매출채권, (ii) 장래에 발생하는 특정매출채권과 (iii) 계속적인 거래에 기하여 발생·소멸을 반복하는 것이 예정되어 있는 장래의 집합매출채권으로 나누어질 수 있는데, 매출채권은 회수되면 그 목적달성에 의해 소멸하기 때문에 효과적인 채권보전을 위해서는, 기본계약(물품공급계약 등)으로부터 현재 이미 발생하여 존재하는 확정매출채권 및 장래의 일정 기간 동안에 발생하는 장래의 집합채권을 일체로 담보설정하는 것이 일반적이다.[132]

[계약서 기재례] 담보대상채권 - 확정매출채권 및 장래의 집합채권

채권양도인이 [*]병원을 요양기관 및/또는 의료급여기관으로 하여 국민건강보험법, 의료급여법 기타 관련 법령에서 정한 바에 따라 [*]년 [*]월 [*]일 현재 및 그 이후 [*]년 [*]월 [*]일까지 지급받을 국민건강보험공단에 대한 요양급여비용 지급채권 및 의료급여비용 지급채권과 기타 이에 부수하는 모든 권리를 포함한 일체의 신료비 채권

130) 다만, 투자대상회사의 매출채권에 대한 담보는 이른바 「담보제공형 LBO」의 문제 등의 법령 또는 판례상의 제한 때문에 실무에서는 이용되기 어려운 형편이다.

131) 채권담보 중에서 계열사 간 금융제공(Intercompany Financing)에 의한 채권(특히, 차주의 투자대상회사에 대한 채권)에 대해 대주가 담보권설정을 요청하는 이유는, 계열사 간 금융제공(Intercompany Financing)에 의한 채권이 제3자에게 양도되거나 압류가 되는 등으로 인해 대주 이외의 다른 채권자가 출현하는 것을 막기 위해서라는 측면도 있다.

132) 실무상, 담보제공된 매출채권은 담보권설정자에게 신용악화가 발생하는 등 일정한 사유가 발생하기까지는 담보권설정 후에도 담보권설정자가 계속 추심을 하기 때문에, 담보권설정자에 의해 회수된 대금은 대주·대리인에 개설된 담보권설정자 명의의 예금계좌에서 집중적으로 관리되어 당해 예금채권도 담보로 제공된다.

[계약서 기재례] 담보대상채권 – 확정매출채권 및 장래의 특정채권

[*]신축사업과 관련하여 근질권설정자를 수급인으로, [*]를 도급인으로 하여, 근질권설정자와 귀사 및 [공사비연대보증인] 사이에서 [*]년 [*]월 [*]일자로 체결된 [*]공사도급계약(이후 변경내용 포함)에 따라 근질권설정자가 [*] 및 공사비연대보증인으로부터 도급공사비 등 일체의 금전을 지급받을 권리로서 [*]년 [*]월 [*]일 현재 이미 발생하여 존재하는 채권과 이후 [*]년 [*]월 [*]일까지의 기간 동안 발생하게 될 채권 및 이에 각 부수하는 이자, 지연이자, 손해배상청구권, 부가가치세와 기타 이와 관련된 일체의 채권

장래매출채권의 담보제공과 관련해서는 담보제공의 효력발생시점, 제3채무자에 대한 대항요건 구비시점, 사해행위 판단시점, 도산절차에서의 부인권 행사 가부,[133] 담보권실행 또는 도산절차가 개시된 경우 장래채권의 고정화 여부, 도산절차가 개시된 경우 담보의 효력이 미치는 장래채권의 범위, 제3자의 (가)압류 이후 발생한 채권에 대해서도 해당 (가)압류권자에 대해 담보권을 주장·대항할 수 있는지 여부 등 이론적으로 여러 가지 어려운 문제점이 제기되고 있다.[134]

이 중에서, 담보권 실행으로 인해 담보의 효력이 미치는 매출채권의 범위가 고정(Crystallization)되는지 여부(이른바 「담보물의 고정화 문제」[135]) 및 담보제공자의 도산절차 개시 이후 발생한 채권에 대해서도 담보의 효력이 미치는지 여부와 관련하여 대법원은 아래와 같이 판시한바 있다.

[판례 4-61] 대법원 2013. 3. 28. 선고 2010다63836 판결

1. 원심이 적법하게 채택한 증거들에 의하면, 원고와 피고가 제3채무자인 국민건강보험공단에 대한 의료비 등 채권을 담보목적물로 한 채권양도담보계약을 체결하면서 작성한 채권양도계약서에 양도채권으로 “채권양도인이 채권양도일 이후 제3채무자로부터 수

133) 광주지방법원(전주) 2018나12402 판결([판례 4-21]) 참조

134) 「장래채권의 양도·담보제공」과 관련된 전반적인 논점에 대해서는, (i) 양창수 「장래채권의 양도」 『민법연구(제7권)』(박영사, 2003), (ii) 최수정 『채권양도론』(진원사, 2007), (iii) 최준규 「장래채권을 둘러싼 도산법상 쟁점에 관한 고찰」 『사법 40호』(사법발전재단, 2015) 213페이지 이하, (iv) 박진수 「회생절차개시결정과 집합채권양도담보의 효력이 미치는 범위」 『민사판례연구 36권』(박영사, 2015) 561페이지 이하, (v) 장명 『집합채권양도담보에 관한 연구: 유효성 및 도산절차상 쟁점을 중심으로』(서울대학교, 2017), (vi) 이연갑 「장래채권 양도담보와 회생담보권의 효력이 미치는 범위」 『법조(2014. 8.)』(법조협회, 2014) 163페이지 이하 각 참고

135) 「도산절차개시와 담보목적물의 고정화」에 관한 일본에서의 논의에 대해서는, 青山大樹 編著 『詳解 シンジケートローンの法務』(一般社団法人 金融財政事情研究会, 2015) 396페이지 이하 참고

령할 국민건강보험법에 의한 요양급여비용 및 의료급여법에 의한 의료급여비용", 양도금액으로 "금 일십억 원"으로 각각 기재되어 있고, 피고가 국민건강보험공단에 통지한 채권양도통지서에도 양도채권으로 "본 통지서 도달일로부터 발생한 채권으로서, 채권양도인이 국민건강보험공단으로부터 수령할 국민건강보험법에 의한 요양급여비용 및 의료급여법에 의한 의료급여비용", 양도금액으로 "금 일십억 원", 변제방법으로 "귀사의 변제방법으로서 양도된 요양급여비 및 의료급여비는 아래 계좌로 입금하여 주시기 바랍니다."라고 각각 기재되어 있고, 입금할 계좌로 원고 은행에 개설된 원고 명의 계좌번호가 기재되어 있는 사실을 알 수 있다. 그렇다면 특별한 사정이 없는 한, 채권양수인인 원고가 담보목적물 중 일부인 그 당시 현존 의료비 등 채권에 대하여 담보권을 실행하여 국민건강보험공단으로부터 17,749,460원을 직접 회수하였다 하더라도, 원고가 피담보채권인 대출금채권 전액의 만족을 얻지 아니한 이상, 그 후 발생하는 의료비 등 채권에 대해서도 담보권을 실행할 수 있다고 할 것이고, 원고의 위와 같은 담보권 실행으로 인하여 그 후 발생하는 의료비 등 채권에 대하여 담보권의 효력이 미치지 아니하게 되는 것은 아니다.

원심이 이와 달리 원고가 상계권을 행사하여 위 의료비 등 채권을 회수한 시점에 담보권 실행으로 담보채권이 고정된다고 본 것은 장래 발생할 채권을 담보목적물로 하는 채권양도담보에 있어서 담보권 실행의 효력에 관한 법리를 오해하였다고 볼 수 있다.

한편, 장래 발생하는 채권이 담보목적으로 양도된 후 채권양도인에 대하여 회생절차가 개시되었을 경우, 회생절차개시결정으로 채무자의 업무의 수행과 재산의 관리 및 처분 권한은 모두 관리인에게 전속하게 되는데(채무자 회생 및 파산에 관한 법률 제56조 제1항), 관리인은 채무자나 그의 기관 또는 대표자가 아니고 채무자와 그 채권자 등으로 구성되는 이른바 이해관계인 단체의 관리자로서 일종의 공적 수탁자에 해당한다 할 것이므로(대법원 1988. 10. 11. 선고 87다카1559 판결 참조), 회생절차가 개시된 후 발생하는 채권은 채무자가 아닌 관리인의 지위에 기한 행위로 인하여 발생하는 것으로서 채권양도담보의 목적물에 포함되지 아니하고, 이에 따라 그러한 채권에 대해서는 담보권의 효력이 미치지 아니한다.

원심이 인정한 사실에 의하면, 원고가 담보목적물인 의료비 등 채권에 대하여 담보권을 실행하여 국민건강보험공단으로부터 17,749,460원을 회수한 후 피고에 대한 회생절차개시 당시까지 담보목적물인 채권이 남아 있지 아니하게 되었는데, 앞서 살펴본 법리에 의하면, 회생절차개시 후에 의료비 등 채권이 추가로 발생하였더라도 그러한 채권에 대해서는 더 이상 담보권의 효력이 미치지 아니하기 때문에, 피담보채권인 원고의 잔존 대출금채권은, 담보목적물이 존재하지 아니하는 회생채권에 해당하게 되었다고 볼 수 있다.

그렇다면 피담보채권인 원고의 대출금채권을 회생채권에 해당하는 것으로 본 원심의 판단은 결론에 있어서 정당하므로, 결국 원심판결에 위와 같은 법리오해로 판결에 영향을 미친 위법이나 집합채권양도담보의 효력 및 회생담보권에 관한 법리를 오해한 위법이 있다고 볼 수 없다.

먼저, 위 대법원 2010다63836 판결은 채권양수인(담보권자)이 1회 또는 수회 담보권을 실행하였다 하더라도, 원고가 피담보채무 전액의 만족을 얻지 아니한 이상 그 후 발생하는 담보대상채권에 대해서도 담보권을 실행할 수 있다고 하면서 담보권의 실행에 의한 담보물의 고정화를 부인하고 있다.[136] 위와 같이 고정화를 부정하는 판례가 있긴 하지만, 실무에서는 담보계약서에 피담보채무가 소멸하기 전까지는 담보권자에 의한 1회 또는 수회의 담보권 실행(직접청구 등)에 의해 담보목적물이 고정되지 않고 계속 누적적으로 효력이 유지됨을 명시해 두는 사례가 많다.

[계약서 기재례] 담보권의 계속성

이 계약에 의하여 설정된 근질권은 근질권자에 의한 일회 또는 수회의 근질권 실행 여부에 관계없이, 피담보채무가 완전히 소멸하지 아니하는 한, 피담보채무를 담보하기 위한 계속적인 담보로서 누적적으로 유효하게 존속한다.

다음으로, 위 대법원 2010다63836 판결에서는 회생절차의 개시로 인해 담보목적물의 범위가 고정되는지 여부에 대해서는 언급하지 않지만, 담보권 설정자에 대한 회생절차의 개시 후에 담보대상채권이 추가로 발생하였더라도 회생절차가 개시된 이후 발행한 채권은 담보의 효력이 미치지 않는다고 판시하여 그 결론에 있어서는 회생절차의 개시에 의해 담보목적물이 고정화된다는 견해와 같은 결론에 이르고 있다.

그런데 실무에서는 위 대법원 2010다63836 판결의 적용범위와 관련하여 논란이 있고 이에 대해서는 아직 확립된 견해가 없는 것으로 보인다. 즉, 실무에서는, (i) 위 대법원 2010다63836 판결의 법리가 적용되는 장래채권의 범위가 어디까지인지(공사도급계약에 기한 공사대금채권, 물품공급계약에 기한 물품대금채권, 신용카드채권, 매매대금반환채권 등),[137)138)]

136) 다만, 그 이외에 도산절차의 개시로 인해 담보목적물이 고정화되는지 여부에 대해서는 명확하게 언급하지 않고 있다.

137) 위 판결이 회생절차가 개시된 후 발생하는 채권은 「채무자가 아닌 관리인의 지위에 기한 행위로 인하여 발생하는 것으로서 채권양도담보의 목적물에 포함되지 아니 한다」는 점에 중점이 있다면, 해당 장래매출채권이 양도(담보제공)시점에 이미 해당 장래매출채권이 이미 성립되어 있는 경우(예를 들면, 매매대금반환채권, 공사대금채권)에는 이후 해당 장래매출채권은 관리인의 지위에 기한 행위로 인하여 발생한 것으로 볼 수 없으므로 위 판례의 법리가 적용되지 않고, 해당 장래매출채권의 성립을 위해서는 기본계약의

(ii) 위 대법원 2010다63836 판결의 법리가 질권 또는 양도담보 등 담보권 설정의 경우에만 적용되는지 아니면 (진정)양도의 경우에도 적용되는지,[139)140)] (iii) 위 대법원 2010다63836 판결의 법리가 신탁의 경우에도 적용되는지,[141)] (iv) 위 대법원 2010다63836 판결의 법리가 신탁의 경우에도 적용된다면, 「담보목적의 신탁(담보신탁)」의 경우와 수익권 유동화를 위

체결 외에 관리인의 별도의 행위가 필요한 것으로 해석되는 경우(예를 들면, 기본물품공급계약의 체결만으로는 개별 물품대금채권이 성립하지 않고 이후 실제로 개별계약을 체결하는 시점 또는 물품을 공급하는 개별 시점에 공급대금이 확정되어 개별 물품대금채권이 성립하는 경우, 신용카드이용계약 및 가맹점계약 등에 따라 신용카드이용자가 실제로 신용카드를 이용하는 시점 또는 이후 별도로 정하는 시점에 이용대금이 확정되어 신용카드매출채권이 성립하는 경우)에는 회생절차의 개시 이후 물품공급 또는 신용카드이용 행위가 발생하였다면 해당 장래매출채권은 관리인의 지위에 기한 행위로 인하여 발생한 것으로 볼 수 있으므로 위 판결의 법리가 적용될 수 있을 것으로 생각된다.

138) 「토지매매계약의 매수인이 매도인에 대하여 가지는 매매계약상 채권(매매계약 해제에 따른 원상회복청구권 포함. 이 사건 양도채권)에 대하여 매수인의 채권자에게 채권양도담보를 설정하고 제3자 대항요건을 구비한 후 매수인에게 파산절차가 개시되어 매수인의 파산관재인이 쌍방미이행 쌍무계약에 해당하는 위 매매계약을 해제하자 원고{원고는 파산절차개시 전에 매수인의 채무를 대위변제하고 이 사건 양도채권을 최초 양수인인 위 채권자(양도담보권자)로부터 다시 양도받고 그 양도에 관하여 제3자 대항요건을 구비한 자이다}가 매도인(피고=제3채무자)에 대하여 매매계약 해제에 따른 원상회복으로서 계약금 및 중도금의 반환을 청구하였고, 매도인 및 파산관재인이 위 채권양도담보는 매수인(채권양도인)에 대한 파산절차개시 후 파산관재인의 행위(쌍방미이행 쌍무계약의 해제)로 인하여 발생한 이 사건 원상회복청구권에 대하여는 효력이 미치지 않는다고 다툰 사안」에서, 서울고등법원은, 매수인의 파산관재인이 파산 선고 이후에 파산관재인의 지위에서 채무자회생법 제335조에 따라 매도인(제3채무자)에 대하여 해제권을 행사하였다 하더라도 그로 인한 원상회복청구권의 기초는 파산절차 개시 전에 체결된 위 매매계약으로부터 비롯된 것이라는 점, 파산관재인이 근거로 들고 있는 위 대법원 2010다63836 판결의 의료비 채권은 회생절차가 개시된 이후 관리인이 의료행위를 통하여 새롭게 얻은 것인 반면, 이 사건 원상회복청구권은 매수인에 대한 파산절차가 개시되기 전에 체결된 이 사건 매매계약의 해제에 의하여 발생한 것이므로 위 대법원 2010다63836 판결을 그대로 원용하기에는 적절하지 않다는 점을 이유로 파산관재인의 매매계약 해제에 따라 발생한 원상회복청구권은 위 채권양도담보의 담보목적물에 포함되고 그에 대하여 채권양도담보의 효력이 미친다고 보았다{서울고등법원 2017. 1. 12. 선고 2016나2031174, 2031181 판결. 동 판결은 대법원에 상고되었으나 심리불속행으로 상고기각되어 확정되었다(대법원 2017. 5. 16. 선고 2017다209228, 209235 판결)}.

139) 위 판결이 회생절차가 개시된 후 발생하는 채권은 「채무자가 아닌 관리인의 지위에 기한 행위로 인하여 발생하는 것으로서 채권양도담보의 목적물에 포함되지 아니 한다」는 점에 중점이 있다면, 양도담보이든 진정양도의 경우이든 해당 장래채권이 장래에 관리인의 지위에 기한 행위로 인하여 발생하는 것이라는 점은 동일하므로 장래매출채권이 위 사안과 같이 양도담보로 제공되었든 아니면 양도된 경우이든 관계없이 모두 위 판결과 동일한 결론에 이르러야 한다는 견해도 있다.

140) 장래채권에 대하여 담보목적의 양도(양도담보)가 아니라 진정양도가 이루어진 경우에는 확정일자 있는 통지 또는 승낙이라는 대항력을 갖추었다면 양수인은 그 채권을 확정적으로 취득하였고, 그 채권은 더 이상 양도인의 재산이 아니므로 양수인은 양도인에 대한 회생절차와 관계없이 양수채권을 추심할 수 있다는 취지의 구 회사정리법에 따른 회사정리사건(서울중앙지방법원 2003회7)의 선례가 있다. 위 선례의 자세한 내용은 조용원 외 「자산유동화거래와 진정한 매매(True Sale)-회사정리법과 관련된 사안을 중심으로-」 『자산유동화의 현상과 과제(제1권)』(소화, 2009)를 참고

141) 위 판결이 회생절차가 개시된 후 발생하는 채권은 「채무자가 아닌 관리인의 지위에 기한 행위로 인하여 발생하는 것으로서 채권양도담보의 목적물에 포함되지 아니 한다」는 점에 중점이 있다면, 양도담보이든 신탁의 경우이든 해당 장래채권이 장래에 관리인의 지위에 기한 행위로 인하여 발생하는 것이라는 점은 동일하므로 장래매출채권이 위 사안과 같이 양도담보로 제공되었든 신탁된 경우이든 관계없이 모두 위 판결과 동일한 결론에 이르러야 한다는 견해도 있다.

한 「진정신탁」의 경우 중 어느 범위까지 적용되는지[142) 등이 논의되고 있다.[143)

한편, 임대료채권에 대해서는 임대인이 파산선고를 받은 때에는 차임의 선급 또는 차임채권의 처분은 파산선고 시의 당기 및 차기에 관한 것을 제외하고는 파산채권자에게 대항할 수 없으므로(채무자회생법 제340조 제1항),[144) M&A금융의 대주가 차주 또는 담보제공자로부터 장래의 임대료채권을 담보로 제공받을 경우에는 위 규정에 따라 담보의 효력범위가 제한될 수 있음에도 유의해야 한다.

또한, 신용카드에 따른 거래로 생긴 신용카드가맹점의 매출채권의 양도 및 신용카드업자등 외의 자에 의한 동 채권 양수 역시 일정한 제한을 받는다.[145)][146)

---

142) 실무의 다수의견은 장래매출채권의 신탁방식의 유동화거래 중 「진정양도방식」(예를 들면, 앞서 살펴본 「SPC수익권인수방식」, 자산유동화에 관한 법률에 따른 장래매출채권 유동화신탁에 의한 ABS)과 「담보신탁방식」(예를 들면, 앞서 살펴본 「위탁자담보신탁방식」)으로 구분하여, 전자의 경우에는 위 판결이 적용되지 않고, 후자의 경우에는 위 판결이 적용될 수 있다고 보는 듯하다(이 점은 금융감독원의 전자공시시스템(DART)을 통해 공시되는 장래매출채권 유동화를 위한 자산유동화계획등록신청서에 첨부되는 진정양도 법률의견서에서 쉽게 찾아볼 수 있다. 다만, 이와 같이 양자를 구분하는 근거는 명확하지 않은 것으로 보인다). 그러나 담보신탁 역시 신탁법에 따른 신탁으로서 법적으로 양도담보(담보)와 구별하는 대법원 판결의 입장에 비추어 볼 때, 엄연히 신탁법상의 적법 · 유효한 신탁이 매개되어 있음에도 불구하고 양도담보에 관한 위 대법원 2010다63836 판결과 동일한 결론을 내릴 수 있을지에 대해서는 좀 더 생각해 보아야 할 것이다.

143) 이에 대해서는, (i) 박준 · 한민 『금융거래와 법(제3판)』(박영사, 2022) 990페이지 이하, (ii) 최준규 「장래채권을 둘러싼 도산법상 쟁점에 관한 고찰」 『사법 40호』(사법발전재단, 2015) 213페이지 이하, (iii) 박진수 「회생절차개시결정과 집합채권양도담보의 효력이 미치는 범위」 『민사판례연구 36권』(박영사, 2015) 561페이지 이하, (vi) 장명 『집합채권양도담보에 관한 연구: 유효성 및 도산절차상 쟁점을 중심으로』(서울대학교, 2017) (v) 이연갑 「장래채권 양도담보와 회생담보권의 효력이 미치는 범위」 『법조(2014. 8.)』(법조협회, 2014) 163페이지 이하 각 참고

144) 단, 차임채권이 자산유동화에 관한 법률에 따른 유동화자산에 해당하는 경우에는 이를 적용하지 아니한다(동법 제15조).

145) 여신전문금융업법 제20조, 제70조
여신전문금융업법 제20조(매출채권의 양도금지 등) ① 신용카드가맹점은 신용카드에 따른 거래로 생긴 채권(신용카드업자에게 가지는 매출채권을 포함한다. 이하 이 항에서 같다)을 신용카드업자와 「은행법」에 따라 설립된 은행(「중소기업은행법」에 따라 설립된 중소기업은행과 「농업협동조합법」에 따라 설립된 농협은행을 포함한다. 이하 이 조에서 같다) 외의 자(이하 이 조에서 "신용카드업자등 외의 자"라 한다)에게 양도하여서는 아니 되고, 신용카드업자등 외의 자는 이를 양수하여서는 아니 된다. 다만, 신용카드가맹점이 신용카드업자에게 가지는 매출채권을 「자산유동화에 관한 법률」 제2조 제1호에 따른 자산유동화를 위하여 양도하는 경우에는 신용카드가맹점은 신용카드에 따른 거래로 생긴 채권을 신용카드업자등 외의 자에게 양도할 수 있고, 신용카드업자등 외의 자도 이를 양수할 수 있다.

146) 이와 관련하여, (i) 결제대행업체가 신용카드업자에 대하여 가지는 대행결제대금채권은 여신전문금융업법 제20조 제1항의 「신용카드에 따른 거래로 생긴 채권」에 해당하지 않고(대법원 2008. 1. 17. 선고 2006다56015 판결: 위 규정에 정한 '신용카드에 의한 거래에 의하여 발생한 매출채권'은 신용카드 이용자가 신용카드가맹점에서 물건을 구매하거나 용역을 제공받고 신용카드를 사용함에 따라 발생한 신용카드 가맹점의 신용카드 이용자에 대한 채권을 의미하고, 여신전문금융업법상의 결제대행업체가 가맹점계약에 기하여 신용카드업자에 대하여 가지는 대행결제대금채권은 위 규정에 의하여 양도가 금지되는 채권에 해당하지 않는다), (ii) 여신전문금융업법 제20조 제1항 후단(「신용카드업자등 외의 자는 이를 양수하여서는 아니 된

(장래)매출채권에 대한 질권도 권리질인 이상 그 설정의 선후에 의해 순위를 붙이는 것은 가능하다(민법 제333조, 제355조). 여기서 「설정의 선후」는 대항요건구비의 선후까지 포함된다는 점은 앞서 본 바와 같다.

그러나 (장래)매출채권에 대한 후순위 양도담보권은 후순위 양도담보권의 유효성 여부에 관한 논의에서 살펴본 바와 같은 이유로 그 유효성이 부정될 수 있다.

2) 대출채권

대출채권 역시 담보권의 목적물로 자주 이용되고 있는데, 대출채권에 대해서는 채권질설정 또는 채권양도의 방법에 따라 질권, 양도담보가 주로 이용되고, 사안에 따라서는 담보신탁방식으로도 담보설정이 이루어지는 경우도 있다.

한편, 실무에서는 담보목적물인 대출채권에 이미 담보가 설정되어 있는 경우(근저당권부채권, 질권부채권 등)가 많은데 이에 대해 담보를 설정하고자 하는 경우에는 담보의 대상인 기존 담보권의 설정절차에 준하여 해당 담보권의 이전에 필요한 절차(근저당권이전 부기등기 등)를 별도로 거쳐야 한다는 점을 주의해야 한다. 즉, 당초 담보목적물에 관한 담보권설정 시 별도의 담보설정승낙(양도금지특약이 있는 경우) 인도 · 등기 · 등록, 사채원부/주주명부 기재 등의 요건이 필요한 경우에는 해당 담보권부채권에 대한 담보권설정 시에도 해당 요건이 필요하다고 해석하는 것이 타당하다.[147]

3) 임대차보증금반환채권

오피스빌딩 등의 임대차에 관한 임대차보증금반환채권도 일반적인 채권과 마찬가지로 담보권의 목적물로 이용될 수 있으며, 실무에서는 이러한 사례도 자주 있다.

[판례 4-62] 대법원 2013. 8. 22. 선고 2013다32574 판결

민법 제347조는 채권을 질권의 목적으로 하는 경우에 채권증서가 있는 때에는 질권의 설정은 그 증서를 질권자에게 교부함으로써 효력이 생긴다고 규정하고 있다. 여기에서 말하는 '채권증서'는 채권의 존재를 증명하기 위하여 채권자에게 제공된 문서로서 특정한 이름이나 형식을 따라야 하는 것은 아니지만, 장차 변제 등으로 채권이 소멸하는 경우에

다」 부분)은 신용카드업자 외의 자가 '신용카드에 의한 거래로 생긴 채권'을 양수하는 행위를 금지하는 것이고, 양수행위의 상대방이 신용카드가맹점으로 제한된다고 해석할 것은 아니다(대법원 2016. 7. 22. 선고 2016도5399 판결).

147) 본장 Ⅱ. (5) 담보부채권에 대한 질권 등 전(轉) 담보 부분을 참조

는 민법 제475조에 따라 채무자가 채권자에게 그 반환을 청구할 수 있는 것이어야 한다. 이에 비추어 임대차계약서와 같이 계약 당사자 쌍방의 권리의무관계의 내용을 정한 서면은 그 계약에 의한 권리의 존속을 표상하기 위한 것이라고 할 수는 없으므로 위 채권증서에 해당하지 않는다고 할 것이다.

원고는 주식회사 유비원(이하 '유비원'이라 한다)의 피고들에 대한 임대차보증금 반환채권에 관하여 유비원으로부터 질권을 설정받은 질권자로서 피고들을 상대로 임대차보증금의 반환을 구하였다. 이에 대하여 원심은, 임대차계약 시 유비원과 피고들이 작성한 이 사건 임대차계약서는 민법 제347조에서 말하는 채권증서에 해당하는데도, 원고는 유비원으로 하여금 피고들에게 질권설정계약 사실을 통지하게 하였을 뿐 위 임대차계약서를 교부받지 못하였으므로 결국 질권을 유효하게 취득하지 못하였다는 이유로 원고의 청구를 기각한 제1심의 판단을 그대로 유지하였다.

그러나 이러한 원심의 판단은 앞서 살펴본 법리에 비추어 수긍할 수 없다. 원심판결 이유에 의하더라도 이 사건 임대차계약서는 임대인과 임차인의 권리의무관계를 정한 약정서일 뿐이고, 그 밖에 증거와 기록을 살펴보아도 그것이 임대차보증금 반환채권의 존재를 증명하기 위하여 임대인이 임차인에게 제공한 문서라고 볼 만한 사정은 나타나지 않는다. 따라서 이 사건 임대차계약서는 민법 제347조에서 말하는 채권증서에 해당하지 않는다고 보아야 하므로, 원고가 질권설정자인 유비원으로부터 이 사건 임대차계약서를 교부받지 않았어도 임대차보증금 반환채권에 관한 질권설정의 효력에는 아무런 영향이 없다고 할 것이다. 원심판결에는 채권질권의 설정을 위하여 교부되어야 하는 채권증서의 의미에 관한 법리를 오해하여 판결에 영향을 미친 위법이 있다. 이 부분 상고이유의 주장은 이유 있다.

[판례 4-63] 대법원 2020. 4. 29. 선고 2016다235411 판결

가. 민법 제361조는 "저당권은 그 담보한 채권과 분리하여 타인에게 양도하거나 다른 채권의 담보로 하지 못한다."라고 정하고 있을 뿐 피담보채권을 저당권과 분리해서 양도하거나 다른 채권의 담보로 하지 못한다고 정하고 있지 않다. 채권담보라고 하는 저당권 제도의 목적에 비추어 특별한 사정이 없는 한 피담보채권의 처분에는 저당권의 처분도 당연히 포함된다고 볼 것이지만, 피담보채권의 처분이 있으면 언제나 저당권도 함께 처분된다고는 할 수 없다(대법원 1999. 2. 5. 선고 97다33997 판결, 대법원 2004. 4. 28. 선고 2003다61542 판결 등 참조).

따라서 저당권으로 담보된 채권에 질권을 설정한 경우 원칙적으로는 저당권이 피담보채권과 함께 질권의 목적이 된다고 보는 것이 합리적이지만, 질권자와 질권설정자가 피담보채권만을 질권의 목적으로 하고 저당권은 질권의 목적으로 하지 않는 것도 가능하고 이는 저당권의 부종성에 반하지 않는다. 이는 저당권과 분리해서 피담보채권만을 양도한 경우 양도인이 채권을 상실하여 양도인 앞으로 된 저당권이 소멸하게 되는 것과 구별된다.

이와 마찬가지로 담보가 없는 채권에 질권을 설정한 다음 그 채권을 담보하기 위하여 저당권이 설정된 경우 원칙적으로는 저당권도 질권의 목적이 되지만, 질권자와 질권설정자가 피담보채권만을 질권의 목적으로 하였고 그 후 질권설정자가 질권자에게 제공하려는 의사 없이 저당권을 설정받는 등 특별한 사정이 있는 경우에는 저당권은 질권의 목적이 되지 않는다. 이때 저당권은 저당권자인 질권설정자를 위해 존재하며, 질권자의 채권이 변제되거나 질권설정계약이 해지되는 등의 사유로 질권이 소멸한 경우 저당권자는 자신의 채권을 변제받기 위해서 저당권을 실행할 수 있다.

나. 한편, 민법 제348조는 저당권으로 담보한 채권을 질권의 목적으로 한 때에는 그 저당권설정등기에 질권의 부기등기를 하여야 그 효력이 저당권에 미친다고 정한다. 저당권에 의하여 담보된 채권에 질권을 설정하였을 때 저당권의 부종성으로 인하여 등기 없이 성립하는 권리질권이 당연히 저당권에도 효력이 미친다고 한다면, 공시의 원칙에 어긋나고 그 저당권에 의하여 담보된 채권을 양수하거나 압류한 사람, 저당부동산을 취득한 제3자 등에게 예측할 수 없는 질권의 부담을 줄 수 있어 거래의 안전을 해할 수 있다. 이에 따라 민법 제348조는 저당권설정등기에 질권의 부기등기를 한 때에만 질권의 효력이 저당권에 미치도록 한 것이다. 이는 민법 제186조에서 정하는 물권변동에 해당한다. 이러한 민법 제348조의 입법 취지에 비추어 보면, '담보가 없는 채권에 질권을 설정한 다음 그 채권을 담보하기 위해서 저당권을 설정한 경우'에도 '저당권으로 담보한 채권에 질권을 설정한 경우'와 달리 볼 이유가 없다.

또한 앞서 살펴본 바와 같이 담보가 없는 채권에 질권을 설정한 다음 그 채권을 담보하기 위해 저당권을 설정한 경우에, 당사자 간 약정 등 특별한 사정이 있는 때에는 저당권이 질권의 목적이 되지 않을 수 있으므로, 질권의 효력이 저당권에 미치기 위해서는 질권의 부기등기를 하도록 함으로써 이를 공시할 필요가 있다.

따라서 담보가 없는 채권에 질권을 설정한 다음 그 채권을 담보하기 위해 저당권이 설정되었더라도, 민법 제348조가 유추적용되어 저당권설정등기에 질권의 부기등기를 하지 않으면 질권의 효력이 저당권에 미친다고 볼 수 없다.

다. 원심판결 이유와 원심이 적법하게 채택하여 조사한 증거에 따르면 다음 사실을 알 수 있다.

(1) 주식회사 토피아 도봉어학원(이하 '토피아도봉어학원'이라고 한다)은 2009. 4. 27. 소외인으로부터 이 사건 건물을 임대차보증금 18억 원, 임대차기간 2009. 4. 27.부터 2011. 4. 26.까지 2년으로 정하여 임차하고, 소외인에게 임대차보증금 18억 원을 지급하였다(이하 '이 사건 임대차보증금'이라고 한다).

(2) 토피아도봉어학원은 2009. 10. 29. 모회사인 주식회사 에듀언스가 원고에 대해 부담하는 사채금반환채무 30억 원을 담보하기 위하여 이 사건 임대차보증금 반환채

권을 담보로 제공하여, 원고와 사이에 위 임대차보증금 반환채권에 관하여 담보한 도액을 36억 원으로 하는 근질권설정계약을 체결하였다.

(3) 토피아도봉어학원은 2012. 3. 21. 이 사건 임대차보증금 반환채권을 담보하기 위하여 소외인 소유의 이 사건 건물과 부지에 관하여 채권최고액 24억 5,000만 원, 채무자 소외인, 근저당권자 토피아도봉어학원으로 된 근저당권을 설정받았다(이하 '이 사건 근저당권'이라고 한다).

(4) 소외인은 피고와 협의이혼 후 2012. 7. 6. 피고에게 재산분할을 원인으로 이 사건 건물의 소유권을 이전하였다.

(5) 토피아도봉어학원과 피고는 2012. 12. 27. 해지를 원인으로 이 사건 근저당권설정등기를 말소하였다.

(6) 토피아도봉어학원과 소외인 사이의 임대차계약 시 저당권설정에 관한 내용은 없었다. 원고와 토피아도봉어학원의 근질권설정계약 시 소외인에 대한 확정일자부 통지 또는 승낙을 받아줄 의무, 임대차계약상 제반 권리의 양도・담보제공 금지, 임대차계약의 갱신 또는 재계약체결 금지 등 질권설정자의 의무나 질권의 실행 조건, 실행 방법에 관하여 상세히 규정하였음에도 저당권에 관한 내용은 전혀 없었다. 토피아도봉어학원의 실질적 경영자이자 임대차보증금 반환채무의 채무자인 소외인은 '원고를 위해 이 사건 근저당권을 설정한 것이 아니고 회계감사 등을 위하여 설정하였고 피고에게 재산분할을 해준 뒤 기존 선순위 근저당권이 실행될 위기에 처하자 피고가 이 사건 건물을 담보로 새로 대출을 받기 위해서 이 사건 근저당권을 말소하였다'는 취지로 증언하였다.

라. 이러한 사실관계를 앞서 살펴본 법리에 비추어 살펴보면, 질권자인 원고와 질권설정자인 토피아도봉어학원이 이 사건 임대차보증금 반환채권만을 질권의 목적으로 하고 질권설정자가 질권자에게 제공하려는 의사 없이 이 사건 근저당권을 설정받는 등 저당권이 질권의 목적이 되지 않는 특별한 사정이 있는 경우에 해당한다고 볼 여지가 있다. 또한 원고는 이 사건 근저당권설정등기에 관하여 질권의 부기등기를 마치지 않았으므로 이 점에서도 원고의 질권의 효력이 이 사건 근저당권에 미친다고 할 수 없다.

마. 그럼에도 원심은, 채권에 질권을 설정한 후 그 채권을 담보하기 위하여 저당권이 설정된 때에는 당사자 사이에 저당권에 질권을 설정하기로 하는 합의에 의한 것이 아니라 저당권의 부종성 원칙에 따라 당연히 질권의 효력이 저당권에 미친다는 전제하에, 이러한 경우 민법 제348조가 유추적용되지 않아 원고가 질권의 부기등기를 하지 않았더라도 당연히 원고의 근질권의 효력이 이 사건 근저당권에 미친다고 보았다. 그에 따라 토피아도봉어학원과 피고가 근질권자인 원고의 동의 없이 이 사건 근저당권설정등기를 말소한 것은 원고의 근질권을 침해하는 것이어서 원고는 그 방해배제청구로서 부적법하게 말소된 이 사건 근저당권설정등기의 회복등기절차의 이행을 구할 수 있다고 판단하였다.

이러한 원심의 판단에는 질권이 설정된 채권을 담보하기 위하여 저당권이 설정된 경우 그 저당권에 질권의 효력이 미치기 위한 요건에 관한 법리를 오해하고 필요한 심리를 다하지 않아 판결에 영향을 미친 잘못이 있다. 이를 지적하는 피고의 상고이유 주장은 이유 있다.

다만, 임대차보증금반환채권은 임차인의 차임 연체 시 연체차임이 임대차보증금에서 당연 공제될 수 있고, 임대차보증금은 연체차임 뿐만 아니라 추후 임대목적물의 반환 시까지의 일체의 손해 등을 담보하게 되므로 담보권자가 통제할 수 없는 사유에 의해 임대차보증금의 액(가치)이 무한정 감소될 수 있다는 점, 임대차종료 시 보증금 반환은 임대목적물 반환과 동시이행의 관계에 있으므로 임대목적물이 반환되지 않는 한 담보목적물인 임대차보증금의 회수 여부 및 그 시점이 무한정 지체될 수 있다는 점 등의 이유 때문에, 실무에서는 금융기관으로부터 그 담보가치를 평가받기 어려운 경우가 있는 것으로 보인다.

4) 전세금반환채권

전세금반환채권에 대한 담보설정이 가능한지 여부와 관련하여, 전세권이 존속하는 동안은 전세권을 존속시키기로 하면서 전세금반환채권만을 전세권과 분리하여 확정적으로 양도하는 것은 허용되지 않고, 다만 전세권 존속 중에는 장래에 그 전세권이 소멸하는 경우에 전세금반환채권이 발생하는 것을 조건으로 그 장래의 조건부 채권을 양도할 수 있다는 판례{대법원 2001다69122 판결([판례 4-64])}를 고려하여, 실무에서는 전세금반환채권에 대해서는 담보를 설정하지 않거나 전세권이 존속 중인 전세금반환채권을 전세권과 분리하여 담보로 제공하고자 하는 경우에는, 전세권이 소멸하는 것을 정지조건으로 하여, 즉 그 시점에 전세금반환채권 담보의 효력이 발생하는 조건으로 담보를 제공하고 있는 것으로 보인다.[148)]

그러나 전세금반환채권은 전세권저당권자에 의한 물상대위의 대상이 될 수 있어서 추후 전세금에 대하여 전세금반환채권의 담보권자와 전세권저당권자 사이의 우선순위가 문제될 수 있다. 따라서 실무에서는 가능하다면 민법상 그 요건과 효력이 명확하게 규정되어 있는 전세권저당권만을 또는 전세권저당권도 함께 설정하는 쪽이 더 안전할 것으로 생각된다.

148) 다만, 전세금반환채권의 양도에 관한 위 판례가 질권설정의 경우에도 그대로 적용될 수 있을지는 의문이 있다.

[판례 4-64] 대법원 2002. 8. 23. 선고 2001다69122 판결

전세권은 전세금을 지급하고 타인의 부동산을 그 용도에 따라 사용·수익하는 권리로서 전세금의 지급이 없으면 전세권은 성립하지 아니하는 등으로 전세금은 전세권과 분리될 수 없는 요소일 뿐 아니라, 전세권에 있어서는 그 설정행위에서 금지하지 아니하는 한 전세권자는 전세권 자체를 처분하여 전세금으로 지출한 자본을 회수할 수 있도록 되어 있으므로 전세권이 존속하는 동안은 전세권을 존속시키기로 하면서 전세금반환채권만을 전세권과 분리하여 확정적으로 양도하는 것은 허용되지 않는 것이며(대법원 1966. 6. 28. 선고 66다771 판결, 대법원 1966. 7. 5. 선고 66다850 판결 등 참조), 다만 전세권 존속 중에는 장래에 그 전세권이 소멸하는 경우에 전세금 반환채권이 발생하는 것을 조건으로 그 장래의 조건부 채권을 양도할 수 있을 뿐이라 할 것이다.

원심이 이 사건 건물에 대한 전세권의 존속기간은 1997. 3. 1.이나 피고들이 전세권의 존속기간 만료 전 6월부터 1월까지 사이에 소외 회사에 대하여 전세권의 갱신거절의 통지나 조건을 변경하지 아니하면 갱신하지 아니한다는 뜻의 통지를 하지 아니하였고, 한편 소외 회사도 전세권의 존속기간이 만료된 이후에도 계속하여 이 사건 건물을 점유·사용하여 옴에 따라 <u>이 사건 건물에 관한 전세권은 원래의 존속기간이 만료된 이후에도 묵시적으로 갱신되어 소외 회사가 피고들에게 이 사건 건물 중 일부를 명도한 1998. 6. 27.까지는 존속하고 있었다고 본 후 소외 회사가 1998. 3. 30. 소외인에게 전세금반환채권을 양도할 당시 피고들과 사이에 위의 전세권설정계약을 합의해지하였다거나 전세권을 소멸시키기로 합의하였다고 볼 아무런 증거가 없으므로 소외 회사가 전세권이 존속하는 동안에 전세권을 존속시키기로 하면서 전세금반환채권만을 전세권과 분리하여 양도한 것은 무효</u>라고 판단한 것은 위의 법리에 따른 것으로서 정당하고, 거기에 전세금반환채권의 분리양도에 관한 법리를 오해한 위법이 없다.

그리고 원고들이 상고이유서에서 내세우는 대법원 1997. 11. 25. 선고 97다29790 판결은 전세권이 존속하는 동안에 전세권자가 제3자와 사이에 전세권은 전세권자에게 그대로 존속시키기로 하면서 전세금반환채권만을 분리하여 제3자에게 확정적으로 양도하기로 특약을 한 경우 그 전세금반환채권의 양도는 유효하다는 취지로 판시한 것이라고 풀이될 수 없다.

[판례 4-65] 대법원 2018. 7. 20. 선고 2014다83937 판결

1. 전세권은 전세금을 지급하고 타인의 부동산을 그 용도에 따라 사용·수익하는 권리로서 전세금의 지급이 없으면 전세권은 성립하지 아니하는 등으로 전세금은 전세권과 분리될 수 없는 요소일 뿐 아니라 전세권에서는 그 설정행위에서 금지하지 아니하는 한 전세권자는 전세권 자체를 처분하여 전세금으로 지출한 자본을 회수할 수 있으므로,

전세권이 존속하는 동안은 전세권을 존속시키기로 하면서 전세금반환채권만을 전세권과 분리하여 확정적으로 양도하는 것은 허용되지 아니한다(대법원 2002. 8. 23. 선고 2001다69122 판결 등 참조).

한편, 임대인과 임차인이 임대차계약을 체결하면서 임차보증금을 전세금으로 하는 전세권설정등기를 경료한 경우 임차보증금은 전세금의 성질을 겸하게 되므로(대법원 2011. 3. 24. 선고 2010다95062 판결 등 참조), 앞서 본 법리는 임차보증금반환채권을 담보하기 위하여 설정된 전세권에 관하여도 그대로 적용된다.

2. 원심판결 이유와 기록에 의하면 다음과 같은 사실을 알 수 있다.

가. 소외 1은 2009. 8. 28. 소외 2 등으로부터 그들 소유의 이 사건 건물을 임차보증금 10억 원, 차임 월 4,200만 원, 기간 2009. 10. 10.부터 5년간으로 정하여 임차하기로 하는 이 사건 임대차계약을 체결하였다.

나. 소외 1과 소외 2 등은 이 사건 임대차계약을 체결하면서 소외 1의 임차보증금반환채권을 담보하기 위하여 이 사건 건물에 전세권을 설정하기로 약정하였고, 소외 1은 2009. 10. 16. 이 사건 건물에 관하여 전세금 10억 원, 존속기간 2009. 10. 10.부터 2014. 10. 9.까지로 된 전세권설정등기를 마쳤다(이하 '이 사건 전세권'이라 한다).

다. 소외 1은 2009. 12. 11. 피고로부터 8억 원을 대출받았는데, 당시 피고는 이 사건 전세권이 설정된 사실을 알면서도 소외 1로부터 이 사건 임대차계약에 기한 임차보증금반환채권을 양도받았고(이하 '이 사건 채권양도'라 한다), 소외 2 등은 같은 날 확정일자 있는 승낙서에 의하여 이의를 보류하지 아니하고 승낙하였으나, 피고는 이 사건 전세권을 이전받는 등의 조치를 취하지 아니하였다.

라. 소외 1은 이 사건 전세권에 관하여, 2011. 3. 4. 소외 3에게 채권최고액 6억 원의 전세권근저당권설정등기를, 2011. 3. 11. 소외 4에게 채권최고액 4억 원의 전세권근저당권설정등기를 각 마쳐주었고, 이후 이 사건 전세권에 관련하여 소외 1의 채권자들에 의하여 여러 건의 전세권부채권가압류, 전세권압류 등이 이루어졌으며, 소외 3은 2011. 6. 28. 원고에게 자신의 전세권근저당권설정등기를 이전하여 주었다.

3. 이러한 사실관계를 앞서 본 법리에 비추어 살펴보면, 소외 1과 소외 2 등은 이 사건 임대차계약에 따른 임차보증금반환채권을 담보하기 위하여 이 사건 전세권을 설정하였고, 피고는 이 사건 전세권이 설정된 사실을 알면서도 소외 1로부터 임차보증금반환채권만을 이 사건 전세권과 분리하여 확정적으로 양도받았다고 할 것이므로, 소외 1과 소외 2 등 사이에 이 사건 전세권을 소멸시키기로 합의하였다는 등의 특별한 사정이 없는 이상 이 사건 채권양도는 무효라고 할 것이다.

그럼에도 원심은 이 사건 채권양도로 인하여 이 사건 전세권은 피담보채권의 처분에 따르지 아니한 담보물권이 되어 소멸하게 된다는 등 그 판시와 같은 이유로 이 사건 채권양도가 무효라는 원고의 주장을 배척하였다. 이러한 원심판결에는 임차보증금반환채권을 담보하기 위하여 설정된 전세권에서 전세권과 분리한 임차보증금반환채권양도의 효력에 관한 법리를 오해하여 판결 결과에 영향을 미친 위법이 있다. 이 점을 지적하는 상고이유 주장은 이유 있다.

한편, 임대차보증금반환채권을 보전하기 위해 전세권등기를 경료하는 경우에는 당해 전세권 등기의 유효성(통정허위표시 여부) 및 제3자와의 관계에서의 효력 범위(임대차보증금과 전세금의 효력 범위의 차이) 등에 관한 분쟁이 발생할 수 있는바, 이에 대해서는 아래의 판례를 참고하기 바란다.

[판례 4-66] 대법원 2021. 12. 30. 선고 2018다40235(본소), 2018다40242(반소) 판결

1. 사안 개요

원심판결 이유와 기록에 따르면 다음 사실을 알 수 있다.

가. 피고 주식회사 코레스코(이하 '피고 코레스코'라 한다)는 1992. 7. 13. 강원 고성군 (주소 생략) 등에 있는 집합건물인 '○○리조트 휴양콘도미니엄'(이하 '○○리조트'라 한다) 중 (호수 생략)인 이 사건 식당에 관하여 소유권보존등기를 하였다.
피고(반소원고, 이하 '피고'라 한다) 1은 2015. 7. 8. 강제경매 절차에서 이 사건 식당을 매수하고 2015. 7. 9. 소유권이전등기를 하였다. 피고 주식회사 이스턴월드는 피고 코레스코로부터 ○○리조트의 관리를 위임받아 위탁관리를 하는 회사이다.

나. 피고 코레스코는 1997. 12. 1. 이 사건 식당에 관하여 소외 1 앞으로 전세금 2억 원, 존속기간 1999. 11. 30.까지인 이 사건 전세권설정등기를 하였다. 이후 이 사건 전세권은 존속기간이 2004. 12. 1.까지, 전세금이 2억 7,500만 원으로 변경되었고, 2003. 11. 27. 소외 2 앞으로, 2006. 12. 20. 소외 3 앞으로 이전되었다.
원고(반소피고, 이하 '원고'라 한다)는 2007. 3. 26. 소외 3 등의 연대보증 아래 피고 코레스코에 2억 원을 변제기 2009. 3. 25.로 정하여 대여하였다. 원고는 대여하기 전인 2007. 3. 22. 소외 3, 피고 코레스코와 '피고 코레스코가 원고에게 변제기까지 대여금원을 변제하지 않을 경우 소외 3이 가지고 있는 이 사건 식당 전세권(1억 6,000만 원)에 관한 권리를 양도한다.'는 내용의 채권양도계약을 체결하고, 소외 3은 채권양도 사실을 피고 코레스코에 통지하였다.
원고는 피고 코레스코가 대여금을 변제하지 않자 소외 3을 상대로 이 사건 전세권의 이전을 청구하는 소를 제기하였다. 제1심 법원은 2012. 9. 13. '소외 3은 원고에게 이 사건 전세권에 대하여 2007. 3. 22. 양도를 원인으로 한 전세권이전등기절차를 이행하라.'는 판결을 선고하였고(춘천지방법원 속초지원 2012가단2271), 그 무렵 위 판결은 그대로 확정되었다. 원고는 피고 1이 강제경매 절차에서 이 사건 식당을 매수할 무렵인

2015. 6. 18. 이 사건 전세권 이전의 부기등기를 하였다.

원고는 2015. 7. 17. 피고들을 상대로 이 사건 식당에 대하여 원고의 점유・사용을 방해하는 행위의 금지를 청구하는 가처분 신청을 하였다. 제1심 법원은 2015. 10. 14. 가처분 신청을 기각하였는데, 그 이유는 이 사건 전세권이 통상의 전세권과 같이 사용・수익권을 포함하고 있다고 보기 어렵다는 것이다(춘천지방법원 속초지원 2015카합29). 위 결정은 항고와 재항고가 모두 기각되어 그대로 확정되었다.

다. 원고는 이 사건 식당의 전세권자로서 피고들이 식당에서 퇴거하고 피고 1이 식당을 인도할 것을 청구하는 이 사건 소를 제기하였다. 피고 1은 원고를 상대로 이 사건 전세권설정등기가 무효라는 이유로 그 말소를 청구하는 반소를 제기하였다.

라. 쟁점은 전세권자의 사용・수익을 배제하고 채권 담보만을 목적으로 설정한 전세권이 유효한지 여부이다.

2. 사용・수익을 배제한 채권 담보 전세권의 효력

가. 민법 제185조는 "물권은 법률 또는 관습법에 의하는 외에는 임의로 창설하지 못한다."라고 정하여 물권법정주의를 선언하고 있다. 물권법의 강행법규성에 따라 법률과 관습법이 인정하지 않는 새로운 종류나 내용의 물권을 창설하는 것은 허용되지 않는다(대법원 2002. 2. 26. 선고 2001다64165 판결 참조).

전세권자는 전세금을 지급하고 타인의 부동산을 점유하여 그 부동산의 용도에 좇아 사용・수익하며, 그 부동산 전부에 대하여 후순위권리자 기타 채권자보다 전세금의 우선변제를 받을 권리가 있다(민법 제303조 제1항).

전세권설정계약의 당사자가 주로 채권 담보 목적으로 전세권을 설정하고 설정과 동시에 목적물을 인도하지 않는다고 하더라도 장차 전세권자가 목적물을 사용・수익하는 것을 배제하지 않는다면, 전세권의 효력을 부인할 수는 없다(대법원 1995. 2. 10. 선고 94다18508 판결 참조). 그러나 전세권 설정의 동기와 경위, 전세권 설정으로 달성하려는 목적, 채권의 발생 원인과 목적물의 관계, 전세권자의 사용・수익 여부와 그 가능성, 당사자의 진정한 의사 등에 비추어 전세권설정계약의 당사자가 전세권의 핵심인 사용・수익 권능을 배제하고 채권 담보만을 위해 전세권을 설정하였다면, 법률이 정하지 않은 새로운 내용의 전세권을 창설하는 것으로서 물권법정주의에 반하여 허용되지 않고 이러한 전세권설정등기는 무효라고 보아야 한다.

나. 원심은 다음과 같은 이유로 이 사건 전세권설정등기가 무효라고 보아 원고의 본소 청구를 배척하고 피고 1의 반소 청구를 인용하였다.

피고 코레스코는 이 사건 식당이 아니라 강원 횡성군에 있는 '△△코레스코 내 한식당'을 임차하여 운영하던 소외 1에게 임대차보증금반환채권을 담보할 목적으로 이 사건 전세권을 설정하였다. 이후 소외 2가 소외 1로부터 위 한식당의 운영권을 이전받으면서 이 사건 전세권을 이전받았으나, 소외 1과 소외 2가 이 사건 식당을 운영하거나 점유하지 않았다.

이후 피고 코레스코의 직원인 소외 3은 이 사건 전세권을 이전받았으나 피고 코레스코와 이 사건 식당에 관하여 형식적인 임대차계약서를 작성한 채 사용·수익에 관여하지 않았고, 피고 코레스코가 직접 식당을 운영하였다.

이와 같이 피고 코레스코는 1990년대 중반부터 ○○리조트 전체의 영업을 중단한 2013. 12.경까지 이 사건 식당을 제3자에게 임대하거나 직접 운영하는 등으로 이 사건 식당을 계속해서 관리하였다.

원고도 피고 코레스코에 대한 대여금채권을 담보할 목적으로 피고 코레스코, 소외 3과 이 사건 전세권을 이전받는 계약을 체결하였다. 이후 원고는 2012. 9. 13. 원고 앞으로 이 사건 전세권의 이전을 명하는 판결을 선고받았으나, 2015. 6. 18.에야 전세권이전등기를 하면서 비로소 사용·수익권을 주장하였다.

결국 이 사건 전세권은 전세권자가 목적물인 이 사건 식당을 사용·수익하는 것을 배제하고 채권 담보만을 목적으로 설정된 것이므로, 이 사건 전세권설정등기는 무효이다.

다. 원심판결 이유를 위에서 본 법리와 기록에 비추어 살펴보면, 원심이 전세권자의 사용·수익권을 배제하고 채권 담보만을 위해 설정된 전세권설정등기가 무효라고 판단한 것은 정당하다. 원심판결에 상고이유 주장과 같이 필요한 심리를 다하지 않고 논리와 경험의 법칙에 반하여 자유심증주의의 한계를 벗어나거나 전세권과 석명의무에 관한 법리를 오해한 잘못이 없다.

[판례 4-67] 대법원 2021. 12. 30. 선고 2020다257999 판결

1. 임대차보증금반환채권 담보 목적의 전세권에 관한 법리

가. 전세권이 용익물권적 성격과 담보물권적 성격을 모두 갖추고 있고, 목적물의 인도는 전세권의 성립요건이 아닌 점 등에 비추어 볼 때, 당사자가 주로 채권담보의 목적으로 전세권을 설정하였고, 그 설정과 동시에 목적물을 인도하지 않은 경우라 하더라도, 장차 전세권자가 목적물을 사용·수익하는 것을 완전히 배제하는 것이 아니라면 그 전세권의 효력을 부인할 수는 없다. 전세금의 지급은 전세권 성립의 요소가 되는 것이지만 그렇다고 하여 전세금의 지급이 반드시 현실적으로 수수되어야만 하는 것은 아니고 기존의 채권으로 전세금의 지급을 갈음할 수도 있다(대법원 1995. 2. 10. 선고 94다18508 판결 등 참조).

임대차계약에 따른 임대차보증금반환채권을 담보할 목적으로 임차인과 임대인 사이의 합의에 따라 임차인 명의로 전세권설정등기를 마친 경우, 전세금의 지급은 임대차보증금반환채권으로 갈음한 것이고 장차 전세권자가 목적물을 사용·수익하는 것을 완전히 배제하는 것도 아니므로 전세권설정등기는 유효하다.

나. 임대차보증금은 임대차계약이 종료된 후 임차인이 목적물을 인도할 때까지 발생하는

차임과 그 밖의 채무를 담보한다(대법원 2005. 9. 28. 선고 2005다8323, 8330 판결 등 참조). 임대인과 임차인이 위와 같이 임대차보증금반환채권을 담보할 목적으로 전세권을 설정하기 위해 전세권설정계약을 체결하였다면, 임대차보증금에서 연체차임 등을 공제하고 남은 돈을 전세금으로 하는 것이 임대인과 임차인의 합치된 의사라고 볼 수 있다. 그러나 전세권설정계약은 외관상으로는 그 내용에 차임지급 약정이 존재하지 않고 이에 따라 전세금에서 연체차임이 공제되지 않는 등 임대인과 임차인의 진의와 일치하지 않는 부분이 존재한다. 따라서 전세권설정계약은 위와 같이 임대차계약과 양립할 수 없는 범위에서 통정허위표시에 해당하여 무효라고 봄이 타당하다. 다만, 전세권설정계약에 따라 형성된 법률관계에 기초하여 새로이 법률상 이해관계를 가지게 된 제3자에 대해서는 그 제3자가 그와 같은 사정을 알고 있었던 경우에만 무효를 주장할 수 있다(대법원 2008. 3. 13. 선고 2006다29372, 29389 판결, 대법원 2013. 2. 15. 선고 2012다49292 판결 등 참조). 따라서 임대차계약에 따른 임차보증금반환채권을 담보할 목적으로 전세권설정등기를 마친 경우 임대차계약에 따른 연체차임 공제는 전세권설정계약과 양립할 수 없으므로, 전세권설정자는 선의의 제3자에 대해서는 연체차임 공제 주장으로 대항할 수 없다.

여기에서 선의의 제3자가 보호될 수 있는 법률상 이해관계는 전세권설정계약의 당사자를 상대로 하여 직접 법률상 이해관계를 가지는 경우 외에도 법률상 이해관계를 바탕으로 하여 다시 위 전세권설정계약에 의하여 형성된 법률관계와 새로이 법률상 이해관계를 가지게 되는 경우도 포함된다(대법원 2013. 2. 15. 선고 2012다49292 판결 참조).

2. 사실관계

원심판결 이유와 기록에 따르면 다음 사실을 알 수 있다.

가. 원고는 2012. 5. 21. 제1심 공동피고 주식회사 하이필마트(이하 '하이필마트'라 한다)에 원심판결 별지 목록 기재 건물(이하 '이 사건 점포'라 한다)을 임대차보증금 3억 원, 임대차기간 2012. 5. 25.부터 2019. 5. 24.까지, 차임 월 1,500만 원(다만, 2014. 5. 25.부터는 월 1,650만 원)으로 정하여 임대하는 내용의 임대차계약을 체결하면서(이하 '이 사건 임대차계약'이라 한다), 하이필마트 앞으로 전세권설정등기를 하기로 약정하였다.

나. 하이필마트는 2015. 4. 9. 제1심 공동피고 2로부터 1억 원을 차용하면서 그 담보로 이 사건 점포의 전세권에 관하여 근저당권을 설정해 주기로 하였다. 하이필마트는 2015. 5. 4. 이 사건 점포에 관하여 전세권자 하이필마트, 전세금 3억 원으로 한 전세권설정등기(이하 '이 사건 전세권설정등기'라 한다)를 한 직후 제1심 공동피고 2에게 이 사건 전세권에 관하여 채권최고액 1억 원의 근저당권설정등기를 해주었다.

다. 하이필마트는 2017. 4. 25.부터 원고에게 이 사건 임대차계약에 따른 차임을 연체하였고, 원고는 2018. 4. 25.경 하이필마트에 차임 연체를 이유로 이 사건 임대차계약을 해지한다고 통지하였다.

라. 피고 대구광역시 수성구는 2018. 5. 2. 제1심 공동피고 2에 대한 지방소득세 채권에 기초하여 제1심 공동피고 2의 하이필마트에 대한 전세권근저당권부채권을 압류하고, 2018. 5. 3. 압류등기를 마쳤다. 또한 피고 대한민국은 2018. 6. 22. 제1심 공동피고 2에 대한 양도소득세 채권에 기초하여 전세권근저당권부채권을 압류하고, 2018. 6. 25. 압류등기를 마쳤다.

마. 원고는 이 사건 전세금이 이 사건 임대차계약에 따른 연체차임 공제로 모두 소멸하였다는 이유로 피고들을 상대로 이 사건 전세권설정등기의 말소에 대하여 승낙의 의사표시를 구하는 이 사건 소를 제기하였다.

3. 원심판단의 당부

가. 원심은 다음과 같은 이유로 원고의 이 사건 청구를 배척하였다.
피고들은 이 사건 전세권설정등기의 외형을 바탕으로 제1심 공동피고 2의 전세권근저당권부채권을 압류함으로써 이 사건 전세권에 대하여 새로이 법률상 이해관계를 가지게 되었다. 피고들이 이 사건 전세권설정등기가 이 사건 임대차계약에 따른 임대차보증금반환채권을 담보할 목적으로 되었음을 알고 있었다는 사실을 인정할 증거가 없다. 따라서 원고는 피고들에 대하여 이 사건 임대차계약에 따른 연체차임 공제를 주장할 수 없다.

나. 원심판결 이유를 기록에 비추어 살펴보면, 원심판결은 위에서 본 법리에 기초한 것으로 정당하다. 원심판결에 상고이유 주장과 같이 임대차계약에 따른 임대차보증금반환채권을 담보하기 위한 전세권설정계약에 관한 법리를 오해하거나 논리와 경험의 법칙에 반하여 자유심증주의의 한계를 벗어난 잘못이 없다.

[판례 4-68] 대법원 2021. 12. 30. 선고 2018다268538 판결

1. 사실관계

원심판결 이유와 기록에 의하면 다음 사실을 알 수 있다.

가. 원고는 2014. 5. 19. 소외인에게 부산 해운대구 (동호수 생략)(이하 '이 사건 상가'라고 한다)를 임대차보증금 1억 원, 임대차기간 2014. 6. 19.부터 2016. 6. 18.까지, 차임 월 500만 원으로 정하여 임대하는 계약(이하 '이 사건 임대차계약'이라고 한다)을 체결하면서, 소외인 앞으로 전세권설정등기를 마치기로 약정하였다.

나. 소외인은 이 사건 임대차계약에 따라 임대차보증금으로 2014. 5. 19. 1,000만 원, 2014. 6. 19. 9,000만 원, 합계 1억 원을 원고에게 지급하였다.

다. 소외인은 2014. 11. 26. 이 사건 상가에 관하여 전세권자 소외인, 전세금 1억 원, 존속기간 2014. 6. 19.부터 2016. 6. 18.까지로 한 전세권설정등기(이하 '이 사건 전세권설정등기'라고 하고, 그 전세권을 '이 사건 전세권'이라고 한다)를 마침과 동시에 피고에게 이 사건 전세권에 관하여 채권최고액 1억 원의 근저당권설정등기(이하 그 근저당권을 '이 사건 근저당권'이라고 한다)를 마쳐주었다.

라. 원고는 2015. 9. 18. 소외인을 상대로 소외인의 차임 연체에 따라 이 사건 임대차계약을 해지하였다는 이유로 이 사건 상가의 인도를 구하는 소를 제기하였다(부산지방법원 2015가단66515). 위 소송계속 중인 2015. 12. 21. 소외인에 대하여 파산이 선고되었다(부산지방법원 2015하단100082).

마. 피고는 2016. 2. 17. 소외인의 원고에 대한 전세금반환채권 1억 원에 대하여 물상대위에 의한 채권압류 및 추심명령을 받았고(부산지방법원 2016타채50769), 위 명령은 2016. 2. 23. 원고에게 송달되었다.

바. 원고는 2016. 5.경 소외인의 파산관재인과, 이 사건 전세권설정등기를 말소하고, 이 사건 상가는 원고에게 인도된 것으로 간주한다는 취지의 합의를 하였고, 소외인의 파산관재인은 2016. 6. 7. 위 합의에 대하여 파산법원의 허가를 받았다.

2. 원심의 판단

원심은, 원고와 소외인이 이 사건 전세권설정등기를 마치기 위하여 체결한 전세권설정계약(이하 '이 사건 전세권설정계약'이라고 한다)은 통정허위표시로서 무효이고, 피고는 이 사건 근저당권 설정 당시 이 사건 전세권설정계약이 통정허위표시임을 알고 있었으므로, 원고는 피고에게 그 무효를 주장할 수 있다는 이유로, 피고는 이 사건 전세권설정등기의 말소에 대하여 승낙의 의사표시를 할 의무가 있다고 판단하였다.

3. 대법원의 판단

가. 원심판결 이유를 기록에 비추어 살펴보면, 원심 판단 중 피고가 이 사건 근저당권 설정 당시 이 사건 전세권이 이 사건 임대차계약에 따른 임대차보증금반환채권을 담보하기 위하여 마쳐진 것임을 알고 있었다는 부분에 상고이유 주장과 같이 논리와 경험의 법칙을 위반하여 자유심증주의의 한계를 벗어난 잘못이 없다.

나. 그러나 원심 판단 중 이 사건 전세권설정계약이 통정허위표시로서 무효라는 부분은 다음과 같은 이유로 그대로 수긍하기 어렵다.

1) 가) 전세권이 용익물권적 성격과 담보물권적 성격을 모두 갖추고 있고, 목적물의 인도는 전세권의 성립요건이 아닌 점 등에 비추어 볼 때, 당사자가 주로 채권담보의 목적으로 전세권을 설정하였고, 그 설정과 동시에 목적물을 인도하지 아니한 경우라 하더라도, 장차 전세권자가 목적물을 사용·수익하는 것을 완전히 배제하는 것이 아니라면 그 전세권의 효력을 부인할 수는 없다. 전세금의 지급은 전세권 성립의 요소가 되는 것이지만 그렇다고 하여 전세금의 지급이 반드시 현실적으로 수수되어야만 하는 것은 아니고 기존의 채권으로 전세금 지급을 대신할 수도 있다(대법원 1995. 2. 10. 선고 94다18508 판결 등 참조).

나) 임대차계약에 따른 임대차보증금반환채권을 담보할 목적으로 임대인과 임차

인 사이의 합의에 따라 임차인 명의로 전세권설정등기를 마친 경우, 그 전세금의 지급은 이미 지급한 임대차보증금으로 대신한 것이고, 장차 전세권자가 목적물을 사용·수익하는 것을 완전히 배제하는 것도 아니므로, 그 전세권설정등기는 유효하다. 이때 임대인과 임차인이 그와 같은 전세권설정등기를 마치기 위하여 전세권설정계약을 체결하여도, 임대차보증금은 임대차계약이 종료된 후 임차인이 목적물을 인도할 때까지 발생하는 차임 및 기타 임차인의 채무를 담보하는 것이므로(대법원 2005. 9. 28. 선고 2005다8323, 8330 판결 등 참조), 임대인과 임차인이 위와 같이 임대차보증금반환채권을 담보할 목적으로 전세권을 설정하기 위하여 전세권설정계약을 체결하였다면, 임대차보증금에서 연체차임 등을 공제하고 남은 돈을 전세금으로 하는 것이 임대인과 임차인의 합치된 의사라고 볼 수 있다. 그러나 그 전세권설정계약은 외관상으로는 그 내용에 차임지급 약정이 존재하지 않고 이에 따라 전세금이 연체차임으로 공제되지 않는 등 임대인과 임차인의 진의와 일치하지 않는 부분이 존재한다. 따라서 그러한 전세권설정계약은 위와 같이 임대차계약과 양립할 수 없는 범위에서 통정허위표시에 해당하여 무효라고 봄이 타당하다. 다만, 그러한 전세권설정계약에 의하여 형성된 법률관계에 기초하여 새로이 법률상 이해관계를 가지게 된 제3자에 대하여는 그 제3자가 그와 같은 사정을 알고 있었던 경우에만 그 무효를 주장할 수 있다(대법원 2008. 3. 13. 선고 2006다29372, 29389 판결, 대법원 2013. 2. 15. 선고 2012다49292 판결 등 참조).

다) 전세권을 목적으로 한 저당권이 설정된 경우, 전세권의 존속기간이 만료되면 전세권의 용익물권적 권능이 소멸하기 때문에 더 이상 전세권 자체에 대하여 저당권을 실행할 수 없게 되고, 저당권자는 저당권의 목적물인 전세권에 갈음하여 존속하는 것으로 볼 수 있는 전세금반환채권에 대하여 압류 및 추심명령 또는 전부명령을 받거나 제3자가 전세금반환채권에 대하여 실시한 강제집행절차에서 배당요구를 하는 등의 방법으로 물상대위권을 행사하여 전세금의 지급을 구하여야 한다(대법원 2014. 10. 27. 선고 2013다91672 판결 참조). 전세권저당권자가 물상대위권을 행사하여 전세금반환채권에 대하여 압류 및 추심명령 또는 전부명령을 받고 이에 기하여 추심금 또는 전부금을 청구하는 경우 제3채무자인 전세권설정자는 일반적 채권집행의 법리에 따라 압류 및 추심명령 또는 전부명령이 송달된 때를 기준으로 하여 그 이전에 채무자와 사이에 발생한 모든 항변사유로 압류채권자에게 대항할 수 있다(대법원 2004. 6. 25. 선고 2003다46260, 53879 판결 참조). 다만, 임대차계약에 따른 임대차보증금반환채권을 담보할 목적으로 유효한 전세권설정등기가 마쳐진 경우에는 전세권저당권자가 저당권설정 당시 그 전세권설정등기가 임대차보증금반환채권을 담보할 목적으로 마쳐진 것임을 알고 있었다면, 제3채무자인 전세권설정자는 전세권저당권자에게

그 전세권설정계약이 임대차계약과 양립할 수 없는 범위에서 무효임을 주장할 수 있으므로, 그 임대차계약에 따른 연체차임 등의 공제 주장으로 대항할 수 있다.

2) 앞서 본 사실관계를 위 법리에 비추어 살펴보면, 다음과 같이 판단할 수 있다. 원고와 소외인이 이 사건 전세권설정등기를 마치기 위해 체결한 이 사건 전세권설정계약은 전세금이 연체차임으로 공제되지 않는 등 이 사건 임대차계약과 양립할 수 없는 범위에서 통정허위표시에 해당하여 무효이나, 이 사건 전세권설정등기는 이 사건 임대차계약에 따른 소외인의 임대차보증금반환채권을 담보할 목적으로 마쳐진 것으로서 유효하다. 다만, 피고는 이 사건 근저당권 설정 당시 이 사건 전세권설정등기가 이 사건 임대차보증금반환채권을 담보할 목적으로 마쳐진 것임을 알고 있었으므로, 피고가 물상대위권을 행사하여 전세금반환채권에 대하여 압류 및 추심명령을 받고 이에 기하여 원고에게 추심금을 청구하는 데 대하여 원고는 이 사건 임대차계약에 따른 연체차임 등의 공제 주장으로 대항할 수 있을 뿐이다. 따라서 이 사건 전세권설정등기는 이 사건 임대차보증금 중 소외인의 연체차임 등을 공제한 나머지를 담보하는 범위에서 여전히 유효하므로, 피고는 원고로부터 그 나머지 임대차보증금 상당액을 지급받을 때까지 이 사건 전세권설정등기의 말소를 저지할 이익이 있다.

3) 그렇다면 원심으로서는 이 사건 임대차보증금에서 공제되는 소외인의 연체차임 등의 존재 여부와 그 범위를 심리하여 이 사건 전세권설정등기가 그 나머지 임대차보증금을 담보하는 범위에서 유효한지 여부 등을 판단하였어야 함에도 그 판시와 같은 이유만으로 이 사건 전세권설정계약 전부가 통정허위표시로서 무효이고, 나아가 피고에게 이 사건 전세권설정등기의 말소에 대하여 승낙의 의사표시를 할 의무가 있다고 판단하였다. 위와 같은 원심의 판단에는 임대차보증금반환채권을 담보할 목적으로 마친 전세권설정등기의 효력과 통정허위표시 등에 관한 법리를 오해하고 필요한 심리를 다하지 아니함으로써 판결에 영향을 미친 잘못이 있다. 이를 지적하는 상고이유 주장은 이유 있다.

[판례 4-69] 대법원 2008. 3. 13. 선고 2006다29372, 29389 판결

실제로는 전세권설정계약이 없으면서도 임대차계약에 기한 임차보증금 반환채권을 담보할 목적으로 임차인과 임대인 사이의 합의에 따라 임차인 명의로 전세권설정등기를 경료한 후 그 전세권에 대하여 근저당권이 설정된 경우, 가사 위 전세권설정계약만 놓고 보아 그것이 통정허위표시에 해당하여 무효라 하더라도 이로써 위 전세권설정계약에 의하여 형성된 법률관계를 토대로 별개의 법률원인에 의하여 새로운 법률상 이해관계를 갖게 된 근저당권자에 대하여는 그와 같은 사정을 알고 있었던 경우에만 그 무효를 주장할 수 있다(대법원 1998. 9. 4. 선고 98다20981 판결, 대법원 2006. 2. 9. 선고 2005다59864 판결 등 참조).

한편, 전세권의 존속기간이 만료되면 전세권의 용익물권적 권능이 소멸하기 때문에 더 이상 전세권 자체에 대하여 저당권을 실행할 수 없게 되고, 이러한 경우에는 민법 제370조, 제342조, 민사집행법 제273조에 의하여 저당권의 목적물인 전세권에 갈음하여 존속하는 것으로 볼 수 있는 전세금반환채권에 대하여 추심명령 또는 전부명령을 받거나, 제3자가 전세금반환채권에 대하여 실시한 강제집행절차에서 배당요구를 하는 등의 방법으로 자신의 권리를 행사할 수 있고(대법원 1995. 9. 18. 자 95마684 결정, 대법원 1999. 9. 17. 선고 98다31301 판결 등 참조), 민법 제370조, 제342조 단서가 저당권자는 물상대위권을 행사하기 위하여 저당권설정자가 받을 금전 기타 물건의 지급 또는 인도 전에 압류하여야 한다고 규정한 것은 물상대위의 목적인 채권의 특정성을 유지하여 그 효력을 보전함과 동시에 제3자에게 불측의 손해를 입히지 않으려는데 그 목적이 있으므로, 적법한 기간 내에 적법한 방법으로 물상대위권을 행사한 저당권자는 전세권자에 대한 일반채권자보다 우선변제를 받을 수 있으며(대법원 1994. 1. 22. 선고 94다25728 판결 등 참조), 전세금은 그 성격에 비추어 민법 제315조 소정의 전세권설정자의 전세권자에 대한 손해배상채권 외 다른 채권까지 담보한다고 볼 수 없으므로, 전세권설정자가 전세권자에 대하여 위 손해배상채권 외 다른 채권을 가지고 있더라도 다른 특별한 사정이 없는 한 이를 가지고 전세금반환채권에 대하여 물상대위권을 행사한 전세권저당권자에게 상계 등으로 대항할 수 없다.

위 법리에 비추어 원심이 인정한 사실들을 살펴보면, 원고들은 소외인에 대하여는 전세권설정계약이 무효라고 주장할 수 있더라도, 그러한 사정을 알지 못한 채 위 전세권에 대하여 근저당권을 설정한 피고에 대하여는 위 전세권설정계약의 무효를 주장할 수 없어, 위 전세권설정계약과 양립할 수 없는 위 임대차계약에 의하여 발생한 원고 1의 소외인에 대한 연체차임, 관리비, 손해배상 등의 채권을 주장할 수 없으므로, 결국 원고들은 위 각 채권으로서 피고가 물상대위권의 행사로서 압류・추심한 전세금반환채권과 상계할 수도 없다고 봄이 상당하다.

한편, 원심이 들고 있는 대법원 2004. 6. 25. 선고 2003다46260, 53879 판결은, 전세권근저당권자가 그 전세권이 임대차보증금을 담보하기 위한 것임을 알고 있어 전세권설정자가 전세권근저당권자에 대하여 그 전세권설정계약의 무효 및 그 임대차계약에 따른 효력을 주장할 수 있는 사안에 관한 것으로서, 전세권근저당권자가 그 전세권이 임대차보증금을 담보하기 위한 것임을 알지 못하고 있었던 이 사건에는 원용할 수 없다.

그런데도 원심은 판시와 같은 이유로 원고들이 그 주장의 판시 각 채권으로서 피고가 압류・추심한 전세금반환채권과 상계할 수 있다고 판단하였으니, 원심판결에는 통정허위표시의 선의의 제3자에 대한 효력 및 임대차보증금을 담보하기 위하여 설정된 전세권에 대한 근저당권의 효력 등에 관한 법리를 오해하여 판결에 영향을 미친 위법이 있고, 이 점을 지적하는 상고이유의 주장은 이유 있다.

5) M&A계약상의 보상채권

채권담보의 목적물로 다소 특수한 것으로 주식양수도계약에 기하여 매수인의 지위에 있는 차주 또는 스폰서가 매도인에 대하여 취득하는 보상채권(Indemnification)이 있다. 이러한 보상채권이 행사되는 전형적인 경우는 매도인에 의한 투자대상회사에 관한 진술보장이 진실하고 정확하지 않게 된 경우 및 준수사항이 불이행된 경우인데, 대주로서는 이에 대해서도 질권 또는 양도담보권으로 담보권을 설정하는 경우가 많다.

6) 예금채권

M&A금융에서는 보통 차주 및 투자대상회사의 현금흐름은 대주・대리인에 개설된 예금계좌를 통해 집중・관리되는데, 대출원리금의 상환 및 운영자금의 집행 등을 위해 예금계좌로부터 입출금이 수시로 반복되어야 하기 때문에, 예금의 종류로는 보통예금(수시입출식예금)이 주로 선택된다. 이러한 예금계좌와 관련하여 차주 및 투자대상회사가 보유하는 계좌개설기관에 대한 예금(반환)채권에 대해서도 대주를 위하여 담보권이 설정되는 경우가 일반적이다.

보통은 매출채권 및 그 수령을 위한 예금계좌상의 예금채권을 동시에 담보의 목적으로 하는 경우가 일반적인데, 사안에 따라서는 매출채권의 발생원인이 되는 계약(물품공급계약 등)에서 해당 매출채권 등의 양도나 담보제공이 금지되거나 매출채권의 양도나 담보제공에 상대방의 동의(승낙)를 요건으로 규정하고 있으나 상대방의 동의(승낙)가 어려운 경우 또는 상대방과의 관계에서 매출채권 담보제공에 따른 담보권설정통지 등 대항요건의 구비가 부담스러운 경우[149] 등 매출채권 자체에 대한 담보를 설정하기 어려운 경우에는 그에 대한 차선책으로 (가능하다면 기존의 매출채권 수령을 위한 예금계좌만을 대주・대리인에 개설되는 예금계좌로 변경하여) 매출채권의 수령금이 입금되는 예금계좌상의 예금채권에 대한 담보만을 설정하는 경우도 자주 있다.

그런데 대주・대리인이 예금계좌개설기관인 경우에는 자행예금(대주・대리인의 영업점에 개설된 예금)으로써 상계에 의해 채권회수를 하는 것이 가능하기 때문에 이에 추가하여 예금채권에 대한 담보권을 설정할 필요가 있는지 의문이 들 수 있다. 민법은 지급금지의 명령을 받은 제3채무자는 그 후에 취득한 채권에 의한 상계로 그 명령을 신청한 채권자에게 대항하지 못한다고 규정하고 있고(민법 제498조), 판례는 압류의 효력 발생 당시에 대립하는 양 채권이 상계적상에 있거나 그 당시 반대채권(자동채권)의 변제기가 도래하지 아니

149) 예를 들면, 상대방이 국가나 지방자치단체인 경우

한 경우에는 그것이 피압류채권(수동채권)의 변제기와 동시에 또는 그보다 먼저 도래하는 경우에 한하여 상계를 허용하고 있는바(이른바 「제한설」), 이 점을 고려하면 질권을 설정함으로써 담보권설정에 의해 다른 담보권자와 압류권자에 대해 후순위로 되는 것을 방지할 수 있다는 장점이 있다. 또한, 상계에 의한 채권회수는 대등액에 대해서만 행사할 수밖에 없기 때문에 예금계좌개설기관인 대주·대리인이 보유하는 대출채권금액(대주단전체의 대출채권 총액은 아니다)이 상한으로 되고, 대주단대출의 다른 대주의 대출채권금액을 회수하는 것은 어려운 경우가 많다.[150] 이 경우, 상계실행 후에 예금계좌개설기관인 대주·대리인과 기타의 대주와의 사이에서 분배조항에 따른 Pro-rata 처리를 하기 위한 지급·정산을 하게 되지만, 이러한 지급·정산 후에 예금계좌개설기관인 대주·대리인이 추가로 상계를 하게 되면, 당해 상계는 도산법상 채권자간의 형평을 흠결한 것으로 금지될 가능성이 있다.[151] 따라서 이 점을 고려하더라도 대주의 입장에서는 예금채권에 대한 담보권의 설정을 하는 쪽이 더 낫다고 할 수 있을 것이다.

[판례 4-70] 대법원 2012. 2. 16. 선고 2011다45521 전원합의체 판결

[다수의견]

1. 민법 제498조는 "지급을 금지하는 명령을 받은 제3채무자는 그 후에 취득한 채권에 의한 상계로 그 명령을 신청한 채권자에게 대항하지 못한다"라고 규정하고 있다. 위 규정의 취지, 상계제도의 목적 및 기능, 채무자의 채권이 압류된 경우 관련 당사자들의 이익상황 등에 비추어 보면, 채권압류명령 또는 채권가압류명령(이하 채권압류명령의 경우만을 두고 논의하기로 한다)을 받은 제3채무자가 압류채무자에 대한 반대채권을 가지고 있는 경우에 상계로써 압류채권자에게 대항하기 위하여는, 압류의 효력 발생 당시에 대립하는 양 채권이 상계적상에 있거나, 그 당시 반대채권(자동채권)의 변제기가 도래하지 아니한 경우에는 그것이 피압류채권(수동채권)의 변제기와 동시에 또는 그

150) 이러한 문제점 때문에, 실무에서는 상계계약(예약)의 형태로 대리인 또는 어느 대주가 자신에 개설된 차주 또는 보증인의 예금계좌상 예금채권과 전체 대주의 대출채권을 상계하고 대출계약에서 정하는 바에 따라 대주 간에 Pro-rata 또는 선·후순위로 분배할 수 있는 권한을 갖는 이른바, 삼각상계(三角相計)의 합의가 규정되는 경우도 많은데, 상계적상, 제3자에 대한 효력 등과 관련하여 그 유효성의 범위(특히, 도산절차 개시 또는 제3자와의 관계에서)가 문제될 수 있다. 일반론으로 말하자면, 이 경우에는 상계권자의 일방적인 의사표시에 의해 이루어지는 민법상 상계 자체가 아니라 당사자 간의 사전 합의인 상계계약(예약)에 해당하므로 원칙적으로 당사자 사이에서는 단축급부의 한 유형으로서 유효하다고 할 것이다. 그러나 어느 당사자에게 도산절차가 개시되는 경우나 차주 또는 보증인의 다른 채권자나 예금채권에 대한 압류·가압류권자 등의 제3자와의 관계에서는 그 효력이 문제될 수 있다.

151) 채무자회생법 제422조 제4호 단서. 이러한 「반복상계」의 문제에 관해서는, 박준·한민 『금융거래와 법(제3판)』(박영사, 2022) 191페이지 이하 참고

보다 먼저 도래하여야 할 것이다(대법원 1982. 6. 22. 선고 82다카200 판결, 대법원 2003. 6. 27. 선고 2003다7623 판결 등 참조).

2. 원심은 그 판시 사실을 인정한 다음, 금전채권에 대한 가압류를 본압류로 전이하는 압류 및 추심명령이 있는 때 제3채무자가 채권이 가압류되기 전에 가압류채무자에게 대항할 수 있는 사유로써 나중에 압류채권자에게 대항할 수 있기 때문에, 제3채무자가 가압류 효력 발생 당시 이미 반대채권을 취득한 이상 그의 상계에 대한 기대는 합리적이고 정당하므로, 그 당시 양 채권이 상계적상에 있지 아니하고 반대채권의 변제기도 도래하지 아니하였다 하더라도, 양 채권의 변제기 선후를 불문하고 그 후에 상계적상에 이르면 상계로써 압류채권자에게 대항할 수 있다고 하였다. 그리하여 이 사건에서 가압류의 효력 발생일은 2008. 6. 30.이고, 피압류채권인 공사대금채권의 변제기는 2008. 6. 10.경이며, 액면 금 1억 원의 약속어음 관련 대여금채권(이하 '이 사건 반대채권'이라 한다)의 변제기는 공사대금채권의 변제기 후인 2008. 7. 25.이지만, 이 사건 반대채권이 가압류 효력 발생 당시 이미 취득되어 있었던 이상, 피고는 위 약속어음이 부도나더라도 이 사건 반대채권과 공사대금채권을 상계함으로써 자신의 채권을 확보할 수 있으리라는 합리적이고 정당한 기대를 할 수 있으므로, 이 사건 반대채권과 공사대금채권의 상계로써 압류채권자인 원고에게 대항할 수 있다고 판단하였다.
그러나 앞서 살펴본 법리에 따르면, 이 사건에서 가압류의 효력이 발생할 당시 피압류채권인 공사대금채권은 이미 변제기가 도래하였으나 이 사건 반대채권은 변제기가 도래하지 아니하였기 때문에 그 당시 양 채권이 상계적상에 있었다고 할 수 없고, 나아가 이 사건 반대채권의 변제기가 공사대금채권의 변제기보다 나중에 도래하므로, 피고는 이 사건 반대채권에 의한 상계로써 압류채권자인 원고에게 대항할 수 없다고 보아야 한다.

이와 같이, 예금채권담보의 유용성・필요성이 있기 때문에 M&A금융을 포함한 일반 금융거래에서는 예금채권에 대한 담보설정이 널리 인정되고 있다. 그러나 수시입출시 예금계좌(보통예금계좌)상의 예금채권 담보의 법적 유효성에 대해서는, 예금이 매일 매일의 입출금에 의해 계속 변동하기 때문에 적어도 담보권설정 후의 입금 예금 또는 제3자로부터의 예금채권 (가)압류 이후의 입금 예금에 대해서는 담보권이 미치지 않는 것은 아닌가 하는 지적이 있다.[152]

이 점에 대해서는, 아직 명시적으로 판시한 판례는 없는 것으로 보이나, 실무와 판례에서는 모두 수시입출식 예금계좌(보통예금계좌)상의 예금채권 담보에 대해서도 그 법적 유효

152) (수시입출식의)보통예금과 달리, 정기예금은 예금이 성립하면 예금기간의 만료 시까지 예금이 변동하지 않기 때문에 담보권의 유효성에 의문이 생기지 않는다는 점에 대해서는 이견이 없는 것으로 보인다.

성을 인정하고 이를 전제로 법률관계를 처리하고 있는 것으로 보인다.[153)]

개인적으로는, (i) 실무에서는 보통예금에 대한 가압류 · 압류가 허용되고 있는 점, (ii) 판례에 의하면 장래의 채권에 대한 양도 · 담보설정도 일정한 요건(특정성 · 발생가능성)하에 허용되는데, 예금거래계약 및 예금계좌의 특정에 의해 특정성의 요건은 구비되었고, 차주/투자대상회사의 모든 현금흐름 또는 특정 매출채권/프로젝트의 현금흐름이 특정 예금계좌로 입금되어 관리되는 경우에는 장래 발생가능성을 상당 정도 기대할 수 있어 발생가능성 또한 충족된 것으로 볼 수 있다는 점,[154)] (iii) 민법상 질권설정자는 질권자의 동의가 있으면 질권의 목적된 권리를 소멸하게 하거나 질권자의 이익을 해하는 변경을 할 수 있으므로(민법 제352조) 미리 대출계약이나 담보계약에서 정하는 절차에 따라 보통예금계좌에서의 인출(즉, 예금의 증감변동)도 가능하므로 수시 입출금에 따른 예금액의 변동은 담보의 유효성에 영향이 없다는 점, (iv) 예금계좌로 금원이 입금될 때마다 동 예금계좌상의 예금채권이 성립하는 장래의 집합채권으로 보는 경우에도 이러한 집합채권에 대한 양도 · 담보제공도 허용된다는 점 등을 종합하면,[155)] 보통예금에 대한 담보도 (최소한 차주/투자대상회사의 모든 현금흐름 또는 특정 매출채권/프로젝트로부터의 현금흐름의 입금이 예정되어 있는 경우에는) 그 유효성이 인정되어 담보권설정 이후나 (가)압류 이후에 입금되는 예금에 대해서도 담보의 효력이 인정된다고 해석하는 것이 타당할 것으로 생각된다.

다만, 수시입출식 예금계좌(보통예금계좌)상의 예금채권 담보에 대한 법적 유효성이 인정되더라도, 예금주(담보설정자)의 도산절차 개시결정 이후 입금되는 예금에 대해서는 담보의 효력이 미치지 않는 것으로 판단될 수 있다는 점{대법원 2010다63836 판결([판례 4-61])} 및 제3자가 당해 보통예금에 대해 (가)압류를 한 경우에는 담보권자가 해당 (가)압류를 알게 된 시점에 담보권자의 피담보채권도 확정될 수 있다는 점{대법원 2009다43621 판결([판례 4-71])} 등에 대해서는 유의할 필요가 있다.

153) 일본에서도 현재는 보통예금계좌상의 예금채권에 대한 질권의 효력을 인정하는데 거의 이론이 없다고 한다.

154) 판례에서는 이와 같이 여전히 특정성과 발생가능성 2가지 모두를 요건으로 설시하고 있지만, 최근에는 실제사안에서 발생가능성의 미충족을 이유로 장래채권의 양도의 효력을 부정한 사안은 발견하기 어려운 것으로 보인다. 이에 반해 학계에서는 발생가능성은 장래채권양도의 유효요건이 아니라는 견해가 일반적인 것으로 보인다. 양창수 「장래채권의 양도」 『민법연구(제7권)』(박영사, 2003)

155) 채권양수인(담보권자)이 일회 또는 수회 담보권을 실행하였다 하더라도, 원고가 피담보채무 전액의 만족을 얻지 아니한 이상, 그 후 발생하는 담보대상채권에 대해서도 담보권을 실행할 수 있다고 하면서 담보물의 고정화를 부인하고 있는 대법원 2010다63836 판결([판례 4-61])의 취지도 참조

[판례 4-71] 대법원 2009. 10. 15. 선고 2009다43621 판결

근질권의 목적이 된 금전채권에 대하여 근질권자가 아닌 제3자의 압류로 강제집행절차가 개시된 경우, 제3채무자가 그 절차의 전부명령이나 추심명령에 따라 전부금 또는 추심금을 제3자에게 지급하거나 채권자의 경합 등을 사유로 위 금전채권의 채권액을 법원에 공탁하게 되면 그 변제의 효과로서 위 금전채권은 소멸하고 그 결과 바로 또는 그 후의 절차진행에 따라 종국적으로 근질권도 소멸하게 되므로,[156] 근질권자는 위 강제집행절차에 참가하거나 아니면 근질권을 실행하는 방법으로 그 권리를 행사할 것이 요구된다. 이런 까닭에 위 강제집행절차가 개시된 때로부터 위와 같이 근질권이 소멸하게 되기까지의 어느 시점에서인가는 근질권의 피담보채권도 확정된다고 하지 않을 수 없다. 그런데 금전채권에 대하여 설정된 근질권은 근저당권처럼 등기에 의하여 공시되는 것이 아니기 때문에, 통상 그러한 채권을 압류한 제3자는 그 압류 당시 존재하는 근질권의 피담보채권으로 인하여 예측하지 못한 손해를 입을 수밖에 없고, 나아가 근질권자가 제3자의 압류 사실을 알지 못한 채 채무자와 거래를 계속하여 채권을 추가로 발생시키더라도 근질권자의 선의를 보호하기 위하여 그러한 채권도 근질권의 피담보채권에 포함시킬 필요가 있으므로 그 결과 제3자가 입게 되는 손해 또한 불가피한 것이나, 근질권자가 제3자의 압류 사실을 알고서도 채무자와 거래를 계속하여 추가로 발생시킨 채권까지 근질권의 피담보채권에 포함시킨다고 하면 그로 인하여 근질권자가 얻을 수 있는 실익은 별다른 것이 없는 반면 제3자가 입게 되는 손해는 위 추가된 채권액만큼 확대되고 이는 사실상 채무자의 이익으로 귀속될 개연성이 높아 부당할 뿐 아니라, 경우에 따라서는 근질권자와 채무자가 그러한 점을 남용하여 제3자 등 다른 채권자의 채권 회수를 의도적으로 침해할 수 있는 여지도 제공하게 된다. 따라서 이러한 여러 사정을 적정 · 공평이란 관점에 비추어 보면, 근질권이 설정된 금전채권에 대하여 제3자의 압류로 강제집행절차가 개시된 경우 근질권의 피담보채권은 근질권자가 위와 같은 강제집행이 개시된 사실을 알게 된 때에 확정된다고 봄이 타당하다.

원심은, 그 판시와 같이 소외 1이 피고로부터 이른바 마이너스대출을 받기로 하는 약정을 체결하면서(이하 '이 사건 약정'이라 한다), 그에 따른 대출금채무를 담보하기 위하여 소외 2 명의의 예금채권(이하 '이 사건 예금채권'이라 한다)을 목적으로 하는 근질권을 설정해 준 사실(이하 '이 사건 근질권'이라 한다), 그 후 원고가 이 사건 예금채권에 대하

156) 「근질권의 목적이 된 금전채권에 대하여 근질권자가 아닌 제3자의 압류로 강제집행절차가 개시된 경우, 제3채무자가 그 절차의 전부명령이나 추심명령에 따라 전부금 또는 추심금을 제3자에게 지급…하게 되면 그 변제의 효과로서 위 금전채권은 소멸하고 그 결과 바로 또는 그 후의 절차진행에 따라 종국적으로 근질권도 소멸하게 되므로…」라는 판시부분은 잘못된 내용으로 보인다{대법원 2018다21326 판결([판례 4-72]) 참조}. 다만, 이 부분에도 불구하고 「근질권이 설정된 금전채권에 대하여 제3자의 압류로 강제집행절차가 개시된 경우 근질권의 피담보채권은 근질권자가 위와 같은 강제집행이 개시된 사실을 알게 된 때에 확정된다」는 위 사건의 결론에는 영향이 없을 것으로 생각된다.

여 압류 및 추심명령을 받아(이하 '이 사건 명령'이라 한다) 그 명령이 제3채무자인 피고에게 송달되었는데 그 송달 당시 이 사건 약정에 기하여 발생한 소외 1의 대출금채무는 없었던 사실을 인정한 다음, 피고가 이 사건 명령을 송달받음으로써 원고의 이 사건 예금채권에 대한 압류 사실을 알게 된 때에 이 사건 근질권의 피담보채권은 확정되었다고 판단하였는바, 앞서 살펴본 법리에 비추어 보면 이러한 원심의 판단은 정당하고, 상고이유에서 주장하는 바와 같이 근질권의 확정시기에 관한 법리를 오해한 위법이 없다.

[판례 4-72] 대법원 2022. 3. 31. 선고 2018다21326 판결

1. 질권설정자가 민법 제349조 제1항에 따라 제3채무자에게 질권이 설정된 사실을 통지하거나 제3채무자가 이를 승낙한 때에는 제3채무자가 질권자의 동의 없이 질권의 목적인 채무를 변제하더라도 질권자에게 대항할 수 없고, 질권자는 여전히 제3채무자에게 직접 채무의 변제를 청구할 수 있다(대법원 2018. 12. 27. 선고 2016다265689 판결 참조). 질권의 목적인 채권에 대하여 질권설정자의 일반채권자의 신청으로 압류·전부명령이 내려진 경우에도 그 명령이 송달된 날보다 먼저 질권자가 확정일자 있는 문서에 의해 민법 제349조 제1항에서 정한 대항요건을 갖추었다면, 전부채권자는 질권이 설정된 채권을 이전받을 뿐이고 제3채무자는 전부채권자에게 변제했음을 들어 질권자에게 대항할 수 없다.
2. 원심은, 원고가 임대차보증금반환채권에 관한 근질권을 설정할 당시 제3채무자인 임대인으로부터 확정일자 있는 승낙을 받았으므로, 그보다 나중에 압류·전부명령을 받은 피고가 임대차보증금을 지급받았더라도 원고는 여전히 임대인에게 임대차보증금의 지급을 청구할 수 있다는 이유를 들어, 피고가 근질권을 침해하여 부당이득을 얻었다는 원고의 주장을 배척하였다.[157] 앞서 본 법리에 비추어 보면 원심의 이러한 판단은 정당하고, 거기에 상고이유 주장과 같이 권리질권의 우선순위에 관한 법리를 오해한 잘못이 없다.

   원고가 상고이유에서 내세운 대법원 2009. 10. 15. 선고 2009다43621 판결은 사안이 달라 이 사건에 적용하기에 적절하지 않다.

157) 제3채무자인 임대인이 제3자인 피고에 대하여 임대차보증금반환채권 중 일부에 대하여 질권이 설정되어 있다는 사실을 대항할 수 있을 뿐 더 나아가 위와 같이 질권이 설정되어 있다는 사정만으로 피고의 채권압류 및 전부명령 자체가 무효가 되는 것은 아니므로, 피고가 제3채무자인 임대인으로부터 위 보증금을 지급받았다고 하더라도 법률상 원인 없이 이득을 얻었다고 할 수 없고, 질권자인 원고로서는 여전히 제3채무자인 임대인에 대하여 입질채권인 임대차보증금반환채권의 변제를 직접 청구할 수 있으므로 원고에게 어떠한 손해가 있다고 할 수도 없다(위 대법원 판결의 원심판결인 서울중앙지방법원 2018. 1. 30. 선고 2017나30612 판결).

[판례 4-73] 대법원 2018. 12. 27. 선고 2016다265689 판결

1. 구 주택임대차보호법(2013. 8. 13. 법률 제12043호로 개정되기 전의 것. 이하 같다) 제3조 제1항에 따라 대항력을 갖춘 임차인이 있는 경우 같은 조 제3항에 따라 임차주택의 양수인은 임대인의 지위를 승계한 것으로 본다. 그 결과 임차주택의 양수인은 임대차보증금반환채무를 면책적으로 인수하고, 양도인은 임대차관계에서 탈퇴하여 임차인에 대한 임대차보증금반환채무를 면하게 된다. 그러나 임차주택의 양수인에게 대항할 수 있는 임차권자라도 스스로 임대차관계의 승계를 원하지 아니할 때에는 승계되는 임대차관계의 구속을 면할 수 있다고 보아야 하므로(대법원 1996. 7. 12. 선고 94다37646 판결 등 참조), 임대차기간의 만료 전에 임대인과 합의에 의하여 임대차계약을 해지하고 임대인으로부터 임대차보증금을 반환받을 수 있으며, 이러한 경우 임차주택의 양수인은 임대인의 지위를 승계하지 아니한다.
   한편, 타인에 대한 채무의 담보로 제3채무자에 대한 채권에 대하여 권리질권을 설정한 경우 질권설정자는 질권자의 동의 없이 질권의 목적된 권리를 소멸하게 하거나 질권자의 이익을 해하는 변경을 할 수 없다(민법 제352조). 이는 질권자가 질권의 목적인 채권의 교환가치에 대하여 가지는 배타적 지배권능을 보호하기 위한 것이다(대법원 1997. 11. 11. 선고 97다35375 판결 등 참조). 따라서 질권설정자가 제3채무자에게 질권설정의 사실을 통지하거나 제3채무자가 이를 승낙한 때에는 제3채무자가 질권자의 동의 없이 질권의 목적인 채무를 변제하더라도 이로써 질권자에게 대항할 수 없고, 질권자는 민법 제353조 제2항에 따라 여전히 제3채무자에 대하여 직접 채무의 변제를 청구할 수 있다(대법원 2016. 4. 29. 선고 2015도5665 판결 참조). <u>제3채무자가 질권자의 동의 없이 질권설정자와 상계합의를 함으로써 질권의 목적인 채무를 소멸하게 한 경우에도 마찬가지로 질권자에게 대항할 수 없고, 질권자는 여전히 제3채무자에 대하여 직접 채무의 변제를 청구할 수 있다</u>고 보아야 한다.
2. 가. 원심판결 이유와 기록에 의하면, 다음과 같은 사실을 알 수 있다.
   1) 소외인은 2012. 3. 6. 피고로부터 시흥시 (주소 생략)아파트 ○○○동 △△△호(이하 '이 사건 아파트'라고 한다)를 임대차보증금 110,000,000원에 임차하고, 그 무렵 전입신고를 마쳤다.
   2) 소외인은 2012. 3. 13. 원고로부터 82,000,000원을 대출받으면서 원고에게 이 사건 아파트의 임대차보증금반환채권 중 98,400,000원에 대하여 질권을 설정해 주었다. 피고는 2012. 4. 6. 원고에 대하여 위 질권설정을 승낙하고, 임대차기간의 종료 등으로 임대차보증금을 반환하는 경우 질권 설정된 금액 내에서 위 대출원리금 등에 상당하는 임대차보증금을 원고에게 직접 반환하기로 약정하였다.
   3) 피고는 2012. 6. 30. 소외인에게 이 사건 아파트를 155,000,000원에 매도하는 내

용의 매매계약을 체결하면서, 소외인으로부터 매매대금 155,000,000원 중 임대차보증금 110,000,000원 및 이 사건 아파트를 담보로 하여 대출한 채무액 등을 제외한 잔액을 지급받기로 하였고, 위 매매계약에 따라 정산을 마친 다음 2012. 7. 2. 소외인에게 이 사건 아파트에 관한 소유권이전등기절차를 마쳐주었다.

나. 위와 같은 사실관계를 앞서 본 법리에 비추어 보면, 대항력을 갖춘 임차인인 소외인은 임대인인 피고로부터 이 사건 아파트를 매수하면서 그와 동시에 임대차계약을 해지하고 매매대금채권과 보증금반환채권을 상계하기로 합의하였다고 할 것이므로 소외인이 임대인의 지위를 승계하는 것이 아니다. 나아가 피고는 질권설정의 제3채무자로서 질권설정을 승낙하였으므로 피고가 질권자인 원고의 동의 없이 질권설정자인 소외인과 상계합의를 함으로써 질권의 목적인 이 사건 아파트에 관한 임대차보증금반환채무를 소멸하게 하였더라도 이로써 원고에게 대항할 수 없고, 원고는 여전히 피고에 대하여 직접 임대차보증금의 반환을 청구할 수 있다고 보아야 한다.

3. 그럼에도 원심은 이와 달리, 소외인은 이 사건 아파트에 관한 소유권을 취득함으로써 피고로부터 임대인의 지위를 그대로 승계하였다고 전제한 다음, 부동산에 대한 소유권과 임차권이 동일인에게 귀속하게 되는 경우 임차권은 혼동에 의하여 소멸하는 것이 원칙이지만 그 임차권이 대항요건을 갖추고 있다면 혼동으로 인한 물권소멸 원칙의 예외 규정인 민법 제191조 제1항 단서가 적용되어 이 사건 아파트의 매매로 인하여 소외인의 임대차보증금반환채권이 소멸하거나 질권자인 원고의 이익을 해하는 변경을 가져온다고 볼 수 없다고 판단하였다.[158] 이러한 원심의 판단에는 구 주택임대차보호법상 양수인의 임대인 지위승계 및 질권설정자의 권리처분제한에 관한 법리를 오해하여 판결에 영향을 미친 위법이 있다. 이를 지적하는 상고이유 주장은 이유 있다.

예금채권질권도 권리질인 이상 그 설정의 선후에 의해 순위를 붙이는 것은 가능하다(민법 제333조, 제355조). 여기서 「설정의 선후」는 대항요건구비의 선후까지 포함된다는 점은 이미 살펴본 바와 같다.

앞서 살펴본 바와 같이, 예금계약 특히 수시입출식(보통)예금의 경우에는 통상 예금거래약관에 의해 입질금지특약(入質禁止特約)이 규정되어 있으므로 그것에 반하여 예금채권에 질권을 설정하는 것은 계약위반일 뿐만 아니라 법률상 무효가 될 수 있다(민법 제449조 제2항. 이른바 「물권적 효력설」).

158) 원심판결은 원고로서는 임대인(매도인)이 아니라 임차인(매수인)에게 임대차보증금반환을 청구해야 한다는 취지로 보인다.

[판례 4-74] 대법원 2019. 12. 19. 선고 2016다24284 전원합의체 판결

1. 기본적 사실관계

원심판결 이유와 기록에 의하면 다음 사실을 알 수 있다.

가. 피고는 2009. 5. 27. 농협 ○○ 농산물 종합유통센터 신축공사에 관하여 총 계약금액 24,900,000,000원(그중 건축공사 부분 계약금액은 23,245,600,000원이다. 이하 건축공사 부분을 '이 사건 공사'라고 한다), 착공일 2009. 6. 1., 준공예정일 2010. 11. 30.로 정하여 도급계약(이하 '이 사건 도급계약'이라고 한다)을 체결하였는데, 이 사건 공사에 관하여는 주식회사 엘드건설(이하 '엘드건설'이라고 한다)을, 나머지 소방공사 부분에 관하여는 진성산업 주식회사를 각 계약상대자로 하였다.

나. 이 사건 도급계약에 포함된 공사계약 일반조건에는 다음과 같은 내용이 있다.

1) 계약상대자인 엘드건설 등은 이 공사의 이행을 위한 목적 이외의 목적을 위하여 이 계약에 의하여 발생한 채권(공사대금청구권)을 제3자에게 양도하지 못한다(제5조 제1항, 이하 '이 사건 채권양도금지특약'이라고 한다).

2) 피고는 '계약상대자인 엘드건설 등의 책임 있는 사유로 인하여 준공기한까지 공사를 완성하지 못하거나 완성할 가능성이 없다고 인정되는 경우', '계약상대자인 엘드건설 등의 부도발생 등으로 정상적인 공사수행 가능성이 없다고 판단될 경우'에 해당하면 이 사건 도급계약의 전부 또는 일부를 해제 또는 해지할 수 있다(제37조 제1항 제2호, 제4호).

다. 엘드건설은 2010. 10. 21. 이 사건 공사를 완료하지 못한 상태에서 부도처리되었다. 피고는 2010. 11. 25. 엘드건설을 상대로 위 공사계약 일반조건 제37조에 따라 이 사건 도급계약을 해제한다는 의사를 표시하였고, 그 의사표시가 2010. 11. 29. 도달하였다.

라. 엘드건설에 대하여 2010. 12. 10. 회생절차가 개시되고 회생계획인가결정이 있은 후 2017. 1. 25. 회생절차폐지결정을 받아 2017. 3. 17. 그 폐지결정이 확정됨과 동시에 파산선고가 내려지고 원고가 파산관재인으로 선임되었다.

4. 기성공사대금 채권의 이전 여부(상고이유 제2점)

가. 원심판결 이유와 기록에 의하면 다음 사실을 알 수 있다.

1) 원고보조참가인은 2009. 6. 18. 엘드건설이 이 사건 공사와 관련하여 농협은행 △△△△지점으로부터 대출받은 3,150,000,000원 상당액의 대출금 채무를 보증금액 2,992,500,000원, 보증기한 2010. 6. 17.까지로 정하여 보증하였다. 원고보조참가인은 위와 같이 보증하면서 '엘드건설이 이 사건 공사대금채권 중 보증부대출금액 이상을 농협은행의 △△△△지점에 양도하고, 발주처인 피고로부터 확정일자 있는 채권양도 승낙을 받아서 이 사건 공사대금을 그 대출금의 변제에 충당하도록

한다.'는 특약사항을 정하였다. 이에 따라 엘드건설은 2009. 7. 7. 농협은행에 이 사건 공사대금채권 중 3,150,000,000원 부분을 양도하였고, 피고는 같은 날 위 채권양도를 승낙하였다.

2) 엘드건설의 회생절차개시신청 등으로 보증사고가 발생하자 원고보조참가인은 2010. 11. 30. 엘드건설의 농협은행에 대한 대출원리금 채무액 3,025,749,621원을 대위변제하였다. 농협은행은 같은 날 원고보조참가인에게, 엘드건설로부터 양수하였던 이 사건 도급계약에 따른 공사대금채권을 양도하였고, 피고에게 그 양도사실을 통지하였다.

3) 이후 원고보조참가인은 엘드건설의 회생절차에서 원고보조참가인의 엘드건설에 대한 구상금채권은 엘드건설의 피고에 대한 이 사건 공사대금채권으로 담보되어 있다며 3,025,749,621원의 회생담보권을 신고하였으나, 원고는 원고보조참가인의 회생담보권에 관하여 이의하였다. 회생담보권 조사확정재판에서 전주지방법원은 2014. 11. 28. 원고보조참가인의 회생담보권이 3,025,749,621원임을 확정하는 결정을 하였다.

4) 한편, 이 사건 공사대금채권 중, ① 주식회사 신일은 2010. 11. 2. 1,709,970,000원에 관하여, ② 주식회사 선이앤씨는 2010. 11. 2. 1,571,145,600원에 관하여, ③ 유한회사 성우이앤씨는 2010. 11. 4. 75,800,000원에 관하여, ④ 주식회사 영창개발은 2011. 1. 26. 118,800,000원에 관하여, 피고에게 엘드건설의 하수급업체로서 엘드건설의 부도 등의 사유로 구 하도급거래 공정화에 관한 법률(2011. 3. 29. 법률 제10475호로 개정되기 전의 것) 제14조 제1항 등에 근거한 하도급대금의 직접지급을 구하였다(이하 주식회사 신일, 주식회사 선이앤씨, 유한회사 성우이앤씨, 주식회사 영창개발을 통틀어 '하수급채권자들'이라고 한다).

5) 또한 엘드건설은, ① 2010. 10. 15. 현대개발 주식회사에 이 사건 공사대금채권 중 90,876,280원 부분을 양도하였고, ② 2010. 10. 22. 주식회사 아이디에프이앤씨에 이 사건 공사대금채권 중 499,230,000원 부분을 양도하였으며(이하 현대개발 주식회사와 주식회사 아이디에프이앤씨를 통틀어 '채권양수인들'이라고 한다), 피고에게 위 각 양도사실을 통지하였다.

6) 하수급채권자들과 채권양수인들은 엘드건설의 회생절차에서 자신들이 엘드건설에 대하여 보유하고 있던 채권을 회생채권으로 신고하였다.

나. 먼저 하수급채권자들에 대한 채권 이전에 관하여 살펴본다.

원심은 판시와 같은 이유로 하수급채권자들이 하도급대금 직접지급청구에 따른 권리를 묵시적으로 포기한 것으로 봄이 타당하다고 판단하였다.

원심판결 이유를 기록에 비추어 살펴보면, 원심의 이러한 판단에 공사대금채권의 이전에 관한 법리를 오해하는 등의 잘못이 없다.

다. 다음으로 채권양수인들에 대한 채권양도에 관하여 살펴본다.

1) 채권은 양도할 수 있다. 그러나 채권의 성질이 양도를 허용하지 아니하는 때에는 그러하지 아니하다(민법 제449조 제1항). 그리고 채권은 당사자가 반대의 의사를 표시한 경우에는 양도하지 못한다. 그러나 그 의사표시로써 선의의 제3자에게 대항하지 못한다(민법 제449조 제2항).

이처럼 당사자가 양도를 반대하는 의사를 표시(이하 '양도금지특약'이라고 한다)한 경우 채권은 양도성을 상실한다. 양도금지특약에 위반하여 채권을 제3자에게 양도한 경우에 채권양수인이 양도금지특약이 있음을 알았거나 중대한 과실로 알지 못하였다면 채권 이전의 효과가 생기지 아니한다. 반대로 양수인이 중대한 과실 없이 양도금지특약의 존재를 알지 못하였다면 채권양도는 유효하게 되어 채무자는 양수인에게 양도금지특약을 가지고 그 채무 이행을 거절할 수 없다. 채권양수인의 악의 내지 중과실은 양도금지특약으로 양수인에게 대항하려는 자가 주장・증명하여야 한다(대법원 1999. 12. 28. 선고 99다8834 판결, 대법원 2000. 12. 22. 선고 2000다55904 판결, 대법원 2009. 10. 29. 선고 2009다47685 판결 등 참조).

2) 양도금지특약을 위반하여 이루어진 채권양도는 원칙적으로 그 효력이 없다는 것이 통설이고 앞서 본 바와 같이 이와 견해를 같이하는 상당수의 대법원 판결이 선고되어 재판실무가 안정적으로 운영되고 있다. 이러한 판례의 법리는 다음과 같은 이유에서 그대로 유지되어야 한다.

가) 민법 제449조 제2항 본문이 당사자가 양도를 반대하는 의사를 표시한 경우 채권을 양도하지 못한다고 규정한 것은 양도금지특약을 위반한 채권양도의 효력을 부정하는 의미라고 해석하여야 한다. 법조문에서 '양도하지 못한다'고 명시적으로 규정하고 있음에도 이를 '양도할 수 있다'고 해석할 수는 없다.

나아가 민법 제449조 제2항 단서는 본문에 의하여 양도금지특약을 위반하여 이루어진 채권양도가 무효로 됨을 전제로 하는 규정이다. 따라서 양도금지특약을 위반한 채권양도는 당연히 무효이지만 거래의 안전을 보호하기 위하여 선의의 제3자에게 그 무효를 주장할 수 없다는 의미로 위 단서규정을 해석함이 그 문언 및 본문과의 관계에서 자연스럽다.

나) 이처럼 해석하는 것이 지명채권의 본질과 특성을 보다 잘 반영할 수 있다. 지명 채권은 유통성을 본질로 하는 증권적 채권과는 달리 채권자와 채무자 사이의 인격적 연결이라는 측면과 채권자의 재산이라는 측면을 동시에 지니고 있다. 민법은 이러한 특성을 고려하여 제449조 제1항에서는 채권양도의 자유를 원칙으로 선언하면서도 제2항 본문에서 당사자의 의사표시에 의하여 양도를 금지할 수 있다고 하고, 같은 항 단서에서 선의의 제3자에 대해서는 대항할 수 없다고 하여 거래의 안전을 보호하고 있는 것이다.

다) 물권에 관하여는 물권법정주의에 따라 법이 규정하는 바에 의하여 물권의 종류와 내용이 정해지는 반면(민법 제185조), 채권관계에서는 사적 자치와 계약

자유의 원칙이 적용되어 계약당사자는 원칙적으로 합의에 따라 계약 내용을 자유롭게 결정할 수 있다. 따라서 채권자와 채무자가 그들 사이에 발생한 채권의 양도를 금지하는 특약을 하였다면 이는 그 채권의 내용을 형성할 뿐만 아니라 그 속성을 이루는 것이어서 존중되어야 한다. 채권의 재산화와 상품화 경향에 따라 채권의 양도성이 점차 중시되는 추세에 있다고 하더라도 사적 자치의 원칙이 적용되는 영역에서 당사자의 의사에 반하면서까지 그 양도성을 인정할 수는 없다.

라) 계약당사자가 그들 사이에 발생한 채권을 양도하지 않기로 약정하는 것은 계약자유의 원칙상 당연히 허용되는 것인데, 민법에서 별도의 규정까지 두어 양도금지특약에 관하여 규율하는 것은 이러한 특약의 효력이 당사자 사이뿐만 아니라 제3자에게까지 미치도록 하는 데 그 취지가 있다고 보아야 한다.

마) 한편, 채권양도에 따라 채권은 그 동일성을 유지하면서 양수인에게 이전되고 채무자는 양도통지를 받을 때까지 채권자에게 대항할 수 있는 사유로 양수인에게 대항할 수 있다(민법 제451조 제2항). 여기서 '채권자에게 대항할 수 있는 사유'란 채권의 성립・존속・행사저지・배척 등 모든 사유를 말한다. 채권은 이전되더라도 본래 계약에서 정한 내용을 그대로 유지함이 원칙이고 양도금지특약도 이러한 계약의 내용 중 하나에 속하므로, 원칙적으로 채무자는 지명채권의 양수인을 비롯하여 누구에게도 양도금지특약이 있음을 주장할 수 있다고 보아야 하고, 민법 제449조 제2항 본문은 명문으로 이를 다시 확인한 규정이라 볼 수 있다.

바) 양도금지특약이 있는 경우 채권의 양도성이 상실되어 원칙적으로 채권양도가 일어나지 않는다고 보는 것이 악의의 양수인과의 관계에서 법률관계를 보다 간명하게 처리하는 길이기도 하다. 이와 달리 양도금지특약을 어긴 채권양도의 경우에도 채권양도 자체는 유효하되 양도인인 원래의 채권자가 채무자에 대해서 채권을 양도하지 않을 채권적 의무를 위반하였을 뿐이라고 보게 되면, 악의의 양수인에게도 채권이 유효하게 양도된 것임에도 채무자는 위 양수인에게 이행을 거절할 수 있는 반면, 양도인은 채권의 유효한 이전으로 인해 더 이상 권리를 갖지 않게 되었음에도 여전히 채무자에게 적법하게 채무 이행을 구할 수 있다는 것이 되어, 지명채권의 귀속과 그 권리행사 가부가 서로 괴리되는 현상이 일어나게 된다. 나아가 양수인이 악의라 하더라도, 양도인에게 채권적 의무를 지도록 하는 데 불과한 양도금지특약이 채권관계 바깥에 있는 제3자인 위 양수인에게까지 효력을 미치는 이유를 이론적으로 설명하기 곤란하다.

사) <u>양도금지특약이 있는 채권에 대한 압류나 전부가 허용되는 것은 양도금지특약의 법적 성질과 상관없이 민사집행법에서 압류금지재산을 열거적으로 규정한 데에 따른 반사적 결과에 불과하다</u>. 또한, <u>민법 제449조 제2항에서 말하는</u>

양도는 임의양도를 뜻하므로 이를 금지하는 특약이 있더라도 압류 등 강제집행 자체가 금지되는 것은 아니라는 점에서 논리적 모순이 없다. 나아가 양수인이 악의라고 하더라도 전득자가 선의인 경우 채권을 유효하게 취득한다는 기존 판례(대법원 2015. 4. 9. 선고 2012다118020 판결 참조)의 입장은 채권의 양도성을 제한하려는 당사자의 의사보다는 거래의 안전을 도모하려는 민법 제449조 제2항 단서의 취지를 중시하여 그 제3자의 범위를 넓힌 것으로 받아들여야 한다.

아) 채권의 재산적 성격과 양도성을 제고하는 것이 국제적 흐름이라 하더라도 이는 대부분 제한적 범위 내에서 해석이 아닌 법규정을 통해 달성되고 있음에 유의하여야 한다. 그러므로 문언상 양도금지특약을 위반한 채권양도의 효력이 부인된다는 의미가 도출되는 민법 제449조 제2항에도 불구하고, 양도금지특약을 위반한 채권양도를 원칙적으로 유효하다고 보는 새로운 해석을 도입하는 데에는 신중할 필요가 있다. 즉, 채권 거래의 규모와 빈도가 점진적으로 증가하여 채권의 재산적 성격과 담보로서의 가치가 중시되고 채권을 이용한 자금융통이 활성화되면서 현대 계약법상 채권의 유동화 확보를 통한 자본의 신속한 순환이 강력히 요구되고 있다 하더라도, 민법 제449조 제2항 문언의 합리적 해석 범위를 넘어 양도금지특약을 위반한 채권양도를 원칙적으로 유효하다고 인정할 수는 없다.

3) 원심판결 이유를 앞서 본 법리와 기록에 비추어 살펴본다.
엔드건설이 피고의 동의 없이 이 사건 공사대금채권을 채권양수인들에게 양도한 것은 이 사건 채권양도금지특약에 위반한 채권양도로서 그 효력이 없다는 원심의 판단은 앞서 본 법리에 따른 것으로 정당하다. 한편, 채권양수인들이 이 사건 채권양도금지특약에 대하여 알지 못하였음을 인정할 증거가 없다고 한 원심판결의 이유설시 부분은 부적절하나, 판시와 같은 사정에 비추어 채권양수인들이 양도금지특약을 알지 못한 데에 중대한 과실이 있다는 원심의 판단은 결과적으로 정당하다. 따라서 원심 판단에 이 부분 상고이유 주장과 같이 판결에 영향을 미친 잘못이 있다고 할 수 없다.

[판례 4-75] 대법원 2003. 12. 12. 선고 2003다44370 판결

1. 원심판결 이유에 의하면, 원심은 이 사건 정기예금 채권은 제일은행의 승낙이 있는 경우에만 양도할 수 있으며 이러한 양도의 제한은 원고도 알고 있었는데, 제일은행은 피고보조참가인의 원고에 대한 위 채권양도를 승낙하지 않았으므로 원고와 피고보조참가인 사이의 채권양도계약은 무효라는 피고 및 피고보조참가인의 주장에 대하여, 당사자 사이에 반대의 의사표시가 있는 경우에는 채권을 양도할 수 없으나, 다만 이를 제3

자에게 대항하기 위하여는 제3자가 반대의 의사표시의 존재를 알았거나 알지 못한 데에 중대한 과실이 있어야 할 것인바, 피고보조참가인과 제일은행 사이의 정기예금계약 체결 시에 계약의 내용으로 편입시킨 예금거래기본약관 제12조 제1항에 의하면 '거래처가 예금을 양도하거나 질권설정을 하려면 사전에 은행에 통지하고 동의를 얻어야 한다.'고 규정하고 있고, 제일은행은 채권양도를 승낙할 수 없음을 피고보조참가인에게 통지한 사실은 인정되나, 위와 같은 예금거래기본약관 제12조 제1항의 내용이 일반적으로 널리 알려져 있어 원고도 당연히 알 수 있었을 것이라고는 볼 수 없고, 원고가 그러한 약관의 내용을 알았다는 점을 인정할 증거가 없다고 판단하여 피고 및 피고보조참가인의 위 주장을 배척하였다.

2. 그러나 은행거래에서 발생하는 채권인 예금채권에 관한 법률관계는 일반거래약관에 의하여 규율되어 은행은 일반거래약관인 예금거래기본약관에 각종의 예금채권에 대하여 그 양도를 제한하는 내용의 규정을 둠으로써 예금채권의 양도를 제한하고 있는 사실은 적어도 은행거래의 경험이 있는 자에 대하여는 널리 알려진 사항에 속한다 할 것이므로, 은행거래의 경험이 있는 자가 예금채권을 양수한 경우 특별한 사정이 없는 한 예금채권에 대하여 양도제한의 특약이 있음을 알았다고 할 것이고, 그렇지 않다 하더라도 알지 못한 데에 중대한 과실이 있다고 봄이 상당하다 할 것이다.

기록에 의하면, 원고는 이 사건 정기예금채권을 양수하기 전에 수년간 명동에 사무실을 두고 사채업을 영위하여 왔고, 이 사건 정기예금채권 양수 당시 기암산업 주식회사의 대표이사로서 회사를 경영하고 있었으므로 은행거래의 경험이 많이 있는 것으로 볼 수 있는 사실, 원고는 이 사건 정기예금채권을 양수하기 전에 주식회사 평산이 피고와의 보증보험계약에 따라 장래 피고에 대하여 부담하게 될 지급보험금의 구상금채무 중 일부를 담보하기 위하여 원고의 직원인 박웅주 명의로 신한은행에 예치한 1억 원의 정기예금채권에 관하여 피고에게 질권을 설정하여 주기도 한 사실, 이 사건 정기예금채권의 액은 금 3억 원으로서 다액인 것으로 볼 수 있는 사실을 알 수 있는바, 이러한 사실에 비추어 볼 때 이 사건 정기예금채권을 양수한 원고로서는 이 사건 정기예금채권에 대하여 양도제한의 특약이 존재하는 사실을 알았거나 그렇지 않다고 하더라도 알지 못한 데에 중대한 과실이 있다고 봄이 상당하다 할 것이다.

그럼에도 불구하고, 원심이 원고가 이 사건 정기예금채권의 양도가 제한되어 있다는 사실을 알았다고 볼 증거가 없다는 이유로 피고 및 피고보조참가인의 주장을 배척한 것은 심리를 다하지 아니하여 사실을 잘못 인정하거나 예금채권 양도의 제한에 관한 법리를 오해하여 판결 결과에 영향을 미친 위법을 저지른 경우에 해당한다 할 것이므로, 이 점을 지적하는 상고이유의 주장은 이유 있다.

따라서 대주는 이러한 입질금지특약이 있는 예금에 대해 질권을 설정하기 위해서는, 예금계좌개설기관으로부터의 질권설정에 대한 확정일자부 승낙 후 예금계좌개설기관으로부터 확정일자부 승낙을 받아야 하나, 실무상 예금계좌개설기관은 자신을 (공동)채권자로 하여 예금채권에 대해 질권을 설정하는 경우(이른바 자행예금)에는 승낙을 하지만, 제3의 채권자를 위한 예금질권(이른바 타행예금)에 대해서는 원칙적으로 승낙을 하지 않고 있으므로 사전에 승낙이 가능한지 여부에 대한 확인이 필요하다.

다음으로, 대주가 예금계좌개설기관인 자행예금에 대한 질권설정의 경우에는 질권자와 제3채무자가 동일하다는 점에서 예금계좌개설기관의 승낙 및 제3자에 대한 대항요건 구비 등과 관련하여 실무상 제기되는 문제점에 대해 살펴본다.

먼저, 대주가 예금계좌개설기관인 경우, 대주가 동 예금채권의 채무자(제3채무자)이지만 질권설정만으로는 예금채권의 채권자 자체가 변경되는 것은 아니므로 채권과 채무의 혼동(민법 제507조)이 발생하지는 않는다. 따라서 자행예금에 대한 질권설정도 유효하다. 판례와 실무 역시 자행예금의 예금채권에 대한 질권이 유효함을 전제하고 있다.

다음으로, 입질금지특약의 존재와 제3채무자에 대한 대항요건 구비와 관련하여 예금계좌개설기관으로부터 예금채권질권에 대한 승낙을 받아야 하는데, 질권자 겸 제3채무자인 예금계좌개설기관이 질권설정계약에 날인을 하면 질권설정계약 자체에 제3채무자인 예금계좌개설기관의 승낙이 포함되어 있는 것으로 볼 수 있기 때문에 입질금지특약의 존재와 관련한 예금계좌개설기관의 별도의 승낙은 필요하지 않는 것으로 볼 수 있다. 이 경우에는 질권설정계약서에 질권자 겸 예금계좌개설기관의 질권설정에 대한 승낙 문구를 기재하고 질권설정계약을 체결하면 된다. 다만, 실무에서는 질권자의 대출취급부서와 예금 취급부서가 다르거나 예금계좌가 본점이 아닌 지점・타영업점에 개설되는 경우에는 질권설정계약서에는 질권자의 대표이사 또는 대출취급부서의 대리권자가 날인을 하고 별도의 예금계좌개설기관의 양식 또는 질권설정계약서 별지의 승낙서 양식을 통해 해당 예금계좌 취급부서(지점・영업점)의 대리권이 있는 자로부터[159] 승낙를 받고 있다. 이때에는 승낙서의 수신인에 질권자만 기재하는 경우에는 승낙서의 발행자와 수신자가 동일인이 되기 때문에 수신인에는 수탁자 및 질권설정자도 함께 기재하여 승낙서를 발급하고 있다.

한편, 제3채무자인 예금계좌개설기관 외의 제3자에 대한 대항요건 구비와 관련하여 확정일자를 구비해야 하는지 문제된다. 이에 대해서는 필요설과 불요설이 있는데, 실무에서는

159) 통상은 법인등기사항증명서상 지배인 선임등기가 되어 있는 지점장

법률관계의 안정성/명확성, 조세채권과의 우열관계 명확화 등을 위해 질권설정계약서 자체나 승낙서에 확정일자를 별도로 받아두는 경우가 일반적이다.

7) 신탁수익권[160)161)]

「신탁수익권」은 신탁계약상의 수익자가 신탁법 또는 신탁계약에 따라 가지는 수탁자에 대한 각종 권리(수익채권 및 기타의 권리)의 총체를 의미한다. 그러나 개념상 신탁의 「수익권」과 「수익자」는 구별되어야 한다. 즉, 「수익자」는 신탁법과 신탁계약이 정하는 바에 따라 일체의 권리 및 의무(비용 및 신탁보수 지급의무 등)를 부담하는 지위를 갖는데, 그중에서 수익자가 행사할 수 있는 권리의 총체만이 수익권이다.[162)] 이러한 구분은 수익권 양도, 수익권에 대한 (법정, 임의)대위 등 수익권 양도/이전 사유가 발생한 경우 수익권의 양도/이전만으로 신탁계약상 수익자 지위도 별도의 절차[163)]없이 이전/변경되는지 여부와 관련된다.

「수익권」과 「수익자」의 개념이 구분되어야 함을 전제하면, 「수익권」이 양도/이전되는 경우에도 신탁계약상 「수익자」의 이전/변경을 위해서는, 계약 당사자인 위탁자와 수탁자의 합의가 있어야 하고, 미리 신탁계약에서 위탁자에게 일방적인 변경권을 부여하는 취지의 특약을 하지 않은 한 수탁자의 동의 없이 위탁자가 일방적으로 수익자를 변경할 수 없다. 다만, 신탁행위로 수익자를 지정하거나 변경할 수 있는 권한을 갖는 자를 정할 경우에는 그에 따라야 할 것이다(신탁법 제58조 제1항). 실무상 사용되는 각 신탁계약에서는 수익권과 수익자를 구분하여 사용하고 있고, 신탁약관에서도 수익자의 추가 · 변경의 경우에는 수탁자의 동의를 받아야 하는 것으로 규정하고 있는 경우가 대부분이고, 판례의 경우에도 「수익권」과 「수익자」를 구분하여 「수익권」의 양도/이전과 「수익자」지위의 변경/이전을 구별하는 경우가 많은 것으로 보이므로 주의를 요한다.

---

160) 「(신탁)수익권」은 「수익채권(수익자가 수탁자에게 신탁재산에 속한 재산의 인도와 그밖에 신탁재산에 기한 급부를 요구하는 청구권)」을 포함하는 개념인데, 신탁법에서는 수익채권의 개념과 소멸시효에 대해서만 언급하고 있을 뿐 (신탁)수익권과 분리하여 「수익채권」만을 양도 · 담보설정하는 것도 가능한지 여부에 대해서는 규정하고 있지 않다. 그러나 실무에서는 수익채권에 대한 양도 · 담보설정이 가능하다는 점에 대해서는 이견이 없는 것으로 보인다.

161) 실무에서는 금전신탁과 투자신탁 이외에는 수익증권이 발행되지 않고 있으므로, 이하에서는 다른 언급이 없는 한, 수익증권이 발행되지 않는 신탁법상의 신탁을 전제로 살펴본다.

162) 다만, 신탁의 경우에는 「수익권」과 「수익자(의 지위)」를 동일한 개념으로 파악하는 견해도 있다.

163) 계약인수의 법리에 따른 또는 신탁계약에서 정하는 바에 따른 수탁자의 동의 등의 절차를 말한다.

[판례 4-76] 서울고등법원 2018. 1. 17. 선고 2017나2036022, 2017나2036039(참가)[164]

2. 인정사실

가. 웅포관광개발 주식회사(이하 "웅포관광개발"이라 한다)는 익산시 D 일원에 36홀 골프장을 개발하는 과정에서 2007. 11. 13. 주식회사 우리은행(이하 "우리은행"이라 한다)으로부터 900억 원을 대출받았다. 웅포관광개발은 위 대출금을 담보하기 위해 위 골프장 부지에 관하여 주식회사 다올부동산신탁과 부동산담보신탁계약을 체결하고 우리은행을 1순위 우선수익자로 지정하였다. 그 후 웅포관광개발이 대출금 지급을 연체하자 우리은행은 위 대출금채권 및 1순위 우선수익권의 공개매각을 추진하였다.

나. 원고 B는 2013. 2. 20. 우리은행으로부터 웅포관광개발에 대한 약 647억 원의 대출금채권 및 1순위 우선수익권을 155억 원에 인수하였다.

다. 원고 B는 위 인수자금을 마련하기 위하여 2013. 2. 18. 집합투자업자인 주식회사 코람코자산운용(이하 "코람코자산운용"이라 한다)을 통해 농협은행 주식회사, 주식회사 솔브레인저축은행(이하 위 두 회사를 "대주단"이라 한다) 등과 대출약정을 체결하고 대주단으로부터 140억 원을 대출받았다(이하 "이 사건 대출금"이라 한다). 그리고 원고 B의 주요주주인 독립당사자참가인이 이 사건 대출금의 담보로 그 소유의 원고 B 주식 35만 주에 관하여 대주단에게 근질권을 설정해 주었다.

라. 원고 B는 그 후 공매절차를 통해 별지 목록 기재 부동산(이하 "이 사건 신탁부동산"이라 한다)을 포함한 위 골프장 부지의 소유권을 취득하였고, 이 사건 대출금 담보를 위하여 2014. 2. 18. 피고와 이 사건 신탁부동산에 관한 부동산담보신탁계약(이하 "이 사건 담보신탁계약"이라 한다)을 체결하고 신탁등기를 마쳐준 다음 대주단을 1순위 우선수익자로 지정하였다. 이 사건 담보신탁계약의 주요내용은 아래와 같다.(생략)

마. 그런데 원고 B가 대출약정에서 정한 골프장 영업개시기한, 이자유보계좌 잔고유지 등의 의무를 이행하지 못하자 코람코자산운용은 2013. 11. 1. 및 2014. 8. 19. 원고 B에게 위 대출약정에 의한 기한이익 상실 통지를 하였고, 2015. 3. 3. 기한이익 상실 사유가 치유되지 않으면 대출금채권 매각을 진행할 예정임을 통지하였다.

바. 원고 A는 2015. 3. 31. 독립당사자참가인으로부터 대주단의 근질권이 설정된 원고 B 주식 중 30만 주를 60억 원에 매수하는 주식매매계약을 체결하였는데(이하 "이 사건 주식매매계약"이라 한다), 위 계약 제4조 제3항에서는 원고 A가 독립당사자참가인을 대리하거나 독립당사자참가인 명의로 이 사건 대출금 140억 원의 원리금에 대한 대위변제를 할 수 있고, 이 경우 독립당사자참가인이 위 대위변제에 의하여 취득한 모든 권리는 당연히 원고 A에게 양도되는 것으로 하며, 이에 대한 내용증명 통지 등 원고 A가 대항요건을 구비하는데 필요한 권한을 원고 A가 참가인을 대리하여 행사할 수

164) 이 판결은 상고취하로 확정되었다.

있는 것으로 정하였다.

사. 원고 A는 물상보증인인 독립당사자참가인 명의로 대주단에게 2015. 4. 10. 46억 원, 2015. 4. 13. 94억 원 합계 140억 원을 지급하여 이 사건 대출금 채무 전부를 대위변제(이하 '이 사건 대위변제'라 한다)하였고, 대주단을 대리한 코람코자산운용으로부터 2015. 4. 15. 대출약정서 원본, 근질권으로 제공된 80만주에 대한 실물주권, 우선수익권증서 원본, 예금통장 등 담보관련 서류 일체를 반환받았다. 또한, 원고 A와 독립당사자참가인은 2015. 4. 14. 변호사 G, H에게 이 사건 대위변제 및 이 사건 주식매매계약에 따른 권리의 확보 및 이전에 관한 일체의 대리권을 부여하였다.

아. 원고 A는 2016. 3. 29. 독립당사자참가인을 대리하여 피고에게 이 사건 대출금채권 및 1순위 우선수익권을 양도한다는 통지를 하면서 '1순위 우선수익권자의 명의'를 대주단에서 원고 A로 변경하여 줄 것을 요청하였고, 2016. 4. 29. 원고 A 및 위 G, H 변호사의 명의로 참가인을 대리하여 재차 양도통지를 하였다.

4. 본안에 관한 판단

가. 원고 A 및 독립당사자참가인의 피고에 대한 청구에 관한 판단

1) 당사자들의 주장 요지

가) 원고 A의 주장

(1) 부동산담보신탁의 수익권은 수익자가 신탁계약에 따라 행사할 수 있는 권리의 총체를 의미하므로, 수익권의 양도와 수익자 명의 변경은 동일한 개념이다. 따라서 지명채권 양도방법에 의해 수익권을 양도할 수 있다는 신탁법 제65조는 수익자의 지위 이전에도 적용된다고 보아야 한다.

(2) 원고 A가 물상보증인인 독립당사자참가인의 이름으로 대주단에게 이 사건 대위변제를 함으로써 독립당사자참가인이 민법 제482조 제1항의 변제자대위 규정에 따라 1순위 우선수익권 또는 우선수익자 지위를 양수하였고, 원고 A가 이 사건 주식매매계약 제4조 3항에 따라 독립당사자참가인으로부터 1순위 우선수익권 또는 우선수익자 지위를 별도의 의사표시 없이 양수하였으며, 2016. 3. 29. 및 2016. 4. 29. 독립당사자참가인을 대리하여 피고에게 1순위 우선수익권 양도통지를 하여 대항요건도 구비하였다.

(3) 따라서 이 사건 담보신탁계약의 1순위 우선수익권자는 원고 A이므로, 피고는 '1순위 우선수익권자의 명의'를 원고 A로 변경하는 절차를 이행할 의무가 있다(원고 A는 수익권과 수익자의 개념을 구분하지 않고 혼용하고 있어, 일단 원고 A의 주장대로 기재한다).

나) 독립당사자참가인의 주장

(1) 부동산담보신탁의 수익자는 신탁법과 신탁계약이 정하는 바에 따라 권리·의무를 부담하고, 그중 수익자가 행사할 수 있는 권리의 총체가 수익

권이므로, 수익자의 지위와 수익권은 구분되어야 한다. 따라서 수익자 명의를 변경하려면 이 사건 담보신탁계약이 정한 바에 따라 수탁자인 피고의 승낙이 있어야 하고, 수익자 지위 또는 명의 변경에 관하여 신탁법 제65조가 적용된다고 볼 수 없는 반면, 예외적으로 민법 제482조 제1항의 변제자대위와 같이 법률의 규정에 의한 양도가 있는 경우에는 피고의 승낙을 요하지 않는다고 보아야 한다.

(2) 원고 A가 물상보증인인 독립당사자참가인의 이름으로 대주단에게 이 사건 대위 변제를 함으로써 독립당사자참가인이 변제자대위 규정에 따라 1순위 우선수익권 또는 우선수익자 지위를 양수하였고, 원고 A가 독립당사자참가인으로부터 우선수익권 또는 우선수익자 지위를 양수하는 데에 대하여는 수탁자인 피고의 동의를 얻지 못하였으므로, 원고 A는 1순위 우선수익자의 지위를 인수하지 못하였다고 보아야 한다.

(3) 따라서 이 사건 담보신탁계약의 1순위 우선수익자는 독립당사자참가인이므로, 피고는 '1순위 우선수익권자의 명의'를 독립당사자참가인으로 변경하는 절차를 이행할 의무가 있다(독립당사자참가인은 수익권과 수익자의 개념을 구분하면서 경우에 따라서는 이를 혼용하고 있어, 일단 독립당사자참가인의 주장대로 기재한다).

다) 피고의 주장

(1) 부동산담보신탁의 수익자 지위는 신탁법 및 이 사건 담보신탁계약이 정하는 수익자의 권리와 의무의 총체를 의미하므로 수익자 지위 이전은 채권양도가 아니라 계약인수에 해당하여 당사자 전원의 동의가 필요하다.

(2) 또한 수익자 지위 이전이 채권양도의 방법으로 가능하다고 가정하더라도, 이 사건 담보신탁계약 제7조 제5항에 따라 수익자는 수탁자의 사전 동의 없이 수익자의 지위를 타인에게 양도 또는 명의변경할 수 없으므로 피고의 사전동의를 얻지 못한 원고 A는 1순위 우선수익자의 지위를 취득하지 못하였다.

2) 판단

가) 신탁계약에서 수익자의 지위

신탁은 위탁자와 신탁자의 신임관계에 기하여 위탁자가 수탁자에게 특정의 재산을 이전하거나 그 밖의 처분을 하고 수탁자로 하여금 수익자의 이익(사익신탁) 또는 특정의 목적(목적신탁)을 위하여 필요한 행위를 하게 하는 법률관계를 말한다(신탁법 제2조). 유언신탁, 신탁선언을 제외하면 신탁은 위탁자와 수탁자 사이의 계약으로 설정되고(신탁법 제3조 제1항 제1호), 사익신탁은 신탁재산으로부터 얻을 수익을 수익자에게 귀속시키는 것을 목적으로 하므로 수익자를 정하는 것은 신탁계약의 중요한 요소에 속한다(대법원 2007. 5. 31. 선고

2007다13312 판결 등 참조).

신탁행위가 정한 바에 따라 수익자로 지정된 사람은 당연히 신탁행위에서 정한 신탁이익을 향수할 권리(신탁법 제56조), 신탁위반 법률행위를 취소할 수 있는 권리(신탁법 제75조) 등 신탁계약과 신탁법이 정하는 권리를 가지게 된다. 반면, 수익자는 수탁자가 지출한 비용・손해를 보상할 의무(신탁법 제46조 제4항), 수탁자의 보수를 지급할 의무(신탁법 제47조 제4항) 등도 부담한다. 신탁법 제57조가 수익권의 포기를 인정하는 취지는, 수익자가 신탁법에 따라 비용상환의무를 지게 되므로 수익자가 자기의 의사에 반하여 수익권을 취득할 것을 강제당하지 않도록 하기 위한 데에 있다(대법원 2016. 3. 10. 선고 2012다25616 판결 등 참조).

나) 수익권의 양도와 수익자 지위의 이전

(1) 수익자가 가지는 각종 권리의 총체가 수익권이고, 이는 일종의 재산권으로서 원칙적으로 양도성을 갖는다(신탁법 제64조 제1항). 수익권의 성질이 일신전속적이거나 신탁계약에서 양도를 제한하지 않는 한(신탁법 제64조 제2항) 수익자는 수익권의 전부 또는 일부를 자유로이 양도할 수 있고, 양도인과 양수인의 합의 외에 수탁자의 동의나 수탁자에 대한 통지가 양도의 효력요건이 되는 것이 아니다. 종래 구 신탁법(2011. 7. 25. 법률 제10924호로 개정되기 전의 것)은 수익권의 양도방법을 특별히 정하지 않아 수탁자나 제3자의 보호가 문제되었으나, 2011. 7. 25. 개정된 신탁법은 제65조에서 지명채권 양도와 동일한 방법으로 수익권을 양도할 수 있도록 정하였다. 따라서 수익권의 양도는 양도인이 수탁자에게 통지하거나 수탁자가 승낙한 경우 수탁자에게 대항할 수 있고(신탁법 제65조 제1항), 이를 확정일자가 있는 증서로 한 때에는 수탁자 외의 제3자에게도 대항할 수 있다(신탁법 제65조 제2항).

(2) 한편, 수익자 지위의 이전은 그 지위에 수반한 권리와 의무를 포괄적으로 이전하는 것이므로 수익권의 양도와 구분된다. 신탁법 제65조는 수익권의 양도를 규율할 뿐 수익자 지위의 이전을 정하고 있지 않으므로, 수익자 지위 이전의 문제는 계약인수 등 일반법 원칙에 따라 해결할 수밖에 없다. 그러므로 신탁계약상 수익자를 변경하려면 계약 당사자인 위탁자와 수탁자의 합의가 있어야 하고, 미리 신탁계약에서 위탁자에게 일방적인 변경권을 부여하는 취지의 특약을 하지 않은 한 수탁자의 동의 없이 위탁자가 일방적으로 수익자를 변경할 수 없다(대법원 2007. 5. 31. 선고 2007다13312 판결 등 참조). 다만, 신탁행위로 수익자를 지정하거나 변경할 수 있는 권한을 갖는 자를 정할 경우에는 그에 따라야 한다(신탁법 제58조 제1항).

다) 원고 A와 독립당사자참가인의 청구내용

원고 A와 독립당사자참가인은 피고에 대하여 이 사건 담보신탁계약에 따른 신탁원본 및 신탁수익의 '1순위 우선수익권자명의'의 변경절차 이행을 구하고 있는데, 우선 위 당사자들의 청구가 수익권에 관한 것인지 아니면 수익자 지위에 관한 것인지에 대하여 살펴본다.

살피건대, 이 사건 담보신탁계약 제3조 제1항, 별첨 2의2에서 우선수익자를 정하고 있고, 별첨 2의2에서 "신탁원본 및 신탁수익의 1순위 우선수익자"로 대주단 구성원들을 지정한 사실은 앞서 인정사실에서 본 바와 같고, 이 사건 담보신탁계약에서 '수익권자의 명의변경'에 관하여 달리 정하고 있지 않은 점을 더하여 보면, 원고 A와 독립당사자참가인이 구하는 명의변경절차라는 것은 이 사건 담보신탁계약 별첨 2의 2에서 정하는 신탁원본 및 신탁수익의 1순위 우선수익자 명의를 원고 A 또는 독립당사자참가인으로 변경하여 달라는 취지로 해석함이 타당하다.

라) 이 사건 담보신탁계약이 정한 바에 따라 우선수익자 지위 이전이 있었는지 여부

(1) 이 사건 담보신탁계약의 우선수익자는 신탁이익(제5조)을 향수할 권리나 그 밖에 신탁법이 정하는 수익자의 권리 등을 가지는 반면, 수탁자가 지출한 비용·손해를 보상할 의무(제14조 제4항)나 수탁자의 보수를 지급할 의무 등 신탁법이 정하는 수익자의 의무를 부담한다. 이 사건 담보신탁계약 제14조 제1항이 수탁자의 책임 없는 사유로 발생한 손해를 위탁자가 부담하고, 제16조 제2항이 위탁자가 수탁자에게 신탁부동산 처분 이외의 신탁보수를 선납하도록 정하고 있기는 하지만, 그렇다고 하여 신탁법이 정하는 수익자의 의무를 면하게 하는 규정을 두고 있지는 않기 때문이다.

(2) 이 사건 담보신탁계약은 우선수익자 지위의 이전에 관하여 두 가지 규정을 두고 있다. 먼저 제3조 제2항은 "위탁자는 수탁자의 승낙을 얻어 수익자를 추가 지정하거나 변경할 수 있다"고 정하고 있다. 위 규정에 따라 수익자를 변경하는 주체는 계약 당사자 일방인 위탁자이지만, 계약 상대방으로서 수탁자인 피고의 사전 동의를 얻을 것을 요하므로 위탁자에게 일방적인 수익자 변경권을 부여하였다고 해석할 수 없다. 갑 제29호증의 기재에 의하면 위탁자인 원고 B가 2016. 3. 29.경 피고에게 1순위 우선수익자 지위를 원고 A로 변경하는데 동의할 것을 요구한 사실은 인정되지만, 피고가 이에 동의하였다고 볼 증거가 없으므로, 이 사건 담보신탁계약 제3조 제2항에 따라 원고 A가 우선수익자 지위를 이전받았다고 볼 수 없다. 더구나 위탁자가 아닌 원고 A나 독립당사자참가인이 위 규정에 따라 피고를 상대로 우선수익자의 명의변경절차 이행을 구할 권원도 없다.

(3) 다음으로 제7조 제5항은 "우선수익자는 수탁자의 사전 동의 없이는 우선수익자의 지위를 타인에게 양도 또는 명의변경할 수 없다"고 정하고 있다.

따라서 우선수익자도 우선수익자 지위를 제3자에게 이전할 수 있지만 이 경우 수탁자인 피고의 사전동의를 얻어야 하므로, 우선수익자에게 일방적인 수익자 변경권을 부여하였다고 해석할 수 없다. 이 사건 담보신탁계약에서 1순위 우선수익자로 지정된 사람은 대주단이고, 대주단이 독립당사자참가인 명의로 이 사건 대출채권의 대위변제를 받게 되자 우선수익권증서 등을 독립당사자참가인 측에게 교부한 사실은 앞서 본 바와 같으나, 우선수익자인 대주단이 수탁자인 피고에게 우선수익자 변경을 요청하였거나 피고의 동의를 얻었다고 볼만한 증거가 없으므로, 원고 A나 독립당사자참가인이 이 사건 담보신탁계약 제7조 제5항에 따라 1순위 우선수익자 지위를 이전받았다고 볼 수 없다. 그리고 뒤에서 보는 바와 같이 원고 A나 독립당사자참가인을 우선수익자라고 볼 수 없으므로, 위 규정에 따라 피고를 상대로 우선수익자의 명의변경절차 이행을 직접 구할 권원도 없다.

마) 변제자대위에 의한 수익자 지위 이전이 가능한지 여부[165)]

(1) 원고 A와 독립당사자참가인은 변제자대위의 법리에 의하여 우선수익자 지위 이전이 가능하다고 주장하므로 이에 관하여 본다.

(2) 타인의 채무를 담보하기 위하여 자기의 재산에 담보권을 설정한 물상보증인이 채무를 변제한 때에는 채무자에 대한 구상권이 있고, 물상보증인은 변제할 정당한 이익이 있으므로 민법 제481조에 따라 변제로 당연히 채권자를 대위하여 채권자의 채권 및 그 담보에 관한 권리를 행사할 수 있다(대법원 2014. 4. 30. 선고 2013다80429, 80436 판결 등 참조). 그리고 변제자대위에서 말하는 '담보에 관한 권리'에는 질권, 저당권이나 보증인에 대한 권리 등과 같이 전형적인 물적·인적 담보뿐만 아니라, 채권자와 채무자 사이에 채무의 이행을 확보하기 위한 특약이 있는 경우에 그 특약에 기하여 채권자가 가지게 되는 권리도 포함된다(대법원 1997. 11. 14. 선고 95다11009 판결 등 참조).

165) 실무에서는, 우선수익권이 담보물권이 아니라 위탁자와 수탁자 간의 별개의 신탁계약에 따라 발생한 수탁자에 대한 권리라는 점에서, (i) 우선수익권이 대위의 대상인 「담보에 관한 권리」에 해당하는지, 법정/임의대위의 각 경우 (ii) 신탁계약상 우선수익권에 대한 양도에 수탁자의 동의(승인)를 받아야 하는 것으로 규정된 경우에도 수탁자의 동의없이 대위의 객체가 될 수 있는지, (iii) 신탁원부에 우선수익자 기재의 변경이 이루어지지 않은 상태에서 우선수익권에 대한 대위가 인정되는지(배당참가 등), (iv) 신탁원부에 우선수익자 변경에 대해서는 수탁자의 동의(승인)을 받도록 규정되어 있는 경우에도 우선수익권의 대위만으로 수탁자에 대해 우선수익자 변경을 청구하거나 우선수익자 지위 확인을 청구할 수 있는지 등 다양한 문제가 제기되고 있다.

(3) 살피건대, 독립당사자참가인은 원고 B의 이 사건 대출금채무 담보를 위하여 자기 소유의 원고A 주식에 관한 근질권을 설정해 주었으므로 위 대출금채무를 변제할 정당한 이익이 있고, 이 사건 담보신탁계약의 1순위 우선수익권은 이 사건 대출금 담보를 위한 재산권으로서 채권자인 대주단과 채무자인 원고 B 사이에 채무 이행의 확보를 위한 특약에 기하여 대주단이 가지게 된 권리라 봄이 타당하다. 따라서 원고 A가 독립당사자참가인의 명의로 대주단에게 이 사건 대출금채무를 변제함으로써 독립당사자참가인은 당연히 대주단의 이 사건 대출금채권 및 그 담보를 위한 이 사건 담보신탁계약의 1순위 우선수익권 등 권리를 행사할 수 있게 되었다 할 것이고, 이는 비록 이 사건 담보신탁계약 제7조 제5항이 수탁자의 사전 동의 없는 수익권 양도를 금지하고 있더라도 위 양도금지특약에 대한 독립당사자참가인의 악의 또는 중과실 여부에 상관 없이 유효하다(앞서 본 바와 같이 제7조 제5항은 우선수익자 지위 이전과 수익권 양도를 모두 정하고 있다. 한편, 일단 독립당사자참가인이 우선수익권을 변제자대위에 의해 양수한 다음 이 사건 주식매매계약이 정한 바에 따라 원고 A가 독립당사자참가인으로부터 우선수익권을 양수하였다고 볼 수 있는지 여부는 독립당사자참가인의 원고 A에 대한 청구에 관한 판단 부분에서 다시 살펴본다).

(4) 그러나 위와 같이 변제자대위가 인정되는 대상은 채권자의 권리에 한정되므로, 독립당사자참가인이 변제자대위에 의해 수탁자에 대한 의무 또는 채무를 포함하는 수익자 지위까지 법률규정에 의해 당연히 이전받았다거나 이후 원고 A가 독립당사자참가인으로부터 수익자 지위를 다시 이전받았다고 보기는 어렵다. 결국 변제자대위에 의하더라도 우선수익자 지위의 이전 내지 우선수익자를 변경하기 위해서는 여전히 이 사건 담보신탁계약 제3조 제2항 또는 제7조 제5항에 따라 수탁자인 피고의 동의가 있어야 한다.

(5) 한편, 원고 A는 이 사건 담보신탁계약이 우선수익자 지위 이전을 오로지 수탁자인 피고의 의사에 따르도록 정한 것이 순수 수의 조건에 해당하여 무효라고 주장한다. 살피건대, 수익자 지위 이전에 관하여 계약인수 등 일반 법원칙이 적용되는 결과 계약당사자의 동의가 있어야 한다는 점은 앞서 본 바와 같고, 수탁자가 수익자의 이익을 위하여 신탁사무를 처리하는 선관의무(신탁법 제33조) 및 신탁목적에 따라 신탁재산을 관리하고 신탁재산의 이익을 최대한 도모해야 하는 충실의무를 부담하며(대법원 2005. 12. 22. 선고 2003다55059 판결 등 참조), 위탁자와 수익자가 합의하여 수탁자를 해임할 수도 있어(신탁법 제16조 제1항) 수익자의 동의권 행사에 일정한 한

계가 존재할 수밖에 없는 점에 비추어 보면, 이 사건 담보신탁계약이 우선수익자 지위 이전에 관하여 피고의 동의를 반드시 얻도록 하는 부분이 무효라고 볼 수 없다. 따라서 원고 A의 이 부분 주장은 받아들이지 않는다.

3) 소결

그러므로 원고 A와 독립당사자참가인의 각 피고에 대한 청구는 모두 이유 없다(이 사건과 같이 원고 A가 제1심에서 승소하고 독립당사자참가인만이 항소하였고, 독립당사자참가신청이 적법하게 이루어진 상태에서 합일확정의 필요성이 요청되는 경우 항소가 이루어지지 않은 원고 A의 피고에 대한 청구도 이 법원의 심판 범위에 포함될 수 있음은 앞서 이 법원의 심판 범위 부분에서 언급한 바와 같다).

한편, 신탁의 수익권은 수익권의 성질이 양도를 허용하지 않는 경우{대법원 2011다84359 판결([판례 4-77]) 참조}와 신탁행위에서 달리 정하는 경우 이외에는 원칙적으로 양도성을 가진다(신탁법 제64조).

[판례 4-77] 대법원 2012. 11. 29. 선고 2011다84359 판결

4. 제3, 4점에 대하여

가. 원심판결 이유에 의하면, 평창토건은 분양전환 완료 시까지 이 사건 아파트에 관한 소유권을 관리·보존하기 위하여 피고 신탁회사와 사이에 을종 부동산 관리신탁계약을 체결한 후 피고 신탁회사 앞으로 그 건물 등에 관한 신탁등기 및 소유권이전등기 등을 마친 사실, 이 사건 신탁계약서에 의하면 수익자는 임대사업자인 평창토건 자신이고, 신탁원본은 이 사건 아파트와 회사가 보관하고 있는 임대보증금, 신탁부동산의 물상대위로 취득한 재산 및 기타 이에 준하는 것으로 하며, 신탁기간은 신탁계약 체결일로부터 분양전환 완료 시까지로 하고, 신탁기간 만료 등 신탁종료 시 수익자는 수탁자에게 신탁보수 등을 지급, 정산하고 신탁재산에 대한 소유권이전등기 및 신탁등기 말소 등을 신청할 수 있다고 기재되어 있는 사실, 평창토건은 그 후 보조참가인 근질권자들에 대한 채무를 담보하기 위하여 이 사건 신탁수익권을 목적으로 하는 근질권을 설정하였고 피고 신탁회사는 이를 승낙한 사실을 알 수 있다.

나. 원고들과 평창토건 사이에 분양전환을 위한 매매계약이 성립된 이상 원고들이 부담하는 분양전환가격에 따른 매매대금 지급의무와 평창토건이 부담하는 이 사건 아파트 건물 등에 관한 소유권이전등기의무 등은 동시이행의 관계에 있다고 할 것인바, 평창토건이 그 소유권이전등기 등 의무를 이행하려면 먼저 피고 신탁회사에 신탁되어 있는 이 사건 아파트를 반환받을 필요가 있다. 그런데 이 사건 신탁계약의 종료 사유인 '분양전환 완료'의 의미를 매매계약에 따라 동시이행관계에 있는 위 각 의무의 이행까

지 마쳐지는 것으로 해석하면 분양전환을 위한 매매계약의 성립만으로는 아직 신탁이 종료되지 아니하여 평창토건이 이 사건 아파트를 반환받을 수 없게 되고, 이는 사실상 원고들에게 매매대금의 선이행을 강제하는 결과를 초래하게 된다. 따라서 이 사건 신탁의 목적인 분양전환의 원만한 이행이라는 측면에서, 이 사건 신탁계약에서 정한 신탁종료 사유인 '분양전환 완료'란 '임차인과 임대사업자 사이에 분양전환을 위한 매매계약이 성립된 것'을 의미하는 것으로 해석함이 상당하다.

같은 취지의 원심판단은 정당하고, 거기에 상고이유로 주장하는 바와 같은 이 사건 신탁계약의 종료 사유인 '분양계약 완료'의 해석에 관한 법리오해 등의 위법이 없다.

다. 구 임대주택법(2007. 7. 19. 법률 제8534호로 개정되기 전의 것, 이하 '구 법'이라고 한다) 제12조의3 제1항은 임대사업자는 주택법에 의한 사업계획의 승인을 받아 시행하는 주택건설사업에 의하여 건설된 임대주택에 대하여는 분양전환 이전까지 저당권이나 가등기담보 등 담보물권을 설정하는 행위 등을 하여서는 아니 된다고 규정하고, 제2항은 임대사업자는 소유권보존등기 신청과 동시에 제1항의 규정에 의한 임대주택에 대하여 분양전환 이전까지 제한물권의 설정이나 압류 · 가압류 · 가처분 등이 될 수 없는 재산임을 부기등기 신청하여야 한다고 규정하며, 제3항은 제2항의 규정에 의한 부기등기일 후에 당해 임대주택에 설정받은 제한물권이나 압류 · 가압류 · 가처분 등은 무효로 한다고 규정하고 있다.

이러한 규정의 취지는, 임차인이 장차 분양전환에 의하여 유효한 소유권을 취득할 수 있도록 임대사업자의 임대주택에 관한 저당권 설정 등 일정한 처분행위를 금지하되 이러한 처분 제한으로 말미암아 제3자가 불측의 손실을 입는 것을 방지하기 위하여 일정한 금지사항의 취지를 부기등기하도록 하고, 부기등기 이후에는 임대주택에 관하여 처분금지의 대상이 되는 담보권 설정 등을 원인으로 한 등기 내지 압류 · 가압류 · 가처분 등의 효력을 부정함으로써 임대사업자의 채권자들에 우선하여 임차인들을 보호하려는 데에 있다고 할 것이다.

한편, 구 법 제12조의3 제2항 및 그 위임에 의한 구 법 시행령(2008. 6. 20. 대통령령 제20849호로 전부 개정되기 전의 것) 제9조의5 제2항은 임대사업자가 국가 · 지방자치단체 · 대한주택공사 또는 지방공사이거나 당해 임대주택을 신탁회사 등에 신탁하는 경우에는 금지사항 부기등기의무의 예외를 인정하여 주고 있는데, 이는 국가 등의 경우에는 부도, 파산이나 법이 금지하고 있는 처분행위의 위험성이 없고, 일반 임대사업자의 경우에는 임대주택에 대한 신탁이 설정되면 당해 임대주택은 위탁자인 임대사업자의 재산권으로부터 분리될 뿐만 아니라 수탁자의 고유재산으로부터 구별되어 관리되고, 수탁자 고유의 이해관계로부터 분리되는 등 독립성이 확보되어 마치 금지사항 부기등기가 마쳐진 것과 동일한 효과를 누릴 수 있기 때문이라고 할 것이다.

그런데 임대사업자가 임대주택에 관하여 분양전환 완료 시까지 소유권을 보존 · 관리하기 위하여 이를 신탁회사에 신탁하였다고 하여 그 수익권자인 임대사업자가 임대주택을 신탁회사로부터 반환받을 권리를 자신의 채권자에게 입질하는 것까지 허용된다고 하면 그 질권자의 질권실행에 따라서는 임대사업자가 해당 임대주택의 소유권을 회복할 수 없게 될 위험에 처할 수 있고, 이는 결국 임대주택에 대한 신탁이 오히려 임차인의 우선 분양전환권을 해하는 수단으로 변질될 수 있다는 점에서 부당하다고 하지 않을 수 없다. 따라서 저당권 설정 등 처분제한 및 금지사항 부기등기 제도의 입법 목적과 임대주택을 신탁회사에 신탁하는 것을 금지하고 있지 아니할 뿐만 아니라 신탁이 설정된 경우에는 부기등기에 대한 예외를 인정해 준 규정 취지 등에 비추어 보면, 임대주택의 분양전환 완료 시까지 소유권을 보존·관리하기 위한 목적의 부동산 관리신탁이 설정된 경우에 있어서 특별한 사정이 없는 한 임대사업자가 임대주택을 신탁회사로부터 반환받을 권리는 그 성질상 입질의 대상이 될 수 없고, 이러한 신탁수익권을 목적으로 하는 권리질권은 그 효력이 없다고 할 것이다.

위 사실관계를 앞서 본 법리에 비추어 살펴보면, 이 사건 신탁은 분양전환 완료 시까지 이 사건 아파트에 관한 소유권의 관리·보존만을 목적으로 설정된 것이므로 원고들과 평창토건 사이에 분양전환을 위한 매매계약이 성립된 이상 그 목적 달성으로 종료되었고, 신탁이 종료된 이상 피고 한국투자신탁은 이 사건 신탁약정에 따라 수익자인 평창토건에게 신탁원본에 해당하는 이 사건 임대주택을 반환할 의무가 있으며, 이러한 반환청구권을 목적으로 하여 설정된 권리질권은 그 효력이 없으므로, 수익자인 평창토건은 그 원본수익권을 소멸시키는 이 사건 아파트에 관한 반환청구권의 행사에 있어서 보조참가인 근질권자들의 동의를 받을 필요가 없다고 할 것이다.

같은 취지의 원심의 판단은 정당하고, 거기에 상고이유에서 주장하는 바와 같은 임대사업자의 신탁수익권을 목적으로 한 근질권의 효력 등에 관한 법리오해 등의 위법이 없다.

라. 민법 제475조는 변제자가 채무 전부를 변제한 때에는 채권자에게 채권증서의 반환을 청구할 수 있다고 규정하고 있으나, 이러한 채권증서 반환청구권은 변제와 동시이행관계에 있지 아니하다(대법원 2005. 8. 19. 선고 2003다22042 판결).

원심판결 이유에 의하면, 원심은 이 사건 신탁계약에 기한 수익권증서는 그 성격상 유가증권 내지 지시증권이 아닌 채권증서에 해당한다고 볼 수 있는 점 등 그 판시와 같은 사정을 들어 피고 파산관재인의 수익권증서 반환의무와 피고 한국토지신탁의 신탁재산 반환의무가 동시이행의 관계에 있다고 보기 어렵다고 판단하여 피고 한국토지신탁의 동시이행 항변을 배척하였다.

앞서 본 법리와 기록에 비추어 살펴보면, 원심의 위와 같은 판단은 정당한 것으로 수긍할 수 있고, 거기에 상고이유의 주장과 같은 신탁종료 시 수익자의 수익권증서 반환의무와 수탁자의 신탁목적물 반환의무의 동시이행관계에 관한 법리오해 등의 위법이 없다.

수익권의 양도는 민법상 일반적인 지명채권 양도의 방법에 의한다(신탁법 제65조).[166] 다만, 실무에서 이용되는 신탁계약서에는 수익권의 양도·담보설정은 수탁자의 동의하에서만 가능하도록 규정되어 있다. 즉, 신탁행위로 그 양도성이 제한되어 있다. 또한, 신탁대상재산이 부동산 등 등기·등록이 필요한 자산인 경우에는 수익자 및 수익권의 내용이 신탁원부에 기재되어 등기되므로 수익권이 양도되는 경우에는 신탁원부 변경등기에 의해 수익자의 기재를 변경하여 대항력을 확보하고,[167] 나아가 수익권증서가 발급된 경우에는 증서상의 수익자 기재변경을 신탁회사에게 요청하여 새로운 수익권증서를 교부받고 있다.[168]

이러한 신탁계약상의 수익권을 M&A금융의 담보로 제공하는 방법으로는, 「수익권에 대한 질권을 설정하는 방법」, 「수익권에 대한 양도담보권을 설정하는 방법」, 「타익신탁을 설정하여 대주를 우선수익자로 지정하는 방법」[169]이 이용될 수 있다.

---

166) 수익증권 발행신탁의 수익권 양도에 대해서는 신탁법 제81조, 질권설정에 대해서는 제83조 각 참고

167) 수익권 양도와 관련하여, 신탁법에 따르면 부동산신탁의 수익권 양도의 경우에도 신탁원부상 수익자의 변경은 그 효력요건 및 대항요건이 아니나(신탁법 제65조), (i) 원칙적으로 수익권과 수익자의 개념은 구분되는데 수익권을 양수하였다고 하여 신탁계약상 수익자의 다른 권리·권한을 모두 취득하였다고 볼 수 있는지 여부에 대해 분쟁이 발생할 수 있다는 점, (ii) 수익자의 성명과 주소는 신탁원부의 기재사항인데(부동산등기법 제81조 제1항 제1호, 제2항), 구 신탁법하에서부터 대법원 판례는 일관되게 신탁원부 기재의 대항력 범위를 광범위 하게 인정하고 있으므로 수익권 양도에 의해 수익권의 권리자가 변경되었음에도 불구하고 신탁원부상의 수익자 변경을 하지 않는 경우에는 대항력을 확보하지 못할 염려가 있다는 점, (iii) 일반적으로 신탁계약에서는 수익자와 수익권의 권리자가 동일인임을 전제로 규정하고 있는데, 수익권과 수익자 양자가 분리되는 경우에는 조세·회계를 포함한 기타의 법률관계에서 신탁 당사자들의 법적 지위가 불안정해질 수 있다는 점, (iv) 신탁법이나 신탁계약에서 수익자의 동의 등 수익자의 어떠한 행위가 필요한 경우 법원이나 관할관청에서는 등기된 신탁원부상의 수익자를 기준으로 그 동의 등의 요건 구비여부를 판단하는 경우가 많나는 점, (v) 신탁부동산을 처분(환가) 또는 신탁 해지 등을 원인으로 신탁등기를 말소하고자 하는 경우에는 신탁등기사무처리에 관한 예규 제6조 가.항 등을 근거로 등기공무원으로부터 처분(환가) 또는 해지에 대한 신탁원부상의 수익자의 동의서가 요구되는 경우가 많다는 점 등을 이유로, 실무에서는 수익권이 양도되는 경우에는 수익자의 지위도 함께 이전됨을 규정하고 신탁원부가 작성되는 신탁(부동산신탁 등)의 경우에는 수탁자의 동의를 받아 신탁원부상 수익자도 변경하는 경우가 많다.

168) 실무상 발행되는 부동산신탁의 수익권증서는 유가증권이나 신탁법 또는 자본시장법상의 수익증권이 아니라 수익권의 증빙을 위하여 증거서류의 의미로 발행되는 증서이다. 따라서 수익권 양도의 요건과 관련하여서도 수익권증서의 인도와 수익권증서의 교체발행은 신탁법 기타 관련법령상 수익권 양도의 요건은 아니며(신탁법 제65조), 양수인이 새로운 수익권의 권리자임을 나타내는 증거서류로서 그리고 양도인에 의한 유통방지 등을 위해 신탁계약에서 정하는 바에 따라 교부가 이루어지고 있다. 다만, 수익증권 발행신탁의 수익권 양도 시에는 수익증권을 양수인에게 교부하여야 한다(신탁법 제81조 제1항).

169) 이러한 「담보신탁」에 의한 담보권설정은 채권질권과는 그 성질 및 효과가 다르지만, 수익권에 대한 질권·양도담보권과 비교하기 위해 여기서도 살펴본다.

① 수익권에 대한 질권을 설정하는 방법[170)171)]

이 방법은 민법상 지명채권에 대한 질권설정 방법에 준하여 이루어진다(신탁법 제65조, 제66조). 따라서 수익권에 대한 질권설정계약을 체결하고, 질권설정자인 수익자가 질권설정사실을 수탁자에게 확정일자부로 통지하거나 질권설정에 대해 수탁자로부터 확정일자부로 승낙을 받는다.[172)] 또한, 수익권증서가 발행되어 있는 경우에는 수익권증서도 질권자에게 교부하게 된다(민법 제347조).[173)]

신탁법 및 부동산등기법에서는 수익권에 대한 질권자는 신탁원부 기재 사항(등기사항)이 아니므로 이 경우에는 별도의 신탁원부의 변경등기가 이루어지지 아니 한다.[174)] 이와 같이 수익권에 대한 질권이 설정되는 경우에도 질권설정자가 도산하게 되는 경우 수익권에 대한 질권자는 질권설정자에 대한 회생담보권자 또는 별제권자로서 질권설정자의 도산절차에는 구속되게 된다(채무자회생법 제141조 제1항). 이 점이 담보신탁에 따라 대주가 직접 수익자로 지정되는 경우와 차이가 있게 된다.

신탁수익권에 대한 질권도 권리질인 이상 그 설정의 선후에 의해 순위를 붙이는 것은 가능하다(민법 제333조, 제355조). 여기서 「설정의 선후」는 대항요건구비의 선후까지 포함된다는 점은 앞서 본 바와 같다.

170) 「담보신탁」의 수익권의 경우에도, 수익권은 신탁계약에 따른 별개의 독립된 권리이고, 수익자가 여전히 피담보채권을 보유하고 있는 동안에는 수익자로서의 권리를 행사할 수 있으므로, 달리 수익권만에 대한 질권설정 등을 금지하는 약정이 없는 한, 당사자들이 수익권에 대해서만 질권을 설정하는 경우에는 수익권에 대한 질권도 유효하다고 보는 것이 타당할 것이다. 다만, 이 경우에는 양도, 전부(轉付) 기타의 사유로 수익자가 피담보채권자의 지위를 상실하는 경우에는 대법원 2015다52589 판결([판례 4-84]) 및 대법원 2014다225809 판결(전합)([판례 4-85])에서 보는 바와 같이 수익권 및 질권의 소멸 여부가 문제될 것이다.

171) 수익증권 발행신탁의 수익권 질권설정 방법에 대해서는 신탁법 제83조 참고

172) 대부분의 신탁계약에서는 수익권을 양도하거나 질권을 설정하는 경우 수탁자의 승낙을 받도록 규정하고 있으므로, 실무에서는 (통상은 수탁자가 지정하는 양식으로) 수탁자의 승낙을 받아 수익권에 대한 질권설정이 이루어지고 있다.

173) 실무상 발행되는 「수익권증서」가 민법 제347조에서의 「채권증서」에 해당하는지 여부에 대해 대법원 2011다84359 판결([판례4-77]) 및 대법원 2017다8395 판결([판례 4-79])에서는, 방론이기는 하나, 채권증서에 해당한다고 판시하고 있다. 또한, 금전신탁의 수익증권 등 수익증권 발행신탁의 경우를 제외하고, 실무상 발행되는 「수익권증서」의 교부가 신탁법상의 수익권 질권설정의 요건은 아니나(신탁법 제65조), 실무에서는 민법 제347조, 신탁수익권증서의 성질에 관한 위 판례, 수익권 질권자로서의 증빙확보와 질권설정자에 의한 수익권증서 유통방지, 추후 질권실행으로 제3채무자인 수탁자에 대한 수익청구 등을 위해 수익권증서를 질권자에게 교부하도록 하고 있다.

174) 사안에 따라서는 질권자의 요구에 의해 질권자도 부동산담보신탁계약상 수익자란에 기재하여 신탁원부의 변경등기를 하는 사례도 존재하며, 나아가 질권자를 부동산담보신탁계약의 당사자에 추가하여 특약을 체결하고 신탁원부의 변경등기를 하는 경우도 존재한다{이러한 경향은 대법원 2015다52589 판결([판례 4-84]) 및 대법원 2014다225809 판결(전합)([판례 4-85]) 이후 두드러지게 증가한 것으로 보인다}.

② 수익권에 대한 양도담보권을 설정하는 방법[175)176)]

이 방법 역시 민법상 지명채권에 대한 양도방법에 준하여 이루어진다(신탁법 제65조). 따라서 수익권에 대한 양도담보권설정계약을 체결하고, 양도담보권설정자인 수익자가 양도담보권설정사실을 수탁자에게 확정일자부로 통지하거나 양도담보권설정에 대해 수탁자로부터 확정일자부로 승낙을 받는다.[177)] 또한, 수익권증서가 발행되어 있는 경우에는 실무에서는 수익권 양도의 경우와 마찬가지로 수익권증서도 양도담보권자에게 교부하게 된다.[178)179)]

판례는 신탁이 자익신탁으로 설정되어 위탁자가 수탁자로부터 수익권을 인수한 다음에, 그 수익권을 담보목적으로 채권자에게 양도하는 경우에는 수익권의 양도담보, 즉 회생담보권으로 보고 있으며, 채무자회생법에서도 양도담보권을 회생담보권으로 규정하고 있다(동법 제141조 제1항).

[판례 4-78] 대법원 2002. 12. 26. 선고 2002다49484 판결[180)]

회사정리법 제123조 제1항 본문에 의하면, "정리채권 또는 정리절차개시 전의 원인으로 생긴 회사 이외의 자에 대한 재산상의 청구권으로서 정리절차개시 당시 회사 재산상

175) 양도담보에 관한 「신탁적 소유권 이전설」에 따를 때, 수익권에 대한 양도담보권 설정은 수익권 소유자에 변경을 가져오므로 양도, 전부 기타의 사유로 수익자가 피담보채권자의 지위를 상실하는 경우와 마찬가지로 대법원 2015다52589 판결([판례 4-84]) 및 대법원 2014다225809 판결(전합)([판례 4-85])에서 보는 바와 같이 수익권 및 양도담보권의 소멸 여부가 문제될 수 있다.

176) 수익증권 발행신탁의 수익권 양도담보설정 방법에 대해서는 수익증권 발행신탁의 수익권 양도방법에 의한게 될 것이다(신탁법 제81조).

177) 대부분의 신탁계약에서는 수익권을 양도하거나 질권을 설정하는 경우 수탁자의 승낙을 받도록 규정하고 있으므로, 실무에서는 (통상은 수탁자가 지정하는 양식으로) 수탁자의 승낙을 받아 수익권에 대한 양도담보권 설정이 이루어지고 있다.

178) 금전신탁의 수익증권을 제외하고, 실무상 발행되는 「수익권증서」의 교부는 수익권 양도담보의 요건은 아니지만(신탁법 제65조), 실무에서는 수익권 양도담보권자로서의 증빙확보와 양도담보권설정자에 의한 수익권증서의 유통방지 등을 위해 수익권증서를 양도담보권자에게 교부하도록 하고 있다.

179) 수익권에 대한 양도담보권이 설정되면 양도담보권자가 대외적인 수익권 소유자의 지위에 있기 때문에, 완전한 양도담보권의 확보를 위해서는 부동산신탁의 경우에는 수익자의 변경에 관한 신탁원부 변경등기까지 이루어져야 하는 것으로 해석될 여지도 있다.

180) 이 판결에서는, 「신탁계약 시에 위탁자인 정리 전 회사가 자신을 수익자로 지정한 후 그 수익권을 담보목적으로 제3자에게 양도한 경우에는 그 수익권은 양도담보로 제공한 것으로서 정리절차개시 당시 회사재산에 대한 담보권이 된다고 볼 것이다」라고 일종의 방론을 설시하고 있다. 다만, 실질은 수익권에 대한 양도담보권임에도 불구하고, 수익권을 양도하는 형식을 취하여 신탁원부상 수익자의 변경등기가 이루어진 경우에도 위 판결과 결론을 같이 할 것인지 여부가 신탁원부의 대항력과 관련하여 문제될 수 있을 것이나, 개인적인 생각으로는 등기는 공시방법에 지나지 않으므로 당초부터 대주가 수익자로 지정된 경우와는 달리 수익권이 대주에게 양도된 후 수익자로의 변경등기가 이루어진 경우에도 실질이 담보목적임이 밝혀진다면 양도담보권으로 취급하는 것이 타당할 것으로 생각된다.

에 존재하는 유치권, 질권, 저당권, 양도담보권, 가등기담보권, 전세권 또는 우선특권으로 담보된 범위의 것은 정리담보권으로 한다."고 규정하고 있으므로, 정리담보권으로 신고하지 아니하였을 때 회사정리법 제241조에 의하여 소멸되는 정리담보권이 되기 위해서는 그 담보권이 정리절차개시 당시 회사 재산을 대상으로 하는 담보권이어야만 한다 할 것인데, 신탁법상의 신탁을 함에 있어서는 그 위탁자가 당연히 수익권자가 되는 것이 아니고 위탁자와 전혀 별개의 존재인 수익자를 지정하여야만 하는 것이며, 위탁자가 자신을 수익자로 지정하는 경우에도 위탁자와 수익자의 지위는 전혀 별개의 것이라고 보아야 할 것이므로(신탁법 제1조 제2항 참조), 특히 담보신탁이 아니라 분양형 토지(개발)신탁의 경우[181]에 신탁계약 시에 위탁자인 정리 전 회사가 제3자를 수익자로 지정한 이상, 비록 그 제3자에 대한 채권담보의 목적으로 그렇게 지정하였다 할지라도 그 수익권은 신탁계약에 의하여 원시적으로 그 제3자에게 귀속한다 할 것이지, 위탁자인 정리 전 회사에게 귀속되어야 할 재산권을 그 제3자에게 담보 목적으로 이전하였다고 볼 수는 없는 것이어서, 그 경우 그 수익권은 정리절차개시 당시 회사 재산이라고 볼 수 없다 할 것이고, 따라서 그 제3자가 정리절차에서 그 수익권에 대한 권리를 정리담보권으로 신고하지 아니하였다고 하여 회사정리법 제241조에 의하여 소멸된다고 볼 수는 없다 할 것이다(물론 신탁계약 시에 위탁자인 정리 전 회사가 자신을 수익자로 지정한 후 그 수익권을 담보 목적으로 제3자에게 양도한 경우에는 그 수익권을 양도담보로 제공한 것으로서 정리절차개시 당시 회사 재산에 대한 담보권이 된다고 볼 것이다).

위 법리에 비추어 기록을 살펴보면, 원심의 이유 설시에 일부 미흡한 점이 있기는 하나, 이 사건 신탁계약에 기하여 피고가 취득한 수익권에 대한 권리를 정리담보권으로 신고하지 아니하였어도 회사정리법 제241조에 의하여 소멸되는 정리담보권에 해당하지 아니한다고 본 원심의 결론은 정당한 것으로 수긍이 가고, 거기에 상고이유에서 주장하는 바와 같은 수익권 및 양도담보에 관한 법리오해 등의 위법이 있다고 할 수 없다. 상고이유는 받아들이지 아니한다.

수익권에 대한 담보방법으로는 위와 같은 질권 및 양도담보가 모두 가능하나, 양도담보의 경우에는 대외적으로 수익권자가 변경된다는 점, (특히 부동산신탁의 경우) 수익권자가 변경되는 경우에는 신탁원부상 수익자의 변경까지 필요할 수 있다는 점,[182] 수익권자에게 부과되는 세금 등의 불명확한 문제, 비전형담보인 양도담보의 법률관계의 불명확성 등으로 인해 실무에서는 수익권에 대한 양도담보보다는 질권이 자주 이용되고 있는 것으로 보인다.

181) 이 부분 판시는 정확하지 않다. 현재 판례의 입장은 담보신탁, 토지신탁의 구분 없이 담보목적의 신탁이라 하더라도 우선수익자의 지위를 동일하게 보고 있다.

182) 수익권에 대한 양도담보권이 설정되면 양도담보권자가 대외적인 수익권 소유자의 지위에 있기 때문에, 완전한 양도담보권의 확보를 위해서는 부동산신탁의 경우에는 수익자의 변경에 관한 신탁원부 변경등기까지 이루어져야 하는 것으로 해석될 여지도 있다.

신탁수익권에 대한 후순위 양도담보권은 후순위 양도담보권의 유효성 여부에 관한 논의에서 살펴본 바와 같은 이유로 그 유효성이 부정될 수 있다.[183)]

③ 대주를 우선수익자로 지정하는 방법(담보신탁)[184)]

신탁계약에 의하여 직접 대주를 우선수익자로 지정하여 수익권을 취득시키는 타익신탁(위탁자와 수익자가 다른 신탁. 담보신탁과 같이 위탁자 이외의 자가 수익자에 포함되는 일종의 혼합신탁도 이 범주에 포함될 수 있을 것이다)의 경우, 비록 그 대주에 대한 채권담보의 목적으로 대주를 우선수익자로 지정하였다 할지라도 그 수익권은 신탁계약에 의하여 원시적으로 그 대주에게 귀속하고, 위탁자의 도산절차에 구속되지 않고 우선수익자로서의 권리를 행사할 수 있다는 것이 확고한 판례의 입장이다{대법원 2014다765 판결([판례 4-17]), 대법원 2001다9267 판결([판례 4-18]), 대법원 2002다46058 판결([판례 4-19]), 대법원 2002다49484 판결([판례 4-78])}. 따라서 신탁계약에 의해 직접 대주를 우선수익자로 지정하는 타익신탁의 방법으로 수익권을 담보로 제공하는 경우(앞서 살펴본 「담보신탁」에 해당한다)가, 앞서 살펴본 자익신탁 후 수익권에 질권을 설정하거나 양도담보권을 설정하는 경우에 비해 대주의 입장에서는 담보에 대한 법률적 및 구조적인 안정성을 확보할 수 있게 된다. 부동산신탁의 경우에는 신탁원부에 대주를 우선수익자로 기재하고 신탁등기를 경료하게 된다.

담보신탁의 경우에는, 수익권을 복층화 함으로써 선순위 대주에게 선순위 우선수익권을, 후순위 대주에게 중・후순위 우선수익권을 각 부여하는 방법으로 선・후순위 담보설정의 효과를 얻을 수 있을 것이다.[185)]

[계약서 기재례] 수익자

[부동산담보신탁계약서]

[본문]

① 이 신탁계약에서 수익자는 신탁원본 및 신탁수익의 우선수익자, 신탁원본 수익자 및 신탁수익 수익자로 구분하여 별지 [*]의 2와 같이 한다.

② 위탁자는 수탁자의 승낙을 얻어 수익자를 추가 지정하거나 변경할 수 있다. 다만, 기존의 우선수익자를 변경하고자 하는 경우에는 그 우선수익자의 동의가 있어야 한다.

183) 또한, 부동산신탁의 수익권 양도담보의 경우로서 신탁원부상 수익자까지 변경하는 경우에는 양도담보의 목적물인 당초의 수익권을 선・후순위 양도담보 시 다시 복층화 내지 분할하지 않는 한, 신탁원부에 동일한 수익권에 관한 수익자를 선순위 수익자, 후순위 수익자로 다시 구분하여 기재할 수 없다는 문제도 있다.
184) 담보신탁에 대해서는 본장 Ⅲ. (3) 부동산 담보신탁 부분 추가로 참조
185) 이 경우에도 「선순위 우선수익권」, 「선순위 우선수익자」, 「후순위 우선수익권」, 「후순위 우선수익자」는 개념상 구분되어야 함은 앞서 「수익권」과 「수익자」의 개념 부분에서 살펴본 바와 같다.

[특약]

① 우선수익자의 변경(추가 지정 포함)에 대하여 우선수익자가 서면으로 요청하고 수탁자가 동의하는 경우 위탁자의 별도 동의 없이 수탁자가 단독으로 신탁원부를 변경할 수 있다. 위탁자는 이에 대하여 일체 이의를 제기하지 않기로 한다.

② 우선수익자는 피담보채권의 전부 또는 일부와 함께만 그의 우선수익권을 양도, 담보제공할 수 있으며, 피담보채권과 우선수익권을 분리하여 우선수익권을 양도, 담보제공할 수 없다. 기본계약 제8조 제⑤항에도 불구하고, 어느 우선수익자가 피담보채권의 전부 또는 일부와 함께 그에 상응하는 비율의 우선수익자의 지위(우선수익권 포함)를 타인에게 양도 또는 명의변경하거나 우선수익권에 대하여 질권의 설정 등 기타 처분행위를 하는 경우, 수탁자는 합리적인 이유가 없는 한 그에 대해 동의를 거부하지 않는 것으로 한다.

[별지 [*]] 2. 수익자

신탁원본 및 신탁수익의 우선수익자		
공동 1순위	성명(상호)	
	법인등록번호	
	사업장소재지	
	성명(상호)	
	법인등록번호	
	사업장소재지	
공동 2순위	성명(상호)	
	법인등록번호	
	사업장소재지	
	성명(상호)	
	법인등록번호	
	사업장소재지	

신탁원본 및 신탁수익의 수익자	
성명(상호)	
등록번호	
사업장소재지	

[기타(주식, 매출채권 등) 담보신탁계약서]

(1) 위탁자는 신탁계약에 의하여 신탁원본을 수익자의 이익을 위하여 수탁자에게 신탁하고 수탁자는 이를 수탁하며, 위탁자는 이 특약에 의해 아래 기재된 자를 선순위수익

자, 중순위수익자로, 위탁자를 후순위수익자로 각 지정한다. 선순위수익자(명확히 하기 위해 부연하면, 어느 선순위수익자의 피담보채무가 소멸한 경우에는 피담보채무가 존재하는 선순위수익자)는 각 보유하는 본건 대출금의 비율에 따라 선순위수익권에 대한 권리를 준공유한다. [신탁계약상 다른 규정에도 불구하고, 관련 법령상 허용되는 범위 내에서, 선순위수익자가 신탁계약상 행사할 수 있는 모든 권리, 권한은 선순위수익자 대리기관을 통하여 또는 선순위수익자 대리기관에 의하여 행사되어야 하며 선순위수익자가 이러한 권리, 권한을 선순위수익자 대리기관을 통하지 않고 행사하는 것은 허용되지 아니한다.]

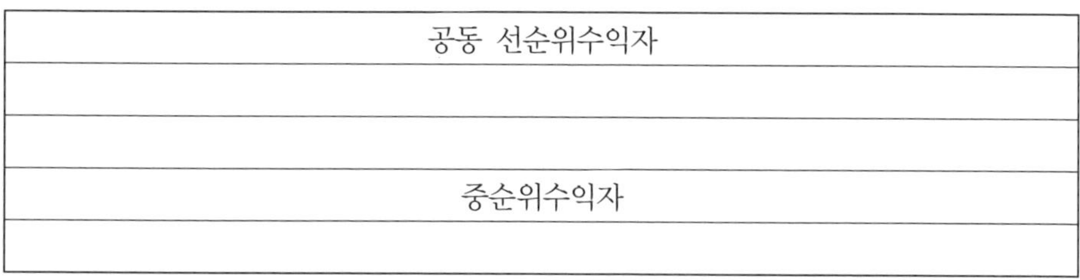

공동 선순위수익자
중순위수익자

(2) 선순위수익권, 중순위수익권 및 후순위수익권은 수탁자의 동의 없이는 타인에게 양도하거나 담보로 제공할 수 없다. 선순위수익자 및 중순위수익자는 그의 각 수익권을 그가 보유하는 피담보채권과 분리하여 양도하거나 담보로 제공할 수 없다. 수탁자는 어느 선순위수익자 또는 중순위수익자가 그의 피담보채권의 전부 또는 일부를 그에 대응하는 해당 수익권과 함께 양도하거나 담보로 제공하고자 하는 경우 합리적인 이유없이 해당 수익권의 양도에 대한 동의를 거부하지 않기로 한다. 단, 본 항에 따른 수익권 양도 및 담보제공에 소요되는 비용(수익권증서 발행 비용, 인지세 등 포함)은 해당 선순위수익자 또는 중순위수익자가 부담하기로 한다.

(3) 후순위수익자는 후순위수익권을 제3자에게 양도하거나 담보로 제공할 수 없다.

④ 신탁법 관련 문제점[186] 검토

실무상 수탁자가 신탁수익권을 담보목적으로 양수하거나 수익자의 지위를 겸하거나 수익권에 대한 질권을 취득하는 것에 대해서는 신탁법의 해석과 관련하여 다음의 의문이 제기되고 있다.[187]

(i) 수탁자의 수익권 취득

먼저, 신탁법상 수탁자는 신탁행위에서 정하는 경우, 수익자의 승인을 받은 경우 또는 법

186) 전경준 편 『판례 신탁법』(진원사, 2018) 46페이지 이하의 내용을 수정 및 보완하였다.

187) 이외에도 자본시장법 제108조 제6호의 불건전 영업행위(신탁재산으로 신탁업자 또는 그 이해관계인의 고유재산과 거래하는 행위)에 해당하는지도 문제되는데, 이 문제에 대해서도 대법원 판례나 금융감독당국의 공식의견은 없는 것으로 보인다.

원의 허가를 받은 경우를 제외하고는,[188] 신탁재산에 관한 권리를 취득할 수 없는데(신탁법 제34조 제1항 제1호), 수탁자가 수익권을 취득하는 것[189]이 이와 같은 신탁법의 규정에 위반하는지 여부이다.

신탁법 제34조 제1항[190] 위반행위의 효력에 관해서는 신탁법은 이에 관해 아무런 규정을 두지 않고 있으나, 판례는 이를 무효라고 판시하고 있다.[191]

[판례 4-79] 대법원 2017. 7. 11. 선고 2017다8395 판결

1. 상고이유 제1, 2점에 대하여

가. 구 신탁법(2011. 7. 25. 법률 제10924호로 전부 개정되기 전의 것, 이하 같다) 제31조 제1항 본문에 의하면 수탁자는 누구의 명의로 하든지 신탁재산을 고유재산으로 하거나 이에 관하여 권리를 취득하지 못할 뿐 아니라, 고유재산을 신탁재산이 취득하도록 하는 것도 허용되지 아니하고 위 규정을 위반하여 이루어진 거래는 무효라고 보아야 한다(대법원 2009. 1. 30. 선고 2006다62461 판결 참조).

그런데 2007. 8. 3. 법률 제8365호로 제정되어 2009. 2. 4. 시행된 자본시장과 금융투자업에 관한 법률(이하 '자본시장법'이라고 한다) 제105조 제2항, 제103조 제1항 제5호에 의하여 신탁업자가 부동산만을 신탁받는 경우에는 신탁의 계산으로 신탁업자의 고유재산으로부터 금전을 차입하는 것이 허용되었다고 하더라도(이 경우에도 신탁업자가 충실의무에 따른 제한을 받는 것은 물론이다), 자본시장법이 시행되기 전에 체결된 신탁계약과 그에 부수한 사업약정에서 차입의 규모와 이율 등의 조건을 정하여 두고 그에 따라 필요한 때 자금을 신탁회사의 고유계정에서 신탁계정으로 이체한 경우에는, 신탁계약과 사업약정에 의하여 금전소비대차계약이 체결되고 그 이행으로 자금이

188) 수탁자가 자본시장법상의 신탁업자인 경우에는 이러한 예외가 적용되지 않는다(자본시장법 제104조 1항). M&A금융거래에서의 수탁자는 대부분 자본시장법상의 신탁업자에 해당할 것이다.

189) 수탁자가 수익권에 대한 양도담보를 취득하는 것도 여기에 해당한다고 할 것이다.

190) 헌법재판소는 현행 신탁법 제34조 제1항에 해당하는 구 신탁법 제31조가 합헌이라고 결정한바 있다(헌재 2018. 3. 29. 2016헌바468결정).

191) 한편, 토지신탁의 경우 등 자본시장법에 따라 신탁업자의 고유재산으로부터의 자금차입이 허용되는 경우(자본시장법 제105조 제2항, 동 시행령 제106조 제4항)가 있으므로 신탁업자는 위 규정에 따라 신탁을 위하여 고유재산으로부터 신탁계정으로 자금을 대여할 수 있다. 이와 같이 토지신탁의 경우 등 자본시장법에 따라 신탁업자의 고유재산으로부터의 자금차입이 허용되는 경우가 있으므로 신탁업자가 신탁을 위하여 고유재산으로부터 자금을 집행한 경우 이를 신탁사무처리비용의 선집행(대지급)으로 볼 것인지, 위 자본시장법에 따른 고유재산으로부터의 자금대여로 볼 것인지 여부가 문제될 수 있는데, 이 문제는 신탁계약의 내용과 위탁자 및 수탁자 등 당사자의 의사에 따라야 할 것으로 생각된다. 따라서 고유재산으로부터의 차입에 관한 조건이나 내용 등이 신탁계약에 규정되지 않거나 달리 위탁자 등 당사자 사이에 차입에 관한 의사의 합치가 없는 한 차입금이 아닌 신탁사무처리비용에 해당하는지 및 그 조달이자 등이 합리적인 범위 내인지 여부가 검토되어야 할 것이다.

이전된 것으로 봄이 상당하므로, 새로 신탁계약을 체결하는 등의 특별한 사정이 없는 한 위 법률의 시행 전에 체결된 금전소비대차가 유효하게 된다고 볼 수 없다(대법원 2017. 6. 8. 선고 2016다230317, 230324 판결 등 참조).

나. 원심은, 이 사건 신탁계약은 자본시장법 시행 전에 체결되었고, 자본시장법에 별도의 소급 규정이 없으며, 자본시장법 시행 후 체결된 이 사건 신탁계약에 대한 변경계약에서는 신탁업자의 고유재산에서 신탁계정으로의 차입과 관련한 조항은 변경되지 않았고 오히려 변경된 사항 외의 내용은 종전에 체결된 신탁계약을 따르기로 정한 사실이 인정되므로, 피고의 신탁계정에 대한 자금대여가 신탁계약 체결 후 시행된 자본시장법 제105조 제2항에 따라 유효하다고 볼 수 없을 뿐만 아니라, 설령 자본시장법 제105조 제2항이 적용된다고 보더라도 피고가 위 대여금에 대한 이자 명목으로 수취한 금액 중 위 대여금 상당액을 외부로부터 차입하는 데 필요한 비용을 초과한 부분(이하 '이 사건 가산이자'라고 한다)을 수취하는 것까지 당연히 유효하다고 볼 수는 없고, 신탁회사에 의한 고유계정과 신탁계정 사이의 이자부 소비대차거래가 구 신탁법 제31조 제1항을 위반한 것이어서 무효라고 보는 이상 구 신탁업감독규정(금융위원회고시 제2008-8호)을 근거로 신탁회사의 신탁계정에 대한 자금대여가 허용된다고 볼 수도 없으므로, 이 사건 가산이자는 이 사건 신탁수익금에서 공제될 수 없다고 판단하였다.

다. 앞서 본 법리와 기록에 비추어 살펴보면, 원심의 위와 같은 판단에 상고이유 주장과 같이 자본시장법 제105조 제2항 또는 구 신탁업감독규정에 따른 고유계정 차입의 효력과 가산이자 약정에 관한 법리를 오해하였거나 채증법칙을 위반하여 사실을 오인한 잘못이 없다.

2. 상고이유 제3점에 대하여

원심은, 이 사건 고유계정 차입금의 실질이 피고가 이 사건 신탁사업을 수행하면서 대신 지출하거나 부담한 대지급금에 해당된다면서 이 사건 신탁계정에서 이자 명목으로 수취한 이 사건 가산이자는 대지급금에 대한 비용과 약정이자로서 이 사건 신탁수익금에서 공제되어야 한다는 피고의 주장에 대하여, 피고가 제출한 증거를 모두 합하여 보더라도 피고가 이 사건 신탁사무처리를 위하여 지급하거나 부담하게 되었다는 대지급금 채권의 발생원인, 발생시기, 수액 등을 알 수 없고 달리 그 실질이 '대여금'이 아닌 '대지급금'이라고 단정하기 어렵다는 이유로, 피고의 주장을 배척하였다.

관련 법리와 기록에 비추어 살펴보면, 원심의 위와 같은 판단에 상고이유 주장과 같이 고유계정 차입거래의 실질과 무효행위 전환 법리에 관한 법리를 오해하거나 채증법칙을 위반하여 사실을 오인한 잘못이 없다.

3. 상고이유 제4점에 대하여

원심은, 피고가 이 사건 신탁계약서 제24조 제3항 나호에 따라 아파트 하자보수금에 상당하는 신탁재산의 교부를 유보하기 위해서는 피고가 이 사건 아파트의 입주자 또는 입주자대표회의에 대하여 하자보수에 갈음하는 손해배상책임을 부담할 것이 인정되어야 하는데, 아파트 공급계약서에는 신탁계약종료와 동시에 피고의 모든 권리와 의무가 위탁자에게 면책적으로 포괄승계된다고 규정하고 있고, 이는 그 약정의 취지와 문언의 내용에 비추어 볼 때 신탁계약 종료를 정지조건으로 하여 분양계약상 지위를 피고에서 위탁자로 이전하기로 하는 내용의 계약인수 합의에 해당하는 점 등 그 판시와 같은 사정을 들어, 신탁관계가 종료된 이상 피고가 아파트의 입주자 또는 입주자대표회의에 대하여 하자보수에 갈음하는 손해배상책임을 부담한다고 단정할 수 없다는 이유로 하자보수금 상당액은 이 사건 신탁수익금에서 공제될 수 없다고 판단하였다.

관련 법리와 기록에 비추어 살펴보면, 원심의 위와 같은 판단에 상고이유 주장과 같이 수탁자의 신탁계약에 따른 신탁재산 유보 권한에 관한 법리를 오해하거나 채증법칙을 위반하여 사실을 오인한 잘못이 없다.

4. 상고이유 제5점에 대하여

원심은, 이 사건 신탁계약에 신탁계약이 종료된 경우 피고는 수익권증서와 상환으로 수익자에게 신탁재산을 교부하도록 규정되어 있지만, 이는 신탁관계가 종료될 경우 신탁관계를 정리하는 절차를 정한 것에 불과하고 신탁재산 교부의무와 수익권증서의 반환의무 사이에 동시이행 관계를 설정한 것으로 볼 수 없는 점, 신탁계약에 따른 수익권증서는 유가증권이나 지시증권으로서의 성격을 가진다고 볼 수 없고 채권증서와 같다고 보이는 점, 이 사건 신탁계약에 있어 수익권증서반환의무가 신탁재산반환의무와 대가관계에 있다고 볼 수 없는 점 등의 사정을 들어, 피고의 동시이행항변을 배척하였다.

관련 법리와 기록에 비추어 살펴보면, 원심의 위와 같은 판단에 상고이유 주장과 같이 동시이행항변에 관한 법리를 오해하거나 채증법칙을 위반하여 사실을 오인한 잘못이 없다.

[판례 4-80] 대법원 2017. 6. 8. 선고 2016다230317, 230324 판결

1. 원심은 그 판시와 같은 이유로, 피고(반소원고, 이하 '피고'라고 한다)가 예상자금을 미리 차입하여 고유계정에 보관하고 있다가 2008. 9. 9.부터 2011. 8. 24.까지의 기간 동안 이를 신탁계정으로 대여한 후 위 대여금에 대한 이자 명목으로 이 사건 조달이자 및 가산이자를 수취한 것은 구 신탁법(2011. 7. 25. 법률 제10924호로 전부 개정되기 전의 것) 제31조 제1항에 위배되어 무효이고, 다만 이 사건 대여금을 이 사건 신탁계약 제17조 제1항의 대지급금으로 선해할 수 있다고 하더라도 이 사건 신탁계약 제17조 제4항의 대지급금에 대한 이자는 이 사건 조달이자 상당을 의미한다고 봄이 상당하므로 피고는 이 사건 가산이자를 비용상환청구권에 의하여 수취할 수 없다고 보아, 이 사건 가산이자 상당의 부당이득의 반환을 구하는 원고(반소피고)의 청구를 인용한 제1심판결을 유지하였다.

2. 가. 구 신탁법 제31조 제1항 본문에 의하면, 수탁자는 누구의 명의로 하든지 신탁재산을 고유재산으로 하거나 이에 관하여 권리를 취득하지 못하므로, 고유재산을 신탁재산이 취득하도록 하는 것도 허용되지 아니하고, 위 규정을 위반하여 이루어진 거래는 무효라고 보아야 한다(대법원 2009. 1. 30. 선고 2006다62461 판결 참조).

또한 이 사건 신탁계약과 그에 부수한 사업약정에서 차입의 규모와 이율 등의 조건을 정하여 두고 이후 그에 따라 필요한 때에 자금을 신탁회사의 고유계정에서 신탁계정으로 이체한 경우에는, 이 사건 신탁계약과 사업약정에 의하여 금전소비대차계약이 체결되고 이후 그에 따른 자금의 이전은 금전소비대차계약에 따른 이행이 이루어진 것으로 봄이 상당하므로, 구 자본시장과 금융투자업에 관한 법률(2007. 8. 3. 법률 제8635호로 제정되어 2009. 2. 4.부터 시행된 것) 제105조 제2항, 제103조 제1항 제5호에 의하여 신탁업자가 부동산만을 신탁받는 경우 신탁의 계산으로 신탁업자의 고유재산으로부터 금전을 차입하는 것이 허용되었다고 하더라도(이 경우에도 신탁업자가 충실의무에 따른 제한을 받는 것은 물론이다), 새로이 신탁계약을 체결하는 등의 특별한 사정이 없는 한 위 법률의 시행 전에 체결된 이 사건 금전소비대차가 새로이 유효한 것으로 된다고 볼 수 없다(대법원 1991. 7. 26. 선고 90다15488 판결 등 참조).

나. 구 신탁법 제42조 제1항은 수탁자가 신탁재산에 관하여 부담한 조세, 공과 기타의 비용과 이자 또는 신탁사무를 처리하기 위하여 자기에게 과실 없이 받은 손해를 신탁재산에서 상환받을 수 있다고 규정하고 있다. 그런데 수탁자가 미리 조달한 자금을 자신의 고유계정에 보관하고 있다가 신탁계정에 대여하면서 조달이자에 이자를 가산하는 경우, 가산이자 부분은 신탁사무의 처리를 위해 실제로 정당하게 지급하거나 부담한 비용 내지 이자 등에 해당한다고 볼 수 없으므로(대법원 2011. 6. 10. 선고 2011다18482 판결 참조), 이 사건 신탁계약 제17조 제4항에 정한 비용상환청구권의 대상으로 볼 수 없다.

[판례 4-81] 대법원 2011. 6. 10. 선고 2011다18482 판결

신탁회사가 신탁법 제31조 제1항을 위반하여 행한 신탁재산과 고유재산 간의 거래는 무효라고 할 것이고, 그 거래가 수익자에게 이익이 된다는 사정만으로는 그와 같은 거래를 유효하다고 볼 수 없다(대법원 2009. 1. 30. 선고 2006다62461 판결 참조).

원심판결 이유에 의하면, 원심은, 신탁회사인 피고가 자기자금과 외부차입금을 고유계정에 혼입하여 보관 중 자기자금으로 이 사건 신탁계정에 대여하는 경우 피고는 그 대여금 상당을 다른 신탁사무 처리에 투입하거나 피고의 자체 사무 처리에 이용하지 못하게 됨에 따라 결국 외부로부터 자금을 차입하여야 한다는 이유로 피고가 고유계정에서 신탁계정에 대여한 돈이 자기자금인 경우에도 외부차입금과 같은 차입비용을 신탁재산에 관한 비용으로 보아야 한다고 판단하였다.

그러나 앞에서 본 법리에 비추어 살펴보면, 피고가 자기자금으로 이 사건 신탁계정에 대여한 거래는 신탁법 제31조 제1항을 위반한 거래로서 무효라고 할 것이므로, 피고가 자기자금을 위 신탁계정에 대여한 것으로 인하여 이 사건 신탁사무 처리를 위하여 어떤 비용을 실제로 정당하게 지급하거나 부담하게 되었는지를 주장·입증하여 비용보상을 청구할 수 있음은 별론으로 하더라도 무효인 대여금채권을 근거로 외부 차입 시 발생하는 이자 상당의 차입비용이 발생하였다고 보기 어렵다.

그럼에도 원심이, 피고가 자기자금으로 이 사건 신탁계정에 대여한 경우에도 외부차입금과 같은 차입비용이 발생한다고 판단한 데에는 신탁법 제31조 제1항의 해석·적용에 관한 법리를 오해하여 판결에 영향을 미친 위법이 있다. 이 점을 지적하는 원고의 상고이유 주장은 이유 있다.

[판례 4-82] 대법원 2009. 1. 30. 선고 2006다62461 판결

신탁법 제31조 제1항 본문에 의하면, 특별한 사정이 없는 한 누구의 명의로 하든지 신탁재산을 고유재산으로 하거나 이에 관하여 권리를 취득하지 못할 뿐만 아니라, 고유재산을 신탁재산이 취득하도록 하는 것도 허용되지 아니하고(대법원 2007. 11. 29. 선고 2005다64552 판결 참조), 위 규정에 위반하여 이루어진 거래는 무효라고 할 것이다. 한편, 금전신탁 이외의 신탁에 있어서 수탁자가 신탁회사인 경우에는 신탁업법 제12조 제1항의 규정에 의하여, "단, 수익자에게 이익이 되는 것이 명백하거나 기타 정당한 이유가 있는 경우에는 법원의 허가를 얻어 신탁재산을 고유재산으로 할 수 있다."고 규정한 신탁법 제31조 제1항 단서마저 그 적용이 배제되어 매우 엄격한 규제가 이루어지고 있음에 비추어 볼 때, 신탁회사가 행한 신탁재산과 고유재산 간의 거래가 수익자에게 이익이 된다는 사정만으로는 그와 같은 거래를 유효하다고 볼 수는 없다.

원심판결 이유에 의하면, 신탁회사인 피고는 각 신탁사업에 필요한 자금을 사업별로 조달하는 방식을 취하지 않고 신탁사업 전체를 기준으로 소요 예상자금을 미리 차입하여 고유계정에 보관하고 있다가 자금을 필요로 하는 개별 신탁사업의 신탁계정으로 대여하는 방법을 취하고 있는데, 고유계정에서 신탁계정으로 자금을 대여할 때에는 차입금리에 연 1.5% 내지 5%의 금리를 가산하고 있음을 알 수 있다.

앞에서 본 법리에 비추어 살펴보면, 위와 같은 이자부 소비대차 거래는 신탁법 제31조 제1항에 위반된 거래로서 무효라고 할 것이다. 다만, 피고는 고유계정에서 신탁계정으로 대여한 무효의 대여금채권을 근거로 비용보상청구권을 주장하는 것이라기보다는 신탁사무의 처리를 위하여 외부 금융기관 등으로부터 차입한 신탁 관련 차입금채무를 피고가 부담·변제하거나 그 차입금을 가지고 신탁사무의 처리 등에 사용하였음을 근거로 하여 비용보상청구권을 주장하는 것으로 선해할 수 있으므로, 원심은 이 점을 명확히 할 필요가 있다고 할 것이고, 위와 같이 볼 수 있는 경우 피고가 원고에게 갖는 비용보상청구권의 범위를 산정함에 있어서는 위와 같이 피고가 원고에게 대여하면서 가산한 이자는 제외하여야 할 것이다.

이와 달리 원심이, 피고가 고유계정에서 신탁계정으로 자금을 재대여하고 일부 금리를 가산한 것은 신탁법 제31조 제1항에 반하여 무효라고 할 수 없다는 이유로 위와 같은 가산 이자도 피고의 비용보상의무의 범위에 속한다는 취지로 판단한 데에는, 신탁법 제31조 제1항의 해석 · 적용에 관한 법리를 오해하여 판결에 영향을 미친 위법이 있다.

[판례 4-83] 대법원 2007. 11. 29. 선고 2005다64552 판결

신탁법 제31조 제1항, 구 신탁업법 제12조 제1항의 규정에 의하면, 신탁회사는 금전신탁에 관하여 그 운용에 의하여 취득한 재산이 거래소의 시세가 있는 것이고, 신탁행위에 의하여 수익자에 대하여 부담하는 채무를 이행하기 위하여 필요한 경우에 한하여 신탁행위로 정하는 바에 의하여 신탁재산을 고유재산으로 취득할 수 있을 뿐, 그 이외의 경우에는 특별한 사정이 없는 한 누구의 명의로 하든지 신탁재산을 고유재산으로 하거나 이에 관하여 권리를 취득하지 못할 뿐만 아니라, 고유재산을 신탁재산이 취득하도록 하는 것도 허용되지 아니한다고 해석된다.

위 법리와 기록에 비추어 살펴보면, 피고가 이 사건 제1신탁재산을 운용하는 도중 1998년 11월경에 이르러 이 사건 제1신탁재산에서 동아건설 CP를 편출하여 피고의 고유재산에 편입시키고, 대신 피고의 고유재산인 대우중공업 주식회사(이하 '대우중공업'이라고 한다) 회사채를 이 사건 제1신탁재산에 편입한 행위는 관계 법령에 의하여 금지된 자기거래 행위로써 허용되지 아니한다.

그러나 수익권은 신탁재산 및 신탁재산에 관한 권리와는 구별되는 별도의 권리이므로 수탁자가 수익권을 취득하였다고 하여 신탁재산 및 신탁재산에 관한 권리를 고유재산으로 귀속시킨 경우에 해당하지 않는다고 해석하는 것이 타당할 것으로 생각된다. 다만, 수익권 양도담보의 경우에는 수익권이 담보권자인 수탁자에게 이전되어 대내외적으로 수탁자가 수익권을 취득하게 되므로 아래에서 보는 바와 같은 수탁자의 이익향수금지원칙에 위반되는지 여부가 역시 문제될 수 있다.

다음으로, 수탁자는 공동수익자의 1인인 경우를 제외하고는 신탁의 이익을 누리지 못하므로[192] 단독수익자가 될 수 없다. 다만, 다음의 경우에는 수익자가 될 수 있다.[193]

192) 따라서 수탁자가 신탁보수 외에 위탁자나 차주로부터 별도로 금융자문수수료, 주선수수료를 수취하는 경우나 소위 「책임준공확약부 관리형 토지신탁」에서 수탁자가 시공사의 책임준공 불이행시를 대비하여 대주겸 우선수익자에게 책임준공 및 불이행에 따른 손해배상(결국에는 미상환 대출원리금 상당액이 될 것이

– 공동수익자의 1인인 경우(신탁법 제36조 단서)

여기서 수탁자가 「공동수익자 중 1인」이라는 것은 「같은 종류의 수익권을 가진 수익자가 더 있다는 의미뿐만 아니라 종류와 내용, 수익권 취득시기 등이 다른 수익권을 가진 수익자가 더 있는 경우도 포함한다」고 하면서 「공동수익자 중 1인만이 우선수익권을 가지는 경우에도 그 밖의 수익자가 이 규정의 적용을 배제하기 위한 형해화된 형식적 수익자가 아닌 한 예외에 해당한다」는 견해가 있고,[194] 법무부와 금융감독원의 해석 또한 기본적으로는 이러한 입장인 것으로 보인다.

[법무부 유권해석] 법무부 상사법무과-4188, 2019. 9. 18. 시행

신탁법 제36조 단서에 해당되어 허용되는지 여부는, ① 해당 신탁계약이 이익향유의 상황을 사전적 · 절대적으로 금지하여 수탁자의 충실의무를 강화하고 신탁의 위반행위를 억제하고자 하는 신탁법 제36조 본문의 취지를 잠탈하는 것인지, ② 다른 공동 수익자가 수탁자인 우선수익자의 이행을 강제하거나 감독할 수 있는 권한이 있어서 수탁자인 우선수익자가 신탁을 남용할 수 없기 때문에 다른 공동 수익자가 신탁법 제36조 본문의 적용을 배제하기 위한 형해화된 수익자가 아닌지 여부에 의해 결정될 것입니다. 그리고 이에 해당하는지 여부는 구체적 사실관계를 검토하여 판단하여야 할 것입니다.

다만, 구체적인 사실관계를 고려하지 않고 일반적으로 검토하면 다음과 같습니다.

① 제1계약의 경우(타 금융기관이 2순위 수익자인 경우)

수탁자이자 1순위 수익자인 금융기관이 신탁계약을 위반하는지 및 신탁을 남용하는지 여부를 타 금융기관이 실질적으로 감독할 수 있다면 허용될 것입니다. 하지만 양 금융기관 간에 특수한 관계가 있는 등의 사유가 있어서 타 금융기관이 형식적으로 공동 수익자의 지위에 있을 뿐 수탁자이자 1순위 수익자인 금융기관을 타 금융기관이 실질적으로 감독하지 않는 경우 수탁자의 충실의무를 강화하고 신탁의 위반행위를 억제하고자 하는 신탁법 제36조 본문의 취지를 잠탈하기 때문에 허용되지

다) 확약을 제공하면서 수수료를 징구하는 것은 모두 신탁법 제36조 위반으로 보아야 할 것이다. 참고로, 「책임준공확약부 관리형 토지신탁」을 통한 신탁사의 책임준공확약이 자본시장법상 금지 · 제한되는 금융투자상품에 관한 또는 신탁업자의 수익 보장 · 손실 보전에 해당하는지, 신탁업자의 지급보증에 해당하는지 여부가 문제가 되고 있는데, 필자는 신탁사의 책임준공 및 불이행에 따른 손해배상(결국에는 미상환 대출원리금 상당액이 될 것이다)을 내용으로 하는 책임준공확약은 적어도 신탁업자의 수익 보장 · 손실 보전 금지나 신탁업자의 지급보증업무 제한에 대한 탈법행위에 해당한다고 생각한다. 신탁사에 의한 이러한 내용의 책임준공확약은 당초 관리형 토지신탁 상품이 도입된 취지 · 배경에도 맞지 않다. 다만, 탈법행위로 해석하더라도 그 사법상 효력까지 무효로 해석해야 할 것인지 여부는 별도의 논의가 필요하다.

193) 민법상 「혼동」과의 관계에서 수탁자가 수익권을 취득할 수 있는지에 대해서는 아래 ⑤ 민법상 관련 문제점 검토 (i) 부분에서 살펴본다.

194) 『신탁법 해설』(법무부, 2012) 303페이지

않을 것입니다.

② 제2계약의 경우(차주 겸 위탁자가 2순위 수익자인 경우)
차주 겸 위탁자가 담보로 신탁부동산을 제공하는 것 외에 2순위 수익자가 되어 수탁자이자 대주인 금융기관이 1순위 수익자로서 담보권 실행을 더 용이하게 하는 것이 대출심사에서 고려된다면, 대부분의 차주는 금융기관에서 대출을 받기 위해 본인이 담보목적으로 제공하는 신탁부동산의 2순위 수익자가 되는 것에 동의할 수밖에 없을 것입니다. 이 경우 차주인 2순위 수익자가 1순위 수익자인 금융기관이 신탁계약을 위반하는지 및 신탁을 남용하는지 여부를 실질적으로 감독하지 못한다면 신탁법 제36조 본문의 취지를 잠탈하기 때문에 허용되지 않을 것입니다. 하지만 차주인 2순위 수익자가 1순위 수익자인 금융기관이 신탁계약을 위반하는지 및 신탁을 남용하는지 여부를 실질적으로 감독할 수 있는 다른 사정이 있다면 허용될 것입니다.

[금융감독원 법령해석] 금융감독원 2017. 3. 14. 법령해석 회신

부동산신탁계약에서 위탁자가 수탁자인 은행으로부터 대출을 받고 이에 따라 수탁자가 우선수익자의 지위를 겸하는 행위는 허용하기 어렵다고 판단됩니다. 왜냐하면 이러한 행위는 신탁법 제36조 수익자의 이익향수금지 규정의 우회적인 회피수단으로 이용될 우려가 있으며, 자본시장법상 담보신탁제도의 취지를 고려할 때, 수탁자와 채권자가 동일하다면 위탁자 보호 등에 문제가 발생할 수 있으므로 허용하지 않는 것이 타당하다고 판단됩니다.

이 견해에 따르면, 이 문제는 결국 각 사례별로 신탁계약의 구체적인 내용에 비추어 위탁자나 다른 수익자가 수탁자 겸 수익자를 실질적으로 통제·감독할 수 있는지 여부[195]에 따라 판단할 수밖에 없게 되어 거래 시마다 법률위반 리스크가 여전히 존재하고, 일단 수탁자가 단독 선순위 수익자를 겸하게 되면(선순위에 이은 중순위 수익자가 존재하는 경우도 포함) 신탁계약의 내용에 따라서는 위 규정에 위반되는 것으로 해석될 가능성을 배제할 수 없게 된다.[196]

실무에서는 아직 이 문제에 관한 일반적인 견해가 확립되지 못하고 있는데, 이와 같은 법률위반 리스크를 감안하여 수탁자가 (특히 최선순위) 수익자를 겸하도록 하지 않거

195) 신탁법 제36조의 모태가 된 일본의 구 신탁법 제9조의 취지에 대해서는 아래의 日本大審院判例(大判 昭和 8年 3月 14日 民集 12卷4號 350項)의 판시내용 참조

196) 사견으로는, 법무부의 위 2019. 유권해석에 따르면, 지금까지 실무에서 수탁자가 선순위(제1순위) (우선) 수익자로 참여하여 체결되었던 많은 신탁계약들이 위 신탁법 규정을 위반하고 있는 것으로 해석할 수밖에 없지 않을까 생각된다.

나 수탁자 외에도 수탁자와 동순위의 수익자가 존재하는 경우에 한하여 수탁자가 (특히 최선순위) 수익자를 겸하도록 하는 사례도 있는 반면, 위탁자 또는 제3자에게 (후순위) 수익권을 부여하는 한 수탁자가 (선순위) 수익권의 단독 수익자를 겸하도록 하는 구조를 취한 사례[197]도 자주 보인다.

한편, 이러한 신탁법상의 이익향수금지원칙의 위반행위의 효력에 관하여 신탁법에서는 아무런 규정을 두지 않고 있다. 이에 관한 대법원 판례를 필자는 아직 발견하지 못하였는데, 하급심 판례 중에는 그 위반행위(신탁설정행위, 수탁자의 수익 수취행위)를 무효로 보기 어렵다고 판시한 사례가 있다. 즉, 「시공사가 공사대금채권을 담보할 목적으로 사업부지 및 주택에 관해 시행사 및 토지소유자와 신탁계약을 체결하면서 시공사가 수탁자 겸 단독수익자가 된 사안」에서, 서울북부지방법원은 「수탁자의 이익향수금지원칙 위반행위는 신탁위반행위가 될 뿐이고,[198] 신탁계약을 당연 무효로 보기는 어렵다」고 판단한바 있다.[199)200] 그러나 위 하급심 판결의 당부를 떠나서 신탁법 제36조의 위반행위의 사법적인 효력이 인정된다고 하더라도 감독당국의 감독을 받는 신탁업자의 경우에는 신탁법 위반에 따른 감독・징계사유에 해당할 수 있기 때문에 신탁업자(수탁자)는 그러한 규정을 신탁계약에 포함시키는 것에 대해 선뜻 동의하지 않는 경우가 많다. 또한, (유언대용신탁에 관한 선례이긴 하지만) 등기선례 중에는 아래와 같이 신탁법상의 이익향수금지원칙을 위반한 신탁등기는 할 수 없다는 취지가 있는데, 등기・등록이 필요한 신탁의 경우에는 수탁자가 수익자를 겸하는 경우에는 위 등기선례에 따라 등기가 접수되지 않을 여지도 있다.

---

197) 매출채권의 신탁에 의한 유동화구조 및 주택도시보증공사의 분양보증과 관련하여 시행사와 주택도시보증공사가 체결하는 주택공급신탁계약서의 경우가 여기에 해당한다.

198) 신탁위반행위로 보는 경우에는 수익을 취한 수탁자를 상대로 원상회복, 수익자 취소 및 손해배상 청구 등을 통해 신탁재산을 회복할 수 있을 것이다.

199) 서울북부지방법원 2015. 11. 24. 선고 2015가단115968 판결(https://m.lawtimes.co.kr/Content/LawFirm-NewsLetter?serial=121860에서 인용함). 이 사안은 구 신탁법 제29조가 적용되었던 건인데, 신탁법 제36조도 구 신탁법 제29조와 동일한 내용이므로 신탁법하에서도 차이는 없을 것으로 생각된다.

200) 한편, 창원지방법원 2013. 8. 13. 선고 2012구합3185 판결은, 「위탁자가 아파트 신축분양사업을 위하여 대한주택보증(현 주택도시보증공사)에 부동산을 신탁하면서 대한주택보증과 자신을 공동수익자로 하되, 보증사고가 발생하여 대한주택보증이 보증이행을 한 경우에는 대한주택보증이 우선수익자가 되며, 위탁자가 대한주택보증에 대한 채무를 이행하지 아니하는 경우 위탁자의 수익권을 상실하도록 하고, 대한주택보증을 단독수익자가 되는 것으로 정한 사안」에서, 「구 신탁법 제29조의 입법 취지 및 내용에 비추어 보면, 위 조항의 위반사실 자체로 대한주택보증을 수익자로 지정한 신탁계약 조항 및 대한주택보증의 신탁재산 처분과 처분대금의 귀속이 모두 무효로 된다고 볼 수 없다」고 판시한바 있다.

[등기선례 제9-339호] 수탁자와 사후수익자를 동일인으로 하는 유언대용신탁이 가능한지 여부 (소극)

위탁자가 수익자의 지위를 겸하는 자익신탁은 일반적으로 허용되므로, 유언대용신탁의 경우에도 위탁자가 생전수익자의 지위를 겸하는 것은 가능하다(신탁법 제3조 제1항 참조). 그러나 「신탁법」은 수탁자가 공동수익자 중 1인인 경우를 제외하고는 수탁자로 하여금 신탁의 이익을 누리는 것을 금지하고 있는바(신탁법 제36조), 유언대용신탁에서 생전수익자와 사후수익자가 별도로 존재하는 경우라도 위탁자의 사망을 기준으로 생전수익자와 사후수익자가 시간적으로 분리되는 결과 생전수익자와 사후수익자가 동시에 공동수익자로서 권리행사를 할 수는 없으므로(신탁법 제59조), <u>위탁자의 사망 이후에 수탁자만이 단독 사후수익자가 되는 신탁</u>은 <u>「신탁법」 제36조를 위반하게 되는 것</u>이어서 생전수익자를 위탁자와 동일인으로 하고, 사후수익자를 수탁자와 동일인으로 하는 신탁등기는 신청할 수 없다.(2018. 08. 17. 부동산등기과-1881 질의회답)

신탁법 제36조 및 구 신탁법 제29조와 동일한 일본의 구 신탁법 제9조에서도 「수탁자가 공동수익자의 1인인 경우를 제외하고 누구의 명의로도 신탁이익을 향수할 수 없다」고 규정하고 있었는바, 일본의 구 신탁법 제9조의 입법취지에 대해서는, ① 수탁자가 수익자를 겸함으로써 발생하는 채권채무의 혼동을 방지하기 위한 것이라는 견해, ② 신탁은 타인을 위한 제도라는 것을 확인하는 것이라는 견해, ③ 수탁자를 감독하는 자의 흠결을 방지하기 위한 것이라는 견해, ④ 채권자사해를 방지하기 위한 것이라는 견해,[201] ⑤ 수탁자의 충실의무를 정한 것이라는 견해 등이 주장되었는데, 이 규정 위반행위의 효력에 대해서는 대체로 「수탁자가 당초부터 단독수익자인 경우에는 신탁행위는 무효가 되고, 후에 전체 수익권을 취득한 경우에는 당해 취득행위가 무효가 되는 것」으로 해석되고 있었다고 한다.[202] 일본의 현행 신탁법에서는, 「수탁자는, 수익자로서 신탁의 이익을 행수하는 경우를 제외하고, 누구의 명의인지를 묻지 않고, 신탁의 이익을 향수할 수 없다」고 규정하여 수탁자가 단독수익자가 되는 것을 허용하고 있다(일본 신탁법 제8조).[203]

201) 아래의 日本大審院判例(大判 昭和 8年 3月 14日 民集 12卷 4號 350項은 ④의 견해를 취하고 있는 것으로 보인다.

202) (i) 道垣内 弘人 編著『条解 信託法』(弘文堂, 2017) 57페이지, (ii) 寺本昌広『逐条解説 新しい 信託法[補訂版]』(商事法務, 2008) 52페이지, (iii) 法務省民事局參事官室『信託法改正要綱試案 補足説明』 11페이지 각 참고

203) 단, 수탁자가 단독 수익자를 겸하는 상태가 1년 이상 지속될 경우에는 신탁은 종료한다(일본 신탁법 제163조 제2호).

- 신탁업자가 자본시장법 제104조 제2항에 따라 산정한 가격으로 수익증권을 매수하는 경우(자본시장법 제111조)

  이 경우에는 신탁법 제36조가 적용되지 않고 수탁자는 자신이 발행한 수익증권을 매수할 수 있다. 다만, 신탁과 관련하여 자본시장법상 수익증권은 「금전신탁의 수익증권」을 의미하므로(자본시장법 제110조), 자본시장법하에서는 금전신탁계약에 따라 발행된 수익증권에 한하여 위 규정이 적용될 수 있다.

(ii) 수익권에 대한 질권 취득

먼저, 신탁법상 수탁자는 신탁재산에 관한 권리를 취득할 수 없는데(신탁법 제34조 제1항 제1호), 수탁자가 수익권에 대한 질권을 취득하는 것이 이와 같은 신탁법의 규정에 위반하는지 여부이다. 그런데 수익권은 신탁계약에 따라 발생하는 것으로서 신탁재산 및 신탁재산에 관한 권리 자체와는 구별되는 별도의 권리이므로 수탁자가 수익권에 대한 질권을 취득하였다고 하여 「신탁재산 및 신탁재산에 관한 권리」를 고유재산으로 귀속시킨 경우에 해당하지 않는다고 해석하는 것이 타당하다고 생각된다.[204)]

다음으로, 수익권에 대한 질권 취득에 대해서도 신탁법 제36조(신탁이익 향수금지)가 적용되는지 여부가 문제되는데, 이에 대해 우리나라의 명시적인 판례를 발견하지 못하였으나, 일본의 판례는 수익권에 대한 질권설정은 신탁법 제36조와 유사한 규정인 일본 구 신탁법 제9조(신탁이익 향수금지)에 위반되지 않는다고 판시한바 있다.[205)] 이 견해를 지지하는 학설은, 수익권에 대한 질권취득 자체는 일본 구 신탁법 제9조에서 말하는 「신탁이익의 향수」는 아니기 때문에 동조에 위반되지 않고, 그 질권의 피담보채권이 이행되지 않는 경우에 수탁자가 질권의 효력으로 민사소송법에 의한 추심·전부명령을 구하거나 또는 수익권을 추심하는 경우에 비로소 수익권 자체 또는 직접 신탁재산을 취득하게 되지만, 이 경우 직접 신탁재산을 취득하더라도 담보권의 실행에 의한 채권의 실현이기 때문에 「신탁이익의 향수」와는 다르다고 설명한다.[206)]

204) 일본 구 신탁법 제22조 위반 여부에 관한 日本大審院判例(大判 昭和 8年 3月 14日 民集 12卷 4號 350項). 이 일본판결에 대한 설명은, (i) 임채웅 『신탁법 연구』(박영사, 2009) 118페이지(주16), (ii) 新井 誠(안성포 역) 『信託法(第3版)』(전남대학교출판부, 2011) 197페이지 이하, (iii) 中野正俊 『信託法判例研究(新訂版)』(酒井書店, 2005) 102페이지 이하 각 참고

205) 위 日本大審院判例(大判 昭和 8年 3月 14日 民集 12卷 4號 350項)

206) 中野正俊 『信託法判例研究(新訂版)』(酒井書店, 2005) 108페이지 참고

[일본 판례] 大審院判例(大判 昭和 8年 3月 14日 民集 12卷 4號 350項)[207)]

1. 사실관계

X(원고, 상고인)의 남편인 소외 A는 1926년 6월 3일 A소유의 토지를 담보로 Y신탁회사(피고, 피상고인)로부터 5만 엔을 차입하였다. X는 소외 A로부터 위 5만 엔 중 3만 7,000엔을 받아 1926년 12월 25일 Y신탁회사(피고, 피상고인)에게 X명의로 3만 7,000엔을, 신탁기간은 같은 날부터 1928년 12월 25일까지 3년간 자기를 수익자로 하여 운용방법을 지정한 신탁예금을 하였다. 그러나 상기 신탁예금에 가입하기 위하여 X의 사자(使者)로서 소외 B를 Y신탁회사에 보냈을 때, B가 소지한 X의 인장을 Y신탁회사의 이사 소외 C가 마음대로 날인하여 질권설정증서를 작성하고, 형식상 X의 수익권으로 A의 채무의 변제에 충당하여도 이의가 없다는 취지의 특약을 하게 하였다. Y신탁회사는 1929년 12월 5일 상기 특약에 기하여 X의 Y신탁회사에 대한 수익권(예금채권)과 Y신탁회사의 A에 대한 채권을 상계하였다. X는 1928년 12월 25일 신탁기간의 만료에 의해 본건 금전신탁이 종료하였으므로 Y신탁회사는 본건 신탁의 종료일부로 최종계산을 하고 수익자인 X에 대하여 신탁원본 및 이익금의 교부를 청구하였다.[208)]

2. 판결이유[209)]

신탁에 있어 수익권은 그 권리의 목적인 신탁재산자체와는 관념을 달리하는 것으로써 Y신탁회사가 소외 A에 대한 채권담보를 위하여 동 회사에 대한 상고인의 본건 수익권에 대한 질권을 취득한 것을 가지고 신탁법 제22조에서 말하는 수탁자가 신탁재산에 관한 권리를 취득한 것이라고 말할 수 없고, …명의 여하를 묻지 않고 수탁자자신을 수익자로 하는 신탁은 이것을 금지하지 않는다면 수탁자가 타인의 명의를 이용하여 자기의 재산을 신탁재산으로 만들어 신탁법 제16조에 의해 강제집행 또는 경매를 면하거나 동법 제17조에 의해 상계를 피하는 등의 폐해가 발생하기 때문에 이것을 방지하기 위하여 수탁자가 수익자를 겸하는 것을 금지할 필요가 있는데 동법 제9조는 이러한 취지에서 규정되기에 이른 것이라 해석되어야 하므로, 동조에서 수탁자는 누구의 명의인지를 묻지 않고 신탁의 이익을 향수할 수 없다는 것은 수탁자는 명의 여하에도 불구하고 사실상 수익자가 될 수 없다는 점에 있기 때문에 **수탁자가 수익자의 수익권에 대하여 다른 채권을 위한 질권을 취득하는 것과 같은 것은 처음부터 수탁자가 스스로 수익자로 되는 것은 아니기 때문에** 신탁의 이익을 향수하는 것에는 해당하지 않는다고…

207) 中野正俊『信託法判例研究(新訂版)』(酒井書店, 2005) 102~103페이지

208) 원문상 신탁기간만료시점과 Y신탁회사에 의한 상계시점에 오기(誤記)가 있는 것으로 보이나, 일단 원문에 나타난 일자를 그대로 기재하였다.

209) 이 판결에 대해서는, 「확실히 신탁재산과 수익권을 이론상 완전하게 별개의 개념으로 위치시키면, 적어도 수탁자에 의한 신탁재산에 관한 권리취득을 금지한 (일본) 구 신탁법 제22조의 문언과 직접 저촉되는 것은 아니라고 할 것이다. 또 수익권에 대한 질권설정이 바로 수탁자에 의한 수익자의 지위겸병을 가져오는 것

그러나 신탁법 제36조에서는 수탁자에 의한 일체의 직·간접적인 신탁이익의 향수를 금지하고 있는데[210] 수익권에 대한 질권설정은 간접적으로 신탁수익을 향수하는 경우에 해당하고, 질권실행의 경우에는 직접적으로 신탁수익을 향수하게 되므로 결국 수익권에 대한 질권 역시 직·간접적으로 신탁이익을 향수하는 경우에 해당한다고 보아야 한다. 다만, 신탁법 제36조(신탁이익 향수금지) 단서(공동수익자 중 1인)에 해당하여 수탁자가 수익권을 취득할 수 있음에도 불구하고, 일률적으로 수익권에 대한 질권을 취득할 수 없다는 것은 불합리하다. 따라서 수탁자에 의한 수익권의 취득의 경우와의 균형상 수탁자에 의한 수익권 취득이 허용되는 조건에 준하여 수익권에 대한 질권의 취득 허용 여부도 판단되어야 할 것으로 생각된다.

또한 자본시장법에 따른 수익증권 매수도 허용되므로 자본시장법상의 수익증권에 대한 질권 취득 역시 허용되나, 그 질권실행에 의한 취득의 경우에는 자본시장법에 의한 제한이 따른다고 해석하는 것이 타당할 것이다.

⑤ 민법상 관련 문제점 검토

(i) 채권과 채무가 동일한 주체에 귀속한 때에는, 그 채권이 제3자의 권리의 목적인 때를 제외하고, 원칙적으로 채권은 소멸한다(민법 제507조). 수탁자가 신탁설정 시부터 또는 그 이후 수익권을 취득하는 경우에는 수익권에 대한 채권자(신탁법상 수익채권자)와 수익권에 대한 채무자의 지위를 겸하게 되어 수익권[211]이 혼동으로 인해 소멸하지 않는지 문제된다. 신탁법과 자본시장법은 일정한 경우 수탁자가 수익권을 취득할 수 있음을 전제로 하는 규정을 두고 있지만(신탁법 제36조, 자본시장법 제111조), 민법상 혼동

은 아니므로 마찬가지로 (일본) 구 신탁법 제9조의 위반을 부정하는 것도 형식논리적으로는 가능하다. 그러나 신탁에 있어 수탁자의 특성 내지 기능을 고려하는 경우, 신탁재산과 수익권의 개념적 구분이라는 형식적 근거만을 이유로 바로 수탁자의 수익권에 대한 담보권설정행위를 모두 유효한 것으로 처리하는 것에는 의문이 남는다. 수탁자에게는 신탁법상의 기본적인 의무로서, 이익상반행위 및 신탁보수 이외의 이익취득을 금지하는 충실의무(일본의 구 신탁법 제9조, 제22조, 현행 신탁법 제8조, 제30조)가 부과되어 있기 때문이다. 수탁자에 의한 담보권설정의 유효성에 대해서는 이 충실의무의 관점에서 사례별로 개별적으로 음미하여야 할 것이다. 예를 들면, 수익자에 우선하여 신탁재산의 이익을 행수하는 형태로 수탁자가 수익권에 담보권을 설정한 경우에, 당해 담보권의 설정은 충실의무위반을 이유로 무효로 되어야 한다고 생각한다」는 견해가 있다. 新井 誠(안성포 역)『信託法(第3版)』(전남대학교출판부, 2011) 198~199페이지 참고

210) 한편, 실무에서는 수탁자가 수탁자의 지위에서 신탁자금을 대출, 증권 매입 등에 운용하면서 신탁보수 외에 차주(위탁자)로부터 금융자문수수료, 주관사수수료, 책임준공확약 수수료 등을 고유계정에서 수취하는 경우가 있는데, 이는 수탁자의 지위를 이용하여 별도의 이익을 수취하는 것이므로 수탁자와 위탁자 간의 이해상충행위로 충실의무 및 수탁자의 이익향수금지에 위반되는 행위로 보는 것이 타당하다고 생각된다. 별도의 금융자문수수료나 주선수수료의 수취와 관련하여 감독당국의 감사에서도 이 점을 지적받은 사례가 있으므로 특히 신탁업자들은 유의해야 할 것이다.

211) 수익권을 구성하는 각종 권리 중 「수익채권」이 주로 문제될 것이다.

규정에 대한 명시적인 예외규정을 두고 있지는 않다. 신탁법에서는 신탁재산에 대한 혼동의 특칙[212]을 규정하고 있기는 하나, 동 규정의 문리해석으로는 수탁자가 수익자를 겸하는 경우에 대해서는 동 규정이 적용되기는 어렵고, 수탁자가 수익자를 겸하는 경우가 민법상 혼동의 예외사유인「그 채권이 제3자의 권리의 목적인 때」에 해당한다고 보기도 어렵다. 이에 대해서는, (i) 다른 법률에서 예외를 인정하는 경우에도 민법상 혼동의 예외로 인정될 수 있는데 신탁법과 자본시장법은 일정한 경우 수탁자가 수익권을 취득할 수 있음을 전제로 하는 규정을 두고 있으므로(신탁법 제36조, 자본시장법 제111조 등) 신탁법과 자본시장법은 민법에 대한 특별법으로서 다른 법률에서 혼동의 예외를 인정하는 경우에 해당하고 따라서 수탁자가 수익자를 겸하더라도 해당 수익권은 소멸하지 않는다는 견해, (ii) 수익채권은 신탁재산만으로 급부할 책임을 부담하고(신탁법 제38조) 신탁재산의 독립성 등이 인정되므로 신탁법상 혼동의 특칙 규정의 유추적용에 의해 혼동의 예외를 인정될 수 있다는 견해 등도 고려해 볼 수 있으나 그 근거는 여전히 명확하지 않다. 실무/판례는 수탁자가 수익자를 겸하더라도 당해 수익권(수익채권)이 혼동에 의해 소멸하지 않음을 당연한 전제로 하고 있는 것으로 보이나 그 근거에 대해서는 명확히 밝히고 있지 않다. 한편, 일본의 신탁법에서는, 신탁재산책임부담채무의 범위에 수익채권에 관한 채무를 포함시키고,[213] 신탁재산에 속하는 재산에 대한 혼동의 특례 규정[214]에서,「일본 민법 제520조[215] 규정에도 불구하고 신탁재산책임부담채무에 관한 채권[216]은 해당 채권이 수탁자에게 귀속하는 경우에도 (해당 채권이 신탁재산에 속하게 되는 경우를 제외하고) 혼동으로 소멸하지 않는다」는 점을 명시적으로 규정하고 있다. 따라서 일본 신탁법하에서는 수탁자가 수익자를 겸하는 것에 대해 원칙적으로 혼동의 문제는 발생하지 아니한다.[217]

---

212) **신탁법 제26조(신탁재산에 대한 혼동의 특칙)**
다음 각호의 경우 혼동(혼동)으로 인하여 권리가 소멸하지 아니한다.
1. 동일한 물건에 대한 소유권과 그 밖의 물권이 각각 신탁재산과 고유재산 또는 서로 다른 신탁재산에 귀속하는 경우
2. 소유권 외의 물권과 이를 목적으로 하는 권리가 각각 신탁재산과 고유재산 또는 서로 다른 신탁재산에 귀속하는 경우
3. 신탁재산에 대한 채무가 수탁자에게 귀속하거나 수탁자에 대한 채권이 신탁재산에 귀속하는 경우

213) 일본 신탁법 제21조 제1항 제1호

214) 일본 신탁법 제20조 제3항 제2호

215) 민법 제507조에 해당

216) 수익권을 구성하는「수익채권」이 여기에 해당할 것이다.

217) 일본 신탁법 개정 전 구 신탁법(우리나라의 현행 신탁법과 동일하다)하에서의 일본의 학설은 수탁자가 수익권을 취득하더라도 혼동은 생기지 않는 것으로 해석하고 있었다고 한다(法務省民事局參事官室『信託法改正要綱試案 補足說明』 주 31 참고).

(ii) 민법에 따르면, 부동산의 사용・수익을 목적으로 하는 권리는 질권의 목적으로 할 수 없고(민법 第345조), 부동산 및 부동산소유권이전등기청구권에 대한 질권 역시 인정되지 않는데, 부동산신탁의 수익권에 대한 질권 설정이 위 규정에 위반하는 것이 아닌가 하는 점에 대해서도 의문이 있다.

우선, 민법상「부동산의 사용・수익을 목적으로 하는 권리」는 지상권, 지역권, 전세권, 임차권 등을 의미하는 것인데, 신탁수익권은 신탁계약에 따라 수탁자에 대하여 보유하게 되는 수익채권을 포함한 별도의 권리로서 여기서의 부동산 자체의 사용・수익을 목적으로 하는 권리에 해당하지 아니하므로 부동산신탁의 수익권에 대한 질권 설정 자체가 민법상 위 규정을 위반한 것이 아니라고 생각된다.

그러나 신탁수익권에 신탁종료(신탁계약의 해제・해지, 신탁기간 만료 등) 시 신탁재산인 잔여 부동산에 대한 소유권을 이전받을 수 있는 권리(잔여재산 수익권・귀속권 등)가 포함되어 있는 경우에는 신탁수익권에 대한 질권의 효력은 해당 부동산에 관한 소유권이전등기청구권 및 해당 부동산에도 미치게 되므로(민법 第353조 第4항), 민법의 해석상 부동산 소유권이전등기청구권에 대한 질권은 인정되지 않는다는 점에 비추어 보면, 신탁수익권 중 부동산 소유권이전등기청구권에 관한 한 질권의 효력은 미치지 않는다고 해석하는 것이 타당할 것으로 생각된다.[218]

(iii) 다음으로, 수익권은 수탁자에 대한 급부청구권을 포함한 일체의 권리・권능의 총체(수익채권+신탁법/신탁계약상 권리・권능)를 의미하는바, 수익권에 대한 질권의 효력이 어디까지 미치는지 문제된다. 신탁법에서는, 민법에 준하여, 수익권을 목적으로 하는 질권은 그 수익권에 기한 수익채권[219]과 신탁법 또는 신탁행위에 따라 그 수익권을 갈음하여 수익자가 받을 금전이나 그 밖의 재산에도 존재하고(동법 第66조 第4항), 수익권의 질권자는 직접 수탁자로부터 금전을 지급받아 다른 채권자에 우선하여 자기 채권의 변제에 충당할 수 있으며(동조 第5항), 질권자의 채권이 변제기에 이르지 아니한 경우 질권자는 수탁자에게 그 변제금액의 공탁을 청구할 수 있고 이 경우 질권은 그 공탁금에 존재한다(동조 第6항)는 규정만을 두고 있다.

우선, 수익권에 대한 질권은 수익자가 수탁자에게 신탁재산에 속한 재산의 인도와 그 밖에 신탁재산에 기한 급부를 요구하는 청구권(수익채권)과 수익자가 받을 금전이나 그 밖의 재산에도 존재함은 신탁법 규정상 명백하다(동법 第66조 第4항). 즉, 수

218) 같은 취지로는, 최수정『신탁법(개정판)』(박영사, 2019) 131페이지
219)「수익자가 수탁자에게 신탁재산에 속한 재산의 인도와 그 밖에 신탁재산에 기한 급부를 요구하는 청구권」을 의미한다(신탁법 第62조).

익권에 대한 질권은 신탁계약에서 정하는 바에 따른 원본 및 수익, 잔여재산(수익자에게 잔여재산이 귀속되는 것으로 규정된 경우) 등에 대한 청구권에 질권의 효력이 미친다.[220)]

다음으로, 수익채권 이외의 권리 · 권능(수익권 확보를 위한 신탁법상의 권리 · 권능, 기타 신탁계약상의 권리 · 권능)(이하에서는 「권리」라고만 한다)에 대해서는 어느 범위에서 질권의 효력이 미치는지 문제된다. 신탁법에서는 수익권의 개념에 대해서는 명확히 규정하고 있지 않지만, 수익권을 위의 수익채권 및 그 밖에 신탁법 또는 신탁행위에서 정하는 바에 따른 수익자의 일체의 권리의 총체를 의미하는 것으로 본다면[221)] 이론상으로는 수익권에 대한 질권은 이러한 권리 전체에 미치는 것으로도 볼 여지가 있다.

그러나 수익권의 입질에 대해서는 신탁법 등에 다른 규정이 없는 한 민법상 권리질(채권질)에 관한 규정이 적용되어야 할 것인데 민법상 권리질(채권질) 역시 질권설정자의 권리(법률상/계약상 권리) 일체에 대해 권리질(채권질)의 효력이 미치는 것으로는 해석되지 않는다는 점, 수익권 질권 역시 (채권자가 신탁계약상 수익자로 직접 지정되는 담보신탁의 경우와 달리) 수익권의 교환가치(실질적으로는 수익채권의 가치)를 파악하여 설정되는 담보물권이라는 점, 수익권 질권이 신탁원부에 등기되지 않은 경우 신탁원부에는 수익권자 또는 수익자만이 기재되어 공시되므로 (이러한 경우가 일반적이다) 수익권에 대한 질권의 효력을 무제한으로 확대할 경우에는 신탁원부의 대항력과의 관계에서 문제가 있다는 점 등에 비추어 볼 때, 수익자가 신탁법상 또는 신탁계약상 보유하는 일체의 권리에 수익권 질권의 효력이 무제한으로 미친다고 보는 것은 타당하지 않다고 생각된다. 그렇다면 질권의 효력이 미치는 범위를 어떠한 기준에 의해 설정할 것인지 문제가 된다.

이에 대해서는 실무 · 판례상 아직 명확한 기준이 있는 것은 아니나, 일응의 기준으로는 민법상 채권질에 준하여 판단되어야 할 것으로 생각된다. 이에 따르면, 그 권리 · 권능의 행사에 의해 수익권의 경제적 가치(귀속)이나 수익권의 기초를 이루는 신탁재산의 경제적 가치(귀속)에 직접 영향을 미치는 권리(권한)는 그 권리 · 권능의 행사에 의해 수익권의 경제적 가치(귀속)나 수익권의 기초를 이루는 신탁재산의

220) 따라서 당사자 간에 질권 목적물인 수익권을 정의할 때 신탁법상의 「수익채권」만을 의미하거나 위 신탁법 제66조 제4항의 권리(「수익채권과 신탁법 또는 신탁계약에 따라 그 수익권을 갈음하여 수익자가 받을 금전이나 그 밖의 재산에 관한 권리」)만을 대상으로 규정하는 것도 가능하다고 생각된다.

221) 신탁법도 수익권을 「수익자의 권리 · 권능의 총체」를 의미하는 것을 전제로 하고 있는 것으로 보인다(신탁법 제61조 등 참고).

경제적 가치(귀속)에 직접 영향을 미치기 때문에 그러한 권리에는 수익권 질권의 효력이 미친다고 보아야 할 것이다. 또한, 가사 그러한 권리가 신탁계약의 규정상 수익권 자체에는 포함되지 않는다고 해석되더라도,[222] 즉 신탁계약에서 정함에 따라 신탁계약상 정의된 수익권과는 별도로 당사자 간 합의에 의해 수익자에게 인정되는 권리(권한)라고 해석하더라도 이는 해당 수익권에 종된 권리로서 수익권 질권의 효력이 미친다고 할 것이다(민법 제100조 제2항).

이러한 일응의 기준에 비추어 보면, 「신탁재산에 대한 처분요청」 등 처분에 관한 수익자의 권리(권한)는 수익권의 내용에 포함된다고 보아야 할 것이고, 가사 「신탁재산에 대한 처분요청」 등 처분에 관한 수익자의 권리(권한)가 신탁계약상 수익권 자체에는 포함되지 않고 신탁계약에 따라 수익권과는 별도로 인정되는 권리(권한)로 해석하더라도, 수익권에 대한 질권의 효력은 이러한 「신탁재산에 대한 처분요청」 등 처분에 관한 수익자의 권리(권한)에도 미친다고 할 것이다. 따라서 질권설정자인 수익자가 신탁계약상 신탁재산에 대한 처분요청권 등을 행사함에 있어서는 질권자의 동의를 얻어야 할 것으로 생각된다.[223][224]

한편, 질권의 효력이 미치는 사항에 대해 질권자의 동의없이 권리가 행사된 경우(예를 들면, 신탁재산에 대한 처분요청권에 수익권 질권의 효력이 미친다는 견해를 따를 때, 질권자의 동의없이 우선수익자에 의한 처분요청 등이 이루어지고 그에 따라 신탁재산이 처분된 경우) 그에 따른 수탁자의 (처분)행위의 효력에 관해서는, 그에 따른 수탁자의 (처분)행위는 결국 권한없는 자에 의한 (처분)행위에 해당하여 무효이나 이 무효는 질권자만이 주장할 수 있다는 견해(「무효설」[225]), 수탁자의 (처분)행위는 신탁위반 법률행위에 해당하여 신탁법 제75조에 따른 취소의 대상이 될 뿐

---

222) 신탁계약에 따라서는 그 신탁약관에서 수익채권이나 원본을 제외한 이익에 대한 급부청구권만을 수익권의 대상으로 규정하고 있는 경우도 많은데 이에 대해서는 특약사항을 통해 변경이 필요할 수도 있으므로 주의를 요한다.

223) 金融法委員会 「信託受益権に対して設定された質権の効力」 平成 16年 9月 15日 5~6페이지 참고

224) 다만, 수익권과 수익자의 지위는 개념상 구별되는데 위에서 예를 들고 있는 신탁재산에 대한 처분요청권은 수익권에 당연히 포함되는 것이 아니라 수익권과는 별개의 특약에 따라 수익자에게 부여되는 권리(권한)라는 점을 이유로 다른 약정이 없는 한 수익권에 대한 질권의 효력은 수익자의 신탁재산에 대한 처분요청권에는 미치지 않는다는 견해도 존재한다.

225) 이 견해는, 「민법 제352조가 질권설정자는 질권자의 동의 없이 질권의 목적된 권리를 소멸하게 하거나 질권자의 이익을 해하는 변경을 할 수 없다고 규정한 것은 질권자가 질권의 목적인 채권의 교환가치에 대하여 가지는 배타적 지배권능을 보호하기 위한 것이므로, 질권설정자와 제3채무자가 질권의 목적된 권리를 소멸하게 하는 행위를 하였다고 하더라도 이는 질권자에 대한 관계에 있어 무효일 뿐이어서 특별한 사정이 없는 한 질권자 아닌 제3자가 그 무효의 주장을 할 수는 없다」고 판시하고 있는 대법원 1997. 11. 11. 선고 97다35375 판결 등을 근거로 하고 있는 것으로 보인다.

이라는 견해(「취소설」[226]), 무효설을 원칙으로 하면서도 신탁원부를 통해 우선수익권에 대한 질권자의 존재 및 우선수익자의 권리(권한) 행사에는 질권자의 동의가 필요하다는 점이 대외적으로 공시되어 대항력까지 확보되는 경우에는 질권자뿐만 아니라 위탁자와 다른 수익자도 그 무효를 주장할 수 있다는 견해[227]가 있다.

실무를 처리함에 있어서는, 이와 같은 해석상/운용상 문제점을 고려하여, 해당 신탁계약상 수익권의 정의와 범위(예를 들면, 수익권이 이익급부청구권만을 의미하는지, 수익권에 신탁종료 시 잔여재산에 대한 권리 등이 포함되는지)와 질권설정자인 수익자의 권리 · 권한을 해당 신탁계약을 통해 확인하여 질권 목적물의 범위와 질권자의 (사전)동의없이 질권설정자가 행사할 수 없는 권리 · 권한(처분지시권이 미치는지, 기타 권리 · 권한에 미치는지 등)을 명확히 기재해 둘 필요가 있다.

그러나 부동산신탁 등 신탁원부에 의해 공시되는 신탁의 경우에는, 원칙적으로 질권자와 질권설정계약의 내용이 신탁원부 기재사항이 아니기 때문에, 수익권에 대한 질권설정 시 질권설정계약에서 질권의 범위 및 질권설정자가 각종 권리를 행사함에 있어서 질권자의 사전동의를 받아야 한다는 점을 규정하고,[228] 수탁자가 일정한 행위를 하는 경우 질권자의 승낙을 받겠다는 취지가 기재된 질권설정승낙서에 의해 수탁자의 확정일자부 승낙을 받아둔다고 하더라도,[229] 질권설정계약과 위 승낙서의 내용에 위반하여 (질권자의 동의없이) 당초의 신탁원부(신탁계약)에 따라서만 신탁재산의 저분 등의 행위가 일어난 경우에는 신탁원부의 기재가 질권설정계약과 질권설정승낙서에 우선하여 적용됨을 이유로[230] 그러한 처분행위 등 자체의 무효나 수익자 취소권(신탁법 제75조) 등을 주장하기는 어렵고, 결국 채무자의 기한의 이익상실 및 질권자의 수탁자에 대한 손해배상청구로 해결할 수밖에 없게 될 가능성이 있다.[231]

---

226) 金融法委員会「信託受益権に対して設定された質権の効力」平成 16年 9月 15日 7페이지 참고

227) 이 견해는 신탁원부 기재의 대항력을 다소 넓게 인정하고 있는 지금까지의 판례([판례 4-102]부터 [판례 4-108]까지 참조)를 근거로 하고 있는 것으로 보인다.

228) 질권설정계약에서 신탁법 제61조에서 정하는 수익자의 권리에 대해서도 질권자의 사전동의를 받도록 규정하는 것은 질권설정자인 수익자와 질권자 사이의 약정이지 「신탁행위」에 의한 제안이 아니므로, 원칙적으로, 질권자와 수탁자 간 채권적 효력이 인정될 수 있을 것으로 생각된다.

229) 이 경우에도 신탁계약과는 별개의 질권자와 수탁자 사이의 약정이므로, 원칙적으로는 질권자와 수탁자 간 채권적 효력이 인정될 수 있을 것으로 생각된다.

230) 신탁원부의 대항력

231) 질권설정 시 질권자가 일정한 위탁자 또는 수탁자의 행위 자체를 금지하여 그 위반행위 자체의 효력까지 문제삼을 수 있는 가능성을 높이기 위해 일정한 사항에 대해서는 질권설정계약 및 수탁자의 질권설정승낙에 추가하여 신탁원부에도 해당 중요사항(질권설정자 또는 수탁자가 질권자의 동의를 받아야 하는 사항)을 반영하여 질권설정자 또는 수탁자의 행위 시 질권자의 사전동의를 받도록 신탁계약을 변경하고 신탁원

(iv) 한편, 신탁수익권의 부수성(신탁수익권은 신탁계약에 따른 독립된 별개의 권리라는 판례에 비추어 볼 때, 이것은 신탁계약의 해석문제이므로 부수성은 적당하지 않은 용어이나 일단 편의상 이와 같은 용어를 사용한다) 여부에 대해서는 이전부터 논란이 있었다. 즉, 피담보채권이 양도 또는 전부(轉付)된 경우 해당 우선수익권이 그에 수반하여 이전되거나 소멸하는지 여부가 문제되는데, 판례는 몇몇 사례에서 아래와 같이 원칙적으로 우선수익권이 이전되거나 소멸하지 않는다고 판시하고 있다.

[판례 4-84] 대법원 2017. 9. 21. 선고 2015다52589 판결

1. 위탁자가 금전채권을 담보하기 위하여 그 금전채권자를 우선수익자로, 위탁자를 수익자로 하여 위탁자 소유의 부동산을 신탁법에 따라 수탁자에게 이전하면서 채무불이행 시에는 신탁부동산을 처분하여 우선수익자의 채권 변제 등에 충당하고 나머지를 위탁자에게 반환하기로 하는 내용의 담보신탁을 해 둔 경우, 특별한 사정이 없는 한 우선수익권은 경제적으로 금전채권에 대한 담보로 기능할 뿐 금전채권과는 독립한 신탁계약상의 별개의 권리가 된다. 따라서 이러한 우선수익권과 별도로 금전채권이 제3자에게 양도 또는 전부되었다고 하더라도 그러한 사정만으로 우선수익권이 금전채권에 수반하여 제3자에게 이전되는 것은 아니고, 금전채권과 우선수익권의 귀속이 달라졌다는 이유만으로 우선수익권이 소멸하는 것도 아니다(대법원 2017. 6. 22. 선고 2014다225809 전원합의체 판결 참조).
2. 원심은, ① 운남지구토지구획정리사업조합(이하 '운남조합'이라고 한다)이 주식회사 크레타건설(이하 '크레타건설'이라고 한다)의 이 사건 대여금채권을 담보하기 위하여 2007. 12. 28.과 2009. 1. 7. 두 차례에 걸쳐 원고와 이 사건 사업지구 내의 이 사건 토지를 포함한 체비지 41필지에 관하여 우선수익자를 크레타건설로 하는 이 사건 신탁계약을 체결한 사실, ② 운남조합이 위 각 신탁계약 체결일 무렵 이 사건 토지를 포함한 체비지 41필지에 관한 체비지대장인 체비지원부에 양수인을 원고라고 기재한 사실, ③ 운남조합이 2010. 6. 18. 이 사건 토지에 관한 체비지원부에 양수인을 피고라고 새롭게 기재하였고, 2011. 10. 24. 이 사건 사업지구에 관한 환지처분을 공고하였으며, 피고

부 변경등기까지 마쳐두는 사례도 보인다. 다만, 해당 동의 대상이 신탁법 제61조 각호(신탁행위로도 제한할 수 없는 수익자의 권리)에서 규정하는 수익자의 권리 · 권한에 해당하는 경우에는 위 신탁조항의 효력이 문제될 수 있다.

가 2012. 4. 12. 이 사건 토지에 관하여 소유권보존등기를 한 사실,[232] ④ 한편, 소외인이 2010. 10. 11. 크레타건설에 대한 약 269억 원의 채권을 청구채권으로 하여 크레타건설의 운남조합에 대한 약 257억 원의 대여금과 이에 대한 이자 등의 채권 중 청구채권 금액에 이르기까지의 금액을 압류 및 전부하는 이 사건 전부명령을 받았고, 위 전부명령이 2010. 11. 2. 확정된 사실을 인정하였다.

원심은 위와 같은 사실관계를 토대로, 크레타건설의 우선수익권은 이 사건 대여금채권에 대한 비전형 담보물권으로서 이 사건 전부명령에 따라 대여금채권과 함께 소외인에게 이전되었으므로, 이 사건 신탁계약은 유효하게 존속한다고 판단하였다. 그리고 피고가 이 사건 전부명령에 따라 이 사건 대여금채권과 우선수익권의 귀속주체가 달라져서 우선수익권이 소멸하였고 이 사건 신탁계약도 해지 또는 종료되었음을 전제로 하여, 원고가 운남조합에 이 사건 토지의 소유권을 반환할 의무를 부담하고 피고가 운남조합으로부터 위 토지를 양수하였으므로, 피고 명의의 소유권보존등기는 실체관계에 부합하여 유효하고, 원고가 피고를 상대로 위 토지에 관하여 소유권이전등기절차의 이행을 구하는 것은 신의칙에 반하거나 권리남용에 해당한다고 주장하나, 이 사건 신탁계약이 유효하게 존속하는 이상 이와 다른 전제에서 하는 주장은 받아들일 수 없다는 이유로 피고의 주장을 배척하였다.

3. 앞서 본 법리에 비추어 살펴보면, 원심의 판단 중 이 사건 대여금채권이 소외인에게 전부되었다는 사정만으로 위 대여금채권과는 독립한 별개의 권리인 우선수익권도 소외인에게 이전되었다고 판시한 부분은 부적절하다. 그러나 이 사건 대여금채권이 동일성을 유지한 채 소외인에게 전부되어 종전과 귀속주체만 달리하게 되었을 뿐, 위 대여금채권과 독립한 별개의 권리인 크레타건설의 우선수익권은 소멸하지 않았으므로, 이 사건 담보신탁계약은 여전히 유효하게 존속한다. 따라서 이 사건 신탁계약이 유효하게 존속한다는 이유로, 위 신탁계약이 해지 또는 종료되었음을 전제로 한 피고의 주장을 배척한 원심의 판단은 결론에 있어서는 정당하고, 거기에 상고이유 주장과 같이 전부명령의 효력, 신탁계약에서 우선수익권의 법적 성질, 담보물권의 수반성, 신탁계약의 해지에 관한 법리를 오해하여 판결에 영향을 미친 잘못이 없다.

---

232) 도시개발법 제42조 제5항이 시행되기 전의 구 토지구획정리사업법하에서의 사안이어서 체비지에 대한 소유권보전등기가 신탁사 명의로 이루어진 것이다[대법원 2007. 9. 21. 선고 2005다44886 판결 등, 등기선례 제5-778호(제정 1998. 5. 7.) 등]. 도시개발법 제42조 제5항이 시행된 이후부터는 도시개발조합(시행자) 앞으로 소유권보존등기가 먼저 이루어진 후 신탁사 앞으로 소유권이전등기 및 신탁등기가 이루어지게 되었다[대법원 2020. 5. 28. 선고 2016다233729 판결, 등기선례 제200610-4호(제정 2006. 10. 4.) 등 참고]. **도시개발법 제42조(환지처분의 효과)** ⑤ 제34조에 따른 체비지는 시행자가, 보류지는 환지 계획에서 정한 자가 각각 환지처분이 공고된 날의 다음 날에 해당 소유권을 취득한다. 다만, 제36조 제4항에 따라 이미 처분된 체비지는 그 체비지를 매입한 자가 소유권이전등기를 마친 때에 소유권을 취득한다.

[판례 4-85] 대법원 2017. 6. 22. 선고 2014다225809 전원합의체 판결

[다수의견]

(1) 우선수익권 질권 등 침해의 점에 관하여 본다.

위탁자가 금전채권을 담보하기 위하여 그 금전채권자를 우선수익자로, 위탁자를 수익자로 하여 위탁자 소유의 부동산을 신탁법에 따라 수탁자에게 이전하면서 채무불이행 시에는 신탁부동산을 처분하여 우선수익자의 채권 변제 등에 충당하고 나머지를 위탁자에게 반환하기로 하는 내용의 담보신탁을 해 둔 경우, 특별한 사정이 없는 한 우선수익권은 경제적으로 금전채권에 대한 담보로 기능할 뿐 금전채권과는 독립한 신탁계약상의 별개의 권리가 된다. 따라서 이러한 우선수익권과 별도로 금전채권이 제3자에게 양도 또는 전부되었다고 하더라도 그러한 사정만으로 우선수익권이 금전채권에 수반하여 제3자에게 이전되는 것은 아니고, 금전채권과 우선수익권의 귀속이 달라졌다는 이유만으로 우선수익권이 소멸하는 것도 아니다.

원심은 증거에 의하여, ① 이 사건 대여금의 변제를 담보하기 위하여 피고가 2007. 12. 28. 및 2009. 1. 7. 두 차례에 걸쳐 한국토지신탁과 체비지 41필지에 관하여 이 사건 담보신탁계약을 체결하고 참가인 회사를 우선수익자로 하는 우선수익권증서를 발급받아 준 사실, ② 피고는 참가인 회사가 위 우선수익권에 대하여 원고를 1순위 질권자로 하는 질권을 설정하는 데에 동의하고, 수탁자인 한국토지신탁도 참가인 회사와 원고 사이의 위 질권설정계약에 동의한 사실, ③ 참가인 2는 2010. 10. 11. 참가인 회사에 대한 약 269억 원의 채권을 청구채권으로 하여 참가인 회사의 피고에 대한 약 257억 원의 대여금 및 이에 대한 이자 등의 채권 중 청구채권 금액에 이르기까지의 금액을 압류 및 전부하는 이 사건 전부명령을 받았고, 위 전부명령이 2010. 11. 2. 확정된 사실 등을 인정하였다.

한편, 기록에 의하면 이 사건 담보신탁계약의 특약사항 제13조 제2항에서는 '이 사건 합의서 및 추가합의서에서 정한 기한 내에 위탁자(피고)가 대출원리금을 전액 상환하지 아니할 경우 우선수익권에 관한 질권자(원고)가 신탁재산의 환가를 요청할 수 있다'고 정하였고, 제7조 제5항에서는 '신탁재산을 처분하는 경우 처분대금은 위탁자(피고)와 우선수익자(참가인 회사), 질권자(원고) 간에 이 사건 추가합의서에 따라 수납하기로 하며, 처분대금 완납 시 위 합의서에서 정한 계좌로 입금을 완료하여야 한다'라고 정하면서, 같은 조 제6항에서는 '신탁재산의 처분대금 완납 사실 확인 후 질권자는 신탁해지에 동의하기로 한다'라고 정한 사실을 알 수 있다. 앞에서 본 이 사건 합의서 및 추가합의서와 이 사건 담보신탁계약, 우선수익권에 대한 질권설정계약의 내용 및 위 각 계약의 체결 경위와 위 담보신탁계약의 특약사항의 규정 내용, 위탁자와 수탁자가 우선수익권에 대한 질권설정계약에 동의한 사실관계 등에 비추어 보면, 이 사건 담보신탁계약의 당사자들과 원고는, 위탁자가 대출원리금을 전액 상환하지 아니할 경우 우선수익권에 대한 질권자인 원고가 이 사건 대여금채권의 귀속 주체와 상관없이 우선수익권을 행사할 수 있는 것으로 약정하였다고 봄이 타당하다.

위와 같은 사정을 앞서 본 법리에 비추어 살펴보면, 참가인 회사의 피고에 대한 이 사건 대여금채권이 이 사건 전부명령에 따라 전부채권자인 참가인 2에게 전부되었다고 하더라도, 그러한 사정만으로 이 사건 담보신탁계약에 따른 참가인 회사의 우선수익권이 이 사건 대여금채권의 전부에 수반하여 전부채권자에게 이전되었다고 볼 수 없다. 또한 이 사건 대여금채권과 우선수익권의 귀속주체가 달라졌다고 하여 곧바로 참가인 회사의 우선수익권이나 이를 목적으로 한 원고의 권리질권이 소멸한다고 볼 수도 없다.

그런데도 원심은, 위 전부명령 확정에 따라 참가인 회사의 우선수익권은 소멸하였고 위 우선수익권을 목적으로 하는 원고의 권리질권 역시 그 목적물의 소멸로 인하여 소멸하였으므로 피고가 부동산담보신탁계약의 목적물인 체비지를 임의매각하고 그 매각대금을 약정된 계좌에 입금하지 아니하더라도 원고에 대하여 담보권의 침해 내지 담보가치의 훼손이 발생할 수 없다고 판단하였다. 이러한 원심의 판단에는 이 사건 담보신탁계약 등에 의하여 형성된 법률관계와 전부명령에 따른 법률효과에 관한 법리 등을 오해하여 판결에 영향을 미친 잘못이 있다.

[반대의견]

가. 신탁법상의 신탁은 위탁자가 수탁자에게 특정한 재산권을 이전하거나 기타의 처분을 하여 수탁자로 하여금 신탁 목적을 위하여 그 재산권을 관리·처분하게 하는 것이다. 이는 위탁자가 금전채권을 담보하기 위하여 금전채권자를 우선수익자로, 위탁자를 수익자로 하여 위탁자 소유의 부동산을 신탁법에 따라 수탁자에게 이전하면서 채무불이행 시에는 신탁부동산을 처분하여 우선수익자의 채권 변제 등에 충당하고 나머지를 위탁자에게 반환하기로 하는 내용의 담보신탁을 체결한 경우에도 마찬가지이다(대법원 2017. 5. 18. 선고 2012두22485 전원합의체 판결 참조).

신탁행위로 정한 바에 따라 수익자로 지정된 사람은 당연히 수익권을 취득한다(신탁법 제56조 제1항). 수익자는 신탁재산으로부터 이익을 향수하는 사람이므로, 신탁재산에 속한 재산의 인도와 그 밖에 신탁재산에 기한 급부를 요구하는 청구권(이하 '수익채권'이라 한다)이 수익권의 주된 내용을 이룬다. 그러나 수익자는 수익채권 외에도 신탁법상 수익자의 지위에서 여러 가지 권능을 가지며, 수익권의 구체적인 내용은 특별한 사정이 없는 한 계약자유의 원칙에 따라 신탁계약에서 다양한 내용으로 정할 수 있다.

우선수익권은 구 신탁법이나 신탁법에서 규정한 법률 용어는 아니나, 거래계에서는 통상 부동산담보신탁계약에서 우선수익자로 지정된 채권자가 채무자의 채무불이행

시에 신탁재산을 처분한 대금에서 자신의 채권을 위탁자인 채무자나 그 밖의 다른 채권자들에 우선하여 변제받을 수 있는 권리를 지칭한다. 이러한 우선수익권의 법적 성질에 관하여 학계에서는 담보신탁은 형식은 신탁이지만 그 실질은 담보이므로 담보물권의 법리가 함께 적용되며 우선수익권을 변칙담보물권으로 이해하는 견해와 물권법정주의와의 관계에서 법률에 명문의 규정이 없는 이상 채권자는 담보신탁을 통하여 담보권을 얻는 것이 아니라 신탁이라는 법적 형식을 통하여 도산 절연 및 담보적 기능이라는 경제적 효과를 달성하게 되는 것일 뿐이므로 그 우선수익권은 우선 변제적 효과를 채권자에게 귀속시킬 수 있는 신탁계약상의 권리로 이해하는 견해 등이 대립되고 있다. 판례는 후자의 입장을 취하고 있다(대법원 2014. 2. 27. 선고 2011다59797 판결, 대법원 2016. 5. 25. 자 2014마1427 결정 등 참조).

한편, 구 신탁법(2011. 7. 25. 법률 제10924호로 전부 개정되기 전의 것)은 수익권의 양도나 질권 설정에 관한 규정을 두고 있지 않았으나, 신탁법은 제64조 제1항에서 수익권의 양도성에 관하여 "수익자는 수익권을 양도할 수 있다. 다만, 수익권의 성질이 양도를 허용하지 아니하는 경우에는 그러하지 아니하다."고 규정하고, 제66조 제1항에서 수익권에 대한 질권에 관하여 "수익자는 수익권을 질권의 목적으로 할 수 있다. 다만, 수익권의 성질이 질권의 설정을 허용하지 아니하는 경우에는 그러하지 아니하다."고 규정하고 있다. 이러한 법리는 구 신탁법 시행 당시에 체결된 신탁계약상의 수익권에 대하여도 특별한 사정이 없는 한 그대로 적용된다고 할 것이다(대법원 2012. 11. 29. 선고 2011다84335 판결 참조).

나. 원심은 그 판시 증거를 종합하여, 피고가 2007. 12. 28. 및 2009. 1. 7. 두 차례에 걸쳐 한국토지신탁과 사이에 체비지 41필지에 관하여 이 사건 담보신탁계약을 체결하고 참가인 회사를 우선수익자로 하는 수익권증서를 발급받은 사실 및 피고는 참가인 회사가 위 우선수익권에 대하여 원고를 1순위 질권자로 하는 질권을 설정하는 데에 동의한 사실을 인정하였다.

그런 다음 원심은, 부동산담보신탁제도는 채무자인 위탁자가 채권자를 수익자로, 부동산신탁전문회사를 수탁자로 하여 그 수탁자에게 담보의 목적으로 부동산을 소유권을 이전하고, 채무자가 채무를 이행하지 아니할 때 임의매각의 방법으로 담보를 실행하여 그 매각대금을 수익자인 채권자에게 우선 지급하고 잔액이 있으면 채무자에게 반환하게 하는 제도로서, 신탁계약으로서의 성질과 비전형 담보물권의 성질을 겸유하는데, 민법상 담보물권은 피담보채권에 부종하며(민법 제369조), 이와 같은 강한 부종성은 부동산담보신탁계약에 기하여 채권자인 수익자가 취득하는 수익권에도 적용된다고 전제한 후, 앞서 본 바와 같이 참가인 2가 2010. 10. 11. 참가인 회사의 피고에 대한 대여금채권에 대하여 전부명령을 받아 그 전부명령이 확정된 이상 참가인 회사의 우선수익권은 그 피담보채권인 대여금채권의 소멸로 인하여 부종성에 따라 소멸하였고, 위 우선수익권을 목적으로 하는 원고의 권리질권 역시 그 목적물의 소멸로 인하여 소멸되었다고 판단하였다. 또한 원심은 참가인 회사의 우선수익권은 담보물권과는 그 성격에 차이가 있으므로 위와 같이 전부명령이 있었다고 하더라도 우선수익권이 위 대여금채권의 이전에 당연히 수반하여 전부채권자인 참가인 2에게 이전된다고 볼 수도 없다고 판단하였다.

다. 기록에 의하면, 이 사건 담보신탁계약의 법률관계는 다음과 같다.

(1) 이 사건 담보신탁계약의 목적은 신탁부동산의 소유권 관리와 위탁자가 부담하는 채무 내지 책임의 이행을 보장하기 위하여 수탁자가 신탁부동산을 보전・관리하고 위탁자의 채무불이행 시에 이를 환가・정산하는 것이다(제1조). 그리고 이 사건 담보신탁계약상 신탁기간은 신탁계약 체결일로부터 우선수익자의 채권 소멸 시까지(단, 신탁계약 체결일로부터 30년 이내)로 하되, 위탁자는 신탁종료 전에 수탁자와 협의하여 그 기간을 연장할 수 있다(제2조, 별첨 2의1).

(2) 수익자는 신탁원본 우선수익자, 신탁원본 수익자 및 신탁수익 수익자로 구분하되, 신탁원본 우선수익자는 참가인 회사, 신탁원본 및 신탁수익 수익자는 피고로 하며, 위탁자는 수탁자의 승낙을 얻어 수익자를 추가 지정하거나 변경할 수 있다(제3조, 별첨 2의2). 우선수익자의 수익권의 범위는 우선수익자와 그 채무자 간의 여신거래로 발생하여 증감 변동하는 우선수익자의 원금, 이자 및 지연손해금 등에 한하고(제7조 제1항), 우선수익자는 수탁자가 발행하는 수익권증서에 기재된 금액을 최고한도로 하여 이 한도 내에서 수익을 얻을 권리가 있다(같은 제2항). 신탁원본에 대한 우선수익자의 수익권은 위탁자의 수익권보다 우선하고(같은 제3항), 우선수익자가 갖는 수익권의 유효기간은 이 신탁계약에 의한 우선수익자의 채권발생일로부터 본 계약 종료일까지로 하며(같은 제4항), 우선수익자는 수탁자의 사전 동의 없이는 신탁기간 중 우선수익자의 지위를 타인에게 양도 또는 명의변경하거나 수익권에 대하여 질권의 설정 등 기타 처분행위를 할 수 없다(같은 제5항).

(3) 수탁자는 신탁기간 종료 전이라도 우선수익자와 채무자 간에 체결한 여신거래계약 위반 시 우선수익자의 요청에 의하여 신탁부동산을 처분할 수 있다(제18조 제1항 제1호). 수탁자가 신탁부동산을 처분한 경우, 수탁자는 그 처분대금에서 신탁계약과 관련된 비용과 보수, 신탁부동산에 대한 소액임대차 보증금 등 선순위 채권 등에 이어 '우선수익자의 채권'을 5순위로 지급하고, 순차 변제하고 잔여액이 있을 경우 그 잔여분을 6순위로 수익자(수익자가 없으면 위탁자)에게 지급한다(제22조 제1항).

(4) 이 사건 신탁은 신탁기간 만료, 신탁기간 중 위탁자가 우선수익자에게 채무를 변제하고 신탁계약을 해지하는 때, 위탁자가 수익권증서를 교부받은 후 우선수익자와 여신거래를 하지 아니하고 그 수익권증서를 반환하여 신탁계약을 해지하는 때 및 위탁자나 수탁자에 의한 신탁해지, 신탁부동산의 처분 등에 의하여 종료한다(제25조).

라. 앞서 본 법리에 비추어 이 사건 사실관계 및 담보신탁계약의 내용 등을 살펴본다.

(1) 이 사건 우선수익권은 채무자인 피고의 채무불이행 시 수탁자에게 신탁부동산의 처분을 요청할 수 있는 권리 및 신탁부동산을 처분한 대금에서 우선수익자인 참가인 회사의 대여금채권을 피고의 수익채권에 우선하여 변제받을 수 있는 권리를 그 내용으로 한다. 그러므로 이 사건 우선수익권은 담보물권은 아니지만 신탁계약에 의하여 자신의 대여금채권에 대한 우선변제를 요구할 수 있는 권리이므로 그 대여금채권과 분리하여 우선수익권에 대해서만 질권을 설정하는 것은 원칙적으로 허용되지 아니한다고 보아야 한다(원고로서는 우선수익권에 대한 질권설정계약 시 대여금채권에 대하여도 함께 질권을 설정하였어야 한다. 이 사건에서 우선수익권 질권자인 원고 스스로도 이 사건 예비적 청구로서 위탁자인 피고를 상대로 굳이 우선수익권에 대한 질권 침해를 이유로 손해배상을 구하고 있을 뿐, 곧바로 수탁자를 상대로 수익채권의 지급을 구하지는 않고 있다).

(2) 구 신탁법 제55조는 "신탁행위로 정한 사유가 발생한 때 또는 신탁의 목적을 달성하였거나 달성할 수 없게 된 때에는 신탁은 종료한다."고 규정하고 있다. 뿐만 아니라, 이 사건 담보신탁계약에서도 신탁기간의 만료를 신탁종료 사유의 하나로 들면서, 신탁기간은 신탁계약 체결일로부터 '우선수익자의 채권 소멸 시까지'로 정하고 있다. 앞서 본 사실관계에 의하면, 이 사건 전부명령이 확정됨으로써 우선수익자인 참가인 회사의 위탁자인 피고에 대한 이 사건 대여금채권이 소멸한 이상, 이 사건 담보신탁계약은 신탁기간의 만료로 인하여 종료되었을 뿐만 아니라 구 신탁법 제55조에 의한 법정종료사유도 발생하였다 할 것이다. 따라서 참가인 회사는 더 이상 수탁자에 대하여 이 사건 담보신탁계약에 기한 우선수익자로서의 권리를 행사할 수 없고, 원고 역시 우선수익권에 대한 질권자로서의 권리를 행사할 수 없다고 보아야 한다.

(3) 이와 달리, 원심이 참가인 회사의 우선수익권은 그 피담보채권인 대여금채권의 소멸로 인하여 부종성에 따라 소멸하였고, 우선수익권을 목적으로 하는 원고의 권리질권 역시 그 목적물의 소멸로 인하여 존재하지 않게 되었다고 판단한 부분은 잘못이다. 그러나 참가인 회사나 원고가 이 사건 담보신탁계약에 기한 우선수익권이나 그 권리질권을 더 이상 행사할 수 없게 된 이상, 피고가 이 사건 담보신탁계약의 목적물인 체비지 또는 체비지가 환지된 후의 토지들을 임의로 매도하거나 담보 제공을 하는 등의 행위를 하였다고 하더라도 그로 인하여 원고의 담보권의 침해 내지 담보가치의 훼손이 발생할 수 없다는 이유로 원고의 이 부분 주장을 배척한 결론은 정당하므로, 원심의 판단에 판결에 영향을 미친 잘못은 없다.

마. 이상과 같은 이유로 이 사건 제2 예비적 청구의 우선수익권 질권 침해 관련 손해배상 청구 부분에 관한 다수의견에 반대한다.

[다수의견에 대한 보충의견]

신탁법상 수익권은 재산권의 하나로서, 그 성질상 제한이 없는 한 원칙적으로 양도성을 가지며 질권의 목적이 된다. 신탁법 제64조 제1항 단서, 제66조 제1항 단서에서 규정한 수익권의 성질상 양도나 질권이 허용되지 않는 경우란, 주로 수익권이 귀속상의 일신전속성을 가지는 것으로서 수익자의 부양을 목적으로 하는 부양신탁의 수익권, 특정인의 생존 중에만 지급하기로 정한 수익권, 무상 수익권으로서 수익자 변경을 허용하지 않는 수익권 등을 의미하는 것으로 해석된다. 이 사건 담보신탁계약의 우선수익권은 경제적으로 이 사건 대여금채권에 대한 담보적 기능을 수행하고 있을 뿐 일신전속적인 성격을 갖는다고 볼 수는 없고, 이 사건 담보신탁계약에서 우선수익권의 양도를 제한하거나 질권설정을 제한하는 특별한 약정을 두지 않은 이상 이 사건 담보신탁계약의 우선수익권 역시 재산권으로서 권리 질권의 목적이 될 수 있다. 이 사건 담보신탁계약의 우선수익권은 우선수익자의 수탁자에 대한 신탁계약상의 권리이지 이를 담보물권과 동일하게 볼 수 없으므로, 우선수익권에 대한 질권설정계약 체결 시 반드시 이 사건 대여금채권에 대한 질권설정계약도 함께 체결해야 한다고 볼 수 없다. 이 사건 대여금채권과 분리하여 우선수익권에 대해서만 질권을 설정하는 것은 허용되지 않는다고 해석하는 의견은 결과적으로 담보신탁계약의 우선수익권을 담보물권으로 이해하는 견해와 실질적으로 다르지 않고, 그렇게 본다면 담보신탁계약의 우선수익권을 담보물권이 아닌 신탁계약상의 권리로 파악한 대법원 2013. 6. 27. 선고 2012다79347 판결을 비롯한 판례의 태도에 반한다.

우선수익자인 참가인 회사의 위탁자인 피고에 대한 이 사건 대여금채권에 대하여 참가인 2이 신청에 의한 이 사건 전부명령이 확정됨으로써 참가인 회사의 피고에 대한 이 사건 대여금채권이 소멸하게 되었다고 하더라도, 위탁자인 피고는 여전히 이 사건 담보신탁계약에서 정한 합의서 및 추가합의서에서 정한 대출원리금 채무를 부담하고 있다. 피고가 위 대출원리금을 전액 변제하여 채무가 소멸하지 않은 이상, 채권이 동일성을 유지한 채 전부되어 단순히 이 사건 대여금채권의 채권자가 참가인 회사에서 참가인 2로 변경되었다는 사유만으로, 곧바로 위탁자인 피고의 위 채무의 이행을 확보하기 위하여 체결된 이 사건 담보신탁계약의 목적 달성이 불가능하게 되었다거나 이 사건 담보신탁계약의 신탁기간이 만료되었다고 할 수 없다. 특히 이 사건 담보신탁계약의 당사자들과 원고가, 위탁자인 피고가 대출원리금을 전액 상환하지 아니할 경우 우선수익권에 대한 질권자인 원고가 이 사건 대여금채권의 귀속 주체와 상관없이 우선수익권을 행사할 수 있는 것으로 약정한 이상, 이 사건 대여금채권과 이 사건 우선수익권의 귀속주체가 달라졌다는 사정만으로 이 사건 담보신탁계약의 우선수익권이나 이를 목적으로 한 원고의 권리질권이 곧바로 소멸한다는 해석은 위 약정의 내용에도 부합하지 아니한다. 결론적으로 참가인 2가 참가인 회사의 피고에 대한 이 사건 대여금채권에 대하여 전부명령을 받았다는 사정만으로, 참가인 회사가 더 이상 수탁자에 대하여 이 사건 담보신탁계약에 기한 우선수익자로서의 권리를 행사할 수 없고, 원고 역시 우선수익권에 대한 질권자로서의 권리를 행사할 수 없다고 해석하는 반대의견에는 찬성하기 어렵다.
이상으로 다수의견에 대한 보충의견을 밝혀 둔다.

위 2015다52589 판결과 2014다225809 전원합의체 판결은 동일한 사실관계를 기초로 하고 있는 판결인데,

먼저, 위 판결에서, 우선수익권과 별도로 금전채권이 제3자에게 양도 또는 전부되었다고 하더라도 그러한 사정만으로 우선수익권이 금전채권에 수반하여 제3자에게 이전되는 것은 아니라는 판시 부분은 타당한 것으로 생각된다. 우선수익권은 경제적으로 금전채권에 대한 담보로 기능할 뿐 금전채권과는 독립한 신탁계약상의 별개의 권리인 이상 금전채권이 이전되었다고 하여 별개의 계약상 권리인 우선수익권도 함께 이전한다고 볼 수는 없기 때문이다.[233]

그러나 금전채권과 우선수익권의 귀속이 달라졌다는 이유만으로 우선수익권이 소멸하는 것도 아니라는 판시 부분은, 이 사건에서는 물론 일반론으로도 찬성하기 어렵다. 우선수익권이 금전채권과는 독립한 신탁계약상의 별개의 권리라고 한다면 그 내용과 그 존속 역시 일차적으로 신탁계약에 근거하여 확정되어야 하는데, 문제된 사안의 신탁계약의 해석상 위 판결의 다수의견과 보충의견은 타당하지 않다. 그 이유는 다음과 같다.

위 2014다225809 전원합의체의 다수의견과 보충의견의 가장 중요한 논거는, 결국 <u>이 사건 담보신탁계약 특약사항</u>[234]<u>에 포함된 질권 관련 합의</u>에 있는 것으로 보인다.

233) 이 점을 고려하면, 우선수익자의 채권에 대한 대위변제가 이루어졌다고 하더라도 별개의 계약에 기해 발생한 우선수익권이 대위변제자에게 법률상 당연히 이전되는지 문제될 수 있고, 나아가 신탁계약에서는 우선수익권의 양도 · 이전, 우선수익자의 변경에는 수탁자의 승인을 얻어야 함을 규정하고 있는바, 금전채권의 대위변제가 이루어지더라도 별도로 우선수익권, 우선수익자 지위의 대위에 관해 수탁자의 승인이 필요한 것으로 해석될 여지도 있다{이 점에 대해 대법원 2017다278187 판결([판례 4-38])에서는 수탁자의 동의 없이 신탁 수익권에 대한 법정대위가 가능함을 전제로 판시하고 있으며, 하급심 판례이긴 하나 신탁수익권에 대한 법정대위가 문제된 사안에서 서울고등법원 2017나2036022, 2017나2036039 판결([판례 4-76])에서도 동일하게 판시한바 있다. 한편, 위 서울고등법원 2017나2036022, 2017나2036039 판결은, 우선수익권을 대위할 수 있다고 해서 신탁계약에 따른 수탁자의 승인없이 우선수익자의 지위까지 당연히 대위하거나 우선수익자가 변경되는 것은 아니라고 판시하고 있다}. 따라서 대위변제자는 대위변제 전에 대위변제에 따른 우선수익권의 안정적인 확보를 위해 우선수익권 대위 및 우선수익자 변경에 대해 수탁자의 동의(승낙)를 받아 그에 필요한 신탁원부 변경등기에 필요한 서류를 구비해두고 대위변제 후 신탁원부 변경등기가 완료될 수 있도록 조치를 취해두는 것이 좋을 것으로 생각된다.

234) 이러한 특약사항은 신탁원부로 등기되어 대외적으로 공시되었다.

즉, 위 판결은 이 사건 담보신탁계약 특약사항 중 질권에 관한 합의사항을 이유로, 당사자들이 「…… 이 사건 대여금 채권의 귀속 주체와 상관없이 우선수익권을 행사할 수 있는 것으로 약정하였다」라는 결론을 내린 것으로 추측되는데, 위 다수의견과 보충의견은 이와 같은 약정 내용이 반대의견에서 지적하는 이 사건 담보신탁계약의 다른 내용(우선수익권의 내용, 범위, 신탁종료 등)에 우선하는 특약으로 해석한 것으로 생각된다(이 점은 위 보충의견에 명확히 나타난다). 그러나 위 다수의견과 보충의견이 근거로 들고 있는 약정의 내용은, 우선수익권의 내용 및 이를 기초로 하는 질권이 유효하게 존속하는 경우에 그 질권의 존속을 전제로 비로소 적용되는 규정이고, 이 사건에서 문제된 것은 해당 약정의 적용을 위한 전제가 되는 우선수익권의 내용 및 이를 기초로 하는 질권의 존속 여부여서 양자의 논점이 다르다. 즉, 우선수익권의 내용 및 이를 기초로 한 질권의 존속이 인정되어야 동 약정이 적용될 수 있음에도 다수의견 및 보충의견은 그 반대로 동 약정의 존재 및 적용을 근거로 역으로 우선수익권의 내용 및 이를 기초한 질권의 존속 여부를 인정하고 있는바, 우선 다수의견 및 보충의견은 이 점에 있어서 타당하지 않은 것으로 생각된다.

또한, 위 다수의견 및 보충의견과 같은 해석이 질권의 기초가 된 이 사건 담보신탁계약상의 우선수익권의 내용 및 범위에 부합하는지도 의문이다. 수익권에 대한 질권은 그 목적물인 수익권의 내용과 범위를 벗어날 수 없는데, 이 사건 담보신탁계약에서는 「우선수익자의 수익권의 범위는 **우선수익자와 그 채무자 간의 여신거래**[235]로 발생하여 증감 변동하는 우선수익자의 원금, 이자 및 지연손해금 등에 한한다」고 규정하고 있으므로 우선수익자의 여신거래에 따른 채권이 전부명령에 의해 제3자에게 전부되어 존재하지 않는다면 그 시점부터는 우선수익자는 우선수익권의 내용을 이루는 수익채권(급부청구권)이 존재하지 않게 되므로, 더 이상 우선수익권 및 이를 기초로 하는 질권에 근거하여 신탁계약에 따른 수익을 지급받을 수 없게 된다. 즉, 우선수익권을 부여하는 부동산담보신탁의 목적, 신탁계약상 우선수이권의 내용 등을 고려할 때 이 사안에 대해서도 반대의견이 더 논리 일관되고 타당하다고 생각한다.

가사, 이 사안의 경우에 위 다수의견 및 보충의견이 타당하다고 하더라도, 위 다수의견과 보충의견은 우선수익권 및 질권의 존속에 대하여 수탁자를 포함한 당사자들이 별도로 약정

235) 실무에서 사용되는 부동산담보신탁계약에서는 그 특약사항에서 이 「여신거래」의 종류와 범위에 대해 별도로 정의하는 경우가 많다. 「여신거래」는 우선수익권과 관련하여 지급될 수 있는 수익채권의 범위를 획정하는 의미가 있기 때문에 담보권에서의 피담보채권(채무)의 기재방법과 유사하게 정의되는 것이 일반적이다. 통상은 근담보(특정, 한정) 방식으로 정의되나, 사안에 따라서는 특정담보의 형식으로 정의하는 것도 가능하다.

(특히 이 사건 담보신탁계약 특약사항)하였음을 근거로 하고 있는 것으로 보이는바, 이와 같은 별도의 약정이 신탁계약 내지 신탁원부에 포함되지 않은 경우(이 판결 선고 이전에는 신탁수익권 발급 및/또는 수익권에 대한 질권설정 시 신탁계약 내지 신탁원부 등에 이와 같은 내용이 특약사항으로 포함되는 경우는 흔하지 않았다) 또는 단지 질권자가 신탁계약에 기재되어 신탁원부로 공시되어 있으나 이 사건과 같이 질권자 보호를 위한 특약사항이 존재하지 않는 경우에도 다수의견 및 보충의견과 동일한 결론에 이르게 될지는 미지수이다. 이와 같은 점을 고려하면, 담보신탁의 우선수익권의 부수성 여부와 관련하여 위 다수의견 및 보충의견의 결론을 다른 사안에도 일률적으로 그대로 적용하기는 어려울 것으로 생각된다.[236]

실무에서는, 통상 신탁계약에서 수익권의 양도・담보제공은 수탁자의 사전 동의를 받아야 함을 규정하고 있는데, 수탁자는 위 규정에 근거하여 질권・양도담보권 설정에 대한 승낙 시 동 승낙서에 「질권(양도담보권)설정에도 불구하고 기존 신탁계약에 따른 항변 등이 그대로 계속 적용되며, 수익자의 피담보채권 소멸 시에는 신탁수익권 및 그에 대한 질권(양도담보권)도 소멸한다」는 조건 등 이 사안과 같은 경우를 대비한 조건을 부가하는 경우가 많다. 또한, 신탁계약에는 피담보채권과 신탁수익권을 함께 양도하거나 담보로 제공하도록 규정하는 경우가 일반적이다.

[계약서 기재례] 수익권의 양도 및 담보제공

수익권은 수탁자의 동의 없이는 타인에게 양도하거나 담보로 제공할 수 없다. 수익자는 그의 수익권을 그가 보유하는 피담보채권과 분리하여 양도하거나 담보로 제공할 수 없다. 수탁자는 어느 수익자가 피담보채권의 전부 또는 일부를 그에 대응하는 수익권과 함께 양도하거나 담보로 제공하고자 하는 경우 합리적인 이유없이 해당 수익권의 양도에 대한 동의를 거부하지 않기로 한다. 단, 이 항에 따른 수익권 양도 및 담보제공에 소요되는 비용(수익권증서 발행 비용, 인지세 등 포함)은 해당 수익자가 부담하기로 한다.

만일 신탁계약서에 이상의 내용이 명확히 기재되지 않은 경우에는 위 판례의 사안과 같은 다툼이 발생할 수 있으므로 위 문제점을 피하기 위해서는 당사자들은 피담보채권 이전 시 신탁수익권 및 그에 대한 담보권 소멸(이전) 여부에 대해 명확히 기재하여야 할 것이다.

이 판결이 선고된 이후 실무에서는 부동산담보신탁의 우선수익권에 대한 질권설정 시 담

236) 전경준 편 『판례 신탁법』(진원사, 2018) 주 36 및 주 38 각 참고

보신탁 특약사항을 변경하여 질권자 및 질권 관련 내용을 추가로 반영하고 신탁원부 변경 등기를 통하여 질권자 및 질권에 관한 추가사항이 공시되도록 함으로써 질권자의 권리를 확보하려는 경우가 자주 있는 것으로 보인다.

[판례 4-86] 대법원 2022. 3. 31. 선고 2020다245408 판결

1. 사안 개요

원심판결 이유와 기록에 따르면 다음 사실을 알 수 있다.

가. 서안홀딩스 주식회사(이하 '서안홀딩스'라 한다)는 '감포해양관광단지 소형숙박시설 2 라마다호텔'을 신축하여 분양하는 사업(이하 '이 사건 사업'이라 한다)을 추진한 회사이고, 주식회사 대명토건(이하 '대명토건'이라 한다)은 서안홀딩스로부터 위 호텔의 신축공사를 도급받은 회사이다.

나. 서안홀딩스, 대명토건, 주식회사 예가람저축은행(이하 '예가람저축은행'이라 한다)은 예가람저축은행이 수분양자에게 중도금 대출을 하고, 서안홀딩스와 대명토건이 위 중도금 대출에 대하여 연대보증을 하는 업무협약을 체결하였다(갑 제16호증).

다. 서안홀딩스, 대명토건은 2017. 2. 23. 신탁회사인 피고와 관리형 토지신탁계약(이하 '이 사건 신탁계약'이라 한다)을 체결하였다. 그 계약서와 특약사항에 기재된 주요 내용은 다음과 같다. ① 서안홀딩스는 피고에게 사업부지와 신축 호텔 등을 신탁하여 이 사건 사업을 시행하도록 한다(계약서 제1조, 특약사항 제4조). ② 피고는 서안홀딩스와 대명토건 사이에 체결된 공사도급계약을 승계한다(계약서 제13조, 특약사항 제15조). ③ 제1순위 우선수익권은 예가람저축은행에 있고 그 범위는 '중도금대출 연대보증과 관련하여 서안홀딩스가 예가람저축은행에 대하여 부담하는 현재 또는 장래의 모든 (구상)채무'로 한다. 제2순위 우선수익권은 대명토건에 있고 그 범위는 '중도금대출 연대보증과 관련하여 서안홀딩스가 대명토건에 대하여 부담하는 현재 또는 장래의 모든 (구상)채무'로 한다. 제3순위 우선수익권은 대명토건에 있고 그 범위는 '공사도급계약에 따라 서안홀딩스가 대명토건에 대하여 부담하는 현재 또는 장래의 모든 공사의 지급채무(이하 이에 대응하는 채권을 '이 사건 공사비 채권'이라 한다)'로 한다(특약사항 제10조).

라. 원고는 2017. 7. 25.경 대명토건에 53억 원을 대출하였다. <u>원고와 대명토건은 위 대출 원리금 채무를 담보하기 위해 '이 사건 신탁계약상 대명토건의 수익권과 공사비채권'을 근질권의 목적으로 하는 근질권설정계약을 체결하였다</u>. <u>피고는 2017. 7. 27.경 위 근질권설정과 관련하여 원고에게 질권설정승낙서(이하 '이 사건 질권설정승낙서'라 한다)를 작성ㆍ교부</u>하였는데, <u>위 질권설정승낙서의 '질권의 목적물란'에는 '질권설정자의 수익권 및 공사비 채권'이라고 기재되어 있으나</u>, <u>그 하단에는 '상기 표시 관리형 토지신탁 관련하여 질권자 원고와 질권설정자 대명토건이 체결한 근질권설정계약에</u>

의거하여 **제2순위 우선수익권의 질권설정을 상기 조건으로 승낙합니다.**'라는 문구(이하 '이 사건 문구'라 한다)가 기재되어 있다.

2. 피고가 이 사건 공사비 채권에 대해서도 질권설정을 승낙하였는지(상고이유 제1, 2점)

가. 계약당사자 사이에 어떠한 계약내용을 처분문서인 서면으로 작성한 경우에 문언의 객관적인 의미가 명확하다면, 특별한 사정이 없는 한 문언대로 의사표시의 존재와 내용을 인정해야 한다. 그러나 그 문언의 객관적인 의미가 명확하게 드러나지 않는 경우에는 문언의 내용, 계약이 이루어지게 된 동기와 경위, 당사자가 계약으로 달성하려고 하는 목적과 진정한 의사, 거래의 관행 등을 종합적으로 고찰하여 논리와 경험의 법칙 그리고 사회일반의 상식과 거래의 통념에 따라 계약내용을 합리적으로 해석해야 한다. 특히 당사자 일방이 주장하는 계약의 내용이 상대방에게 중대한 책임을 부과하게 되는 경우에는 그 문언의 내용을 더욱 엄격하게 해석해야 한다(대법원 2021. 12. 30. 선고 2021다264420 판결 참조).

나. 원심은 다음과 같은 이유를 들어 피고가 제2순위 우선수익권에 대해서만 질권설정을 승낙한 것이고, 이 사건 공사비 채권에 대해서는 질권설정을 승낙한 것으로 볼 수 없다고 판단하였다. ① 원고는 대부업과 대부중개업 등을 목적으로 하는 법인으로서 자금의 대부, 그에 따른 담보의 확보 등을 주된 업무로 한다. ② 이 사건 질권설정승낙서 하단에는 다른 내용보다 더 큰 글씨로 이 사건 문구가 기재되어 있다. 그 문언에 따르면 질권설정승낙의 대상이 제2순위 우선수익권에 한정된다는 것이 명확하다. ③ 이 사건 질권설정승낙서의 '질권의 목적물란'에서는 수익권과 공사비 채권을 구별하고 있는데, '특기사항'란에는 '본건 수익권'이라고 기재하고 있을 뿐이고 이 사건 공사비 채권을 언급하고 있지 않다. ④ 원고와 대명토건 사이에 작성된 근질권설정계약서에도 근질권의 목적을 "수익권(본건 수익권) 및 공사비 채권"이라고 기재하여 양자를 구별하고 있다. ⑤ 이 사건 공사비 채권을 질권설정승낙의 대상에 포함시키기로 하는 별도의 합의가 있었다고 볼 자료가 없고 이 사건 문구가 단순히 인쇄된 예문이라고 보기도 어렵다.

다. 원심판결 이유를 위에서 본 법리에 비추어 살펴보면, 원심판결은 정당하고 상고 이유 주장과 같이 계약의 해석에 관한 법리를 오해하거나 논리와 경험의 법칙에 반하여 자유심증주의의 한계를 벗어난 잘못이 없다.

3. 제2순위 우선수익권에 대한 질권설정승낙의 효력이 이 사건 공사비 채권에도 미치는지(상고이유 제3점)

가. 이 부분 상고이유 주장은, 피고가 대명건설의 우선수익권에 대하여 질권설정을 승낙한 이상 우선수익권의 부종성에 따라 원인채권인 이 사건 공사비 채권에도 질권설정 승낙의 효력이 미친다는 것이다.

위탁자가 자신이 소유하는 부동산을 신탁법에 따라 수탁자에게 이전하여 건물을 신축・분양하는 사업을 시행하게 하고 대주와 시공사를 우선수익자로 정하는 관리형 토지신탁을 한 경우, 특별한 사정이 없는 한 우선수익권은 원인채권과는 독립한 신탁계약상 별개의 권리가 된다(부동산 담보신탁에 관한 대법원 2017. 6. 22. 선고 2014다225809 전원합의체 판결, 대법원 2017. 9. 21. 선고 2015다52589 판결 참조). 이러한 경우 우선수익권은 원인채권과 별도로 담보로 제공될 수 있으므로 우선수익자인 시공사가 우선수익권에 질권을 설정하는 것에 대하여 수탁자가 승낙했다고 해서 그 원인채권에 대해서까지 질권설정승낙의 효력이 발생한다고 볼 수 없다.[237]

한편, 위에서 보았듯이 이 사건 질권설정승낙서에 따라 질권설정을 승낙한 제2순위 우선수익권의 경우 그 원인채권은 대명토건이 중도금대출과 관련하여 보증책임을 이행하게 될 경우에 발생하는 구상금 채권이다(이 사건 공사비 채권은 제3순위 우선수익권의 원인채권이다). 이에 비추어 보더라도 이 부분 상고이유 주장은 받아들일 수 없다.

나. 원심이 같은 취지에서 우선수익권에 대한 질권설정승낙만으로 이 사건 공사비채권에 대한 질권설정승낙의 효력이 발생한다고 볼 수 없다고 판단한 것은 정당하다. 원심판결에 상고이유 주장과 같이 우선수익권의 법적 성격, 민법 제352조에 관한 법리 등을 오해한 잘못이 없다.

8) 보험금채권(보험금청구권)

실무에서는 보험금청구권(특히 화재보험 등)[238]도 질권 또는 양도담보의 목적물로 자주 이용된다. 이와 관련하여 다음의 2가지 사항을 유의해야 한다.

먼저, 부동산(건물)에 대한 근저당권을 설정하면서 동시에 동 근저당 부동산에 관하여 근저당권설정자를 피보험자로 하여 (화재)보험계약에 가입하도록 하고 동 보험계약상의 보험금청구권도 함께 양도담보권 또는 질권을 설정하는 하는 경우가 일반적인데, 이것은 근저당 부동산이 멸실・손상된 경우 근저당권의 효력이 당해 보함계약상의 보험금채권에도 미치는지 여부(물상대위성) 및 그 권리 확보절차와 관련이 있다. 즉, 근저당권의 효력이 근저당 부동산에 관한 보험청구권에 미치지만(민법 제324조, 제370조), 근저당권자는 보험금이 근저당권설정자에게 지급 또는 인도 전에 이를 압류해야 하며, 압류 전에 근저당권설정자가 이를 지급받은 경우에는 물상대위권을 행사할 수 없게 되고, 근저당권설정자가 제3자에게 근저당 부동산에 관한 보험금채권에 대한 양도담보 또는 질권을 설정한 경우에는 근

237) 위 판결에서 대법원이 (상고인이 이 점을 주장하여) 우선수익권의 부수성에 관해 설시하기는 하였으나, 위 대법원 판결의 사안은 채권양도승낙서를 잘못 작성하여 발생한 문제라는 점에 그 본질이 있다.

238) 다만, 책임보험의 경우에는 추후 제3자의 직접청구의 대상이 되는 것이므로 보험계약자가 이를 담보로 제공하는 것은 책임보험의 목적에 비추어 그 성질상 허용되지 않는다고 해석하는 것이 타당할 것으로 생각된다.

저당권자의 물상대위권과 해당 양도담보권자 또는 질권자와의 우열관계 내지 경합이 문제될 수 있기 때문에 사전에 이러한 리스크를 방지하기 위한 목적에서 부동산 근저당권 설정과는 별도로 그와 함께 근저당권설정자로 하여금 근저당 부동산을 목적물로 하는 보험계약을 체결하도록 하여[239] 동 보험금채권에 대해서도 별도로 양도담보권 또는 질권을 설정하도록 요구하거나 추후 근저당부동산에 보험계약을 체결하는 경우에는 근저당권자를 위하여 해당 보험금채권에 대한 양도담보권 또는 질권을 추가로 설정할 것을 약정하는 경우가 많다.

[판례 4-87] 대법원 1996. 7. 12. 선고 96다21058 판결

민법 제370조에 의하여 저당권에 준용되는 제342조 후문이 "저당권자가 물상대위권을 행사하기 위하여서는 저당권 설정자가 지급받을 금전 기타 물건의 지급 또는 인도 전에 압류하여야 한다."라고 규정한 취지는 물상대위의 목적이 되는 금전 기타 물건의 특정성을 유지하여 제3자에게 불측의 손해를 입히지 아니하려는데 있는 것이므로(대법원 1994. 11. 22. 선고 94다25728 판결 참조), 저당목적물의 변형물인 금전 기타 물건에 대하여 이미 제3자가 압류하여 그 금전 또는 물건이 특정된 이상 저당권자는 스스로 이를 압류하지 않고서도 물상대위권을 행사할 수 있다고 할 것이다. 같은 취지의 원심의 판단은 정당하고, 거기에 물상대위에 관한 법리를 오해한 잘못이 없다. 이 점에 관한 상고이유는 받아들일 수 없다.

[판례 4-88] 대법원 2004. 12. 24. 선고 2004다52798 판결

저당목적물이 소실되어 저당권설정자가 보험회사에 대하여 화재보험계약에 따른 보험금청구권을 취득한 경우 그 보험금청구권은 저당목적물이 가지는 가치의 변형물이라 할 것이므로 저당권자는 민법 제370조, 제342조에 의하여 저당권설정자의 보험회사에 대한 보험금청구권에 대하여 물상대위권을 행사할 수 있다고 봄이 상당하다.

다음으로, 양도담보권의 경우에도 담보권을 설정하면서 동시에 해당 양도담보물에 관하여 양도담보권자가 아닌 양도담보권설정자를 피보험자로 하여 보험에 가입하게 하고 (화재)보험계약상의 보험금청구권도 함께 양도담보권 또는 질권을 설정하는 하는 경우가 있는데, 이 역시 양도담보물이 멸실・손상된 경우 양도담보권의 효력이 당해 보험계약상의 보험금채권에도 미치는지 여부(물상대위성) 및 그 권리 확보절차와 관련이 있다. 다만, 양

239) 특히 화재보험 등 보험가입이 강제되어 있는 경우

도담보의 경우에는 법률적으로 양도담보물의 소유권이 양도담보권자에게 이전되므로 양도담보권자가 아닌 양도담보권설정자에게 피보험이익이 있는지 추가로 문제되나 판례는 양도담보권설정자의 피보험이익을 인정하고 있다.

[판례 4-89] 대법원 2009. 11. 26. 선고 2006다37106 판결

2. 상고이유 제2점에 관한 판단

동산에 대하여 양도담보를 설정한 경우 채무자는 담보의 목적으로 그 소유의 동산을 채권자에게 양도해 주되 점유개정에 의하여 이를 계속 점유하지만, 채무자가 위 채무를 불이행하면 채권자는 담보목적물인 동산을 사적으로 타에 처분하거나 스스로 취득한 후 정산하는 방법으로 이를 환가하여 우선변제받음으로써 위 양도담보권을 실행하게 되는데, 채무자가 채권자에게 위 동산의 소유권을 이전하는 이유는 채권자가 양도담보권을 실행할 때까지 스스로 담보물의 가치를 보존할 수 있도록 함으로써 만약 채무자가 채무를 이행하지 않더라도 채권자가 양도받았던 담보물을 환가하여 우선변제받는 데에 지장이 없도록 하기 위한 것인바, 이와 같이 담보물의 교환가치를 취득하는 것을 목적으로 하는 양도담보권의 성격에 비추어 보면, <u>양도담보로 제공된 목적물이 멸실, 훼손됨에 따라 양도담보 설정자와 제3자 사이에 교환가치에 대한 배상 또는 보상 등의 법률관계가 발생되는 경우에도 그로 인하여 양도담보 설정자가 받을 금전 기타 물건에 대하여 담보적 효력이 미친다</u>고 보아야 할 것이다(대법원 1975. 12. 30. 선고 74다2215 판결 참조).

따라서 <u>양도담보권자는 양도담보 목적물이 소실되어 양도담보 설정자가 보험회사에 대하여 화재보험계약에 따른 보험금청구권을 취득한 경우에도 담보물 가치의 변형물인 위 화재보험금청구권에 대하여 양도담보권에 기한 물상대위권을 행사할 수 있다</u>고 봄이 상당하다(대법원 2004. 12. 24. 선고 2004다52798 판결 참조).

원심판결 이유에 의하면, 원심은 그 채택 증거를 종합하여 판시와 같은 사실을 인정한 다음, 원고 승계참가인은 양도담보 목적물인 이 사건 시설장비가 소실됨으로써 소외인이 피고에 대하여 취득한 화재보험금청구권에 대하여 물상대위권을 행사할 수 있다고 판시하였다.

위에서 본 법리와 기록에 비추어 살펴보면, 원심의 위와 같은 판단은 정당하고, 거기에 상고이유 주장과 같은 양도담보권의 물상대위에 관한 법리를 오해한 위법이 있다고 할 수 없다.

4. 상고이유 제4점에 관한 판단

동산 양도담보 설정자는 위 동산의 소유권을 채권자에게 이전해 주지만 이는 결국 채권자의 우선변제권을 확보해 주기 위한 목적에 따른 것임은 앞서 본 바와 같은바, 양도담보 설정자는 여전히 그 물건에 대한 사용·수익권을 가지고 변제기에 이르러서는 채무 전액을 변제하고 소유권을 되돌려 받을 수 있으므로, 그 물건에 대한 보험사고가 발생하는 경우에는 그 물건에 대한 사용·수익 등의 권능을 상실하게 될 뿐 아니라 양도담보권자에 대하여는 그 물건으로써 담보되는 채무를 면하지 못하고 나아가 채무를 변제하더라도 그 물건의 소유권을 회복하지 못하는 경제적인 손해를 고스란히 입게 된다. 따라서 양도담보 설정자에게 그 목적물에 관하여 체결한 화재보험계약의 피보험이익이 없다고 할 수 없다.

원심판결 이유에 의하면, 원심은 그 채택 증거를 종합하여 판시와 같은 사실을 인정한 다음, 이 사건 시설장비에 대한 양도담보권자인 원고 승계참가인은 소외인의 화재보험금청구권에 대한 물상대위권을 행사할 수 있다고 판시하면서, 이 사건 시설장비는 원고 승계참가인의 소유이므로 양도담보 설정자인 소외인이 화재보험금청구권을 가지는 것을 전제로 하는 이 사건 압류 및 전부명령은 그 효력이 없다는 피고의 주장을 받아들이지 아니하였다.

위에서 본 법리와 기록에 비추어 살펴보면, 원심판결에 다소 미흡한 점이 없지는 아니하나, 위 판시는 양도담보 설정자인 소외인은 이 사건 시설장비에 관한 화재보험계약상의 피보험이익을 가지므로 그 보험사고 발생으로 인한 보험금청구권을 취득한다는 것을 전제로 한 것으로 보이는바, 위와 같은 원심의 판단은 위 법리에 따른 것이라고 수긍할 수 있고, 거기에 상고이유로 주장하는 바와 같이 양도담보 설정자의 피보험이익에 관한 법리를 오해한 위법이 있다고 할 수 없다.

[판례 4-90] 대법원 2014. 9. 25. 선고 2012다58609 판결

1. 상계 항변 관련 주장에 관하여

동산 양도담보권자는 양도담보 목적물이 소실되어 양도담보 설정자가 보험회사에 대하여 화재보험계약에 따른 보험금청구권을 취득한 경우 담보물 가치의 변형물인 그 화재보험금청구권에 대하여 양도담보권에 기한 물상대위권을 행사할 수 있는데(대법원 2009. 11. 26. 선고 2006다37106 판결 참조), 동산 양도담보권자가 물상대위권 행사로 양도담보 설정자의 화재보험금청구권에 대하여 압류 및 추심명령을 얻어 추심권을 행사하는 경우 특별한 사정이 없는 한 제3채무자인 보험회사는 그 양도담보 설정 후 취득한 양도담보 설정자에 대한 별개의 채권을 가지고 상계로써 양도담보권자에게 대항할 수 없다고 할 것이다. 그리고 이는 보험금청구권과 그 본질이 동일한 공제금청구권에 대하여 물상대위권을 행사하는 경우에도 마찬가지라고 할 것이다.

원심은 그 채택 증거를 종합하여, ① 파레스바이오피드 주식회사(이하 '소외 회사'라 한다)와 그 대표이사 소외인은 2009. 9. 30. 원고에게, 배합사료 미수대금 10억 원을 2009. 10. 14.까지 연대하여 변제하되, 이를 담보하기 위하여 공주시 (주소 생략) 외 3필지에 있는 소외인 소유의 축사(이하 '이 사건 축사'라 한다)에서 사육 중인 산란계 450,000수, 중

추 150,000수 등 합계 600,000수의 소유권을 점유개정의 방법으로 양도하는 내용의 공증인가 부산합동법률사무소 증서 제2009년 제850호 양도담보부 금전소비대차계약 공정증서(이하 '이 사건 양도담보부 공정증서'라 한다)를 작성하여 준 사실, ② 소외인은 이 사건 양도담보부 공정증서를 작성하기 이전인 2009. 7. 31. 농업협동조합중앙회(이하 '농협중앙회'라 한다. 피고는 농협중앙회의 신용사업 중 은행사업 관련 부분에 대한 권리의무를 2012. 3. 2. 자로 포괄적으로 이전받았다)와 사이에 이 사건 축사에서 사육 중인 가금류 583,000수에 관하여 공제기간 2009. 7. 31.부터 2010. 7. 31.까지, 피공제자 소외인, 공제가입금액 2,623,500,000원으로 각 정하여 화재, 설해, 풍재, 수재를 원인으로 한 손해를 담보하는 내용의 가축공제계약을 체결하였는데, 2010. 7. 2. 위 축사에 원인 미상의 화재가 발생하여 위 가금류가 폐사한 사실, ③ 원고는 2010. 7. 16. 이 사건 양도담보부 공정증서에 기하여 소외인이 농협중앙회에 대하여 가지는 위 가축공제계약상의 공제금 채권(이하 '이 사건 공제금 채권'이라 한다) 중 6억 원에 관하여 대전지방법원 천안지원 2010타채4394호로 채권압류 및 추심명령을 발령받았고, 그 채권압류 및 추심명령은 2010. 7. 20. 농협중앙회에게 송달된 사실, ④ 한편, 소외 회사는 2005. 8. 23. 농협중앙회와 사이에 여신거래약정 및 외국환거래약정을 체결하였고, 소외인은 2007. 8. 30. 소외 회사의 농협중앙회에 대한 위 여신거래약정 및 외국환거래약정에 기한 채무를 한도액 미합중국 통화 6,000,000달러로 정하여 근보증하였으며, 그 후 소외 회사와 소외인은 거래기간을 2010. 8. 23.까지로 연장하였는데, 농협중앙회는 2010. 4. 13. 위 여신거래약정 및 외국환거래약정에 기하여 소외 회사의 채무 596,026,413원을 대위변제함으로써 소외인에 대하여 동액 상당의 구상금 채권을 취득한 사실, ⑤ 농협중앙회가 2011. 10. 14. 위 구상금 채권을 자동채권으로 하여 상계의 의사표시를 한 사실을 인정한 다음, 원고가 양도담보권에 기한 물상대위권 행사로 이 사건 공제금 채권에 대하여 압류 및 추심명령을 얻어 공제금을 청구하는 것에 대하여 제3채무자인 농협중앙회는 그 양도담보 설정 후 취득한 소외인에 대한 구상금 채권을 가지고 상계로써 대항할 수 없다고 판단하였다.

위에서 본 법리와 기록에 비추어 살펴보면, 원심의 위와 같은 판단은 정당하고, 거기에 상고이유 주장과 같이 동산 양도담보권에 기한 물상대위의 우선적 효력과 그 한계 및 상계권에 관한 법리를 오해하는 등의 위법이 없다.

(2) 담보권의 종류

채권담보로는 질권과 양도담보권, 담보신탁이 자주 이용되고 있는데, 이외에도 「동산채권담보법」에 따른 「채권담보권」이 이용될 수 있다.[240)]

240) 「동산채권담보법」에 따른 「채권담보권」에 대해서는, 본서 제4편 제2장 **6** 동산담보권 · 채권담보권 부분 참조

질권의 경우에는 질권설정자가 대외적으로 채권자의 지위를 계속 유지하지만, 양도담보권과 담보신탁의 경우에는 대주(양도담보권의 경우) 또는 수탁자(담보신탁의 경우)가 대외적으로 채권자의 지위를 갖게 된다.

다만, 실무에서는 기한의 이익 상실 등의 사유로 대주가 제3채무자에게 담보권설정자에 대한 지급 중지 및 입금계좌 변경 등의 통지를 하기 전까지는, (i) 질권의 경우에는 질권설정자가 채권에 관한 권리를 행사하되 미리 지정된 질권설정자 명의의 예금계좌(통상 예금채권에 대해서는 대주를 위한 질권이 설정된다)로 해당 채권의 회수금이 입금되도록 하고 (ii) 양도담보권의 경우에도, 대외적인 채권자는 대주로 변경되었음에도 불구하고 질권의 경우와 마찬가지로, 미리 지정된 양도담보권설정자 명의의 예금계좌(통상 예금채권에 대해서는 대주를 위한 질권이 설정된다)로 회수금이 입금되도록 약정하는 것이 일반적이다. (iii) 채권담보가 담보신탁의 방법으로 제공된 경우에는, 당해 채권은 수탁자에게 양도되어 수탁자가 대외적인 채권자의 지위를 가지게 되고, 기한의 이익 상실 전후를 불문하고 수탁자만이 채권자의 지위에서 채권을 행사할 수 있으며, 그 회수금 역시 수탁자 명의로 개설된 예금계좌로 입금되도록 한다. 수탁자 명의의 예금계좌로 입금된 금원은 신탁재산을 구성하여 신탁계약에서 정하는 바에 따라 우선수익자(대주)와 수익자(위탁자)에게 수익으로 분배된다. 보통은, 기한의 이익 상실 등 일정한 사유가 발생하기 전에는 신탁재산에 속하는 금원을 위탁자에게 수익으로 지급하되, 일정한 사유가 발생한 이후에는 위탁자에 대한 수익지급이 중지되고 동 수익을 우선수익자(대주)에게 우선적으로 지급 후 피담보채무의 상환이 완료된 이후에 잔여 금원을 위탁자에게 지급하게 된다.

(3) 설정방법

원칙적으로 담보권설정자와 담보권자 사이의 담보설정합의(계약)만으로 그 효력이 발생한다. 다만, 다음 사항을 유의하여야 한다.

1) 양도금지특약이 있는 경우

보통의 상거래계약에는 이러한 양도금지특약이 붙어 있는 경우가 많고, 이때 제3채무자가 담보권의 설정에 대해 동의(승낙)를 거부하는 경우도 있을 수 있다.[241] 그러나 담보대상

241) 예를 들면, 담보대상채권이 예금채권인 경우, 제3채무자인 예금개설은행은 자행예금이 아닌 한, 담보권설정의 승낙을 요구받더라도 이것을 승낙하지 않는 것이 통상이다. 또한, 특히 담보대상채권이 매출채권인 경우, 담보권설정자가 제3채무자에게 승낙을 의뢰하는 것 자체를 부담스러워하거나 거부하는 경우도 있을 수 있다.

채권에 채권자가 그가 보유하는 채권을 채무자의 승낙없이 양도나 담보제공할 수 없다는 취지의 특약(이하 「양도금지특약」이라고 한다)이 붙어 있는 경우에는 제3채무자의 승낙을 얻지 않으면 원칙적으로 담보권은 무효이다(민법 제449조 제2항). 따라서 담보대상채권의 발생 기초가 되는 거래계약에 이러한 양도금지특약이 존재하는 경우에는 체3채무자에 대한 확정일자부 채권담보설정통지만으로는 부족하고 반드시 제3채무자로부터 채권담보설정에 대한 동의(승낙)를 받아야 한다.

[판례 4-74] 대법원 2019. 12. 19. 선고 2016다24284 전원합의체 판결

[다수의견]

다. 다음으로 채권양수인들에 대한 채권양도에 관하여 살펴본다.

1) 채권은 양도할 수 있다. 그러나 채권의 성질이 양도를 허용하지 아니하는 때에는 그러하지 아니하다(민법 제449조 제1항). 그리고 채권은 당사자가 반대의 의사를 표시한 경우에는 양도하지 못한다. 그러나 그 의사표시로써 선의의 제3자에게 대항하지 못한다(민법 제449조 제2항).

이처럼 당사자가 양도를 반대하는 의사를 표시(이하 '양도금지특약'이라고 한다) 한 경우 채권은 양도성을 상실한다. 양도금지특약을 위반하여 채권을 제3자에게 양도한 경우에 채권양수인이 양도금지특약이 있음을 알았거나 중대한 과실로 알지 못하였다면 채권 이전의 효과가 생기지 아니한다. 반대로 양수인이 중대한 과실 없이 양도금지특약의 존재를 알지 못하였다면 채권양도는 유효하게 되어 채무자는 양수인에게 양도금지특약을 가지고 그 채무 이행을 거절할 수 없다. 채권양수인의 악의 내지 중과실은 양도금지특약으로 양수인에게 대항하려는 자가 주장・증명하여야 한다(대법원 1999. 12. 28. 선고 99다8834 판결, 대법원 2000. 12. 22. 선고 2000다55904 판결, 대법원 2009. 10. 29. 선고 2009다47685 판결 등 참조).

2) 양도금지특약을 위반하여 이루어진 채권양도는 원칙적으로 그 효력이 없다는 것이 통설이고 앞서 살펴본 바와 같이 이와 견해를 같이하는 상당수의 대법원 판결이 선고되어 재판실무가 안정적으로 운영되고 있다. 이러한 판례의 법리는 다음과 같은 이유에서 그대로 유지되어야 한다.

가) 민법 제449조 제2항 본문이 당사자가 양도를 반대하는 의사를 표시한 경우 채권을 양도하지 못한다고 규정한 것은 양도금지특약을 위반한 채권양도의 효력을 부정하는 의미라고 해석하여야 한다. 법조문에서 '양도하지 못한다'고 명시적으로 규정하고 있음에도 이를 '양도할 수 있다'고 해석할 수는 없다.

나아가 민법 제449조 제2항 단서는 본문에 의하여 양도금지특약을 위반하여 이루어진 채권양도가 무효로 됨을 전제로 하는 규정이다. 따라서 양도금지특약을 위반한 채권양도는 당연히 무효이지만 거래의 안전을 보호하기 위하여 선의의 제3자에게 그 무효를 주장할 수 없다는 의미로 위 단서규정을 해석함이 그 문언 및 본문과의 관계에서 자연스럽다.

나) 이처럼 해석하는 것이 지명채권의 본질과 특성을 보다 잘 반영할 수 있다. 지명채권은 유통성을 본질로 하는 증권적 채권과는 달리 채권자와 채무자 사이의 인격적 연결이라는 측면과 채권자의 재산이라는 측면을 동시에 지니고 있다. 민법은 이러한 특성을 고려하여 제449조 제1항에서는 채권양도의 자유를 원칙으로 선언하면서도 제2항 본문에서 당사자의 의사표시에 의하여 양도를 금지할 수 있다고 하고, 같은 항 단서에서 선의의 제3자에 대해서는 대항할 수 없다고 하여 거래의 안전을 보호하고 있는 것이다.

다) 물권에 관하여는 물권법정주의에 따라 법이 규정하는 바에 의하여 물권의 종류와 내용이 정해지는 반면(민법 제185조), 채권관계에서는 사적 자치와 계약자유의 원칙이 적용되어 계약당사자는 원칙적으로 합의에 따라 계약 내용을 자유롭게 결정할 수 있다. 따라서 채권자와 채무자가 그들 사이에 발생한 채권의 양도를 금지하는 특약을 하였다면 이는 그 채권의 내용을 형성할 뿐만 아니라 그 속성을 이루는 것이어서 존중되어야 한다. 채권의 재산화와 상품화 경향에 따라 채권의 양도성이 점차 중시되는 추세에 있다고 하더라도 사적 자치의 원칙이 적용되는 영역에서 당사자의 의사에 반하면서까지 그 양도성을 인정할 수는 없다.

라) 계약당사자가 그들 사이에 발생한 채권을 양도하지 않기로 약정하는 것은 계약자유의 원칙상 당연히 허용되는 것인데, 민법에서 별도의 규정까지 두어 양도금지특약에 관하여 규율하는 것은 이러한 특약의 효력이 당사자 사이뿐만 아니라 제3자에게까지 미치도록 하는데 그 취지가 있다고 보아야 한다.

마) 한편, 채권양도에 따라 채권은 그 동일성을 유지하면서 양수인에게 이전되고 채무자는 양도통지를 받을 때까지 채권자에게 대항할 수 있는 사유로 양수인에게 대항할 수 있다(민법 제451조 제2항). 여기서 '채권자에게 대항할 수 있는 사유'란 채권의 성립·존속·행사저지·배척 등 모든 사유를 말한다. 채권은 이전되더라도 본래 계약에서 정한 내용을 그대로 유지함이 원칙이고 양도금지특약도 이러한 계약의 내용 중 하나에 속하므로, 원칙적으로 채무자는 지명채권의 양수인을 비롯하여 누구에게도 양도금지특약이 있음을 주장할 수 있다고 보아야 하고, 민법 제449조 제2항 본문은 명문으로 이를 다시 확인한 규정이라 볼 수 있다.

바) 양도금지특약이 있는 경우 채권의 양도성이 상실되어 원칙적으로 채권양도가 일어나지 않는다고 보는 것이 악의의 양수인과의 관계에서 법률관계를 보다 간명하게 처리하는 길이기도 하다. 이와 달리 양도금지특약을 어긴 채권양

도의 경우에도 채권양도 자체는 유효하되 양도인인 원래의 채권자가 채무자에 대해서 채권을 양도하지 않을 채권적 의무를 위반하였을 뿐이라고 보게 되면, 악의의 양수인에게도 채권이 유효하게 양도된 것임에도 채무자는 위 양수인에게 이행을 거절할 수 있는 반면, 양도인은 채권의 유효한 이전으로 인해 더 이상 권리를 갖지 않게 되었음에도 여전히 채무자에게 적법하게 채무이행을 구할 수 있다는 것이 되어, 지명채권의 귀속과 그 권리행사 가부가 서로 괴리되는 현상이 일어나게 된다. 나아가 양수인이 악의라 하더라도, 양도인에게 채권적 의무를 지도록 하는데 불과한 양도금지특약이 채권관계 바깥에 있는 제3자인 위 양수인에게까지 효력을 미치는 이유를 이론적으로 설명하기 곤란하다.

사) 양도금지특약이 있는 채권에 대한 압류나 전부가 허용되는 것은 양도금지특약의 법적 성질과 상관없이 민사집행법에서 압류금지재산을 열거적으로 규정한 데에 따른 반사적 결과에 불과하다. 또한, 민법 제449조 제2항에서 말하는 양도는 임의양도를 뜻하므로 이를 금지하는 특약이 있더라도 압류 등 강제집행 자체가 금지되는 것은 아니라는 점에서 논리적 모순이 없다. 나아가 양수인이 악의라고 하더라도 전득자가 선의인 경우 채권을 유효하게 취득한다는 기존 판례(대법원 2015. 4. 9. 선고 2012다118020 판결 참조)의 입장은 채권의 양도성을 제한하려는 당사자의 의사보다는 거래의 안전을 도모하려는 민법 제449조 제2항 단서의 취지를 중시하여 그 제3자의 범위를 넓힌 것으로 받아들여야 한다.

아) 채권의 재산적 성격과 양도성을 제고하는 것이 국제적 흐름이라 하더라도 이는 대부분 제한적 범위 내에서 해석이 아닌 법규정을 통해 달성되고 있음에 유의하여야 한다. 그러므로 문언상 양도금지특약을 위반한 채권양도의 효력이 부인된다는 의미가 도출되는 민법 제449조 제2항에도 불구하고, 양도금지특약을 위반한 채권양도를 원칙적으로 유효하다고 보는 새로운 해석을 도입하는 데에는 신중할 필요가 있다. 즉, 채권 거래의 규모와 빈도가 점진적으로 증가하여 채권의 재산적 성격과 담보로서의 가치가 중시되고 채권을 이용한 자금융통이 활성화되면서 현대 계약법상 채권의 유동화 확보를 통한 자본의 신속한 순환이 강력히 요구되고 있다 하더라도, 민법 제449조 제2항 문언의 합리적 해석 범위를 넘어 양도금지특약을 위반한 채권양도를 원칙적으로 유효하다고 인정할 수는 없다.

3) 원심판결 이유를 앞서 살펴본 법리와 기록에 비추어 살펴본다.
엘드건설이 피고의 동의 없이 이 사건 공사대금채권을 채권양수인들에게 양도한 것은 이 사건 채권양도금지특약을 위반한 채권양도로서 그 효력이 없다는 원심의 판단은 앞서 살펴본 법리에 따른 것으로 정당하다. 한편, 채권양수인들이 이 사건 채권양도금지특약에 대하여 알지 못하였음을 인정할 증거가 없다고 한 원심판결의 이유설시 부분은 부적절하나, 판시와 같은 사정에 비추어 채권양수인들이 양도금지특약을 알지 못한 데에 중대한 과실이 있다는 원심의 판단은 결과적으로 정당하다. 따라서 원심판단에 이 부분 상고이유 주장과 같이 판결에 영향을 미친 잘못이 있다고 할 수 없다.

[판례 4-91] 대법원 2003. 12. 12. 선고 2003다44370 판결

1. 원심판결 이유에 의하면, 원심은 이 사건 정기예금 채권은 제일은행의 승낙이 있는 경우에만 양도할 수 있으며 이러한 양도의 제한은 원고도 알고 있었는데, 제일은행은 피고보조참가인의 원고에 대한 위 채권양도를 승낙하지 않았으므로 원고와 피고보조참가인 사이의 채권양도계약은 무효라는 피고 및 피고보조참가인의 주장에 대하여, 당사자 사이에 반대의 의사표시가 있는 경우에는 채권을 양도할 수 없으나, 다만 이를 제3자에게 대항하기 위하여는 제3자가 반대의 의사표시의 존재를 알았거나 알지 못한 데에 중대한 과실이 있어야 할 것인바, 피고보조참가인과 제일은행 사이의 정기예금계약 체결 시에 계약의 내용으로 편입시킨 예금거래기본약관 제12조 제1항에 의하면 '거래처가 예금을 양도하거나 질권설정을 하려면 사전에 은행에 통지하고 동의를 얻어야 한다.'고 규정하고 있고, 제일은행은 채권양도를 승낙할 수 없음을 피고보조참가인에게 통지한 사실은 인정되나, 위와 같은 예금거래기본약관 제12조 제1항의 내용이 일반적으로 널리 알려져 있어 원고도 당연히 알 수 있었을 것이라고는 볼 수 없고, 원고가 그러한 약관의 내용을 알았다는 점을 인정할 증거가 없다고 판단하여 피고 및 피고보조참가인의 위 주장을 배척하였다.
2. 그러나 은행거래에서 발생하는 채권인 예금채권에 관한 법률관계는 일반거래약관에 의하여 규율되어 은행은 일반거래약관인 예금거래기본약관에 각종의 예금채권에 대하여 그 양도를 제한하는 내용의 규정을 둠으로써 예금채권의 양도를 제한하고 있는 사실은 적어도 은행거래의 경험이 있는 자에 대하여는 널리 알려진 사항에 속한다 할 것이므로, 은행거래의 경험이 있는 자가 예금채권을 양수한 경우 특별한 사정이 없는 한 예금채권에 대하여 양도제한의 특약이 있음을 알았다고 할 것이고, 그렇지 않다 하더라도 알지 못한 데에 중대한 과실이 있다고 봄이 상당하다 할 것이다.

   기록에 의하면, 원고는 이 사건 정기예금채권을 양수하기 전에 수년간 명동에 사무실을 두고 사채업을 영위하여 왔고, 이 사건 정기예금채권 양수 당시 기암산업 주식회사의 대표이사로서 회사를 경영하고 있었으므로 은행거래의 경험이 많이 있는 것으로 볼 수 있는 사실, 원고는 이 사건 정기예금채권을 양수하기 전에 주식회사 평산이 피고와의 보증보험계약에 따라 장래 피고에 대하여 부담하게 될 지급보험금의 구상금채무 중 일부를 담보하기 위하여 원고의 직원인 소외인 명의로 신한은행에 예치한 1억 원의 정기예금채권에 관하여 피고에게 질권을 설정하여 주기도 한 사실, 이 사건 정기예금채권의 액은 금 3억 원으로서 다액인 것으로 볼 수 있는 사실을 알 수 있는바, 이러한 사실에 비추어 볼 때 이 사건 정기예금채권을 양수한 원고는 이 사건 정기예금채권에 대하여 양도제한의 특약이 존재하는 사실을 알았거나 그렇지 않다고 하더라도 알지 못한 데에 중대한 과실이 있다고 봄이 상당하다 할 것이다.

[계약서 기재례] 대상채권의 양도담보권 설정

양도담보권설정자는,

1. 대출계약에 따른 대출실행 전까지, (i) 대상채권에 관한 물품공급계약서 사본을 대리기관에게 교부하여야 하고, (ii) 제3채무자에게 이 계약 서식 1의 양식으로 작성된 양도승낙요청서에 의하여 이 계약에 따른 양도에 대한 승낙을 요청하며,
2. 대출계약에 따른 대출실행일까지, 이 계약 서식 2의 양식으로 작성된 양도승낙서에 의하여 제3채무자로부터 이 계약에 따른 양도에 대한 승낙을 받고 당해 승낙서에 확정일자가 날인되도록 하여 동 승낙서 원본을 대리기관에게 교부하여야 한다. 대리기관은 양도담보권자의 대리인으로서 양도담보권자를 위하여 해당 승낙서 및 기타 이 계약과 관련된 서류를 수령(양도담보권자를 대리하여 관련 서류상의 수신인으로 관련 서류를 수령하고, 양도담보권자를 대리하여 관련 서류상의 내용에 대한 동의, 승낙 등의 행위를 하는 것을 포함)하여 보관한다.

특히, 예금채권담보의 경우 예금거래에 적용되는 금융기관의 약관상 입출금이 자유로운 수시입출금식예금(보통예금)은 양도하거나 질권을 설정할 수 없다는 제한이 있는데(예금거래기본약관 제12조 제1항, 제2항), 이것은 당사자의 의사표시에 의한 제한(민법 제449조 제2항), 즉 양도금지특약에 해당한다. 따라서 보통예금에 대한 질권설정을 위해서는 계좌개설기관의 승낙을 받아야 하나, 계좌개설기관에서는 자행예금(담보권자의 영업점에 개설된 예금을 의미함)이 아닌 한, 담보권설정에 대한 승낙을 요청받더라도 이것을 승낙하지 않는 것이 보통이다. 이러한 약관상 제한과 관련하여 위 판례의 판시내용에 비추어 보면, 보통예금에 대한 담보권설정 시에는 반드시 계좌개설기관의 승낙을 받아야 하고, 승낙을 받지 않은 경우에는 담보권설정 자체가 무효가 될 수 있다고 할 것이다.

[계약서 기재례] 예금채권 질권설정

근질권설정자는,

1. 대출계약에 따른 대출실행 전까지, (i) 담보계좌에 관한 계좌증서(통장, 카드)를 대리기관에게 교부하여야 하고{계좌증서(통장)가 발급된 경우에 한함}, (ii) 계좌개설기관에 이 계약에 따른 근질권을 설정하기 위하여 필요한 서류(이 계약 서식 1 또는 계좌개설기관의 양식[242])에 의하여 계좌개설기관에 이 계약에 따른 근질권설정에 대한 승낙을 요청하며,
2. 대출계약에 따른 대출실행일까지, 이 계약 서식 2 또는 계좌개설기관의 별도의 양식[243]으로 작성된 근질권설정 등 승낙서에 의하여 계좌개설기관으로부터 이 계약에 따른 근질권설정에 대한 승낙을 받고 당해 승낙서에 확정일자가 날인되도록 하여 동 승낙서 원본을 대리기관에게 교부하여야 한다. 대리기관은 근질권자의 대리인으로서 근질권자를 위하여 해당 승낙서 및 기타 이 계약과 관련된 서류를 수령(근질권자를 대리하여 관련 서류상의 수신인으로 관련 서류를 수령하고, 근질권자를 대리하여 관련 서류상의 내용에 대한 동의, 승낙 등의 행위를 하는 것을 포함)하여 보관한다.

앞서 살펴본 바와 같이, 대부분의 신탁계약에서도 신탁수익권을 양도하거나 질권을 설정하는 경우 수탁자의 승낙을 받도록 규정하고 있으므로, 실무에서는 수탁자의 승낙을 받아 수익권에 대한 질권설정이 이루어지고 있다.

[계약서 기재례] 신탁수익권 질권설정

근질권설정자는, (i) 대출계약에 따른 대출약정금에 대한 대출의 실행 전까지 수탁자로부터 이 계약 서식 [*]의 양식 또는 수탁자가 지정하는 별도의 양식으로 이 계약에 따른 근질권설정에 대하여 이의 없이 동의하고 승낙한다는 것을 내용으로 하는 확정일자부 승낙서를 날인받아 그에 확정일자를 받은 후 그 원본을 대리기관에게 제공하고, (ii) 대출실행일까지 근질권설정자가 제1종 수익자로, 근질권자가 공동 제1순위 근질권자로 각 기재된 제1종 수익권증서 원본을 대리기관에 제공하기로 한다.[244] 대리기관은 근질권자를 위하여 이를 보관한다. 대리기관은 이 항에 따른 서류의 제출 기한을 대출계약서에서 정하는 바에 따라 유예할 수 있다.

---

242) 계좌개설기관 소정의 양식이 정해져 있는 경우가 일반적이다.
243) 승낙요청과 마찬가지로 계좌개설기관 소정의 양식이 정해져 있는 경우가 일반적이다.
244) 질권설정 시 수익권증서의 처리와 관련해서는, 수익권증서의 교체발행 및 수익권증서상에 근질권자의 기재는 수익권 근질권의 요건이 아니므로(신탁법 제66조)(수익권증서의 교체발행에 따르는 신탁사 추가보수 지급 등도 고려하여) 위 기재례와 달리 질권설정자가 기존의 수익권증서 원본을 질권자에게 교부할 것

한편, 예금채권의 채무자인 계좌개설기관을 수탁자로 하여 담보신탁의 방식으로 담보로 제공하는 경우(예를 들면, A은행의 지점에 개설된 예금계좌상의 예금채권을 A은행에 담보신탁으로 양도하고 대주를 우선수익자로, 예금개설자를 후순위 수익자로 각각 지정하는 경우)에는 담보신탁에 의해 예금채권의 채무자와 채권자가 동일인에게 귀속하게 되나 수탁자에 대한 채권이 신탁재산에 귀속하더라도 신탁재산인 채권・채무는 혼동으로 소멸하지 않는다(신탁법 제26조 제3호).

이에 따라 실무에서는, 특정 금융기관의 지점에 개설된 예금채권을 해당 금융기관을 수탁자로 하여 담보신탁하는 방법으로 담보제공이 이루어지는 경우가 많은데, 이 경우에 채권자와 채무자가 동일하므로 확정일자 등 제3자에 대한 대항요건을 구비할 필요성이 있는지 및 그 방법에 의문이 있으나, 예금채권에 대한 질권설정시 질권자 겸 채무자인 계좌개설기관의 영업점으로부터 확정일자부 승낙을 받는 것과 마찬가지로, 예금계좌가 개설된 해당 영업점으로부터 확정일자부 승낙을 받는 방법으로 대항요건 구비절차를 이행하도록 하고 있다. 다만, 이때에는 승낙서의 수신인에 수탁자만 기재하는 경우에는 승낙서의 발행자와 수신자가 동일인이 되기 때문에 수신인에는 수탁자 및 위탁자도 함께 기재하여 승낙서를 발급하고 있다.

[계약서 기재례] 용어정의

"신탁원본" 또는 "신탁대상채권"이란, 신탁계약에 따라 위탁자가 수탁자에게 신탁하는 재산으로서 [*]계좌 예금반환채권을 의미한다. 신탁약관 제3조 제2항에 기재된 신탁원본의 액면가액 표시는 신탁기간 중 발생할 것으로 예상되는 신탁원본의 총 액면가액에 대한 추정치로서 장래 발생할 신탁원본에 대한 신탁범위를 그 금액의 범위 내로 한정하는 것은 아니며, 신탁원본이 신탁계약에 따라 처분, 신탁해지, 추가신탁되는 경우에도 액면가액 표시에 변동이 있는 것은 아니다. 신탁계약에 따라 추가신탁이 이루어지는 경우에는 그 추가신탁되는 채권은 추가신탁의 효력발생일부터 신탁원본에 포함되고, 처분되는 신탁원본은 그 효력발생일부터 신탁원본에서 제외된다.

만을 규정하는 경우도 많다. 또한, 질권자는 신탁원부의 기재사항이 아니므로 원칙적으로 신탁원부의 변경등기는 필요하지 않으나, 사안에 따라 질권자의 요구에 의해 수익자란에 질권자가 기재되거나 더 나아가 질권자를 신탁특약의 당사자로 포함시키는 신탁특약 변경계약이 체결되어 신탁원부 변경등기까지 이루어지는 사례도 있다.

[계약서 기재례] 대항요건

위탁자는, 이 계약 서식 [*]의 양식 또는 [*]계좌 개설은행이 지정하는 별도의 양식에 의해, [*]계좌 개설은행으로부터 신탁원본의 신탁을 승낙하며, 해당 [*]계좌에 입금된 금원을 신탁추심계좌로 이체할 것 등을 내용으로 하는 확정일자 있는 서면에 의한 승낙(동의)을 받아 신탁효력발생일까지 해당 확정일자부 승낙서 원본을 수탁자에게 교부하여야 한다.

또한, 예금채권에 질권이 설정되어 있는 경우 예금의 인출이 가능한지 여부가 문제될 수 있으나, 민법상 질권설정자는 질권자의 동의가 있으면 질권의 목적된 권리를 소멸하게 하거나 질권자의 이익을 해하는 변경을 할 수 있으므로(민법 제352조) 미리 대출계약이나 담보계약에서 정하는 절차에 따라 예금계좌에서의 인출이 가능하고 그 인출에도 불구하고 질권의 효력은 유지된다고 해석해야 할 것이다. 실무에서도 이를 전제로 예금의 인출 절차 및 방법에 대해 규정하고 있다.

[계약서 기재례] 예금의 인출(관리)

[대출계약서]

1) [*]계좌의 개설
2) [*]계좌상의 자금은, 대리기관의 사전 서면동의가 없는 한, 인출되거나 사용될 수 없다. 차주는 이 계약 서식 [*]의 양식의 자금인출 요청서를 작성하고 그 자금소요 증빙자료를 첨부하여 동 자금인출 요청서를 대리기관에게 제출하는 방법으로 [*]계좌상의 자금의 인출을 요청할 수 있고, 대리기관이 소요자금의 타당성을 검토하여 그의 전적인 재량에 의해 인출에 동의하는 경우 해당 소요자금은 [*]계좌로부터 인출될 수 있다. 단, 대리기관은, 차주의 별도의 인출요청이 없더라도, 지급기일이 도래(대출금의 임의조기상환 및 강제조기상환에 의해 지급기일이 도래한 경우를 포함)한 대출금 및 이자 기타 대리기관이 합리적으로 판단한 용도의 지급·변제를 위하여 해당 지급기일에 [*]계좌로부터 그 소요자금을 인출하여 해당 항목의 지급에 사용하거나 변제에 충당할 수 있다.
3) 대리기관은 대출금의 기한의 이익이 상실되거나 기한이 도래한 경우에는 예금채권근질권설정계약에서 정하는 바에 권리를 실행 또는 [*]계좌로부터 금원을 인출하여 피담보채무의 변제에 충당할 수 있다.
4) 차주는 [*]계좌상의 현재 예치되어 있거나 장래 예치될 일체의 금원 및 동 금원으로부터 발생하는 이자 등에 대한 예금채권 등 일체의 권리에 대하여 예금근질권설정계약

에 따라 선순위 대주를 위한 제1순위 근질권을, 후순위 대주를 위한 제2순위 근질권을 각각 설정하고 유지하여야 한다.

5) 차주는 [*]계좌의 관리 및 인출권한(명확히 하면, 동 계좌에 대한 자금인출통제 및 그 해지(제)를 단독으로 요청할 수 있는 권한을 포함한다)을 대리기관에게 위임하며, 동 계좌의 통장은 대리기관이 보관한다. 차주는 이 항에 따른 계좌에 관한 대리기관의 관리 및 인출권한을 피담보채무의 상환이 완료되기 전에는 취소·철회하여서는 아니 된다. 차주와 각 대주는 대출실행 전까지 이 계약 서식 [*]의 형식과 내용으로 작성된 질권 등록 및 해지(제) 신청 위임장을 대리기관이 요청하는 부수로 발행하여 대리기관에게 제출하고, 이후 대리기관의 요청이 있는 경우에는 즉시 이 계약 서식 [*]의 형식과 내용으로 작성된 질권 등록 및 해지(제) 신청 위임장을 추가로 발행하여 대리기관에 제출하여야 한다.

[예금채권근질권설정계약서]

담보실행사유가 발생하기 전에는, 근질권설정자는 대출계약상 허용되는 경우 또는 근질권자의 사전 동의를 얻은 경우를 제외하고는 담보계좌로부터 금원을 인출할 수 없다(현금인출이든 계좌이체든 불문한다). 근질권설정자가 대출계약의 조건 또는 근질권자의 사전 동의를 받아 담보계좌로부터 금원을 인출하고자 하는 경우, 근질권자 및 대리기관은 이러한 인출을 위하여 필요한 일체의 조치를 취하기로 한다. 단, 대리기관은 근질권설정자의 별도의 인출요청이 없더라도 대출계약에서 정하는 바에 따라 담보계좌로부터 자금을 인출할 수 있다.

예금채권에 질권이 설정되는 경우, 실무상 계좌개설기관에서는 관리 및 업무처리를 위해 내부(전산)등록을 하는 경우가 많고 그러한 사항이 담보계약서에 기재되는 경우도 있는데, 이러한 계좌개설기관의 내부(전산)등록 여부는 담보권의 유효성 여부의 판단에 있어서의 법률상 요건이 아니라고 할 것이다(물권법정주의). 또한, 계좌개설기관의 관리 및 업무처리를 위해 선산에 질권등록을 한 후에도 자금인출 시마다 등록해제(지) 및 재등록 절차를 반복하는 경우가 많고 그러한 사항 역시 담보계약서에 기재되는 경우도 있다. 그러나 앞서 본 바와 같이, 질권이 설정된 예금계좌에서의 인출이 가능하고 그 인출에도 불구하고 질권의 효력은 유지된다고 해석하는 이상, 이러한 절차 역시 계좌개설기관의 내부 절차일 뿐 그러한 절차의 반복이 이미 적법·유효하게 설정된 예금채권에 대한 담보권의 성립 및 효력 자체에 영향을 미치지 않는다고 보아야 할 것이다.

[계약서 기재례] 질권등록 및 자금인출통제의 효력

계좌개설기관으로부터의 이 계약에 따른 근질권설정에 대한 승낙 이외에 추가로 이루어지는, 계좌개설기관의 내부 절차에 따른 담보계좌상의 예금채권에 관한 질권등록 및 그 해지(제) 요청(확인) 및 그에 따른 담보계좌의 자금인출의 통제 및 그 해지(제)(이하 "질권등록 및 자금인출통제")는 그 내용, 형식, 기간 및 회수에 관계없이, 이 계약에 따른 근질권의 효력에 영향을 미치지 아니하고, 이 계약에 따른 근질권은 질권등록 및 자금인출통제, 금융계약에 따른 담보계좌로부터의 자금인출 여하에 관계없이, 피담보채무의 소멸 시까지 계속하여 유효하게 존속한다.

한편, 채권의 성질상 양도가 제한되는 경우에도 그에 대한 양도 및 담보권설정은 무효가 되는 바(민법 제449조 제1항 단서), 판례는 부동산매매계약에 따른 부동산소유권이전등기청구권은 「성질상 양도가 제한되는 채권」에 해당한다고 판시하고 있다. 따라서 부동산매매계약에 따른 소유권이전등기청구권을 양도담보제공 또는 담보신탁하는 경우[245][246]에는 반드시 매도인의 동의(승낙)를 받아야 한다는 점에도 유의해야 할 것이다.

[판례 4-92] 대법원 2018. 7. 12. 선고 2015다36167 판결

부동산매매계약에서 매도인과 매수인은 서로 동시이행관계에 있는 일정한 의무를 부담하므로 그 이행과정에 신뢰관계가 따른다. 특히 매도인은 매매대금 지급을 위한 매수인의 자력, 신용 등 매수인이 누구인지에 따라 계약유지 여부를 달리 생각할 여지가 있다.

이러한 이유로 매매로 인한 소유권이전등기청구권의 양도는 특별한 사정이 없는 이상 양도가 제한되고 그 양도에 채무자의 승낙이나 동의를 요한다고 할 것이므로 통상의 채권양도와 달리 양도인의 채무자에 대한 통지만으로는 채무자에 대한 대항력이 생기지 않으며 반드시 채무자의 동의나 승낙을 받아야 대항력이 생긴다(대법원 2001. 10. 9. 선고 2000다51216 판결 참조).

그러나 취득시효완성으로 인한 소유권이전등기청구권은 채권자와 채무자 사이에 아무런 계약관계나 신뢰관계가 없고, 그에 따라 채권자가 채무자에게 반대급부로 부담하여야

245) 실무에서는 택지개발촉법상의 택지, 도시정비법 및 도시개발법상의 체비지 등 담보권 설정 시에는 아직 토지지번을 특정할 수 없는 상태에 있는 토지에 대한 담보설정에 갈음하여 그에 관한 소유권이전등기청구권에 양도담보권 또는 (매매계약상의 지위이전 형태로) 신탁이 이루어지는 경우가 많다.

246) 한편, 부동산 질권은 허용되지 않기 때문에 실무에서는 (부동산소유권이전등기청구권에 대한 질권은 부동산에도 미치므로) 부동산소유권이전등기청구권에 대해서도 질권의 설정이 허용되지 않는 것으로 보고 있으며, 따라서 부동산소유권이전등기청구권에 대해서는 질권이 아니라 (부동산매매계약에 따른 소유권이전등기청구권의 경우에는 매도인의 승낙하에) 양도담보 또는 담보신탁을 통해 담보권을 설정하고 있다.

하는 의무도 없다.

따라서 취득시효완성으로 인한 소유권이전등기청구권의 양도의 경우에는 매매로 인한 소유권이전등기청구권에 관한 양도제한의 법리가 적용되지 않는다고 보아야 한다.

그런데 부동산매매계약상 소유권이전등기청구권을 양도담보제공 또는 담보신탁하는 경우, 이것이 부동산등기특별조치법 제8조 제1호, 제2조 제3항[247]에 위반되는지 여부가 문제된다. 이에 대해 판례는 「부동산의 소유권이전을 내용으로 하는 계약을 체결한 자가 반대급부의 이행이 완료되기 전에 제3자에게 계약당사자의 지위를 이전하는 계약을 체결한 경우에는 먼저 체결된 계약에 따라 소유권이전등기신청을 하여야 할 의무가 없고, 따라서 부동산등기 특별조치법 제8조 제1호, 제2조 제3항 위반죄가 성립할 수 없다.」고 판시하고 있고 실무에서는 이러한 판례를 근거로 중도금/잔금 지급 이전에 부동산매매계약상 소유권이전등기청구권을 양도담보제공 또는 담보신탁하는 방식으로 담보설정이 이루어지고 있다.

[판례 4-93] 대법원 2007. 5. 11. 선고 2006도5560 판결

가. 부동산등기 특별조치법은 부동산의 소유권이전을 내용으로 하는 계약을 체결한 자가 반대급부의 이행이 완료된 이후 그 부동산에 대하여 다시 제3자와 소유권이전을 내용으로 하는 계약이나 제3자에게 계약당사자의 지위를 이전하는 계약을 체결하고자 할 때에는 먼저 체결된 계약에 따라 소유권이전등기를 신청하여야 하고(제2조 제2항), 반대급부의 이행이 완료되기 전에 그 부동산에 대하여 다시 제3자와 소유권이전을 내용으로 하는 계약을 체결한 때에는 먼저 체결된 계약의 반대급부의 이행이 완료된 날부터 60일 이내에 먼저 체결된 계약에 따라 소유권이전등기신청을 하여야 한다고(제2조 제3항) 규정하는 한편, 조세부과를 면하려 하거나 다른 시점 간의 가격변동에 따른 이득을 얻으려 하거나 소유권 등 권리변동을 규제하는 법령의 제한을 회피할 목적으로

247) **부동산등기특별조치법 제2조 (소유권이전등기등 신청의무)** ① 부동산의 소유권이전을 내용으로 하는 계약을 체결한 자는 다음 각호의 1에 정하여진 날부터 60일 이내에 소유권이전등기를 신청하여야 한다. 다만, 그 계약이 취소・해제되거나 무효인 경우에는 그러하지 아니하다.

1. 계약의 당사자가 서로 대가적인 채무를 부담하는 경우에는 반대급부의 이행이 완료된 날
2. 계약당사자의 일방만이 채무를 부담하는 경우에는 그 계약의 효력이 발생한 날

③ 제1항의 경우에 부동산의 소유권을 이전받을 것을 내용으로 하는 계약을 체결한 자가 제1항 각호에 정하여진 날 전에 그 부동산에 대하여 다시 제3자와 소유권이전을 내용으로 하는 계약을 체결한 때에는 먼저 체결된 계약의 반대급부의 이행이 완료되거나 계약의 효력이 발생한 날부터 60일 이내에 먼저 체결된 계약에 따라 소유권이전등기를 신청하여야 한다.

제8조 (벌칙) 다음 각호의 1에 해당하는 자는 3년 이하의 징역이나 1억 원 이하의 벌금에 처한다.

1. 조세부과를 면하려 하거나 다른 시점간의 가격변동에 따른 이득을 얻으려 하거나 소유권등 권리변동을 규제하는 법령의 제한을 회피할 목적으로 제2조 제2항 또는 제3항의 규정에 위반한 때

제2조 제2항 또는 제3항의 규정에 위반한 자를 처벌한다고(제8조 제1호) 규정하고 있으므로, 부동산의 소유권이전을 내용으로 하는 계약을 체결한 자가 반대급부의 이행이 완료되기 전에 제3자에게 계약당사자의 지위를 이전하는 계약을 체결한 경우에는 먼저 체결된 계약에 따라 소유권이전등기신청을 하여야 할 의무가 없고, 따라서 부동산등기 특별조치법 제8조 제1호, 제2조 제3항 위반죄가 성립할 수 없다.

한편, 부동산등기 특별조치법 소정의 '계약당사자의 지위를 이전하는 계약'은 계약당사자 중 일방이 당사자로서의 지위를 포괄적으로 제3자에게 이전하여 계약관계에서 탈퇴하고 제3자가 그 지위를 승계하는 것을 목적으로 하는 계약을 말하는 것으로, 승계되는 계약관계상의 대금 등과는 별도로 지위이전에 따른 대가로서 웃돈 내지 프리미엄의 명목으로 금원이 수수되고, 약정의 경제적 동기가 이러한 이익 등을 누리려는 데 있었다고 하더라도 그러한 사정만으로 계약의 성격이 달라지는 것은 아니다.

나. 원심은, 피고인 2와 새로운 매수인들이 권리의무 승계신청서를 작성하였지만 그 의사는 피고인 2가 파산관재인으로부터 매수한 이 사건 아파트를 등기를 하지 않은 채 웃돈을 주고받으며 매매하려는 것이었고, 새로운 매수인들이 피고인 2가 체결한 종전 매매계약과 같은 내용의 매매계약서를 파산관재인과 다시 작성한 것은 서로의 이해관계가 맞아떨어져 매매대금에 있어서 차이가 나는데도 사실과 다르게 편법을 쓴 것에 지나지 않는다는 이유를 들어 피고인 2가 새로운 매수인들과 체결한 계약이 계약당사자의 지위를 이전하는 계약이 아니라 소유권이전을 내용으로 하는 계약이라고 판단하였다.

다. 원심이 인정한 사실과 기록에 의하면, 파산관재인은 파산재산인 이 사건 아파트를 입찰방식으로 공개매각하기로 하면서 매수희망자의 참여를 증대시키기 위하여 잔금 납부 완료 이전 1회에 한하여 매수인의 계약자 지위를 변경할 수 있도록 하는 조건을 붙이기로 하였고, 법원의 허가를 받아 이러한 매매조건이 포함된 매각 공고를 한 사실, 피고인 2는 공매절차에서 아파트 3세대를 낙찰받아 파산관재인과 매매계약을 체결하고 계약금을 납부하였고, 그 상태에서 부동산중개인인 피고인 1을 통해 소개받은 새로운 매수인들과 "양도인은 상기 부동산의 계약 및 계약이행에 따른 권리의무 일체를 양수인에게 양도하고 양수인은 이를 양수하며 양도인과 양수인은 본 권리의무 승계와 관련하여 향후 파산회사에 어떠한 이의도 제기하지 않을 것을 확약합니다."라는 내용 등이 이미 인쇄되어 있는 파산회사의 양식을 이용하여 권리의무 승계신청서를 작성한 후 제출한 사실, 그 후 새로운 매수인들과 파산관재인 사이에서 피고인 2가 작성하였던 것과 동일한 내용의 매매계약서가 작성되었고, 중도금 및 잔금은 새로운 매수인들이 지급한 사실 등을 알 수 있다.

사실관계가 위와 같다면, 피고인 2는 공고된 매매조건과 이를 위하여 파산회사에서 마련해 둔 절차에 따라 매수인을 변경한 것이고, 그러한 매수인 지위이전의 대가로서 새로운 매수인들로부터 매도인에게 지급할 매매대금과는 별도로 웃돈을 수수한 것이라고 볼 수 있으므로, 피고인 2가 새로운 매수인들과 체결한 계약에 나타난 의사를 해석함에 있어 권리의무 승계신청서 등의 객관적인 문언 내용을 쉽사리 배척할 것은 아니라고 할 것이며, 그 밖에 계약의 성격을 달리 보아야 할 특별한 사정을 찾기 어렵다. 그럼에도 불구하고, 원심은 그 판시와 같은 이유만으로 먼저 체결된 매매계약의 반대급부 이행이 완료되기 전에 피고인 2가 새로운 매수인들과 체결한 계약이 약정 문언과는 달리 실질적으로 소유권이전을 내용으로 하는 계약이라고 판단하여 피고인 2가 피고인 1과 공모하였다는 부동산등기 특별조치법 제8조 제1호, 제2조 제3항 위반의 이 부분 공소사실을 유죄로 인정하였으니, 원심에는 부동산등기 특별조치법 소정의 계약당사자의 지위를 이전하는 계약에 관한 법리를 오해하거나 채증법칙을 위반하여 사실을 오인함으로써 판결에 영향을 미친 위법이 있다 할 것이다.

2) 채권질권의 요물성

채권을 질권의 목적으로 하는 경우에 채권증서가 있는 때에는 질권의 설정은 그 증서를 질권자에게 교부함으로써 효력이 생긴다(민법 제347조). 따라서 채권증서가 있으면 질권설정자가 질권자에 채권증서를 인도하여야 하고, 채권증서가 없는 경우에는 질권설정계약만으로 질권설정의 효력이 발생한다. 다만, 학설은 지명채권에 있어서 그 「채권증서」는 단순한 채권의 증거방법에 지나지 않고 채권의 실체를 좌우하는 것은 아니므로 그 지명채권을 대상으로 하는 질권설정에 있어서의 채권증서의 인도는 점유개정의 방법에 의하여도 무방하고 또한 질권설정 후 채권증서를 일시적으로 반환하여 간접점유를 하더라도 질권의 소멸을 초래하지 않는 것으로 해석하고 있다.

판례는, 여기에서 말하는 「채권증서」는 「채권의 존재를 증명하기 위하여 채권자에게 제공된 문서로서 특정한 이름이나 형식을 따라야 하는 것은 아니지만, 장차 변제 등으로 채권이 소멸하는 경우에는 민법 제475조에 따라 채무자가 채권자에게 그 반환을 청구할 수 있는 것」이어야 한다고 하면서, 계약 당사자 쌍방의 권리의무관계의 내용을 정한 서면은 그 계약에 의한 권리의 존속을 표상하기 위한 것이라고 할 수는 없으므로 임대차계약서는 위 채권증서에 해당하지 않으나{대법원 2013다32574 판결([판례 4-32])}, 신탁수익권증서는 위 채권증서에 해당하는 것으로 판시하고 있다{대법원 2011다84359 판결([판례 4-77]) 및 대법원 2017다8395 판결([판례 4-79])}.

위 판례에 비추어 보면, 임대차계약서뿐만 아니라 대출계약서나 물품공급계약서 등은 위 채권증서에 해당하지 않는 반면, 신탁수익권증서는 위 채권증서에 해당하는 것으로 판단되나, 그 이외에 담보대상채권에 관한 권리문서나 서류 중 어느 범위의 서류가 여기서의 채권증서에 해당하는지 여부가 명확하지는 않기 때문에, 위 학설에도 불구하고 실무에서는 최소한 담보대상채권의 행사에 필요한 증서나 서류(예금통장, 통장카드 등) 및 관련 법률 또는 계약에 따라 담보대상채권 소멸 시 제3채무자에게 반환해야 하는 서류의 경우에는 가능한 현실인도를 받아 점유하고 있는 것으로 보인다.

3) 회수금의 처리

앞서 살펴본 바와 같이, 매출채권 등 채권으로부터의 회수금이 기한의 이익 상실사유 등 일정한 사유 발생 이전까지는 종전과 마찬가지로 담보제공자 명의로 예금계좌(주로 수시입출금계좌)로 입금·관리되는 경우(통상은 질권 또는 양도담보의 경우)에는 동 담보제공자 명의의 예금계좌상의 예금채권에 대한 질권도 함께 설정함으로써 해당 채권으로부터의 현금흐름도 통제하는 방안도 함께 고려되는 것이 일반적이다.

이와 관련하여, 채권이 담보신탁의 목적물인 경우에는 수탁자가 직접 채권자로서 당해 채권을 수령할 수 있으므로 수탁자 명의의 예금계좌(이를 보통은 「신탁추심계좌」, 「신탁회수계좌」라고 부른다)로 당해 채권의 회수금이 직접 이체·입금되도록 규정된다. 이 경우 수탁자가 수신기능이 있는 경우에는 이러한 신탁추심계좌를 다른 금융기관에 개설하지 않고 수탁자 자신의 본·지점에 개설하는 것이 일반적인데, 이와 같이 「신탁추심계좌」를 수탁자에 개설하는 것이 신탁재산과 고유재산간의 거래를 금지하는 신탁법 제34조 제1항 제1호에 위반되는지 여부가 문제되고 있다. 즉, 수탁자의 자행예금에 의한 신탁재산의 운용이 가능한지에 대한 논의가 신탁재산 운용을 위한 경우 뿐만 아니라 신탁목적물인 매출채권, 부실채권(NPL) 등 신탁재산으로부터의 회수를 위해 수탁자 명의의 예금계좌를 수탁자의 본·지점에 개설하는 경우에도 역시 적용되는지의 문제이다.

신탁법 및 자본시장법 등 관련 법령상으로는 양자 모두 신탁재산이라는 측면에서 금전을 운용하는 경우와 차이가 없다고 할 수 있으나, 이 경우에는 신탁재산의 운용 목적이 아닌 신탁재산 회수(추심)에 목적이 있다는 점을 고려하여 신탁재산 운용 목적의 자행예금과는 달리 볼 여지도 있지 않나 생각한다. 이러한 해석상의 문제에도 불구하고, 실무에서는 특히 매출채권이나 부실채권의 신탁거래에서는 신탁재산인 매출채권·부실채권의 추심·회수계좌를 수탁자의 지점에 개설하여 신탁재산을 회수(추심)하는 것이 일반적으로 보인다.[248)]

248) 다만, 이와 같은 실무에도 불구하고, 신탁재산이 부실채권(NPL)인 사안에서 그 회수계좌를 자행에 개설하는 것이 신탁재산과 고유재산 간의 거래에 해당한다는 취지의 감독당국의 해석이 존재하고 있다는 점을

또한, 기한의 이익 상실사유 발생 등 일정한 사유 발생 이전의 채권으로부터의 회수금의 처리에 대해서는 대출계약 및 담보계약에서 별도로 정할 수 있으므로, 채권회수계좌로 입금되는 회수금 등의 금전에 대한 취급(강제조기상환 또는 차주의 운영비용 사용을 위한 인출 등)에 대해서도 정해 둘 필요가 있다.

4) 동순위/후순위 담보권 설정

채권의 경우에도 동순위/선후순위 질권설정이 가능하다. 그러나 동순위 양도담보의 경우에는 양도담보권자가 하나의 양도담보권을 「준공유」하는 방식에 의해서만 가능하고, 후순위 양도담보의 경우에는 그 효력이 부인될 수 있음은 앞서 살펴본 바와 같다.

(4) 대항요건

채권담보의 대항요건은 「채무자(신탁수익권의 경우에는 수탁자) 대항요건」과 「제3자 대항요건」으로 구별되는데, 신탁수익권의 경우에는 신탁법에 따라, 이외의 채권의 경우에는 민법에 따라, 확정일자 있는 증서에 의한 통지 또는 승낙에 의해, 후자는 통지 또는 승낙에 의해 각각 구비된다(민법 제349조, 제450조, 신탁법 제66조, 제65조). 이 경우 채무자에 대한 사전통지는 원칙적으로 효력이 없으나, 채무자에 의한 사전승낙은 그 효력이 있는 것으로 해석되고 있다.[249] 실무에서는, 양도금지특약이 없는 경우에도 담보권설정자로 하여금 채무자에게 담보권설정 및 승낙요청서에 의한 통지를 하게 하고, 동 요청서에 첨부된 양식에 의한 채무자로부터 「확정일자부 승낙」을 받도록 요구하는 경우가 일반적이다.

채권담보에 관한 통지・승낙에 의해 제3자 대항요건을 구비하는 경우, 채권에 대한 담보권설정 사실은 필연적으로 제3채무자에게 알려지게 된다.[250] 이 점과 관련하여, 특히 매출채권에 대한 담보권설정의 경우에는, 제3채무자인 거래처에서 담보권설정자가 매출채권에 담보권을 설정하는 것을 알게 되면 거래처가 담보권설정자의 신용상태를 의심하게 되어 담보권설정자의 사업운영상 지장이 생길 가능성이 있다는 염려도 있기 때문에, 기한의 이익 상실사유 등의 일정한 사유가 발생할 때까지는 채무자 대항요건구비는 유보되는 경우도 있

유의하여야 할 것이다. 전경준 편 『판례 신탁법』(진원사, 2018) 45페이지

249) 채권양도에 대한 사전승낙과 관련된 제반 문제에 대해서는, 債権譲渡の第三者対抗要件としての確定日附書面による債務者の事前承諾の効力に関する論点整理,, 金融法委員会, 平成 16年 4月 13日 참고

250) 다만, 「동산채권담보법」에 따른 「채권담보등기」를 이용하면 제3채무자(담보목적물인 채권의 채무자)에게 인식되지 않고 제3자 대항요건을 구비할 수 있다(동법 제35조). 그러나 채무자 대항요건을 구비하기 위해서는 제3채무자에게 등기사항증명서를 교부하여 통지할 필요가 있기 때문에(동법 제35조 제2항), 담보권을 실행하기 위해서는 제3채무자에 대한 통지가 필요하게 된다.

다. 이때 담보권설정 시에는 채무자에 대한 채권질권설정 통지를 하지 않고 담보권자가 담보권설정자를 대리하여 또는 담보권설정자의 사자(使者)로서 언제라도 통지를 할 수 있도록, 통지에 필요한 서류 일체를 담보권설정자로부터 미리 받아두는 경우도 있다.

[계약서 기재례] 대항요건 유보

양도담보권설정자와 양도담보권자는 양도담보권설정자의 요청에 의해 양도대상채권의 채무자(이하 "채무자")에 대한 통지를 유보하기로 한다. 양도담보권설정자는, (i) 어떠한 사유로 인하여 채무자로부터의 양도대상채권의 지급이 [*]계좌로의 자금 입금(이체)의 방법으로 이루어지지 않은 경우, (ii) 양도대상채권 또는 피담보채권에 관한 기한의 이익 상실사유가 발생하는 경우, 또는 (iii) 양도담보권설정자 또는 채무자의 신용도 하락 또는 기타의 사유가 발생하여 양도담보채권 또는 피담보채권의 회수가 용이하지 않을 것으로 양도담보권자가 판단하는 경우, 양도담보권자의 요청에 의해 즉시 채무자에게 양도대상채권의 양도와 이에 따른 지급(수령)계좌를 [*]계좌로 변경하는 것에 관한 확정일자부로 통지를 하기로 한다. 이 항에 따른 통지를 위하여 양도담보권설정자는 이 계약 서식 [*]의 내용으로 작성된 양도통지서 및 그 부속서류를 일자 공란으로 작성하여 대출실행 전까지 대리기관에게 교부한다. 양도담보권설정자는 이 계약의 체결로써, 양도담보권자가 위 (i) 내지 (iii)의 사유가 발생한 것으로 판단한 경우 해당 통지서의 공란을 기입하여 양도담보권설정자를 대리하여 채무자에게 해당 통지서를 발송할 수 있는 권한을 양도담보권자에게 확정적으로 위임한다. 양도담보권설정자는 이 항에 따라 양도담보권자에게 위임한 권한을 대출계약의 종료 시까지 철회할 수 없다. 명확히 하면, 이 항에 따른 채무자에 대한 통지 유보 및 양도담보권자에 대한 양도담보권설정자의 통지 권한 위임은 양도담보권설정자의 요청에 따라 이루어지는 것으로서, 양도담보권자가 양도담보권설정자로부터 위임받은 통지 권한의 실제 행사 여부 및 그 시기와 관련하여 양도담보권자는 양도담보권설정자에 대한 어떠한 의무도 부담하지 아니한다. 따라서 양도담보권자는 그의 전적인 재량에 따라 이 항에 따른 통지 여부를 판단하고, 양도담보권설정자는 이 항에 따른 양도담보권자의 실제 통지 여부 및 그 시기로 인해 어떠한 책임(통지의 이행 및 손해배상 포함)도 청구할 수 없으며, 양도담보권자의 실제 통지 여부 및 그 시기는 제[*]항에 따른 양도담보권자의 손해배상의무에 영향을 미치지 아니한다.

[판례 4-94] 대법원 2008. 2. 14. 선고 2007다77569 판결

채권의 양수인이 양도인으로부터 채권양도통지 권한을 위임받아 대리인으로서 그 통지를 함에 있어서 그 통지가 본인인 채권의 양도인을 위한 것임을 표시하지 아니한 경우라도 채권양도통지를 둘러싼 여러 사정에 비추어 양수인이 대리인으로서 통지한 것임을 상대방이 알았거나 알 수 있었을 때에는 민법 제115조 단서의 규정에 의하여 유효하게 되나(대법원 2004. 2. 13. 선고 2003다43490 판결 참조), 이는 채권의 양수인이 양도인으로부터 채권양도통지 권한을 위임받아 그에 대한 대리권을 가지고 있음을 전제로 하는 것이다.

원심은 그 채용증거들을 종합하여 소외 1이 2003. 11. 27. 원고에 대한 하도급 공사대금의 지급을 위하여 원고에게 그의 피고에 대한 이 사건 공사대금채권 중 20,231,700원 상당을 양도하였고, 원고가 2004. 2. 3. 피고에게 내용증명우편으로 위와 같은 채권양도의 통지를 한 사실을 인정한 후, 나아가 소외 1이 원고에게 이 사건 채권양도통지 권한을 위임하였음을 인정하고 있다고 하면서, 이 사건 공사대금채권의 양수인인 원고가 양도인인 소외 1의 대리인의 자격에서 이 사건 채권양도통지를 한 것임을 전제로 하여 앞서 본 법리에 따라 이 사건 채권양도통지는 유효하다고 판단하였다.

그러나 기록에 의하면 소외 1은 제1심 공동피고로서 답변서 및 준비서면을 통하여 원고에 대한 하도급 공사대금채무액에 대하여 다투면서 원고의 요구에 의하여 이 사건 채권양도증서를 작성하여 준 사실이 있다고 주장하였을 뿐이고, 나아가 그 채권양도통지 권한을 원고에게 위임하였다고까지 인정한 사실은 없음을 알 수 있고, 달리 원심이 채용한 증거들을 살펴보아도 그와 같은 권한의 위임 사실을 인정할 만한 내용을 전혀 찾아볼 수 없다.

그럼에도 불구하고, 원심은 구체적인 소외 1의 진술이나 증거를 제시하지도 않은 채 막연하게 소외 1이 채권양도통지 권한을 위임한 사실을 인정하고 있다고 하면서 이를 전제로 하여 그 판시와 같은 이유로 원고에 대한 이 사건 채권양도가 원심 판시 전부명령이나 소외 1의 김정원에 대한 채권양도에 우선하는 것으로 보아 원고의 이 사건 공사대금 청구를 그대로 인용하고 말았으니, 이러한 원심판결에는 심리를 다하지 아니하거나 증거에 의하지 아니한 채 사실을 명백히 잘못 인정함으로써 판결 결과에 영향을 미친 위법이 있다.

[판례 4-95] 대법원 2004. 2. 13. 선고 2003다43490 판결

민법 제450조에 의한 채권양도통지는 양도인이 직접하지 아니하고 사자를 통하여 하거나 대리인으로 하여금 하게 하여도 무방하고, 채권의 양수인도 양도인으로부터 채권양도통지 권한을 위임받아 대리인으로서 그 통지를 할 수 있다(대법원 1994. 12. 27. 선고 94다19242 판결, 대법원 1997. 6. 27. 선고 95다40977, 40984 판결 등 참조).

그리고 채권양도통지 권한을 위임받은 양수인이 양도인을 대리하여 채권양도통지를 함에 있어서는 민법 제114조 제1항의 규정에 따라 양도인 본인과 대리인을 표시하여야 하는 것이므로, 양수인이 서면으로 채권양도통지를 함에 있어 대리관계의 현명을 하지 아니한 채 양수인 명의로 된 채권양도통지서를 채무자에게 발송하여 도달되었다 하더라도 이는 효력이 없다고 할 것이다 .

다만, 대리에 있어 본인을 위한 것임을 표시하는 이른바 현명은 반드시 명시적으로만 할 필요는 없고 묵시적으로도 할 수 있는 것이고, 나아가 채권양도통지를 함에 있어 현명을 하지 아니한 경우라도 채권양도통지를 둘러싼 여러 사정에 비추어 양수인이 대리인으로서 통지한 것임을 상대방이 알았거나 알 수 있었을 때에는 민법 제115조 단서의 규정에 의하여 유효하다고 보아야 할 것이다 .

기록에 의하면, 양도인 소외 1로부터 채권양도통지 권한을 위임받은 양수인인 원고가 피고에게 내용증명우편으로 발송한 채권양도통지서는 양도인 소외 1을 위한 것임이 표시되어 있지 아니한 채 통지대리인인 원고 명의로 되어 있으며, 묵시적 현명을 인정할 만한 아무런 사정도 찾아볼 수 없으나, 채권양도통지는 원래 채권의 양도인이 하여야 하는 것이므로 채권양도통지 권한을 위임받은 양수인이 한 채권양도통지는 특별한 사정이 없는 한 양도인에게 그 효과를 귀속시키려는 대리의사가 있다고 보는 것이 상당하고, 이 사건 채권양도통지서 자체에 양수받은 채권의 내용이 밝혀져 있는 외에 소외 1과 원고 사이의 '채권양도양수계약서'가 위 통지서에 별도의 문서로 첨부되어 있으며, 피고로서는 양도인인 소외 1에게 채권양도통지 권한을 원고에게 위임하였는지 여부를 비교적 용이하게 확인할 수 있는 상태였다고 보이는 점 등 그 통지와 관련된 여러 사정을 종합하면, 이 사건 채권양도통지의 상대방인 피고로서는 원고가 본인인 소외 1을 위하여 이 사건 채권양도통지를 한 것임을 알 수 있었다고 봄이 상당하므로 민법 제115조 단서에 따라 위 채권양도통지는 유효하다고 할 것이다.

원심의 설시가 미흡하기는 하지만, 이 사건 채권양도통지가 유효하다고 본 판단은 옳고, 거기에 상고이유의 주장과 같이 판결에 영향을 미친 대리인에 의한 지명채권 양도통지에 관한 법리를 오해한 위법이 있다고 할 수 없다.

[판례 4-96] 대법원 2000. 4. 11. 선고 2000다2627 판결

원심판결 이유에 의하면, 원심은 그 내세운 증거들을 종합하여, 소외 1 주식회사(이하 '소외 1 회사'라고 한다)가 1997년 7월 초순경 피고보조참가인에게 금 400,000,000원의 대출을 신청하였는데, 피고보조참가인이 담보를 요구하므로 피고에 대하여 갖고 있던 금 549,000,000원의 보증금반환채권을 대출금의 담보로 제공하기로 하고, 소외 1 회사의 전무인 소외 2가 같은 달 하순경 피고 병원의 총무국장이던 소외 3에게 보증금반환채권의 담보 제공에 대한 승낙을 요청하였다가 소외 3이 대출담보용으로만 사용하는 조건으로 동의하면서, 보증금반환채권을 대출담보용 외에 타 용도로는 사용하지 않겠으며 소외 1 회사가 피고에 대한 차임을 연체할 때에는 피고가 이를 임차보증금에서 공제하는데 대하여 이의가 없다는 내용의 각서를 작성 · 인증해 오도록 요구한 사실, 이에 소외 2는 같은 달 28일 그러한 내용이 포함된 각서를 작성하여 이를 공증인가 광주합동법률사무소에서

인증받아 다 피고에게 교부하고, 이어서 피고, 피고보조참가인, 소외 1 회사 및 그 연대보증인인 소외 합자회사 성훈실업 4인 명의로 작성・날인된 부동산임차보증금 양도양수협약서를 피고보조참가인에게 이를 제출하고 피고보조참가인으로부터 금 400,000,000원을 대출받은 사실, 위 양도양수협약서에는 소외 1 회사가 피고보조참가인으로부터 차입한 금 400,000,000원에 대하여 차입금 약정서의 의무사항을 불이행할 때에는 피고보조참가인이 임차보증금 549,000,000원 중에서 대출금상환금에 충당하여도 소외 1 회사는 이의를 제기하지 않는다. 피고가 소외 1 회사로부터 징수해야 할 공적기금이 연체될 때에는 연체금을 임차보증금에서 공제한다. 피고는 피고보조참가인의 동의 없이는 임차보증금을 소외 1 회사에게 반환하여서는 아니 된다는 등의 내용이 기재되어 있고, 각서인증서 맨 뒷장과 양도양수협약서 맨 앞장 사이에 피고, 피고보조참가인, 소외 1 회사 등 양도양수협약서 작성명의자 4인의 간인이 되어 있는 사실을 인정한 다음, 소외 1 회사의 피고에 대한 임차보증금반환채권은 원고에게 양도되기 이전인 1997. 7. 29.경 소외 1 회사의 대출금채무의 담보를 위하여 피고보조참가인에게 양도되었고, 또한 피고는 임차보증금반환채권을 대출금채무의 담보로 제공하겠다는 취지의 각서인증서와 자신의 승낙하에 작성된 양도양수협약서 사이에 간인을 함으로써, 확정일자 있는 서면에 의하여 소외 1 회사의 피고보조참가인에 대한 채권양도를 승낙하였거나 적어도 양도인인 소외 1 회사로부터 채권양도의 통지를 받았다고 봄이 상당하다는 이유를 들어 소외 1 회사의 피고보조참가인에 대한 임차보증금반환채권 양도는 제3자에 대하여도 대항력을 갖게 되므로 그 이후에 소외 1 회사로부터 같은 채권의 일부를 양수한 원고는 피고보조참가인에게 대항할 수 없다고 판단하였다

채권양도의 통지는 양도인이 채무자에 대하여 당해 채권을 양수인에게 양도하였다는 사실을 통지하는 이른바 관념의 통지로서, 채권양도가 있기 전에 미리 하는 사전 통지는 채무자로 하여금 양도의 시기를 확정할 수 없는 불안한 상태에 있게 하는 결과가 되어 원칙적으로 허용될 수 없고, 채권의 양도를 제3자에게 대항하기 위하여는 통지행위 또는 승낙행위 자체를 확정일자 있는 증서로 하여야 하는 것인데 여기서 확정일자란 증서에 대하여 그 작성한 일자에 관한 완전한 증거가 될 수 있는 것으로 법률상 인정되는 일자를 말하며 당사자가 나중에 변경하는 것이 불가능한 확정된 일자를 가리킨다고 할 것이다 (대법원 1988. 4. 12. 선고 87다카2429 판결 참조).

그런데 이 사건에서 소외 1 회사의 소외 2가 피고에게 교부한 각서의 내용은 소외 1 회사가 보증금반환채권을 대출담보용 외에 타 용도로는 사용하지 않겠으며 피고에 대한 차임을 연체할 때에는 이를 임차보증금에서 공제하는데 대하여 이의가 없다는 등의 내용으로서 결국 피고에게 불이익이 없도록 하겠다는 약속과 보증금반환채권을 담보로 제공함에 양해・동의해 달라는 요청으로 보일 뿐이므로 위 각서의 교부를 채권양도의 통지라고 볼 수 없고, 따라서 각서를 인증받았다고 하여도 확정일자 있는 증서로 한 채권양도의 통지가 될 수도 없으며, 설령 각서에 피고가 승낙하면 임차보증금반환채권을 피고보조참

가인에게 양도하겠다는 뜻이 담겨있다고 하더라도 이는 채권양도의 사전 통지에 불과하여 양도통지로서의 효력도 없다 할 것이다. 그리고 피고가 각서인증서를 교부받고 양도양수협약서에 날인한 다음 위 두 서류 사이에 간인하였다고 하여 채권양도에 대한 피고의 승낙행위 자체가 확정일자 있는 증서로 이루어졌다고 볼 수도 없다.

그럼에도 불구하고, 원심은 피고가 각서인증서를 교부받고 양도양수협약서와 간인한 사실을 들어 확정일자 있는 서면에 의하여 피고가 채권양도를 승낙하였거나 적어도 소외 1 회사로부터 채권양도의 통지를 받았다고 보고, 원고는 소외 1 회사로부터 임차보증금반환채권을 양도받은 피고보조참가인에게 대항할 수 없다고 판단하였으니 여기에는 지명채권양도에 있어서 확정일자 있는 증서에 의한 통지와 승낙에 관한 법리를 오해하여 판결에 영향을 미친 위법이 있다고 할 것이다. 이를 지적하는 상고이유 논지는 이유가 있다.

[판례 4-97] 대법원 2019. 6. 27. 선고 2017다222962 판결

1. 사실관계

원심판결 이유에 따르면 다음 사실을 알 수 있다.

가. 원고는 2014. 1. 20. 의사인 소외인에게 3억 원을 변제기 2015. 1. 20., 이율 연 8.5%로 정하여 대여하고, 6억 원을 변제기 2017. 1. 20., 이율 연 8.9%로 정하여 대여하였다.

나. 소외인은 위 각 대출금채무를 담보하기 위하여 2014. 1. 17. 원고에게 자신이 피고에 대하여 가지는 채권으로서 이미 발생하거나 장래 발생할 국민건강보험법에 근거한 요양급여비용 채권과 의료급여법에 근거한 의료급여비용 채권 중 210억 원에 달할 때까지의 금액(이하 '이 사건 양수채권'이라 한다)을 양도하였다(이하 '이 사건 채권양도'라 한다). 소외인은 2014. 1. 17. 피고에게 내용증명우편으로 채권양도사실을 통지하였고 이는 그 무렵 피고에게 도달하였다.

다. 피고는 2014. 1. 20. 소외인에게 '압류진료비 채권압류 확인서'(이하 '확인서'라 한다)를 발급하여 원고에게 팩스로 송부하였다.

라. 확인서에는 '발급목적'란에 '확인용', '결정일자'란에 '2014. 1. 17.', '접수일자'란에 '2014. 1. 20.', '채권자'란에 '원고', '압류유형'란에 '채권양도'로 기재되어 있고, 하단에 "본 자료는 「개인정보보호법」에 의거 엄격히 개인의 비밀이 유지되어야 하며, 기재된 발급목적외 용도로 사용할 수 없으며, 타업무의 증빙자료로 사용되어 발생되는 모든 책임은 본인에게 있으므로 공단에는 일체의 이의를 제기할 수 없습니다. 또한, 확인서 발행일 현재 압류채권자 접수등록 누락된 사건이 있을 수 있습니다."라는 내용이 부동문자로 기재되어 있다.

마. 소외인은 원리금을 일부 상환하다가 자신이 운영하던 병원을 2015. 11. 19. 폐업하였다. 소외인이 병원을 운영한 이후 2015. 11. 19.까지 발생한 이 사건 양수채권 중 피고가 소외인에게 지급을 보류하고 있는 요양급여비용은 681,324,890원이다.

바. 소외인은 2008. 9. 5. '2007. 11. 1.부터 의료기관을 개설할 수 없는 비의료인과 동업으로 병원을 운영하기로 하고, 의사인 자신의 명의를 빌려주어 비의료인이 의료기관을 개설하도록 하였다.'는 범죄사실로 벌금 700만 원의 약식명령을 받았고, 이후 약식명령이 확정되었다. 피고는 2007. 11. 1.부터 위 약식명령 발령일인 2008. 9. 5.까지 소외인에게 요양급여비용으로 합계 914,284,680원을 지급하였다.

2. 원심 판단

원심은 소외인이 의료법 위반행위로 피고로부터 지급의무 없는 요양급여비용을 받은 것은 민사상 불법행위에 해당하므로, 피고는 소외인에 대하여 914,284,680원의 손해배상채권(이하 '이 사건 손해배상채권'이라 한다)을 가진다고 하였다. 그러나 다음과 같은 이유로 피고가 이 사건 채권양도에 대하여 명시적 또는 묵시적으로 이의를 보류하지 않은 승낙을 하였으므로 이 사건 손해배상채권을 가지고 원고에게 상계로써 대항할 수 없다고 보았다.

가. 확인서는 민원업무 처리 과정에서 발급되었더라도 피고가 소외인 또는 원고에게 소외인의 원고에 대한 채권양도 사실에 관하여 인식하고 있음을 표명한 것으로서, 민법 제451조 제1항에서 정한 '승낙'에 해당한다.

나. 확인서에는 위에서 본 부동문자가 기재되어 있을 뿐, 위 기재사항 이외에 당시 이미 발생되어 있던 소외인에 대한 의료법 위반에 따른 손해배상채권에 기초한 대항사유 등에 관해서는 기재되어 있지 않다. 따라서 확인서는 비밀유지, 발급목적 외 사용금지, 다른 압류채권자 접수등록이 누락된 사건이 있을 수 있다는 취지는 표시되고 있지만, 이를 두고 피고가 발급신청자인 소외인에 대한 위 손해배상채권 등으로 이 사건 채권양도에 대하여 이의를 보류하였다고 보기는 어렵다.

다. 피고는 확인서를 발급한 다음 2014. 1. 23.경부터 2015. 3. 16.까지 지속적으로 원고에게 이 사건 양수채권에 대한 변제로 합계 3,331,377,890원을 지급하였다.

3. 대법원 판단

가. 지명채권의 양도는 양도인이 채무자에게 통지하거나 채무자가 승낙하지 않으면 채무자에게 대항하지 못한다(민법 제450조 제1항). <u>채무자가 채권양도 통지를 받은 경우 채무자는 그때까지 양도인에 대하여 생긴 사유로써 양수인에게 대항할 수 있고</u>(제451조 제2항), <u>당시 이미 상계할 수 있는 원인이 있었던 경우에는 아직 상계적상에 있지 않더라도 그 후에 상계적상에 이르면 채무자는 양수인에 대하여 상계로 대항할 수 있다</u>(대법원 1999. 8. 20. 선고 99다18039 판결 참조).

민법 제451조 제1항 본문은 "채무자가 이의를 보류하지 아니하고 전조의 승낙을 한 때에는 양도인에게 대항할 수 있는 사유로써 양수인에게 대항하지 못한다."고 정하고 있다. 이 조항은 채무자의 이의를 보류하지 않은 승낙이라는 사실에 공신력을 주어 양수인을 보호하고 거래의 안전을 꾀하기 위한 것이다. 여기에서 <u>양도인에게 대항할 수</u>

있지만 양수인에게는 대항하지 못하는 사유는 협의의 항변권에 한정되지 않고 넓게 채권의 성립・존속・행사를 저지하거나 배척하는 사유를 포함한다(대법원 1997. 5. 30. 선고 96다22648 판결 등 참조).

채무자가 이 조항에 따른 이의를 보류하지 않은 승낙을 할 때에 명시적으로 항변사유를 포기한다거나 양도되는 채권에 대하여 이의가 없다는 뜻을 표시할 것까지 요구하지는 않는다. 그러나 이의를 보류하지 않은 승낙으로 말미암아 채무자가 양도인에 대하여 갖는 대항사유가 단절되는 점을 감안하면, 채무자가 이 조항에 따라 이의를 보류하지 않은 승낙을 했는지 여부는 문제되는 행위의 내용, 채무자가 그 행위에 이른 동기와 경위, 채무자가 그 행위로 달성하려고 하는 목적과 진정한 의도, 그 행위를 전후로 채무자가 보인 태도 등을 종합적으로 고려하여 양수인으로 하여금 양도된 채권에 대하여 대항사유가 없을 것을 신뢰하게 할 정도에 이르렀는지를 감안하여 판단해야 한다.

나. 위에서 본 법리를 위에서 본 사실관계와 기록에 비추어 살펴보면, 원심의 판단은 다음과 같은 이유로 받아들이기 어렵다.

(1) 확인서는 그 제목이 '압류진료비 채권압류 확인서'로 되어 있는 것처럼, 주된 용도가 소외인의 요양급여 등 채권에 대하여 피고에게 접수된 확정일자 있는 채권양도 통지나 압류 등 내역을 확인하는 데 있다. 확인서는 피고의 민원업무를 신속하고 획일적으로 처리하기 위해서 발급 목적과 용도가 채권압류 확인으로 제한되어 있고, 발급 목적 외 다른 용도로 사용하는 것이 엄격히 금지되어 있다.

(2) 이 사건 채권양도의 대상이 된 채권은 장래 발생할 채권이 다수 포함된 집합채권으로서 확인서 발급 당시에는 210억 원이라는 한도만 정해져 있었을 뿐 대부분의 채권이 발생 시기나 금액이 불확실하였다. 그와 같은 상황에서 피고가 양도인에 대한 모든 대항사유를 포기한 채 채권양도를 승낙하였으리라고는 통상적으로 기대하기 어렵다.

(3) 피고는 이 사건 채권양도 통지를 받은 다음 2014. 1. 23.부터 2015. 3. 16.까지 원고에게 약 33억 원이 넘는 돈을 지급하였으나, 2015. 4.경 다른 사건의 소송 수행 과정에서 소외인의 의료법 위반 사실을 비로소 알게 된 것으로 보이고, 이후 원고에 대한 지급행위를 중단하였다. 피고가 2007. 11. 1.부터 2008년까지 있었던 소외인의 의료법 위반 사실을 미리 알았더라면 의료법 위반에 따른 손해배상채권을 이유로 그 즉시 지급을 중단하거나 상계권을 행사하였을 것으로 보는 것이 자연스럽다. 이에 비추어 보면, 피고는 이 사건 채권양도 통지를 받고 양수인인 원고에게 변제한 것일 뿐, 이를 이유로 피고가 이 사건 채권양도에 대하여 이의를 보류하지 않은 승낙을 한 것으로 보기는 어렵다.

(4) 피고가 위와 같이 소외인에 대한 손해배상채권이나 그에 따른 상계 가능성을 알지 못하였던 것으로 보이는 상황에서 확인서 발급 당시 소외인에 대한 대항사유

를 구체적으로 보류할 것을 기대하기는 어렵다. 확인서에는 진료비채권에 대한 압류확인 외의 목적으로 확인서를 사용하는 것을 금지하고 확인서의 발급으로 인해서 어떠한 책임도 피고에게 물을 수 없다는 내용이 기재되어 있다. 피고는 위와 같은 기재내용을 통하여 대항사유의 단절이라는 법적 책임이나 불이익을 지지 않음을 포괄적으로 표시하였다고 볼 수도 있다.

위와 같은 사정을 종합하면, 피고가 이 사건 채권양도에 대하여 이의를 보류하지 않은 승낙을 한 것으로 보기는 어렵다.

다. 그런데도 원심은 피고가 이 사건 채권양도에 대하여 명시적 또는 묵시적으로 이의를 보류하지 않은 승낙을 하였으므로, 이 사건 손해배상채권으로써 원고에게 상계주장을 할 수 없다고 판단하였다. 원심의 판단에는 이의를 보류하지 않은 승낙에 관한 법리를 오해하여 판결에 영향을 미친 잘못이 있다. 이를 지적하는 피고의 상고이유 주장은 정당하다.

다만, 채무자에 대한 대항력 구비를 유보하는 경우에는 실제 대항요건 구비 시점에 대항요건 부인이 문제될 수 있음(채무자회생법 제103조)은 앞서 살펴본 바와 같다.

(5) 담보부채권에 대한 질권 등 전(轉)담보

저당권을 목적으로 하는 채권을 질권의 목적으로 할 때에는 그 저당권등기에 질권의 부기등기를 하여야 그 질권의 효력이 저당권에 미친다(민법 제348조). 질권자는 질권설정자의 승낙을 얻어 질물을 다시 질권의 목적물로 제공할 수 있으며(민법 제343조, 제324조 – 승낙전질), 자기의 책임으로 질물을 전질할 수도 있다(동법 제336조 – 책임전질).

이와 관련하여, 민법은 「책임전질」의 경우 질권자가 채무자에게 전질의 사실을 통지하거나 채무자가 이를 승낙하지 않으면 전질로써 채무자, 보증인, 질권설정자 및 그 승계인에게 대항하지 못한다고 규정하고 있는바(동법 제337조 제1항), 동법 제336조에 따른 책임전질의 법적 성질에 관한 다수설인 「채권 및 질권공동입질설」에 따를 때, 민법 제337조 제1항은 피담보채권이 입질이 됨을 전제로 하는 당연한 규정으로 보인다. 즉, 채무자에 대한 통지 또는 채무자의 승낙만으로 질권설정자 및 그 승계인에 대해 대항할 수 있다고 규정하고 있으나, 동 규정은 피담보채권이 입질이 됨을 전제로 하여 질권설정 시 별도로 양도금지(승낙) 및/또는 별도의 효력요건 · 대항요건이 존재하지 않는 경우에 관한 일반적인 규정(당연 규정)이다. 따라서 당초 담보목적물에 관한 질권설정 시 별도의 양도금지특약, 인도 · 등기 · 등록, 사채원부/주주명부 기재 등의 요건이 필요한 경우에는 해당 질권에 대한 전질 시에도 해당 요건이 필요하다고 해석하는 것이 타당하다. 그렇다면 질권부 채권에 대해 전질을 하는 경우에는 질권설정 시와 마찬가지로 질권설정 시에 준하여 해당 절차를 이행해야 할 것이다.

[계약서 기재례] 담보권부 채권(사채) 질권설정 절차[251]

(1) 근질권설정자는 담보대상자산인 본건 사모사채 및 그에 관한 담보권에 대한 근질권 설정과 관련하여 다음의 절차를 이행하여야 한다.

1. 근질권설정자는 대출계약에 따른 대출실행 전까지(대리기관이 동의하는 경우에는 연기 가능) 본건 사모사채의 발행회사인 [*] 주식회사(이하 "사채발행회사"라고 함)에게 이 계약 [첨부 1-1]의 양식으로 확정일자부로 통지하고, 그 사본 1부를 대리기관에게 교부하며, 해당 통지서의 도달에 관한 증빙서류를 대출실행일로부터 5영업일 이내에 대리기관에게 제출하여야 한다.
2. 근질권설정자는 대출실행일로부터 5영업일 이내에(대리기관이 동의하는 경우에는 연기 가능) 본건 사모사채의 사채권을 사채발행회사인에게 제출하여 사채발행회사로 하여금 근질권자를 본건 사모사채에 대한 근질권자로 기재하고 해당 사채권에 사채발행회사의 법인인감 확인날인을 하도록 하여야 하며, 근질권자가 본건 사모사채에 대한 근질권자로 기재되고 해당 사채권에 사채발행회사의 확인날인이 된 해당 사채권을 대리기관에게 교부한다.
3. 근질권설정자는 대출실행일로부터 5영업일 이내에(대리기관이 동의하는 경우에는 연기 가능) 사채발행회사로 하여금 해당 사채원부에 본건 사모사채에 대한 근질권설정의 취지, 근질권자의 상호 및 주소를 기재하도록 하여야 하며, 사채발행회사가 원본과 상위 없음을 확인하고 법인인감을 날인한 해당 사채원부의 사본을 대리기관에게 교부한다.
4. 근질권설정자는 기타 대리기관이 필요하다고 요청하는 서류를 대리기관에게 교부한다.

(2) 근질권설정자는 담보대상자산인 주식근질권에 대한 근질권설정과 관련하여 다음의 절차를 이행하여야 한다.

1. 근질권설정자는 대출실행일로부터 5영업일 이내에(대리기관이 동의하는 경우에는 연기 가능) 해당 주식의 주권을 주식의 발행회사인 [*] 주식회사(이하 "주식발행회사"라고 함)에게 제출하여 주식발행회사로 하여금 근질권자를 해당 주식근질권에 대한 근질권자로 기재하고 해당 주권에 주식발행회사의 법인인감 확인날인을 하도록 하여야 하며, 근질권자가 해당 주식근질권의 근질권자로 기재되고 해당 주권에 주식발행회사의 확인날인이 된 해당 주권을 대리기관에게 교부한다.

251) 부동산근저당, 주식근질권, 보험근질권, 예금채권근질권, 신탁수익권에 의해 담보되는 기명식 사모사채에 대한 근질권설정절차를 기재한 것이다.

2. 근질권설정자는 대출실행일로부터 5영업일 이내에(대리기관이 동의하는 경우에는 연기 가능) 주식발행회사로 하여금 해당 주주명부에 해당 주식근질권에 대한 근질권설정의 취지, 근질권자의 상호 및 주소를 기재하도록 하여야 하며, 주식발행회사가 원본과 상위 없음을 확인하고 법인인감을 날인한 해당 주주명부의 사본을 대리기관에게 교부한다.
3. 근질권설정자는 기타 대리기관이 필요하다고 요청하는 서류를 대리기관에게 교부한다.

(3) 근질권설정자는 담보대상자산인 보험근질권에 대한 근질권설정과 관련하여 다음의 절차를 이행하여야 한다.
1. 근질권설정자는 대출실행일로부터 5영업일 이내에(대리기관이 동의하는 경우에는 연기 가능) 해당 보험의 보험증서(권)을 보험회사인 [*] 주식회사(이하 "보험회사"라고 함)에게 제출하여 보험회사로 하여금 근질권자를 해당 보험근질권에 대한 근질권자로 기재하도록 하고, 근질권자가 해당 보험근질권의 근질권자로 기재되고 해당 보험증서(권)에 보험회사의 확인날인이 된 해당 보험증서(권)를 대리기관에게 교부한다.
2. 근질권설정자는 대출실행일로부터 5영업일 이내에(대리기관이 동의하는 경우에는 연기 가능) 대리기관이 만족하는 내용으로 보험회사로부터 근질권자가 보험근질권에 대하여 근질권을 설정받은 것에 대한 확정일자부 승낙서를 발급받아 대리기관에게 교부한다.
3. 근질권설정자는 기타 대리금융기관이 필요하다고 요청하는 서류를 대리기관에게 교부한다.

(4) 근질권설정자는 담보대상자산인 예금근질권에 대한 근질권설정과 관련하여 다음의 절차를 이행하여야 한다.
1. 근질권설정자는 대출실행일로부터 5영업일 이내에(대리기관이 동의하는 경우에는 연기 가능) 해당 계좌의 통장 사본을 대리기관에게 교부한다.
2. 근질권설정자는 대출실행일로부터 5영업일 이내에(대리기관이 동의하는 경우에는 연기 가능) 대리기관이 만족하는 내용으로 해당 계좌의 개설은행인 [*]은행으로부터 근질권자가 예금근질권에 대하여 근질권을 설정한 것에 대한 확정일자부 승낙서를 발급받아 대리기관에게 교부한다.
3. 근질권설정자는 기타 대리기관이 필요하다고 요청하는 서류를 대리기관에게 교부한다.

(5) 근질권설정자는 대출실행로부터 10영업일 이내에(대리기관이 동의하는 경우에는 연기 가능) 담보대상자산인 부동산 근저당권에 대한 근질권설정과 관련하여 대리기관이 합리적으로 요청하는 시점까지 근질권설정에 따른 근질권의 부기등기를 경료하고 그 내용이 반영된 등기사항증명서를 대리기관에게 교부하여야 한다.

(6) 근질권설정자는 담보대상자산인 수익권근질권에 대한 근질권설정과 관련하여 다음의 절차를 이행하여야 한다.

1. 근질권설정자는 대출실행일로부터 5영업일 이내에(대리기관이 동의하는 경우에는 연기 가능) 해당 수익권증서를 대리기관에게 교부한다.
2. 근질권설정자는 대출실행일로부터 5영업일 이내에(대리기관이 동의하는 경우에는 연기 가능) 대리기관이 만족하는 내용으로 수탁자인 [*]으로부터 근질권자가 수익권 근질권에 대하여 근질권을 설정한 것에 대한 확정일자부 승낙서를 발급받아 대리기관에게 교부한다.
3. 근질권설정자는 기타 대리기관이 필요하다고 요청하는 서류를 대리기관에게 교부한다.

III 부동산담보

(1) 담보권의 종류

부동산담보로는 근저당권, 양도담보권 및 담보신탁이 이용될 수 있는데, M&A금융의 실무에서는 통상 근저당권과 담보신탁이 이용되고 있다. 양도담보권을 설정하면 「가등기담보법」에 따른 요건 및 담보실행절차 등을 거쳐야 하는 번거로움이 있을 수 있고, 근저당권이나 담보신탁을 통해서도 담보권 확보의 효과를 달성할 수 있는 경우에는 굳이 소유권 자체를 대주가 이전받을 필요성이 없을 것이다.

이하에서는 부동산 근저당권과 부동산 담보신탁에 의한 담보권 설정에 대해 간략하게 살펴본다.

(2) 부동산 근저당권[252)]

근저당권은 근저당권설정자와 근저당권자 사이의 합의와 근저당권설정등기에 의해 효력이 발생한다(민법 제186조). 이하에서는 M&A금융 시 근저당권 설정과 관련된 몇 가지 문제에 대해 살펴본다.

252) 근저당권에 대한 전반적인 설명은, 오시정 『근저당권의 이론과 실무(재전정 5판)』(한국금융연수원, 2017) 참고

1) 피담보채권의 범위

M&A금융의 대출의 내용 · 구성에 따라 특정, 한정 근저당권 중 어느 것을 선택하게 되나,[253] 실무에서는 거의 모든 저당권은 근저당권(특히 특정, 한정)으로 설정되고 있으며, 가사 일정액의 대출약정금액에 대한 1회 대출의 경우와 같이 원본이 처음부터 확정된 특정채권{기한대출(Term Loan)}에 대한 담보의 피담보채권 역시 「○년 ○월 ○일자 대출계약을 포함한 금융계약상 대주의 차주에 대한 일체의 채권」 등과 같이 대출금 이외의 다른 채권(수수료 및 비용 채권 등)도 피담보채권에 포함되도록 규정하여 (특정)근저당으로 설정하고 있으며, 판례와 실무에서도 그 유효성이 인정되고 있다.

2) 채권자와 근저당권자의 동일성

근저당권은 채권담보를 위한 것이므로 원칙적으로 채권자와 근저당권자는 동일인이 되어야 한다.[254] M&A금융의 실무에서 설정되는 근저당권은 통상 근저당권자를 대주로 하여 체결되기 때문에 채권자와 근저당권자의 불일치의 문제는 보통은 발생하지 않을 것이다.

3) 기존등기의 유용(이용)

근저당권은 그 피담보채무가 확정되기 이전에는 피담보채무가 일시적으로 소멸하더라도 바로 근저당거래가 종료되어 그 근저당권의 효력이 소멸하는 것은 아니다. 실무에서는 이 점을 이용하여 기존 근저당권 설정등기가 유용(이용)되는 경우가 있다.

먼저, 근저당권의 피담보채무가 확정되지 않은 경우부터 살펴본다.

① 기존 근저당권이 한정 또는 포괄 근저당인 경우, 그 상태에서 아직 해당 근저당권에 의해 담보되는 피담보채무의 상환이 완료되지 않았다면 잔여 채권최고액의 범위 내에서, 그 상환이 완료되있다면 전체 채권최고액의 범위 내에서 각각 해당 근저당권을 그대로 계속 이용할 수 있고, 이때에는 등기의 유용절차는 필요하지 않다. 다만, 이 경우에는 그 이전에 기존 근저당권의 피담보채무 확정사유가 이미 발생했는지 여부, 새로운 대출이 기존 근저당권의 피담보채무의 유형(한정 근저당의 경우)에 포함될 수 있는지 여부 등이 검토되어야 한다. 만일, 새로운 대출이 기존 근저당권의 피담보채무의 유형에 포함될 수 없는 경우

253) 포괄근담보는 금소법에 의해 제한된다(금소법에 관한 감독규정 제14조 제6항 제8호).

254) 제3자를 근저당권 명의인으로 하는 근저당권을 설정하는 경우에도 그 점에 대하여 채권자와 채무자 및 제3자 사이에 합의가 있고, 채권양도, 제3자를 위한 계약, 불가분적 채권관계의 형성 등 방법으로 채권이 그 제3자에게 실질적으로 귀속되었다고 볼 수 있는 특별한 사정이 있는 경우에는 제3자 명의의 근저당권 설정등기도 유효하다고 보아야 할 것이다(대법원 2001. 3. 15. 선고 99다48948 전원합의체 판결 등).

에는 근저당권설정자와 근저당권자 간 합의로 피담보채무를 새로운 피담보채무로 변경(추가, 교체)하여야 하고, 이 경우에는 (채권최고액을 증액하는 경우가 아니라면) 후순위 (근)저당권자 등 등기상 이해관계자의 동의는 필요하지 않다{대법원 2021다255648 판결([판례 4-101]) 참조}. 그리고 이러한 변경은 근저당권설정자와 근저당권자 간의 변경합의로 그 효력이 발생하나, 채무자, 결산기 등 등기사항의 변경이 필요한 경우에는 등기의 변경도 이루어져야 한다.

② 반면, 기존 근저당권이 특정근저당의 경우에는 피담보채무가 특정 일자의 대출계약에 따른 채무로 특정(예를 들면, ○년 ○월 ○일 자 대출계약에 따른 채무)되어 있으므로 해당 근저당권을 그대로 계속 이용할 수는 없고 근저당권설정자와 근저당권자 간 합의로 피담보채무를 새로운 피담보채무로 변경(추가, 교체)하여야 한다. 물론, 이 경우에도 (채권최고액을 증액하는 경우가 아니라면) 후순위 (근)저당권자 등 등기상 이해관계자의 동의는 필요하지 않다{대법원 2021다255648 판결([판례 4-101]) 참조}. 그리고 이러한 변경 역시 근저당권설정자와 근저당권자의 변경합의로 그 효력이 발생하나, 채무자, 결산기 등 등기사항의 변경이 필요한 경우에는 등기의 변경도 이루어져야 한다.[255)]

다음으로, 근저당권의 피담보채무가 확정된 경우를 살펴본다.

이 경우 근저당권은 확정저당권으로 전환되므로, 해당 근저당권에 의해 담보되는 피담보채무의 상환이 완료되었는지를 불문하고 해당 근저당권을 그대로 계속 이용할 수는 없다(그 피담보채무가 전액 변제된 경우에는 무효등기의 유용[256)]이 될 것이다). 이 경우에 기존 근저당권을 이용하기 위해서는 유용절차가 필요하고, 등기유용은 그 등기유용의 합의 이전에 등기상 이해관계가 있는 제3자의 동의를 얻어야 가능하다. 실무에서는, (i) 새로운 근저당권자와 근저당권설정자 사이에서(기존 근저당권자와 새로운 근저당권자가 동일인인 경우), (ii) 기존의 근저당권자, 새로운 근저당권자 및 근저당권설정자 사이에서(기존 근저당권자와 새로운 근저당권자가 다른 경우) 각각 근저당권 유용에 관한 합의서[257)]가 체결되고, 등기부상 이해관계자가 있는 경우에는 그의 승낙서를 받는 방법으로 등기의 유용에 의해 근저당권이 설정되고 있다. 근저당권 설정등기의 유용은 원칙적으로 등기사항은 아니고 당사자 간의 유용합의로 그 효력이 발생하나, 근저당권자(위 (ii)의 경우), 채무자, 결산기 등

255) 변경 합의 이후 조세채권과의 법정기일 선후 등 법률관계의 명확성을 위해 유용합의서 및 변경합의서에는 확정일자를 받아두는 것이 일반적이다

256) 근저당권설정등기가 처음부터 무효인 경우, 근저당권설정계약의 해지 등으로 근저당권설정등기가 후발적으로 무효가 된 경우에는 무효등기의 유용으로서 기존 근저당권설정등기의 유용이 문제된다.

257) 등기유용 이후 조세채권과의 법정기일 선후 등 법률관계의 명확성을 위해 유용합의서에 합의서에는 확정일자를 받아두는 것이 일반적이다.

등기사항의 변경이 필요한 경우에는 등기의 변경(위 (ii)의 경우에는 근저당권자 변경에 의한 근저당권의 부기등기)도 이루어져야 한다.

[판례 4-98] 대법원 1974. 9. 10. 선고 74다482 판결

원심은 그 거시 증거에 의하여 피고는 1972.1.22. 경 소외 1에게 금 1,000,000원을 대여하기로 하고, 그 담보를 위하여 위 소외 1로부터 당시 그 소유이던 이 사건 염전에 관한 근저당권설정등기에 필요한 일체의 서류를 교부받아 1972. 1. 22. 자 근저당권설정계약을 원인으로 한 채권최고액 금 2,000,000원의 원판시와 같은 근저당권설정등기를 경료하였음에도 불구하고, 대여하기로 한 위 금 1,000,000원을 교부치 아니하여 위 소외 1은 이를 이유로 위 근저당권설정계약을 해지하였다는 사실을 인정하고, 한편으로 피고는 1972. 7. 6. 소외 2로부터 소외 1의 위 소외 1에 대한 수표금채권 금 2,071,900원을 양도받은 후, 같은해 9. 5. 피고와 위 소외 1은 이 채권의 원금을 금 2,101,900원으로 확정하고 그 담보를 위하여 위 근저당권설정등기를 유용하기로 합의한 사실을 인정한 후, 위 당초의 근저당권설정등기가 계약의 해지로 인하여 무효로 되었다 할지라도 그 등기가 말소되기 전에는 당사자 간의 합의에 의하여 새로이 발생한 채권의 담보를 위하여 이를 유용할 수 있는 것이라 하여 원고의 이 사건 근저당권설정등기의 말소등기절차 이행청구를 배척하고 있다.

그러나 근저당권 설정등기의 유용은 그 유용합의 이전에 있어서 등기상의 이해관계가 있는 제3자가 없는 경우에 한하여 가능한 것이라고 할 것인바(대법원 1963. 10. 10. 선고 63다583 판결 참조), 기록에 첨부된 갑1호증(등기부등본)을 보면 원고는 피고와 위 소외 1이 등기를 유용하기로 합의하였다고 하는 1972. 9. 5. 이전인 1972. 1. 26.에 이미 이 사건 부동산에 관하여 광주지방법원 목포지원 접수 제569호로서 1972. 1. 24. 자 매매예약을 원인으로 한 소유권이전등기청구권보전을 위한 가등기를 경료하고, 이에 기하여 1972. 12. 8. 본등기절차를 경료한 사실을 알 수 있다. 그렇다면 피고와 위 소외 1 간의 이 사건 근저당권설정등기유용에 관한 합의는 원고에 대한 관계에 있어서 그 효력이 없다 할 것이고, 따라서 그 범위 내에서 위 등기는 실체관계에 부합치 아니하는 무효의 등기라고 아니할 수 없음에도 불구하고, 원심은 이러한 점을 간과하고 이 사건 근저당권설정등기가 유효하다고 판단하고 있으니 이는 심리미진이 아니면 근저당권설정등기유용에 관한 법리를 오해한 위법이 있다 할 것이므로 이 점에 관한 상고논지는 그 이유있음에 귀착한다 할 것이다.

[판례 4-99] 대법원 2002. 12. 6. 선고 2001다2846 판결

1. 피고 및 피고보조참가인(아래에서는 '참가인'이라고 한다)의 제1주장에 관하여

원심은 그의 채용 증거들을 종합하여, 소외 1과 참가인은 이 사건 부동산을 1/2지분씩 공동소유하고 있던 중 그중 건물 1층 부분을 피고에게 임대하고, 임대보증금을 수령하면서 피고와의 사이에 소외 1과 참가인이 연대채무자로서 피고에 대하여 부담하게 될 임차보증금반환채무를 담보하기 위하여 이 사건 부동산에 관하여 근저당권을 설정하기로 하는 근저당권설정계약을 체결하고 그 계약에 기하여 1982. 3. 5. 이 사건 부동산 전체에 대하여 채권최고액을 1,023,000,000원으로 하고, 연대채무자를 소외 1과 참가인으로 한 피고 명의의 근저당권(아래에서는 '이 사건 근저당권'이라고 한다)을 설정한 사실, 그 후 피고가 소외 1 및 참가인 간에 여러 차례 위의 건물에 대한 임대차계약을 갱신하기로 합의하고, 증액된 임차보증금을 추가로 지급하면서 그 담보를 위하여 이 사건 부동산에 관하여 제2, 3순위의 근저당권설정등기를 마친 사실, 그 후 1993.에 이르러 피고와 소외 1 및 참가인 간의 임대차계약이 종료되었으나 소외 1과 참가인이 피고에게 그 당시의 임차보증금 18억 원 중 3억 5,000만 원을 반환하지 못하고 있던 중 1994. 3. 31.에 이르러 소외 1이 피고와의 사이에 참가인의 연대보증하에 피고로부터 일반자금대출 형식으로 3억 5,000만 원을 대출받아 이로써 미지급한 임차보증금 3억 5,000만 원을 반환하는 것으로 하기로 합의하고, 그 합의에 따라 3억 5,000만 원의 대출이 실행되어 임차보증금 3억 5,000만 원이 반환된 것으로 처리되었으며, 그 후 피고는 이 사건 부동산에 대한 제2, 3순위의 근저당권을 말소하여 주었으나, 이 사건 근저당권은 말소하지 아니하였다는 요지의 사실을 인정하였다.

원심은 그와 같은 사실관계를 토대로 하여, 이 사건 근저당권은 소외 1과 참가인이 공동하여 피고와 위의 임대차계약을 체결하면서 그들이 연대하여 피고에 대하여 부담하는 임차보증금반환채무를 담보하기 위하여 마친 것으로서 소외 1의 지분과 참가인의 지분이 불가분적으로 위의 임차보증금반환채무 전부를 담보하고 있는 것으로 봄이 상당하므로 소외 1이 참가인과 연대하여 부담하고 있던 임차보증금반환채무 중 일부를 변제하지 못하여 이를 일반자금대출로 전환정리하였다고 하더라도 이는 준소비대차에 해당하여 원칙적으로 기존 채무의 담보인 이 사건 근저당권은 그대로 존속하므로 이 사건 근저당권은 소외 1과 참가인이 연대하여 변제할 의무가 있는 위의 일반자금대출금채무(아래에서는 '이 사건 대출금채무'라고 한다)를 담보하고 있다고 판단하였다.

그러나 원심이 소외 1은 피고와의 사이에 참가인의 연대보증하에 피고로부터 일반자금대출과목으로 3억 5,000만 원을 대출받기로 약정함으로써 피고와 소외 1 및 참가인 사이에 기존의 임차보증금반환채무에 대하여 준소비대차가 성립하였다고 인정한 것은 아래와 같은 이유로 수긍되지 아니한다.

준소비대차는 소비대차에 의하지 아니하고 금전 기타의 대체물을 지급할 의무가 있는

경우에 당사자가 그 목적물을 소비대차의 목적물로 할 것을 약정함으로써 당사자 사이에 소비대차의 효력이 생기는 것을 말하는 것으로서 기존 채무의 당사자가 그 채무의 목적물을 소비대차의 목적물로 한다는 합의를 할 것을 요건으로 하므로 준소비대차계약의 당사자는 기초가 되는 기존 채무의 당사자이어야 한다.

원심이 인정한 바에 의하더라도 기존의 피고에 대한 임차보증금반환채무는 소외 1과 참가인이 이 사건 부동산의 공유자로서 공동하여 피고에게 이 사건 부동산 중 일부를 임대하면서 수령한 임차보증금을 연대하여 피고에게 반환하기로 약정함에 따른 것으로서 그 채무자는 소외 1과 참가인 2인이라고 할 것인데, 이 사건 대출금에 대한 대출약정은 비록 참가인이 연대보증인이 되기는 하였지만 소외 1이 단독으로 피고와 체결한 것으로서 그 대출약정의 당사자는 소외 1 1인이라고 할 것이다.

그러하니 이 사건 대출금에 대한 대출약정의 당사자는 소외 1 1인으로서 기존 채무의 채무자인 소외 1 및 참가인 2인과는 다르므로 이 사건 대출금에 대한 대출약정으로 피고와 소외 1 및 참가인 사이에 기존의 임차보증금반환채무에 관하여 준소비대차가 성립하였다고 보기 어렵다.

이와 견해를 달리하여 소외 1과 피고 간의 이 사건 대출금에 대한 대출약정으로 인하여 피고와 소외 1 및 참가인 간에 기존의 임차보증금반환채무에 관하여 준소비대차계약이 성립하였음을 전제로 하여 이 사건 근저당권은 이 사건 대출금채무도 담보한다고 본 원심판결에는 준소비대차에 관한 법리를 오해한 잘못이 있다 할 것이다.

그러나 뒤에서 보는 바와 같이 이 사건 대출금에 대한 대출약정이 준소비대차에 해당하지 아니한다고 하더라도 소외 1 및 참가인이 이 사건 대출금채무를 담보하기 위하여 이 사건 근저당권을 유용하기로 피고와 합의하였다고 본 원심의 가정적 판단이 정당하기 때문에 원심의 위와 같은 잘못은 판결의 결과에 영향을 끼친 바 없어 결국 앞서 살펴본 원심 판단의 위법은 파기사유로 되지는 아니한다고 할 것이다.

2. 피고 및 참가인의 제2주장에 관하여

실질관계의 소멸로 무효로 된 등기의 유용은 그 등기를 유용하기로 하는 합의가 이루어지기 전에 등기상 이해관계가 있는 제3자가 생기지 않은 경우에는 허용된다(대법원 1989. 10. 27. 선고 87다카425 판결, 대법원 1998. 3. 24. 선고 97다56242 판결 등 참조).

원심은 이 사건 대출금에 대한 대출약정이 준소비대차에 해당하지 아니하여, 이 사건 대출금으로 이 사건 근저당권의 피담보채무인 기존의 임차보증금반환채무가 변제된 것으로 본다 하더라도 앞서 살펴본 사실관계에 나타난 이 사건 근저당권의 설정 경위와 이 사건 대출금에 대한 대출의 경위, 이 사건 근저당권이 위의 대출 이후에도 말소되지 아니하고 그대로 남아 있는 점, 참가인이 이 사건 대출금채무에 관하여 연대보증을 한 점 등 여러 가지 사정에 비추어 볼 때, 위의 대출 당시 소외 1 및 참가인이 이 사건 대출금채무를 연대하여 변제하기로 하면서 이를 담보하기 위하여 이 사건 근저당권을 유용하기로 피고와 합의하였다고 봄이 상당하므로 이 사건 근저당권은 이 사건 대출금채무를 담보하고 있다고 판단하였다.

위의 법리에 비추어 기록 중의 증거들과 대조하여 살펴보니, 원심의 그 인정 및 판단은 모두 정당하고, 거기에 필요한 심리를 다하지 아니하였다거나 증거법칙을 위반하였다는 등으로 사실을 잘못 인정한 위법이나 근저당권의 유용에 관한 법리를 오해한 위법 또는 판결의 이유가 제대로 갖추어지지 아니한 위법이 없다.

[판례 4-100] 대법원 1998. 3. 24. 선고 97다56242 판결

원심은 피고 2는 1989. 12. 18. 소외 1을 통하여 소외 2에게 금 300,000,000원을 이자는 월 2%, 변제기는 3개월 후로 정하여 대여하였고, 위 소외 1 또한 같은 날 피고 1의 승낙하에 동인의 명의로 위 소외 2에게 금 300,000,000원을 대여하였으며, 위 각 대여금 채권을 담보하기 위하여 이 사건 대지들에 관하여 서울민사지방법원 1989. 12. 18. 접수 제155539호로 근저당권자 피고들, 채무자 위 소외 2, 채권최고액 금 450,000,000원인 근저당권설정등기(이하 '이 사건 등기'라 한다)와 접수 제155540호로 역시 근저당권자 피고들, 채무자 위 소외 2, 채권최고액 금 450,000,000원인 근저당권설정등기(이하 '피고들 명의의 제2등기'라 한다)가 경료되었는데, 위 소외 2가 1990. 6. 20. 피고들에게 위 대여금 채무를 모두 변제한 사실, 소외 3의 처인 소외 4는 1990. 3. 5. 위 소외 1을 통하여 위 소외 3 명의로 위 소외 2에게 금 200,000,000원을 이자는 월 3%로 하여 대여하면서 이 사건 대지들에 관하여 위 같은 법원 1990. 3. 5. 접수 제21636호 근저당권자 위 소외 3, 채무자 위 소외 2, 채권최고액 금 300,000,000원으로 된 근저당권설정등기(이하 소외 3 명의의 등기라 한다)를 경료받았다가 약 2개월 후 위 소외 1로부터 피고 1 명의로 위 대여금 200,000,000원을 대위변제받은 사실, 피고 2는 위와 같이 1990. 6. 20. 위 대여금 300,000,000원을 변제받은 후 위 소외 2에게 근저당권설정등기와 관련된 서류를 반환하였는데, 1990. 6. 28. 위 소외 2의 부탁으로 위 소외 2에게 유효기간이 3개월인 채권양도용 인감증명서를 발급받아 교부해 준 사실, 위 소외 1은 위 소외 2에게 피고 1 명의로 1991. 6. 10. 금 338,000,000원, 같은 해 6. 11. 금 400,000,000원, 같은 해 7. 31. 금 400,000,000원, 같은 해 11. 8. 금 9,000,000원 등 합계 금 1,147,000,000원을 대여하였다가 같은 해 11. 30. 위 소외 2와 사이에 위 차용금과 그때까지의 미지급 이자를 합하여 원금을 금 1,150,000,000원으로 확정하고 이에 대한 이자는 월 2%, 변제기는 1개월 후로 하여 피고 1 명의로 대여하는 것으로 약정하면서, 위 대여금 채권의 담보로 앞서 살펴본 바와 같이 이미 피담보채권이 변제된 이 사건 등기, 피고들 명의의 제2등기 및 위 소외 3 명의의 등기를 유용하기로 합의하였고, 위 피고 2와 위 소외 3도 이와 같은 등기 유용에 대하여 동의한 사실, 이에 따라 위 소외 3은 위 소외 3 명의의 등기를 소외 1이 유용함으로 인하여 이자소득에 대한 세금이 나올 경우를 대비하여 1993. 3. 12. 위 소외 1로부터 액면 금 35,000,000원의 약속어음 공정증서를 받으면서 세금 문제가 종결되면 위 약속어음 공정증서를 반환하기로 약정하였다가, 1993. 6. 2. 피고 1에게 위 소외 3 명의의 근저당권등기의 이전등기를 경료하여 준 사실, 피고 1은 사채알선업을 하는 그의 사위인 위 소외 1이 위와 같이 위 피고 명의로 자금을 대여하거나 근저당권설정등기를 경료받거나 하는 등의 일체의 행위에 대하여 승낙하여 준 사실을 인정하였다.

기록에 의하여 살펴보면 원심의 이러한 사실인정은 정당하고 거기에 소론과 같은 경험칙, 채증법칙 위배, 심리미진 등의 위법이 있다고 할 수 없다. 논지는 이유 없다.

부동산의 소유자 겸 채무자가 채권자인 저당권자에게 당해 저당권설정등기에 의하여 담보되는 채무를 모두 변제함으로써 저당권이 소멸된 경우 그 저당권설정등기 또한 효력을 상실하여 말소되어야 할 것이나, 그 부동산의 소유자가 새로운 제3의 채권자로부터 금원을 차용함에 있어 그 제3자와 사이에 새로운 차용금 채무를 담보하기 위하여 위 잔존하는 종전 채권자 명의의 저당권설정등기를 이용하여 이에 터잡아 새로운 제3의 채권자에게 저당권 이전의 부기등기를 경료하기로 하는 내용의 저당권등기 유용의 합의를 하고 실제로 그 부기등기를 경료하였다면, 그 저당권이전등기를 경료받은 새로운 제3의 채권자는 언제든지 부동산의 소유자에 대하여 위 등기 유용의 합의를 주장하여 저당권설정등기의 말소청구에 대항할 수 있다고 할 것이고, 다만 그 저당권 이전의 부기등기 이전에 **등기부상 이해관계를 가지게 된 자에 대하여는** 위 등기 유용의 합의 사실을 들어 위 저당권설정등기 및 그 저당권 이전의 부기등기의 **유효를 주장할 수는 없다**고 할 것이다.

한편, 채무자인 부동산 소유자와 새로운 제3의 채권자와 사이에 위와 같은 저당권등기의 유용의 합이를 하였으니 아직 종전의 채권자 겸 근저당권자의 협력을 받지 못하여 저당권 이전의 부기등기를 경료하지 못한 경우에는 부동산 소유자와 종전의 채권자 사이에서는 저당권설정등기는 여전히 등기원인이 소멸한 무효의 등기라고 할 것이므로 부동산 소유자는 종전의 채권자에 대하여 그 저당권설정등기의 말소를 구할 수 있다고 할 것이지만, 부동산 소유자와 종전의 채권자 그리고 새로운 제3의 채권자 등 3자가 합의하여 저당권설정등기를 유용하기로 합의한 경우라면 종전의 채권자는 부동산 소유자의 저당권설정등기말소청구에 대하여 위 3자 사이의 등기 유용의 합의 사실을 들어 대항할 수 있나고 할 것이고 또한 부동산 소유자로부터 그 부동산을 양도받기로 하였으나 아직 소유권이전등기를 경료받지 아니하여 그 소유자를 대위하여 저당권설정등기의 말소를 구할 수밖에 없는 자에 대하여도 마찬가지로 대항할 수 있다고 할 것이다.

[판례 4-101] 대법원 2021. 12. 16. 선고 2021다255648 판결

1. 사안 개요

원심판결 이유에 따르면 다음 사실을 알 수 있다.

가. 주식회사 티피에스(이하 '티피에스'라 한다)가 소유하던 이 사건 토지에 관하여 채무

자를 티피에스로 하여 2013. 7. 5. 중소기업은행 앞으로 채권최고액 4,332,000,000원인 1순위 근저당권설정등기가 되었고(이하 '이 사건 근저당권'이라 한다), 2014. 4. 20. 원고 앞으로 채권최고액 1,800,000,000원인 2순위 근저당권설정등기가 되었다.

이후 이 사건 토지에 중소기업은행 앞으로 3, 4순위 근저당권설정등기가 되었고, 그 위에 신축된 이 사건 건물에 관하여 중소기업은행과 원고 앞으로 4건의 근저당권설정등기가 되었다.

나. 중소기업은행은 티피에스에 이 사건 근저당권 설정일인 2013. 7. 5. 온렌딩시설자금을 대출한 것을 비롯하여 원심판결 별지 '대출일람표' 기재와 같이 중소기업자금 대출 등 22건의 대출을 하였다.

티피에스와 중소기업은행은 2015. 11. 12. 이 사건 근저당권의 피담보채무 범위를 변경하기로 합의하는 근저당권설정 변경계약을 체결하였다(이하 '이 사건 변경계약'이라 한다).

다. 중소기업은행은 이 사건 토지와 건물에 관하여 근저당권 실행을 위한 경매를 신청하였고 2018. 10. 23. 경매절차가 개시되었다(대구지방법원 서부지원 2018타경34527). 피고는 경매절차가 진행하던 중 중소기업은행으로부터 티피에스에 대한 대출채권과 근저당권을 양수하였다.

경매법원은 이 사건 토지와 건물, 기계·기구류를 일괄 매각하여 배당기일인 2020. 1. 14. 실제 배당할 금액 7,371,058,053원에 대한 배당표를 작성하였는데, 이 사건 토지 매각대금에 대한 내용은 다음과 같다. ① 2순위로 근저당권자인 피고에게 채권금액 4,489,617,404원 중 채권최고액인 4,332,000,000원 전액을 배당한다. ② 3순위로 근저당권자인 원고에게 채권금액 2,425,314,283원 중 채권최고액 1,800,000,000원 범위에서 1,357,722,399원을 배당한다.

라. 원고는 다음과 같이 주장하며 이 사건 배당이의의 소를 제기하였다. 이 사건 근저당권의 피담보채무는 근저당권 설정일인 2013. 7. 5. 발생한 온렌딩시설자금 대출채무에 한정되는데도 불구하고 경매법원은 중소기업자금 대출채무도 포함된다고 보아 피고에게 채권최고액인 4,332,000,000원을 모두 배당하였다. 따라서 원고의 근저당권의 채권최고액 1,800,000,000원 중 배당받지 못한 나머지 442,277,601원을 피고가 아닌 원고에게 배당해야 한다.

원심은 원고의 주장을 받아들여 피고에 대한 배당액 중 442,277,601원을 원고에 대한 배당액으로 경정한다고 판단하였다.

2. 근저당권 설정 당시 합의한 피담보채무의 범위(상고이유 제1점)

원심은 이 사건 근저당권 설정 당시 합의한 피담보채무가 온렌딩시설자금 대출채무라고 판단하였다.

원심판결 이유를 기록에 비추어 살펴보면, 원심판결에 상고이유 주장과 같이 필요한 심리를 다하지 않고 논리와 경험의 법칙에 반하여 자유심증주의의 한계를 벗어난 잘못이 없다.

3. 근저당권 피담보채무의 변경 여부(상고이유 제2점)

가. 근저당권은 피담보채무의 최고액만을 정하고 채무의 확정을 장래에 보류하여 설정하는 저당권이다(민법 제357조 제1항 본문 참조). 근저당권을 설정한 후에 근저당설정자와 근저당권자의 합의로 채무의 범위 또는 채무자를 추가하거나 교체하는 등으로 피담보채무를 변경할 수 있다. 이러한 경우 위와 같이 변경된 채무가 근저당권에 의하여 담보된다(대법원 1993. 3. 12. 선고 92다48567 판결, 대법원 1999. 5. 14. 선고 97다15777, 15784 판결 참조). 후순위저당권자 등 이해관계인은 근저당권의 채권최고액에 해당하는 담보가치가 근저당권에 의하여 이미 파악되어 있는 것을 알고 이해관계를 맺었기 때문에 이러한 변경으로 예측하지 못한 손해를 입었다고 볼 수 없으므로, 피담보채무의 범위 또는 채무자를 변경할 때 이해관계인의 승낙을 받을 필요가 없다. 또한 등기사항의 변경이 있다면 변경등기를 해야 하지만(민법 제186조), 등기사항에 속하지 않는 사항은 당사자의 합의만으로 변경의 효력이 발생한다.

나. 원심판결 이유와 기록에 따르면 다음 사실을 알 수 있다.

이 사건 변경계약의 내용은 이 사건 근저당권의 피담보채무 범위를 '채무자가 채권자에 대하여 온렌딩시설자금과 중소기업자금 대출거래로 말미암아 현재 및 장래에 부담하는 모든 채무'로 변경하는 것이다.

원고는 원심법원에서 이 사건 변경계약서를 제출하며 당사자 합의에 따라 이 사건 근저당권의 피담보채무에 중소기업자금 대출채무가 포함되었다고 주장하였다.

다. 이러한 사실관계를 위 법리에 비추어 살펴보면 다음과 같은 결론이 도출된다.

티피에스와 중소기업은행은 온렌딩시설자금 대출채무를 담보하기 위하여 이 사건 근저당권 설정계약을 체결하였으나, **피담보채무가 확정되기 전에** 피담보채무의 범위를 변경할 수 있다. 티피에스와 중소기업은행은 이 사건 변경계약을 통해 이 사건 근저당권의 피담보채무에 온렌딩시설자금 외에 중소기업자금 대출채무를 추가하기로 합의하였고 당시 온렌딩시설자금 대출채무가 확정되었다고 볼 자료가 없다. 이와 같이 피담보채무의 범위를 변경할 때 후순위저당권자인 원고의 승낙을 받을 필요가 없고, 피담보채무의 범위는 부동산등기법 제48조, 제75조 제2항에서 정한 근저당권의 등기사항에 해당하지 않으므로 당사자 합의만으로 변경의 효력이 있다. 따라서 이 사건 근저당권의 피담보채무는 온렌딩시설자금과 중소기업자금 대출채무라고 봄이 타당하다. 원심은 이 사건 변경계약에 따라 이 사건 근저당권의 피담보채무에 추가되는 중소기업자금 대출내역을 심리해서 피고가 채권액을 초과하여 이 사건 토지 매각대금을 배당받았는지 심리했어야 한다.

그런데도 원심은 피담보채무를 추가하는 합의가 있었다는 주장을 판단하지 않고 이 사건 변경계약서만으로 근저당권 설정 당시 피담보채무에 중소기업자금 대출채무가 포함되었음을 인정하기 어렵다고 보아 원고의 주장을 받아들였다.
원심판결에는 근저당권 피담보채무의 변경에 관한 법리를 오해하여 필요한 심리를 다하지 않고 판단을 누락하여 판결에 영향을 미친 잘못이 있다. 이를 지적하는 상고이유 주장은 정당하다.

[계약서 기재례] (등기유용) 합의서

본 합의서는 [*] 일원의 토지 및 그 지상의 건물(이하 합하여 "본건 부동산")에 관하여 [*]를 채권자 겸 근저당권자, 근저당권설정자를 [*], 채권최고액을 금 [*]원으로 하는 내용으로 설정된 근저당권(설정의 표시: [*]년 [*]월 [*]일 [*] 지방법원 등기과 접수 제 [*]호로 설정등기된 근저당권, 이하 "본건 근저당권"이라 하며, 해당 근저당권설정등기 자체를 "본건 근저당권설정등기")과 관련된다.

[*]가 [*]로부터 대출약정금을 금 [*]원으로 차입하는 내용의 대출약정(이하 "본건 대출약정") 체결과 관련하여, 본 합의서의 당사자들은 다음의 사항을 상호 합의한다.

\- 다 음 -

1. [*]년 [*]월 [*]일자로 본건 근저당권의 피담보채권이 변제로 소멸되는 경우, 당사자들은 <u>본건 근저당권설정등기[피담보채권: [*](채무자-[*], 채권자-[*]), 채권최고액: 금 [*]원]</u>를, 본건 대출약정상 대출원리금상환채권을 담보하기 위하여 근저당설정자로서의 [*]가 근저당권자인 [*]에게 설정하는 <u>신규 근저당권[피담보채권: 본건 대출약정상의 대출원리금상환채권(채무자: [*], 채권자: [*]), 채권최고액: 금 [*]원]을 위한 등기로서 유용하기로 합의</u>한다.
2. 본 합의서의 당사자들은 본건 근저당권설정등기가 본 합의서상의 신규 근저당권을 위하여 채권최고액을 증액한 상태로 적법·유효하게 존속함을 확인한다.
3. 본 합의서에 관하여 당사자들은, 본건 부동산의 배당절차 등을 포함하여 이와 관련된 일체의 민·형사상 모든 절차에 있어 일체의 이의를 제기하지 아니할 것을 확약한다.

____년 ____월 ____일

합의당사자(근저당권설정자) (인)
합의당사자(근저당권자) (인)

4) 등기유보 등

부동산 근저당권의 설정등기를 하는 경우, 피담보채권액의 0.2%의 등록면허세를 납부해야 하는데(지방세법 제28조 제1항 제1호 다목), 거래금액이 큰 M&A금융에서는 이러한 등록면허세 등의 세금이 매우 고액이 될 수 있다. 따라서 M&A금융의 개별 구체적인 사정에 따라서는 근저당권 설정 시에는 근저당권의 설정등기를 하지 않고 근저당권자가 언제라도 등기신청을 할 수 있도록 등기신청에 필요한 서류 일체(등기위임장, 대표자의 인감증명서 등)를 근저당권설정자로부터 미리 받아두고, 등기위임장에 날인한 인감에 관한 인감증명서를 그 유효기간이 만료할 때마다(통상 3개월마다) 갱신하여 제출받는 방법이 이용되는 경우도 있다.

[계약서 기재례] 등기유보

근저당권설정자는 이 계약에 따른 근저당권설정등기를 대리기관이 요청하는 시점에 이행하기로 한다. 근저당권설정자는 대리기관이 요청하는 날로부터 오(5)영업일 이내(대리기관이 동의하는 경우에는 동의하는 시점 이내)[258]에, 이 계약에 따른 근저당권 설정등기의 신청에 필요한 것으로 대리기관이 지정하는 법무사가 요청하는 일체의 서류(동 법무사에 대한 등기위임장을 포함)를 일자를 공란으로 하여 대리기관이 지정하는 법무사가 요청하는 부수만큼 동 법무사에게 제출하고, 대리기관이 근저당권설정자에게 기 제출 서류의 재발급・갱신발급을 요청하는 경우에는 대리기관이 요청하는 날로부터 오(5)영업일 이내(대리기관이 동의하는 경우에는 동의하는 시점 이내)에 대리기관이 지정하는 법무사에게 해당 재발급・갱신발급 서류 일체를 제출하여야 한다.

그러나 등기유보에 대해서는 근저당권자가 등기를 하려는 의사가 있는 시점에 결국 근저당권설정자가 등기위임의사를 철회할 가능성이 있고 이 경우에는 근저당권설정자이 협력을 얻지 않으면 등기가 시제되는 결과, 근저당권설정자의 도산절차개시 시 부인(否認)의 위험이 높아질 염려가 있다는 문제가 있다. 이 점을 고려하여, 실무에서는 등기유보를 하지 않고 피담보채권액을 감액하여 등기를 하도록 하는 경우도 있다.

5) 저당부동산 관련 수입금의 처리

임대료, 보증금, 분양대금(매각대금) 등 당해 저당부동산으로부터의 현금흐름이 예정되어 있는 경우에는 저당권의 효력이 당해 현금흐름에는 미치지 않기 때문에 당해 현금흐름

---

258) 대출실행 이전에 선행조건으로 미리 교부받는 경우 보관하는 경우도 있다.

자체를 통제하고 우선권을 확보하기 위해 해당 권리에 관한 채권 자체에도 질권・양도담보 등의 담보로 설정하고, 나아가 해당 수입금에 대한 취급(강제조기상환 또는 차주의 운영비용 사용을 위한 인출 등)에 대해서도 정해둘 필요가 있다.

또한, 이러한 수입금이 저당권설정자 명의의 예금계좌로 입금・관리되는 경우에는 동 저당권설정자 명의의 예금계좌상의 예금채권에 대한 질권도 함께 설정함으로써 해당 채권으로부터의 현금흐름도 통제하는 방안도 함께 고려되는 것이 일반적이다.

6) 동순위/후순위 근저당권 설정

부동산 근저당권의 경우에도 등기의 동시접수/선후접수에 의해 동순위/선후순위 근저당권 설정이 가능하다.

(3) 부동산 담보신탁[259)]

1) 의의

부동산을 신탁재산으로 하는 신탁법상의 신탁 중에서, 「담보신탁」은 일반적으로 대주를 해당 부동산신탁의 우선수익자로, 위탁자를 (최후순위) 수익자로 각 지정하여, 대주에게 해당 우선수익권을 담보로 제공하는 신탁을 의미하는 것으로 이해되고 있다(대주=신탁의 우선수익자). 물론 대출의 선・후순위의 종류에 따라 우선수익권 역시 수개의 선・후순위로 나누어 설계됨으로써 선・후순위 담보를 설정하는 효과를 얻을 수 있다(수익권의 복층화). 대출계약상 기한의 이익 상실 등 신탁계약에서 정한 사유(「신탁부동산처분사유」)가 발생한 경우 우선수익자의 수탁자에 대한 처분요청(지시)에 의해 수탁자가 신탁부동산을 환가(공매, 수의계약)하여 우선수익권 한도 내에서 수익을 지급함으로써 피담보채권을 회수하게 된다.

담보신탁이 이루어지면 해당 신탁부동산의 소유권은 수탁자에게 양도・이전되지만, 앞서 살펴본 「담보권신탁」의 경우에는 수탁자는 해당 신탁부동산에 대한 소유자가 아니라 부동산담보권자의 지위를 취득하게 된다는 점에서 차이가 있다.

판례는, 신탁부동산의 소유자는 수탁자이고, 대주가 취득하는 우선수익권은 위탁자와는 별개의 제3자인 수탁자로부터 취득한 채권적인 권리(제3자인 수탁자에 대한 권리)라

259) 신탁계약의 명칭이나 형식은 불문한다. 예를 들면, 부동산관리처분신탁계약, 관리형토지신탁계약, 토지신탁계약 등도 그 명칭에 불구하고 그 내용에 따라 부동산담보신탁의 범위에 포함될 수 있다.

는 이유로, 부동산 담보신탁의 경우에도 해당 신탁부동산 및 우선수익권은 위탁자의 도산절차(회생절차, 파산절차)로부터 절연된다는 취지로 판시{대법원 2014다765 판결([판례 4-17]), 대법원 2001다9267 판결([판례 4-18]), 대법원 2012다80231 판결([판례 4-19])}하고 있기 때문에, 금융실무에서는 위탁자로부터의 도산절연의 목적이나 저당권 설정에 관한 세금의 부담을 줄이기 위한 목적 등에서 자주 이용되고 있다(따라서 담보신탁의 방식으로 담보가 제공된 경우에는, 위탁자의 회생절차에서 우선수익자는 일반 회생채권자의 지위를 갖게 된다).[260]

2) 설정방법

부동산담보신탁은 위탁자와 수탁자 사이의 위탁자와 수탁자가 부동산담보신탁계약을 체결하고, 신탁을 원인으로 한 수탁자 앞으로의 소유권이전등기 및 신탁등기를 경료함으로써 설정된다. 민법상의 제3자를 위한 계약에서의 수익자와는 달리, 신탁계약에서 특별한 정함이 있는 경우를 제외하고는 별도의 수익의 의사표시가 없더라도 당연히 수익권을 취득한다(신탁법 제56조 제1항). 따라서 신탁법상 수익자는 부동산담보신탁계약의 직접 당사자가 될 필요는 없다.[261] 부동산담보신탁계약의 내용은 신탁이 활용되는 금융거래의 종류에 따라 구체적으로 달라질 수 있으며, 신탁약관에 대한 금융감독위원회의 감독권을 이유로 해당 약관에 계약 목적에 맞지 않는 내용이 있는 경우에는 기본적인 표준신탁약관(계약)에는 변경을 가하지 않고, 특약사항에 필요한 사항(추가 사항 또는 기본약관 내용 중 변경 사항)을 반영하는 방법을 이용하고 있다.

[계약서 기재례] 부동산 담보신탁등기

① 위탁자는 신탁계약 체결 후 지체 없이 신탁부동산의 소유권을 수탁자에게 이전하고 이 신탁내용을 공시하기 위하여 등기필증, 인감증명서, 위임장 등 신탁등기에 필요한 제반서류를 수탁자에게 제공하여야 한다.
② 제①항의 등기에 소요되는 제 비용은 위탁자가 부담한다.

---

260) 다만, 양도담보권과의 균형상 담보신탁의 도산절연효과를 인정하지 않는 견해도 존재하며, 일본의 경우에는 도산절연효과를 부정하는 견해가 유력한 것으로 보인다.

261) 대주가 우선수익자로 직접 지정되는 경우(특히 담보신탁의 경우에는 예외없이 대주가 우선수익자로 직접 지정된다), 실무상 추후 우선수익자로부터의 책임 추궁 등의 법률적 분쟁을 피하기 위해 우선수익자인 대주도 부동산담보신탁계약에 날인할 것을 요구하는 경우가 종종 있으나, 우선수익자는 부동산담보신탁계약의 당사자가 될 필요가 없으므로 반드시 부동산담보신탁계약에 날인할 필요는 없다. 한편, 대주에 따라서는 추후 위탁자와 신탁회사 간에 임의적인 부동산담보신탁계약의 변경 등을 방지하기 위해 우선수익자의 지위에서 부동산담보신탁계약에 날인하고자 하는 경우도 있다.

③ 위탁자가 해당 신탁재산에 대한 지방세 완납증명서를 제출하지 못하여 신탁등기 설정 지연으로 손해가 발생하는 경우, 수탁자는 수탁자의 귀책사유가 없는 한 그 책임을 지지 아니한다.

부동산담보신탁의 경우에는, 복수의 수익자에게 동순위 수익권을 부여하는 방법 및 수익권을 복층화 함으로써 선순위 대주에게 선순위 우선수익권을, 후순위 대주에게 후순위 우선수익권을 각 부여하는 방법으로 동순위/후순위 담보설정의 효과를 얻을 수 있다.

[계약서 기재례] 수익자

[부동산담보신탁계약서]

[본문]

① 이 신탁계약에서 수익자는 신탁원본 및 신탁수익의 우선수익자, 신탁원본 수익자 및 신탁수익 수익자로 구분하여 별지 [*]의 2와 같이 한다.

② 위탁자는 수탁자의 승낙을 얻어 수익자를 추가 지정하거나 변경할 수 있다. 다만, 기존의 우선수익자를 변경하고자 하는 경우에는 그 우선수익자의 동의가 있어야 한다.

[특약]

① 우선수익자의 변경(추가 지정 포함)에 대하여 우선수익자가 서면으로 요청하고 수탁자가 동의하는 경우 위탁자의 별도 동의 없이 수탁자가 단독으로 신탁원부를 변경할 수 있다. 위탁자는 이에 대하여 일체 이의를 제기하지 않기로 한다.

② 우선수익자는 우선수익권을 우선수익자의 지위와 분리하여 그 전부 또는 일부를 양도, 담보로 제공할 수 없다. 우선수익자는 피담보채권의 전부 또는 일부와 함께만 그의 우선수익권을 양도, 담보제공할 수 있으며, 피담보채권과 우선수익권을 분리하여 우선수익권을 양도, 담보제공할 수 없다. 기본계약 제8조 제⑤항에도 불구하고, 어느 우선수익자가 피담보채권의 전부 또는 일부와 함께 그에 상응하는 비율의 우선수익자의 지위(우선수익권 포함)를 타인에게 양도 또는 명의변경하거나 우선수익권에 대하여 질권의 설정 등 기타 처분행위를 하는 경우, 수탁자는 합리적인 이유가 없는 한 그에 대해 동의를 거부하지 않는 것으로 한다.

[별지 [*]] 2. 수익자[262)]

신탁원본 및 신탁수익의 우선수익자		
공동 1순위	성명(상호)	
	법인등록번호	
	사업장소재지	
	성명(상호)	
	법인등록번호	
	사업장소재지	
공동 2순위	성명(상호)	
	법인등록번호	
	사업장소재지	
	성명(상호)	
	법인등록번호	
	사업장소재지	

신탁원본 및 신탁수익의 수익자	
성명(상호)	
등록번호	
사업장소재지	

3) 신탁원부의 대항력 범위

신탁법에 따르면, 부동산의 신탁은 신탁등기를 하여야 그 재산이 신탁재산에 속하는 것임을 제3자에게 대항할 수 있는데(신탁법 제4조 제1항), 이와 관련하여 부동산등기법에서는 신탁등기를 신청할 때에는 위탁자, 수탁자, 수익자와 신탁관리인의 성명 및 주소(법인은 그 명칭 및 사무소), 신탁의 목적, 신탁재산의 관리방법, 신탁종료의 사유, 그 밖의 신탁의 조항을 직

262) 신탁법상 「신탁원본」, 「신탁수익」 또는 「신탁이익」, 「우선수익권」, 「수익권」의 개념에 대해서는 아무런 규정이 없다. 따라서 그 개념/범위는 신탁계약에서 당사자들이 정할 수 있는데, 특히 「신탁원본」과 「신탁수익」 또는 「신탁수익」의 범위와 분배는 회계처리와 세금문제에 영향을 미칠 수 있다. 그러나 현재 우리나라에서 사용되는 각종 신탁계약약관이나 특약에서는 신탁의 목적, 신탁의 종류를 명확히 인식하지 않은 채 개념을 사용하거나 그 범위를 정하고 있는 경우가 많다. 담보목적이 포함된 부동산신탁(부동산담보신탁)을 전제하면, 신탁원본과 신탁수익 또는 신탁이익은 우선수익자와 수익자에게 지급되는 이익(수입금 등) 및 그 회계처리/세금문제와 관련하여 신탁계약 전체에 걸쳐 통일된 의미로 사용되도록 정의되어야 하지만, 실무에서 사용되는 신탁계약에서는 신탁약관 본문에서 정의된 내용과 특약사항이나 별지 수익자 기재 부분에서 사용되는 의미/의도가 불일치하는 경우도 있다. 우선수익권과 수익권의 정의(범위)에 대해서도 마찬가지이다. 이러한 문제로 인해 수익권에 대한 담보설정이나 (가)압류가 이루어진 경우에도 수익권의 특정 여부와 그 범위, 신탁보수 및 신탁사무처리의 부담 주체 등에 대한 분쟁이 자주 발생하고 있다.

은 서면을 신청서에 첨부하도록 하고 있고(부동산등기법 제81조, 제82조), 위 신청서를 신탁원부로 하여 신탁원부는 등기기록의 일부로 본다고 규정하고 있다(동법 제81조 제2항).

따라서 이와 같은 신탁법과 부동산등기법의 규정을 종합하면, 신탁원부에 기재된 사항(일반적으로 신탁계약서 자체가 대부분 신탁원부로 등기된다)은 모두 제3자에게 대항할 수 있다는 해석이 가능한지 여부가 실무에서 자주 문제되고 있다.

이와 관련하여, 구 신탁법 제3조 제1항에서는 「등기 또는 등록하여야 할 재산권에 관하여는 신탁은 그 등기 또는 등록을 함으로써 제3자에게 대항할 수 있다」고 규정하고 있었는데, 동 규정과 「신탁원부는 등기기록의 일부로 본다」는 부동산등기법 제81조의 규정을 근거로, 판례는 신탁의 공시가 있는 경우 신탁재산이라는 사실뿐만 아니라 그와 관련된 신탁원부에 기재된 신탁조항(예를 들면, 신탁재산인 부동산을 임대하여 발생한 보증금반환채무가 신탁종료 시 위탁자에게 귀속한다는 내용 등)이 공시를 통하여 포괄적으로 대항력을 갖는 것으로 해석하여 왔고, 이러한 해석은 구 신탁법 제3조 제1항과 현행 신탁법 제4조 제1항의 문구상 차이(변경)에도 불구하고 현행 신탁법하에서도 그대로 유지되고 있는 것으로 보인다{대법원 2019다300095(본소), 2019다300101(반소) 판결([판례 4-108])}.

[구 신탁법 제3조 제1항]

등기 또는 등록하여야 할 재산권에 관하여는 <u>신탁은</u> 그 등기 또는 등록을 함으로써 제3자에게 <u>대항할 수 있다.</u>

[현행 신탁법 제4조 제1항]

등기 또는 등록할 수 있는 재산권에 관하여는 신탁의 등기 또는 등록을 함으로써 <u>그 재산이 신탁재산에 속한 것임을</u> 제3자에게 대항할 수 있다.

[판례 4-102] 대법원 1975. 12. 23. 선고 74다736 판결

1. 원심판결은 그 이유에서 원고는 1970. 12. 2. 소외 안산산업주식회사(이하 '소외회사'라 한다)로부터 동 회사 소유인 이 사건 건물 중 1층 213평 9홉 2작 가운데 70평을 임대보증금 7,000,000원을 제공하고 임차하여 목욕탕 영업을 경영하고 있었던 바 소외 회사는 1971. 5. 4. 피고에게 이 사건 건물을 신탁하여 동 건물에 관하여 피고명의로 위 같은 날짜에 신탁행위를 원인으로 한 소유권이전등기가 경료되었으며 신탁원부에는,

(가) 신탁부동산의 관리는 피고가 정하는 관리방법에 따라 피고가 행한다.

(나) 신탁기간은 1971. 5. 4.(1973.은 오기로 본다)부터 1975. 5. 3.까지로 하며 신탁기간의 만료 및 기타 사유로 인하여 신탁이 종료할 때에는 신탁재산은 신탁원본 수익자에게 귀속하며 신탁재산에 부대하는 채무는 수익자가 변제하여야 한다라는 요지의 신탁조항이 기재되어 있는 사실, 한편 피고는 그 신탁을 받은 본건 건물을 관리함에 있어서 동 건물 중 위탁자인 소외회사가 원고에게 종전에 임대한 바 있었던 위 1층 213평 9홉 2작 중 70평 부분에 관하여는 1971. 5. 18. 원고 및 위탁자인 소외 회사와 합의하여 피고는 소외 회사와 원고와의 1970. 12. 2. 자 임대차 계약상의 임대인(소외회사)의 권리의무를 승계하기로 하는 일방 같은 날짜로 동 건물 부분에 관하여 원고와 전세금 7,000,000원 전세기간 1972. 5. 31.로 한 전세권 설정계약을 체결하고서 원고에게 서울민사지방법원 서대문등기소 1971. 5. 24. 접수 제31736호로써 전세설정등기를 경료한 바 있었으나 1972. 8. 4. 이 사건 건물에 관하여 피고와 소외 회사의 위 신탁계약이 해제됨으로써 피고는 소외 회사에게 위 같은 날짜 신탁일부해제에 인한 신탁재산 인계를 원인으로 한 소유권이전등기를 경료한 사실을 인정한 다음 원고의 위 전세권은 1972. 5. 31. 전세기한 만료로써 소멸하였으니 피고는 원고에 위 전세금 7,000,000원을 반환할 의무가 있다는 주장에 대하여 [이 사건 건물 부분에 관한 원고의 위 전세권은 그 전세기한 만료로써 소멸하였음은 원고 주장과 같으나, 한편 신탁등기 신청서에 첨부되는 부동산등기법 제123조 소정의 서면은 동법 제124조에 의한 신탁원부로서 동 원부에 기재된 사항은 등기로 보게 되는 것이니 이 사건 건물에 관한 피고와 소외 회사와의 1971. 5. 4. 자 신탁은 1972. 8. 4. 자로 종료됨으로써 동 건물 소유권이 위탁자였던 소외 회사에게 인계되었음이 명백한 이 사건에 있어서 신탁재산이었던 이 사건 건물 부분에 부대하는 채무인 이 사건 전세권 소멸에 의한 전세금 반환 채무는 위 신탁원부 기재의 신탁조항에 의거하여 소외 회사가 변제할 의무있는 것이라 할 것인바 갑 제1호증은 피고가 소외 회사로부터 신탁을 받은 이 사건 건물을 관리함에 있어서 동 건물 부분에 관한 원고의 종전의 건물 사용관계를 승낙하고 이를 바탕으로 하여 원고에게 그 부분 전세권을 설정할 목적으로 작성되었던 문서인 것이라고 해석되는 외에 동 호증이 피고가 위 등기로서의 효력을 갖는 신탁조항에 불구하고 원고에게 설정한 바 있는 위 전세권 소멸의 경우에 그 전세금반환의무를 지겠다는 뜻으로 작성된 것이라고는 할 수 없으므로 원고의 이 사건 전세권 소멸에 의한 전세금반환채권은 오로지 위 신탁조항에 의거하여 소외 회사에 대하여 행사할 수 있을 뿐이요 피고에 대하여는 행사할 수 없다]고 판시하였다.

2. 신탁법 제3조에 의하면 등기 또는 등록하여야 할 재산에 관하여는 신탁은 그 등기 또는 등록을 함으로써 제3자에게 대항할 수 있다고 규정하고 부동산등기법 제123조 제124조에 의하면 신탁의 등기를 신청하는 경우는 (1) 위탁자, 수탁자 및 수익자 등의 성명,

주소, (2) 신탁의 목적, (3) 신탁재산의 관리방법, (4) 신탁종료사유 및 (5) 기타 신탁 조항을 기재한 신탁원부를 그 신청서에 첨부하도록 되어 있고 이 신탁원부는 등기부의 1부로 보고 그 기재는 등기로 본다고 규정하고 있다.

이 사건 원 피고 간의 전세계약이 피고가 수탁자의 지위에서 신탁재산의 관리로서 한 것인 점과 그 신탁계약이 종료된 점 및 신탁조항인 "신탁이 종료할 때에는 …… 신탁재산에 부대하는 채무는 수익자가 변제하여야 한다"는 점이 신탁원부에 기재되어 신탁등기가 경료되어 있었음은 당사자 사이에 다툼이 없으므로 본건 전세계약의 기간만료로 인한 전세금 반환채무는 신탁계약이 종료된 오늘에 있어서는 신탁자이며 수익자인 소외 안산산업주식회사에 있다 할 것이니 수탁자였던 피고에게 대하여 그 반환을 청구할 수 없다고 해석되므로 이러한 취지에서 한 원심의 판단은 정당하고 거기에 소론과 같은 위법 있음을 발견할 수 없다.

소론은 소위 신탁 조항은 신탁자와 수탁자 간의 계약이므로 이로써 제3자의 권리에 영향을 줄 수 없는 것이라 하나 그것이 신탁당사자 간의 계약이라 할지라도 등기가 된 경우는 제3자에 대항할 수 있는 것임은 위에 본 법조에 의하여 분명하며 수탁자가 신탁사무 처리에 관하여 채무를 부담하는 경우가 없는 것은 아니나 신탁계약으로 신탁종료의 경우에 이 신탁사무처리상의 채무에 관하여 특별한 약정을 하고 이것이 등기되었다면 신탁재산에 관하여 거래한 제3자는 그런 사유를 알고서 거래하였다고 볼 것이므로 예기치 않은 손해가 있다고도 할 수 없을 것이다.

[판례 4-103] 대법원 2001. 11. 9. 선고 2001다58054(본소) · 2001다58061(반소) 판결

가. 원심판결 이유에 의하면, 원심은 피고 C는 신탁법에 의하여 인가를 받은 부동산신탁전업회사로서 부동산의 소유자로부터 토지의 소유권 등을 신탁법에 따라 수탁받아 그 부동산의 개발, 관리, 처분 등 각종 행위를 하는 것을 영업으로 하는바, 신탁관계법리에 따라서 수탁자는 신탁계약서상 정해진 목적 범위 내에서 신탁기간 동안 선량한 관리자의 주의를 가지고 신탁사무를 처리하고 신탁 목적의 달성 또는 신탁계약의 해지에 의하여 신탁관계를 종료함으로써 신탁관계를 둘러싼 모든 권리 의무는 종료되는 것인데, 1998. 5. 2. 위탁자인 피고 B의 신탁계약해지요청에 의거하여 1998. 6. 16. 이 사건 신탁사업에 대한 정산을 완료하고 1998. 6. 30. 신탁계약을 해지함으로써 신탁을 종료하였을 뿐 아니라, 이 사건 신탁관계의 신탁원부상 신탁관계에서 발생한 채무를 수익자가 부담하도록 규정하고 있는 이상, 결국 위 신탁관계가 종료됨에 따라 피고 C가 원고에 대하여 부담하는 모든 채무는 소멸하였다는 피고 C의 주장에 대하여, 수탁자는 수익자에 대하여 신탁재산을 한도로 유한책임을 지지만, 제3자에 대하여는 무한책임을 지고, 그 후 신탁관계가 종료되어도 채권자에 대하여 계속 채무를 이행할 책임을 부담하는 것이며, 또한 신탁법 제3조는 "등기 또는 등록하여야 할 재산에 관하

여는 신탁은 그 등기 또는 등록을 함으로써 제3자에게 대항할 수 있다."고 규정하고, 부동산등기법 제123조, 제124조는 신탁의 등기를 신청하는 경우에는 ① 위탁자, 수탁자 및 수익자 등의 성명, 주소, ② 신탁의 목적, ③ 신탁재산의 관리방법, ④ 신탁종료사유, ⑤ 기타 신탁의 조항을 기재한 서면을 그 신청서에 첨부하도록 하고 있고, 그 서면은 이를 신탁원부로 보며, 신탁원부는 이를 등기부의 일부로 보고 그 기재는 이를 등기로 본다고 규정하고 있는바, 이 사건에 관하여 보건대, 을 제15호증(이 사건 점포의 등기부등본)의 기재에 의하면 피고 C가 이 사건 점포에 관하여 소유권보존등기를 경료한 시점은 1998. 4. 14.인 것으로 인정되는데 반하여, 앞에서 본 바와 같이 원고와 피고들 사이의 이 사건 점포에 관한 상가공급계약의 체결 시점은 1997. 11. 6.이므로 위 상가공급계약의 체결 당시 피고 C 주장의 신탁원부가 작성되어 등기소에 비치되어 있는 장부인 신탁원부편철장에 편철되었다고 보기 어려울 뿐 아니라, 을 제16호증(신탁원부)의 기재에 의하면 위 신탁조항에 신탁계약의 종료 또는 해지 후 위 상가공급계약에 의하여 발생하는 채무를 수익자가 부담한다는 조항이 포함되어 있지도 않은 사실이 인정된다는 이유로, 피고 C의 위 주장을 배척하였는바, 기록에 의하여 살펴보면 원심의 위와 같은 사실인정 및 판단은 수긍이 가고, 거기에 주장과 같은 판결에 영향을 미친 신탁관계종료 후의 법률관계에 관한 법리오해의 위법이 없다.

[판례 4-104] 대법원 2004. 4. 16. 선고 2002다12512 판결

1. 원심판결이 인용한 제1심판결 이유 및 기록에 의하면, ○○주식회사(이하 '소외 회사'라 한다)는 1997. 8. 2. 파산 전의 B 주식회사(2003. 6. 2. 파산선고를 받았다. 이하 편의상 '피고'라 한다)와 사이에서 소외 회사가 판시 토지와 그 지상의 신축 중인 아파트를 피고에게 신탁하고 피고는 위 아파트가 완공되면 이를 임대한 후 신탁이 종료되면 위 토지와 아파트 등으로부터 신탁사무상 발생하는 제비용 및 신탁보수를 공제한 잔여 부분을 수익자인 소외 회사에게 교부하기로 하는 내용의 임대형토지신탁계약(이하 '이 사건 신탁계약'이라 한다)을 체결한 사실, 이 사건 신탁계약에는 신탁이 종료될 경우 피고는 소외 회사에게 신탁수이을 교부하여야 하고(제23조 제1항) 임대보증금의 상환채무는 임차인의 동의를 얻어 소외 회사가 승계하고 피고는 그 책임을 면하며(제23조 제2항) 그 외에도 피고는 채권자의 동의를 얻어 소외 회사에게 차입금 및 기타의 채무를 승계시키고 자기 책임을 면하는 것으로(제23조 제3항) 규정되어 있는 사실, 원고는 1997. 10. 18. 소외 회사와 피고를 공동임대인으로 하여 위 토지상에 건축 중인 아파트 101동 310호(이하 '이 사건 아파트'라고 한다)를 임대보증금은 29,800,000원, 임차기간은 입주지정기간 만료일로부터 1년으로 정하여 임차한(이하 '이 사건 임대차계약'이라 한다) 사실, 위 아파트가 완공되자 소외 회사는 1998. 1. 16. 이 사건 아파트에 관하여 피고를 수탁자로 하는 소유권보존등기를 마쳤는데 위 등기부에 편철된 신탁원부 중 신탁조항 제2

항(신탁재산의 관리방법)에는 "신탁토지상에 별지 1의 건물(이 사건 아파트와 상가 등을 말한다)을 건축하여 임대하고 조세, 공사비, 차입금, 기타 신탁사무 처리상 발생하는 제비용과 신탁보수를 제한 잔여부분을 수익권으로 하여 신탁의 종료 시에 이를 수익자에게 교부함"이라고 기재되어 있고, 신탁조항 제5항(신탁재산의 범위) 사호에는 신탁부동산의 임대와 관련하여 취득한 보증금 등의 상환채무가 기재되어 있는 사실, 원고는 위 임대보증금을 모두 지급하고 1998. 1. 26. 이 사건 아파트에 입주하였는데 1999. 1. 25. 위 임대기간이 만료된 사실, 피고는 2000. 4. 7. 이 사건 아파트에 관하여 소외 회사에게 1999. 6. 11. 신탁해지를 원인으로 한 소유권이전등기절차를 마친 사실이 인정된다.

신탁법 제3조는 "등기 또는 등록하여야 할 재산에 관하여는 신탁은 그 등기 또는 등록을 함으로써 제3자에게 대항할 수 있다."고 규정하고, 부동산등기법 제123조, 제124조는 신탁의 등기를 신청하는 경우에는 ① 위탁자, 수탁자 및 수익자 등의 성명, 주소 ② 신탁의 목적 ③ 신탁재산의 관리방법 ④ 신탁종료사유 ⑤ 기타 신탁의 조항을 기재한 서면을 그 신청서에 첨부하도록 하고 있고 그 서면을 신탁원부로 보며 다시 신탁원부를 등기부의 일부로 보고 그 기재를 등기로 본다고 규정하고 있는바, 따라서 위의 규정에 따라 등기의 일부로 인정되는 신탁원부에 신탁재산인 부동산의 임대로 인하여 발생한 보증금반환채무가 신탁종료 시 위탁자에게 귀속된다는 내용이 기재되어 있다면 위탁자는 이로써 임차인에게 대항할 수 있을지라도, 위에서 본 이 사건의 사실관계에 의하면 <u>원고가 피고 및 소외 회사와 임대차계약을 체결할 당시까지도 이 사건 아파트에 관한 피고 명의의 소유권보존등기 및 신탁등기가 마쳐지지 않았기 때문에 피고는 위 신탁등기를 전제로 하는 신탁원부의 내용으로써 원고에게 대항할 수 없을 뿐 아니라</u> (대법원 2001. 11. 9. 선고 2001다58054(본소), 2001다58061(반소) 판결 참조), 나아가 <u>이 사건에서 신탁원부에 기재된 신탁조항에 신탁계약의 종료 시 신탁재산의 임차인에 대한 보증금반환채무가 그 임차인의 동의를 요하지 않고 소외 회사에게 귀속된다는 내용이 포함되어 있다고는 보기 어렵다</u>고 할 것이다.

같은 취지에서 신탁원부의 대항력에 의하여 보증금반환채무가 면제되었다는 피고의 항변을 배척한 원심의 조치는 정당하고, 거기에 신탁계약종료 후 보증금반환채무의 귀속에 관한 법리오해의 위법이 없다.

[판례 4-105] 대법원 2011. 9. 8. 선고 2010다15158 판결

대지사용권은 구분소유자가 전유부분을 소유하기 위하여 건물의 대지에 대하여 갖는 권리로서 반드시 대지에 대한 소유권과 같은 물권에 한정되는 것은 아니고 등기가 되지 않는 채권적 토지사용권도 대지사용권이 될 수 있으며, 신탁계약의 내용이 신탁등기의 일부로 인정되는 신탁원부에 기재된 경우 이를 제3자에게 대항할 수 있으나(대법원 1975. 12.

23. 선고 74다736 판결, 대법원 2004. 4. 16. 선고 2002다12512 판결 등 참조), 대지사용권은 권리로서 유효하게 존속하고 있어야 하므로 사후에 효력을 상실하여 소멸한 토지사용권은 더 이상 전유부분을 위한 대지사용권이 될 수 없다.

원심이 그 채택 증거에 의하여 판시 사실을 인정한 후, 주식회사 인버런처가 이 사건 신탁계약이나 그에 따른 토지사용승낙을 통하여 이 사건 토지에 관한 채권적 대지사용권을 갖고 있었다고 하더라도 위 회사가 우선수익자인 주식회사 한솔상호저축은행 등에 대한 대출금채무를 이행하지 아니하여 수탁자인 주식회사 한국토지신탁이 신탁재산인 이 사건 토지를 처분함에 따라 이 사건 신탁계약이 종료되고 그에 기초한 대지사용권도 소멸하였으므로, 주식회사 인버런처로부터 전유부분에 관한 소유권을 경매절차를 통해 취득한 피고들도 그 전유부분을 위한 대지사용권을 취득하였다고 볼 수 없다고 판단한 것은 위와 같은 법리에 따른 것으로서 정당하고, 여기에 상고이유로 주장하는 바와 같이 토지사용승낙에 기한 대지사용권에 관한 법리를 오해한 위법이 없다.

그리고 위와 같은 신탁계약의 종료 및 그에 따른 대지사용권의 소멸 역시 이 사건 신탁계약의 내용에 포함되어 신탁원부에 기재된 이상, 피고들이 신탁재산의 취득자인 원고에 대하여 신탁등기의 대항력을 내세워 이미 소멸한 대지사용권을 주장할 수는 없다고 할 것이므로, 원심이 이에 관하여 명시적으로 판단하지 않았다고 하더라도 판결의 결과에 영향을 미친 위법이 있다고 볼 수 없다.

[판례 4-106] 대법원 2012. 5. 9. 선고 2012다13590 판결

신탁법 제3조는 "등기 또는 등록하여야 할 재산에 관하여는 신탁은 그 등기 또는 등록을 함으로써 제3자에게 대항할 수 있다."고 규정하고, 구 부동산등기법(2011. 4. 12. 법률 제10580호로 전문개정되기 전의 것) 제123조, 제124조는 신탁의 등기를 신청하는 경우에는 ① 위탁자, 수탁자 및 수익자 등의 성명, 주소 ② 신탁의 목적 ③ 신탁재산의 관리방법 ④ 신탁종료사유 ⑤ 기타 신탁의 조항을 기재한 서면을 그 신청서에 첨부하도록 하고 있고 그 서면을 신탁원부로 보며 다시 신탁원부를 등기부의 일부로 보고 그 기재를 등기로 본다고 규정하고 있다. 따라서 위의 규정에 따라 등기의 일부로 인정되는 신탁원부에 신탁부동산에 대한 관리비 납부의무를 위탁자가 부담한다는 내용이 기재되어 있다면 수탁자는 이로써 제3자에게 대항할 수 있다.

원심판결 이유에 의하면, 원심은 채택 증거를 종합하여 이 사건 신탁계약 제9조 제1항 및 제14조 제1항에 의하면, 위탁자가 신탁부동산인 이 사건 각 상가의 관리비를 부담하도록 규정되어 있는 사실, 이 사건 신탁등기 신청서에 첨부된 이 사건 신탁계약서가 이 사건 신탁등기 경료 당시 신탁원부에 포함되어 이 사건 건물의 등기부에 편철된 사실을 인정한 다음, 피고는 등기된 이 사건 신탁계약에 따라 위탁자인 함○○이 원고에게 이 사건 각 상가의 관리비 납부의무를 부담한다고 대항할 수 있다는 이유로 원고의 청구를 기각하였다.

관련 법리와 기록에 비추어 살펴보면, 원심의 위와 같은 판단은 정당한 것으로 수긍이 가고, 거기에 상고이유의 주장과 같이 이 사건 신탁계약의 해석에 관하여 논리와 경험의 법칙을 위반하고 자유심증주의의 한계를 벗어나는 등의 위법이 없다.

[판례 4-107] 대법원 2018. 9. 28. 선고 2017다273984 판결

1. 상고이유 제1점에 대하여

가. 집합건물의 소유 및 관리에 관한 법률(이하 '집합건물법'이라고 한다) 제18조는 "공유자가 공용부분에 관하여 다른 공유자에 대하여 가지는 채권은 그 특별승계인에 대하여도 행사할 수 있다"고 규정하고 있다. 이는 집합건물의 공용부분은 전체 공유자의 이익에 공여하는 것이어서 공동으로 유지·관리되어야 하고 그에 대한 적정한 유지·관리를 도모하기 위해 소요되는 경비에 대한 공유자 간의 채권은 특히 보장할 필요가 있어 공유자의 특별승계인에게 그 승계의사의 유무에 관계없이 청구할 수 있도록 하기 위하여 둔 특별규정이다. 전 구분소유자의 특별승계인에게 전 구분소유자의 체납관리비를 승계하도록 한 관리규약 중 공용부분 관리비에 관한 부분은 위와 같은 규정에 터 잡은 것으로 유효하다(대법원 2001. 9. 20. 선고 2001다8677 전원합의체 판결 등 참조). 나아가 구분소유권이 순차로 양도된 경우 각 특별승계인들은 이전 구분소유권자들의 채무를 중첩적으로 인수한다고 봄이 타당하므로, 현재 구분소유권을 보유하고 있는 최종 특별승계인뿐만 아니라 그 이전의 구분소유자들도 구분소유권의 보유 여부와 상관없이 공용부분에 관한 종전 구분소유자들의 체납관리비채무를 부담한다(대법원 2008. 12. 11. 선고 2006다50420 판결 등 참조).

한편, 신탁법상의 신탁은 위탁자가 수탁자에게 특정의 재산권을 이전하거나 기타의 처분을 하여 수탁자로 하여금 신탁 목적을 위하여 그 재산권을 관리·처분하게 하는 것이므로, 부동산의 신탁에 있어서 수탁자 앞으로 소유권이전등기를 마치게 되면 대내외적으로 소유권이 수탁자에게 완전히 이전되고, 위탁자와의 내부관계에 있어서 소유권이 위탁자에게 유보되어 있는 것은 아니다(대법원 2002. 4. 12. 선고 2000다70460 판결 등 참조).

이러한 집합건물법 제18조의 입법취지와 공용부분 관리비의 승계 및 신탁의 법리 등에 비추어 보면, 위탁자의 구분소유권에 관하여 신탁을 원인으로 수탁자 앞으로 소유권이전등기가 마쳐졌다가 신탁계약에 따른 신탁재산의 처분으로 제3취득자 앞으로 소유권이전등기가 마쳐지고 신탁등기는 말소됨으로써, 위탁자의 구분소유권이 수탁자, 제3취득자 앞으로 순차로 이전된 경우, 각 구분소유권의 특별승계인들인 수탁자와 제3취득자는 특별한 사정이 없는 한 각 종전 구분소유권자들의 공용부분 체납관리비 채무를 중첩적으로 인수한다고 봄이 타당하다. 또한 <u>등기의 일부로 인정되는 신탁원부에 신탁부동산에 대한 관리비 납부의무를 위탁자가 부담한다는 내용이 기재되어 있</u>

더라도, 제3취득자는 이와 상관없이 종전 구분소유권자들의 소유기간 동안 발생한 공용부분 체납관리비채무를 인수한다고 보아야 한다.

나. 원심이 일부 인용한 제1심판결 이유를 비롯한 원심판결 이유와 적법하게 채택된 증거들을 종합하여 보면 다음과 같은 사실을 알 수 있다.

(1) 주식회사 바스코(이하 '바스코'라고 한다)는 2006. 2. 3. 한국자산신탁 주식회사(이하 '한국자산신탁'이라고 한다)와 이 사건 토지와 그 지상에 신축된 이 사건 쇼핑몰에 관하여 부동산관리처분신탁계약(이하 '이 사건 신탁계약'이라고 한다)을 체결한 다음, 2006. 2. 6. 이 사건 쇼핑몰에 관하여 집합건물로 구분등기 절차를 마치고, 그와 동시에 수탁자 한국자산신탁 앞으로 이 사건 쇼핑몰의 전유부분 1,613개에 관하여 2006. 2. 3. 자 신탁을 원인으로 한 소유권이전등기를 마쳐주었다.

(2) 이 사건 신탁계약 제9조 제1항 및 제14조 제1항에 의하면, 위탁자가 신탁부동산인 이 사건 쇼핑몰의 관리비를 부담하도록 규정되어 있고, 이 사건 신탁등기 신청서에 첨부된 이 사건 신탁계약서가 이 사건 신탁등기 경료 당시 신탁원부에 포함되어 이 사건 건물의 등기부에 편철되었다.

(3) 미래종합산업 주식회사(이하 '미래종합산업'이라 한다)는 2006년 2월 내지 2006년 7월경 이 사건 쇼핑몰의 관리인으로 선임되었으나 2006년 11월경부터는 이 사건 쇼핑몰에 대한 관리업무를 수행하지 아니하였다.

(4) 이 사건 관리규약은 제6조에서 '건물유지 및 영업관리 관련 공동의 이익을 위해 소요되는 비용 등의 부담 의무'를 구분소유자의 의무 중의 하나로 규정하고 있고, 제7조 제1항에서 등기부상 소유권자는 제6조에서 규정한 구분소유자의 권리의무를 자동으로 승계한다고 규정하고 있다.

(5) 한국자산신탁은 2013년경 이 사건 신탁계약의 우선수익자들의 요청에 따라 이 사건 747개 전유부분에 대한 공매절차를 진행하여, 피고들은 2014년 6월경 낙찰이나 수의계약 방식으로 이 사건 747개 전유부분에 관하여 소유권이전등기를 마쳤고, 위 신탁등기는 신탁재산 처분을 원인으로 말소되었다.

(6) 원고들은 미래종합산업에 대한 각 양수금 및 약정금 채권이나 내납금 반환채권을 각 취득하였다.

다. 위와 같은 사실관계를 앞서 본 법리에 비추어 살펴보면, 피고들은 이 사건 747개 전유부분의 특별승계인으로서 이전 구분소유권자들인 바스코와 한국자산신탁의 공용부분 관리비 채무를 인수한다고 봄이 타당하다. 이는 이 사건 신탁등기의 일부로 인정되는 신탁원부에 신탁부동산에 대한 관리비 납부의무를 위탁자인 바스코가 부담한다는 내용이 기재되어 있었다 하여 달리 볼 것이 아니다. 따라서 피고들은 미래종합산업에 대하여 2006년 11월분까지의 공용부분에 관한 종전 구분소유자들의 체납관리비채무를 부담한다고 보아야 한다.

한편, 신탁법상의 신탁은 위탁자가 수탁자에게 특정의 재산권을 이전하거나 기타의 처분을 하여 수탁자로 하여금 신탁 목적을 위하여 그 재산권을 관리・처분하게 하는 것이므로, 부동산의 신탁에 있어서 수탁자 앞으로 소유권이전등기를 마치게 되면 대내외적으로 소유권이 수탁자에게 완전히 이전되고, 위탁자와의 내부관계에 있어서 소유권이 위탁자에게 유보되어 있는 것은 아니다(대법원 2002. 4. 12. 선고 2000다70460 판결 등 참조). 이러한 집합건물법 제18조의 입법취지와 공용부분 관리비의 승계 및 신탁의 법리 등에 비추어 보면, 위탁자의 구분소유권에 관하여 신탁을 원인으로 수탁자 앞으로 소유권이전등기가 마쳐졌다가 신탁계약에 따른 신탁재산의 처분으로 제3취득자 앞으로 소유권이전등기가 마쳐지고 신탁등기는 말소됨으로써, 위탁자의 구분소유권이 수탁자, 제3취득자 앞으로 순차로 이전된 경우, 각 구분소유권의 특별승계인들인 수탁자와 제3취득자는 특별한 사정이 없는 한 각 종전 구분소유권자들의 공용부분 체납관리비 채무를 중첩적으로 인수한다고 봄이 타당하다. 또한 <u>등기의 일부로 인정되는 신탁원부에 신탁부동산에 대한 관리비 납부의무를 위탁자가 부담한다는 내용이 기재되어 있더라도, 제3취득자는 이와 상관없이 종전 구분소유권자들의 소유기간 동안 발생한 공용부분 체납관리비채무를 인수한다</u>고 보아야 한다.

나. 원심이 일부 인용한 제1심판결 이유를 비롯한 원심판결 이유와 적법하게 채택된 증거들을 종합하여 보면 다음과 같은 사실을 알 수 있다.

(1) 주식회사 바스코(이하 '바스코'라고 한다)는 2006. 2. 3. 한국자산신탁 주식회사(이하 '한국자산신탁'이라고 한다)와 이 사건 토지와 그 지상에 신축된 이 사건 쇼핑몰에 관하여 부동산관리처분신탁계약(이하 '이 사건 신탁계약'이라고 한다)을 체결한 다음, 2006. 2. 6. 이 사건 쇼핑몰에 관하여 집합건물로 구분등기 절차를 마치고, 그와 동시에 수탁자 한국자산신탁 앞으로 이 사건 쇼핑몰의 전유부분 1,613개에 관하여 2006. 2. 3. 자 신탁을 원인으로 한 소유권이전등기를 마쳐 주었다.

(2) 이 사건 신탁계약 제9조 제1항 및 제14조 제1항에 의하면, 위탁자가 신탁부동산인 이 사건 쇼핑몰의 관리비를 부담하도록 규정되어 있고, 이 사건 신탁등기 신청서에 첨부된 이 사건 신탁계약서가 이 사건 신탁등기 경료 당시 신탁원부에 포함되어 이 사건 건물의 등기부에 편철되었다.

(3) 미래종합산업 주식회사(이하 '미래종합산업'이라 한다)는 2006년 2월 내지 2006년 7월경 이 사건 쇼핑몰의 관리인으로 선임되었으나 2006년 11월경부터는 이 사건 쇼핑몰에 대한 관리업무를 수행하지 아니하였다.

(4) 이 사건 관리규약은 제6조에서 '건물유지 및 영업관리 관련 공동의 이익을 위해 소요되는 비용 등의 부담 의무'를 구분소유자의 의무 중의 하나로 규정하고 있고, 제7조 제1항에서 등기부상 소유권자는 제6조에서 규정한 구분소유자의 권리의무를 자동으로 승계한다고 규정하고 있다.

(5) 한국자산신탁은 2013년경 이 사건 신탁계약의 우선수익자들의 요청에 따라 이 사

건 747개 전유부분에 대한 공매절차를 진행하여, 피고들은 2014년 6월경 낙찰이나 수의계약 방식으로 이 사건 747개 전유부분에 관하여 소유권이전등기를 마쳤고, 위 신탁등기는 신탁재산 처분을 원인으로 말소되었다.

(6) 원고들은 미래종합산업에 대한 각 양수금 및 약정금 채권이나 대납금 반환채권을 각 취득하였다.

다. 위와 같은 사실관계를 앞서 본 법리에 비추어 살펴보면, 피고들은 이 사건 747개 전유부분의 특별승계인으로서 이전 구분소유권자들인 바스코와 한국자산신탁의 공용부분 관리비 채무를 인수한다고 봄이 타당하다. 이는 이 사건 신탁등기의 일부로 인정되는 신탁원부에 신탁부동산에 대한 관리비 납부의무를 위탁자인 바스코가 부담한다는 내용이 기재되어 있었다 하여 달리 볼 것이 아니다.[263] 따라서 피고들은 미래종합산업에 대하여 2006년 11월분까지의 공용부분에 관한 종전 구분소유자들의 체납관리비채무를 부담한다고 보아야 한다.

그런데도 원심은 그 판시와 같은 이유만으로, 피고들이 바스코나, 한국자산신탁이 미납한 2006년 11월분까지의 공용부분 관리비 채무를 승계한다는 원고들의 주장을 배척하였다. 이 부분 원심 판단에는 집합건물의 공용부분 관리비 지급의무 승계 등에 관한 법리를 오해하여 판결에 영향을 미친 잘못이 있다.

[판례 4-108] 대법원 2022. 2. 17. 선고 2019다300095(본소), 2019다300101(반소) 판결

1. 신탁법은 신탁재산의 독립성을 제3자에게도 대항할 수 있도록 신탁재산의 공시에 관한 독자적인 규정을 두고 있다. 구 신탁법(2011. 7. 25. 법률 제10924호로 전부개정되기 전의 것) 제3조 제1항은 "등기 또는 등록하여야 할 재산권에 관하여는 신탁은 그 등기 또는 등록을 함으로써 제3자에게 대항할 수 있다."라고 정하고 있고, 구 부동산등기법(2007. 5. 17. 법률 제8435호로 개정되기 전의 것) 제123조, 제124조는 신탁의 등기를 신청하는 경우에는 ① 위탁자, 수탁자 및 수익자 등의 성명, 주소, ② 신탁의 목적, ③ 신탁재산의 관리 방법, ④ 신탁종료의 사유, ⑤ 기타 신탁의 조항을 기재한 서면을 그 신청서에 첨부하도록 하고 있고, 그 서면을 신탁원부로 보며 다시 신탁원부를 등기부의 일부로 보고 그 기재를 등기로 본다고 정하고 있다. 따라서 신탁계약의 내용이 신탁등기의 일부로 인정되는 신탁원부에 기재된 경우에는 이로써 제3자에게 대항할 수 있다(대법원 2004. 4. 16. 선고 2002다12512 판결 참조).

263) 위 대법원 2017다273984 판결([판례 4-107])에 대해 실무에서는, (i) 구 신탁법하에서의 대법원 입장과 달리 신탁원부의 대항력을 부정한 것이라는 견해와 (ii) 이 판결은 집합건물 공용부분 관리비의 특수성과 공익성에 비추어 수탁자가 신탁원부의 내용에 불구하고 관리비채무를 부담한다는 취지의 판시일 뿐 신탁원부의 대항력에 관하여는 아무런 판단이 없는 점 등을 근거로 신탁원부의 대항력을 부정한 것으로 볼 수 없다는 견해가 대립되고 있었다. 따라서 위 판결만으로는 현행 신탁법하에서의 대법원의 입장이 명확하지 않다는 유보적인 견해가 많았다.

2. 원심판결 이유와 원심이 적법하게 채택한 증거에 의하면 다음과 같은 사실을 알 수 있다.

가. 주식회사 케이피앤디(이하 '케이피'라 한다)는 2007. 6. 4. 이 사건 오피스텔을 포함한 ○○○○ 오피스텔 162채에 관하여 농업협동조합중앙회(이하 '농협중앙회'라 한다)(취급지점: 서현지점)를 1순위 우선수익자로, 주식회사 한국토지신탁(이하 '한국토지신탁'이라 한다)을 수탁자로 하는 부동산담보신탁계약을 체결하였고, 한국토지신탁은 신탁을 원인으로 한 소유권이전등기를 마쳤다.

나. 이 사건 신탁계약상 위탁자는 수탁자의 사전 승낙을 받아 위탁자의 명의로 신탁부동산을 임대하도록 정하고 있었고(제9조 제2항 및 제10조 제3항), 이러한 신탁계약의 내용이 신탁원부에 기재되었다.

다. 우선수익자인 농협중앙회는 2007. 6. 4.경 한국토지신탁에 이 사건 오피스텔에 관하여 '케이피의 임대차계약 체결에 동의하되, 수탁자는 보증금 반환에 책임이 없다'는 취지의 동의서를 작성하여 교부하였고, 한국토지신탁은 이를 케이피에 교부하였다.

라. 피고(반소원고, 이하 '피고'라고만 한다)는 2007. 7. 3. 케이피와 이 사건 오피스텔에 관하여 임대차계약을 체결한 후 이 사건 오피스텔을 인도받아 거주하면서 해당 주소로 주민등록을 이전하고 확정일자를 받았고, 이후 임대차계약을 연장하면서 계속 거주하다가 2017. 9. 14. 퇴거하였다.

마. 원고(반소피고, 이하 '원고'라고만 한다)는 2016. 8. 31. 공매절차에서 이 사건 오피스텔을 취득하였다.

3. 위 사실관계를 앞서 본 법리에 비추어 살펴본다.

이 사건 신탁계약에서 수탁자의 사전 승낙 아래 위탁자 명의로 신탁부동산을 임대하도록 약정하였으므로 임대차보증금 반환채무는 위탁자에게 있다고 보아야 하고, 이러한 약정이 신탁원부에 기재되었으므로 임차인에게도 대항할 수 있다. 따라서 이 사건 오피스텔에 관한 부동산담보신탁 이후에 위탁자인 케이피로부터 이를 임차한 피고는 임대인인 케이피를 상대로 임대차보증금의 반환을 구할 수 있을 뿐 수탁자인 한국토지신탁을 상대로 임대차보증금의 반환을 구할 수 없다. 나아가 한국토지신탁이 임대차보증금 반환의무를 부담하는 임대인의 지위에 있지 아니한 이상 그로부터 이 사건 오피스텔의 소유권을 취득한 원고가 주택임대차보호법 제3조 제4항에 따라 임대인의 지위를 승계하여 임대차보증금 반환의무를 부담한다고 볼 수도 없다.[264]

264) 신탁 후 신탁계약에서 정하는 바에 따라 수탁자의 승낙을 얻어 위탁자가 임차인에게 신탁부동산을 임대하였음에도 불구하고 수탁자로부터 해당 신탁부동산을 양수한 양수인에게 임대차의 승계를 인정하지 않았다는 점에 특징이 있다. 이 판결에 대한 비판적인 평석으로는, 양창수 「판례평석: 신탁자와의 임대차계약과 수탁자로부터의 양수인에 대한 대항력-대법원 2022. 2. 17. 선고 2019다300095 등 판결」『법률신문』(2023. 4. 11.) (https://m.lawtimes.co.kr/Content/Info?serial=177712)을 참고

원심은 이와 같은 취지에서 원고를 상대로 임대차보증금의 반환을 구하는 피고의 반소 청구를 기각하였다. 이러한 원심의 판단은 앞서 본 법리에 따른 것으로서 거기에 상고이유 주장과 같이 신탁부동산에 관한 보증금반환채무의 귀속 및 주택임대차보호법상 임대인 지위 승계에 관한 법리를 오해하여 판결에 영향을 미친 잘못이 없다.

한편, 피고가 상고이유에서 들고 있는 대법원 2014. 7. 24. 선고 2012다62561, 62578 판결은 수탁자의 사전 승낙을 받아 위탁자가 임대차계약을 체결하도록 정하고 있음에도 수탁자의 사전 승낙을 받지 못한 사안이고, 대법원 2019. 3. 28. 선고 2018다44879, 44886 판결[265]은 수탁자의 동의 없이 임대차계약을 체결하였다가 수탁자로부터 소유권을 회복한 사안으로, 수탁자의 동의를 받아 위탁자가 체결한 임대차계약의 효력이 문제되는 이 사건과 사안을 달리하는 것이어서 이 사건에 원용하기 적절하지 않다.

그러나 현행 신탁법 제4조 제1항에서는 「등기 또는 등록할 수 있는 재산권에 관하여는 신탁의 등기 또는 등록을 함으로써 그 재산이 신탁재산에 속한 것임을 제3자에게 대항할 수 있다」고 규정하여 대항력의 범위는 등기 또는 등록된 재산이 「신탁재산에 속하는 것임」에 한정됨을 명확히 하고 있다. 따라서 현행 신탁법하에서는 구 신탁법하에서와 마찬가지로 대항력의 범위를 신탁조항에까지 확대 해석하는 것은 타당하지 않다고 생각된다.[266]이와 같은 판례의 태도의 이론적인 당부는 논외로 하더라도,[267] 현행 신탁법 제4조 제1항의 명시적인 문구 변화에도 불구하고 신탁원부의 대항력의 범위를 계속 확대 적용하게 되면 신탁의 이해관계자들은 거의 모든 이해관계사항(심지어 수익권 질권에 관한 사항까지)을 신탁원부를 통해 공시하고자 하기 때문에 신탁계약서 자체가 신탁원부로 제출되는 등기실무상 신탁계약이 무한정 복잡해 질 수밖에 없게 된다는 문제가 있다.[268] 하여튼, 현재의 판례에 따르면, 신탁부동산에 관련된 거래행위를 하고자 하는 당사자들은 사전에 반드시 신

265) 갑 주식회사가 을 신탁회사와 갑 회사의 소유인 주택에 관하여 부동산담보신탁계약을 체결하고 을 회사에 신탁을 원인으로 한 소유권이전등기를 마친 후 을 회사의 승낙 없이 병과 임대차계약을 체결하였고, 병은 같은 날 위 주택을 인도받고 전입신고를 마쳤는데, 그 후 갑 회사가 위 주택에 관하여 신탁재산의 귀속을 원인으로 한 소유권이전등기를 마쳤고, 정 신용협동조합이 같은 날 위 주택에 관하여 근저당권설정등기를 마쳤으며, 이후 정 조합이 신청한 임의경매절차에서 무 주식회사가 위 주택을 매수한 사안에서, 병은 갑 회사가 위 주택에 관하여 소유권이전등기를 마친 즉시 임차권의 대항력을 취득하였고, 정 조합의 근저당권설정등기는 병이 대항력을 취득한 다음에 이루어졌으므로, 병은 임차권으로 주택의 매수인인 무 회사에 대항할 수 있다고 한 사례

266) 같은 취지로, 최수정 『신탁법(개정판)』(박영사, 2019) 255페이지 이하 참고

267) 이와 같은 판례의 입장을 굳이 선해하자면, 부동산신탁관계에 대해서는 가능한 모든 사항을 신탁원부를 통해 공시하도록 유도함으로써 거래안전과 법률관계의 명확성을 도모하고자 하는데 있다고 볼 여지도 있다.

268) 다만, 입법자가 신구법 조문 간의 이러한 차이점을 인식하면서도 개정을 하였는지는 알 수 없지만, 여전히 부동산등기법에 따라 신탁등기 시에 신탁원부(신탁계약)가 등기기록의 일부로 등기되어 공시되는 경우가 많고, 그에 따라 운영되어온 신탁실무를 고려할 때, 부동산등기법에 따라 운영되고 있는 신탁실무와 현행 신탁법 제4조 제1항을 어떻게 조화롭게 해석하는 것이 타당할지에 대한 추가적인 검토가 필요하다고 생각된다.

탁원부를 확인해야 할 것이다.

4) 신탁부동산 관련 수입금의 처리

담보신탁에서는 일반적으로, 신탁에 의해 신탁부동산의 소유권이 수탁자에게 이전됨에도 불구하고, 위탁자가 수탁자/우선수익자의 동의하에 그의 책임으로 계속 신탁부동산을 임대·관리하도록 정하는 것이 일반적이다. 이때에는 임대료, 분양대금 등의 수입금은 신탁재산에 포함되지 않기 때문에 그에 대한 별도의 관리·처리방안(자금관리대리사무계약을 통하여 동 수입금이 자금관리대리사무자 명의의 계좌로 입금되어 관리되도록 하는 방안, 동 수입금이 입금되는 예금계좌상의 예금채권에 대한 질권을 설정하는 방안, 동 수입금으로 대출금을 강제조기상환시키는 방안 등)을 함께 또는 별도의 계약을 통해 규정함으로써 신탁부동산으로부터의 현금흐름도 통제하는 방안이 함께 고려되는 경우도 있다.

그러나 관리·처분신탁, (관리형)토지신탁 등이 담보신탁의 목적으로 이용되는 경우에는, 통상은 이러한 수입금이 신탁재산을 구성하게 되는데, 해당 수입금은 일반적으로 수탁자에게 지급되어 신탁재산을 구성하기 때문에 별도의 자금관리대리사무계약이나 예금계좌상 예금채권에 대한 질권설정 등은 고려되지 않는다. 다만, 이 경우에는 기한의 이익 상실사유 등 일정한 사유가 발생하기 전까지는 수탁자에게 지급되어 신탁재산을 구성하는 당해 수입금에 대한 취급(강제조기상환 또는 위탁자의 운영비용 사용을 위한 인출 등)에 대해서도 정해 둘 필요가 있는데, 앞서 살펴본 바와 같이, 보통은 평상시에는 신탁계약에서 정하는 선순위 항목(신탁비용, 신탁보수, 대출이자, 분할상환 대출금 등)을 지급하고 남은 잔액을 위탁자에게 수익으로 지급하되, 대출계약상 기한의 이익 상실 등 신탁계약에서 정한 사유가 발생한 경우, 우선수익자의 수익지급 요청(지시)에 의해 수탁자는 위탁자에 대한 수익지급을 중지하고 신탁재산으로부터의 회수액에서 선순위 항목(신탁비용, 신탁보수 등)을 지급하고 남은 잔액을 피담보채무의 상환이 완료될 때까지 우선수익권 한도 내에서 우선수익자에게 수익으로 지급하는 방식으로 규정된다.[269)]

---

269) 실무에서는 신탁재산으로부터의 회수금을 재원으로 하는 수탁자의 자금집행과 관련하여, 신탁재산으로 수탁자가 지급할 수 있는 항목과 그 범위가 문제되는 경우가 종종 있다. 수탁자에게 부과되는 제세공과금, 신탁보수, 수익채권에 관한 항목, 신탁채권에 관한 항목이 여기에 해당함은 분명하다. 그러나 위탁자의 제세공과금, 위탁자의 채권자에 대한 상환(변제)금, 기타 신탁사무처리와 관련하여 수탁자가 부담하는 비용 이외의 항목은 원칙적으로 신탁재산에서 자금이 집행될 수 없고, 신탁당사자의 합의로 그 이외의 항목을 자금집행항목에 포함시키는 경우에도 해당 항목은 원칙적으로 위탁자에 대한 수익으로 (선)지급된 것으로 보아야 할 것이다. 한편, 토지신탁의 경우 신탁수익의 선지급에 대해서는 일정한 제한이 있는데, 이에 대해서는 금융투자회사의 영업 및 업무에 관한 규정 별표 15 「토지신탁수익의 신탁종료 전 지급 기준」을 참고. 또한, 위 「토지신탁수익의 신탁종료 전 지급 기준」의 실무상 몇 가지 이슈에 대해서는, 전경준 편 『판례

5) 수익자의 의사결정[270)]

수익자가 여럿인 경우 수익자의 의사는, 신탁행위로 달리 정하지 않는 경우에는 수익자 전원의 동의에 의한다(신탁법 제71조 제1항, 제3항).

실무에서는, 수익자가 여럿인 경우에도 (선・후순위 우선수익자 간의 권리행사 순위 이외의) 수익자의 의사 결정방법에 대해서는 신탁계약서에 명시적인 규정을 두지 않고, 피담보채무의 발생근거가 되는 대출계약서, 채권자간합의서 등에서 대주 간 의사결정 방법에 관한 규정만을 두는 경우가 많은데, 이와 같은 경우에 신탁계약상 수익자들의 의사결정이 필요할 때(예를 들면, 각종 승인, 동의, 처분지시 등) 신탁계약에는 의사결정방법이 없는 것으로 보아 신탁법에 따라 수익자 전원의 동의가 필요한지 여부가 문제될 수 있다.

신탁법의 해석으로는, 신탁계약에서 수익자 간 의사결정에 대해 규정하지 않은 경우에는 대출계약을 신탁행위라고 할 수 없으므로[271)] 신탁계약에서 수익자 간 의사결정에 대해 규정하거나 적어도 대출계약에서 정하는 의사결정방법을 원용하고 있지 않은 경우에는 수익자의 의사결정은 신탁법에 따라 수익자 전원의 동의에 의하여야 할 것이다. 따라서 이 경우에는 대출계약에 의한 대주 간 의사결정과 신탁계약상 수익자 간 의사결정에 불일치가 발생할 수 있게 된다.

그렇다면, 수익자가 여럿인 경우로서 수익자 전원에 의한 동의를 배제하고자 하는 경우(일부 수익자의 배제, 일부 수익자에 의한 의사결정 등)에는 수익자들의 의사 결정방법을 신탁계약서에 명시하여야 할 것이다. 다만, 이 경우에 수익자의 일정한 권리(단독수익권)를 제한할 수 없도록 규정하고 있는 신탁법 제61조[272)]에 위반되는 것으로 해석될 가능성이

신탁법』(진원사, 2018) 주 81부터 87까지 참고

270) 이하의 수익자의 의사결정에 관한 내용은 부동산담보신탁뿐만 아니라 신탁전반에 관하여 해당되는 내용이다.

271) 신탁계약의 당사자인 수탁자는 대출계약서나 채권자간합의서 등 피담보채무의 발생근거에 관한 계약의 당사자가 아니어서 신탁계약에 별도의 포섭규정이 없는 한 대출계약서 등의 내용이 당연히 신탁계약의 일부를 구성하는 것으로 해석되기 어렵다.

272) **제61조(수익권의 제한 금지)** 다음 각호에 해당하는 수익자의 권리는 신탁행위로도 제한할 수 없다.
1. 이 법에 따라 법원에 청구할 수 있는 권리
2. 제22조 제2항 또는 제3항에 따라 강제집행등 또는 국세 등 체납처분에 대하여 이의를 제기할 수 있는 권리
3. 제40조 제1항에 따라 장부 등의 열람 또는 복사를 청구할 수 있는 권리
4. 제43조 및 제45조에 따라 원상회복 또는 손해배상 등을 청구할 수 있는 권리
5. 제57조 제1항에 따라 수익권을 포기할 수 있는 권리
6. 제75조 제1항에 따라 신탁위반의 법률행위를 취소할 수 있는 권리
7. 제77조에 따라 유지를 청구할 수 있는 권리
8. 제89조, 제91조 제3항 및 제95조 제3항에 따라 수익권의 매수를 청구할 수 있는 권리

있다는 점에 유의해야 한다(제71조 제1항 단서[273]).

실무에서는, 수익자의 의사결정은 대출계약에 따르도록 하되, 선순위 우선수익자가 존속하는 동안에는 선순위 우선수익자의 의사결정에 따르도록 규정하는 경우가 많다.

[계약서 기재례] 수익자의 의사결정

신탁법 등 관계법령에서 허용되는 범위 내에서, 어떠한 사항에 대한 지시, 동의, 승인, 결정 등 신탁법 등 관계법령 및 신탁계약상 수익자의 의사는 공동 1순위 우선수익자의 의사에 따르되, 공동 1순위 우선수익자의 의사결정은 여신거래약정[274]에서 정하는 바에 따라 대리기관에 의해 취합되어 대리기관이 공동 1순위 우선수익자를 대리하여 수탁자, 위탁자 또는 수익자 등 해당 당사자에게 그 결과를 통지(보)한다. 대리기관의 공동 1순위 우선수익자의 의사결정의 통지(보) 및 그에 따른 신탁계약상의 효과는 모든 공동 1순위 우선수익자를 구속하며 공동 1순위 우선수익자는 그에 따른 수탁자의 행위에 대해 이의를 제기하지 아니하고 수탁자를 면책한다. 단, 신탁계약에 따른 신탁부동산의 처분요청은 어느 공동 1순위 우선수익자가 단독으로 결정할 수 있다.

6) 선 · 후순위 수익자 간의 관계

「담보신탁」은 대출의 선 · 후순위의 종류에 따라 우선수익권 역시 수개의 선 · 후순위로 나누어 설계됨으로써 선 · 후순위 담보를 설정하는 효과를 얻을 수 있다(수익권의 복층화). 선 · 후순위 수익자 간의 순위 등의 관계는 신탁부동산의 처분지시권 및 처분대금의 분배순위 등을 비롯하여 신탁계약에 따른 권리 · 권한 등 일체의 사항에 대하여 채권자간합의서의 내용이 구현될 수 있도록 신탁계약서에 규정되는데, 채권자간합의서에 이미 규정되어 있거나 채권자간합의서를 통해서도 규정될 수 있는 내용이라도 신탁계약 또는 우선수익권 등 담보신탁에 관한 사항은 채권자간합의서에 규정하는 것과는 별도로 신탁계약서에 규정하여 신탁원부를 통해 공시함으로써 해당 내용에 대한 대항력을 확보하게 된다. 다만, 아래 계약서 기재례와 같은 명시적인 규정에도 불구하고, 선순위 수익자의 처분지시에 따라 수탁자가 신탁부동산의 환가절차를 진행하는 경우 등 선순위 수익자의 행위 또는 그에 따른

9. 그 밖에 신탁의 본질에 비추어 수익자 보호를 위하여 필요하다고 대통령령으로 정하는 권리

273) **제71조(수익자가 여럿인 경우 의사결정 방법)** ① 수익자가 여럿인 신탁에서 수익자의 의사는 수익자 전원의 동의로 결정한다. 다만, <u>제61조 각호의 권리는 각 수익자가 개별적으로 행사할 수 있다</u>.
② 신탁행위로 수익자집회를 두기로 정한 경우에는 제72조부터 제74조까지의 규정에 따른다.
③ <u>제1항 본문</u> 및 제2항에도 불구하고 신탁행위로 달리 정한 경우에는 그에 따른다.

274) 대출계약을 의미하는 것으로 용어정의 된다.

수탁자 등의 행위에 대해 후순위 수익자 또는 위탁자(수익자)가 해당 특정절차의 중지(금지)를 구하는 가처분과 본안소송(유지청구, 원상회복청구, 수익자취소권 행사, 손해배상청구 등) 등을 제기하는 방법으로 이를 다투는 경우가 많은바, 이러한 행위를 방지하기 위해 아래의 계약서 기재례 제④항에서와 같이 이의 제기권을 명시적으로 포기시키는 조항이 규정되기도 한다. 다만, 이러한 제한은 그 내용에 따라서는 수익자의 일정한 권리(단독수익권)를 제한할 수 없도록 규정하고 있는 신탁법 제61조에 위반되는 것으로 해석될 가능성이 있다는 점에 유의해야 한다(신탁법 제61조, 제71조 제1항 단서).

[계약서 기재례] 우선수익자의 권리 행사 등

제15조【우선수익자의 권리행사】

① 제2순위 우선수익자는 공동 제1순위 우선수익자가 신탁부동산을 환가한 대금에서 자신의 채권을 우선수익권 한도 내에서 행사하고 남은 잔여 수익범위에서 후순위로 채권의 만족을 얻을 권리를 갖는다.

② 이 신탁계약과 관련하여 우선수익자의 권리행사(신탁부동산의 처분요청 권한을 포함하며, 이에 한하지 아니함) 시, 공동 제1순위 우선수익자는 제2순위 우선수익자의 동의를 필요치 않으며, 공동 제1순위 우선수익권이 존속하는 동안에는, 제2순위 우선수익자는 공동 제1순위 우선수익자의 사전 동의를 득하여야 한다.

③ 공동 제1순위 우선수익자가 제1순위 피담보채권액 또는 공동 제1순위 우선수익권한도액의 전부를 변제받은 경우에는, 신탁계약에서 정한 공동 제1순위 우선수익자의 권리 및 의무는 자동으로 소멸되며, 이 경우 제2순위 우선수익자의 순위가 자동 승진한다. 이 경우, 문맥상 명백히 불합리한 경우를 제외하고, 특약사항에서 신탁계약에 따른 업무수행과 관련하여, 명시적으로 공동 제1순위 우선수익자의 동의, 승낙, 협의, 합의, 의사결정, 지시 또는 공동 제1순위 우선수익자에 대한 통지, 보고, 제출, 교부 등 업무수행과 관련하여 공동 제1순위 우선수익자의 의사 또는 의견 취합이 필요한 사항이나 공동 제1순위 우선수익자에 대하여 이행되어야 하는 것으로 정해진 각종 사항 및 업무에 대해서는 공동 제1순위 우선수익자에 갈음하여 제2순위 우선수익자로부터 이를 취합하고 제2순위 우선수익자에 이를 이행하여야 하며, 제2순위 우선수익자는 공동 제1순위 우선수익자를 갈음하여 그러한 권한을 행사하고 의무를 이행한다.

[④ 공동 제1순위 우선수익자(대리금융기관 포함, 이하 본 항에서 같음)는 이 신탁계약에 따른 자신의 권리·권한 행사(신탁부동산에 대한 처분지시, 공매, 수의계약 절차를 포함한 일체의 환가 및 처분대금 분배절차를 포함하되 이에 한정되지 아니한다)함에 있어서 완전한 재량권을 가진다. 신탁법 등 관계법령에서 허용되는 범위 내에서, 제2순위 우선수익자 및 수익자는 이 신탁계약에 따른 공동 제1순위 우선수익자의 권리·

권한 행사와 공동 제1순위 우선수익자의 지시에 따른 위탁자, 대리금융기관 또는 수탁자의 권리·권한 행사 및 의무의 이행과 관련하여, 위탁자, 수탁자, 대리금융기관, 공동 제1순위 우선수익자 또는 그러한 행위의 상대방 등 제3자에 대해 일체 이의를 제기하지 않으며, 명시적으로 이의 제기권(소 제기권 포함)을 포기한다.][275]

한편, 채무자와 채무자 아닌 자가 채무자의 동일한 채무를 담보하기 위하여 자신들 소유의 부동산을 담보신탁한 경우, 우선 채무자가 신탁한 부동산 부분의 처분대금으로 대출금을 상환하여야 하는지 여부{대법원 2011다59797, 59803 판결([판례 4-109])}, 담보신탁의 선순위 수익자가 어느 부동산의 처분대금에서 자신의 채권을 회수할 때 각 부동산에 존재하는 후순위 수익자들 사이의 형평성을 고려하여야 하는지 여부{대법원 2012다79347 판결([판례 4-110])}에 대해서는 아래의 판례를 각 참조하기 바란다.

[판례 4-109] 대법원 2014. 2. 27. 선고 2011다59797, 59803 판결

1. 상고이유 제1, 5점에 대하여

가. 원심은 그 채택 증거에 의하여 판시 사실을 인정한 다음, 판시 사정들을 근거로 하여 자신의 채무를 담보하기 위하여 부동산을 신탁하는 위탁자는 그 신탁부동산의 처분대금이 채무의 변제에 충당된다는 것을 당연한 전제로 하는 반면, 다른 사람의 채무를 담보하기 위하여 부동산을 신탁하는 위탁자는 채무자가 신탁한 부동산의 처분대금으로 채무가 전부 변제된다면 자신이 신탁한 부동산이나 그에 갈음하는 물건은 그대로 반환된다는 것을 전제로 하여 신탁계약을 체결하였다고 봄이 당사자의 의사에 부합하는 점 등에 비추어, 원고(반소피고, 이하 '원고'라고 한다)들과 원고들 보조참가인(이하 '참가인'이라고 한다) 등이 참가인의 주식회사 신한은행(이하 '신한은행'이라고 한다)에 대한 대출금 채무를 담보하기 위하여 부동산을 신탁한 후에 그 신탁부동산이 처분되어 그 처분대금에서 우선수익자인 신한은행에게 배분하는 수익금을 공제하여 이를 신한은행에게 지급하는 방식으로 대출금 채무를 상환함에 있어, 우선 참가인이 신탁한 부동산 부분의 처분대금에서 신한은행에 대한 수익금을 공제하는 방식으로 대출금을 상환하여야 한다고 판단하였다.

나. 기록에 비추어 살펴보면, 원심의 위와 같은 판단은 정당하고, 거기에 상고이유 주장과 같이 수탁자의 선관의무와 공평의무에 관한 법리를 오해하여 판결에 영향을 미친 위법이 없다.

다. 한편, 부동산담보신탁이 변칙담보권에 해당한다는 가정적인 판단을 전제로 하여 공동

275) 부제소 합의서나 포기각서를 별도로 받아두기도 한다.

저당권의 목적물인 채무자 소유의 부동산과 물상보증인 소유의 부동산이 함께 경매되어 그 경매대가를 동시에 배당하는 경우 채무자 소유의 부동산의 경매대가에서 공동저당권자에 대한 배당이 우선적으로 이루어져야 한다는 대법원 2010. 4. 15. 선고 2008다41475 판결의 법리가 이 사건에 대해서도 유추 적용되어야 한다고 본 원심판단의 당부는 판결 결과에 영향이 없으므로, 이에 관한 나머지 상고이유 부분은 더 나아가 판단할 필요 없이 받아들이지 아니한다.

[판례 4-110] 대법원 2013. 6. 27. 선고 2012다79347 판결

1. 피고 주식회사 한국토지신탁(이하 '피고 한국신탁')의 상고이유에 대하여

가. 원심판결 이유에 의하면, 원심은 그 채택 증거를 종합하여 아래와 같은 사실을 인정하였다. ① 소외 1 등 16인은 2004. 11. 5. 자신들이 1/16지분씩 공유하는 이 사건 11개 건물에 관하여 피고 한국신탁과 사이에 이 사건 신탁계약을 체결하였다. 그 주요 내용은 소외 1 등 16인이 이 사건 11개 건물을 피고 한국신탁에 신탁하고, 피고 한국신탁은 춘당종합건설 주식회사(이하 '춘당건설')가 피고 경기저축은행 주식회사(이하 '피고 경기저축은행')와 피고 진흥저축은행 주식회사(이하 '피고 진흥저축은행', 위 두 피고들을 통틀어 '피고 은행들'이라 한다)에게 부담하는 채무 내지 책임의 이행을 보장하기 위하여 이 사건 11개 건물의 소유권을 보전 관리하며, 채무불이행 시에는 이를 환가 · 정산하고, 채무이행 후 신탁 종료 시에는 그 소유권을 춘당건설에게 귀속시킨다는 것 등이다. 이 사건 신탁계약에 따라 피고 은행들은 이 사건 11개 건물에 관하여 1순위 우선수익자(피고 경기저축은행 18억 2,000만 원, 피고 진흥저축은행 9억 8,000만 원)가 되었고, 2004. 11. 8. 이 사건 11개 건물에 관하여 피고 한국신탁 앞으로 신탁을 원인으로 한 소유권이전등기가 각 마쳐졌다. ② 한편, 춘당건설은 2004. 11. 8. 이 사건 11개 건물 중 이 사건 3개 건물(102호, 105호, 106호)에 관하여 피고 한국신탁과 사이에, 피고 은행들에 이은 제2순위의 우선수익자(5억 원)로 원고를 추가하는 이 사건 변경계약을 체결하였다. 이 사건 변경계약에는 특약사항 제9조가 추가되었는데, 그 내용은 "피고 한국신탁은 102호 매각 시 1억 5,000만 원, 105호 매각 시 1억 7,500만 원, 106호 매각 시 1억 7,500만 원을 제2순위 우선수익자에게 변제하기로 한다."는 것(제1항)과 "제1항에도 불구하고 제1순위 우선수익자의 채무변제 및 부대비용 집행 후 잔여금액이 호수별 변제금액에 미달하는 경우 제2순위 우선수익자에게 잔여금액 범위 내에서 채무를 변제하되, 수탁자는 동 신탁부동산 또는 타 신탁부동산 처분대금으로 제2순위 우선수익자의 채무가 완제될 수 있도록 제2순위 우선수익자에게 최대한 협조하여야 한다."는 것(제2항)이다. ③ 이후 춘당건설은 피고 한국신탁과 사이에, 2005. 2. 24. 이 사건 8개 건물(이 사건 11개 건물 중 이 사건 3개 건물을 제외한 나머지 건물) 중 지하 101호, 지하 102호의 2개 건물에 관하여 제2순위 우선수익자(3억

원)로 소외 2를 추가하는 내용의 담보신탁변경계약, 2005. 3. 15. 이 사건 8개 건물 중 201호, 202호, 701호의 3개 건물에 관하여 2순위 우선수익자(4억 5,000만 원)로 소외 3을 추가하는 내용의 담보신탁변경계약을 각 체결하였다. ④ 이 사건 8개 건물은 2004. 12. 14.부터 2005. 4. 26.까지 사이에 춘당건설의 대표이사인 소외 4 등에게 처분되었는데, 그 처분대금 합계 24억 5,900만 원 중 11억 원만이 피고 은행들의 채권에 대한 우선변제에 충당되었고, 나머지 13억 5,900만 원은 춘당건설에게 지급되었다. ⑤ 그 후 피고 한국신탁은 2008. 2. 19. 이 사건 3개 건물 중 102호 및 105호를 공매절차에 의하여 매각하였는데, 2008. 4. 30. 그 매각대금에서 부가가치세 등 제반 비용을 공제한 잔액 6억 8,000만 원을 피고 경기저축은행(2008. 4. 22. 기준으로 춘당건설에 대하여 원금 6억 원, 이자 417,834,043원의 채권이 남아있었다)에게 지급하였으며, 106호에 대한 공매는 현재까지 이루어지지 않고 있다.

이러한 사실관계를 기초로 원심은, 이 사건 8개 건물의 처분이 춘당건설 및 피고 은행들의 요청에 따라 피고 한국신탁이 공매가 아닌 수의계약 방식으로 직접 매각하는 방식으로 이루어졌고 그 처분대금의 정산도 피고 한국신탁에 의하여 이루어진 것이라는 전제하에, 그 판시와 같은 사정들을 이유로, 피고 한국신탁은 위 특약사항 제9조의 취지에 따라 이 사건 11개 건물 전체의 감정평가금액을 고려하면서 이 사건 8개 건물의 처분대금 정산과정에서 원고의 채권변제 가능성이 침해될 위험성을 최소화시키는 방향으로 최대한의 노력을 하는 신의칙상 보호의무를 부담한다고 보았다. 나아가 원심은, 피고 한국신탁은 이 사건 8개 건물의 처분대금을 정산하면서 원고의 2순위 우선수익권이 침해되지 않도록 1순위 우선수익자인 피고 은행들에 우선적으로 금액을 배분할 의무가 있었음에도 불구하고, 이에 위반하여 춘당건설에 반 이상의 금액이 배분되도록 한 결과, 이 사건 3개 건물 중 2개나 처분되고도 원고에게 2순위 우선수익금이 전혀 배당되지 못하는 손해가 발생하였고, 따라서 피고 한국신탁은 위와 같은 채무불이행으로 인하여 원고가 입은 손해를 배상할 책임이 있다고 판단하였다.

나. 그러나 앞서 본 사실관계 및 제1심 및 원심이 적법하게 채택한 증거들에 의하여 알 수 있는 아래와 같은 사정들을 종합하여 볼 때, 원심의 위와 같은 판단은 그대로 수긍하기 어렵다.

(1) 우선 원심이 "피고 한국신탁이 춘당건설 및 피고 은행들의 요청에 따라 공매가 아닌 수의계약 방식으로 이 사건 8개 건물을 직접 처분하였고 그 처분대금을 정산(배당)하였다."고 한 부분에 관하여 본다.

이 사건 11개 건물은 기존 우정연립주택의 재건축을 통해 신축된 건물의 구분건물 중 일부로서 재건축공사를 맡은 춘당건설에 공사대금의 대물변제로 제공되었는데, 춘당건설이 유치권 등의 문제로 이 사건 11개 건물의 분양에 어려움을 겪던 와중에 이 사건 신탁계약이 체결된 것으로 보인다. 이 사건 신탁계약은 담보신탁계약으로서, 춘당건설이 피고 은행들로부터 총 20억 원(피고 경기저축은행 13억 원, 피고 진흥저축은행 7억 원)을 대출받으면서 그 담보를 위하여 체결된 것이다. 이 사건 신탁계약에서 예정하고 있는 본래의 신탁재산의 처분방법은 채무자의 채무불이행 시 우선수익자의 요청으로 수탁자가 공매 등의 절차를 통해 신탁재산을 처분하고 그 대금을 정산(배당)하는 것인데, 그 외에도 이 사건 신탁계약에서는 피고 한국신탁이 춘당건설 및 피고 은행들의 동의하에 적정한 방법으로 처분하거나(특약사항 제2조), 춘당건설이 이 사건 11개 건물을 분양하여 그 분양대금으로 피고 은행들에 대한 채무를 변제하는 방식(특약사항 제7조)도 예정하고 있었던 것으로 보인다. 그런데 이 사건 8개 건물에 관하여 피고 은행들이나 춘당건설이 피고 한국신탁에 그 처분을 요청하였다든가 피고 한국신탁이 구체적인 처분의 절차를 밟았다는 점은 이를 인정할 만한 아무런 직접적인 증거가 없다. 반면, 피고 은행들이 피고 한국신탁에 건물이 분양되었다는 등의 이유로 이 사건 8개 건물에 관한 신탁을 해지하여 달라는 등의 요청을 하였던 점, 이 사건 8개 건물 중 일부 건물에 대한 2순위 우선수익자인 소외 2와 소외 3이 위와 같은 해지에 동의를 하였던 점, 일부 건물에 관해서는 '우정연립재건축추진위원회 소외 1 등 16인'이 매도인으로 된 공급계약서가 작성되기도 하였던 점, 이 사건 8개 건물의 처분대금이 피고 한국신탁에 입금된 흔적이 없는 점 등에 비추어 보면, 오히려 이 사건 8개 건물의 처분은 춘당건설에 의하여 이루어졌고 다만 피고 한국신탁은 춘당건설과 우선수익자들 전원의 해지요청에 따라 신탁계약을 해지해 준 것에 불과하다고 볼 여지가 크다. 비록 이 사건 8개 건물 중 일부에 관한 등기부등본에 신탁등기의 말소원인이 '신탁재산처분'이라고 기재되어 있기는 하나, 그러한 사정만으로 피고 한국신탁이 이 사건 8개 건물을 처분한 것이라고 단정하기는 어렵다고 보인다.

(2) 특약사항 제9조의 취지를 고려한다고 하더라도, 피고 한국신탁이 원고의 이익을 고려하여 이 사건 8개 건물의 처분 시 1순위 우선수익자인 피고 은행들에 우선적으로 금액이 배분되도록 하였어야 한다든가 피고 은행들의 신탁계약 해지요청을 거절하였어야 한다고 보기는 어렵다.

즉, 위 특약사항 제9조 제2항의 취지는, 이 사건 3개 건물의 처분 시 피고 은행들 등 선순위 권리자의 존재로 인하여 원고에 대한 변제금액이 제1항에서 정한 각 변제금액에 미달하는 경우가 있을 수 있어, 그러한 경우에는 피고 한국신탁은 이 사건 3개 건물 중 나머지 건물 또는 이 사건 8개 건물의 처분대금에서 원고가 그 부족분을 변제받을 수 있도록 최대한 협조하겠다는 것으로 보인다. 그러나 일반적으로 "최대한 협조한다."는 것은 당사자가 그러한 의무를 법적으로 부담하지는 않고, 다만 사정이 허락하는 한 그 이행을 하겠다는 취지에 불과한 것이므로(대법원 1996. 10. 25. 선고 96다16049 판결 등 참조), 피고 한국신탁이 어떠한 경우에도 원고에게 우선수익권 금액 5억 원이 변제될 수 있도록 책임을 지겠다는 것으로 볼 수는 없다(제9조 제2항 중 '타 신탁부동산'이란 '이 사건 8개 건물'을 지칭하는 것으로 읽어야 문맥상 자연스럽기는 하지만, 그렇게 해석한다고 하여 피고 한국신탁의 법적 의무가 달라지는 것은 아니다).

다만, 이 사건에서 이 사건 11개 건물의 처분 순서 및 처분대금의 채무변제 충당금액에 따라 원고의 채권이 이 사건 3개 건물의 처분대금에서 변제될 수 있는지가 달라지므로, 원고는 이 사건 8개 건물의 처분 및 처분대금 충당 등에 대해서 큰 이해관계가 있고, 이러한 사정에 비추어 피고 한국신탁은 원고의 이익을 고려하여야 할 수탁자로서의 의무가 있다고 볼 여지는 있다. 그러나 ① 이 사건 8개 건물의 감정가는 24억 5,000만 원(실제 처분금액도 24억 5,900만 원임), 이 사건 3개 건물의 감정가는 12억 2,000만 원이었고 당시 피고 은행들의 채권액은 17억 원(20억 원 중 3억 원은 신탁관계 외에서 변제를 받았음)이었던 점을 고려할 때, 피고 은행들이 이 사건 8개 건물의 처분대금에서 11억 원을 변제받고, 이 사건 3개 건물의 처분대금에서 6억 원을 변제받기로 하는 것이 원고에게 과도하게 불리한 것이라고 보이지는 않는 점, ② 더욱이 이 사건 8개 건물 중 5개 건물(감정가 14억 4,000만 원, 실제 처분가 14억 6,900만 원)에는 소외 2, 소외 3의 총 7억 5,000만 원의 2순위 우선수익권이 설정되어 있었는데, 피고 한국신탁이 이들의 이익을 도외시한 채 이 사건 8개 건물의 처분대금에서 피고 은행들의 대출금 전액이 우선적으로 변제되도록 조치할 수는 없었을 것으로 보이는 점(소외 2, 소외 3이 신탁해지에 동의한 점에 비추어 보면, 춘당건설이 수령한 13억 5,900만 원 중에서 일부가 소외 2, 소외 3에게 지급되었을 가능성도 커 보인다), ③ 이 사건 8개 건물이 처분되었을 당시만 해도 이 사건 3개 건물의 감정가는 12억 2,000만 원이었고 피고 은행들의 잔여 채무는 원금 6억 원에 불과하였으므로, 이 사건 11개 건물이 동시에 처분되는 경우와 비교해 보더라도 원고의 지위가 크게 열악하게 되었다고 단정하기는 어려운 점 등을 종합하여 보면, 피고 한국신탁이 이 사건 8개 건물의 처분대금으로 피고 은행들의 채권이 우선적으로 변제되도록 하지 않았거나 피고 은행들의 신탁계약 해지요청을 거절하지 않았다고 하여 그것이 원고에 대한 관계에서 채무불이행이 된다고 단정하기는 어렵다고 할 것이다.

다. 그럼에도 원심은, 이 사건 8개 건물의 처분대금으로 1순위 우선수익자인 피고 은행들이 우선변제를 받도록 하지 않은 것이 피고 한국신탁의 채무불이행이라고 보아 이에 따른 원고의 피고 한국신탁에 대한 손해배상청구를 일부 인용하였다. 이러한 원심판결에는 법률행위의 해석에 관한 법리를 오해하였거나, 논리와 경험의 법칙에 위반하여 자유심증주의의 한계를 벗어남으로써 판결에 영향을 미친 잘못이 있다. 이 점을 지적하는 피고 한국신탁의 상고이유 주장은 이유 있다.

2. 원고의 상고이유에 대하여

가. 원심은, 원고가 2순위 우선수익권을 보유한 신탁재산은 이 사건 3개 건물에 한정되고,

이에 더하여 피고 한국신탁이 이 사건 8개 건물의 처분대금에서도 원고의 채권을 지급하기로 약정한 사실을 인정할 증거가 없으므로, 피고 한국신탁이 원고에게 약정금으로 5억 원을 지급할 의무는 없다고 판단하였다.

관련 법리와 기록에 비추어 살펴보면, 원심의 위와 같은 판단은 정당한 것으로 수긍할 수 있고, 거기에 상고이유로 주장하는 법리오해 등의 위법이 없다.

나. 원심은, 채무자 소유의 수개 부동산에 관하여 공동저당권이 설정된 경우 적용되는 민법 제368조의 법리가 이 사건과 같은 담보신탁의 경우에도 유추적용된다고 보기는 어렵다고 보아, 피고 은행들이 이 사건 3개 건물 중 102호, 105호의 처분대금으로 수령한 돈 중 5억 원이 원고에 대한 관계에서 부당이득이 되고 피고 한국신탁 또한 이에 대하여 책임이 있다는 취지의 원고의 주장을 모두 배척하였다.

<u>채무자 소유의 수개의 부동산에 관하여 채권자들을 선순위 또는 후순위 우선수익자로 한 담보신탁계약이 체결되어 있는 경우, 당사자 사이의 약정 등 특별한 사정이 없는 한, 선순위 우선수익자가 어느 부동산의 처분대금에서 자신의 채권을 회수함에 있어 각 부동산에 존재하는 후순위 우선수익자들 사이의 형평까지 고려하여야 할 제약을 받는다고 볼 근거는 없다</u>. 그리고 설령 <u>선순위 우선수익자가 특정 부동산에서 다액의 채권을 회수함으로써 후순위 우선수익자들 사이에서 불공평한 결과가 발생하였다고 하더라도, 그러한 사정만으로 선순위 우선수익자가 특정 후순위 우선수익자에 대한 관계에서 부당이득을 취하였다고 볼 수도 없다</u>. 이와 같은 법리와 기록에 비추어 살펴보면, 원심의 이 부분 판단도 정당하고, 거기에 상고이유로 주장하는 법리오해 등의 위법이 없다.

한편 원고는, 이 부분 원고의 주장과 관련하여 원심이 일부 판단을 누락하였다는 주장도 하고 있으나, 원심의 판시 내용에 비추어 볼 때 원심에서 원고가 한 이 부분 주장을 모두 배척한 취지로 보이므로 원고의 위 주장도 받아들이지 않는다.

다. 원심은, 그 판시와 같은 이유로, 피고 은행들이 피고 한국신탁의 배임행위에 가담한 것이라고 보기는 어렵다고 보아, 피고 은행들이 피고 한국신탁과 함께 공동불법행위 책임을 부담한다는 취지의 원고의 주장을 배척하였다.

관련 법리와 기록에 비추어 살펴보면, 원심의 이 부분 판단도 정당하고, 거기에 상고이유로 주장하는 법리오해 등의 위법이 없다.

라. 원심은, 그 판시와 같은 이유로, 피고 한국신탁이 신탁재산인 이 사건 8개 건물과 그 처분대가를 적절하게 관리하지 아니하여 신탁재산의 감소를 초래하였으므로 5억 원을 신탁재산에 편입할 의무가 있다는 취지의 원고의 예비적 청구에 관한 주장을 배척하였다.

관련 법리와 기록에 비추어 살펴보면, 원심의 이 부분 판단도 정당하고, 거기에 상고이유로 주장하는 법리오해 등의 위법이 없다.

7) 신탁부동산의 환가

부동산담보신탁에서는 일반적으로 대출계약상 기한의 이익 상실 등 신탁계약에서 정한 사유(「신탁부동산처분사유」, 「담보권실행사유」 등 다양하게 정의된다)가 발생한 경우, 우선수익자의 수탁자에 대한 처분 또는 환가요청(지시)에 의해 수탁자가 신탁부동산을 환가(공매, 수의계약)하거나 기타 신탁재산에 속하는 현금 등으로 우선수익권 한도 내에서 우선수익자에게 수익을 지급함으로써 피담보채권을 회수하게 된다. 즉, 부동산담보신탁에서는 이러한 우선수익자의 신탁부동산에 대한 처분지시와 그에 따른 환가절차 및 처분대금의 분배절차가 가장 중요한 의미를 가지고 신탁계약에는 이에 대해 자세히 규정한다. 통상은 신탁부동산 처분사유 발생 → (선순위) 우선수익자의 수탁자에 대한 처분지시 → 신탁부동산 환가(공매, 수의계약) → 환가 후 처분대금의 분배 등의 순서로 진행되는데, 이 과정에서 신탁부동산처분사유 발생 유무, 절차위반, 염가처분(특히 수의계약의 경우) 등을 이유로 후순위 수익자 또는 위탁자(수익자)가 수탁자나 그 상대방 등을 상대로 해당 특정절차의 중지(금지)를 구하는 가처분과 본안소송(유지청구, 원상회복청구, 수익자취소권 행사, 손해배상청구 등) 등을 제기하는 방법으로 이를 다투는 경우가 자주 발생하고 있으나 그 인용률(특히 원상회복청구, 수익자취소권 행사의 인용률)은 매우 낮은 것으로 보인다.

[계약서 기재례] 신탁부동산의 처분 ①

제10조 (신탁부동산의 처분)

① 우선수익자는 다음 각호의 어느 사유가 발생하는 경우(그 발생 여부는 전적으로 우선수익자의 재량에 의한다) 수탁자에게 신탁부동산의 처분을 요청할 수 있으며, 수탁자는 우선수익자의 요청에 의하여 처분[할 수 있]한다. 이에 대하여 위탁자는 일체의 이의를 제기치 아니하고 수탁자의 처분업무에 적극 협조하여야 한다.

1. 위탁자가 신탁계약 위반 등으로 피담보채무의 상환이 불가능하다고 판단되는 경우
2. 위탁자의 금융거래정지, 부도, 청산신청, 파산신청 또는 채무자회생 및 파산에 관한 법률상 보전처분 또는 이에 준하는 상황이 발생될 위험이 있거나 또는 발생으로 인하여 피담보채무를 상환할 수 없거나 상환에 막대한 차질이 발생하는 경우 기타 이하 동일시 할 수 있다고 판단되는 경우
3. 여신거래약정[276]상 대출금의 기한의 이익이 상실된 경우
4. 기타 여신거래약정에서 정한 사유가 발생하여 우선수익자가 요청하는 경우

② 기본계약 제[*]조 및 본 조 제①항에 따라 신탁부동산을 처분하는 경우, 기본계약 제[*]조부터 제[*]조까지의 규정에도 불구하고, 신탁부동산의 구체적인 처분방법(수

276) 별도 용어정의

의계약 포함), 처분가격, 처분조건, 처분대금 수납방법 기타 처분에 관한 사항을 우선수익자가 수탁자의 처분절차에 관한 의견을 고려하여 정할 수 있고, 위탁자는 이에 이의 없이 동의하고 처분절차에 협조한다. 공매의 방법으로 신탁부동산을 처분하는 경우, 최초 처분예정가격은 기본계약 제[*]조의 규정에도 불구하고, 매각을 위한 별도 감정을 하여 감정가격의(공매가 진행되어 매회 공매 유찰 시에 유찰된 회차의 최저가격을 포함한다) 100%를 상위하는 범위 내 우선수익자의 채권을 해하지 않는 범위에서 정할 수 있으며, 동 감정에 소요되는 비용은 처분을 요청한 자가 선지출하고, 매각에 소요되는 비용으로 간주하여 정산하기로 한다.

③ 본 조 제①항에 따라 공매 외의 방법으로 신탁부동산을 처분하는 경우, 신탁부동산의 처분가격은 처분 당시의 경제상황, 시장가격, 감정가, 우선수익자의 의견, 우선수익한도금액, 처분의 시급성, 신탁과 관련된 법적 제한사항(가압류, 가처분 등) 기타 사정을 고려한 적정한 가격으로 정한다.

④ 위탁자는 본 조 제①항의 신탁부동산 처분 시, 신탁부동산을 포함한 그 지상건축물(시설물, 완성 또는 미완성건물 등 포함)을 일괄 처분할 수 있도록 건축주명의, 건축허가권, 건축물 소유권 등 건축에 관련된 일체의 권리를 신탁토지와 함께 신탁토지의 매수자에게 양도하고 이에 필요한 행정상 및 기타 권리양도에 필요한 모든 협조를 다하여야 한다. 이 경우 위탁자는 지상건축물의 건축주 명의변경절차 등 우선수익자가 요청하는 절차를 우선수익자가 지정하는 자에게 동시에 진행하여야 하며, 우선수익자가 요청하는 경우 건축주 명의변경 등 우선수익자가 요청하는 절차에 필요한 서류 일체를 우선수익자가 지정하는 자에게 제출하여야 한다. 위탁자는 우선수익자의 사전 동의없이 신탁부동산상의 지상건축물을 제3자에게 양도하거나 제공할 수 없으며, 수탁자에 의한 신탁부동산의 처분 시 어떠한 경우에도 우선수익자, 수탁자 및 신탁부동산의 매수자에 대하여 (법정)지상권, 임차권 등을 포함하여 신탁부동산에 대한 어떠한 형태의 토지사용권을 주장할 수 없다.

⑤ 기본계약 제[*]조 제①항, 본 조 제①항의 각호의 사유가 발생하지 않은 경우에도, 우선수익자에 대한 채무이행을 위하여 위탁자가 요청하고 우선수익자가 동의하는 경우에는 수탁자는 신탁부동산을 처분할 수 있고, 처분절차는 본 조 제①, ②항 및 기본계약 제[*]조부터 제[*]조까지에서 정한 바에 따른다.

⑥ 수탁자가 신탁부동산을 처분하는 경우, 명도책임, 담보책임, 민원 기타 매도인이 부담하는 제반 의무 및 책임 일체는 위탁자가 부담하며, 이를 확인하기 위하여 매매계약서(또는 분양계약서 등 그 명칭을 묻지 않는다)에 '수탁자는 매수인 앞으로의 등기부상 소유권이전에 관하여만 책임을 지며, 그 외 매도인으로서의 제반 책임과 의무는 위탁자에게 있다'라는 문구를 삽입한다.

⑦ 신탁기간 중 위탁자의 요청으로 우선수익자의 동의를 얻어 체결되거나 수탁자를 임대인으로 하여 체결된 임대차계약이 있을 경우, 임대인 지위를 매수인이 승계하는 조

건으로 처분한다.

⑧ 수탁자는 신탁부동산을 처분(공매에 의한 환가를 포함함)하는 경우, 기본계약 제[*]조 제①항에도 불구하고, 처분대금에서 신탁재산 관련 조세(납부의무는 성립하였으나, 납부기한이 도래하지 않는 조세를 포함한다)를 우선적으로 납부하며, 신탁기간 종료 이후에 납부기한이 도래하는 신탁재산 관련 조세가 존재하는 경우, 수탁자는 해당 조세 납부를 위해 필요한 금전을 제외한 잔여 신탁재산을 기본계약 제[*]조 제①항에 따라 정산한다.

⑨ 기본계약 및 특약사항에 따라 우선수익자 등이 수탁자에게 신탁부동산에 대한 처분(공매 포함)을 요청할 경우 신탁부동산 전체에 대한 일괄처분 요청을 원칙으로 한다. 다만, 수탁자의 동의를 득하여 신탁부동산에 대한 개별처분 요청을 할 수 있으나, 이 경우 개별매매계약 1건당 최저 재산처분보수는 금 [*]원으로 한다

⑩ 신탁부동산이 환가되어 그 대금을 정산 배당하는 경우 우선수익자에 대한 배당비율은 배당 당시 우선수익자의 피담보채권의 액을 기준으로 한다. 다만, 우선수익자에게 배당되는 환가대금의 합계액이 배당 당시 우선수익자의 피담보채권의 액의 총 합계액에 미달하는 경우에는 여신거래 약정상의 충당 및 분배방법에 따라 배당한다.

⑪ 우선수익자가 동의한 위탁자의 매매, 분양 기타 처분이 있는 경우, 본 조에 정한 처분의 대상은 매매, 분양 기타 처분계약이 해제 또는 해지된 부동산에 한한다.

[계약서 기재례] 신탁부동산의 처분 ②

제11조 (수의계약에 의한 처분 특례)

① 본 계약 제18조(신탁부동산의 처분시기) 제1항 제1호의 '우선수익자와 채무자 간에 체결한 여신거래 약정 위반 시'는, 채무자가 공동 제1순위 우선수익자에 관련된 여신거래약정에 따른 제1순위 피담보채무의 기한의 이익을 상실한 것으로 공동 제1순위 우선수익자가 판단하여 수탁자에게 신탁부동산의 처분을 요청한 경우를 의미하며, 공동 제1순위 우선수익자가 본 계약 제18조(신탁부동산의 처분시기) 제1항 제1호에 따른 처분 요청 시 해당 처분과 관련하여 매수인을 지정하여 요청하는 경우에는 수탁자는 수의계약에 의하여 신탁재산을 처분한다.

② 본 조 제1항에 의한 처분 시 처분가격은, 본 계약 제20조에도 불구하고, 처분을 위한 감정평가금액 이상으로 공동 제1순위 우선수익자가 결정하여 수탁자에게 통지하기로 한다. 본 항에 따른 감정에 소요되는 비용은 본 계약 제20조 제1항 제1호의 공매절차에 따른 비용으로 간주하여 본 계약 제20조 제1항에 따라 지급・정산하기로 한다.

③ 본 계약 제22조 제1항 처분대금 등 정산방법과 관련하여 부동산관리 및 공매절차에 따른 비용은 신탁재산의 수분양자가 존재하는 경우 수분양자에게 지급하여야 할 분양금

반환대금, 신탁재산의 관리·유지 및 신탁사무의 처리와 관련하여 처분대금 잔금 지급일까지 발생한 제비용을 포함한다.

8) 신탁부동산 처분(분양)과 소유권이전등기

실무에서는 위탁자의 채권자가 부동산담보신탁계약의 종료(해지) 등에 따른 위탁자의 수탁자에 대한 신탁부동산의 소유권이전등기청구권 또는 위탁자의 수익권을 (가)압류/가처분하는 경우가 자주 발생한다.

이때 신탁부동산처분사유가 발생하여 수탁자가 신탁부동산을 처분하거나 수탁자가 분양의 주체로서 신탁계약[277]에 따라 신탁부동산을 분양/처분하고 수분양자(매수인)에게 해당 신탁부동산에 관한 소유권이전등기를 경료하더라도 그러한 분양/처분 및 소유권이전등기는 신탁계약의 당초 목적에 따른 것이므로 위 (가)압류/가처분에 위반되는 것이 아니다.

한편, 위탁자가 신탁부동산에 대한 (분양/처분권한을 보유하고 그에 따라) 분양/처분을 한 경우에는 신탁계약을 해지 후 '신탁재산 귀속'을 원인으로 위탁자에게 소유권이전등기를 한 다음 분양계약/매매계약 등을 원인으로 해당 수분양자/매수인에게 소유권이전등기를 하는 것이 원칙인데, 실무에서 체결되는 부동산담보신탁계약서에는 통상 이 경우에도 우선수익자의 서면요청에 따라 수탁자가 매도인으로서의 책임을 부담하지 않는 조건으로 신탁부동산의 소유권을 수분양자/매수인에게 직접 이전할 수 있다는 내용을 특약사항으로 정하고 있는 경우가 많다. 그러나 이것은 신탁계약 해지에 따른 소유권이전등기절차를 간편하게 처리하기 위하여 위탁자 대신 수탁자로 하여금 수분양자/매수인에게 직접 신탁부동산에 관한 소유권이전등기를 하는 것을 예외적으로 허용하는 취지일 뿐 수탁자에게 신탁부동산에 관한 처분권한을 부여하거나 수분양자/매수인에게 수탁자에 대하여 소유권이전등기청구권을 직접 취득할 수 있음을 정한 규정으로 볼 수는 없다. 따라서 위 특약사항에 따른 소유권이전등기는 수탁자가 신탁계약에 따라 신탁부동산을 처분하여 마쳐준 것이 아니고, 신탁계약 해지에 따른 수탁자의 위탁자에 대한 소유권이전등기와 이를 전제로 한 위탁자의 매수인에 대한 소유권이전등기가 단축되어 이행된 것에 불과하다. 그리고 소유권이전등기청구권에 대한 (가)압류가 있으면 변제금지의 효력에 따라 제3채무자는 채무자에게 임의로 이전등기를 이행하여서는 아니 되나, 이러한 (가)압류에는 청구권의 목적물인 부동산 자체의 처분을 금지하는 대물적 효력이 없으므로, 제3채무자인 수탁자나 채무자인 위탁자로

277) 통상은 수탁자가 신탁부동산에 대한 분양/처분권한을 가지는 신탁이 여기에 해당한다.

부터 소유권이전등기를 마친 제3자(수분양자/매수인)에 대하여는 취득한 등기가 원인무효라고 주장하여 말소를 청구할 수 없지만, 제3채무자(수탁자)가 (가)압류결정을 무시하고 소유권이전등기를 이행하고 채무자(위탁자)가 다시 제3자(수분양자/매수인)에게 소유권이전등기를 마쳐준 결과 채권자에게 손해를 입힌 때에는 불법행위에 따른 배상책임을 진다.

[판례 4-111] 대법원 2022. 12. 15. 선고 2022다247750 판결

1. 관련 법리

가. 부동산 담보신탁계약이 해지된 경우에는 '신탁재산 귀속'을 원인으로 위탁자에게 소유권이전등기를 한 다음 '분양계약'을 원인으로 매수인에게 소유권이전등기를 하는 것이 원칙이다. 이 경우에도 우선수익자의 서면요청에 따라 수탁자가 매도인으로서의 책임을 부담하지 않는 조건으로 신탁부동산의 소유권을 매수인에게 직접 이전할 수 있다는 내용을 특약사항으로 정하였다면, 이는 신탁계약 해지에 따른 소유권이전등기 절차를 간편하게 처리하기 위하여 위탁자 대신 수탁자로 하여금 매수인에게 직접 신탁부동산에 관한 소유권이전등기를 하는 것을 예외적으로 허용하는 취지일 뿐 수탁자에게 신탁부동산에 관한 처분권한을 부여하거나 매수인에게 수탁자에 대하여 소유권이전등기청구권을 직접 취득할 수 있음을 정한 규정으로 볼 수는 없다. 따라서 위 특약사항에 따른 소유권이전등기는 수탁자가 신탁계약에 따라 신탁부동산을 처분하여 마쳐준 것이 아니고, 신탁계약 해지에 따른 수탁자의 위탁자에 대한 소유권이전등기와 이를 전제로 한 위탁자의 매수인에 대한 소유권이전등기가 단축되어 이행된 것에 불과하다(대법원 2012. 7. 12. 선고 2010다19433 판결, 대법원 2018. 12. 27. 선고 2018다237329 판결 참조).

나. 소유권이전등기청구권에 대한 압류가 있으면 변제금지의 효력에 따라 제3채무자는 채무자에게 임의로 이전등기를 이행하여서는 아니 되나, 이러한 압류에는 청구권의 목적물인 부동산 자체의 처분을 금지하는 대물적 효력이 없으므로, 제3채무자나 채무자로부터 이전등기를 마친 제3자에 대하여는 취득한 등기가 원인무효라고 주장하여 말소를 청구할 수 없지만, 제3채무자가 압류결정을 무시하고 이전등기를 이행하고 채무자가 다시 제3자에게 이전등기를 마쳐준 결과 채권자에게 손해를 입힌 때에는 불법행위에 따른 배상책임을 진다(대법원 2007. 9. 21. 선고 2005다44886 판결 등 참조).

2. 원심 판단

원심은 판시와 같은 이유로, 피고가 매수인들과 매매계약을 체결한 후 소유권이전등기를 마쳐준 것은 이 사건 담보신탁계약의 해지 등 종료를 원인으로 한 것이 아니어서 이 사건 압류 및 가압류결정에 위반되지 않는다고 보아, 원고들이 주장하는 불법행위가 성립한 것으로 볼 수 없다고 판단하였다.

3. 대법원 판단

가. 원심판결 이유와 기록에 따르면, 다음과 같은 사정을 알 수 있다.

1) 주식회사 동보주택건설(이하 '동보주택건설'이라 한다)은 2012. 10. 10. 피고와 이 사건 아파트에 관하여 이 사건 담보신탁계약을 체결하고 그 무렵 피고에게 신탁등기를 마쳐주었다.

2) 이 사건 담보신탁계약 제17조 제1항 제1호는 '우선수익자와 채무자 사이에 체결한 여신거래계약을 불이행할 경우에는 신탁기간 종료 전이라도 우선수익자의 요청에 따라 신탁부동산을 처분할 수 있다.'고 정하였다. 한편, 이 사건 담보신탁계약 특약사항 제7조 제3항은 '처분대금을 완납한 매수인에 대한 소유권이전을 위하여 신탁자의 서면 요청 및 우선수익자의 서면동의가 있는 경우 신탁계약을 해지하고, 신탁자에게 신탁부동산의 소유권을 귀속시킬 수 있다.'고 정하였고, 같은 조 제4항은 '제3항에도 불구하고 수탁자는 우선수익자의 서면요청에 따라 매도인으로서의 책임을 부담하지 않는 조건으로 매수인과 매매계약을 체결하는 등의 방법으로 신탁부동산의 소유권을 매수인에게 직접 이전할 수 있으며 이에 대한 환가처분 보수를 수취한다.'고 정하였다.

3) 2013. 10. 18.경 및 2014. 7. 10.경 동보주택건설의 채권자인 원고들의 신청으로 이 사건 아파트 중 일부 호실에 관하여 동보주택건설이 피고에 대하여 갖는 '이 사건 담보신탁계약의 해지를 원인으로 한 소유권이전등기청구권' 또는 '이 사건 담보신탁계약의 종료(해지 포함)를 원인으로 한 소유권이전등기청구권'에 관하여 이 사건 압류 및 가압류결정이 내려졌고, 위 각 결정은 그 무렵 피고에게 송달되었다.

4) 피고는 이 사건 압류 및 가압류결정에도 불구하고 그 후 우선수익자의 동의 및 동보주택건설의 요청에 따라 매수인들에게 이 사건 압류 및 가압류결정의 대상에 포함된 이 사건 아파트 중 일부 호실에 관하여 '매매'를 원인으로 소유권이전등기를 마쳐주었고, 이로 말미암아 위 호실에 관한 신탁등기는 '신탁재산의 처분'을 원인으로 말소되었다.

5) 피고와 매수인들 사이에 작성된 부동산매매계약서에는 이 사건 담보신탁계약 특약사항 제7조에 따라 작성되었다는 내용이 명시되어 있고(제1조), 매매대금은 동보주택건설과 매수인들 사이에 체결한 '분양계약'에 따라 지급되며(제2조), 수탁자인 피고는 이 사건 담보신탁계약 특약사항 제7조에 따라 매수인들의 잔금 납입에 따른 등기상 소유권이전에 관하여만 책임을 부담할 뿐 명도 · 하자담보 · 매매대금 반환 등 매도자로서의 제반 책임과 의무를 부담하지 않고, 그 책임과 의무는 위탁자인 동보주택건설에 있으며, 매수인들도 수탁자인 피고에게 매도인의 책임을 묻지 않기로 하는 내용이 기재되어 있다(제3조).

나. 이러한 사정을 관련 법리에 비추어 보면, 원심의 판단은 아래와 같은 이유에서 수긍할

수 없다.

1) 동보주택건설 · 매수인 사이에 작성된 '분양계약서'와 별도로 피고 · 매수인들 사이에 '부동산매매계약서'가 작성된 후 이에 따라 소유권이전등기가 마쳐지기는 하였지만, 피고와 매수인들 사이에 작성된 부동산매매계약서는 이 사건 담보신탁계약 특약사항 제7조에 따라 작성되었음이 문언상 명백하고, 위 부동산매매계약서에 포함된 신탁부동산의 매매에 따른 권리 · 의무의 주체와 그 내용 등 핵심사항은 대부분 동보주택건설 · 매수인들 사이의 분양계약에서 정한 것을 그대로 따랐으며, 수탁자인 피고는 등기이전의무 이외에 매도인으로서 아무런 책임을 부담하지 않을 것을 조건으로 정하였다. 그러므로 **피고가 매수인들에게 이 사건 아파트 중 일부 호실을 매도한 것**이 이 사건 담보신탁계약 특약사항 제7조 제3항 및 이를 전제로 하는 같은 조 제4항에 따른 이 사건 담보신탁계약의 해지 및 신탁부동산의 귀속과 무관하게 **이 사건 담보신탁계약 제17조 제1항 제1호 등에서 정한 바에 따라 이 사건 담보신탁계약의 본래 목적을 달성하기 위하여 신탁부동산을 처분하여 환가한 후 신탁비용 및 대출원리금 채무의 변제 등에 충당한 경우에 해당한다고 보기는 어렵다.**

2) 즉, **이 사건 담보신탁계약 특약사항 제7조 제4항은 수탁자인 피고가 매수인들과 매매계약을 체결하는 등의 방법으로 신탁부동산의 소유권을 매수인들에게 직접 이전할 수 있다고 명시하였지만**, 이 역시 같은 조 제3항에 따라 이 사건 담보신탁계약이 해지됨을 전제로 하여 피고의 동보주택건설에 대한 소유권이전등기의무와 동보주택건설의 매수인들에 대한 소유권이전등기의무를 단축하여 이행하는 방법을 정한 것으로 보일 뿐 **피고에게 신탁부동산의 독자적인 처분권을 부여하는 조항으로 해석할 수는 없다**. 이 사건 담보신탁계약 특약사항 제7조 제3항은 이 사건 담보신탁계약이 해지됨을 전제로 매수인들에 대한 소유권이전등기를 이행하는 원칙적인 방법을 정한 것이고, 같은 조 제4항은 위 제3항에 따른 소유권이전등기절차를 간편하게 처리하기 위한 예외적인 방법을 정하였음이 분명하기 때문이다. 앞서 본 관련 법리도 부동산 담보신탁계약의 수탁자에 대한 분양 부동산의 소유권이전등기청구권을 매수인이 직접 취득 · 행사할 수 있는 특약이 적용될 수 있는 경우가 아닌 한, '분양대금에 의한 우선수익자의 채권변제가 확보된 상태'에서의 부동산 담보신탁계약 해지의 경우에만 한정하여 적용되는 것이 아니라, **그 실질에 있어서 부동산 담보신탁계약의 해지 및 그와 관련한 신탁재산 귀속과 분양계약을 원인으로 최종적으로 매수인에게 분양 부동산의 소유권이전등기가 이루어지는 경우에 전반적으로 적용**되고, 이 사건 담보신탁계약의 해지 사유에 달리 특별한 제한이 명시되지 않은 이상, 이 사건 담보신탁계약 특약사항 제7조가 동보주택건설이 우선수익자인 이 사건 금융기관들에게 분양대금에 상응하는 대출금을 모두 변제한 경우에만 적용된다고 볼 수는 없다.

3) 소유권이전등기청구권에 관한 이 사건 압류 및 가압류결정의 변제금지 효력에 따라 제3채무자인 피고는 채무자인 동보주택건설에 대하여 이 사건 담보신탁계약의 해지 또는 종료를 원인으로 하여 임의로 소유권이전등기를 이행할 수 없다. 피고가 위 각결정을 송달받은 후 매수인들에게 그 각 결정의 대상에 포함된 이 사건 아파트 중 일부 호실에 관한 소유권이전등기를 마쳐준 것이 이 사건 담보신탁계약 특약사항 제7조에서 정한 이 사건 담보신탁계약의 해지에 따른 것이라면, 이는 이 사건 담보신탁계약의 해지에 따른 피고의 동보주택건설에 대한 소유권이전등기의무와 동보주택건설의 매수인들에 대한 소유권이전등기의무를 단축하여 이행한 것에 해당하는바, 이는 결과적으로 제3채무자인 피고가 이 사건 압류 및 가압류결정을 무시한 채 동보주택건설에 대한 소유권이전등기를 이행한 후 채무자인 동보주택건설이 다시 제3자인 매수인들에게 소유권이전등기를 마쳐줌으로써 채권자인 원고들에게 손해를 입힌 때에 해당하므로 불법행위책임이 성립한다고 볼 수 있다.

4) 그럼에도 원심은 피고가 매수인들에게 마쳐준 소유권이전등기가 이 사건 담보신탁계약의 해지 등 종료를 그 원인으로 한 것이 아니라고 보아 이 사건 압류 및 가압류결정에 위반되지 않는다고 판단하였는바, 이러한 원심의 판단에는 이 사건 담보신탁계약 특약사항 제7조 제3·4항의 해석 및 이 사건 압류 및 가압류결정의 효력 범위에 관한 법리를 오해하여 필요한 심리를 다하지 아니함으로써 판결에 영향을 미친 잘못이 있다.

[판례 4-112] 대법원 2019. 7. 10. 선고 2016다261250 판결

1. 상고이유 제1점에 관하여

가. 소유권이전등기청구권에 대한 압류가 있으면 그 변제금지의 효력에 의하여 제3채무자는 채무자에게 임의로 이전등기를 이행하여서는 아니 되는 것이나, 그와 같은 압류는 채권에 대한 것이지 등기청구권의 목적물인 부동산에 대한 것이 아니고, 채무자와 제3채무자에게 결정을 송달하는 외에 현행법상 등기부에 이를 공시하는 방법이 없는 것으로서 당해 채권자와 채무자 및 제3채무자 사이에만 효력을 가지며, 제3자에 대하여는 압류의 변제금지의 효력을 주장할 수 없으므로 소유권이전등기청구권의 압류는 청구권의 목적물인 부동산 자체의 처분을 금지하는 대물적 효력은 없어서 제3채무자나 채무자로부터 이전등기를 경료한 제3자에 대하여는 취득한 등기가 원인무효라고 주장하여 말소를 청구할 수 없고, 제3채무자가 압류결정을 무시하고 이전등기를 이행하고 채무자가 다시 제3자에게 이전등기를 경료하여 준 결과 채권자에게 손해를 입힌 때에는 불법행위를 구성하고 그에 따른 배상책임을 지게 된다(대법원 2002. 10. 25. 선고 2002다39371 판결 참조).

나. 원심은 그 판시와 같은 사실을 인정한 다음, 다음과 같이 판단하였다. ① 이 사건 말소

및 소유권이전등기는 피고가 유호산업개발 주식회사(이하 '유호산업개발'이라고 한다)에게 이 사건 신탁계약 해지를 원인으로 한 소유권이전등기를 하여주는 대신 유호산업개발의 요청에 따라 매수인에게 소유권이전등기를 하여주는 방식으로 이 사건 제1, 2토지를 반환한 것이다. ② 이 사건 말소 및 소유권이전등기 당시 이 사건 가압류의 피압류채권인 '유호산업개발의 피고에 대한 이 사건 신탁계약 해지를 원인으로 한 소유권이전등기청구권'은 이미 발생하였다. ③ 피고는 이 사건 말소 및 소유권이전등기로 인하여 원고가 위 소유권이전등기청구권에 대한 집행을 할 수 없게 되었음을 알고 있었다. ④ 따라서 이 사건 말소 및 소유권이전등기는 이 사건 가압류에 저촉되므로 피고는 원고에게 불법행위에 따른 손해배상책임이 있다.

다. 원심판결 이유를 앞서 본 관련 법리와 기록에 비추어 살펴보면, 원심의 이러한 판단에 상고이유 주장과 같이 피압류채권 침해로 인한 손해배상책임 성립에 관한 법리를 오해한 잘못이 없다.

[판례 4-113] 대법원 2018. 12. 27. 선고 2018다237329 판결

1. 부동산 신탁계약에서 분양대금에 의한 우선수익자의 채권 변제가 확보된 상태에 이르면, 위탁자인 시행사는 매수인에게 분양된 부동산에 관한 소유권이전등기를 마쳐 주기 위하여 그 부분에 관한 신탁을 일부 해지할 수 있고, 우선수익자는 그 신탁 일부 해지의 의사표시에 관하여 동의의 의사표시를 하기로 하는 묵시적 약정을 한 것으로 볼 수 있다(대법원 2010. 12. 9. 선고 2009다81289 판결 참조).
   그리고 이와 같이 신탁계약이 해지된 후에는 '신탁재산귀속'을 원인으로 하여 위탁자 앞으로 소유권이전등기를 한 다음 다시 '분양계약'을 원인으로 하여 매수인 앞으로 소유권이전등기가 이루어지게 된다. 그런데 신탁계약상 '우선수익자의 서면요청이 있는 경우 수탁자는 매수인으로부터 확약서를 징구한 다음 신탁부동산의 소유권을 매수인에게 직접 이전할 수 있다'는 취지의 특약사항의 의미는 수탁자로 하여금 분양목적물에 관한 소유권이전등기를 위탁자에게 하는 대신 매수인에게 직접 하게 하는 것도 허용하는 취지를 규정하는 것일 뿐이다. 이와 달리 위 특약사항을 매수인에게 수탁자에 대한 소유권이전등기청구권을 직접 취득하게 하기 위한 규정으로 볼 수는 없다(대법원 2012. 7. 12. 선고 2010다19433 판결 참조).
   한편, 신탁행위로 수익자를 신탁재산의 귀속권리자로 정한 경우 수익자의 채권자가 수익자의 수탁자에 대한 신탁수익권의 내용인 급부청구권을 압류하였다면, 특별한 사정이 없는 한 그 압류의 효력은 수익자가 귀속권리자로서 가지는 신탁원본의 급부청구권에 미친다(대법원 2016. 3. 24. 선고 2013다15654 판결 참조).

2. 원심판결 이유와 기록에 의하면 다음과 같은 사실을 알 수 있다.
   ① 소외인과 피고는 2015. 3. 20.경 이 사건 오피스텔에 관하여 담보신탁계약을 체결하

고 신탁등기를 마쳤다.

② 이 사건 신탁계약 특약사항 제6조 제1항은 '분양(매매)대금을 완납한 수분양자(매수자)에 대하여 우선수익자의 수분양자(매수자) 앞 소유권이전 서면요청이 있는 경우, 수탁자는 수분양자(매수자)로부터 붙임의 확약서를 징구한 다음, 신탁부동산의 소유권을 수분양자(매수자)에게 직접 이전할 수 있다'라고 규정하고 있다.

③ 소외인의 채권자인 원고는 이 사건 오피스텔에 관하여 소외인이 피고에 대하여 가지는 신탁수익청구권에 대하여 압류 및 추심명령을 받았고, 위 압류 및 추심명령은 2016. 7. 11. 피고에게 송달되었다.

④ 소외인은 2016. 10. 18. 이 사건 오피스텔을 매수인들에게 매도하였고, 소외인과 우선수익자는 피고에게 특약사항 제6조 제1항을 근거로 매수인들에 대하여 소유권을 직접 이전하여 줄 것을 요청하였다.

⑤ 이에 피고는 2016. 10. 18. 매수인들에게 해당 호실 오피스텔에 대한 이 사건 소유권이전등기를 마쳐 주었고, 소외인은 매수인들로부터 수령한 매매대금 중 일부를 우선수익자에 대한 채무변제와 신탁보수 지급에 사용하였다.

3. 이와 같은 사실관계를 앞서 본 법리에 비추어 살펴보면, 이 사건 신탁계약 특약사항 제6조 제1항은 신탁계약의 종료에 따른 소유권이전의 절차를 간편하게 처리하기 위한 합의사항에 불과할 뿐 이를 피고에게 신탁부동산의 처분권을 부여하는 조항으로 해석할 수는 없다. 따라서 이 사건 소유권이전등기는 특약사항 제6조 제1항에 의하여 신탁계약의 종료에 따른 피고의 소외인에 대한 소유권이전등기의무와 이 사건 매매계약에 따른 소외인의 매수인들에 대한 소유권이전등기의무가 단축되어 이행된 것에 불과하고, 그와 달리 피고가 신탁계약에서 정한 바대로 이 사건 오피스텔을 처분하여 그에 따른 소유권이전등기를 한 것으로 볼 수는 없다.
그런데 이 사건 압류 및 추심명령의 효력은 소외인의 이 사건 오피스텔에 관한 소유권이전등기청구권에 대하여 미치므로, 결국 압류 및 추심명령이 피고에게 송달된 후 피고가 매수인들에게 이 사건 소유권이전등기를 마쳐준 것은 압류 및 추심명령의 효력을 위반한 불법행위에 해당한다.

[판례 4-114] 대법원 2016. 3. 24. 선고 2013다15654 판결

1. 상고이유 제1점에 관하여

가. 법률행위의 해석은 당사자가 표시행위에 부여한 객관적인 의미를 명백하게 확정하는 것으로서, 당사자가 표시한 문언에 의하여 객관적인 의미가 명확하게 드러나지 아니하는 경우에는 문언 내용과 법률행위가 이루어지게 된 동기 및 경위, 당사자가 법률행위에 의하여 달성하려고 하는 목적과 진정한 의사, 거래관행 등을 종합적으로 고찰하여 사회정의와 형평의 이념에 맞도록 논리와 경험의 법칙 그리고 사회일반의 상식과

거래의 통념에 따라 합리적으로 해석하여야 한다(대법원 2011. 5. 26. 선고 2010다102991 판결 등 참조).

나. 원심판결 이유와 기록에 의하면, 다음과 같은 사실을 알 수 있다.

(1) B는 제1심판결 별지1 부동산 목록 제1항 내지 제3항 기재 토지(이하 위 토지들을 각 '이 사건 제1, 2, 3 토지'라고 한다) 위에 제1심판결 별지1 부동산 목록 제4항 내지 제39항 기재 아파트(이하 '이 사건 아파트'라고 한다)를 신축하기로 하여 이에스씨종합건설 주식회사(이하 '이에스씨'라고 한다)를 시공사로 선정하였으나 자금부족과 미분양으로 공사 진행에 어려움을 겪다가 이에스씨의 하수급인들에 의해 공사가 완성되었고, 이 사건 제1, 2, 3 토지 위에는 L, M, N(이하 'L 등'이라고 한다)을 비롯하여 B 및 이에스씨의 채권자들의 가압류등기 또는 근저당권 등이, 이 사건 아파트 중 일부 위에는 L 등의 근저당권이 마쳐지거나 설정되었다.

(2) B가 자력이 없고 분양도 되지 않자 이에스씨의 주도에 의하여, B는 2008. 12. 18. 피고 및 이에스씨와 사이에 이에스씨를 우선수익자로 하여 이 사건 제1, 2, 3 토지 및 이 사건 아파트(이하 '이 사건 신탁부동산'이라고 한다)를 피고에게 신탁하는 내용의 부동산처분신탁계약(이하 '이 사건 신탁계약'이라고 한다)을 체결하고, 2008. 12. 19. 피고 앞으로 이 사건 제1, 2, 3 토지 및 이 사건 아파트에 관하여 이 사건 신탁계약을 원인으로 한 소유권이전등기 및 신탁등기(이하 이를 합쳐 '이 사건 신탁등기'라고 한다)를 마쳐주었다.

(3) 이 사건 신탁계약은, ① 그 목적이 피고가 이 사건 신탁부동산의 처분업무 등을 수행하는 것이고(제1조), ② 피고가 이 사건 신탁부동산을 적정하다고 인정하는 처분가격·방법 및 처분조건에 따라 처분하고 필요할 때에는 B 또는 수익자와 협의하여 결정하며(제6조 제1항), 매수자에 대한 제한은 따로 두지 아니하고(제6조 제2항), ③ 신탁재산에 관한 제세공과금, 유지관리비, 금융비용 등 기타 신탁사무처리에 필요한 모든 비용 및 신탁사무처리에 있어서 피고의 무과실 손해는 B의 부담으로 하고, B가 위 비용 등을 지급시기에 납부하지 않은 경우에는 피고가 대신 납부할 수 있으며, 피고는 위 대납금 등을 신탁재산에서 공제하거나 수취할 수 있다고(제11조 제1항 내지 제3항) 규정하고 있다. 한편, 이 사건 신탁계약 특약사항은, ① 기본계약과 특약의 내용이 상충할 경우 특약의 내용을 우선하고(제1조), ② 신탁원본 및 신탁수익의 우선수익자는 이에스씨로 정하며(제4조 제1항), ③ B 및 우선수익자는 이 사건 신탁부동산에 대한 보안 등 유지관리에 따른 일체의 책임을 지고 피고는 이 사건 신탁부동산에 대한 소유권의 보전관리 및 매매계약 성립 시 매수자에게 그 소유권이전을 해주기로 하며(제3조), ④ 기본계약 제6조 제2항에 불구하고 이 사건 신탁부동산의 지정매수자는 우선수익자가 지정한 자로 하고(제6조 제1항), ⑤ 우선수익자가 피고에게 서면으로 이 사건 신탁부동산의 처분을 요청하는 경우 피고는 우선수익자가 요청하는 시기, 방법 및 조건으로 이 사건 신탁

부동산을 처분하고(제7조 제1항), 그 경우 우선수익자가 요구하면 피고는 우선수익자가 지정하는 자에게 직접 소유권이전등기를 경료함과 동시에 신탁등기를 말소하며(제7조 제2항), 이 사건 신탁부동산의 선순위 제한물권사항은 처분 전에 B 또는 우선수익자가 말소하기로 하되, 단 매수자가 이를 인수하는 조건으로 매매계약을 체결할 경우는 그러하지 아니하고(제7조 제4항), ⑥ 이 사건 신탁부동산의 처분대금을 피고가 지정하는 계좌로 납부하는 것을 B 및 우선수익자는 동의하고, 그 처분대금의 수납 및 관리는 우선수익자와 피고가 협의한 내용에 따른다고(제8조 제1항, 제2항) 규정하고 있다.

(4) 이 사건 아파트에 대하여, 이 사건 신탁등기 전후로 이에스씨의 하수급인들이 유치권을 행사하기 시작하였고, 이 사건 신탁등기 후에 사해행위취소를 원인으로 한 소유권이전등기말소청구권을 피보전권리로 한 여러 건의 가처분이 이루어졌다. 이에스씨는 이 사건 신탁등기 후 금융기관으로부터 대출을 받아 관련 채무를 변제하고 이 사건 신탁부동산을 처분하려 하였으나 대출이 이루어지지 않아 정상적으로는 이 사건 신탁부동산을 처분할 수 없는 상태였다.

(5) 이에스씨는 일부 하수급인들과 사이에 하도급공사대금채무의 변제에 갈음하여 위하수급인들이 지정하는 E 외 35인 앞으로 이 사건 신탁부동산에 관한 소유권이전등기를 마쳐주고 E 외 35인이 이 사건 신탁부동산을 담보로 대출을 받아 분양대금과 하도급공사대금과의 차액을 지급하면 그 돈으로 이 사건 신탁등기 전에 설정된 근저당권 등을 말소해 주기로 한 다음, 이 사건 신탁계약 특약사항 제6조 및 제7조 제1항에 따라 피고에게 위와 같은 방법과 조건으로 처분할 것을 요청하였다.

(6) 피고는 2010. 4. 30. E 외 35인과 이 사건 신탁부동산에 관하여 36건의 분양계약(분양대금 합계 13,996,080,000원)을 체결하고, 2010. 5. 14. 우선적으로 이 사건 아파트에 관하여 E 외 35인에게 소유권이전등기를 마쳐주었다. E 외 35인은 이 사건 아파트를 담보로 금천신용협동조합 등으로부터 대출을 받은 다음, 이에스씨와 피고가 이 사건 신탁계약 특약사항 제8조 제2항에 기해 처분대금의 수납 및 관리계좌로 정한 이에스씨 명의의 화곡신용협동조합 계좌로 분양대금과 하도급공사대금의 차액 8,866,000,000원을 송금하였다.

(7) 이 사건 제1, 3 토지에 관하여 개시된 임의경매절차에서 2010. 5. 14. J가 경락을 받자, 피고는 같은 날 J에게 E 외 35인으로부터 받은 돈에서 4,243,448,300원을 지급하고 위 2필지를 매수하였다. 같은 날 E 외 35인 앞으로, ① 이 사건 제1, 3 토지에 관하여는 J로부터 직접 공유지분이전등기가 마쳐짐과 동시에 대지권등기가 마쳐졌고, ② 이 사건 제2 토지에 관하여는 피고로부터 공유지분이전등기가 마쳐짐과 동시에 대지권등기가 마쳐졌다.

(8) 피고는 이 사건 신탁등기가 이루어지기 전에 이 사건 제2 토지 및 이 사건 아파트

일부에 관하여 설정된 L 등 명의의 근저당권을 말소하기 위하여 2010. 5. 14. L 등에게 합계 1,963,300,000원을 지급하였고, 2010. 5. 17. L 등 명의의 위 근저당권이 모두 말소되었다.

다. 위와 같은 사실관계로부터 알 수 있는 다음과 같은 사정을 앞서 본 법리에 비추어 살펴보면, 이 사건 신탁계약 특약사항 제7조 제4항 본문은 우선수익자인 이에스씨가 피고에게 이 사건 신탁계약 특약사항 제7조 제1항에 기하여 피고의 고유자금으로 이 사건 신탁부동산 위에 설정되어 있는 선순위 제한물권을 말소한 다음 처분할 것을 요청하더라도 피고가 이에 응하여 자신의 고유자금으로 이를 말소할 의무가 없음을 확인하는 취지에서 규정한 것이라고 보이고, 이에스씨가 피고에게 수분양자로부터 분양대금을 받아 이로써 선순위 제한물권을 말소하는 방법으로 처분을 지시하는 경우 그 분양대금으로 선순위 제한물권의 피담보채무를 변제하고 그 선순위 제한물권을 말소하여 수분양자에게 완전한 소유권을 이전할 의무가 없다는 점까지 규정한 것으로 보이지는 아니한다. 따라서 피고가 이에스씨가 요청한 방법에 따라 E 외 35인에게 이 사건 신탁부동산을 분양하고 그들로부터 받은 분양대금으로 이 사건 제2 토지 및 이 사건 아파트 일부에 관하여 설정된 L 등 명의의 근저당권의 피담보채무를 변제하고 위 근저당권을 말소하는 것은 이 사건 신탁계약에서 정한 신탁사무의 범위에 포함된다고 할 것이고, 위와 같은 근저당권의 말소에 소요된 비용이 정당하다면 이 사건 제1, 3 토지를 E외 35인에게 소유권 이전해 주기 위하여 J로부터 매수하는 데에 소요된 비용과 마찬가지로 이는 신탁사무처리비용에 해당한다고 봄이 타당하다.

① 이 사건 신탁계약의 목적은 피고가 자신의 명의로 이 사건 신탁부동산의 처분업무를 수행하는 것이고, 매매목적물인 부동산에 근저당권설정등기나 가압류등기가 있는 경우 매도인은 그 근저당권설정등기나 가압류등기를 말소하여 완전한 소유권이전등기를 해 주어야 할 의무를 부담하는 것이므로(대법원 2003. 5. 13. 선고 2000다50688 판결 등 참조), 피고가 이 사건 신탁부동산을 매도하는 경우 그 상대방에게 이 사건 신탁부동산 위에 설정되어 있는 선순위 제한물권 등을 말소하여 완전한 소유권을 이전할 의무를 부담하는 것이 원칙이다.

② 이 사건 신탁계약이 체결된 동기가 B와 이에스씨가 이미 위 선순위 제한물권 등을 자신들의 고유자금으로 말소할 자력을 상실하였기 때문이라는 점에 비추어 보면, 이 사건 신탁계약 특약사항 제7조 제4항 본문을 피고의 신탁사무로부터 위 선순위 제한물권의 말소업무를 완전히 배제하여 B 또는 이에스씨에게 귀속시키려고 규정한 것으로 보기 어렵다.

③ 피고가 이 사건 신탁계약 특약사항 제7조 제4항 단서에 따라 이 사건 신탁부동산을 매수인이 선순위 제한물권을 인수하는 조건으로 매도할 경우에는 그 처분대금이 선순위 제한물권의 부담만큼 줄어들 것이고 그에 따라 이에스씨에 대하여 부담하는 우선수익금지급채무도 줄어들 것인데, 이에스씨가 처분대금을 받아 이로써 선순위

제한물권을 말소하는 방법으로 처분을 요청하여 피고가 신탁사무를 처리한 경우에는 피고가 매수인에게 선순위 제한물권을 말소하여 줄 의무를 부담하면서도 이에스씨에게는 선순위 제한물권 말소에 소요된 비용이 공제되지 않은 우선수익금지급채무를 부담하는 것으로 달리 보는 것은 형평이나 거래의 통념에 부합하지 않는다.

라. 그렇다면 원심으로서는 L 등 명의의 위 근저당권을 말소하기 위해 소요된 비용도 신탁사무처리비용에 해당할 수 있음을 전제로 피고가 신탁사무의 처리에 소요되었다고 주장하는 비용들이 정당하게 지출된 것인지를 나아가 살펴본 후에 원고의 청구가 인용될 수 있는지 판단하였어야 할 것이다.

그런데도 이와 달리 원심은 그 판시와 같이 이 사건 제1, 3 토지를 J로부터 매수하는 데에 소요된 비용은 신탁사무처리비용에 해당한다고 보면서도, 이 사건 신탁계약 특약사항 제7조 제4항 본문에 따라 L 등 명의의 위 근저당권을 말소할 책임은 위탁자 또는 우선수익자에게 있으므로 L 등에게 지급한 돈은 신탁사무처리비용에 해당하지 않고 그 금액이 원고의 압류채권액을 초과한다는 이유만으로 원고의 청구를 전부 인용하였으니, 이러한 원심판결에는 신탁계약의 해석과 우선수익권의 범위에 관한 법리를 오해하여 판결에 영향을 미친 위법이 있다. 이 점을 지적하는 상고이유 주장은 이유 있다.

2. 상고이유 제2점에 관하여

가. 신탁행위로 수익자를 신탁재산의 귀속권리자로 정한 경우 그 수익자의 신탁수익권은 신탁종료 시 수익자가 잔여 신탁재산에 대하여 가지는 권리인 원본수익권을 포함하는 것이므로, 그와 같은 경우에 수익자의 채권자가 수익자의 수탁자에 대한 신탁수익권의 내용인 급부청구권을 압류하였다면, '압류할 채권의 표시'에서 원본수익권을 제외하고 있다는 등의 특별한 사정이 없는 한, 그 압류의 효력은 수익자가 귀속권리자로서 가지는 신탁원본의 급부청구권에 미친다고 봄이 타당하다.

나. 원심판결 이유와 기록에 의하면, 이 사건 신탁계약 제8조에서 신탁원본 중 하나로 신탁부동산의 매각대금을 들고 있고, 제14조 제2항에서 신탁원본은 신탁종료일의 다음 영업일에 수익자에게 신탁계약서 및 수익권증서와 상환으로 교부하는 것을 원칙으로 한다고 규정하고 있으며, 이 사건 신탁계약 특약사항 제4조에서 이에스씨가 신탁원본 및 신탁수익의 우선수익자로서 위탁자 겸 수익자에 우선하여 이 사건 신탁부동산에 대한 수익을 교부받는다고 규정하고 있는 사실, 이에스씨의 채권자인 D가 이에스씨를 채무자, 피고를 제3채무자로 하여 이 사건 압류 및 전부명령을 신청하면서 '압류할 채권의 표시'에 '제3채무자가 채무자에 대하여 가지는 이 사건 신탁에 의한 우선수익자로서 이 사건 신탁부동산에 대한 수익금으로 교부받은 금원 중 50억 원'이라고 기재하여 이 사건 압류 및 전부명령을 받은 사실 등을 알 수 있다.

다. 위와 같은 사실관계를 앞서 본 법리에 비추어 보면, 이 사건 신탁계약은 신탁종료 시 신탁원본이 우선적으로 귀속하는 귀속권리자를 우선수익자인 이에스씨로 정하고 있다고 할 것이고, 이 사건 압류 및 전부명령의 '압류할 채권의 표시'에서 이에스씨의 원본수익권을 제외하고 있다고 볼 만한 사정이 없으므로, 이 사건 압류 및 전부명령의 효력은 이 사건 신탁계약이 신탁기간 만료로 종료된 때에 이에스씨가 피고에 대하여 가지는 신탁원본으로서의 이 사건 신탁부동산 분양대금의 급부청구권에 당연히 미친다.

피고가 이 사건 신탁계약이 신탁종료 시의 귀속권리자를 별도로 규정하고 있지 아니하므로 신탁기간이 만료된 후부터 구 신탁법 제60조(2011. 7. 25. 법률 제10924호로 전부 개정되기 전의 것)에 따라 위탁자를 수익자로 하는 법정신탁 관계로 전환되어 이 사건 압류 및 전부명령의 효력이 소급적으로 실효되었다고 주장하면서 아울러 신탁계약에서 우선수익자를 귀속권리자로 지정한 경우 우선수익금채권에 대한 압류의 효력이 귀속권리자가 가지는 권리에 그대로 인정될 수 없으므로 귀속권리자의 권리도 압류한다는 취지를 명백히 표시하여야 한다고 주장하였음에도, 원심은 이 사건 신탁계약에서 귀속권리자를 이에스씨로 정하고 있으므로 귀속권리자를 정하고 있지 아니함을 전제로 한 피고의 주장을 받아들일 수 없다고 판단하였을 뿐, 이 사건 압류 및 전부명령에서 귀속권리자의 권리도 압류한다는 것을 명백히 표시하였어야 한다는 주장에 대하여는 명시적으로 판단 이유를 기재하지 아니하였다.

그러나 원심판결 이유의 전반적인 취지에 비추어 보면, 위와 같은 원심의 판단에는 피고의 위 주장을 배척하는 취지가 포함되어 있다고 볼 수 있고, 설령 원심이 그에 관한 판단을 누락하였다고 보더라도 앞서 본 바와 같이 배척될 경우임이 분명하므로, 원심의 위와 같은 잘못이 판결에 영향을 미쳤다고 볼 수 없다. 이 부분 상고이유 주장은 이유 없다.

[판례 4-115] 대법원 2012. 7. 12. 선고 2010다19433 판결

1. 원심이 적법하게 확정한 사실관계는 다음과 같다. 즉, C종합건설 주식회사(이하 'C종합건설'이라 한다)는 대전 유성구 D, E 토지에 주상복합건물인 'F건물'를 신축・분양하는 사업(이하 '이 사건 사업'이라고 한다)의 시행사로서, 다른 공동시행사인 주식회사 G, H실업 주식회사 및 I 주식회사(이하 C종합건설과 위 3개 회사를 통틀어 'C종합건설 등'이라 한다)와 공동위탁자가 되어, 2005. 3.경 피고와 사이에 우선수익자를 사업자금 대출금융기관인 주식회사 하나로상호저축은행, 주식회사 대전상호저축은행(이하 '대출은행'이라 한다)으로 하여 위 토지와 향후 신축될 건물의 소유권을 피고에게 신탁하기로 하는 내용의 부동산담보신탁계약을 체결하였다. C종합건설 등과 피고, 시공사인 J건설 주식회사(이하 '시공사'라 한다), 대출은행은 2005. 6.경 이 사건 사업의 원활한 추진을 위하여 대리사무 사업약정을 체결하였다. 원고는 2005. 11. 11. C종합건설과 사이에 신축건물 중 상가 201호를 분양대금 103,183,500원에, 상가 202호를 분양대금 161,587,499원에 각 분양받기로 하는 분양계약을 체결한 후, 2005. 11. 14. C종합건설에

상가 201호의 계약금 82,546,800원과 상가 202호의 계약금 97,453,200원을 지급하고 아울러 상가 202호의 중도금 31,816,799원을 C종합건설의 농협계좌로 입금하였다. 그 후 신축건물이 완공된 뒤 C종합건설 등은 신탁부동산을 신축한 주상복합건물로 변경하여 2006. 6. 12. 위 상가 201호, 202호에 관하여도 자신들 앞으로 소유권보존등기를 마친 다음 피고에게 신탁을 원인으로 한 소유권이전등기를 마쳐 주었다. 한편, 이 사건 신탁계약의 특약사항 제5조는 분양대금을 완납한 수분양자에 대하여 우선수익자의 수분양자 앞 소유권이전 서면요청이 있는 경우, 수탁자는 수분양자로부터 붙임의 확약서를 징구한 다음, 신탁재산의 소유권을 수분양자에게 직접 이전할 수 있다."고 규정하고 있고, 이 사건 대리사무 사업약정 제19조 제4항은 "분양대금을 완납한 수분양자에 대하여는 대출은행의 담보신탁목적물이 환가된 것으로 보아 대출은행은 피고가 수분양자에게 소유권을 이전하는데 동의하기로 한다."고 규정하고 있다.

2. 원심은, 그 판시와 같은 사정, 즉 C종합건설 등과 피고 사이에 체결된 이 사건 신탁계약의 특약사항 제5조는 '분양대금을 완납한 수분양자에 대하여 우선수익자인 대출은행의 수분양자 앞 소유권이전 서면요청이 있는 경우, 피고는 수분양자로부터 붙임의 확약서를 징구한 다음, 신탁재산의 소유권을 수분양자에게 직접 이전할 수 있다'고 규정하고 있는 점, 이 사건 대리사무 사업약정은 그 목적이 시행사인 C종합건설 등, 시공사, 자금관리사인 피고, 대출은행 사이에 이 사건 사업의 원활한 추진을 위하여 약정당사자들의 역할, 업무범위를 명확히 하고 기타 사업 추진에 필요한 세부사항을 규정하는 것에 있는데(약정 제1조), 이 사건 대리사무 사업약정의 당사자들은 각자의 역할 및 업무범위를 정하면서 분양계약 체결 업무를 시행사인 C종합건설 등의 업무로 정하여, 분양광고, 분양방법, 분양가격, 분양시기 등을 포함한 제반 분양업무는 C종합건설 등이 수행하기로 약정하고(약정 제3조 제1항, 제14조 제1항), 분양계약 체결 업무를 담당하는 C종합건설 등은 분양계약서 작성 등 일체의 행위에 대하여 피고와 대출은행의 사전동의를 얻어야 하며 분양된 세대의 분양계약서 사본을 피고에게 교부하여야 하고(약정 제14조 제3항, 제4항), 분양대금을 완납한 수분양자에 대하여는 대출은행의 담보신탁목적물이 환가된 것으로 보아 대출은행은 피고가 수분양자 앞으로 소유권을 이전하는데 동의하기로 한 점(약정 제19조 제4항) 등에 비추어 볼 때, 분양계약 체결 업무를 전적으로 담당하기로 한 C종합건설 등이 사전에 대출은행과 피고의 동의를 얻어 작성한 분양계약서에 따라 C종합건설 명의로 수분양자와 사이에 분양계약을 체결한 경우, 그 분양계약에 따른 의무를 이행한 수분양자에 대하여는 신탁에 따라 등기명의를 보유하고 있는 피고가 수분양자 앞으로 직접 소유권이전등기를 마쳐 줄 의무가 있다고 보아야 할 것이므로, 비록 원고가 분양계약서에 지정된 피고 명의의 계좌에 계약금 및 중도금을 입금하지 않았다고 하더라도 이 사건 분양계약에 따라 C종합건설에 이를 직접 납부한 이상, 피고는 원고로부터 이 사건 상가 201호, 202호의 분양 잔대금을 지급받음과 동시에 그 상가에 관한 소유권이전등기절차를 이행할 의무가 있다고 판단하였다.

3. 그러나 신탁계약상 수탁자인 피고가 위탁자인 C종합건설과 분양계약을 체결한 수분양자인 원고에게 직접 소유권이전등기를 마쳐 줄 의무가 있다는 원심의 판단은 다음과 같은 이유로 수긍할 수 없다.

부동산담보신탁에서는 통상 수분양자가 정상적으로 분양을 받아 분양대금을 납입한 경우에는 우선수익자의 동의를 받아 위탁자와 수탁자가 해당 신탁재산 부분에 대한 신탁계약을 해지한 후 '신탁재산귀속'을 원인으로 하여 위탁자 앞으로 소유권이전등기를 한 다음 다시 '분양계약'을 원인으로 하여 수분양자 앞으로 소유권이전등기가 이루어지게 되는데, 특약사항 제5조의 의미는 그 문언의 내용 등에 비추어 수탁자로 하여금 분양목적물에 관한 소유권이전등기를 위탁자에게 마치는 대신 수분양자에게 직접 마치게 하는 것도 허용하는 취지를 규정하는 것일 뿐, 수분양자에게 수탁자에 대한 소유권이전등기청구권을 직접 취득하게 하기 위한 규정으로 볼 수는 없다고 해석하는 것이 타당하다. 또한, 이 사건 대리사무 사업약정 제19조 제4항도 우선수익자인 대출은행이 일정한 경우, 즉 수분양자가 분양대금을 완납한 경우에는 그 해당 부분의 신탁해지에 대하여 동의하여야 한다는 의무를 규정한 것에 불과할 뿐, 이를 근거로 수탁자인 피고가 수분양자에게 직접 소유권이전등기의무를 부담한다고 볼 수는 없다.

그 밖에 이 사건 신탁계약, 대리사무 사업약정의 전체 규정의 내용을 살펴보아도 수탁자인 피고가 위탁자인 C종합건설과 분양계약을 체결한 수분양자인 원고에게 직접 소유권이전등기를 마쳐 줄 의무가 있다고 보기 어렵다.

그럼에도 불구하고 원심은 그 판시와 같은 이유만으로 피고가 C종합건설과 분양계약을 체결한 원고에게 직접 소유권이전등기를 마쳐 줄 의무가 있다고 판단하였으니, 이러한 원심의 조치에는 처분문서의 해석에 관한 법리를 오해하는 등으로 판결에 영향을 미친 위법이 있다. 이를 지적하는 취지의 상고이유의 주장은 이유 있다.

[판례 4-116] 대법원 2010. 12. 9. 선고 2009다81289 판결

1. 건축물의 분양에 관한 법률에 기하여 우선수익자에게 신탁일부해지에 관한 동의의무가 있다는 주장에 대하여

가. 구 건축물의 분양에 관한 법률(2007. 8. 3. 법률 제8635호로 개정되기 전의 것, 이하 '구 건분법'이라 한다) 제4조 제1항 제1호에 의하면 분양사업자는 착공신고 후에 건축물을 분양하기 위해서는 신탁업법에 의한 신탁회사와 신탁계약 및 대리사무계약을 체결하여야 하고, 구 건축물의 분양에 관한 법률 시행령(2008. 7. 29. 대통령령 제20947호로 개정되기 전의 것, 이하 '구 건분법 시행령'이라 한다) 제3조 제1항 제3호에 의하면 구 건분법 제4조 제1항 제1호의 규정에 의한 신탁계약에는 '신탁을 정산하는 때에 피분양자가 납부한 분양대금을 다른 채권 및 수익자의 권리보다 우선하여 정산하여야 한다는 사항'을 포함하여야 한다.

나. 원심판결이 인용한 제1심판결의 이유에 의하면, 원심은 구 건분법(원심은 단순히 '건축물의 분양에 관한 법률'이라고 표시하고 있으나 그 문맥상 원고들이 각 분양계약을 체결할 당시 적용되던 구 건분법을 의미하는 것으로 이해된다) 시행령 제3조 제1항 제3호가 그 판시와 같은 사정에 비추어 효력규정이 아닌 단속규정에 불과하다는 이유로, 위 규정에 따라 우선수익자인 피고(탈퇴) 주식회사 롯데기공(이하 '피고 시공사'라 한다)은 이 사건 신탁일부해지에 관하여 동의의 의사표시를 할 의무가 있다는 원고들의 주장을 배척하였다.

그런데 구 건분법 부칙(2004. 10. 22.) 제1조는 "이 법은 공포 후 6월이 경과한 날부터 시행한다.", 같은 부칙 제2조는 "이 법은 이 법 시행 후 최초로 분양받을 자를 모집(공개모집의 방법에 의하지 아니하고 분양받을 자를 모집하는 경우를 포함한다)하는 건축물부터 적용한다."고 규정하고 있는바, 기록에 의하더라도 이 사건 상가에 관하여 최초의 분양받을 자의 모집이 구 건분법 시행일(2005. 4. 23.) 이후에 이루어졌음을 인정할 아무런 자료가 없고, 오히려 원심판결이 인용한 제1심판결의 이유에 따르면 원심 피고 주식회사 사람과지구어머니(이하 '이 사건 시행사'라 한다)는 이 사건 상가의 신축・분양사업을 위한 자금조달을 위하여 금융기관으로부터 대출을 받고 그 대출원리금 상환을 담보하기 위하여 2003. 10. 24. 최초로 신탁회사에 이 사건 토지를 신탁한 사실 및 2003. 10. 23. 자 사업약정서(을 제1호증의 1)에 따르면 이 사건 시행사를 대출약정 체결일로부터 3개월 이내에 분양을 개시하여야 한다고 규정하고 있는 사실을 알 수 있는바, 그에 의하면 구 건분법 시행일 이전에 최초의 분양받을 자의 모집이 이루어졌을 것으로 보인다.

그렇다면 이 사건 상가의 분양에 관하여는 구 건분법이 적용될 여지가 없으므로, 구 건분법 시행령 제3조 제1항 제3호가 효력규정인지 여부와 관계없이 이 사건 상가의 분양에 관하여 구 건분법이 적용됨을 전제로 한 원고들의 주장은 배척되어야 할 것인바, 원심이 비록 이유는 달리하였지만 원고들의 주장을 배척한 조처에 판결 결과에 영향을 미친 법리오해의 잘못 등이 있다고 할 수 없다.

2. 이 사건 신탁계약 등에 기하여 우선수익자에게 신탁일부해지에 관한 동의의무가 있다는 주장에 대하여

가. 원심판결이 인용한 제1심판결의 이유 및 기록에 의하면, 이 사건 시행사는 이 사건 상가를 신축・분양함에 있어 2007. 3. 7. 우선수익자에 대한 자신의 채무 이행을 담보하기 위하여 이 사건 상가에 관하여 피고 케이비부동산신탁 주식회사(이하 '피고 신탁회사'라 한다)와 신탁계약(이하 '이 사건 신탁계약'이라 한다)을 체결한 사실, 이 사건 신탁계약과 2003. 10. 23. 이 사건 시행사와 피고 시공사 사이에 체결된 공사도급계약, 2007. 3. 23. 이 사건 시행사, 대출 금융기관인 롯데캐피탈 주식회사, 피고 시공사 사이에 체결된 대출약정의 내용에 따르면, 이 사건 상가의 분양계약은 위 시행사가 자신의 명의와 책임하에 체결하되 그 분양대금이 입금되는 시행사 명

의의 분양대금 수납계좌에는 롯데캐피탈 주식회사 앞으로 근질권이 설정되어 있고, 그 수납계좌로 입금된 분양대금은 피고 시공사가 다시 이를 자신 명의의 운영계좌로 입금 받아 그에 의해 선순위 우선수익자인 롯데캐피탈 주식회사의 대출금 채권 및 자신의 이 사건 상가에 관한 공사대금 채권 등이 변제되는 것으로 되어 있으며, 나아가 피분양자가 분양대금을 완납한 경우 우선수익자가 피분양자 앞으로 소유권이전을 서면으로 요청하는 경우 수탁자인 피고 신탁회사는 피분양자에게 직접 소유권이전등기를 경료하여 줄 수 있도록 정한 사실, 이 사건 신탁기간이 종료되기 전이라도 이 사건 시행사의 우선수익자에 대한 채무불이행 사유가 발생하는 때에는 피고 신탁회사는 우선수익자의 요청에 따라 신탁목적물인 이 사건 상가를 처분할 수 있고 그 환가대금으로 신탁보수와 각종 비용을 정산한 뒤 이 사건 시행사의 우선수익자에 대한 채무를 변제하여야 하는 사실, 한편 이 사건 각 분양계약 체결 당시에는 제1순위 우선수익자로서 롯데캐피탈 주식회사가, 제2순위 우선수익자로서 피고 시공사가 각 지정되어 있었고, 원심 변론종결일 현재에는 피고 시공사만이 우선수익자로 지정되어 있는 사실을 알 수 있다.

위 사실관계에 의하여 알 수 있는 이 사건 신탁계약의 목적 및 구조, 분양대금의 관리 및 운영, 위탁자와 수탁자, 우선수익자 등 신탁계약 당사자들의 지위와 역할 등을 종합하여 보면, 이 사건 신탁계약상 위탁자인 이 사건 시행사와 수탁자인 피고 신탁회사, 우선수익자인 롯데캐피탈 주식회사 및 피고 시공사는 이 사건 상가에 관하여 유효한 분양계약이 이루어지고 그에 따른 분양대금에 의해 우선수익자가 이 사건 시행사에 대한 채권을 변제받거나 적어도 위 시행사가 임의로 인출할 수 없도록 별도로 지정된 분양대금 수납계좌로 분양대금이 전액 입금되는 등으로 그 분양대금에 의한 우선수익자의 채권 변제가 확보된 상태에 이르면, 이 사건 시행사는 피분양자에게 분양된 부동산에 관한 소유권이전등기를 경료하여 주기 위하여 그 부분에 관한 신탁을 일부 해지할 수 있고, 우선수익자는 위와 같은 신탁일부해지의 의사표시에 관한 동의의 의사표시를 하기로 하는 묵시적 약정을 하였다고 봄이 상당하다.

나. 그런데 원심판결이 인용한 제1심판결의 이유에 의하면, 이 사건 시행사, 롯데캐피탈 주식회사 및 피고 시공사는 2007. 3. 23. 대출약정을 체결함에 있어 위와 같이 분양대금 수납계좌를 지정하였음에도 원고들은 분양대금을 그 지정된 계좌로 입금하지 아니하였다는 것인바, 그렇다면 우선수익자인 피고 시공사로서는 특별한 사정이 없는 한 자신의 우선순위에 따른 채권의 변제가 확보된 상태가 되었다고 할 수 없으므로, 위 묵시적 약정에 따라 이 사건 시행사가 위 신탁을 일부해지할 수 있는 요건이 충족되었다고 할 수 없고, 피고 시공사에게 그 신탁일부해지의 의사표시에 관하여 동의의 의사표시를 할 의무가 있다고 할 수도 없다.

다. 원심판결의 이유설시 중에는 다소 적절하지 않은 부분이 없지 아니하나, 피고 신탁회사는 이 사건 신탁일부해지를 원인으로 하여 이 사건 시행사에 대하여 이 사건 각 부동산의 소유권이전등기절차를 이행하고 피고 시공사는 이 사건 각 부동산에 관한 신탁일부해지에 관한 동의의 의사표시를 할 의무가 있다는 원고들의 주장을 그 판시와 같은 이유로 배척한 원심의 조치는 결과적으로 정당하고, 거기에 원고들이 주장하는 바와 같이 판결에 영향을 미친 채증법칙 위반 또는 심리미진의 잘못 등이 있다고 할 수 없다.

9) 부동산신탁과 사해행위(사해신탁) 및 부인

신탁을 통한 담보설정행위에 대해서도 일반의 담보제공행위의 경우와 마찬가지로 민법상 사해행위(동법 제406조)나 신탁법상 사해신탁(동법 제8조)에 해당하여 신탁설정행위 자체가 취소될 수 있고, 채무자회생법상의 부인권 행사(동법 제100조, 제113조의2,[278] 제391조)의 대상이 될 수 있는데, 주의할 점은 최근에는 신탁의 설정뿐만 아니라 신탁재산의 환가/처분이나 위탁자 지위 이전을 위한 신탁계약의 (일부) 해지(종료) 등과 관련해서도 그 과정에서 발생하는 일련의 행위에 대해 또는 어느 특정 행위에 대해 그 취소/부인을 구하는 소송이 제기되고 있고 이에 관한 판결도 선고되고 있다는 것이다. 실제 사례에서는 주로 채무초과 여부와 관련하여 적극재산의 범위와 평가방법, 사해의사 유무, 취소범위, 가액반환 여부 및 그 경우 반환범위가 주로 쟁점이 되고 있다. 다만, 사해행위/사해신탁/부인권 등에 관한 전반적인 설명은 본서의 목적이 아니므로 본서에서는 신탁을 통한 담보설정행위나 신탁 (일부) 해지(종료)/처분의 경우에도 이와 같은 사해행위 해당 여부가 문제될 수 있다는 점만을 언급하고 부동산신탁의 설정 및 (일부) 해지(종료)/처분 단계에서 사해행위/사해신탁/부인권이 문제된 주요 대법원 판례 목록을 게재해 둔다.

278) **제113조의2(신탁행위의 부인에 관한 특칙)** ① 채무자가 「신탁법」에 따라 위탁자로서 한 신탁행위를 부인할 때에는 수탁자, 수익자 또는 그 전득자를 상대방으로 한다.
② 신탁행위가 제100조 제1항 제1호, 제2호 또는 제3호의 행위에 해당하여 수탁자를 상대방으로 하여 신탁행위를 부인할 때에는 같은 조 제1항 제1호 단서, 제2호 단서 또는 제3호 단서를 적용하지 아니한다.
③ 신탁행위가 제100조 제1항 제1호 또는 제2호의 행위에 해당하여 수익자를 상대방으로 하여 신탁행위를 부인하는 경우 같은 조 제1항 제1호 단서 또는 제2호 단서를 적용할 때에는 "이로 인하여 이익을 받은 자"를 부인의 상대방인 수익자로 본다.
④ 관리인은 수익자(수익권의 전득자가 있는 경우에는 그 전득자를 말한다) 전부에 대하여 부인의 원인이 있을 때에만 수탁자에게 신탁재산의 원상회복을 청구할 수 있다. 이 경우 부인의 원인이 있음을 알지 못한 수탁자에게는 현존하는 신탁재산의 범위에서 원상회복을 청구할 수 있다.
⑤ 관리인은 수익권 취득 당시 부인의 원인이 있음을 알고 있는 수익자(전득자가 있는 경우 전득자를 포함한다)에게 그가 취득한 수익권을 채무자의 재산으로 반환할 것을 청구할 수 있다.
⑥ 채무자가 위탁자로서 한 신탁행위가 부인되어 신탁재산이 원상회복된 경우 그 신탁과 관련하여 수탁자와 거래한 선의의 제3자는 그로 인하여 생긴 채권을 원상회복된 신탁재산의 한도에서 공익채권자로서 행사할 수 있다.

번호	사건번호	논점
1	대법원 2021. 6. 10. 선고 2017다254891 판결	위탁자가 담보신탁된 부동산을 당초 예정된 신탁계약의 종료사유가 발생하기 전에 우선수익자 및 수탁자의 동의를 받아 제3자에게 처분하였으나, 처분 당시 위탁자가 가지고 있는 담보신탁계약상의 수익권이 적극재산으로서의 가치가 없는 경우, 위탁자가 신탁계약을 종료하고 부동산을 환수하여 제3자 앞으로 소유권이전등기를 넘겨주는 것이 사해행위에 해당하는지 여부
2	대법원 2018. 11. 29. 선고 2016다238113 판결	담보신탁된 재산에 대하여 위탁자가 가지는 수익권이 위탁자의 책임재산에 해당하는지 여부, 위탁자가 이미 담보권이 설정되어 있는 위탁자 소유의 재산을 그 담보권의 피담보채무를 다시 담보하기 위하여 담보신탁한 행위가 사해행위에 해당하는지 여부
3	대법원 2018. 4. 12. 선고 2016다223357 판결	담보신탁 후 우선수익자의 동의 하에 신탁계약을 해지하고 위탁자 명의로 소유권이전등기를 마친 다음, 같은 날 기존 우선수익자에게 대물변제를 한 것이 사해행위에 해당하는지 여부
4	대법원 2016. 11. 25. 선고 2016다20732 판결	위탁자가 담보신탁된 부동산을 제3자에게 처분(매도)하고 신탁계약을 해지 후 제3자에게 소유권을 이전하는 것이 사해행위를 구성하는지 여부
5	대법원 2016. 9. 23. 선고 2015다223480 판결	시행사가 사업약정에서 정한 바에 따라 신축건물을 추가로 담보신탁한 것이 사해행위가 되는지 여부
6	대법원 2016. 4. 15. 선고 2013다84070 판결	제3자를 위해 담보신탁계약을 체결할 당시 위탁자가 채무초과상태에 있었는지 여부의 판단
7	대법원 2016. 1. 14. 선고 2014다18131 판결	대출금의 변제기 연장을 목적으로 담보신탁계약을 체결하고 기존 채권자를 1순위 우선수익자로 지정한 행위가 채무자회생법에 따라 부인의 대상이 되는지 여부
8	대법원 2015. 12. 23. 선고 2013다83428 판결	채무자가 기존 채무의 이행을 유예받기 위하여 채권자 중 한 사람을 수익자로 하는 신탁계약을 체결하고 신탁을 원인으로 소유권이전등기를 하는 행위가 사해행위에 해당하는지 여부
9	대법원 2014. 6. 26. 선고 2014다18988 판결	자금난으로 사업을 추진하기 어려운 상황에 처한 채무자가 자금을 융통하여 사업을 계속 추진하는 것이 채무 변제력을 갖게 되는 최선의 방법이라고 생각하고 부동산을 신탁한 경우 사해행위 여부
10	대법원 2014. 5. 29. 선고 2014다765 판결	부동산담보신탁계약에 의한 우선수익권 부여가 채무자회생법상 무상행위에 해당하여 무상부인의 대상인지 여부

번호	사건번호	논점
11	대법원 2014. 1. 23. 선고 2013다72169 판결	근저당권이 설정된 부동산이 담보신탁 목적으로 이전된 경우 사해행위 취소의 범위와 원상회복의 방법
12	대법원 2013. 12. 12. 선고 2012다111401 판결	사해행위취소소송에서 채무자의 무자력 여부를 판단할 때 신탁재산에 대한 수익권이 적극재산으로 포함되기 위한 요건과 그 가치를 평가하는 방법
13	대법원 2013. 11. 28. 선고 2012다31963 판결	위탁자의 신탁행위에 대한 사해행위 여부 판단 시 일반 채권자들의 공동담보에 제공되는 책임재산의 범위에서 공제되는 금액이 목적물의 가격을 초과하고 있는 경우 당해 목적물의 양도가 사해행위에 해당하는지 여부
14	대법원 2013. 10. 31. 선고 2011다102059 판결	사해행위취소소송에서 채무자의 적극재산에 포함되는 신탁재산에 대한 수익권을 평가하는 방법
15	대법원 2013. 10. 31. 선고 2012다14449 판결	위탁자가 체결한 새로운 신탁계약에 대한 사해행위취소소송에서 위탁자의 기존의 신탁계약에 의한 수익권의 평가 방법
16	대법원 2012. 10. 11. 자 2010마2066 결정	사업부지에 관한 1차 신탁계약에서 정하는 바에 따라 이후 2차 신탁계약을 체결하고 신축건물을 추가로 신탁한 행위가 사해행위에 해당하는지 여부
17	대법원 2011. 5. 23. 자 2009마1176 결정	담보신탁을 통하여 전 재산인 골프장 부지와 시설에 관한 소유 명의를 신탁회사에게 이전한 행위가 사해행위에 해당하는지 여부에 대한 판단기준
18	대법원 2010. 4. 29. 선고 2009다99129 판결	매도인이 매매목적물인 부동산을 신탁하고 소유권이전등기를 마치자 매수인이 위 부동산 소유권이전등기의무의 이행불능에 따른 손해배상청구권을 피보전권리로 하여 위 신탁이 사해행위에 해당한다고 주장한 사안에서 위 신탁이 사해행위에 해당하는지 여부
19	대법원 2009. 11. 12. 선고 2009다53437 판결	사업약정 및 1차 신탁계약에서 정하는 바에 따라 신축건물을 2차 신탁계약에 의해 추가신탁한 경우 2차 신탁계약의 사해행위 여부 판단 기준
	대법원 2010. 6. 24. 선고 2010다15325 판결 (환송 후 판결)	

번호	사건번호	논점
20	대법원 2009. 5. 14. 선고 2008다70701 판결	자금난으로 사업을 계속 추진하기 어려운 상황에 처한 채무자가 자금을 융통하여 사업을 계속 추진하는 것이 채무 변제력을 갖는 최선의 방법이라 생각하고 신탁수익권을 특정채권자에게 담보로 제공하고 신규자금을 추가로 융통받은 경우, 채무자의 담보권설정행위가 사해행위에 해당하는지 여부
21	대법원 2008. 8. 11. 선고 2008다24487 판결	피담보채무를 인수하기 위하여 종전 신탁계약의 위탁자 지위를 승계하기로 한 약정에 따라 위탁자가 종전 신탁계약상의 위탁자의 채무를 인수하면서 그 담보를 위하여 종전 신탁계약과 동일한 내용의 새로운 신탁계약을 체결한 것이 사해행위에 해당하는지 여부
22	대법원 2005. 11. 10. 선고 2005다33718 판결	자금난으로 사업을 추진하기 어려운 상황에 처한 채무자가 자금을 융통하여 사업을 추진하는 것이 채무 변제력을 갖게 되는 최선의 방법이라고 생각하고 자금을 융통하기 위하여 부득이 부동산을 신탁하고 신규자금을 융통받은 것이 사해행위에 해당하는지 여부
23	대법원 2003. 12. 12. 선고 2001다57884 판결	채무자가 토지에 집합건물을 지어 분양하는 사업을 추진하던 중 자금난으로 공사를 계속할 수 없게 되자 사업을 계속하기 위한 방법으로 신탁계약을 체결하고 건물의 신축공사를 완료한 경우, 그 신탁행위가 사해행위에 해당하는지 여부
24	대법원 2001. 12. 27. 선고 2001다32236 판결	특정물에 대한 소유권이전등기청구권을 보전하기 위하여 사해신탁취소권을 행사할 수 있는지 여부
25	대법원 2001. 7. 27. 선고 2001다13709 판결	공사대금을 지급받지 못한 아파트 공사 수급인이 신축 아파트에 대한 유치권을 포기하는 대신 수분양자들로부터 미납입 분양대금을 직접 지급받기로 하고, 그 담보를 위해 도급인과의 사이에 당해 아파트를 대상으로 수익자를 수급인으로 하는 신탁계약을 체결한 행위가 사해행위에 해당하는지 여부
26	대법원 1999. 11. 9. 선고 99다50101 판결	채무자가 제3자에 대한 채무 담보 목적으로 신탁법에 의하여 신탁한 부동산의 매도행위가 사해행위에 해당하나 매수인이 채무자를 대위하여 제3자에 대한 채무를 변제하고 신탁계약을 해지하여 소유권을 이전받은 경우, 위 사해행위 취소의 범위와 원상회복의 방법
27	대법원 1999. 9. 7. 선고 98다41490 판결	채무자가 유일한 재산인 저당권이 설정되어 있는 부동산을 신탁한 후 그 저당권설정등기가 말소된 경우, 사해행위 취소의 범위와 원상회복의 방법

IV 동산담보

(1) 담보대상동산

담보대상이 되는 동산의 종류에는 재고자산과 같은 유동자산과 정밀기계 · 공작기계와 같은 고정자산이 있다. 재고자산은 개별상품의 가치는 크지 않지만 전체의 상품으로서 큰 가치가 있기 때문에 보통은 재고자산 일체라는 형태로 담보로 제공되는데, 이러한 동산은 반출 · 반입에 의해 계속 변동하는 목적물에 대한 집합동산(집합물)에 해당한다. 이에 대하여, 정밀기계 · 공작기계와 같이 단독으로 상당한 가치를 지닌 동산의 경우에는, 집합동산이라는 형태로 담보권을 설정할 필요는 없고 각각의 동산별로 담보권이 설정되면 된다.

(2) 담보권의 종류

집합동산 · 개별동산 어느 경우에도, 동산담보는 질권, 양도담보권, 담보신탁, 「동산채권담보법」에 따른 동산담보권[279]의 방법으로 설정될 수 있다. 실무에서는 주로 양도담보권으로 설정되는 경우가 많은 것으로 보인다.

민법상으로는 질권의 설정도 가능하지만, 질권은 목적물의 인도를 받아 점유할 필요가 있고(민법 제330조), 이 경우 점유개정에 의한 점유는 인정되지 않기 때문에(동법 제332조), 담보권설정자의 사업운영(영업)에 영향이 커서 실무에서는 거의 채택되지 않고 있다. 또한, 이론적으로는 담보신탁도 가능하나, 재고품의 수시 반출 · 입출에 따른 관리비용(수탁자 비용 포함) 대비 효율성 측면에서 실무에서는 자주 사용되지는 않고 있는 것으로 보인다. 이에 반하여, 판례상 양도담보권의 설정에 필요한 인도는 점유개정에 의하는 것도 가능하기 때문에, 예를 들면 양도담보권설정자가 특정장소에서 소유 · 보관하고 있는 재고품 일체를 물리적으로 이동시키지 않고 양도담보권설정자가 관리를 계속하면서 양도담보로 제공할 수 있다는 장점이 있다.

양도담보권은 판례에 의해 인정되고 있는 비전형담보인데, 그 피담보채권은 기 발생한 채권만이 아니라 장래채권도 가능하며, 근양도담보권 및 집합동산에 대한 양도담보권도 인정되고 있다. 대출의 내용 · 구성에 따라 보통양도담보권 · 근양도담보권을 선택할 수 있다는 점은 다른 담보권과 마찬가지인데, 실무에서는 다른 담보권과 마찬가지로 피담보채권의

279) 「동산채권담보법」에 따른 「동산담보권」에 대해서는, 본편 제2장 Ⅵ. 동산담보권 · 채권담보권 부분 참조

특정·불특정 여부에 관계없이 대부분이 근양도담보권으로 설정되고 있다.[280)]

(3) 설정방법

1) 담보목적물의 특정방법

동산양도담보권은 담보권설정자와 담보권자 사이의 합의와 인도에 의해 효력이 발생하는데, 특히 집합동산 양도담보권의 설정의 경우에는, 담보목적물이 반출·반입에 의해 계속 변동하기 때문에 그 범위의 특정방법이 중요하다.

판례는, 담보목적물의 종류·소재장소·양적 범위를 지정하는 것을 특정방법의 예로 들고 있는데, 담보목적물이 특정된 것으로 인정된 경우에는 동산의 반출·반입에 의해 구성부분이 변동하더라도 집합물로서의 동일성이 상실되지 않는 한 새로 반입된 동산을 포함한 집합물(集合物)에 대해서도 양도담보권의 효력이 미치고, 반출된 동산에는 양도담보권의 효력은 미치지 않는다.

[판례 4-117] 대법원 1988. 12. 27. 선고 87누1043 판결

재고상품, 제품, 원자재 등과 같은 집합물을 하나의 물건으로 보아 이를 일정 기간 계속하여 채권담보의 목적으로 삼으려는 이른바 집합물에 대한 양도담보권설정계약에 있어서는 그 목적동산을 그 종류, 장소 또는 수량지정 등의 방법에 의하여 특정할 수만 있으면 그 집합물 전체를 하나의 재산권으로 하는 담보권의 설정이 가능하다 할 것이므로 그에 대한 양도담보권설정계약이 이루어지면 그 집합물을 구성하는 개개의 물건이 변동되거나 변형되더라도 한 개의 물건으로서의 동일성을 잃지 아니한 채 양도담보권의 효력은 항상 현재의 집합물 위에 미치는 것이고 따라서 그러한 경우에 양도담보권자가 담보권설정계약 당시 존재하는 집합물을 점유개정의 방법으로 그 점유를 취득하면 그 후 양도담보설정자가 그 집합물을 이루는 개개의 물건을 반입하였다 하더라도 그때마다 별도의 양도담보권설정계약을 맺거나 점유개정의 표시를 하여야 하는 것은 아니라 할 것이다(당원 1988. 10. 25. 선고 85누941 판결 참조).

따라서 원심이 <u>원고은행과 소외 일신제강주식회사 사이에 맺어진 양도담보계약의 목적물이 판시 원자재 등의 집합물이고 그것이 이미 소외 한국상업은행과 위 소외 회사 사이에 맺어진 양도담보의 목적이 되었던 사실</u>을 적법히 확정하고 나서 이와 같이 같은 집합물에 대하여 <u>위 한국상업은행보다 후에 원고은행이 소외 회사와의 사이에 이중으로 이</u>

280) 일정한 경우 포괄근양도담보가 제한되는 경우가 있다(예를 들면, 금소법에 관한 감독규정 제14조 제6항 제8호 참조).

사건 양도담보계약을 체결한 바에야 특별한 사정이 없는 한 원고은행은 그 담보권을 적법히 취득할 수 없는 것이라고 판시하여 원고은행이 소외 회사에 대한 양도담보권자임을 전제로 한 피고의 이 사건 과세처분이 위법하다고 판단한 것은 정당하고 거기에 지적하는 바와 같은 법리의 오해나 채증법칙을 어긴 위법이 없다. 주장은 이유 없다.

[판례 4-118] 대법원 1990. 12. 26. 선고 88다카20224 판결

원심판결 이유에 의하면 원심은, 당사자 간에 다툼이 없는 사실과 거시증거를 종합하여 소외 ○○주식회사가 1986. 6. 17. 소외 박○○에 대한 광주지방법원 86카5489호 유체동산가압류결정에 기하여 판시 박○○ 경영의 ○○양만장 내에 있던 뱀장어에 대한 가압류집행을 하고 피고 ○○주식회사도 1986. 9. 6. 위 뱀장어에 대하여 위 박○○에 대한 위 법원 86카7983호 유체동산가압류결정에 기하여 강제집행을 한 사실, 위 가압류물건인 뱀장어는 그 보존관리에 특별한 주의가 필요하고 사육에 많은 비용을 요하게 되어 광주지방법원 소속집달관 염○○은 1986. 9. 6. 위 양만장 내의 뱀장어 26,500킬로그램을 사육불능에 따른 특수보존처분으로서 이를 경매하여 환가한 대금 180,366,750원 중 경매비용을 공제한 나머지 금 176,875,500원을 보관하게 된 사실, 위 보관금에 대하여 피고 ○○주식회사, 피고 유○○, 피고 이○○ 및 피고 박○○ 등이 원심판시와 같은 각 집행력 있는 공정증서정본에 기하여 강제집행을 한 사실, 원고는 1985. 3. 20. 위 박○○와 당시 위 박○○가 원고에 대하여 부담하고 있던 채무 금 410,000,000원과 장래 부담하게 될 채무를 한도액 금 1,400,000,000원으로 하여 이를 담보할 목적으로 위 양만장 내에 있던 뱀장어를 약 1,000,000마리로 추산하여 이를 일괄하여 원고에게 소유권을 양도하고 이를 인도하되 점유개정에 의하여 위 박○○가 계속하여 위 뱀장어를 점유하고 관리, 사육하면서 원고의 승낙하에 이를 처분할 수 있음과 동시에 장래에 있어서 위 양만장에 입식하는 뱀장어도 1,000,000마리의 한도 내에서 위 담보의 목적으로 되어 원고가 그 소유권을 갖기로 하되 위 뱀장어는 치만(새끼뱀장어)을 구입하여 양만장에 입식시킨 후 약 1년 내지 1년 6월 정도 사육한 성만이 되었을 때가 그 성장도와 경제성에 비추어 상품으로서의 가치가 가상 높아 그때에 처분하여야 하고 또한 이를 위하여는 계속적으로 치만을 구입하여 양만장에 입식시켜야 하는데 위 박○○도 위 양만장 내에 있던 뱀장어 중 적정크기의 뱀장어를 원고의 승낙하에 처분하여 그 대금을 채무변제와 인건비, 사육비 및 치만구입비 등에 사용하기로 하는 내용의 양도담보계약을 체결한 사실을 각 인정한 후 원고와 위 박○○ 사이의 위 양도담보계약의 목적물은 위 박○○의 다른 재산과 구별되는 위 양만장 내의 뱀장어 1,000,000마리로 한정되어 있고 또한 위 뱀장어는 위 양만장 내의 개개의 뱀장어를 떠난 1,000,000마리의 한도 내에서 증감 변동하는 집합동산으로서 계속적으로 단일한 경제적 가치가 유지되어 양도담보계약의 목적물로 될 수 있을 정도로 특정되어 위 양도담보계약은 유효한 계약이라 할 것이고 따라서 피고들이 위와 같이 강제집행할 당시의 위 양만장 내의 뱀장어 약 26,500킬로그램 상당은 원고의 소유이며 이를 환가한 위 금

176,875,500원의 금원 역시 원고의 소유라 할 것이므로 피고들이 위 박○○에 대한 각 채무명의에 기하여 원고소유의 위 뱀장어 및 금원에 대하여 한 위 각 강제집행은 부당하다고 판시하였음을 알 수 있다.

일반적으로 일단의 증감 변동하는 동산을 하나의 물건으로 보아 이를 채권담보의 목적으로 삼으려는 이른바 집합물에 대한 양도담보설정계약체결도 가능하며 이 경우 그 목적 동산이 담보설정자의 다른 물건과 구별될 수 있도록 그 종류, 장소 또는 수량지정 등의 방법에 의하여 특정되어 있으면 그 전부를 하나의 재산권으로 보아 이에 대해 유효한 담보권의 설정이 된 것으로 볼 수 있다 할 것인바(당원 1988. 10. 25. 선고 85누941 판결, 대법원 1988. 12. 27. 선고 87누1043 판결 각 참조), 살피건대 원심은 원고와 위 소외인이 이 사건 양도담보계약의 목적물로 위 양만장 내에서 사육 관리되고 있는 뱀장어 중 1,000,000마리의 한도 내라고 약정한 사실을 인정하여 위 양도담보계약은 목적물이 특정되었으므로 유효하다고 판단하였으나 원심이 인용한 양도담보계약서(갑 제2호증의 1) 중 양도물건목록에는 소재지란에 담양군 ○○○ 등, 보관창고명란에 ○○양만장, 물건의 종별란에 위 양만장 내 뱀장어, 수량 약 백만 마리라고 기재되어 있을 뿐이며, 원심 및 제1심증인 정○○, 원심증인 최○○의 각 증언에 의하면 위 양도담보계약의 목적물로 계약 당시 위 양만장 내의 모든 뱀장어 수를 약 1,000,000마리로 추산하여 그 전부를 목적물로 하였다는 취지로 증언하고 있고 달리 위 양만장 내의 뱀장어 중 1,000,000마리로 그 수량을 지정하여 담보의 범위를 제한한 사실을 인정하였다고 보기는 어려운 이 사건에 있어서 위 양도담보계약서에 기재된 수량은 단순히 위 계약 당시 위 양만장 내에 보관되고 있던 뱀장어 등의 수를 개략적으로 표시한 것에 불과하고 오히려 당사자는 위 양만장 내의 뱀장어 등 어류 전부를 그 목적으로 하였다고 봄이 당사자의 의사에 합치된다고 할 것이다.

그렇다면 비록 성장을 계속하는 어류일지라도 기본적으로는 원자재, 제품의 원료, 재고상품과 달리 볼 아무런 이유가 없어 집합물 양도담보의 대상이 될 수 있다 할 것이어서 위 양만장 내의 뱀장어 등 전부에 대한 위 당사자 간의 이 사건 양도담보계약은 그 담보목적물이 특정되었다 할 것이므로 그 담보계약은 유효하게 성립하였다고 할 것이며, 이러한 집합물에 대한 양도담보권설정계약이 이루어지면 그 집합물을 구성하는 개개의 물건이 변동되거나 변형되더라도 한 개의 물건으로서의 동일성을 잃지 아니한 채 양도담보권의 효력은 항상 현재의 집합물 위에 미치는 것이고 따라서 양도담보권자가 담보권설정계약 당시 존재하는 집합물을 점유개정의 방법으로 그 점유를 취득하면 그 후 양도담보설정자가 그 집합물을 이루는 개개의 물건을 반입하였다 하더라도 그때마다 별도의 양도담보권설정계약을 맺거나 점유개정의 표시를 하여야 하는 것은 아니라고 할 것이다.

결국 원심이 이 사건 뱀장어 1,000,000마리 만을 양도담보의 목적으로 한 듯이 설시한 점은 잘못이라 하겠으나 이 사건 양도담보계약이 유효하다고 보아 위 환가대금에 대한 피고들의 가압류 내지 강제집행을 부당하다고 본 결론은 정당하며 또 거기에 뱀장어 1,000,000마리 만이 이 사건 양도담보의 목적이 된 것을 전제로 한 법리오해, 채증법칙위반, 심리미진 내지 이유불비의 위법이나 달리 소론과 같은 판단유탈의 위법이 있다 할 수 없다. 논지는 모두 이유 없다.

[판례 4-119] 대법원 1999. 9. 7. 선고 98다47283 판결

관련 증거들을 기록과 대조하여 검토해 보면 원심이 원고가 원심 판시의 금 4,000,000,000원의 소외 논노에 대한 대출금채권을 담보하기 위하여 1995. 2. 25. 소외 논노와 유동집합동산인 ○○○창고의 소외 논노의 의류 상품에 대하여 양도담보계약을 체결하고 점유개정의 방법으로 양도담보권을 취득하였다고 판단한 것은 정당하다.

그와 같이 집합물인 ○○○창고의 소외 논노의 의류 상품에 대하여 양도담보권설정계약이 이루어진 이상 그 집합물을 구성하는 개개의 물건이 변동되고, 원고가 그때마다 소외 논노와 별도의 양도담보권설정계약을 맺거나 점유개정의 표시를 하지 아니하였더라도 집합물인 ○○○창고의 소외 논노의 의류 상품은 한 개의 물건으로서의 동일성을 잃지 아니하여 원고의 양도담보권의 효력은 항상 현재의 집합물인 ○○○창고의 소외 논노의 의류 상품에 미치는 것이고(대법원 1988. 10. 25. 선고 85누941 판결, 대법원 1988. 12. 27. 선고 87누1043 판결, 대법원 1990. 12. 26. 선고 88다카20224 판결 등 참조), 원고는 양도담보권설정자인 소외 논노를 제외한 제3자에 대한 관계에 있어서는 자신이 ○○○창고의 소외 논노의 의류 상품의 소유자임을 주장하여 권리를 행사할 수 있다(대법원 1986. 8. 19. 선고 86다카315 판결, 대법원 1991. 10. 8. 선고 90다9780 판결, 대법원 1994. 8. 26. 선고 93다44739 판결 등 참조).

[판례 4-120] 대법원 2003. 3. 14. 선고 2002다72385 판결

일단의 증감 변동하는 동산을 하나의 물건으로 보아 이를 채권담보의 목적으로 삼는 이른바 유동집합물에 대한 양도담보설정계약의 경우에, 양도담보의 효력이 미치는 범위를 명시하여 제3자에게 불측의 손해를 입지 않도록 하고 권리관계를 미리 명확히 하여 집행절차가 부당히 지연되지 않도록 하기 위하여 그 목적물을 특정할 필요가 있으므로, 담보목적물은 담보설정자의 다른 물건과 구별될 수 있도록 그 종류, 소재하는 장소 또는 수량의 지정 등의 방법에 의하여 외부적·객관적으로 특정되어 있어야 하고(대법원 1990. 12. 26. 선고 88다카20224 판결 등 참조), 목적물의 특정 여부 및 목적물의 범위는 목적물의 종류, 장소, 수량 등에 관한 계약의 전체적 내용, 계약 당사자의 의사, 목적물 자체가 가지는 유기적 결합의 정도, 목적물의 성질, 담보물 관리와 이용방법 등 여러 가지 사정을 종합하여 구체적으로 판단하여야 할 것이다.

원심은, 내세운 증거에 의하여 그 판시와 같은 사실을 인정한 다음, 주식회사 ○○축산(이하 '○○축산'이라 한다)이 운영하는 경북 ○○ 소재 ○○농장은 편의상 산 ○○ 지상의 제3농장과 산 ○○ 지상의 제4농장으로 구분되어 있기는 하나 모두 같은 구역 내에 위치하고 있고, 사료 거래나 돼지 출하 등이 농장별로 구분되어 이루어지는 것이 아닌 점,

○○농장에서 작성하는 사육일보 등에 산 ○○을 ○○농장의 주소지로 사용해 온 점, ○○농장의 돈사 및 부속건물의 배치 현황으로 볼 때 산 ○○에 위치한 돈사에 사육 중이던 돼지만을 구분할 수 없는 점, 피고와 ○○축산 사이의 1999. 3. 31. 자 이 사건 양도담보계약의 목적물로 기재된 돼지 두수가 ○○농장 전체의 돼지 두수와 거의 일치하는 점, 피고는 1999. 11. 20. 제3농장 및 제4농장 내의 돼지만이 아니라 ○○축산 소유의 1158-1 돼지 300두도 아울러 양도담보로 제공받았는데 이를 합하면 원고가 양도담보로 받은 ○○농장의 돼지 두수와도 비슷한 점, 이 사건 양도담보계약 당시 피담보채권액이 금 25억 원에 이르렀고, ○○축산과의 위탁사육계약에 의하여 타인이 사육하고 있는 돼지까지를 모두 그 목적물에 포함시켰음에도 ○○농장의 돼지 전부가 아니라 그 일부인 제3농장 내의 돼지만을 목적물로 정할 특별한 사정이 있었던 것으로 엿보이지 않는 점, 이 사건 양도담보계약 당시 ○○축산은 ○○농장 내의 돼지 전부를 양도담보로 제공할 의사였던 점, 이 사건 양도담보계약의 목적물의 소재지를 표시함에 있어 ○○농장 이외의 농장에 대하여도 모두 대표 지번만을 기재한 점 등 여러 가지 사정에 비추어 볼 때, 비록 <u>○○축산과 피고가 이 사건 양도담보계약 당시 목적물의 소재지로 ○○농장의 일부 지번인 '산 ○○'만을 기재하였으나, 이는 편의상 전체 지번을 모두 기재하는 것을 생략한 채 대표 지번만을 기재한 것에 불과하고, ○○농장 내에 사육 중인 돼지 전부를 그 목적물로 특정하였다고 봄이 상당하다</u>고 판단하여, 이 사건 양도담보계약의 목적물은 산 ○○ 지상에 위치한 제3농장 내의 돼지에 한정된 것으로 보아야 한다는 원고의 주장을 배척하였는바, 앞서 살펴본 법리를 전제로 하여 기록에 의하여 살펴보면, 원심의 사실인정과 판단은 정당한 것으로 수긍할 수 있고, 거기에 상고이유에서 주장하는 유동집합물 양도담보계약에 있어서의 목적물 특정에 관한 법리오해나 채증법칙 위반으로 인한 사실오인 내지 이유불비의 위법이 없다.

[판례 4-121] 대법원 2007. 2. 22. 선고 2006도8649 판결

돈사에서 대량으로 사육되는 돼지를 집합물에 대한 양도담보의 목적물로 삼은 경우, 그 돼지는 번식, 사망, 판매, 구입 등의 요인에 의하여 증감 변동하기 마련이므로 양도담보권자가 그때마다 별도의 양도담보권설정계약을 맺거나 점유개정의 표시를 하지 않더라도 하나의 집합물로서 동일성을 잃지 아니한 채 양도담보권의 효력은 항상 현재의 집합물 위에 미치게 되고(대법원 2004. 11. 12. 선고 2004다22858 판결 참조), 금전채무를 담보하기 위하여 채무자가 그 소유의 동산을 채권자에게 양도하되 점유개정의 방법으로 인도하고 채무자가 이를 계속 점유하기로 약정한 경우 특별한 사정이 없는 한 그 동산의 소유권은 신탁적으로 이전되는 것에 불과하여, 채권자와 채무자 사이의 대내적 관계에서는 채무자가 소유권을 보유하나 대외적인 관계에서의 채무자는 동산의 소유권을 이미 채권자에게 양도한 무권리자가 되는 것이어서 다시 다른 채권자와 사이에 양도담보설정계약을 체결하고 점유개정의 방법으로 인도하더라도 선의취득이 인정되지 않는 한 나중에 설정계약을 체결한 채권자는 양도담보권을 취득할 수 없는데, 현실의 인도가 아닌 점유개정의 방법으로는 선의취득이 인정되지 아니하므로 결국 뒤의 채권자는 적법하게 양도담보권을 취득할 수 없다(대법원 2005. 2. 18. 선고 2004다37430 판결 참조).

원심판결 이유에 의하면 원심은, 공소외 1과 (업체명 생략) 랜드 사이의 2000. 9. 2. 자 공정증서에 의한 계약은 그 계약의 체결 경위, 체결 이후 공소외 1의 사용·수익 및 (업체명 생략) 랜드 사이의 거래 경과 등에 비추어 보면, 이는 2억 원을 한도로 계속적 돼지사료 거래에서 발생하는 채무를 담보하기 위하여 공소외 1 자신이 운영하던 (이름 생략) 농장 안의 증감 변동하는 집합물인 돼지 전체를 그 담보의 목적물로 제공한 유동집합동산의 양도담보계약에 해당한다 할 것이고, 이 양도담보계약은 2004. 2. 25. 공소외 1이 (업체명 생략) 랜드에게 농장포기각서를 작성하여 주기까지 그에 기하여 담보권이 실행되거나 기타 다른 사유로 인하여 그 효력이 상실되거나 소멸된 것으로 보이지 아니하므로, 위 2000. 9. 2. 이후에 피고인이 공소외 1과 체결한 2002. 8. 22. 자 공정증서와 2004. 2. 2. 자 매매계약에 의한 각 양도담보계약으로써는 (이름 생략) 농장의 돼지들에 대한 적법한 양도담보권을 취득할 수 없다고 판단하고, 여기에다가 ① 피고인은 공소외 1과 돼지사료 거래를 시작할 무렵부터 이미 (이름 생략) 농장의 돼지들에 관하여 공소외 1과 (업체명 생략) 랜드 사이에 양도담보계약이 체결된 사실을 알고 있었던 점, ② 피고인이 이 사건 공소사실과 같이 돼지를 반출하기 전인 2004. 1. 10. 무렵 (이름 생략) 농장의 각 돈사 출입문에 (업체명 생략) 랜드 측의 2000. 9. 2. 자 공정증서가 부착되어 있었고, 2004. 2. 25.에는 거기에 더하여 농장포기각서까지 부착되었던 점, ③ 피고인이 위와 같이 돼지를 반출하기 직전 공소외 1이 피고인에게 (이름 생략) 농장의 돼지들에 대한 소유권이 (업체명 생략) 랜드에게 있다는 사실을 말하였던 점 등을 종합하면, 피고인은 이 사건 돼지 반출 행위 당시 그 돼지들이 피고인이 아닌 타인의 소유와 점유에 속함을 알았음에도 이를 불법하게 영득할 의사로 그 기재와 같이 돼지를 실어 갔다고 보아야 하며, 판시와 같이 피고인이 (업체명 생략) 랜드의 돼지 출하를 방해한 행위는 (업체명 생략) 랜드의 업무를 방해하는 위법한 행위로 보기에 충분하다고 판단하였다.

기록에 비추어 살펴보면, 원심의 위와 같은 인정 및 판단은 수긍이 된다. 피고인의 돼지 반출 당시 관리인 공소외 2 등을 통한 공소외 1의 승낙이 있었다고 볼 수도 없을 뿐더러, 공소외 1에게 그러한 승낙 권한이 있었다고 볼 수도 없으며, 피고인은 당시에 그 돼지들이 피고인이 아닌 타인의 소유와 점유에 속함을 미필적으로라도 알았다고 보인다. 따라서 원심판결에는 상고이유에서 주장하는 바와 같이 채증법칙 위배로 사실을 오인하거나 법리를 오해한 위법이 있다 할 수 없다.

[판례 4-122] 대법원 2013. 1. 16. 선고 2012다78726 판결

일단의 증감 변동하는 동산을 하나의 물건으로 보아 이를 채권담보의 목적으로 삼는 이른바 유동집합물에 대한 양도담보계약의 경우에, 양도담보의 효력이 미치는 범위를 명시하여 제3자에게 불측의 손해를 입지 않도록 하고 권리관계를 미리 명확히 하여 집행절차가 부당히 지연되지 않도록 하기 위하여 그 목적물을 특정할 필요가 있으므로, 담보목적물은 담보설정자의 다른 물건과 구별될 수 있도록 그 종류, 소재하는 장소 또는 수량의 지정 등의 방법에 의하여 외부적 · 객관적으로 특정되어 있어야 하고(대법원 1990. 12. 26. 선고 88다카20224 판결 등 참조), 목적물의 특정 여부 및 목적물의 범위는 목적물의 종류, 장소, 수량 등에 관한 계약의 전체적 내용, 계약 당사자의 의사, 목적물 자체가 가지는 유기적 결합의 정도, 목적물의 성질, 담보물 관리와 이용방법 등 여러 가지 사정을 종합하여 구체적으로 판단하여야 할 것이다(대법원 2003. 3. 14. 선고 2002다72385 판결 등 참조).

원심은 그 채택 증거를 종합하여 그 판시와 같은 사실을 인정한 다음, 주식회사 광성조선이 이 사건 각 선박을 건조하기 위하여 취득한 원심판결 별지 1 목록 순번 1, 2번 기재 후판(이하 '이 사건 후판'이라 한다)은 이 사건 제1, 2양도담보계약의 목적물로서, 원고들은 점유개정의 방법으로 피고에 우선하여 이 사건 후판에 대한 양도담보권을 취득하였다고 판단하였다.

앞서 본 법리에 비추어 보면, 원심의 이러한 판단은 결론에 있어 정당한 것으로 수긍할 수 있고, 거기에 상고이유 주장과 같이 이 사건 제1, 2양도담보계약의 해석, 유동집합동산 양도담보계약상 담보목적물의 특정, 선하증권 교부의 효력 등에 관한 법리오해, 판단누락, 이유불비, 이유모순, 경험칙 위반 등 판결에 영향을 미친 위법이 없다.

[판례 4-123] 대법원 2013. 2. 15. 선고 2012다87089 판결

일단의 증감 변동하는 동산을 하나의 물건으로 보아 이를 채권담보의 목적으로 삼는 이른바 유동집합물에 대한 양도담보설정계약의 경우 양도담보의 효력이 미치는 범위를 명시하여 제3자에게 불측의 손해를 입히지 않도록 하고 권리관계를 미리 명확히 하여 집행절차가 부당히 지연되지 않도록 하기 위하여 그 목적물을 특정할 필요가 있으므로, 담보목적물은 담보설정자의 다른 물건과 구별될 수 있도록 그 종류, 소재하는 장소 또는 수량의 지정 등의 방법에 의하여 외부적 · 객관적으로 특정되어 있어야 하고, 목적물의 특정 여부 및 목적물의 범위는 목적물의 종류, 장소, 수량 등에 관한 계약의 전체적 내용, 계약 당사자의 의사, 목적물 자체가 가지는 유기적 결합의 정도, 목적물의 성질, 담보물 관리와 이용방법 등 여러 가지 사정을 종합하여 구체적으로 판단하여야 한다(대법원 2003. 3. 14. 선고 2002다72385 판결 등 참조).

원심은, 그 판결에서 채용하고 있는 증거들을 종합하여 그 판시와 같은 사실을 인정한 후 ○○주식회사가 이 사건 선수금계좌에서 인출한 돈으로 원심판결 첨부 별지 목록 기재 동산을 취득하였다고 볼 수 없고, 가사 <u>원고가 관리하던 이 사건 선수금계좌에서 인출된 돈으로 ○○주식회사가 위 동산을 취득하였다고 하더라도, 단순히 구매자금의 출처에 의하여 이 사건 양도담보계약의 목적물을 특정할 수는 없다</u>고 보아 원고의 청구를 기각하였다.

앞서 본 법리 및 기록에 비추어 살펴보면 원심의 판단은 정당하고, 거기에 상고이유의 주장과 같이 금전의 성질, 양도담보의 목적물 특정 등에 관한 법리를 오해하거나, 논리와 경험의 법칙을 위반하고 자유심증주의의 한계를 벗어나거나, 심리를 다하지 아니한 위법이 없다.

[판례 4-124] 대법원 2020. 2. 20. 선고 2019도9756 전원합의체 판결[281)]

[다수의견] 배임죄는 타인의 사무를 처리하는 자가 그 임무에 위배하는 행위로써 재산상의 이익을 취득하거나 제3자로 하여금 이를 취득하게 하여 사무의 주체인 타인에게 손해를 가할 때 성립하는 것이므로 범죄의 주체는 타인의 사무를 처리하는 지위에 있어야 한다. 여기에서 '타인의 사무를 처리하는 자'라고 하려면, 타인의 재산관리에 관한 사무의 전부 또는 일부를 타인을 위하여 대행하는 경우와 같이 당사자 관계의 전형적·본질적 내용이 통상의 계약에서의 이익대립관계를 넘어서 그들 사이의 신임관계에 기초하여 타인의 재산을 보호 또는 관리하는 데에 있어야 한다. 이익대립관계에 있는 통상의 계약관계에서 채무자의 성실한 급부이행에 의해 상대방이 계약상 권리의 만족 내지 채권의 실현이라는 이익을 얻게 되는 관계에 있다거나, 계약을 이행함에 있어 상대방을 보호하거나 배려할 부수적인 의무가 있다는 것만으로는 채무자를 타인의 사무를 처리하는 자라고 할 수 없고, 위임 등과 같이 계약의 전형적·본질적인 급부의 내용이 상대방의 재산상 사무를 일정한 권한을 가지고 맡아 처리하는 경우에 해당하여야 한다.

채무자가 금전채무를 담보하기 위하여 그 소유의 동산을 채권자에게 양도담보로 제공

281) 갑 주식회사를 운영하는 피고인이 을 은행으로부터 대출을 받으면서 대출금을 완납할 때까지 갑 회사 소유의 동산인 골재생산기기(크러셔)를 점유개정 방식으로 양도담보로 제공하기로 하는 계약을 체결하였음에도 담보목적물인 동산을 병 등에게 매각함으로써 을 은행에 대출금 상당의 손해를 가하였다고 하여 배임의 공소사실로 기소된 사안에서, 위 양도담보계약은 피고인이 운영하는 갑 회사가 을 은행에 대한 대출금 채무를 담보하기 위하여 동산에 관하여 양도담보를 설정하고, 갑 회사의 채무불이행 시 양도담보권의 실행, 즉 동산을 처분하여 그 매각대금으로 채무의 변제에 충당하거나 채무의 변제에 갈음하여 을 은행이 담보목적물을 취득하기로 하는 내용의 전형적인 양도담보계약으로서, 양도담보계약서 제2조, 제4조 등에는 '담보목적물은 설정자가 채권자의 대리인으로서 점유·사용·보전·관리한다', '설정자는 선량한 관리자로서의 주의의무를 다하여 점유·사용·보전·관리하여야 한다' 등과 같이 담보설정자(갑 회사)의 담보목적물의 보전·관리에 관한 내용이 포함되어 있으나, 위와 같은 계약서의 기재 내용만으로 위 양도담보계약이 전형적인 양도담보계약이 아니라거나 양도담보계약과 별도로 을 은행이 갑 회사에 신임관계에 기초하여 담보목적물의 보관·관리에 관한 사무의 처리를 위탁하는 내용의 특약이 있다고 보기 어려운 점 등을 종합하면, 위 양도담보계약에서 갑 회사와 을 은행 간 당사자 관계의 전형적·본질적 내용은 대출금 채무의 변제와 이를 위한 담보에 있고, 갑 회사를 통상의 계약에서의 이익대립관계를 넘어서 을 은행과의 신임관계에 기초하여 을 은행의 사무를 맡아 처리하는 것으로 볼 수 없는 이상 갑 회사를 운영하는 피고인을 을 은행에 대한 관계에서 '타인의 사무를 처리하는 자'에 해당한다고 할 수 없다는 이유로, 이와 달리 피고인이 타인의 사무를 처리하는 자의 지위에 있음을 전제로 공소사실을 유죄로 판단한 원심판결에 배임죄에서 '타인의 사무를 처리하는 자' 등에 관한 법리를 오해한 위법이 있다고 한 사례

함으로써 채권자인 양도담보권자에 대하여 담보물의 담보가치를 유지·보전할 의무 내지 담보물을 타에 처분하거나 멸실, 훼손하는 등으로 담보권 실행에 지장을 초래하는 행위를 하지 않을 의무를 부담하게 되었더라도, 이를 들어 채무자가 통상의 계약에서의 이익대립관계를 넘어서 채권자와의 신임관계에 기초하여 채권자의 사무를 맡아 처리하는 것으로 볼 수 없다. 따라서 채무자를 배임죄의 주체인 '타인의 사무를 처리하는 자'에 해당한다고 할 수 없고, 그가 담보물을 제3자에게 처분하는 등으로 담보가치를 감소 또는 상실시켜 채권자의 담보권 실행이나 이를 통한 채권실현에 위험을 초래하더라도 배임죄가 성립한다고 할 수 없다.

위와 같은 법리는, 채무자가 동산에 관하여 양도담보설정계약을 체결하여 이를 채권자에게 양도할 의무가 있음에도 제3자에게 처분한 경우에도 적용되고, 주식에 관하여 양도담보설정계약을 체결한 채무자가 제3자에게 해당 주식을 처분한 사안에도 마찬가지로 적용된다.

2) 공시방법

① 담보권설정자가 보관 중인 동산에 대한 양도담보

담보대상으로 된 동산이 담보권설정자가 소유하는 점포나 시설에 보관되어 있는 경우에는, 담보권자가 점유개정(민법 제189조)에 의해 인도를 받는 방법으로 양도담보권을 설정할 수 있다.

② 제3자가 보관 중인 동산에 대한 양도담보

이에 대하여, 담보대상으로 된 동산이 담보권설정자 이외의 제3자 소유의 창고 기타 시설 내에 위탁 보관되어 있는 경우에는, 목적물반환청구권 양도(민법 제190조)에 의해 인도할 필요가 있다.

목적물반환청구권의 양도방법에 의해 점유가 이전되는 경우이므로, 담보권설정자로부터 창고업자 등의 보관자에 대하여 목적물반환청구권양도에 관한 확정일자부 통지 또는 보관자로부터의 확정일자부 승낙이 필요하고, 담보권설정자와 보관자 사이의 계약상 보관자가 보관하는 물건의 담보제공 시에 보관자의 승낙 등이 필요한 것으로 규정되어 있는 경우에는 담보제공 및 목적물반환청구권 양도에 관하여 반드시 보관자로부터의 승낙을 받아야 할 것이다.

한편, 이와 같이 제3자 보관의 동산에 대해 목적물반환청구권의 양도에 의한 점유이전의 방법으로 양도담보를 설정한 후, 담보권설정자가 다시 이중으로 양도담보권을 설정한 경우 양자의 효력이 문제될 수 있다. 이 문제는, 지명채권인 목적물반환청구권 양도의 대항요건

구비의 선후에 따라 그 효력 유무가 판별되어야 할 것으로 생각된다. 따라서 목적물반환청구권 양도에 관한 확정일자부 통지 또는 보관자의 확정일자부 승낙이 먼저 완료(확정일부 통지 또는 승낙의 상대방에 도달)된 양도담보만이 유효하고, 다른 양도담보는 (신탁적 소유권 이전설에 따르면 후순위 양도담보는 인정될 수 없으므로) 효력이 없다고 해석하는 것이 타당할 것이다.

③ 「동산채권담보법」에 따른 동산담보등기 및 명인방법

동산의 양도담보는 「동산채권담보법」에 따른 「담보등기」에 의해서도 설정할 수 있다. 실무에서는 최근 들어, 개별동산인 담보목적물이 담보권설정자에 의해 양도된 경우에 선의무과실의 제3자가 선의취득에 의해 보호되거나 또는 집합물인 담보목적물이 통상의 영업의 범위 내를 초과하여 담보권설정자에 의해 양도된 경우에 선의의 제3자가 선의취득에 의해 보호되는 위험을 가급적 줄이기 위하여 담보등기를 구비하는 사례도 증가하고 있는 것으로 보인다. 즉, 외견상 점유의 이전 및/또는 담보권설정 여부를 판별하기 어려운 점유개정만이 아니라, 담보등기부로 그 존재를 확인할 수 있도록 담보등기도 구비해 두면 담보권설정자가 제3자에 대하여 담보목적물을 양도한 경우에도 당해 제3자가 담보거래에 전문적인 지식을 갖고 있는 금융기관 등이라면 악의 또는 중과실을 인정받기 쉽기 때문이다.[282]

동일한 취지에서, 팻말 또는 스티커 부착 등의 방법으로 담보목적물에 명인방법(明認方法)을 추가하는 경우가 있다.

3) 동순위/후순위 양도담보권 설정

이 문제는 본편 제1장 **5** (3) 동순위 담보권 설정 가능 여부 및 그 절차 2) 부분과 동 (4) 후순위 담보권 설정 가능 여부 및 그 절차 2) 부분에서 살펴본 바와 같다.

4) 기타 특수한 동산에 대한 담보권 설정

자동차(버스 등)에 대해서는 「자동차 등 특정동산 저당법」에 따른 저당권이 이용될 수 있다. 특히, 실무상, 선박 · 항공기에 대해서는 보통은 부동산에 준하여 자동차 등 특정동산 저당법(선박등기법이 적용되지 않는 소형선박의 경우에는 동법이 적용된다), 선박등기법에 따른 저당권 · 근저당권이 설정되고 있는데, 이것은 양도담보권 또는 담보신탁을 설정하면, 양도담보권자 또는 수탁자가 선박 · 항공기의 법률상 소유자로서 불법행위법 · 환경법 등 법률상 소유자에게 부과되는 책임이나 조세 등을 부담할 위험이 있다는 점도 요소로 작

282) 「동산채권담보법」에 따른 「담보등기」에 대해서는, 본장 Ⅵ. 동산담보권 · 채권담보권 부분 참조

용한 것으로 보인다.

한편, 기계 · 기구의 생산설비는, 그것이 설치된 장소인 토지 또는 건물의 소유권이 동일인에 속하는 경우에는 기계 · 기구의 생산설비를 그것이 설치된 장소인 토지 또는 건물과 함께 일체로서 공장저당, 공장재단저당이나 광업재단저당을 설정할 수 있다(공장 및 광업재단 저당법). 공장재단은 M&A금융에서도 이용되는 경우가 있지만, 공장재단의 조성 · 관리 등에 필요한 절차 · 비용에 관한 부담이 크다는 점이 단점으로 지적되고 있다.

5) 담보대상동산 관련 수입금의 처리

매각대금 등 당해 담보대상동산으로부터의 현금흐름이 예정되어 있는 경우에는 담보권의 효력이 당해 현금흐름에는 미치지 않기 때문에 당해 현금흐름 자체를 통제하고 우선권을 확보하기 위해 해당 권리에 관한 채권 자체에도 질권 · 양도담보 등의 담보로 설정하고, 나아가 해당 수입금에 대한 취급(강제조기상환 또는 차주의 운영비용 사용을 위한 인출 등)에 대해서도 정해둘 필요가 있다.

또한, 이러한 수입금이 담보권실행사유 발생 전에는 담보권설정자 명의의 예금계좌로 입금 · 관리되는 경우에는 동 담보권설정자 명의의 예금계좌상의 예금채권에 대한 질권도 함께 설정함으로써 해당 채권으로부터의 현금흐름도 통제하는 방안도 함께 고려되는 것이 일반적이다.

V 지적재산권담보

(1) 담보대상지적재산권 · 담보권의 종류

담보대상으로 되는 지적재산권으로는 특허권, 실용신안권, 의장권, 상표권 등의 산업재산권과 저작권 등이 대표적이다. 지적재산권은 그 자체의 담보가치를 파악하기가 용이하지 않지만, 회사의 핵심자산이거나 현금흐름을 발생시키는 자산인 경우에는 담보자산에 포함시키는 경우가 있다.

지적재산권에 대해서는 질권, 양도담보권, 담보신탁이 설정될 수 있으나, 질권이 설정되는 것이 통상이다. 양도담보권을 설정하면 담보권자가 지적재산권의 소유자로서 지적재산권의 실시의무와 등록의무를 부담하게 되고, 침해가 있는 경우에 소송의 당사자로 될 수 있기 때문이다. 최근에는 법률상 지적재산권의 소유자가 변경됨에도 불구하고 지적재산권에 대한 체계적이고 전문적인 관리를 위해 담보목적의 담보신탁(지적재산권신탁)이 이용되는 경우도 자주 보인다.

대출의 내용 · 구성에 따라 보통담보권 · 근담보권을 선택할 수 있다는 점은 다른 담보권과 마찬가지인데, 실무에서는 다른 담보권과 마찬가지로 피담보채권의 특정 · 불특정 여부에 관계없이 대부분이 근담보권으로 설정되고 있다.[283)]

(2) 설정방법[284)]

지적재산권에 대한 질권은 담보권설정자와 담보권자 사이의 합의에 추가하여 특허원부, 저작권등록부 등 각 지적재산권의 등록부에의 질권설정등록이 필요한데, 지적재산권에 따라 이러한 등록이 효력발생요건인 경우와 제3자에 대한 대항요건인 경우로 나누어진다.

먼저, 질권설정등록이 효력요건으로 되어 있는 경우는 특허권과 특허권의 전용실시권(특허법 제101조 제1항 제3호), 디자인권과 디자인의 전용실시권(디자인보호법 제98조 제1항 제3호), 상표권(상표법 제96조 제1항 제3호) 등을 대상으로 하는 질권설정이다.

한편, 질권설정등록이 제3자에 대한 대항요건으로 되어 있는 경우는 특허권의 통상실시권(특허법 제118조 제3항), 디자인권의 통상실시권(디자인보호법 제104조 제3항), 상표권의 전용사용권과 통상사용권(상표법 제100조 제1항 제2호), 반도체집적회로의 배치설계권과 전용이용권 및 통상이용권(반도체집적회로의 배치설계에 관한 법률 제23조 제1항 제4호), 저작권 및 저작인접권(저작권법 제54조 제2호, 제63조 제3항, 제90조, 제98조) 등을 대상으로 하는 질권설정이다.

한편, 지적재산권에 공유자가 있는 경우에는, 다른 모든 공유자의 동의를 얻지 않으면 그 공유지분에 질권을 설정할 수 없다(특허법 제37조 제3항 등)는 점에도 유의할 필요가 있다.

설정방법과 관련하여, 각 지적재산권의 등록부에의 질권설정등록이 효력발생요건이거나 제3자에 대한 대항요건인 경우에는 해당 등록부에 질권설정등록이 필요한데, 질권의 설정이나 양도(이전) 시 등록기관에 제출되는 서류의 양식이 정해진 경우가 있으므로 질권설정

283) 일정한 경우에는 포괄근담보가 제한될 수 있다(예를 들면, 보증인보호특별법 제6조 제1항, 금소법에 관한 감독규정 제14조 제6항 제8호 등 참조).

284) 특허법, 저작권법 등의 해당 지식재산권 관련 법률에 의한 질권 등의 등록 이외에도 「동산채권담보법」에 따른 「지적재산권담보권등록」도 가능하다.

계약이나 양도계약의 내용이 해당 등록서류의 양식이나 내용에 위반되지 않도록 주의가 필요하다.

지적재산권질권의 경우에도 질권설정등록의 동시/선후를 통해 동순위/선후순위 질권설정이 가능하다.

VI 동산담보권 · 채권담보권[285)]

(1) 의의

동산에 대한 질권설정은 질권자에게 질물을 질권자에게 인도해야 하기 때문에 해당 질물을 계속 점유·이용해야 하는 경우에는 담보로 이용하는데 한계가 있고, 판례에 의해 인정되어 온 양도담보권 설정은 현실의 인도뿐만 아니라 점유개정의 방법으로도 가능하여 동산질권을 대체하는 담보권으로 널리 이용되어 왔으나 그 공시방법이 불명확하고 불완전하여 이중양도담보에 따른 분쟁발생 가능성 등의 문제가 있다. 또한 채권에 대한 질권설정은 채무자에 대한 확정일자부 증서에 의한 통지 또는 채무자의 승낙을 대항요건으로 함에 따라 채무자에 대한 통지 또는 승낙이 불가능하거나 실무상 부담이 되는 경우가 있고, 대량의 채권을 한꺼번에 담보로 제공하는데 많은 비용이 따르기 때문에 장래의 다수 채권을 일괄하여 담보로 제공하여 자금을 조달하는데 애로가 있다는 지적이 제기되었다.[286)]

이에 따라 동산·채권에 관한 담보등기제도를 도입하여 새로운 유형의 담보제도인 「동산담보권」 및 「채권담보권」 창설을 위한 「동산·채권 등의 담보에 관한 법률」이 제정되어 2012. 6. 11.부터 시행되고 있다.[287)]

---

285) 「동산채권담보법」에 따른 「동산담보권」 및 「채권담보권」에 대해서는, (i) 김재형 「담보제도의 개혁방안」 『민법론 Ⅳ』(박영사, 2011) 187페이지 이하, 「동산·채권 등의 담보에 관한 법률 제정안의 구성과 내용」 같은 책 235페이지, (ii) 『동산·채권 등의 담보에 관한 법률』(법무부, 2010), (iii) 『동산·채권 담보등기 해설』 법원행정처(2012), (iv) 오시정 『여신실무법률 담보 Ⅰ』(한국금융연수원, 2019), 265페이지 이하, 342페이지 이하, (v) 권병철 『동산·채권담보권 실무』(박영사, 2022) 각 참고

286) (i) 김재형 「담보제도의 개혁방안」 『민법론 Ⅳ』(박영사, 2011) 187페이지, (ii) 『동산·채권 등의 담보에 관한 법률』(법무부, 2010), 3페이지 이하 각 참고

287) 「동산채권담보법」에는 「동산담보권」 및 「채권담보권」 이외에도 「지식재산권의 담보에 관한 특례」가 마련되어 있다(동법 제5장).

(2) 적용대상

1) 담보권설정자의 인적 범위

동산채권담보법에 따른 동산·채권 담보제도를 이용할 수 있는 인적범위는 「법인(상사법인, 민법법인, 특별법에 따른 법인, 외국법인을 말한다)」 또는 「상업등기법에 따라 상호등기를 한 사람」으로 한정된다.[288]

2) 담보목적물

① 동산담보권의 목적물은 「동산」이다. 여러 개의 동산[289](장래에 취득할 동산[290]을 포함한다)이더라도 목적물의 종류, 보관장소, 수량을 정하거나 그 밖에 이와 유사한 방법으로 특정할 수 있는 경우에는 이를 목적으로 담보등기를 할 수 있다(동산채권담보법 제3조 제2항). 다만, 「선박등기법」에 따라 등기된 선박, 「자동차 등 특정동산 저당법」에 따라 등록된 건설기계·자동차·항공기·소형선박, 「공장 및 광업재단 저당법」에 따라 등기되거나 등록된 동산, 화물상환증·선하증권·창고증권이 작성된 동산, 무기명채권증서 등 대통령령으로 정하는 증권 등은 담보등기를 할 수 없다(동법 제3조 제3항).

② 채권담보권의 목적물은 「금전의 지급을 목적으로 하는 지명채권」, 즉 「금전채권」으로 한정된다(동법 제2조 제3호). 여러 개의 채권(채무자가 특정되었는지 여부를 묻지 아니하고 장래에 발생할 채권을 포함한다)이더라도 채권의 종류, 발생원인, 발생 연월일을 정하거나 그 밖에 이와 유사한 방법으로 특정할 수 있는 경우에는 이를 목적으로 담보등기를 할 수 있다(동법 제34조 제2항). 다만, 채권담보권은 피담보채권의 채무자가 채무를 불이행하는 경우에 담보목적물로부터 우선변제를 받는 것을 목적으로 하므로, 양도할 수 없는 채권은 담보목적물이 될 수 없다. 이와 관련하여 민법은 당사자의 특약으로 채권의 양도성을 제한하는 것을 인정하고 있으므로(민법 제449조 제2항), 이러한 양도금지 특약이 있는 채권이 담보목적물로 된 경우에는 담보권자가 선의 및 (판례에 의하면) 무중과실인 경우에만 유효하게 채권담보권을 취득할 수 있을 것이다.

---

288) 다만, 「동산채권담보법」에 따른 「지식재산권담보권」을 이용하는 경우에는 이러한 제한이 없다(동법 제2조 제5호).

289) 따라서 동산 양도담보와 마찬가지로, 기업이 원재료·재고품 등 집합동산을 담보목적으로 제공하는 경우나, 상호등기를 한 축산업자가 축사에서 기르는 가축들을 담보목적으로 제공하는 경우 담보등기를 할 수 있다. 『동산·채권 등의 담보에 관한 법률』(법무부, 2010) 33페이지

290) 또한, 기업이 보유한 원재료를 이용하여 생산한 제품 등에 대하여 제품생산 전에 담보로 제공하고 자금을 조달하는 경우에도 담보등기를 할 수 있다. 『동산·채권 등의 담보에 관한 법률』(법무부, 2010) 32페이지

(3) 설정방법

1) 동산담보권

담보권설정자와 담보권자 사이의 합의(담보약정)[291]와 담보등기부[292]의 등기를 하면 동산담보권이 성립한다(동법 제3조 제1항, 제7조 제1항). 다른 담보권과 마찬가지로 근담보권의 설정도 가능하다(동법 제5조).

동순위의 동산담보권 설정도 가능하고, 동일한 동산에 설정된 동산담보권의 순위는 등기의 순위에 따르며(동법 제7조 제2항), 동일한 동산에 관하여 담보등기부의 등기와 인도가 행하여진 경우 그 권리의 순위는 법률에 다른 규정이 없으면 그 선후에 따른다(동법 제7조 제3항).

2) 채권담보권

담보권설정자와 담보권자 사이의 합의(담보약정)로 성립한다. 다른 담보권과 마찬가지로 근담보권의 설정도 가능하다(동법 제5조).

민법상 지명채권에 대한 질권과 달리 지명채권의 채무자(이하 「제3채무자」)에 대한 확정일자 있는 통지나 제3채무자의 승낙이 없더라도 담보등기부에 등기를 하면 제3채무자를 제외한 제3자에게 대항할 수 있다(동법 제35조 제1항). 채권담보권으로 제3채무자에게 대항하기 위해서는 제3채무자에 대한 통지 또는 제3채무자의 승낙이 필요하나, 담보권설정자만이 통지를 할 수 있는 민법과 달리 채권담보권자도 등기사항증명서를 제3채무자에게 건네주는 방법으로 통지를 할 수 있다(동법 제35조 제2항).

동순위의 채권담보권 설정도 가능하고, 동일한 채권에 관하여 담보등기부의 등기와 민법 제349조 또는 제450조 제2항에 따른 통지 또는 승낙(확정일자 있는 통지 또는 승낙)이 있는 경우에는 담보등기와 그 통지의 도달 또는 승낙의 선후에 따라 그 권리를 주장할 수 있

291) 「동산채권담보법」에서는 이를 「담보약정」이라고 정의하고 있다. 단, 그 명칭에 관계없이 계약서에 「동산채권담보법」에 따라 담보등기를 하기로 하는 내용이 포함되어 있으면 여기서의 담보약정에 해당하며 「동산채권담보법」에 따라 담보등기를 할 수 있다. 『동산·채권 등의 담보에 관한 법률』(법무부, 2010) 24페이지

292) 담보등기부는 법원이 관장하는 동산·채권의 담보권을 등기하기 위한 전산 정보처리조직에 의하여 담보권설정자별로 등기사항이 저장되는 보조기억장치로, 「동산담보등기부」와 「채권담보등기부」로 구분된다. 물적편성주의에 따라 1필의 토지 또는 1동의 건물에 대하여 등기부가 마련되는 부동산등기부와 달리, 동산·채권 담보등기부는 「담보권설정자」를 기준으로 작성되는 인적편성주의를 채택하였다. 담보등기부는 담보권설정자의 성명과 상호를 이용하여 검색·열람이 가능하다. 제3자는 이러한 등기열람을 통하여 담보권설정자의 동산이나 채권에 대해 담보권이 설정되어 있다는 점을 알 수 있고, 이를 토대로 담보권설정자와 담보권자를 상대로 추가적인 확인을 통해 담보권의 내용을 구체적으로 파악할 수 있다. 『동산·채권 등의 담보에 관한 법률』(법무부, 2010) 29페이지

다(동법 제35조 제3항).

(4) 동산 · 채권담보권 관련 판례

[판례 4-125] 대법원 2021. 4. 8. 자 2020그872 결정

1. 사안 개요

원심결정 이유와 기록에 따르면 다음 사실을 알 수 있다.

가. 주식회사 우리은행(이하 '우리은행'이라 한다)은 2016. 8. 30. 주식회사 에이스지앤월드(이하 '에이스지앤월드'라 한다)와 에이스지앤월드의 대출금채무를 담보하기 위해 「동산 · 채권 등의 담보에 관한 법률」(이하 '동산채권담보법'이라 한다)에 따라 에이스지앤월드 소유의 동산인 강판에 관하여 채권최고액 564,000,000원, 존속기간 2021. 8. 30.까지로 정한 근담보권 설정계약을 체결하고, 같은 날 동산담보등기를 하였다(이하 '이 사건 동산담보권'이라 한다). 등기기록에는 담보목적물에 관하여 '동산의 종류'란에 '집합동산: 강판', '보관장소/특성'란에 '충청남도 당진시 (이하 생략) 주식회사 에이스지앤월드 공장 내'라고 기록하고 '기타사항'란에는 두께, 중량과 코팅방법이 기록되어 있다.

나. 신청인은 2020. 5. 21. 에이스지앤월드 소유의 유체동산에 대하여 가압류결정을 받았다[대전지방법원 서산지원(이하 '서산지원'이라 한다) 2020카합5057]. 서산지원 집행관은 2020. 5. 26. 위 에이스지앤월드 공장에 있는 강판 256개 항목에 대하여 가압류집행을 하였다.

우리은행은 이 사건 동산담보권을 실행하기 위한 경매를 신청하였다(서산지원 2020본484, '이 사건 경매'라 한다). 서산지원 집행관은 2020. 7. 1. 위 강판 256개 항목에 대하여 압류집행을 하였고, 2020. 8. 10. 유체동산 매각공고를 하면서 평가액과 최저일괄매각가격을 합계 902,000,000원으로 정하였다.

다. 신청인은 서산지원 집행관이 이 사건 경매절차에서 실시한 위 동산압류집행의 취소를 구하는 이의신청을 하였다.

2. 담보목적물의 범위

가. 동산채권담보법 제3조는 '동산담보권의 목적물'이라는 제목으로 제2항에서 "여러 개의 동산(장래에 취득할 동산을 포함한다)이더라도 목적물의 종류, 보관장소, 수량을 정하거나 그 밖에 이와 유사한 방법으로 특정할 수 있는 경우에는 이를 목적으로 담보 등기를 할 수 있다."라고 정하고 있다. 이는 현재 보유하는 동산이든 장래에 취득할 동산이든 여러 개의 동산에 하나의 동산담보권을 설정할 때 목적물의 특정방법을 한정적으로 정하지 않고 유연하게 목적물을 특정할 수 있도록 한 것이다.

「동산・채권의 담보등기 등에 관한 규칙」 제35조는 동산 및 채권의 특정을 위한 등기사항을 정하고 있는데, 담보목적물이 동산인 경우에는 등기기록에 동산을 특정하는 방법을 크게 두 가지로 구분하고 있다. 첫째, 동산의 특성에 따라 특정하는 경우에는 대법원예규로 정하는 동산의 종류와 동산의 제조번호 또는 제품번호 등 다른 동산과 구별할 수 있는 정보를 기록하여야 한다(제1항 제1호 가목). 이는 개별동산에 동산담보권을 설정하는 경우에 관한 것이다. 둘째, 동산의 보관장소에 따라 특정하는 경우에는 대법원예규로 정하는 동산의 종류와 동산의 보관장소의 소재지를 기록하여야 한다(제1항 제1호 나목 본문). 이는 집합동산에 동산담보권을 설정하는 경우에 관한 것으로서, 같은 보관장소에 있는 같은 종류의 동산 전체를 담보목적물로 하는 경우에 한하여 인정된다(제1항 제1호 나목 단서). 한편, 해당 동산의 명칭이나 그 밖에 해당 동산을 특정하는데 유익한 사항을 기록할 수 있으므로(제2항), 목적물을 특정하는데 유익한 사항만을 기록할 수 있는 것이고 그렇지 않는 사항을 기록해서는 안 된다.

「동산・채권의 담보등기 신청에 관한 업무처리지침」(대법원 등기예규 제1710호) 제6조는 동산 및 채권의 특정을 위해 신청서에 적어야 할 등기사항을 정하고 있다. 제1항 제1호 가목에서는 '동산의 특성에 따라 특정하는 경우에는 동산의 종류와 동산의 제조번호, 제품번호 등 개별동산에 부여된 표시'를 적도록 하고, 제1항 제1호 나목에서는 '담보목적물인 동산을 보관장소에 따라 특정하는 경우에는 동산의 종류와 동산의 보관장소의 구체적인 소재지(토지의 경우에는 지번, 건물의 경우 동・호수가 있는 경우에는 이를 포함한다)'를 적도록 하고 있다. 한편, 제3항에서는 '동산을 특정하는데 유익한 사항으로서 동산의 명칭, 크기, 중량, 재질, 제조일, 색상, 형태, 제조자, 보관장소의 명칭, 점유자 등을 적을 수 있다.'고 정하고 있다. 위 제3항에 열거된 사항이 동산을 특정하는데 유익하지 않은 경우에는 이를 적어서는 안 된다.

이러한 규정 내용, 체계와 입법 취지를 종합하면, <u>여러 개의 동산을 종류와 보관장소로 특정하여 집합동산에 관한 담보권, 즉 집합동산 담보권을 설정한 경우 같은 보관장소에 있는 같은 종류의 동산 전부가 동산담보권의 목적물이다</u>. 등기기록에 종류와 보관장소 외에 중량이 기록되었다고 하더라도 당사자가 중량을 지정하여 목적물을 제한하기로 약정하였다는 등 특별한 사정이 없는 한 목적물이 그 중량으로 한정된다고 볼 수 없고 중량은 목적물을 표시하는 데 참고사항으로 기록된 것에 불과하다고 보아야 한다.

나. 원심결정 이유와 기록에 따르면 다음 사실을 알 수 있다.

이 사건 동산담보권은 목적물인 강판을 종류와 보관장소에 따라 특정하였다.

근담보권 설정계약 제5조는 '목록과 실제의 불일치 등'이라는 제목으로 제1항에서 '근담보물건의 실제가 이 계약서 끝부분 근담보물건 목록란의 기재와 맞지 않은 부분 또는 누락된 부분이 있어 채권자가 청구하는 때에는 설정자는 곧 변경등기나 경정등기 등 기타 필요한 절차를 밟는다.'고 정하고 있다. 제2항은 '설정자가 근담보물건의 전부 또는 일부를 추가 또는 교체시킨 경우 그 추가 또는 교체된 물건이 근담보물건과 동일한 종류의 동산일 때에는 별도의 계약 없이 이 계약에 의해 담보된다.'고 정하고 있다. 계약서 끝부분 근담보물건 목록에는 '특약'으로 '담보물의 변형·가공 시에도 담보권 효력이 미침'이라 기재되어 있다.

다. 이러한 사실관계를 위에서 본 법리에 비추어 살펴보면, 다음과 같은 결론이 도출된다. 이 사건 동산담보권은 목적물인 강판을 집합동산으로서 종류와 보관장소에 따라 특정하였고, 당사자 사이에 강판의 추가나 교체, 변형이나 가공에도 불구하고 에이스지앤월드 공장에 있는 전체 강판을 목적물로 하려는 의사의 합치가 있었으므로, 위 공장에 있는 강판 전부가 담보목적물이 된다. 등기기록에 기록된 중량은 목적물을 특정하는 데 참고사항으로서 표시한 것에 불과하고 중량으로 목적물이 한정된다고 볼 수 없다. 따라서 이 사건 경매절차에서 집행관이 위 공장 내에 있는 강판 전부에 대하여 압류집행을 하였다고 하더라도 동산담보권의 범위를 초과하였다고 볼 수 없다.

라. 같은 취지에서 원심은 이 사건 경매절차에서 집행관이 이 사건 동산담보권의 범위를 초과하여 압류집행을 하였다는 신청인의 주장을 배척하였다. 원심결정에 특별항고이유 주장과 같이 동산담보권의 범위 등에 관한 법리를 오해하여 재판에 영향을 미친 헌법 위반의 잘못이 없다.

3. 최저일괄매각가격 산정의 하자 유무 등

원심은 다음과 같이 판단하였다. 집행관은 이 사건 경매절차의 매각공고를 하면서 경매목적물에 대하여 최저일괄매각가격을 합계 902,000,000원으로 산정한 다음 이를 경매대상물 목록에 있는 256개 항목에 안분한 3,523,438원을 항목별 평가액으로 기재한 것으로 보인다. 일괄매각의 특성을 고려하면 집행관이 경매목적물을 개별 항목별로 평가한 다음 이를 합산한 가격을 최저일괄매각가격으로 산정하지 않고 전체적으로 최저일괄매각가격을 산정하더라도 그와 같은 사유만으로 산정 방식에 하자가 있다고 볼 수 없다.

원심결정을 기록에 비추어 살펴보면, 원심결정에 특별항고이유 주장과 같은 잘못이 없다. 그 밖의 특별항고이유 주장은 특별항고심에서 하는 새로운 주장이므로 원심결정에 대한 적법한 특별항고이유가 아니다.

[판례 4-126] 대법원 2022. 3. 31. 선고 2017다263901 판결

1. 사안의 개요

가. 사실관계

원심판결 이유와 원심이 적법하게 채택한 증거에 따르면 다음 사실을 알 수 있다.

(1) 원고는 2015. 11. 24. 디에이티테크 주식회사(이하 '채무자 회사'라 한다)와 이 사건 동산에 관하여 채권최고액을 234,000,000원으로 한 근담보권설정계약을 체결하고, 같은 날 근담보권설정등기를 마쳤다.

(2) 채무자 회사의 채권자인 피고들의 신청에 의하여 이 사건 동산에 관한 경매절차

가 개시되었다. 집행관은 2016. 5. 20. 및 같은 해 6. 2. 동산담보권자인 원고에게 '이 사건 동산이 압류되었으므로 매각기일에 이르기까지 집행을 신청하거나 집행관이 매각대금을 영수할 때까지 배당요구를 하여 배당절차에 참여할 수 있다'는 내용의 고지서를 각각 4회 송달하였다.

(3) 이 사건 동산은 1차 경매기일에서 유찰된 후 2016. 6. 16. 진행된 2차 경매기일에서 매각되었다. 같은 날 12 : 44 무렵 집행관이 매수인으로부터 매각대금을 수령한 뒤 경매기일을 종료하였는데, 원고는 그 후인 15 : 50 무렵에서야 집행관에게 168,258,158원의 배당을 요구하는 배당요구서를 제출하였다.

(4) 원고와 피고들 사이에 매각대금에 대하여 배당협의가 이루어지지 않자 집행관은 매각대금을 공탁하였다. 공탁금에 대한 배당절차에서 집행법원은 2016. 9. 5. 실제 배당할 금액 185,892,384원을 피고들에게 채권액에 따라 안분배당하고, 원고에게는 배당하지 않는 내용으로 배당표를 작성하였다. 원고는 배당기일에 출석하여 피고들에 대한 배당액 중 원심판결 청구취지 기재 금액(합계 168,258,158원)에 대하여 배당이의를 한 다음 이 사건 배당이의의 소를 제기하였다.

나. 쟁점

동산담보권이 설정된 유체동산에 대하여 다른 채권자의 신청에 의한 강제집행절차가 진행되는 경우 집행관의 압류 전에 등기된 동산담보권을 가진 채권자가 배당요구를 하여야만 배당에 참가할 수 있는지가 이 사건의 쟁점이다.

2. 동산담보권자가 배당요구를 하여야 배당에 참가할 수 있는지 여부

가. 「동산 · 채권 등의 담보에 관한 법률」(이하 '동산채권담보법'이라 한다)에 따라 동산을 담보로 제공하기로 하는 담보약정을 하고 담보등기를 마치면 동산담보권이 성립한다(제7조). 동산담보권자는 담보목적물에 대하여 다른 채권자보다 자기채권을 우선변제받을 권리가 있다(제8조).

나. 등기를 통해 공시되는 동산담보권을 창설한 동산채권담보법의 입법취지, 부동산 집행절차에서 등기된 담보권자를 당연히 배당받을 채권자로 정하는 민사집행법 제148조 제4호의 취지, 동산담보권자와 경매채권자 사이의 이익형량 등을 고려하면, 동산담보권이 설정된 유체동산에 대하여 다른 채권자의 신청에 의한 강제집행절차가 진행되는 경우 민사집행법 제148조 제4호를 유추적용하여 집행관의 압류 전에 등기된 동산담보권을 가진 채권자는 배당요구를 하지 않아도 당연히 배당에 참가할 수 있다고 보아야 한다. 상세한 이유는 다음과 같다.

(1) 동산에 관하여 질권, 양도담보와 같은 종래의 담보제도는 담보설정자가 담보물을 활용하지 못하거나 공시방법이 불완전하다는 등의 이유로 잘 활용되지 못하였다. 2012. 6. 11. 시행된 동산채권담보법은, 동산의 담보거래를 활성화하여 중소기업과 자영업자의 자금조달을 원활하게 하고 거래 안전을 도모하기 위하여 등기를 통해

공시되는 담보제도를 새롭게 창설하였다. 동산담보권은 담보등기를 함으로써 효력이 발생하고(동산채권담보법 제7조 제1항), 담보등기부는 담보권설정자별로 구분하여 작성되며(제47조), 누구든지 등기부를 열람하거나 발급받을 수 있다(제52조).

(2) 부동산에 대한 강제집행절차에서 우선변제청구권이 있는 채권자는 배당요구를 할 수 있다(민사집행법 제88조). 그런데 민사집행법 제148조 제4호는 '저당권 · 전세권, 그 밖의 우선변제청구권으로서 첫 경매개시결정등기 전에 등기되었고 매각으로 소멸하는 것을 가진 채권자'를 배당요구를 하지 않아도 당연히 배당받을 채권자로 정하고 있다. 위 규정은 등기 · 등록의 대상이 되는 선박, 자동차, 건설기계 등에 대한 강제집행절차에 준용된다(민사집행법 제172조, 제187조, 민사집행규칙 제108조, 제130조).

민사집행법 제148조는 2002년 민사집행법 제정 시 신설된 규정인데, 이러한 규정이 없었던 구 민사소송법(2002. 1. 26. 법률 제6626호로 전부개정되기 전의 것, 이하 같다)이 적용되던 때에도 '압류의 효력 발생 전에 등기되고 매각으로 소멸하는 담보권을 가진 채권자'는 배당요구 없이도 당연히 배당을 받을 수 있었다(대법원 1998. 10. 13. 선고 98다12379 판결, 대법원 2002. 1. 22. 선고 2001다70702 판결 등 참조). 이와 같이 해석한 것은, ① 그러한 담보권자는 압류 전에 이미 경매목적물에 대하여 우선변제권을 취득한 물권자로서 압류채권자에 우선하고 압류에 대항할 수 있는 점, ② 그런데도 우리나라는 매각에 관하여 소멸주의를 취하여 위와 같이 압류에 대항할 수 있는 담보물권도 매각으로 모두 소멸하므로(구 민사소송법 제608조 제2항 참조) 권리 소멸에 대한 대상(代償) 또는 보상(報償)이 필요한 점, ③ 채무자의 총 재산에 대하여 우선변제권이 있는 임금채권자 등과 달리 물적 담보권자는 특정재산에 대하여만 우선변제권이 있으므로 그 재산에 대한 경매절차에서 우선변제권을 행사할 것이 당연히 예상되고, 구 민사소송법 제608조 제1항도 압류채권자의 채권에 우선하는 채권에 관한 부담을 먼저 변제하고 남는 것이 있어야 부동산을 매각할 수 있다고 정하는 점, ④ 집행법원이나 이해관계인은 등기부등본만 보아도 그러한 담보권의 존부와 우선변제권의 범위를 쉽게 알 수 있어 당연배당이 어렵지 않은 점 등을 근거로 하였다. 2002년 신설된 민사집행법 제148조 제4호는 이러한 기존의 해석론을 명문으로 정한 것이다.

(3) 동산채권담보법이 제정 · 시행되기 전에는 유체동산에 관하여 등기에 의하여 공시되는 담보권이 존재하지 않았기 때문에, 민사집행법은 유체동산의 강제집행절차에 관하여 우선변제청구권이 있는 채권자는 배당요구를 할 수 있다고 정할 뿐(민사집행법 제217조, 제218조, 제220조) 민사집행법 제148조를 준용하지 않았다. 2012년 시행된 동산채권담보법은 제22조 이하에서 동산담보권의 실행방법을 정하고 있지만, 담보목적물에 대한 강제집행절차에서 동산담보권자가 어떤 지위에 있는지에 관하여는 아무런 규정을 두지 않고 있다.

동산담보권의 존재는 담보권설정자의 담보등기부를 열람하면 누구든지 알 수 있다. 집행관은 유체동산 압류 시에 채무자에 대한 담보등기부를 열람하여 담보등기가 있으면 등기부를 집행기록에 편철하여야 한다(민사집행규칙 제132조의2 제1항). 유체동산에 관한 강제집행절차에서도 부동산과 마찬가지로 잉여주의와 소멸주의가 적용되어, 압류물의 매각대금으로 압류채권자의 채권에 우선하는 채권과 집행비용을 변제하면 남을 것이 없다고 인정하는 때에는 매각을 진행할 수 없고(민사집행규칙 제140조 제2항), 매각이 이루어지면 동산담보권은 그 피담보채권이 만족되었는지에 관계없이 소멸한다. 동산담보권자는 집행목적물에 대하여 압류채권자에 우선하고 압류에 대항할 수 있는 물적 담보권이 있으며 이것이 등기에 의해 공시되는데도 불구하고 배당요구를 하지 않으면 배당을 받지 못하고 담보권이 소멸한다고 보면, 저당권·전세권 등 부동산 담보권자와의 형평에 맞지 않는다. 동산의 질권자는 집행관의 압류를 승낙하지 않음으로써(민사집행법 제191조 참조), 양도담보권자는 제3자이의의 소로써(대법원 2004. 12. 24. 선고 2004다45943 판결 등 참조) 일반채권자의 강제집행을 쉽게 저지할 수 있는 점을 고려하면 동산담보권자의 지위가 그들보다도 더 약화된다. 배당요구를 하여야 배당을 받을 수 있는 채권자가 배당요구를 하지 않아 배당을 받지 못한 경우 배당을 받은 후순위 채권자를 상대로 부당이득반환청구를 할 수 없는 점(대법원 1996. 12. 20. 선고 95다28304 판결 등 참조)까지 더하여 보면, 이러한 해석은 동산담보권의 설정을 꺼리게 함으로써 동산의 담보거래를 활성화하려는 동산채권담보법의 입법취지에 부합하지 않는다. 반면, 채무자의 재산에 대해 강제집행을 하려는 채권자는 채무자의 담보등기부를 통해 동산담보권의 존재를 알 수 있으므로, 그 우선변제권이 미치는 부분에 대하여는 일반채권자의 배당에 관한 기대를 보호할 필요도 적다.

이러한 점을 모두 종합하여 보면, 동산담보권이 설정된 유체동산에 대하여 다른 채권자의 신청에 의한 강제집행절차가 진행되는 경우 민사집행법 제148조 제4호를 유추적용하여, 집행관의 압류 전에 등기된 동산담보권을 가진 채권자는 배당요구를 하지 않아도 당연히 배당에 참가할 수 있다고 보는 것이 타당하다.

(4) 2014. 7. 1. 신설된 민사집행규칙 제132조의2는 집행관은 유체동산 압류 시에 채무자에 대한 담보등기부를 통해 동산담보권 존재 여부를 확인하고(제1항), 담보권이 존재하는 경우 담보권자에게 '매각기일에 이르기까지 집행을 신청하거나, 민사집행법 제220조에서 정한 시기까지 배당요구를 하여 매각대금의 배당절차에 참여할 수 있음'을 고지하여야 한다고 정한다(제2항). 종래에는 위 제2항을 근거로 동산담보권자가 배당요구 또는 이중압류를 하여야만 동산담보권자에게 배당을 하는 경우가 많았던 것으로 보인다. 그러나 강제집행절차에서 동산담보권자의 지위에 관하여는 앞서 본 것처럼 동산담보권의 효력과 공시방법, 집행절차에서 담보권자의 지위에 관한 동산채권담보법과 민사집행법 규정을 종합적으로 고려하여 판단하

여야 한다. 집행기관이 동산담보권자의 배당요구 없이 당연 배당을 할 수 없다는 취지의 법률 규정은 존재하지 않고, 위 민사집행규칙 규정은 집행관의 고지의무에 관하여 정한 것일뿐더러 집행관이 고지를 하지 않은 경우 배당이 무효가 된다고 보기도 어려워 이것만으로는 동산담보권의 보호에 충분하다고 할 수 없다. 따라서 위 규정의 신설로 앞서 본 것과 같은 해석이 불가능해진다고 할 수도 없다.

(5) 담보등기부는 담보권설정자별로 편성되고(동산채권담보법 제47조. 부동산별로 편성되는 부동산등기부와 다르다) 담보목적물이 양도되어도 소유권 변동 내역이 담보등기부에 기재되지 않으므로, 집행채무자가 이미 동산담보권이 설정된 동산을 취득한 경우와 같이 담보권설정자가 아닌 경우에는 집행채무자의 담보등기부만 보아서는 동산담보권의 존재를 알 수 없는 문제가 있다. 집행관은 유체동산 압류 시에 집행채무자가 집행목적물에 담보가 설정되어 있다는 진술을 한 경우에는 이를 압류조서에 기재하여야 하는데(민사집행규칙 제134조 제1항), 그 경우 집행기관이 담보등기부를 열람하여 담보권의 존재 여부를 확인하고 배당을 하는 등의 조치가 가능하다. 집행채무자가 담보에 관한 진술을 하지 않아 집행기관에서 동산담보권의 존재를 알지 못하여 동산담보권자가 배당에 참여할 기회가 없었던 경우에, 동산담보권자를 배당요구를 하여야만 배당을 받을 수 있는 채권자라고 보면 동산담보권자는 아무런 잘못 없이 담보권을 상실할 뿐만 아니라 앞서 본 바와 같이 배당받은 후순위 채권자를 상대로 부당이득반환청구도 하지 못하는 등 아무런 구제 수단이 없게 된다. 이러한 경우를 상정하여 보더라도 동산담보권자를 배당요구 없이도 배당받을 채권자로 보아 적어도 후순위 채권자를 상대로 부당이득반환청구를 할 수 있다고 보아야 할 것이다.

3. 이 사건에 관한 판단

앞서 본 사실관계를 위 법리에 비추어 살펴본다. 원고는 집행관의 압류 전에 등기된 동산담보권을 가진 채권자로서 동산근담보권의 채권최고액 234,000,000원의 범위에서 배당요구 없이도 당연히 배당에 참가할 수 있다. 따라서 원심은 일반채권자인 피고들에 대하여 우선변제권을 가진 원고의 채권액을 먼저 배당한 후 나머지 금액을 피고들의 채권액에 따라 안분배당하는 것으로 배당표를 경정하였어야 한다.

그런데도 원심은 원고가 적법한 배당요구를 하지 않아 배당받을 채권자라고 할 수 없다고 보아 원고의 청구를 기각한 제1심판결을 그대로 유지하였다. 이러한 원심의 판단에는 동산담보권자의 우선변제권과 유체동산에 대한 강제집행절차에서의 배당요구에 관한 법리를 오해하여 판결에 영향을 미친 잘못이 있다. 이를 지적하는 상고이유 주장은 이유 있다.

[판례 4-127] 대법원 2020. 8. 27. 선고 2019도14770 전원합의체 판결

1. 배임의 점에 대하여

가. 배임죄는 타인의 사무를 처리하는 자가 그 임무에 위배하는 행위로써 재산상의 이익

을 취득하거나 제3자로 하여금 이를 취득하게 하여 사무의 주체인 타인에게 손해를 가할 때 성립하는 것이므로 그 범죄의 주체는 타인의 사무를 처리하는 지위에 있어야 한다. 여기에서 '타인의 사무를 처리하는 자'라고 하려면, 타인의 재산관리에 관한 사무의 전부 또는 일부를 타인을 위하여 대행하는 경우와 같이 당사자 관계의 전형적·본질적 내용이 통상의 계약에서의 이익대립관계를 넘어서 그들 사이의 신임관계에 기초하여 타인의 재산을 보호 또는 관리하는 데에 있어야 한다. 이익대립관계에 있는 통상의 계약관계에서 채무자의 성실한 급부이행에 의해 상대방이 계약상 권리의 만족 내지 채권의 실현이라는 이익을 얻게 되는 관계에 있다거나, 계약을 이행함에 있어 상대방을 보호하거나 배려할 부수적인 의무가 있다는 것만으로는 채무자를 타인의 사무를 처리하는 자라고 할 수 없고, 위임 등과 같이 계약의 전형적·본질적인 급부의 내용이 상대방의 재산상 사무를 일정한 권한을 가지고 맡아 처리하는 경우에 해당하여야 한다(대법원 2020. 2. 20. 선고 2019도9756 전원합의체 판결 등 참조).

채무자가 금전채무를 담보하기 위하여 그 소유의 동산을 채권자에게 동산·채권 등의 담보에 관한 법률(이하 '동산채권담보법'이라 한다)에 따른 동산담보로 제공함으로써 채권자인 동산담보권자에 대하여 담보물의 담보가치를 유지·보전할 의무 또는 담보물을 타에 처분하거나 멸실, 훼손하는 등으로 담보권 실행에 지장을 초래하는 행위를 하지 않을 의무를 부담하게 되었더라도, 이를 들어 채무자가 통상의 계약에서의 이익대립관계를 넘어서 채권자와의 신임관계에 기초하여 채권자의 사무를 맡아 처리하는 것으로 볼 수 없다. 따라서 이러한 경우 채무자를 배임죄의 주체인 '타인의 사무를 처리하는 자'에 해당한다고 할 수 없고, 그가 담보물을 제3자에게 처분하는 등으로 담보가치를 감소 또는 상실시켜 채권자의 담보권 실행이나 이를 통한 채권실현에 위험을 초래하더라도 배임죄가 성립하지 아니한다.

나. 이 부분 공소사실의 요지는, 공소외 회사(이하 '이 사건 회사'라 한다)의 대표이사인 피고인이 주식회사 ○○은행(이하 '○○은행'이라 한다)으로부터 대출받으면서 ○○은행과 이 사건 회사 소유의 레이저 가공기 2대(이하 '이 사건 기계'라 한다)를 포함한 기계 17대에 대하여 동산담보설정계약을 체결하였으므로 위 계약에 따라 ○○은행이 그 담보의 목적을 달성할 수 있도록 동산담보로 제공된 이 사건 기계를 보관하여야 할 임무가 있었음에도, 피고인은 이 사건 기계를 처분함으로써 재산상 이익을 취득하고 ○○은행에 재산상 손해를 가하였다는 것이다.

다. 앞서 본 법리에 비추어 보면, 이 사건 회사의 ○○은행에 대한 채무 담보를 목적으로 이 사건 기계에 관하여 동산담보설정계약이 체결되었더라도 이 사건 회사나 피고인이 ○○은행과의 신임관계에 기초하여 ○○은행의 사무를 맡아 처리하는 것으로 볼 수 없는 이상, 피고인을 ○○은행에 대한 관계에서 '타인의 사무를 처리하는 자'에 해당한다고 할 수 없다. 따라서 피고인이 공소사실 기재와 같이 이 사건 기계를 처분하였더라도 그러한 행위에 대하여 배임죄가 성립하지 아니한다. 그런데도 원심은 이와 달리 피고인이 이 사건 회사의 대표이사로서 ○○은행에 대한 채무 변제 시까지 이 사건 기계를 담보 목적에 맞게 보관하여야 할 임무를 부담하여 타인의 사무를 처리하는 자의 지위에 있음을 전제로 이 부분 공소사실을 유죄로 판단하였다. 이러한 원심판결에는 배임죄에 있어서 '타인의 사무를 처리하는 자' 등에 관한 법리를 오해한 잘못이 있다.

VII 사채(Bond)담보

(1) 의의

M&A금융에서 상법상의 사채(社債)가 담보대상자산에 포함되는 경우가 있다. 예를 들면, 차주(SPC)가 투자대상회사의 주식과 함께/또는 그에 갈음하여 투자대상회사가 발행하는 사채(신주인수권부사채, 전환사채 등의 주식연계사채 포함)를 취득하는 경우에 해당 사채는 투자대상주식에 준하여 가장 중요한 담보대상자산이라고 할 수 있다.

(2) 담보권의 종류

사채담보로는 질권, 양도담보권 및 담보신탁이 가능하나, 실무에서는 질권이 가장 자주 이용되고 있는 것으로 보인다. 이하에서는 사채질권을 전제로 살펴본다.[293]

(3) 설정방법

사채질권의 설정방법은 사채의 전자등록[294] 및 (무)기명식 여부에 따라 다르다.

1) 전자등록사채

전자등록주식과 마찬가지로 전자등록사채의 양도는 양도인의 고객계좌(부)에서 양수인의 고객계좌(부)로의 대체기재에 의해 그 효력이 발생하지만, 전자등록사채에 대한 질권은 질권

293) 양도담보권이나 담보신탁을 이용하는 경우에는 사채의 양도 및 신탁방법(주식사채전자등록법의 적용대상인 사채의 경우에는 동법 제30조, 제32조 및 제35조, 주식사채전자등록법의 적용대상이 아닌 무기명사채의 경우에는 민법 제523조, 주식사채전자등록법의 적용대상이 아닌 기명사채의 경우에는 민법 제450조, 상법 제479조, 신탁법 제4조 제2항, 제4항)에 의한다.

294) 공사채등록법에 따라 등록발행되는 공사채의 경우에는 동법에 따른 질권등록의 방법으로 질권을 설정하였으나, 동법은 주식사채전자등록법이 시행됨에 따라 2019. 9. 16. 자로 폐지되었다.

자의 고객계좌(부)로 대체기재를 하지 않고, 질권설정자의 고객계좌부에 질권설정 내역을 기재함으로써 그 효력이 발생한다(주식사채전자등록법 제31조, 제35조 제3항, 동 시행령 제26조 제1항).

다만, 아래 2) 비전자등록사채 부분에서 살펴보는 바와 같이, 실무에서는 사채발행회사 기타 제3자에 대한 대항요건구비와 관련하여, 기명사채에 대한 질권설정의 경우에는 민법 제450조와 상법 제479조에 따른 대항요건을 중복하여 구비하도록 규정하는 경우가 많은데, 전자등록사채가 기명사채인 경우에는 이러한 대항요건 구비절차가 추가로 필요하게 된다.

이 중에서, 민법 제450조에 따라 확정일자에 의한 사채발행회사에 대한 질권설정 사실의 통지나 사채발행회사로부터의 승낙은 사채발행회사를 통하여 즉시 구비 가능하므로 별다른 문제가 없으나, 상법 제479조를 유추적용하여 질권설정 사실을 사채발행회사의 사채원부와 사채권에 기재하는 것에는 문제가 있다.

우선, 전자등록사채는 사채권이 발행되지 않기 때문에 질권자의 성명과 주소를 사채권에 기재할 방법이 없고, 또한 전자등록주식에 대한 질권의 경우에는 「상법」에 따른 주식의 등록질(登錄質)의 경우 질권자의 성명을 주권에 기재하는 것에 대해서는 그 성명을 전자등록계좌부에 전자등록하는 것으로 갈음한다는 예외규정을 두고 있지만(주식사채전자등록법 제35조 제3항 2문), 전자등록사채에 대해서는 이러한 규정이 존재하지 않는다. 다만, 이 점에 관해서는, 전자등록사채 역시 사채권이 발행되지 않음을 전제로 하므로 상법 제479조의 내용 중 사채권에 질권자의 성명 등을 기재해야 한다는 부분은 그 적용이 없는 것으로 해석하는 것이 타당하고, 그렇지 않더라도 주식질권에 관한 위 규정의 유추적용 등을 통해 이러한 규정이 없는 전자등록사채의 경우에도 전자등록계좌부에 질권자의 성명이 기재됨으로써 사채권에 기재된 것으로 해석할 수 있을 것으로 생각된다.

하지만, 사채발행회사의 사채원부에의 등록을 위해서는, 전자등록주식의 경우와 마찬가지로, (i) 질권자가 계좌개설기관(즉, 계좌개설 증권회사)에 사채발행회사에게 질권내용을 통보해 줄 것을 요청하면, (ii) 해당 계좌개설기관은 전자등록기관(즉, 한국예탁결제원)에 질권설정 내역을 포함하여 전자등록사채의 소유자내역 등을 통지한다. (iii) 이러한 통지를 받은 전자등록기관이 주식사채전자등록법상 사채발행회사에 대한 소유자명세 통지가 이루어지는 시점에 전자등록사채의 질권설정 내역을 포함한 소유자명세를 작성하여 사채발행회사에게 통지하면, (iv) 사채발행회사는 사채원부 작성 시 질권설정 내역을 함께 기재하는 절차를 거쳐, 해당 시점에 비로소 사채원부에 대한 등록절차가 완료된다(동법 제37조). 따라서 전자등록사채에 대한 질권을 설정하고자 하는 경우에는, 이와 같은 과정을 거쳐 실제 사채발행회사에 의해 사채원부가 작성될 때까지 상당한 시차가 생길 수 있는데, 이러한 시차로 인해 주주명부에의 등록 전에도 약식질로서 제3자에 대한 대항력이 인정되는 전자등록주식의 경우와는 달리, 사채원부에의 등록 전에는 질권설정을 제3자에게 대항할 수 없게 된다는 문제가 발생한다.

이러한 점을 고려하면, 전자등록사채에 대해 질권을 설정하고자 하는 대주는 이 경우 시차를 최대한 줄이기 위해 해당 사채질권 설정 시점과 주식사채전자등록법에 따라 전자등록기관에 의해 사채발행회사에 대한 소유자명세 통지가 이루어질 수 있는 가장 이른 시점(즉, 사채발행회사의 전자등록기관에 대한 소유자명세 작성의 요청이 이루어질 수 있는 가장 이른 시점)과의 시차를 확인한 후 사채발행회사의 전자등록기관에 대한 소유자명세 작성 요청이 가능한 최대한 이른 시점에 사채발행회사로 하여금 전자등록기관에 소유자명세의 작성·통지를 요청하게 하고, 질권자는 해당 시점에 계좌개설기관을 통하여 전자등록기관에 의한 소유자명세 작성 및 사채발행회사에 대한 소유자명세 통지 시 질권자의 질권설정 내역을 반영해 줄 것을 신청함으로써 사채발행회사의 사채원부에 자신의 질권설정 내역이 기재될 수 있도록 하여야 할 것이다. 주식사채전자등록법의 제정자가 사채에 관해서도 이러한 점을 인식하고 입법을 하였는지는 알 수 없다. 다만, 실무에서는 위와 같은 사채질권 등록절차가 완료되기까지의 시차를 감안하여, 일단 질권설정시점에 사채발행회사로부터 질권설정 내역이 기재된 사채원부를 작성하게 하고 그 사본을 교부하도록 하는 경우도 자주 보인다. 그러나 이러한 조치를 취하더라도 제3자에 대한 대항력을 구비할 수 있는지 여부에 대해서는 여전히 불확실성이 남게 된다.

한편, 전자등록사채에 대한 동순위/후순위 질권설정, 증권계좌(주로 고객계좌)상 예금채권등 권리에 대한 질권의 필요성, 전자등록사채로부터의 회수금 등의 처리에 대해서는 앞서 살펴본 전자등록주식에 대한 질권설정 부분에서 살펴본 내용에 준하므로, 해당 부분을 참조하기 바란다.

2) 비전자등록사채

실무에서는 주식사채전자등록법에 따라 전자등록으로 발행하는 경우 이외에는 기명식/무기명식을 묻지 않고 사채권을 발행하는 경우가 일반적이므로, 이하에서도 사채권이 발행되는 것을 전제로 살펴본다.

① 기명사채

주식사채전자등록법의 적용을 받지 않는 사채 중에서 기명사채의 질권설정에 대해서는 상법에서 규정하고 있지 않다. 따라서 권리질권의 설정은 기명사채의 양도방법에 따르게 된다(민법 제364조). 따라서 질권설정자와 질권자 간의 질권설정의 합의에 추가하여 사채권의 교부가 효력발생요건이다(민법 제330조). 기명사채는 그 실질이 지명채권과 유사하다는 점에서 무기명사채와는 달리 사채권의 교부가 양도의 효력발생요건인지에 대해서는 견해가 나뉠 수 있지만,[295] 실무에서는 기명사채의 양도의 경우에도 양수인이 사채권을 교부받아 점유하는 것이 일반적이라는 점과 권리질권 설정 시 그 채권증서가 있는 경우에는 이를 질권자에게 교부하여야 한다는 점(민법 제330조)을 고려하여 실무에서는 기명사채의 사채권을 질권자에게 교부하도록 하고 있다.

다만, **회사 기타 제3자**에 대한 대항요건과 관련하여, (i) 기명사채 양도의 대항요건인 상법 제479조 제1항을 유추적용하여 질권자의 성명과 주소를 사채원부에 기재하고 그 성명을 사채권에 기재해야 한다는 견해와 (ii) 민법 제450조에 의하여 사채발행회사에 질권설정 사실을 확정일자부로 통지하거나 사채발행회사가 이를 확정일자부로 승낙하면 족하다는 견해가 있는데, 실무에서는 법률관계의 불확실성을 이유로 위 (i)과 (ii)의 요건을 모두 구비하도록 규정하는 경우가 많다.[296]

② 무기명사채

주식사채전자등록법의 적용을 받지 않는 사채 중에서 무기명사채의 질권설정에 대해서는 상법에서 규정하고 있지 않으므로 민법의 규정이 적용된다. 따라서 질권설정자와 질권자 간의 질권설정의 합의에 추가하여 사채권의 교부가 효력발생요건이다(민법 제351조). 그리고 기명사채와는 달리 사채권과 사채원부[297]의 등록은 질권의 대항요건이 아니므로 질권자가 사채권을 계속 점유하면 회사와 제3자에게 대항할 수 있다고 해석되고 있다. 다만, 실무에서는 기명사채의 경우에 준하여 사채발행회사에 대한 확정일자부 통지 또는 사채발행회사로부터 확정일자부 승낙서와 사채권 및 사채원부에의 등록을 요구하는 사례도 드물지 않게 보인다.

---

295) 사채권이 발행된 경우에는 사채권의 교부가 기명사채 양도의 효력발생요건이라는 것이 학계와 실무에서의 통설로 보인다.

296) 계약서 기재례에 대해서는, 본장 Ⅱ. (5) 담보부채권에 대한 질권 등 전(轉)담보 부분의 기재례 참조

297) 기명사채뿐만 아니라 무기명사채의 경우에도 사채권부가 작성된다(상법 제488조). 다만, 무기명사채의 경우에는 사채권자의 성명과 주소는 사채원부의 기재사항이 아니고(동조 제1호), 기명사채의 이전은 취득자의 성명과 주소를 사채원부에 기재하고 그 성명을 채권에 기재지 아니하면 회사 기타의 제3자에게 대항하지 못하나(동법 제479조 제1항) 무기명사채의 경우에는 이러한 요건이 규정되어 있지 않다.

③ 기타 사항

비전자등록사채에 대한 동순위/후순위 질권설정, 회수금 수령계좌의 개설 및 동 계좌상 예금채권등 권리에 대한 질권의 필요성, 비전자등록사채로부터의 회수금 등의 처리에 대해서는 앞서 살펴본 비전자등록주식 중 주권발행주식에 대한 질권설정 부분에서 살펴본 내용에 준하므로 해당 부분을 참조하기 바란다.[298)]

(4) 사채질권 관련 몇 가지 유의사항

1) 자본시장법상의 공시규제 등

담보대상사채가 주식연계사채(전환사채, 신주인수권부사채 등) 등 자본시장법상의 대량보유상황보고의무(5%룰)(자본시장법 제147조), 미공개중요정보이용행위(내부자거래)(동법 제174조) 또는 공개매수규제(동법 제133조)의 대상에 해당하는 경우에는 질권의 설정 및 실행과 관련하여 자본시장법상의 규제를 받을 수 있으므로 유의해야 하며, 이 문제는 앞서 주식질권 부분에서 살펴본 내용에 준하므로 해당 부분{본장 Ⅰ. 1 (4) 주식질권 관련 몇 가지 유의사항 1), 2), 3)}을 참조하기 바란다.

2) 의결권 행사 및 질권실행 방법

사채질권을 설정하더라도 사채에 관한 의결권은 사채권자의 지위에 있는 질권설정자가 계속 행사한다. 따라서 주식질권에 준하여 사채권자집회에서의 의결권 행사 등 담보사채에 관한 의결권 행사방법을 정해두는 경우가 많다. 이와 관련하여 사채에 관한 의결권의 포괄위임의 유효성에 대해서도 논의가 있을 수 있는데, 기본적으로는 주식질권설정과 관련된 의결권 위임에 관한 논의가 참고될 수 있을 것으로 본다. 다만, 사채권자집회는 주식회사의 필요적 기관인 주주총회와 달리 임시적 기구라는 점에서 사채질권의 경우에는 담보주식의 경우보다 더 넓게 의결권의 포괄 위임이 인정될 수 있다는 견해도 있다.

또한, 사채질권설정계약 역시 주식질권설정계약에서와 같이 질권실행방법으로 임의처분특약을 규정하고, 이를 용이하게 하기 위해 질권설정자로부터 미리 처분승낙서, 일자 및 양수인 공란의 양도증서(또는 사채양수도계약서)를 교부받아 두고 이후 담보권실행 시에 공

298) 이 경우 「주권」은 「사채권」에, 「주주명부」는 「사채원부」에, 「주식발행회사」는 「사채발행회사」에 각각 해당한다. 다만, 기명사채인 비전자등록사채에 대한 동순위/후순위 질권설정의 경우에는 위 ① 기명사채에서 살펴 본 사채발행회사 기타 제3자에 대한 대항요건이 동순위/후순위로 구비되어야 하고, 무기명사채인 비전자등록사채에 대한 동순위/후순위 질권설정의 경우에는 사채원부 및 사채권에의 등록이 사채발행회사 기타 제3자에 대한 대항요건이 아니므로 해당 절차는 필요하지 않다는 점에 유의하면 될 것이다.

란을 기입한 후 담보대상사채를 양수인에게 처분하는 방법으로 질권을 실행하는 것이 보통이다.

3) 전환권, 신주인수권 등의 행사 및 추가 질권설정

담보대상사채가 전환사채, 신주인수권부사채, 교환사채 또는 상환사채 등 주식으로 전환되거나 신주인수를 받거나 기타 다른 증권으로 교환할 수 있는 권리가 부여된 사채(주식연계사채 등)인 경우에는 해당 전환권, 신주인수권, 교환권, 상환권 등에도 질권의 효력이 미치는지 여부에 대해 분쟁이 생길 염려가 있기 때문에, 해당 권리의 행사 주체, 방법 및 절차, 추가납입주체 및 그 비용보상 등에 대해 질권설정계약서에 명확히 규정해 두는 것이 좋다. 또한, 이 경우에는 해당 권리의 행사에 의해 취득하게 되는 증권에 대해 질권의 효력이 미치는지 여부와 그에 따른 추가 담보제공 및 그 절차에 대해서도 명확히 규정해 둘 필요가 있다.[299)]

Ⅷ 투자신탁 수익권 담보

신탁(계약)을 매개로 하는 집합투자기구인 투자신탁의 수익권은 신탁법상 수익권에 해당한다. 그런데 자본시장법에서는 집합투자기구인 투자신탁의 특성을 고려하여 투자신탁 수익권의 발행, 양도 및 입질에 대해서는 별도의 규정을 두고 있다. 따라서 투자신탁 수익권의 담보에 대해서는 신탁법이 아니라 우선 자본시장법의 규정에 따라야 한다.

투자신탁 수익권 담보 역시 질권, 양도담보권 및 담보신탁이 가능하나, 실무에서는 질권이 가장 자주 이용되고 있는 것으로 보이므로 이하에서는 질권을 전제로 살펴본다.

자본시장법은 투자신탁의 수익권을 무액면 기명식으로 하되, 주식사채전자등록법에 따른 전자등록의 방법으로만 발행하도록 하고 있는데(동법 제189조 제3항, 제4항), 각 투자신탁의 신탁계약(약관) 역시 이 점을 반영하여 수익증권의 실물을 발행하지 않고 전자등록의 방법으로 수익권을 발행하도록 규정하고 있다.

299) 전환사채의 경우에도 상법 제339조(주식의 소각, 병합, 분할 또는 전환이 있는 때에는 이로 인하여 종전의 주주가 받을 금전이나 주식에 대하여도 종전의 주식을 목적으로 한 질권을 행사할 수 있다)가 준용되지만(상법 제516조 제2항), 보통은 전환사채에 대한 사채질권설정계약서에서도 전환권 행사에 따라 질권설정자가 취득하는 주식도 질권의 효력이 미친다는 내용을 다시 규정하고 있다.

[투자신탁계약(약관) 기재례] 수익권 양도 등

제10조(수익증권의 발행 및 전자등록)

① 집합투자업자는 제6조 및 제7조의 규정에 의한 투자신탁의 최초설정 및 추가설정에 의한 수익증권 발행가액 전액이 납입된 경우 신탁업자의 확인을 받아 「주식・사채 등의 전자등록에 관한 법률(이하 "전자증권법"이라 한다)」에 따른 전자등록기관을 통하여 해당 수익증권을 전자등록한다.

② 판매회사는 다음 각호의 사항을 기재하여 전자증권법 제2조 제3호 가목에 따른 고객계좌부(이하 "수익증권고객계좌부"라 한다. 이하 같다)를 작성・비치하여야 한다.

1. 고객의 성명 및 주소
2. 수익증권의 종류 및 수

제11조(수익증권의 양도)

① 수익권을 양도하고자 하는 경우에는 전자증권법 제30조에 따른 계좌간 대체의 전자등록에 의하여야 하며, 수익증권고객계좌부에 전자등록된 자는 해당 수익증권에 대하여 적법한 권리를 가지는 것으로 추정한다.

② 수익증권을 질권의 목적으로 하는 경우에는 전자증권법 제31조에 따른 질권 설정의 전자등록을 하여야 입질의 효력이 발생한다.

③ 수익권의 이전은 집합투자업자가 정하는 절차에 따라 취득한 자가 그 성명과 주소를 수익자명부에 기재하지 아니하면 집합투자업자에게 대항하지 못한다.

또한, 기명주식의 질권에 관한 상법 제338조, 제339조, 제340조와 주식사채전자등록법 제35조 제3항 후단이 투자신탁 수익권의 질권에 준용된다(자본시장법 제189조 제9항). 따라서 투자신탁 수익권에 대한 질권은 전자등록으로 발행되는 기명주식의 질권설정방법에 준하여 설정되어야 한다.

그렇다면 투자신탁 수익권 질권 역시 등록질과 약식질이 모두 가능하므로 전자등록주식에 준하여, 등록질의 경우에는 질권설정합의+질권 전자등록+수익자명부 기재의 절차가, 약식질의 경우에는 질권설정합의+질권 전자등록 절차가 각각 필요하다. 전자등록 및 수익자 명부 기재절차에 대해서는 전자등록주식의 질권에 준한다.

다만, 위와 같은 자본시장법의 규정에도 불구하고, 아직 주식사채전자등록법 시행이 얼마 지나지 않아 실무가 정착되지 않은 관계로, 투자신탁 수익권이 입고되어 관리되는 각 수익자(질권설정자)의 고객계좌(실무에서는 통상 「수익증권고객계좌」라고 한다) 개설기관(통상 수익권 판매회사인 증권사 또는 집합투자업자)에 따라서는 투자신탁 수익권 질권을 전자등록할 수 있는 전산시스템이 구비되지 않은 경우가 있는데, 이때에는 투자신탁은 수익증권 자체를 발행할 수 없으므로 투자신탁 수익권 질권의 효력 자체가 발생하지 않게 되는 문제가 있다.

실무에서는 이러한 경우에 전자등록이 가능한 기관으로 고객계좌를 변경하고 수익권을 이체하도록 하여 질권을 설정하거나 그것이 여의치 않은 경우에는 질권설정계약은 체결하되 질권 전자등록이 가능한 시점에 전자등록을 하도록 유보(유예)하고, 당해 투자신탁 수익권의 발행회사인 집합투자업자(및/또는 투자신탁재산의 보관자인 신탁업자)와 고객계좌의 개설기관에 투자신탁 수익권에 대한 질권설정 사실을 확정일자부로 통지해 두는 대안을 취해두는 사례도 보인다.

더 나아가, 전자등록주식 질권의 경우와 마찬가지로 해당 투자신탁 수익권이 입고/관리되는 고객계좌에 대한 질권을 설정함으로써 해당 투자신탁 수익권으로부터의 현금흐름을 통제하여 최소한 그 현금흐름에 대한 우선권만이라도 확보해 두고자 하는 경우도 있다.

다만, 투자신탁 수익권 및 그 고객계좌에 대한 질권설정은 전자등록주식 및 그 고객계좌에 대한 질권설정과 마찬가지고 각 계좌개설기관의 실무에 따라 그 가부(공동 질권, 선/후순위 질권 포함), 절차, 효력범위 등에 차이가 있는 경우가 많기 때문에 사전에 계좌개설기관에 확인이 필요하다. 이 점에 대해서는 앞서 살펴본 전자등록주식에 대한 질권설정 부분을 참조하기 바란다.

M&A

제3장 인적담보에 의한 M&A금융의 신용보강

M&A금융실무에서 인적담보의 역할을 수행할 수 있는 신용보강장치로는 계열회사·대주주·임원진 등의 (연대)보증, 연대채무, (담보물이나 피담보채권 등에 대한) 자산매입약정(확약), (담보물이나 피담보채권 등에 대한) Put-Option(매매예약완결권), (병존적)채무인수, 제3의 금융기관의 대출/증권인수(매입)확약, 신용디폴트스왑(Credit Default Swap), 총수익스왑(Total Return Swap), (보증)보험 등 다양한 법적·계약적 수단이 이용되고 있다.

이하에서는, 인적담보로서 M&A금융실무에서 가장 기본적이고 보편적으로 이용되는 보증과 그에 유사한 신용보강조치에 한하여 개략적으로 살펴본다.

1 M&A금융에서의 보증

M&A금융에서의 보증은 스폰서나 계열회사에 의해 제공되기 때문에 기본적으로 법인보증이지만, 계열회사 또는 모회사의 대주주나 경영자에 의한 개인보증이 제공되는 경우도 드물지 않다.[300] 그러나 자본시장법상 PEF가 스폰서인 경우에는 PEF의 채무보증 요건과 한도를 준수해야 하고(자본시장법 제249조의12 제7항), 특히, 투자대상회사나 계열회사에 의한 보증제공의 경우에는 해당 보증제공 법인의 이사의 선관주의의무·충실의무 위반 등의 민사책임만이 아니라, 배임죄(이른바 「LBO와 배임죄 문제」[301]), 상장회사의 신용공여 금지·제한(상법 제549조의2), 주요주주 등과의 거래 제한(상법 제398조), 독점규제법상의 채무보증제한(독점규제법 제10조의2)·불공정거래행위금지(동법 제45조 제1항)·특수관계인에 대한 부당한 이익제공 등 금지(동법 제47조), 금소법에 따른 연대보증 제한(불건전영업행위)

300) M&A금융이 선순위/후순위 금융으로 구성되는 경우에는, 동일한 연대보증인에 의해 후순위 금융에도 연대보증(이를 「후순위 보증」이라고도 한다)이 제공되는 경우도 자주 있는데, 이때에는 해당 후순위 보증도 선순위 보증에 대해 모든 면에서 후순위임을 연대보증계약서, 채권자간계약서, 투자자간계약서 등 관련 계약서에 명시해야 한다.

301) 본서 제1편 [판례 1-4]부터 [판례 1-11]까지 참조

(금소법 제20조 제1항 제4호) 등 그 위반 시 형사적인 문제 및/또는 보증제공 자체의 효력문제가 제기될 가능성이 있기 때문에 투자대상회사 및/또는 계열회사에 의한 보증제공에 있어서는 이러한 책임 및 관계법령상 금지·제한 여부(탈법행위 여부 및 그 유효성 포함)에 대해서도 주의할 필요가 있다.

2 근보증과 보통보증

이론적으로는 다른 물적담보와 마찬가지로, 보증을 근보증으로 할 것인지 또는 보통보증으로 할 것인지는 피담보채권의 성질에 따라 결정된다. 즉, 한도약정대출(Commitment Line)에 의한 채권만이 피담보채권으로 되는 경우에는 근보증으로 되고, 기한대출(Term Loan)에 의한 채권만이 피담보채권으로 되는 경우에는 보통보증으로 될 것이다. 따라서 대출의 내용·구성에 따라 근보증에 의할 것인지 보통보증에 의할 것인지 검토할 필요가 있지만, 실무에서는 거의 모든 보증이 근보증으로 설정되고 있다.[302] 가사 일정액의 대출약정금액에 대한 1회 대출의 경우와 같이 원본이 처음부터 확정된 특정채권{기한대출(Term Loan)}에 대한 보증의 피보증채권 역시 「○년 ○월 ○일자 대출계약을 포함한 금융계약상 대주의 차주에 대한 일체의 채권」 등과 같이 대출금 이외의 다른 채권(수수료 및 비용 채권 등)도 피보증채권에 포함되도록 규정하여 (특정)근보증으로 설정하고 있고, 나아가 판례와 실무상으로도 특정채권을 담보하기 위해 설정되는 근보증의 유효성도 인정되고 있다. 따라서 적어도 우리나라에서는 위와 같은 「특정채권=보통보증」, 「불특정채권=근보증」과 같은 구별 및 그에 따른 유효 여부는 이론적으로는 몰라도 실무에서는 큰 의미는 없는 것으로 생각된다.

어느 보증계약이 근보증계약에 해당하는 경우, 보증인은 일정한 금액(=최고액)을 한도로 책임을 부담한다(민법 제428조의3 제1항). 최고액을 민법 제428조의2 제1항에 따른 서면으로 특정하지 않은 근보증계약은 무효이다(민법 제428조의3 제2항). 또한, 근보증의 경우에는 피보증채무의 확정이 발생하면 보증인은 확정된 원본과 이에 대한 이자·지연손해금에 대해서만 보증채무를 부담하게 된다.

3 보증인의 보호

보증과 관련해서는 우선 2가지가 우선 검토/확정되어야 한다.

먼저, 금소법에서는 연대보증을 원칙적으로 금지하면서 예외적으로 연대보증인이 될 수

302) 포괄근보증은 금소법에 의해 금지된다(금소법에 관한 감독규정 제14조 제6항 제8호).

있는 적격자를 차주와 일정한 관계에 있는 자로 제한하고 있다(동법 제20조 제1항 제4호, 동 시행령 제15조 제2항 제2호 라목, 동 감독규정 제14조 제1항[303]). 따라서 M&A금융거래에서 보증이 제공될 예정인 경우에는 일차적으로 당해 보증인이 금소법상의 연대보증인 적격이 있는지 (연대보증인이 될 수 있는지) 여부가 중요하다.[304] 감독당국에서는 금소법상의 연대보증을 「그 형식이나 명칭에 관계없이 채무자가 채권자에 대한 금전채무를 이행하지 아니하는 경우에 보증인이 그 채무를 이행하기로 하는 채권자와 보증인 사이의 계약 중, 민법 제437조 본문에 따른 최고·검색의 항변권 및 민법 제439조에 따른 분별의 이익이 배제되는 계약」을 의미하는 것으로 보고[305] 엄격한 의미에서의 연대보증 이외에 실질적/경제적으로 연대보증과 유사한 역할을 수행하는 채무인수, 자금보충의 경우에도 경우에 따라서는 금소법에서 제한하는 연대보증에 해당 될 수 있다는 취지로 해석을 하고 있다.

---

303) [금융소비자 보호에 관한 법률]

제20조(불공정영업행위의 금지) ① 금융상품판매업자등은 우월적 지위를 이용하여 금융소비자의 권익을 침해하는 다음 각호의 어느 하나에 해당하는 행위(이하 "불공정영업행위"라 한다)를 해서는 아니 된다.

4. 대출성 상품의 경우 다음 각 목의 어느 하나에 해당하는 행위
   다. 개인에 대한 대출 등 대통령령으로 정하는 대출상품의 계약과 관련하여 제3자의 연대보증을 요구하는 경우

「금융소비자 보호에 관한 법률 시행령」

제15조(불공정영업행위의 금지) ② 법 제20조 제1항 제4호 다목에서 "개인에 대한 대출 등 대통령령으로 정하는 대출상품의 계약과 관련하여 제3자의 연대보증을 요구하는 경우"란 다음 각호의 경우를 말한다.

2. 법인인 금융소비자와 체결하는 대출성 상품 계약에 제3자의 연대보증을 요구하는 경우. 다만, 다음 각 목의 제3자에 대해서는 연대보증을 요구할 수 있다.
   가. 해당 법인의 대표이사 또는 무한책임사원
   나. 해당 법인에서 가장 많은 지분을 보유한 자
   다. 해당 법인의 의결권 있는 발행 주식 총수의 100분의 30(배우자·4촌 이내의 혈족 및 인척이 보유한 의결권 있는 발행 주식을 합산한다)을 초과하여 보유한 자
   라. 그 밖에 대출성 상품 계약의 목적·성격 및 대상 등을 고려하여 금융위원회가 정하여 고시하는 자

[금융소비자 보호에 관한 감독규정]

제14조(불공정영업행위의 금지) ① 영 제15조 제2항 제2호 라목에 따른 "금융위원회가 정하여 고시하는 자"란, 다음 각호의 자를 말한다.

1. 금융소비자와 같은 기업집단(「독점규제 및 공정거래에 관한 법률」 제2조 제2호에 따른 기업집단을 말한다)에 속한 회사
2. 「자본시장과 금융투자업에 관한 법률」에 따른 프로젝트금융(대출로 한정한다) 또는 이와 유사한 구조의 금융상품에 관한 계약을 체결하는 경우에 그 프로젝트금융의 대상이 되는 사업에 따른 이익을 금융소비자와 공유하는 법인
3. 「건축물의 분양에 관한 법률」에 따른 분양대금을 지급하기 위해 대출을 받는 경우 같은 법에 따른 분양사업자 및 해당 건축물의 시공사

304) 물론, 금소법상의 위 규정이 효력규정인지(위 규정에 위반하여 보증을 제공한 경우 해당 보증의 효력이 있는지)는 명확하지 않다.

305) 금융위원회 2021. 4. 26. 보도자료, 금융소비자보호법 3차 FAQ

[금소법상 연대보증에 관한 법령해석]

[법령해석 회신문(220098)]

(질의요지)

금융기관이 법인인 금융소비자에 대한 대출을 하면서 금소법 시행령 제15조 제2항 각호의 요건을 갖추지 않은 자를 일반보증인으로 입보하는 것이 가능한지 여부

(회답)

금융소비자 보호에 관한 법률(이하 "금소법") 제20조 및 금소법 시행령 제15조는 금융상품판매업자 등의 불공정영업행위 금지를 위하여 대출성 상품에 대한 제3자의 연대보증을 원칙적으로 금지하고, 예외적인 경우에 한하여 연대보증을 허용하고 있는 규정입니다. 따라서 금소법 시행령 제15조 제2항 각호의 요건을 일반보증에 대한 입보를 제한하는 규정으로 해석하기는 어려워 보입니다.

[법령해석 회신문(220145)]

(질의요지)

금융상품판매업자등이 법인인 금융소비자에 대한 대출 시 단순고용임원인 대표이사에 대한 연대보증을 요구하는 것이 가능한지 여부

(회답)

금융상품판매업자등은 법인인 금융소비자에 대한 대출 시 대표이사가 단순고용임원에 불과한 경우, 연대보증을 요구할 수 없습니다.

(이유)

금소법 시행 이전부터[306] 법인에 대한 대출 시 연대보증이 허용되는 경우에서 "대표이사가 단순고용임원인 경우"는 제외되었습니다. 정부는 법인에 대한 실질적 지배권이 없는 단순고용임원이 회사의 강압에 따라 연대보증을 하여 거액의 채무를 부담하는 등의 폐해를 방지하기 위해, 법인 대출 시 대표이사의 연대보증을 허용하면서도 대표이사가 단순고용임원인 경우는 허용대상에서 제외하였습니다. 따라서 금소법 시행령 제15조 제2항 가목에 따라 법인에 대한 대출시 예외적으로 연대보증이 허용되는 "대표이사"에 "단순고용임원인 대표이사"는 포함되지 않는 것으로 해석함이 타당합니다.

306) [기업여신 연대보증제도 개선방안 2012. 5. 2.부터 전면 시행] 관련 Q&A, 2012. 2. 23. 금융감독원 행정지도 "기업여신 연대보증 관행 개선 협조요청(은행영업-00081)", 2013. 6. 18. 금융감독원 행정지도 "은행 기업여신 연대보증 운용지침 변경 통보(은행영업-00303)" 각 참조

[법령해석 회신문(210184)]

(질의요지)

채권자가 채무인수인과 사이에 중첩적 채무인수계약을 체결하는 것이 금융소비자 보호에 관한 법률에서 금지하는 연대보증으로 해석될 수 있는지 여부

(회답)

그 형식이나 명칭에 관계없이, 채무자가 채권자에 대한 금전채무를 이행하지 아니하는 경우에 보증인이 그 채무를 이행하기로 하는 채권자와 보증인 사이의 계약 중 민법 제437조 본문에 따른 최고·검색의 항변권 및 민법 제439조에 따른 분별의 이익이 배제되는 경우에는 연대보증으로 해석됩니다.

다만, 질의하신 내용만으로는 동 계약이 연대보증인지 아닌지에 대한 구체적 판단이 어렵다는 점을 양해하여 주시기 바랍니다.

(이유)

금융소비자 보호에 관한 법률(이하 "금융소비자보호법")은 금융상품판매업자등이 우월적 지위를 이용하여 금융소비자의 권익을 침해하는 행위로서 대출상품의 계약과 관련하여 제3자의 연대보증을 요구하는 행위를 원칙적으로 금지하고, 금융소비자 보호에 관한 법률 시행령(이하 "시행령") 및 금융소비자 보호에 관한 감독규정(이하 "감독규정")에 열거된 예외적인 경우에만 연대보증을 허용하고 있습니다.

질의하신 형태의 중첩적 채무인수계약이 연대보증인지 아닌지에 대하여, 금융소비자보호법상 연대보증이란 그 형식이나 명칭에 관계없이 채무자가 채권자에 대한 금전채무를 이행하지 아니하는 경우에 보증인이 그 채무를 이행하기로 하는 채권자와 보증인 사이의 계약 중 민법 제437조 본문에 따른 최고·검색의 항변권 및 민법 제439조에 따른 분별의 이익이 배제되는 계약을 의미합니다.(금융위원회 2021. 4. 26. 보도자료, 금융소비자보호법 3차 FAQ)

따라서 채무인수계약이라는 형식·명칭과 관계없이 중첩적 채무인수계약 역시 구체적인 사실관계에 따라 연대보증으로 해석될 수 있음을 알려드립니다. 다만, 질의하신 내용만으로는 동 계약이 연대보증인지 아닌지에 대한 구체적 판단이 어렵다는 점을 양해하여 주시기 바랍니다.

[법령해석 회신문(220053)]

(질의요지)

금융기관이 A에게 대출을 함에 있어 C가 자금보충확약을 하는 경우 C가 금융소비자 보호법이 요구하는 연대보증인 자격이 있어야 하는지(금소법 시행령 제15조 제2항 제2호)
* 자금보충 확약의 내용: "자금보충인은 차주가 대출원리금을 상환하지 못하는 경우 해

당 금원을 차주에게 대여하기로 한다."

(회답)

질의하신 자금보충확약은 채무자의 금전채무 불이행 시 확약 상대방이 실제 해당 채무를 부담하는 것이고, 별도로 최고·검색의 항변권이나 분별의 이익이 보장되지 않는 것으로 보이는 바 금융소비자보호법상 연대보증에 해당될 것으로 판단됩니다. 따라서 금융소비자보호법상 연대보증 자격이 있는 자에 한해서 자금보충확약이 가능하다고 해석됩니다.

(이유)

금융소비자 보호에 관한 법률(이하 "금융소비자보호법") 제20조는 금융상품판매업자등이 우월적 지위를 이용하여 금융소비자의 권익을 침해하는 행위로서 대출상품의 계약과 관련하여 제3자의 연대보증을 요구하는 행위를 원칙적으로 금지하고, 금융소비자 보호에 관한 법률 시행령(이하 "시행령") 제15조 및 금융소비자 보호에 관한 감독규정(이하 "감독규정") 제14조에서 예외적인 경우 및 연대보증 자격이 있는 자에 한해서 연대보증을 허용하고 있습니다.

금융소비자보호법상 연대보증이란, 그 형식이나 명칭에 관계없이 채무자가 채권자에 대한 금전채무를 이행하지 아니하는 경우에 보증인이 그 채무를 이행하기로 하는 채권자와 보증인 사이의 계약 중, 민법 제437조 본문에 따른 최고·검색의 항변권 및 민법 제439조에 따른 분별의 이익이 배제되는 계약을 의미합니다. (금융위원회 2021. 4. 26. 보도자료, 금융소비자보호법 3차 FAQ)

질의하신 자금보충확약은 채무자의 금전채무 불이행 시 확약 상대방이 실제 해당 채무를 부담하는 것이고, 별도로 최고·검색의 항변권이나 분별의 이익이 보장되지 않는 것으로 보이는 바 금융소비자보호법상 연대보증에 해당될 것으로 판단됩니다. 따라서 금융소비자보호법상 연대보증 자격이 있는 자에 한해서 자금보충확약이 가능하다고 해석됩니다.

다음으로, 보증에 대해서는 보증에 관한 민법규정(제428조부터 제448조[307]까지)이 기본적으로 적용되지만, 보증인보호법에서 정하는 보증인에 의해 제공되는 보증의 경우(동법 제2조 제1호)[308]에는 민법에 대한 특별법으로서 「보증인 보호를 위한 특별법」이 우선 적용된다.

307) 보증인은 그 보증채무에 관한 위약금 기타 손해배상액을 예정할 수 있다는 점을 주의해야 한다(민법 제429조 제2항). 즉, 보증계약에서 보증채무의 이행과 관련하여 별도의 위약금 기타 손해배상액을 예정하더라도 보증채무의 부종성(민법 제430조)에 위반되지 아니한다.

308) **보증인 보호를 위한 특별법**

제2조(정의) 이 법에서 사용하는 용어의 뜻은 다음과 같다.

1. **"보증인"**이란 「민법」 제429조 제1항에 따른 보증채무(이하 "보증채무"라 한다)를 부담하는 자로서 다음 각 목에서 정하는 경우를 제외한 자를 말한다.
   가. 「신용보증기금법」 제2조 제1호에 따른 기업(이하 "기업"이라 한다)이 영위하는 사업과 관련된 타인의 채무에 대하여 보증채무를 부담하는 경우

보증인보호법이 적용되는 보증의 경우에는 특정보증 및 근보증의 경우 모두 서면에 의한 최고액의 특정의무(동법 제4조, 제6조), 채권자의 통지의무 등(동법 제5조), 보증기간 등 제한(동법 제7조), 금융기관이 채권자인 보증계약의 특칙(동법 제8조), 편면적 강행규정성(동법 제11조)에 관한 규정이 우선 적용되고 보증인보호법에 규정이 없는 사항(보증의 방식에 관한 민법 제428조의2 등)에 대해서는 민법이 적용된다.

보증은 어느 경우에나 보증인의 기명날인 또는 서명이 있는 서면으로 그 보증의 의사가 표시되어야 하는데(민법 제428조의2 제1항), 근보증인 경우에는 보증하는 채무의 최고액이 서면으로 특정되어야 하고 서면으로 특정되지 않은 경우에는 무효이다(민법 제428조의3, 보증인보호법 제6조).[309]

보증인보호법과 관련하여 실무에서는 보증인보호법의 적용을 받는 보증인의 범위가 자주 문제되고 있다(특히, 동법 제2조 제1호 나목, 다목).

따라서 M&A금융거래에서 보증이 제공될 예정인 경우에는 당해 보증인이 금소법상의 연대보증인 적격이 있는지 및 보증인보호법의 적용대상인지 여부가 중요하므로 이에 대한 확인/검토가 필요하다.

한편, 연대보증계약서의 내용 중에는 「채권자의 주채무가 일정한 사유로 무효, 최소, 면제 또는 감축될 경우에도 채권자가 보증인에 대하여는 본래 피보증인의 주채무 전액을 청구할 수 있다」는 취시의 조항(이를 실무에서는 이른바 「면책조항」 또는 「손해담보조항」이 포함되어 있는 경우가 있는데, 이에 대해서는, 보증채무의 목적, 형태상의 부종성(민법 제430

나. 기업의 대표자, 이사, 무한책임사원, 「국세기본법」 제39조 제2항에 따른 과점주주(寡占株主) 또는 기업의 경영을 사실상 지배하는 자가 그 기업의 채무에 대하여 보증채무를 부담하는 경우

다. 기업의 대표자, 이사, 무한책임사원, 「국세기본법」 제39조 제2항에 따른 과점주주 또는 기업의 경영을 사실상 지배하는 자의 배우자, 직계 존속·비속 등 특수한 관계에 있는 자가 기업과 경제적 이익을 공유하거나 기업의 경영에 직·간접적으로 영향을 미치면서 그 기업의 채무에 대하여 보증채무를 부담하는 경우

라. 채무자와 동업 관계에 있는 자가 동업과 관련한 동업자의 채무를 부담하는 경우

마. 나목부터 라목까지의 어느 하나에 해당하는 경우로서 기업의 채무에 대하여 그 기업의 채무를 인수한 다른 기업을 위하여 보증채무를 부담하는 경우

바. 기업 또는 개인의 신용을 보증하기 위하여 법률에 따라 설치된 기금 또는 그 관리기관이 보증채무를 부담하는 경우

2. **"보증계약"**이란 그 형식이나 명칭에 관계없이 채무자가 채권자에 대한 금전채무를 이행하지 아니하는 경우에 보증인이 그 채무를 이행하기로 하는 채권자와 보증인 사이의 계약을 말한다.

309) 한편, 보증인보호법이 적용되는 경우에는 특정보증의 경우에도 보증채무의 최고액을 서면으로 특정하도록 규정하고 있다(보증인보호법 제4조). 다만, 이 경우에는 근보증에서 최고액을 서면으로 특정하지 않은 경우와는 달리 최고액을 서면으로 특정하지 않은 경우의 보증의 효력에 대해서는 규정하고 있지 않아 그 효력이 문제된다.

조[310])에 위반되어 이러한 약정 부분은 효력이 없다는 견해와 보증인과 채권자 사이의 일종의 손해담보계약으로서 유효하다는 견해가 대립되고 있다.

[계약서 기재례] 연대보증

(1) 연대보증인은 이 계약과 대출약정에 따라 피보증채무를 채무자와 상호 간에 연대하여 보증한다. 연대보증에 의하여 담보되는 보증한도액은 각 채권자별로 해당 대출약정금의 일백이십(120)%로서 이 계약 별지 1에 기재된 바와 같다. 결산기는 정하지 아니한다.

(2) 연대보증인의 이 계약에 따른 연대보증은 (특정, 한정)근보증에 해당함을 확인한다.

(3) 연대보증인의 연대보증채무에 대해서는 이 계약과 대출약정이 중첩적으로 적용되며, 양자 사이에 충돌이 있는 경우에는 대출약정의 내용이 이 계약의 내용에 우선하여 적용된다.[311])

(4) 연대보증인의 이 계약에 따른 연대보증채무는 무조건적이며 취소불능인 책임으로서, 채무자의 자력 등을 이유로 채권자에게 항변 또는 대항할 수 없다.

(5) 채권자는 연대보증인에 대하여 채무자와 동시에 또는 순차로 이 계약에 따른 연대보증채무의 전부나 일부의 이행을 청구할 수 있다. 연대보증인은 대주로부터 연대보증채무의 이행을 청구받는 즉시, 그 청구금액 전부를 지체 없이 채권자에게 지급하여야 한다.

(6) 연대보증인은 채무자의 어느 채권자에 대한 예금 기타의 일체의 채권에 의한 피보증채무와의 상계, 공제 기타 사유를 이유로 채권자에게 대항하지 못한다.

(7) 연대보증인은 채권자에 대하여 최고·검색의 항변권 및 분별의 이익을 가지지 아니하며, 연대보증인은 위 보증한도금액을 한도로 연대하여 보증한다.

(8) 연대보증인의 연대보증채무의 존속기간은 채무자의 채권자에 대한 모든 피보증채무의 상환이 모두 완료되는 때까지로 한다.

---

310) **민법 제430조(목적, 형태상의 부종성)** 보증인의 부담이 주채무의 목적이나 형태보다 중한 때에는 주채무의 한도로 감축한다.

311) 연대보증인을 대출계약서의 당사자에 포함시키는 경우에 연대보증계약서에 포함되는 문구이다. 실무에서는 연대보증인이 차주와 일정한 관계에 있어서 대출계약서상 차주의 진술 및 보장이나 준수사항, 기한의 이익 상실사유 중에는 연대보증인에 관한 사항이 포함되어 있고, 또 차주에 관한 진술 및 보장, 준수사항 등도 연대보증인에게 적용되도록 하며, 대출약정에 따른 기한의 이익 상실사유 발생 여부의 통일적인 해석, 연대보증인이 대출계약서의 내용을 확인하고 이해하였다는 점을 명확히 하기 위해, 차주의 대(지배)주주이거나 대표이사 등 차주와 중요한 관계에 있는 연대보증인을 대출계약서의 당사자로 포함시키고 있는 경우도 있다. 다만, 이것은 약정서의 문구 및 체결의 기술적인 문제이므로 연대보증인을 대출계약서의 당사자에 포함시키지 않는 경우에도 연대보증계약서에서 대출계약서의 특정사항이 적용됨을 명확히 하는 방법으로 갈음하는 것도 가능할 것이다. 연대보증인 만큼 그 필요성이나 빈도가 높은 것은 아니나, 실무에서는 연대보증인뿐만 아니라 다른 중요한 담보를 제공하는 제3자(물상보증인)의 경우에도 이와 마찬가지로 대출계약서의 당사자로 포함시키는 경우도 있다.

(9) 연대보증인의 연대보증채무는 무조건적이며 취소불능의 것으로서, 채무자의 자력, 어느 채권자의 고의나 과실로 인한 담보상실 또는 감소 및 기타 사유(민법 제485조를 포함)를 이유로 채권자에게 항변 또는 대항할 수 없다.

(10) 어떠한 사유로든 피보증채무의 지급기일(기한의 이익이 상실한 경우 포함)에 채권자가 채무자로부터 변제를 받지 못할 경우, 연대보증인은 아무런 이의를 제기함이 없이 동 지급기일부터 미변제된 피보증채무가 전액 변제되는 날까지 채권자가 입은 모든 손해 및 비용 등을 채권자의 청구가 있는 즉시 배상하여야 한다.[312)]

(11) 연대보증인은 이 계약에 따른 연대보증이 개인 자격으로 연대보증하는 것임을 확인하고 이에 동의한다.

(12) 연대보증인은 이 계약 및 대출약정 등 금융계약(여신거래기본약관 포함)의 내용을 숙지하고 있음을 확인하며, 이에 이의를 제기하지 아니한다.

(13) 연대보증인은 이 계약에 따른 연대보증과 관련하여, 「금융소비자보호법」에서 정하는 연대보증이 허용되는 자로서 「보증인 보호를 위한 특별법」 적용 대상에 해당되지 않음을 확인한다.

(14) 연대보증인은 민법 제436조의2 제1항과 관련하여, 이 계약을 체결 또는 갱신 시 이 계약의 체결 여부 및 갱신 여부 또는 그 내용에 영향을 미칠 수 있는 채무자의 채무 관련 신용정보를 채권자로부터 그 정보를 제공받을 권리가 있는바, 이 계약 체결 시 채권자로부터 해당 정보를 모두 제공받았음을 확인한다.

(15) 연대보증인은 민법 제436조의2 제2항과 관련하여, 이 계약을 체결한 후에 다음 각 목이 어느 하나에 해당하는 사유가 있는 경우에는 지체 없이 채권자로부터 통지받을 권리가 있는바, 이러한 통지를 채권자로부터 지체 없이 수령하지 못하더라도 연대보증인의 연대보증채무가 감경되거나 면제되지 아니함에 동의한다.

1. 채무자가 대출금, 이자, 지연이자, 위약금, 손해배상 또는 그 밖에 피보증채무에 종속한 채무를 삼(3)개월 이상 이행하지 아니하는 경우
2. 채무자가 이행기에 이행할 수 없음을 미리 안 경우
3. 채무자의 채무 관련 신용정보에 중대한 변화가 생겼음을 알게 된 경우

(16) 채무자, 연대보증인 및/또는 제3자가 채권자에게 피보증채무에 관하여 따로 제공한 인적·물적담보가 있는 경우, 그 인적·물적담보는 이 계약에 의해 변경되지 아니하며, 그 인적·물적담보는 이 계약에 의한 담보책임과는 별개의 것으로, 이 계약에 의한 담보에 더하여져, 피보증채무가 전액 소멸할 때까지, 누적적으로 적용되는 것으로 한다. 채무자, 연대보증인 및/또는 제3자가 장래 별도로 다른 담보를 제공한 경우에도 같다.

(17) 연대보증인은 채권자 및 대리기관이 연대보증인으로부터 취득한 개인식별정보(성

312) **민법 제429조(보증채무의 범위)** ① 보증채무는 주채무의 이자, 위약금, 손해배상 기타 주채무에 종속한 채무를 포함한다. ② 보증인은 그 보증채무에 관한 위약금 기타 손해배상액을 예정할 수 있다.

명, 주민등록번호, 주소, 직업 등), 신용거래정보, 신용능력정보, 신용평가를 위한 정보(이하 총칭하여 "개인(신용)정보")를 금융계약에 따른 권리의 취득 · 관리 · 행사 · 이전과 관련하여 피보증채무의 존속기간 동안 수집, 이용, 제공(양수인에게 제공 · 이전하는 것 포함)하는 것에 대해 동의하며, 채권자(양수인 포함) 또는 대리기관이 요청하는 경우 연대보증인의 개인(신용)정보를 수집 · 이용 · 제공 등에 관한 동의서를 별도로 제공한다.

(18) 연대보증인은 채권자 및 대리기관이 채무자 또는 연대보증인으로부터 취득한 연대보증인의 개인(신용)정보 및 채무보증현황(이 계약 이전 및 이후의 보증 포함)에 관한 신용정보에 대하여 「신용정보의 이용 및 보호에 관한 법률」 제23조 규정에 따라 이를 신용정보집중기관, 신용정보업자, 신용정보이용자 등에게 제공하여 연대보증인의 신용을 판단하기 위한 자료로서 활용하거나 공공기관에서 정책자료로 활용하도록 하는데 동의한다.

(19) 연대보증인은 이 계약의 체결일에 채권자로부터 채권자가 「신용정보의 이용 및 보호에 관한 법률」에 따라 종합신용정보집중기관으로부터 제공받은 채무자의 채무관련 신용정보를 제시받았으며, 이 계약에 날인함으로써 그 확인에 관한 기명날인에 갈음하기로 한다.

(20) 채무자는 채권자 및 대리기관의 연대보증인에 대한 채무자의 채무 관련 신용정보제공에 동의한다.

4 근보증의 수반성

근보증은 근저당권과 유사한 것으로 이해되어 왔기 때문에 확정 전의 근저당권과 마찬가지로 확정 전의 대출채권이 양도되는 경우 근보증도 그에 수반하여 양도 · 이전되는지 문제가 된다. 구체적으로는, 대출채권이 양도된 경우 이것을 보증하는 근보증은 대출채권에 수반하여 양수인에게 이전되는지 여부이다. 이에 관하여는, 근저당권 · 근질권 등의 근담보권에 대해서는 확정 전의 수반성이 부정되고 있기 때문에 근보증에 대해서도 근저당권과 마찬가지로 수반성을 부정하는 것이 타당하고, 대출채권 양도 시 근보증의 이전에 대해서는 다른 근담보와 마찬가지로 피보증채권의 확정 전후에 따라 업무를 달리 처리하여야 할 것으로 생각된다. 따라서 양수인은 대출채권과 근보증채권을 양수하는 것에 대한 양도인과 합의에 추가하여 보증인의 승낙과 양수채권을 피보증채권에 추가하는 것도 필요하게 된다.

구체적으로는, 피보증채권 확정 전에 대출채권을 양도하는 경우에는, (i) 양도인과 양수인 사이에서 「채권양(수)도(또는 매매)계약서」와 (ii) 금융계약(대출계약, 담보계약을 포함한 일체의 계약 및 서류를 의미하는 것으로 보통은 대출계약에서 정의된다)의 당사자(차주, 양도인, 다른 대주, 담보설정자, 연대보증인 등) 및 양수인 사이에서 「금융계약상 지위 이전(승계)(또는 변경, 양도)계약서」가 체결되어야 하고, 위 계약서에서는 대출채권의 양도, 금융계약상 지위(권리의무)의 이전(승계) 및/또는 (양도인에 의한 일부양도의 경우) 양수인의 계약가입,[313] 연대보증계약상 피보증채권의 추가(변경)(즉, 양수인이 양도인과 체결한 채권양수도계약서에 따라 양수하는 채권도 피보증채권에 추가함)에 대한 합의 및 다른 당사자들의 동의(승낙)가 이루어져야 한다.

다만, 일본의 경우에는 근보증의 수반성에 대해 다른 물적 근담보와는 달리 해석하고 있는 판례가 있다.[314] 즉, 일본의 최고재판소는 근보증계약의 당사자는 근보증의 수반성을 전제로 하고 있다고 해석하는 것이 합리적이라고 하면서, 피보증채권의 확정 전에 피보증채권을 양수한 자가 보증인에 대하여 보증채무의 이행을 청구할 수 있다는 취지로 판시한 사례가 있다.

[일본 판례] 最高裁判所 平成 24年 12月 14日 民集66巻 12號 3559項[315]

1. 사실관계

A주식회사는 2007년 6월 29일 B유한회사에 대하여 변제기를 2008년 6월 5일로 하여 8억 원을 대출하였다(제1대출). 같은 날 피고(상고인)는 A에게, A를 대주로, B를 차주로 하는 금전소비대차계약 등에 의해 발생하는 B유한회사의 채무(제1대출 포함)를 주채무로 하고, 채권최고액을 48억 3,000만 엔, 보증기간을 2007년 6월 29일부터 5년간으로 하는 연대보증을 하였다(이하 "본건 근보증계약"이라 한다). 그 후, A는 2008년 8월 25일 1차 대출의 차환으로 B에 대하여 변제기를 2009년 8월 5일로 하여 7억 엔(제2대출)과 9,990만 엔(제3대출)을 각각 대출하였다. A는 2008년 9월 26일 제2차 대출과 제3차 대출에 관한 채권을 C에게 양도하고, C는 같은 날 해당 각 채권을 원고(피상고인)에게 양도하였다. B가 원고(피상고인)에게 제2차 대출 및 제3차 대출에 관한 채무를 이행하지 않자 원고(피상고인)가 피고(상고인)에 대하여 본건 근보증계약에 따른 보증채무의 이행으로 7억 9,990만 엔의 일부인 1,000만 엔의 지급을 청구하였다.

313) (i) 양도인이 대출채권을 일부양도하고 채권자로 존속하는 경우에는, 양수인이 금융계약(연대보증계약)에 계약가입하여 양도인과 양수인이 금융계약(연대보증계약)상 대주, 채권자의 지위를 갖게 되고, (ii) 양도인이 대출채권을 전부 양도하여 채권자의 지위에 있지 않게 되는 경우에는, 양도인은 금융계약(연대보증계약)에서 탈퇴하고, 양수인이 금융계약(연대보증계약)상의 양도인의 지위를 승계하여, 양수인만이 금융계약(연대보증계약)상 대주, 채권자의 지위를 갖게 되도록 관련 약정이 체결된다.

314) 最高裁判所 平成 24年 12月 14日 民集66巻 12號 3559項

315) https://www.courts.go.jp/app/hanrei_jp/detail2?id=82820

2. 판결요지

최고재판소는 피고(상고인)의 상고를 기각하였다. 그 이유는 다음과 같다.「근보증계약을 체결한 당사자는, 통상 주채무의 범위에 포함된 개별채무가 발생하면 보증인이 이것을 그때마다 보증하고, 당해 채무의 변제기가 도래하면 해당 근보증계약에서 정하는 원본확정기일(본건 근보증계약과 같이 보증기간의 정함이 있는 경우에는 보증기간의 만료일의 다음 날을 원본확정기일로 하기로 한 것으로 해석할 수 있다) 이전이라도 보증인에 대하여 그 보증채무의 이행을 청구할 수 있는 것으로 계약을 체결하며, 피보증채권이 양도된 경우에는 보증채권도 이에 수반하여 이전하는 것을 전제로 하고 있는 것으로 해석하는 것이 합리적이다. 그렇다면 피보증채권을 양수한 자는 그 양도가 당해 근보증계약에서 정하는 원본확정기일 전에 이루어진 경우에도, 당해 근보증계약의 당사자 간에 피보증채권의 양수인의 청구를 방해할 만한 별도의 합의가 없는 한, 보증인에게 보증채무의 이행을 청구할 수 있다고 해야 할 것이다. 본건 근보증계약의 당사자 간에는 상기 별도의 합의가 있다는 것을 엿볼 수 없기 때문에 피상고인은 상고인에게 보증채무의 이행을 청구할 수 있다.」

5 보증과 유사한 인적담보 등[316)]

(1) 중첩적(병존적) 채무인수

실무에서는, 연대보증에 갈음하여, 기한의 이익 상실사유, 재무에 관한 준수사항 위반 등의 의무위반, 각종 지급의무 불이행 등의 특정한 사유가 발생하는 경우,[317)] 스폰서 기타 제3자에게 대출채무를 중첩적으로 인수시키는 채무인수약정을 하는 경우도 많다. 이러한「채무인수약정」은 채무인수인을 대출계약의 당사자로 포함시켜 대출계약에서 규정하거나, 채무인수약정의 체결을 대출실행 선행조건으로 규정하고 차주, 대주(대리인 포함) 및 채무인수인 사이에서 별도의 채무인수약정을 체결하는 방법에 의하여 이루어진다.

316) 실무에서는, 법령상 보증이 제한·금지되고 있는 경우(독점규제법상의 채무보증제한, 상법상의 상장회사 등의 신용공여 제한, 기타 업무로서의 지급보증이 제한되는 경우 등)에는 아래에서와 같은 채무인수, 손해담보계약, 자금보충약정 등의 대안이 이용되고 있다. 그러나 그러한 대안의 탈법행위 해당 여부(예를 들면, 독점규제법 제15조) 및 그 유효성 여부와 관련하여 예를 들면, 자금보충약정, 대출채권 등 (조건부)자산매입약정, CDS(Credit Default Swap), TRS(Total Return Swap) 등 그 명칭을 불문하고 실질적으로 보증이나 신용공여와 동일(유사)한 효력이 있고 보증이나 신용공여의 제한·금지를 잠탈하는 것으로 평가될 수 있는 행위의 위법성 및 유효성에 대해서는 사전 검토가 필요하다.

317) 채무인수인에게 일정한 의무(일정한 작위·부작위 의무, 자금보충의무 등)를 부과하고 이를 이행하지 못하는 경우 채무가 인수되는 것으로 규정하는 경우도 있다. 아래의 계약서 기재례는 자금보충자가 자금보충의무를 불이행하는 경우 자금보충자가 중첩적으로 채무를 인수하도록 규정하는 예이다.

이와 같이 특정한 사유가 발생한 경우 채무를 인수하는 것을 실무에서는 보통 「조건부 채무인수」라고 하는데, 연대보증과 비교하면, 민법상 「연대보증」과 「채무인수」라는 점에서 그 법적 성질에 있어서는 다소 차이가 있으나, 대주 입장에서의 경제적인 실질에 있어서는 유사한 효과가 있다고 볼 수 있다.[318] 앞서 살펴본 바와 같이, 금소법에서는 연대보증을 원칙적으로 금지하면서 예외적으로 연대보증인이 될 수 있는 적격자를 차주와 일정한 관계에 있는 자로 제한하고 있는데(동법 제20조 제1항 제4호, 동 시행령 제15조 제2항 제2호 라목, 동 감독규정 제14조 제1항), 감독당국에서는 중첩적 채무인수도 경우에 따라서는 금소법상의 연대보증에 해당할 수 있다는 취지로 해석하고 있으므로 주의를 요한다.[319]

병존적(중첩적) 채무인수의 법적 성질에 대해, 판례는 인수인이 채무자의 부탁으로 채권자와의 계약으로 채무를 인수하는 경우에는 주관적 공동관계가 있으므로 연대채무관계에 있고, 인수인이 채무자의 부탁을 받지 아니하여 주관적 공동관계가 없는 경우에는 부진정 연대관계에 있는 것으로 보고 있다. M&A금융거래에서 이루어지는 채무인수는 대부분 차주의 부탁에 의해 이루어진 것으로 보아야 할 것이므로 차주와 채무인수인은 원칙적으로 연대채무관계에 있다고 보아야 할 것이다.

[판례 4-128] 대법원 2014. 8. 26. 선고 2013다49404, 49411 판결

2. 상고이유 제2점에 대하여

병존적 채무인수에서 인수인이 채무자의 부탁 없이 채권자와의 계약으로 채무를 인수하는 것은 매우 드문 일이므로 채무자와 인수인은 통상 주관적 공동관계가 있는 연대채무관계에 있고, 인수인이 채무자의 부탁을 받지 아니하여 주관적 공동관계가 없는 경우에는 부진정연대관계에 있는 것으로 보아야 한다(대법원 2009. 8. 20. 선고 2009다32409 판결 등 참조). 또한 어느 연대채무자가 변제 기타 자기의 출재로 공동면책이 되게 한 때에는 다른 연대채무자의 부담부분에 대하여 구상권을 행사할 수 있고 이때 부담부분은 균등한 것으로 추정되나, 연대채무자 사이에 부담부분에 관한 특약이 있거나 특약이 없더라도 채무의 부담과 관련하여 각 채무자의 수익비율이 다른 경우에는 그 특약 또는 비율에 따라 부담부분이 결정된다.

원심판결 이유와 기록에 의하면, ① 원고는 시공사로서, 참가인은 시행사로서 이 사건 사업부지 위에 콘도미니엄과 부대시설을 건축하고, 그 대지와 건물을 신탁재산으로 하여 이를 분양할 것을 목적으로 이 사건 사업약정을 체결한 사실, ② 이 사건 사업약정에서

318) 다만, 연대보증인과 (조건부) 채무인수인의 회계처리나 공시서류 기재사항 등에 일정한 차이가 있다.
319) 법령해석 회신문(210184)

참가인이 토지비와 공사비 등 사업자금 전액을 조달하기로 하여 이 사건 대출약정이 체결되었고, 위 사업약정이 해지되는 경우 참가인이 위 대출약정에 따른 대출 원리금 기타 사업투입비용을 즉시 상환할 의무를 부담하기로 한 사실, ③ 원고는 이 사건 사업약정 및 대출약정에서 원칙적으로 책임준공의무 및 책임분양의무를 부담하되, 원고가 최종상환일까지 이를 이행하지 못한 경우 참가인의 이 사건 대출금채무를 병존적으로 인수하기로 한 사실, ④ 이 사건 대출금은 수익자인 참가인을 위한 이 사건 사업의 사업비로 2008. 3. 28.부터 2009. 1. 28.까지 참가인에게 대출된 사실, ⑤ 그 후 이 사건 사업의 착공이 미루어지던 중 대주단은 2009. 6. 9.경 이 사건 대출금에 대한 이자 미지급을 이유로 기한의 이익 상실을 통지하였고, 이에 따라 위 책임준공의무 및 책임분양의무를 이행하지 못하게 된 원고는 2010. 8. 16.경 이 사건 대출원금 및 그 지연이자 전액을 대위변제한 사실을 알 수 있다.

앞서 본 법리에 비추어 살펴보면, 원고가 이 사건 사업약정 및 대출약정에 따라 참가인의 이 사건 대출금채무를 병존적으로 인수함으로써 원고와 참가인은 주관적 공동관계가 있는 연대채무관계에 있게 되었다고 할 것이고, 이 사건 사업의 구조와 대출약정의 내용 등에 비추어 보면 원고와 참가인 사이에서는 참가인이 이 사건 대출금채무를 최종적으로 부담하기로 약정하였거나 적어도 이 사건 대출금 전액을 참가인이 자신을 수익자로 한 사업비로 사용함으로써 내부관계에서 참가인이 그 채무 전액을 부담하기로 하였다고 봄이 상당하다.

따라서 원심이 이 사건 대출금채무에 대한 원고의 병존적 채무인수를 연대보증으로 본 것은 적절하다고 할 수 없으나, 원고가 이 사건 대출금의 변제액 전부에 관하여 참가인에게 구상권을 행사할 수 있다고 본 원심의 결론은 정당하고, 거기에 상고이유 주장과 같이 병존적 채무인수의 법적 성질과 그 내부적 분담비율에 관한 법리 등을 오해하거나 판단을 누락한 위법이 없다.

3. 상고이유 제3, 4점에 대하여

원심은 채택 증거에 의하여 그 판시와 같은 사실을 인정한 다음, 원고가 근질권을 행사할 때 이 사건 사업이 착공조차 되지 못하였던 점 등을 고려하여 사업이 계속 추진되는 것을 전제로 그 당시를 기준으로 평가한 사업부지 및 담보부지의 가액을 기초로 이 사건 사업의 수익권 가치를 감정평가한 것은 정당하고, 참가인이 주장하는 바와 같이 평가 시기나 감정평가기준을 달리하면 이 사건 부동산 또는 수익권의 가치가 원고의 대위변제액을 초과한다는 사정만으로 원고가 이 사건 사업권을 탈취하거나 책임분양의무를 면할 목적으로 부당하게 근질권을 행사한 것이라고 볼 수는 없으며, 참가인이 제출한 증거만으로는 원고가 이 사건 사업권을 탈취하거나 책임분양의무를 면하기 위하여 고의로 착공을 하지 아니하여 책임준공의무를 이행하지 않았다고 인정하기에 부족하다고 판단하였다.

관련 법리와 기록에 비추어 살펴보면 원심의 위와 같은 사실인정과 판단은 정당하고, 거기에 상고이유에서 주장하는 바와 같이 이 사건 부동산 및 수익권의 가치에 대한 심리를 다하지 아니하거나 책임준공의무 위반에 관한 귀책사유의 입증책임 등에 관한 법리를 오해한 위법이 없다.

4. 상고이유 제5점에 대하여

원심은 이 사건 신탁계약상 수익권은 '신탁부동산에서 발생하는 금전 및 그 금전의 운용수익과 이에 준하는 것을 교부받을 수 있는 권리'로서 이 사건 부동산에 관한 소유권이전등기청구권과는 구별되는 점 등에 비추어 보면, 위 소유권이전등기청구권이 이 사건 근질권의 목적물인 이 사건 신탁계약상 수익권에 포함되어 있다고 보기 어려우므로 이 사건 근질권설정계약이 무효라고 볼 수 없다고 판단하였다.

관련 법리와 기록에 비추어 살펴보면 원심의 위와 같은 판단은 정당하고, 거기에 상고이유의 주장과 같이 이 사건 신탁계약상 수익권에 관한 법리 등을 오해한 위법이 없다.

[판례 4-129] 대법원 2014. 8. 20. 선고 2012다97420, 97437 판결

1. 상고이유 제1 내지 4점에 대하여

<u>중첩적 채무인수에서 인수인이 채무자의 부탁 없이 채권자와의 계약으로 채무를 인수하는 것은 매우 드문 일이므로 채무자와 인수인은 원칙적으로 주관적 공동관계가 있는 연대채무관계에 있고, 인수인이 채무자의 부탁을 받지 아니하여 주관적 공동관계가 없는 경우에는 부진정연대관계에 있는 것으로 보아야 한다</u>(대법원 2009. 8. 20. 선고 2009다32409 판결 등 참조). 또한, 연대채무자가 변제 기타 자기의 출재로 공동면책을 얻은 때에는 다른 연대채무자의 부담부분에 대하여 구상권을 행사할 수 있고 이때 부담부분은 균등한 것으로 추정되나 연대채무자 사이에 부담부분에 관한 특약이 있거나 특약이 없더라도 채무의 부담과 관련하여 각 채무자의 수익비율이 다르다면 그 특약 또는 비율에 따라 부담분이 결정된다.

원심판결 이유 및 기록에 비추어 보면, ① 원고는 시행사로서, 독립당사자참가인(이하 '참가인'이라고 한다)은 시공사로서 이 사건 사업부지 위에 콘도미니엄 및 부대시설을 건축하고, 그 대지와 건물을 신탁재산으로 하여 이를 분양할 것을 목적으로 이 사건 사업약정을 체결한 사실, ② 이 사건 사업약정상 원고가 토지비와 공사비 등 사업자금 전액을 조달하기로 하여 이 사건 대출약정이 체결되었고, 위 사업약정이 해지되는 경우 원고가 위 대출약정에 따른 대출 원리금 기타 사업투입비용을 즉시 상환할 의무를 부담하기로 한 사실, ③ 참가인은 이 사건 사업약정 및 대출약정에서 원칙적으로 책임준공의무 및 책임분양의무를 부담하되 참가인이 최종상환일까지 이를 이행하지 못한 경우 원고의 이 사건 대출금채무를 병존적으로 인수하기로 한 사실, ④ 이 사건 대출금은 수익자인 원고를 위한 이 사건 사업의 사업비로 2008. 3. 28.부터 2009. 1. 28.까지 원고에게 대출된 사실, ④ 그 후 이 사건 사업의 착공이 미뤄지던 중 대주단은 2009. 6. 9.경 이 사건 대출금에 대한 이자 미지급을 이유로 기한의 이익 상실을 통지하였고, 이에 따라 위 책임준공의무 및 책임분양의무를 이행하지 못하게 된 참가인은 2010. 8. 16.경 이 사건 대출원금 및 그

지연이자 전액을 대위변제한 사실을 알 수 있다.

앞서 본 법리에 비추어 살펴보면, 참가인이 이 사건 대출금채무를 병존적으로 인수함으로써 원고와 참가인은 주관적 공동관계가 있는 연대채무관계에 있다고 할 것이고, 원고와 참가인 사이에 원고가 이 사건 대출금채무를 최종적으로 부담하기로 약정하였거나 적어도 이 사건 대출금채무 전액을 원고가 자신을 수익자로 한 사업비로 사용함으로써 그 내부관계에서 원고가 채무 전액을 부담하기로 하였다고 봄이 상당하다.

따라서 원심이 이 사건 대출금채무에 대한 참가인의 병존적 채무인수를 연대보증으로 본 것은 잘못이나, 참가인이 원고에게 이 사건 대출금의 변제액 전액에 대하여 구상권을 행사할 수 있다고 본 원심의 결론은 정당하여 수긍할 수 있고, 거기에 상고이유 주장과 같이 병존적 채무인수에 관한 법리 등을 오해하거나 판단을 누락한 위법이 없다.

2. 상고이유 제5점에 대하여

가. 원심판결 이유 및 기록에 비추어 보면, ① 이 사건 사업약정은 이 사건 사업부지 위에 콘도미니엄 및 부대시설을 건축하고 그 대지와 건물을 신탁재산으로 하여 이를 분양하는 것을 목적으로 하는 사실, ② 이 사건 신탁계약은 이 사건 사업 수행을 신탁사무로 정하고 있고, 이 사건 관광사업자명의 및 이 사건 건축주명의(이하 이를 통틀어 '이 사건 각 명의'라고 한다)의 유지 등에 필요한 제반 비용이 신탁재산에서 지출된 사실, ③ 이 사건 사업약정 제27조 제2항은 '분양승인 전 이 사건 사업약정이 해지되는 경우 피고는 국민은행의 요청에 따라 신탁재산(사업권리 포함)을 국민은행이 지정한 감정평가기관의 감정평가금액으로 공매처분하거나, 국민은행 또는 국민은행이 지정하는 자에게 소유권을 이전한다.'라는 취지로, 제34조 제2항 제4호는 '원고의 채무불이행 사유 등이 발생하는 경우 원고는 사업약정에 따른 계약상 권리는 물론 신탁계약상 권리 등 이 사건 사업의 인허가와 관련된 일체의 권리를 포기한다.'는 취지로 각 규정하고 있는 사실을 알 수 있다.

그렇다면 위 사실에 나타난 다음과 같은 사정, 즉 ① 이 사건 각 명의는 이 사건 사업 진행을 위하여 다른 신탁재산들과 더불어 반드시 필요하였던 것으로 보이는 점, ② 이 사건 각 명의의 유지 등에 지출된 비용이 신탁재산 처리비용에 포함된 것으로 보이는 점, ③ 이 사건 사업약정 및 이 사건 신탁계약의 당사자들은 이 사건 사업부지와 이 사건 각 명의 등 사업에 관한 권리 일체를 이 사건 대출금채무를 담보하는 환가재산으로 삼은 것으로 보이는 점 등에 비추어 보면, 원·피고, 대주단을 비롯한 이 사건 사업의 관련자들은 이 사건 각 명의를 신탁재산으로 하기로 합의하였다고 봄이 상당하다. 따라서 원심이 이 사건 각 명의가 이 사건 신탁계약 제11조 제8호에서 정한 '기타 신탁사무의 처리에서 발생한 자산'에 해당한다고 설시한 것은 적절하지 아니하나, 이 사건 각 명의가 신탁재산에 해당한다고 본 원심의 결론은 정당하여 수긍할 수 있고, 거기에 상고이유 주장과 같이 논리와 경험의 법칙을 위반하고 자유심증주의의 한계를 벗어나는 등의 위법이 없다.

나. 나아가 원심은, 참가인이 이 사건 대출금채무를 대위변제하여 변제자대위로서 대주단의 이 사건 1순위 근질권을 행사하거나 참가인의 이 사건 2순위 근질권을 행사하여 이 사건 신탁계약상의 이 사건 수익권을 취득한 이상 참가인은 수익자의 자격에서 위 신탁계약 종료에 따라 신탁재산인 이 사건 각 명의의 이전을 구할 수 있다는 취지로 판단하였다.

관련 법리와 기록에 비추어 살펴보면, 원심의 이유 설시에 다소 적절하지 않은 점이 있으나 참가인이 수익자의 자격에서 이 사건 신탁계약 종료에 따라 신탁재산인 이 사건 각 명의의 이전을 구할 수 있다는 원심의 결론은 정당하여 수긍할 수 있고, 거기에 상고이유 주장과 같이 근질권의 대상과 관련한 법리를 오해한 위법이 없다.

3. 상고이유 제6점에 대하여

원심판결 이유에 의하면, 원심은, 이 사건 신탁계약상 수익권은 '신탁부동산에서 발생하는 금전 및 그 금전의 운용수익과 이에 준하는 것을 교부받을 수 있는 권리'로서 이 사건 각 부동산에 관한 소유권이전등기청구권과는 구별되는 점 등에 비추어 보면, 이 사건 각 부동산에 관한 소유권이전등기청구권이 이 사건 각 근질권의 목적물인 이 사건 신탁계약상 수익권에 포함되어 있다고 보기 어려우므로 이 사건 각 근질권설정계약이 무효라고 볼 수 없다고 판단하였다.

관련 법리와 기록에 비추어 살펴보면, 원심의 위와 같은 판단은 정당하고, 거기에 상고이유의 주장과 같이 이 사건 신탁계약상 수익권에 관한 법리를 오해하는 등의 위법이 없다.

다만, 채무인수인에게 도산절차가 개시되는 경우 이러한 조건부 채무인수는 그 사유 발생시점을 기준으로 무상부인 또는 위기부인의 요건 충족 여부가 판단될 수 있다는 점에 유의해야 한다.

[계약서 기재례] 채무인수(자금보충의무와 연계하는 경우)

(1) 자금보충자 겸 채무인수인이 이 약정에 따라 부담하는 자금보충의무를 이행하지 아니하거나, 이 약정의 해지 또는 해제 기타의 사유로 자금보충자 겸 채무인수인이 자금보충의무를 부담하지 않게 되는 경우(이하 합하여 "채무인수사유"[320]라 한다)에 별도의 통지 없이 채무인수사유의 발생과 동시에[321] 자금보충자 겸 채무인수인은 인수대상채무를 중첩적으로 인수한 것으로 간주되며, 이러한 채무인수는 이 약정 및 대

320) 채무인수사유를 각호로 열거하기도 한다.
321) 채무인수시점을 명확하게 하기 위해 대주(대리인)에 의한 통지 시(도달 시 또는 발송 시) 채무인수의 효력이 발생하는 것으로 규정하는 사례도 많다.

출계약상 어느 당사자들 사이의 별도 계약이나 의사표시 없이 채무인수사유의 발생으로 당연히 효력이 발생한다.

(2) 제(1)항에 따른 채무인수의 효력발생 시 자금보충자 겸 채무인수인은 대출계약의 조건에 따라 대주에게 제(1)항의 채무인수 당시 잔존하는 인수대상채무를 변제하기로 한다.

(3) 자금보충자 겸 채무인수인은 차주, 대주, 대리기관 또는 제3자와 발생한 분쟁 기타의 어떠한 사유를 이유로 이 조에 따라 인수한 채무의 이행을 연기하거나 거절하지 못한다. 자금보충자 겸 채무인수인은 대주 및 대리기관에 대하여 최고·검색의 항변권 및 분별의 이익을 가지지 아니한다.

(4) 대주가 차주에게 대출실행 후 여하한 사유(차주의 채무부담의 원인무효, 취소, 권리 및 절차의 하자발생, 차입결의의 하자 등을 포함하되 이에 한정되지 아니함)로 인수대상채무에 관한 대주의 차주에 대한 채권이 무효 또는 취소되는 경우에도 자금보충자 겸 채무인수인은 대주에게 어떠한 항변이나 주장도 하지 않고 차주의 채무와 독립하여 인수대상채무를 부담하고 변제하기로 한다.

(5) 제(2)항에 따른 변제의무의 이행에 있어서 차주와 관련하여 기업구조조정촉진법 기타 여하한 사유에 따른 채권행사 유예, 채권 재조정 등의 사유가 발생하더라도, 자금보충자 겸 채무인수인은 대출계약상 인수대상채무의 원래의 지급기일에 대주에 지급하여야 한다.

그런데 어느 연대채무자가 변제 기타 자기의 출재로 공동면책이 되게 한 때에는 다른 연대채무자의 부담부분에 대하여 구상권을 행사할 수 있고 이때 부담부분은 균등한 것으로 추정되나, 연대채무자 사이에 부담부분에 관한 특약이 있거나 특약이 없더라도 채무의 부담과 관련하여 각 채무자의 수익비율이 다른 경우에는 그 특약 또는 비율에 따라 부담부분이 결정되므로, 채무인수인은 추후 채무를 이행한 경우 차주에게 구상권을 행사할 수 있게 된다. 따라서 연대보증인이나 다른 담보제공자로부터 구상권·대위권 등에 관한 후순위 확약을 받아두는 것과 마찬가지로 채무인수인으로부터도 동일한 취지의 확약을 받아두어야 할 것이다.

(2) 손해담보계약

경제적인 면에서는 보증계약과 실질적으로 동일하나 그 법적 성질과 효과가 조금 다른 것으로 손해담보계약이 있다. 일반적으로 「손해담보계약」이란, 당사자의 일방(손해담보자)이 상대방에 대하여 일정한 사항에 관하여 위험을 인수하고, 이로 인하여 발생할지도 모르는 손해를 담보할 것을 목적으로 하는 것으로, 손해담보자의 채무는 주채무의 존속과 관계없이 성립하는 하나의 독립된 계약을 의미하는 것으로 설명되고 있다. 이러한 손해담보계약은 주채무인 피보증채무가 무효로 된 경우나 거래종결 후 발생한 우발사건에 대한 대처와 관련하여 대주에게 어떠한 우발비용이 발생한 경우 등 대주에게 발생한 손해 등을 손해담보자가 전보하는 것을 내용으로 한다. 다른 합의가 없는 한, 손해담보계약에는 보증과는 달리 주채무의 성립・존속・채무내용에 부종적 성질이 없는 것으로 해석되고 있고, 또한 보충성도 없기 때문에 손해담보계약상의 요건을 충족하기만 하면 대주는 손해담보자에 대하여 이행을 청구하는 것이 가능하다. 즉, 손해담보계약은 통상 특정 급부가 실현되지 않았다는 사건 자체만을 담보권 실행의 요건으로 하며 이러한 의미에서 주채무관계에 부종하지 않는다고 한다(이행담보). 이는 급부가 실현되지 않은 경우 채권자는 그 원인이 무엇이든 주채무관계에서 합의된 급부가 객관적으로 실현되지 않았다는 사실만을 입증하면 손해담보계약을 체결한 손해담보자로부터 약정된 금액을 청구할 수 있음을 의미하는데, 이러한 의미의 손해담보계약에서는 적어도 채권자에게 주채무관계에서 합의된 급부가 제공되지 않았다는 사실을 채권자가 입증해야 한다.[322] 다만, 채권자에게 일정한 급부가 실현되지 않았다는 객관적인 사실로 말미암아 그에게 발생한 불이익의 전보(塡補)만이 문제되며, 그 급부의 불실현이 채무의 부존재 또는 소멸로 인한 것인지 여부는 크게 문제되지 않는다.

이러한 손해담보계약은, 채무이행을 담보하는 은행(손해담보자) 등이 채권자의 청구에 기하여(on first demand) 약정된 금액을 아무런 이의없이 지급하여야 하며, 채권자는 담보권의 실행시기가 도래하였음을 입증할 필요없이 단순히 이러한 사실을 일방적으로 주장함으로써 자신의 손해담보계약상의 권리를 행사할 수 있다는 이른바 「요구불 조항」과 결합하여 「독립적 은행보증」으로 발전하였는데 이러한 「독립적 은행보증」은 금융거래(특히 국제금융거래)에서 자주 활용되고 있으며 독립적 은행보증에 관련된 판례의 법리도 지금까지 상당수 누적되어 있다.[323]

판례도 독립적 은행보증 외에도, 보증과 구별되는 개념으로서의 손해담보계약을 인정하고 있다.[324]

322) 물론 손해담보자가 어떠한 요건하에 손해를 이행해야 하는지 등의 요건은 해당 손해담보계약의 내용에 따라 달라질 수 있다.

323) 대법원 2014. 8. 26. 선고 2013다53700 판결, 대법원 2021. 7. 8. 선고 2017다218895 판결, 대법원 1994. 12. 9. 선고 93다43873 판결, 대법원 2021. 7. 8. 선고 2018다248688 판결 등

324) 독립적 은행보증에 관련된 판례의 법리는 지금까지 상당수 누적되어 있다. 대법원 2014. 8. 26. 선고 2013다53700 판결, 대법원 2021. 7. 8. 선고 2017다218895 판결, 대법원 1994. 12. 9. 선고 93다43873 판결, 대법원 2021. 7. 8. 선고 2018다248688 판결 등 참조

[판례 4-130] 대법원 2002. 5. 24. 선고 2000다72572 판결

가. 원심은 또, 원고의 담보물 교체 담당직원이 그 판시 제2 근저당권설정등기를 경료하면서 담보물의 권리관계를 제대로 파악하지 아니함으로써 이 사건 손해의 발생에 기여한 과실이 있으니, 피고가 배상하여야 할 손해액을 정함에 이를 참작하여야 한다는 피고의 주장에 대하여도, 원고 직원에게 그와 같은 과실이 있음을 인정할 증거가 없을 뿐만 아니라, 증거에 의하면, 이 사건 약정은 담보물 교체로 인하여 원고가 입게 될 손해 전액을 피고와 주식회사 태정식품(이하 '태정식품'이라 한다)이 연대하여 배상하기로 하는 약정으로 보이므로, 과실상계가 적용될 여지가 없다고 판단하여 이를 배척하였다.

나. 우선 이 사건 약정은 그 문언과 당시 보증의 대상이 되는 주채무의 주체 및 채무의 내용이 특정되어 있지 않은 상태에서 주채무의 존재를 전제로 하지 않고, 담보물의 교체라는 금융거래상 이례적이고 위험부담을 수반하는 거래를 하면서 그로부터 발생하는 위험을 담보물 교체로 이익을 얻게 되는 피고 등에게 인수하게 하여 그로 인한 손해를 담보하게 한 것이므로, 일종의 손해담보계약으로 보아야 할 것인바, 손해담보계약상 담보의무자의 책임은 손해배상책임이 아니라 이행의 책임이고, 따라서 담보계약상 담보권리자의 담보의무자에 대한 청구권의 성질은 손해배상청구권이 아니라 이행청구권이므로, 민법 제396조의 과실상계 규정이 준용될 수 없음은 물론 과실상계의 법리를 유추적용하여 그 담보책임을 감경할 수도 없는 것이 원칙이지만, 다만 담보권리자의 고의 또는 과실로 손해가 야기되는 등의 구체적인 사정에 비추어 담보권리자의 권리 행사가 신의칙 또는 형평의 원칙에 반하는 경우에는 그 권리 행사의 전부 또는 일부가 제한될 수는 있다.

그런데 기록에 의하면, 을 제11호증(변상판정통지서), 을 제13호증의 1 내지 3(징계처분 및 변상판정 사항 통지 등)의 각 기재와 같이, 원고의 대표가 그 산하 영천시지부 직원 소외 1 등에 대해 "1996. 9. 24. 태정식품의 어음할인 7,800만 원에 기 설정된 담보물과 교체하여 나대지를 담보로 취득하면서 여신규정세칙 제303조 제1항에 의거 권리승계과정의 확인에 필요한 서류를 받고 현지확인 시 진정한 권리자인지 여부를 철저히 확인하여야 함에도 이를 소홀히 하여 사기담보물을 취득하였다."는 이유로 보통인사위원회의 의결을 거쳐 변상판정통지를 함과 아울러 징계처분을 한 점에 비추어 보면, 원고 직원들에게 그와 같이 무효인 근저당권을 취득한 데에 일부 과실이 있었던 것으로 볼 여지가 있다.

그렇지만 이 사건 담보물 교체에 따른 원고의 손해는 위와 같은 그 직원들의 과실에 말미암은 것이 아니라, 피고 등이 제공한 대체담보물 자체의 하자에 말미암은 것이므로, 피고로서는 이 사건 약정에 따라 손해담보계약상 담보의무자의 책임, 즉 무효로 돌아간 제2 근저당권에 갈음하여 피고 자신이 부담하는 본래의 물상보증책임을 이행하여야 할 따름이고, 대체담보물에 관한 근저당권설정등기가 무효로 된데에 원고 측의 과실이 개재되었다고 볼 여지는 없다.

원심판결의 이 부분 판시에는 다소 미흡한 점이 있으나, 위와 같은 취지에서 나온 것으로서 피고의 항변을 배척한 결론 자체는 옳고, 거기에 채증법칙을 위배하여 사실을 오인하거나, 과실상계에 관한 법리를 오해한 위법이 있다고 볼 수 없다.

[판례 4-131] 서울고등법원 2002. 4. 10. 선고 2001나16502 판결[확정]

2. 피고의 책임의 발생

위에서 살펴본 이 사건 재매입약정의 체결경위에 따르면, 이 사건 재매입약정은 한국산업양행이 이 사건 렌탈물건을 나산에게 매도하면서 새한렌탈로부터 금융이익을 먼저 취하기 위해 새한렌탈이 한국산업양행으로부터 위 물건을 매수하는 것으로 하여 그 대금을 새한렌탈로부터 모두 지불받고, 나산은 이를 다시 새한렌탈로부터 임차하기로 하는 형식을 취하면서, 나산의 채무불이행 등으로 인해 새한렌탈에게 발생하는 위험을 한국산업양행이 부담하겠다는 취지의 약정이라 할 것인데, 이는 당사자의 일방(담보자)이 상대방(수익자)에 대하여 일정한 사항에 관하여 위험을 인수하고, 이로 인하여 발생할지도 모르는 손해를 담보할 것을 목적으로 하는 일종의 손해담보계약(손해담보계약)이라 할 것인바, 손해담보계약으로 담보자는 수익자인 채권자에게 목적한 일이 성취된 것과 같은 혹은 손해가 발생하지 않은 것과 같은 상태에 놓이게 해 줄 의무를 부담하게 되고, **손해담보계약에 있어 담보자의 채무는 주채무의 존속과 관계없이 성립하는 하나의 독립된 계약으로서, 보증채무와는 달리 담보채무는 주채무의 성립 · 존속 · 채무내용에 부종적 성질이 없다**할 것이다.

3. 피고의 항변 등에 대한 판단

가. 불공정 법률행위 등

(2) 살피건대, 앞에서 인정한 바와 같이, 나산이 이 사건 렌탈물건을 한국산업양행으로부터 구입하기로 하면서, 그 자금조달의 방법으로 새한렌탈이 한국산업양행으로부터 위 물건을 매수하는 것으로 하고 나산은 이를 다시 새한렌탈로부터 임차하는 것으로 하여 월렌탈료로 분할상환하는 형태를 취하되, 새한렌탈은 위 렌탈대금의 회수를 확실히 담보하기 위하여 한국산업양행과 일종의 손해담보계약으로서의 이 사건 재매입약정을 체결한 것이고, 재매입약정의 내용도 해지 당시 렌탈계약상 지급받지 못한 금액을 그 손해담보액의 한도로 정하고 있음에 비추어 보면, 이러한 재매입약정이 약관의 규제에 관한 법률상의 불공정한 행위에 해당한다고 볼 수 없고, 손해담보계약은 담보자가 수익자인 채권자에게 목적한 일이 성취된 것과 같은 혹은 손해가 발생하지 않은 것과 같은 상태에 놓이게 해 줄 의무를 부담하는 것이므로 재매입 당시의 교환가치를 적정히 평가하지 아니하고 미

수렌탈료를 기준으로 재매입가격을 정한 것을 부당하다고 할 수 없을 뿐만 아니라 나산의 신용상 발생할 위험을 한국산업양행에 부당하게 전가시킨 것이라고 할 수도 없으며, 또한 매도인인 한국산업양행과 이러한 약정을 체결한다고 하여 위 법상 계약당사자로서의 우월적 지위에 기해 강제하는 계약이라고 단정할 수 없고, 새한렌탈은 나산의 월렌탈료 연체 외에도 그의 부도를 이유로 이 사건 렌탈계약을 해지하였는바, 임차인이 부도가 난 경우에 최고를 반드시 하여야 한다면 부당하게 채권회수의 시간만 지연시키게 되는 점 등을 미루어 보면 최고 없이 해지할 수 있도록 약정하였다고 하여 위 법의 해지요건을 완화하여 부당하게 불이익을 줄 우려가 있는 경우에 해당한다고 볼 수도 없으므로, 이 사건 재매입약정이 무효라는 피고의 위 항변은 모두 이유 없다.

나. 권리남용 등

피고는, 나산이 이 사건 렌탈물건을 사용하여 영업을 함으로써 렌탈물건 사용료만으로 월 평균 4,000만 원 상당의 수입을 올리고 있고, 그 밖의 골프장 영업수입이 있음에도 불구하고 원고는 나산을 상대로 한 렌탈료청구소송 및 골프장수입에 대한 압류 등 채권회수를 위한 조치를 선행하지 아니한 채 피고를 상대로 하여 이 사건 청구를 구하는 것은 권리남용에 해당한다고 주장하고, 또한 이 사건 재매입약정은 보증의 성격도 가지고 있는데, 새한렌탈은 주채무자인 나산에 대하여 먼저 이행청구를 하여야 한다며 최고 · 검색의 항변을 하므로 살피건대, 앞서 본 바와 같이 이 사건 재매입약정은 손해담보계약의 일종으로, 손해담보계약에 있어 담보자의 채무는 보증채무와 달리 주채무의 존속과 관계없이 성립하는 하나의 독립된 계약으로서 부종적 성질이 없다 할 것이므로, 나산을 상대로 충분히 채권회수를 할 수 있다 하더라도 그를 상대로 이행을 구하지 아니하고 위 손해담보계약에 따라 피고를 상대로 하여 그 이행을 구하는 원고의 이 사건 청구를 권리남용에 해당한다고 할 수 없고, 또한 보증채무와도 그 성질을 달리하는바 보증채무임을 전제로 하는 위 최고 · 검색의 항변도 이유 없다 할 것이다.

다. 손해배상액의 예정

피고는, 이 사건 재매입약정은 나산의 채무불이행 시에 한국산업양행 및 피고가 새한렌탈에 대하여 부담하게 되는 손해배상액의 예정의 성격을 가지는데, 채권자인 새한렌탈은 한국산업양행 및 피고보다 경제적으로 우월한 지위에 있고, 새한렌탈이 이러한 지위를 이용하여 자신의 영업과정에서 입을지도 모르는 손해를 그 영업과는 전혀 무관한 한국산업양행에 전가할 목적으로 재매입약정을 체결하였으며, 새한렌탈의 적극적 손해뿐만 아니라 영업이익까지 보전하기 위하여 손해배상액을 예정하였고, 새한렌탈은 나산으로부터 충분히 채무를 변제받을 수 있는 점 등을 고려할 때 이 사건 재매입약정에 의한 손해배상액의 예정은 부당히 과다하여 현저히 불공정하므로 대폭 감액되어야 한다고 주장하므로 살피건대, 앞서 본 바와 같이 이 사건 재매입약정은 새한렌탈이 나산과의 이 사건 렌탈계약에 따라 받아야 할 렌탈대금의 회수를 확실히 담보하기 위한 것으로 손해담보계약이라 할 것이지 이를 손해배상액의 예정이라고 볼 수 없고, 또한 그 내용도 해지 당시 렌탈계약상 지급받지 못한 금액을 그 손해담보액의 한도로 정하고 있음에 비추어 보면 그 손해금이 과다하다고 인정되지 아니하므로, 피고의 위 항변도 이유 없다.

마. 멸실 항변 등

피고는, 이 사건 재매입약정은 새한렌탈과 나산 사이의 이 사건 렌탈계약과 관련하여 나산의 계약불이행이 있을 경우 렌탈물건을 당초 판매자인 한국산업양행이 다시 사는 내용인데, 이 사건 렌탈물건 중 야마하 골프카 30대는 현재 멸실되거나 사용불가능하므로 재매입대금에서 이를 감액하여야 한다고 주장하므로 살피건대, 앞서 본 바와 같이 이 사건 재매입약정은 손해담보계약으로서 담보자가 위험을 인수하고, 이로 인하여 수익자에게 발생할지도 모르는 손해를 담보하는 것이므로, 이 사건 렌탈물건의 멸실 등으로 인하여 새한렌탈에게 발생한 손해도 오히려 담보자인 한국산업양행이 부담하여야 할 것이어서, 이를 위 손해액에서 감액할 수는 없으므로, 피고의 위 항변은 더 나아가 살필 필요 없이 이유 없다.

보증과 손해담보계약의 성질결정이 필요한 경우[325]에는 두 계약 사이의 경계가 경우에 따라 상당히 유동적이라는 점을 유념해야 하며, 당사자가 특히 법률 전문가가 아닌 경우에는 더욱 선택한 문언에 집착하여 판단하여서는 안 될 것이다. 「보증」이나 「손해담보」라는 표현이 사용되었다는 이유만으로 보증계약이나 손해담보계약의 존재가 인정되어서는 안 되며, 계약 전체의 내용 및 목적을 고려하여 당사자가 의도한 채무의 내용이 과연 어느 정도의 주채무에 대한 종속성을 내포하고 있는지를 구체적으로 파악하여 판단하여야 한다.[326] 손해담보계약은 보통은 다른 계약과는 별개의 독립된 계약으로 체결되나, 사안에 따라서는 다른 계약서와 함께 동 계약서의 내용 중에 손해담보계약으로 성질결정을 해야 할 조항[327]으로 포함되어 규정되기도 한다. 그러나 연대보증계약서의 내용 중에 손해담보계약으로 성질결정할 수 있는 조항이 포함되어 있는 경우를 예로 들면, 해당 조항만을 연대보증과 분리하여 손해담보계약을 정하는 취지로 규정한 것이 당사자의 의사라는 점이 명확히

325) 위 서울고등법원 2001나16502 판결([판례 4-131]) 참조

326) 김형석, 「보증과 손해담보: 독립적 은행보증」『동산 · 채권담보권 실무』(박영사, 2022), 96~99페이지 참고

327) 앞서 살펴본 바와 같이, 연대보증계약서의 내용 중에는 「채권자의 주채무가 일정한 사유로 무효, 최소, 면제 또는 감축될 경우에도 채권자가 보증인에 대하여는 본래 피보증인의 주채무 전액을 청구할 수 있다」는 취지의 조항(이를 실무에서는 이른바 「면책조항」 또는 「손해담보조항」이 포함되어 있는 경우가 있는데, 이에 대해서는 보증채무의 목적, 형태상의 부종성(민법 제430조)에 위반되어 이러한 약정 부분은 효력이 없다는 견해와 보증인과 채권자 사이의 일종의 손해담보계약으로서 유효하다는 견해가 대립되고 있다.

밝혀질 수 있는 경우를 제외하면, 통상은 동 조항만을 연대보증조항과 분리하여 손해담보로서의 독립한 효력을 인정하기 어려울 수 있고 오히려 동 조항은 연대보증의 내용으로 포함되어 연대보증 등에 관하여 적용되는 강행규정[328]과 충돌이 발생하는 것으로 해석될 가능성이 높다. 따라서 가능하다면 손해담보계약은 연대보증계약 등 다른 계약(특히 다른 담보계약)과 분리하여 독립된 계약으로 체결하는 것이 좋지 않을까 생각된다.

(3) 자금보충약정

M&A금융의 실무에서는, 법령상의 연대보증/채무인수 등을 포함한 신용공여 제한규정,[329] 회계적인 문제(재무제표 기재)나 자본시장법에 따른 공시문제 등의 이유로 연대보증이나 채무인수를 제공하기 어려운 경우에, 연대보증이나 채무인수와는 다르나 경제적인 면에서 이와 실질적으로 유사한 효과를 발휘할 수 있는 대안으로 스폰서 또는 기타 계열회사로 하여금 자금보충약정을 제공하는 사례가 많다.

「자금보충약정」은, 그 개념이 다의적으로 사용될 수 있는데, 통상 차주에게 자금이 부족한 경우 동 부족액을 자금보충자가 차주에게 자금을 제공하기로 하는 약정을 의미한다.

자금보충의 방법으로는, 일정한 사유가 발생하는 경우 차주의 증자 등을 통해 추가 출자

328) 민법 제430조 등

329) 대표적으로 상법 제542조의9를 예로 들 수 있다.

상법 제542조의9(주요주주 등 이해관계자와의 거래) ① 상장회사는 다음 각호의 어느 하나에 해당하는 자를 상대방으로 하거나 그를 위하여 신용공여(금전 등 경제적 가치가 있는 재산의 대여, 채무이행의 보증, 자금 지원적 성격의 증권 매입, 그 밖에 거래상의 신용위험이 따르는 직접적 · 간접적 거래로서 대통령령으로 정하는 거래를 말한다. 이하 이 조에서 같다)를 하여서는 아니 된다.

1. 주요주주 및 그의 특수관계인
2. 이사(제401조의2 제1항 각호의 어느 하나에 해당하는 자를 포함한다. 이하 이 조에서 같다) 및 집행임원
3. 감사

상법 시행령 제35조(주요주주 등 이해관계자와의 거래) ① 법 제542조의9 제1항 각호 외의 부분에서 "대통령령으로 정하는 거래"란 다음 각호의 어느 하나에 해당하는 거래를 말한다.

1. 담보를 제공하는 거래
2. 어음(「전자어음의 발행 및 유통에 관한 법률」에 따른 전자어음을 포함한다)을 배서(「어음법」 제15조 제1항에 따른 담보적 효력이 없는 배서는 제외한다)하는 거래
3. 출자의 이행을 약정하는 거래
4. 법 제542조의9 제1항 각호의 자에 대한 신용공여의 제한(금전 · 증권 등 경제적 가치가 있는 재산의 대여, 채무이행의 보증, 자금 지원적 성격의 증권 매입, 제1호부터 제3호까지의 어느 하나에 해당하는 거래의 제한을 말한다)을 회피할 목적으로 하는 거래로서 「자본시장과 금융투자업에 관한 법률 시행령」 제38조 제1항 제4호 각 목의 어느 하나에 해당하는 거래
5. 「자본시장과 금융투자업에 관한 법률 시행령」 제38조 제1항 제5호에 따른 거래

를 하도록 하는 방법, 차주에게 (대주와의 관계에서) 후순위로 대출하거나 차주가 발행하는 (대주에 대한 관계에서) 후순위 사채를 인수하도록 하는 방법이 이용된다. 어느 방법이 이용될 것인지는 해당 거래에서 자금보충약정이 이용되는 목적, 회계/세무처리, 소요되는 절차와 그 기간, 차주/자금보충자에 대한 법적구속력의 강도/집행가능성 등을 고려하여 각 사안에 따라 당사자 사이에서 결정되어야 하나, 통상은 차주의 부채비율, 자본잠식 등 일정한 재무수치의 개선을 위한 경우에는 전자의 방법(추가 출자의 방법)이 이용될 수 있고, 재무수치와는 관계없이 차주의 일시적인 자금부족 등이 발생한 경우에는 후자의 방법이 이용될 수 있을 것이다. 실무에서는 각 사유별로 양자를 함께 이용되는 사례도 자주 보인다.

이하에서는 후자의 방법 중 가장 일반적으로 사용되는 후순위 대출을 전제로 살펴본다.

후순위 대출을 전제로 하면, 자금보충약정의 당사자와 자금보충의 범위와 관련하여 여러 가지 방법으로 약정이 이루어지고 있다.

먼저, 자금보충약정의 당사자에 관해서는, (i) 차주와 자금보충자만을 약정의 당사자로 하고, 대주 및 대리인은 자금보충약정의 당사자에 포함시키지 않는 방법, (ii) 차주와 자금보충자뿐만 아니라 대주 및/또는 (대주의 대리인으로서의) 대리인을 자금보충약정의 당사자로 포함시켜 자금보충자가 자금보충의무를 불이행한 경우 대주에게 직접 손해배상의무를 부담하게 하거나 자금보충자에게 대출금채무가 중첩적으로 인수되도록 약정하는 방법 등이 있는데, 대주와의 관계에서의 법률관계의 확실성을 위해 실무에서는 (ii)의 방법이 자주 이용되고 있는 것으로 보인다.[330)]

다음으로, 자금보충의 범위와 관련하여, 어느 지급기일에 대출원리금 또는 대출원금 또는 이자 상환액에 부족이 있는 경우만 자금보충의무가 발생하는 경우와 대출원리금뿐만 아니라 차주의 일체의 운영자금도 자금보충을 하도록 하는 경우가 있다.

[계약서 기재례] 자금보충약정 – 후순위 대출 방법

제2조 (자금보충의무의 이행)

(1) 자금보충자는 자금보충사유가 발생한 때에는, 제(2)항에 따라 차주에게 그 부족금액을 대여할 의무(이하 "자금보충의무"라 한다)를 부담한다.

(2) 자금보충자의 자금보충의무는 피담보채무가 전액 상환되기까지 계속적으로 부담하는 의무이다.

330) 이 경우에는 대주의 손해배상액은 결국 미회수된 대출원리금 상당액이 될 것이다.

(3) 자금보충자가 자금보충의무의 이행에 따라 차주에게 대여하여야 할 금액(이하 "건별 대여금"이라 한다)은 수시로 차주가 제3조 제(1)항에 따라 부족금액으로 계산하여 청구하는 금액으로 한다.
(4) 자금보충자는 차주의 자력(파산, 회생 등을 비롯한 채무이행에 중대한 부정적 영향을 미치는 사유 등) 및 차주에 대한 상계 기타 여하한 사유로도 자금보충의무의 이행을 거절할 수 없다. 또한 자금보충자는 어느 건별 대여금이 해당 건별 대여금 만기일까지 미상환되었음을 이유로 자금보충의무를 거절할 수 없으며, 이 약정에 따른 자금보충의무는 무조건적이며 취소불능의 의무이고, 민법 제599조[331]의 적용을 배제한다.

제3조 (자금보충의무의 이행청구)

(1) 차주는 자금보충사유[332]가 발생할 것으로 예상되는 경우 [*]항목의 지급일의 직전 영업일까지 자금보충자에게 자금보충의무 이행을 청구하여야 한다. 단, 차주가 [*]항목의 지급일의 당일에 자금보충사유의 발생을 인지한 경우, 차주는 자금보충사유를 인지한 즉시 자금보충의무의 이행을 청구하여야 하며, 자금보충자는 자금보충의무의 이행 청구가 지연됨을 이유로 자금보충의무의 이행을 유예하거나 거절할 수 없으며, 청구받은 즉시 자금보충의무를 이행해야 한다.
(2) 자금보충자는 제(1)항에 따른 요청을 받은 경우 즉시(늦어도 [*]항목의 지급일의 직전 영업일까지로 하되, 제(1)항 단서에 따라 [*]항목의 지급일 당일에 요청받은 즉시) 그 청구된 금액을 어떠한 상계나 공제 없이 차주의 [*]계좌에 입금하는 방식으로 차주에게 대여하여야 한다. 자금보충자가 이 항에 따라 [*]계좌에 자금보충이행 청구금액 전부를 입금한 때에는 이 약정에 따른 자금보충의무를 이행한 것으로 간주한다.
(3) 이 조에 따른 자금보충금은 [*]항목의 지급에 사용된다.

제4조 (대여금의 이자 및 수수료)

(1) 자금보충자가 제3조에 따라 자금보충의무를 이행한 경우 차주는 각 건별 대여금에 대하여 자금보충자가 제3조 제(2)항에 따라 각 금원을 입금한 날부터(당일을 포함한다) 제5조 제(1)항에 따른 상환완료일(당일을 포함하지 아니한다)까지 연 [*]%의 이자율을 적용하여 1년을 365일로 하여 일할 계산한 이자를 제5조 제(1)항의 상환일에 자금보충자에게 지급하여야 한다.
(2) 차주가 이 약정에서 정하는 바에 따라 자금보충자에게 상환하여야 하는 건별 대여금을 그 지급기일에 지급하지 아니한 때에는 그 미지급금액에 대하여 해당 지급기일(당일을 포함한다)로부터 실제 지급일(당일을 포함하지 아니한다)까지의 기간 동안

331) **제599조(파산과 소비대차의 실효)**
대주가 목적물을 차주에게 인도하기 전에 당사자 일방이 파산선고를 받은 때에는 소비대차는 그 효력을 잃는다.
332) 별도 용어정의

연 19%를 적용하여 계산한 지연손해금을 자금보충자에게 지급하여야 한다. 본 지연손해금은 1년을 365일로 하여 실제 경과일수에 따라 일할 계산한다.

제5조 (건별 대여금의 상환)
(1) 차주는 건별 대여금 및 이자를 피담보채무의 상환이 완료되었을 것을 조건으로, 피담보채무의 상환이 완료된 날에 전액 일시 상환하여야 한다.
(2) 제(1)항의 경우, 건별 대여금의 원금, 이자 및 연체이자 전액을 상환받을 수 없는 경우에는 연체이자, 이자, 원금의 순으로 상환에 충당되는 것으로 한다.

[계약서 기재례] 손해배상

자금보충자는 이 약정에 따른 자금보충의무를 성실히 이행할 것을 약정하며, 이를 준수하지 못한 경우, 다른 담보의 존재 여부 및 그로 인한 회수가능성 여부 등 그 사유를 불문하고, 대주가 입게 되는 모든 손해[333]를 배상한다.

또한, 사안에 따라서는 (i) 자금보충자가 발행한 (백지) 기업어음증권[334]을 백지어음 보충권 위임장과 함께 대주 또는 대리인이 수취하여 이후 자금보충자가 자금보충의무를 불이행하는 경우 어음보충권을 행사하여 어음의 교환에 회부하는 방법, (ii) 자금보충의무를 피담보채무로 하여 담보권을 설정하는 방법 등으로 자금보충의무의 이행을 확보하고자 하는 경우도 자주 있다.

[계약서 기재례] 어음의 교부

(1) 제[*]조 제[*]항에 따른 자금보충자의 자금보충의무의 이행을 담보하기 위하여, 자금보충자는 금액 및 지급기일이 공란으로 된 것 이외에는 모든 어음요건을 갖추고 대주를 수취인으로 하는 약속어음(자본시장법상의 기업어음증권의 요건을 갖춘 것으로 말하며, 이 약정 체결 전에 이미 위 요건을 갖추어 발행된 것을 포함한다. 이하 "본건 약속어음"이라 한다) 이(2)매를 이 약정 "별지"의 양식에 준하여 작성된 백지어음 보충권위임장 및 본건 약속어음에 관한 당좌계좌개설 확인원(서)(인감증명서 및 사용인감계 포함)과 함께 대주의 대출실행일 직전 영업일까지 대주를 위하여 대

333) 미상환 대출원리금으로 손해배상액을 미리 합의해 두는 경우도 있다.
334) 자본시장법상의 「기업어음증권」에 해당하는 경우에는 전자어음의 의무적인 발행을 규정하는 「전자어음의 발행 및 유통에 관한 법률」 제6조의2를 적용하지 아니하므로(자본시장법 제10조), 어음을 실물로 발행할 수 있다. 따라서 자금보충약정의무의 이행확보를 위하여 약속어음을 교부받는 경우에는 해당 어음이 자본시장법상의 「기업어음증권」의 요건을 갖추어 발행되도록 하여야 한다.

리기관에 교부하기로 한다.
(2) 자금보충자는 이 약정의 효력기간 중 이 조에 따라 대주에 제공되는 본건 약속어음이 항상 이(2)매가 유지되도록 하여야 한다. 이를 위하여 대리기관이 제[*]조 제[*]항에 따라 본건 약속어음을 교환해 회부한 경우 자금보충의무자는 교환회부일을 포함하여 칠(7)영업일 이내에 제(1)항과 동일한 형식 및 내용의 약속어음을 교환해 회부된 본건 약속어음의 매수만큼 발행하여 별지의 내용과 형식으로 작성된 보충권위임장과 함께 대주를 위하여 대리기관에게 추가로 교부하기로 한다.
(3) 자금보충자는 관련 법령의 변경으로 본건 약속어음이 그 효력을 유지할 수 없거나 새로이 본건 약속어음을 발행하여 교부할 수 없는 경우에는, 이에 갈음하여 수표 기타 대리기관이 정하는 증서를 대리기관에게 만족스러운 내용과 양식으로 대리기관이 통지하는 시기까지 대주를 위하여 대리기관에게 제공하기로 한다.

다만, 자금보충약정은 그 내용에도 불구하고 그 경제적인 실질 면에서는 연대보증이나 채무인수와 유사하기 때문에, 앞서 살펴 본 바와 같이 감독당국에서는 자금보충약정도 경우에 따라서는 금소법상의 연대보증에 해당할 수 있다는 취지로 해석하고 있다. 따라서 (자금보충의무의 대상을 대출원리금으로 한정하거나 자금보충의무 불이행 시 채무인수나 대출원리금 상당액의 손해배상을 추가로 규정하는 경우에는) 가능한 금소법상의 연대보증인 적격자를 자금보충자로 정하는 것이 좋을 것으로 생각된다.[335)]

또한, 자금보충약정의 이러한 경제적인 실질로 인해 그 위법성이나 유효성도 여전히 문제되고 있다. 따라서 자금보충자가 독점규제법상 채무보증제한 기업집단에 속하거나 상법상 상장회사 등 법령상 채무보증이나 신용공여(담보제공)가 제한되는 주체인 경우에는 사전에 금지행위 해당가능성(독점규제법 제24조, 상법 제542조의9) 여부에 대한 신중한 검토가 필요하다.[336)] 또한, 자금보충자에 대해 도산절차가 개시되는 경우에는 자금보충약정 자체가 부인의 대상이 될 수 있다.

335) 법령해석 회신문(220053) 참조
336) **독점규제법 제24조(계열회사에 대한 채무보증의 금지)** 상호출자제한기업집단에 속하는 국내 회사(금융업 또는 보험업을 영위하는 회사는 제외한다)는 채무보증을 하여서는 아니 된다. 다만, 다음 각호의 어느 하나에 해당하는 채무보증의 경우에는 그러하지 아니하다.
1. 「조세특례제한법」에 따른 합리화기준에 따라 인수되는 회사의 채무와 관련된 채무보증
2. 기업의 국제경쟁력 강화를 위하여 필요한 경우 등 대통령령으로 정하는 경우에 대한 채무보증

[판례 4-132] 대법원 2019. 1. 17. 선고 2015다227000 판결

1. 사건의 개요와 쟁점

가. 원심판결 이유와 기록에 따르면 다음의 사실을 알 수 있다.

(1) 주식회사 웅진홀딩스(이하 '웅진홀딩스'라 한다)의 계열회사인 웅진캐피탈 주식회사(이하 '웅진캐피탈'이라 한다)는 주식회사 서울상호저축은행의 보통주 인수에 필요한 자금 700억 원을 주식회사 전북은행(이하 '전북은행'이라 한다), 주식회사 하나캐피탈(이하 '하나캐피탈'이라 한다)로부터 대출받기로 하였다.

(2) 전북은행과 하나캐피탈은 위 대출의 원활한 실행을 위해서 2011. 9. 2. 특수목적법인인 제이에이치더블유 유한회사(이하 'JHW'라 한다)를 설립하였다.

(3) JHW는 2011. 9. 8. 전북은행, 하나캐피탈로부터 합계 700억 원을 대출받는 원심판결 기재 이 사건 제1차 대출약정을 전북은행, 하나캐피탈, 웅진홀딩스와 체결하였다. 이에 따르면, ① 대출금은 'JHW가 웅진캐피탈에 700억 원을 대출하는 대출계약'에 따른 웅진캐피탈에 대한 대출용도로 사용되어야 하고, ② 웅진홀딩스(자금보충자)는 대출원리금 상환재원에 부족액이 발생하는 경우 그 부족자금을 JHW에 대여하는 자금보충약정을 체결하여야 한다. JHW는 같은 날 이 사건 제1차 대출약정의 대출금을 웅진캐피탈에 대출하는 계약을 체결하였다.

(4) 웅진홀딩스는 2011. 9. 8. 전북은행, 하나캐피탈, JHW와 이 사건 제1차 대출약정과 관련한 자금보충약정(이하 '이 사건 자금보충약정'이라 한다)을 하였다. 이 사건 자금보충약정은 ① JHW의 대출원리금 상환재원이 부족한 경우 웅진홀딩스가 후순위 대출 방식으로 JHW에 부족금액을 대여하고, ② 웅진홀딩스가 자금보충의무를 불이행하는 경우 이 사건 제1차 대출약정의 대출금채무를 병존적으로 인수하여 상환하는 채무인수의무를 부담하는 내용이다.

(5) 피고들은 하나캐피탈로부터 이 사건 대출금에 관한 계약상 지위를 나누어 양수하였다.

(6) 이후 자금보충사유가 발생하였으나, 웅진홀딩스는 이 사건 자금보충약정에 따른 자금보충의무를 이행하지 않았다.

(7) 서울중앙지방법원은 2012. 10. 11. 웅진홀딩스에 대하여 회생절차개시결정을 하였다. 피고들은 회생절차에서 주위적으로는 웅진홀딩스의 병존적 채무인수에 기한 대출금 반환채권을 원인으로, 예비적으로는 손해배상채권을 원인으로 하여 회생채권을 신고하였고, 웅진홀딩스의 관리인은 이에 대하여 이의하였다.

(8) 그 후 위 회생절차에서 웅진홀딩스가 분할되어 주식회사 태승엘피(이하 '태승엘피'라 한다)가 신설되었고, 이 사건 제1차 대출약정과 자금보충약정상 권리・의무가 태승엘피로 승계되었으며, 원고가 태승엘피의 관리인으로 선임되었다.

나. 원고는 이 사건 자금보충약정이 구 독점규제 및 공정거래에 관한 법률(2017. 4. 18.

법률 제14813호로 개정되기 전의 것, 이하 '공정거래법'이라 한다) 제15조, 제10조의2 제1항, 구 독점규제 및 공정거래에 관한 법률 시행령(2017. 7. 17. 대통령령 제28197호로 개정되기 전의 것, 이하 '공정거래법 시행령'이라 한다) 제21조의4 제1항에서 금지하는 채무보증의 탈법행위에 해당하여 무효라고 주장하였다. 그러나 원심은 이 사건 자금보충약정이 공정거래법 제15조에 위배되지만 사법상 유효하다고 판단하였다.

다. 이 부분의 주된 쟁점은, 이 사건 자금보충약정이 공정거래법 제15조, 제10조의2 제1항, 공정거래법 시행령 제21조의4 제1항에서 금지하는 채무보증의 탈법행위에 해당하여 사법상 무효인지이다.

2. 공정거래법 제10조의2 제1항, 제15조 위반행위의 사법상 효력

가. 공정거래법 제10조의2(계열회사에 대한 채무보증의 금지) 제1항 본문은 '채무보증제한기업집단에 속하는 회사는 국내계열회사에 대하여 채무보증을 하여서는 안 된다.'고 정하고, 제15조(탈법행위의 금지) 제1항은 '누구든지 제10조의2 제1항의 규정의 적용을 면탈하려는 행위를 하여서는 안 된다.'고 정하면서 그 제2항은 탈법행위의 유형과 기준을 대통령령에 위임하고 있다. 공정거래법 시행령 제21조의4 제1항 제2호는 공정거래법 제15조 제1항에 따라 금지되는 탈법행위로 공정거래법 제10조의2 제1항의 채무보증제한기업집단에 속하는 회사가 하는 '국내금융기관에 대한 자기 계열회사의 기존의 채무를 면하게 함이 없이 동일한 내용의 채무를 부담하는 행위'[(가)목]와 '다른 회사로 하여금 자기의 계열회사에 대하여 채무보증을 하게 하는 대신 그 다른 회사 또는 그 계열회사에 대하여 채무보증을 하는 행위'[(나)목]를 열거하고 있다.

나. 다음과 같은 이유로 공정거래법 제10조의2 제1항, 제15조에서 금지하는 탈법행위가 사법상 당연 무효라고 볼 수는 없다.

계약 등 법률행위의 당사자에게 일정한 의무를 부과하거나 일정한 행위를 금지하는 법규에서 이를 위반한 법률행위의 효력을 명시적으로 정하고 있는 경우에는 그 규정에 따라 법률행위의 유·무효를 판단하면 된다. 법률에서 해당 규정을 위반한 법률행위를 무효라고 정하고 있거나 해당 규정이 효력규정이나 강행규정이라고 명시하고 있으면 그러한 규정을 위반한 법률행위는 무효이다. 이와 달리 금지 규정 등을 위반한 법률행위의 효력에 관하여 명확하게 정하지 않은 경우에는 그 규정의 입법 배경과 취지, 보호법익, 위반의 중대성, 당사자에게 법규정을 위반하려는 의도가 있었는지 여부, 규정 위반이 법률행위의 당사자나 제3자에게 미치는 영향, 위반 행위에 대한 사회적·경제적·윤리적 가치평가, 이와 유사하거나 밀접한 관련이 있는 행위에 대한 법의 태도 등 여러 사정을 종합적으로 고려해서 그 효력을 판단하여야 한다(대법원 2010. 12. 23. 선고 2008다75119 판결, 대법원 2018. 10. 12. 선고 2015다256794 판결 등 참조).

공정거래법은 제10조의2 제1항과 제15조를 위반한 경우 시정조치를 명하거나(제16조 제1항), 과징금(제17조 제2항) 또는 형벌(제66조 제1항 제6호, 제8호)을 부과할 수 있다고

정하면서도, 제10조의2 제1항과 제15조를 위반한 행위의 사법상 효력에 관해서 직접 명시하고 있지는 않다.

그러나 공정거래법은 그 문언상 제10조의2 제1항을 위반한 행위가 일단 사법상 효력을 가짐을 전제로 하는 비교적 명확한 규정을 두고 있다. 즉, 공정거래법은 제10조의2 제1항을 위반한 행위가 있는 때에는 공정거래위원회가 시정조치로서 채무보증의 취소를 명할 수 있다고 정하고 있다(제16조 제1항 제5호). 이는 공정거래법 제10조의2 제1항을 위반한 채무보증이 사법상 유효함을 전제로 한 것이고, 그 채무보증이 공정거래위원회의 재량에 따라 취소가 가능하다고 정한 것이다. 공정거래법이 위와 같은 채무보증을 사법상 무효라고 보았다면 굳이 시정조치로 그 취소를 명할 수 있다는 규정을 둘 이유가 없다. 따라서 공정거래법의 문언해석상 공정거래위원회의 시정명령으로 취소되기 전까지는 공정거래법 제10조의2 제1항을 위반한 채무보증은 일단 사법상 유효하다고 보아야 한다. 마찬가지로 공정거래법 제10조의2 제1항의 적용을 면탈하려는 제15조를 위반한 탈법행위도 사법상 유효하다고 볼 수 있다.

이러한 결론은 공정거래법이 다른 금지대상 행위에 대해서는 사법상 무효라거나 그 무효의 소를 제기할 수 있다는 명문의 규정을 두고 있는 것에 의해서도 뒷받침된다. 공정거래법 제19조 제4항은 '부당한 공동행위를 할 것을 약정하는 계약 등은 사업자간에 있어 이를 무효로 한다.'고 정하고, 제16조 제2항은 '기업결합의 제한, 채무보증제한기업집단의 지주회사 설립제한 등을 위반한 회사의 합병 또는 설립이 있는 때에는 공정거래위원회가 회사의 합병 또는 설립무효의 소를 제기할 수 있다.'고 정하고 있다.

공정거래법 제10조의2 제1항, 제15조는 일정 규모 이상의 기업집단에 속하는 회사의 국내계열회사에 대한 채무보증이나 그 탈법행위를 금지하여 과도한 경제력 집중을 방지하고 공정하고 자유로운 경쟁을 촉진하여 국민경제의 균형 있는 발전을 도모하는 데 그 입법 취지가 있다. 이를 달성하기 위해서 반드시 위 채무보증이나 탈법행위의 효력을 부정해야 할 필요는 없다.

만일 공정거래법 제10조의2 제1항, 제15조를 위반한 채무보증이나 탈법행위의 사법상 효력을 무효로 본다면, 국내계열회사에 대하여 이러한 행위를 한 회사는 그로 인한 이득을 얻고도 아무런 대가 없이 보증채무 등 그 채무를 면한다. 반면, 그 거래 상대방인 금융기관은 인적 담보를 상실하고 채권 미회수 위험이 증가하는 피해를 본다. 나아가 국제경쟁력 강화를 위해 필요한 경우와 같이 공정거래법 관련 규정에 따라 채무보증이 허용되는 경우에도 금융기관이 이를 받아들이지 않을 위험도 있다.

공정거래법 제10조의2 제1항 단서와 공정거래법 시행령 제17조의5는 계열회사에 대한 채무보증이 허용되는 예외사유를 비교적 넓게 정하고 있다. 이처럼 공정거래법이 계열회사에 대한 채무보증을 원칙적으로 금지하면서도 넓은 예외사유를 두고 있는 것을 보면, 공정거래법 제10조의2 제1항, 제15조를 위반한 채무보증이나 탈법행위가 그 자체로 사법상 효력을 부인하여야 할 만큼 현저히 반사회성이나 반도덕성을 지닌 것이라고 볼 수 없다.

3. 상고이유의 당부

이 사건 자금보충약정이 공정거래법상 탈법행위에 해당하는지 여부는 별론으로 하고, 이 사건 자금보충약정이 사법상 유효하다고 한 원심의 판단은 위 법리에 비추어 정당하다. 원심의 판단에 상고이유 주장과 같이 효력규정에 관한 법리를 오해하여 판결에 영향을 미친 잘못이 없다.

또한 관련 법리와 기록에 비추어 보면, 이 사건 자금보충약정이 신의성실의 원칙에 반하거나 반사회적 법률행위로서 무효라고 볼 만한 사정이 보이지 않는다. 따라서 이 사건 자금보충약정이 신의성실 원칙에 반하여 무효라고 볼 수 없다는 원심의 판단에 상고이유 주장과 같이 정의와 형평의 관념이나 신의성실 원칙, 반사회적 법률행위의 효력에 관한 법리를 오해하여 필요한 심리를 다하지 않은 잘못이 없다.

[판례 4-133] 대법원 2019. 1. 17. 선고 2015다227017 판결

1. 이 사건 자금보충약정의 사법상 효력(상고이유 제1점)

가. 사건의 개요와 쟁점을 살펴본다.

(1) 원심판결 이유와 기록에 따르면 다음의 사실을 알 수 있다.

(가) 주식회사 웅진홀딩스(이하 '웅진홀딩스'라 한다)의 계열회사인 주식회사 웅진플레이도시(이하 '웅진플레이도시'라 한다)는 복합 레저테마파크 건립자금을 조달하면서 특수목적법인인 더블유피디제일차 유한회사(이하 'WPD'라 한다)를 설립하였다.

(나) WPD는 2012. 1. 26. 피고 주식회사 하나은행, 주식회사 애큐온캐피탈(주식회사 케이티캐피탈에서 상호가 변경되었다)로부터 합계 800억 원을 대출받는 원심판결 기재 제1차 대출계약을 체결하였다. 이에 따르면, ① 대출금은 'WPD가 웅진플레이도시에 800억 원을 대출하는 대출계약'에 따른 차주(웅진플레이도시)에 대한 대출용도로 사용되어야 하고, ② WPD는 대출금과 이자 상환재원, 관리비용 지급자금 등의 부족을 보충하기 위하여 자금보충의무자(웅진홀딩스)로 하여금 자금보충약정을 체결하게 하여야 한다. WPD는 같은 날 제1차 대출계약의 대출금을 웅진플레이도시에 대출하는 계약을 체결하였다.

(다) 웅진홀딩스는 2012. 1. 26. 위 피고들, WPD와 제1차 대출계약과 관련한 자금보충약정(이하 '이 사건 자금보충약정'이라 한다)을 하였다. 이 사건 자금보충약정은 ① WPD가 대출원리금을 상환하지 못하는 경우 웅진홀딩스가 후순위 대출 방식으로 WPD에 자금을 대출하고, ② 웅진홀딩스가 자금보충의무를 불이행하는 경우 제1차 대출계약의 채권자들에게 대출원리금, 수수료,

비용 등의 손해를 배상하는 내용이다.

(라) 피고 군인공제회, 효성캐피탈 주식회사, 주식회사 하나저축은행이 피고 주식회사 애큐온캐피탈로부터 위 대출금 채권 중 일부를 양수하고, 자금보충약정상 권리 · 의무를 이전받았다.

(마) 이후 WPD가 위 대출금을 변제하지 못하는 등 자금보충사유가 발생하였으나, 웅진홀딩스는 이 사건 자금보충약정에 따른 자금보충의무를 이행하지 않았다.

(바) 서울중앙지방법원은 2012. 10. 11. 웅진홀딩스에 대하여 회생절차개시결정을 하였다. 피고들은 회생절차에서 이 사건 자금보충약정에 따른 손해배상채권을 회생채권으로 신고하였고, 웅진홀딩스의 관리인은 이에 대하여 이의하였다.

(사) 그 후 위 회생절차에서 웅진홀딩스가 분할되어 주식회사 태승엘피(이하 '태승엘피'라 한다)가 신설되었고, 이 사건 자금보충약정상 권리와 의무를 포함하여 당시 진행되던 부인권 소송 관련 권리와 의무는 태승엘피로 승계되었으며, 원고가 태승엘피의 관리인으로 선임되었다.

(2) 원고는 이 사건 자금보충약정이 구 독점규제 및 공정거래에 관한 법률(2017. 4. 18. 법률 제14813호로 개정되기 전의 것, 이하 '공정거래법'이라 한다) 제15조, 제10조의2 제1항, 구 독점규제 및 공정거래에 관한 법률 시행령(2017. 7. 17. 대통령령 제28197호로 개정되기 전의 것, 이하 '공정거래법 시행령'이라 한다) 제21조의4 제1항에서 금지하는 채무보증의 탈법행위에 해당하여 무효라고 주장하였다. 그러나 원심은 이 사건 자금보충약정이 공정거래법 제15조에 위배되지만 사법상 유효하다고 판단하였다.

(3) 이 부분의 주된 쟁점은, 이 사건 자금보충약정이 공정거래법 제15조, 제10조의2 제1항, 공정거래법 시행령 제21조의4 제1항에서 금지하는 채무보증의 탈법행위에 해당하여 사법상 무효인지이다.

나. (1) 공정거래법 제10조의2(계열회사에 대한 채무보증의 금지) 제1항 본문은 '채무보증제한기업집단에 속하는 회사는 국내계열회사에 대하여 채무보증을 하여서는 안 된다.'고 정하고, 제15조(탈법행위의 금지) 제1항은 '누구든지 제10조의2 제1항의 규정의 적용을 면탈하려는 행위를 하여서는 안 된다.'고 정하면서 그 제2항은 탈법행위의 유형과 기준을 대통령령에 위임하고 있다. 공정거래법 시행령 제21조의4 제1항 제2호는 공정거래법 제15조 제1항에 따라 금지되는 탈법행위로 공정거래법 제10조의2 제1항의 채무보증제한기업집단에 속하는 회사가 하는 '국내금융기관에 대한 자기 계열회사의 기존의 채무를 면하게 함이 없이 동일한 내용의 채무를 부담하는 행위'[(가)목]와 '다른 회사로 하여금 자기의 계열회사에 대하여 채무보증을 하게 하는 대신 그 다른 회사 또는 그 계열회사에 대하여 채무보

증을 하는 행위'[(나)목]를 열거하고 있다.

(2) <u>이 사건 자금보충약정이 공정거래법 제15조에서 금지하는 제10조의2 제1항에 대한 탈법행위로서 공정거래법 시행령 제21조의4 제1항 제2호 (가)목에서 금지하는 행위에 해당한다고 하더라도,</u>[337] <u>공정거래법 제10조의2 제1항, 제15조를 위반하는 행위가 사법상 당연 무효라고 볼 수 없다</u>. 그 이유는 다음과 같다.

계약 등 법률행위의 당사자에게 일정한 의무를 부과하거나 일정한 행위를 금지하는 법규에서 이를 위반한 법률행위의 효력을 명시적으로 정하고 있는 경우에는 그 규정에 따라 법률행위의 유·무효를 판단하면 된다. 법률에서 해당 규정을 위반한 법률행위를 무효라고 정하고 있거나 해당 규정이 효력규정이나 강행규정이라고 명시하고 있으면 그러한 규정을 위반한 법률행위는 무효이다. 이와 달리 금지 규정 등을 위반한 법률행위의 효력에 관하여 명확하게 정하지 않은 경우에는 그 규정의 입법 배경과 취지, 보호법익, 위반의 중대성, 당사자에게 법규정을 위반하려는 의도가 있었는지 여부, 규정 위반이 법률행위의 당사자나 제3자에게 미치는 영향, 위반 행위에 대한 사회적·경제적·윤리적 가치평가, 이와 유사하거나 밀접한 관련이 있는 행위에 대한 법의 태도 등 여러 사정을 종합적으로 고려해서 그 효력을 판단하여야 한다(대법원 2010. 12. 23. 선고 2008다75119 판결, 대법원 2018. 10. 12. 선고 2015다256794 판결 등 참조).

공정거래법은 제10조의2 제1항과 제15조를 위반한 경우 시정조치를 명하거나(제16조 제1항), 과징금(제17조 제2항) 또는 형벌(제66조 제1항 제6호, 제8호)을 부과할 수 있다고 정하면서도, 제10조의2 제1항과 제15조를 위반한 행위의 사법상 효력에 관해서 직접 명시하고 있지는 않다.

그러나 공정거래법은 그 문언상 제10조의2 제1항을 위반한 행위가 일단 사법상 효력을 가짐을 전제로 하는 비교적 명확한 규정을 두고 있다. 즉, 공정거래법은 제10조의2 제1항을 위반한 행위가 있는 때에는 공정거래위원회가 시정조치로서 채무보증의 취소를 명할 수 있다고 정하고 있다(제16조 제1항 제5호). 이는 공정거래법 제10조의2 제1항을 위반한 채무보증이 사법상 유효함을 전제로 한 것이고, 그 채무보증이 공정거래위원회의 재량에 따라 취소가 가능하다고 정한 것이다. 공정거래법이 위와 같은 채무보증을 사법상 무효라고 보았다면 굳이 시정조치로 그 취소를 명할 수 있다는 규정을 둘 이유가 없다. 따라서 공정거래법의 문언해석상 공정거래위원회의 시정명령으로 취소되기 전까지는 공정거래법 제10조의2 제1항을 위반한 채무보증은 일단 사법상 유효하다고 보아야 한다. 마찬가지로 공정거래법 제10조의2 제1항의 적용을 면탈하려는 제15조를 위반한 탈법행위도 사법상 유효하다고 볼 수 있다.

337) 이 사건에서의 1심 및 원심판결은 탈법행위에는 해당한다고 판시하고 있다.

이러한 결론은 공정거래법이 다른 금지대상 행위에 대해서는 사법상 무효라거나 그 무효의 소를 제기할 수 있다는 명문의 규정을 두고 있는 것에 의해서도 뒷받침된다. 공정거래법 제19조 제4항은 '부당한 공동행위를 할 것을 약정하는 계약 등은 사업자 간에 있어 이를 무효로 한다.'고 정하고, 제16조 제2항은 '기업결합의 제한, 채무보증제한기업집단의 지주회사 설립제한 등을 위반한 회사의 합병 또는 설립이 있는 때에는 공정거래위원회가 회사의 합병 또는 설립무효의 소를 제기할 수 있다.'고 정하고 있다.

공정거래법 제10조의2 제1항, 제15조는 일정 규모 이상의 기업집단에 속하는 회사의 국내계열회사에 대한 채무보증이나 그 탈법행위를 금지하여 과도한 경제력 집중을 방지하고 공정하고 자유로운 경쟁을 촉진하여 국민경제의 균형 있는 발전을 도모하는데 그 입법 취지가 있다. 이를 달성하기 위해서 반드시 위 채무보증이나 탈법행위의 효력을 부정해야 할 필요는 없다.

만일 공정거래법 제10조의2 제1항, 제15조를 위반한 채무보증이나 탈법행위의 사법상 효력을 무효로 본다면, 국내계열회사에 대하여 이러한 행위를 한 회사는 그로 인한 이득을 얻고도 아무런 대가 없이 보증채무 등 그 채무를 면한다. 반면, 그 거래 상대방인 금융기관은 인적담보를 상실하고 채권 미회수 위험이 증가하는 피해를 본다. 나아가 국제경쟁력 강화를 위해 필요한 경우와 같이 공정거래법 관련 규정에 따라 채무보증이 허용되는 경우에도 금융기관이 이를 받아들이지 않을 위험도 있다.

공정거래법 제10조의2 제1항 단서와 공정거래법 시행령 제17조의5는 계열회사에 대한 채무보증이 허용되는 예외사유를 비교적 넓게 정하고 있다. 이처럼 공정거래법이 계열회사에 대한 채무보증을 원칙적으로 금지하면서도 넓은 예외사유를 두고 있는 것을 보면, 공정거래법 제10조의2 제1항, 제15조를 위반한 채무보증이나 탈법행위가 그 자체로 사법상 효력을 부인하여야 할 만큼 현저히 반사회성이나 반도덕성을 지닌 것이라고 볼 수 없다.

다. 이 사건 자금보충약정이 공정거래법상 탈법행위에 해당하는지 여부는 별론으로 하고, 이 사건 자금보충약정이 사법상 유효하다고 한 원심의 판단은 위 법리에 비추어 정당하다. 원심의 판단에 상고이유 주장과 같이 효력규정에 관한 법리를 오해하여 판결에 영향을 미친 잘못이 없다.

라. 또한 관련 법리와 기록에 비추어 보면, 이 사건 자금보충약정이 신의성실의 원칙에 반하거나 반사회적 법률행위로서 무효라고 볼 만한 사정이 보이지 않는다. 따라서 이 사건 자금보충약정이 신의성실 원칙에 반하여 무효라고 볼 수 없다는 원심의 판단에 상고이유 주장과 같이 정의와 형평의 관념이나 신의성실 원칙, 반사회적 법률행위의 효력에 관한 법리를 오해하여 필요한 심리를 다하지 않은 잘못이 없다.

2. 무상부인 해당 여부(상고이유 제2점)

가. 채무자 회생 및 파산에 관한 법률(이하 '채무자회생법'이라 한다) 제100조 제1항 제4호는 채무자의 관리인은 '채무자가 지급의 정지 등이 있은 후 또는 그 전 6월 이내에 한 무상행위 및 이와 동일시할 수 있는 유상행위'를 부인할 수 있다고 정하고 있다. 채무자회생법 제101조 제3항은 "제100조 제1항 제4호의 규정을 적용하는 경우 특수관계인을 상대방으로 하는 행위인 때에는 같은 호에 규정된 '6월'을 '1년'으로 한다." 라고 정하여 부인 대상 행위의 기간을 확장하고 있다. 채무자회생법 제100조 제1항 제4호에 따른 부인 대상이 연대보증행위인 사안에서 부인 대상 행위의 기간을 확장하는 위 제101조 제3항이 적용되는 상대방이 특수관계인인 경우란, 그 연대보증행위의 직접 상대방으로서 보증에 관한 권리를 취득하여 이를 행사하는 채권자가 채무자의 특수관계인인 경우를 말한다. 비록 주채무자가 연대보증 채무자와 특수관계에 있더라도 연대보증행위의 상대방인 채권자가 연대보증 채무자의 특수관계인이 아닌 경우에는 위 제101조 제3항이 적용될 수 없다(대법원 2009. 2. 12. 선고 2008다48117 판결 참조).

나. <u>원심은, 이 사건 자금보충약정에서 정한 자금보충의무와 그 의무 위반으로 인한 손해배상의무의 당사자는 웅진홀딩스와 피고들이고, 피고들이 웅진홀딩스의 특수관계인에 해당한다고 볼 수 없으므로, 부인 대상 행위의 기간이 확장되는 것은 아니라고 판단하였다.</u>[338)]

다. 위에서 본 법리에 비추어 살펴보면, 원심의 판단에 상고이유 주장과 같이 무상부인에 관한 법리를 오해한 잘못이 없다.

3. 손해액의 산정 등(상고이유 제3점)

가. 원심은 다음과 같은 사정을 들어 회생절차개시 당시 제1차 대출계약과 관련된 담보를 확보하고 있다는 사정은 이 사건 회생채권액의 확정에 아무런 영향을 미치지 않는다고 판단하였다.

(1) 웅진홀딩스가 이 사건 자금보충약정에 따라 자금을 보충할 의무가 있는데도 이를 이행하지 않아 피고들에게 그 손해배상으로 WPD의 피고들에 대한 제1차 대출계약에 의한 잔존 대출원리금을 지급할 채무를 부담하게 되었다.

(2) 채무자회생법 제126조 제1항, 제2항은 '여럿이 각각 전부를 이행할 의무를 지는 경우 그 전원 또는 일부에 관하여 회생절차가 개시된 때에는 채권자는 회생절차개시 당시 가지는 채권의 전액에 관하여 회생채권자로 그 권리를 행사할 수 있고, 다른 전부의 이행을 할 의무를 지는 자가 회생절차개시 후에 채권자에 대하여 변제 등 채무소멸행위를 한 때라도 그 채권 전액이 소멸한 경우를 제외하고는 채권자는 회생절차개시 시에 가지는 채권 전액에 관하여 그 권리를 행사할 수 있다.'고 정하고 있다.

338) 제100조 제1항 제4호의 요건을 충족하는 경우에는 무상부인의 대상은 될 수 있다.

(3) 피고들이 이 사건 회생절차에서 각각 회생담보권으로 신고하여 정당한 금액을 시인받은 이 사건 근질권 이외에, 이 사건 회생절차개시일 전에 나머지 담보권 실행을 통하여 손해배상채권액 일부를 상환받았거나, 그 개시일 이후 손해배상채권 전액을 상환받았음을 인정할 증거가 없다.

나. 원심판결 이유를 관련 법리와 기록에 비추어 살펴보면, 원심의 판단에 상고이유 주장과 같이 손해액의 산정 방법과 증명책임의 소재, 현존액주의에 관한 법리를 오해한 잘못이 없다.

4. 과실상계 또는 손해배상 책임제한(상고이유 제4점)

채무불이행으로 인한 손해배상사건에서 과실상계 또는 책임제한사유에 관한 사실인정이나 그 비율을 정하는 것은 그것이 형평의 원칙에 비추어 현저히 불합리하다고 인정되지 않는 한 사실심의 전권사항에 속한다(대법원 2014. 5. 16. 선고 2014다201650 판결 참조).

원심판결 이유를 관련 법리와 기록에 비추어 살펴보면, 원심의 과실상계나 책임제한사유에 관한 사실인정이나 그 비율 판단이 형평의 원칙에 비추어 현저히 불합리하다고 할 수 없다. 원심의 판단에 상고이유 주장과 같이 과실상계나 손해배상 책임제한에 관한 법리를 오해한 잘못이 없다.

[판례 4-134] 대법원 2019. 1. 10. 선고 2015다57904 판결

가. 원심은 다음과 같은 이유로 주식회사 웅진홀딩스(이하 '웅진홀딩스'라 한다)가 피고(대주) 및 해안산업개발 주식회사(차주, 이하 '해안산업개발'이라 한다)와 체결한 이 사건 자금보충약정에 따른 자금보충의무를 이행하지 아니함으로써 피고가 입은 손해액은 피고의 해안산업개발에 대한 '이 사건 대출원리금 전체'가 되는 것이 아니라 '위 대출원리금에서 피고가 해안산업개발과의 이 사건 대출약정에 따라 취득한 인적·물적담보의 실제 담보가치를 공제한 액수'가 된다고 판단하였다.

1) 이 사건 자금보충약정에 의하면 웅진홀딩스는 피고 측의 요청에 따라 해안산업개발 명의로 피고 영업점에 개설된 대출금상환계좌에 잔존하는 이 사건 대출원리금을 보충할 의무가 있음에도, 웅진홀딩스는 이러한 의무를 이행하지 아니하였다.

2) 웅진홀딩스는 이 사건 자금보충약정에 따른 보충금을 입금하지 아니할 경우 피고가 입은 손해를 배상하기로 하였는바, 웅진홀딩스의 채무불이행으로 인하여 피고가 입은 손해는 채무불이행으로 인하여 발생한 재산상 불이익, 즉 채무불이행이 없었더라면 존재하였을 재산상태와 채무불이행으로 인한 현재의 재산상태의 차이를 의미한다.

3) 그런데 해안산업개발의 피고에 대한 이 사건 대출원리금 채무에는 극동건설 주식회사(이하 '극동건설'이라 한다)의 연대보증이나 이 사건 대출약정에 따른 담보 등 인적·물적담보가 설정되어 있었다.

4) 그렇다면 ① 웅진홀딩스의 자금보충의무 불이행이 없었더라면 존재하였을 피고의 재산상태는 '웅진홀딩스가 차주인 해안산업개발에게 지급하는 이 사건 자금보충약정에 따른 보충금을 대주인 피고가 해안산업개발로부터 독점적으로 이전받아 이 사건 대출원리금 채권이 만족되는 상태에서의 이 사건 대출원리금 채권의 가치'이고, ② 웅진홀딩스의 자금보충의무 불이행으로 인한 피고의 재산상태는 '이 사건 자금보충약정에 따른 보충금을 해안산업개발로부터 이전받지 못해 이 사건 대출원리금 채권이 만족되지 못한 상태이지만, 피고가 극동건설의 연대보증을 비롯하여 이 사건 대출약정에 따라 취득한 인적・물적담보는 그대로 보유한 상태에서의 이 사건 대출원리금 채권의 가치'이며, ③ 그 차액(①－②)이 피고의 손해액이라 할 것이다.

5) 결국 이 사건 대출원리금 전체가 그대로 피고가 입은 손해액이 되는 것이 아니라 이 사건 대출원리금에서 위 인적・물적담보의 실제 담보가치를 공제한 액수가 피고가 입은 손해액이 된다.

나. 그러나 원심의 판단은 다음과 같은 이유로 이를 수긍하기 어렵다.

1) 웅진홀딩스의 채무불이행으로 인하여 피고가 입은 손해는 채무불이행으로 인하여 발생한 재산상 불이익, 즉 채무불이행이 없었더라면 존재하였을 재산상태와 채무불이행으로 인한 현재의 재산상태의 차이를 의미함은 원심의 판단과 같다고 할 것이나, 여기서의 '채무불이행으로 인한 현재의 재산상태'를 평가함에 있어 아직 실행되지 아니한 인적・물적담보의 존재까지 고려할 것은 아니다.

비록 이 사건에서 피고가 이 사건 대출원리금 채권에 관하여 인적・물적담보를 보유하고 있더라도, 그러한 담보가 실행되어 이 사건 대출원리금 채권의 변제가 현실적으로 이루어지지 아니한 이상, 웅진홀딩스의 자금보충의무 불이행으로 인한 피고의 재산상태는 '이 사건 대출원리금 채권의 만족이 전혀 이루어지지 아니한 경우'와 다름없고, 웅진홀딩스가 자금보충의무를 이행하였다면 존재하였을 피고의 재산상태는 '이 사건 대출원리금 전액'일 것이므로, 결국 피고의 손해액은 '이 사건 대출원리금 전액'이 된다고 보아야 한다.

2) 한편, 채무자 회생 및 파산에 관한 법률(이하 '채무자회생법'이라 한다) 제126조 제1항, 제2항은 '여럿이 각각 전부를 이행하여야 하는 의무를 지는 경우 그 전원 또는 일부에 관하여 회생절차가 개시된 때에는 채권자는 회생절차개시 당시 가진 채권의 전액에 관하여 각 회생절차에서 회생채권자로서 그 권리를 행사할 수 있고, 다른 전부의 이행을 할 의무를 지는 자가 회생절차개시 후에 채권자에 대하여 변제, 그 밖에 채무를 소멸시키는 행위를 한 때라도 그 채권의 전액이 소멸한 경우를 제외하고는 그 채권자는 회생절차의 개시 시에 가지는 채권의 전액에 관하여 그 권리를 행사할 수 있다'고 규정하고 있다.

원심판결 이유에 의하여 알 수 있는 다음과 같은 사정을 종합하면, 해안산업개발의 피고에 대한 이 사건 대출원리금 지급의무와 웅진홀딩스의 피고에 대한 이 사건 자금보충약정상의 손해배상채무는 채무자회생법 제126조가 정한 '여럿이 각각 전부를 이행하여야 하는 의무'에 해당한다고 봄이 타당하다. 그리고 그 결과 웅진홀딩스의 회생절차개시 당시 피고가 이 사건 대출약정과 관련된 담보를 확보하고 있었다는 사정은, 그 회생절차개시 후에 피고의 해안산업개발에 대한 이 사건 대출원리금 채권 전액이 소멸한 경우가 아닌 이상, 회생채권인 피고의 웅진홀딩스에 대한 손해배상채권액의 확정에 아무런 영향을 미치지 못한다.

① 이 사건 자금보충약정상 자금보충은 웅진홀딩스가 해안산업개발에게 필요한 자금을 대여하는 방식으로 이루어지기는 하나, 해안산업개발이 피고에게 지급해야 할 이 사건 대출원리금에 부족이 있는 경우 해안산업개발이 아닌 피고 측의 요청으로 웅진홀딩스가 자금보충의무를 부담하게 되고, 그 보충자금은 피고 영업점에 개설된 해안산업개발 명의 대출금상환계좌로 입금되어 실질적으로 피고가 이 사건 대출원리금 채권의 독점적 만족을 얻는 효과를 발생시킨다.

② 위와 같이 웅진홀딩스의 자금보충을 통하여 피고가 이 사건 대출원리금 채권의 독점적 만족을 얻도록 하는 것은 이 사건 자금보충약정의 당사자인 피고, 해안산업개발, 웅진홀딩스가 의도한 계약의 목적이자 효과이고, 웅진홀딩스는 이러한 자금보충의무를 불이행할 경우 피고가 입게 되는 일체의 손해를 배상하기로 약정하였다.

다. 그럼에도 원심은 그 판시와 같은 이유만으로 피고가 웅진홀딩스의 자금보충의무 불이행으로 입은 손해액은 이 사건 대출원리금 전체가 아니라 여기서 피고가 이 사건 대출약정과 관련하여 확보한 인적·물적담보의 실제 담보가치를 공제한 액수가 된다고 전제한 다음, 피고가 이 사건 대출원리금 전체가 손해액이라고 주장하였을 뿐 '위와 같은 인적·물적담보의 실제 담보가치를 공제한 손해액'에 관하여 아무런 증명을 하지 아니하였으므로 피고의 웅진홀딩스에 대한 손해배상채권, 즉 이 사건 회생채권의 존재를 인정할 수 없다고 판단하였다. 이러한 원심의 판단에는 채무불이행에 따른 손해액 산정 및 채무자회생법에서의 '현존액주의'에 관한 법리를 오해하여 판결에 영향을 미친 위법이 있다. 이 점을 지적하는 취지의 상고이유 주장은 이유 있다.

한편, 대법원 판결은 아니지만, 하급심 판결에서는 이와 같은 후순위 대여형의 자금보충약정을 「보증」이 아닌 「후순위 상환조건부 금전소비대차(대여)계약」으로 파악하여 「채무자회생법」 제119조의 「쌍방 미이행 쌍무계약」으로 보고 자금보충자의 관리인이 이행 또는 해제(지)를 선택할 수 있다고 판시한 사례가 있는바(서울고등법원 2015. 6. 19. 선고 2014나47513 판결[339] 및 서울고등법원 2015. 11. 13. 선고 2015나2030402 판결[340]),[341] 위 고등법원 판결에 의하면 자금보충자의 관리인은 후순위 대여형 자금보충약정에 대해 해제(지)권을 행사할 수 있

게 될 것이다.[342)]

이와 같이 자금보충자에 대해 도산절차가 개시될 경우, 자금보충약정은 무상행위로서 관리인에 의한 부인의 대상이 되거나 관리인이 자금보충약정에 대해 해제(지)권을 행사할 수 있는 것으로 해석될 가능성이 있기 때문에, 자금보충자에 대해 도산절차가 개시될 경우에는 당초 당사자들이 의도한 신용보강 장치로서의 기능을 수행하지 못할 위험이 높아지게 될 것이다.

(4) 자산매매약정(예약)

M&A금융의 실무에서는, 연대보증이나 채무인수와는 다르나 경제적인 면에서 이와 실질적으로 유사한 효과를 발휘할 수 있는 또 다른 대안으로 자금보충약정 이외에 스폰서 또는 기타 계열회사가 특정한 사유가 발생한 경우 또는 특정 기한 내에 차주나 담보제공자로부터 특정의 자산(투자대상주식 등 담보목적물 포함)을 매입하거나 대주로부터 대출채권을 매입하기로 약정(예약)하여 대주로 하여금 해당 매매대금으로 대출원리금을 회수하도록 하는 사례도 많다.

이러한 자산매입약정은 매매예약(Put-option) 또는 (조건부)매매계약 등의 형태로 체결

339) 위 대법원 2015다57904 판결([판례 4-134])의 원심판결이다.

340) 상고(대법원 2015다252693) 되었다가 2017. 5. 19. 소 취하되었다.

341) 그 요지는 다음과 같다.

(1) 자금보충약정에 따르면, 자금보충자가 대주에게 대출원리금 잔액 상당을 보충해 주면 그와 동시에 대주는 자금보충자에 대하여 그 보충액 및 약정이자 상당의 채무를 부담하게 되는 것이므로(다만, 자금보충자는 기업어음 소지인 등 대주에 대한 다른 채권자들에 비하여 후순위로 대주로부터 변제받게 되는 제한이 있을 뿐이다), 이는 법률행위의 형식이나 실질 면에서 모두 '대여(금전소비대차)'로서의 요건 및 성질을 갖추고 있다. 따라서 자금보충약정은 '후순위 상환조건부 금전소비대차(대여)계약'에 해당한다고 봄이 상당하고, '보증계약'에 해당한다고 보기 어렵다.

(2) 무이자 소비대차계약은 편무계약이지만, 이자부 소비대차의 경우에는 대주가 부담하는 목적물의 소유권을 차주에게 이전하여야 할 채무와 차주가 부담하는 이자지급 의무가 서로 대가적 의미를 가지고 그 성립·이행·존속상 법률적·경제적으로 상호의존적인 견련성을 가지고 있어서 서로 담보로서 기능한다고 볼 수 있으므로 쌍무계약에 해당한다. 따라서 이자부 금전 소비대차에 해당하는 자금보충약정은 채무자회생법 제119조 제1항에서 정한 쌍무계약에 해당한다고 봄이 상당하다.

(3) 대주는 자금보충자에게 자금보충약정에 따른 자금보충의무를 이행할 것을 요청하였으나 자금보충자가 이에 응하지 아니하였고, 대주도 자금보충자에게 이자를 지급한 바 없으므로, 자금보충자의 자금보충의무와 대주의 이자지급 의무는 자금보충자에 대한 회생절차개시 당시 그 전부가 이행되지 아니한 상태였다고 할 것이다.

(4) 결국 자금보충약정은 채무자회생법 제119조 제1항에서 정한 '쌍방 미이행 쌍무계약'에 해당한다.

342) 위 고등법원 판결의 내용 및 그에 대한 비판은, 배성진 「대여형 자금보충약정의 회생절차상 취급」 『지평 뉴스레터 제55호』(2015년 11월) 참고

되는데, 그 법적 성질이나 내용에도 불구하고 그 경제적인 실질 면에서는 연대보증이나 채무인수 기타 신용공여와 유사하기 때문에 사안에 따라서는 그 위법성이나 유효성이 문제될 수 있다. 따라서 자산매입약정자가 계열회사이거나 상법상 상장회사, 금융투자업자 등 법령상 채무보증이나 신용공여(담보제공)가 제한되는 주체인 경우에는 이러한 행위가 금지행위나 탈법행위에 해당하는지 여부와 그 유효성에 영향을 미칠 수 있는지 신중한 검토가 필요하다.[343)]

(5) 대출/증권인수(매입) 확약

한편, 연대보증이나 채무인수와는 다르나 경제적인 면에서 이와 실질적으로 유사한 효과를 발휘할 수 있는 또 다른 대안으로, 대출채권(사채 등 증권발행을 통해 M&A금융의 자금이 조달된 경우에는 해당 증권)의 만기일에 차주가 해당 대출금을 상환할 수 있도록 하기 위해, 당초의 M&A금융 실행의 선행조건으로 또는 그로부터 일정한 기간 내에 이행되어야 할 후행조건으로 일정한 신용등급 이상의 금융기관으로부터 리파이낸싱을 위한 (담보부)대출 또는 차주가 발행하는 사채 등의 증권인수(매입)확약을 받아 대주에게 제출하도록 하는 경우도 있다. 실무상 전자를 (담보)대출확약으로, 후자를 증권인수(매입)확약 등으로 부르고 있다.[344)] 다만, 이 경우 확약을 제공하는 당해 금융기관에서는 차주의 신용위험 등을 배제하기 위해 대출과 증권인수(매입) 실행에 필요한 전제조건을 추가하는 조건부 확약형태로 제공하는 경우가 대부분이기 때문에 해당 금융기관의 이러한 확약만으로는 대출만기일에 대출원리금이 적시에 상환받지 못할 리스크가 여전히 남아있다.

또한, 이러한 대출확약/증권인수(매입) 확약 역시 그 법적 성질이나 내용에도 불구하고 그 경제적인 실질 면에서는 연대보증이나 채무인수 기타 신용공여와 유사하기 때문에 사안에 따라서는 그 위법성이나 유효성이 역시 문제될 수 있다. 따라서 대출/증권인수(매입) 확약사가 계열회사, 상법상 상장회사, 금융투자업자 등 법령상 채무보증이나 신용공여(담보제공)가 제한되는 주체인 경우에는 이러한 행위가 금지행위나 탈법행위에 해당하는지 여부와 그 유효성에 영향을 미칠 수 있는지 신중한 검토가 필요하다.

343) 이에 관한 판례로는, 대법원 2016다203551 판결([판례 3-13]), 서울고등법원 2001나16502 판결([판례 4-131]) 각 참조. 위 서울고등법원 2001나16502 판결([판례 4-131])은 해당 자산매입약정을 손해담보계약의 일종으로 판시하고 있는 점에 특징이 있다.

344) 이를 차주의 신용위험 헤지를 위한 신용공여(자금보충약정 등)와 구분하여 「유동성공여」라고 부르기도 한다. 금융거래에서의 각종 「위험(리스크, risk)」에 대해서는 본편 주 347) 참조

(6) 컴포트레터(Letter of Comfort)

차주(SPC)가 금전을 대출받거나 그 밖에 금전지급의무를 부담하는 금융거래에 있어, 모회사 등이 대주에 대하여 일정한 사항에 대한 확인이나 보장(자회사에 대한 지분의 확인 및 유지에 대한 언급, 자회사가 체결하는 계약에 대한 인식 및 승인, 자회사의 자력 또는 이행능력을 뒷받침할 방침의 선언 등)을 하게 되는 경우가 많은데, 이것을 실무에서는 통상 「컴포트레터(Letter of Comfort)」라고 한다. M&A금융에서도 차주(SPC)의 자금조달과 관련하여 스폰서가 연대보증이 아닌 컴포트레터를 발급하는 경우가 있다.

이러한 컴포트레터의 주된 내용은 사안에 따라 여러 가지가 있을 수 있으며, 그 내용과 보장 문언의 해석에 따라서는 자회사의 계약상 채무에 관한 모회사의 보증책임을 인정할 수 있는 경우도 전혀 없다고는 단정할 수 없겠으나, 적어도 보증의 의사를 추단할 문구가 전혀 없이 단지 모회사가 자회사의 지분을 보유하고 있다는 사실의 확인과 자회사의 계약체결을 인식 혹은 승인하였다는 등의 내용만으로는, 차주가 컴포트레터의 발행자를 대리하여 대출계약을 체결하였다거나 차주가 체결한 대출계약상 채무를 컴포트레터의 발행자가 보증하였다고 해석하기는 어려운 것으로 해석되고 있는 것으로 보인다.

[판례 4-135] 대법원 2006. 8. 25. 선고 2004다26119 판결

1. 이 사건 계약에 관한 사실관계의 요지

원심이 거시 증거를 종합하여 인정한 사실 중 이 사건 계약의 체결 및 경과에 관한 부분의 요지는 다음과 같다.

가. 피고가 100%를 출자한 필리핀국 소재 자회사인 코리아텔레콤필리핀 주식회사(Korea Telecom Philippines, Inc, 이하 약칭하여 'KTPI'라고 한다)가 1995. 10. 11. 및 1996. 11. 12. 등 2회에 걸쳐 필리핀의 통신회사인 필리핀텔레그라프앤드텔레폰 주식회사(Philippine Telegraph And Telephone Corporation, 이하 약칭하여 'PT&T'라고 한다)와 마닐라 근교 통신망확장사업(이하 '이 사건 사업'이라 한다)에 관한 공사계약(이하 'OSP계약'이라 한다)을 체결하였는바, KTPI는 그중 사업관리업무만 직접 수행하고 자재공급・용역제공 업무 및 통신선로 설치공사 부분은 원고를 비롯한 한국 회사들(이하 '원고 등'이라 한다)에게 발주하였는데, 원고는 그중 통신선로공사 및 자재공급에 관한 계약(1995. 10. 13. 및 1996. 11. 12.에 KTPI와 원고 사이에 체결된 각 계약을 '이 사건 계약'이라 한다)을 KTPI와 체결한 회사이다.

나. OSP계약 및 이 사건 계약에 의하면, 총 계약금액 중 20%는 위 PT&T가 직접 원고에게 지급하기로 되어 있었으나, 나머지 부분은 PT&T가 KTPI에게 3년 거치 7년 분할

상환 조건으로 지급하도록 되어 있었던 반면, KTPI는 원고에게 3년 거치 2년 분할상환 조건으로 지급하도록 되어 있었던 데다가, KTPI는 자본금 규모가 한화로 약 16억 원 정도에 불과한 반면 OSP계약의 규모는 미화 8,700만 달러(후에 계약변경 등으로 9,511만 달러로 증가함)에 이르렀으므로, KTPI는 투자재원조달을 위하여 1996. 7. 24. 체이스맨하탄은행(The Chase Manhattan Bank)으로부터 미화 4,000만 불을 한도로 하는 여신거래약정(Credit Agreement)을 체결하였다.

다. 위 여신거래약정 전에 피고는 KTPI의 요청에 따라 경영기획심의위원회의 의결(해당 서류인 갑 제6호증의 2, 3을 이하에서는 '지급보증 의결서'라 한다)을 거쳐 KTPI를 위하여 위 은행과 사이에 위 여신거래약정에 따른 대출금{'체이스론(chase loan)', 이하 '체이스론'이라 약칭한다}에 대한 보증계약(Guarantee Agreement)을 체결한 바 있고, KTPI는 위 여신거래약정에 따라 수시로 체이스론을 인출하여 원고에게 이 사건 계약에 따른 대금 및 그 이자를 지급하여 왔다.

라. 그러던 중, 1997년경 동남아시아 경제위기에 따른 여파로 PT&T가 1998. 6. 30.경 지불유예선언을 하자, 피고는 자회사인 KTPI에 대하여 '체이스론의 지급보증 잔여분의 인출금지 최소화' 또는 '체이스론 인출 시 피고와의 사전협의' 등을 지시하여 사실상 체이스론의 인출을 제한하였고, 그에 따라 KTPI는 그 무렵부터 원고에 대하여 이 사건 계약상의 대금 지급을 중단하였으며, 원고도 PT&T에 대한 나머지 자재공급을 중단하였다.

마. 원고와 KTPI는 2000. 10. 26.경 이 사건 계약에 따른 미지급대금이 2000. 6. 30. 기준으로 미화 20,978,488.23달러임을 확정하였고, KTPI는 그 후 2001. 3. 6.경 원고에게 위 미지급대금의 일부로서 미화 1,956,998.44달러를 지급하였다.

2. 상고이유 제1, 4점에 대하여

가. KTPI와 원고 사이의 이 사건 계약서 제1조(정의) 제5항에서는 "'확인서'란 KTPI가 원고에게 제공하는 문서로서, KTPI는 피고가 전 지분을 보유하는 피고의 자회사라는 사실과 그리고 KTPI가 본 계약과 관련하여 정부당국 및 피고로부터 모두 필요한 동의, 승인, 허가 등을 받았다는 사실 등을 확인하는 문서"라고 정의하고, 제9조(담보) 제1항에서 KTPI의 원고에 대한 확인서 작성·교부 의무를 규정하는 한편, 실제로 이 사건 계약서에 별첨서류 B.로 첨부된 KTPI의 확인서의 기재에 의하면, "위 확인서의 서명자인 KTPI는 원고에게, 이 확인서로써, KTPI가 현재 피고가 전 지분을 갖고 있는 피고의 자회사임을 확정적이고 무조건적으로 확인하고 증명한다.", "KTPI는, PT&T와 KTPI 사이의 CFAI약정 및 KTPI와 원고 사이의 이 사건 계약에 의하여, PT&T와의 OSP계약을 체결하고 이행할 수 있도록, 피고로부터 정당하게 권한을 부여받았음을 확인하고 보증한다. 그 '승인서'는 별첨되어 있다."는 등의 내용(그러나 별도로 피고가 작성한 '승인서'는 위 확인서에 첨부되어 있지 아니하다.)이 포함되어 있

음을 알 수 있다.

나. 신용제공을 수반한 각종 국제거래(이 사건 계약서는 원고와 KTPI 임직원들 사이의 교섭 결과를 필리핀 현지 변호사들이 문언화하는 방식으로 영문으로 작성되었다. 이 사건 계약서 및 제1심 증인 박인식의 증언, 기록 1261면 참조) 계약에서는, 차주의 조직, 구성, 경영 및 재산상태 등 대주가 대출을 결정하게 된 근거사실에 관하여 차주로 하여금 확인 · 진술하게 하고 그 진실성을 담보하게 하는 조항이 광범위하게 사용되고 있는바, 계약 당사자인 자회사가 신용도가 높은 모회사의 지분 비율 및 모회사의 계약 체결 승인 사실을 진술하는 조항을 두거나 그러한 내용의 확인서를 작성하여 상대방에게 교부한다 하여도, 자회사에 대한 관계에서는 별론으로 하고, 그 자체만으로는 모회사에게 어떠한 의무를 발생시킨다고 보기는 어렵다고 할 것임은 물론, 별도의 수권서류가 작성 · 교부되지 아니한 이상 이러한 진술 조항만으로 자회사의 의사가 모회사를 대리하여 계약을 체결하려는 것이었다고 해석하기도 어렵다고 할 것이다. 그리고 자회사나 공기업이 금전을 대출받거나 그 밖에 금전지급의무를 부담하는 국제금융거래에 있어 모회사 또는 정부가 대주에 대하여 일정한 확인이나 보장을 하게 되는 경우가 많고, 이러한 보장은 대체적으로 법적 구속력을 가지는 보증의 형태로서 이루어지는 것이 보통이나, 때로는 이행을 보장하는 자의 명예나 신용 등에 일임할 뿐 거기에 법적 구속력을 부여하지 아니하는 서면, 즉 자회사에 대한 지분의 확인 및 유지에 대한 언급, 자회사가 체결하는 계약에 대한 인식 및 승인, 자회사의 자력 또는 이행능력을 뒷받침할 방침의 선언 등을 담은 서면(이하 'Letter of Comfort'라 한다)의 작성 · 교부에 그칠 수도 있을 것이고, 그 주된 내용은 위와 같이 여러 가지가 있을 수 있으며, 그 내용과 보장 문언의 해석에 따라서는 자회사의 계약상 채무에 관한 모회사의 보증책임을 인정할 수 있는 경우도 전혀 없다고는 단정할 수 없겠으나, 적어도 보증의 의사를 추단할 문구가 전혀 없이 단지 모회사가 자회사의 지분을 보유하고 있다는 사실의 확인과 자회사의 계약 체결을 인식 혹은 승인하였다는 등의 내용만으로는, 자회사가 모회사를 대리하여 계약을 체결하였다거나 자회사가 체결한 계약상 채무를 모회사가 보증하였다고 해석하기는 곤란할 것이다.

다. 이에 의하여 살피건대, 이 사건 확인서는 작성 주체가 KTPI이고 계약 당사자인 KTPI의 진술 내지 보장을 그 주된 내용으로 하고 있어, 그 자체만으로 모회사인 피고가 KTPI에게 이 사건 계약 체결에 관한 대리권을 수여하였다거나 어떠한 보증책임을 부담하기로 약정하였다고는 해석하기 곤란하다고 할 것이고, 수권에 관한 별도의 서류가 존재하지 아니하는 이 사건에 있어서는 KTPI가 피고를 대리하여 이 사건 계약을 체결하려는 의사였다고 해석하기도 곤란하다 할 것이며, 확인서에 첨부하기로 예정된 피고의 승인서가 실제로 첨부되지 아니한 이상 피고의 의사를 함부로 추단하여 보증의 의사나 대리권 수여의 의사를 인정하기 어려울 것이다.

가사, 원고의 주장과 같이 계약 교섭과정에서 KTPI가 원고에게 이 사건 체이스론에 대한 피고의 지급보증 의결서를 제시한 바 있고, 이를 위 승인서에 갈음하기로 하는 양해가 KTPI와 원고 사이에 이루어졌으며, 피고 역시 사전 혹은 사후에 이를 인식하고 있었다고 하더라도, 그에 의하여 추단될 수 있는 피고의 의사란 결국 위 가.항에서 본 바와 같은 확인서의 언급 사항을 그 주된 내용으로 하는 것일 수밖에 없고, 이는 앞서 본 Letter of Comfort의 전형적인 내용 중 모회사의 지분 확인과 자회사의 계약 체결에 대한 승인 등을 피고가 하였다는 정도의 의미 외에는 찾기 어려울 것이므로(그 이상의 법률적 구속력을 원하였다면 별도로 피고의 의사가 명확히 담긴 서면을 작성・교부받았어야 할 것이다.), 특별한 사정이 없는 한 이를 두고 피고가 KTPI에게 대리권을 수여하였다거나 KTPI를 위하여 계약상 채무를 보증하였다고 볼 수는 없을 것이다.

라. 뿐만 아니라, 돌이켜 이 사건 계약 체결 교섭 과정을 보면, 원고측은 KTPI 임직원과만 협의하였을 뿐, 피고의 임직원과 협의하거나 대화한 적이 없는 점(제1심 증인 박인식의 증언, 기록 1260면 참조), 위 지급보증 의결서는 위 OSP계약 및 이 사건 계약 체결 이전에 이미 작성된 것인 점(따라서 앞서 본 체이스론을 조달하는데 필요한 은행에 대한 보증을 결정하기 위하여 내부적 절차를 이행하였다는 점을 나타내는 서류에 불과하다.), 그나마 이를 피고가 직접 원고에게 제시한 것도 아닌 점 등 원심이 적법하게 인정한 사실관계에 비추어 보면, 위 지급보증 의결서가 원고 등 외부의 제3자에 대한 의사표시로 해석될 여지도 없다고 할 것이다.

마. 원심의 설시가 비록 미흡한 점이 있기는 하나, 앞서 살핀 바에 비추어 보면 이 사건 계약조항 및 확인서 등의 의미를 법적인 수권규정으로서의 의미가 아니라, "KTPI가, 이 사건 통신망 확장사업과 관련된 OSP계약 등 전반적인 사업추진에 관하여, 100% 주주 모회사인 피고로부터 정당하게 동의 내지 승낙을 받았다."는 것을 확인하여 주는 의미에 불과한 것으로 보고, 위 '지급보증 의결서'의 의미는, 그 내용 그대로 '체이스론에 대한 지급보증'일 뿐이며, 그 '교부'의 의미 역시, 단순히 KTPI가 이 사건 통신망확장사업 추진과 관련된 피고의 동의 및 KTPI 자신의 현지 자금조달 능력을 원고에게 확인시켜 주는 의미일 뿐, 원고 주장과 같이 그로써 피고가 이 사건 계약의 당사자나 보증인으로 편입되었다거나, 피고가 원고에게 이 사건 계약책임을 지겠다는 의사표시를 한 것으로는 해석되지 않는다고 본 원심의 인정과 판단은 정당하고, 거기에 본인책임 또는 지급약속책임에 관한 법리오해, 이유모순, 채증법칙 위반 등의 위법이 없으며, 위 지급보증 의결서의 의미가 위와 같은 이상, 피고가 지급보증 의결서를 교부함으로써 피고가 "KTPI로 하여금 체이스론을 인출하여 계약대금을 지급하도록 하겠으며 체이스론 인출금지 지시를 하지 않겠다."는 별개의 약정 혹은 보증을 원고에게 하였다는 등의 원고 주장을 모두 배척한 원심의 조치 역시 정당하고, 거기에 이 사건 체이스론약정과 신의칙상 의무에 관한 법리오해나 채증법칙 위반 등의 위법이 없다.

[판례 4-136] 대법원 2014. 7. 24. 선고 2010다58315 판결

1. 상고이유 제1, 3점에 관하여

법률행위의 해석이란 당사자가 그 표시행위에 부여한 객관적인 의미를 명백하게 확정하는 것으로서, 서면에 사용된 문구에 구애받을 것은 아니지만 어디까지나 당사자의 내심적 의사의 여하에 관계없이 그 서면의 기재 내용에 의하여 당사자가 그 표시행위에 부여한 객관적 의미를 합리적으로 해석하여야 하는 것이고, 당사자가 표시한 문언에 의하여 그 객관적인 의미가 명확하게 드러나지 않는 경우에는 그 문언의 내용과 그 법률행위가 이루어진 동기 및 경위, 당사자가 그 법률행위에 의하여 달성하려는 목적과 진정한 의사, 거래의 관행 등을 종합적으로 고려하여 사회정의와 형평의 이념에 맞도록 논리와 경험의 법칙, 그리고 사회일반의 상식과 거래의 통념에 따라 합리적으로 해석하여야 한다(대법원 1994. 3. 25. 선고 93다32668 판결 등 참조).

자회사나 공기업(이하 '자회사 등'이라 한다)이 대출을 받는 등 신용제공을 수반하는 거래에서 채권자는 모회사 또는 정부(이하 '모회사 등'이라 한다)에 대하여 계약당사자인 자회사 등에 관한 일정한 확인이나 보장을 요구하는 경우가 있고, 이러한 보장은 법적 구속력을 가지는 보증의 형태로 이루어지기도 하지만, 때로는 법적 구속력은 없지만 보장하는 모회사 등의 명예나 신용을 고려한 이행을 기대하여 자회사 등에 대한 지분 비율의 확인, 자회사 등이 체결하는 계약에 대한 인식 및 승인, 자회사 등의 자력 또는 이행능력을 뒷받침할 방침의 선언 등을 담은 이른바 컴포트레터(letter of comfort)라고 불리는 서면을 작성·교부받는 경우가 있다.

이 경우에 보증의 의사를 추단할 문구가 전혀 없이 단지 모회사 등이 자회사 등의 지분을 보유하고 있다는 사실의 확인과 자회사 등의 계약 체결을 인식 혹은 승인하였다는 등의 내용만으로는, 모회사 등에게 어떠한 법적 의무를 발생시킨다고 보기는 어렵지만(대법원 2006. 8. 25. 선고 2004다26119 판결 참조), 컴포트레터가 모회사 등에 의하여 발행되고, 그 서면 내에 법적 책임을 부인하는 문언이 없이 발행인에게 적극적으로 요구되는 행위가 있는 경우, 직접보증 대신 컴포트레터를 이용하게 된 경위, 컴포트레터의 발행을 위한 협상의 기간·강도, 컴포트레터 발행 시 그 법적 효력에 관한 발행인과 수취인의 의도나 인식, 컴포트레터를 이용한 당사자의 거래경험과 전문성, 서면의 교부가 거래의 최종적인 성립에 영향을 미친 정도, 발행인이 컴포트레터의 작성·교부를 통하여 받은 이익 유무 등의 사정을 종합적으로 고려할 때, 발행인이 컴포트레터를 교부함으로써 수취인이 거래에 응하도록 적극적으로 유인하고, 수취인은 이에 의하여 형성된 발행인의 신용에 대한 합리적인 신뢰를 바탕으로 계약의 체결에 이른 점 등이 인정된다면 경우에 따라서는 모회사 등은 채무불이행으로 인한 손해배상책임을 부담할 수도 있게 된다.

한편, 구 예산회계법(2005. 1. 27. 법률 제7347호로 개정되기 전의 것, 이하 '예산회계법'이라 한다) 제24조 제1항은 "법률에 의한 것과 세출예산금액 또는 계속비의 총액의 범위

안의 것 이외에 국가가 채무를 부담하는 행위를 할 때는 미리 예산으로서 국회의 의결을 얻어야 한다."고 규정하고 있고, 같은 법 제110조 제1항은 "국가가 보증채무를 부담하고자 하는 경우에는 미리 국회의 동의를 얻어야 한다."고 규정하고 있다.

그런데 국가가 대출계약상 대주에 대한 직접적인 보증채무를 부담하는 것이 아니라, 차주로 하여금 채무를 이행하기에 충분한 재무상태를 유지할 수 있도록 지원하겠다거나, 제3자로 하여금 대출채무를 보증하도록 하겠다는 것과 같은 간접적인 의무를 부담한 경우에는, 그 의무의 성질상 이행 시기와 채무부담의 금액, 상환계획 등을 확정할 수 없고, 다만 그 의무를 이행하지 아니하면 손해배상의무를 부담할 가능성이 있다는 정도의 것에 불과하여, 그 손해배상의무가 현실화한 시점에서 손해배상의 액수가 결과적으로 보증채무를 부담한 것과 동일하게 되었다고 하더라도 이로써 그 간접적인 의무부담행위가 '국가가 채무를 부담하는 행위', '국가가 보증채무를 부담하는 행위'에 해당한다고 할 것은 아니다.

원심은 제1심판결의 이유를 인용하여 그 판시와 같은 사실을 인정한 다음, 이 사건 확약서는 철도청에 대하여 한국철도교통진흥재단(이하 '철도재단'이라 한다)이 이 사건 대출금채무를 이행하는데 필요한 지원을 하고 위 재단이 출자・설립하는 3개 자회사들로 하여금 위 재단의 대출금채무를 담보하기 위한 행위를 하도록 하는 등의 구체적 의무를 부담시키는 법적 효력이 있음에도, 철도청은 위 확약서상의 의무를 이행하지 아니하였다고 판단하는 한편, 이 사건 확약서는 예산회계법의 규정을 위반하거나 그 규정의 적용을 회피하기 위한 탈법행위로서 무효라는 취지의 피고의 주장에 대하여, 이 사건 확약서에 의한 철도청의 의무는 직접 예산을 수반하는 것이 아니라 그 의무를 이행하지 아니한 경우에 한하여 손해배상의무를 지게 되는 것일 뿐이고, 이러한 경우까지도 국회의 의결이나 동의를 얻으라는 것은 현실적으로 불가능할 뿐 아니라, 향후 신설 예정인 한국철도공사에게 위 확약서에 따른 의무를 이전하기로 예정하고 부담하게 된 것이므로 이를 예산회계법에서 정하고 있는 '국가가 채무를 부담하는 행위', '국가가 보증채무를 부담하는 행위'라고 보기 어렵다고 판단하였다.

앞서 본 법리 및 기록에 비추어 살펴보면, 원심의 위와 같은 사실인정과 판단은 정당한 것으로 수긍이 가고, 거기에 상고이유에서 주장하는 바와 같은 이 사건 확약서의 법적 효력이나 철도청의 채무불이행 여부에 대한 법리오해나 심리미진 등의 위법이 없다.

상고이유에서 들고 있는 대법원 판결은 이 사건과 사안을 달리하는 것으로 이 사건에 원용하기에 적절하지 아니하다.

2. 상고이유 제2, 4점에 관하여

채무불이행으로 인한 손해배상청구소송에서 재산적 손해의 발생 사실은 인정되나 구체적인 손해의 액수를 증명하는 것이 사안의 성질상 곤란한 경우, 법원은 증거조사의 결과와 변론 전체의 취지에 의하여 밝혀진 당사자들 사이의 관계, 채무불이행과 그로 인한 재산적 손해가 발생하게 된 경위, 손해의 성격, 손해가 발생한 이후의 제반 정황 등 관련된 모든 간접사실들을 종합하여 상당인과관계 있는 손해의 범위인 수액을 판단할 수 있다(대법원 2004. 6. 24. 선고 2002다6951 판결 등 참조).

원심판결 이유에 의하면 원심은 제1심판결 이유를 인용하여, 철도청은 이 사건 확약서상의 모든 의무를 한국철도공사가 승계하도록 할 의무, 차주의 재무상태 유지에 필요한 지원과 협조를 할 의무, 자회사로 하여금 채무의 지급을 보증하도록 할 의무 등을 부담함에도 이를 이행하지 아니하였으므로 피고는 그 산하기관인 철도청이 위와 같은 의무를 불이행함으로 인하여 원고가 입게 된 상당인과관계가 있는 범위 내의 손해를 배상할 책임이 있다고 전제한 다음, 철도청이 이 사건 확약서상의 의무를 불이행함으로써 원고가 입게 된 손해는 이 사건 대출원리금 중 회수하지 못한 잔존 대출원리금이라고 보아, 피고는 손해배상으로 원고에게 이 사건 잔존 대출원리금 및 그중 대출원금에 대하여 이 사건 대출계약에서 정한 약정연체이율로 계산한 지연손해금을 지급할 의무가 있다고 판단하였다.

원심판결의 이유설시는 다소 미흡하나, 피고는 이 사건 확약서에서 '채무 상환완료 시까지 모든 채무를 이행하기에 충분한 재무상태를 유지할 수 있도록' 철도재단을 지원하고, '자회사로 하여금 보증하게 하고, 원고의 요구를 반영하여 자회사의 수익 창출을 위한 출자 및 지원'을 하기로 약정한 점, 철도청은 경영개선을 위해 유전사업을 추진하기로 결정하고 철도재단을 설립하는 한편, 원고와 이 사건 대출에 관하여 논의한 점, 철도청은 이 사건 확약서를 통하여 철도청이 공사로 변경되는 경우 이 사건 확약서에 의한 모든 의무를 한국철도공사에 승계시키기로 약정하였고, 이로부터 불과 5개월여 후에 한국철도공사가 설립되었음에도 위 약정을 이행하기 위한 별다른 조치를 취하지 아니한 점, 이 사건 대출금의 상환과 관련하여 한국철도공사가 원고를 상대로 제기한 민사소송에서 피고가 원고를 위하여 보조참가하였던 점 등 기록에 의하여 알 수 있는 사정을 앞서 본 법리에 비추어 보면, 철도청이 이 사건 확약서상의 의무를 불이행함으로써 원고가 입게 된 손해는 이 사건 대출원리금 중 회수하지 못한 잔존 대출원리금이라고 판단한 결론에 있어서는 정당하고, 거기에 상고이유에서 주장하는 바와 같은 채무불이행에 있어서 손해배상의 범위에 관한 법리오해나 심리미진 등의 위법이 없다.

(7) 신용디폴트스왑(Credit Default Swap)[345)]

연대보증이나 채무인수와는 다르나 경제적인 면에서 이와 실질적으로 유사한 효과를 발휘할 수 있는 또 다른 대안으로 사용되는 것이 신용디폴트스왑[346)](Credit Default Swap,

345) 「신용디폴트스왑(Credit Default Swap)」에 대해서는, 「제4장 신용스왑(Credit Default Swap)계약상 신용보장의 대상과 범위」, 「제5장 신용스왑(Credit Default Swap)계약상 신용보장의무의 이행」『파생금융거래와 법(제1권)』(소화, 2012)를 참고

346) 「신용부도스왑」으로도 번역한다. 이하에서는 「신용디폴트스왑」이라고 한다.

이른바 「CDS」)(이하 「CDS」라고 한다)이다. 이것은 신용위험(Credit Risk)[347]이 내재된 기초자산(이하 「준거자산」, Reference Asset)(이하 「준거자산」이라고 한다)으로부터 신용위험을 분리하여 거래당사자 간에 이전하는 형태의 거래(이른바 「신용위험 이전거래」)로 신용위험 인수자가 신용위험 매도자로부터 신용위험 인수의 대가로 수수료를 지급 받는 대신 신용위험이전 대상인 준거자산에 관한 신용사건(Credit Event)」 발생 시 신용위험 인수자{보장매도자(Protection Seller)}가 신용위험 매도자{보장매수자(Protection Buyer)}의 손실을 보전해 주는 거래의 하나이다. 즉, 계약의 내용에 따라 구체적인 내용이 달라질 수 있지만, 준거자산이 대출채권인 경우를 예로 들어 설명하면, 보통은 보장매도자(Protection Seller)가 대출채권의 보유자인 보장매수자(Protection Buyer)로부터 대출채권에 대한 신용위험을 인수하는 대가로 일정한 수수료(Premium)를 지급받는 대신 채무자의 도산, 채무불이행 등의 일정한 사건(「신용사건(Credit Event)」) 발생 시 보장매도자가 보장매수자의 손실을 보전(대출채권 매입 또는 차액손실 보상)해 주는 형태의 장외파생상품거래를 말한다{서울중앙지방법원 2009가합46335 판결([판례 4-137]) 참조}. 이러한 CDS는 보장매수자(M&A금융의 대주나 투자자)의 입장에서는 보장매도자(스폰서나 계열회사 등)로부터 사실상 연대보증이나 채무인수를 받는 것과 유사한 효과를 갖는 것으로 볼 수 있다. 이러한 CDS 역시 그 경제적인 실질 면에서는 연대보증이나 채무인수 기타 신용공여와 유사하기 때문에 사안에 따라서는 앞서 살펴본 다른 인적 신용보강방안에서와 같이 그 위법성이나 유효성이 역시 문제될 수 있다.

(8) 총수익스왑(Total Return Swap)[348]

CDS와 유사하지만 다른 신용보강방안으로 총수익스왑(Total Return Swap, 이른바

347) 금융거래에서의 「위험(리스크, risk)」이란, 「손실 발생가능성 등 미래의 불확실성에 따라 예상되는 불리한 결과와 변동성」 정도로 이해되는데, 통상 다음과 같이 신용위험(credit risk), 시장위험(market risk), 유동성 위험(liquidity risk), 운영위험(operation risk) 등으로 나누어 이해되고 있다. 다만, 특정사건(사유)이 어느 하나의 유형에만 해당하지 않고 2가지 이상의 위험에 해당하는 경우도 있다.

① 신용위험: 거래금융기관, 채권발행기관, 채무자의 부도로 인한 손실위험(default loss)과 더불어 신용등급 하락에 따른 손실위험(devaluation loss)

② 시장위험: 주가, 금리, 환율 등의 시장가격이 불리한 방향으로 변화하는 경우 보유한 자산의 가치가 변화할 수 있는 위험

③ 유동성 위험: 예상하지 못한 자금수요(지출)에 대응하지 못해 손실을 입게 될 위험

④ 운영위험: 의사결정체계의 문제, 내부통제 미미, 불합리한 관행 등으로 인하여 손실을 입게될 비재무적 위험

348) 「총수익스왑(Total Return Swap)」에 대해서는, 「제2부 총수익스왑의 법적 문제」 『파생금융거래와 법(제2권)』(소화, 2020)를 참고

「TRS」)(이하 「TRS」라고 한다)이 있다. TRS 역시 연대보증이나 채무인수와는 다르나 경제적인 면에서 이와 실질적으로 유사한 효과를 발휘할 수 있는 또 다른 대안으로 자주 사용되고 있다. 즉, 계약의 내용에 따라 구체적인 내용이 달라질 수 있지만, 기초자산(준거자산, Reference Asset)(이하 「준거자산」이라고 한다)이 대출채권인 경우를 예로 들어 설명하면, 보통은 총수익지급인(Total Return Payer)이 자신의 이름으로 대출채권을 취득(대출의 실행 또는 양수)하여 대출채권으로부터 발생하는 대출원리금 등의 총수익을 총수익수취인(Total Return Receiver)에게 지급하고 그 대가로 총수익수취인(Total Return Receiver)으로부터 일정한 수수료를 지급받기로 하되,[349] 이후 만기 또는 신용사건(Credit Evevt) 발생 시 미리 정한 정산방법에 따라 가치손실이 발생하는 경우에는 총수익수취인(Total Return Receiver)이 총수익지급인(Total Return Payer)에게 손실분을 보전하여 주고, 반대로 이익이 발생하는 경우에는 총수익지급인(Total Return Payer)이 총수익수취인(Total Return Receiver)에게 상승분을 지급하거나 상호 분배하는 것으로 약정하는 형태의 장외파생상품 거래를 말한다{서울중앙지방법원 2009가합46335 판결([판례 4-137]) 참조}.

TRS는 크게 다음의 2가지 점에서 CDS와 구별되는 특징이 있는 것으로 이해되고 있다.[350]

먼저, TRS에서는 계약기간 동안 총수익지급인과 총수익수취인 각자가 상대방에 대한 지급의무를 지는 반면, CDS에서는 보장매수인이 보장매도인에게만 일방적으로 수수료의 지급의무를 진다.

둘째, TRS에서는 신용사건이 발생하지 않은 경우에도 만기에 준거자산의 시장가치를 반영한 현금흐름이 발생하게 되는데, CDS에서는 만기까지 신용사건이 발생하지 않으면 준거자산의 시장가치 하락에 관한 정산이 발생하지 않는다.

이러한 TRS는 총수익지급인(Total Return Payer)(M&A금융의 대주나 투자자)의 입장에서는 총수익수취인(Total Return Receiver)(스폰서나 계열회사 등)으로부터 사실상 연대보증이나 채무인수를 받는 것과 유사한 효과를 갖는 것으로 볼 수 있다. 따라서 TRS 역시 그 경제적인 실질 면에서는 연대보증이나 채무인수 기타 신용공여와 유사하기 때문에 사안에 따라서는 앞서 살펴본 다른 인적 신용보강방안에서와 같이 그 위법성이나 유효성이 역시 문제될 수 있다.

349) 아래의 대법원 2021두35759 판결([판례 4-137])의 사례와 같이 실무에서는 계열회사 등 총수익지급인이 증권회사 등의 금융기관이 아닌 경우 등 일정한 경우에는 그 대가로 총수익수취인으로부터 수수료를 받지 않는 경우도 있다.

350) 아래의 서울중앙지방법원 2009가합46335 판결, 본편 주 348)의 문헌 372~373페이지

한편, TRS는 주식, 주식연계사채 또는 집합투자기구의 수익증권 등을 준거자산으로 하는 경우도 있고, 또한 준거자산의 헷지 목적 외에도 자회사/계열회사의 자금조달 · 지배력 강화 · 순환출자 해소 · 의결권 제한 우회, M&A거래 시 인수자의 자금조달 등 다양한 목적으로 이용되고 있는 것으로 보인다. 예를 들면, 모회사 또는 계열회사가 자회사 또는 다른 계열회사의 자금조달을 지원할 목적으로 자회사 또는 계열회사에 대한 투자자와 자회사 또는 계열회사가 발행하고 투자자가 인수하는 주식 또는 주식연계사채를 기초자산으로 하는 TRS계약을 체결하고 투자자에게 기초자산의 가치(투자원금 및 일정한 수익률)를 보장하기도 하고, M&A거래에서 인수회사(스폰서)가 투자대상회사를 인수하면서 스폰서 또는 그 계열회사가 재무적 투자자(Strategic Investor)와 투자대상회사의 주식을 준거자산으로 하는 TRS계약을 체결하는 사례도 있다.

그런데 특히 주식 또는 주식연계사채를 준거자산으로 하는 TRS의 경우에는, 자본시장법상 대량보유보고의무(5%룰) 문제, 상법상 상호주 의결권 제한 회피 문제{서울남부지방법원 2014가합4256 판결([판례 4-140])}, 독점규제법상 순환출자 제한 회피 문제{서울남부지방법원 2014가합4256 판결([판례 4-140])}, 독점규제법상 계열회사 또는 특수관계인에 대한 부당한 이익제공행위 문제{대법원 2021두35759 판결([판례 4-138])}, 회사에 대한 선관주의의무 위반 등에 따른 이사의 손해배상 책임{대법원 22019다280481 판결([판례 4-139])} 또는 배임의 문제, 진정양도성(True-sale) 문제(아래의 TRS 참고자료 ①), 회계처리(Book-off) 문제(아래의 TRS 참고자료 ②), 그리고 집합투자기구의 수익증권을 준거자산으로 하는 경우에는 위 문제에 더하여 당사자들의 관계에 따라서는 수익증권에 대한 원금 또는 수익보장 금지 위반 여부 등 다양한 법률문제가 제기될 수 있다.[351]

[판례 4-137] 서울중앙지방법원 2012. 4. 13. 선고 2009가합46335 판결

3. 이 사건 파생거래약정의 내용에 대하여

가. 쟁점 파생거래약정에 대한 일반론

1) 신용부도스왑(CDS)

신용위험보장매도인(Protection Seller)이 신용위험보장매수인(Protection Buyer)으로부터 프리미엄을 받고 일정 기간 동안 준거채무자의 파산 등 신용사건에 대한

351) 이러한 문제에 대해서는, (i) 본편 주 348)의 문헌, (ii) 최영익 「총수익률스왑과 관계된 제문제(1)」 『리걸타임즈 "기업과 법"』(https://www.legaltimes.co.kr/news/articleView.html?idxno=55206), 「총수익률스왑과 관계된 제문제(2)」 『리걸타임즈 "기업과 법"』(https://www.legaltimes.co.kr/news/articleView.html?idxno=56537)을 각 참고

보장을 제공하는 약정이다. 최초에는 현금흐름이 발생하지 않고, 중간에는 신용위험보장매수인이 신용위험보장매도인에게 일정 기간 정해진 프리미엄을 지급하고, 신용사건이 발생하면 실물결제(준거채무자의 채무를 인도받고 일정 가격을 지급하는 것) 또는 현금결제(미리 약정된 가격과 준거채무의 시장가격의 차액을 지급하는 것) 방식으로 거래를 종결하게 된다.

따라서 신용위험보장매도인의 입장에서는 프리미엄의 이익을 얻는 대신 준거채무자의 신용사건으로 발생하는 손실의 위험을 부담하고, 신용위험보장매수인의 입장에서는 준거채무자의 신용위험을 전가하면서 그 대신 고정적인 프리미엄 상당의 손실을 부담하는 계약이다.

2) 총수익스왑(TRS)

총수익지급인(Total Return Payer)이 총수익수취인(Total Return Receiver)에게 준거자산(은행대출, 신용위험이 있는 유가증권 등)에서 발생하는 총수익을 지급하고, 총수익수취인으로부터 LIBOR와 관련된 금액을 지급받는 약정이다. 최초에는 현금흐름이 발생하지 않고, 중간에는 총수익지급인이 총수익수취인에게 기초자산에서 발생하는 수익(이자, 배당, 이익금 등)을 지급하고, 반대로 총수익수취인은 총수익지급인에게 변동금리(LIBOR+Xbps)를 지급한다. 최종적으로 만기까지 신용사건이 발생하지 않으면, 준거자산의 시장가치가 계약 당시 시장가치보다 크면 총수익지급자가 총수익수취인에게 그 차액을 지급하고, 반대로 시장가치가 낮으면 총수익수취인이 총수익지급자에게 차액을 지급한다. 신용사건이 발생하는 경우에는 총수익수취인이 총수익지급자에게 손실(계약 당시 시장가치 - 신용사건 발생 당시 시장가치)을 보상한다. 이 거래는 총수익수취인의 입장에서는 준거자산을 실제로 소유하기 위해 자금을 조달할 필요도 없고 채무자와 직접 관계를 갖지 않으면서도 경제적으로는 준거자산을 소유하는 것과 동일한 효과를 얻게 되어 준거자산에 대한 직접투자와 유사한 효과를 갖는다. 반면, 총수익지급인의 입장에서는 일반적으로 자산을 매각하지 않고도 준거자산의 위험을 회피할 수 있고, 특히 신용등급이 높은 은행이라면 LIBOR 금리로 조달한 자금으로 준거자산을 취득하고, 그 준거자산에서 나오는 수익을 총수익수취인에게 이전하면서 LIBOR+Xbps를 취득하여 그 차이인 Xbps만큼의 무위험수익을 얻게 된다.[352)]

---

352) 이와 같은 CDS와 TRS의 개념정의에 대해서는 다음의 3가지 점이 지적된다(본편 주 348)의 문헌 372페이지 참고).

① CDS는 준거채무자에게 발생한 사유 외에도 준거자산에 발생한 사유도 신용사건으로 할 수 있다.

② TRS의 경우에는 준거자산이 꼭 신용위험이 있는 자산으로 한정되지 아니하며, 시장위험만 있는 자산이라도 가능하다(예를 들면, 주가지수).

③ 총수익지급인(Total Return Payer)이 반드시 Libor 금리를 지급할 필요는 없고 당사자끼리 약정한 금리, 통상적으로는 지급통화의 표준금리에 일정한 가산금리를 더한 금리를 지급한다.

총수익스왑과 신용부도스왑의 차이점은, ① 전자는 계약기간 동안 양 방향의 지급이 있는 반면, 신용부도스왑은 일방으로의 지급만 있다는 점, ② 전자는 준거채무자에 대한 신용위험뿐만 아니라 준거자산에서 발생하는 시장위험까지 총수익수취인이 부담하는 반면, 후자는 준거채무자에 대한 신용위험만 부담하고, 따라서 총수익스왑에서는 신용사건이 발생하지 않은 경우에도 준거자산의 시장가치를 반영한 현금흐름이 발생하게 된다는 점이다.

[판례 4-138] 대법원 2022. 11. 10. 선고 2021두35759 판결

1. 사건의 개요[353)]

가. 원고 A 주식회사(이하 '원고 A'라 한다)가 전환사채(이하 '이 사건 CB'라 한다)를 발행하고 이를 I 유한회사(J가 이 사건 CB를 인수하기 위하여 설립한 특수목적회사, 이하 'SPC'라 한다)가 인수하는 계약을 체결함에 있어서, 원고 B 주식회사(이하 '원고 B'라 한다)는 SPC에게 이 사건 CB에 투자한 금액 및 이에 대한 약정이자의 지급을 보장하고 이에 대한 담보로 원고 B가 보유한 부동산을 제공하되, 이 사건 CB의 가격변동에 따라 발생할 이익 또는 손실을 SPC로부터 이전받기로 하는 내용의 계약(Total Return Swap, 이하 '이 사건 TRS 계약'이라 한다)을 체결하였고, SPC는 대주들과 대출계약을 체결하여 그 대출금을 원고 A에게 지급함으로써 이 사건 CB를 인수하였다(이하 통틀어 '이 사건 거래'라 한다).

나. 피고는 ① 원고 B에 대하여, 이 사건 거래는 원고 A에 대한 부당지원행위 및 특수관계인 원고 C에 대한 부당한 이익제공행위에 해당한다는 이유로 구 「독점규제 및 공정거래에 관한 법률」(2017. 4. 18. 법률 제14813호로 개정되기 전의 것, 이하 '구 공정거래법'이라 한다) 제23조 제1항 전단 제7호 가목 및 제23조의2 제1항 제1호에 근거하여 그 판시와 같은 시정명령, 과징금납부명령을 하였고, ② 원고 A에 대하여, 이 사건 거래가 위 부당지원행위 및 특수관계인에 대한 부당한 이익제공행위에 해당할 우려가 있음에도 이 사건 거래를 하였다는 이유로 구 공정거래법 제23조 제2항 및 제23조의2 제3항에 근거하여 그 판시와 같은 시정명령, 과징금납부명령을 하였고, ③ 원고 C에 대하여, 특수관계인에 대한 부당한 이익제공행위에 해당하는 이 사건 거래에 관여하였다는 이유로 구 공정거래법 제23조의2 제4항에 근거하여 그 판시와 같은 시정명령을 하였고, ④ 분할 전 D(이후 원고 주식회사 D, E 주식회사, F 주식회사, G 주식회사, H 주식회사로 분할되었다. 이하 'D'이라 한다)에 대하여, 원고 B로 하여금 부당지원행위에 해당하는 이 사건 거래를 하도록 하였다는 이유로 구 공정거래법 제23조 제1항 후단 제7호에 근거하여 그 판시와 같은 시정명령, 과징금납부명령을 하였다.

353) 이 사건 TRS계약의 내용에 대해서는 원심판결인 서울고등법원 2021. 1. 28. 선고 2018누52497 판결 참조

2. 원고 B가 구 공정거래법 제23조 제1항 제7호를 위반하였는지

가. 행위 요건에 해당하는지(상고이유 제1, 2점)

원심은, 이 사건 CB의 전환권 가치는 사실상 없거나 극히 미미한 수준이었을 것으로 보고 이 사건 CB의 정상금리를 산정하기 위한 비교대상으로 공모 회사채를 선정한 후 민간채권평가회사의 평균금리와 공모 회사채의 금리 간 차이를 조정하는 방식으로 정상금리의 하한을 추정한 다음, 원고 B가 SPC와 무상보증에 준하는 이 사건 TRS 계약을 체결함에 따라 원고 A가 이 사건 CB를 정상금리의 하한에 비하여 상당히 낮은 금리로 발행하는 방법으로 SPC로부터 자금을 조달할 수 있었던 것으로 볼 수 있으므로, 이는 상당히 유리한 조건으로 거래하는 행위를 통하여 원고 A를 지원하는 행위로서구 공정거래법 제23조 제1항 제7호 가목의 지원행위에 해당한다고 판단하였다.

관련 법리와 기록에 비추어 살펴보면, 원심 판단에 TRS 계약, 정상금리 산정에 관한 법리를 오해하거나 채증법칙을 위반하는 등으로 판결에 영향을 미친 잘못이 없다.

나. 부당성 요건에 해당하는지(상고이유 제3점)

원심은 그 판시와 같은 사실을 인정한 다음, 원고 B는 자금난으로 유동성 위기에 직면한 원고 A를 지원하기 위한 의도로 이 사건 TRS 계약을 체결하였고, 이 사건 거래로 인하여 원고 A의 재무건전성이 개선되는 등 관련 시장에서의 경쟁조건이 다른 경쟁사업자에 비하여 유리하게 되어 관련 시장에서의 경쟁이 저해되고 경제력 집중이 유지 · 강화되었으므로, 공정한 거래가 저해될 우려가 있다고 판단하였다.

관련 법리와 기록에 비추어 살펴보면, 원심 판단에 공정거래저해성에 관한 법리를 오해하거나 채증법칙을 위반하는 등으로 판결에 영향을 미친 잘못이 없다.

3. 원고 A가 구 공정거래법 제23조 제2항을 위반하였는지(상고이유 제4점)

원심은 그 판시와 같은 사실을 인정한 다음, 원고 A는 이 사건 거래가 구 공정거래법 제23조 제1항 제7호의 부당지원행위에 해당할 우려가 있음에도 원고 B로부터 지원을 받아 구 공정거래법 제23조 제2항을 위반하였다는 취지로 판단하였다.

관련 법리와 기록에 비추어 살펴보면, 원심 판단에 구 공정거래법 제23조 제2항에 관한 법리를 오해하거나 채증법칙을 위반하는 등으로 판결에 영향을 미친 잘못이 없다.

4. D가 구 공정거래법 제23조 제1항 후단 제7호를 위반하였는지(상고이유 제5점)

원심은 그 판시와 같은 사실을 인정한 다음, D는 원고 B로 하여금 부당지원행위에 해당하는 이 사건 거래를 하도록 시켰거나 이에 준하는 행위를 한 것으로 평가할 수 있으므로, 구 공정거래법 제23조 제1항 후단에서 정한 '계열회사 또는 다른 사업자로 하여금 부당지원행위를 행하도록 한 경우'에 해당한다고 판단하였다.

관련 법리와 기록에 비추어 살펴보면, 원심 판단에 구 공정거래법 제23조 제1항 후단에 관한 법리를 오해하거나 채증법칙을 위반하는 등으로 판결에 영향을 미친 잘못이 없다.

5. 원고 B가 구 공정거래법 제23조의2 제1항을 위반하였는지(상고이유 제6, 7점)

가. 관련 규정 및 법리

구 공정거래법 제23조의2 제1항은 "일정 규모 이상의 자산총액 등 대통령령으로 정하는 기준에 해당하는 기업집단에 속하는 회사는 특수관계인(동일인 및 그 친족에 한정한다)이나 특수관계인이 대통령령으로 정하는 비율 이상의 주식을 보유한 계열회사와 다음 각호의 어느 하나에 해당하는 행위를 통하여 특수관계인에게 부당한 이익을 귀속시키는 행위를 하여서는 아니 된다. 이 경우 각호에 해당하는 행위의 유형 또는 기준은 대통령령으로 정한다."라고 규정하면서, 제1호에서 '정상적인 거래에서 적용되거나 적용될 것으로 판단되는 조건보다 상당히 유리한 조건으로 거래하는 행위'를 규정하고 있다. 구 공정거래법 제23조의2 제1항 후문의 위임에 따라 구 「독점규제 및 공정거래에 관한 법률 시행령」(2017. 7. 17. 대통령령 제28197호로 개정되기 전의 것) 제38조 제3항 [별표 1의3] 제1항 가목은 구 공정거래법 제23조의2 제1항 제1호에 따른 행위 중 하나로, '상당히 유리한 조건의 자금거래', 즉 '가지급금 · 대여금 등 자금을 정상적인 거래에서 적용되는 대가보다 상당히 낮거나 높은 대가로 제공하거나 거래하는 행위'(이하 '자금거래를 통한 특수관계인에 대한 이익제공행위'라 한다)를 규정하고 있다.

구 공정거래법 제23조의2의 규정 내용, 입법 경위 및 입법 취지 등을 고려하면, 구 공정거래법 제23조의2 제1항 제1호에서 금지하는 자금거래를 통한 특수관계인에 대한 이익제공행위는 자금의 제공 또는 거래방법이 직접적이든 간접적이든 묻지 아니하므로, 행위주체가 행위객체에게 부당한 이익을 귀속시킬 목적으로 제3자를 매개하여 자금거래행위가 이루어지고 그로 인하여 행위객체에게 실질적으로 이익이 귀속되는 경우에도 행위 요건을 충족한다.

나아가 구 공정거래법 제23조의2 제1항 제1호에서 금지하는 특수관계인에 대한 부당한 이익제공행위에 해당하려면, 제1호의 행위에 해당하는지 여부와는 별도로 그 행위를 통하여 특수관계인에게 귀속된 이익의 '부당성'이 인정되어야 한다. 여기에서 말하는 '부당성'이란, 이익제공행위를 통하여 그 행위객체가 속한 시장에서 경쟁이 제한되거나 경제력이 집중되는 등으로 공정한 거래를 저해할 우려가 있을 것까지 요구하는 것은 아니고, 행위주체와 행위객체 및 특수관계인의 관계, 행위의 목적과 의도, 행위의 경위와 그 당시 행위객체가 처한 경제적 상황, 거래의 규모, 특수관계인에게 귀속되는 이익의 규모, 이익제공행위의 기간 등을 종합적으로 고려하여, 변칙적인 부의 이전 등을 통하여 대기업집단의 특수관계인을 중심으로 경제력 집중이 유지 · 심화될 우려가 있는지 여부에 따라 판단하여야 한다(대법원 2022. 5. 12. 선고 2017두63993 판결 등 참조).

나. 판단

원심은 그 판시와 같은 사실을 인정한 다음, 이 사건 TRS 계약을 비롯한 이 사건 거래는 원고 B와 원고 A 사이에 직접적인 자금거래행위는 없으나, 원고 B가 원고 A에게 부당한 이익을 귀속시킬 목적으로 제3자인 SPC와 이 사건 TRS 계약을 체결하고 이로 인하여 원고 A가 SPC를 상대로 상당히 유리한 조건으로 이 사건 CB를 발행하여 자금을 조달함에 따라 특수관계인에게 실질적으로 이익이 귀속되었으므로, 구 공정거래법 제23조의2 제1항 제1호의 상당히 유리한 조건으로 거래하는 행위에 해당하고, 그 행위를 통하여 특수관계인에게 귀속된 이익의 '부당성'도 인정된다는 취지로 판단하였다.

관련 법리와 기록에 비추어 살펴보면, 원심 판단에 구 공정거래법 제23조의2 제1항 제1호의 행위 요건, 부당성 요건에 관한 법리를 오해하거나 채증법칙을 위반하는 등으로 판결에 영향을 미친 잘못이 없다.

6. 원고 C가 구 공정거래법 제23조의2 제4항을 위반하였는지(상고이유 제8점)

원심은 그 판시와 같은 사실을 인정한 다음, 원고 C가 구 공정거래법 제23조의2 제1항에 해당하는 이 사건 거래에 관여함으로써 같은 조 제4항을 위반하였다고 판단하였다.

관련 법리와 기록에 비추어 살펴보면, 원심 판단에 구 공정거래법 제23조의2 제4항에 관한 법리를 오해하거나 채증법칙을 위반하는 등으로 판결에 영향을 미친 잘못이 없다.

[판례 4-139] 대법원 2023. 3. 30. 선고 2019다280481 판결

1. 원심판결 이유와 기록에 따르면 다음 사실 및 사정을 알 수 있다.

가. 피고 C는 2004. 3.경부터 원심 변론종결일 무렵까지 D 주식회사(이하 'D'라 한다)가 속한 기업집단인 E그룹의 회장 지위에 있으면서 D의 이사나 대표이사로 재직하였다. 피고 B는 2011. 7.경부터 2016. 3.경까지 D의 대표이사로 재직하였다.

나. E그룹은 이 사건 각 계약 체결 무렵 'D가 F 주식을 보유하고, F는 G 주식을 보유하며, G는 D 주식을 보유하는 방식'으로 순환출자구조를 이루고 있었다.

D는 2006년경부터 2014년경까지 F의 대주주로서 지배권을 유지하기 위하여 H회사, I회사, J증권, K회사, L증권, M증권(이하 'H 등'이라 한다)과 F 주식을 기초자산으로 하여 모두 10여 건의 파생상품계약과 그중 일부에 관한 변경계약을 체결하였다(이하 차례로 '이 사건 F 파생상품계약', '이 사건 F 변경계약'이라 한다). 이 사건 F 파생상품계약의 내용은 개별 계약마다 조금씩 다르지만, 대체로 ① H 등은 계약기간 동안 F 주식을 취득하여 보유하면서 D에 우호적으로 의결권을 행사하고, ② D는 H 등(K회사 제외)에게 약정수수료를 지급하며, 나아가 만기 시 F 주가가 기준가격보다 낮으면 그로 인한 손실 전부를 H 등에게 정산하여 주되 반대로 F 주가가 기준가격보다 높으면 그로 인한 이익의 전부 또는 일부를 H 등(K회사 제외)으로부터 정산받는다는

내용이다.[354]

이 사건 F 변경계약은 대체로 이 사건 F 파생상품계약 중 일부 계약의 만기를 연장하거나 조기종료 요건을 강화하는 내용으로 원래 계약상 주된 급부에 관한 사항은 거의 변경되지 않았다.

다. D는 2012. 1.경 N회사(이하 'N'라 한다)와, N은 E그룹의 계열회사인 O증권이 실시한 유상증자에서 실권된 우선주를 인수하여 계약기간 동안 보유하고, D는 N에게 계약기간 동안 약정수수료를 지급하며, 만기 시 O증권 주가가 기준가격보다 하락하는 경우 그로 인한 손실을 정산하여 주되 반대로 기준가격보다 상승하는 경우에는 그에 따른 이익 중 일부를 배분받는다는 내용의 파생상품계약을 체결하였고, 2014. 4.경 위 계약의 조기종료 요건을 강화하는 내용의 변경계약을 체결하였다(이하 차례로 '이 사건 O증권 파생상품계약', '이 사건 O증권 변경계약'이라 한다).

라. 원고는 D의 주주로서 2013. 11.경 D의 감사들에게 D의 대표이사 또는 이사였던 피고들의 이 사건 F 파생상품계약 및 변경계약, 이 사건 O증권 파생상품계약 및 변경계약의 체결과 관련하여 손해배상책임을 추궁하는 소를 제기할 것을 서면으로 청구하였고, D가 30일 이내에 소를 제기하지 않자 피고들을 상대로 이 사건 소를 제기하였다.

마. 원심은 이 사건 F 파생상품계약 및 변경계약 중 I회사와의 2010. 9. 20. 자, 2011. 2. 9. 자, 2011. 3. 31. 자 계약과 J증권, K회사, L증권, M증권과의 각 파생상품계약 체결행위, N과의 이 사건 O증권 파생상품계약 및 변경계약 중 2012. 1. 9. 자 계약 체결행위에 대해서는 피고들의 손해배상책임을 인정하고, 이 사건 F 파생상품계약 및 변경계약 중 H와의 2007. 12. 28. 자, 2011. 12. 30. 자 계약과 I회사와의 2012. 12. 26. 자, 2013. 12. 13. 자 계약 체결행위, N과의 이 사건 O증권 파생상품계약 및 변경계약 중 2014. 4. 29. 자 계약 체결행위에 대해서는 피고들의 손해배상책임을 부정하였다(이하 전자를 '이 사건 책임인정 계약', 후자를 '이 사건 책임부정 계약'이라 한다).

2. 선관주의의무 내지 감시의무 위반 여부에 대한 상고이유에 관한 판단

가. 관련 법리

1) 이사는 회사와 위임관계에 있으므로 회사에 대하여 선량한 관리자의 주의로써 그 직무를 수행하여야 하고, 법령과 정관의 규정에 따라 회사를 위하여 그 직무를 충실하게 수행하여야 한다(상법 제382조 제2항, 제382조의3, 민법 제681조). 이사가 위와 같은 임무를 게을리한 경우에는 회사에 대하여 손해를 배상할 책임이 있다(상법 제399조 제1항).

---

354) 이 사건 파생상품계약(TRS계약)의 내용에 대해서는 원심판결인 서울고등법원 2019. 9. 26. 선고 2016나2063874 판결 참조

이사는 법령 또는 정관에 정해진 목적 범위 내에서 회사의 경영에 관한 판단을 할 재량권을 가지고 있다. 기업의 경영은 장래의 불확실한 상황을 전제로 이루어지는 경우가 많으므로 거기에는 다소의 모험과 그에 따른 위험이 수반될 수밖에 없다. 따라서 이사가 법령에 위반됨이 없이 임무를 수행하는 과정에서 합리적으로 이용 가능한 범위 내에서 필요한 정보를 충분히 수집·조사하고 검토하는 절차를 거친 다음, 이를 근거로 회사의 최대 이익에 부합한다고 합리적으로 신뢰하고 신의성실에 따라 경영상의 판단을 내렸고, 그 내용이 현저히 불합리하지 않은 것으로서 통상의 이사를 기준으로 할 때 합리적으로 선택할 수 있는 범위 안에 있는 것이라면, 비록 사후에 그 회사가 예상했던 이익을 얻지 못하고 손해를 입게 되는 결과가 발생하였다 하더라도 그 이사의 행위는 허용되는 경영판단의 재량 범위 내에 있는 것이어서 해당 회사에 대하여 손해배상책임을 부담한다고 할 수 없다(대법원 2007. 10. 11. 선고 2006다33333 판결, 대법원 2010. 1. 14. 선고 2007다35787 판결 등 참조). 이사가 임무를 수행하면서 검토할 사항은 거래를 하는 목적이나 동기, 거래의 종류와 내용, 상대방과의 관계, 소속 회사의 재무적 상황 등에 따라 달라지므로, 사안마다 개별적으로 판단되어야 한다. 또한 이사의 경영판단을 정당화할 수 있는 이익은 원칙적으로 회사가 실제로 얻을 가능성이 있는 구체적인 것이어야 하고, 일반적이거나 막연한 기대에 불과하여 회사가 부담하는 비용이나 위험에 상응하지 않는 것이어서는 아니 된다.

2) <u>기업집단을 구성하는 개별 계열회사들은 각자 독립된 법인격을 가진 별개의 회사이므로, 개별 계열회사의 이사는 기업집단이나 다른 계열회사와 관련된 직무를 수행할 때에도 위 1)항과 같은 선관주의의무와 충실의무를 부담한다.</u>
<u>소속 회사가 법령에 위반됨이 없이 동일한 기업집단에 속한 계열회사 주식을 취득하거나 제3자가 계열회사 주식을 취득하게 하는 계약을 체결하는 경우, 이사는 소속 회사의 입장에서 주식 취득의 목적이나 계약 내용에 따라 다음과 같은 사항을 검토하고 필요한 조치를 하여야 한다.</u>
   가) 계열회사가 실시하는 유상증자에 참여하여 그 발행 신주를 인수하는 경우, 이사는 계열회사의 소속 회사 영업에 대한 기여도, 유상증자 참여가 소속 회사에 미치는 재정적 부담의 정도, 계열회사의 재무상태 및 경영상황, 유상증자 참여로 소속 회사가 얻을 수 있는 영업상 또는 영업외의 이익, 유상증자에 참여하는 경우와 그렇지 않은 경우 계열회사에 미치는 영향 및 그로 인하여 소속 회사에 예상되는 이익 및 불이익의 정도 등을 객관적 자료를 바탕으로 구체적으로 검토하여야 한다(위 대법원 2006다33333 판결 참조).
   나) 순환출자구조를 가진 기업집단에 속한 소속 회사가 자신이 이미 지배하고 있는 계열회사에 대하여 적대적 M&A가 시도되거나 시도될 우려가 있는 상황에서 이를 저지하기 위해 계열회사 주식을 추가로 취득하는 경우, 소속 회사

의 계열회사에 대한 경영권이 방어되는 한편, 이를 통해 기업집단이 유지되면서 지배주주의 소속 회사나 기업집단에 대한 지배권도 전과 같이 유지되게 된다. 이 경우 이사는 소속 회사와 계열회사 사이의 영업적·재무적 관련성 유무와 정도, 소속 회사의 계열회사에 대한 경영권 유지와 상실에 따른 이익과 불이익의 정도, 기업집단의 변경이나 지배주주의 지배권상실에 따른 소속 회사의 사업지속 가능성, 소속 회사의 재무상황과 사업계획을 고려한 주식취득 비용의 적정성 등을 객관적 자료를 바탕으로 구체적으로 검토하여야 한다.

다) 회사가 위 가)항 및 나)항과 같은 목적을 위하여 제3자와 계열회사 주식을 기초자산으로 하는 파생상품계약을 체결하여 제3자로 하여금 계약 기간 동안 계열회사 주식을 보유하게 하는 경우, 이사는 그 계약 방식에 따르는 고유한 위험으로서 기초자산인 계열회사 주가 변동에 따른 손실 가능성 및 규모, 소속 회사의 부담능력 등을 객관적·합리적으로 검토하고, 그에 따라 파생상품계약의 규모나 내용을 적절하게 조정하여 소속 회사가 부담하는 비용이나 위험을 최소화하도록 조치하여야 한다.

3) 이사는 대표이사나 다른 이사가 선량한 관리자의 주의로써 그 직무를 수행하는지, 법령과 정관의 규정에 따라 회사를 위하여 그 직무를 충실하게 수행하는지를 감시·감독하여야 할 의무를 부담한다. 특정 이사가 대표이사나 다른 이사의 업무집행으로 인해 이익을 얻게 될 가능성이 있는 경우에도 그 이사는 이러한 감시·감독의무를 부담한다. 따라서 이사가 대표이사나 다른 이사의 업무집행이 위법하거나 이들이 선관주의의무나 충실의무를 위반하였다고 의심할 만한 사유가 있음에도 고의 또는 과실로 감시의무를 위반하여 이를 방치한 때에는 이로 말미암아 회사가 입은 손해에 대하여 상법 제399조 제1항에 따른 배상책임을 진다.

나. 이 사건 책임인정 계약 부분의 선관주의의무 내지 감시의무 위반 여부

1) 이 사건 F 파생상품계약 및 변경계약 중 책임인정 계약 부분

가) 원심은 다음과 같은 이유로 피고들을 비롯한 D의 대표이사와 이사들이 선관주의의무 내지 감시의무를 위반하였다고 판단하였다.

(1) 이 부분 계약은 D의 F에 대한 경영권을 방어하고 나아가 피고 C를 정점으로 한 E그룹의 순환출자구조를 유지하기 위하여 F에 대한 의결권을 추가로 확보할 목적에서 체결된 파생상품계약이다.

(2) 이 부분 계약은 만기 시 F 주가가 계약 체결 시보다 하락하면 그로 인한 손실을 모두 D가 부담하는 구조이고 수수료도 D의 영업이익에 비하여 과다한 액수이므로, 계약 체결에 관여한 D의 대표이사나 이사들은 만기 시 F 주가 하락에 따른 손실 발생가능성, 이에 대한 관리방안 등에 관하여 합리적으로 이용가능한 범위 내에서 필요한 정보를 충분히 수집·조사하고 검토하였어야 한다. 그럼에도 D의 대표이사나 이사들은 해운업 경기나 F

주가에 관한 부정적인 전망을 가능하게 하는 자료는 외면한 채 F의 장래 현금흐름이 낙관적임을 전제로 D가 평소 파생상품계약의 가치를 평가해 오던 방식과는 다른 추정 방법에 따라 만기 시 주가가 계약 체결 시보다 훨씬 상승할 것이라는 내용을 담은 자료만을 바탕으로 이 부분 계약 체결의 타당성을 검토하였다.

(3) F에 대한 경영권은 E그룹의 의사결정에 따라 행사되어왔으므로 이 부분 계약을 통해 기존 경영권 행사가 유지된다는 사정만으로 D에게 이익이 있다고 보기 어렵다. D가 이 부분 계약을 통해 우호 지분을 확보하지 않는다고 하더라도 특별한 사정이 없는 한 이미 보유한 지분 비율에 따라 D의 장부에 반영하던 지분법 손익을 인식하지 못하게 되는 것이 아니다. 이 부분 계약은 F에 대한 경영권을 유지하고자 의결권을 추가로 확보하기 위해 체결된 것이지 보유 지분 처분을 통해 경영권 프리미엄을 얻기 위하여 체결된 것이 아니고, 이 부분 계약을 통한 추가적 의결권 확보는 계약 만기까지 한정된 기간만 유지될 뿐이며, D가 계약상대방의 F 주식 처분에 대한 통제권을 가진 것이 아니므로 이 부분 계약을 통해 D가 보유하는 주식에 경영권 프리미엄이 더해진다고 보기 어렵다. 피고들이 내세우는 E그룹의 계열회사로서 브랜드 가치 등의 이익은 구체적·객관적이지 않고, D의 이사들이 피고 C 등 지배주주의 D에 대한 경영권이 상실될 경우 D가 종래의 사업을 지속할 수 있는지에 관하여 필요한 정보를 수집·조사하고 검토하였다고 볼 만한 자료도 없다. 결국 D가 이 부분 계약을 통해 F에 대한 의결권을 추가 확보함으로써 얻는 이익은 그 실체가 불분명하다. 또한 D의 대표이사나 이사들이 이러한 계약 체결의 이익이나 필요성에 관하여 충분한 검토를 거쳤다고 볼 수도 없다.

(4) 피고 C는 이 부분 계약 체결 무렵 E그룹의 회장이자 D의 이사 및 F의 이사 겸 이사회 의장이었던 사람으로서, 해운업 경기 전망, F의 재무상황 및 주가추이 등을 잘 알고 있는 상태에서 E그룹 전략기획본부의 임원들로부터 계약 체결을 위한 보고를 받고 이사회 안건 자료들을 제출받았으므로, 이 계약들로 인하여 D가 손실을 입을 위험성이 있음에도 다른 이사들이 이에 관하여 제대로 검토하지 않은 반면 자신은 그를 통하여 순환출자구조를 유지함으로써 E그룹에 대한 지배권을 유지하는 이익을 얻게 된다는 점을 알고 있었음에도 이 부분 계약 중 I회사와의 2011. 3. 31. 자 계약을 직접 체결하고 나머지 계약들에 관하여 충분한 검토가 이루어지도록 조치하거나 계약 체결을 방지하지 않았다.

나) 원심판결 이유를 앞서 본 법리와 기록에 비추어 살펴보면, 원심의 이러한 판단은 정당하고 거기에 피고들 상고이유 주장과 같이 선관주의의무의 내용과 기

준, 이익충돌, 회사의 법인격, D의 이익, 감시의무 등에 관한 법리를 오해하거나 필요한 심리를 다하지 않은 채 논리와 경험의 법칙에 반하여 자유심증주의의 한계를 벗어나는 등의 잘못이 없다.

2) 이 사건 O증권 파생상품계약 및 변경계약 중 책임인정 계약 부분

가) 원심은 다음과 같은 이유로 피고들이 선관주의의무 내지 감시의무를 위반하였다고 판단하였다.

(1) 이 부분 계약은 O증권이 프라임브로커리지 서비스업을 영위하는 종합금융투자사업자로 지정되기 위해 필요한 자본금 확충을 도와주려는 목적에서 체결된 파생상품계약이다.

(2) D는 O증권과 계열회사 관계에 있었을 뿐 O증권과 영업적 관련성을 가지고 있지 않았고, O증권이 프라임브로커리지 서비스업을 영위하는 종합금융투자사업자로 지정되는 것이 D에 어떠한 긍정적 영향을 미치는지 분명하지 않았다. 또한 피고 B와 D의 이사들은 계약 체결 당시 이에 대하여 검토하지도 않았다.

(3) D는 이 부분 계약 체결 당시 이미 다른 파생상품계약으로 인하여 거액의 수수료 지급 및 평가손실 발생으로 인한 비용이 상당한 상태였고, 이 부분 계약은 만기 시 O증권의 주가 하락에 따라 막대한 손실이 발생할 수 있는 구조이므로 피고 B와 D의 이사들은 계약으로 인한 손실 발생 가능성, 이에 대한 관리 방안 등에 대하여 합리적으로 이용가능한 범위 내에서 필요한 정보를 충분히 수집·조사하고 검토하였어야 한다.

그럼에도 D의 이사들은 만기가 아니라 계약 체결 무렵을 기준으로 O증권 우선주의 적정 가격을 평가하고 이를 바탕으로 미래 O증권 우선주의 적정 주가 범위를 평가한 자료만을 바탕으로 이 부분 계약의 수익성을 검토하였을 뿐이고, 검토한 자료에 따르더라도 O증권 주가가 손익분기점을 넘기지 못할 가능성이 높았음에도 만연히 O증권 주가 상승에 따른 수익을 기대할 수 있다고 보고 이 부뷰 계약을 체결하였다.

(4) 피고 C는 이 부분 계약 체결 무렵 E그룹의 회장이자 D의 이사 및 O증권의 이사 겸 이사회 의장이었던 사람으로서, O증권의 재무상황, 주가추이, 유상증자 진행 상황, D가 파생상품계약으로 인하여 입고 있는 손실 등에 대하여 잘 알고 있는 상태에서 E그룹 전략기획본부의 임원들로부터 이 부분 계약 체결을 위한 보고를 받고 이사회 안건 자료들을 제출받았으므로, 이 부분 계약이 O증권을 지원하기 위하여 체결되었고 그 계약 체결로 인하여 D가 손실을 입을 위험성이 있음에도 다른 이사들이 이에 관하여 제대로 검토하지 않은 반면, 자신은 그를 통하여 순환출자구조를 유지함으로써 E그룹에 대한 지배권을 유지하는 이익을 얻게 된다는 점을 알고 있었음에도, 충분한

검토가 이루어지도록 조치하거나 계약 체결을 방지하지 않았다.

나) 원심판결 이유를 앞에서 본 법리와 기록에 비추어 살펴보면, 원심의 이러한 판단은 정당하고 거기에 피고들 상고이유 주장과 같이 선관주의의무의 내용과 기준, 이익 충돌, 회사의 법인격, 감시의무 등에 관한 법리를 오해하거나 필요한 심리를 다하지 않은 채 논리와 경험의 법칙에 반하여 자유심증주의의 한계를 벗어나는 등의 잘못이 없다.

다. 이 사건 책임부정 계약 부분의 선관주의의무 내지 감시의무 위반 여부

1) 원심은 다음과 같은 이유로 피고들이 선관주의의무 내지 감시의무를 위반하지 않았다고 판단하였다.

이 사건 책임부정 계약은 이미 체결된 파생상품계약이 종료될 상황에서 같은 계약상대방과 추가로 체결한 파생상품계약이다. 그중 H과의 2007. 12. 28. 자 계약은 기존 파생상품계약 종료로 인해 D가 H로부터 거액의 정산금을 지급받은 직후 유사한 내용으로 다시 체결된 것인데, 당시는 해운업 경기가 좋았고 해운업 경기에 대한 별다른 위험경고가 없어 만기 시 F 주가 상승에 따른 정산이익을 기대할 수도 있는 상황이었다. H와의 2011. 12. 30. 자 계약, I회사와의 2012. 12. 26. 자, 2013. 12. 13. 자 계약, N과의 2014. 4. 29. 자 계약은 기존 파생상품계약에서 정한 바에 따라 계약이 종료되어 계약상대방에게 당장 막대한 정산금을 지급하였어야 하는 상황에서 계약의 종료를 막고 계약 기간을 늘리기 위한 목적에서 체결된 계약으로, D의 대표이사나 이사들은 기존 계약 종료로 인한 손실이 D에 미칠 재무적 위험성을 피하고 장래에는 정산손실이나 그 손실이 D에 미칠 부정적 영향이 축소될 것을 기대하며 계약을 체결하였는데 그러한 기대가 현저히 불합리하다고 보기 어렵고, D는 계약을 체결함으로써 당장 거액의 자금이 유출되는 것을 막고 그 자금을 회사 운영을 위한 필요에 맞추어 사용할 수 있었으므로, D의 이사들이 위 계약들을 체결한 것이 경영판단의 재량권 범위를 넘는 것이라고 보기 어렵다.

2) 원심판결 이유를 앞서 본 법리와 기록에 비추어 살펴보면, 원심의 이러한 판단은 정당하고 거기에 원고 상고이유 주장과 같이 선관주의의무 등에 관한 법리를 오해하거나 필요한 심리를 다하지 않은 채 논리와 경험의 법칙에 반하여 자유심증주의의 한계를 벗어나는 등의 잘못이 없다.

3. 주주권 남용에 대한 상고이유에 관한 판단

원심은, 원고가 2004년경부터 D에 대한 M&A를 시도해 오고 있다는 사정은 인정되나, 피고들이 제출한 증거들만으로는 원고가 오로지 D의 대표이사 또는 이사인 피고들을 압박하여 D에 대한 M&A를 용이하게 하려는 사익적 목적으로 이 사건 소를 제기하였다는 등의 특별한 사정이 존재한다고 인정하기에 부족하다는 이유로, 원고의 이 사건 소제기가 주주권 남용에 해당하지 않는다고 판단하였다.

원심판결 이유를 관련 법리와 기록에 비추어 살펴보면, 원심의 이러한 판단은 정당하고 거기에 피고들 상고이유 주장과 같이 주주권 남용에 관한 법리오해 등의 잘못이 없다.

4. 손해 범위에 대한 상고이유에 관한 판단

원심은, 피고들의 이 사건 책임인정 계약에 관한 선관주의의무 내지 감시의무 위반 여부를 판단하면서 판시와 같은 이유를 들어 피고들 주장의 이익이 존재하지 않거나 추상적이어서 D가 이 사건 책임인정 계약을 통해 피고들 주장의 이익을 얻는다고 보기 어렵다고 판단하였고, 이 사건 책임인정 계약 체결로 인하여 발생한 손해의 범위를 판단함에 있어 계약 이행으로 지급한 수수료 및 정산금 전부 또는 일부를 손해로 인정하였을 뿐, 피고들 주장의 위 이익을 고려하지 않았다.

원심판결 이유를 관련 법리와 기록에 비추어 살펴보면, 피고들 주장의 이익이 존재하지 않거나 추상적이라는 판단을 전제로 이를 손해 범위에 고려하지 않은 원심의 조치를 수긍할 수 있고 거기에 피고들 상고이유 주장과 같이 손해의 개념 및 손해액 산정 등에 관한 법리를 오해하거나 필요한 심리를 다하지 않은 채 논리와 경험의 법칙에 반하여 자유심증주의의 한계를 벗어나는 등으로 판결에 영향을 미친 잘못이 없다.

5. 책임제한에 대한 상고이유에 관한 판단

이사가 법령 또는 정관에 위반한 행위를 하거나 그 임무를 게을리함으로써 회사에 대하여 손해를 배상할 책임이 있는 경우에 그 손해배상의 범위를 정할 때에는, 해당 사업의 내용과 성격, 해당 이사의 임무 위반의 경위 및 임무 위반행위의 태양, 회사의 손해 발생 및 확대에 관여된 객관적인 사정이나 그 정도, 평소 이사의 회사에 대한 공헌도, 임무 위반행위로 인한 해당 이사의 이득 유무, 회사의 조직체계의 흠결 유무나 위험관리체제의 구축 여부 등 제반 사정을 참작하여 손해분담의 공평이라는 손해배상제도의 이념에 비추어 그 손해배상액을 제한할 수 있다. 이때에 손해배상액 제한의 참작 사유에 관한 사실인정이나 그 제한의 비율을 정하는 것은, 그것이 형평의 원칙에 비추어 현저히 불합리한 것이 아닌 한 사실심의 전권사항이다(대법원 2004. 12. 10. 선고 2002다60467, 60474 판결 참조).

원심은 판시와 같은 사정을 들어 피고 C의 손해배상책임을 전체 손해액 345,639,851,681원의 약 50%인 1,700억 원으로, 피고 B의 손해배상책임을 전체 손해액 191,132,732,753원의 약 10%인 190억 원으로 제한하였다.

원심판결 이유를 앞서 본 법리에 비추어 살펴보면, 원심판결에 상고이유 주장과 같이 책임제한 등에 관한 법리를 오해한 잘못이 없다.

[판례 4-140] 서울남부지방법원 2015. 6. 11. 선고 2014가합4256 판결

1. 기초사실

가. 피고 B 주식회사(이하 '피고 회사'라 한다)는 국내외 항공 운송업 등을 영위하는 유가증

권시장 상장법인으로, 발행주식 총수는 195,101,365주인데, 피고 회사의 최대주주는 58,688,063주(지분율 30.08%)를 보유한 G 주식회사(이하 'G'이라 한다)이고, 2대 주주는 24,593,400주(지분율 12.61%)를 보유한 원고 A 주식회사(이하 '원고 회사'라 한다)이다.

나. 피고 회사는 2013. 10. 23. G에 대한 원금 790억 원의 대여금 채권(피고 회사는 2009. 12.경 G이 발행한 790억 원 상당의 기업어음을 인수하였다가 2010. 9.경 새로운 금전소비대차계약을 체결하여 위 기업어음채권을 변제기 2014. 12. 31.로 하는 대여금 채권으로 변경하였다)을 출자전환하여 G 발행주식 4,224,598주(당시 발행주식 총수 32,286,918주의 13.08%)를 취득하였다가, 2014. 3. 21. 그중 1,613,800주(당시 발행 주식 총수 33,226,137의 4.86%, 이하 '이 사건 주식'이라 한다)를 1주당 12,150원에 시간외 대량매매 방식으로 대신증권 주식회사(이하 '대신증권'이라 한다)에 매도하면서 동시에 이 사건 주식을 기초자산으로 하여 아래 도표 기재와 같은 내용의 파생상품거래(Total Return Swap)계약(이하 '이 사건 파생상품거래계약'이라 한다)을 체결하였고, 대신증권은 2014. 3. 25. 위 매매대금을 모두 결제하여 이 사건 주식은 대신증권의 계좌로 입고되었다.

○ 거래조건

- 체결일 2014. 3. 21., 발효일 2014. 3. 25., 종료일 2015. 3. 21.
- 기초자산 및 그 수량: G 보통주 1,613,800주(이 사건 주식을 뜻한다)
- 주식금액: 지급자는 대신증권, 수취자는 피고 회사, 기준가격은 체결일 기초자산의 종가, 결제가격은 평균매도가격에 의함[평균매도가격은 결제일의 주식금액 산정을 위하여 종료일 1개월 전부터 종료일까지 대신증권이 매도한 기초자산의 총 매도금액을 그 기간 동안 대신증권이 매도한 기초자산 수량(종료일 1개월 전에 거래의 일부에 대한 조기종료가 있는 경우 그 조기종료에 의하여 매도된 기초자산은 제외한다)으로 나눈 값을 말한다].
- 고정금리 지급금액: 지급자는 피고 회사 수취자는 대신증권, 고정금리 연 6.4%, 지급금액은 [기준가격 × 고정금리지급금액 지급일 전일 대신증권이 보유하고 있는 기초자산의 수량 × 고정금리 × 실제경과일수/365]의 방식으로 산정, 2014. 3. 25., 2014. 6. 21., 2014. 9. 21., 2014. 12. 21. 선취로 지급

○ 결제조건

- 결제방식: 현금결제
- 결제일: 종료일(2015. 3. 21.) 이후 2영업일
- 대신증권 또는 피고 회사는 결제일에 다음과 같이 계산된 금액을 상대방에게 지급한다.
  - 결제일의 기초자산의 결제가격(평균매도가격)에서 기준가격을 공제한 '행사금

액차액'을 산정하고, 기초자산의 수량에 행사금액차액을 곱하여 '주식금액'을 산정한다. 대신증권이 기초자산을 처분함으로써 발생하는 비용(세금 등)은 주식금액에서 공제한다.

- 위와 같이 산정한 주식금액이 양의 값을 가질 경우에는 대신증권이 피고 회사에 주식금액을 지급하고 주식금액이 음의 값을 가질 경우에는 피고 회사가 대신증권에 주식금액의 절대값에 해당하는 금액을 지급한다.
- 피고 회사와 대신증권의 합의에 의하여 거래의 일부를 조기종료한 경우에는 일부 조기종료일 이후부터 결제가격 결정시까지 대신증권이 보유한 기초자산 수량을 기준으로 하여 주식금액을 계산한다.

○ 본 거래의 조정

- 배당에 대한 특약

대신증권은 거래기간동안 기초자산에 대하여 배당수익이 발생한 경우 이를 피고 회사에 지급하지 아니한다.

○ 조기종료 및 담보제공

- 본 거래는 종료일 이전이라도 쌍방 또는 일방의 요청에 의하여 쌍방 간의 합의에 의하여 본 거래의 일부 또는 전부를 조기종료할 수 있다. 다만, 이 경우 계산대리인이 기초자산의 가격 및 시장상황 또는 고객과의 협의사항 등을 반영하여 합리적이고 정당한 상업적 판단에 의해 선의로 결정한 정산금액으로 본 거래를 종료하기로 한다. 다만, 그 정산금액은 피고 회사 또는 대신증권이 차기 고정금리지급금액 지급일에 상대방에게 지급한다.
- 피고 회사는 대신증권에 위 주식금액 지급의무를 담보하기 위하여 이 사건 파생상품거래계약의 발효일에 기준가격에 기초자산의 수량을 곱한 금액의 30%에 해당하는 금액을 현금으로 담보를 제공한다.

○ 이 사건 주식은 이 사건 파생상품거래계약의 종료일 내에 대신증권의 임의적인 의사에 따라 피고 회사 이외의 불특정 다수인에게 처분될 수 있고, 이 사건 주식에 관한 의결권은 대신증권이 독단적인 판단하에 행사하며 피고 회사는 대신증권에 어떠한 의결권 위임 등의 요청이 불가능하다.

다. 2014. 3. 27. 개최된 피고 회사의 제26기 정기주주총회(이하 '이 사건 주주총회'라 한다)에는 발행주식 총수 195,101,365주 중 110,972,181주에 해당하는 주주가 출석하였는데(위임주주 포함), C, D를 사내이사로, E, F를 사외이사로 각 선임하고자 하는 제2호 안건에 대하여 원고 회사 등 일부 주주가 반대의사를 표명하였으나, G(G가 보유하고 있는 피고 회사의 주식 58,688,063주는 이 사건 주주총회에 출석한 주주의 의결권의 52.88%, 피고회사 발행주식 총수의 30.08%에 해당한다)를 비롯한 출석한 대부분의 주주들이 찬성하여 가결(이하 '이 사건 결의'라 한다)되었다.

라. 한편, C, D는 이 사건 주주총회와 같은 날 이사회 결의를 통하여 피고 회사의 대표이사로 각 선임되었다.

2. 판단

가. 원고의 주장

(1) 피고 회사는 이 사건 주주총회의 상법 제354에 따른 기준일인 2013. 12. 31. 현재 G 발행주식 총수의 10분의 1을 초과하는 주식을 가지고 있었고, 이 사건 주주총회 직전에 이 사건 주식을 대신증권에 형식상 매도하여 그 명의가 대신증권으로 이전되기는 하였으나 다음과 같은 이유로 이 사건 주주총회 당시에도 여전히 G 발행주식 총수의 10분의 1을 초과하는 주식을 가지고 있다고 봄이 상당하다. 따라서 G가 가지고 있는 피고 회사의 주식은 상법 제369조 제3항에 따라 그 의결권이 제한되는바, 결국 이 사건 결의는 상법 제368조 제1항 소정의 의결정족수(발행주식 총수의 4분의 1 이상)를 충족하지 못하였다.

(가) 피고 회사가 이 사건 주식을 대신증권에 매도함과 동시에 대신증권과 사이에 체결한 이 사건 파생상품거래계약은 독점규제 및 공정거래에 관한 법률(이하 '공정거래법'이라 한다) 제15조 제1항, 제66조 제1항 제8호, 같은 법 시행령 제21조의4 제1항 제2호의2 나목에서 규정하는 탈법행위 및 범죄행위에 해당할 뿐만 아니라 주식의 실질적인 처분 의사 없이 오로지 상호주 매각의 외관을 작출함으로써 G의 상호주 소유로 인한 의결권 제한과 피고 회사의 상호출자 해소의무를 회피하려는 탈법적 목적으로 체결된 것이므로 민법 제103조에 위반되어 무효이고, 따라서 이 사건 주식의 매도 역시 효력이 없다(이하, '<u>민법 제103조 위반 주장</u>'이라 한다).

(나) 이 사건 주식의 매도가 유효하다 하더라도, 이 사건 파생상품 거래계약의 내용에 비추어 보면 이 사건 주식 매매대금의 출연 및 이 사건 주식 취득에 따른 손익의 귀속이라는 측면에서 피고 회사는 이 사건 주식을 여전히 자기의 계산으로 보유하고 있고(비모자회사 간 상호주의 의결권 제한에 관한 상법 제369조 제3항의 법률요건에 관한 해석 및 판단에도 이른바 '자기계산의 법리'가 적용된다), 회계처리의 측면에서도 피고 회사는 이 사건 주식을 여전히 자기 소유로 인식하고 있다(이하 '<u>상호주 보유 주장</u>'이라 한다).

(2) 이 사건 주주총회 당시 ① 피고 회사는 출석한 주주 및 주식 수를 제대로 확인하지 아니하였고, ② 출석한 주주들의 동의 없이 C, D, E, F를 이사로 선임하는 제2호 안건을 일괄하여 상정한 후 표결도 일괄하여 실시하였으며, ③ 위 제2호 안건에 대하여 원고 회사를 비롯한 일부 주주가 반대의사를 표시하였음에도 정식으로 찬반의사를 확인하기 위한 표결절차가 존재하지 아니하였고, ④ 이 사건 주주총

회의 의장은 G 의결권 행사의 문제점을 지적하는 주주들의 정당한 의사진행발언을 묵살하는 등 주주들의 정당한 의사참여를 방해하였으며, ⑤ 주주들 중 국민연금공단, 한국투자신탁운용 주식회사 및 H가 제출한 위임장에는 의결권을 위임하는 대리인이 누구인지도 기재되어 있지 아니하였다.

(3) 이 사건 결의에는 위와 같은 각종 절차적 하자로 인하여 부존재 또는 취소 사유가 있다.

나. G의 의결권 행사 적법 여부에 대한 판단

(1) 상호주 판단의 기준 시점

살피건대, 상법 제369조 제3항은 "회사, 모회사 및 자회사 또는 자회사가 다른 회사의 발행주식의 총수의 10분의 1을 초과하는 주식을 가지고 있는 경우 그 다른 회사가 가지고 있는 회사 또는 모회사의 주식은 의결권이 없다"라고 규정하고 있는데 이와 같이 모자회사 관계가 없는 회사 사이의 주식의 상호 소유를 규제하는 주된 목적은 상호주를 통해 출자 없는 자가 의결권 행사를 함으로써 주주총회결의와 회사의 지배구조가 왜곡되는 것을 방지하기 위한 것인바, 이러한 주식 상호소유 제한의 목적을 고려하면, 회사가 다른 회사의 발행주식 총수의 10분의 1을 초과하는 주식을 가지고 있는지 여부는 의결권이 행사되는 주주총회일에 실제로 소유하고 있는 주식수를 기준으로 판단하여야 할 것이므로(대법원 2009. 1. 30. 선고 2006다31269 판결 참조), 이와 달리 피고 회사가 이 사건 주주총회의 기준일인 2013. 12. 31. 현재 G 발행주식 총수의 10분의 1을 초과하는 주식을 가지고 있어서 이 사건 주주총회에서 G의 의결권 행사가 부적법하다는 취지의 원고의 위 주장은 이유 없다.

(2) 민법 제103조 위반 주장에 관한 판단

살피건대 갑 제20호증, 을 제8호증의 각 기재 및 변론 전체의 취지에 의하면, ① 피고 회사는 2013. 10. 23. 출자전환에 의하여 G의 주식을 취득하기 전에 공정거래위원회로부터 위 출자전환은 공정거래법 제9조 제1항 제2호의 '대물변제의 수령'으로 볼 수 있어 상호출자금지의 예외사유에 해당하나, 출자전환에 의해 형성되는 상호출자는 공정거래법 제9조 제2항에 따라 6개월 이내에 해소하여야 한다는 유권해석을 받은 사실, ② 그런데 G는 2010. 1.부터 기업구조조정 촉진법에 따른 채권금융기관 협의회의 관리절차(이하 '워크아웃'이라 한다)가 진행 중이었고, 위 출자전환 다음 날인 2013. 10. 24.부터 이 사건 주식의 매도 전날인 2014. 3. 20.까지 한국거래소가 집계한 G 주식의 1일 거래량은 30,263주 내지 1,322,674주의 범위 내에서 변동되었는데, 1일 거래량이 100,000주 미만인 경우가 위 기간 동안 거래일의 절반 정도에 해당하는 56일가량 있었던 사실이 인정되는바, 이와 같은 사정에 아래 (3)항에서 인정되는 사정을 종합하여 보면, <u>피고 회사가 이 사건 주식을 실질적으로 처분할 의사 없이 단지 G의 B에 대한 의결권 제한과 B의 상호출자 해소의무</u>

를 회피하고, 이 사건 주식을 매도하는 외관을 만들어내기 위하여 이 사건 파생상품거래계약을 체결한 것으로서 그 행위가 공정거래법 제15조 제1항 등에 위반된다거나, 민법 제103조의 반사회질서의 법률행위에 해당된다고 보기는 어렵고, 달리 이를 인정할 만한 증거가 없으므로, 원고 회사의 위 주장도 이유 없다.

(3) 상호주 보유 주장에 관한 판단

(가) 이른바 '자기계산의 법리'가 적용되는지 여부

1) 살피건대 ① 상법이 회사의 자기주식 취득을 규제하는 취지는 자기주식을 취득하는 경우 발생할 수 있는 자본충실의 저해와 회사지배의 왜곡을 방지하기 위한 것인바, 상법은 자기주식취득을 원칙적으로 금지하면서, 자기주식의 취득이 예외적으로 허용되는 경우에도 그 의결권만은 무조건적으로 제한하고 있으며(상법 제341조 제1항, 제341조의2, 제369조 제2항), 자기주식 취득의 범위에 관하여 자기의 명의가 아니더라도 자기의 계산으로 취득한 주식도 자기주식 취득에 해당되는 점, ② 자회사가 모회사의 주식을 취득하는 경우 이는 실질적으로 자기주식 취득과 동일한 행위이므로 상법은 자회사가 모회사의 주식을 취득하는 것도 원칙적으로 금지하고 있으며(상법 제342조의2 제1항), 이 경우 명문의 규정은 없지만 자본충실의 저해와 회사지배의 왜곡 방지라는 측면에서 자기주식 취득의 경우와 마찬가지로 자회사의 계산으로 모회사의 주식을 취득하는 것도 금지되는 것으로 보아야 하는 점, ③ 두 개의 독립된 회사가 서로 상대방 회사에 대하여 출자를 함으로써 발생하게 되는 상호주의 소유 역시 그 본질은 자기주식의 취득과 동일하고, 그 결과 상호주의 보유 또한 자기주식 취득과 마찬가지로 출자의 환급이 일어나 자본충실을 저해하고, 상호주를 소유하는 회사의 경영자들이 서로 결탁하는 경우 출자 없는 지배가 가능해져 회사지배의 왜곡이라는 동일한 폐해를 낳게 되므로, 상법은 비모자회사 간의 상호주 취득의 경우 의결권을 제한 하는 방식으로 규제하고 있는 점(상법 제369조 제3항), ④ 공정거래법은 상호출자제한기업 집단에 속하는 회사가 자기의 주식을 취득 또는 소유하고 있는 계열회사의 주식을 취득 또는 소유하는 것을 금지하고 있는데, 이러한 경우의 하나로 타인의 명의를 이용하여 자기의 계산으로 취득하거나 소유하는 행위를 규정하여(공정거래법 제9조 제1항, 제15조 제1항, 같은 법 시행령 제21조의4 제1항 제2호의2 나목), 이른바 '자기계산의 법리'를 입법적으로 도입한 점 등에 비추어보면, 비록 명문의 규정은 없다고 하더라도 상법 제369조 제3항에서 발행주식의 총수의 10분의 1을 초과하는 주식을 가지고 있는 경우에는 타인의 명의이나 자기의 계산으로 가지고 있는 경우도 포함된다고 해석함이 상당하다.

2) 만일 이렇게 해석하지 않으면 자기의 계산이지만 타인의 명의로 주식을

보유함으로써 상법상 상호주 규제를 용이하게 잠탈할 수 있고, 또한 이러한 경우에도 주식의 상호 소유를 규제하는 위 상법 규정에서 우려하는 주주총회결의의 왜곡이나 회사의 지배구조의 왜곡이 나타날 위험성과 가능성이 있기 때문이다. 한편, 이때 타인의 명의이나 자기의 계산으로 보유하고 있는 주식에 해당되는지 여부를 판단함에 있어서는 그 주식취득을 위한 자금이 회사의 출연에 의한 것인지 여부, 그 주식취득에 따른 손익이 회사에 귀속되는지 여부 등을 종합적으로 고려하여야 할 것이다(자금의 출연 및 손익의 귀속이라는 기준은 대법원 2003. 5. 16. 선고 2001다44109 판결 등에서 상법 제341조가 금지하는 자기주식의 취득에 해당되는지 여부를 판단하는 기준으로 제시하고 있는 것인데, 이 기준은 자기주식의 취득 해당 여부 이외에 다른 국면에서 비록 타인의 명의로 되어 있으나 자기의 계산으로 주식을 보유하고 있는 것인지 여부를 판단해야 하는 경우에도 충분히 사용될 수 있는 기준이라고 보인다).

(나) 피고 회사가 자기의 계산으로 이 사건 주식을 보유하고 있었는지 여부

살피건대, 앞서 본 증거들과 갑 제19호증, 을 제19호증의 각 기재 및 변론 전체의 취지에서 나타나는 다음과 같은 점을 종합하여 보면, 피고 회사가 이 사건 주식의 매매대금을 실질적으로 출연하였다거나 이 사건 주식의 취득에 따른 손익이 피고 회사에 귀속된다고 볼 수 없어 결국 이 사건 주주총회 당시 대신증권의 명의로 이전된 이 사건 주식을 피고 회사가 더 이상 자기의 계산으로 보유하고 있다고 보기 어렵고, 달리 이를 인정할 만한 자료가 없다.

1) 대신증권은 2014. 3. 21 피고 회사로부터 이 사건 주식을 시간외 대량매매 방식으로 매수한 후 B에 이 사건 주식의 매매대금을 실제로 지급하였고, 당시 피고 회사는 대신증권에 주식 매매대금을 대여하지 아니하였으며, 대신증권이 주식 매수자금을 마련할 수 있도록 연대보증 등의 방법으로 기여한 바도 없다.

2) 이 사건 파생상품거래계약에 의하면 대신증권은 이 사건 주식을 보유하는 동안 의결권 및 이익배당을 받을 권리를 가지며, 이 사건 주식을 임의로 피고 회사 이외의 제3자에게 처분할 수 있고(실제로 대신증권은 2014. 9. 23.부터 2015. 1. 14.까지 거래소시장에서 불특정 다수인에게 이 사건 주식 전부를 합계 22,440,717,250원에 매도하였고, 이로 인하여 피고 회사는 대신증권에게 지급해야 할 고정이자 6.4%의 비용을 제외할 경우 2,765,725,099원의 정산 차익을 얻었다), 한편 피고 회사는 이 사건 주식을 우선매수할 권리를 갖지 아니하며, 대신증권에 이 사건 주식의 의결권의 위임 등을 요청할 수도 없다.

3) 이 사건 파생상품거래계약에서는 거래종료일 이후 2영업일인 결제일에

위 계약에서 정한 방식에 따라 산정한 주식금액이 양의 값을 가질 경우(즉, 이 사건 주식의 가격 상승으로 이익이 발생한 경우)에는 대신증권이 피고 회사에 이를 지급하고, 음의 값을 가질 경우(즉, 이 사건 주식의 가격 하락으로 손실이 발생한 경우)에는 피고 회사가 대신증권에 그 절대값에 해당하는 금액을 지급하도록 정하고 있으나, 피고 회사와 대신증권의 위 정산의무는 이 사건 주식의 가격 변동으로 인한 손익에 한하여 부담하는 것이며, 대신증권이 이 사건 파생상품거래계약이 종료될 때 이 사건 주식을 다시 피고 회사에 매도하는 등의 방식으로 피고 회사로부터 위 주식의 매매대금을 그대로 회수할 수 있는 절차는 마련되어 있지 아니하고, 공정거래법상 상호출자 해소의무가 있어 피고 회사가 이 사건 주식을 다시 취득할 수도 없다.

4) 또한, 이 사건 파생상품거래계약에 의하면 위 주식금액 산정을 위한 기간은 거래종료일 1개월 전부터 종료일까지의 기간(이하 '정산기간'이라 한다)인데, ① 정산기간 이전에 피고 회사와 대신증권이 합의에 의하여 거래의 일부를 조기종료한 경우에는 쌍방은 별도의 정산합의를 할 수 있고, ② 대신증권이 정산기간 이전에 쌍방 합의 없이 이 사건 주식 중 일부를 제3자에게 매도한 경우에는, 위 주식금액 산정의 기초가 되는 기초자산의 수량은 이 사건 주식 전부이기는 하나 행사금액차액은 정산기간 내에 매도된 기초자산의 가격에 의하여 산정되므로, 정산기간 내의 주식 매도 가격과 정산기간 이전의 주식 매도가격에 차이가 있을 때에는 쌍방이 부담하는 정산의무의 범위가 이 사건 주식 전부가 정산기간 내에 매도된 경우와는 달라지며, ③ 대신증권이 이 사건 파생상품거래계약의 거래종료일 이후에도 이 사건 주식 중 전부나 일부를 매도하지 않고 계속 소유하는 경우에 그 잔여주식으로 인한 손익은 모두 대신증권에 귀속되므로, 결국 이 사건 주식의 취득에 따른 손익이 언제나 전액 피고 회사에 귀속되지는 않는다.

5) 이 사건 파생상품거래계약에 따라 피고 회사와 대신증권이 각자 부담하게 되는 위험과 얻게 되는 이익을 간략히 요약하면, 피고 회사는 대신증권에 이 사건 주식의 매매대금에 대하여 거래기간인 1년 동안 연 6.4%의 이자 상당액을 지급하고 거래종료 시에 이 사건 주식의 가격 하락으로 인한 손실을 보전해 줄 의무가 있는 대신에 이 사건 주식의 가격이 상승할 경우에는 그로 인한 이익을 취득할 수 있고, 대신증권은 이 사건 주식의 가격 상승으로 인한 이익을 보유하지는 못하지만 손실은 보전받을 수 있으며, 대신 피고 회사로부터 안정적으로 위 이자 상당액을 지급받을 수 있는데, 이러한 계약 내용은 당시 피고 회사와 대신증권 각자의 경제적 고려(피고

회사로서는 공정거래법에 따라 G와의 상호출자를 해소하기 위하여 이 사건 주식을 매도할 필요가 있는 동시에 향후 주가가 상승할 경우에는 그로 인한 이익을 확보하여 출자전환으로 인한 손실을 줄일 필요가 있었고, 워크아웃 중에 있어 그 가치가 불확실한 G의 주식을 매수하는 대신증권으로서는 이 사건 주식의 취득 후 주가 변동으로 인한 손실은 방지하고 안정적인 수익을 확보할 필요가 있었던 것으로 보인다)를 비교적 합리적으로 반영한 것으로 보인다.

6) 한편, 이 사건 주식의 매도 및 이 사건 파생상품거래계약 체결 후 피고 회사의 회계처리와 관련하여, 금융감독원은 원고 회사의 질의에 대한 2014. 4. 25. 자 회신에서는 한국채택국제회계기준에 의할 때 피고 회사는 이 사건 주식을 이 사건 파생상품거래계약에 따른 손익정산이 완료되기 전에는 자산에서 제거할 수 없다는 의견을 밝혔으나, 그 후 위 회신에 대한 피고 회사의 질의에 대하여 2014. 5. 14. 위 의견은 회계처리를 위한 목적에 한하여 유효하므로 주식양도의 법률적 효력을 판단하는 것은 아니라고 답변하였다.

(다) 따라서 이 사건 결의 당시 G가 의결권을 행사한 것은 상법 제369조 제3항에 위반된다는 원고 회사의 위 주장도 결국 이유 없다.

다. 그 밖의 절차적 하자 주장에 대한 판단

(1) 출석주식 및 주주 수 확인 여부

살피건대, 앞서 본 증거들과 을 제21 내지 27호증의 각 기재 및 영상에 의하면, 피고 회사는 자본시장과 금융투자업에 관한 법률(이하 '자본시장법'이라 한다) 제152조에 따른 의결권위임권유절차에 따라 사전에 주주들로부터 위임장을 제출받은 사실, 피고 회사가 이 사건 주주총회가 열린 본관 건물 1층 주주확인 데스크에서 컴퓨터를 통하여 확인된 주주들에게 일련번호가 기재된 주주확인표를 교부하였고, 4층 주주총회장 출입문 앞에서 주주확인표의 점선 부분을 잘라 왼쪽 부분은 주주에게 다시 교부하고, 오른쪽 부분은 투명상자에 넣은 다음 주주를 입장시킨 사실을 인정할 수 있는바, 이러한 사실들에 비추어보면, 피고 회사는 이 사건 주주총회에서 상당한 방법으로 출석 주식과 주주 수를 집계하고 위임장을 확인한 것으로 보이고, 원고 회사가 제출한 증거만으로는 위 확인절차가 제대로 이루어지지 아니하였다고 인정하기 부족하므로, 원고 회사의 위 주장도 이유 없다.

(2) 복수 안건의 일괄표결

살피건대, 앞서 본 증거들과 을 제29호증의 기재에 의하면, 상장회사 표준주주총회 운영규정은 의장이 복수의 의안에 대하여 일괄해서 표결에 부칠 수 있다고 규정하고 있는 사실, 피고 회사는 의결권위임권유절차에 따라 이 사건 주주총회 개시 전까지 주주들로부터 위임장을 제출받았는데, 의결권권유자는 위임장 용지에 나타난 의결권 피권유자의 의사에 반하여 의결권을 행사할 수 없으므로(자본시장법 제152조 제5항) 사전에 제2호 안건에 찬성하는 주주의 수를 집계할 수 있었던 것으로 보이고, 원고 회사 발행주식 총수의 30.08%를 보유한 G의 찬성만으로도 출석한 주주 의결권의 과반수와 발행주식 총수의 4분의 1 이상의 수라는 의결정족수(상법 제368조 제1항)를 충족하는 것이 명확한 상황이었던 사실을 인정할 수 있는 바 이러한 사실들에 비추어 보면, 4명의 이사후보에 대한 선임에 모두 찬성하는 G의 의결권 행사만으로도 이 사건 결의는 의결정족수가 충족되므로, 설령 복수 안건을 일괄하여 표결한 것을 잘못이라고 하더라도 이는 주주들의 의사를 왜곡하여 결론에 영향을 미칠 정도에 이르지 아니하여 결의 방법이 현저히 불공정하다거나 결의방법에 총회결의가 존재한다고 볼 수 없을 정도의 중대한 하자가 있다고 할 수 없다. 따라서 원고 회사의 위 주장도 이유 없다.

(3) 이사 선임 안건 표결절차의 존부

살피건대 앞서 본 증거들에 의하면 이 사건 주주총회 당시 의장은 위 '(2)'항에서 본 바와 같이 단독으로 출석한 주주 의결권의 과반수와 발행주식 총수의 4분의 1 이상의 수라는 의결정족수를 충족하는 G의 대리인을 포함한 다수의 출석 주주들이 찬성 의견을 표시하자 제2호 안건의 가결을 선포한 사실을 인정할 수 있는바, 이에 비추어 보면, 이 사건 주주총회 현장에서 각 주주들의 찬반의사를 확인하는 방법으로 표결 절차를 거치지 아니하였다거나 구체적인 집계결과를 발표하지 아니하였다는 사정만으로는 결의방법이 현저히 불공정하다거나 결의방법에 총회결의가 존재한다고 볼 수 없을 정도의 중대한 하자가 있다고 할 수 없고, 달리 원고의 주장과 같이 이 사건 결의 당시 표결절차가 존재하지 않았음을 인정할 증거도 없다. 따라서 원고 회사의 위 주장도 이유 없다.

(4) 주주들의 정당한 의사참여 방해

살피건대, 앞서 본 증거들에 의하면, 이 사건 주주총회 당시 의장은 원고 회사의 대리인 I 등이 의사진행발언을 요청한 경우 발언기회를 부여하였고, 다만 G의 의결권 행사에는 하자가 없다는 법률적 검토를 마쳤다고 설명하면서 안건의 내용과 무관한 발언은 제한한 사실이 인정되는바 이는 의장으로서 총회의 질서를 유지하고 의사를 정리할 정당한 권한(상법 제366조의2 제2항)을 행사한 것으로 보이고, 원고 회사가 주장하는 사정만으로는 그 질서유지권의 행사가 합리적이고 적절한 범위를 넘어서 현저하게 불공정한 정도에 이른 것으로 보이지 아니하며, 달리 이를 인정할 증거가 없으므로, 원고 회사의 이 부분 주장도 이유 없다.

(5) 대리인이 기재되지 않은 부적법한 위임장

살피건대 앞서 본 증거들에 의하면, 원고 회사의 주장과 같이 국민연금공단, 한국투자신탁운용 주식회사 및 H가 제출한 위임장에는 의결권을 위임하는 대리인이 누구인지도 기재되어 있지 않은 사실은 인정되나, 의결권위임권유절차에 따라 위임장을 제출한 위 주주들의 의사는 원고 회사가 의결권의 대리행사를 권유하면서 함께 교부한 참고서류에 기재된 대리인(원고 회사의 직원 J, K)에게 의결권의 행사를 위임하는 것이라고 보는 것이 합리적이므로 대리인이 기재되어 있지 않다는 이유만으로 위임장의 효력을 부인하기 어렵고, 위 주주들의 주식 수를 제외하더라도 의결정족수가 충족됨에는 변함이 없으므로, 이러한 사정만으로는 결의방법이 현저히 불공정하다거나 결의 방법에 총회결의가 존재한다고 볼 수 없을 정도의 중대한 하자가 있다고 할 수 없다. 따라서 원고 회사의 위 주장도 이유 없다.

[TRS 참고 자료 ①] 금호산업 지분 TRS, 트루세일일까?[355)]

아시아나항공이 금호산업 지분을 결국 총수익스왑(TRS) 거래 방식으로 처분한다. 금호산업이 아시아나항공 지분(30.08%)의 의결권을 되찾으려면 아시아나항공은 갖고 있는 금호산업 지분(12.83%)을 매각해야 하지만 실패하자 비상계획(컨틴전시 플랜)을 실행시킨 게 'TRS'거래다.

TRS거래는 태생적으로 '파킹거래(Parking Deal)'라는 의심을 안고 있는 장외파생상품의 일종이어서 금호아시아나그룹이 장고(長考) 끝에 악수를 뒀다는 지적이 없지 않다. 반면 이 거래의 계약방식을 조금 수정하는 것으로 법적으로 '트루세일(True Sale)' 요건을 갖추려 했다는 점에서 '묘수'를 찾았다는 긍정론도 적지 않다.

TRS거래가 본질적으로 소유권을 잠시 위탁만하는 파킹거래로 의심받는 까닭은 계약의 만기가 주어져 있고 매각 대상물의 가치변화 리스크를 매각 측이 안고 가는 속성 때문이다. 아시아나항공은 '금호산업 주식'이라는 금융자산을 팔고 매각금액을 TRS 투자자들로부터 수취하지만 계약기간(6개월~2년) 동안 금호산업 주식의 시장가격 변동 책임을 모두 떠안아야 한다.

이런 이유 때문에 회계적으로 TRS거래는 트루세일로 간주하지 않는게 정설이다. 한국채택국제회계기준(K-IFRS) 제1039호에서는 TRS의 회계처리를 다음과 같이 규정하고 있다.

"양도자는 양수자에서 금융자산을 매도하고 양수자와 총수익스왑(TRS) 계약을 체결할 수 있다. 이 계약으로 양도자는 확정지급금액이나 변동이자와 교환하여 기초자산의 이자 현금흐름 전부를 수취하며, 기초자산의 공정가치 상승이나 하락을 향유하거나 부담한다. 이 경우 (장부상에서) 자산의 제거는 금지된다."

TRS거래에도 불구 위험과 보상의 주체는 양도자가 되므로 양도자의 재무제표에서 금호산업 주식을 제거하지 못한다는 뜻이다.

회계적으로 트루세일이 아니라고 해서 법리적으로까지 트루세일로 간주하지 않는다는 뜻은 아니다. 논란이 팽팽하다.

355) https://www.thebell.co.kr/free/content/ArticleView.asp?key=2014032401000353100021 36&lcode=00

아시아나항공의 이번 TRS거래를 자문한 법무법인 ○○에 따르면 아시아나항공은 금호산업 지분 의결권을 매수자에게 넘겼다. 일반적으로 주식의 소유권자가 갖는 배당 수취권도 아시아나항공이 TRS 투자자에게 넘겼다. 또 일정 기간 후 되살 수 있는 콜옵션을 포함시키지 않아 만기가 지나면 TRS 투자자는 마음대로 제3자에게 금호산업 주식을 처분할 수 있다. 파킹거래로 볼 이유가 없다는 게 법무법인 세종의 자문 결과다.

업계 한 관계자는 "금융전문가들 손에서 법률 자문을 거쳐 트루세일 논란을 사전에 차단시켜 놓았다"고 했다.

반면, 국내 다른 대형로펌 관계자는 "장외파생상품 소유권에 대해서는 여러 논란이 있다. 삼성전자 주식옵션을 매수한 투자자가 삼성전자 보통주 의결권을 소유하게 되는 건 아니다. 장외에서 별도의 계약을 맺고 특정 주식의 의결권을 매매하더라도 그 의결권이 항구적으로 거래 상대방에게 넘어가지 않았고 장외 계약의 구속력이 명확치 않아 진성매각인지는 계약서 등을 꼼꼼히 따져보아야 한다"고 말했다.

현재 아시아나항공은 금호산업 채권단 운영위원회에 관련 계약서를 제출하지 않은 것으로 알려졌다. 채권단 한 관계자는 "외부 공개를 못할 지라도 최소한 채권단 운영위원회에서는 공개를 해 달라고 요구했으나 받아들여지지 않았다"고 말했다.

TRS거래는 트루세일일까 아니면 파킹거래일까. 이 논란은 앞으로 아시아나항공 의결권을 둘러싸고 이해관계자들 사이에 지난한 논쟁이 펼쳐질 것으로 보인다. 경우에 따라 사법부의 판단이 요구될 수도 있다. 아울러 TRS거래를 상호출자 해소의 한 수단으로 활용했다는 측면에서 대기업집단 규제 당국인 공정거래위원회 역시 큰 관심을 갖고 바라보고 있다는 게 업계 전언이다.

- 문병선 기자

[TRS 참고 자료 ②] "아시아나의 금호산업 주식양도는 차입거래 해당" 금감원, 소유권 이전 회계처리 제동[356)]

주식을 파생상품거래인 총수익스와프(TRS) 방식으로 양도한 경우 실제로 주식 소유권이 이전된 것으로 회계처리해서는 안 된다는 금융감독당국의 유권해석이 나왔다. 기업들이 복잡한 파생상품 거래를 이용해 주식 소유 규제를 회피하는 것이 앞으로 어려워질 전망이다.

24일 공정거래위원회, 금융감독원, 금호그룹의 말을 종합하면 금감원은 지난 4월 25일 금호석유화학에 보낸 '총수익스와프 조건부 주식양도의 회계처리에 관한 질의에 대한 회신'에서 "아시아나항공은 금호산업의 주식을 총수익스와프 거래 시점에 회계장부에서 제거하지 않고, 계약이 끝나 손익정산이 완료된 시점에 장부에서 제거

356) https://www.hani.co.kr/arti/economy/economy_general/643958.html

하는 것이 옳다"고 밝혔다.

아시아나항공은 보유 중인 금호산업 주식 12.8%를 지난 3~4월 대신증권에 총수익스와프 방식으로 양도한 바 있다. 총수익스와프 내용은 매수자(대신증권)가 해당 주식을 제3자에게 매도할 때까지 매도자(아시아나항공)가 일정 금리를 제공하고, 추후 주식 매각이 이뤄지면 주가 상승과 하락에 따른 수익 · 손실은 모두 매도자에게 귀속되는 방식이다. 또 해당주식에 대한 의결권 · 배당권 · 처분권은 모두 매수자(대신증권)가 보유하도록 되어 있다. 이에 대해 금호석유화학은 "아시아나항공의 주식거래는 진성거래가 아닌 차입거래이기 때문에, 회사의 자산항목에서 금호산업 주식을 제거할 수 없다"며, 금감원에 유권해석을 의뢰했다.

이에 앞서 아시아나항공은 지난해 10월 말 금호산업이 발행한 기업어음(CP)을 주식으로 출자전환해 12.8%의 지분을 확보했다. 금호산업은 이미 아시아나항공의 주식 30%를 보유하고 있어, 결과적으로 두 회사는 서로 상대방의 주식을 갖게 됐다. 상법상 10% 이상의 상호주는 의결권이 제한된다. 또 공정거래법상 재벌의 상호출자제한 위배에 해당돼 해당주식을 6개월 이내에 처분해야 한다. 아시아나항공은 대신증권과의 총수익스와프 계약을 통해 주총 전후 두 차례로 나눠 금호산업 주식을 전량 양도해, 상법상 상호주 의결권 제한과 공정거래법상 상호출자제한 위반 문제를 모두 해소했다고 주장해왔다.

이에 대해 금감원은 회신에서 "금호산업 주식은 총수익스와프 계약기간 중 배당금을 지급할 가능성이 희박하므로 주식 소유에 따른 순현금흐름은 주로 금호산업 주식의 처분 등에 따라 변동할 것이기 때문에, 금호산업 공정가치의 변동에 따른 위험과 보상의 대부분을 아시아나항공이 보유하고 있는 것으로 판단된다"고 밝혔다. 한국형국제회계기준에 따르면 금융자산을 양도한 경우 양도자가 금융자산의 소유에 따른 위험과 보상의 대부분을 보유하면 해당 금융자산을 계속 (보유한 것으로) 인식하도록 되어 있다. 금호석유화학 관계자는 "금감원의 유권해석에 따라 아시아나항공은 지난 5월 공시한 올해 1분기 사업보고서에서, 금호산업 주식을 여전히 회사의 자산으로 잡고, 총수익스와프를 통해 받은 돈(519억 원)을 금융부채로 회계처리함으로써, 파생상품거래가 진성매매가 아니라 차입거래임이 확인됐다"고 주장했다.

금감원의 유권해석은 복잡한 파생상품을 이용한 주식거래와 관련해 실제 소유 여부를 판단할 수 있는 기준을 제시했다는 점에서 의미가 있다. 경제개혁연구소의 채이배 연구위원은 "복잡한 파생상품거래를 이용해 주식소유 규제를 회피하려는 시도가 늘어날 것이기 때문에, 앞으로 실제거래와 금융차입을 구분하는 기준을 보다 명확히 할 필요가 있다"고 지적했다.

금감원의 유권해석으로 금호석유화학이 금호산업과 아시아나항공을 상대로 진행 중인 소송에서 유리한 고지를 점하게 됐다. 금호석유화학은 금호산업이 아시아나항공 주총에서 의결권을 행사해 박삼구 회장을 등기이사로 선임한 것은 위법이라며, 주총 결의 무효 소송과 이사직무집행정지 가처분신청을 4월1일 법원에 냈다. 법원은 곧 가처분 결정을 내릴 예정이다. 금호산업은 "금감원의 유권해석은 금호산업 주식의 회계처리 기준을 제시한 것으로서, 법률상 소유 판단 기준과 꼭 일치하는 것은 아니다"라고 해명했다.

– 곽정수 선임기자 jskwak@hani.co.kr

M&A금융의 셀다운(Sell-down)

1 셀다운의 의의

당초에는 M&A금융계약의 체결시점에 계약체결이 가능한 대주만이 계약을 체결하고, 그 후에 대주단결성을 위하여 또는 기타의 사유로, 금융계약상의 지위 및 이에 수반하는 권리・의무의 양도나 대출채권의 양도가 이루어지는 경우가 있는데, 이것을 실무에서는 보통 「셀다운(Sell-Down)」이라고 한다.

셀다운(Sell-down)의 목적은 사안에 따라 다양하지만, 크게는, (i) 당초부터 계획되었던 대주단결성의 목적으로 이루어지는 경우와 (ii) 대주의 대출에 관한 위험을 분산시킬 목적에서 이루어지는 경우가 있다. 어느 경우나, 대주에게는 대출에 관한 위험을 분산시킬 수 있기 때문에 포트폴리오 관리에 도움이 되고, 차주에게는 보다 고액의 차입이 가능하다는 측면에서 도움이 될 수 있다. 즉, 차주・사업실적(경영성과)의 평가, 담보목적물의 평가 등에 따라 개별 대주에 의한 금융제공가능 여부 및 한도액이 결정되므로 (자금의 규모가 큰 M&A의 경우 등) 사안에 따라서는 단독 대주로는 차주가 요청하는 금융을 제공할 수 없는 경우도 발생할 수 있다.
이러한 경우 셀다운이 가능하다면, 차주 측의 금융제공 요구액을 충족시키면서 단독 대주가 부담하는 신용위험을 다수의 대주에게 분산시킬 수 있기 때문에 셀다운은 차주와 대주 모두에게 도움이 된다고 할 수 있을 것이다.[357)]

이하에서는 대출의 방법에 의한 M&A금융을 전제로 하여 그 셀다운 시 주의할 점을 간략히 살펴보기로 한다.

2 셀다운의 분류・방법

(1) 셀다운의 분류

셀다운은 그 시점에 따라, (i) 특정 대주가 M&A금융계약을 체결하고 금융 제공 이전에 금융계약상의 지위 및 이에 수반하는 권리・의무(대출실행의무)의 전부 또는 일부를 셀다운 하는 경우와 (ii) 특정 대주가 M&A금융계약을 체결하여 금융을 제공하여 M&A가 거래종결된 후에 대출채권의 전부 또는 일부를 셀다운 하는 경우로 나누어 볼 수 있다.

357) 반면, 셀다운에 의해 대주의 수가 너무 많아지는 경우에는 대출채권의 관리 및 비밀유지에 어려움이 있을 수 있다.

(2) 셀다운의 방법

M&A금융이 대출에 의해 제공되는 경우를 전제하면, 셀다운의 방법은 다음과 같다.

① 가장 대표적으로, (i) (주로 대출실행 이전에) 대출계약(담보계약)상의 지위 및 이에 수반하는 권리・의무(대출실행의무)의 전부 또는 일부를 이전하는 방식(「지위이전방식」)과 (ii) (주로 대출실행 이후에) 대출채권의 전부 또는 일부를 양도하는 방식(「채권양도방식」)이 있다.[358] 어느 경우에나 당초에는 단독 대주에 의한 대출인 경우에도 셀다운에 의해 대주단대출의 형태로 되기 때문에, 셀다운 시에는 대리인의 임명에 관한 조항, 대주의 의사결정에 관한 조항 및 대주 간 분배조항 등 복수의 대주를 전제로 하는 변경계약(대주단대출계약)이 필요하고,[359] 나아가 대출계약을 포함한 금융계약상의 대주(담보권자)에 변경이 발생하기 때문에 대주(담보권자)의 지위양도계약, 대출채권양도계약 및 담보권양도・이전계약이 필요하게 된다. 또한, 담보권을 양도・이전할 때에는 필요한 효력요건 및 대항요건의 구비행위도 이루어지기 때문에 이에 관련된 서류도 필요하게 된다.

먼저, 「지위이전방식」의 경우에는 민법의 원칙상, (i) 계약당사자와 양수인의 3면 계약에 의하는 방법과 (ii) 양도인과 양수인 간의 합의에 추가하여 다른 계약당사자의 동의를 얻는 방법으로 가능하다고 해석된다. 다만, 실무에서는 다른 대주의 동의까지 요구하지는 않고, 차주 및 대리인의 사전동의를 얻으면 대주의 지위를 양도할 수 있는 것으로 규정하는 경우가 많다.

[계약서 기재례] 셀다운(지위이전방식)

(1) 차주 등은 대주전원의 사전 서면동의 없이 금융계약상의 지위 및 이에 수반되는 권리・의무의 전부 또는 일부를 양도 또는 이전할 수 없다. 차주 등이 대주전원의 사전 서면동의를 얻어 금융계약상의 지위 및 이에 수반되는 권리・의무를 양도하거나 이전하는 경우에는 그 양수인이나 인수인은 금융계약상의 지위 및 이에 수반되는 권리・의무를 승계하는 조건으로만 양도하거나 이전하여야 하며, 차주 등은 양수인이나 인수인으로부터 양수인이나 인수인이 금융계약상의 지위 및 이에 수반되는 권리・의무를 승계한다는 내용의 동의서를 받아 대리기관에게 제출하여야 한다.

358) (2회 이상에 걸쳐 금융의 실행이 이루어지는 경우에는) 위 (i)과 (ii)가 함께 이루어지는 방식으로 셀다운이 이루어질 수 있다.

359) 그러나 대출계약의 체결 또는 대출실행 후에 셀다운을 할 것이 당초부터 예정되어 있는 경우에는, 대출계약 체결 시부터 대리인 조항과 대주의 의사결정에 관한 조항 등 대주가 복수인 경우를 포함하고 있는 대주단대출의 형식으로 대출계약을 체결하는 경우도 많이 보인다.

(2) 대주(대주로부터 이 계약을 포함한 금융계약상의 지위 및 이에 수반하는 권리・의무의 전부 또는 일부를 양수한 자를 포함하며, 이하 이 조에서 같음. 이하 이 계약을 포함한 금융계약상의 지위 및 이에 수반하는 권리・의무의 전부 또는 일부를 양도하는 어느 대주를 "양도대주"라고 한다)는, 이 계약 서식 [*]에 의해 차주와 대리기관의 사전 서면동의를 얻어[360] 이 계약을 포함한 금융계약상의 지위 및 이에 수반하는 권리・의무의 전부 또는 일부를 제3자에게 양도・이전할 수 있다. 차주 및 대리기관은 합리적인 이유 없이 이러한 동의를 거부할 수 없고, 대리기관은 이러한 양도・이전이 있는 경우에 다른 대주에게 즉시 통지한다.

(3) 양도대주가 이 계약을 포함한 금융계약상의 지위 및 이에 수반하는 권리・의무의 전부 또는 일부를 양도한 경우에는, 해당 양도계약에서 정하는 바에 따라, 그에 관한 자신의 담보권의 지분 및 그에 관련되는 이 계약을 포함한 금융계약상의 양도대주의 대주 및 담보권자로서의 지위 및 이에 수반하는 권리・의무(단, 양도의 효력발생 이전에 이미 이행이 완료된 권리・의무와 양도의 효력발생 이전에 발생한 양도대주의 의무위반에 따른 손해배상의무 등 양도 시 양도대주와 해당 양수인이 별도로 합의하는 것은 제외한다)는, 이 계약 당사자들의 별도의 승낙, 동의 등의 의사표시 또는 행위 없이, 해당 양수인에게 양도・이전되어 해당 양수인도 금융계약에 구속된다. 단, 대리기관이 이 계약 당사자들의 별도의 동의, 승낙 등의 의사표시가 필요한 것으로 판단하여 요청하는 경우 양도대주를 제외한 이 계약 당사자들은 대리기관이 요청하는 양식으로 해당 양도・이전에 대해 동의・승낙하기로 한다. 양도・이전 이후, 금융계약을 해석・적용함에 있어서는, (i) 양도대주가 그가 보유하는 이 계약을 포함한 금융계약상의 지위 및 이에 수반하는 권리・의무의 전부를 양도한 경우에는 양도대주는 금융계약상 일체의 법률・계약관계에서 탈퇴하고(단, 양도의 효력발생 이전에 이미 이행이 완료된 권리・의무와 양도의 효력발생 이전에 발생한 양도대주의 의무위반에 따른 손해배상의무 등 양도 시 양도대주와 해당 양수인이 별도로 합의하는 사항에 대해서는 양도대주에 대해서도 계속 적용된다), 양도대주에 갈음하여 해당 양수인만을 금융계약상의 대주 및 담보권자로 보고, (ii) 양도대주가 그가 보유하는 이 계약을 포함한 금융계약상의 지위 및 이에 수반하는 권리・의무의 일부를 양도한 경우에는 해당 양수인도 금융계약상의 당사자로 가입하고 양도 이후부터는 양도대주에 갈음하여 양도대주와 새로 계약에 가입한 해당 양수인 쌍방을 금융계약상 대주 및 담보권자로 본다. 양도대주가 이 계약을 포함한 금융계약상의 지위 및 이에 수반하는 권리・의무의 전부 또는 일부를 양도하는 경우 차주와 연대보증인은 이 계약을 포함한 금융계약에 따른 양도대주의 대주 및 담보권자로서의 지위 및 이에 수반하는 권리・의무의 양도・이전(그 이전방식을 불문함)이 유효, 적법하게 이루어지는데 필요

360) 양수인의 자격 등 일정한 요건을 양도조건으로 추가로 규정하는 경우도 있다.

한 모든 협력(담보권 양도・이전 또는 계약상 지위 양도・이전 또는 계약가입에 필요한 변경계약의 체결 또는 변경 등기・등록절차를 포함하여, 그 양도・이전에 관한 효력요건 또는 대항요건 구비를 위하여 필요한 것으로 대리기관이 요청하는 일체의 절차에 대한 협력을 의미한다. 이하 이 항에서 같다)을 다하여야 하고, 담보제공자 및 담보주식발행회사 등 대리기관이 요청하는 자로 하여금 필요한 협력을 다하게 하여야 한다.

다음으로, 「채권양도방식」의 경우에는 양도제한특약에 없는 한 양도인과 양수인의 합의에 따라 양도가능하고 차주의 승낙이 필요하지 않는 것이 원칙이다(민법 제450조). 실무에서도 차주, 대리인 및 다른 대주의 동의까지 요구하지는 않고 있는 경우가 일반적이다. 다만, 채권양도의 일반원칙상 별도로 채권양도에 관한 대항요건을 구비해야 하고, 양도금지특약이 있는 경우에는 채무자의 승낙을 받아야 함은 물론이다.

[계약서 기재례] 셀다운(채권양도방식 ①)

(1) 차주 등은 대주전원의 사전 서면동의 없이 금융계약상의 지위 및 이에 수반되는 권리・의무의 전부 또는 일부를 양도 또는 이전할 수 없다. 차주 등이 대주전원의 사전 서면동의를 얻어 금융계약상의 지위 및 이에 수반되는 권리・의무를 양도하거나 이전하는 경우에는 그 양수인이나 인수인은 금융계약상의 지위 및 이에 수반되는 권리・의무를 승계하는 조건으로만 양도하거나 이전하여야 하며, 차주 등은 양수인이나 인수인으로부터 양수인이나 인수인이 금융계약상의 지위 및 이에 수반되는 권리・의무를 승계한다는 내용의 동의서를 받아 대리기관에게 제출하여야 한다.

(2) 대주(대주로부터 대출금의 전부 또는 일부를 양수한 자를 포함하며, 이하 이 항에서 같음. 이하 대출금의 전부 또는 일부를 양도하는 어느 대주를 "양도대주"라고 한다)는 대출실행 후 또는 대출실행과 동시에 대출금의 전부 또는 일부를 관련 법령에서 정하는 바에 따라 제3자에게 양도할 수 있다(단, 양도는 금융계약을 위반하지 않아야 한다). 양도대주가 대출금의 전부 또는 일부를 양도한 경우에는, 해당 양도계약에서 정하는 바에 따라, 그에 관한 자신의 담보권의 지분 및 그에 관련되는 이 계약을 포함한 금융계약상의 양도대주의 대주 및 담보권자로서의 지위 및 이에 수반되는 권리・의무(단, 양도의 효력발생 이전에 이미 이행이 완료된 권리・의무와 양도의 효력발생 이전에 발생한 양도대주의 의무위반에 따른 손해배상의무 등 양도 시 양도대주와 해당 양수인이 별도로 합의하는 것은 제외한다)는, 이 계약 당사자들의 별도의 승낙, 동의 등의 의사표시 또는 행위 없이, 해당 양수인에게 양도・이전되어 해당 양수인도 금융계약에 구속된다. 단, 대리기관이 이 계약 당사자들의 별도의 동의, 승낙 등의 의

사표시가 필요한 것으로 판단하여 요청하는 경우 양도대주를 제외한 이 계약 당사자들은 대리기관이 요청하는 양식으로 해당 양도·이전에 대해 동의·승낙하기로 한다. 양도·이전 이후, 금융계약을 해석·적용함에 있어서는, (i) 양도대주가 그가 보유하는 대출금의 전부를 양도하고 양도 이후 대출금을 더 이상 보유하지 않게 되는 경우에는 양도대주는 금융계약상 일체의 법률·계약관계에서 탈퇴하고(단, 양도의 효력발생 이전에 이미 이행이 완료된 권리·의무와 양도의 효력발생 이전에 발생한 양도대주의 의무위반에 따른 손해배상의무 등 양도 시 양도대주와 해당 양수인이 별도로 합의하는 사항에 대해서는 양도대주에 대해서도 계속 적용된다), 양도대주에 갈음하여 해당 양수인만을 금융계약상의 대주 및 담보권자로 보고, (ii) 양도대주가 그가 보유하는 대출금의 일부를 양도하고 양도 이후에도 대출금의 일부를 보유하게 되는 경우에는 해당 양수인도 금융계약상의 당사자로 가입하고 양도 이후부터는 양도대주에 갈음하여 양도대주와 새로 계약에 가입한 해당 양수인 쌍방을 금융계약상 대주 및 담보권자로 본다. 양도대주가 대출금의 전부 또는 일부를 양도하는 경우 차주와 연대보증인은 대출금 및 이 계약을 포함한 금융계약에 따른 양도대주의 대주 및 담보권자로서의 권리·의무·지위의 양도·이전(그 이전방식을 불문함)이 유효, 적법하게 이루어지는데 필요한 모든 협력(담보권 양도·이전 또는 계약상 지위 양도·이전 또는 계약가입에 필요한 변경계약의 체결 또는 변경 등기·등록절차를 포함하여, 그 양도·이전에 관한 효력요건 또는 대항요건 구비를 위하여 필요한 것으로 대리기관이 요청하는 일체의 절차에 대한 협력을 의미한다. 이하 이 항에서 같다)을 다하여야 하고, 담보제공자 및 담보주식발행회사 등 대리기관이 요청하는 자로 하여금 필요한 협력을 다하게 하여야 한다. 대출금의 전부 또는 일부를 양도한 양도대주는 양도 이후 해당 대출금의 액, 양도일자, 양수인의 성명(상호)과 통지처(이 계약 별지 [*] 통지처의 내용에 준한다) 등을 기재한 서면으로 차주 및 대리기관에 양도사실을 지체 없이 통지하되, 다만, 양도대주의 이러한 통지가 없는 경우에도, 관련 법령에서 정하는 바에 따라 양도가 이루어지는 한, 양도 및 양도대주의 금융계약상 대주 및 담보권자로서의 권리·의무·지위의 해당 양수인으로의 양도·이전의 효력에는 영향이 없다.

[계약서 기재례] 셀다운(채권양도방식 ②)

(1) 차주 등은 대주전원의 사전 서면동의 없이 금융계약상의 지위 및 이에 수반되는 권리·의무의 전부 또는 일부를 양도 또는 이전할 수 없다. 차주 등이 대주전원의 사전 서면동의를 얻어 금융계약상의 지위 및 이에 수반되는 권리·의무를 양도하거나 이전하는 경우에는 그 양수인이나 인수인은 금융계약상의 지위 및 이에 수반되는 권리·의무를 승계하는 조건으로만 양도하거나 이전하여야 하며, 차주 등은 양수인이

나 인수인으로부터 양수인이나 인수인이 금융계약상의 지위 및 이에 수반되는 권리·의무를 승계한다는 내용의 동의서를 받아 대리기관에게 제출하여야 한다.

(2) 각 대주는 피담보채권의 전부 또는 일부와 함께 그에 대응하는 금융계약상의 일체의 지위 및 이에 수반되는 권리·의무를 제3자에게 자유로이 양도하거나 이전할 수 있고, 차주 등은 이에 대해 아무런 이의 없이 동의하며, 이 경우 금융계약은 해당 대주의 승계인 및 양수인에 대하여도 구속력이 있다. 차주 등은 수시로 그와 같은 양도의 완결을 위하여 해당 대주가 합리적으로 요청하는 모든 절차를 취하여야 한다. 단, 차주 등은 대주에 의한 양도·이전으로 인하여 발생하는 제비용을 부담하지 아니한다.

(3) 각 대주는 언제든지 금융계약에 따른 자신의 대주로서의 권리의 전부 또는 일부에 대하여 제3자로 하여금 대출참가(Loan-Participation)를 하게 할 수 있다. 다른 당사자는 그와 같은 대출참가에 여하한 법률관계를 가지지 아니한다.

(4) 어떤 대주가 그의 피담보채권의 전부 또는 일부와 함께 금융계약상의 일체의 지위 및 이에 수반되는 권리·의무를 제3자에게 양도하거나 이전·승계시키는 경우 다른 모든 대주는 이에 필요한 절차에 대하여 최대한 협조하여야 한다.

[계약서 기재례] 셀다운(채권양도방식 ③)

(1) 차주 등은 대주전원의 사전 서면동의 없이 금융계약상의 지위 및 이에 수반되는 권리·의무의 전부 또는 일부를 양도 또는 이전할 수 없다. 차주 등이 대주전원의 사전 서면동의를 얻어 금융계약상의 지위 및 이에 수반되는 권리·의무를 양도하거나 이전하는 경우에는 그 양수인이나 인수인은 금융계약상의 지위 및 이에 수반되는 권리·의무를 승계하는 조건으로만 양도하거나 이전하여야 하며, 차주 등은 양수인이나 인수인으로부터 양수인이나 인수인이 금융계약상의 지위 및 이에 수반되는 권리·의무를 승계한다는 내용의 동의서를 받아 대리기관에게 제출하여야 한다.

(2) 각 대주는 다음 각호에서 정하는 요건이 모두 충족되는 경우에 한하여 피담보채권 전부 또는 일부와 함께 그에 상응하는 금융계약상의 일체의 지위 및 이에 수반되는 권리·의무를 제3자에게 양도하거나 이전할 수 있다. 이 경우 금융계약은 해당 대주의 승계인 및 양수인에 대하여도 구속력이 있다. 차주 등은 수시로 그와 같은 양도의 완결을 위하여 해당 대주가 합리적으로 요청하는 모든 절차를 취하여야 한다. 단, 차주 등은 대주에 의한 양도·이전으로 인하여 발생하는 제비용을 부담하지 아니한다.

1. 양도·이전되는 피담보채권, 금융계약상 일체의 지위 및 이에 수반되는 권리·의무에 대해서도 금융계약이 적용된다는 것
2. 양수인이 금융계약에 구속된다는 것
3. 양수인이 금융산업의 구조 개선에 관한 법률상의 금융기관으로서 신용평가등급이 양도인 이상일 것[또는 업종 제한]

4. 양도로 인하여 차주에게 지급이자 등에 관한 원천징수의무가 발생하거나 양수인에 대한 차주의 지급이자액이 증가하지 않을 것

(3) 이 조 제(2)항에도 불구하고, 기한의 이익 상실사유 또는 잠재적 기한의 이익 상실사유가 발생하는 경우에는 각 대주는 피담보채권의 전부 또는 일부와 함께 그에 상응하는 금융계약상의 일체의 지위 및 이에 수반되는 권리・의무를 제3자에게 자유로이 양도하거나 이전할 수 있고(단, 명확히 하면, 이 경우에도 이 조 제(1)항 제1호, 제2호, 제4호는 여전히 적용된다), 차주 등은 이에 대해 아무런 이의 없이 동의하며, 이 경우 금융계약은 해당 대주의 승계인 및 양수인에 대하여도 구속력이 있다. 차주 등은 수시로 그와 같은 양도의 완결을 위하여 해당 대주가 합리적으로 요청하는 모든 절차를 취하여야 한다. 단, 차주 등은 대주에 의한 양도・이전으로 인하여 발생하는 제비용을 부담하지 아니한다.

(4) 어떤 대주가 그의 피담보채권의 전부 또는 일부와 함께 금융계약상의 일체의 지위 및 이에 수반되는 권리・의무를 제3자에게 양도하거나 이전・승계시키는 경우 다른 모든 대주는 이에 필요한 절차에 대하여 최대한 협조하여야 한다.

② 한편, 대출계약상의 지위 및 이에 수반하는 권리・의무의 이전이나 대출채권양도가 아니라, 대출참가(Loan Sub-participation), 신용디폴트스왑(Credit Default Swap), 총수익스왑(Total Return Swap)의 방법[361][362]으로 사실상 셀다운(Sell-Down)과 같은 효과[363]를 누릴 수 있는데, 이 경우에는 금융계약상의 대주(담보권자)에 변경이 없고 기존 원대주(原貸主)가 그 권리・의무 및 지위를 계속 유지하기 때문에, 기존 원

361) 신용디폴트스왑(Credit Default Swap), 총수익스왑(Total Return Swap)은 M&A금융의 투자자에 대한 실질적인 신용보강의 기능이 있음은 앞서 살펴본 바와 같다.

362) 「대출참가(Loan Sub-Participation)」에 대해서는, (i) 박준・한민 『금융거래와 법(제3판)』(박영사, 2022) 133페이지 이하, (ii) Sandra Storn 『Structuring and Drafting Commercial Loan Agreements(Revised Edition) VOLUME 1-2』(An A.S Pratt Publication, 2014) Chapter 12 부분, (iii) Anthony C. Gooch・Linda B. Klein 『Documentation For Loans, Assignments And Participations』(Euromoney Books, 1996) Part Ⅳ Participation Agreements 부분 및 (iv) 渥美坂井法律事務所・外国法共同事業 編著 『シンジケートローン契約書作成マニュアル-国内海外協調融資の実務(第4版)』(中央經濟社, 2021) 493페이지 이하, (v) 青山大樹 編著 『詳解 シンジケートローンの法務』(一般社団法人 金融財政事情研究会, 2015) 483페이지 이하, (vi) Philip R Wood 「INTERNATIONAL LOAN, BONDS AND SECURITIES REGULATION」 『LAW AND PRACTICE OF INTERNATIONAL FINANCE』(SWEET & MAXWELL, 2007) 110페이지 이하를, 「신용디폴트스왑(Credit Default Swap)」과 「총수익스왑(Total Return Swap)」에 대해서는, (i) 박준・한민 『금융거래와 법(제3판)』(박영사, 2022) 677페이지 이하, (ii) 「제4장 신용스왑(Credit Default Swap) 계약상 신용보장의 대상과 범위」, 「제5장 신용스왑(Credit Default Swap)계약상 신용보장의무의 이행」 『파생금융거래와 법(제1권)』(소화, 2012), (iii) 「제2부 총수익스왑의 법적 문제」 『파생금융거래와 법(제2권)』(소화, 2020)을 각 참고

363) 계약의 내용에 따라 다르지만, 회계기준에서 정하는 일정한 요건을 충족하는 경우에는 회계상 book-off도 가능하다.

대주(原貸主)와 (경제적으로 대출채권의 양수인에 해당하는) 참가기관(Participant), 신용매도자(Protection Seller), 총수익수취인(Total Return Receiver) 사이에서 참가약정서(Loan Sub-participation Agreement)나 관련 스왑계약서(CDS Agreement, TRS Agreement)가 체결되고, (달리 합의하지 않는 한 대주의 지위, 대출채권 및 담보권은 이전되지 않고 당초의 대주가 그대로 보유하기 때문에) 통상은 지위양도계약, 대출채권양도계약, 담보권양도계약은 별도로 체결되지 않는다.

3 셀다운 관련 유의사항

(1) 법령상 제한 유무

양도제한특약의 존재 여부 및 셀다운 시 필요한 법령상 계약상의 절차 이외에도, 셀다운 시 가장 먼저 검토해야 할 사항은 법령에 의한 셀다운의 제한 유무이다.

예를 들면, 대부업자나 여신금융기관은 대부계약에 따른 채권을 여신금융기관, 등록된 대부채권매입추심업자, 예금보험공사, 정리금융회사, 한국자산관리공사, 한국주택금융공사 및 농업협동조합자산관리회사에만 양도할 수 있다(대부업법 제9조의4 제3항).[364] 이 규정을 위반하여 대부채권을 양도한 자는 형사처벌(3년 이하 징역 또는 3천만 원 이하 벌금)에 처해질 수 있다(동법 제19조 제1항 제5호).

[법령해석(금융위원회 2016. 11. 4.)] 대위변제에 따른 채권양도의 대부업법 위반 여부

[질의]

여신금융기관이 대위변제(법정대위 및 임의대위)를 원인으로 하여 대부채권을 일반 개인에게 양도하는 행위가 「대부업 등의 등록 및 금융이용자 보호에 관한 법률」(이하 "대부업법") 제9조의4 제3항에 위반되는지 여부

[회답]

- '16. 7. 25.부터 시행되는 개정 대부업법 제9조의4 제3항 및 「대부업등 감독규정」 제12조는 대부업자 또는 여신금융기관의 대부채권을 양도받을 수 있는 자를 여신금융기관, 대부채권매입추심업자, 한국자산관리공사, 예금보험공사, 주택금융공사, 부실금융기관의 정리금융회사, 농협자산관리회사로 제한하고 있습니다.
- 개인이 대위변제의 방법으로 채권을 이전받는 경우 민법 제480조와 제450조에 따라 채

364) 대출채권의 매각단계별 준수사항 등에 대해서는 「채권추심 및 대출채권 매각 가이드라인」도 참고

권양도와 마찬가지의 효과를 가지게 되므로, 대위변제의 주된 목적이 대부업자 또는 여신금융기관이 보유한 대부채권 및 근저당권을 양도받으려는데 있다면 대부업법 제9조의4 제3항에서 정한 "양도"의 범위에 포함됩니다.

다만, 보증인·연대채무자 등의 민법 제481조에 따른 법정대위는 법률상 이해관계에 따라 해당 채무를 변제할 정당한 이익이 있는 자의 대위로서 대부업법 제9조의4 제3항의 적용 범위에 포함되지 않는다고 보는 것이 타당합니다.

- 임의대위변제를 통해 채권을 이전받는 자가 ① 해당 사안에 한해 일회적으로 채권을 이전받는 등 해당 행위를 업으로 하지 않고, ② 채무자와 가족관계에 있는 등 객관적으로 채무자와의 인적관계가 확인되는 자로서, ③ 채무자의 채무부담을 해소하려는 목적으로, ④ 채무자의 동의를 받아 구상권의 범위를 벗어난 별도의 추심행위 등이 없을 것을 명시하여 대위변제하는 경우 대부업법 제9조의4 제3항의 취지에 위반되지 않을 것으로 판단됩니다.

[이유]

- 대부업자 또는 여신금융기관의 대부채권을 양도받을 수 있는 자를 제한하여, 대부채권이 불법대부업자에게 무분별하게 유통되고 과도한 추심이 일어나는 것을 방지하려는 대부업법 제9조의4 제3항의 취지를 감안할 때, 해당 규제의 우회 방지를 위해 실질적으로 대위변제를 통해 대부채권을 양도하는 행위는 합리적인 범위에서 제한할 필요가 있습니다.

[법령해석(금융위원회 2016. 8. 30.)] 대부업법 제9조의4 제3항 채권양도 대상의 제한에 대한 질의

[질의요지]

① 대부채권의 양도대상을 제한하는 의 대부채권의 범위에 리스(금융/운용), 할부 및 렌탈 채권도 포함되는지 여부

② 채권 유동화를 위해 SPC에 채권을 양도하는 행위, 채권을 양도담보로 제공하는 행위가 채권양도에 포함되는지 여부

[회답]

1. 개정 「대부업 등의 등록 및 금융이용자 보호에 관한 법률」(이하 "대부업법")은 대부업자 또는 여신금융기관의 대부계약에 따른 채권(이하 "대부채권")을 매입할 수 있는 자를 여신금융기관, 대부채권매입추심업자, 한국자산관리공사, 예금보험공사, 주택금융공사, 부실금융기관의 정리금융회사, 농협자산관리회사로 제한하고 있습니다(대부업 등 감독규정 제12조).
2. 대부채권은 금전의 대부계약에 따라 발생한 채권으로는 금전의 대부에 대하여 어음할

인 · 양도담보 그 밖에 이와 비슷한 방법을 통한 금전의 교부를 포함한다고 규정하고 있습니다. 즉, 금전의 대부는 직접적으로 금전의 교부가 거래상대방에게 이루어진 경우뿐만 아니라, 할부금융 등 명칭 여하에도 불구하고 실질적으로 거래상대방에게 경제적 이익이 귀속되어 직접적인 금전의 교부가 있는 것과 마찬가지의 효과가 발생한 경우도 포함합니다.

3. 이에 따라, 물품 등 구매에 대한 신용공여의 성격을 가지는 금융리스, 할부채권은 실질적으로 구매자에 대하여 물품 구매에 필요한 금전을 교부한 것과 동일하게 볼 수 있으므로 대부채권으로 판단됩니다. 다만, 운용리스 · 렌탈채권의 경우, 구체적인 사안에서 재화 또는 용역의 사용대가로 발생한 채권으로 볼 수 있다면 대부채권에 포함되지 않을 것으로 판단됩니다.
4. 또한, 대부채권의 양도대상을 제한하는 대부업법 제9조의4 제3항의 규정은 채권유동화를 위해 SPC에 채권을 양도하거나 채권을 양도담보로 제공하는 경우에도 적용됩니다. 다만, 「자산유동화에 관한 법률」 제3조에 따라 유동화자산의 범위 및 관리방법 등을 포함한 자산유동화에 관한 계획을 금융위원회에 등록하고 대부업을 하는 유동화전문회사는 대부업법 제2조 제4호 및 동 시행령 제2조의2 제15호에 따라 여신금융기관에 해당하여 대부채권의 양도제한 대상이 아님을 알려드립니다.

[이유]

대부계약에 따른 채권의 범위는 계약의 형식을 불문하고 차주에게 실질적인 신용공여가 있는 경우를 포함하는 것으로 보아야 하며, 대부업법 제9조의4 제3항의 "양도"의 범위는 채권유동화를 위한 양도, 양도담보방식에 의한 채권의 이전을 포함하는 것으로 판단됩니다.

또한, 저축은행이 대출채권을 매입하거나 매도하는 경우에는 거래 상대방, 매매가격 등에 관하여 금융위원회가 정하여 고시하는 기준을 준수해야 하는데(상호저축은행법 제11조 제2항, 동 시행령 제8조의2 제3호), 이에 따라 상호저축은행감독규정 및 동 감독업무시행세칙에서는 대출채권의 매입상대방, 매도상대방 기타 대출채권의 매매기준에 대해 규정하고 있다(상호저축은행감독규정 제22조의4, 동 감독업무시행세칙 제19조의3).

나아가, 자본시장법의 적용을 받는 금융투자업자는 채무증권에 대한 투자매매업 또는 투자중개업을 경영하는 경우에만 대출채권을 매매할 수 있다(자본시장법 제40조 제5호, 동 시행령 제43조 제5항 제8호).

따라서 셀다운의 당사자들은 이와 같은 법령상의 제한 유무를 검토 후 동 규정을 준수하여 셀다운을 실행하여야 한다. 이 경우 대출채권 양도 자체가 이루어지는 것은 아니나, 대출참가(Loan Sub-participation), 신용디폴트스왑(Credit Default Swap), 총수익스왑(Total Return Swap)의 방법으로 사실상 셀다운(Sell-Down)과 같은 효과를 누리는 것 역시 이와 같은 법령상 제한에 대한 탈법행위로서 금지될 가능성이 높기 때문에 역시 주의를 요한다.[365]

(2) 셀다운 관련 계약[366]

앞서 살펴본 바와 같이, 대출실행 전후 셀다운(Sell-Down)에 의해 대주의 지위 및 이에 수반하는 권리・의무가 양도되는 경우, 양수인은 대출채권만이 아니라 담보권도 취득할 필요가 있다.

① 먼저, (주로 대출실행 이전에) 대출계약(담보계약)상의 지위 및 이에 수반하는 권리・의무(대출실행의무)를 이전하는 경우(「지위이전방식」)에는, 금융계약(대출계약, 담보계약을 포함한 일체의 계약 및 서류를 의미하는 것으로 보통은 대출계약에서 정의된다. 이하 같다)의 당사자(차주, 양도인, 다른 대주, 담보설정자 등) 및 양수인 사이에서 포괄적으로 「금융계약상 지위이전(승계)(또는 변경, 양도) 계약서」가 체결되어야 하고, 위 계약서에서는 금융계약상 지위(권리의무)의 이전(승계) 및/또는 (양도인에 의한 일부양도의 경우) 양수인의 계약가입[367]이 이루어져야 한다. 다만, 담보권 등에 대한 별도의 이전등기(등록)이 필요한 경우에는 포괄적인 금융계약상 지위이전(승계) 계약서와 분리하여 별도로 해당 담보계약별로 담보계약상 지위(권리의무)의 이전(승계) 및/또는 (양도인에 의한 일부양도의 경우) 양수인의 계약가입을 내용으로 하는 「담보계약상 지

365) 다만, 각 개별 법령 등에서 규정된 셀다운 제한을 위반한 경우에도 동 규정이 단속규정에 불과한 것으로 해석되는 경우에는 셀다운 자체의 효력에는 영향이 없게 될 것이다.

366) 채권양수도계약 등 셀다운 관련 계약에 대해서는, (i) Anthony C. Gooch・Linda B. Klein 『Documentation For Loans, Assignments And Participations』(Euromoney Books, 1996) Part V Assignment Agreements 부분을, (ii) 渥美坂井法律事務所・外国法共同事業 編著『シンジケートローン契約書作成マニュアル-国内海外協調融資の実務(第4版)』(中央經濟社, 2021) 417페이지 이하, (iii) 青山大樹 編著『詳解 シンジケートローンの法務』(一般社団法人 金融財政事情研究会, 2015) 192페이지, 467페이지 이하, (iv) Philip R Wood 「INTERNATIONAL LOAN, BONDS AND SECURITIES REGULATION」『LAW AND PRACTICE OF INTERNATIONAL FINANCE』(SWEET & MAXWELL, 2007) 104페이지 이하 각 참고

367) (i) 양도인이 대출계약상의 지위 및 이에 수반하는 권리・의무의 일부를 셀다운하고 대주로 존속하는 경우에는, 양수인이 금융계약(담보계약)에 계약가입하여 양도인과 양수인이 금융계약(담보계약)상 대주(채권자), 근담보권자의 지위를 갖게 되고, (ii) 양도인이 대출계약상의 지위 및 이에 수반하는 권리・의무의 전부를 셀다운하여 대주(채권자)의 지위에 있지 않게 되는 경우에는, 양도인은 금융계약(담보계약)에서 탈퇴하고, 양수인이 금융계약(담보계약)상의 양도인의 지위를 승계하여, 양수인만이 금융계약(담보계약)상 대주(채권자), 근담보권자의 지위를 갖게 되도록 관련 약정이 체결된다.

위이전(승계)(또는 변경, 양도) 계약서」가 체결되어야 한다.

② 다음으로, 대출실행 후 대출채권을 양도하는 방식(「채권양도방식」)의 경우에는, 근저당권은 피담보채권 확정 전에는 수반성이 없기 때문에 피담보채권의 확정이 없는 한 대출채권의 양수만으로는 양수인이 근저당권을 취득할 수 없게 된다. 따라서 양수인은 대출채권과 근저당권자의 지위를 양수하는 것에 대한 양도인과 합의에 추가하여 근저당권설정자의 승낙과 양수채권을 피담보채권에 추가[368]하는 것도 필요하게 된다. 근저당권과 달리 민법상 근질권・근양도담보권의 양도에 관한 규정은 없지만, 성질상 준용할 수 없는 것을 제외하고, 근저당권의 규정이 준용될 수 있다고 해석되고 있는 것으로 보인다.

구체적으로는, (i) 양도인과 양수인 사이에서 「채권양(수)도(또는 매매)계약서」와 (ii) 금융계약(대출계약, 담보계약을 포함한 일체의 계약 및 서류를 의미하는 것으로 보통은 대출계약에서 정의된다)의 당사자(차주, 양도인, 다른 대주, 담보설정자 등)[369] 및 양수인 사이에서 포괄적인 「금융계약상 지위이전(승계)(또는 변경, 양도) 계약서」가 체결되어야 하고, 위 계약서에서는 대출채권의 양도, 금융계약상 지위(권리의무)의 이전(승계) 및/또는 (양도인에 의한 일부양도의 경우) 양수인의 계약가입,[370] 담보계약상 피담보채권의 추가(변경)(즉, 대출채권 양수도의 경우 양수인이 양도인과 체결한 채권양수도계약서에 따라 양수하는 채권도 피담보채권에 추가함)에 대한 합의 및 다른 당사자들의 동의(승낙)가 이루어져야 한다. 다만, 담보권 등에 대한 별도의 이전등기(등록)이 필요한 경우에는 포괄적인 금융계약상 지위이전(승계) 계약서와 분리하여 별도로 해당 담보계약별로 담보계약상 지위(권리의무)의 이전(승계) 및/또는 (양도인에 의한 일부양도의 경우) 양수인의 계약가입, 담보계약상 피담보채권의 추가(변경)를 내용으로 하는

368) 예를 들면, 담보계약상 피담보채무(피담보채권)가 「○년 ○월 ○일 자 대출계약서에 따라 차주가 대주에 대해 부담하는 일체의 금전채무」로 규정되어 있는 경우, 양수인이 채권양수도계약에 따라 양수하는 대출채권은 양수인이 채권양수도계약에 따라 취득하는 권리이기 때문에, 담보계약상의 피담보채무의 정의에 포함되지 않는 것으로 해석될 수 있다. 따라서 이 경우에는, 담보계약상의 피담보채무를 변경하여, ○년 ○월 ○일 자 채권양수도계약에 따라 취득하는 채권 등도 피담보채무에 포함될 수 있도록 하여야 한다.

369) 사안에 따라, 대출계약 등 금융계약에서 셀다운 시 다른 대주의 동의가 필요하지 않는 것으로 미리 규정하거나 차주 등의 경우에는 동의를 받으면 족한 것으로 규정하는 경우도 있는바, 이때에는 계약의 당사자에 포함시키지 않는 경우도 있다. 다만, 이 경우에도 등기・등록 등의 절차에서 차주 등의 날인이 필요한 경우도 있으므로 그러한 절차가 필요한지 여부에 대해서는 미리 확인이 필요하다.

370) (i) 양도인이 대출채권의 일부를 셀다운하고 대주(채권자)로 존속하는 경우에는, 양수인이 금융계약(담보계약)에 계약가입하여 양도인과 양수인이 금융계약(담보계약)상 대주(채권자), 근담보권자의 지위를 갖게 되고, (ii) 양도인이 대출채권의 전부를 셀다운하여 대주(채권자)의 지위에 있지 않게 되는 경우에는, 양도인은 금융계약(담보계약)에서 탈퇴하고, 양수인이 금융계약(담보계약)상의 양도인의 지위를 승계하여, 양수인만이 금융계약(담보계약)상 대주(채권자), 근담보권자의 지위를 갖게 되도록 관련 약정이 체결된다.

「담보계약상 지위이전(승계)(또는 변경, 양도) 계약서」가 체결되어야 한다.

그러나 실무의 사례들을 보면 근담보권을 설정하면서도 대출채권의 양도 시 근담보권의 양도・이전의 요건 및 절차에 대해, 피담보채권 확정 전후에 따른 담보권의 양도・이전의 가능성 및 그 절차에 관한 문제의식 없이 (대출채권의 양도 시 피담보채권이 확정된다는 점을 당연한 전제로) 채권양도 업무를 처리하고 있는 것으로 보인다. 그런데 당사자 사이에 별도의 약정이 없는 상태에서 대주가 대출채권의 전부 또는 일부를 양도한다고 하여 피담보채권이 당연히 확정된다고 볼 수 있을지는 의문이다. 대출채권의 양도 시에 피담보채권이 확정됨을 당사자 사이에서 합의한 경우에는 그 합의에 따라 대출채권 양도 시에 근저당권의 피담보채권이 확정됨 물론이나, 그러한 합의가 존재하지 않는 경우 당사자의 의사를 추정하여 대출채권의 양도에 의해 대출채권의 양도 시점에 피담보채권이 확정된 것으로 해석할 수 있을지 의문이다. 보통 담보계약상 피담보채권은 「○년 ○월 ○일자 대출계약을 포함한 금융계약상 대주의 차주에 대한 일체의 채권」으로 규정(특정 또는 한정 근담보)되기 때문에 대출채권의 양도에 의해 피담보채권이 확정된다고 하면 그 이후 대출채권의 양수인이 금융계약에 따라 취득하게 되는 비용・수수료 채권 등 대출채권 원리금 이외의 채권은 피담보채권에서 제외되는 문제가 발생할 수 있는데, 이 점을 고려하면 당사자의 의사가 대출채권의 양도에 의해 당연히 피담보채권을 확정시키려 했다고 의사해석 하기에는 어려움이 있다.

이러한 점을 고려하면, 대출채권 양도에 의한 셀다운 시 근담보권의 양도・이전에 대해서는, 양도 이후 금융계약에 따른 추가 채권의 발생 가능성 등을 고려하여 피담보채권의 확정 필요 여부를 검토하여, 차주 및 담보권설정자와의 합의에 의해 피담보채권을 확정시킨 후 보통담보권의 수반성에 따라 당연히 이전되도록 처리할 것인지, 피담보채권을 확정시키지 않고 대출채권과 함께 근담보권인 채로 이전할 것인지 및 각 그에 관한 절차를 이행하는 것이 타당할 것이다.

③ 물론, 셀다운 시를 대비하여 대출계약 등 금융계약에서 셀다운에 필요한 각 계약서 또는 그 동의서 등 부속서류의 양식을 미리 마련하거나 그에 관한 계약의 체결 및 동의(승낙) 등의 절차를 상세하게 규정하는 경우에는 그 양식과 절차에 따라야 할 것이다. 다만, 이 경우에도 채권양도에 따른 대항요건은 민법에서 정하는 바에 따라 별도로 구비해야 하고, 담보권 등에 대한 별도의 이전등기(등록)가 필요한 경우에는 당해 양식과 별도로 해당 담보계약별로 담보계약상 지위(권리의무)의 이전(승계) 및/또는 (양도인에 의한

일부양도의 경우) 양수인의 계약가입, 담보계약상 피담보채권의 추가(변경)를 내용으로 하는 「담보계약상 지위이전(승계)(또는 변경, 양도) 계약서」가 체결되어야 한다.

(3) 정보제공

셀다운을 하는 경우, 잠재적 양수인은 대출채권 등의 가치를 평가하기 위하여 채무자에 관한 재무정보 기타 정보를 필요하게 된다. 이 경우에는 양도인이 잠재적인 양수인에게 그러한 정보를 제공하는 행위가 「개인정보보호법」, 「신용정보보호법」 등의 정보보호에 관한 각종 법률 또는 계약상 비밀유지조항에 위반되는지 여부 및 정보제공에 필요한 요건 및 절차가 검토되어야 하는데,[371] 보통 대출계약에는 셀다운의 경우에 잠재적 양수인으로부터 비밀유지확약을 받고 채무자 등에 관한 정보를 제공하도록 규정하는 경우가 많다.[372]

[계약서 기재례] 대출계약 - 양도와 정보공개

대주는 대출금 및 금융계약상의 권리, 의무, 지위의 전부 또는 일부에 관한 잠재적 양수인(해당 대주가 대출금 및 그 이자에 대한 헷지 목적으로 체결하는 보증 및 파생거래의 상대방 포함)에게, 필요한 범위 내에서 비밀유지확약을 받는 것을 조건으로, 해당 대주가 적당하다고 생각하는 바에 따라 차주, 담보제공자, 연대보증인, 투자대상회사, 담보주식발행회사, 담보부동산, 투자대상주식 매매계약상의 각 매도인에 대한 사항과 거래계약 또는 그와 관련하여 작성된 서류의 내용을 공개할 수 있다.

[판례 5-1] 대법원 2008. 6. 12. 선고 2006도5400 판결

원심은 신용정보의 이용 및 보호에 관한 법률(이하 '신용정보법'이라 한다) 제27조 제1항[373]의 '타인의 신용정보'가 '개인의 신용정보'만을 의미한다고 해석하여, 피고인이 신고한 허위사실 자체가 형사범죄를 구성하지 않아 무고죄가 성립하지 않는다는 이유로 이 사건 무고의 점에 관한 공소사실에 기재된 피고인의 행위가 무고죄에 해당하지 아니한다고 판단하였다.

그러나 원심의 이러한 판단은 다음과 같은 이유로 수긍하기 어렵다.

371) 박준 · 한민 『금융거래와 법(제3판)』(박영사, 2022) 131페이지

372) 채권양도와 관련된 일본에서의 비밀유지의무 및 정보제공에 대해서는, 青山大樹 編著 『詳解 シンジケートローンの法務』(一般社団法人 金融財政事情研究会, 2015) 201페이지 이하 및 476페이지 이하 참고

373) 이 판례는 2009년 전면개정 전 구 신용정보법 제27조 제1항에 관한 사안이나, 현행 신용정보법 제42조 제1항은 구 신용정보법 제27조 제1항과 같은 취지의 규정이므로 이 판례가 현행 신용정보법 제42조 제1항의 해석에도 참고가 될 수 있을 것으로 생각된다.

신용정보법 제2조 제1호, 구 신용정보법 시행령(2005. 5. 26. 대통령령 제18832호로 일부 개정되기 전의 것) 제2조 제1항 제1 내지 6호, 구 신용정보법 시행규칙(2008. 3. 3. 재정경제부령 제875호로 개정되기 전의 것) 제2조 제1항 내지 제3항에 의하면 "신용정보"란 금융거래 등 상거래에 있어서 거래상대방에 대한 식별 · 신용도 · 신용거래능력 등의 판단을 위하여 필요로 하는 정보로서, 개인의 성명 · 주소 · 주민등록번호(외국인의 경우 외국인등록번호 또는 여권번호) · 성별 · 국적 및 직업 등과 기업 및 법인의 상호 · 법인등록번호 · 사업자등록번호 · 본점 및 영업소의 소재지 · 설립연월일 · 목적 및 임원에 관한 사항 등 특정 신용정보주체를 식별할 수 있는 정보는 나머지 신용정보와 결합하여 신용정보가 되고, 신용정보법 제2조 제2호에 의하면, "신용정보주체"란 처리된 신용정보에 의하여 식별되는 자로서 당해 신용정보의 주체가 되는 자를 말하며, 신용정보법 제27조 제1항은 "신용정보업자 등과 제16조 제2항의 규정에 의하여 신용정보의 처리를 위탁받은 자의 임원 및 직원이거나 이었던 자(이하 '신용정보업관련자'라 한다)는 업무상 알게 된 타인의 신용정보 및 사생활 등 개인적 비밀을 업무목적 외로 누설 또는 이용하여서는 아니 된다."고 규정하고 있는바, 위 각 규정의 내용 및 문언에 비추어 보면 신용정보법 제27조 제1항의 '타인의 신용정보'는 '개인과 기업 및 법인의 신용정보'를 의미한다고 해석함이 상당하다.

따라서 원심에는 제27조 제1항의 '타인의 신용정보'에 관한 해석을 그르쳐 무고죄의 성립에 관한 법리를 오해하여 판결에 영향을 미친 위법이 있고, 이 점을 지적하는 상고이유의 주장은 이유 있다.

(4) 회수금 등의 정산

대출채권을 셀다운 하는 경우 매매대금의 산정 방식으로는 대표적으로 2가지 방식을 고려할 수 있다. 즉, (i) 양도대상 대출채권의 원금에 해당하는 금액으로(즉, 액면가로) 매매대금을 산정하는 방식(이하 「액면가방식」)[374]과 (ii) 특정일을 기준으로 양도대상 대출채권의 가치를 평가하여 매매대금을 산정하는 방식(이하 「가치평가방식」)[375]이 그것이다. 「액면가방식」의 경우에는 이자 등 기 발생 권리에 대한 정산이 필요하고, 「가치평가방식」의 경우에도 해당 산정기준일 전후의 회수금에 대한 정산이 필요하다.

374) 대주단결성의 목적으로 또는 정상채권의 셀다운 시에 주로 이용되고 있는 것으로 보인다.
375) NPL등 부실채권의 매매대금 산정 시 주로 이용되고 있는 것으로 보인다.

[계약서 기재례] 이자의 정산

- 이자후취의 경우
  양수인은 양도대상채권에 대한 양도효력발생일이 속하는 이자기간 동안의 이자 중 양도효력발생일까지(당일 불포함)의 경과이자에 해당하는 금액을 이 계약 제[*]조에 따른 매매대금 지급 시에 양도인에게 지급한다.[376] 이러한 경과이자 지급액에 대해서는 채무자에 의한 지급의무 불이행이 있는 경우에도 양도인은 양수인에게 이를 반환하지 아니한다.
- 이자선취의 경우
  양도인은 양도대상채권에 대한 양도효력발생일이 속하는 이자기간 동안의 이자 중 양도효력발생일부터(당일 포함)의 미경과이자에 해당하는 금액을 양도효력발생일에 양수인에게 지급한다. 이러한 미경과이자 지급액은 양도인과 양수인이 합의하는 바에 따라 양수인이 이 계약 제[*]조에 따라 지급하는 매매대금에서 차감하는 방법으로 지급할 수 있다.

[계약서 기재례] 회수금의 정산

- 이 계약의 다른 조항에서 특별히 규정한 경우를 제외하고, 매도인이 자산확정일까지(당일 포함) 대출채권으로부터 추심한 회수금은 매도인에게 귀속되고, 자산확정일 다음 날부터(당일 포함) 매도인이 수령한 회수금은 이 계약이 정하는 바에 따라 매수인에게 귀속된다.
- 매도인은, 기존의 관행과 통상적인 영업활동 과정에 따라서 그리고 매수인과의 협의와 매수인의 합리적인 서면지시에 따라서 대출채권을 관리하여야 한다. 이 계약에서 달리 정한 경우를 제외하고, 매도인은 매수인을 위해 자산확정일 이후의 회수금을 보관하고, 이를 이 계약의 조항이 정하는 바에 따라 매수인에게 교부한다.
- 매도인은 자산확정일 이후의 회수금을 거래종결일에 매수인에게 지급한다. 회수금의 지급액은 매도인과 매수인이 합의하는 바에 따라 매수인이 이 계약 제[*]조에 따라 지급하는 매매대금에서 차감하는 방법으로 지급할 수 있다.

376) 실제 지급받는 이자지급일에 양수인이 채무자로부터 지급받은 경우에 양도인에게 지급하는 방법으로 정산하는 경우도 있다.

(5) 셀다운의 효력 범위

1) 기 발생 권리

채권양도 이후에 발생하는 이자채권은 원본채권에 종속하게 되므로 그 이자채권을 양도한다는 의사표시가 없어도 당연히 양도된다. 그러나 이미 변제기에 도달한 이자채권은 당연히 양도된다고 볼 수 없고 원본채권의 양도 당시 이자채권에 대하여 양도한다는 의사표시가 없는 한 이자채권은 양도되지 않는다. 따라서 채권양도방식의 셀다운 계약 시, 기 발생 이자 등 기 발생 권리를 양도하고자 하는 경우에는 이를 명확히 기재해야 한다.

[계약서 기재례] 셀다운(채권양도방식 - 기 발생권리)

"양도대상권리"란, 금융계약에 따라 양도인이 보유하고 있는 다음 각호의 권리를 모두 합하여 의미한다.

1. 대출채권: 대출계약에 따라 양도인이 채무자에 대해 보유하는 원금 기준 금 [*]원의 대출채권을 의미한다(명확히 하면, 양도효력발생일의 직전일까지 발생한 이자채권, 연체이자채권, 위약벌채권 및 손해배상채권은 제외한다).
2. 대출채권을 담보하기 위한 다음의 인적·물적담보권 일체
3. 기타 대출채권 및 담보권에 부수하는 일체의 권리

[판례 5-2] 대법원 1989. 3. 28. 선고 88다카12803 판결

이자채권은 원본채권에 대하여 종속성을 갖고 있으나 이미 변제기에 도달한 이자채권은 원본채권과 분리하여 양도할 수 있고 원본채권과 별도로 변제할 수 있으며 시효로 인하여 소멸되기도 하는 등 어느 정도 독립성을 갖게 되는 것이므로, 원본채권이 양도된 경우 이미 변제기에 도달한 이자채권은 당연히 양도된다고 볼 수 없고 원본채권의 양도 당시 이자채권에 대하여 양도한다는 의사표시가 없는 한 이자채권은 양도되지 않는다고 보아야 할 것이다.

이와 반대의 입장에서 원본채권이 양도되면 이미 발생하여 변제기에 도달한 이자채권도 당연히 양도된다고 한 원심은 이자채권의 양도에 관한 법리를 오해한 위법을 범하였다 할 것이므로 논지 이유 있다.

[판례 5-3] 대구고등법원 2020. 6. 10. 선고 2019나25388 판결

이미 변제기에 도달한 이자채권은 원본채권과 분리하여 양도할 수 있고 원본채권과 별도로 변제할 수 있으며 시효로 인하여 소멸되기도 하는 등 어느 정도 독립성을 갖게 되는

것이므로, 원본채권이 양도된 경우 이미 변제기에 도달한 이자채권은 원본 채권의 양도 당시 그 이자채권도 양도한다는 의사표시가 없는 한 당연히 양도되지는 않으나(대법원 1989. 3. 28. 선고 88다카12803 판결 등 참조), 채권양도 이후에 발생하는 이자채권은 원본채권에 종속하게 되므로 그 이자채권을 양도한다는 의사표시가 없어도 당연히 양도된다.

C가 원고 앞 채권양도를 할 당시 공사대금채권 외에 이자채권도 양도한다는 의사표시를 하였음을 인정할 아무런 증거가 없으므로, 원고는 상계 후 잔존 양수금채권에 대한 상계적상일 다음 날부터 채권양도통지일까지 사이에 발생한 지연손해금채권을 양수하였다고 볼 수 없으나, 그 이후에 발생한 지연손해금채권은 위 잔존 양수금채권에 종속하게 되므로 그 기산일은 결국 원고 앞 채권양도통지가 피고에게 도달한 다음 날인 2017. 7. 1.이다.

2) 대출계약 등 금융계약상의 지위 및 권리 · 의무

앞서 살펴본 바와 같이, 셀다운(Sell-Down)이 이루어지는 경우에는 다른 합의가 없는 한, 그에 따라 M&A금융계약상 대주의 지위 및 이에 수반하는 권리 · 의무도 이전되도록 관련 계약을 체결하여야 할 것이다. 이에 따라 실무에서는 채권양수도계약 등 셀다운 계약에서도 대출채권 양도 효력발생과 동시에 대출계약(담보계약 포함)에 따른 대주로서의 지위 및 이에 수반하는 권리 · 의무도 이전되는 것으로 규정하거나 그 적용을 배제하고자 하는 경우에는 그 내용을 규정하는 것이 일반적이다.

[계약서 기재례] 셀다운(채권양도방식 – 계약지위이전)

양도대상권리의 양도의 효력발생과 동시에 금융계약에 따른 양도대상권리에 관련되거나 수반되는 양도인의 지위 및 이에 수반하는 권리 · 의무는 양도되는 권리의 범위에서 양수인에게 승계 · 이전되며, 그에 따라 양수인은 양도인의 해당 금융계약에 따른 법적 지위 및 이에 수반하는 권리 · 의무와 동일한 지위 및 이에 수반하는 권리 · 의무를 가진다. 이에 따라 양도대상권리의 양도의 효력발생 이후부터는 금융계약상 언급된 대주 또는 담보권자 기타 양도인을 지칭하는 단어는 양수인을[377] 의미한다. 단, 양도대상권리 양도의 효력발생일의 직전일까지(당일 포함) 기 발생한 양도인의 의무위반으로 인한 손해배상책임은 승계되지 아니한다.

그런데 실무에서는 대출채권을 양도하면서 대출계약(담보계약 포함)에 따른 대주로서의 지위 및 이에 수반하는 권리 · 의무의 이전 여부에 대해서는 아무런 규정을 두지 않는 경우도 자주 발견되는데, 이 경우에 대출채권의 본질적인 내용인 금액, 상환일, 금리(이러한 조

377) 대출금채권을 전부 양도하고 계약관계에서 탈퇴하는 경우

건이 양수인에게 양도된다는 점에 대해서는 다툼이 없는 것으로 보인다) 이외에 대출계약상 대주의 지위 및 이에 수반하는 권리・의무 중에서 대출채권의 양도에 의해 양수인에게 이전되는 내용과 조건이 어느 범위까지인지, 즉 양수인이 채무자에 대하여 어느 범위에서 대출계약상의 권리를 행사하거나 의무를 부담하는지 여부가 문제될 수 있다.[378)]

이에 대해서는, ① 대출채권 및 대출계약에 법률상 수반하는 권리의 내용을 구성하는 조항(예를 들면, 원금, 이율, 변제기, 변제방법을 정한 조항, 상계금지특약, 기한의 이익 상실조항, 기한 전 변제조항, 유질・유저당 특약, 연대보증조항 등), ② 대주의 기타의 권리・권한을 정하는 조항(예를 들면, 차주의 진술보장조항, 재무제한조항, 담보제공제한조항, 재무상황에 관한 정보제공의무조항, 대리인과의 관계에 관한 조항 등), ③ 차주의 항변을 구성하는 조항(예를 들면, 책임재산한정특약, 양도금지특약, 양수인의 자격을 제한하는 특약 등), ④ 대주의 의무・책임의 내용을 구성하는 조항(예를 들면, 대주의 진술보증조항, 도산신청권 포기조항, 비밀유지의무조항 등)으로 나누어, ①의 유형은 대출채권양도에 따라 양수인에게 당연히 이전하고, ② 내지 ④의 유형도 원칙적으로 대출채권에 종된 권리로서 또는 적어도 당사자 간의 묵시적 합의에 따라 양수인에게 이전하는 것으로 해석하는 견해가 있다.[379)]

다만, 위 문제는 결국 해석에 의할 수밖에 없다는 불확실성이 있으므로, 셀다운 시에는 대출채권 양수도 이후 대출계약상의 지위 및 이에 수반하는 권리・의무의 이전(승계)을 명확히 규정하거나 셀다운 이후 양수인과 채무자 사이에서는 적용을 배제하고자 하는 조항이 있는 경우에는 그러한 사항에 대해 명확하게 규정해 두는 것이 바람직할 것이다.[380)]

실무에서는, 위의 [계약서 기재례]와 같이, 보통은 대출채권을 양도하는 경우에도 양도의 효력발생과 동시에 대출계약(담보계약 포함)에 따른 대주로서의 지위 및 이에 수반하는 권리・의무도 양도되는 권리의 범위에서 (대출참가비율로) 이전되는 것으로 명확하게 규정하고 있는 경우가 많다.

378) 이 문제는 금융기관에서 book-off의 목적으로 대출채권을 양도한 후(예를 들면, 대주가 신탁업자에게 대출채권을 신탁하고 투자자가 신탁의 수익권을 인수하는 방법으로 대출채권을 유동화하여 양도인은 대출채권을 book-off 회계처리한 경우 등), 기존 대출계약에 따른 조건(금리, 만기, 조기상환, 약정사항, 기한의 이익 상실사유 등)을 변경하고자 할 경우, 양도인이 대출조건변경계약의 당사자로 포함되어야 하는지, 적어도 양도인의 동의를 받아야 하는지, 아니면 양수인과 채무자만으로도 대출조건변경계약의 체결이 가능한지 여부와도 관련된다.

379) 金融法委員会「ローン債権の譲渡に伴う契約条項の移転」平成 16年 3月 23日

380) (i) 金融法委員会「ローン債権の譲渡に伴う契約条項の移転」平成 16年 3月 23日 11페이지, (ii) 박준・한민『금융거래와 법(제3판)』(박영사, 2019) 131~132페이지

M&A금융의 리파이낸싱

M&A금융이 실행된 후 M&A금융의 상환에 충당되는 현금흐름에 변화가 생기거나 M&A금융을 보다 유리한 조건으로 교체할 수 있는 경우 또는 스폰서의 투자회수(Exit)에 수반되는 경우 등 다양한 사유로 인하여, 기존의 M&A금융이 새로운 M&A금융에 의해 조기에 상환(교체)되는 경우가 있는데, 이와 같이 기존의 M&A금융을 새로운 M&A금융으로 상환하는 것을 리파이낸싱(Refinancing)[1]이라고 한다.

1 리파이낸싱과 기존 M&A금융계약

리파이낸싱에 의한 기존 M&A금융의 상환은 보통 기존의 M&A금융계약상의 임의조기상환조항[2]에 따라 이루어진다.[3]

그러나 만일 리파이낸싱이 기존의 M&A금융계약상의 임의조기상환의 요건과 절차를 충족할 수 없는 경우 차주는 대주에게 그 취지를 통지하고 계약 위반에 대해 면제 · 권리포기를 받을 필요가 있는데, M&A금융이 대주단대출로 실행된 경우에는 대주의 의사결정절차에 시간이 필요하므로 차주뿐만 아니라 대리인의 부담도 증가하게 된다.

2 리파이낸싱의 담보권 설정

M&A거래에 필요한 자금을 최초로 조달하는 M&A금융에서의 차주는 보통은 새로 설립된 SPC이기 때문에 SPC에 대한 기존 채권자가 존재하는 않는 경우가 많은데,[4] 이 경우 대주는 차주로부터 담보권을 설정받을 때에는 차주와 기존 채권자와의 사이의 계약에 기한 제약 · 제한 · 금지사항을 고려할 필요는 없다.

따라서 대주는 M&A금융이 실행일에 앞서 담보대상자산에 대하여 미리 담보권설정을 받는 것도 가능하고, 실무상으로도 미리 담보권설정 완료를 선행조건으로 규정해 두는 경

1) 이를 「차환」이라고도 한다. M&A금융의 리파이낸싱에 대해서는, (i) 「인수금융에서의 후순위금융과 리파이낸싱」 천경훈 편저 『우호적 M&A의 이론과 실무 – M&A계약의 주요조항』(소화, 2017) 239페이지 이하, (ii) 笹山幸嗣 · 村岡香奈子 『M&Aファイナンス(第2版)』(一般社団法人金融財政事情研究会, 2008) 144페이지 이하 각 참고

2) 임의조기상환의 요건과 절차에 대해서는, 본서 제3편 제1장 3 (5) 2) 조기상환조항 부분 참조

3) 실무에서는 보통은 (기존 대주단의 전부 또는 일부를 리파이낸싱 대주로 하는 경우) 리파이낸싱에 의한 임의조기상환의 경우에는 조기상환수수료를 부담하지 않는 것으로 규정하는 경우도 많다. 물론, 리파이낸싱 또는 그 원인이 되는 사유가 강제조기상환사유에 해당하는 경우에는 그에 따라 강제조기상환이 이루어져야 할 것이다.

4) 만일 다른 채무가 존재하는 경우에는 이를 상환시키거나 소멸시킬 것을 선행조건 또는 후행조건으로 약정한다.

우도 많다(다만, 투자대상주식에 대한 담보의 경우에는 M&A금융으로 조달한 자금으로 매매대금을 지급하고 투자대상주식을 취득하게 되기 때문에 금융실행의 후행조건으로 규정하는 것이 일반적이다).

이에 반하여, 기존 M&A금융에 대한 리파이낸싱을 하고자 하는 경우에, 새로운 대주는 담보권 설정에 유의할 필요가 있다. 즉, 리파이낸싱의 차주가 기존 M&A금융의 차주와 동일한 경우 리파이낸싱의 차주의 자산은 이미 기존 M&A금융의 대주를 위하여 담보로 제공되어 있고, 기존 M&A금융계약상 제3자를 위한 담보제공은 금지되어 있는 것이 일반적이다. 한편, 리파이낸싱계약의 체결일에 리파이낸싱은 아직 실행되지 않아서 기존 M&A금융의 상환에 의한 기존 담보권의 소멸은 이루어지지 않았기 때문에 새로운 대주가 위의 자산에 즉시 담보권 설정을 받기도 어렵다.[5] 결국, 리파이낸싱의 차주가 기존 M&A금융의 차주와 동일한 경우에는 리파이낸싱 시 새로운 담보대상자산이 추가되지 않는 한, 리파이낸싱계약의 체결일에 담보권 설정이 완료될 수 있는 자산은 존재하지 않는다고 할 수도 있다.

또한, 기존 M&A금융에 관하여 근담보권이 설정되어 있는 경우[6]에는, 확정 전 (소멸에 있어서의)부종성이 없기 때문에 리파이낸싱이 실행되어 기존 M&A금융에 관한 대출의 상환이 완료되더라도 기존 근담보권은 소멸하지 않고 존재하고 있는 것으로 해석될 수 있으므로 기존 M&A금융의 대주와 담보권설정자 사이에서 담보권을 해제하는 취지의 합의를 하여 기존 M&A금융의 대주를 위한 담보권을 해제 · 소멸시킬 필요가 있다. 이를 위해 새로운 대주는 리파이낸싱의 실행에 의해 기존 M&A금융의 상환이 완료된 경우에는 기존 M&A금융의 대주로부터 기존 담보의 해제에 합의하는 취지의 서면(「담보해제 합의서」)을 발급받아 새로운 대주에게 교부할 것을 리파이낸싱의 실행의 후행조건으로 정해 둘 필요가 있다.

이와 같은 점을 고려하여, 리파이낸싱계약에서는 기존 담보권의 대상인 자산에 대한 담보권설정에 대해 담보계약의 체결 이외의 담보권설정에 필요한 기타절차(효력요건, 대항요건)는 대출실행일 또는 그 이후 일정한 기한 내에 완료되어야 하는 리파이낸싱의 실행의 후행조건으로 규정되는 것이 일반적이다.

5) 기존 M&A금융의 대주의 승낙을 받아(담보제공금지규정) 제2순위로 담보권을 설정해두면 기존 M&A금융의 상환에 의해 기존 1순위 담보권이 소멸함에 따라 리파이낸싱의 대주가 1순위 담보권자로 될 수는 있다(순위 승진의 원칙).

6) 실무에서는 대부분 (특정, 한정)근담보가 설정되고 있다.

한편, 담보권의 순위는 설정의 순위에 의하기 때문에(민법 제33조, 제370조), 기존 M&A금융에 관하여 선순위 담보권 및 후순위 담보권이 설정되어 있는 상황에서 선순위 대출을 리파이낸싱하는 경우에는, 리파이낸싱의 새로운 대주가 선순위 담보권을 유지하기 위해서는 원칙적으로 기존의 후순위 담보계약을 해제 및 담보를 말소하고(단, 근저당의 경우에는 후순위 대주의 동의하에 무효등기의 유용도 가능) 리파이낸싱의 새로운 대주에 대한 리파이낸싱 담보계약 체결 및 설정절차(효력요건 및 대항요건) 완료 후 다시 리파이낸싱의 새로운 대주에 이은 후순위 담보권을 설정하는 것이 타당할 것이다.

다만, 새로운 후순위 담보계약을 체결하는 경우에 각종 신고 · 보고 의무 등의 절차 이행이 필요하다는 등의 이유로 인해 기존의 후순위 담보계약의 해제 및 새로운 후순위 담보계약의 체결이 곤란한 경우에는(예를 들면, 외국환거래법에 따른 신고 등), 기존 후순위 담보계약을 해제하지는 않고, 그에 따른 설정절차의 변경(등기 · 등록 말소 등)을 하기로 하는 변경계약을 통해, 후순위 담보계약에 따른 담보권 설정만을 말소하고 리파이낸싱 대주를 위한 선순위 담보계약 체결 및 설정절차 완료 후 후순위 담보계약에 따른 담보권 설정절차를 다시 이행하도록 약정하는 경우도 있다.

3 리파이낸싱과 채권자간합의서 등

또한, 선순위 대출의 리파이낸싱 시에는 일단 선순위 대출의 상환완료에 따라 기존의 채권자간합의서(담보권자간합의서를 포함하며 이하 같다)가 종료되어 후순위 금융의 후순위성의 근거를 부여하는 계약이 실효되기 때문에, 보통은 기존의 채권자간합의서에 「리파이낸싱과 동시에 후순위 투자자가 리파이낸싱 후의 선순위 대주 및 선순위 대리인과의 사이에서 종료된 채권자간합의서와 같은 내용의 채권자간합의서를 다시 체결할 의무」가 규정되어 있는데, 이러한 합의에 따라 리파이낸싱의 실행 전에 차주, 후순위 투자자, 리파이낸싱 후의 선순위 대주 및 선순위 대리인과의 동일한 내용의 채권자간합의서가 체결되어야 한다.

선순위 대주의 동의하에 후순위 금융을 리파이낸싱하는 경우에도 별도로 새로운 채권자간합의서가 체결되어야 함은 마찬가지이다.

4 리파이낸싱의 거래종결

리파이낸싱이 기존 M&A금융과 동일한 구조와 동일한 당사자 (대주) 사이에서 실행되는 경우에는 관계없지만, 리파이낸싱의 구조나 대주가 변경된 경우에는 다른 당사자 사이에서 기존 M&A금융에 관한 담보의 해제와 리파이낸싱에 관한 담보의 신규설정이라는 절차가 필요하기 때문에 리파이낸싱의 거래종결의 단계 및 시점에 대해서는 신중하게 검토할 필요가 있다.

따라서 이 점을 고려하여 기존 M&A금융의 담보해제에 필요한 서류 및 절차를 확인하여 관계당사자 사이에서 거래종결일정을 준비할 필요가 있다.

[계약서 기재례] 리파이낸싱 대출계약 주요 조항

[용어정의]

"기존 담보권"이란, 기존 차입금채무를 담보하기 위하여 기존 차입계약에 따라 기존 채권자를 위하여 제공된 담보권을 합하여 의미한다.

"기존 차입계약"이란, 차주가 투자대상주식의 매매대금 등을 조달하기 의하여 기존 채권자와 [*]년 [*]월 [*]일 체결한 금 [*]억 ([*])원의 대출에 관한 대출약정서(동 계약에서 정의된 금융계약을 포함)를 의미한다.

"기존 차입금" 또는 "기존 차입금채무"란, 차주가 기존 차입계약에 따라 이 계약의 체결일 현재 기존 채권자에 대하여 부담하는 원금 기준 금 [*]억 ([*])원의 채무를 의미한다.

"기존 채권자"란, [*] 주식회사, [*] 주식회사 및 [*] 주식회사를 합하여 의미한다.

"허용된 담보"란, 다음 각호에 기재된 담보들을 의미한다:

- 허용된 부채를 담보하기 위하여 설정된 담보. 단, 기존 담보권의 경우에는 대출실행일까지 한한다.

"허용된 부채"란, 다음 각호에 기재된 금융부채 및 부채들을 의미한다.

- 기존 차입금채무에 관한 부채. 단, 대출실행일까지 한한다.

[대출실행 후행조건]

차주는, 다음의 서류를 대출실행일까지(대리기관이 동의하는 경우에는 동의하는 시점까지) 대리기관에게 제출하여야 한다.

1. 기존 차입금의 상환 완료에 관한 증빙서류(영수증 등)
2. 이 계약 서식 [*]. 양식으로 체결된, 기존 담보권의 해제에 관한 차주, 해당 담보제공자 및 기존 채권자와의 담보권 해제 합의서(각 인감증명서 등 날인의 진정성을 확인할 수 있는 서류를 포함)(필요한 경우) 및 관련 서류(담보 전 말소 관련 접수증, 제3채무와 승낙서 등)

[진술 및 보장]

차주는 이 계약의 체결일, 대출실행일에 대주 및 대리기관에게 다음 각 항의 사항들을 진술 및 보장한다.

- 차주와 투자대상회사에게는, 허용된 부채를 제외하고는 어떠한 금융부채도 존재하지 않는다.
- 차주와 투자대상회사는 허용된 담보를 제외하고, 피담보채무를 담보하기 위한 담보권이 설정될 자산에 대해 일체의 담보권이 설정되어 있지 않은 상태의 적법 · 유효한 권리를 가지고 있다.
- 기존 차입금과 관련하여 기존 채권자에게 제공된 기존 담보권을 제외하고, 담보계약상 담보권자의 담보권은 당해 담보물에 관한 차주의 다른 모든 채권자들의 권리(관련 법령에 의하여 우선순위가 주어지는 경우를 제외한다)에 우선한다. 단, 당해 담보물이 그 피담보채무를 완제하지 못하면, 담보권자의 미상환채무에 대한 청구권은 차주에 대한 후순위가 아닌 모든 무담보채권자들의 권리(관련 법령에 의하여 우선순위가 주어지는 경우를 제외한다)와 상환 및 담보에 있어서 최소한 동등한 순위를 가진다.

[준수사항]

차주는 대출기간 동안, 대주 및 대리기관에게 다음 사항들을 준수하고 이행할 것을 확약한다.

- 차주는, 기존 차입금과 관련하여 기존 채권자에게 제공된 기존 담보권이 해제된 이후부터는, 금융계약이나 관련 법령에 의한 경우를 제외하고는, 담보물에 대하여, 담보권자가 항상 1순위의 담보권을 보유하도록 하여야 한다.

판례 색인

대한민국 판례

일본 판례

| 저 | 자 | 소 | 개 |

변호사 **전 경 준**

- 사법시험 38회
- 사법연수원 28기
- 육군법무관
- 법무법인 세종(금융팀)
- 법무법인 에버그린(금융팀)
- (현)금융전문 변호사

  업무 : M&A금융, 부동산 금융, 자산유동화, 미술품금융, 신탁(부동산, 주식 등 증권, 매출채권, 유언대용 등), 기타 증권발행 등 기업금융, 금융&회사 소송 등

제2판 **M&A금융과 실무**

2021년 3월 12일 초판 발행
2023년 7월 13일 제2판 발행

저자협의 인지생략

저 자 전 경 준
발 행 인 이 희 태
발 행 처 **삼일인포마인**

서울특별시 용산구 한강대로 273 용산빌딩 4층
등록번호 : 1995. 6. 26 제3-633호
전 화 : (02) 3489-3100
F A X : (02) 3489-3141
I S B N : 979-11-6784-186-5 93320

♣ 파본은 교환하여 드립니다. **정가 70,000원**